政府采购行政诉讼
案例选编

何国平 何彬 刘艳琼 编

上海远东出版社

图书在版编目(CIP)数据

政府采购行政诉讼案例选编 / 何国平,何彬,刘艳琼编. —上海:上海远东出版社,2022

ISBN 978 - 7 - 5476 - 1871 - 4

Ⅰ.①政… Ⅱ.①何… ②何… ③刘… Ⅲ.①政府采购法—行政诉讼法—研究—中国 Ⅳ.①D925.305

中国版本图书馆 CIP 数据核字(2022)第 227452 号

责任编辑 李 敏
封面设计 李 廉

政府采购行政诉讼案例选编
何国平 何 彬 刘艳琼 编

出 版 上海遠東出版社
(201101 上海市闵行区号景路 159 弄 C 座)
发 行 上海人民出版社发行中心
印 刷 上海信老印刷厂
开 本 787×1092 1/16
印 张 44.75
字 数 1,034,000
插 页 1
版 次 2022 年 12 月第 1 版
印 次 2023 年 3 月第 2 次印刷
ISBN 978 - 7 - 5476 - 1871 - 4/D・39
定 价 198.00 元

序

　　《中华人民共和国政府采购法》(以下《政府采购法》)第六章专章规定了质疑与投诉,确立了我国政府采购救济制度。《政府采购实施条例》第六章进一步对质疑与投诉制度进行细化。早在 2004 年 8 月,财政部就制定了《政府采购供应商投诉处理办法》(财政部令第 20 号);2017 年 12 月,财政部修订了 20 号令,颁布了《政府采购质疑和投诉办法》(财政部令第 94 号)。在我国,政府采购救济制度的法律、行政法规和规章已经完备。政府采购救济制度在解决政府采购纠纷,维护当事人合法权益方面发挥了重要的作用。

　　我国《政府采购法》规定的政府采购供应商救济途径包括质疑、投诉、行政复议和行政诉讼。根据《政府采购法》第五十八条的规定,投诉供应商对政府采购监督管理部门的投诉处理决定不服或者政府采购监督管理部门逾期未作处理的,投诉供应商还可以依法申请行政复议或者直接向人民法院提起行政诉讼。这一规定明确了政府采购行为的司法审查制度。供应商申请行政复议或提起行政诉讼应当按照《行政复议法》和《行政诉讼法》进行。

　　我国《政府采购法》确立的政府采购救济机制的特征在于内部救济与外部救济相结合,行政审查与司法审查相结合,以及救济方式的多样化。而且规定了严格的程序,质疑为投诉的前置程序,供应商只有在质疑后方可向政府采购监督管理部门提出投诉,对投诉处理不服的可以进行行政复议或行政诉讼。行政决定的司法审查也是《政府采购协议》(GPA)的要求,所以,司法审查是必要的。

　　法律具有定分止争的功能,司法审判具有终局性,对纠纷实行司法最终解决原则。所以说,司法是维护社会公平正义的最后一道防线。政府采购救济制度确立司法审查制度符合社会主义法治原则。自《政府采购法》实施以来,司法审判在政府采购救济中发挥了巨大的示范和引领作用,有力保障了政府采购法律的正确实施。近年来,政府采购行政诉讼案件频发,人民法院的司法审判积累了大量的司法判例,为政府采购行政裁决提供了丰富的司法经验与指导。但零星分散的司法判例尚无专门整理与汇编,政府采购从业人员也难以收集研读与借鉴。本书为我们填补了这方面的空缺。

　　本书收集的100个司法判决案例,涉及2015年至2021年初期间,对财政部门投诉处理决定不服而提起的行政诉讼,大致反映了同期的司法审查情况。

　　大量的政府采购司法判例为政府采购法律的正确实施积累了丰富而又宝贵的经验,研读这些司法判例,我们着重看司法审判如何认定事实和适用法律,事实认定是适用法律的前提条件。在认定事实的基础上,由法庭正确适用法律。因此,研读裁判文书有助于我们正确理解和适用法律,有助于我们提高质疑和投诉的处理能力,保障政府采购法律的正确实施。

王周欢

2022年6月于上海

致 读 者

目前政府采购案例类的出版物,以财政部公告案例、财政部指导案例以及学者选编案例为多,基本上都属于行政处理案例。我们选编的这套《政府采购行政诉讼案例选编》(以下简称《案例选编》),区别于行政处理案例。行政诉讼判决属于司法审查范畴,行政处理决定属于行政执法范畴。我国《行政诉讼法》规定,公民、法人或者其他组织认为行政机关和行政机关工作人员的行政行为侵犯其合法权益,有权依照本法向人民法院提起诉讼。我国《政府采购法》建立的政府采购监督管理体系,也是与这一司法制度相衔接的,即财政部门作为政府采购监督检查机关,对采购当事人和参与人(供应商、采购人、采购代理机构、评审专家)作出行政处理决定,包括投诉处理决定、监督检查处理决定和行政处罚决定,都受行政诉讼法调整,都属于司法审查的范围。①

我国《政府采购法》及其实施条例对政府采购活动进行监督规范的立法目的,既在于维护国家和社会公共利益,又在于保护政府采购活动当事人的合法权益。这一多重的立法目的,是与政府采购活动具有民事与行政的双重属性相一致,从而也决定了我国政府采购监督管理体系以财政监督为主的特色。而这种行政监管体系的特色,集中体现于投诉处理机制,即投诉处理的审查机构是政府采购监督管理机关的财政部门,而其处理决定应受司法审查。这既是我国以行政监督为特色的政府采购监管体系不可或缺部分,也是WTO《政府采购协议》所要求的程序设置。但又需指出的是,在我国现行的投诉处理程序中,财政部门对投诉的审查处理往往带有较强的行政管理职能的色彩,不仅可以根据投诉处理程序中发现的其他问题作出行政处罚或启动监督检查程序,而且在对投诉的审查处理中不乏超越中立裁决的权限,借用行政管理的手段解决政府采购当事人的争议问题②,反映了在保护政府采购活动当事人的合法权益方面有所弱化。因此,财政部门对投诉的行政处理接受司法审查的监督,不仅必要,而且应当得到重视和加强。司法审查是人民法院监督、纠正行

---

① 《政府采购法》的第十三条规定,财政部门作为政府采购监督管理部门负有对内监督检查职责,并不在司法审查范围内。

② 赵锋:《我国政府采购质疑投诉的法律程序架构》,《中国招标》2022 年第 6 期。

政机关违法行为,对行政相对人进行权利救济的最后一道屏障。从本《案例选编》中可以看到,人民法院依法判决撤销财政部门(甚至财政部)对投诉处理的行政处理决定的司法案例,一定程度地彰显了我国以司法审查为核心的司法监督对于提高政府采购监管效能的积极作用。

投诉处理决定案件是现有政府采购行政案件中最多的一类案件,其中不少走向了行政诉讼。自我国《政府采购法》实施以来,我国各地、各级人民法院作出了大量的司法裁判,其中不乏影响重大的案例,如最高人民法院发布的"2015年度十大经济行政典型案例"的"上海辉慈医疗有限公司与上海市崇明县财政局行政决定案"[①]等。

本《案例选编》主要选自2015年《政府采购法实施条例》实施以来至2021年初,在"中国裁判文书网"公布的100个行政诉讼案例[②],涉及的争议问题多与采购文件技术参数设定、采购准入条件、采购过程规范要求、供应商提供响应文件真实性等有关。这些行政诉讼案例都为全国各地各级人民法院作出的生效判决的普通案例。对于有些相同的争议问题,难免出现"同案不同判"[③]的生效判决。但无论"同案同判"还是"同案不同判",各地各级的人民法院作出的生效判决,都具有同等的法律效力,在未经法定程序改判前,就不存在错案问题。因此,本《案例选编》并不在于刻意追求其司法观点和结论的正确性或唯一性,而在于客观地反映政府采购的行政处理行为受司法审查的法制要求。

我国行政诉讼的司法审查原则是合法性原则。从本《案例选编》来看,对投诉的行政处理决定提起的行政诉讼案,人民法院主要审查财政部门"处理行为本身的合法性和合理性,往往仅仅给出对行政处理决定予以维持、撤销或确认违法的结论,不对政府采购交易行为的有效性直接予以认定,也不对采购项目后续工作安排直接予以处理。法院实际上仅对政府采购投诉处理决定进行独立审查,不直接对投诉所针对的政府采购行为进行独立和全面审查"[④]。这也许可以说是政府采购行政诉讼案例留给我们的遗憾。如果《政府采购法》进行立法修改,将财政部门对投诉的处理决定调整为行政裁决[⑤],或者改由人民法院直接而全面独立处理政府采购投诉纠纷[⑥],可能是提高政府采购监督管理效能的较佳途径。

---

① 上海市第二中级人民法院〔2013〕沪二中行终字第13号行政判决书。

② 为尽量反映更多的同案例信息,我们将于所选案例的关联案例,以及所选案例经再审审查与审判监督程序审查的后续案例之后标注其案号信息。

③ "同案不同判"并不是一个可以合理存在的司法问题。2019年10月28日最高人民法院发布《关于建立法律适用分歧解决机制的实施办法》,旨在通过包括推行"类案和新类型案件强制检索"等制度,解决"同案不同判"问题。

④⑥ 焦洪宝:《关于建立健全政府采购监督管理机制的思考》,《中国政府采购》2019年第3期。

⑤ 王周欢:《政府采购行政裁决制度初探》,《中国政府采购》2020年第12期。赵锋:《我国政府采购质疑投诉的法律程序架构》,《中国招标》2022年第6期。

根据我国《政府采购法》的规定,对财政部门作出的处理决定不服,可以向人民法院提起行政诉讼。根据我国《行政复议法》的规定,不服行政机关的处理决定的,可以申请行政复议。不服行政复议决定的,可以向人民法院提起行政诉讼。2015年1月1日开始实施的《中华人民共和国行政诉讼法》(修订),以及2015年5月1日开始实施的《最高人民法院关于适用〈中华人民共和国行政诉讼法〉的解释》(法释〔2018〕1号),确立了新的诉讼程序:"复议机关决定维持原行政行为的,作出原行政行为的行政机关和复议机关是共同被告","人民法院在审查原行政行为合法性的同时,一并审查复议程序的合法性","人民法院对原行政行为作出判决的同时,应当对复议决定一并作出相应判决"。从而改变了过去复议机关不作为被告而多维持原行政行为的局面,促进行政复议制度能够很好发挥作用。本《案例选编》积极反映了这一新的程序规则,同时也让我们能够从司法审查中领略到行政复议制度在政府采购监管中的作用。①

行政诉讼与行政处理(包括行政复议)的最大不同在于,行政处理以书面审为主②,而行政诉讼以公开审为主。为了充分展现政府采购行政诉讼的司法审查以公开审为主的程序特征,我们对选编的行政诉讼案例不作减缩,将判决书全文呈现给读者。由于法院作出的判决书确实具有一定的专业性,难免给非法律专业人士的阅读增加了难度,因此,我们尝试在每个案例的判决书正文前加载一项"案件提要",简要归纳或提炼该案例判决书的主要争议事项和司法观点,但不作任何带有编者观点或意见的评议,仅供读者阅读参考。③ 虽然本《案例选编》对案例均不作评议,但仍有必要就本《案例选编》中的案例普遍存在的一些不规范问题作出提示:

1. 有些涉及货物、服务采购项目的案例,不规范地适用或同时适用《招标投标法》;

2. 有些案例对政府采购的一些概念存在混用的不规范情况,主要表现在对竞争性谈判等非招标采购方式的表述中,"成交"与"中标"等重要概念不分或混用。

此外,还需说明的是,财政部于2017年12月26日重新颁布了《政府采购质疑和投诉办法》(财政部令94号),本《案例选编》有部分案例是在该新办法实施前(2018年3月1日前)的判决,请读者注意案例在适用这些规范性文件方面的变化。限于编

---

① 行政复议制度可以说是一种"准司法"制度,但从实践来看,我国的行政复议制度并未充分发挥其"准司法"的作用。

② 书面审本质上就是非公开审。虽然《政府采购法》同时也规定了必要时可以组织质证和听证,财政部重新颁布的《财政行政处罚听证实施办法》对"禁止供应商参加政府采购活动、禁止采购代理机构代理政府采购业务"的行政处理也增设了听证,但并未改变行政处理以书面审为主的程序特征。

③ 为方便阅读,提要对相关涉案方,如公司、政府部门等,均简称,全称见案例判决。

者精力,案例在选编过程中,与原判决略有文字出入,不足之处敬请指正。

　　最后,我们还想补充说明一下,政府采购司法审查不仅限适用于对投诉的处理决定、对监督检查的处理决定和对行政处罚决定的行政诉讼案件。在政府采购的司法监督领域,还有因财政部门认定采购行为违法而要求采购主体予以赔偿的合同纠纷民事诉讼案件,以及更多因履行、变更、解除、违约等发生的政府采购合同纠纷民事诉讼案件,都涉及对政府采购合同本身(合同效力)的司法审查,而政府采购合同的司法审查也是值得探讨的课题。[①]

何国平　何　彬　刘艳琼

2022 年 6 月 16 日

---

① 孙学博:《从司法驾驭角度分析政府采购合同性质对裁判的影响》,《中国政府采购报》2020 年 8 月 16 日、2020 年 8 月 19 日。

目　录

北京现代沃尔经贸有限责任公司
与中华人民共和国财政部
政府采购(招投标)投诉处理决定案

【案件提要】

　　本案是对采购结果的投诉处理决定提起行政诉讼的案例。涉案采购项目公布中标结果,开元医疗中标。北京沃尔提出质疑和投诉。因财政部未予处理和答复,北京沃尔提起诉讼,法院判决财政部予以处理和答复。财政部提起上诉但被驳回上诉。后财政部作出了处理决定,查明政府采购合同已经履行。鉴于(法院判决认定)被投诉项目适用法律和采购程序错误,财政部不再对投诉事项逐一进行审查。根据《政府采购法》及《政府采购供应商投诉处理办法》有关规定,决定采购活动违法。在处理过程中,财政部对投诉进行处理未通知中标人开元医疗参加投诉处理程序,其后亦未向开元医疗送达被诉处理决定。北京沃尔不服该决定,以财政部未就其投诉事项进行审查、查处,未履行生效判决所确认的监管职责等为由,提起本案诉讼。法院经审理认为,本案所涉及的被投诉项目的中标人为开元医疗,其作为采购活动的供应商之一,即属"与投诉事项有关的供应商"。财政部在投诉处理程序中既未通知与投诉事项有关的开元医疗参加行政程序,亦未向其送达被诉处理决定,对开元医疗的程序权利已经造成侵害,已经构成程序违法。财政部处理决定认定"被投诉项目政府采购合同已经履行",属于本案关键事实之一,对最终的处理方式产生重大影响,不仅要有当事人的陈述,更应有合同履行的客观证据加以佐证。在没有合同的相对方当事人(即本案中标人)参加投诉处理程序的情况下,财政部仅凭合同的一方当事人(即本案采购人)的陈述(复函)即认定该关键性事实,系证据不充分。因此,法院判决撤销财政部所作被诉处理决定,财政部应当于法定期限内针对北京沃尔的投诉重新作出处理决定。二审法院判决予以维持。

【判决正文】

北京市高级人民法院
行政判决书

〔2015〕高行终字第 4487 号

　　上诉人(一审被告)中华人民共和国财政部,住所地(略)。
　　法定代表人楼某。

委托代理人孙某。

委托代理人李某。

被上诉人(一审原告)北京现代沃尔经贸有限责任公司,住所地(略)。

法定代表人王某。

委托代理人谷某。

委托代理人王某。

一审第三人中华人民共和国国家卫生和计划生育委员会,住所地(略)。

一审第三人国信招标集团股份有限公司,住所地(略)。

一审第三人广东开元医疗科技有限公司,住所地(略)。

上诉人中华人民共和国财政部(以下简称财政部)因投诉处理决定一案,不服北京市第一中级人民法院〔2015〕一中行初字第232号行政判决,向本院提起上诉。本院受理后,依法组成合议庭审理了本案。本案现已审理终结。

2014年5月9日,财政部作出财库〔2014〕52号《财政部投诉处理决定书》(以下简称被诉处理决定),认定:2004年10月28日,国信招标集团股份有限公司(以下简称国信招标)受原中华人民共和国卫生部(以下简称原卫生部)委托,在中国采购与招标网发布招标公告,采购内容为286台干式血气分析仪,招标文件中规定采用综合打分法,规定了商务、技术和价格三部分的分值,但未规定具体评分因素及其分值比重。2004年11月19日,投标截止、开标、评标,共有三家供应商参与投标,评标委员会专家由多家采购代理机构提供的专家库汇总后随机抽取,评审后,北京现代沃尔经贸有限责任公司(以下简称现代沃尔)综合排名第三。2004年12月21日,国信招标公司受原卫生部委托发布中标公告,其中未包括评标委员会成员名单。2004年12月22日,现代沃尔向国信招标提出质疑。2004年12月29日,国信招标答复质疑,称"由于本项目属于国家医疗救治体系建设项目的一部分,应遵照《招标投标法》的相关规定"。财政部另查明,中标通知书发出后,国家医疗救治体系项目(编号为GXTC-0404038)D包-血气分析仪(以下简称被投诉项目)政府采购合同已经履行。财政部认为,根据法院判决,被投诉项目属于货物采购,其采购方式和采购程序,均应依照2004年项目启动前已实施的《中华人民共和国政府采购法》(以下简称《政府采购法》)及《政府采购货物和服务招标投标管理办法》规定执行,而被投诉项目未依照上述规定执行,违反了《政府采购法》第二条第一款和第六十四条第一款的规定。鉴于被投诉项目适用法律和采购程序错误,财政部不再对投诉事项逐一进行审查。综上,根据《政府采购法》第二条、第六十四条,《政府采购供应商投诉处理办法》第十九条第(三)项规定,决定采购活动违法。

现代沃尔不服财政部所作的被诉处理决定,以财政部未就其投诉事项进行审查、查处,未履行生效判决所确认的监管职责等为由,向北京市第一中级人民法院(以下简称一审法院)提起行政诉讼,请求法院撤销被诉处理决定,判令财政部重新作出行政行为。

一审法院判决认定,根据北京市第一中级人民法院〔2005〕一中行初字第432号、北京市高级人民法院〔2007〕高行终字第247号行政判决,已经判决财政部对现代沃尔针对被投诉项目招投标的组织不合法问题所进行的投诉予以处理和答复,而被诉处理决定正是根据上述生效判决作出。因此,对财政部作出被诉处理决定的法定职责,在本案中不再审查评述。

一、被诉处理决定的程序合法性

（一）财政部门在作出政府采购投诉处理决定前，应当保障与投诉事项有关的供应商参加投诉处理程序的权利，此为正当程序原则的应有之义，也是财政部门的法定义务。行政机关在作出行政行为前，应当通知利害关系人参加行政程序，并保障其陈述意见、提交证据等程序权利，避免利害关系人在未陈述申辩甚至毫不知情的情况下，受到行政行为的侵害，此为正当程序原则的重要内涵。而且，对于政府采购投诉处理程序中的利害关系人参加问题，《政府采购供应商投诉处理办法》亦有明确规定。参照该办法第十二条及第十三条规定，财政部门应当在受理投诉后3个工作日内向被投诉人和与投诉事项有关的供应商发送投诉书副本，而被投诉人和与投诉事项有关的供应商则应当在收到投诉书副本之日起5个工作日内，以书面形式向财政部门作出说明，并提交相关证据、依据和其他有关材料。上述规定之目的，即在于保障包括与投诉事项有关的供应商在内的利害关系人参加行政程序的权利，并对其行使该权利的行为加以规范。因此，在政府采购投诉处理程序中，财政部门通知与投诉事项有关的供应商参加投诉处理程序，既是正当程序原则的要求，也是财政部门的法定义务。

（二）关于"与投诉事项有关的供应商"的具体范围，相关法律规范并未予以明确列举，对于"与投诉事项有关"这一概念的判断标准，亦无明确界定。结合法理予以分析，在行政行为所涉及的行政法律关系中，如果公民、法人或者其他组织的权利义务将直接因行政行为而产生、变更或者终止，则通常属于应当参加行政程序的利害关系人。而参照《政府采购供应商投诉处理办法》第十七条规定，"财政部门经审查，对投诉事项分别作出下列处理决定……"因此，投诉处理决定系针对投诉事项作出，即可认为"与投诉处理决定"或"与投诉处理结果"有利害关系亦构成"与投诉事项有关"。对此，《政府采购供应商投诉处理办法》第二十条亦可佐证。该条规定，"财政部门……对投诉事项作出处理决定，并以书面形式通知投诉人、被投诉人及其他与投诉处理结果有利害关系的政府采购当事人"，此处所称"其他与投诉处理结果有利害关系的政府采购当事人"，当然包括"与投诉事项有关的供应商"。因此，如果供应商的权利义务将直接因投诉处理决定而产生、变更或者终止，则该供应商与投诉处理决定即有利害关系，亦为"与投诉事项有关的供应商"。

（三）本案与通常情况下处理决定系针对投诉事项作出略有差异之处在于，被诉处理决定尚未直接针对投诉人（即现代沃尔）的具体投诉事项进行审查，被诉处理决定对此特别予以说明："鉴于被投诉项目适用法律和采购程序错误，本机关不再对投诉事项逐一进行审查。"但由于被诉处理决定的逻辑实际上是将整个采购程序的合法性视作是审查现代沃尔具体投诉事项的先决问题，因此与被诉处理决定有利害关系的供应商，也应属于"与投诉事项有关的供应商"。

（四）一审第三人广东开元医疗科技有限公司（以下简称开元医疗）在本案中与被诉处理决定有利害关系，应属于"与投诉事项有关的供应商"。财政部答辩认为，被诉处理决定考虑到合同已经履行，因此决定采购活动违法，对合同的履行并不会产生实际影响，因此开元医疗不构成"与投诉事项相关的供应商"。但是，被诉处理决定系根据《政府采购供应商投诉处理办法》第十九条第（三）项作出，而该项规定适用的前提即是财政部门"认定采购文件、采购过程影响或者可能影响中标、成交结果的,或者中标、成交结果的产生过程存在违法行为的"。在此前提下,财政部门再根据上述办法的规定进一步区分"政府采购合同尚未签订""政府采购合同已经签订但尚未履行"以及"政府采购合同已经履行"等三种不同情况,分别作出不同的处理决定。因此,《政府采购供应商投诉处理办法》第十九条虽然针对不同情形规定的处理方式有所不同,但适用该条作出的处理决定从法律效力上会对中标、成交结果产生影响。而且参照《政府采购供应商投诉处理办法》第十九条第(三)项规定,"给采购人、投诉人造成损失的,由相关责任人承担赔偿责任"。因此,决定采购活动违法,是对采购活动合法性作出的具有法律效力的评价,会对采购人以及中标人的权利义务产生直接的影响。本案中,开元医疗作为中标人,其在政府采购中的相关权利义务可能直接因被诉处理决定而受到影响,其当然构成与被诉处理决定有利害关系的供应商,亦即"与投诉事项有关的供应商"。

综上,本案中,财政部在投诉处理程序中既未通知与投诉事项有关的开元医疗参加行政程序,亦未向其送达被诉处理决定,对开元医疗的程序权利已经造成侵害,已经构成程序违法。

二、被诉处理决定的实体合法性

本案被诉处理决定认定,"中标通知书发出后,被投诉项目政府采购合同已经履行"。这一事实是被诉处理决定适用《政府采购供应商投诉处理办法》第十九条第(三)项的要件性事实,该事实能否确认,将对最终的处理方式产生重大影响,属于本案关键事实之一。但综合现有证据,唯有国家卫计委在投诉处理程序中提交的答复意见中提及"该投诉所涉及的血气分析仪设备在2005年招标结束后已按照合同签约执行,并由中标厂商配送至相关传染病医院投入使用"。合同是否履行除了根据合同当事人的陈述,一般还应当有其他客观证据予以佐证。况且,中华人民共和国国家卫生和计划生育委员会(以下简称国家卫计委)只是合同的一方当事人,在作为合同对方当事人的开元医疗未参加投诉处理程序,又无其他证据能够佐证的情况下,被诉处理决定仅以合同一方当事人的单方陈述即确认上述事实,主要证据不足。

综上所述,财政部在投诉处理程序中未通知开元医疗参加行政程序,亦未向其送达被诉处理决定,构成程序违法。上述违法情节既侵害开元医疗的程序权利,亦可能影响被诉处理决定本身的公正性和正确性,被诉处理决定在被投诉项目合同是否履行等关键性事实的认定方面,也存在证据不足的问题。因此,被诉处理决定依法应予撤销。现代沃尔请求撤销被诉处理决定,并判令财政部重新作出行政行为的诉讼请求成立,应予支持。财政部应当针对现代沃尔所提出的具体投诉事项,依法全面审查并作出处理。故依照《中华人民共和国行政诉讼法》(以下简称《行政诉讼法》)第七十条第(一)(三)项规定,判决:一、撤销财政部所作被诉处理决定;二、财政部应当于法定期限内针对现代沃尔的投诉重新作出处理决定。

财政部不服一审判决,向本院提出上诉,请求二审法院撤销一审判决。主要理由如下:一、被诉处理决定程序合法,一审法院理解和适用法律法规错误。开元医疗与被诉处理决定和结果没有利害关系。根据《政府采购供应商投诉处理办法》第十九条第(三)项的规定,政府采购合同已经履行的,决定采购活动违法,给采购人、投诉人造成损失的,由相关责任人承担赔偿责任。财政部经依法审查,被投诉项目的采购合同已经履行,在合同已经履行的情况下,根据上述规定决定采购合同违法,并未作出重新开展采购合同活动或撤销合同的决定。鉴于财政部在被诉处理决定中已决定被投诉项目的采购方式和采购程序违法,但并未否定开元医疗与采购人之间采购合同的效力,并不影响开元医疗在采购合同项下的权利义务;亦未认定开元医疗对采购活动违法负有任何责任。故开元医疗并不构成《政府采购供应商投诉处理办法》中所指的"与投诉事项有关的供应商"的情形。财政部未通知开元医疗参加投诉处理程序并不违法。二、被诉处理决定认定事实清楚、证据确凿,一审法院认定事实错误。采购人和采购代理机构作出的答复,财政部可以信赖并作为审查和处理的依据。采购合同已经履行的事实从未被提出过质疑。财政部处理投诉事项采取书面审查的办法,仅在财政部依据《政府采购供应商投诉处理办法》第十四条的规定,认为有必要时,可自行决定进行调查取证。在国家卫计委和国信招标答复中均明确陈述采购合同已经履行的情况下,财政部没有义务也没有必要就此问题进一步核实或调查取证。三、本案涉及的采购项目,属于适用法律错误导致采购程序整体违法,且财政部已作出采购活动违法的决定,财政部无必要亦无法针对现代沃尔的投诉事项逐一处理。综上,请求二审法院撤销一审判决,维持被诉处理决定。

现代沃尔答辩认为,一审法院认定财政部作出被诉处理决定行政程序违法,是正确的。财政部已认定采购活动违法,故投标供应商与被诉处理决定均有利害关系。财政部未履行其相应的监管职责。另外,财政部所作被诉处理决定适用法律错误且认定事实不清,一审法院撤销被诉处理决定,并判令财政部重新作出处理决定正确。请求二审法院驳回上诉,维持一审判决。

一审中,国信招标同意被诉处理决定,同意财政部的意见。国家卫计委、开元医疗经合法传唤均未到庭陈述意见,亦未针对被诉处理决定向一审法院提交书面意见。二审中,在法定答辩期内,国信招标、国家卫计委及开元医疗均未向本院提交书面意见。

一审法院审理期间,财政部向法院提交了以下证据。1. 北京市第一中级人民法院〔2005〕一中行初字第 432 号行政判决书、〔2007〕高行终字第 247 号行政判决书,用以证明生效判决要求财政部就现代沃尔提出的被投诉项目的投诉予以处理和答复。2. 2005 年 1 月 7 日现代沃尔提交《关于国家医疗救治体系项目(项目编号:GXTC-0404038)中标公示的投诉书》及相关投诉材料。3. 2004 年 10 月被投诉项目的《招标文件》部分内容。证据 2、3,用以证明投诉书中所列被投诉人与招标文件及《政府采购法》的规定不相符。4. 财库〔2013〕59 号《财政部投诉处理决定书》。5. 2013 年 7 月 10 日现代沃尔向一审法院提交行政起诉状。6. 北京市第一中级人民法院〔2013〕一中行初字第 3543 号行政判决书。7. 2014 年 1 月 28 日现代沃尔向北京市高级人民法院提交的行政上诉状。证据 4—7,用以证明就财库〔2013〕59 号《财政部投诉处理决定书》是否涉及被投诉项目,双方存在争议。8. 财库便函〔2014〕71 号《关于确认国家医疗救治体系采购项目(编号为 GXTC-0404038)投诉案被投诉人的告知书》,用以证明投诉书中所列被投诉人与招标文件及《政府采购法》的规定不相符,财政部要求现代沃尔确认被投诉人。9. 京沃尔公司经贸函复字〔2014〕第 21 号《有关国家医疗救治体系采购项目(编号为 GXTC-0404038)相关事宜的复函》,用以证明现代沃尔书面确认被投诉人为原卫生部。10. 财库便函〔2014〕88 号《提出答复通知书》,用以证明财政部要求国家卫计委、国信招标就投诉事项提交书面说明和相关证据材料。11. 国信招标公司于 2014 年 4 月 1 日作出《关于国家医疗救治体系项目投诉事项和有关招标情况的汇报》,用以证明就现代沃尔的投诉事项,财政部已向国信招标进行了调查。12. 国卫财务价便函〔2014〕154 号《国家卫生计生委财务司关于提供国家医疗救治体系项目 D 包投诉事项处理工作相关材料的复函》,用以证明就现代沃尔的投诉事项,财政部向国家卫计委进行了调查,以及被投诉项目已按照合同签约执行。13. 2004 年 10 月国家医疗救治体系项目的招标文件部分内容,用以证明该采购项目未依照《政府采购法》和《政府采购货物和服务招标投标管理办法》的规定执行,适用法律和采购程序错误。14. 2004 年 12 月 22 日《国家医疗救治体系项目评标结果公示》,用以证明被投诉项目中标结果公示未包括评标委员会成员名单,不符合《政府采购法》和《政府采购货物和服务招标投标管理办法》的规定。

现代沃尔于法定期间向一审法院提交媒体相关报道网页打印件,用以证明采购活动的违法性,以及财政部没有进行查处。

国家卫计委、国信招标以及开元医疗均未向一审法院提交证据。

一审法院经审查认为,财政部提交的证据 4—7 为其他投诉处理案件的相关材料,与本案无关,不予采纳;现代沃尔提交的证据与本案无关,亦不予采纳。对财政部提交的其他证据,均予采纳。上述证据均已随案移送本院,本院经审查认为,一审法院认证意见正确,本院予以确认。

根据上述合法有效的证据,以及各方当事人不持异议的陈述内容,本院确认如下事实:

2003 年 9 月,国务院批准国家发展和改革委员会(以下简称国家发改委)、原卫生部编制的《突发公共卫生事件医疗救治体系建设规划》。据此,原卫生部作为政府采购人,委托采购代理机构即国信招标于 2004 年 10 月对医疗救治体系项目进行公开招标,招标编号为:GXTC-0404038。现代沃尔参加其中 D 包血气分析仪的投标,即本案被投诉项目的投标。2004 年 12 月 21 日,被投诉项目公示中标人为广东开元医疗设备有限公司(企业名称后变更为广东开元医疗科技有限公司,即开元医疗)。次日,现代沃尔向国信招标提出质疑,但未获满意答复。2005 年 1 月 7 日,现代沃尔以原卫生部国家医疗救治体系领导小组、国家发改委国家医疗救治体系领导小组为被投诉人,向财政部提出投诉。投诉事项具体略为以下 4 项:1. 投诉人所投产品是血气分析仪中最好的品牌之一,其以最低价投标而未中标,也得不到合理的解释;2. 招标文件中无具体评标方法、打分标准、计算公式;3. 中标公示应包括评标委员会成员名单而未包括,不符合法定标准;4. 中标人在其他投标中相同产品的价格比本投标报价低。

2005 年 3 月 23 日,现代沃尔认为财政部未对其投诉作出处理和答复,向一审法院提起行政诉讼。2006 年 12 月 8 日,一审法院作出〔2005〕一中行初字第 432 号行政判决,判令财政部对现代沃尔针对被投诉项目招投标的组织不合法问题所进行的投诉予以处理和答复。财政部不服一审判决上诉至北京市高级人民法院。2012 年 11 月 21 日,北京市高级人民法院作出〔2007〕高行终字第 247 号终审判决,驳回上诉,维持一审判决。

2013 年 3 月 14 日,第十二届全国人民代表大会第一次会议决定批准国务院机构改革和职能转变方案，"……将卫生部的职责、国家人口和计划生育委员会的计划生育管理和服务职责整合，组建国家卫生和计划生育委员会。……不再保留卫生部、国家人口和计划生育委员会"。2014年3月，现代沃尔根据财政部要求，确认被投诉人为原卫生部，3月27日财政部向国家卫计委、国信招标作出《提出答复通知书》，并转送了投诉书副本，同时要求国家卫计委、国信招标就投诉事项和有关情况提交书面说明，并提供相关的证据材料和法律依据。同年4月，国信招标公司、国家卫计委先后向财政部提交书面答复意见。同年5月9日，财政部作出被诉处理决定。在此过程中，财政部对投诉进行处理未通知开元医疗参加投诉处理程序，其后亦未向开元医疗送达被诉处理决定。现代沃尔因不服被诉处理决定，遂诉至一审法院。

本院认为，本案存在两个争议焦点问题，即被诉处理决定的行政程序是否合法，以及被诉处理决定所认定的事实是否证据充分。

关于被诉处理决定的行政程序是否合法的问题。

行政机关作出影响行政相对人或利害关系人权益的行政行为前，应当听取其陈述、申辩意见。特别是行政机关作出对行政相对人或利害关系人不利的行政行为，必须给予其陈述意见、提交证据等程序权利，以避免产生行政相对人或利害关系人在缺乏相应程序保障的情况下，合法权益受到侵害的可能性。正当程序，已成为评判行政行为合法、正确与否的重要依据和基本原则。

《政府采购供应商投诉处理办法》第十二条规定，财政部门应当在受理投诉后3个工作日内向被投诉人和与投诉事项有关的供应商发送投诉书副本。《政府采购供应商投诉处理办法》第十三条规定，被投诉人和与投诉事项有关的供应商应当在收到投诉书副本之日起5个工作日内，以书面形式向财政部门作出说明，并提交相关证据、依据和其他有关材料。

本案中，现代沃尔向财政部的投诉涉及四个事项，其中第四个投诉事项表述为"中标人在其他投标中相同产品的价格比本投标报价低"。因此，现代沃尔的投诉事项内容包含了"中标人"的相关事宜。因本案所涉及的被投诉项目的中标人为开元医疗，其作为采购活动的供应商之一，开元医疗公司即属"与投诉事项有关的供应商"。财政部针对现代沃尔的投诉进行处理，应依据《政府采购供应商投诉处理办法》的前述规定，在受理投诉后3个工作日内向开元医疗发送投诉书副本，开元医疗亦应在收到投诉书副本之日起5个工作日内，以书面形式向财政部作出说明，并提交相关证据、依据和其他有关材料。由于财政部在投诉处理行政程序中，未通知开元医疗参加行政程序，导致开元医疗无法进行举证、陈述及申辩。在此情况下，财政部径行作出处理决定，认定采购活动违法，同时，财政部亦未向开元医疗送达被诉处理决定，故一审法院认定财政部对开元医疗的程序权利已经造成侵害，构成行政程序违法，是正确的。

关于被诉处理决定认定事实是否证据充分的问题。

行政机关作出行政行为，认定事实应证据充分、确凿。本案中，被诉处理决定认定"中标通知书发出后，被投诉项目政府采购合同已经履行"。财政部作出上述事实认定的依据是，国家卫计委在投诉处理程序中提交的答复意见中提及"该投诉所涉及的血气分析仪设备在2005年招标结束后已按照合同签约执行，并由中标厂商配送至相关传染病医院投入使用"。

作为本案的重要事实之一，即被投诉项目政府采购合同的履行，不仅要有当事人的陈述，更应有合同履行的客观证据加以佐证。因开元医疗未参加投诉处理程序，故对合同是否履行及相关情况亦未予以说明或举证。鉴此，财政部在客观证据并不充分的情况下，仅以国家卫计委致其复函中载明的内容认定该关键事实，确系认定事实的证据不充分。另外，财政部不能以采购合同履行问题从未被提出过质疑为由，而怠于履行审查的职责。财政部亦不能基于对国家卫计委的信赖，在没有客观证据佐证的情况下，仅以函件表述内容作为审查及处理的事实依据。财政部认为依据《政府采购供应商投诉处理办法》第十四条的规定，"认为有必要时，可自行决定进行调查取证"。本院认为，如果存在证据不能充分证明客观事实的情况下，调取并获得客观事实的证据即应成为"必要"。故财政部的上述主张和理由不能成立，本院不予支持。

综上，财政部所作被诉处理决定，存在行政程序违法、认定事实证据不足等问题，一审法院判决撤销被诉处理决定，判令财政部应针对现代沃尔的具体投诉事项依法全面审查并作出处理正确，本院应予维持。财政部的上诉请求缺乏事实及法律依据，本院不予支持。综上，依据《中华人民共和国行政诉讼法》第八十九条第一款第（一）项的规定，判决如下：

驳回上诉，维持一审判决。

本判决为终审判决。

审　判　长　赵宇晖
代理审判员　赵世奎
代理审判员　李　洋
二〇一六年三月十八日
书　记　员　李义博

2 北京现代沃尔经贸有限责任公司
与中华人民共和国财政部政府
采购(招投标)投诉处理决定、行政复议决定案

【案件提要】

本案是对采购结果的投诉处理决定提起行政诉讼的案例。也是财政部根据〔2015〕高行终字第 4487 号案的判决(详见案例 1),对原投诉重新作出了处理决定,即认定涉及采购人、代理机构在货物采购项目中适用法律错误的投诉事项成立,决定被投诉项目政府采购活动违法;涉及投标价格的投诉与本项目无关,故不成立,予以驳回。采购人国家卫计委申请复议被驳回后,现代沃尔提起本案诉讼。法院经审理认为,财政部在投诉处理程序中通知了中标人公司参加投诉处理程序,对于被诉处理决定认定的相关事实,包括招投标的相关情况以及中标合同已经履行的相关情况等,均有相关证据予以佐证,因此所作处理决定合法。法院注意到从〔2015〕一中行初字第 232 号行政判决生效至 2016 年 7 月 15 日财政部作出被诉处理决定,已超出《政府采购法》第五十六条规定的法定期限,构成程序轻微违法,但法院认为不影响处理结果。鉴于被诉处理决定实体处理结果并无不当,且其程序轻微违法之处对现代沃尔的权利不产生实际影响,故应当依法一并确认被诉处理决定及被诉复议决定违法,驳回现代沃尔的其他诉讼请求。

【判决正文】

北京市高级人民法院
行政判决书

〔2017〕京行终 5325 号

上诉人(一审原告)北京现代沃尔经贸有限责任公司,住所地(略)。
法定代表人王某。
委托代理人谷某。
委托代理人周某。
被上诉人(一审被告)中华人民共和国财政部,住所地(略)。

法定代表人肖某。

委托代理人李某。

委托代理人梁某。

被上诉人(一审第三人)中华人民共和国国家卫生和计划生育委员会,住所地(略)。

法定代表人李某。

被上诉人(一审第三人)国信招标集团股份有限公司,住所地(略)。

法定代表人胡某。

委托代理人李某。

委托代理人李某。

被上诉人(一审第三人)广东开元医疗科技有限公司,住所地(略)。

法定代表人王某。

上诉人北京现代沃尔经贸有限责任公司(以下简称现代沃尔)因诉中华人民共和国财政部(以下简称财政部)作出的《财政部投诉处理决定书》(财库〔2016〕111 号,以下简称被诉处理决定)及《行政复议决定书》(财复议〔2016〕186 号,以下简称被诉复议决定)一案,不服北京市第一中级人民法院(以下简称一审法院)作出的〔2017〕京 01 行初 143 号行政判决,向本院提起上诉。本院受理后依法组成合议庭审理了本案。本案现已审理终结。

财政部于 2016 年 7 月 15 日作出被诉处理决定,查明:2004 年 10 月 28 日,国信招标集团股份有限公司(以下简称国信招标)受原中华人民共和国卫生部(以下简称原卫生部)委托,在中国采购与招标网发布招标公告,采购内容为 286 台干式血气分析仪(招标编号:GXTC-0404038,以下简称被投诉项目),招标文件中规定采用综合打分法,规定了商务、技术和价格三部分的分值,但未规定具体评分因素及其分值比重。2004 年 11 月 19 日,投标截止、开标、评标,共有三家供应商参与投标,评标委员会专家由多家采购代理机构提供的专家库汇总后抽取,评审后,现代沃尔综合排名第三。2004 年 12 月 21 日,国信招标受原卫生部委托发布中标公告,其中未包括评标委员会成员名单。2004 年 12 月 22 日,现代沃尔向国信招标提出质疑。2004 年 12 月 29 日,国信招标答复质疑,称"由于本项目属于国家医疗救治体系建设项目的一部分,应遵照《中华人民共和国招标投标法》(以下简称《招标投标法》)的相关规定"。中华人民共和国国家卫生和计划生育委员会(以下简称国家卫计委)根据合同约定,分别于 2006 年 2 月和 3 月向广东开元医疗科技有限公司(以下简称开元医疗)支付了合同总额的 30%预付款,同年 5 月、6 月和 10 月以及 2008 年 1 月和 2009 年 1 月将合同总额的 60%货款支付给了开元医疗。2007 年和 2008 年根据合同关于退还履约保证金的规定,开元医疗在提交了退还履约保证金申请后,国信招标已将履约保证金全部退还,合同执行完毕。以上事实,有招标文件、投标文件、评标报告、中标公告、质疑函、质疑函答复、采购合同、付款相关资料、退还履约保证金申请等在案佐证。

经审查,财政部认为:关于第 1、2、3 项投诉事项,采购人、代理机构在货物采购项目中适用法律错误,而《中华人民共和国政府采购法》(以下简称《政府采购法》)和《招标投标法》

在招标文件编制、评标方法和评标标准制定、招标信息发布、评标专家抽取、中标信息发布等方面规定均不相同,特别是根据《政府采购法》相关规定,招标采购单位应当从财政部门设立的政府采购评审专家库中随机抽取评标专家,而被投诉项目的专家是由多家采购代理机构提供的专家库汇总后抽取的,而专家评审又具有一定主观性,目前无法对适用法律错误的采购结果予以审查复原。关于第四项投诉事项,相关项目投标价格是企业自主的市场行为,与本投诉项目无关。综上,财政部作出被诉处理决定:第1、2、3项投诉事项成立,采购人、代理机构在货物采购项目中适用法律错误,根据《政府采购法》第二条、第六十四条、《政府采购供应商投诉处理办法》第十九条第三项规定,决定被投诉项目政府采购活动违法。根据《政府采购供应商投诉处理办法》第十七条第二项规定,驳回第四项投诉事项。国家卫计委不服被诉处理决定,向财政部申请行政复议。财政部于2016年12月8日作出被诉复议决定,根据《中华人民共和国行政复议法》第二十八条第一款第一项的规定,决定维持被诉处理决定。

一审法院经审理查明,2003年9月,国务院批准了中华人民共和国国家发展和改革委员会(以下简称国家发改委)、原卫生部编制的《突发公共卫生事件医疗救治体系建设规划》。根据此规划,原卫生部作为政府采购人,委托采购代理机构即本案第三人国信招标于2004年10月对上述医疗救治体系项目进行了公开招标,招标编号:GXTC-0404038。现代沃尔参加了其中D包血气分析仪(即被投诉项目)的投标。2004年12月21日,被投诉项目开标公示,中标人为广东开元医疗设备有限公司(企业名称后变更为广东开元医疗科技有限公司,即开元医疗),现代沃尔未中标。次日,现代沃尔向第三人国信招标提出质疑,但未获满意答复。2005年1月7日,现代沃尔以原卫生部国家医疗救治体系领导小组、国家发改委国家医疗救治体系领导小组为被投诉人,向财政部提出投诉,具体投诉事项共4项,略为:1.投诉人所投产品是血气分析仪中最好的品牌之一,其以最低价投标而未中标,也得不到合理的解释;2.招标文件中无具体评标方法、打分标准、计算公式;3.中标公示应包括评标委员会成员名单而未包括,不符合法定标准;4.中标人在其他投标中相同产品的价格比本投标报价低。

2005年3月,现代沃尔因认为财政部未对其以上投诉作出处理和答复,向一审法院提起行政诉讼。一审法院作出〔2005〕一中行初字第432号一审判决,判决财政部对现代沃尔针对被投诉项目招投标的组织不合法问题所进行的投诉予以处理和答复。财政部不服一审判决上诉至本院。本院作出〔2007〕高行终字第247号终审判决,判决驳回上诉,维持一审判决。财政部于2014年5月9日作出《财政部投诉处理决定书》(财库〔2014〕52号,以下简称52号处理决定),决定被投诉项目采购活动违法。

现代沃尔不服52号处理决定,向一审法院提起行政诉讼。一审法院作出〔2015〕一中行初字第232号判决,判决撤销了52号处理决定,同时责令财政部在法定期限内重新作出决定。2016年3月18日,本院作出〔2015〕高行终字第4487号终审判决,驳回上诉,维持一审判决。财政部依据上述生效判决,于2016年7月15日作出被诉处理决定。国家卫计委不服被诉处理决定,向财政部申请行政复议。财政部于2016年12月8日作出被诉复议决定,维持了被诉处理决定。现代沃尔不服被诉处理决定及被诉复议决定，于 2017 年 1 月 23 日向一审法院提起行政诉讼。

另查，在投诉处理程序中，财政部通知了开元医疗参加投诉处理程序，并就合同履行情况向国家卫计委补充调取了相关证据材料。再查，被诉复议决定载明："申请人对本决定不服，可以自收到本决定之日起十五日内，依法向一审法院提起行政诉讼，或依法向国务院申请裁决。"

一审法院判决认为：

1. 关于现代沃尔的起诉是否超过起诉期限。虽然本案经过行政复议程序，但在被诉复议决定中仅告知了"申请人"诉权诉期，而现代沃尔并非行政复议的申请人，因此应认为被诉复议决定并未向现代沃尔明确告知诉权诉期。根据《最高人民法院关于执行〈中华人民共和国行政诉讼法〉若干问题的解释》第四十一条第二款之规定，原告的起诉期限从其知道或者应当知道诉权或者起诉期限之日起计算，但从知道或者应当知道具体行政行为内容之日起最长不得超过 2 年。本案中，现代沃尔的起诉并未超过法定起诉期限。

2. 关于被诉处理决定适用法律是否正确。针对现代沃尔的投诉事项，财政部应当根据《政府采购法》的相关规定进行处理，对此早在〔2005〕一中行初字第 432 号行政判决中即已经予以明确，一审法院仍然坚持上述观点，理由不再赘述。对现代沃尔关于被诉处理决定适用法律错误、未援引上位法等相关主张，不予支持。

3. 关于财政部是否履行了政府采购投诉处理的法定义务。鉴于财政部已经基于现代沃尔的投诉事项，对被投诉项目政府采购活动的合法性进行了审查并作出处理决定，现代沃尔认为财政部未有效履行法律及生效判决所确定的处理义务之主张，不能成立。至于财政部是否对采购人、代理机构以及中标供应商进行查处，以及认定政府采购合同无效等，均明显不属于政府采购投诉处理程序的审查事项。而且，鉴于现有证据证明采购合同已经履行，因此本案亦不符合《政府采购供应商投诉处理办法》第十九条第二项所规定的撤销合同的适用条件，被诉处理决定的处理结论并无不当。

4. 关于被诉处理决定认定事实的证据是否充分。对于被诉处理决定认定的相关事实，包括招投标的相关情况以及中标合同已经履行的相关情况等，财政部均提交了相关证据予以佐证。现代沃尔认为相关证据不具有真实性等主张，并无事实及法律依据，不予支持。现代沃尔的第四项投诉事项与被投诉项目明显无关，被诉处理决定予以驳回，亦无不当。经审查，现代沃尔的其他相关诉讼理由亦不能成立，不予支持。

5. 关于被诉处理决定的程序合法性。第一，本案中，从〔2015〕一中行初字第 232 号行政判决生效至 2016 年 7 月 15 日财政部作出被诉处理决定，已超出《政府采购法》第五十六条规定的法定期限，构成程序轻微违法，应予确认。第二，除超过法定期限外，财政部已经履行了《政府采购法》《政府采购供应商投诉处理办法》所规定的法定程序，并无其他违法之处。《中华人民共和国政府采购法实施条例》第五十六条第一款规定，财政部门处理投诉事项采用书面审查的方式，必要时可以进行调查取证或者组织质证。《政府采购供应商投诉处理办法》第十四条规定,财政部门处理投诉事项原则上采取书面审查的办法。财政部门认为有必要时,可以进行调查取证,也可以组织投诉人和被投诉人当面进行质证。因此,书面审查是政府采购投诉处理的一般程序,是否组织投诉人和被投诉人进行质证等,属于财政部门根据个案情况进行裁量的事项。现代沃尔认为财政部"未允许其阅卷、未听取其质证意见和陈述申辩意见,未允许其提供反驳证据"构成程序违法等主张,缺乏法律依据。

综上,现代沃尔的诉讼理由均不能成立,经审查,被诉处理决定认定事实清楚,适用法律正确,但程序轻微违法。鉴于被诉处理决定实体处理结果并无不当,且其程序轻微违法之处对现代沃尔的权利不产生实际影响,故应当依法一并确认被诉处理决定及被诉复议决定违法。现代沃尔要求撤销被诉处理决定及被诉复议决定,并责令财政部重新作出决定的相关诉讼请求不能成立,本院均不予支持。故依照《中华人民共和国行政诉讼法》第六十九条、第七十四条第一款第二项、第七十九条之规定,判决:一、确认中华人民共和国财政部二〇一六年七月十五日作出的《财政部投诉处理决定书》(财库〔2016〕111 号)及二〇一六年十二月八日作出的《行政复议决定书》(财复议〔2016〕186 号)违法;二、驳回现代沃尔经贸有限责任公司的其他诉讼请求。

现代沃尔不服一审判决,向本院提起上诉称:一、一审判决认定事实不清,掩盖了财政部应履行的法定职责,对采购部门初审不合法、存在共同勾兑违法串通的事实未予认定,对商务、价格评审违背相关规定未予查处的事实没有认定,对技术评审中的串通勾兑的事实没有认定;二、一审判决适用法律错误,一审法院完全依托行政规章裁判有悖于法,其应当适用《招标投标法》对评标委员会的组建等事项进行审查和处理。故,请求二审法院撤销一审判决,并依法进行改判。

财政部答辩称,被诉处理决定认定事实清楚,证据确凿,适用依据正确,内容适当,被诉复议决定的作出符合法定程序,一审法院认定事实清楚、适用法律正确,裁判得当,上诉人的上诉理由不能成立,请求维持一审判决。

国信招标坚持一审答辩意见。

国家卫计委、开元医疗未到庭陈述意见,亦未向本院提交书面答辩意见。

一审期间,双方当事人提交的证据均已移送至本院。经审查,本院确认一审法院对证据的认证意见正确。

二审期间,现代沃尔向本院提交了岫岩满族自治县人民法院作出的〔2017〕辽 0323 刑初107 号刑事判决书,以证明〔2017〕京 01 行初 143 号行政判决认定事实不清、证据不充分。因上述刑事判决所涉招标项目、招标公司及被告人常某均与本案没有关联性,且该证据亦与投诉事项及答复处理之间没有关联性,故不予以采纳。

根据有效证据,本院对一审法院认定的事实予以确认。

本院认为,关于现代沃尔的起诉是否超过起诉期限的问题,一审法院判断得当、适用法律正确,此处不再赘述。

第一,关于被诉处理决定适用法律是否正确的问题。

一审法院〔2005〕一中行初字第432号行政判决中已经予以明确,本院仍然坚持该观点。根据《政府采购供应商投诉处理办法》第一条规定可知,《政府采购法》系其上位法。现代沃尔关于一审法院完全依托行政规章裁判有悖于法及应当适用《招标投标法》对评标委员会的组建等事项进行审查和处理的主张缺乏法律依据。故,对其上诉主张的第二条理由不予支持。

第二,关于被诉处理决定实体合法性问题。

《政府采购供应商投诉处理办法》第十七条第(三)项规定,财政部门经审查,投诉事项经查证属实的,分别按照本办法有关规定处理。第十九条第(三)项规定,财政部门经审查,认定采购文件、采购过程影响或者可能影响中标、成交结果的,或者中标、成交结果的产生过程存在违法行为的,政府采购合同已经履行的,决定采购活动违法,给采购人、投诉人造成损失的,由相关责任人承担赔偿责任。本案中,财政部已经基于现代沃尔的投诉事项,对被投诉项目政府采购活动的合法性进行了审查并依据《政府采购供应商投诉处理办法》第十九条第(三)项作出处理决定,并无不当。如果,现代沃尔认为被确认的违法行为给其造成了损失,可以向相关责任人另行主张赔偿责任。对于被诉处理决定认定的相关事实,包括招投标的相关情况以及中标合同已经履行的相关情况等,财政部均提交了相关证据予以佐证。故,现代沃尔认为财政部未有效履行法律及生效判决所确定的处理义务,相关证据不具有真实性等主张,没有事实及法律依据,不予支持。现代沃尔的第四项投诉事项与被投诉项目明显无关,被诉处理决定予以驳回,亦无不当。

至于财政部是否对采购人、代理机构以及中标供应商进行查处,以及认定政府采购合同无效等,均明显不属于政府采购投诉处理程序的审查事项。关于对采购部门初审不合法、存在共同勾兑违法串通的事实未予认定,对商务、价格评审违背相关规定未予查处的事实没有认定,对技术评审中的串通勾兑的事实没有认定的审查,均不在投诉事项范围内,亦不在本案审查被诉处理决定的合法性范围之内。一审法院不予认定,并无不当。

第三,关于被诉处理决定程序合法性问题。

一审法院依据《政府采购法》第五十六条规定的法定期限,认定从〔2015〕一中行初字第232号行政判决生效至2016年7月15日财政部作出被诉处理决定,已超出法定期限,构成程序轻微违法,本院对该项认定予以确认。

关于财政部调查采取何种方式的问题,一审法院依据《中华人民共和国政府采购法实施条例》第五十六条第一款和《政府采购供应商投诉处理办法》第十四条规定,认定书面审查是政府采购投诉处理的一般程序,是否组织投诉人和被投诉人进行质证等,属于财政部门根据个案情况进行裁量的事项,财政部的调查处理方式,并无不当。一审法院判断得当,适用法律正确,本院予以确认。

除超过法定期限外,财政部已经履行了《政府采购法》《政府采购供应商投诉处理办法》所规定的法定程序,并无其他违法之处,现代沃尔上诉主张的第一条理由不予支持。

故,一审法院依据《中华人民共和国行政诉讼法》第六十九条、第七十四条第一款第(二)

项、第七十九条规定,判决确认被诉处理决定和被诉复议决定违法,驳回现代沃尔的其他诉讼请求正确。

综上,一审判决认定事实清楚,适用法律正确,审判程序合法,本院应予维持。现代沃尔的上诉请求缺乏事实和法律依据,本院不予支持。依据《中华人民共和国行政诉讼法》第八十九条第(一)项的规定,判决如下:

驳回上诉,维持一审判决。

二审案件受理费人民币 50 元,由上诉人北京现代沃尔经贸有限责任公司负担(已交纳)。

本判决为终审判决。

审 判 长　刘井玉

审 判 员　支小龙

审 判 员　刘天毅

二〇一八年二月七日

书 记 员　周　晶

【后续案例】

中华人民共和国最高人民法院〔2019〕最高法行申 2951 号再审审查和审判监督行政裁定书。

湖南龙运交通运输集团有限公司
与湖南省常德市财政局
政府采购（招投标）投诉处理决定案

【案件提要】

本案是对采购结果的投诉处理决定提起行政诉讼的案例。涉案采购项目有四家供应商成为中标候选人。有四家未中标供应商投诉，财政部门作出处理决定，认定采购行为违法，责令重新开展采购活动。龙运公司不服，提起本案诉讼。本案主要的争议焦点是龙运公司与昌和公司两家中标供应商是否存在控股管理关系。法院经审理认为，依据《招标文件》3.3条款规定，存在控股、管理关系的两个以上供应商，不得参加同一政府采购项目投标；9.2条款规定，若有偏离，在评标时将视为无效条款。根据查明的案件事实，龙运公司持有湖南龙运国际旅游集团有限公司87.5%的股份，湖南龙运国际旅游集团有限公司持有昌和公司87.5%的股份，龙运公司间接持有昌和公司50%以上的股份，存在控股管理关系。在本案的政府采购中，龙运公司与昌和公司同时参与了投标，有违《招标文件》第3.3条款的规定。判决认定常德市财政局作出的处理决定事实清楚，程序合法，适用法律正确。

【判决正文】

湖南省常德市中级人民法院
行政判决书

〔2015〕常行终字第70号

上诉人（一审原告）湖南龙运交通运输集团有限公司，住所地（略）。

法定代表人傅某。

委托代理人周某。

被上诉人（一审被告）常德市财政局，住所地（略）。

法定代表人尹某。

副职负责人吴某。

委托代理人袁某。

委托代理人黄某。

一审原告湖南龙运交通运输集团有限公司（以下简称龙运公司）不服一审被告常德市财

政局(以下简称市财政局)财政行政处理一案,湖南省常德市武陵区人民法院于 2015 年 6 月 2 日作出〔2015〕武行初字第 20 号行政判决。龙运公司不服,向本院提起上诉。本院受理后,依法组成合议庭,于 2015 年 9 月 2 日公开开庭审理了本案,上诉人龙运公司的法定代表人傅某及其委托代理人周某、被上诉人市财政局的副职负责人吴某及其委托代理人黄某到庭参加诉讼。本案现已审理终结。

一审法院经审理查明:2014 年 9 月 26 日前,龙运公司是湖南省龙运国际旅游集团有限公司的控股股东,龙运公司占该公司 87.5%的股份(股本金额 2 828 万元),湖南省龙运国际旅游集团有限公司又是湖南昌和公共客运集团有限公司(以下简称昌和公司)控股股东,占该公司 87.5%股份(股本金额 3 500 万元)。龙运公司持有昌和公司 50%以上股份。2014 年 9 月 2 日,湖南国方工程建设咨询有限公司(以下简称国方公司)接受常德市交通运输局委托,代理常德市城区新增出租汽车特许经营权有偿使用采购项目(政府采购计划编号:常财采计〔2014G〕0057)。同日,常德市交通运输局与国方公司签订政府采购项目委托代理协议书。2014 年 9 月 5 日,国方公司在中国湖南政府采购网上发布了招标公告,并于 2014 年 9 月 26 日在常德市公共资源交易中心组织了开标、评标。该采购项目分 A 包和 B 包,A 包共有 9 家供应商参与投标,递交了投标文件,2014 年 9 月 28 日,国方公司在中国湖南政府采购网上发布了中标公告,A 包中标候选人有:常德中兴出租汽车有限公司、龙运公司、昌和公司、常德市政德出租汽车有限公司。2014 年 10 月 8 日,国方公司分别收到常德市安骏出租汽车有限公司、湖南永隆出租汽车有限公司、常德市五星投资有限公司、常德市迎宾出租汽车有限公司对该采购项目提交的质疑书,国方公司于 2014 年 10 月 13 日分别作出《质疑答复书》,认定其质疑事实不成立,该四公司不服,于 2014 年 10 月 28 日向市财政局书面投诉,对该项目提出了 6 项投诉,市财政局于 2014 年 10 月 28 日依法予以受理,经审理,市财政局根据《政府采购供应商投诉处理办法》(财政部令第 20 号)第十七条第(三)项和第十九条第(一)项规定,于 2014 年 12 月 4 日分别作出常财检〔2014〕6、7、8、9 号《政府采购投诉处理决定书》,决定采购项目 A 包采购行为违法,责令重新开展采购活动。龙运公司对决定不服,于 2015 年 3 月 9 日向一审法院提起行政诉讼。

一审法院认为,根据《中华人民共和国政府采购法》第十三条"各级人民政府财政部门是负责政府采购监督管理的部门,依法履行对政府采购活动的监督管理职责"的规定,市财政局依法具有负责本行政区域内政府采购监管的行政管理职权。本案争议的焦点是:1. 市财政局受理常德市安骏出租汽车有限公司等四家公司政府采购招投标投诉,是否存在程序违法;2. 龙运公司与昌和公司是否存在控股管理关系;3. 市财政局作出的行政处理决定书认定事实是否清楚;4. 市财政局作出的行政处理决定书,适用法律是否错误。关于焦点 1,经查,《政府采购供应商投诉处理办法》第十条规定:投诉人提起投诉应符合下列规定:(1)投诉人是参与所投诉政府采购活动的供应商;(2)提起投诉前已依法进行质疑;(3)投诉书内容符合本办法的规定;(4)在投诉有效期内提起投诉;(5)属于本财政部门管辖;(6)同一投诉事项未经财政部门投诉处理。本案四家投诉公司在项目开展起就参与了采购活动,并按文件规定程序进行维权活动,即质疑、投诉,符合《政府采购供应商投诉处理办法》第十条的规定。市财政局作出的行政处理决定,已遵循了依投诉受理、调查、核实、作出行政处理决定、送达等程序,符合《行政处理》程序规定,故市财政局作出的行政处理决定程序合法。关于焦点2,依据《招标文件》3.3条款规定,存在控股、管理关系的两个以上供应商,不得参加同一政府采购项目投标;9.2条款规定,若有偏离,在评标时将视为无效条款。根据查明的案件事实,龙运公司持有湖南龙运国际旅游集团有限公司87.5%的股份,湖南龙运国际旅游集团有限公司持有昌和公司87.5%的股份,龙运公司间接持有昌和公司50%以上的股份,存在控股管理关系。在该项政府采购中,龙运公司与昌和公司同时参与了投标,有违《招标文件》3.3条款的规定。市财政局作出的《政府采购投诉处理决定书》所认定的基本事实与该院查明的事实吻合,市财政局作出的《政府采购投诉处理决定书》事实清楚,程序合法,适用法律正确。对龙运公司认为市财政局受理四家投诉公司的投诉程序违法,且龙运公司未对昌和公司控股、管理,市财政局作出的《政府采购投诉处理决定书》程序违法,认定事实不清、适用法律不当,请求依法撤销被告作出的《政府采购投诉处理决定书》诉讼主张,因其理由不能成立,且缺乏法律依据,一审法院不予支持。依照《中华人民共和国行政诉讼法》第六十九条之规定,判决驳回龙运公司的诉讼请求。本案受理费50元,由龙运公司负担。

龙运公司不服该判决,向本院提起上诉称:原判漏列被告,程序错误。未追加湖南省财政厅为共同被告。原判逻辑混乱、事实不清。原判适用法律错误。原判超案件争议范围。请求二审法院发回重审或撤销原判,改判撤销常德市财政局常财检〔2014〕6、7、8、9号《政府采购投诉处理决定书》并裁决政府采购有效,本案全部诉讼费用由市财政局承担。

市财政局答辩称:市财政局认为"一审漏列被告,程序错误"没有法律依据。市财政局认为一审判决"认定证据矛盾,判决逻辑混乱"没有事实依据。《合并会计报表暂行规定》并非《政府采购投诉处理决定书》正式适用的法律,而只是对案件事实的认定。一审判决没有超案件争议范围,市财政局认为一审判决认定事实清楚,适用法律正确,审理程序合法,请求二审法院判决驳回龙运公司的全部上诉请求。

当事人一审提交并质证的证据已随案移送本院,经审查,可以作为认定本案事实的依据。二审庭审中双方当事人均未提供新的证据,二审认定的事实与一审认定的事实一致。

本院认为:根据《中华人民共和国政府采购法》第十三条规定"各级人民政府财政部门是负责政府采购监督管理的部门,依法履行对政府采购活动的监督管理职责"的规定,市财政局依法具有本行政区域内政府采购监管的行政管理职权。本案争议的焦点是:1.市财政局受理常德市安骏出租汽车有限公司等四家公司政府采购招投标投诉,是否存在程序违法;2.龙运公司与昌和公司是否存在控股管理关系;3.市财政局作出的行政处理决定书认定事实是否清楚;4.市财政局作出的行政处理决定书,适用法律是否正确。关于焦点1,经查,《政府采购供应商投诉处理办法》第十条规定,投诉人提起投诉应符合下列规定:(一)投诉人是参与所投诉政府采购活动的供应商;(二)提起投诉前已依法进行质疑;(三)投诉书内容符合本办法的规定;(四)在投诉有效期内提起投诉;(五)属于本财政部门管辖;(六)同一投诉事项未经财政部门投诉处理。本案四家投诉公司在项目开展起就参与了采购活动,并按文件规定程序进行维权活动,即质疑、投诉,符合《政府采购供应商投诉处理办法》第十条的规定,市财政局作出的行政处理决定,已遵循了依投诉受理、调查、核实、作出行政处理决定、送达等程序,故市财政局作出的行政处理决定程序合法。关于焦点2,依据本次《招标文件》3.3

条款规定,存在控股、管理关系的两个以上供应商,不得参加同一政府采购项目投标;9.2条款规定,若有偏离,在评标时将视为无效条款。根据查明的案件事实,龙运公司持有湖南龙运国际旅游集团有限公司 87.5% 的股份,湖南龙运国际旅游集团有限公司持有昌和公司 87.5% 的股份,即龙运公司间接持有昌和公司 50% 以上的股份,两者存在控股关系。在该项政府采购中,龙运公司与昌和公司同时参与了投标,有违《招标文件》3.3 条款的规定。市财政局作出的《政府采购投诉处理决定书》,事实清楚,程序合法,适用法律正确。对龙运公司认为市财政局受理常德市安骏出租汽车有限公司等四家投诉公司的投诉程序违法,且龙运公司未对昌和公司控股、管理,市财政局作出的《政府采购投诉处理决定书》程序违法,认定事实不清,适用法律不当,请求依法撤销市财政局作出的《政府投诉处理决定书》,其上诉理由不能成立。该诉讼主张,因与实际情况不符,且违反本次《招标文件》的规定,本院不予支持。一审判决认定事实清楚,证据确实充分,适用法律正确,应予以维持。依照《中华人民共和国行政诉讼法》第八十九条第一款第(一)项之规定,判决如下:

驳回上诉,维持原判。

二审案件受理费 50 元由上诉人湖南龙运交通运输集团有限公司承担。

本判决为终审判决。

审 判 长　覃宏庆

审 判 员　杨名夏

审 判 员　王继春

二○一五年十月八日

书 记 员　黄　莺

山西明毅科技有限公司
与山西省朔州市财政局
政府采购（招投标）投诉处理决定案

【案件提要】

本案是对采购结果的投诉处理决定提起行政诉讼的案例,所涉争议是财政部门对投诉事项作出的处理决定是否存在违反法定程序问题。投诉事项是预中标供应商没有按照招标文件的要求提供生产厂家的授权书和原件,应属无效投标。财政部门认为,投标人和评标委员会对招标文件存有不同理解,部分投标人对报价的质疑合理,采购项目作出的结论不具备公平与合理性,不能保障采购当事人的合法权益,因而根据《政府采购供应商投诉处理办法》第十八条第一款的规定,决定采购结果无效,责令采购人、采购代理机构修改招标文件重新组织采购。行政复议机关维持财政部门的该处理决定。一审法院经审理认为财政部门未能按照《政府采购供应商投诉处理办法》的规定审查,没有对投诉的事项进行查证并确认是否存在相关事实,故对采购活动作出处理决定,不符合法定程序。二审法院则认为,财政部门的处理决定符合《政府采购供应商投诉处理办法》第十八条的规定,是对投诉人投诉请求的积极回应,且该处理结果有利于保证此次政府采购的客观公正,以及维护全部投标人的公平竞争权,故认定财政部门的上诉理由成立,依法撤销一审作出撤销处理决定的判决。山西省高级人民法院再审审查认为,财政部门针对该投诉的处理程序以及处理结果均不违反《政府采购供应商投诉处理办法》的有关规定,二审判决并无不当。

【判决正文】

山西省朔州市中级人民法院
行政判决书

〔2015〕朔中行终字第 19 号

上诉人(一审被告)朔州市财政局,住所地(略)
法定代表人孔某。
委托代理人王某。
委托代理人张某。
被上诉人(一审原告)山西明毅科技有限公司,住所地(略)。

法定代表人付某。

委托代理人魏某。

上诉人朔州市财政局因财政行政确认一案,不服朔城区人民法院〔2015〕朔行初字第 6 号行政判决,向本院提起上诉。本院受理后,依法组成合议庭,公开开庭审理了本案。上诉人朔州市财政局委托代理人王某、张某、被上诉人山西明毅科技有限公司(以下简称明毅公司)法定代表人付某、委托代理人魏某到庭参加诉讼。本案现已审理终结。

一审认定,2014 年 10 月 21 日,朔州市政府采购中心发布关于朔州市档案局档案库房设备采购项目公开招标公告及招标文件,包括明毅公司在内的二十家单位参加该采购项目的投标。同年 11 月 27 日,朔州市政府采购中心发布中标公告,确定中标供应商为江西金虎保险设备集团有限公司(以下简称金虎公司),成交金额为 1 850 460 元。11 月 28 日,明毅公司对该投标项目预中标供应商投标人资格提出质疑,理由是按照招标文件的要求,经销商须有生产厂家授权书,投标人在开标时需证件原件,而预中标商没有提供生产厂家的授权书和原件,应属无效投标。12 月 4 日,朔州市政府采购中心回复称,招标文件标准统一,其作为招标的组织者不参与项目评审,专家评标过程公平公正。明毅公司认为回复没有对质疑实质回复,于 12 月 8 日向朔州市财政局投诉,请求按照投标文件规定取消对金虎公司的评议结果或对该投标予以拒绝,并采取相应的补救、纠正措施。12 月 24 日,朔州市财政局作出朔财办函〔2014〕47 号投诉处理决定书,认为投标人和评标委员会对招标文件存有不同理解,部分投标人对报价的质疑合理,采购项目作出的结论不具备公平与合理性,不能保障采购当事人的合法权益,根据《政府采购供应商投诉处理办法》第十八条第一款的规定,决定采购结果无效,责令朔州市政府采购中心修改招标文件重新组织采购。12 月 26 日,朔州市人民政府受理明毅公司不服该决定的行政复议申请。2015 年 2 月 9 日,朔州市人民政府作出朔政行复〔2014〕44 号行政复议决定书,维持上述投诉处理决定。

一审认定上述事实的证据有:朔政采公〔2014〕II110 号公开招标文件,招标公告,金虎公司、明毅公司以及宁波金辉公司三家公司投标资料,朔州市政府采购评审专家抽取情况,投标单位评分汇总表,评标报告,中标公告,明毅公司质疑函以及对质疑的进一步说明,朔州市政府采购中心对质疑的回复,明毅公司投诉书,专家重新审查的意见,朔州市财政局投诉处理决定书,废标公告,行政复议申请书,朔州市人民政府行政复议决定书。

一审认为,根据《中华人民共和国政府采购法》规定,各级人民政府财政部门是负责政府采购监督管理的部门,依法履行对政府采购活动的监督管理职责,朔州市财政局依法具有受理和处理供应商投诉的法定职权。按照《政府采购供应商投诉处理办法》第七条的规定,供应商认为采购文件、采购过程、中标和成交结果使自己的合法权益受到损害的,应当首先依法向采购人、采购代理机构提出质疑。对采购人、采购代理机构的质疑答复不满意,或者采购人、采购代理机构未在规定期限内作出答复的,供应商可以在答复期满后 15 个工作日内向同级财政部门提起投诉。第十七条规定,经财政部门审查,对投诉事项分别作出下列处理决定:(一)投诉人撤回投诉的,终止投诉处理;(二)投诉缺乏事实依据的,驳回投诉;(三)投诉事项经查证属实的,分别按照本办法有关规定处理。第十八条规定,财政部门经审查,认定采购文件有明显倾向性或者歧视性等问题,给投诉人或者其他供应商合法权益造成或者可能造成损害的,按下列情况分别处理:(一)采购活动尚未完成的,责令修改采购文件,并按修改后的采购文件开展采购活动;(二)采购活动已经完成,但尚未签订政府采购合同的,决定采购活动违法,责令重新开展采购活动;(三)采购活动已经完成,并且已经签订政府采购合同的,决定采购活动违法,由被投诉人按照有关法律规定承担相应的赔偿责任。明毅公司因中标供应商投标人资格问题向朔州市政府采购中心提出质疑,因对朔州市政府采购中心答复不满意,向朔州市财政局投诉,请求按照投标文件规定取消对金虎公司的评议结果或对该投标予以拒绝,并采取相应的补救、纠正措施。朔州市财政局未能按照《政府采购供应商投诉处理办法》的规定审查,没有对投诉的事项进行查证并确认是否存在相关事实,依法对采购活动作出处理决定。朔州市财政局的处理决定缺乏事实依据,且不符合法定程序。明毅公司主张的赔偿,不属于行政赔偿的范围,不予支持。依照《中华人民共和国行政诉讼法》第七十条的规定,判决:一、撤销朔州市财政局作出的朔财办函〔2014〕47 号投诉处理决定书;二、责令朔州市财政局对明毅公司的投诉重新作出处理决定;三、驳回明毅公司的其他诉讼请求。

朔州市财政局上诉称,一审法院受理案件错误,明毅公司不是本案适格诉讼主体;一审法院没有依法查明案情,认定事实不清,适用法律错误;朔州市财政局在法律授权的范围内依照法定程序对投诉事项进行调查,属于合法行政,所作出的决定有专业性的意见作为参考,属于合理行政,朔州市财政局作出朔财办函〔2014〕47 号投诉处理决定客观真实,秩序合法,是合法的具体行政行为。请求二审法院依法改判或者发回重审。

明毅公司辩称,一审法院受理案件合法,朔州市财政局是本案适格诉讼主体;一审法院依法查明案情,认定事实清楚,适用法律不存在错误;朔州市财政局作出的朔财办函〔2014〕47 号投诉处理决定书不客观真实,程序不合法。请求依法驳回上诉,维持原判。

经审理查明,二审认定的事实和证据与一审认定基本一致。

本院认为,明毅公司作为朔州市档案局档案库房设备采购项目公开招标的投标人,对(预)中标供应商投标人资格提出质疑以及因对质疑答复不满意向朔州市财政局投诉,符合《政府采购供应商投诉处理办法》的规定,朔州市财政局针对投诉作出朔财办函〔2014〕47 号投诉处理决定,明毅公司即成为该行政行为的相对人,故明毅公司提起行政诉讼符合《中华人民共和国行政诉讼法》第二十五条第一款的规定,是本案适格的诉讼主体。明毅公司在投诉中请求依招标文件规定取消对(预)中标供应商金虎公司的评议结果或对该投标予以拒绝、对该投标人作无效投标处理、采取相应的补救及纠正措施,朔州市财政局作出的朔财办函〔2014〕47 号投诉处理决定书,决定采购结果无效,责令朔州市政府采购中心修改招标文件后重新组织采购,符合《政府采购供应商投诉处理办法》第十八条的规定,是对明毅公司投诉请求的积极回应,且该处理结果有利于保证此次政府采购的客观公正以及维护全部投标人的公平竞争权。明毅公司在行政复议申请及二审庭审中称,朔州市财政局对其投诉的处理应当依照《政府采购货物和服务招标投标管理办法》第六十条、第八十二条的规定处理,即除对(预)中标供应商作无效投标处理外,应从中标候选人中重新确定中标人,本案涉及的招投标不存在《政府采购货物和服务招标投标管理办法》第六十条规定的不可抗力及无法履行合同情形,且朔州市财政局作出的投诉处理决定亦不违反《政府采购货物和服务招标投标管理办法》第八十二条的规定。综上所述,朔州市财政局作出的朔财办函〔2014〕47 号投诉处理决定,适用法规正确,符合法定程序,明毅公司要求撤销投诉处理决定、重新作出具体行政行为、补偿经济损失、消除不利影响、公开道歉、公布事实真相等诉讼请求,无事实及法律依据,不予支持,朔州市财政局的上诉理由部分予以采信,原判认定事实清楚,适用法律错误,应予改判。依照《中华人民共和国行政诉讼法》第六十九条、第八十九条第一款第(二)项的规定,判决如下:

一、维持朔城区人民法院〔2015〕朔行初字第 6 号行政判决第三项,即驳回山西明毅科技有限公司的其他诉讼请求;

二、撤销朔城区人民法院〔2015〕朔行初字第 6 号行政判决第一项、第二项,即撤销朔州市财政局朔财办函〔2014〕47 号投诉处理决定书,责令朔州市财政局对山西明毅科技有限公司的投诉重新作出处理决定;

三、驳回山西明毅科技有限公司要求撤销朔州市财政局朔财办函〔2014〕47 号投诉处理决定书并责令重新作出具体行政行为的诉讼请求。

一、二审案件受理费各 50 元,由被上诉人山西明毅科技有限公司负担。

本判决为终审判决。

审 判 长　张春山

审 判 员　郭明霞

审 判 员　赵晓燕

二〇一五年十月二十八日

书 记 员　韩志文

【后续案例】

山西省高级人民法院〔2016〕晋行申 51 号行政裁定书。

浙江飞叶智能科技有限公司
与浙江省乐清市财政局
政府采购(招投标)投诉处理决定案

【案件提要】

　　本案是对采购结果的投诉处理决定提起行政诉讼的案例。涉案采购项目经公开招标,确定广信公司中标。飞叶公司认为广信公司的投标文件中部分主要设备的技术参数低于招标文件的要求,存在涉嫌提供虚假资料的事实,故提出质疑和投诉。财政部门经调查认为,投标产品是否符合采购需求应由评标委员会和采购人认定,在没有确凿证据证明被投诉人及评标委员会在涉案项目采购活动中存在明显倾向性、排他性等问题的情况下,应当尊重其评标结果,故驳回投诉。飞叶公司提起本案诉讼。一审判决驳回飞叶公司的诉讼请求。飞叶公司提出上诉。二审法院经审理认为,本案采购人系企业单位,严格讲并不属于各级国家机关、事业单位和团体组织范畴,但考虑到其系国有独资公司,虽然采购资金来源自筹,但仍具有公共性质,市政府采购管理委员会决定涉案采购项目的组织类型为政府集中采购,对节约采购资金以及规制政府及其有关部门违法介入企业采购行为均有正面意义,并不损害社会公共利益,且投诉人在投诉前也未对涉案采购项目纳入政府集中采购范围提出质疑,而是以政府采购供应商的名义对已经组织的政府采购行为进行投诉,财政部门在投诉材料符合法定受理条件的情况下决定受理涉案投诉事宜,并无明显不当。但财政部门在作出被诉行政处理决定时未将与投诉事项有关的供应商广信公司列为当事人,并在文书中体现其说明或答辩意见及相关证据、依据和其他有关材料,也未向广信公司送达行政处理决定书,行政程序明显违法。对投诉事项涉及广信公司的投标文件中部分主要设备的技术参数低于招标文件的要求的事实问题,亦未尽到调查核实职责。因此,财政部门作出的被诉行政处理决定认定事实不清,主要证据不足,行政程序违法,判决予以撤销。

【判决正文】

浙江省温州市中级人民法院
行政判决书

〔2015〕浙温行终字第 375 号

　　上诉人(一审原告)浙江飞叶智能科技有限公司,住所地(略)。

法定代表人叶某。

委托代理人章某。

委托代理人孙某。

被上诉人(一审被告)乐清市财政局,住所地(略)。

法定代表人王某。

委托代理人李某。

委托代理人林某。

被上诉人(一审第三人)浙江广信智能建筑研究院有限公司,住所地(略)。

法定代表人方某。

委托代理人陈某。

被上诉人(一审第三人)乐清市中心区发展有限公司,住所地(略)。

法定代表人陈某。

委托代理人杨某。

委托代理人叶某。

被上诉人(一审第三人)乐清市公共资源交易中心,住所地(略)。

法定代表人李某。

委托代理人顾某。

上诉人浙江飞叶智能科技有限公司(以下简称飞叶公司)因诉被上诉人乐清市财政局财政行政监督一案,不服乐清市人民法院〔2015〕温乐行初字第32号行政判决,向本院提起上诉。本院受理后,依法组成合议庭,于2015年9月23日公开开庭进行了审理。上诉人飞叶公司的委托代理人章某和孙某、被上诉人乐清市财政局的委托代理人李某和林某、被上诉人浙江广信智能建筑研究院有限公司(以下简称广信公司)的委托代理人陈某、被上诉人乐清市中心区发展有限公司(以下简称乐清中心区公司)的委托代理人杨某、被上诉人乐清市公共资源交易中心(以下简称乐清交易中心)的委托代理人顾某到庭参加诉讼。本案现已审理终结。

一审判决认定:2014年12月,乐清中心区公司作为采购人委托乐清交易中心作为采购机构,为采购组织类型为政府集中采购、采购编号为CG201407A05的乐清总部经济园(一期)智能化系统采购项目进行招标。经公开招投标,于2015年1月29日发布中标公告,确定广信公司以标价18 008 000元中标。2015年2月5日,第二中标候选人即飞叶公司向乐清中心区公司提交质疑书,认为广信公司的投标文件中,部分主要设备的技术参数低于招标文件的要求,其中关于智能化核心交换机及防火墙插卡为"锐捷"品牌的产品严重不符合招标文件的要求,且"锐捷"官方网站还存在随意修改技术参数,涉嫌提供虚假资料的事实,要求取消广信公司的中标供应商资格,并提交了检验报告、锐捷网络产品索引、网站查询信息及产品照片。同年2月15日,乐清中心区公司、乐清交易中心向飞叶公司作出回复,认为在评标过程中,评审委员会未作出广信公司投标文件不符合招标文件要求导致无效标的决议。飞叶公司对该答复不服,于2015年2月28日向乐清市财政局提出投诉。乐清市财政局受理后,即进行调查取证。期间,广信公司向乐清市财政局提供了招标文件推荐备选产品供应商福建星网锐捷网络有限公司于 2015 年 2 月 10 日出具的回复意见,该意见确认飞叶公司质疑书中涉及的核心交换机及防火墙插卡能完全满足招标文件的要求,同时声明其官方网站由于时间和版本问题,不能作为最终提供给客户的参数指标。同年 3 月 2 日,福建星网锐捷网络有限公司具函声明,有关用于采购项目的产品技术指标官方文件,均应由其公司提供的盖有单位公章的原件为有效文件。2015 年 3 月 17 日,乐清市作出乐财执法〔2015〕1 号《行政处理决定书》,认为涉案采购项目投标产品是否符合采购需求应由评标委员会和采购人认定,在没有确凿证据证明被投诉人及评标委员会在涉案项目采购活动中存在明显倾向性、排他性等问题的情况下,应当尊重其评标结果。飞叶公司对评审结果质疑答复不满的投诉,缺乏事实依据。根据《中华人民共和国政府采购法》第五十六条、《政府采购供应商投诉处理办法》(财政部令第 20 号)第十七条第(二)项的规定,决定驳回飞叶公司的投诉。

一审判决认为:《中华人民共和国公司法》第六十四条规定,国有独资公司是指国家单独出资、由国务院或者地方人民政府授权本级人民政府国有资产监督管理机构履行出资人职责的有限责任公司。乐清中心区公司为国有独资公司,而涉案采购项目的组织类型为政府集中采购,属于《中华人民共和国政府采购法》第二条规定的政府采购行为,使用的是财政性资金。根据《政府采购供应商投诉处理办法》第七条的规定,供应商认为采购文件、采购过程、中标和成交结果使自己的合法权益受到损害的,应当首先依法向采购人、采购代理机构提出质疑。对采购人、采购代理机构的质疑答复不满意,或者采购人、采购代理机构未在规定期限内作出答复的,供应商可以在答复期满后十五个工作日内向同级财政部门提起投诉。该处理办法第三条第一款规定,县级以上各级人民政府财政部门负责依法受理和处理供应商投诉。因此,飞叶公司向乐清市财政局提出投诉后,乐清市财政局予以受理并作出处理决定,属于其依法履行职责范畴。飞叶公司认为乐清市财政局作出涉案决定系超越其职权范围的主张,与法不符。飞叶公司投诉期间提供的锐捷网络产品索引、网站查询信息及照片等证据,其证明效力并未得到福建星网锐捷网络有限公司出具的盖有单位印章文件所确认,因此乐清市财政局认为飞叶公司投诉缺乏事实依据,并无不当。《政府采购供应商投诉处理办法》第二十条虽然规定财政部门对投诉事项作出处理决定后,应当以书面形式通知投诉人、被投诉人及其他与投诉处理结果有利害关系的政府采购当事人,但在第二十一条第一款第(一)(二)项的规定中,投诉处理决定书中所列的当事人为投诉人、被投诉人及其委托代理人,并没有规定应列其他与投诉处理结果有利害关系的当事人,因此,飞叶公司提出涉案决定未将利害关系人广信公司列为当事人属程序违法的主张,没有法律依据。《中华人民共和国政府采购法》第五十六条规定,政府采购监督管理部门应当在收到投诉后三十个工作日内,对投诉事项作出处理决定,并以书面形式通知投诉人和与投诉事项有关的当事人;《政府采购供应商投诉处理办法》第十七条第二项规定,财政部门经审查,对投诉缺乏事实依据的,作出驳回投诉的处理决定。乐清市财政局作出的被诉行政处理决定适用上述法律条文正确。据此,根据《中华人民共和国行政诉讼法》第六十九条的规定,判决驳回飞叶公司的诉讼请求。

飞叶公司上诉称:一、一审判决将乐清市财政局超越职权的行政行为认定为合法,适用法律错误。1. 根据《政府采购法》第二条第二款规定,采购人是指各级国家机关、事业单位和团体组织。本案中乐清中心区公司系国有独资公司,并不属于上述三类采购人的范围,其采购行为不应适用政府采购法。2.《政府采购法》规定开展采购活动的项目资金应当是财政性资金,本案招标文件第二章第一节第二条明确指出建设资金为自筹,且根据《政府采购法》第三十三条的规定,如果属于政府采购资金,应当列入财政年度部门预算,但乐清市财政局未提供证据证明本案采购资金为财政性资金。因此,本案所涉采购行为并非政府采购行为,不受《政府采购法》调整。2012年8月3日,温州市人民政府下发的《温州市国有企业采购管理办法(试行)》第七条规定,温州市人民政府国有资产监督管理委员会是国有企业采购的监督管理部门。涉案项目是国有企业采购,故本案投诉理应交由市国资部门受理。乐清市财政局在收到投诉时应对该事项进行告知,而不应越权受理。二、乐清市财政局对投诉事项的处理显然未尽其行政监督职责,一审判决认定事实错误。1.乐清市财政局没有调取项目招标文件、广信公司投标文件、开标记录、评标报告等文书资料,更没有进行审查,认定事实不清。2.乐清市财政局直接采信被投诉人及其设备供应商的主观言辞,未与客观证据材料进行验证。3.乐清市财政局没有对被投诉事项进行基本的调查。飞叶公司在一审开庭时才从广信公司处了解到本次中标设备中的核心交换机型号为S8614-Chassis,品牌为锐捷,产地为福建。对于该基本事实,乐清市财政局川未进行调查。根据《电信设备进网管理办法》第三条规定,国家对接入公用电信网的电信终端设备等实行进网许可制度,未获进网许可证的,不得接入公用电信网使用和在国内销售。飞叶公司通过工信部名下的电信设备进网管理网站对S8614型号的电信设备进行查询获悉,目前处于有效期的进网许可证有两个:一个是型号为KC-8614-Chassis的三层交换机,其生产商为深圳光启创新技术有限公司;另一个是RG-S8614的三层交换机,其生产商为福建星网锐捷网络有限公司。而中标设备锐捷S8614-Chassis是没有进网许可证的,不满足招标文件的要求。或者说,广信公司提供了虚假材料,以深圳光启创新技术有限公司的S8614-Chassis交换机进行投标,但把生产商编造为锐捷,这是典型的虚构事实,隐瞒真相,符合民事欺诈的要件。上述情况如经核实,该次中标无效。乐清市财政局没有对采购设备的进网许可证进行审查,未尽到监督管理职责。4.一审判决对飞叶公司提供的公证书不予采信错误。一审中飞叶公司提供的公证书源于福建星网锐捷网络有限公司的网站信息,该网站网页信息已经公证,符合电子数据证据的形式要件。在没有福建星网锐捷网络有限公司提供的反驳证据的情况下,原判根据福建星网锐捷网络有限公司自己出具的确认函,对飞叶公司提供的公证书不予采信,显然认证错误。5.一审判决举证责任分配错误。根据《行政诉讼法》第三十四条的规定,乐清市财政局应当对其行政行为的合法性承担举证责任,而原判对乐清市财政局的证明标准要求明显低于飞叶公司,实质上采用了飞叶公司证明被诉行政行为违法的举证模式,显然违法。综上,请求依法撤销一审判决及被诉行政处理决定。

乐清市财政局辩称:一、飞叶公司称乐清市财政局超越职权作出被诉行政处理决定,理由错误。1.本案中作出政府采购决定的机关为乐清市政府采购管理委员会。2013年8月23日,乐清市人民政府采购管理委员会作出了同意乐清中心区公司采购计划的行政行为。乐清市财政局在收到飞叶公司的投诉时,该项目已经根据乐清市人民政府采购管理委员会作出的采购决定实施招标活动,属于政府采购行为。乐清市财政局无权先行审核或否定乐清市人民政府采购管理委员会作出的采购决定的合法性,故予受理并作出行政处理决定适用法律正确。2. 乐清市人民政府采购管理委员会并未根据《温州市国有企业采购管理办法(试行)》实施采购活动,且该办法不是法律规范,乐清市财政局无权将涉案投诉转交国资部门处理。3. 若按飞叶公司的观点,本案不是政府采购项目,飞叶公司也就不是真正意义上的政府采购供应商,无权根据《政府采购供应商投诉处理办法》提出投诉,也无权提起本案诉讼。二、乐清市财政局对投诉事项依法尽职审核后作出被诉行政处理决定,认定事实清楚、证据充分。1. 根据《政府采购供应商投诉处理办法》第十条第(二)项、第二十条的规定,财政部门虽是政府采购的监督机关,但在投诉个案中,仅对投诉事项进行调查取证,不全面审核整个政府采购项目的合法性,开标记录、评标报告等不是本案的审查内容。2. 乐清市财政局无权对投标标的物是否符合招标文件的约定进行实质监督,对于投标文件或预中标产品是否符合招标文件的要求,应由评标委员会根据择优等原则评定后确定中标人。根据《政府采购供应商投诉处理办法》第十八条、第十九条的规定,乐清市财政局仅对采购文件具有明显倾向性或者歧视性等问题,采购文件、采购过程影响或者可能影响中标、成交结果的,或者中标、成交结果的产生过程存在违法行为的情形进行监督。况且,飞叶公司投诉的标的仅为1.5万元,与1 800万元的总标价相比微乎其微。根据《招标投标法》第四十一条第一款的规定,中标人的投标不需要百分百符合招标文件,不管飞叶公司的投诉是否属实,评标委员会的决定都是合法的。3. 投诉人的投诉没有事实依据,具体理由同一审答辩意见。4. 被诉行政处理决定作出于2015年3月17日,飞叶公司提交的公证书的落款时间是2015年3月26日,该公证书显然不能作为否定被诉行政处理决定合法性的依据。综上,一审判决认定事实清楚,适用法律正确,请求驳回上诉,维持原判。

广信公司辩称:一、本案的采购行为是否属于政府采购及乐清市财政局有无监督管理权的问题,实质上是对乐清交易中心招标文件的争议。根据法律规定,对招标文件有异议的,应在十日内提出。飞叶公司没有在法定期间内提出异议或投诉,且招标文件的合法性不属人民法院的审查范围。在飞叶公司投诉时,涉案采购项目属于政府采购是既定事实,既然是政府采购,根据《政府采购法》的规定,乐清市财政局当然具有监督管理权,其受理投诉并作出被诉行政处理决定并没有超越职权。二、飞叶公司犯了两大错误。第一个错误是将乐清市财政局行政上的监督管理与评标委员会在技术上的评价混为一谈,乐清市财政局并不具备对评标文件在技术上评价的资质和权力;第二个错误是将验收程序与招投标程序混为一谈,飞叶公司试图在招投标程序中解决验收程序中应解决的问题。只要投标文件实质响应了招标文件,该标就是有效的。广信公司的投标文件完全响应了招标文件的要求。飞叶公司在一审中提出的所有证据都不是广信公司投标文件的内容,评标委员会当然不予审查。广信公司能否按照招标、投标文件履行义务,应当在验收程序中解决。综上,一审判决认定事实清楚,适用法律正确,请求二审予以维持。

乐清中心区公司辩称:同意乐清市财政局和广信公司的意见。补充两点:第一,涉案政府采购项目是乐清市人民政府采购管理委员会决定的,飞叶公司如有异议,应当对乐清市人民政府采购管理委员会的行为提起诉讼。第二,乐清市财政局已经履行监督管理义务。首先,乐清市财政局已针对飞叶公司投诉的具体事项调取审查相应材料,无需对所有材料进行审查。其次，乐清市财政局不是技术部门，只是对整个招投标过程中是否出现不合法、不合理行为进行监督，不可能监督技术性问题。飞叶公司在一审及上诉状中反复提到的都是技术性问题，应由评标委员会认定。原判认定事实清楚、适用法律正确，请求二审予以维持。

乐清交易中心辩称：乐清市招投标中心发布的招标文件已经明确是政府采购，且飞叶公司已经按照该招标文件进行了投标，证明其已认可涉案项目是政府采购。乐清市财政局仅对招投标过程中的程序问题进行审查，无需审查具体的技术性问题，也无能力审查。涉案项目的整个招投标过程包括评标程序没有违法。原判认定事实清楚、适用法律正确，请求二审予以维持。

经审理，本院查明的事实与一审判决一致，本院予以确认。

本院认为：一、根据《政府采购供应商投诉处理办法》第三条规定，县级以上地方各级人民政府财政部门负责本级预算项目政府采购活动中的供应商投诉事宜，因此，乐清市财政局负有依法受理和处理本级预算项目政府采购活动中的供应商投诉事宜的法定职责。《中华人民共和国政府采购法》第二条第二款规定："本法所称政府采购，是指各级国家机关、事业单位和团体组织，使用财政性资金采购依法制定的集中采购目录以内的或者采购限额标准以上的货物、工程和服务的行为。"本案中的采购人乐清中心区公司为企业单位，严格讲并不属于该条款规定的各级国家机关、事业单位和团体组织范畴，但考虑到其系国有独资公司，虽然采购资金来源自筹，但仍具有公共性质，乐清市人民政府采购管理委员会决定涉案采购项目的组织类型为政府集中采购，对节约采购资金以及规制政府及其有关部门违法介入企业采购行为均有正面意义，并不损害社会公共利益，且投诉人在投诉前也未对涉案采购项目纳入政府集中采购范围提出质疑，而是以政府采购供应商的名义对已经组织的政府采购行为进行投诉，乐清市财政局在投诉材料符合法定受理条件的情况下决定受理涉案投诉事宜，并无明显不当。二、《政府采购供应商投诉处理办法》第十二条、第十三条规定："财政部门应当在受理投诉后三个工作日内向被投诉人和与投诉事项有关的供应商发送投诉书副本。被投诉人和与投诉事项有关的供应商应当在收到投诉书副本之日起五个工作日内，以书面形式向财政部门作出说明，并提交相关证据、依据和其他有关材料。"根据上述规定，被投诉人和与投诉事项有关的供应商均为投诉处理程序中的当事人，负责处理投诉事宜的财政部门应当依法向被投诉人和与投诉事项有关的供应商发送投诉书副本，并对其提交的书面说明以及相关证据、依据和其他有关材料进行审查。本案中，乐清市财政局没有提交证据证明其已经履行上述法定程序，行政程序明显违法。《政府采购供应商投诉处理办法》第二十一条第一款规定财政部门作出的投诉处理决定书应当包括的主要内容中虽未列明与投诉事项有关的供应商，但不能因此否认与投诉事项有关的供应商的当事人地位，财政部门作出的投诉处理决定书的主要内容应当包括但不限于该条款列明的内容。乐清市财政局作出被诉行政处理决定时未将与投诉事项有关的供应商即广信公司列为当事人，并在文书中体现其说明或答辩意见及相关证据、依据和其他有关材料，也未向广信公司送达行政处理决定书，亦属程序不当。三、《政府采购供应商投诉处理办法》第十四条规定："财政部门处理投诉事项原则上采取书面审查的办法。财政部门认为有必要时，可以进行调查取证，也可以组织投诉人和被投诉人当面进行质证。"本案中，飞叶公司投诉的主要内容是认为广信公司的投标产品中核心交换机的技术参数及防火墙插卡不符合招标文件的要求。具体的讲,飞叶公司认为根据其掌握的信息,广信公司的投标产品中品牌为锐捷的核心交换机能满足"产品入网时间3年以上"等招标要求的只有型号为RG-S8614的三层交换机,而该型号交换机主机只能配置双电源,不能满足"配置4电源"的招标文件参数要求,且交换容量和包转发率也均无法满足招标文件参数要求;锐捷品牌的防火墙插卡默认不带接口,也不能满足招标文件要求。同时,飞叶公司认为锐捷官方网站存在随意修改信息的事实,广信公司在投标文件中对投标产品的技术参数描述可能与修改后的信息相符,但与锐捷RG-S8614型号三层交换机的实际技术参数不符,存在虚构事实嫌疑。飞叶公司在投诉时已经提交了锐捷RG-S8614型号的三层交换机2015年1月20日到期换证的检验报告等证据材料和线索,已经尽到初步证明责任。在此情况下,乐清市财政局应当针对投诉人的质疑事项,要求被投诉人和广信公司提交招标、投标文件以及投标产品的实际技术参数等相关材料进行审查,必要时应当进行调查核实,以查清广信公司的投标产品核心交换机是否为锐捷RG-S8614型号三层交换机以及投标文件中相关投标产品的技术参数描述是否与该产品实际技术参数相符等基本事实。在查清基本事实的基础上,如涉及投标产品的技术参数是否满足招标文件要求等专业性问题,或者在调查过程中涉及对相关技术参数的理解和真实性判断问题,需要评标委员会进行专业评判的,应当征询评标委员会的意见。由于乐清市财政局未依法向被投诉人和与投诉事项有关的供应商发送投诉书副本并要求其在法定期限内提交相关证据、依据和其他有关材料,无法针对投诉人的投诉事项根据相关材料进行书面审查,因此,不能认定乐清市财政局已经履行书面审查职责。虽然乐清市财政局对当事人包括广信公司进行了调查询问,但并未要求被投诉人和广信公司提交招标、投标文件等相关材料进行审查以确定广信公司的投标产品核心交换机是否为锐捷RG-S8614型号的三层交换机以及投标文件中对该投标产品的技术参数描述是否与该产品实际技术参数相符并满足招标文件要求。根据广信公司在诉讼中提交的投标书内容,其投标产品核心交换机主机为锐捷S8614-Chassis型号,该产品是否不同于RG-S8614型号以及是否取得入网许可证等事实,乐清市财政局在调查时并未涉及,显然并未查清投诉事项所涉的基本事实。退一步讲,即使S8614-Chassis与RG-S8614是同型号的产品,根据广信公司的陈述及威尔信通信实验室等机构出具的书面证明等材料内容,其电源配置为"2组,4电源",与招标、投标文件中描述的"配置4电源"是否相符,乐清市财政局应当征询评标委员会的意见,进而判断广信公司是否在投标文件中对相关产品的技术参数作虚假描述。此外,飞叶公司在投诉时已经明确指出,根据其查询和锐捷官方网站网页显示,锐捷RG-S8614型号的三层交换机的交换容量和包转发率达不到招标文件中的技术参数要求,锐捷防火墙插卡默认不带接口,乐清市财政局应当对此进行核实,并要求广信公司提交相关产品规格和技术参数的有效证明材料,据以审查判断投诉事项是否属实。乐清市财政局仅根据当事人广信公司自己的说明、承诺及福建星网锐捷网络有限公司的声明即认为投诉事项缺乏事实依据,而未就上述相关事实进行必要的调查并作出明确认定,未尽到调查核实职责。飞叶公司投诉质疑的焦点在于广信公司在投标文件中对相关投标产品的规格和技术参数的描述与产品实际不符,涉嫌虚构事实的违法行为,并不仅仅涉及评标委员会和采购人在技术上的评价问题,乐清市财政局简单的以"涉案采购项目投标产品是否符合采购需求应由评标委员会和采购人认定,在没有确凿证据证明被投诉人及评标委员会在涉案项目采购活动中存在明显倾向性、排他性等问题的情况下,应当尊重其评标结果"为由,驳回飞叶公司的投诉,理由不能成立。乐清市财政局据此作出被诉行政处理决定,认定事实不清,主要证据不足。

综上,乐清市财政局作出被诉行政处理决定认定事实不清,主要证据不足,行政程序违法,依法应予撤销。乐清市财政局应当针对飞叶公司的投诉事宜重新作出行政处理决定。原判驳回飞叶公司的诉讼请求,适用法律错误,本院予以纠正。据此,依照《中华人民共和国行政诉讼法》第七十条第(一)(三)项和第八十九条第(二)项的规定,判决如下:

一、撤销乐清市人民法院〔2015〕温乐行初字第 32 号行政判决;

二、撤销被上诉人乐清市财政局于 2015 年 3 月 17 日作出的乐财执法〔2015〕1 号行政处理决定;

三、被上诉人乐清市财政局应于本判决生效之日起三十个工作日内重新作出行政处理决定。

本案一、二审案件受理费各 50 元,由被上诉人乐清市财政局负担。

本判决为终审判决。

审　判　长　许旭东
审　判　员　苏子文
代理审判员　郑　宇
二〇一五年十一月十八日
代理书记员　谭敏娟

盘锦凯旋商贸有限公司
与辽宁省盘锦市财政局
政府采购(招投标)投诉处理决定案

【案件提要】

本案是对采购结果的投诉处理决定提起行政诉讼的案例。未中标供应商凯旋公司就"中标结果、评标情况以及对招标文件中规定的商品技术指标本身"等三项内容先后提出质疑和投诉。财政部门回复因投诉所提出的三家供应商有两家未参加投标,故无法进行调查取证,对投诉事项作出不予受理的决定。二审法院经审理认为,本案中财政部门对凯旋公司提出的投诉,因未说明不予受理的法定理由,又未引用适当的法律、法规依据,故其作出的该被诉的行政行为欠缺合法性的要件。鉴于采购项目业已完成重新招标及合同履行,判决重作已无意义,故一审判决确认盘锦市财政局作出的不予受理决定(回复函)违法并无不当。

【判决正文】

辽宁省盘锦市中级人民法院
行政判决书

〔2016〕辽 11 行终 77 号

上诉人(一审原告)盘锦凯旋商贸有限公司,住所地(略)。

法定代表人宇文某。

委托代理人金某。

上诉人(一审被告)盘锦市财政局,住所地(略)。

法定代表人王某。

委托代理人葛某。

委托代理人王某。

一审第三人盘锦市体育局,住所地(略)。

法定代表人付某。

委托代理人李某。

一审第三人盘锦市公共采购交易监督管理办公室,住所地(略)。

法定代表人齐某。

委托代理人陆某。

上诉人盘锦凯旋商贸有限公司(以下简称凯旋公司)、上诉人盘锦市财政局因财政行政处理一案,不服盘锦市兴隆台区人民法院〔2015〕兴行初字第000888号行政判决,向本院提出上诉。本院依法组成合议庭,于2016年11月9日公开开庭审理了本案。上诉人凯旋公司的委托代理人金某,上诉人盘锦市财政局的委托代理人葛某、王某,一审第三人盘锦市体育局的委托代理人李某,一审第三人盘锦市公共采购交易监督管理办公室(以下简称盘锦市采购监管办)的委托代理人陆某到庭参加了诉讼。本案现已审理终结。

一审法院认定,2015年9月30日,盘锦市政府采购中心(即盘锦市采购监管办)在"盘锦市公共资源交易中心网站"发布公开招标公告。项目名称:盘锦市体育局体育设备采购项目;项目编号:LPG201509268(第1包),其中有"轨道式象棋桌";开标时间:2015年10月20日09:00。凯旋公司于10月19日向盘锦市体育局就"轨道式象棋桌"提出质疑,其理由:根据《政府采购法》第三十六条规定,在招标采购中,符合专业条件的供应商或者对招标文件作实质响应的供应商不足三家的,应予废标。供应商中符合国体认证的都没有轨道式象棋盘桌,只有好家庭健身器材有此货源,而且是申请专利的,凯旋公司无法公平竞标。盘锦市体育局于当日予以回复:"1. 经调查,有四家厂家的轨道式象棋桌可满足采购需求:陕西海特克复合材料有限公司、山东格瑞德集团有限公司、深圳市好家庭实业有限公司、舒华股份有限公司,有国家体育用品质量监督检验中心的检验为证。2. 评分标准中关于国体认证,是对产品质量的考虑,并无不妥。"2015年10月20日,凯旋公司参与了第1、3包的公开招投标活动。参与第1包的供应商还有舒华股份有限公司(第1、2、3包)、武汉昊康健身器材有限公司(第1、2、3包)、深圳市好家庭实业有限公司(第1、2、3包)。凯旋公司第1包开标得分89.9、第3包开标得分75.6,均未中标。2015年10月23日,凯旋公司就"中标结果、评标情况以及对招标文件中规定的商品技术指标本身"等三项内容向盘锦市采购监管办提出异议,盘锦市采购监管办回复:"评标办法为综合法,由评标委员会综合打分,得分最高者为中标供应商,第3项质疑无效。"2015年10月26日,凯旋公司向盘锦市财政局政府采购监督管理科投诉,对"竞标采用的综合评分法、竞标评分未做到公开透明、轨道式象棋桌为独一专利产品违反《政府采购条例》第二条第六项规定"等三项内容提出质疑。盘锦市财政局于2015年11月12日作出回复,内容为:"你公司所提出的三家供应商,其中两家供应商(陕西海特克复合材料有限公司、山东格瑞德集团有限公司)均未参加此次招标活动(LPG201509268),故无法进行调查取证,根据财政部20号令《政府采购供应商投诉处理办法》第十三条规定,我科对你公司所投诉事项作出不予受理的决定。"凯旋公司不服此答复,于2015年12月28日向一审法院提起诉讼。2015年12月28日,盘锦市政府采购中心对2015年10月20日招标的第1包予以废标,以竞争性谈判的方式进行了招标,名称变更为"室外象棋桌",2015年12月31日开标,凯旋公司未参与。

一审法院认为,根据《中华人民共和国政府采购法》(以下简称《政府采购法》)第五十五条、财政部第20号令《政府采购供应商投诉处理办法》第二、三条、《辽宁省政府采购供应商质疑投诉处理暂行规定》(以下简称《暂行规定》)第二条的规定,盘锦市财政局是负责政府采购监督管理的部门,依法履行对政府采购活动的监督管理职责,凯旋公司的投诉在盘锦市财政局的职权受理范围内。对此,凯旋公司、盘锦市财政局及盘锦市体育局、盘锦市采购监管办均无异议。

关于盘锦市财政局作出不予受理回复的合法性问题。凯旋公司对盘锦市财政局工作程序没有异议,对不予受理决定有异议。盘锦市财政局《投诉回复函》不予受理的法律依据是财政部 20 号令《政府采购供应商投诉处理办法》第十三条,盘锦市财政局在答辩状及庭上提出根据《暂行规定》第十二条第一款第一项规定,亦属于不予受理。凯旋公司认为《暂行规定》第十二条第一款第一项规定不适用于本案,盘锦市财政局适用法律错误,根据《政府采购法》第五十二条规定,凯旋公司所提出的质疑及投诉均属受理范围内,基于上位法优于下位法的原则,盘锦市财政局适用法律错误,而且盘锦市财政局所适用的辽宁省财政厅文件不应作为法律依据。财政部第 20 号令《政府采购供应商投诉处理办法》第十三条内容为:"被投诉人和与投诉事项有关的供应商应当在收到投诉书副本之日起 5 个工作日内,以书面形式向财政部门作出说明,并提交相关证据、依据和其他有关材料。"故该条规定的对象是被投诉人和与投诉事项有关的供应商,而不是投诉人。又《暂行规定》第十二条第一款的内容是:"采购人或采购代理机构对质疑按以下情形分别处理",该款第一项内容是:"质疑有下列情形之一的,不予受理:1. 质疑供应商参与了投标(竞争性谈判、询价)活动后,再对采购文件内容提出质疑的;2. 质疑超过有效期的;3. 对同一事项重复质疑的;4. 采购文件经过质疑并修改相关内容重新发布后,对于在首次发布时间内没有提出质疑的内容,供应商再次提出质疑的。"该条款是采购人或采购代理机构对质疑的处理,不是财政部门对投诉不予处理的依据,故盘锦市财政局对凯旋公司作出不予受理回复适用法律错误。又《暂行规定》属地方规范性文件,于《政府采购法》修正后实施,该规定第二条明确,各级财政部门受理投诉、作出处理决定,适用本法,故凯旋公司认为盘锦市财政局不应以《暂行规定》作为法律依据的观点不予采纳。盘锦市财政局应当依据财政部第 20 号令第十条及《暂行规定》第二十一条的规定,审查凯旋公司投诉是否符合条件,是否属于《暂行规定》第二十二条规定的九种不予受理的情形。经过庭审调查,凯旋公司是参与体育设备采购项目(LPG201509268)的供应商,提起投诉前已依法向采购代理机构本案第三人进行了质疑,投诉书内容符合规定,在投诉有效期限内提起投诉,属于盘锦市财政局管辖,凯旋公司投诉的事项未经财政部门投诉处理,可以认定凯旋公司的投诉符合条件,不存在《暂行规定》第二十二条规定的九种不予受理的情形,盘锦市财政局应予受理。盘锦市财政局不予受理的理由是凯旋公司提出的三家供应商,其中两家供应商未参加此次招标活动无法进行调查取证,该事实存在,盘锦市财政局应当根据财政部第 20 号令第十七条或《暂行规定》第三十一条的规定作出处理。盘锦市财政局提出凯旋公司所投诉的体育设备采购项目(LPG201509268)第 1 包已经废标,于 2015 年 12 月 28 日重新组合招标,并在盘锦市公共资源交易平台上发布招标公告,凯旋公司对已经废标的活动再行质疑和提起诉讼,已无意义,盘锦市财政局的投诉回复函对凯旋公司的合法权益明显不产生实际影响。盘锦市财政局提供了 2015 年 12 月 28 日体育器材采购项目(LPJ201512077)竞争性谈判采购公告,证明对 LPG201509268 招标文件第 1 包重新招标,应予以采信。重新招标虽不是盘锦市财政局直接改变其投诉回复行为,但因该投诉回复行为所指向的对象即招标行为已实际变更,应视为盘锦市财政局改变了原违法行政行为,不需要再对该行政行为撤销或者判决盘锦市财政局重新作出,根据《中华人民共和国行政诉讼法》第七十四条第二款第(二)项的规定,可以确认盘锦市财政局的行政行为违法。综上,依照《中华人民共和国行政诉讼法》六十三条、第七十四条第二款第(二)之规定,判决确认盘锦市财政局于2015年11月12日作出的投诉回复行为违法。案件受理费50元,由盘锦市财政局承担。

凯旋公司上诉称:1. 盘锦市财政局所称对第一包作出予以废标的决定没有事实根据。盘锦市财政局在一审中没有提供任何证据加以证明其对第一包予以废标的事实,仅是在答辩意见及法庭调查中确认过在2015年12月28日对第一包作出了予以废标的决定;盘锦市财政局所称对第一包予以废标的事实违反《政府采购法》的相关规定。本案所涉及的采购活动在2015年10月20日进行了开标、评标以及公布中标结果,此时废标严重违反了《政府采购法》第三十六条规定。同时,凯旋公司未接到任何有关废标方面的相关通知。2. 盘锦市财政局对第一包予以废标后重新以竞争性谈判采购方式进行采购的行为严重违法。根据《政府采购法》的规定,废标后,除采购任务取消情形外,应当重新组织招标,需要采取其他方式采购的,应当在采购活动开始前获得设区的市、自治州以上人民政府采购监督管理部门或者政府有关部门批准。盘锦市采购监管办在2015年12月28日对第一包作出废标决定的同时,直接发布采取竞争性谈判公告的行为严重违反了《政府采购法》的相关规定;根据《政府采购法》的有关规定,采用竞争性谈判方式采购的,需要遵循成立谈判小组、制定谈判条件、确定邀请参加谈判的供应商名单、谈判、确定成交供应商等程序。但盘锦市采购监管办在2015年12月28日在交易平台公布竞争性谈判采购公告,并在2015年12月30日就公布中标结果的行为严重违法。综上,一审法院存在认定事实不够全面,作出的判决不够全面的错误。故请求撤销原判,依法改判。

盘锦市财政局上诉称,根据一审查明的事实,盘锦市采购监管办已按照盘锦市财政局的要求对LPG201509268号招标公告中的第一包作废标处理。凯旋公司完全可以参加LPJ201512077号投标,凯旋公司再行对盘锦市财政局针对废标前作出的"不予受理决定"提出诉讼,已无实际意义。盘锦市财政局作出的"不予受理决定"投诉回复函对该公司的合法权益明显不产生实际影响。原判确认盘锦市财政局行政行为违法,属于适用法律错误。综上,请求撤销原判。改判驳回凯旋公司的起诉。

本院经审理查明,一审判决认定事实属实。

本院认为,根据《中华人民共和国政府采购法》的有关规定,盘锦市财政局作为市级人民政府财政部门,其依法具有履行对政府采购活动的监督管理职责。对此,一审判决认定正确。从对本案审查的情形看,其当事人诉争的客体是盘锦市财政局针对凯旋公司就其所参与的2015年9月30日盘锦市政府采购中心(即盘锦市采购监管办)受盘锦市体育局的委托所实施的政府采购活动进行投诉,盘锦市财政局就此作出的不予受理决定(回复函)的行政行为是否合法。《中华人民共和国政府采购法》第五十五条规定:"质疑供应商对采购人、采购代理机构的答复不满意或者采购人、采购代理机构未在规定的时间内作出答复的,可以在答复期满后十五个工作日内向同级政府采购监督管理部门投诉。"第五十六条规定:"政府采购监督管理部门应当在收到投诉后三十个工作日内,对投诉事项作出处理决定,并以书面形式通知投诉人和与投诉事项有关的当事人。"政府采购监督管理部门对质疑供应商不满意采购人、采购代理机构的答复的投诉是应当就投诉事项作出处理的。同时,参照《政府采购供应商投诉处理暂行规定》(财政部 20 号令)和《辽宁省政府采购供应商质疑投诉处理暂行规定》的有关规定,供应商的投诉只有在不符合投诉条件的情形下,政府采购监督管理部门方可作出不予受理决定且书面告知投诉人并要说明理由。本案中,盘锦市财政局对凯旋公司所提出的投诉,因未说明不予受理的法定理由,又未引用适当的法律、法规依据,故其作出的该被诉的行政行为欠缺合法性的要件。盘锦市财政局以凯旋公司向其投诉的事项(LPG201509268 号招标公共包号 1 采购项目)已作废标处理并据原判认定的,凯旋公司又对已经废标的活动再行质疑和提起诉讼已无意义,盘锦市财政局的不予受理回复函对其合法权益明显不产生实际影响为由提出上诉。本院认为,招标方式的改变是与凯旋公司的起诉立案发生在同一时间,此时,该被诉的行政行为既未改变,亦未撤销。根据《行政诉讼法》的有关规定,在原告不撤诉的情形下,被诉的行政行为不会因其涉及的对象及内容的改变而使原告的权利发生变化。对此,盘锦市财政局的上诉理由及请求,由于缺乏法律依据而不能得到支持。关于凯旋公司提出原判认定盘锦市财政局所述的第一包予以废标的事实没有根据及其重新以竞争性谈判采购方式进行采购严重违法的上诉理由,经审查,为证明包号 1 废标的事实,盘锦市财政局在一审时已向法庭提交了盘锦市体育局器材采购项目(LPJ201512077)竞争性谈判采购公告及相关文件等证据,且经一审庭审质证,凯旋公司虽对其提出异议,但因没有相反证据推翻或证明其不具有证明力的情形下,可认定该事实的存在。至于废标及采用竞争性谈判方式采购是否合法的问题,结合凯旋公司在一审的诉请及该行为作出的时间,此事项无法成为本案审查的内容。故凯旋公司的上诉请求亦不能得到支持。鉴于涉及本案的盘锦市体育局器材采购(包号 1)业已完成重组招标及合同履行,判决重作已无意义,对此一审判决确认盘锦市财政局作出的不予受理决定(回复函)违法并无不当。综上,依据《中华人民共和国行政诉讼法》第八十九条第一款第(一)项的规定,判决如下:

驳回上诉,维持原判

二审案件受理费 50 元,分别由上诉人盘锦凯旋商贸有限公司和盘锦市财政局各自负担 25 元。

本判决为终审判决。

审 判 长　张凤平

审 判 员　裴艳伟

审 判 员　李喜凤

二〇一六年十一月十四日

书 记 员　卢 倩

广州市隧成建业物业发展有限公司与广东省佛山市南海区财政局、佛山市财政局政府采购(招投标)投诉行政处理决定、行政复议决定案

【案件提要】

本案是对采购结果的投诉处理决定提起行政诉讼的案例。隧成公司就一项采购项目采购过程、采购结果提出多项投诉,其中"要求依法对本次评标过程中的细节予以公开,并向供应商出示各分项评分细节以及现场视听资料",是本案有待审理的争议问题之一。财政部门经调查没有发现评审过程存在违法违规行为,决定驳回投诉。法院经审理认为,隧成公司要求财政部门公开出示各分项评分细节以及现场视听资料,以证明评审委员会在评审过程中是否不存在违法违规的情形。经查明,项目评审过程合法,未发现该项目的评审专家存在违法违规行为。根据《政府采购货物和服务招标投标管理办法》第七十八条、《政府采购信息公告管理办法》第八条的规定,评标过程中的细节、分项评分细节以及现场视听资料不属于公开的范畴,故隧成公司请求依法对该次评标过程中的细节予以公开,并向供应商出示各分项评分细节以及现场视听资料,没有法律依据。判决维持了财政部门的处理决定。

【判决中文】

广东省佛山市中级人民法院
行政判决书

〔2016〕粤 06 行终 302 号

上诉人(一审原告)广州市隧成建业物业发展有限公司,住所地(略)。
法定代表人曾某。
委托代理人高某(委托期限至 2016 年 7 月 17 日止)。
委托代理人宋某(委托期限自 2016 年 7 月 18 日始)。
委托代理人刘某(委托期限自 2016 年 7 月 18 日始)。
被上诉人(一审被告)佛山市南海区财政局,住所地(略)。
法定代表人潘某。
委托代理人陈某。
委托代理人杨某。

被上诉人(一审被告)佛山市财政局,住所地(略)。

负责人吴某。

委托代理人黄某。

委托代理人梁某。

上诉人广州市隧成建业物业发展有限公司(以下简称隧成公司)因诉佛山市南海区财政局(以下简称南海区财政局)、佛山市财政局(以下简称市财政局)财政行政处理及行政复议一案,不服佛山市南海区人民法院〔2015〕佛南法行初字第458号行政判决,向本院提起上诉。本院依法组成合议庭,对本案进行了审理,现已审理终结。

一审法院审理查明:2015年4月29日,隧成公司向南海区财政局提出对2015至2020年大沥镇市容环卫保洁项目(项目编号:NHGP20150033G0028)中标结果的投诉,认为该项目的采购过程、中标(成交)结果损害了该公司的权益,请求:1.对所投诉项目的中标结果予以废标并重新组织招投标;2.要求依法对本次评标过程中的细节予以公开,并向供应商出示各分项评分细节以及现场视听资料;3.对采购代理机构在招投标过程中涉嫌渎职的行为予以追究;4.对不按招标文件规定的评审程序、评审方法、评审标准进行评审的专家予以追责。南海区财政局于同年5月6日受理了隧成公司的投诉申请,并于次日向其发出南财采投〔2015〕10号《政府采购投诉受理通知书》。2015年5月8日、5月11日,南海区财政局分别向佛山市南海区大沥镇人民政府、佛山市南海区公共资源交易中心(以下简称区交易中心)发出南财采投〔2015〕11号《政府采购供应商投诉书副本送达通知》,通知其在5个工作日内以书面形式向南海区财政局作出说明,并提交相关证据、依据和其他有关材料。同年5月12日、5月15日,佛山市南海区大沥镇人民政府、区交易中心分别向南海区财政局作出书面回复。经核实,南海区财政局于2015年6月11日作出南财采决〔2015〕6号《政府采购投诉处理决定书》(以下简称6号《决定书》),认定隧成公司为2015至2020年大沥镇市容环卫保洁项目(项目编号:NHGP20150033G0028)分包1和分包2的投标人,该项目的评审专家是从广东省政府采购专家库通过自动语音系统随机抽取,组成合法,在评审过程中每位评审专家均根据招标文件规定的评分规则进行评分,并最终推荐隧成公司为分包2的中标候选人,南海区财政局在调查的过程中并未发现该项目的评审专家存在违法违规行为,认为隧成公司的投诉缺乏事实依据,根据《政府采购供应商投诉处理办法》第十七条的规定,决定驳回隧成公司的投诉。同年6月12日,南海财政局分别将6号《决定书》送达隧成公司、区交易中心。隧成公司不服上述处理决定,向市财政局申请行政复议。市财政局于2015年7月8日受理并向南海区财政局发出《提出行政复议答复通知书》。经延长审限审理,市财政局于2015年9月24日作出佛府行复案〔2015〕158号《行政复议决定书》,决定维持南海区财政局作出的6号《决定书》。2015年9月28日、9月26日,市财政局分别向隧成公司、南海区财政局送达上述《行政复议决定书》。隧成公司仍不服,向法院提起行政诉讼。

另查明,隧成公司是2015至2020年大沥镇市容环卫保洁项目(项目编号:NHGP20150033G0028)分包1和分包2的投标人,该项目的评审专家是从广东省政府采购专家库通过自动语音系统随机抽取,未发现评审专家有需要回避的情形。项目评审于2015年3月17日9时30分开始进行。在评审过程中每位评审专家均根据招标文件规定的评分规则进行评分(综合评分,对有关评分因素可进行横向同比),并最终推荐广州侨银环保技术有限公司为分包1的中标候选人,隧成公司为分包2的中标候选人。项目评审过程合法,未发现该项目的评审专家存在违法违规行为。

2015年3月31日,区交易中心分别发出《中标(成交)通知书》(NO.NHGP201500101)、《中标(成交)通知书》(NO.NHGP201500108),通知广州侨银环保技术有限公司、隧成公司分别为2015至2020年大沥镇市容环卫保洁项目(项目编号:NHGP20150033G0028)分包1、分包2的中标人。

2015年4月29日,广州侨银环保技术有限公司、隧成公司分别与佛山市南海区大沥镇人民政府就2015至2020年大沥镇市容环卫保洁项目(项目编号:NHGP20150033G0028)分包1、分包2签订合同,由上述两公司分别承包2015至2020年大沥镇市容环卫保洁项目(项目编号:NHGP20150033G0028)分包1、分包2的环卫保洁工作。

一审法院认为:南海区财政局作为区一级人民政府财政部门,依法享有负责本级预算项目政府采购活动中的供应商投诉事宜的职权。市财政局作为南海区财政局的上一级主管部门,受理隧成公司不服南海区财政局的政府采购投诉处理决定提起的复议申请并作出处理,符合法律规定。

程序上,南海区财政局受理隧成公司提出的投诉申请,对隧成公司投诉反映的有关情况进行了调查核实,作出6号《决定书》,程序合法。市财政局受理隧成公司的行政复议申请后,经审理,在法定期限内作出《行政复议决定书》并向当事人送达,程序合法。隧成公司认为南海区财政局、市财政局没有给予其陈述、申辩或申请听证的权利,程序违法,没有法律依据,法院不予支持。

隧成公司是2015至2020年大沥镇市容环卫保洁项目(项目编号:NHGP20150033G0028)分包1和分包2的投标人,该项目的评审专家是从广东省政府采购专家库通过自动语音系统随机抽取,未发现评审专家有需要回避的情形。在评审过程中每位评审专家均根据招标文件规定的评分规则进行评分(综合评分,对有关评分因素可进行横向同比),并最终推荐广州侨银环保技术有限公司为分包1的中标候选人,隧成公司为分包2的中标候选人。项目评审过程合法,未发现该项目的评审专家存在违法违规行为。根据《政府采购货物和服务招标投标管理办法》第七十八条、《政府采购信息公告管理办法》第八条的规定,评标过程中的细节、分项评分细节以及现场视听资料不属于公开的范畴。隧成公司请求依法对该次评标过程中的细节予以公开,并向供应商出示各分项评分细节以及现场视听资料,没有法律依据。南海区财政局作出6号《决定书》,驳回隧成公司的投诉,认定事实清楚、证据充分,适用法规正确。依照《中华人民共和国行政诉讼法》第六十九的规定,判决驳回隧成公司的诉讼请求。

隧成公司上诉称:一、一审认定事实不清,主要证据不足。1.南海区财政局在作出具体行政行为涉及行政相对人合法权利时,不仅没有给隧成公司陈述、申辩或听证的权利,而且还依据区交易中心出具给隧成公司的《答复函》这一违法证据材料实施具体行政行为,严重违背了《中华人民共和国政府采购法》《政府采购货物和服务招标投标管理办法》的规定。且南海区财政局也未提供证据证明其向采购人开展了调查。2.根据招标文件和答疑内容的重要评标信息、中标人的各项实际条件,隧成公司认为评审委员会打出的分值严重而且明显脱离了招标文件、答疑内容的评分准则和投标人的客观情况。3. 本次评标结果极有可能是采购人主观影响评审专家所致,评审专家存在违法违规行为,应予以撤销。4. 隧成公司已签订采购合同,合同现已履行,这些情况不构成主动放弃或者默认合法权益被侵害的理由。5. 一审庭审时证人罗某陈述的证言应予采纳,如果一审法院认为证言内容不属实,应进行相关调查。二、一审判决适用法律不当。1.《政府采购信息公告管理办法》第八条只是调整信息公告方面的问题,但如果是涉及诉讼,南海区财政局应将隧成公司申请的材料,即各分项评分细节以及现场视听资料作为证据向隧成公司展示。2.《政府采购货物和服务招标投标管理办法》第七十八条的规定调整的是评标委员会或者与评标活动有关的工作人员,而不是南海区财政局、市财政局。南海区财政局、市财政局不能以《政府采购货物和服务招标投标管理办法》第七十八条的规定作为拒绝提供评审细节资料的依据。三、根据行政诉讼的证据规则,承担作出具体行政行为合法的举证责任在于行政机关,南海区财政局、市财政局应提供作出具体行政行为的全部证据材料,特别是南海区财政局就评审过程进行了审查的相关证据。南海区财政局、市财政局不能以隧成公司没有提供相关证据证明此次政府采购违法为由驳回隧成公司的投诉。据此请求:撤销一审判决;撤销南海区财政局作出的 6 号《决定书》以及市财政局作出的佛府行复案〔2015〕158 号《行政复议决定书》;由南海区财政局、市财政局承担本案一、二审诉讼费用。

南海区财政局辩称:一、南海区财政局已按法律规定承担举证责任,一审法院认定事实清楚。南海区财政局依职权受理了隧成公司的投诉后,向采购代理机构区交易中心及采购人佛山市南海区大沥镇政府送达投诉书副本,调取、审阅了相关材料,并就投诉涉及的事项进行必要的调查取证。本项目评审委员会的组成合法,南海区财政局在调查过程中未发现评审专家有需要回避的情形,也未发现该批专家在评审过程中存在违法违规行为。二、一审判决适用法律正确。隧成公司要求公开 2015 年至 2020 年大沥镇市容环卫保洁项目的评标过程及相关资料,但根据《政府采购货物和服务招标投标管理办法》第七十八条及《政府采购信息公告管理办法》第八条的规定,上述资料并不属于公开的范畴,本案涉及政府采购的具体行政行为,一审法院根据上述政府采购相关法律、法规驳回隧成公司的诉讼请求,适用法律正确。综上,请求二审法院驳回上诉,维持原判。

市财政局辩称:一、市财政局具有作出本案行政复议决定的主体资格。二、一审判决认定的事实清楚,证据充分。三、市财政局作出佛府行复案〔2015〕158 号《行政复议决定书》的程序合法。隧成公司于 2015 年 7 月 8 日向市财政局申请行政复议,市财政局于 2015 年 7 月 13 日收到并予以受理,并于同日将《提出行政复议答复通知书》及相关材料寄送给南海区财政局。该局于当日收悉,并向市财政局提交了涉案行政行为的相关证据材料。2015 年 9 月 1 日,市财政局召开调查会,隧成公司、南海区财政局、区交易中心均派员参加了调查会,并发表了意见。由于案情较为复杂,市财政局于 9 月 1 日依法延长了审查期限,并将《延长行政复议审查期限通知书》于调查会后直接送达隧成公司和南海区财政局。市财政局于 2015 年 9 月 24 日作出《行政复议决定书》,并于 9 月 26 日送达南海区财政局,9 月 28 日送达隧成公司。四、一审判决及市财政局作出复议决定适用法律正确。五、隧成公司的上诉理由不成立。1.一方面,南海区财政局经过核查,发现该项目评标委员会是广东省政府采购专家库通过自动语音系统随机抽取,组成合法;每位评标委员会专家均按招标文件规定的评分规则进行独立评分,评审过程未发现违法违规情形,且隧成公司对投诉中涉嫌渎职及评委会存在违法违规情况未能提供证据。另一方面,由于各个分包的评分项中存在横向对比得分的情形,每个投标人对各个分包的打分不可能完全一致。纵观分包1和分包2的得分,隧成公司的分值均在合理范围内,不存在隧成公司所称的明显不公。2.评审专家评标的细节不属于应公开的范畴,但南海区财政局在作出6号《决定书》时并未对隧成公司在投诉里提出的"对评标过程中的细节予以公开并向供应商出示各分项评分细节及现场视听资料"的要求予以解释和回应,存在瑕疵,应予指正。综上,请求二审法院驳回上诉,维持原判。

二审期间,隧成公司提出一审判决未采信证人罗某的证言错误,在没有相反证据证明该证人证言内容虚假的情况下,应予以采信。经查,证人罗某的证言内容主要是陈述2008—2015年其所在的广州市建广机械化保洁公司在大沥盐步(即分包2)从事保洁工作,且该公司在盐步设置有应急场所,但在此次招标中未中标,而是由在该地段从未从事过保洁工作的隧成公司中标。上述证言拟证明本次评标明显不公。经查,证人所陈述的情况与隧成公司投诉的分包1情况相类似,其并不能直接证明隧成公司拟证明的事实,具体理由待下文论述。

本院经审理查明的事实与一审判决认定的事实一致,本院予以确认。

本院认为,《政府采购供应商投诉处理办法》第三条规定:"县级以上各级人民政府财政部门负责依法受理和处理供应商投诉。财政部负责中央预算项目政府采购活动中的供应商投诉事宜。县级以上地方各级人民政府财政部门负责本级预算项目政府采购活动中的供应商投诉事宜。"根据上述规定,南海区财政局作为县级地方人民政府财政部门,依法享有受理并处理隧成建业公司就政府采购活动进行投诉的职权。隧成公司于2015年4月29日向南海区财政局投诉,该局于2015年5月6日受理,于2015年5月8日、5月11日分别向佛山市南海区大沥镇人民政府、区交易中心发出投诉书副本,并通知其在5个工作日内以书面形式向该局作出说明,提交相关证据、依据和其他有关材料。经核实,南海区财政局于2015年6月11日作出6号《决定书》,于次日送达隧成公司,并告知复议或者诉讼的权利。南海区财政局作出投诉处理与决定的程序合法,本院予以确认。隧成公司主张南海区财政局在作出6号《决定书》之前未给予隧成公司陈述、申辩和听证的权利,属于程序违法。经查,《政府采购供应商投诉处理办法》第十四条规定:"财政部门处理投诉事项原则上采取书面审查的办法。财政部门认为有必要时,可以进行调查取证,也可以组织投诉人和被投诉人当面进行质证。"根据该条规定,组织听证并不是南海区财政局处理投诉事项时的必经程序,而隧成公司主张的陈述、申辩权利,其实质是赋予当事人在行政机关作出最终处理之前的一种表达自己意见的机会。本案中,隧成公司作为投诉人,其在投诉时已经将本公司对涉案政府采购事项的意见以书面形式向南海区财政局提出,并附带提交了相关的证明文件,南海区财政局针对其投诉予以受理,并作出了相应的处理,即隧成公司已经实际行使了作为投诉人的陈述、申辩权。故隧成公司的该项主张缺乏事实和法律依据,本院不予支持。此外,隧成公司还主张南海区财政局没有提供诸如各分项评分细节以及现场视听资料等证据证明该局在处理投诉的过程中开展了调查,特别是对采购人,即南海区大沥镇人民政府开展调查,未履行相应法定程序。但根据《政府采购供应商投诉处理办法》第十四条的规定,财政部门原则上采取书面审查的办法,在必要时,辅之以调查取证等其他方式。本案中,从南海区财政局提供的证据可知,该局在接到投诉后,将南财采投〔2015〕11 号《政府采购供应商投诉书副本送达通知》送达区交易中心和佛山市南海区大沥镇人民政府,并让两单位在 5 个工作日内向南海财政局作出说明,否则,视为放弃申辩权利。佛山市南海区大沥镇政府于 2015 年 5 月 12 日提交《关于政府采购供应商投诉的回复》,陈述投诉人的投诉内容属于评审专家的主观评分;区交易中心也于 2015 年 5 月 15 日提交《关于〈政府采购供应商投诉书副本送达通知〉答复函》以及《2015 至 2020 年大沥镇市容环卫保洁项目专家抽取情况表》、招标关键信息、中标公告等招投标资料,南海区财政局经审查后作出 6 号《决定书》。以上证据材料可以证实南海区财政局已经对投诉事项进行了调查,故隧成公司的该项主张亦理据不足,本院不予支持。

本案二审审查的焦点在于南海区财政局作出 6 号《决定书》认为遂成公司投诉缺乏事实依据,驳回其投诉,处理是否正确。根据隧成公司向南海区财政局提交的《关于对 2015 至 2020 年大沥镇市容环卫保洁项目(项目编号:NHGP20150033G0028)中标结果的投诉》内容看,隧成公司认为评审委员会打出的分值严重而且明显脱离招标文件的评分办法和投标人的客观情况,故要求将本项目中标结果予以废标,重新组织招投标,并将本次评标过程中的细节予以澄清,向供应商出示各分项评分细节以及现场视听资料等。本案中,南海区财政局经审查查明,隧成公司是 2015 至 2020 年大沥镇市容环卫保洁项目(项目编号:NHGP20150033G0028)分包 1 和分包 2 的投标人,该项目的评审专家是从广东省政府采购专家库通过自动语音系统随机抽取,未发现评审专家有需要回避的情形。在评审过程中,每位评审专家根据招标文件规定的评分规则进行评分,并最终推荐广州侨银环保技术有限公司为分包 1 的中标候选人,隧成公司为分包 2 的中标候选人。项目评审过程合法,未发现该项目的评审专家存在违法违规行为。隧成公司主张其在分包 1 项目中占据优势未中标,在分包 2 项目中居于劣势却中标,评标结果明显不公,极有可能系被采购人影响所致。但评审委员会成员系依法独立评审,依据其专业知识对政府采购事项作出独立的判断,并对评审意见承担个人责任。在没有确凿证据证实评审专家存在不遵守评审工作纪律和评审回避的相关规定等情况下,对于评审委员会的最终意见,财政部门应予以尊重。且由于各分包的有效投标人不同,而各个分包的评分项中存在横向对比得分的情形,加之隧成公司主张的优势也只是评分项目中的个别项目,故隧成公司在不同的分包中得分高低不同亦属正常。在没有其他证据支持的情况下,隧成公司仅以其主观推测,认为评审委员会的结论违法,理据不足,本院不予支持。隧成公司还要求南海区财政局公开出示各分项评分细节以及现场视听资料,以证明评审委员会在评审过程中不存在违法违规的情形。《广东省实施〈中华人民共和国政府采购法〉办法》第四十五条规定:"确定中标、成交供应商后,采购人或者采购代理机构应当在指定的政府采购信息发布媒体上公告中标、成交结果和评标委员会、谈判小组、询价小组成员名单,并公开评审意见等相关资料。供应商可以向采购人或者采购代理机构查询评标、谈判和询价等程序的有关资料。……"结合《广东省政府采购工作规范(试行)》第十一章"质疑投诉程序"第一点中关于"供应商可以向采购人或者采购代理机构查询招标、谈判和询价等程序的有关资料,包括下列内容:委托协议、评委名单、各投标人技术、商务、价格的综合总分汇总及排序等"的规定,隧成公司申请的各分项评分细节和现场视听资料均不属于应当向供应商公开的范畴。同时,《政府采购货物和服务招标投标管理办法》第七十八条将评标委员会成员或者与评标活动有关的工作人员泄露有关投标文件的评审和比较、中标候选人的推荐以及与评标有关的其他情况列为应当予以处罚的情形。由此可知,关于评标的细节,包括评审专家对各分项评分的形成过程,应属于不宜公开的范畴。且如果评审专家预知其评分细节在之后的投诉或者在诉讼过程中将被投标人知晓,其独立表达自己意愿不受他人干扰的能力将明显受到影响,这亦与政府采购专家独立评审的初衷相违背。故隧成公司要求南海区财政局公开本次评标过程的细节的主张,缺乏法律依据,本院不予支持。当然,南海区财政局作出的 6 号《决定书》对于隧成公司的该项投诉要求未进行正面的解释和回复,存在瑕疵,应予指正。隧成公司还主张一审判决适用《政府采购货物和服务招标投标管理办法》《政府采购信息公告管理办法》错误。经查,虽然上述规定只是约束供应商、采购人或者采购代理机构在质疑投诉程序中的行为规范,但南海区财政局审查的对象即为隧成公司与采购代理机构区交易中心在政府采购工作过程中产生的纠纷,无论是南海区财政局还是法院,适用上述规定并无不当。

此外,隧成公司于 2015 年 7 月 8 日向市财政局提出行政复议,该局受理后,向隧成公司送达了《行政复议受理通知书》,向南海区财政局送达了《提出行政复议答复通知书》,并于 9 月 1 日召集各方当事人进行行政复议调查会,经延长审查期限,于 2015 年 9 月 24 日作出佛府行复案〔2015〕158 号《行政复议决定书》,决定维持南海财政局作出的 6 号《决定书》,并告知隧成公司诉讼的权利,符合《中华人民共和国行政复议法》的规定,主体适格,程序合法,结果正确,本院予以确认。

综上,一审判决驳回隧成公司的诉讼请求正确,依法应予维持。依照《中华人民共和国行政诉讼法》第八十九条第一款第(一)项的规定,判决如下:

驳回上诉,维持原判。

二审诉讼费 50 元,由上诉人广州市隧成建业物业发展有限公司负担。

本判决为终审判决。

审 判 长　谢阿桑

审 判 员　周　刚

审 判 员　郭　赟

二〇一六年七月二十六日

书 记 员　李蕴晖

苏州黑象智能科技有限公司
与江苏省苏州工业园区
财政局政府采购(招投标)投诉处理决定案

【案件提要】

本案是对采购文件的投诉处理决定提起行政诉讼的案例,其争议焦点包括涉案采购项目两项参与投标特殊条件的合法、合理性问题,一是要求具有CMMI3级及以上认证证书;二是外地单位在苏州设有分公司或承诺中标后三十日内在苏州市市区设立分公司。法院经审理认为,(1)本案所涉CMMI认证可以帮助软件企业对软件工程开发过程进行管理和改进,增强开发和改进能力,从而能按时地、不超预算地开发出高质量的软件,是企业从事软件开发能力的体现,招标人将CMMI3级及以上认证资质作为要求投标人的一项特殊条件与本案招标项目的具体特点和实际需求是相适应的。(2)供应商提出质疑、投诉的前提是"认为权益受到损害",而投诉人黑象公司系本地企业,不受本项特殊条件限制,其就本项提出质疑、投诉是认为"政府采购项目不得排斥外地企业进入本地市场,设置此项招标条件不合理",并非是"认为权益受到损害",其与本项质疑、投诉事项无利害关系,故判决驳回黑象公司的诉讼请求。

【判决正文】

江苏省苏州市姑苏区人民法院
行政判决书

〔2016〕苏0508行初20号

原告苏州黑象智能科技有限公司,住所地(略)。
法定代表人谈某。
委托代理人陈某。
被告苏州工业园区财政局,住所地(略)。
法定代表人郭某。
委托代理人于某。
代理人朱某。
第三人苏州市卫康招投标咨询服务有限公司,住所地(略)。
法定代表人顾某。

委托代理人李某。

委托代理人张某。

原告苏州黑象智能科技有限公司(以下简称黑象公司)不服被告苏州工业园区财政局(以下简称园区财政)作出的《政府采购供应商投诉处理决定书》(苏园财购决〔2015〕002号,以下简称《投诉处理决定书》),向本院提起行政诉讼。本院于2016年1月5日受理后,次日向被告园区财政局邮寄送达起诉状副本及应诉通知书。本院依法组成合议庭于2016年2月17日公开开庭审理了本案。原告黑象公司法定代表人谈某及委托代理人陈某,被告园区财政局出庭负责人高某及委托代理人于某、朱某,第三人苏州市卫康招投标咨询服务有限公司(以下简称卫康招标公司)委托代理人李某、张某到庭参加诉讼。本案现已审理终结。

2015年11月5日,园区财政局作出《投诉处理决定书》,对于黑象公司的投诉事项,经审查认为:(一)招标文件中设置"具有CMMI3级及以上认证证书"的资格条件是合理的。设置该条件与采购需求密切相关,该证书可以反映软件企业的实力,并且在软件行业中具有普遍性,因此,设置该条件不存在倾向性和排他性。(二)招标文件中要求"外地单位在苏州设有分公司或承诺中标后三十日内在苏州市市区设立分公司"是合理的。该政府采购项目开发周期较长,后期还有长期维护的需要,设置该要求可以保证服务的质量和便利性,且该招标文件允许供应商以承诺的方式满足这一要求,没有排斥外地公司,因此,这一要求的设置不具有歧视性。根据投诉内容和审查结果,园区财政局认为投诉事项缺乏事实依据,投诉事项不成立。依据《政府采购供应商投诉处理办法》第十七条之规定,驳回投诉。

黑象公司诉称:(一)CMMI是美国SEI(美国卡内基梅隆大学的软件工程研究所)进行的认证,属于海外民间组织机构的认证,根本不具有法律公信力,虽然可以反映软件企业的实力,但用在我国政府类公共项目招标的报名条件是否合适,是否有必要,且报名的另一个条件"具有省级以上有关部门颁发的软件企业认定证书"已经能够反映投标人软件方面的实力,而且软件企业认定证书是国家部门颁发,具有法律强制性。卫康招标公司又设置要求提供CMMI认证证书,此条件属重复设置。(二)项目开发周期的长短以及项目后期维护需求,不能成为要求外地投标人在苏州设立分公司的必要条件。售后服务的形式有多种,既可以根据需要派驻售后人员常驻本地或者甲方单位,也可以通过授权与本地企业合作以及设置办事处等多种售后服务形式。而且售后服务质量的好坏与是否在本地设立分公司没有必然联系。《政府采购货物和服务招标投标管理办法》(财政部18号令)第二十一条规定:招标文件不得要求或者标明特定的投标人或者产品,以及含有倾向性或者排斥潜在投标人的其他内容。《政府采购法实施条例》第二十条第(七)项规定:采购人或者采购代理机构非法限定供应商的所有制形式、组织形式或者所在地的,属于以不合理的条件对供应商实行差别待遇或者歧视待遇。卫康招标公司在招标报名条件里要求外地潜在投标人在本地设立分公司属于非法限定供应商所在地,明显违反上述条款。黑象公司请求法院判决撤销园区财政局作出的《投诉处理决定书》,并责令园区财政局重新处理。

黑象公司向本院提供以下证据(均系复印件):1.政府采购供应商投诉书,证明黑象公司对质疑回复不服,故进行投诉,希望监督主管部门进行审理;2.投诉回复函,证明园区财政局作出的行政行为;3.质疑函,证明黑象公司对招标条件设置合理性向卫康招标公司进行的质疑;4.质疑回复函,证明卫康招标公司对黑象公司质疑进行的回复;5.涉案项目招标公告,证明涉案项目在黑象公司投诉后取消 CMMI 认证要求。

园区财政局辩称:园区财政局在作出投诉处理的过程中,进行了充分的调查。根据园区财政局的要求,采购人和相关部门提供了相应的材料对本项目建设周期、建设规模、资金使用情况作了说明。通过对本项目采购需求的调查,结合专家的意见,园区财政局认为本项目采购文件中设定上述两项条件是合理的。采购人可以根据采购项目的特殊要求,规定供应商的特定条件,可以设定与采购项目的具体特点和实际需要相适应的条件。园区财政局未发现招标文件设定带有歧视性、倾向性的不合理条件,投诉事项缺乏事实依据,不成立。园区财政局依据《政府采购供应商投诉处理办法》第十七条之规定,驳回投诉。园区财政局请求法院驳回黑象公司的诉讼请求。

园区财政局于 2016 年 1 月 20 日向本院提供了作出被诉行政行为的证据(均为复印件):1. 招标文件,证明招标文件的内容;2. 质疑函,证明黑象公司质疑的内容;3. 质疑回复〔2015〕009 号),证明卫康招标公司对质疑的回复内容;4. 政府采购供应商投诉书,证明投诉的内容和时间;5. 政府采购供应商投诉处理决定书(苏园财购决〔2015〕002 号),证明投诉处理决定书的内容和送达时间;6. 关于苏州工业园区体育中心体育场馆、室外部分及地下空间等设施项目立项的批复(苏园经复字〔2015〕5 号);7. 关于工业园区体育中心项目运营管理系统招标相关事宜的请示;8. 体育中心运营系统建设需求介绍,证据 6—8 证明项目的规模、建设周期、资金使用情况等情况;9. 关于软件项目投诉事项的说明,证明卫康招标公司提供的说明;10. 政府采购供应商投诉调查取证记录表,证明专家意见的内容。

园区财政局提供的法律法规依据有:《政府采购法》《政府采购法实施条例》《政府采购供应商投诉处理办法》。

卫康招标公司述称,一、根据《政府采购法》第二十二条规定,"供应商参加政府采购活动应当具备下列条件:……(三)具有履行合同所必需的设备和专业技术能力";采购人可以根据采购项目的特殊要求,规定供应商的特定条件。二、CMMI 认证是美国国防部与卡内基梅隆大学下的软件工程研究中心以及美国国防工业协会共同开发和研制的,其目的是帮助软件企业对软件工程开发过程进行管理和改进,增强开发与改进能力,从而能按时地、不超预算地开发出高质量的软件。通过该认证是企业从事软件开发能力的体现。该认证也得到我国软件企业界的广泛认可,近年,我国每年都有大量的软件公司申请并通过该项认证,目前已有数百家软件公司获得该项认证。在苏州市政府采购中,CMMI 认证在软件招标中也普遍被设定为资格条件。本次招标项目 5 个工作日内就有 6 家具有 CMMI 资质证书的公司报名。本次招标的软件开发包含办公 OA 系统、人事管理系统、财务系统等数十个子软件开发系统,采购金额高达人民币 1 500 万,开发周期长达六年之久。综上,卫康招标公司认为软件招标项目要求投标人具有软件开发能力方面的证书是企业能否胜任本软件开发项目最基本、最常规的要求。三、关于中标公司承诺设立苏州分公司的问题,本软件招标项目子系统多,开发周期长,中标单位必须随时根据采购人的实际需求对软件开发系统进行功能调整、模块重组、BUG 修订等工作,对项目组人员的连续性及稳定性要求非常高。本招标项目面向全国范围内的软件公司,为吸引更多外地软件公司参加投标,同时降低投标人的投标成本,故设置投标人承诺中标后设立苏州分公司的招标条件。另,黑象公司注册地就在苏州,完全不需要设立苏州分公司,该招标条件对其没有任何影响。卫康招标公司请求法院驳回黑象公司的诉讼请求。

卫康招标公司向本院提交以下证据(均系复印件):1.《基于 CMMI 的软件工程及实训指导》一书节选,说明 CMMI 认证的基本情况和特征;2. 2015 年(第 14 届)中国软件业务收入前百家企业发展报告公布,证明 2015 年软件收入前 20 强都具有 CMMI 认证资格;3. 苏州市人民政府苏府〔2011〕72 号文件《关于推荐软件产业和集成电路产业跨越发展的若干政策的通知》,证明苏州市政府推进软件企业进行 CMMI 认证的情况;4. 会议记录表和专家的资格证书复印件,证明政府采购专家对黑象公司质疑的审核意见,他们均认为有关资格条件的设置为合理条款,不影响招标的正常进行。

经庭审质证,黑象公司认为园区财政局所举证据 9 证明涉案项目在黑象公司投诉后已取消 CMMI 认证要求,卫康招标公司列举的 2015 年纯软件智能化招投标项目中仅有 2 个是要求 CMMI 认证的;其余证据无异议。卫康招标公司对园区财政局所举证据无异议。

对于黑象公司所举证据,园区财政局无异议,但指出证据 5 公告中的中标金额远低于涉案项目采购金额。卫康招标公司对黑象公司所举证据 1—4 无异议;证据 5 因项目分两个标段进行,根据公告编号来看,CMMI 资质仅在第一标段中有要求,黑象公司提交的公告针对第二标段。

对于卫康招标公司所举证据,黑象公司认为证据 1 系介绍 CMMI 认证的教材,与本案无关;证据 2、3 与本案无关联性;证据 4 专家意见中提到 CMMI 认证可在评分标准中设置,并未提到可在报名门槛中设置。园区财政局对卫康招标公司所举证据无异议。

本院对以上证据作如下认定:园区财政局所举证据反映黑象公司质疑、投诉及卫康招标公司答复、园区财政局作出投诉处理决定书的过程,予以认定。黑象公司所举证据 1—4 与园区财政局所举相应证据一致,予以认定;证据 5 系涉案项目二期一阶段项目招标公告,分两个标段,一标段要求通过 CMMI 三级或以上认证,而二标段无 CMMI 资质要求,予以认定。卫康招标公司所举证据 1—3 系介绍 CMMI 认证及发展情况的背景材料,虽不具有证明案件事实的效力,但具有参考性,予以认定;证据 4 证明卫康招标公司在处理质疑时组织了专家评委出具意见,对该事实予以认定。

经审理查明:2015 年 9 月 14 日,黑象公司针对卫康招标公司组织的苏州工业园区体育中心项目运营管理系统(SZWK2015-Y—G-031)报名条件提出两点质疑:一是 CMMI3 级及以上认证证书与省级及以上有关部门颁发的软件企业认定证书均代表企业软件研发实力,要求投标人同时具备两个认证重复多余,CMMI3 作为本项目招标的报名必要条件不合理;二是报名条件要求"外地单位在苏州设有分公司或承诺中标后三十日内在苏州市市区(姑苏区、高新区、吴中区、相城区、吴江区、工业园区)设立分公司"并不合理,提供好的售后服务及当地有售后服务机构并不一定要在当地有分公司,两者之间没有必然关联。同年 9 月 18 日,卫康招标公司回复黑象公司称:一"SZWK2015-Y—G-031 号采购项目"为大型软件开发项目,要求高、体量大,CMMI 证书是企业软件能力成熟度的体现,根据《政府采购法》第二十二条规定:"采购人可以根据采购项目的特殊要求,规定供应商的特定条件……"该资格条件设置并无不妥;二要求投标单位在苏州具有分公司是为了保障售后服务的及时性及质量,而允许投标单位承诺中标后设立分公司是为了降低供应商的投标成本,从而鼓励更多供应商参加投标,并未排斥外地公司参与投标。黑象公司不服,就上述事项向园区财政局进行投诉。园区财政局于 2015 年 10 月 8 日受理后,同年 10 月 23 日组织专家对投诉内容进行审查,并于同年 11 月 5 日作出《投诉处理决定书》。黑象公司仍不服,向本院提起行政诉讼,提出前述诉讼请求。

另查明,涉案招标项目为苏州工业园区体育中心项目运营管理系统,招标编号为 SZWK2015-Y—G-031,招标单位为苏州工业园区体育产业发展有限公司,代理机构为卫康招标公司。招标公告要求投标人符合以下特殊条件:(1)具有省级及以上有关部门颁发的软件企业认定证书;(2)具有 CMMI3 级及以上认证证书;(3)外地单位在苏州设有分公司或承诺中标后三十日内在苏州市市区(姑苏区、高新区、吴中区、相城区、吴江区、工业园区)设立分公司。招标项目预算系统模块包括软件开发/客户化定制、产品包/外购系统、设计/细分/培训三大系统功能模块及数十个子系统,预计开发费约 1 500 万元,拟建设周期自 2015 年 12 月开始实施,至 2017 年底交付试运行,2018 年底进行项目验收,验收完成后开始合同内二年维护至 2020 年 12 月,共计 6 年。而规划建设中的苏州工业园区体育中心项目占地面积约 36.82 公顷,计容建筑面积约 18.55 万平方米。项目内容为体育公园一座,4.5 万人体育场一个,3 000 座游泳馆一个,1.3 万人体育馆一个。

再查明,黑象公司工商登记住所地为苏州高新区横塘汇金商业广场 15 幢 411 室;成立日期:2014 年 7 月 12 日;经营范围:承接建筑智能化工程、计算机网络工程、计算机技术的开发及信息咨询服务;销售:安防设备消防器材、电子产品、计算机软硬件及辅助设备、机电配套设备。

本院认为,根据《中华人民共和国政府采购法》第十三条第一款、第五十五条、第五十六条及《政府采购供应商投诉处理办法》第三条第一款的规定,园区财政局系辖区内政府采购监督管理部门,对黑象公司作为质疑供应商提出的投诉作出答复,属其履行法定职责,系本案的适格被告。

本案争议焦点涉及苏州工业园区体育中心项目运营管理系统(SZWK2015 Y G-031)参与投标两项特殊条件的合法、合理性问题,一是要求具有 CMMI3 级及以上认证证书;二是外地单位在苏州设有分公司或承诺中标后三十日内在苏州市市区设立分公司。

关于设置 CMMI3 级及以上认证资质的问题。《招标投标法》第三十二条第二款第(二)项规定,招标人设定的资格、技术、商务条件与招标项目的具体特点和实际需求不相适应或者与合同履行无关,属于以不合理条件限制、排斥潜在投标人或者投标人。《政府采购法》第二十二条第二款也规定,"采购人可以根据采购项目的特殊要求,规定供应商的特定条件,但不得以不合理的条件对供应商实行差别待遇或者歧视待遇"。从上述规定可知,政府采购中,招标人有权利对投标人设置相应资格要求以保障项目和服务质量,但需与招标项目的具体特点和实际需求相适应,不得实行差别待遇或歧视待遇。

本案所涉 CMMI 认证可以帮助软件企业对软件工程开发过程进行管理和改进,增强开发和改进能力,从而能按时地、不超预算地开发出高质量的软件,是企业从事软件开发能力的体现。本案招标项目系大型软件开发项目,开发周期长,服务要求高,作为招标人有需求要求作为软件开发方的投标人具备按时、按预算完成开发任务的软件开发成熟度能力,招标人将 CMMI3 级及以上认证资质作为对投标人的一项特殊条件与本案招标项目的具体特点和实际需求相适应。而 CMMI 认证在国内的普及性、发展状况也是考虑设置该资质条件是否会限制竞争的因素,从目前CMMI认证在国内推广、发展状况以及本案符合CMMI3级及以上认证资质的投标单位实际报名情况来看,均不能表明本案CMMI认证资质要求限制了本案政府采购中的公平竞争。《软件企业认定标准及管理办法(试行)》第十二条规了软件企业的认定标准,企业通过软件企业的认定,可享受国务院《鼓励软件产业和集成电路产业发展的若干政策》规定的有关鼓励政策,该认定主要在于表明企业系"软件企业"的属性,但并不能证明企业在软件开发某特定、专门领域的能力。而CMMI认证专门用于证明软件企业"按时保质保量"完成任务的能力,契合本案采购项目的实际需求。两者之间具有明显的区别,非黑象公司所称"具有省级以上有关部门颁发的软件企业认定证书"已经能够反映投标人软件方面的实力,再设置要求提供CMMI3认证证书,属重复设置。

关于外地单位在苏州设立分公司的问题。《政府采购法》第五十二条规定:"供应商认为采购文件、采购过程和中标、成交结果使自己的权益受到损害的,可以在知道或者应知其权益受到损害之日起七个工作日内,以书面形式向采购人提出质疑";第五十五条规定:"质疑供应商对采购人、采购代理机构的答复不满意或者采购人、采购代理机构未在规定的时间内作出答复的,可以在答复期满后十五个工作日内向同级政府采购监督管理部门投诉。"根据上述规定,供应商提出质疑、投诉的前提是"认为权益受到损害"。而黑象公司系苏州本地企业,不受本项特殊条件限制,其就本项提出质疑、投诉是认为"政府采购项目不得排斥外地企业进入本地市场,设置此项招标条件不合理",并非是"认为权益受到损害",黑象公司与本项质疑、投诉事项无利害关系,对其该项的起诉理由不予支持。

综上,经对被诉行政行为全面审查,园区财政局作出《政府采购供应商投诉处理决定书》(苏园财购决〔2015〕002号)认定CMMI3级及以上认证证书的资格条件不存在倾向性和排他性,本院予以支持;另一项"外地单位在苏州设立分公司的问题",对黑象公司的起诉理由不予支持。黑象公司要求撤销园区财政局作出的《投诉处理决定书》的诉讼请求,依据不足,本院不予支持。

据此,依照《中华人民共和国行政诉讼法》第六十九条之规定,判决如下:

驳回原告苏州黑象智能科技有限公司的诉讼请求。

案件受理费人民币50元,由原告苏州黑象智能科技有限公司负担。

如不服本判决,可在判决书送达之日起十五日内,向本院递交上诉状,并按对方当事人的人数提出副本,上诉于江苏省苏州市中级人民法院。

审　判　长　陈　勇

审　判　员　许林华

人民陪审员　孙毓平

二〇一六年四月二十九日

书　记　员　钱园园

湖南青果软件有限公司
与湖南省财政厅
政府采购（招投标）投诉处理决定案

【案件提要】

本案是对采购结果的投诉处理决定提起行政诉讼的案例,其争议的焦点是：财政部门要求投诉人就其投诉增加采购人作为被投诉人是否合法。法院认为：根据《政府采购供应商投诉处理办法》第八条第二款第(一)项、第十条第(三)(七)项,《财政部关于加强政府采购供应商投诉受理审查工作的通知》第三点的规定,财政部门在投诉审查期间,认定投诉事项与采购人行为有关但采购人不是被投诉人的,有权要求投诉人将采购人追加为被投诉人。投诉人拒不追加的,属被投诉人不适格,其投诉书不符合规定,投诉不符合受理条件。本案中,投诉事项包括对评审委员会组成人员有采购人代表是否合法的投诉,法院认为投诉事项与采购人有关联,财政部门要求投诉人就其投诉增加采购人作为被投诉人,有事实和法律的依据。判决维持财政部门的行政决定。

【判决正文】

湖南省长沙市中级人民法院
行政判决书

〔2016〕湘 01 行终 717 号

上诉人(一审原告)湖南青果软件有限公司,住湖南省(略)。
法定代表人张某。
委托代理人聂某。
被上诉人(一审被告)湖南省财政厅,住所地(略)。
法定代表人郑某。
委托代理人朱某。
委托代理人吴某。
湖南青果软件有限公司(以下简称青果公司)不服湖南省财政厅(以下简称省财政厅)不履行政府采购行政监督法定职责一案,不服长沙市天心区人民法院〔2016〕湘 0103 行初 32 号行政判决,向本院提起上诉。本院受理后,依法组成合议庭,对本案进行了审理,现已审理终结。

一审法院查明:2015 年,采购人湖南师范大学委托采购代理机构湖南省华新招标咨询有限公司(以下简称华新招标公司)采购该校本科教务管理软件,预算金额 90 万元。华新招标公司发布公开招标公告后,青果公司及湖南省强智科技发展有限公司(以下简称强智公司)、联奕科技股份有限公司(以下简称联奕公司)、湖南瑞安斯科技有限公司(以下简称瑞安斯公司)四家公司参与投标,四家公司投标报价分别为 72 万元、88 万元、89.8 万元、2 万元。2016 年 1 月 22 日,湖南省政府采购网发布《湖南师范大学本科生教务管理系统公开招标成交公告》,成交候选人为强智公司(评分 66.7 分,推荐排名第 1)、青果公司(评分 60.46 分,推荐排名第 2)、瑞安斯公司(评分 56 分,推荐排名第 3),推荐成交供应商为强智公司。青果公司认为此次政府采购活动存在违法行为,于 2016 年 1 月 27 日向华新招标公司提出质疑,质疑瑞安斯公司虚假应标及评审人员名单不合法,华新招标公司于 2016 年 2 月 2 日作出质疑答复书,对于青果公司针对涉案政府采购提出的质疑均未予采信。青果公司不满华新招标公司的质疑答复,于 2016 年 2 月 4 日向省财政厅提交投诉书,将华新招标公司列为被投诉人,投诉瑞安斯公司虚假应标及评审人员名单不合法,请求省财政厅对其投诉请求逐条回复。省财政厅于 2016 年 2 月 5 日对青果公司作出《投诉修改补正通知书》,要求青果公司"修改补正有关内容:1. 被投诉人应增加采购人即湖南师范大学……请你单位将上述修改补正材料于 2016 年 2 月 17 日前提交至我厅重新投诉。如无正当理由逾期提交的,视为放弃投诉"。青果公司收到《投诉修改补正通知书》后,于 2016 年 2 月 17 日重新向省财政厅提交了《投诉书(补充文件)》,但未将湖南师范大学列为被投诉人,省财政厅因此对青果公司之投诉未予受理。青果公司对省财政厅未受理其投诉不服,遂诉至法院。

一审法院认为:本案是对省财政厅未受理青果公司之投诉是否合法进行审查。根据《中华人民共和国政府采购法》第五十四条、第五十五条的规定,在政府采购中,供应商认为采购文件,采购过程和中标、成交结果使自己的权益受到损害的,可以以书面形式向采购人、采购机构提出质疑,质疑供应商对采购人或采购代理机构的答复不满意,可以向同级政府采购监督管理部门投诉。省财政厅作为同级政府采购监督管理部门具有受理政府采购投诉的法定职责。省财政厅要求青果公司增加采购人湖南师范大学作为被投诉人是否合法,是本案当事人争议的焦点。省财政厅援引《财政部关于加强政府采购供应商投诉受理审查工作的通知》"财政部门在投诉审查期间,认定投诉事项与采购人行为有关但采购人不是被投诉人的,应当要求投诉人将采购人追加为被投诉人,并限期修改投诉书重新投诉,逾期不予受理"的规定作为不受理青果公司投诉之依据。《政府采购供应商投诉处理办法》第十条规定"投诉人提起投诉应当符合下列条件:……(七)国务院财政部门规定的其他条件"。《财政部关于加强政府采购供应商投诉受理审查工作的通知》属于国务院部门制定的规范性文件,该规定与《中华人民共和国政府采购法》《中华人民共和国政府采购法实施条例》《政府采购供应商投诉处理办法》不相抵触。《政府采购货物和服务招标投标管理办法》第四十四条、第四十五条规定,具体评标事务由招标采购单位依法组建的评标委员会负责,评标委员会由采购人代表和有关技术、经济等方面的专家组成。青果公司向省财政厅的投诉请求中对评审人员名单的合法性提出投诉,评标委员会的组成人员依《政府采购货物和服务招标投标管理办法》的规定,有采购人湖南师范大学的代表,因此,青果公司的投诉事项与采购人湖南师范大学有关。省财政厅要求青果公司增加被投诉人,于青果公司投诉之事项具有适当性和必要性,于省财政厅履行政府采购监督职责之目的具有正当性。青果公司在指定期限内未按《投诉修改补正通知书》将符合要求的修改补正材料提交重新投诉,省财政厅不受理青果公司之投诉不违反政府采购相关法律法规的规定,青果公司的第一项诉讼请求不予支持。根据《中华人民共和国政府采购法》第五十七条的规定,政府采购监督管理部门在处理投诉事项期间,可以视具体情况书面通知采购人暂停采购活动,省财政厅未受理青果公司的投诉,不在处理投诉事项期间,青果公司的第二项诉讼请求亦不予支持。据此,依照《中华人民共和国行政诉讼法》第六十九条之规定,判决驳回青果公司的全部诉讼请求。

青果公司上诉称:一、一审判决不合法。《行政诉讼法》第六十三条规定法院审理行政案件适用法律基本原则是"以法律和行政法规、地方性法规为依据;参照规章"。但一审法院却采纳效力不及规章的《财政部关于加强政府采购供应商投诉受理审查工作的通知》这一规范性文件认定受理投诉的条件。《中华人民共和国政府采购法实施条例》第五十五条明确"供应商投诉的事项不得超出已质疑事项的范围",而青果公司质疑事项的范围是明确、具体的,被质疑的主体只有华新招标公司,根据上述《实施条例》的规定只能针对特定主体提出投诉,否则违反了行政法规的规定,是违法的投诉行为。省财政厅要求青果公司投诉的条件完全不合法,其不受理青果公司的投诉不具有合法性。二、省财政厅不受理青果公司的投诉不具有合理性。一审期间,青果公司提交了我国其他省、市的《政府采购投诉处理决定书》,这些《决定书》的被投诉人均只有政府采购过程中的采购代理机构。为什么湖南省就必须将采购人列为被投诉人?青果公司在与省财政厅交换意见时也陈述了为什么不宜将采购人列为被投诉人的正当理由。省财政厅不受理青果公司的政府采购投诉不合法不合理。三、根据《政府采购法》第五十七条和《政府采购法实施条例》第五十四条的规定,应当支持青果公司的暂停本次采购活动诉请事项。综上,请求二审法院判决:一、撤销长沙市天心区人民法院〔2016〕湘0103行初32号行政判决书;二、改判省财政厅受理并审查青果公司对湖南师范大学本科教务管理系统招投标过程和结果的投诉并作出处理决定;三、改判省财政厅通知采购人暂停采购活动;四、本案两审诉讼费由省财政厅承担。

省财政厅答辩称:一、采购人是政府采购投诉中的被投诉主体。根据《中华人民共和国政府采购法》第五十二条、第五十四条的规定,采购人是答复质疑的首要主体,采购代理机构只对采购人委托授权范围内的事项答复质疑,是答复的次要主体。根据《中华人民共和国政府采购法》第五十五条"质疑供应商对采购人、采购代理机构的答复不满意或者采购人、采购代理机构未在规定的时间内作出答复的,可以在答复期满后十五个工作日内向同级政府采购监督管理部门投诉",质疑为投诉的前置程序,答复质疑的采购人是政府采购投诉中的被投诉主体。二、采购人与青果公司投诉事项有实质性关联。青果公司的投诉事项中包括直接投诉采购人湖南师范大学90万元的采购项目预算涉嫌挥霍国有资金,重大国有资金流失的问题。显然,采购人与投诉事项有实质性关联,应作为被投诉人。同时,根据《政府采购法实施条例》第十一条、第四十三条,《政府采购货物和服务招标投标管理办法》第四十五条规定,科学合理确定项目采购需求、派代表参与采购评审、确定中标结果是采购人的法定职责,不能委托给采购代理机构。在本案中,青果公司投诉事项涉及 90 万元项目预算需求是否科学合理、瑞安斯公司低于成本价报价属于虚假应标、围标,应作无效投标处理并确认中标结果无效,是采购人湖南师范大学的法定职责,要作出认定,必须将采购人追加为被投诉人才能将事情调查清楚。此外,湖南师范大学在整个开标过程中派了纪检监督人员进行了全过程监督,纪检监督人员的主要职责就是发现招标过程是否存在违法违纪行为,而青果公司投诉事项要求查处操纵围标幕后的违法违纪行为,采购人湖南师范大学有责任参与处理。三、不予受理的法律依据有《政府采购供应商投诉处理办法》第十条、《财政部关于加强政府采购供应商投诉处理审查工作的通知》第三点、《湖南省政府采购工作规范》第十一章第七条,上述规范性文件的规定不仅是对《政府采购供应商投诉处理办法》的细化,符合《政府采购法》与《政府采购货物和服务招标投标管理办法》之规定,也符合《政府采购法》的精神与原则,可作为行政行为的被援用规则和理由,省财政厅在投诉审查期间,依据财政部文件要求青果公司将采购人湖南师范大学追加为被投诉人,并履行了告知义务。但是,青果公司修改后的投诉书拒绝将采购人湖南师范大学追加被投诉人。据此,省财政厅对上诉人提交的投诉书依法不予受理。青果公司可通过举报的形式维护自己的权利主张。综上,省财政厅对青果公司投诉书不予受理的行为,事实清楚、证据充分、程序合法、适用法律正确、处理得当。请求法院依法审查并驳回青果公司的诉讼请求。

当事人向一审法院提交的证据和依据已随案移送本院。经审查,本院采信的证据和确认的事实与一审无异。

本院认为:根据《政府采购供应商投诉处理办法》第八条第二款第(一)项、第十条第(三)(七)项、《财政部关于加强政府采购供应商投诉受理审查工作的通知》第三点规定,财政部门在投诉审查期间,认定投诉事项与采购人行为有关但采购人不是被投诉人的,有权要求投诉人将采购人追加为被投诉人。投诉人拒不追加的,属被投诉人不适格,其投诉书不符合规定,投诉不符合受理条件。本案中,省财政厅经审查认为投诉事项与采购人有关,通知青果公司追加采购人为被投诉人,但青果公司未在指定期限内按要求补正材料,故其投诉不符合法定条件,省财政厅不受理其投诉,具有事实依据和法律依据。青果公司主张《财政部关于加强政府采购供应商投诉受理审查工作的通知》属于规范性文件,不能作为省财政厅不受理投诉的法律依据,本院认为,该规范性文件与相关法律法规的规定不相抵触,是对相关法律、法规规定的细化,可以作为行政机关执法的依据,故该上诉理由不成立,本院不予支持。关于青果公司要求暂停采购活动的诉讼请求,因省财政厅未受理其投诉,不符合《中华人民共和国政府采购法》第五十七条的规定,不予支持。综上,青果公司的诉讼请求没有事实及法律依据,本院不予支持。一审判决认定事实清楚,适用法律、法规正确,审判程序合法。依照《中华人民共和国行政诉讼法》第八十九条第一款第(一)项的规定,判决如下:

驳回上诉,维持原判。

本案二审受理费 50 元,由上诉人湖南青果软件有限公司负担。

本判决为终审判决。

审　判　长　周　永

代理审判员　陈丽琛

代理审判员　黄　姝

二〇一六年十一月七日

书　记　员　贾翔婷

上海申旭仪器有限公司
与江西省上饶市财政局、江西省财政厅
政府采购（招投标）投诉处理决定、行政复议决定案

【案件提要】

本案是对采购文件的投诉处理决定提起行政诉讼的案例。涉案采购项目发布招标公告后，申旭公司提出质疑和投诉，认为招标文件有限制性、倾向性条款，参数指标变相指定品牌等。财政部门受理后，随机抽取并组织省政府采购评审专家对招标文件进行评审，作出了部分投诉无效、部分投诉有效的处理决定。申旭公司纽复议后提起本案的诉讼。一审法院经审理认为，财政部门在针对专业技术问题无法按常识作出明确合理判断时，及时按规定程序抽取、组织省专家库中的相应专家进行了会审，并依据专家会审后一致认为"该参数未明显指向某品牌产品，且该参数的制定也是基于业主自身采购产品的需要，实为招标项目的实质性要求和条件，并未违反法律的强制性规定或禁止性规定的意见，依法作出处理决定，行政行为证据确凿，适用法律、法规正确，符合法定程序。申旭公司上诉提出了本案诉讼是否应当安排专家出庭作证的程序问题。二审法院认为，根据《最高人民法院关于行政诉讼证据若干问题的规定》有关规定，本案三位评审专家并不是鉴定人而是其他知道案件事实的人，其有义务出庭作证，但确有特殊原因无法出庭的可以提交书面证言，本案专家就评审过程向一审法院提交了书面情况说明，一审组织双方进行质证并无不当。

【判决正文】

江西省上饶市中级人民法院
行政判决书

〔2016〕赣 11 行终赣 14 号

上诉人（一审原告）上海申旭仪器有限公司，住所地（略）。
法定代表人刘某。
委托代理人洪某。
委托代理人王某。
被上诉人（一审被告）上饶市财政局，住所地（略）。
法定代表人邵某。

委托代理人张某。

委托代理人宣某。

被上诉人(一审被告)江西省财政厅,住所地(略)。

法定代表人胡某。

委托代理人甘某。

委托代理人张某。

上诉人上海申旭仪器有限公司(以下简称申旭公司)与被上诉人上饶市财政局、江西省财政厅招标投诉处理纠纷一案,不服江西省上饶市信州区人民法院〔2015〕信行初字第45号行政判决,向本院提起上诉。本院受理后,依法组成合议庭,于2016年3月30日公开开庭审理了本案,上诉人申旭公司的委托代理人洪某、王某,被上诉人上饶市财政局的委托代理人张某、宣某,被上诉人江西省财政厅的委托代理人张某到庭参加诉讼。本案现已审理终结。

一审法院查明,2015年2月12日,申旭公司就上饶市信江招投标代理有限公司(以下简称采购代理机构)代理的上饶市第三人民医院(以下简称市三医院)无抽搐电休克治疗仪采购项目(招标编号:XJDLCG-2015-005♯)公开招标采购提出投诉,认为招标文件有限制性、倾向性条款,参数指标变相指定品牌,采购文件有不合理条款,即要求提供所投产品CFDA,海关入关证明,精神病医院一、二、三级建院采购名录标准。申旭公司认为其所投标产品注册名为"电痉挛治疗仪",与无抽搐电休克治疗仪只是名称不同,但功能基本相同,完全是同类设备。上饶市财政局于当日受理后,于2015年2月13日随机抽取并组织江西省政府采购评审专家对招标文件进行评审,于2015年2月27日作出饶财购〔2015〕3号《上饶市财政局关于上饶市信江招投标代理公司代理的上饶市第三人民医院无抽搐电休克治疗仪采购项目(招标编号:XJDLCG-2015-005♯)的投诉处理决定》。其中,专家一致认为:1.市三医院采购项目指明无抽搐电休克治疗仪为本项目临床及达标要求所需,也是业主自身要求,电痉挛治疗仪不完全等同电休克治疗仪,招标文件项目内容技术参数要求未发现明显倾向性;2.采购文件不合理条款中第一条进口许可证证书已在网上发布变更删除,第二条市三医院商务评分中要求所投商品符合精神病医院一、二、三级建院采购的名录标准的要求是作为所需产品在等级医院的占有率,符合采购需求;3.第三条提供电休克治疗仪在发改委及物价局当地的收费标准及编码的得分条款已经删除。据此,上饶市财政局根据《政府采购供应商投诉处理办法》第十七条第二款规定,对申旭公司关于市三医院无抽搐电休克治疗仪采购项目(招标编号:XJDLCG-2015-005♯)公开招标采购活动的投诉第二点的第三条请求予以支持,其他不予以支持,驳回投诉。申旭公司对该处理决定不服,于2015年3月9日向江西省财政厅提出复议。江西省财政厅受理后,以该案情况复杂,不能在规定期限内作出复议决定为由,于2015年5月8日作出延期审理通知书,于2015年6月5日作出复议决定,维持上饶市财政局作出的处理决定。申旭公司不服,向一审法院提起诉讼。

一审法院认为,本案所涉招标投诉,需依法遵循合理、合法及效率原则。申旭公司对采购代理机构代理的市三医院无抽搐电休克治疗仪采购项目(招标编号:XJDLCG-2015-005♯)公开招标采购向上饶市财政局提出投诉,上饶市财政局依法进行了受理。申旭公司提出投诉时,虽提出其所代理的产品与本次招标采购的产品属同类产品,亦能满足招标采购的要求,但其在行政处理过程中始终未向行政处理机关提交符合法律法规规定或符合通常要求的相应证据材料。上饶市财政局在针对专业技术问题无法按常识作出明确合理判断时,及时按规定程序就申旭公司投诉所涉问题抽取、组织江西省专家库中的相应专家进行了评审,并依据专家评审意见,依法作出处理决定,行政行为证据确凿,适用法律、法规正确,符合法定程序。申旭公司提出上饶市财政局行政行为程序违法的主张无事实依据,一审法院不予采纳。江西省财政厅依法受理申旭公司的复议申请,并依法作出的复议决定,亦证据确凿,适用法律、法规正确,符合法定程序。故依照《中华人民共和国行政诉讼法》第六十九条之规定,判决驳回申旭公司的诉讼请求。

宣判后,申旭公司不服一审判决,向本院提起上诉。上诉称:1. 一审判决未依法对申旭公司提交的证据组织质证,未依法安排专家出庭作证,严重违反法定程序;2. 一审判决遗漏了必须参加诉讼的第三人,影响案件事实的查明和判决的公正;3. 一审判决事实认定严重错误不清,适用法律严重错误。故请求二审法院撤销一审判决,并依法改判。

上饶市财政局答辩称,申旭公司在一审起诉时虽提交了证据,但未在庭审时出示,不能作为证据使用;现有相关法律并未要求评审专家必须到庭作证,一审对专家意见的采信程序合法;一审判决不存在遗漏必须参加诉讼的第三人的问题;一审判决认定事实清楚,适用法律正确,申旭公司的上述事实和理由均不成立,请求二审法院驳回上诉,维持一审判决。

江西省财政厅答辩称,一审法院依法审理本案,不存在程序违法的问题,一审判决认定事实清楚,适用法律正确,请求二审法院驳回上诉,维持一审判决。

二审期间,申旭公司在本院提交《调查取证申请书》,申请本院调查收集下列证据:1. 完整招标资料;2. 该次招标所有投标人提交的完整投标资料;3. 完整评标及开标资料;4. 中标的美国 MECTACorperation5000Q 产品在中国的医疗器械注册申请详细资料。本院经审查认为申旭公司诉请法院审查的具体行政行为是上饶市财政局对申旭公司就招标文件相关条款可能存在限制性、倾向性、排他性等不合法、不合理之处投诉而作出的饶财购〔2015〕3 号《上饶市财政局关于采购代理公司代理的市三医院无抽搐电休克治疗仪采购项目(招标编号 XJDLCG-2015-005♯)的投诉处理决定》,而不是诉请法院审查该项目招标这一具体行政行为本身的合法性,该项目招标资料、投标人所提交的投标资料、评标及开标资料、中标产品在中国的注册申请资料等证据与本案无关。申旭公司的申请不符合《中华人民共和国行政诉讼法》第四十一条的规定,本院在二审开庭前已经作出决定不予准许。二审期间,申旭公司还向本院提交了《追加第三人申请书》,向本院申请追加案涉项目的招标采购人、采购代理机构、其他投标人、中标人作为本案的第三人参加二审诉讼。本院经审查认为,根据《中华人民共和国行政诉讼法》第二十九条第一款之规定,公民、法人或者其他组织同被诉行政行为有利害关系但没有提起诉讼,或者同案件处理结果有利害关系的,可以作为第三人申请参加诉讼,或者由人民法院通知参加诉讼。申旭公司在二审中追加第三人的申请不符合上述有关法律的规定,本院决定不予准许。

申旭公司在二审中对上饶市财政局在一审中提交的证据提出了新的质证意见:对事实依据证据 1、2 的真实性、合法性无异议,关联性有异议,认为无抽搐电休克治疗仪是指具有电刺激功能的仪器,不是上饶市财政局指的名称叫"电休克治疗仪"的某个产品,采购代理机构要求申旭公司提供相关证明是强人所难;对事实依据证据4、5合法性、关联性有异议,招标文件条款不合法、不合理,程序文件只是形式;对事实依据证据6、7关联性有异议,认为不能证明上饶市财政局、江西省财政厅的主张;对事实依据证据8、9合法性、关联性有异议,仅删除了"进口许可证"条款,没有对文件中其他不合法条款进行变更,质疑答复是存在问题的;对事实依据证据10、11的关联性有异议,证据12的真实性、合法性、关联性均有异议,证据13的合法性、关联性有异议,该招标文件对于申旭公司提出的其他不合法、不合理的条款并没有变更;对事实依据证据14的真实性无法判断,对合法性、关联性不予认可,认为采购人及招标代理机构在招标过程中曲解了有关文件的原意,将类别名称等同于产品名称,不合理地要求使用不同名称的产品供应商额外提供根本找不到的所谓"有关主管部门"来开具该证明。对法律依据认为是适用法律错误。对执法程序证据1、2的真实性无法判断,合法性、关联性不予认可;对执法程序证据3、4的真实性认可,合法性、关联性不予认可。申旭公司在二审当庭提交八组24份"补强"证据,经合议庭当庭合议,认为该24份证据不属于法定的新证据,不予质证。对于申旭公司于2015年9月1日、9月21日在一审庭后提交的证据25、26、27、28,上饶市财政局、江西省财政厅对其真实性、合法性、关联性均有异议。本院对申旭公司在一审庭后提交的证据25、26、27、28的真实性予以认可,但在本案中不具有关联性,本院不予采信。

本院二审查明的事实与一审查明的事实一致,本院对一审查明的事实予以确认。

本院认为,《中华人民共和国政府采购法》第五十二条规定:"供应商认为采购文件、采购过程和中标、成交结果使自己的权益受到损害的,可以在知道或者应知其权益受到损害之日起七个工作日内,以书面形式向采购人提出质疑。"第五十五条规定:"质疑供应商对采购人、采购代理机构的答复不满意或者采购人、采购代理机构未在规定的时间内作出答复的,可以在答复期满后十五个工作日内向同级政府采购监督管理部门投诉。"第五十八条规定:"投诉人对政府采购监督管理部门的投诉处理决定不服或者政府采购监督管理部门逾期未作处理的,可以依法申请行政复议或者向人民法院提起行政诉讼。"以及《政府采购供应商投诉处理办法》第七条规定:"供应商认为采购文件、采购过程、中标和成交结果使自己的合法权益受到损害的,应当首先依法向采购人、采购代理机构提出质疑。对采购人、采购代理机构的质疑答复不满意,或者采购人、采购代理机构未在规定期限内作出答复的,供应商可以在答复期满后15个工作日内向同级财政部门提起投诉。"因此,供应商对政府采购行为不服的,应依次经过质疑、投诉环节,待财政部门作出投诉处理决定后仍不服的,可提起行政复议或行政诉讼。本案被诉的上饶市财政局关于采购代理机构代理的市三医院无抽搐电休克治疗仪采购项目(招标编号XJDLCG-2015-005♯)的投诉处理决定书(以下简称"投诉处理决定")、江西省财政厅行政复议决定书(赣财行复〔2015〕1号,以下简称"复议处理决定")系上饶市财政局收到申旭公司的投诉后,针对其投诉事项和事实理由所作的处理决定及江西省财政厅收到申旭公司的复议申请后所作的复议决定。故根据投诉处理决定与投诉之间的对应性,本案行政诉讼对被诉投诉处理决定的合法性审查也应围绕申旭公司在投诉环节提出的事实理由和请求进行。综上,本案的争议焦点为招标文件是否有违反《中华人民共和国政府采购法》有关规定的限制性、倾向性条款及其他不合理条款。根据《中华人民共和国招标投标法》第十九条第一款、第二款规定："招标人应当根据招标项目的特点和需要编制招标文件。招标文件应当包括招标项目的技术要求、对投标人资格审查的标准、投标报价要求和评标标准等所有实质性要求和条件以及拟签订合同的主要条款。"《政府采购货物和服务招标投标管理办法》第十八条第二款规定："招标人应当在招标文件中规定并标明实质性要求和条件。"本案中，采购代理机构就招标项目发布详细规格参数，就该参数是否存在限制性、倾向性的问题，上饶市财政局于 2015 年 2 月 13 日组织江西省政府采购评审专家进行评审，一致认为招标项目发布详细规格参数未发现有明显限制性、倾向性，该参数未明显指向某品牌产品，且该参数的制定也是基于业主自身采购产品的需要，实为招标项目的实质性要求和条件，并未违反法律的强制性规定或禁止性规定。就招标文件商务标评审中规定的"提供所投产品 CFDA、海关入关证明、进口许可证证书，每项得 2 分，最高得 6 分"，申旭公司认为根据商务部有关规定所投产品无须进口许可证，采购代理机构已在申旭公司提出质疑时采纳了申旭公司的质疑意见，删除了"进口许可证证书"内容；"精神病医院一、二、三级建院采购名录标准得 5 分"中产品要符合精神病医院一、二、××医院建院采购需要，该评审内容并不违反有关规定；商务标评审中的"提供电休克治疗仪在中华人民共和国发改委及物价局当地的收费标准及编码的得 3 分"的规定，投诉处理决定采纳了申旭公司的该投诉意见，在招标文件中删除了该条。就一审判决未对申旭公司提交的证据组织质证、未安排专家出庭作证是否违反法定程序及是否遗漏了必须参加诉讼的第三人的问题。经核查一审庭审笔录，其中第 14 页载明："审：原告就事实方面是否有证据提交？原告：没有。"从中可以看出一审审判长在庭审时询问了申旭公司是否要举证，申旭公司明确表示"没有"就意味着申旭公司放弃了举证的权利，这并不违反法定程序。就专家出庭作证的问题，根据《最高人民法院关于行政诉讼证据若干问题的规定》第四十一条、第四十七条之规定，本案三位评审专家并不是鉴定人而是其他知道案件事实的人，其有义务出庭作证，但确有特殊原因无法出庭的可以提交书面证言，一审法院收到申旭公司专家出庭申请书的时间为 2015 年 7 月 27 日，一审开庭时间为 2015 年 7 月 29 日，三位评审专家均以无时间为由未到庭作证，但就评审过程向一审法院提交了书面情况说明，一审就该情况说明在庭审中组织双方进行质证并无不当。就一审是否遗漏了必须参加诉讼的第三人的问题，根据《中华人民共和国行政诉讼法》第二十九条之规定，公民、法人或者其他组织同被诉行政行为有利害关系但没有提起诉讼，或者同案件处理结果有利害关系的，可以作为第三人申请参加诉讼，或者由人民法院通知参加诉讼。本案为招标投诉处理纠纷，本案招标人、其他投标人、中标人等与本案招标投诉处理决定无必然的利害关系，人民法院无须通知其参加诉讼。

综上，上饶市财政局在其法定职权内所作的投诉处理决定认定事实清楚，行政程序合法，适用法律法规正确，处理结果并无不当，江西省财政厅在其法定职权内所作的复议决定认定事实清楚，复议程序合法，适用法律正确。一审法院所作判决认定事实清楚，审判程序合法，应依法予以维持。申旭公司的上诉请求因缺乏充分的事实和法律依据，本院依法不予支持。据此，依照《中华人民共和国行政诉讼法》第八十九条第一款第（一）项之规定，判决如下：

驳回上诉,维持原判。

二审案件受理费 50 元,由上诉人上海申旭仪器有限公司负担。

本判决为终审判决。

审　判　长　董有生

代理审判员　於　洛

代理审判员　余细花

二〇一六年四月十九日

书　记　员　李　娴

南京良仕医疗器械有限公司
与江苏省靖江市财政局
政府采购(招投标)投诉处理决定案

【案件提要】

本案是对采购文件的投诉处理决定提起行政诉讼的案例。涉案采购项目经重新招标，优然公司中标。良仕公司提出质疑、投诉，直至提起本案诉讼。案件虽然涉及多项投诉，但其中在关于夫妻二人代表两个公司参加同一项目的招投标，是否构成串通投标行为，无疑是本案最主要的争议问题。财政部门认为法律无明文禁止夫妻二人代表不同投标人参加同一招投标活动，故本次招投标不存在串通投标行为。但法院不认同。二审法院认为，固然《政府采购法》及其实施条例中并未明确禁止夫妻分别代表不同的供应商参加同一项目的投标活动，但基于法律规定本身不可能穷尽生活事实的特征，以及政府采购中禁止供应商之间串通投标的立法本意，只要是符合"供应商与采购人或者采购代理机构之间、供应商相互之间，为谋求特定供应商中标、成交或者排斥其他供应商"的串通行为，均是立法禁止的行为。

【判决正文】

江苏省泰州市中级人民法院
行政判决书

〔2017〕苏 12 行终 194 号

上诉人(一审原告)南京良仕医疗器械有限公司,住所地(略)。
法定代表人徐某。
委托代理人陈某。
上诉人(一审被告)靖江市财政局,住所地(略)。
法定代表人张某。
委托代理人何某。
委托代理人李某。
一审第三人靖江市公共资源交易中心,住所地(略)。
法定代表人钱某。
委托代理人高某。

委托代理人李某。

一审第三人江苏优然科技有限公司,住所地(略)。

法定代表人刘某。

委托代理人沈某。

委托代理人严某。

上诉人南京良仕医疗器械有限公司(以下简称良仕公司)因与上诉人靖江市财政局政府采购投诉处理纠纷一案,不服江苏省泰州医药高新技术产业开发区人民法院〔2016〕苏1291行初321号行政判决,向本院提起上诉。本院依法组成合议庭对本案进行了审理。现已审理终结。

一审经审理查明,2016年7月,靖江市人民医院委托靖江市公共资源交易中心(以下简称交易中心)就确定医疗设备进行招投标(JJZC2016GK079)。良仕公司、江苏优然科技有限公司(以下简称优然公司)均参加了招投标。良仕公司以第一名中标,优然公司列第二名。后因公示中标总价错误,该次投标作废标处理。2016年9月,交易中心受靖江市人民医院的委托,就超高清腹腔镜设备重新组织招投标(JJZC2016GK0129),并发布招标公告。招标文件第24条之24.4约定:供应商不得以任何方式或者方法提供投标以外的任何附赠条款,否则投标无效。第46条之46.2约定:有下列情形之一的,视为供应商相互串通投标:46.2.2不同供应商委托同一单位或个人办理投标事宜。第61条第一款第14项扩展性约定:可提供并兼容同一品牌各科内窥镜(腹腔镜、宫腔镜、胸腔镜、单极双极电切镜、膀胱镜、输尿管镜、脑室镜、鼻窦镜、支气管镜、椎间孔镜、关节镜),避免重复采购,节约成本。第61条第六款末文约定:另提供选配1套设备可升级为3D腔镜系统,并报配置清单和价格,作为评标依据。2016年9月28日,交易中心组织JJZC2016GK0129招投标项目的开标、评标工作,包含良仕公司、优然公司在内的五家公司的法人代表或授权代表参与该活动。马某(居民身份证号码……)作为优然公司代表到场,陈某(居民身份证号码……)作为南京乐硕贸易有限公司(以下简称乐硕公司)代表到场。现场随机抽取了评审专家(靖江市财政局确认本次抽取的专家与JJZC2016GK079招投标程序中抽取的专家相同),并有监督人员在场监督。经开标,优然公司报价2 620 000元(另加配赠送设备一套),良仕公司报价2 800 000元(另提供选配设备一套),乐硕公司报价2 900 000元。经评审,确定本次招投标项目中标候选人为优然公司。2016年9月29日,交易中心发布公告公布优然公司预中标。2016年10月10日,良仕公司向靖江市财政局采购办公室、交易中心、靖江市人民医院提出质疑。质疑内容涉及:1. JJZC2016GK079、JJZC2016GK0129两次招投标项目招标参数配置相同,中标结果截然不同;且良仕公司将第一次投标降价17万元,而优然公司价格保持不变却中标。因此,第二次评标不合规;2. 从产品参数来看,优然公司有造假嫌疑:(1)技术指标方面,良仕公司的产品技术参数远优于招标要求。优然公司提供的日本奥林巴斯品牌不具有椎间孔镜等设备,故根据招标文件有关产品扩展性的要求,优然公司该项应为负偏离;(2)市场占有率方面,良仕公司的产品在泰州等地区市场占有率较高,而优然公司的产品在腹腔镜领域并无优势,占有率也较少;(3)商务条款方面,中标人投标应能满足招标文件的实质要求,产品本身应是主要考量因素。良仕公司、优然公司的投标文件中都包含了商务条款,仅优然公司获得加分并无依据;3. 预中标人相互串通投标报价,排挤其他投标人的公平竞争,优然公司与另一家投标单位的投标代表系夫妻关系,且该两家公司为关联企业,存在串通投标行为。请求:1. 对涉案招投标项目重新评标;2. 暂停采购活动。2016 年 10 月 17 日,交易中心就良仕公司质疑作出回复:1. 因 JJZC2016GK079 项目废标,故该次投标内容不予采纳,本次 JJZC2016GK0129 招投标、评标过程合法,因投标人的投标文件相应内容有变化,故良仕公司关于中标结果一致的主张没有依据;2. 根据法律规定,招标品牌不具备唯一性和排他性,且扩展性条款并非"＊"号条款,"可提供"不是要求"必须提供",扩展性条款本身也未限定"同一品牌",否则有违公平竞争之义;3. 现无依据证明供应商之间存在直接控股、管理关联关系,无依据证明存在恶意串通情形。2016 年 10 月 30 日,良仕公司向靖江市财政局提交投诉书,投诉请求为:1. 对涉案招投标项目重新评标;2. 暂停采购活动;3. 严厉查处串通投标行为;4. 严厉查处投标技术参数造假行为。投诉事项:一、JJZC2016GK0129 项目完全是 JJZC2016GK079 项目的第二次招标活动,二次招标标文内容及评委均为一致。因此,参考第一次评标结果,是完全具备充足依据和理由的。二、公开招标技术部分是采购单位选择设备的一个方式,是不应该具有唯一性和排他性的。但各厂家产品性能不同,各有优劣,所供产品不可能在技术参数和性能方面完全一样。根据招标文件扩展性的约定,明确要求"可提供同一品牌",如不提供同一品牌,则参数偏离表应记载负偏离。据了解,优然公司提供的奥林巴斯产品不具有椎间孔镜、脑室镜等设备,故该公司无法提供这一品牌的上述产品,请查实优然公司该项有无注明负偏离。三、优然公司、乐硕公司投标代表为夫妻关系,两公司亦存在利益关系,属同一利益集团。2016 年 11 月 7 日,靖江市人民医院就涉案采购项目出具情况说明,述称第一次招投标时,良仕公司提供两套设备投标,价格为 148 万元。因价格填写错误,此标作废标处理。就第二次招投标,该院尊重评标结论,购买价格便宜、综合性能好的设备。至于良仕公司的质疑,请交易中心进行核实。2016 年 11 月 7 日,靖江市财政局向良仕公司发出调查函,要求其回复以下问题并提供证明材料:1. 夫妻二人不能代表两个公司参加同一项目招标活动的法律依据;2. 对同一利益集团给出法律解释,提供优然公司、乐硕公司属同一利益集团的证据;3. 优然公司、乐硕公司串通投标的具体行为。2016 年 11 月 10 日,良仕公司作出回复,就上述问题予以说明并提及优然公司技术参数造假。2016 年 11 月 7 日,靖江市财政局向优然公司发出调查函,要求其回复以下问题并提供证明材料:针对招标文件有关扩展性的要求,提供奥林巴斯的原厂证明。2016 年 11 月 8 日,优然公司提交奥林巴斯(北京)销售服务有限公司上海分公司(以下简称奥林巴斯销售分公司)出具的证明,载明:针对招标文件有关扩展性的要求,该公司提供的产品能够满足。优然公司还向靖江市财政局提交关于投诉处理调查的回复和意见,其在意见中确认于 2016 年 11 月 3 日知晓良仕公司投诉与质疑的全部内容。2016 年 11 月 15 日,靖江市财政局作出涉案处理决定,并于 2016 年 11 月 21 日、2016 年 11 月 23 日分别送达优然公司、良仕公司。

另查明,陈云清、马爱琴于 2003 年 10 月 20 日登记结婚。

一审法院认为,本案的审查对象为靖江市财政局作出的投诉处理决定是否合法。

《政府采购供应商投诉处理办法》第三条规定:"县级以上各级人民政府财政部门负责依法受理和处理供应商投诉……县级以上地方各级人民政府财政部门负责本级预算项目政府

采购活动中的供应商投诉事宜。"靖江市财政局系靖江市人民政府财政部门,有权处理靖江市级财政预算项目政府采购活动中的供应商投诉事宜,具有作出涉案投诉处理决定的职权。

《政府采购供应商投诉处理办法》第七条规定:"供应商认为采购文件、采购过程、中标和成交结果使自己的合法权益受到损害的,应当首先依法向采购人、采购代理机构提出质疑。对采购人、采购代理机构的质疑答复不满意,或者采购人、采购代理机构未在规定期限内作出答复的,供应商可以在答复期满后15个工作日内向同级财政部门提起投诉。"该办法第十条规定:"投诉人提起投诉应当符合下列条件:(一)投诉人是参与所投诉政府采购活动的供应商;(二)提起投诉前已依法进行质疑;(三)投诉书内容符合本办法的规定;(四)在投诉有效期限内提起投诉;(五)属于本财政部门管辖;(六)同一投诉事项未经财政部门投诉处理;(七)国务院财政部门规定的其他条件。"本案中,良仕公司已在投诉前向交易中心提出质疑,因不服质疑答复,在法定期限内向靖江市财政局提交了书面投诉书。因此,良仕公司的投诉符合前述条件,靖江市财政局予以受理符合法律规定。

《政府采购供应商投诉处理办法》第二十条规定:"财政部门应当自受理投诉之日起30个工作日内,对投诉事项作出处理决定,并以书面形式通知投诉人、被投诉人及其他与投诉处理结果有利害关系的政府采购当事人。"靖江市财政局于2016年10月30日收到良仕公司的投诉书后,依法受理审查、向利害关系人寄送副本,经过调查取证,于2016年11月15日作出处理决定并向良仕公司及优然公司送达,符合法定处理期限的要求。

本案的争议焦点为:靖江市财政局针对良仕公司所提投诉事项所作处理是否准确、合法。

投诉书所列投诉事项既是财政部门启动行政处理程序的原因,也是行政处理的内容与范围,财政部门仅应当就投诉内容进行处理。对投诉人而言,质疑是投诉的前置程序,未经质疑的事项不能直接向财政部门投诉;但质疑事项并不直接、当然地成为投诉事项,投诉人质疑内容未作为投诉事项的,财政部门不应主动处理。据此,对处理决定内容评判如下:

一、关于良仕公司的第一个投诉事项。靖江市人民医院委托交易中心实施的招投标项目,先后组织过JJZC2016GK079、JJZC2016GK0129两次招投标程序。第一次招投标程序因预中标人报价错误而作废标处理。废标后再行组织的招投标程序与首次程序并无实际关联,首次招投标中的评标结果不应成为复次招投标评标结果的任何依据。原则上,财政部门在处理投诉时以及法院在司法审查时,均不得介入评审委员会的专业意见。然而,行政法上有"平等原则",旨在要求行政机关处理行政事务应同等对待相同之情形。本案中,在两次评标人与供应商投标内容均为一致的条件下,若评标结果差异过大,则显然有悖上述法律原则,投诉处理部门与司法机关因此具有对评审结果予以形式审查的余地。

现已经查明良仕公司、优然公司在本次招投标中就选配设备的供给方式与首次招投标时发生了重大变化,该事实构成对适用平等原则所需"相同情形"这一涵摄条件的破坏,故良仕公司虽然对投标价作下调处理以提升投标竞争力,因客观上欠缺予以"同等对待"之基础,致首次评标结果丧失参照价值。至于良仕公司在审理中主张优然公司附赠选配设备的行为违反招标文件与《中华人民共和国反不正当竞争法》之规定,因其并未作为投诉事项提出,故靖江市财政局未予考量并无不当。

综上,靖江市财政局就良仕公司第一个投诉事项所作处理应为正确、合法。

二、关于良仕公司的第二个投诉事项。根据良仕公司对该事项的描述,并关注其中以粗体记载部分,可以判定良仕公司的主要异议在于:优然公司投标产品为日本奥林巴斯品牌,而该品牌不具备生产扩展性要求中部分设备的能力,故优然公司就扩展性要求部分所提供的设备不可能与招投标设备系"同一品牌",故该项投标、评标均应认定为"负偏离"。因此,良仕公司质疑优然公司存在提供虚假技术参数。

根据招标文件第 61 条第一款第 14 项扩展性约定,(供应商)可提供并兼容同一品牌各科内窥镜。按照文义理解,"可"是"可以"的意思,并不指代"必须";结合文件体系,所谓"同一"品牌应指与供应商提供的"超高清腹腔镜"设备为同一品牌;而"兼容"则将对内窥镜的要求放宽到与供应商提供的"超高清腹腔镜"设备品牌兼容即可,并非良仕公司所投诉的"(优然公司)必须提供奥林巴斯品牌的各科内科镜"之要求。因此,良仕公司该项投诉本身即存在对招标文件扩展性要求的错误认识,其基于该认识所提投诉事项,当然欠缺事实依据。

再者,在投诉处理程序中,优然公司亦提交了上游供应商的证明文件,而良仕公司未提交优然公司所供内窥镜无法满足扩展性要求的初步证据,故靖江市财政局就良仕公司第一个投诉事项所作处理亦无不当。至于良仕公司所提市场占有率问题,因良仕公司在投诉程序中未明确作为投诉事项,故本案不予理涉。关于良仕公司要求法院调取部分招投标资料的申请,因上述资料与本案并无关联,故不予准许。

三、关于良仕公司的第三个投诉事项。靖江市财政局认为法律无明文禁止夫妻二人代表不同投标人参加同一招投标活动,本次招投标不存在串通投标行为,故驳回良仕公司该项投诉。一审法院认为,靖江市财政局该项处理存在不当,理由如下:1. 法律构成要件可以列举式及概括式的方法予以规定。《中华人民共和国招投标法实施条例》第三十九条第二款在列举四项投标人串通投标的情形外,第五项概括规定:"投标人之间为谋取中标或者排斥特定投标人而采取的其他联合行动。"《中华人民共和国政府采购法实施条例》第七十四条在列举六项恶意串通行为之外,第七项亦概括规定:"供应商与采购人或者采购代理机构之间、供应商相互之间,为谋求特定供应商中标、成交或者排斥其他供应商的其他串通行为。"因此,恶意串通投标行为,若未在法律明确列举的特定情形之中,仍需考察是否符合法律的概括规定。根据上列兜底条款,对投标人之间谋求中标或排斥特定投标人的联合行动均应认定为恶意串通投标的行为,故即使法律未明确禁止夫妻二人代表不同投标人参加同一招投标活动,并不当然可以排除存在串通投标的事实。2. 招标文件第 46 条之 46.2 约定:"有下列情形之一的,视为供应商相互串通投标:46.2.2 不同供应商委托同一单位或个人办理投标事宜。"《中华人民共和国招标投标法实施条例》第四十条规定:"有下列情形之一的,视为投标人相互串通投标:……(二)不同投标人委托同一单位或者个人办理投标事宜。"从上述规(约)定本意进行分析,同一单位或个人因主体同一,在处理不同事务时存在认识与行动的一体化,故其代理不同投标人,得以推定不同投标人之间存在谋求中标或排斥特定投标人的联合行动。而夫妻关系以财产共有制为基础,系社会观念上最为普遍认同的利益趋同体,虽不属"同一单位或个人"之情形,却具有与"同一单位或个人"所高度一致的认识与行动上的一体性。虽然这一推定在实践中受夫妻感情状况、财产所有制情况等因素的影响,但该些因素应待投诉处理部门予以核查后再予具体判定,不宜据此直接否定夫妻关系在考量是否存在串通投标时的重要价值。靖江市财政局在处理投诉时有意忽略夫妻关系之事实,属对法律的理解与适用错误。3. 政府采购通过招投标程序的公平竞价机制,尽可能地消除暗箱操作,公开透明地分配公共资源。财政部门处理招投标投诉时,对具体的投诉事项应结合投诉人的初步举证审慎开展调查,切实发挥招投标机制的作用,消除违法招标行为,维护正常的招投标秩序。经查明,良仕公司在投诉书中表明优然公司、乐硕公司投标代表系夫妻,靖江市财政局已经知晓且未持异议;良仕公司还初步阐述两公司之间的利害关系,而靖江市财政局仅就法律的解释与适用问题要求良仕公司予以答复,并未就可能构成串通投标的关联事实向优然公司等展开必要的调查与核实,这一行为方式本身即有违调查为查明客观事实之目的,也当然导致事实无以查明。因此,靖江市财政局所作该部处理决定认定事实不清,证据不足,应为违法。

综上,靖江市财政局针对良仕公司第一、二个投诉事项所作处理决定正确、合法,对第三个投诉事项所作处理事实认定不清,适用法律错误,依法应予撤销,并责令其重新作出处理。交易中心未到庭参加诉讼,不影响本案的审理。据此,一审法院依照《中华人民共和国行政诉讼法》第七十条之规定,判决:一、撤销靖江市财政局作出的靖财购决〔2016〕4号投诉处理决定中针对良仕公司投诉书中第三个投诉事项所作处理部分;二、责令靖江市财政局于判决生效后45日内针对良仕公司投诉书中第三个投诉事项重新作出处理;三、驳回良仕公司要求撤销靖江市财政局作出的靖财购决〔2016〕4号投诉处理决定中其他处理部分的诉讼请求。一审案件受理费50元,由良仕公司、靖江市财政局各半负担(良仕公司已预交50元,靖江市财政局应交25元于判决生效后径交良仕公司)。

良仕公司不服一审判决,向本院提起上诉,请求改判撤销靖财购决〔2016〕4号投诉处理决定第一项、第二项,一、二审诉讼费用由靖江市财政局承担。主要理由为:一、关于投诉事项一,因优然公司附赠行为违法,所以两次招投标中选配设备的供给方式并未发生重大变化,具备"同等对待"基础,首次评标结果具有参照价值;二、关于投诉事项二,扩展性要求中的"可提供"应当指能够提供,而非可以提供。优然公司提供的奥林巴斯销售分公司的证明不符合招标文件对产品技术参数的证明要求。

针对良仕公司的上诉,靖江市财政局答辩认为,关于投诉事项一,前后两次招投标是相互独立的,且供应商的投标文件内容有明显变化,良仕公司要求两次评标结果一致没有依据,否则第二次招投标程序将形同虚设。在采购文件的项目需求以及技术要求中,明确要求供应商另提供选配1套设备可升级为3D腔镜系统,并报配置清单和价格作为评标依据。优然公司免费提供升级3D腔镜配套的设备符合采购文件规定,并非良仕公司所称的违法附赠行为。并且良仕公司在质疑及投诉中均未提出所谓附赠问题。关于投诉事项二,扩展性的要求是针对超高清摄像系统提出的,良仕公司对该要求认识错误,且优然公司也进一步提供了符合扩展性要求的证明。一审法院对投诉事项一、二的判决是正确的。

靖江市财政局上诉认为,一审法院撤销对第三个投诉事项处理决定不当,靖江市财政局已针对优然公司与乐硕公司是否为同一集团展开必要的调查,至于投标代表为夫妻关系是否导致存在串通投标的问题,靖江市财政局认为良仕公司在投诉程序中未明确作为投诉事项,不属于投诉处理范围。一审法院的解释有违"法无禁止即自由"的法治精神。请求撤销一审判决,改判驳回良仕公司要求撤销靖财购决〔2016〕4号投诉处理决定的诉讼请求。

针对靖江市财政局的上诉,良仕公司答辩认为,一审判决撤销对第三个投诉事项的处理决定是正确的。优然公司与乐硕公司的投标代表为夫妻关系,显然无法排除对两家公司存在串通投标行为的合理怀疑,靖江市财政局未作调查即以法律没有规定为由驳回投诉错误。

交易中心二审述称同意靖江市财政局的意见。

优然公司二审述称,第一,关于投诉事项一,采购文件明确要求提供选配设备作为评标依据,优然公司提供选配设备符合文件要求,价格报价是针对包括选配设备在内的所有设备,投标人有自行定价的权利。第二,关于投诉事项二,优然公司的投标产品是否符合要求系技术问题,应由也已经由评审委员会作出决定。奥林巴斯销售分公司的证明符合常理并无不当。第三,一审判决错误地扩大了法律对特殊身份关系构成串通行为的推定范围,错误地理解了政府采购投诉处理部门的权限及调查方式。靖江市财政局对本案的投诉处理行为符合法律规定。

本院经审查,对一审查明的事实中除"2016年10月30日,良仕公司向靖江市财政局提交投诉书"以外的事实予以确认。

二审另查明,良仕公司向靖江市财政局提起投诉的日期为2016年11月3日。

本院认为,本案二审争议焦点为:靖江市财政局对良仕公司投诉作出的处理决定是否合法。

《政府采购供应商投诉处理办法》第十七条规定,"财政部门经审查,对投诉事项分别作出下列处理决定:……(二)投诉缺乏事实依据的,驳回投诉……"本案中,良仕公司的投诉事项有三:一是第二次招投标应当参考第一次评标结果;二是优然公司提供虚假技术参数;三是优然公司与乐硕公司存在串通投标行为。靖江市财政局的处理决定认为投诉缺乏具体事实证明材料和法律依据,驳回了投诉。对此,本院评判如下:

对于投诉事项一,两次招投标均为采用公开招标方式进行的政府采购项目,在第一次废标后,第二次公开招标经过了完整的招投标程序,包括但不限于发布采购文件、投标、评标等,所以第二次公开招标与第一次公开招标之间相互独立,良仕公司认为第二次评标结果应当参考第一次评标结果的观点没有法律依据,本院不予支持。至于良仕公司提出优然公司附赠行为违法问题,因投诉时并未提出,故投诉处理决定未予理涉并无不当。

关于投诉事项二,《中华人民共和国政府采购法实施条例》第五十五条规定:"供应商质疑、投诉应当有明确的请求和必要的证明材料。"良仕公司认为优然公司提供了虚假的技术参数,但并未提供任何证明材料。相反,优然公司提供了其上游供应商奥林巴斯销售分公司的证明,进一步证明其能够满足采购文件中规定的扩展性要求。故对于良仕公司认为优然公司提供了虚假技术参数的观点,本院亦不予支持。

关于投诉事项三,良仕公司在投诉中提出优然公司与乐硕公司串通投标的理由有二:一是两公司的投标代表为夫妻;二是两公司存在利益关系,属于同一利益集团。而靖江市财政局仅核查了两家公司是否属于单位负责人为同一人或者是否存在直接控股、管理关系。《中华人民共和国政府采购法实施条例》第七十四条规定了多种供应商之间串通投标的行为,包括列举的六种情形及概括的兜底情形。固然《中华人民共和国政府采购法》及实施条例中并未明确禁止夫妻分别代表不同的供应商参加同一项目的投标活动,但基于法律规定本身不可能穷尽生活事实的特征以及政府采购中禁止供应商之间串通投标的立法本意,只要是符合"供应商与采购人或者采购代理机构之间、供应商相互之间,为谋求特定供应商中标、成交或者排斥其他供应商"的串通行为,均是立法禁止的行为。良仕公司在投诉时已经提出优然公司、乐硕公司投标代表为夫妻,靖江市财政局已经知晓这一情况。在得知存在夫妻分别代表不同供应商投标及可能存在串标行为时,靖江市财政局应当就此向优然公司及乐硕公司进行进一步调查,如是否存在协商报价、技术方案等投标文件或者响应文件的实质性内容等情形,而靖江市财政局甚至都未调查优然公司与乐硕公司委派的投标代表是否为夫妻,如情况属实是否存在串通投标行为,即以没有法律依据为由驳回投诉,显属不当。

综上,一审判决正确,良仕公司、靖江市财政局的上诉理由均不能成立,其上诉请求本院不予支持。依照《中华人民共和国行政诉讼法》第八十九条第一款第一项之规定,判决如下:

驳回上诉,维持原判决。

二审案件受理费50元,由上诉人良仕公司、靖江市财政局各负担25元。

本判决为终审判决。

审　判　长　　顾金才

审　判　员　　曹海霞

审　判　员　　苏媛媛

二〇一七年九月二十八日

书　记　员　　秦　懦

12

大连曦然实业发展有限公司
与辽宁省大连市财政局、大连市人民政府
政府采购（招投标）投诉处理决定、行政复议决定案

【案件提要】

本案是对采购结果的投诉处理决定提起行政诉讼的案例。涉案采购项目公开招标，因对中标结果有异议，财政部门经调查后作出废标处理决定，引发本案诉讼。二审的争议在于：涉案政府采购项目存在对招标文件作实质响应的供应商不足三家的法定废标情形，是否具有在评标结束后直接作出废标处理决定的行政职权？财政部门是否可以根据从最高人民法院网查询到的执行案件信息，直接认定投标人不符合招标文件规定的"格投标人"条件？就第一个争议问题，二审法院认为，在招标采购单位应予废标而未废标的情况下，作为监督招标采购单位的有权机关、财政部门直接作出废标处理决定，属于其对政府采购活动履行监督管理职责的必要内容。就第二个争议问题，二审法院认为，本案中除一家投标人联合体成员有被行政处罚记录外，其余四家投标人均有联合体的成员存在法院执行案件。根据招标文件规定，投标人不得有法院强制执行案件，至于查询渠道，招标公告和招标文件并未作出明确限制。财政部门通过"全国法院被执行人信息查询平台"查询相关信息，符合依职权查明投标供应商商业信誉的管理目的。另按招标文件的规定，只要有证据证明在特定期间内有执行案件，联合体投标人即构成不合格投标人，是否给予相关当事人以陈述、申辩权利，不影响财政部门对本案相关事实的认定。故财政部门认定案涉五家联合体投标人不符合法定或者招标文件规定的投标人的资格要求，并据此认为，在案涉政府采购项目中，对招标文件作实质响应的供应商不足三家，事实清楚，证据充分，程序合法，应予维持。

【判决正文】

辽宁省大连市中级人民法院
行政判决书

〔2017〕辽 02 行终 588 号

上诉人（一审原告）大连曦然实业发展有限公司，住所地（略）。
法定代表人李某。
委托代理人夏某。

委托代理人杨某。

被上诉人（一审被告）大连市财政局，住所地（略）。

负责人李某。

委托代理人娄某。

委托代理人蒋某。

被上诉人（一审被告）大连市人民政府，住所地（略）。

负责人谭某。

委托代理人李某。

委托代理人黄某。

一审第三人大连市城市建设管理局，住所地（略）。

负责人刘某。

委托代理人杨某。

委托代理人刘某。

一审第三人天津泰达环保有限公司，住所地（略）。

法定代表人马某。

委托代理人段某。

委托代理人邓某。

上诉人大连曦然实业发展有限公司（以下简称曦然公司）因财政处理决定及行政复议一案，不服大连经济技术开发区人民法院〔2017〕辽0291行初47号行政判决，向本院提起上诉。本院受理后依法组成合议庭，于2018年1月11日公开开庭审理了本案。上诉人曦然公司的法定代表人李某和委托代理人夏某、杨某，被上诉人大连市财政局（以下简称市财政局）的委托代理人娄某、蒋某，被上诉人大连市人民政府（以下简称市政府）的委托代理人李某、黄某，一审第三人大连市城市建设管理局（以下简称城建局）的委托代理人杨某、刘某，一审第三人天津泰达环保有限公司（以下简称泰达公司）的委托代理人段某、邓某到庭参加诉讼。本案经辽宁省高级人民法院批准，延长审理期限三个月。本案现已审理终结。

一审法院认定，大连市政府采购项目"大连市中心城区生活垃圾焚烧处理发电二期BOT项目"，招标人为城建局，招标代理机构为大连理工招标代理有限公司。2016年6月21日，项目发布资格预审公告，7月26日进行资格预审，共有6家联合体投标人通过资格预审，其牵头人分别为曦然公司和泰达公司以及重庆三峰环境产业集团有限公司、中国环境保护集团有限公司、协鑫智慧能源（苏州）有限公司、中国光大国际有限公司。招标公告发布后，除中国光大国际有限公司之外的5家投标单位参与投标。经采用综合评分法评审，综合得分第一名为泰达公司，第二名为曦然公司。2016年9月28日，预中标结果在大连市政府采购网发布公示，宣布泰达公司为预中标人。预中标结果公示后，曦然公司于2016年9月29日向招标人递交《政府采购质疑书》，质疑评委会对其投标文件的商务部分评分。招标人和采购代理机构受理质疑后，于10月8日组织原评委会针对质疑提出的相关问题进行复查，评委会复查后修正了对曦然公司的评分，曦然公司综合得分由第二名变为第一名。

2016年10月28日，泰达公司对复查修正向招标人提出质疑，招标人于2016年11月

7日进行了书面答复,因对答复有异议,泰达公司于2016年11月28日向市财政局提出投诉。市财政局受理投诉并经审查、调查后于2016年12月27日作出大财采诉〔2016〕10号《政府采购投诉处理决定书》,驳回泰达公司的投诉。《政府采购投诉处理决定书》除上述驳回泰达公司投诉内容外,另载明:"因本项目各联合体投标人被发现存在着有成员被法院强制执行及参加本项目前三年受到过较大数额罚款的行政处罚情况,不符合《招标文件》对投标人资格的相关要求及《中华人民共和国政府采购法》(以下简称《政府采购法》)第二十二条第一款第五项、《中华人民共和国政府采购法实施条例》(以下简称《政府采购法实施条例》)第十九条第一款关于供应商的资格要求。本项目对招标文件作实质响应的供应商不足三家,根据《政府采购法》第三十六条第一款第一项规定,本局决定本项目废标。"

曦然公司对废标处理决定不服,于2017年2月22日向市政府申请行政复议。市政府受理后,向财政局进行了送达,财政局在法定期限内提交了作出行政行为的证据、依据及相关材料。因对行政行为依据理解和适用存在较大争议,市政府履行了听证程序。2017年4月21日,市政府作出大政行复字〔2017〕5号《行政复议决定书》,对双方提供的证据进行了认证,对复议所涉的事实和争议进行了认定和评述,以市财政局的行政行为认定事实清楚,适用依据正确,程序合法为由,依据《中华人民共和国行政复议法》第二十八条第一款第(一)项之规定,维持财政局作出的废标处理决定。

另查,案涉项目《招标文件》的第一部分"投标人须知及前附表""第一章总则""3. 合格的投标人""3.7 法律要求",投标人必须声明并保证3.7.3项规定:"投标人不是无力清偿债务者,没有处于受司法机关的审查、调查或者监管状态,没有破产、停业整顿或清算,其资产、业务没有处于被法院查封、冻结或采取其他强制措施的状态,其经营活动没有被中止,并且没有因上述事件而成为被任何第三方申请执行司法强制措施的对象。"

市财政局在处理泰达公司投诉过程中,对参与此次投标的五家联合体的资格进行了审核。经在最高人民法院网"全国法院被执行人信息查询平台"查询,发现除协鑫智慧能源(苏州)有限公司外的其他四家联合体投标人在本次投标前均有成员被法院强制执行的情形。曦然公司联合体成员湖南省工业设备安装有限公司有6件执行案件,立案时间为2013年1月至2016年10月;泰达公司联合体成员中国能源建设集团东北电力第一工程有限公司有4件执行案件,立案时间为2016年4月至2016年10月;重庆三峰环境产业集团有限公司联合体成员重庆钢铁集团建设工程有限公司有5件执行案件,立案时间为2013年4月至2016年8月;中国环境保护集团有限公司联合体成员山西省工业设备安装有限公司有多件执行案件,立案时间为2014年10月至2016年8月。市财政局据此认定四家联合体均不符合招标文件规定的"合格投标人"条件。

市财政局经查询全国企业信用信息公示系统湖北省板块,发现该系统明确记载投标人协鑫智慧能源(苏州)有限公司的联合体成员中建三局集团有限公司在2015年及2016年分别受到两起各罚款1万元的行政处罚;另经向大连市环境保护局调查,获悉该局曾于2014年5月8日作出《大连市环境保护局行政处罚决定书》(大环罚决字〔2014〕060032号),对中建三局集团有限公司处以责令改正及罚款5万元的行政处罚。市财政局据此认定协鑫智慧能源(苏州)有限公司联合体不符合政府采购法规定的供应商条件。

一审法院认为,市财政局作为大连市人民政府财政部门,具有对本辖区政府采购行使监督管理的法定行政职权。市政府作为市财政局的同级人民政府,依法具有对市财政局的行政行为进行行政复议的法定职权。

本案争议的焦点有二项,一是市财政局是否具有废标权以及能否在处理投诉过程中废标,二是市财政局作出行政行为的事实依据是否充分。

一、关于废标权

《政府采购法》第三十六条对法定废标情形作出了规定,但未明确行使废标权的主体。《政府采购货物和服务招标投标管理办法》(财政部 18 号令,下同)第五十七条规定,有政府采购法第三十六条第一款(二)至(四)项情形的,采购单位应予以废标。相关法律法规均未明确财政部门有权依据《政府采购法》第三十六条的规定行使废标权。因此,对《政府采购法》第三十六条的不同理解,导致对财政部门依据该法律行使废标权,是否超越职权争议较大。

《政府采购货物和服务招标投标管理办法》第四十三条规定,在投标截止时间结束后参加投标的供应商不足三家,或在评标期间出现符合专业条件的供应商或者对招标文件作出实质性响应的供应商不足三家,采购人应报告相关财政部门,财政部门认为招标文件存在不合理条款、招标公告时间及程序不符合规定的,应予废标。该法规规定了财政部门的废标权,但前提是参加投标的供应商不足三家,或符合专业条件的供应商不足三家,以及对招标文件作出实质性响应的供应商不足三家,且以招标文件存在不合理条款、招标公告时间及程序不符合规定的为要件。依据《政府采购法实施条例》第二十一条及《政府采购货物和服务招标投标管理办法》第五十四条的规定,供应商的资格可以通过预审或评标中的资格性检查确定,供应商是否作出实质性响应通过评标过程中符合性检查确定。无论资格性预审还是评标,均属于采购活动的范围。若监督管理部门发现评标委员会成员未按招标文件规定的评标方法和标准进行评标,可依据《政府采购货物和服务招标投标管理办法》第七十七条、《政府采购法实施条例》第七十五条等法律法规的规定,通过责令改正、处以行政处罚等方式履行监督管理职责。对投标人的资格或投标不属于实质性响应是否有权直接进行审核确定,法律法规无相关规定。《政府采购供应商投诉处理办法》(财政部 20 号令,下同)第十九条规定:财政部门经审查,认定采购文件、采购过程影响或者可能影响中标、成交结果的,或者中标、成交结果的产生过程存在违法行为的,分别处理。其中第(一)项为:采购合同未签订的,根据不同情况决定全部或部分采购行为违法,责令重新开展采购活动。对此规定同样存在不同的理解,一种意见认为确定全部采购行为违法责令重新开展采购活动等同于废标;一种意见认为责令重新开展采购活动与废标,虽然多数情况下效果相同,但权利依据不同。财政部《政府采购评审专家管理办法》规定:评审专家未按评审标准进行评审,处以警告、罚款,评审意见无效。对评审意见无效后如何处理,并无规定。

上述法律、法规、规章对财政部门的监督管理职权规定并不完善、明确,导致争议较大。经查询政府采购网,国家财政部直接处理的投诉案件中,有直接认定投标人资格不符合规定、直接认定投标人不属于实质响应等,并据此认定实质响应不足三家,依据《政府采购法》第三十六条第一款第(一)项予以废标或责令采购人废标;有认定投诉人投诉无据,驳回投诉,同时在调查中发现未按招标文件进行评标,依据财政部18号令决定中标无效,责令重新招标等等。由此可见,财政部在处理投诉过程中,直接否定投标人资格、直接认定投标人不属于实质响应、直接宣布废标、责令招标人废标、超越投诉人的投诉事项直接进行监督处理等均存在。因此,对财政部门在处理投诉过程中的行政职权,应参照财政部对投诉处理的职权,认定财政部门在处理投诉过程中有直接否定投标人资格、直接认定投标人不属于实质响应、直接宣布废标、责令招标人废标、超越投诉事项直接进行监督处理等行政职权。

据此,曦然公司主张市财政局不具有作出废标处理决定的职权,其作出案涉废标处理决定,属于超越职权的意见,该院不予采纳。

二、关于事实依据

市财政局认定"本项目对招标文件作实质响应的供应商不足三家"是其依据自行调取的证据直接认定五家投标人均不符合《招标文件》或法律规定的投标人资格。而否定其中四家投标人资格的直接证据是在最高人民法院网站查询四家投标人均有成员为人民法院被执行人。对属于人民法院被执行人的成员是否符合投标人资格,当事人存在争议,主要是对《招标文件》3.7.3项的理解不同。"投标人不是无力清偿债务者,没有处于受司法机关的审查、调查或者监管状态,没有破产、停业整顿或清算,其资产、业务没有处于被法院查封、冻结或采取其他强制措施的状态,其经营活动没有被中止,并且没有因上述事件而成为被任何第三方申请执行司法强制措施的对象。"该条文虽然存在表述不明确之处,但人民法院执行案件的被执行人必然是未按法律文书规定的期限自动履行债务的当事人,认定为无力清偿债务者并无不当。市财政局依据其在最高人民法院网站的查询结果认定相关当事人存在被执行案件,取证方式适当。虽然最高人民法院网站说明中有仅供参考的字样,但作为行政机关确信最高人民法院的信息并无不妥,因此无需再行向相对人核实。依据上述理由,曦然公司提供的证据36-44)即曦然公司联合体成员湖南省工业设备安装有限公司所涉〔2015〕芦法执字第786号案《执行案件结案通知书》、所涉〔2015〕芦法执字第284号案《执行案件结案通知书》和所涉〔2013〕吴江执字第0351号案两份《执行结案通知书》及《情况说明》,泰达公司联合体成员中国能源建设集团东北电力第一工程有限公司所涉〔2016〕辽1224执1239号案《执行凭证》,重庆三峰环境产业集团有限公司联合体成员重庆钢铁集团建设工程有限公司所涉〔2015〕渝五中法民执字第623号案件结案通知书,中国环境保护集团有限公司联合体成员山西省工业设备安装有限公司所涉〔2015〕海执字第2608号《执行裁定书》、所涉〔2015〕府执字第00149-1号《执行裁定书》、所涉〔2011〕小民执字第01073号执行情况说明和所涉〔2015〕府执字第00150-1号《执行裁定书》),属于与案件无关的证据,故不作为定案依据。

基于上述评述,市财政局依据其在最高人民法院网"全国法院被执行人信息查询平台"板块的查询结果,确定案涉项目招投标期间,曦然公司联合体、泰达公司联合体、重庆三峰环境产业集团有限公司联合体、中国环境保护集团有限公司联合体均存在人民法院执行案件,据此认定四家联合体均不符合招标文件规定的"格投标人"条件。该认定证据充分,并无不当。

其次,市财政局认定协鑫智慧能源(苏州)有限公司联合体成员在参加案涉项目采购活动前三年存在重大违法记录,故不符合法定供应商资格要求,符合《政府采购法》第二十二条第一款第（五）项、《政府采购法实施条例》第十九条第一款及《辽宁省行政处罚听证程序暂行规定》第三条的规定，该认定证据充分。

市财政局依据其调查的相关证据直接否定五家投标人的投标资格后，认定政府采购项目对招标文件作实质响应的供应商不足三家，根据《政府采购法》第三十六条第一款第（一）项规定，作出项目废标的决定。该行政行为证据充分，程序合法，适用法律法规正确。

市政府受理曦然公司的复议申请后，依法履行了听证程序，并在法定六十日内作出行政复议决定，程序合法，适用法律正确。

曦然公司关于只有列入失信被执行人名单才可能影响作为政府采购供应商的资格，存在被执行案件并不影响投标人的政府采购供应商资格的意见，因存在被执行案件影响投标人的资格属于本次招标文件的内容，该意见该院不予采纳。曦然公司关于根据财政部125号文的规定，在采购文件未对信用信息查询渠道作出规定的情况下，案涉项目仅能通过"信用中国""中国政府采购网"渠道查询相关主体信用记录。市财政局依据"全国法院被执行人信息查询平台"所查询的被执行人信息情况作出案涉废标处理决定，系属于适用法律错误。因财政部125号文规定，财政部门、采购人等应当通过"信用中国""中国政府采购网"等渠道查询相关主体信用记录，并未限定只能通过上述两个网站查询，因此该意见一审法院亦不予采纳。

综上，经一审法院审判委员会讨论决定，曦然公司的诉讼请求该院不予支持，依照《中华人民共和国行政诉讼法》第六十九条之规定，判决驳回曦然公司的诉讼请求。案件受理费50元，由曦然公司承担。

曦然公司上诉称，请求撤销一审判决，改判撤销市财政局作出的大财采诉〔2016〕10号《政府采购投诉处理决定书》中有关该项目废标的行政处理决定和市政府作出的大政行复字〔2017〕5号《行政复议决定书》。主要理由是：一、政府采购活动的废标权依法应由招标采购单位行使，财政部门作为政府采购活动的监管部门仅有监督权，并没有直接作出废标处理决定的行政职权。故市财政局作出案涉废标处理决定，显属超越职权。1.《政府采购法》第三十六条仅规定了应予废标的情形，未规定废标权的行使主体。结合该规定和《政府采购货物和服务招标投标管理办法》第四十四条、第五十七条第一款的规定，如果招标采购活动中出现应予废标的情形，依法应由招标采购单位废标。2.根据《政府采购法》第十三条、《政府采购供应商投诉处理办法》第十七条至第十九条的规定，虽然财政部门具有确定采购行为违法、责令重新开展采购活动等行政职权，但是未明确授予财政部门以废标权。3.《大连市人民政府办公厅关于大连市财政局主要职责、内设机构和人员编制规定的通知》以及大连市人民政府网站上公布的大连市财政局"权责清单"仅规定财政局具有监督管理权，未规定其有权实质审查供应商的资格是否属于实质性响应，也未规定其有权直接废标。4.《政府采购法》第七十一条、第七十二条以及《政府采购法实施条例》第七十一条第一款规定的是采购人、采购代理机构有违法情形时，财政部门可以采取的措施。本案不存在上述情形，且上述规定均没有明确财政部门有权在政府采购活动中行使废标权。5.《政府采购货物和服务招标投标管理办法》第四十三条、第五十七条第一款的规定没有赋予财政部门在案涉情况下作出废标处理决定的行政职权。（1）本案不存在"标文件存在不合理条款、招标公告时间及程序不符合规定"的情形,且财政部门也没有法律依据审核投标人的资格或者投标是否属于实质性响应。(2)该办法第五十七条第一款明确规定享有废标权的主体是招标采购单位。6. 根据《中华人民共和国行政诉讼法》第三十四条、第六十三条第一款的规定和《国务院关于印发全面推进依法行政实施纲要的通知》,行政机关作出行政行为应当具有明确的法律、法规或者规章依据。故财政部处理投诉案件的实践做法不能作为财政局有权作出案涉废标处理决定的职权依据。二、市财政局作出案涉废标处理决定,程序严重违法。1. 市财政局在处理一审第三人泰达公司的投诉时,应针对其投诉事项作出相应处理,不应超出投诉事项在同一程序中作出案涉废标处理决定。2. 市财政局未听取招标采购单位和投标人等相关主体的意见,未保障其知情权、参与权和救济权,直接作出案涉废标处理决定,违反正当程序原则。三、市财政局依据《招标文件》的约定认定四家联合体不符合投标人资格并作出案涉废标处理决定,没有法律依据。1. 案涉《招标文件》不属于法律、法规或者规章,市财政局作出案涉废标处理决定,没有法律依据。2.《招标文件》没有规定投标人的资格有"不得有被执行案件"的限制。即便投标人存在未了结的被执行案件,也不影响其投标人资格。(1)《招标文件》对投标人资格主要有《招标公告》第五条和《招标文件》第一部分前附表第 13 项两项要求,其中未规定投标人不得存在被执行案件。(2)根据《财政部关于在政府采购活动中查询及使用信用记录有关问题的通知》(财库〔2016〕125 号)的规定,招标采购单位应当通过"信用中国"网站、"中国政府采购网"及采购文件规定的其他查询渠道进行信用查询。案涉《招标公告》第五条规定的查询渠道为失信被执行人名单、重大税收违法案件当事人名单、政府采购严重违法失信行为记录名单及检察机关行贿犯罪记录,并没有规定"全国法院被执行人信息查询平台"。故市财政局无权根据从该平台查询的信息主张投标人不符合投标资格。(3)《招标文件》第 3.7.3 条规定没有直接规定"被执行人"不具有投标资格。且该条款属于投标人"声明与保证"条款,若违反该条款,守约方可以要求违约方承担相应的合同违约责任,而非由违约方直接承担被废标的行政责任。四、财政局仅依据明确提示"信息仅供参考"的"全国法院被执行人信息查询平台"的内容,未履行审慎审查职责,就认定曦然公司等四家联合体存在被执行案件、不符合投标人资格,证据严重不足。1. 财政局提交的证据无形成时间证明,不能证明其在作出废标处理决定时即掌握相关证据。2."全国法院被执行人信息查询平台"明确申明"信息仅供参考",且曦然公司在一审提交的证据也充分证明查询平台的信息不准确,市财政局所主张的相关主体存在的被执行案件多数已在开标前执行完毕。五、从全国各地及大连市的政府采购实践情况看,政府采购项目的投标人往往都存在着被执行案件的情形,且也存在作出与本案"声明与保证"类似承诺的情形,但这依法并不影响投标人参与政府采购的资格。市财政局作出案涉废标处理决定没有法律和事实依据,不仅严重损害曦然公司的合法权益,更严重损害了大连市公平、公正的招商环境。

市财政局辩称,一、对政府采购活动实施监督管理是财政部门法定职责的重要内容。财政部门享有法定的废标权,招标采购单位仅在特定情形下享有废标权。1. 根据《政府采购法》第三十六条第一款第(二)项的规定可知,若在招标采购中出现采购人作出影响采购公正的违法、违规行为时,只能由财政部门决定废标。2.《政府采购法》第七十一条、第七十二条均规定了在采购人及代理机构有违法行为时,监管部门应向其追究的法律责任。结合《政府采购法》第三十六条第一款,可以明确财政部门依法具有决定废标并作出其他行政处理的行政职权。3.《政府采购法实施条例》第七十一条第一款第(一)项规定的"终止政府采购活动"与《政府采购法》第三十六条规定的"废标"定义相同。财政部门的法定废标权是清晰明确的。4.《政府采购货物和服务招标投标管理办法》第四十三条第一款明确赋予监管部门废标权。该办法第五十七条虽赋予采购人特定情形下的废标权,但未排除监管部门的废标权。5.《政府采购货物和服务招标投标管理办法》第四十三条赋予监管部门的废标权源于《政府采购法》第三十六条和第七十一条的规定,是上位法的细化和延伸。6.财政部在履行政府采购监管职责过程中决定项目废标的案例比比皆是,其案例对地方财政部门具有行政指导力。二、市财政局在处理泰达公司投诉的同时,将案涉项目废标,符合《政府采购供应商投诉处理办法》的规定,不存在程序违法情形。1.根据《政府采购供应商投诉处理办法》第十九条之规定,财政部门在处理投诉过程中,若发现采购文件或者采购过程影响或者可能影响中标、成交结果的,或者中标、成交结果的产生过程存在违法行为的,有权作出相应处理。结合《政府采购供应商投诉处理办法》第十七条的规定,可以看出市财政局同时处理投诉请求和决定废标,符合法律规定。2.市财政局废标针对的是整个招标活动,而非对某一投标人的投标作无效标处理,该行为没有行政相对人,相关法律、法规或者规章没有要求财政部门在决定废标前需征求采购当事人的意见。曦然公司主张的正当程序原则不适用于废标。3.财政部在受理投诉后,超越投诉事项就其他监管事宜一并作出行政处理决定的案例比比皆是,对地方财政部门具有指导力。财政部从无在决定作出前通知相关当事人或者征求其意见,提供陈述、申辩机会的先例。三、曦然公司关于案涉废标处理决定没有法律依据的主张不能成立。1.案涉废标处理决定的事实依据是各联合体投标人不符合《招标文件》设定的资格要求和法定供应商资格要求,其投标文件无效,导致对招标文件作实质响应的供应商不足三家。在政府采购活动中,招标文件的地位堪比宪法,政府采购活动法律关系的主体的所有行为均应以招标文件为基准。从《政府采购货物和服务招标投标管理办法》第五十六条第(三)(四)项的规定,均可以看出招标文件的法律地位。此外,《政府采购法》第三十六条第一款第(一)项规定明确指出,若对招标文件作实质响应的供应商不足三家就应当废标。2.根据《招标文件》第一部分"投标人须知及前附表""第一章总则""3.合格的投标人"中3.7.3项的规定,禁止有被执行案件的供应商参加案涉项目采购。曦然公司关于《招标文件》未规定投标人资格"不得有被执行案件",即便投标人存在未了结的被执行案件,也不影响其投标人资格的主张,不能成立。3.供应商的无瑕疵信用记录只是政府采购活动对供应商的前提要求,信用清白与满足投标人资格是两个概念。根据《政府采购法》第二十二条第二款的规定,案涉项目采购人有权根据项目情况设置法定资格条件以外的资格要求。本案中,供应商需满足《招标文件》特别设置的资格要求。最高人民法院的全国法院被执行人信息查询平台是被执行人信息查询的官方渠道。财政局通过该渠道查询相关信息,并无不当。4.《招标文件》第一部分"投标人须知及前附表""第一章总则""3.合格的投标人"中3.7.3项的规定系所有联合体投标人必须满足的要件。即使在3.7项开端标有"投标人必须声明并保证"字样,也不意味着其仅是投标人的单项承诺。在政府采购项目中,供应商违反声明并保证条款,即违背了《政府采购法》第三条规定的诚实信用原则,其结果是投标文件无效,而非普通的违约损害赔偿。案涉3.7.3项的规定是国内PPP项目招标文件常用条款,旨在确认供应商敬畏法律、尊重法律,依法履行生效法律文书。故有不积极履行生效法律文书前科的供应商不应被列入政府的合作对象范围。四、曦然公司关于财政局未履行审慎审查职责,认定曦然公司等四家联合体存在被执行案件、不符合投标人资格,证据严重不足的主张不能成立。1. 市财政局提交的《各联合体成员被法院强制执行情况汇总表》和《协鑫智慧的联合体成员被行政处罚情况汇总表》并非证据,仅是附件。最高人民法院的全国法院被执行人信息查询平台页面并无时间显示,且从截图所载信息内容看,相关被执行信息均发生在案涉废标处理决定作出前。市财政局已经妥善履行举证义务。2. 全国法院被执行人信息查询平台所发布的信息具有公示力和公信力。其页面所载免责类声明,与曦然公司提及的"信用中国"网站和"全国法院失信被执行人查询平台"的免责声明是一致的,经其查询所得信息可以作为有效证据使用。3. 案涉3.7.3项规定明确禁止有被执行案件的供应商参加案涉项目采购,故包括曦然公司在内的各投标人应当在投标前履行自查自证义务,主动查询自己是否存在被执行信息,在发现有不利记录时应及时要求执行法院予以更正或者在投标文件中一并提交法院的执结文书。在未履行前述义务的情况下,曦然公司无权在投标后以法院网站信息滞后为由提出抗辩。曦然公司提交的关于苏州市吴江区人民法院〔2013〕吴江执字第0351号案件和太原市小店区人民法院〔2011〕小民执字第01073号案件已经执结的证据均形成于案涉废标处理决定作出之后,市财政局在作出案涉废标处理决定时无法发现这两项事实,其不能作为否定被诉行政行为合法性的证据。此外,曦然公司提交的关于其他联合体成员被执行案件执结的证据,因与曦然公司或其联合体成员无关,故其合法性存疑,且其中部分证据可以反向证明中国环境保护集团有限公司联合体成员山西省工业设备安装有限公司不符合法定供应商资格要求。五、案涉3.7.3项规定系本案项目采购人根据项目情况特别设置的资格条件。曦然公司提及的大连市的其他政府采购活动因招标文件对投标人的要求不同,故不具有可比性。至于各地政府的其他政府采购活动,因曦然公司未提交相应的招标文件,故也无法证明曦然公司关于投标人有被执行案件,不影响其参与政府采购的主张。综上,案涉废标处理决定认定事实清楚,证据充分,适用法律正确,处理程序合法。请求驳回上诉,维持原审判决。

市政府辩称,一、市政府履行了受理、送达、听证等程序,并在法定期限内作出被诉复议决定,程序合法。二、同意市财政局的答辩意见。1. 根据《政府采购法》第十三条第一款、第三十六条、第五十九条和《政府采购货物和服务招标投标管理办法》第四十三条第一款、第五十七条第一款的规定,财政局具有在处理投诉过程中的废标权。2. 案涉项目各联合体成员不符合《招标文件》设定的投标人资格要求及法定供应商资格要求,导致对招标文件作实质响应的供应商不足三家。废标处理决定事实依据充分。3. 市财政局在处理投诉过程中发现违法行为,同时决定废标,符合《政府采购供应商投诉处理办法》第十九条、第二十五条的规定。其根据《政府采购供应商投诉处理办法》第二十一条、第二十三条的规定作出案涉废标处理决定,送达并发布公告,行政程序合法。请求驳回上诉,维持一审判决。

城建局述称,作为政府采购人,其在政府采购活动中依据相关法律规定予以采购。案涉政府采购过程是在监管部门的严格监督下实施的,适用法律正确,程序合法,其处理质疑过程也是按照法律规定进行的。请求二审法院依法作出裁判。

泰达公司述称,不同意曦然公司的上诉请求及理由。无论财政局、市政府作出被诉行政行为是否合法合规,曦然公司提出的事实和法律依据均不充分。请求二审法院依法作出裁判。

本院经审查认为,曦然公司在本案一审审理期间提交的并经一审法院质证的证据16,25—27,36—44均与案涉争议相关,应予认定。

根据上述证据和一审法院认定的其他证据,以及二审相关陈述,本院经审理查明:案涉《招标公告》第五条规定,"投标人资格条件:满足资格预审文件要求并通过资格预审的投标人。注:1.依据财政部2016年8月1日印发的《财政部关于在政府采购活动中查询及使用信用记录有关问题的通知》财库〔2016〕125号规定,对列入失信被执行人、重大税收违法案件当事人名单、政府采购严重违法失信行为记录名单及其他不符合《政府采购法》第二十二条规定条件的供应商,应当拒绝其参与政府采购活动。本项目投标人(或联合体各方)开标当日存在上述问题的,不得参与本项目投标;2.经检察机关查询投标人(或联合体成员)三年内有行贿犯罪记录的不得参与本项目投标。"第八条规定,案涉政府采购项目的开标时间为北京时间2016年9月22日9时30分。

案涉《招标文件》第一部分投标人须知及前附表第一章总则3.合格的投标人3.1.1项规定,投标人应具有前附表第13项所要求的内容。案涉《招标文件》第一部分投标人须知及前附表的前附表第13项投标人资格要求(五)申请人(联合体各方)的资信要求规定,"过去五年内(2011—2015年),未发生严重违约事项、财务状况良好、未发生任何不诚信的行为。"案涉项目《招标文件》的第一部分投标人须知及前附表第一章总则3.合格的投标人3.3.5项规定,"除另有规定或说明,本招标文件中'投标人'一词亦指联合体各方。"3.7法律要求,投标人必须声明并保证3.7.2项规定,"过去五(5)年内,投标人没有任何直接由于过失或疏忽而在任何合同中严重违约,被逐出现场或被解除协议的情况。"

在本案一审审理期间,曦然公司提交了曦然公司联合体成员湖南省工业设备安装有限公司所涉〔2015〕芦法执字第786号案《执行案件结案通知书》、所涉〔2015〕芦法执字第284号案《执行案件结案通知书》和所涉〔2013〕吴江执字第0351号案两份《执行结案通知书》及《情况说明》,泰达公司联合体成员中国能源建设集团东北电力第一工程有限公司所涉〔2016〕辽1224执1239号案《执行凭证》,案外人重庆三峰环境产业集团有限公司联合体成员重庆钢铁集团建设工程有限公司所涉〔2015〕渝五中法民执字第623号案件结案通知书,案外人中国环境保护集团有限公司联合体成员山西省工业安装有限公司所涉〔2015〕海执字第2608号《执行裁定书》、所涉〔2015〕府执字第00149-1号《执行裁定书》、所涉〔2011〕小民执字第01073号执行情况说明和所涉〔2015〕府执字第00150-1号《执行裁定书》等证据,旨在证明市财政局所主张的四家联合体成员存在的执行案件在案涉项目资格预审前或者开标前已经结案。

在本案二审审理期间,就案涉《招标文件》规定的合格投标人应如何理解和界定的问题,本院于2018年2月6日、2月26日依法询问作为政府采购人的城建局的意见。该局称,政府采购代理机构依法通过"信用中国"网站、"中国政府采购网"和"全国法院失信被执行人查询平台"对案涉五家联合体投标人进行了信用查询,未发现其存在失信记录,并自认案涉《招标文件》第一部分投标人须知及前附表第一章总则 3. 合格的投标人 3.7.3 项的规定系对合格投标人的资格要求,但对该项规定应如何理解拒绝发表意见。2018 年 3 月 9 日,就案涉《招标文件》规定的合格投标人应如何理解和界定的问题,本院依职权对政府采购代理机构大连理工招标代理有限公司进行询问。该公司称其与城建局的意见是一致的。

另查明,经市财政局提交的来源于最高人民法院网"全国法院被执行人信息查询平台"的信息显示,曦然公司联合体成员湖南省工业设备安装有限公司立案时间为 2013 年 1 月至 2015 年 12 月的执行案件有 3 件;泰达公司联合体成员中国能源建设集团东北电力第一工程有限公司立案时间为 2016 年 4 月至 2016 年 8 月的执行案件有 3 件;重庆三峰环境产业集团有限公司联合体成员重庆钢铁集团建设工程有限公司立案时间为 2013 年 4 月至 2016 年 8 月的执行案件有 5 件;中国环境保护集团有限公司联合体成员山西省工业设备安装有限公司立案时间为 2011 年 7 月至 2016 年 8 月的执行案件亦有多件。而根据大连市环境保护局于 2014 年 5 月 8 日作出的《大连市环境保护局行政处罚决定书》(大环罚决字〔2014〕060032 号)显示,被责令改正违法行为及罚款 5 万元的对象是中建三局建设工程股份有限公司,而非中建三局集团有限公司。一审判决对上述事实认定有误,本院予以纠正。

一审法院查明的其他案件事实,本院予以确认。

本院认为,根据《政府采购法》第三十六条第一款第(一)项之规定,在招标采购活动中,出现符合专业条件的供应商或者对招标文件作实质响应的供应商不足三家的,应予废标。据此,本案争议的焦点为:一、若案涉政府采购项目存在对招标文件作实质响应的供应商不足三家的法定废标情形,市财政局是否具有在评标结束后直接作出废标处理决定的行政职权;二、案涉废标处理决定认定事实是否清楚,证据是否充分;三、案涉废标处理决定作出的程序是否合法。

一、关于焦点一:废标职权问题

《政府采购法》第二条第二款规定:"本法所称政府采购,是指各级国家机关、事业单位和团体组织,使用财政性资金采购依法制定的集中采购目录以内的或者采购限额标准以上的货物、工程和服务的行为。"第十三条第一款规定:"各级人民政府财政部门是负责政府采购监督管理的部门,依法履行对政府采购活动的监督管理职责。"第五十九条规定:"政府采购监督管理部门应当加强对政府采购活动及集中采购机构的监督检查。监督检查的主要内容是:(一)有关政府采购的法律、行政法规和规章的执行情况;(二)采购范围、采购方式和采购程序的执行情况;(三)政府采购人员的职业素质和专业技能。"《政府采购法实施条例》第六十三条规定:"级人民政府财政部门和其他有关部门应当加强对参加政府采购活动的供应商、采购代理机构、评审专家的监督管理,对其不良行为予以记录,并纳入统一的信用信息平台。"根据前述规定,财政部门作为政府采购的监督管理部门,依法具有对参加政府采购活动的采购人、采购代理机构和供应商进行监督管理的职责,并有权依照相关法律规定纠正其所发现的违法行为,其监督管理的对象主要是使用财政性资金进行采购的政府采购人。在招标采购单位应予废标而未废标的情况下,作为监督招标采购单位的有权机关,财政部门直接作出废标处理决定,属于其对政府采购活动履行监督管理职责的必要内容。若按照曦然公司的观点,财政部门在评标结束后无权针对法定废标情形直接废标,则会出现应予废标而未废标的情形,这显然违背《政府采购法》第一条规定的"规范政府采购行为""维护国家利益和社会公共利益"的立法宗旨,也不符合《政府采购法》第三条规定的公正原则。据此,曦然公司主张财政局作出案涉废标处理决定,属于超越职权的主张,本院不予支持。

二、关于焦点二:事实依据问题

《政府采购法》第二十二条规定:"供应商参加政府采购活动应当具备下列条件:(一)具有独立承担民事责任的能力;(二)具有良好的商业信誉和健全的财务会计制度;(三)具有履行合同所必需的设备和专业技术能力;(四)有依法缴纳税收和社会保障资金的良好记录;(五)参加政府采购活动前三年内,在经营活动中没有重大违法记录;(六)法律、行政法规规定的其他条件。采购人可以根据采购项目的特殊要求,规定供应商的特定条件,但不得以不合理的条件对供应商实行差别待遇或者歧视待遇。"《政府采购货物和服务招标投标管理办法》第三十四条第二款规定:"以联合体形式参加投标的,联合体各方均应当符合政府采购法第二十二条第一款规定的条件。采购人根据采购项目的特殊要求规定投标人特定条件的,联合体各方中至少应当有一方符合采购人规定的特定条件。"第五十六条规定:"投标文件属下列情况之一的,应当在资格性、符合性检查时按照无效投标处理:……(三)不具备招标文件中规定资格要求的;(四)不符合法律、法规和招标文件中规定的其他实质性要求的。"根据上述规定,若投标人存在不符合法定或者招标文件规定的资格要求的,则其投标文件属于未对招标文件作实质响应。

(一)关于对协鑫智慧能源(苏州)有限公司联合体成员不符合政府采购法规定的供应商条件的事实认定。

根据《政府采购法》第二十二条第一款第(五)项之规定,供应商参加政府采购活动前三年内,在经营活动中不得有重大违法记录。《政府采购法实施条例》第十九条第一款规定:"政府采购法第二十二条第一款第五项所称重大违法记录,是指供应商因违法经营受到刑事处罚或者责令停产停业、吊销许可证或者执照、较大数额罚款等行政处罚。"《中华人民共和国行政处罚法》第四十二条规定:"行政机关作出责令停产停业、吊销许可证或者执照、较大数额罚款等行政处罚决定之前,应当告知当事人有要求举行听证的权利;当事人要求听证的,行政机关应当组织听证。……"《辽宁省行政处罚听证程序规定》第三条第一款规定:"行政机关或组织作出责令停产停业、吊销许可证或者执照,对公民罚款1 000元以上、对个体经营业者罚款2 000元以上、对法人和其他组织罚款10 000元以上的行政处罚决定前,被处罚当事人要求听证的,作出行政处罚的机关或组织应当组织听证。"据此可知,在辽宁省,法人被处以1万元以上的罚款,属于《政府采购法》第二十二条第一款第(五)项规定的重大违法记录。本案中,协鑫智慧能源(苏州)有限公司联合体成员中建三局集团有限公司在2015年及2016年分别受到两起各罚款1万元的行政处罚。市财政局据此认定协鑫智慧能源(苏州)有限公司联合体不符合法定的政府采购供应商条件,事实清楚,证据充分。

(二)关于除协鑫智慧能源(苏州)有限公司外的其他四家联合体投标人有不符合招标文件规定的供应商条件的事实认定。

市财政局认定除协鑫智慧能源(苏州)有限公司外的其他四家联合体投标人不符合招标文件规定的供应商条件的理由是,其认为上述四家联合体投标人有成员是人民法院司法执行案件的被执行人。这涉及对案涉招标文件规定的供应商条件,特别是案涉《招标文件》3.7.3项规定的理解问题。根据案涉《招标文件》第一部分投标人须知及前附表第一章总则3. 合格的投标人3.1.1项以及前附表第13项投标人资格要求(五)申请人(联合体各方)的资信要求的规定,各联合体自2011年至2015年五年间不得有任何不诚信的行为。案涉《招标文件》第一部分投标人须知及前附表第一章总则3. 合格的投标人3.7法律要求,投标人必须声明并保证3.7.3项规定,"投标人不是无力清偿债务者,没有处于受司法机关的审查、调查或者监管状态,没有破产、停业整顿或清算,其资产、业务没有处于被法院查封、冻结或采取其他强制措施的状态,其经营活动没有被中止,并且没有因上述事件而成为被任何第三方申请执行司法强制措施的对象"。上述条款是案涉《招标文件》对其《招标公告》第五条强调的《政府采购法》第二十二条关于"具有良好的商业信誉"规定的细化内容,是参与投标的各联合体成员单位均必须遵守的资格要求。曦然公司关于案涉3.7.3项规定属于投标人"声明与保证"条款,若违反该条款,违约方仅承担相应的合同违约责任的主张,不能成立。从上述规定的内容看,投标人不得处于受司法机关的审查、调查或者监管状态,并成为被任何第三方申请执行司法强制措施的对象。这即是说,投标人不得被申请人民法院强制执行的案件。否则,即构成不合格的投标人。此外,尊重司法权威,按照生效的司法裁判文书自动履行义务,是诚信守法之人的应有态度。有被申请人民法院强制执行的案件,意味着不按照生效的司法裁判文书自动履行义务,属于典型的不诚信、不守法行为,不符合案涉《招标文件》关于"2011年至2015年五年间不得有任何不诚信的行为"的要求。据此,在有证据证明自2011年至2016年9月22日开标当日,上述四家联合体成员有被申请人民法院强制执行案件的情况下,市财政局认定上述四家联合体投标人不符合招标文件规定的供应商条件,并无不妥。

对于案涉联合体投标人是否符合招标文件规定的供应商资格要求的查询渠道,案涉《招标公告》和案涉《招标文件》并未作出明确限制。《财政部关于在政府采购活动中查询及使用信用记录有关问题的通知》(财库〔2016〕125号)规定:"各级财政部门、采购人、采购代理机构应当通过'信用中国'网站(www.creditchina.gov.cn)、中国政府采购网(www.ccgp.gov.cn)等渠道查询相关主体信用记录……"该条款仅列举了相关渠道,亦未作出限定。"全国法院被执行人信息查询平台"作为全国性的官方权威网站,可以客观反映公民、法人或者其他组织被申请人民法院强制执行案件的情况,市财政局通过其查询相关信息,符合依职权查明投标供应商商业信誉的管理目的,并无不当。曦然公司关于仅能通过"信用中国"网站、"中国政府采购网"及采购文件规定的其他查询渠道进行查询的主张,缺乏事实依据,本院不予支持。

综上,市财政局认定案涉五家联合体投标人不符合法定或者案涉《招标文件》规定的投标人的资格要求,并据此认为,在案涉政府采购项目中,对招标文件作实质响应的供应商不足三家,事实清楚,证据充分,并无不妥。

三、关于焦点三:程序问题

《政府采购供应商投诉处理办法》第十四条规定:"财政部门处理投诉事项原则上采取书面审查的办法。财政部门认为有必要时,可以进行调查取证,也可以组织投诉人和被投诉人当面进行质证。"第二十五条规定:"财政部门在处理投诉过程中,发现被投诉人及其工作人员、评标委员会成员、供应商有违法行为,本机关有权处理、处罚的,应当依法予以处理、处罚;本机关无权处理的,应当转送有权处理的机关依法处理。"据此,市财政局有权在处理泰达公司的投诉事项时,一并调查处理其所发现的案涉政府采购活动存在的违法问题。曦然公司关于市财政局不应超出投诉事项在同一程序中作出案涉废标处理决定的主张,缺乏法律依据,本院不予支持。由于相关法律、法规或者规章对评标结束后,财政部门在投诉程序中应履行何种程序才可以作出废标处理决定,没有明确、具体的规定,故市财政局作出案涉废标处理决定不存在违反法定程序的问题。此外,由于按照案涉《招标文件》的规定,只要有证据证明在特定期间内有被申请人民法院强制执行的案件,案涉联合体投标人即构成不合格投标人。是否给予相关当事人以陈述、申辩权利,不影响市财政局对本案相关事实的认定。

综上,市财政局作出案涉废标处理决定职权依据充分,事实清楚,适用法律正确,程序合法,并无不当。市政府受理曦然公司的复议申请后,履行了通知、听证等程序,并在法定的六十日审查期限内作出行政复议决定,符合相关法律规定,程序合法,亦无不妥。曦然公司的上诉请求及理由,缺乏事实和法律依据,本院不予支持。经本院审判委员会讨论决定,一审判决驳回曦然公司的诉讼请求正确,本院予以维持。依照《中华人民共和国行政诉讼法》第八十九条第一款第(一)项之规定,判决如下:

驳回上诉,维持原判决。

二审案件受理费人民币50元,由上诉人大连曦然实业发展有限公司负担(已交纳)。

本判决为终审判决。

审 判 长 苍 琦
审 判 员 李 健
审 判 员 胡俊杰
二〇一八年六月二十二日
书 记 员 刘婉余

13

苏州市鸿飞标识有限公司
与江苏省财政厅、江苏省人民政府政府
采购（招投标）投诉处理决定、行政复议决定案

【案件提要】

本案是对采购结果的投诉处理决定提起行政诉讼的案例。涉案采购项目进行招投标，鸿飞公司未中标，提出质疑和投诉。投诉事项包括同一协会成员，报价恶意串通；企业有行贿记录，应属于没有良好商业信誉等。财政部门经向有关人员、有关单位进行调查，认为鸿飞公司提供用以证明串通的短信证据难以查证，而相关供应商出具了检察院未发现有行贿犯罪记录的证明，故作出驳回投诉的处理决定。经复议后，鸿飞公司提起本案诉讼。法院经审理认为，供应商之间协商报价、技术方案等投标文件或者相应文件的实质性内容，属于同一集团、协会、商会等组织的供应商按照该组织要求协同参加政府采购活动属于恶意串通。财政部门就涉案短信、投标报价、动物耳标协会等问题进行了调查取证并组织质证，并无充分证据证明部分供应商之间存在串通情形。鸿飞公司提供刑事判决书以证明部分供应商员工有行贿行为，但该判决书只是认定员工有销毁记录，且该部分供应商应评标委员会的要求提供了当地检察机关出具的本公司未发现有行贿记录的证明，即不存在刑事处罚记录，故鸿飞公司关于行贿记录的投诉，缺乏事实依据。故财政部门据此作出驳回投诉的处理决定并无不当。

【判决正文】

江苏省高级人民法院
行政判决书

〔2017〕苏行终 1059 号

上诉人（一审原告）苏州市鸿飞标识有限公司，住所地（略）。

法定代表人蔡某。

委托代理人万某。

委托代理人张某。

被上诉人（一审被告）江苏省财政厅，住所地（略）。

法定代表人储某。

被上诉人(一审被告)江苏省人民政府,住所地(略)。

法定代表人吴某。

上诉人苏州市鸿飞标识有限公司(以下简称鸿飞公司)因诉被上诉人江苏省财政厅政府采购投诉处理及江苏省人民政府(以下简称江苏省政府)行政复议一案,不服江苏省南京市中级人民法院〔2016〕苏01行初563号行政判决,向本院提起上诉。本院立案受理后依法组成合议庭,并依照《中华人民共和国行政诉讼法》第八十六条的规定进行了书面审理。本案现已审理终结。

一审法院认定,鸿飞公司参加了江苏省政府采购中心组织的2016年江苏省畜禽疫苗和标识采购项目(JSZC-G2016-051)的招投标,鸿飞公司未能中标。2016年3月28日鸿飞公司向江苏省政府采购中心提出质疑并附相关材料,质疑事项为评标违反公平性原则,有倾向性评标嫌疑;结果违反评标准则,有失责嫌疑。江苏省政府2016年4月6日采购中心作出省采函〔2016〕9号《关于苏州市鸿飞标识有限公司质疑书的复函》(以下简称《9号复函》),该复函称,本项目招标文件规定采用综合评分法;经复核,评标委员会认定中标供应商资格性检查和符合性检查合格,评标委员会认为质疑供应商提交的质疑书及附件不能作为认定投标供应商存在"恶意串通"情形的有效证据。鸿飞公司对《9号复函》不服,于2016年4月12日向江苏省财政厅投诉,投诉事项为,同一协会成员,报价恶意串通;违反评标方法,倾向性评标;企业有行贿记录,应属于没有良好商业信誉,中标不符合《中华人民共和国政府采购法》(以下简称政府采购法)的规定。江苏省财政厅于2016年4月12日分别向江苏省政府采购中心和相关供应商(南通希瑞塑料制品有限公司(以下简称南通希瑞公司)、镇江威特药业有限责任公司(以下简称镇江威特公司)、扬中市红光金属制品有限公司(以下简称扬中红光公司)寄送了调查取证通知书和投诉书副本。2016年4月29日,江苏省财政厅要求鸿飞公司补正相关材料。鸿飞公司于2016年5月10日向江苏省财政厅对相关材料进行了补正。

江苏省财政厅经过调查、质证,对于鸿飞公司提供的涉嫌串标的手机短信,南通希瑞公司法定代表人丁志明表示没有收到该条短信,也未向鸿飞公司的法定代表人发送过该条短信,并表示自己公司的报价是按照成本核算来确定的;四川洁康中塑科技有限公司(投标供应商)法定代表人方中地(投诉人认为其是"动物耳标协会"副会长)、镇江威特公司法定代表人黄文江、扬中红光公司的委托代理人杨群均表示没有收到该条短信。鸿飞公司请求江苏省财政厅调查丁志明是否发送过此短信给鸿飞公司的法定代表人,按照《中华人民共和国电信条例》第六十五条规定,江苏省财政厅认为其无权对丁志明手机中的短信内容进行检查。扬中红光公司提供了江苏省扬中市人民检察院出具的未发现有行贿犯罪记录的证明;镇江威特公司提供了镇江市经济开发区人民检察院出具的未发现有行贿犯罪记录的证明。2016年5月30日,江苏省财政厅作出苏财购〔2016〕30号《政府采购供应商投诉处理决定书》(以下简称《30号投诉处理决定书》),该决定书认为:(一)关于同一协会成员,报价恶意串通的问题。经调查取证和组织质证,无法认定存在鸿飞公司所称的"动物耳标协会",并无充分证据证明该政府采购项目投标供应商之间存在《中华人民共和国政府采购法实施条例》(以下简称政府采购法实施条例)第七十四条第(三)项、第(四)项规定的恶意串通情形;(二)关于违反评标方法,倾向性评标的问题。经审查,未发现采购人代表在评标工作中有明显倾向的违法违规行为,也未发现评标委员会有违反政府采购法、《政府采购货物和服务招标投标管理办法》以及本项目评标方法的评审行为。因此,该投诉事项查无实据;(三)关于企业有行贿记录,应属于没有良好商业信誉,中标不符政府采购法的问题。鸿飞公司认为扬中红光公司员工、镇江威特公司员工有行贿记录,经调查,未发现扬中红光公司、镇江威特公司有行贿犯罪记录,该投诉事项缺乏事实依据。综上,根据《政府采购供应商投诉处理办法》第十七条规定,作出被诉《30 号投诉处理决定书》,驳回鸿飞公司的投诉。2016 年 6 月 1 日,江苏省财政厅将《30 号投诉处理决定书》通过 EMS 送达鸿飞公司。

鸿飞公司不服江苏省财政厅的投诉处理决定,向江苏省政府申请行政复议,江苏省2016 年7 月 27 日政府收到鸿飞公司的行政复议申请,因其材料不全,根据《中华人民共和国行政复议法实施条例》(以下简称复议法实施条例)第二十九条规定,于 2016 年 7 月 28 日向鸿飞公司作出《补正通知》,要求其补正相关材料。经补正,江苏省政府于 2016 年 8 月 25 日受理鸿飞公司复议申请。同日,根据《中华人民共和国行政复议法》(以下简称行政复议法)第二十三条规定,江苏省政府向江苏省财政厅作出〔2016〕苏行复第 311 号《提出答复通知书》(以下简称《311 号提出答复通知书》)。经审查,江苏省政府认为江苏省财政厅作出的《30 号投诉处理决定书》内容适当且程序合法,江苏 2016 年 10 月 21 日省政府根据行政复议法第二十八条第一款第(一)项规定作出〔2016〕苏行复第 311 号《行政复议决定书》(以下简称《311 号复议决定书》),维持江苏省财政厅作出的投诉处理决定。

一审法院另查明,四川省遂宁市中级人民法院〔2015〕遂中刑初字第 11 号《刑事判决书》(以下简称《11 号刑事判决书》)载明,涉案的两中标单位镇江威特公司、扬中红光公司的员工曾向原四川省动物疫病预防控制中心的工作人员行贿,鸿飞公司认为应认定镇江威特公司、扬中红光公司应为具有不良信誉的企业。江苏省财政厅当庭陈述,总共有 14 家企业参加投标,鸿飞公司最后得分排列第 7 位,除报价分以外,创新专利、节能产品、环境标志产品等得分均为零分,其他有些分数也比较低。鸿飞公司当庭陈述,在本次招投标活动中未发现有行贿行为。

一审法院认为,根据《政府采购法》第十三条规定,各级人民政府财政部门是负责政府采购监督管理的部门,依法履行对政府采购活动的监督管理职责;第五十五条规定,质疑供应商对采购人、采购代理机构的答复不满意或者采购人、采购代理机构未在规定的时间内作出答复的,可以在答复期满后十五个工作日内向同级政府采购监督管理部门投诉。故江苏省财政厅依法具有对政府采购活动的监督管理职责,鸿飞公司不服江苏省政府采购中心对其质疑作出的《9 号复函》,向江苏省财政厅投诉,江苏省财政厅具有对其投诉作出处理决定的职权。

根据《政府采购法》第五十六条规定,"政府采购监督管理部门应当在收到投诉后三十个工作日内,对投诉事项作出处理决定,并以书面形式通知投诉人和与投诉事项有关的当事人。"政府采购法实施条例第五十八条第一款规定,"财政部门处理投诉事项,需要检验、检测、鉴定、专家评审以及需要投诉人补正材料的,所需时间不计算在投诉处理期限内。"《政府采购供应商投诉处理办法》第十二条规定,"财政部门应当在受理投诉后 3 个工作日内向被投诉人和与投诉事项有人的供应商发送投诉书副本";第十四条规定,"财政部门处理投诉事项原则上采取书面审查的办法。财政部门认为有必要时,可以进行调查取证,也可以组织投诉人和被投诉人当面进行质证。"本案中,江苏省财政厅于2016年4月12日收到鸿飞公司的投诉书后,于次日分别向江苏省政府采购中心和相关中标供应商寄送了调查取证通知书和投诉书副本。经审查,江苏省财政厅于2016年5月30日作出《30号投诉处理决定书》,并于同年6月1日通过EMS送达鸿飞公司。其中,2016年4月29日至5月10日为江苏省财政厅要求鸿飞公司补正材料的时间,补正所用的7个工作日不计入处理期限。因此,江苏省财政厅作出《30号投诉处理决定书》符合上述规定,程序合法。

关于同一协会成员,报价恶意串通的问题。政府采购法第二十五条第一款规定,"政府采购当事人不得互相串通损害国家利益、社会公共利益和其他当事人的合法权益;不得以任何手段排斥其他供应商参与竞争。"政府采购法实施条例第七十四条第(三)(四)项规定,供应商之间协商报价、技术方案等投标文件或者相应文件的实质性内容,属于同一集团、协会、商会等组织的供应商按照该组织要求协同参加政府采购活动属于恶意串通。江苏省财政厅就涉案短信、投标报价、动物耳标协会等问题进行了调查取证并组织质证,被调查的相关政府采购供应商和人员,都表示未收到过涉案短信,且没有"动物耳标协会"这个组织,并表示自己公司的报价是按照成本核算来的,鸿飞公司也无其他证据证明该协会的存在。鸿飞公司要求江苏省财政厅调查丁志明是否发送此短信给鸿飞公司,根据《中华人民共和国电信条例》第六十五条规定,江苏省财政厅无权对丁志明手机中的短信内容进行检查。江苏省财政厅经调查,无充分证据证明投标供应商之间存在政府采购法第二十五条第一款、政府采购法实施条例第七十四条第(三)(四)项规定的恶意串通、排斥其他供应商参与竞争的情形。因此,江苏省财政厅已经依法履行了调查、质证的职责,对串通投标的投诉仍查无实据,鸿飞公司的该投诉事实,不能成立。

关于违反评标方法,有倾向性评标的问题。政府采购法实施条例第四十一条规定,"评标委员会、竞争性谈判小组或者询价小组成员应当按照客观、公正、审慎的原则,根据采购文件规定的评审程序、评审方法和评审标准进行独立评审。……评标委员会、竞争性谈判小组或者询价小组成员应当在评审报告上签字,对自己的评审意见承担法律责任。对评审报告有异议的,应当在评审报告上签署不同意见,并说明理由,否则视为同意评审报告。"江苏省财政厅经书面审查,未发现两位采购人的评审代表在评标工作中有明显倾向或歧视的违法违规行为,也未发现评标委员会有违反政府采购法、《政府采购货物和服务招标投标管理办法》以及本项目评标标准的评审行为。

关于企业有行贿记录,应属没有良好的商业信誉,中标不符政府采购法的问题。政府采购法实施条例第十九条规定,"政府采购法第二十二条第一款第(五)项所称重大违法记录,是指供应商因违法经营受到刑事处罚或者责令停产停业、吊销许可证或者执照、较大数额罚款等行政处罚。"本案中,鸿飞公司提交的《11号刑事判决书》载明,扬中红光公司、镇江威特公司员工有行贿行为,而上述两公司应评标委员会的要求提供了当地检察机关出具的本公司未发现有行贿记录的证明,该证明为当地检察机关查询全国行贿犯罪档案库后出具。鸿飞公司并未提供上述两企业有重大违法行为的其他证据,且本次招投标中未发现违法行为。鸿飞公司认为扬中红光公司、镇江威特公司员工有行贿记录,两公司应不具有良好的商业信誉,依据不足。

江苏省财政厅对鸿飞公司的投诉,经调查、质证、审查,认为原告的投诉事项,依据不足。根据《政府采购供应商投诉处理办法》第十七条的规定,江苏省财政厅驳回鸿飞公司的投诉,并无不当。关于鸿飞公司起诉中称"以高于市场价300余万元中标"的问题,其在质疑、投诉、复议中均未提出,故不在质疑、投诉、复议的范围内,亦不属本案的审查范围,不予理涉。

行政复议法第十二条第一款规定,对县级以上地方各级人民政府工作部门具体行政行为不服的,由申请人选择,可以向该部门的本级人民政府申请行政复议,也可以向上一级主管部门申请行政复议。故江苏省政府具有对鸿飞公司不服江苏省财政厅的投诉处理决定的复议申请作出行政复议决定的法定职责。江苏省政府于2016年7月27日收到鸿飞公司的行政复议申请。因鸿飞公司材料不全,根据复议法实施条例第二十九条的规定,江苏省政府于2016年7月28日向鸿飞公司作出《补正通知》,要求其补正相关材料。经补正,江苏省政府于2016年8月25日依法受理;同日,根据行政复议法第二十三条的规定,江苏省政府向省财政厅作出《311号提出答复通知书》。经审查,江苏省政府认为江苏省财政厅作出的《30号投诉处理决定书》内容适当且程序合法,江苏2016年10月21日省政府根据行政复议法第二十八条第一款第(一)项的规定,作出维持《30号投诉处理决定书》的复议决定,并邮寄送达鸿飞公司,程序合法。综上,依照《中华人民共和国行政诉讼法》第六十九条的规定,判决驳回鸿飞公司的诉讼请求。

鸿飞公司上诉称:一、一审判决对中标单位存在行贿行为不置可否,用有关地方检察院出具的无犯罪记录加以模糊;二、一审判决对鸿飞公司提出的应适用的政府采购法第二十二条第一款第二项的规定未作评价;三、行政机关的调查权应利用政府部门的综合资源来履行法定义务,否则,"串标"永远无法查清,特别是鸿飞公司申请法院调查被驳回,串标者通过电信串标将被推定是合法。四、行政机关回避有无"聚氨酯带铜头生产、销售业绩"关键性评分因素,以缺乏依据的"使用效果、配套服务、样品较差"敷衍,一审判决对鸿飞公司提出的有倾向性评标置之不理。综上,请求本院依法撤销一审判决,支持上诉人的诉讼请求。

江苏省财政厅未向本院提交书面答辩意见。

江苏省政府未向本院提交书面答辩意见。

鸿飞公司提起上诉后,一审法院已将各方当事人在一审中提交的全部证据材料随案移送本院。

本院经审理查明的事实与一审判决认定的事实一致,依法予以确认。

针对鸿飞公司提出的上诉理由及本案被诉的《30号投诉处理决定》和《311号复议决定书》的合法性,本院做如下评判:

一、关于鸿飞公司投诉事由的认定问题

1.关于同一协会成员,报价恶意串通问题。鸿飞公司在投诉书中称,存在"动物耳标协会"以及"串标"短信,同时唱标时,中标的三家企业报价完全一致。对此,江苏省财政厅在收到投诉书后,向投诉人及供应商发出了《采购供应商投诉调查取证通知书》,并于2016年5月17日组织了供应商投诉质证会,听取意见。在质证会上,相关供应商均否认"动物耳标协会"的存在,也否认收到过"串标"短信,并表示报价是按照相应方法核算出来的。鸿飞公司认为江苏省财政厅应当利用综合资源来调查"串标"短信,但鸿飞公司请求江苏省财政厅进行调查的方式违反了《中华人民共和国电信条例》第六十五条的规定,江苏省财政厅并无此调查职权。因此,应当认定江苏省财政厅已经尽到了相应的调查、审查职责。其依据现有证据材料作出相应答复,符合法律规定。2. 关于违反评标方法,倾向性评标问题。鸿飞公司上诉称,江苏省财政厅回避有无"聚氨酯带铜头生产、销售业绩"关键性评分因素,以缺乏依据的"使用效果、配套服务、样品较差"敷衍。而鸿飞公司的质疑书和投诉书均显示,鸿飞公司认为只要按照本次招标的评分办法,其完全能够中标主要依据是自身的报价优势以及聚氨酯加铜头的生产销售业绩。但根据本次招标文件第五章评标方法与评标标准规定,在耳标评标标准中,分包投标报价占30分,质量控制与产品优化占30分,配套服务与技能培训占15分,经营业绩与评价占15分,对投标人总体评价占6分,投标主要产品为节能产品以及环境标志产品各占2分。江苏省政府采购中心2016年4月18日向江苏省财政厅出具的《关于2016年度(2016年4月—2017年3月)江苏省畜禽疫苗和标识采购项目投诉事项相关情况说明》明确"本项目招标文件规定采用综合评分法。综合评分法并非以价格高低作为定标的唯一依据,质量控制与产品优化、配套服务与技能培训、经营业绩与评价、对投标人总体评价等均占有一定比例分值。经复查,未发现评标委员会有违反《中华人民共和国政府采购法》《政府采购货物和服务招标投标管理办法》以及本项目评标标准的评审行为。评标委员会通过质疑复审发现质疑供应商苏州市鸿飞标识有限公司价格分较高却没有中标主要评分因素有:产品使用效果、配套服务、创新专利和样品较差等。"同时,该中心于2016年5月11日出具的《关于2016年度(2016年4月—2017年3月)江苏省畜禽疫苗和标识采购项目投诉事项相关情况说明》称"经调查该项目的评审情况,未发现两位采购人评审代表在评标工作中,有明显倾向或歧视的违法违规行为,也未发现评标委员会有违反《中华人民共和国政府采购法》《政府采购货物和服务招标投标管理办法》以及本项目评标标准的评审行为。"且鸿飞公司认为的"聚氨酯带铜头生产、销售业绩"关键性评分也只在经营业绩与评价15分中占据8分,而用户评价和创新专利占据了另外7分。鸿飞公司仅据此认为存在倾向性评标的上诉理由不够充分。3. 关于企业有行贿记录,应属没有良好商业信誉,中标不符合政府采购法问题。政府采购法第二十二条第一款对供应商参加政府采购一般应具备的条件予以了规定,为方便操作,政府采购法实施条例第十七条对要证明符合政府采购法第二十二条第一款应提供的材料作了进一步的规定,其中包括:(一)法人或者其他组织的营业执照等证明文件,自然人的身份证明;(二)财务状况报告,依法缴纳税收和社会保障资金的相关材料;(三)具备履行合同所必需的设备和专业技术能力的证明材料;(四)参加政府采购活动前3年内在经营活动中没有重大违法记录的书面声明;(五)具备法律、行政法规规定的其他条件的证明材料。因此,供应商只要提供了上述材料,即能认定满足了政府采购法第二十二条规定的参加政府采购活动的条件。对于鸿飞公司称本案一审未对具有良好的商业信誉进行评判问题。本院认为,首先,一审法院已对鸿飞公司提出的企业存有行贿记录应属没有良好商业信誉予以了回应。其次,从政府采购法实施条例第十七条来看,要求提供的材料中并没有为证明良好商业信誉所对应需要提供的材料,因此,在判断商业信誉方面应结合供应商提供的上述五项材料进行综合判断。再次,虽然鸿飞公司向江苏省政府采购中心提交的质疑书以及向江苏省财政厅提交的投诉书中均认为扬中红光公司和镇江威特公司曾有行贿行为,因而认为其不符合政府采购法第二十二条规定的供应商的条件。但政府采购法实施条例第十九条规定,政府采购法第二十二条第一款第五项所称重大违法记录,是指供应商因违法经营受到刑事处罚或者责令停产停业、吊销许可证或者执照、较大数额罚款等行政处罚。该条规定要求的重大违法记录限定在了受到了刑事处罚和行政处罚的范围内,鸿飞公司虽提交了《11号刑事判决书》,但该刑事判决书只是认定扬中红光公司和镇江威特公司工作人员存在行贿行为,且江苏省扬州市人民检察院和江苏省镇江经济技术开发区人民检察院出具的《检察机关行贿犯罪档案查询结果告知函》均显示,扬中红光公司及其法定代表人和镇江威特公司及其法定代表人在参加涉案采购活动前3年内没有行贿犯罪记录,即不存在刑事处罚。因此,鸿飞公司仅以此主张扬中红光公司和镇江威特公司有行贿记录,属于没有良好商业信誉的投诉理由不能成立。

二、关于《30号投诉处理决定》和《311号复议决定书》程序的合法性问题

本案中,鸿飞公司于2016年4月12向江苏省财政厅投诉,被上诉人江苏省财政厅于次日向相关各方发送了《政府采购供应商投诉调查取证通知书》,又于同年4月29日要求鸿飞公司进行补正,鸿飞公司于同年5月10日向江苏省财政厅进行了补正,江苏省财政厅于同年5月11日向相关各方发送了《政府采购供应商投诉质证通知书》,于同年5月17日组织了质证会听取供应商意见,同年5月30日作出《30号投诉处理决定书》并于次日送达鸿飞公司,答复程序符合政府采购法第五十六条,政府采购法实施条例第五十六条以及《政府采购供应商投诉处理办法》第十四条、第十七条、第二十一条的相关规定。

鸿飞公司不服《30号投诉处理决定》向江苏省政府申请行政复议,2016年7月27日,江苏省政府收到鸿飞公司的行政复议申请后于同年7月28日向鸿飞公司作出《补正通知》,在鸿飞公司补正后,江苏省政府于2016年8月25日依法受理后向江苏省财政厅作出《311号提出答复通知书》,并于同年10月21日作出复议决定,程序符合行政复议法第二十三条、第二十八条第一款第(一)项以及复议法实施条例第二十九条的相关规定。

本案二审中鸿飞公司向本院提交了证据调查和证据保全申请,要求本院调取四川杰康中塑科技有限公司法定代表人方中地、扬中红光公司负责人刘经理、镇江威特公司法定代表人黄文江、南通希瑞公司法定代表人丁志明、内蒙古文迪动物标识技术开发有限责任公司负责人孙如林、苏州富源祥动物免疫标识厂有限公司法定代表人唐海祥等六位投标人2016年3月18日前后共一周时间内的手机短信;要求本院向四川省遂宁市中级人民法院调查确认《11号刑事判决书》中序号为44号和48号的镇江威特公司及扬中红光公司的行贿人员为上述两公司的法定代表人;保全江苏省政府采购中心2016年江苏省畜禽疫苗和标识采购项目(JSZC-G2016-051)所有招、投、评标资料和投标样品。对此,本院认为:根据《中华人民共和国电信条例》第六十五条规定,电信用户依法使用电信的自由和通信秘密受法律保护。除因国家安全或者追查刑事犯罪的需要,由公安机关、国家安全机关或者人民检察院依照法律规定的程序对电信内容进行检查外,任何组织或者个人不得以任何理由对电信内容进行检查。因此,本院无权对鸿飞公司所要求调取的电信内容进行检查。关于调取行贿人员身份问题,鸿飞公司提出此项申请目的是为了证明扬中红光公司和镇江威特公司存有行贿行为因而不符合参加招标条件,对此,本院已在前述"关于企业有行贿记录,应属没有良好商业信誉,中标不符合政府采购法问题"中予以了充分阐述。关于保全案涉所有招、投、评标资料和投标样品问题,鸿飞公司提出此项申请目的是为了证明存在违反评标方法,倾向性评标问题,对此,本院亦在前述"关于违反评标方法,倾向性评标问题"中予以了评述。因此,对于鸿飞公司关于调取证据和保全证据的申请,本院不予准许。

综上,鸿飞公司的上诉请求和理由缺乏事实根据和法律依据,依法不予支持。一审法院对本案的审理认定事实清楚、适用法律正确,审判程序合法,裁判结果正确。依照《中华人民共和国行政诉讼法》第八十九条第一款第(一)项之规定,判决如下:

驳回上诉,维持原判。

二审案件受理费人民币 50 元,由上诉人苏州市鸿飞标识有限公司承担。

本判决为终审判决。

审 判 长　史　笔
审 判 员　李　昕
审 判 员　张　静
二〇一八年十二月二十九日
法官助理　谌　莹
书 记 员　张家松

西安美联航空技术有限责任公司 与浙江省财政厅、浙江省人民政府 政府采购(招投标)投诉处理决定、行政复议决定案

【案件提要】

本案是对采购结果的投诉处理决定提起行政诉讼的案例。涉案采购项目发布第二次招标公告,飞鹰公司中标。美联公司经质疑后向财政部门投诉。财政部门经调查,认为投诉缺乏事实依据,决定驳回投诉。美联公司提起了本案诉讼。一审法院审查的投诉问题是:(1)认为卡米公司不是本项目合格供应商,涉及的争议是卡米公司的经营范围不具备本项目所要求的专业,注册资本少于本项目采购预算金额;(2)认为飞鹰公司多次在多地的政府采购中串通投标,这也是对飞鹰公司合格供应商资格的否定。法院经审理认为,(1)虽然不能"仅以营业执照注明的经营范围中没有包括与采购项目相一致的内容而排除供应商参与该项目的政府采购竞争",但供应商仍然应当证明其"具有履行合同所必需的设备和专业技术能力"。而卡米公司已提供了"专业厂家的授权"以证明其符合该项资格条件。根据财政部、工业和信息化部《政府采购促进中小企业发展暂行办法》(财库〔2011〕181号)第三条的规定,政府采购活动不得以注册资本金……供应商的规模条件对中小企业实行差别待遇或者歧视待遇。(2)关于飞鹰公司在多次多地政府采购中串通投标的问题,虽然美联公司提供了飞鹰公司涉入相关行政和司法案件等证据材料,却未能提交飞鹰公司受到刑事处罚或行政处罚的证据,故不能认定其存在串通投标行为。二审法院还审查了美联公司投诉中标人飞鹰公司与其中标产品授权单位存在关联的问题。本案中,卡米公司跟飞鹰公司显然不是存在直接控股或管理关系的供应商。虽然在涉案采购发生时,卡米公司产品授权单位的独资股东是中标人飞鹰公司的股东,而财政部门主要审查未中标的卡米公司与中标的飞鹰公司有无《政府采购法实施条例》第十八条规定的关联关系,其他串通问题已超出其行政处理的审查范围。

【判决正文】

浙江省高级人民法院 行政判决书

〔2017〕浙行终811号

上诉人(一审原告)西安美联航空技术有限责任公司,住所地(略)。

法定代表人常某。

委托代理人张某。

被上诉人（一审被告）浙江省财政厅，住所地（略）。

法定代表人徐某。

委托代理人倪某。

委托代理人贺某。

被上诉人（一审被告）浙江省人民政府，住所地（略）。

法定代表人袁某。

委托代理人汪某、陈某。

西安美联航空技术有限责任公司（以下简称美联公司）诉浙江省财政厅、浙江省人民政府（以下简称浙江省政府）财政行政处理及行政复议一案，杭州市中级人民法院于2017年6月16日作出〔2016〕浙01行初250号行政判决。美联公司不服，向本院提出上诉。本院于2017年8月2日立案受理后，依法组成合议庭，并于2017年10月11日公开开庭审理了本案。上诉人美联公司的法定代表人常某及委托代理人张某，被上诉人浙江省财政厅总会计师赵某及委托代理人倪某、贺某，被上诉人浙江省政府委托代理人汪某，到庭参加诉讼。经最高人民法院批准，本案依法延长了审理期限。本案现已审理终结。

一审法院经审理查明，浙江省成套招标代理有限公司（以下简称招标公司）受采购人浙江旅游职业学院的委托，就乘务训练设备进行公开招标。该项目于2015年12月8日首次开标时因供应商不足〔仅有美联公司和西安飞鹰亚太航空模拟有限公司（以下简称飞鹰公司）投标〕导致废标。2015年12月11日，招标公司就案涉采购项目发布第二次招标信息，杭州卡米信息技术有限公司（以下简称卡米公司）、美联公司和飞鹰公司相继投标。2015年12月23日，评标委员会经开标评审，推荐飞鹰公司为第一中标候选人，美联公司为第二中标候选人。2015年12月25日，招标公司发布案涉采购项目中标结果公示，确定飞鹰公司为中标人。美联公司不服，于2015年12月29日向招标公司寄送《质疑函》及相关材料，质疑理由包括以下两个方面：一是认为卡米公司不是本项目的合格供应商。政府采购法第二十二条规定："供应商参加政府采购活动应当具备下列条件：（一）具有独立承担民事责任的能力；（二）具有良好的商业信誉和健全的财务会计制度；（三）具有履行合同所必需的设备和专业技术能力；（四）有依法缴纳税收和社会保障资金的良好记录；（五）参加政府采购活动前三年内，在经营活动中没有重大违法记录；（六）法律、行政法规规定的其他条件。采购人可以根据采购项目的特殊要求，规定供应商的特定条件，但不得以不合理的条件对供应商实行差别待遇或者歧视待遇。"本案中，首先，卡米公司的经营范围为："一般经营项目：计算机软硬件、计算机网络的技术开发、技术咨询、技术服务、成果转让；图文设计、制作（除广告）；其他无需报经审批的一切合法项目。"不涉及乘务训练设备相关专业的设计、生产、制造，也不具有履行合同所必需的专业设备和专业技术能力，不符合政府采购法第二十二条第一款第（三）项的规定。其次，卡米公司注册资金少于本项目标的。案涉采购项目标的金额为123万元，而卡米公司的注册资金只有102万元，少于本项目标的，不符合政府采购法第二十二条第一款第（一）项的规定。二是认为飞鹰公司在多次多地政府采购中串通投标，政府采购法实施条例第十七条第一款第(四)项规定:"参加政府采购活动的供应商应当具备政府采购法第二十二条第一款规定的条件,提供下列材料:(四)参加政府采购活动前3年内在经营活动中没有重大违法记录的书面声明。"飞鹰公司在许昌人社局"全民技能振兴工程专项设备采购"项目、郑州航空工业管理学院空乘实训模拟系统项目、长春市相关采购项目、浙江经济职业技术学院机安检模拟系统采购项目和客舱服务训练舱采购项目的招投标过程中串通投标,相关案件正在查处中,不符合前述规定。综上,美联公司认为,案涉采购项目符合专业条件的供应商或者对招标文件作实质性响应的供应商不足三家,根据政府采购法第三十六条的规定,本次政府招标采购应予废标。2016年1月8日,招标公司作出《政府采购质疑回复函》,函复美联公司:1. 美联公司质疑卡米公司经营范围中不涉及乘务训练设备相关专业的设计、生产、制造,认为其不符合资格条件中,《中华人民共和国政府采购法》第二十二条的规定:(三)具体履行合同所必需的设备和专业技术能力。认为卡米公司不符合本项目合格供应商的要求。根据对投标文件的审查,卡米公司取得了专业厂家的授权代理资格,符合"具有履行合同所必需的设备和专业技术能力"的要求。2. 美联公司质疑卡米公司注册资金少于本项目标的,《中华人民共和国政府采购法》中没有相关的条款规定注册资金必须大于项目标的。3. 美联公司质疑飞鹰公司在多次多地政府采购中有串通投标行为。根据贵方提供的材料,没有相关的投诉、诉讼和法院受理的材料,案件还在调查审理阶段,并未结案。政府采购法第二十二条第一款第五项所称重大违法记录,是指供应商因违法经营受到刑事处罚或者责令停产停业、吊销许可证或者执照、较大数额罚款等行政处罚。从贵方提交材料看无法认定飞鹰公司有重大违法记录。据此,招标公司认为美联公司的质疑不能成立。美联公司仍不服,于2016年1月10日向杭州市财政局政府采购监督管理办公室提交《投诉函》及相关材料,投诉招标公司。投诉的相关事实、证据及法律法规依据与《质疑函》基本一致。杭州市财政局收件后,经审查,认为该项投诉不属于该部门管辖,按照投诉处理办法第十一条第二项规定,将有关材料转送浙江省财政厅处理,同时于1月13日把前述处理情况书面告知美联公司。浙江省财政厅于2016年1月19日收到杭州市财政局的转寄件,于1月21日收到美联公司寄送的《质疑函》,并于当日受理该项投诉。1月22日,浙江省财政厅向投诉人美联公司发出《政府采购供应商投诉受理通知书》;向被投诉人招标公司、中标供应商飞鹰公司和采购人浙江旅游职业学院分别发出《政府采购供应商投诉副本发送通知书》,要求其于收到通知书之日起5日内提交答辩意见以及相关证据、依据和材料。1月27日,飞鹰公司向财政厅提交《回复函》;1月29日,招标公司向财政厅提交《答辩意见》及招标文件,《回复函》和《答辩意见》的内容与招标公司此前作出的《政府采购质疑回复函》基本一致。1月29日,浙江旅游职业学院向财政厅提交《关于浙江旅游职业学院乘务训练设备项目采购投诉的函复》,未对美联公司的质疑和投诉提出辩驳意见。2月22日,浙江省财政厅向美联公司发出《调查举证通知书》,要求美联公司于2月25日前提供其于投诉书中所称的飞鹰公司在许昌人社局全民技能振兴工程专项设备采购项目、郑州航空工业管理学院空乘实训模拟系统项目及长春有关政府采购项目中存在串通投标的违法行为,提供经相关部门依法认定或作出处理的行政处罚决定书、判决书等相关法律文书。同时告知美联公司不能提供或者拒绝提供上述证据材料将按举证不能对相关事实作出调查认定。截止于2016年2月25日,美联公司提交相关证据材料。浙江省财政厅经审查,于 2016 年 3 月 4 日作出浙财执法〔2016〕4 号《行政处理决定书》,浙江省财政厅认为:一、根据财政部、工业和信息化部《关于印发〈政府采购促进中小企业发展暂行办法〉的通知》(财库〔2011〕181 号)和财政厅《关于规范政府采购供应商资格设定及资格审查的通知》(浙财采监〔2013〕24 号)有关规定,任何单位和个人不得阻挠和限制中小企业自由进入本地区和本行业的政府采购市场,政府采购活动不得以注册资本金、资产总额、营业收入、从业人员、利润、纳税额等供应商的规模条件对中小企业实行差别待遇或者歧视待遇。除非采购文件有明确规定,采购组织机构在组织供应商资格审查过程中,不得仅以营业执照注明的经营范围中没有包括与采购项目相一致的内容而排除供应商参与该项目的政府采购竞争,但法律法规规定属于限制经营或需前置性经营许可的行业除外。本项目属设备采购项目,没有证据显示相关设备属限制经营或需前置性经营许可的行业,评标委员会根据本项目招标文件和卡米公司投标文件认定其符合本项目合格供应商的要求,并无不当。美联公司认为卡米公司不具有履行合同所必需的设备和技术能力或独立承担民事责任的能力的诉求,缺乏法律依据。美联公司根据本项目或有授权书推断相关供应商之间存在串通投标、转包、分包关系等,均缺乏依据。二、美联公司提供的以飞鹰公司为核心张宝柱家庭公司结构图、有关飞鹰公司串通投标的文字说明材料等,只是美联公司对飞鹰公司涉及有关行政案件或刑事案件的认识,尚不足以证明卡米公司与飞鹰公司在本项目采购过程中进行了串通投标,亦不能证明飞鹰公司有政府采购法实施条例第十九条第一款所列的重大违法记录或被禁止参加政府采购活动的行政处罚记录。三、本机关于 2016 年 2 月 22 日向美联公司发出《调查举证通知书》,要求美联公司提供飞鹰公司在许昌人社局、郑州航空工业管理学院、长春市公共关系学校相关项目中违法经相关部门依法认定或作出处理的行政处罚决定书、判决书等法律文件,以对相关事实作出调查认定。截止规定时间,美联公司未向本机关补充举证。美联公司也未提供飞鹰公司在浙江经济职业技术学院安检模拟系统和客舱训练采购项目中串通投标的具体证据或被禁止参加政府采购活动的行政处罚记录证据,且此采购行为距现在已超过两年,按照《中华人民共和国行政处罚法》第二十九条第一款等规定,本机关已不能再给予其行政处罚。本机关也未发现卡米公司与飞鹰公司串通投标的有效证据。评标委员会根据飞鹰公司投标文件认定其符合本项目合格供应商的要求,并无不当。综上,关于浙江旅游职业学院乘务训练设备(重)采购项目采购结果不合法损害自身合法权益的投诉缺乏事实依据,本机关不予采信。根据《政府采购法》第五十六条和政府采购法实施条例第十七条第(二)项的规定,决定驳回投诉。该《行政处理决定书》于当日寄送美联公司。美联公司还不服,向浙江省政府申请行政复议。镇江省政府于 2016 年 3 月 11 日收件后依法受理该行政复议申请,并于当日向财政厅发送《行政复议答复通知书》,于 2016 年 4 月 27 日通知招标公司、飞鹰公司、卡米公司参加行政复议。2016 年 5 月 9 日,浙江省政府根据行政复议法第三十一条第一款的规定,决定行政复议决定延期 30 日作出,并书面通知各方当事人。2016 年 6 月 6 日,浙江省政府作出浙政复〔2016〕58 号《行政复议决定书》,根据行政复议法第二十八第一款第(一)项的规定,决定维持财政厅作出的行政处理决定。美联公司不服,起诉至一审法院。

一审法院认为,根据《政府采购法》第十三条第一款、第五十五条和投诉处理办法第三条、第七条的规定,美联公司对招标公司的质疑答复不满意,可以向浙江省财政厅提起投诉,浙江省财政厅具有对投诉事项作出处理的法定职责。本案中,综观美联公司向招标公司提出的《质疑函》,以及经由杭州市财政局向财政厅提出的《投诉函》,其质疑和投诉的事实与理由基本一致,主要包括以下两点意见:一是认为卡米公司不是本项目的合格供应商。首先,卡米公司营业执照记载的经营范围不涉及乘务训练设备相关专业的设计、生产、制造,不具有履行合同所必需的专业设备和专业技术能力,不符合政府采购法第二十二条第一款第(三)项的规定。其次,本次政府采购项目采购预算金额为123万元,而卡米公司的注册资本102万元,少于本项目标的,不具有独立承担民事责任的能力,不符合政府采购法第二十二条第一款第(一)项的规定。二是认为飞鹰公司在多次多地政府采购中串通投标,不符合政府采购法第二十二条第一款第(五)项的规定。第二点质疑意见也是对飞鹰公司合格供应商资格的否定,两项意见包含三项质疑理由,现逐一分析如下:(一)关于卡米公司是否为合格供应商的问题。政府采购法第三十六条第一款第(一)项规定:"在招标采购中,出现下列情形之一的,应予废标:(一)符合专业条件的供应商或者对招标文件作实质响应的供应商不足三家的……"案涉招标采购包括卡米公司在内只有三家供应商,因而,卡米公司是否符合供应商条件对于本次招标活动的有效性至关重要。政府采购法第二十二条规定:"供应商参加政府采购活动应当具备下列条件:(一)具有独立承担民事责任的能力;(二)具有良好的商业信誉和健全的财务会计制度;(三)具有履行合同所必需的设备和专业技术能力;(四)有依法缴纳税收和社会保障资金的良好记录;(五)参加政府采购活动前三年内,在经营活动中没有重大违法记录;(六)法律、行政法规规定的其他条件。采购人可以根据采购项目的特殊要求,规定供应商的特定条件,但不得以不合理的条件对供应商实行差别待遇或者歧视待遇。"《政府采购法实施条例》第十七条规定:"参加政府采购活动的供应商应当具备政府采购法第二十二条第一款规定的条件,提供下列材料:(一)法人或者其他组织的营业执照等证明文件,自然人的身份证明;(二)财务状况报告,依法缴纳税收和社会保障资金的相关材料;(三)具备履行合同所必需的设备和专业技术能力的证明材料;(四)参加政府采购活动前三年内在经营活动中没有重大违法记录的书面声明;(五)具备法律、行政法规规定的其他条件的证明材料。采购项目有特殊要求的,供应商还应当提供其符合特殊要求的证明材料或者情况说明。"第十八条规定:"单位负责人为同一人或者存在直接控股、管理关系的不同供应商,不得参加同一合同项下的政府采购活动。"以上是本案中关于合格供应商资格的基本规定。1.关于卡米公司"履行合同所必需的设备和专业技术能力"。浙江省财政厅否定美联公司质疑理由的主要依据是该厅《关于规范政府采购供应商资格设定及资格审查的通知》(浙财采监〔2013〕24号)第三条和第五条的规定,该通知第三条规定:"采购文件不得将与履行合同能力无关的条件和明显超过项目需求的非强制性认定、报备、评选资质设定为供应商特定资格条件,限制或排斥潜在供应商参与政府采购活动,或对中小企业实行差别待遇或歧视待遇。如确需设定因项目履约所必要的注册资本金、资产总额、从业人员、经营状况等作为特定资格条件的,应当与该采购项目的规模、特点和实际需要相适应。对供应商技术能力、从业经验要求较高的软件开发、专业设计或咨询服务等项目,可以根据实际情况提出与项目需求相当的专业资质、项目管理能力、业绩经验或成功案例等作为供应商特定资格条件,但不得限定于特定的行政区域。"第五条规定："除非采购文件有明确规定,采购组织机构在组织供应商资格审查过程中,不得仅以营业执照注明的经营范围中没有包括与采购项目相一致的内容而排除供应商参与该项目的政府采购竞争,但法律法规规定属于限制经营或需前置性经营许可的行业除外。"本院认为,前述规定并不违反法律规定,可以在本案中予以适用,但适用前述规定的同时仍应适用政府采购法第二十二条和政府采购条例第十七条、第十八条等有关合格供应商的基本规定。易言之,虽然不能"仅以营业执照注明的经营范围中没有包括与采购项目相一致的内容而排除供应商参与该项目的政府采购竞争",但供应商仍然应当证明其"具有履行合同所必需的设备和专业技术能力"。本案中,相关单位固然不能仅以卡米公司营业执照注明的经营范围没有包括与采购项目相一致的内容排除卡米公司参与该项目的政府采购竞争,但要认定卡米公司为合格供应商,仍然应当审查其是否"具有履行合同所必需的设备和专业技术能力"。事实上,卡米公司为此提供了"专业厂家的授权"以证明其符合该项资格条件,评标委员会也正因此而认定其符合"具有履行合同所必需的设备和专业技术能力"的要求,浙江省财政厅对此意见给予认可并无不当。2.关于卡米公司"独立承担民事责任的能力"。财政部、工业和信息化部《政府采购促进中小企业发展暂行办法》(财库〔2011〕181 号)第三条规定："任何单位和个人不得阻挠和限制中小企业自由进入本地区和本行业的政府采购市场,政府采购活动不得以注册资本金、资产总额、营业收入、从业人员、利润、纳税额等供应商的规模条件对中小企业实行差别待遇或者歧视待遇。"前述规定并不违反法律规定,可以在本案中予以适用。据此,美联公司以卡米公司的注册资本小于本次政府采购项目的标的金额为由,认为卡米公司不是合格供应商的理由不能成立。(二)关于飞鹰公司在多次多地政府采购中串通投标的问题。政府采购法实施条例第十九条规定:"政府采购法第二十二条第一款第五项所称重大违法记录,是指供应商因违法经营受到刑事处罚或者责令停产停业、吊销许可证或者执照、较大数额罚款等行政处罚。"美联公司指称飞鹰公司在多次多地政府采购中串通投标,并提供了飞鹰公司涉入相关行政和司法案件以及美联公司单方向有关部门投诉、举报、报案等的证据材料,却未能提交飞鹰公司因此遭受相关职能部门刑事处罚或行政处罚的证据,因而未能证明飞鹰公司于参加政府采购活动前三年内在经营活动中存在重大违法记录。及至财政厅要求其限期提供相关证据,并告知其不能提供或者拒绝提供上述证据材料的法律后果,美联公司仍然无法提供相关证据,在此情况下,应当视为没有相关证据,从而不能认定飞鹰公司在多次多地政府采购中存在串通投标,不能认定其违反有关合格供应商的资格条件规定。关于原行政行为的程序合法性,投诉处理办法第十二条规定:"财政部门应当在受理投诉后 3 个工作日内向被投诉人和与投诉事项有关的供应商发送投诉书副本。"浙江省财政厅于 2016 年 1 月 19 日收到经由杭州市财政局转交的美联公司的投诉材料,于同年 1 月 22 日受理投诉并向美联公司发送了《政府采购供应商投诉受理通知书》,同日向飞鹰公司、浙江旅游职业学院发送了《政府采购供应商投诉副本发送通知书》,向招标公司发送了《政府采购供应商投诉答复举证通知书》,符合前述规定。投诉处理办法第二十条规定:"财政部门应当自受理投诉之日起 30 个工作日内,对投诉事项作出处理决定,并以书面形式通知投诉人、被投诉人及其他与投诉处理结果有利害关系的政府采购当事人。"浙江省财政厅于 1 月 22 日受理投诉,1 月 27 日飞鹰公司提交《回复函》,

1月29日招标公司提交《答辩意见》,1月29日浙江旅游职业学院提交《函复》,为客观公正调查处理投诉事项,浙江省财政厅又于2018年2月22日向美联公司发送《调查举证通知书》,在对全部证据材料进行审核后,浙江省财政厅于2016年3月4日作出案涉《行政处理决定书》并发送给各方当事人,没有超出30个工作日的期限,程序符合法律规定,美联公司对此亦无异议。关于复议程序的合法性。浙江省省政府于3月11日受理美联公司的行政复议申请后,同日向浙江省财政厅发送《行政复议答复通知书》,于2016年4月27日通知招标公司、飞鹰公司、卡米公司参加行政复议。2016年5月9日,浙江省政府决定延期30日作出行政复议决定并书面通知各方当事人。2016年6月6日,浙江省政府作出案涉《行政复议决定书》,程序符合法律规定,美联公司对此亦无异议。综上所述,浙江省财政厅作出的行政处理决定并无不当,浙江省政府的复议程序符合法律规定。美联公司的起诉理由不能成立,其所提出请求撤销被诉行政行为的诉讼请求,不予支持;在此情况下,其所提出的要求给予赔偿的诉讼请求亦缺乏依据,亦不予支持。据此,依照《中华人民共和国行政诉讼法》第六十九条之规定,判决驳回美联公司的诉讼请求。

美联公司上诉称:美联公司依法对浙江旅游职业技术学院乘务训练设备(重)采购(招标号:CTZB-H15113FWZ-LY(重))项目进行了质疑和投诉。浙江省财政厅于2016年3月4日向美联公司下发驳回投诉的处理决定书。美联公司不服浙江省财政厅的处理决定书,认为浙江省财政厅没有履行政府采购行政监管职责,遂向浙江省政府申请行政复议。美联公司于2016年6月14日收到浙江省政府的行政复议决定书。美联公司不服前述处理决定和复议决定,提起本案行政诉讼。2015年12月8日,美联公司参加了浙江旅游职业技术学院乘务训练设备采购的第一次政府采购活动,因该项目只有上诉人和飞鹰公司两家公司参加,第一次公开招标流标。紧接着前述项目2015年12月23日进行第二次公开招标,美联公司、飞鹰公司和卡米公司三家公司参加投标。该项目预算金额123.004 5万元。卡米公司报价123万元,飞鹰公司报价120万元,美联公司报价107万元,最终飞鹰公司中标。美联公司2015年12月29日对该项目依法提出质疑,2016年1月10日提出投诉,在质疑和投诉过程中美联公司发现飞鹰公司、卡米公司和上海奇异鸟航空科技有限公司串通投标证据,投标授权委托书。卡米公司在该项目投标中获得上海奇异鸟公司的产品投标授权。本次政府招投标项目从质疑和投诉的行政查处发生重大逆转,本案已远超行政案件查处范围,已是一起精心预谋和策划的恶性串通投标刑事犯罪案件。飞鹰公司为获得非法利益,伙同上海奇异鸟公司和卡米公司在涉案项目中,相互约定,一直抬高投标报价,串通投标,非法获得政府招投标项目。前述三家公司串通行为,主要表现如下:1. 卡米公司为何在本次政府第二次招标中突然参加。卡米与本次政府采购不相干,第一次招标没有参与该项目,其业务范围不涉及乘务训练设备相关专业的设计、生产、制造。也不具有履行合同所必需的专业设备和专业技术能力。其自身根本无法编制本次投标文件。因飞鹰公司伙同上海奇异鸟公司在全国多地、多次串通投标犯罪,被美联公司投诉和报案。在本次政府采购中,为避人耳目,以卡米公司出面投标围标,拉抬投标报价,滥竽充数。但卡米在该项目中获得上海奇异鸟公司的产品投标授权,使得上海奇异鸟公司浮出水面。2. 上海奇异鸟公司为何是本案关键证据?上海奇异鸟公司是一个专职围标的空壳公司,其不具有履行合同所必需的专业设备和专业技术能力。上海奇异鸟公司是张晓亮一人独资公司,注册资金是 300 万元。西安飞鹰公司注册资金为 3 000 万元,张晓亮股份为 500 万元,占总股本的六分之一。西安飞鹰公司股东组成均为张晓亮的亲属朋友。飞鹰公司与上海奇异鸟公司实质上是一个家族公司,上海奇异鸟公司不做任何实际经营,完全用来串通投标围标。并且上海奇异鸟公司在 2012 年浙江经济职业技术学院机安模拟系统竞争谈判中,以 60 万元中标,后其将中标合同转让给西安飞鹰公司。3. 张晓亮为何是本案关键犯罪嫌疑人。张晓亮实际是上海奇异鸟和飞鹰公司的直接控股人。其不是一次串通投标犯罪,是惯犯。在许昌市财政局对"JZFCG-G2014042-2号 C 包"投诉事项的处理决定中,就认定张晓亮具体实施了串通投标事实。张晓亮利用上海奇异鸟和西安飞鹰以及西安飞安航空发展有限公司三个家族公司在多地、多次串通投标,疯狂作案,违法犯罪金额达数千元。4. 卡米公司、上海奇异鸟和飞鹰公司在本案政府采购中涉嫌恶意串通投标,其相互约定,一致抬高投标报价,非法获取政府招标项目。上海奇异鸟违法授权不具备资质的杭州卡米出面投标,统一制作标书,一致抬高投标报价,让西安飞鹰公司高价中标。相关串通投标的证据包括以上三公司的工商查询、股东信息,投标授权委托书、投标文件、以及多次多地实施串通投标的事实证据等。其中飞鹰公司和上海奇异鸟公司仅在浙江旅游职业技术学院近年来的政府采购中(包括本案项目),就三次串通投标合计中标金额 277 万元。西安飞鹰和上海奇异鸟公司的串通投标犯罪案件相关要件齐备,完全符合《行政执法机关移送涉嫌犯罪案件的规定》,应依法将本案移交公安机关立案查处。浙江省财政厅的处理决定书和浙江省政府的行政复议决定,没有案件调查文件,没有任何证据文件,颠倒黑白,极力掩盖和包庇杭州卡米公司、上海奇异鸟公司以及飞鹰公司的恶意串通投标违法行为,已涉嫌渎职和包庇犯罪。杭州中院一审判决亦存在此问题。综上,请求撤销浙江省财政厅行政处理决定书(浙财执法〔2016〕4 号)和浙江省政府浙政复〔2016〕58 号行政复议决定书;依据《行政执法机关移送涉嫌犯罪案件的规定》,将本案依法移交公安机关立案查处并依法查处相关人员滥用职权、渎职和掩盖包庇串通投标犯罪的违法行为;浙江省财政厅、浙江省政府赔偿美联公司中标损失费 107 万元以及相关投诉、行政复议、诉讼中发生的有关费用 12.5 万元,共计 119.5 万元。

浙江省财政厅答辩称:一、一审法院关于浙江省财政厅行政处理事实清楚、证据确凿的认定符合本案的事实情况和相关法律规定。1. 浙江省财政厅认为卡米公司不具有履行合同所必需的设备和专业技术能力、不具有独立承担民事责任的能力缺乏事实和法律依据。杭州卡米公司注册资金为 102 万元,营业范围中明确有"计算机软硬件。其他无需报经审批的一切合法项目",投标产品获得上海奇异鸟公司的授权。根据财政部、工业和信息化部《关于印发〈政府采购促进中小企业发展暂行办法〉的通知》(财库〔2011〕181 号)第三条规定,任何单位和个人不得阻挠和限制中小企业自由进入本地区和本行业的政府采购市场,政府采购活动不得以注册资本金、资产总额、营业收入、从业人员、利润、纳税额等供应商的规模条件对中小企业实行差别待遇或者歧视待遇。浙江省财政厅《关于规范政府采购供应商资格设定及资格审查的通知》第五条规定,除非采购文件有明确规定,采购组织机构在组织供应商资格审查过程中,不得仅以营业执照注明的经营范围中没有包括与采购项目相一致的内容而排除供应商参与该项目的政府采购竞争,但法律法规规定属于限制经营或需前置性经营许可的行业除外。本案所涉项目属设备采购项目,没有证据显示相关设备属限制经营或需前置性经营许可的行业,评标委员会根据本项目招标文件和杭州卡米公司的投标文件认定其符合本项目合格供应商要求,并无不当。2.美联公司认为飞鹰公司在多次多地政府采购中串通投标缺乏事实依据。美联公司提供的飞鹰公司张宝柱家族为核心的公司结构图、有关西安飞鹰公司串通投标的文字说明材料,只是美联公司对飞鹰公司涉及有关行政或刑事案件的认识,不足以证明杭州卡米和飞鹰公司在本项目采购过程中进行了串通投标,不符合《政府采购法实施条例》第七十四条规定的具体情形,亦不能证明飞鹰公司有《政府采购法实施条例》第十九条第一款所列的重大违法记录或被禁止参加政府采购活动的行政处罚记录。浙江省财政厅2016年2月22日向美联公司发出《调查举证通知书》,要求美联公司提供飞鹰公司在许昌人社局、郑州航空工业管理学院、长春市公共关系学校相关项目中违法经有关部门依法认定或作出处理的行政处罚决定书、判决书等法律文书,以对相关事实作出调查认定,截止规定时间,美联公司未能向本机关进行补充举证。美联公司未提供、浙江省财政厅也未发现飞鹰公司在浙江职业技术学院安检模拟系统和客舱服务训练采购项目中有相关法律法规规定属于恶意串通投标的具体证据或被禁止参加政府采购活动的行政处罚记录证据。美联公司未提供、浙江省财政厅也未发现杭州卡米公司与飞鹰公司有法律法规规定属于恶意串通投标的有效证据。评标委员会根据飞鹰公司投标文件认定其符合本项目项目供应商的要求,并无不当。二、一审法院关于浙江省财政厅的行政处理程序合法的认定符合本案的事实情况和相关法律规定。浙江省财政厅收到由杭州市财政局转送的美联公司的投诉书(其中夹寄举报材料,另案告知),于2016年1月21日收到美联公司补寄的质疑书。浙江省财政厅经对投诉材料审查后,2016年1月21日作出受理通知,并于2016年1月22日将受理通知书和投诉书副本寄给相关当事人。为对美联公司提出的相关情况作出调查认定,浙江省财政厅于2016年2月22日向美联公司发出《调查举证通知书》,截止规定时间,美联公司未向浙江省财政厅补充举证。浙江省财政厅依据相关法律和事实于2016年3月4日作出被诉行政处理决定书,并于3月4日先传真给美联公司后再寄送给相关当事人。美联公司3月6日签收相关文书。三、一审法院关于浙江省财政厅行政处理适用法律正确的认定符合本案事实情况和相关法律规定。浙江省财政厅依据《政府采购法实施条例》有关规定来认定美联公司提出的相关供应商是否存在违法违规行为。《政府采购法实施条例》第十九条规定,政府采购法第二十二条第一款第五项所称重大违法记录,是指供应商违法经营受到刑事处罚或者责令停产停业、吊销许可证或者执照、较大数额罚款等行政处罚;供应商在参加政府采购活动前3年内违法经营被禁止在一定期限内参加政府采购活动,期限届满的,可以参加政府采购活动;第七十四条规定了属于恶意串通的情形:(一)供应商直接或者间接从采购人或者采购代理机构处获得其他供应商的相关情况并修改其投标文件或者响应文件;(二)供应商按照采购人或者采购代理机构的授意撤换、修改投标文件或者响应文件;(三)供应商之间协商报价、技术方案等投标文件或者响应文件的实质性内容;(四)属于同一集团、协会、商会等组织成员的供应商按照该组织要求协同参加政府采购活动;(五)供应商之间事先约定由某一特定供应商中标、成交;(六)供应商之间商定部分供应商放弃参加政府采购活动或者放弃中标、成交;(七)供应商与采购人或者采购代理机构之间、供应商相互之间,为谋求特定供应商中标、成交或者排斥其他供应商的其他串通行为。美联公司未提供、浙江省财政厅亦未发现杭州卡米公司和西安飞鹰公司有重大违法记录、被禁止参加政府采购活动的行政处罚记录或串通投标的有效证据。浙江省财政厅向美联公司调查取证依据是《政府采购法实施条例》和《政府采购供应商投诉处理办法》。《政府采购法实施条例》第五十六条规定,财政部门处理投诉事项必要时可以进行调查取证或者组织质证;对财政部门依法进行的调查取证,投诉人和与投诉事项有关的当事人应当如实反映情况,并提供相关材料。《政府采购供应商投诉处理办法》第十四条规定,财政部门认为有必要时可以进行调查取证,也可以组织投诉人和被投诉人当面进行质证;第十五条规定对财政部门依法进行调查的,投诉人、被投诉人以及与投诉事项有关的单位及人员等应当如实反映情况,并提供财政部门所需的相关材料。浙江省财政厅经审核调查,依据《政府采购法》和《政府采购供应投诉处理办法》作出行政处理决定,认为美联公司投诉缺乏事实依据,驳回其投诉,并无不当。请求驳回上诉,维持原判。

浙江省政府答辩称:一、浙政复〔2016〕58号行政复议决定认定事实清楚、适用法律正确。浙江省政府经行政复议查明:招标公司受浙江旅游职业学院委托,就乘务训练设备进行公开招标。该项目首次开标因供应商不足导致废标。第二次招标于2015年12月23日开标,共有卡米公司、飞鹰公司以及美联公司三家供应商参加投标。该项目评审专家从省财政厅专家库中抽取,评标委员会按照招标文件规定对各招标文件中有关商务价格、资信及技术等的响应程度进行评分符合相关规定,评分结果未超出采购文件规定的分值范围。经评审委员会评审,推荐飞鹰公司为第一中标候选人,2015年12月25日中标公示公告。2015年12月30日美联公司对本项目提出质疑,质疑函的主要内容为:第一,杭州卡米公司不是本项目的合格供应商,其缺乏履行合同所必需的设备和专业技术能力,卡米公司的注册资金少于本项目标的;第二,中标单位西安飞鹰公司在多次多地政府采购中串通投标。许昌市人社局案件已进入行政诉讼阶段,郑州航空工业管理学院案件已被郑州市金水区检察院立案审查监督,长春串通投标案在行政查处阶段,西安飞鹰公司在浙江经济职业技术学院机安检模拟系统、客舱服务训练仓采购项目中涉嫌串通投标,美联公司已提出实名举报。故本次政府招标采购应该废标。招标公司于2016年1月8日作出了质疑回复,主要内容是:1.根据对投标文件的审查,杭州卡米公司取得了专业厂家的授权代理资格,符合"具有履行合同所必需的设备和专业技术能力"的要求;2.《政府采购法》中没有相关条款规定注册资金必需大于项目标的;3.从质疑人提供的材料看无法认定飞鹰公司有重大违法记录。美联公司对于质疑答复不满,2016年1月11日向杭州市财政局寄送投诉函,投诉函内容与质疑函内容基本一致。浙江省财政厅于同年1月19日收到杭州市财政局转来的投诉函及夹寄的《实名举报材料》(另案处理),并于同年1月21日收到上诉人补寄的质疑函。浙江省财政厅对投诉材料进行审查后,同年1月22日作出2016年第5号《政府采购供应商投诉受理通知书》,并于同日将受理通知书、答复举证通知书及投诉函副本邮寄给相关当事人。浙江省财政厅对上诉人投诉事项作出调查认定,2017年2月22日向美联公司发出了浙财采证字2016年第1号《调查举证通知书》,并于同年2月23日邮寄给美联公司。截止规定时间,美联公司未向浙江省财政厅补充举证。通过审查美联公司、飞鹰公司、省招标代理公司提交的意见及相关证据材料,查阅全国企业信用信息公示系统,调阅浙江旅游职业学院乘务训练设备(重)采购项目的档案材料,省财政厅同年3月4日作出被诉行政处理决定书,认为美联公司关于浙江旅游职业技术学院乘务训练设备(重)采购项目采购结果不合法损害自身合法权益的投诉缺乏事实依据,决定驳回投诉。浙江省政府认为,浙江省财政所作的行政处理决定,符合《政府采购法》第十三条规定的监督管理权限,投诉处理符合《政府采购法》第五十六条和《政府采购供应商投诉处理办法》第七条、第十四条、第二十条规定的程序。处理结果符合《政府采购法》第二十二条和《政府采购法实施条例》第十七条、第十九条、第七十四条规定的条件。浙江省政府根据《中华人民共和国行政复议法》第二十八条第一款第(一)项的规定,决定维持浙江省财政厅作出的浙财执法〔2016〕4号《行政处理决定书》。二、浙政复〔2016〕58号行政复议决定程序合法。浙江省政府于2016年3月11日收到美联公司行政复议申请。因情况复杂,行政复议期限延长30日。经审理后,浙江省政府于2016年6月6日作出被诉复议决定,并向美联公司邮寄送达。美联公司行政复议决定的作出,符合行政复议法第三十一条规定的法定程序。请求驳回上诉,维持原判。

二审庭审中,各方当事人围绕着浙江省财政厅所作浙财执法〔2016〕4号《行政处理决定书》是否具备事实与法律依据以及浙江省政府所作浙政复〔2016〕58号行政复议决定程序是否合法的审理重点,进行了质证、辩论。

经审理查明,本院对一审查明的案件事实予以确认。

本院认为,美联公司涉案投诉以及上诉的主要理由归纳起来包括:第一,认为卡米公司不是合格供应商。其一,卡米公司营业执照记载的经营范围不涉及乘务训练设备相关专业的设计、生产、制造,不具有履行合同所必需的专业设备和专业技术能力,不符合《政府采购法》第二十二条第一款第(三)项的规定;其二,卡米公司的注册资本102万元,少于本项目标的,不具有独立承担民事责任的能力,不符合《政府采购法》第二十二条第一款第(一)项的规定。第二,认为飞鹰公司在多次多地政府采购中串通投标,不符合《政府采购法》第二十二条第一款第(五)项的规定,也即飞鹰公司亦不是合格供应商。第三,美联公司在浙江省财政厅、浙江省政府作出被诉决定过程中以及上诉理由中发现卡米公司获得上海奇异鸟公司的产品授权,其认为由于上海奇异鸟公司与飞鹰公司是关联公司,故卡米公司与飞鹰公司存在串通投标的问题,故涉案招投标行为亦不能成立。

关于第一个理由,首先,根据《政府采购法》第二十二条规定:"供应商参加政府采购活动应当具备下列条件;……(三)具有履行合同所必需的设备和专业技术能力……(五)参加政府采购活动前三年内,在经营活动中没有重大违法记录……"《政府采购法实施条例》第十七条规定:"……(三)具备履行合同所必需的设备和专业技术能力的证明材料;(四)参加政府采购活动前三年内在经营活动中没有重大违法记录的书面声明……"浙江省财政厅《关于规范政府采购供应商资格设定及资格审查的通知》(浙财采监〔2013〕24号)第三条规定:"采购文件不得将与履行合同能力无关的条件和明显超过项目需求的非强制性认定、报备、评选资质设定为供应商特定资格条件,限制或排斥潜在供应商参与政府采购活动,或对中小企业实行差别待遇或歧视待遇。如确需设定因项目履约所必要的注册资本金、资产总额、从业人员、经营状况等作为特定资格条件的,应当与该采购项目的规模、特点和实际需要相适应。

对供应商技术能力、从业经验要求较高的软件开发、专业设计或咨询服务等项目,可以根据实际情况提出与项目需求相当的专业资质、项目管理能力、业绩经验或成功案例等作为供应商特定资格条件,但不得限定于特定的行政区域。"第五条规定:"除非采购文件有明确规定,采购组织机构在组织供应商资格审查过程中,不得仅以营业执照注明的经营范围中没有包括与采购项目相一致的内容而排除供应商参与该项目的政府采购竞争,但法律法规规定属于限制经营或需前置性经营许可的行业除外。"故本案中虽然不能仅以卡米公司营业执照注明的经营范围没有包括与采购项目相一致的内容排除卡米公司参与该项目的政府采购竞争,但仍然应当审查其是否"具有履行合同所必需的设备和专业技术能力"。而事实上卡米公司提供了"专业厂家的授权",证明其具有政府采购所需的专业设备和专业技术能力,评标委员会也正因此而认定其符合"具有履行合同所必需的设备和专业技术能力"的要求。浙江省财政厅对此予以认定并无不当。其次,关于卡米公司注册资本问题,财政部、工业和信息化部《政府采购促进中小企业发展暂行办法》(财库〔2011〕181号)第三条规定:"任何单位和个人不得阻挠和限制中小企业自由进入本地区和本行业的政府采购市场,政府采购活动不得以注册资本金、资产总额、营业收入、从业人员、利润、纳税额等供应商的规模条件对中小企业实行差别待遇或者歧视待遇。"据此,美联公司以卡米公司的注册资本小于本次政府采购项目的标的金额为由,认为卡米公司不是合格供应商的理由不能成立。

关于第二个理由,《政府采购法实施条例》第十九条规定:"政府采购法第二十二条第一款第五项所称重大违法记录,是指供应商因违法经营受到刑事处罚或者责令停产停业、吊销许可证或者执照、较大数额罚款等行政处罚。"美联公司指称飞鹰公司在多次多地政府采购中串通投标,并提供了飞鹰公司涉入相关行政和司法案件以及美联公司单方向有关部门投诉、举报、报案等的证据材料,却未能提交飞鹰公司因此遭受相关职能部门刑事处罚或行政处罚的证据,因而未能证明飞鹰公司于参加政府采购活动前三年内在经营活动中存在重大违法记录。并且,在浙江省财政厅要求其限期提供相关证据,并告知其不能提供或者拒绝提供上述证据材料的法律后果,美联公司仍然无法提供相关证据,在此情况下,应当视为没有相应证据,从而不能认定飞鹰公司在多次多地政府采购中存在串通投标,不能认定其违反有关合格供应商的资格条件规定。

关于第三个理由,《政府采购法实施条例》第十八条规定:"单位负责人为同一人或者存在直接控股、管理关系的不同供应商,不得参加同一合同项下的政府采购活动。"浙江省财政厅《关于规范政府采购供应商资格设定及资格审查的通知》(浙财采监〔2013〕24号)第九条规定:"除在线询价项目和采购预算在20万元以下的小额询价采购项目外,如多家供应商提供相同品牌相同型号的产品参加同一政府采购项目竞争的,应当按一家供应商认定"。本案中,卡米公司跟飞鹰公司显然不是存在直接控股或管理关系的供应商。卡米公司由于获得上海奇异鸟公司产品授权后具备相应供货商的资格,而涉案政府采购发生时,上海奇异鸟公司的独资股东张晓亮确系飞鹰公司的股东。在此情形下,是否形成卡米公司和飞鹰公司、奇异鸟公司串通投标的问题? 鉴于卡米公司获得的是上海奇异鸟公司的产品授权,而非代表上海奇异鸟公司进行投标,且根据相关投标文件,上海奇异鸟公司的产品品牌是奇异鸟,产地是上海,而飞鹰公司的产品品牌是XFAP,产地是西安。浙江省财政厅作为政府采购招投标行为的监管机构,其主要审查卡米公司与飞鹰公司有无前述《政府采购法实施条例》第十八条的关联关系,至于产品授权者上海奇异鸟公司是否因与飞鹰公司存在关联关系以及是否审查卡米公司与飞鹰公司存在串通投标问题,浙江省财政厅认为已超出其行政处理的审查范围,本院认为并无不当。另外,美联公司曾向杭州市公安局下城区分局举报卡米公司、飞鹰公司和上海奇异鸟公司涉嫌违法串通投标,但杭州市公安局下城区分局一直未予立案,美联公司又向上城区检察院提起刑事案件立案监督申请,上城检察院截至目前亦未予以回应。在上述情形下,美联公司要求浙江省财政厅依据《行政执法机关移送涉嫌犯罪案件的规定》,依法查处卡米公司、奇异鸟公司、飞鹰公司恶意串通投标行为的诉求,缺乏相应依据,本院不予支持。

综上,上诉人美联公司的上诉理由,缺乏相应事实与法律依据,本院不予采纳。一审判决认定事实清楚,适用法律正确,审判程序合法,依法应予维持。依照《中华人民共和国行政诉讼法》第八十九条第一款第(一)项之规定,判决如下:

驳回上诉,维持原判。

二审案件受理费人民币 50 元,由上诉人西安美联航空技术有限责任公司负担。

本判决为终审判决。

审 判 长　江　勇
审 判 员　董跃进
审 判 员　王玉岳
二〇一八年一月十九日
书 记 员　张　莹

徐州市洋洋商贸有限公司
与江苏省徐州市铜山区财政局
政府采购(招投标)投诉处理决定案

【案件提要】

本案是对采购结果的投诉处理决定提起行政诉讼的案例。涉案采购项目发布中标公告后,洋洋公司环绕中标产品不符合招标文件要求问题提出了四项质疑和六项投诉。财政部门认为,超出质疑的三个投诉事项为无效投诉;经对有效投诉部分的审查,认定中标产品符合采购文件的要求。洋洋公司不服,提起本案诉讼。法院认为,洋洋公司投诉事项超出质疑事项的范围为无效投诉,财政部门仅针对有效投诉事项进行审查处理,符合法律法规的规定。本案对有效投诉的处理,财政部门组织投诉人、采购人、代理机构、中标人的各方当事人进行质证;此外,虽然法律法规并未对财政部门处理投诉事项的调查取证程序作出明确规定,但财政部门仍参照评标委员会组成的相关规定,从省评标专家库随机抽取五位专家对中标产品的样品进行评审,并以五位专家的一致意见作为作出处理决定的依据。因此,法院认定财政部门作出的投诉处理决定事实依据充分,适用法律正确,程序合法。

【判决正文】

江苏省徐州市中级人民法院
行政判决书

〔2017〕苏 03 行终 333 号

上诉人(一审原告)徐州市洋洋商贸有限公司,住所地(略)。
法定代表人水某。
委托代理人水某。
被上诉人(一审被告)徐州市铜山区财政局,住所地(略)。
法定代表人李某。
出庭负责人孙某。
委托代理人汤某。
被上诉人(一审第三人)徐州市铜山区政府采购中心,住所地(略)。
法定代表人孟某。

委托代理人严某。

委托代理人王某。

上诉人徐州市洋洋商贸有限公司（以下简称洋洋公司）因诉被上诉人徐州市铜山区财政局（以下简称铜山区财政局）、被上诉人徐州市铜山区政府采购中心（以下简称区采购中心）政府采购投诉处理决定一案，不服徐州铁路运输法院〔2017〕苏 8601 行初 236 号行政判决，向本院提起上诉。本院立案受理后，依法组成合议庭审理了本案。本案现已审理终结。

一审法院查明：2016 年 4 月，区采购中心受徐州市铜山区机关后勤保障中心委托，就徐州市铜山区机关后勤保障中心窗项目公开招标，项目编号为铜采招 G（2016）005。洋洋公司在规定时间内向铜山区政府采购中心递交了投标书。2016 年 5 月 6 日，评委签字确认评标报告。该评标报告中称，评标委员会未发现招标文件存在歧义、重大缺陷以及内容违反国家有关规定的情况；招标文件没有不合理条款；招标公告时间及程序符合规定。该评标报告对评标情况进行了说明。1. 关于资格性审查。江苏万莱达装饰工程有限公司、杭州宏昌窗饰布艺有限公司、创明公司、徐州采轩窗帘窗饰有限公司提交的投标文件中的资格证明、投标保证金等符合招标文件要求，通过了资格性审查；洋洋公司投标函未标注投标有效期未通过资格性审查。2. 关于符合性审查。江苏万莱达装饰工程有限公司、杭州宏昌窗饰布艺有限公司、创明公司、徐州采轩窗帘窗饰有限公司提交的投标文件完整、有效，对招标文件作出了实质性响应，通过了符合性审查。评标报告载明评标委员会的授标建议，即中标人为创明公司，50 元/m²。2016 年 5 月 17 日，洋洋公司向区采购中心提出质疑，认为：1. 中标产品的卷帘拉珠颜色与灰色不匹配；2. 中标产品无限位扣；3. 中标产品的制头转动系统中尾部无省力、助力弹簧系统；4. 中标供应商无产品面料生产厂家授权书。2016 年 5 月 20 日，区采购中心通过网络向洋洋公司发送了质疑答复，洋洋公司不服，于 2016 年 6 月 8 日向铜山区财政局投诉，认为 1. 中标产品的制头转动系统中尾部没有省力、助力弹簧系统；2. 中标产品的底杆外形尺寸不符合招标文件要求；3. 中标产品的拉珠颜色应当是浅灰色，而非白色；4. 中标产品无限位卡扣；5. 中标供应商偷工减料，应当安装三套窗帘的窗户，仅安装两套窗帘，节省配件及安装费用，但存在安全隐患；6. 对洋洋公司及中标供应商的审查标准不一致。2016 年 6 月 14 日，铜山区财政局组织四位评标专家对洋洋公司投诉的内容逐一审核。专家一致认为，中标人的样品中制头尾部有省力助力弹簧系统；中标的样品无限位扣；拉珠的颜色为白色，但在招标文件中没有明确规定拉珠的颜色。2016 年 7 月 13 日，铜山区财政局作出铜财购〔2016〕1 号政府采购投诉处理决定书，主要内容为：1. 洋洋公司提交的投诉书超出质疑函的内容，按照《中华人民共和国政府采购法实施条例》第五十五条规定，其仅对有效的投诉内容予以受理。2. 招标文件要求"拉珠颜色与面料相配色"，没有指定拉珠颜色是灰色。虽中标人样品没有限位扣，但这项指标不是主要技术参数，不能作为废标的理由。在评标过程中，专家严格按照招标文件评分细则根据各投标人样品响应度打分。3. 铜山区财政局重新组织评标专家对中标样品检测核实，专家一致认为中标样品响应了标书要求，制头尾部有省力助力弹簧系统。决定书认为该项目招标符合法定程序，评审过程公平、公开、公正，未有违规行为，遂驳回洋洋公司投诉，同时告知洋洋公司复议及诉讼权利。洋洋公司不服，向一审法院提起行政诉讼。一审法院于 2016 年 11 月 28 日作出〔2016〕苏 8601 行初 342 号行政判决,判决:一、撤销铜山区财政局于 2016 年 7 月 13 日作出的铜财购〔2016〕1 号政府采购投诉处理决定书;二、铜山区财政局于本判决生效之日起 30 个工作日内对洋洋公司的投诉重新作出处理决定。判决后各方当事人均未上诉,该判决已生效。铜山区财政局随后向徐州市财政局核实评标专家情况,徐州市财政局于2016 年 11 月 29 日回复称四位评标专家均从江苏省政府采购专家管理系统中抽取。2016 年 12 月 29 日,铜山区财政局重新作出投诉处理决定通知书,并于 2016 年 12 月 30 日向洋洋公司送达该通知书、向区采购中心送达该通知书及投诉书副本,于 2017 年 1 月 3 日向中标供应商创明公司送达该通知书及投诉书副本。2017 年 1 月 4 日、1 月 5 日,区采购中心及中标供应商创明公司分别向铜山区财政局作出书面回复。2017 年 1 月 19 日,铜山区财政局组织洋洋公司、区采购中心、采购人徐州市铜山区机关后勤保障中心、中标供应商创明公司进行质证,并制作了质证对质笔录。后铜山区财政局从江苏省政府采购专家管理系统修缮装饰工程类专家中随机抽取五名专家对中标样品进行评审。2017 年 1 月 24 日,上述五位专家现场评审后,出具关于洋洋公司对徐州市铜山区机关后勤中心窗帘项目的投诉专家论证意见,五位专家一致认为中标人的样品中制头尾部有省力、助力弹簧系统;中标的样品无限位扣;拉珠的颜色为白色,与面料颜色相配色。2017 年 1 月 24 日,铜山区财政局依据专家论证意见、质证意见等材料,作出铜财购〔2017〕1 号政府采购投诉处理决定书,主要内容为:洋洋公司其余投诉内容超出质疑函的内容,按照《中华人民共和国政府采购法实施条例》第五十五条规定,铜山区财政局仅对有效的投诉内容予以受理,故其余投诉内容为无效投诉。1. 中标样品的拉珠为白色,但是在招标文件中对拉珠的颜色没有明确的要求,"拉珠颜色与面料相配色,用手及面颊接触,无毛刺感",并没有指定拉珠的颜色一定面料相配色。另外,中标人样品没有安装限位扣,但这项指标不是主要的技术参数,不能作为废标的理由,在对样品的评标过程中,评标专家严格按照招标文件评分细则对各投标人样品进行评审,并根据各投标人样品响应度进行打分。开标、评标的全活动在纪委的监督,律师的见证和公证处的公证下进行。徐州市铜山区公证处为整个招标活动进行了公证,并出具了公证书,整个招投标活动程序合法。2. 中标产品响应了标书的要求,制头尾部有省力、助力弹簧系统。遂依照中华人民共和国财政部令第 20 号《政府采购供应商投诉处理办法》第十七条第二项的规定,以投诉人投诉事项缺乏事实依据为由,驳回洋洋公司的投诉,同时告知洋洋公司复议、诉讼权利及相应法律法规依据。涉案投诉处理决定作出后,区采购中心于 2017 年 1 月 25 日将决定内容在徐州市政府采购网公示,并于 2017 年 1 月 26 日向洋洋公司、区采购中心及中标供应商创明公司送达。洋洋不服涉案投诉处理决定,遂提起本案诉讼,请求:1. 依法撤销铜山区财政局于 2017 年 1 月 24 日作出的铜财购〔2017〕1 号政府采购投诉处理决定书;2. 诉讼费用由铜山区财政局承担。

一审法院认为:关于涉案投诉处理的法定职责问题。《中华人民共和国政府采购法》第十三条规定,各级人民政府财政部门是负责政府采购监督管理的部门,依法履行对政府采购活动的监督管理职责;第五十五条规定,质疑供应商对采购人、采购代理机构的答复不满意或者采购人、采购代理机构未在规定的时间内作出答复的,可以在答复期满后十五个工作日内向同级政府采购监督管理部门投诉。《政府采购供应商投诉处理办法》第三条第三款规定,县级以上地方各级人民政府财政部门负责本级预算项目政府采购活动中的供应商投诉事宜。铜山区财政局作为徐州市铜山区人民政府财政部门,具有对该项目政府采购活动中供应商投诉事宜进行处理的法定职责。关于铜山区财政局作出铜财购〔2017〕1 号政府采购投诉处理决定的行为是否合法的问题。首先,《中华人民共和国政府采购法实施条例》第五十五条规定,供应商质疑、投诉应当有明确的请求和必要的证明材料。供应商投诉的事项不得超出已质疑事项的范围。财政部《关于加强政府采购供应商投诉受理审查工作的通知》第三条第三款规定,财政部门经审查,供应商投诉事项与质疑事项不一致的,超出质疑事项的投诉事项应当认定为无效投诉事项,并告知投诉人撤回投诉书,对在质疑有效期内的未质疑事项进行质疑,或限期修改投诉书重新投诉,逾期不予受理。本案中,洋洋公司质疑的事项包括:1. 中标产品的卷帘拉珠颜色与灰色不匹配;2. 中标产品无限位扣;3. 中标产品的制头转动系统中尾部无省力、助力弹簧系统;4. 中标供应商无产品面料生产厂家授权书。而洋洋公司投诉的事项包括:1. 中标产品的制头转动系统中尾部没有省力、助力弹簧系统;2. 中标产品的底杆外形尺寸不符合招标文件要求;3. 中标产品的拉珠颜色应当是浅灰色,而非白色;4. 中标产品无限位卡扣;5. 中标供应商偷工减料,应当安装三套窗帘的窗户,仅安装两套窗帘,节省配件及安装费用,但存在安全隐患;6. 对洋洋公司及中标供应商的审查标准不一致。洋洋公司投诉的事项 2、5、6 超出已质疑事项的范围,为无效投诉,铜山区财政局仅针对洋洋公司投诉的事项 1、3、4 进行审查处理,符合法律法规的规定。其次,《中华人民共和国政府采购法实施条例》第五十六条第一款规定,财政部门处理投诉事项采用书面审查的方式,必要时可以进行调查取证或者组织质证。本案中,铜山区财政局于 2017 年 1 月 19 日组织洋洋公司、区采购中心、采购人徐州市铜山区机关后勤保障中心、中标供应商创明公司进行质证,质证过程中,洋洋公司对投诉的内容作出说明,区采购中心、采购人徐州市铜山区机关后勤保障中心均针对洋洋公司的投诉内容发表意见,已充分保障洋洋公司的陈述、质证等权利。另外,法律法规并未对财政部门处理投诉事项的调查取证程序作出明确规定,本案中,铜山区财政局参照《政府采购货物和服务招标投标管理办法》第四十五条、第四十六条、第四十八条第一款对评标委员会组成的相关规定,从江苏省评标专家库随机抽取五位专家对中标产品的样品进行评审,并以五位专家的一致意见作为作出处理决定的依据,并无不当。再次,《政府采购供应商投诉处理办法》第十二条规定,财政部门应当在受理投诉后 3 个工作日内向被投诉人和与投诉事项有关的供应商发送投诉书副本。第二十条规定,财政部门应当自受理投诉之日起 30 个工作日内,对投诉事项作出处理决定,并以书面形式通知投诉人、被投诉人及其他与投诉处理结果有利害关系的政府采购当事人。第二十三条规定,财政部门应当将投诉处理结果在省级以上财政部门指定的政府采购信息发布媒体上公告。本案中,铜山区财政局于 2016 年 12 月 29 日作出重新作出投诉处理决定通知书,并于 2016 年 12 月 30 日向洋洋公司送达该通知书、向铜山区政府采购中心送达该通知书及投诉书副本,于 2017 年 1 月 3 日向中标供应商创明公司送达该通知书及投诉书副本,经组织质证及专家评审后,于 2017 年 1 月 24 日作出涉案投诉处理决定并在徐州市政府采购网公示,后于 2017 年 1 月 26 日向洋洋公司、区采购中心及中标供应商创明公司送达,均符合上述规定。最后,《政府采购供应商投诉处理办法》第二十一条第一款规定,投诉处理决定书应当包括下列主要内容:(一)投诉人和被投诉人的姓名或者名称、住所等;(二)委托代理人办理的,代理人的姓名、职业、住址、联系方式等;(三)处理决定的具体内容及事实根据和法律依据;(四)告知投诉人行政复议申请权和诉讼权利;(五)作出处理决定的日期。本案中,涉案投诉处理决定写明了铜山区财政局处理的程序、事实根据及法律依据等内容,并告知洋洋公司行政复议申请权和诉讼权利,符合上述规定。综上,铜山区财政局作出的涉案投诉处理决定事实依据充分,适用法律正确,程序合法。依照《中华人民共和国行政诉讼法》第六十九条之规定,判决驳回洋洋公司的诉讼请求。案件受理费50元,由洋洋公司负担。

洋洋公司不服一审判决,向本院提起上诉称:2016年5月6日,区采购中心确认创明公司为铜山区科技大厦窗帘工程的中标供应商,洋洋公司向铜山区财政局提出质疑和投诉,后洋洋公司不服向铁路运输法院提出行政诉讼,该院判决铜山区财政局撤销投诉处理决定书,并要求铜山区财政局重新作出处理决定。后铜山区财政局以相同的事实和理由,作出了相同的决定,且认定的事实依据不足,据此,洋洋公司再次提起诉讼,却被徐州铁路运输法院驳回。一、一审法院认定的事实和依据错误。铜山区财政局在庭审中出具的第13条证据,证明江苏省政府采购库中没有窗帘科目,无法从货物类专家库中抽取专家,故从工程类中抽取了专家。洋洋公司向法庭提供的证据证明窗帘采购应按货物类专家库中抽取,并提供了财政部《政府采购评审专家标准专业分类目录》其中第A0703被服装六类中A07030305项为窗帘及类似品的专家类项。一审法院却对铜山区财政局向法庭提供的不实事实的证据予以采信,既认定窗帘采购科目为工程类,又采信铜山区财政局参照的《政府采购货物和服务招标管理办法》相矛盾。按照《政府采购法》,专家必须具备8年以上的相关知识和经验,而工程类的几位专家对窗帘科目不擅长,本来招标文件要求卷帘尾部要有助力,省力的弹簧系统,但中标产品却没有此系统。二、一审法院认定的铜山区财政局已作的质证听证行为有效,与《政府采购法》和财政部《投诉处理办理》相悖。质证没有邀请专家出席,而且其所做的行为并没有按《政府采购法实施条例》在省级以上媒体上公示,违背了政府采购的公示原则。综上,一审法院没有依据法律、法规,并错误地适用法律。为此,特提起上诉。

铜山区财政局辩称:第一,针对洋洋公司第一个上诉请求即抽取专家错误问题,根据《中华人民共和国政府采购法实施条例》第55条的规定,本案中就专家的抽取情况洋洋公司在向区采购中心提出质疑时并未提出,无权向铜山区财政局提起投诉,如此投诉为无效投诉,铜山区财政局不得进行审查。第二,对窗帘项目,区采购中心从江苏省评标专家库中最相类似的专家人员中抽取专家,符合相关规定,事后本案铜山区财政局在作出决定之前向徐州市财政局进行咨询,并得到答复,区采购中心该种抽取专家的做法符合徐州市正常窗帘项目招标专家选聘。第三,一审法院认定事实、程序合法。综上,请求二审法院依法驳回洋洋公司的上诉请求。

铜山区政府采购中心的答辩意见同铜山区财政局的答辩意见。

双方当事人向一审法院提交的证据、依据均已随案移送至本院,本判决书不再赘述。二审庭审中洋洋公司提交如下证据:涉案中标产品窗帘卷帘制头一个,该制头来源在中标的铜山科技大厦安装的制头,是洋洋公司的货,和中标的产品是一样的,用以证实涉案中标产品没有省力助力弹簧系统。

铜山区财政局对洋洋公司提供的上述证据的质证意见为:洋洋公司自己带来的样品是

洋洋公司自己外购厂家的，与案件事实没有关联性，因此不构成证据；如果现实安装的窗帘没有弹簧助力系统，只能说明供应商违反了合同的相关约定，供应了不合格的产品而已，相关的采购单位应当追究供应商的法律责任、违约责任，而不是否定本案铜山区财政局作出的行政处理决定书；就洋洋公司提到的问题，是否有助力系统是有效投诉，铜山区财政局在第一次作出处理决定时即要求原来的五位评标人，包含一位采购商代表，四位专家一起对中标人的中标产品进行了复核，复核结果是尾部有弹簧助力省力系统。2016年6月14日找原评标专家进行复核，2017年1月24日又从江苏省采购专家库中另行抽取了5名专家进行论证，认定了中标人的样品制头尾部有省力助力弹簧系统，是根据专家复核和另行聘请的专家论证意见的结果，认定投诉人的投诉没有道理。

区采购中心对洋洋公司提供的上述证据的质证意见为：同铜山区财政局质证意见。在抽取专家时电话告知专家是窗帘项目，是否懂得窗帘项目评标标准，专家均未提出异议。

对洋洋公司二审中提交的证据，本院认证如下：洋洋公司提交的该样品证据系洋洋公司自己外购，不能证实该样品即涉案中标产品，洋洋公司二审中提交的证据与本案无关联，不作为二审新证据。

本院经审理查明的事实与一审判决认定的事实一致，本院予以确认。

本院认为：一、依据《中华人民共和国政府采购法》第十三条第一款"各级人民政府财政部门是负责政府采购监督管理的部门，依法履行对政府采购活动的监督管理职责"、第五十五条"质疑供应商对采购人、采购代理机构的答复不满意或者采购人、采购代理机构未在规定的时间内作出答复的，可以在答复期满后十五个工作日内向同级政府采购监督管理部门投诉"及《政府采购供应商投诉处理办法》第三条第三款"县级以上地方各级人民政府财政部门负责本级预算项目政府采购活动中的供应商投诉事宜"之规定，在质疑供应商即本案上诉人对铜山区采购中心的答复不满意而进行投诉时，铜山区财政局作为铜山区人民政府的财政部门，具备作出涉案政府采购投诉处理决定的法定职责。

二、关于铜山区财政局所作涉案政府采购投诉处理决定内容是否合法恰当的问题。首先，涉案投诉处理决定的审查事项范围并无不当。《中华人民共和国政府采购法实施条例》第五十五条规定："供应商质疑、投诉应当有明确的请求和必要的证明材料。供应商投诉的事项不得超出已质疑事项的范围。"本案中洋洋公司先向铜山区政府采购中心提出质疑，后向铜山区财政局投诉，但投诉范围超过了质疑范围，铜山区财政局根据上述规定，对超出质疑范围的认定为无效投诉，并无不当。其次，涉案投诉处理决定中对于有效投诉的处理是否恰当问题。依据《中华人民共和国政府采购法实施条例》第五十六条第一款"财政部门处理投诉事项采用书面审查的方式，必要时可以进行调查取证或组织质证"，铜山区财政局针对洋洋公司的有效投诉，进行了调查取证并依法组织洋洋公司、铜山区政府采购中心、采购人铜山区机关后勤保障中心、中标供应商创明公司进行质证，听取各方意见，充分保障洋洋公司的质证权利；由于现行法律法规未对财政部门处理投诉事项的调查取证程序作出明确规定，铜山区财政局参照《政府采购货物和服务招标投标管理办法》第四十五条、第四十六条、第四十八条第一款之规定，从江苏省评标专家库中随机抽取五位专家针对洋洋公司的有效投诉对中标样品进行了审议，经专家评议，涉案中标产品符合招标文件要求。铜山区财政局经调查取证、专家论证及质证程序,认定洋洋公司的投诉理由不能成立,并无不当。

三、关于铜山区财政局作出涉案政府采购投诉处理决定的程序是否合法问题。本案中,铜山区财政局在受理洋洋公司的投诉后履行了送达、书面审查、质证等程序,作出的涉案政府采购投诉处理决定书告知投诉人法律救济途径及作出处理决定的日期并依法公告,上述程序符合《政府采购供应商投诉处理办法》第十二条、第十三条、第二十一条、第二十三条等程序规定。

综上,上诉人洋洋的上诉理由不能成立。一审判决认定事实清楚,适用法律正确,依法应予维持。依照《中华人民共和国行政诉讼法》第八十九条第一款第(一)项之规定,判决如下:

驳回上诉,维持原判。

上诉案件受理费 50 元,由上诉人徐州市洋洋商贸有限公司负担。

本判决为终审判决。

审　判　长　祁贵明
审　判　员　赵　涛
代理审判员　房　涛
二〇一八年三月十九日
书　记　员　张文娟

【后续案例】

江苏省高级人民法院〔2018〕苏行申 1437 号再审申请和监督检查行政裁定书。

长沙市力拓网络系统集成有限公司
与湖南省安化县财政局、安化县人民政府
政府采购（招投标）投诉处理决定、行政复议决定案

【案件提要】

本案是对采购结果的投诉处理决定提起行政诉讼的案例。涉案采购项目发布公开中标公告后，力拓公司提出质疑和投诉，主要认为中标候选人在当地没有固定办公场所、分公司或办事处，提供的中标产品生产厂家在当地没有维修机构，故不具备投标资质，不符合投标条件。因不服财政部门驳回其投诉的处理决定，力拓公司提起本案诉讼。法院经审理认为，财政部门依法受理投诉后，查明了有关事实，根据县市场监管部门的复函以及税务机关的纳税证明等证据，证实中标候选人在本地设有办事处；根据有关合作协议、授权牌匾等证据，可以证实中标候选人的中标产品生产厂家在本地有维修机构。财政部门据此作出驳回投诉的处理决定，认定事实清楚，证据充分确凿，适用法律正确，符合法定程序，予以维持。

【判决正文】

湖南省益阳市中级人民法院
行政判决书

〔2017〕湘 09 行终 58 号

上诉人（一审原告）长沙市力拓网络系统集成有限公司，住所地（略）。

法定代表人谢某。

委托代理人宋某。

被上诉人（一审被告）安化县财政局，住所地（略）。

法定代表人陆某。

委托代理人朱某。

委托代理人陈某。

被上诉人（一审被告）安化县人民政府，住所地（略）。

法定代表人肖某。

出庭负责人甘某。

委托代理人齐某。

一审第三人安化县教育和体育局,住所地(略)。

法定代表人刘某。

委托代理人杨某。

一审第三人湖南天地伟业数码科技有限公司,住所地(略)。

法定代表人彭某。

委托代理人何某。

上诉人长沙市力拓网络系统集成有限公司(以下简称力拓公司)诉被上诉人安化县财政局、安化县人民政府(以下简称安化县政府)、一审第三人安化县教育和体育局(以下简称安化县教体局)、湖南天地伟业数码科技有限公司(以下简称天地公司)财政行政采购一案,安化县人民法院于2017年2月6日作出〔2016〕湘0923行初21号行政判决,上诉人力拓公司不服,向本院提起上诉。本院受理后,依法组成合议庭,于2017年7月13日公开开庭审理了本案。上诉人力拓公司的法定代表人谢朝阳及委托代理人宋某,被上诉人安化县财政局的委托代理人朱某、陈某,被上诉人安化县政府的出庭负责人甘某及委托代理人齐某,一审第三人安化县教体局的委托代理人杨某,一审第三人天地公司的委托代理人何某到庭参加了诉讼。本案现已审理终结。

一审法院认定,2016年2月26日,益阳市诚信产权交易中心有限公司受安化县教体局的委托,对安化县中小学计算机室改造工程进行公开招标采购,并制作了采购编号为"YZC2016-005"的政府采购招标文件,于2016年3月15日在湖南省益阳市政府采购网上发布了公开招标采购公告。2016年4月6日9时30分在安化县公共资源交易中心开标,力拓公司和天地公司参与投标,系5家有效供应商其中的2家。2016年4月8日,安化县教体局在湖南省益阳市政府采购网上发布了中标公告,中标候选人第一名为天地公司,第二名为力拓公司。2016年4月15日,力拓公司认为天地公司不符合招标资质,向安化县教体局书面提出质疑,安化县教体局于2016年4月21日作出质疑答复书,力拓公司对答复不满意,于2016年4月25日向安化县财政局进行投诉。2016年5月24日,安化县财政局作出安财购〔2016〕173号《政府采购投诉处理决定书》,认为力拓公司提出的天地公司在安化县当地没有固定办公场所、分公司或办事处,提供了虚假材料和天地公司所提供的HP电脑生产厂家在安化县当地没有维修机构这两个投诉事项均不成立,根据《政府采购供应商投诉处理办法》(中华人民共和国财政部令第20号)第十七条第(二)项之规定,驳回力拓公司的投诉。力拓网络公司不服该决定,于2016年6月1日向安化县政府申请复议,安化县政府于2016年7月29日作出安政行复决字〔2016〕9号行政复议决定书,认为安化县财政局受理的投诉,经调查作出行政处理决定,并依法送达《行政处理决定》,符合《中华人民共和国政府采购法》第五十六条规定的程序。根据《中华人民共和国行政复议法》第二十八条第一款第(一)项的规定,维持安化县财政局作出的安财购〔2016〕173号投诉处理决定。

一审法院认为,安化县财政局作为政府采购的法定监管部门,有权对政府采购行为实施行政监督、作出行政处理。力拓公司认为在其与天地公司公开参加政府采购项目的竞标活动中,天地公司作为中标候选人第一名,提供了虚假资料,不具备投标资质,不符合投标条件(天地公司在安化县当地没有固定办公场所、分公司或办事处和天地公司所提供的HP电脑生产厂家在安化县当地没有维修机构),力拓公司以此提出质疑、进行投诉,系依法主张公平竞争权等法律权益。安化县财政局依法受理投诉后,查明了有关事实,根据安化县市场和质量监督管理局出具的复函以及安化县国家税务局梅城分局出具的纳税证明等证据证明天地公司在安化县设有办事处安化县天地伟业数码科技城;又根据南京智恒数码有限公司与安化县创联科技电脑销售中心签订的《FY16DPSP 授权服务模式协议》及惠普集团授予的安化县创联科技电脑销售中心 2015—2016 金牌服务牌匾等证据证明天地公司所提供的 HP 电脑生产厂家在安化县有维修机构。安化县财政局综上确认力拓公司的两个投诉事项均不成立,根据《政府采购供应商投诉处理办法》(中华人民共和国财政部令第 20 号)作出安财购〔2016〕173 号《政府采购投诉处理决定书》,驳回力拓公司的投诉,并依法送达了该处理决定书,安化县财政局的行政行为符合《中华人民共和国政府采购法》,且证据确凿,适用法律、法规正确,符合法定程序。安化县政府系有权作出行政复议的行政机关,所作出的行政复议决定证据确凿,适用法律、法规正确,符合法定程序。力拓公司认为天地公司在安化县当地没有固定办公场所、分公司或办事处,提供了虚假材料和天地公司所提供的 HP 电脑生产厂家在安化县当地没有维修机构,缺乏充分的证据予以支持。综上,力拓公司请求撤销被告安化县财政局作出的安财购〔2016〕173 号《政府采购投诉处理决定书》,责令安化县财政局重新作出行政行为的事实与理由均不能成立,依法不予支持。依照《中华人民共和国行政诉讼法》第六十九条之规定,故判决驳回力拓公司的诉讼请求。案件受理费 50 元,由力拓公司负担。

力拓公司不服一审判决,上诉提出:天地公司参加安化县中小学计算机室改造工程政府采购项目的竞标活动中,天地公司提供了虚假资料,在不具备投标资质,不符合投标条件的情况下,采取欺骗手段取得了中标候选人资格,安化县教体局在政府采购过程中存在严重违法违规行为,安化县财政局、安化县政府提供的证据存在重大瑕疵,一审判决认定事实有误,认定证据错误。其诉讼请求为:1. 请求二审法院依法撤销安化县人民法院〔2016〕湘0923 行初 21 号行政判决并依法改判;2. 本案诉讼费用由安化县财政局、安化县政府承担。

安化县财政局答辩称:一审判决认定事实清楚,适用法律正确,程序合法,请求二审法院维持原判,驳回上诉。

安化县政府答辩称:一审判决认定事实清楚,适用法律正确,请求二审法院维持原判,驳回上诉。

安化县教体局陈述意见:一审判决认定事实清楚,适用法律正确,程序合法,请求二审法院维持原判,驳回上诉。

天地公司陈述意见:一审判决认定事实清楚,适用法律正确,程序合法,天地公司具备相应采购资质,未提供虚假资料,请求二审法院维持原判,驳回上诉。

本院二审期间,各方当事人均无新的证据提供。

本院二审审理查明的事实与一审认定的事实一致,本院予以确认。

本院认为,关于力拓公司上诉提出天地公司在安化县当地没有固定办公场所、分公司或办事处,提供了虚假材料和天地公司所提供的 HP 电脑生产厂家在安化县当地没有维修机构,在不具备投标资质和不符合投标条件的情况下取得了中标候选人资格,安化县教体局在政府采购过程中因把关不严,存在严重违法违规行为,请求撤销安化县财政局作出的安财购〔2016〕173 号《政府采购投诉处理决定书》和安化县政府作出的安政行复决字〔2016〕9 号《行政复议决定书》的问题,经查,安化县教体局严格按照《中华人民共和国政府采购法》和《政府采购法实施条例》的有关规定,对安化县中小学计算机室改造工程进行公开招标采购。天地公司在安化县设有办事处安化县天地伟业数码科技城,有安化县市场和质量监督管理局出具的复函以及安化县国家税务局梅城分局出具的纳税证明等证据证实;天地公司所提供的 HP 电脑生产厂家在安化县有维修机构,有南京智恒数码有限公司与安化县创联科技电脑销售中心签订的《FY16DPSP 授权服务模式协议》及惠普集团授予的安化县创联科技电脑销售中心 2015—2016 金牌服务牌匾等证据证实。故力拓公司所提上诉请求,缺乏充分的证据予以证实。安化县财政局作出的安财购〔2016〕173 号《政府采购投诉处理决定书》和安化县政府作出的安政行复决字〔2016〕9 号《行政复议决定书》认定事实清楚,证据确凿,适用法律、法规正确,符合法定程序。

综上所述,力拓公司所提上诉请求和理由不能成立,本院不予支持。一审判决认定事实清楚,证据确凿,适用法律、法规正确,依法应予维持。依照《中华人民共和国行政诉讼法》第八十九条第一款第(一)项之规定,判决如下:

驳回上诉,维持原判。

二审案件受理费 50 元,由上诉人长沙市力拓网络系统集成有限公司负担。

本判决为终审判决。

审 判 长　吴　斌

审 判 员　郭柏奎

审 判 员　谭环栋

二〇一七年八月二日

书 记 员　肖　贝

山东弘尚电子科技有限公司
与山东省滨州北海经济开发区
财政局政府采购（招投标）投诉处理决定案

【案件提要】

本案是对采购结果的投诉处理决定提起行政诉讼的案例。涉案采购项目发布中标公告，弘尚公司中标。安邦公司提出质疑和投诉，认为中标产品不符合招标文件，要求对中标单位弘尚公司的投标按无效投标处理。经行政复议，财政部门根据专家论证（即以弘尚公司提供的实样或照片判定），重新作出处理决定，认定投诉缺乏事实依据，驳回投诉。安邦公司不服，提起本案诉讼。一审法院经审理认为，财政部门对安邦公司投诉事项的调查认定，事实不清、证据不足，判决撤销其处理决定。弘尚公司提出上诉。二审法院经审理认为，弘尚公司提供的硬盘照片和实物硬盘，均不足以证明中标产品为品牌公司自己生产的事实，而弘尚公司提供的高清红外网络半球、电梯摄影机、硬盘录像机、监控专用硬盘是否是同一品牌，财政部门在处理决定中并没有进行说明。本案需要查清的焦点问题属于事实问题，财政部仅经专家论证，证据不充分，故判决撤销其作出的处理决定。二审法院认为，安邦公司的投诉内容，其核心系对弘尚公司中标产品是否满足招标文件要求持有异议，而财政部门根据其在行政处理程序中调查取得的证据材料，认定弘尚公司所投产品满足了招标文件的实质性要求和条件，作出驳回投诉的处理决定，认定事实清楚，证据确实充分，适用法律正确，故判决撤销一审判决，驳回了安邦公司的诉讼请求。

【判决正文】

山东省滨州市中级人民法院
行政判决书

〔2017〕鲁16行终99号

上诉人（一审第三人）山东弘尚电子科技有限公司，住所地（略）。
法定代表人孙某。
委托代理人李某、颜某。
被上诉人（一审原告）滨州市安邦科技有限公司，住所地（略）。
法定代表人王某。

委托代理人刘某、刘某。

一审被告滨州北海经济开发区财政局，住所地（略）。

法定代表人张某。

委托代理人马某。

委托代理人石某。

上诉人山东弘尚电子科技有限公司（以下简称弘尚公司）因与被上诉人滨州市安邦科技有限公司（以下简称安邦公司）、一审被告滨州北海经济开发区财政局（以下简称北海开发区财政局）行政处理一案，不服无棣县人民法院〔2017〕鲁1623行初15号行政判决，向本院提起上诉。本院依法组成合议庭，公开开庭审理了本案。上诉人弘尚公司的委托代理人李某、颜某，被上诉人安邦公司的委托代理人刘某、刘某，一审被告北海开发区财政局的法定代表人张文村及委托代理人马某、石某到庭参加诉讼。本案现已审理终结。

一审认定以下事实，安邦公司作为供应商，参与了由采购代理机构山东正方建设项目管理有限公司（以下简称招标代理公司）于2016年11月15日组织的关于滨州北海科技孵化器园区服务中心智能化楼宇（BZBHGP-2016-0081）项目的招投标活动。2016年11月17日，安邦公司对投标结果提出质疑，要求对中标单位弘尚公司的投标按无效投标处理。招标代理公司于同年11月28日作出答复，安邦公司对答复不服，于同年12月2日向北海开发区财政局提出投诉。同年12月27日，北海开发区财政局作出滨北海财〔2016〕80号《投诉处理决定书》，驳回安邦公司的投诉。安邦公司不服，向滨州市人民政府提出行政复议。滨州市人民政府认为北海开发区财政局在投诉处理过程中对弘尚公司所投网络半球、电梯摄影机、硬盘录像机、监控专用硬盘是否为同一品牌的调查并不充分，不满足事实清楚、证据充分的要求，依法作出滨政复决字〔2016〕185号《行政复议决定书》，撤销了北海开发区财政局作出的滨北海财〔2016〕80号《投诉处理决定书》。后北海开发区财政局重新进行调查，并组织专家论证，于2017年4月8日作出《投诉处理决定书》（BZBHGP-2016-0081）（以下简称涉案投诉处理决定），安邦公司仍不服，提起本案诉讼。

一审认为，《中华人民共和国政府采购法》第十三条规定："各级人民政府财政部门是负责政府采购监督管理的部门，依法履行对政府采购活动的监督管理职责。"根据《政府采购供应商投诉处理办法》第二条规定，北海开发区财政局是在本行政区域内法律授权的，依法处理供应商投诉并作出处理决定的行政机关。安邦公司作为供应商不服北海开发区财政局作出的行政行为，有权提起本案行政诉讼，故安邦公司、北海开发区财政局主体合法。本案中双方当事人对北海开发区财政局作出行政处理决定的程序没有异议，争议焦点为北海开发区财政局作出的行政处理决定认定事实是否清楚，即：第一，弘尚公司投标采用的专用硬盘是否为浙江宇视科技有限公司（以下简称宇视公司）生产；第二，弘尚公司提供的高清红外网络半球、电梯摄影机、硬盘录像机、监控专用硬盘是否为同一品牌。

综合案情分析如下：关于焦点一，品牌产品的生产只有生产商自己生产和授权生产两种方式。弘尚公司在行政程序中提供的硬盘照片和在庭审中提交的实物硬盘分别为美国西部数据牌硬盘和美国希捷牌硬盘，虽然粘贴有宇视公司的标识，但不能否定该产品是美国品牌的事实；而且，根据弘尚公司向法庭提交的证据，宇视公司是为希捷企业级及监控级硬盘授权经销商、为西部数据监控级和企业级硬盘中国区战略合作伙伴,因此,宇视公司并没有得到授权生产希捷和西部数据硬盘,弘尚公司提供的硬盘照片和实物硬盘均不能证实为宇视公司自己生产的主张。至于宇视公司取得的贴膜硬盘专利,与弘尚公司提供的硬盘照片和实物硬盘没有关联性,亦不能证实其提供的硬盘系宇视公司生产的主张。

关于焦点二,某一品牌产品的生产商采购某些品牌的产品作为零部件组装成一种能够独立使用的新产品,可以形成自己独特的品牌。但未经组装或"加工"即在他人产品上粘贴品牌标识,不能否定系他人产品的事实。本案中,招标采购的监控专用硬盘是否需要组装或"加工",与希捷牌硬盘及西部数据硬盘怎么区分,弘尚公司提供的高清红外网络半球、电梯摄影机、硬盘录像机、监控专用硬盘是否是同一品牌,北海开发区财政局在处理决定中并没有进行说明,对安邦公司投诉事项的调查认定,事实不清、证据不足。综上,北海开发区财政局作出的涉案投诉处理决定认定事实不清,证据不足,安邦公司诉求撤销应予支持。本案需要查清的焦点问题属于事实问题,而非观点问题,北海开发区财政局及弘尚公司认为经过专家论证事实成立的主张,不予采信。安邦公司请求判定弘尚公司的投标为无效投标,因该职权的行使属于行政机关,故安邦公司的该项诉求不属于本案审理范围。据此,依照《中华人民共和国行政诉讼法》第七十条第(一)项之规定,判决:1.撤销北海开发区财政局于2017年4月8日作出(BZBHGP-2016-0081)《投诉处理决定书》的行政行为;2.北海开发区财政局在判决生效后六十日内针对安邦公司的投诉重新作出处理。案件受理费50元,由北海开发区财政局负担。

弘尚公司不服一审判决,上诉请求撤销一审判决,将案件发回重审或者改判驳回安邦公司的诉讼请求;诉讼费用由安邦是负担。理由如下:北海开发区财政局作出的涉案投诉处理决定认定事实清楚,证据充分,一审判决撤销重作错误。1.涉案项目在评标结束并宣布结果后,安邦公司即向招标代理公司提出质疑,针对安邦公司的质疑,招标代理公司向宇视公司发出调查函,宇视公司回函并附有授权函,其在回函中表示:我公司生产高清红外网络半球、电梯摄像机、硬盘录像机、监控专用硬盘等四种设备。宇视公司的回函充分证实了高清红外网络半球、电梯摄像机、硬盘录像机、监控专用硬盘为同一品牌的事实。2.安邦公司在收到招标代理公司的质疑回复后,不满足回复结果又投诉至北海开发区财政局处,该局向滨州北海经济开发区公共资源交易中心递交了《关于滨州北海科技孵化器园区服务中心智能化楼宇项目标后专家论证情况说明》,要求邀请相关行业专家进行评定。专家论证意见为:建议弘尚公司提供由宇视公司生产的监控专用硬盘实物或图片,若能提供则认定弘尚电子公司所投产品为同一品牌,否则无法认定为同一品牌。后弘尚公司提供了宇视公司的专用硬盘实物照片,北海开发区财政局遂作出弘尚公司所投产品为同一品牌的事实认定。3.弘尚公司所投"宇视"品牌,是招标文件中的视频监控系统推荐品牌,是招标方所认可的品牌,这足以说明"宇视"品牌是符合"高清红外网络半球、电梯摄像机、硬盘录像机、监控专用硬盘"这一投标要求的。4.宇视公司向招标代理公司出具授权函明确表示:宇视公司作为制造厂,保证所提供产品出厂是合格产品。结合一审时弘尚公司提交的贴有宇视标识的监控专用硬盘实物,足以证实该硬盘是宇视产品。在防伪查询结果单上显示"该条码为浙江宇视科技有限公司销售的设备条码",亦可证实存在"宇视"牌硬盘。另外,弘尚公司在一审中提交的实用新型专利证书、宇视公司为希捷企业级及监控硬盘授权经销商和为西部数据监控级和企业级硬盘中国区战略合作伙伴授权证书等证据，更加印证"宇视"专用硬盘是真实存在的。

安邦公司答辩称，一审判决认定事实清楚，适用法律正确，应予以维持。理由如下：1. 弘尚公司在行政程序中提交了硬盘照片，照片上的硬盘为美国西部数据品牌；弘尚公司在一审庭审中提交的硬盘实物，其品牌为美国希捷品牌，均非弘尚公司主张的"宇视"品牌，也非宇视公司生产或授权生产，尽管两件硬盘的原品牌标签之上，均被粘贴上"宇视"的标识，且标注中国制造，均不能改变上述两硬盘不是"宇视"品牌的事实。2. 北海开发区财政局对安邦公司的投诉事项未能查清事实，在"宇视"标识系后来粘贴的特征如此明显的情况下，仍然认定是"宇视"品牌，其依此作出的行政处理决定显然是错误的。故一审判决撤销，并责令其重新作出行政处理决定是正确的。

北海开发区财政局陈述称，（一）一审法院定性错误。弘尚公司投标采用的专用硬盘是否为宇视公司生产与其所投"高清红外网络半球、电梯摄像机、硬盘录像机、监控专用硬盘"是否为同一品牌之间并不存在必然的联系。因此，弘尚公司投标的专用硬盘是否为宇视公司生产不是本案的争议焦点，安邦公司及一审法院混淆了"同一品牌"与"同一生产厂家"的概念。这就像国美电器、海尔产品一样，其销售的产品并非全部由自己生产，但并不影响其自有品牌。一审法院在定性错误的基础上，以北海开发区财政局在处理决定中并没有说明为由作出事实不清、证据不足的认定，显属错误。（二）弘尚公司的中标专用硬盘为"宇视"品牌事实清楚。弘尚公司提供的监控专用硬盘照片，可以在西部数据网〔https：//support.wdc.com/warranty/warrantystatus.aspx？& lang＝cn〕通过序列号进行查询，从而证实弘尚公司的中标产品监控专用硬盘为合格产品。其中的"uniview"以及缩写"unv"即是宇视公司的宇视硬盘产品商标标识，从而也证明弘尚公司投标的硬盘系"宇视"品牌的事实。退一步说，即便弘尚公司提供的监控专用硬盘在履约验收中经检验不合格，采购人也可依据招标文件第四部分第二项2.7的约定进行处理，但该情况属于违约赔偿的范畴，与安邦公司的投诉事项无关。综上，北海开发区财政局作出的涉案行政处理决定认定事实清楚，证据确凿，适用法律法规正确，程序合法。请求二审法院查明事实，依法改判。

一审期间各方当事人提交的证据材料已随案卷移送本院，上述证据在一审中已经质证。经审查，当事人对一审法院认定的程序性事实没有异议，合议庭同意一审法院查明的相关程序性事实。

本院认为，根据《中华人民共和国政府采购法》第十三条的规定，各级人民政府财政部门是负责政府采购监督管理的部门，依法履行对政府采购活动的监督管理职责。《政府采购供应商投诉处理办法》第三条第一款规定，县级以上各级人民政府财政部门负责依法受理和处理供应商投诉，故北海开发区财政局对安邦公司的投诉作出处理决定系其法定职责。本案中，安邦公司与弘尚公司均参与政府采购的投标，在弘尚公司被确定为中标人后，安邦公司向北海开发区财政局进行投诉，提出弘尚公司有五项中标产品不符合招标文件设备清单要求，应为无效投标。北海开发区财政局对安邦公司的五项投诉事项逐一进行调查，于2017年4月8日作出涉案投诉处理决定，驳回安邦公司的投诉。安邦公司只对投诉处理决定书中第三项"弘尚公司视频监控系统中,所投高清红外网络半球、电梯摄像机、硬盘录像机、监控专用硬盘均为宇视公司所生产产品。弘尚公司在投标文件中提供了高清红外网络半球,电梯摄像机检测报告。至于弘尚公司未能提供监控专用硬盘的检测报告只是减分项,不能作为投标无效处理"提出异议,提起本案行政诉讼。对此,本院认为,本案招标文件第四部分项目说明"一、项目要求:4.设备清单及技术要求(技术指标:★提供厂商针对本项目出具的授权书及质保函原件★要求高清红外网络半球、电梯摄像机、硬盘录像机、监控专用硬盘为同一品牌)";5.设备推荐品牌(监控摄像机海康、大华、宇视)。弘尚公司中标的"宇视"品牌系招标文件中视频监控系统中推荐品牌之一,为招标方所认可。在安邦公司提出质疑后,宇视公司向招标代理公司出具的"确认函"及"制造厂商出具的授权函"中明确载明:"我公司生产高清红外网络半球、电梯摄像机、硬盘录像机、监控专用硬盘等四种设备";"我方兹授予弘尚电子公司全权办理和履行投标所要求的各项事宜"。在原投诉处理决定书被复议机关撤销后,北海开发区财政局在重新调查事实过程中,专家评审意见为,弘尚公司若能提供由宇视公司生产的监控专用硬盘实物或图片则认定其所投产品为同一品牌。弘尚公司遂提供了监控专用硬盘实物照片及硬盘专利证书,且可以在西部数据网址通过序列号查询到中标产品监控专用硬盘上"宇视"品牌的标识。

综合以上情况,安邦公司的投诉内容,其核心系对弘尚公司中标产品是否满足招标文件要求持有异议,而北海开发区财政局根据其在行政处理程序中调查取得的证据材料,认定弘尚公司所投产品满足了招标文件的实质性要求和条件,并据此驳回安邦公司的投诉符合法律的规定。北海开发区财政局作出的涉案行政处理决定,认定事实清楚,证据确实充分,适用法律正确。安邦公司的诉讼主张欠缺事实依据,其诉请不予支持。弘尚公司的上诉理由成立,本院予以支持。根据《中华人民共和国行政诉讼法》第八十九条第一款第(二)项的规定,判决如下:

一、撤销无棣县人民法院〔2017〕鲁1623行初15号行政判决;

二、驳回被上诉人滨州市安邦科技有限公司的诉讼请求。

一、二审案件受理费共100元,由被上诉人滨州市安邦科技有限公司承担。

本判决为终审判决。

审 判 长　刘学智

审 判 员　牛淑华

审 判 员　庞　辉

二〇一八年二月十二日

书 记 员　王丽真

苏州广达科技有限公司
与上海市财政局
政府采购(招投标)投诉处理决定案

【案件提要】

本案是对采购结果的投诉处理决定提起行政诉讼的案例。涉案采购项目发布中标公告,信电公司中标。广达公司提出质疑和投诉,认为信电公司在招标过程中所提供的投标文件为虚假材料,存在谎报、隐瞒事实的欺诈行为,要求依法进行处理。财政部门经向市采购中心和信电公司进行调查,认为投诉缺乏事实依据,遂作出驳回投诉的处理决定。广达公司不服,提起本案诉讼。一审法院经审理认为,财政部门对该投诉的处理决定认定事实清楚,适用法律依据正确,程序合法。二审法院对信电公司将失效文件作为投标材料提供,是否构成提供虚假材料谋取中标的问题作了进一步的审理,认为本案失效文件源于招标文件规定投标供应商需具有软件企业认定证书,存在重大缺陷。财政部门针对投诉事项进行调查和审查,认定信电公司提交的软件企业认定证书是真实的,广达公司主张该证书在投标时无效,即构成提供虚假材料谋取中标的违法情形之诉讼意见,缺乏依据。

【判决正文】

上海市第三中级人民法院
行政判决书

〔2017〕沪 03 行终 511 号

上诉人(一审原告)苏州广达科技有限公司,住所地(略)。

法定代表人潘某。

委托代理人王某。

委托代理人姚某。

被上诉人(一审被告)上海市财政局,住所地(略)。

法定代表人过某。

委托代理人陈某。

委托代理人杨某。

上诉人苏州广达科技有限公司(以下简称广达公司)因投诉处理决定一案,不服上海市徐汇区人民法院〔2017〕沪0104行初44号行政判决,向本院提起上诉。本院于2017年7月24日立案后,依法组成合议庭,于同年9月20日公开开庭审理了本案。上诉人广达公司的委托代理人姚某,被上诉人上海市财政局(以下简称市财政局)的委托代理人陈某、杨某到庭参加了诉讼。本案现已审理终结。

一审认定:上海市政府采购中心(以下简称市采购中心)受上海市公安局委托就上海市公安局(4)新一代交警移动警务系统更新(软件建设)采购项目(项目编号:SHXM-00-XXXXXXXX-2030,以下简称"涉案采购项目")组织公开招标。该项目于2016年5月10日在上海市政府采购网上发布招标公告。5月31日开标,广达公司、浙江信电技术股份有限公司(以下简称信电公司)等供应商提交了投标文件。6月7日,市采购中心组织评标委员会进行评审。6月12日,市采购中心在上海市政府采购网发布中标公告,信电公司为中标供应商。广达公司其后于6月15日、17日向市采购中心提出质疑,称信电公司的软件企业认定证书已失效,不符合招标文件要求,属于提供虚假材料,谎报、隐瞒事实的行为,应取消其中标资格。6月23日,市采购中心向广达公司作出质疑处理答复。广达公司对答复不满意,向市财政局提出投诉。

市财政局于2016年7月14日受理广达公司的投诉,经审查于同年8月22日作出沪财采〔2016〕18号《投诉处理决定书》(以下简称被诉投诉处理决定),主要内容为:市财政局于2016年7月14日依法受理投诉人就涉案采购项目对被投诉人市采购中心提起的投诉。广达公司认为信电公司在参与该项目过程中提供虚假材料,谎报、隐瞒事实,被投诉人作出的质疑答复对此未予回应,广达公司不满意,请求市财政局对信电公司进行依法处理。市财政局经查认为:(1)国发〔2015〕11号《国务院关于取消和调整一批行政审批项目等事项的决定》发布后,软件企业认定及年审工作停止执行;该项目招标文件有关供应商应具有软件企业认定证书的要求,致使未获得证书的企业无法参加该项目投标,属于《中华人民共和国政府采购法》(以下简称《政府采购法》)第二十二条第二款所指的"以不合理的条件对供应商实行差别待遇或者歧视待遇"。(2)被投诉人在质疑处理答复中已告知投诉人该项目因招标文件存在重大缺陷而招标无效。但被投诉人未能对投诉人的质疑事项作回应,其答复缺乏针对性,存在重大缺陷。(3)信电公司在其投标文件中提交了软件企业认定证书和宁波市软件行业协会出具的证明函,并随后另行提交了宁波市经济和信息化委员会和宁波市软件行业协会出具的相关证明文件,市财政局难以认定其构成提供虚假材料,谎报、隐瞒事实的欺诈行为。综上,投诉人的投诉缺乏事实依据,根据财政部《政府采购供应商投诉处理办法》第十七条第(二)项规定,决定驳回投诉。广达公司不服,诉至一审法院,请求:1.判令撤销被诉投诉处理决定;2.判令市财政局重新作出处理决定,并严格依据《政府采购法》第七十七条之规定对信电公司提供虚假材料中标一事作出处罚。

一审认为:市财政局作为本市市级财政部门,对于在市级政府采购活动中供应商提出的投诉事宜,具有依法受理和处理的法定职责。本案中,广达公司向市财政局提出投诉,认为涉案采购项目中标供应商信电公司在招标过程中所提供的投标文件为虚假材料,存在谎报、隐瞒事实的欺诈行为,要求依法进行处理。市财政局接投诉后依法予以受理,并向市采购中心和信电公司进行了调查,审查认为信电公司在政府采购活动中的行为,难以认定其构成提供虚假材料,谎报、隐瞒事实的欺诈行为,广达公司的投诉缺乏事实依据,遂作出被诉投诉处理决定驳回广达公司投诉。该决定认定事实清楚,适用法律依据正确,程序合法。市财政局依法履行了对广达公司投诉处理的法定职责,行政行为并无不当。广达公司的诉请缺乏事实和法律依据,不予支持。依照《中华人民共和国行政诉讼法》第六十九条之规定,于2017年6月7日判决如下:驳回广达公司的诉讼请求,案件受理费50元由广达公司负担。判决后,广达公司不服,向本院提起上诉。

广达公司上诉称:信电公司的软件企业认定证书未通过2014年的年检,故依据《软件企业认定管理办法》的规定,其资质自2014年丧失,其证书也不再具备证明效力。即使宁波市软件行业协会和宁波市经济和信息化委员会出具证明,也无法认定其软件企业证书本身在投标时仍然有效。信电公司将失效文件作为投标材料提供,构成提供虚假材料谋取中标,对广达公司的公平竞争权产生了不利影响,市财政局应当依法履职对信电公司进行处罚。一审未查明信电公司在投标过程中提供的软件企业认定证书是否在2014年通过年检,之后是否继续有效,未对其提供失效文件的行为性质作出判定。请求撤销原判,依法改判支持广达公司一审诉讼请求。

市财政局辩称:市财政局受理广达公司的投诉后,对整个招标过程进行了全面审查。在国家明令取消软件企业认定这一行政审批事项的情况下,招标文件仍然将软件企业认定证书设置为涉案采购项目的资格条件,缺乏合理性,违反了《政府采购法》的有关规定,市财政局对此作出了认定。该次招标已公告无效。广达公司只是称信电公司软件企业认定证书失效,始终没有对证书本身的真实性提出疑问。信电公司的软件企业认定证书、宁波市软件行业协会的函件、宁波市经济和信息化委员会的函件等证据材料在内容上能够相互吻合,根据本案的事实和证据,难以认定信电公司提供虚假材料谋取中标。广达公司的投诉缺乏事实依据,请求驳回上诉,维持原判。

经审理查明,市采购中心涉案采购项目招标文件第一章第一条第3.4点以及第二章第三条第3.4点要求,合格投标人、供应商必须具有软件企业认定证书,具有独立法人资格。在广达公司对信电公司投标资格及中标结果向市采购中心提出质疑后,评标委员会于2016年6月22日出具评审结果复核意见认为:招标文件中规定投标人资质条件需要具有软件企业认定证书,有其不合理因素。根据国发〔2015〕11号文规定,从2015年2月24日起取消了《软件企业认定管理办法》,软件企业认定停止执行,因此原来的招标文件因规定招标公司需具有软件企业认定证书存在重大缺陷。评标委员会一致认为本次招标无效,建议本项目重新公开招标。2016年6月23日,市采购中心向广达公司作出质疑处理答复,将上述评审结果复核意见告知广达公司,并告知该项目因质疑答复导致中标结果改变,将依法报财政部门备案。

2016年7月26日,上海市政府采购网上发布了涉案采购项目招标失败公告。广达公司不服,向市财政局投诉称:市采购中心作出的答复没有针对信电公司提供虚假材料,谎报、隐瞒事实的欺诈行为作出任何处理结论,请求市财政局责令市采购中心或由市财政局按照规定对信电公司提供虚假材料,谎报、隐瞒事实的欺诈行为依法作出处理决定。市财政局受理后经审查,于2016年8月22日作出被诉投诉处理决定。一审查明的其他事实无误,本院予以确认。

本院认为,根据《政府采购法》第十三条,《政府采购供应商投诉处理办法》第三条第一款、第三款以及第十八条、第十九条等相关规定,市财政局作为本市政府财政部门,负责政府采购的监督管理,依法负责本级预算项目采购活动中的供应商投诉事宜,有权对采购文件、采购过程进行认定并作出相应处理。广达公司因涉案采购项目提起投诉,市财政局依法受理,经审查后作出被诉投诉处理决定,行政程序符合《政府采购供应商投诉处理办法》第二十条等规定,并无不当。

本案中,市财政局针对涉案采购项目,依法定职责对招标文件以及招投标活动进行了审查。就市财政局的认定处理意见及本案争议焦点,本院判评如下:

(一)关于招标文件设定的投标人资格的审查问题。《政府采购法》第二十二条规定了供应商参加政府采购活动应当具备的条件。该条第二款规定,采购人可以根据采购项目的特殊要求,规定供应商的特定条件,但不得以不合理的条件对供应商实行差别待遇或者歧视待遇。涉案采购项目招标文件中,规定合格的投标人应"具有软件企业认定证书"。对此,依据国发〔2015〕11号文及附件内容,国务院已决定取消了软件企业认定行政审批项目及其设定依据《软件企业认定管理办法》等。市财政局认定该招标文件仍以软件企业认定证书作为投标人资格条件,系在原具有软件企业认定证书的企业与该行政审批项目取消后从事相关行业的企业之间,形成不合理的差别待遇或者歧视待遇的意见,本院予以采纳。根据本院查明的事实以及各方当事人的陈述意见,该次评标结果无效,已公告招标失败。广达公司对该次招标失效的结果,亦无异议,本院予以确认。

(二)关于原中标人信电公司投标活动的投诉审查问题。广达公司向市财政局投诉称,市采购中心没有针对信电公司提供虚假材料,谎报、隐瞒事实的欺诈行为作出处理,并要求市财政局责令被投诉人或由市财政局依法作出处理决定。对于市采购中心在质疑处理答复中未对广达公司就信电公司投标活动的质疑事项作出回应的问题,被诉投诉处理决定已作出认定,广达公司亦未对此提出争议,不再赘述。对于广达公司要求对信电公司提供虚假材料、谎报、隐瞒事实的欺诈行为作出处理的投诉审查问题,本院审查认为,《政府采购法》第七十七条第一款第(一)项规定,供应商提供虚假材料谋取中标、成交的,处以采购金额千分之五以上千分之十以下的罚款,列入不良行为记录名单,在一至三年内禁止参加政府采购活动,有违法所得的,并处没收违法所得,情节严重的,由工商行政管理机关吊销营业执照;构成犯罪的,依法追究刑事责任。市财政局针对广达公司的投诉内容,审查了信电公司在投标时提交的软件企业认定证书、宁波市软件行业协会出具的《关于软件企业认定的证明函》;以及在投诉质疑处理过程中向市采购中心提交的宁波市经济和信息化委员会《关于宁波市软件企业审核单位的证明函》、宁波市软件行业协会《关于〈浙江信电技术股份有限公司软件企业认定〉的证明函》,现有证据不足以证明信电公司存在《政府采购法》第七十七条第一款第(一)项规定的违法情形。市财政局据此针对广达公司的投诉事项,依据《政府采购供应商投诉处理办法》第十七条第(二)项规定,认定其投诉缺乏事实依据,决定驳回投诉,认定事实清楚,适用法律正确。广达公司对信电公司提交的软件企业认定证书本身的真实性无异议,广达公司主张该证书在投标时无效即构成提供虚假材料谋取中标的违法情形的诉讼意见,缺乏依据,本院不予支持。

（三）关于软件企业认定证书的效力审查问题。广达公司主张,信电公司提交了失效的投标人资格证明文件,一审对信电公司软件企业认定证书的效力未予审查。对此,本院审查认为,投标人资格的认定系以整个招投标活动的有效进行为前提。现经认定,招标文件中设定"具有软件企业认定证书"这一资格条件,已违反了《政府采购法》的规定,该次招标失败的结果亦已公告。信电公司经审查未有违法参与投标的情形,广达公司要求一审法院审查信电公司在当次投标中提交的软件企业认定证书的效力及相关事实,已无实际必要。对广达公司的诉讼意见,本院不予采信。

综上,广达公司的上诉请求和理由,均缺乏相应的依据,本院不予支持。一审判决驳回广达公司的诉讼请求正确合法,本院予以维持。据此,依照《中华人民共和国行政诉讼法》第八十九条第一款第(一)项之规定,判决如下:

驳回上诉,维持原判。

二审案件受理费人民币 50 元,由上诉人苏州广达科技有限公司负担(已付)。

本判决为终审判决。

审　判　长　张文忠

审　判　员　姚佐莲

代理审判员　高　凌

二〇一七年十月二十日

书　记　员　史克诚

乐昌市昌源汽车维修有限公司
与广东省乐昌市财政局
政府采购（招投标）投诉处理决定案

【案件提要】

本案是对采购结果的投诉处理决定提起行政诉讼的案例。涉案采购项目发布中标结果公告后,昌源公司提出质疑、投诉。财政部门经审查认为其投诉事项没有明确的请求和必要的证明材料且超出了质疑事项的范围,决定驳回昌源公司的投诉。经行政复议后。昌源公司提起了本案诉讼。一审法院认为,在本案诉讼中,财政部门未提交证据证明其如何对投诉事项进行查证,也未提交证据对其如何得出"整个采购程序合理合法""质疑答复也遵循了公开、公平、公正"等结论予以说明,导致其处理决定中认定的事实与相关证据显示的情况脱节,应视为其作出对投诉的处理决定没有相应证据,故判决撤销该决定。二审经审理认为,本案应以昌源公司的质疑内容作为投诉审查范围。昌源公司提出质疑的问题有四项,其中第一项内容较为笼统,属于不明确的请求;第四项要求公开有关中标单位的信息,属于另一个法律关系;只有第二项、第三项内容为明确的请求范围,但经查与事实不符,故其投诉事项没有事实证据,其他问题在质疑阶段亦未提出质疑,财政部门不予审查符合法律规定。二审判决财政部门的决定合法,并撤销了一审判决。

【判决正文】

广东省韶关市中级人民法院
行政判决书

〔2017〕粤 02 行终 208 号

上诉人(一审被告)乐昌市财政局,住所地(略)。

法定代表人许某。

委托代理人吴某。

委托代理人杨某。

被上诉人(一审原告)乐昌市昌源汽车维修有限公司,住所地(略)。

法定代表人谢某。

委托代理人邓某。

一审被告乐昌市人民政府,住所地(略)。

法定代表人沈某。

委托代理人李某。

上诉人乐昌市财政局因与被上诉人乐昌市昌源汽车维修有限公司(以下简称昌源公司),一审被告乐昌市人民政府(以下简称乐昌市政府)财政行政确认和财政行政复议一案,不服韶关市武江区人民法院〔2017〕粤 0203 行初 308 号行政判决,向本院提起上诉。本院依法组成合议庭,于 2017 年 12 月 13 日进行了法庭询问。本案现已审理终结。

一审法院经审理查明:2016 年 12 月 7 日,乐昌市公共资源交易中心(以下简称市交易中心)受乐昌财政局委托,发出《乐昌市公务用车定点维修采购项目公开招标公告》(编号:乐公易字政采 2016149),拟对乐昌市公务用车定点维修采购项目进行公开招标采购,为乐昌南片确定 6 家公务用车定点维修企业,为乐昌北片确定 3 家公务用车定点维修企业。2017 年 1 月 3 日,上述招标活动公开中标结果,乐昌市乐城创源汽车服务中心得 93.75 分,名列第一;乐昌市坪石镇广缘汽车修理厂得 92.78 分,排第二;乐昌市新通力汽车修配厂得 89.8 分,排第三;乐昌市粤林汽车修理厂得 89.12 分,排第四;乐昌市晶鑫一站式汽车服务中心得 86.58,排第五;乐昌市顺风汽车维修厂得 86 分,排第六;乐昌市利通行汽车修理厂得 84 分,排第七;乐昌市新东升汽车修理厂得 83.9 分,排第八;乐昌市友家汽车维修服务站得 81.8 分,排第九;乐昌市供销社汽车修配厂得 79.5 分,排第十;本案昌源有限公司得 77.2 分,排第十一;韶关粤运汽车运输有限公司坪石汽车站得 76.4 分,排第十二。因此,乐昌南片的中标供应商为乐昌市乐城创源汽车服务中心、乐昌市新通力汽车修配厂、乐昌市粤林汽车修理厂、乐昌市晶鑫一站式汽车服务中心、乐昌市顺风汽车维修厂、乐昌市利通行汽车修理厂;乐昌北片的中标供应商为乐昌市坪石镇广缘汽车修理厂、韶关粤运汽车运输有限公司坪石汽车站。

2017 年 1 月 5 日,昌源公司向市交易中心递交《政府采购供应商质疑函》,内容为:我公司依法参与了市交易中心组织实施的乐昌市公务用车定点维修采购项目的投标活动,我公司认为中标(成交)结果有违公正、公平原则,损害了我公司合法权益,现根据《中华人民共和国政府采购法》和《政府采购供应商投诉处理办法》的规定,提出质疑。在该政府采购项目的中标(成交)结果评定中,我公司认为以下几方面存在有违公正、公平的评定原则,导致我公司不能中标,损害了我公司的合法权益。一、中标结果存在优汰劣胜的情况,具有明显倾向性的问题,给我公司或者其他供应商合法权益造成损害,导致中标不公平、不公正。二、投标文件第二部分,投标人必须具有二类或以上汽车维修企业资格。二类维修厂人员配备至少是九人,中标单位乐昌市新通力汽车修配厂、乐昌市晶鑫一站式汽车服务中心、乐昌市利通行汽车修理厂维修人员配备都不足九人(注:按招标文件要求需提交最近在投标单位工作6个月的社保证明),这三家中标单位都不符合供应商资格。三、中标单位乐昌市晶鑫一站式汽车服务中心、乐昌市粤林汽车修理厂在 2015 年度企业质量信誉评级中均为落选单位,按照招标文件的评分标准,这二个中标单位在质量信誉评分中应为不得分,在商务部分的总分中,扣除质量信誉分,这二个中标单位的商贸部分总分应不超过11分,而实际是乐昌市晶鑫一站式汽车服务中心评出的商贸总分为16.6分,乐昌市粤林汽车修理厂评出的商贸部分总分为17.2分,这完全违背了评价标准来评分。四、我公司为正规化4S店,建筑面积达4 000平方米,维修车间面积达1 500平方米。设有接待前台、休息大厅、零配件销售、售后服务、信息反馈等专业性服务。其中维修人员达25人,设有机电维修(4台举升机,14个工位)、钣金(两个钣金平衡台,一台举升机,14个工位)、喷漆(两个喷漆房,18个工位)等硬件配套设施。我公司的综合实力比其他中标单位具有明显的优势,为何我公司却不能中标? 故此,我公司要求对中标单位的中标信息进行信息公开,以保证此次政府采购招标行为的公正、公平性。我公司要求就上述问题贵中心依照相关法律、法规作出回复,以维护我公司的合法权益。

2017年1月10日,市交易中心作出《关于乐昌市公务用车定点维修采购项目质疑的答复函》,内容为:昌源公司:你单位送达的关于乐昌市公务用车定点维修采购项目的质疑函收悉,已组织原评标委员会协助答复,答复意见如下: 一、中标结果是评审小组根据招标文件的要求及各商家标书,公平、公正评审出来的,并不存在主观倾向性。二、所反映三家公司(乐昌市晶鑫一站式汽车服务中心、新通力汽车修配厂、乐昌市利通行汽车修理厂)均有提供《二类机动车维修(小型车辆维修)》经营许可证,也有提供6个月的社保证明。三、乐昌市晶鑫一站式汽车服务中心及乐昌市粤林汽车修理厂均提供了2015年质量信誉考核评级,其中乐昌市晶鑫一站式汽车服务中心为AA级,乐昌市粤林汽车修理厂为AA级。四、贵公司未提供2015年度企业质量信誉评级证书,此项评分为0分,因此造成贵公司综合评分结果未能入选。特此复函。

昌源公司收到市交易中心作出的《关于乐昌市公务用车定点维修采购项目质疑的答复函》后不服,于2017年2月8日向乐昌市财政局递交《政府采购投诉书》,投诉市交易中心,提出"投诉人参与了被投诉人组织实施的乐昌市公务用车定点维修采购项目的投标活动,我公司认为招标程序违反相关规定,依法向被投诉人提出质疑,被投诉人就质疑向投诉人函复,投诉人不满意函复向贵局投诉,请求取消本次中标并予废标"的投诉请求。具体内容为:一、被投诉人(市交易中心)对投诉人的质疑疑点,质疑事项,在复函中仅仅敷衍答复不存在质疑问题,对一些实质性的、招标材料完全可以证实的问题没有提供相关材料予以佐证,这一做法是不公正的,首先,这为违规操作、弄虚作假放了绿灯,是否有材料证实质疑问题不得而知;其次,即使复函情况属实,没有相关材料印证,也难以让人信服;再次,也违反政府采购应当遵循公开透明、公正原则。二、《公开招标文件》第21—23页的评分标准。在商贸部分质量信誉有12分的评分标准,该12分的得分情况是依据交通运输部门对维修企业(特定行业)的企业质量信誉评级(行业的业绩、奖项)作为评分标准的,违反国务院《中华人民共和国政府采购法实施条例》第二十条"采购人或者采购代理机构以特定行业的业绩、奖项作为加分条件或者中标、成交条件的,属于以不合理的条件对供应商实行差别待遇或者歧视待遇"的规定,该评分标准存在违法违规情形,从而导致采购的违规性存在,应予废标。三、投诉人对此次乐昌市公务用车定点维修采购项目的招投标活动正在进行依法质疑过程中,被投诉人的答复函仍然在法定的投诉期内,处理结果并没有发生法律效力,依法依规都应当暂停签订采购合同,但此次招投标活动却在质疑、投诉期内仓促签订采购合同,这与国务院《中华人民共和国政府采购法实施条例》第五十四条"询问或者质疑事项可能影响中标、成交结果的,采购人应当暂停签订合同"的规定相违背。综上,此次招投标活动违反了国家法律、法规等有关规定,理应废标。因此特向贵局投诉,请求贵局依法取消本次中标并予以废标处理。

2017年2月13日,乐昌市财政局作出乐财采投〔2017〕1号《政府采购投诉受理通知书》,受理了昌源公司的投诉。

2017年2月16日,乐昌市财政局向市交易中心发出乐财采投〔2017〕2号《关于暂停政府采购活动的通知》,暂停了乐昌市公务用车定点维修项目的采购活动。

2017年3月20日,乐昌市财政局作出乐财采决〔2017〕1号《政府采购投诉处理决定书》,认为:一、关于投诉人认为被投诉人的质疑答复不合理、不公正的投诉事项。经审查,市交易中心在组织该采购项目的活动符合《中华人民共和国政府采购法》和《政府采购货物和服务招标投标管理办法》(财政部令第18号)的有关规定,整个采购程序合理、合法,质疑答复也遵循了公开、公平、公正的原则;对该投诉事项,投诉人没有明确的请求和必要的证明材料。因此,根据《中华人民共和国政府采购法实施条例》第五十五条及《政府采购供应商投诉处理办法》(财政部令第20号)第十七条规定,投诉缺乏事实依据,予以驳回。二、关于该采购项目《公开招标文件》第21—23页的评分标准不合理,存在违规的投诉事项。根据《政府采购供应商投诉处理办法》(财政部令第20号)第十条、《中华人民共和国政府采购法实施条例》第五十五条规定,该投诉事项投诉前未依法进行质疑,超出了质疑事项的范围,本机关不予受理。三、关于招投标活动在质疑、投诉期内仓促签订采购合同的投诉事项。根据《政府采购供应商投诉处理办法》(财政部令第20号)第十条、《中华人民共和国政府采购法实施条例》第五十五条规定,该投诉事项投诉前未依法进行质疑,超出了质疑事项的范围,本机关不予受理。依照《政府采购供应商投诉处理办法》第十七条之规定,驳回了昌源公司的投诉。

乐财采决〔2017〕1号《政府采购投诉处理决定书》于作出当日送达给昌源有限公司后,昌源有限公司不服,于2017年5月11日向乐昌市政府申请行政复议,请求:一、撤销乐财采决〔2017〕1号《政府采购投诉处理决定书》;二、取消本次中标并予废标,重新组织招标。

乐昌市政府于2017年5月16日向昌源公司发出《补正行政复议申请材料通知书》,要求昌源公司15日内补正复议申请材料。

2017年5月24日,乐昌市政府作出乐府行复〔2017〕4号《行政复议受理通知书》,受理了昌源公司的复议申请。同时作出乐府行复〔2017〕4号《提出行政复议答复通知书》,要求乐昌市财政局提出书面答复,并提交当初作出该行政行为的证据、依据和其他有关材料。

2017年6月5日,乐昌市财政局向乐昌市政府提交《行政复议答复书》。

2017 年 7 月 10 日，乐昌市政府作出乐府行复〔2017〕4 号《行政复议决定书》，认为：在"乐昌市公务用车定点维修采购项目"的招标活动中，乐昌市财政局按规定进行公开招标，昌源公司认为中标结果损害其合法权益，依法向市交易中心提出质疑，因不服市交易中心的《关于乐昌市公务用车定点维修采购项目质疑的答复函》，又向乐昌市财政局提出投诉。乐昌市财政局受理投诉后，依法暂停了该项目的采购活动。经审查和调查取证，查明市交易中心的质疑答复遵循了公开、公平、公正的原则，昌源公司的投诉事项没有明确的请求和必要的证明材料且超出了质疑事项的范围，作出《政府采购投诉处理决定》（乐财采决〔2017〕1 号），并恢复该项目的采购活动，事实清楚，程序正当。根据《中华人民共和国政府采购法实施条例》第五十五条"供应商质疑、投诉应当有明确的请求和必要的证明材料。供应商投诉的事项不得超出已质疑事项的范围"、《政府采购供应商投诉处理办法》（财政部令第20 号）第十条"投诉人提起投诉应当符合下列条件：……（二）提起投诉前已依法进行质疑……"之规定，因昌源公司向乐昌市财政局提出的投诉事项没有事实依据，也没有必要的证明材料，且其投诉的事项已超出了已质疑事项的范围。因此，乐昌财政局作出的《政府采购投诉处理决定书》（乐财采决〔2017〕1 号）适用法律正确，予以支持。决定：维持乐昌财政局于 2017 年 3 月 20 日作出的《政府采购投诉处理决定书》（乐财采决〔2017〕1 号）。昌源公司仍不服，向一审法院提起行政诉讼。

一审法院经审理认为：乐昌市财政局作出的乐财采决〔2017〕1 号《政府采购投诉处理决定书》和乐昌市政府作出的乐府行复〔2017〕4 号《行政复议决定书》不合法。一、《中华人民共和国政府采购法》第五十六条规定："政府采购监督管理部门应当在收到投诉后三十个工作日内，对投诉事项作出处理决定，并以书面形式通知投诉人和与投诉事项有关的当事人。"《政府采购供应商投诉处理办法》第七条规定："供应商认为采购文件、采购过程、中标和成交结果使自己的合法权益受到损害的，应当首先依法向采购人、采购代理机构提出质疑。对采购人、采购代理机构的质疑答复不满意，或者采购人、采购代理机构未在规定期限内做出答复的，供应商可以在答复期满后 15 个工作日内向同级财政部门提起投诉。"第十七条规定："财政部门经审查，对投诉事项分别作出下列处理决定：（一）投诉人撤回投诉的，终止投诉处理；（二）投诉缺乏事实依据的，驳回投诉；（三）投诉事项经查证属实的，分别按照本办法有关规定处理。"根据前述规定，供应商认为政府采购活动使自己的合法权益受到损害，可向采购人（采购代理机构）提出质疑，对质疑答复不满意，可向政府采购监督管理部门投诉。政府采购监督管理部门应对投诉的事项进行查证后，根据查证的结果对投诉事项作出处理决定。本案中，昌源公司认为乐昌市公务用车定点维修采购项目的采购过程、中标和成交结果侵犯其合法权益，向市交易中心提出质疑，对市交易中心的质疑答复不满意，向乐昌市财政局提起投诉。昌源公司认为涉案招标活动使其合法权益受到损害的理由是：1. 中标结果不公平、不公正。2. 中标单位人员配备不足九人，不符合供应商资格。3. 中标单位商贸部分得分存疑。4. 要求对中标单位的中标信息进行信息公开，以保证此次政府采购招标行为的公正、公平性。向乐昌市财政局提出投诉时认为：1. 质疑复函敷衍，没有提供相关佐证材料；2.《公开招标文件》第21—23 页的评分标准存在违法违规情形；3. 招投标活动在质疑、投诉期内仓促签订采购合同,违反《中华人民共和国政府采购法实施条例》第五十四条的规定。乐昌市财政局受理昌源公司的投诉后,应对昌源公司认为涉案招标采购活动使其合法权益受到损害的理由进行调查核实,再根据查证的结果对投诉事项作出处理决定。二、乐昌市财政局受理昌源公司的投诉后,经查证,认为整个采购程序合理合法,质疑答复也遵循了公开、公平、公正的原则,作出驳回昌源公司投诉的处理决定。昌源公司对乐昌市财政局的处理决定不服,向一审法院提起行政诉讼。根据《中华人民共和国行政诉讼法》第六条"人民法院审理行政案件,对行政行为是否合法进行审查"、第三十四条"被告对作出的行政行为负有举证责任,应当提供作出该行政行为的证据和所依据的规范性文件。被告不提供或者无正当理由逾期提供证据,视为没有相应证据。但是,被诉行政行为涉及第三人合法权益,第三人提供证据的除外"、第七十条"行政行为有下列情形之一的,人民法院判决撤销或者部分撤销,并可以判决被告重新作出行政行为:(一)主要证据不足;(二)适用法律、法规错误的;(三)违反法定程序的;(四)超越职权的;(五)滥用职权的;(六)明显不当的"的规定,人民法院对行政行为进行审查的范围,主要是合法性审查,即不仅审查事实,还要审查行政机关作出行政行为适用法律、程序;在行政诉讼中,要求被告提供证据,不仅是举证责任,也是一项义务,一项作为国家行政机关证明其所作行政行为的所有内容皆属"依法行政"的"应诉"义务。因此,行政机关除应向人民法院提供证明作出的实体处理合法的证据,证明行政行为程序合法的证据,作出行政行为依据的规范性文件外,还需提供证明行政机关在作出行政行为时,没有超越职权、滥用职权、明显不当等证据。但在本案诉讼中,乐昌市财政局未提交证据证明其如何对昌源公司的投诉事项进行查证,也未提交证据对其如何得出"整个采购程序合理合法""质疑答复也遵循了公开、公平、公正"等结论予以说明,导致乐昌市财政局在乐财采决〔2017〕1号《政府采购投诉处理决定书》中认定的事实与相关证据显示的情况脱节,应视为其作出的乐财采决〔2017〕1号《政府采购投诉处理决定书》没有相应证据。三、根据《中华人民共和国行政复议法》第二十八条第一款第(三)项有关"行政复议机关负责法制工作的机构应当对被申请人作出的具体行政行为进行审查,提出意见,经行政复议机关的负责人同意或者集体讨论通过后,按照下列规定作出行政复议决定:(三)具体行政行为有下列情况之一的,决定撤销、变更或者确认该具体行政行为违法;决定撤销或者确认该具体行政行为违法的,可以责令被申请人在一定期限内重新作出具体行政行为:1.主要事实不清、证据不足的;2.适用依据错误的;3.违反法定程序的;4.超越或者滥用职权的;5.具体行政行为明显不当的",及《中华人民共和国行政复议法实施条例》第四十五条有关"具体行政行为有行政复议法第二十八条第一款第(三)项规定情形之一的,行政复议机关应当决定撤销、变更该具体行政行为或者确认该具体行政行为违法;决定撤销该具体行政行为或者确认该具体行政行为违法的,可以责令被申请人在一定期限内重新作出具体行政行为"的规定,对认定事实不清,证据不足的具体行政行为,行政复议机关应予撤销。因此,乐昌市政府作出的乐府行复〔2017〕4号《行政复议决定书》认定事实不清,适用法律错误。综上,昌源公司要求撤销乐昌市财政局作出的乐财采决〔2017〕1号《政府采购投诉处理决定书》及乐昌市政府作出的乐府行复〔2017〕4号《行政复议决定书》理由充分,予以支持。至于昌源公司有关"取消本次中标并废标,重新组织招标"的诉讼请求,不属于行政案件的审理范围,本案中不作审查。依照《中华人民共和国行政诉讼法》第七十条第一款第(一)项、第(二)项的规定,判决:一、撤销乐昌市财政局作出的乐财采决〔2017〕1号《政府采购投诉处理决定书》;二、撤销乐昌市政府作出的乐府行复〔2017〕4号《行政复议决定书》;三、责令乐昌市财政局于本判决发生法律效力之日起30个工作日内对昌源公司的投诉重新作出处理决定。

乐昌市财政局不服一审判决向本院提起上诉称:一、原判对乐昌市财政局是否进行调查的事实未作出审查。一审判决仅列明乐昌市财政局受理投诉,作出投诉处理决定书,忽略了乐昌市财政局受理投诉后积极履行职责的客观事实,在缺乏重要客观事实的基础上,判决认为"乐昌市财政局未提交证据证明其如何对昌源汽车公司的投诉事项进行查证、也未提交证据对其如何得出整个采购程序合理合法、质疑答复也遵循了公开、公平、公正",但乐昌市财政局已提交了可证明上述事实的证据材料,如《政府采购投诉受理通知书》、两份《政府采购供应商投诉书副本送达通知》《乐昌市公务用车定点维修采购项目招标活动相关情况汇报》《关于我市2015年度企业诚信评价县级初评结果的通知》《关于我市2015年度机动车维修企业诚信评价县级初评结果的通知》《关于2015年度机动车维修企业诚信评价结果的通知》等相关证据材料,不存在一审判决书中所认定的未提交证据的情形。二、乐昌市财政局已在法定期限内围绕具体行政行为提交了充分的事实证据及法律依据。本案涉及的是政府采购的投诉处理,根据《政府采购供应商投诉处理办法》的规定,乐昌市财政局已依法进行调查处理。关于投诉事项查证过程的相关证据材料,乐昌市财政局在收到起诉状副本后,在法定期限内围绕具体行政行为的合法性提交了相关证据材料及政府采购法、政府采购供应商投诉处理办法等相关依据,以证明乐昌市财政局作出的投诉处理决定书从受理到审查均符合《政府采购供应商投诉处理办法》第十一条、十二条、十三条、十四条等要求。因本次投诉处理中有包括本项目各供应商的投标文件、评标委员会的评标报告在内涉密材料,根据《政府采购供应商投诉处理办法》第三十一条规定,涉及第三方合法权益、第三方商业秘密的证据材料,乐昌市财政局负有保密义务。依据行政诉讼法第三十四条,乐昌市财政局在一审开庭时已明确表示一审法院可以依职权调查。本案中即使没有上述涉密材料,乐昌市财政局提交的证据也足以证明作出的行政行为合法有据。其中包括以下方面:(一)就采购流程是否公平公正,昌源公司于法定期限内提交了招标文件、招标公告、中标结果公告等证据材料,证明本项目是依据《中华人民共和国政府采购法》《政府采购货物和服务招标投标管理办法》的规定依法组织公开招标活动,并依法公布中标结果公告,采购过程合法,应予维持。(二)就质疑回复是否公平、公正、公开,乐昌市财政局在受理投诉后,按照《政府采购供应商投诉处理办法》第十四条书面审查原则,已对本项目代理机构作出的质疑答复函予以审查,查明代理机构是按照《中华人民共和国政府采购法》第53条的规定依法作出答复后,认定其作出的质疑答复遵循了公开、公平、公正原则并无不当,该质疑答复函作为证据于法定期限内也一并提交给一审法院。(三)就乐昌市财政局作出的投诉处理决定书,乐昌市财政局已依法进行了充分举证,提交了足够的事实依据及法律依据。而一审判决对于上述证据材料所主张的事实,却只字未提,并未依法予以审查认定,违背了《最高人民法院关于行政诉讼证据若干问题的规定》第五十三条"人民法院裁判行政案件,应当以证据证明的案件事实为依据。"的规定。三、原判未围绕投诉处理决定书的合法性进行审理。原判认定认定本次昌源公司提起的投诉事项为:(一)质疑回复函是否不合理不公正;(二)招标文件第21—23页的评分标准存在违法违规情形;(三)招标活动在质疑、投诉期内仓促签订合同。对此,根据《政府采购供应商投诉处理办法》的规定,乐昌市财政局的投诉处理工作是围绕着投诉事项依法进行审查,在调取相关证据后作出投诉处理决定书。乐昌市财政局在投诉人投诉事项缺乏事实及法律依据以及暂未发现存在违法违规的情形下,认定整个采购程序合法并无不当。原判并未对乐昌市财政局作出的决定书进行审查,其作出的认定明显超出投诉处理决定书应当提供证据证明的范畴。上诉请求:一、撤销一审法院作出的〔2017〕粤0203行初308号行政判决,并依法改判。二、由昌源有限公司承担本案一、二审诉讼费用。

昌源公司答辩称:一、《公开投标文件》第二部分中"一、供应商资格"明确"(三)投标人必须具有二类或以上汽车维修企业资格。"根据《中华人民共和国国家标准汽车维修业开业条件》(GB/Tl6739—2014)的规定,二类维修厂人员配备至少是九人,中标单位乐昌市新通力汽车修配厂、乐昌市晶鑫一站式汽车服务中心、乐昌市利通行汽车修理厂维修人员配备都不足九人(注:按招标文件要求需提交最近在投标单位工作6个月的社保证明,未提供作无效投标),这三家中标单位都不符合供应商资格。中标单位乐昌市晶鑫一站式汽车服务中心、乐昌市粤林汽车修理厂在2015年度企业质量信誉评级中均为落选单位(详见:2016年2月3日乐昌市交通运输局《关于我市2015年度企业诚信评价县级初评结果的通知》),按照招标文件的评分标准,这二个中标单位在质量信誉(共12分)评分中应为不得分,在商务部分的总分中(总分为23分),扣除质量信誉分,这二个中标单位的商务部分总分应不超过11分(23分—12分),而实际乐昌市晶鑫一站式汽车服务中心评出的商务部分总分为16.6分,乐昌市粤林汽车修理厂评出的商务部分总分为17.2分,这完全违背了评分标准来评分。对昌源公司提出的此质疑,乐昌财政局只是反复强调采购结果合法有据,却不向法庭提交采购结果合法有据的相关证据材料。二、有关此次招投标活动是否依法评标,是否秉持公平、公正、公开原则的问题,乐昌财政局采取的是答非所问的态度,以向法庭提交了《政府采购投诉受理通知书》《政府采购供应商投诉书副本送达通知》《乐昌市公务用车定点维修采购项目招标活动相关情况汇报》《关于我市2015年度企业诚信评价县级初评结果的通知》《关于我市2015年度机动车维修企业诚信评价县级初评结果的通知》《关于2015年度机动车维修企业诚信评价结果的通知》等材料作为积极履行职责的依据、作为不存在未提交证据的理由,对昌源公司要求乐昌财政局提交能证实本次招投标活动依法依规的核心证据,即已中标单位的投标文件,乐昌财政局不肯提交,竟找借口以涉及第三方合法权益、商业秘密为由拒不提供。根据《中华人民共和国行政诉讼法》第三十二条"代理诉讼的律师,有权按照规定查阅、复制本案有关材料,有权向有关组织和公民调查,收集与本案有关的证据。对涉及国家秘密、商业秘密和个人隐私的材料,应当依照法律规定保密"、第三十四条"被告对作出的行政行为负有举证责任,应当提供作出该行政行为的证据和所依据的规范性文件。被告不提供或者无正当理由逾期提供证据,视为没有相应证据"、第五十四条"人民法院公开审理行政案件,但涉及国家秘密、个人隐私和法律另有规定的除外。涉及商业秘密的案件，当事人申请不公开审理的，可以不公开审理"的规定，中标单位缴交的职工社保证明不是商业秘密，投标文件在开标后也不是商业秘密。即使对于真正的商业秘密，在庭审中依法也应当向法庭出示并经质证。显然，乐昌市财政局拒不提交证据的理由不充分。三、道路运输企业诚信评价采取的是县（区）初评，最终评定以省道路运输部门评定公布为准。为何乐市昌财政局提交的《关于我市2015年度企业诚信评价县级初评结果的通知》与《关于我市2015年度机动车维修企业诚信评价县级初评结果的通知》同是出自于2016年2月3日，同是对相同企业的诚信考评，为何出现二份通知？为何这二份初评的通知上都没有昌源公司的名单？为何初评的名单上没有昌源公司的企业，而广东省道路运输管理局对运输企业诚信评价的最终评定名单上确有昌源公司的名单？如果昌源公司连初评都没有评上，又怎会在省道路运输部门的最终评定上榜上有名呢？对此，乐昌市财政局称是昌源公司未提供2015年度企业质量信誉评价证书，此项评分为0分，因此造成未能中标。乐昌市财政局的理由为：（一）企业诚信评价初评结果都是由乐昌市交通运输局统一发文公布，最终评定由省道路运输部门评定后网上公布，根本不存在发放单独的信誉评价证书，所有评定企业的信息都是公开的，初评结果在乐昌市交通运输局的文件上是所有评定企业都一览无遗的，最终评定结果也是在省道路运输部门的官网上一览无遗的。（二）省道路运输部门的最终评定结果是在2016年11月3日公布，在公布名单中没有乐昌市晶鑫一站式汽车服务中心（中标单位，商务得分为16.6分）。然而，乐昌市财政局却提交了2016年12月19日乐昌市交通运输局出具的《关于2015年度机动车维修企业诚信评价结果的通知》，该通知将乐昌市晶鑫一站式汽车服务中心诚信评价为AA级。该通知完全不顾乐昌市交通运输局只有初评的权限，最终评定权限在省交通运输部门的情况，直接将乐昌市晶鑫一站式汽车服务中心评定为AA级，而且是在省交通运输部门公布最终评定结果之后单独发文评定，完全无视评定流程，越权评级。（三）昌源公司被省交通运输部门评定为AAA级并发布公告，昌源公司是与其他中标的评定企业一起公告的，诚信评定都在同一份文件里，评级明明摆在那里，乐昌市财政局对昌源公司的诚信评定却视而不见。综上，乐昌市财政局陈述的事实和理由不能成立，一审判决认定事实清楚，适用法律正确，请求二审法院依法维持一审判决，驳回乐昌市财政局的上诉。

乐昌市政府答辩称：一、乐昌市政府作出乐府行复〔2017〕4号《行政复议决定书》程序正当。昌源公司因不服乐昌市财政局作出的《政府采购投诉处理决定书》，于2017年5月11日向乐昌市政府申请行政复议。经乐昌市政府通知补正材料后，昌源公司的申请符合行政复议法及行政复议法实施条例的有关规定，乐昌市政府依法予以受理，并于2017年5月24日向昌源公司发出受理通知书。乐昌市政府受理该案后，根据查明的事实，于2017年7月10日作出乐府行复〔2017〕4号《行政复议决定书》，维持了乐昌市财政局作出的《政府采购投诉处理决定书》（乐财采决〔2017〕1号）。二、乐昌市政府作出乐府行复〔2017〕4号《行政复议决定书》认定事实清楚。根据乐昌市财政局提交的有关依据，乐昌市政府经审查查明，2016年12月7日，市交易中心受乐昌市财政局的委托，在广东省政府采购网发布招标公告，该投标项目截止时间为2016年12月28日9时30分。参与投标的供应商有13家，分别是乐昌市友家汽车维修服务站、乐昌市乐城创源汽车服务中心、韶关粤运汽车运输有限公司坪石汽车站、乐昌市新通力汽车修配厂、乐昌市晶鑫一站式汽车服务中心、乐昌市顺风汽车维修厂、乐昌市坪石镇广缘汽车修理厂、乐昌市坪石镇明达汽车维修中心、乐昌市新东升汽车修理厂、乐昌市粤林汽车修理厂（普通合伙）、乐昌市供销社汽车修配厂、乐昌市昌源汽车维修有限公司、乐昌市利通行汽车修理厂。经过评标，乐昌市财政局依法确认乐昌市乐城创源汽车服务中心、乐昌市新通力汽车修配厂、乐昌市粤林汽车修理厂（普通合伙）、乐昌市晶鑫一站式汽车服务中心、乐昌市顺风汽车维修厂、乐昌市利通行汽车修理厂为该项目的中标供应商。2017 年 1 月 5 日，昌源公司向市交易中心提出质疑，认为中标结果有违公平、公正原则，损害其合法权益，请求市交易中心依法作出回复。2017 年 1 月 10 日，市交易中心发出《关于乐昌市公务用车定点维修采购项目质疑的答复函》，对昌源公司质疑的问题进行了答复。该公司不服，于 2017 年 2 月 8 日向乐昌市财政局提出投诉。乐昌市财政局受理投诉后，向市交易中心发出《关于暂停政府采购活动的通知》，决定暂停该项目的采购活动。2017 年 3 月 20 日，乐昌市财政局作出《政府采购投诉处理决定书》作出"投诉缺乏事实依据，驳回投诉"的处理决定。同时，决定恢复该项目的采购活动。2017 年 3 月 28 日，乐昌市财政局与中标供应商签订了《乐昌市公务用车定点维修服务协议》。乐昌市财政局在行政复议案件审理期间已向乐昌市政府提交了充分的依据，证明其作出的乐财采决〔2017〕1 号《政府采购投诉处理决定书》合法。乐昌市政府在查清事实的基础上作出的乐府行复〔2017〕4 号《行政复议决定书》认定事实清楚，依法应当予以维持。三、乐昌市政府作出乐府行复〔2017〕4 号《行政复议决定书》适用法律正确。根据《中华人民共和国政府采购法实施条例》第五十五条、《政府采购供应商投诉处理办法》第十条的规定，因昌源公司向乐昌市财政局提出的投诉事项没有事实依据，也没有必要的证明材料，且其投诉的事项超出了已质疑事项的范围。因此，乐昌市财政局作出的行政行为合法有据。乐昌市政府根据《中华人民共和国行政复议法》第二十八条第一款第（一）项之规定，维持了乐昌财政局作出的《政府采购投诉处理决定书》（乐财采决〔2017〕1 号）。请求二审法院依法改判。

本院经审理查明的事实与一审判决认定的事实一致，本院予以确认。本院另补充：在本院二审询问时，昌源公司提出投诉的主要问题有两点：第一，三个中标单位即乐昌市新通利汽车修配厂、乐昌市晶鑫一站式汽车服务中心、乐昌市利通汽车修理厂的维修人员不足 9 人。第二，乐昌市晶鑫一站式汽车服务中心在广东省交通运输部门的诚信评价中是落选单位，而昌源公司属于诚信评价 AAA 单位却没有得分。经查：一、乐昌市新通利汽车修配厂的人员为 25 人，维修人员为 10 人；乐昌市通利行汽车修理厂的人员为 16 人，技工为 10 人；乐昌市晶鑫一站式汽车服务中心的人员为 21 人，除一名二手车鉴定评估师、一名会计、一名出纳外，其余为工作人员。二、昌源公司的 2015 年度道路运输企业诚信评价结果在广东省道路运输管理局的粤运客〔2016〕27 号《广东省道路运输管理局关于 2015 年度道路运输企业诚信评价结果的通报》附件：《2015 年度全省一、二类机动车维修企业诚信评价结果汇总表》序号 4565 中，为 AAA 级。在昌源公司递交的投标文件中，没有该信息或者相关文件供评审委员会有关人员进行评审。2016 年 12 月 19 日，乐昌市交通运输局作出《关于

2015 年度机动车维修企业诚信评价结果的通知》,内容为:"乐昌市晶鑫一站式汽车服务中心(原名乐昌市鑫华一站式汽车服务中心),经营范围:三类机动车维修经营,2015 年诚信评价达到 AA 合格。"

本院认为:《政府采购供应商投诉处理办法》第八条规定:"投诉人投诉时,应当提交投诉书,并按照被投诉采购人、受购代理机构(以下简称被投诉人)和与投诉事项有关的供应商数量提供投诉书的副本。投诉书应当包括下列主要内容:(一)投诉人和被投诉人的名称、地址、电话等;(二)具体的投诉事项及事实依据;(三)质疑和质疑答复情况及相关证明材料;(四)提起投诉的日期。投诉书应当署名,投诉人为自然人的,应当由本人签名;投诉人为法人或者其他组织的,应当由法定代表人或者主要负责人签字盖章并加盖公章。"《中华人民共和国政府采购法实施条例》第五十五条规定:"供应商质疑、投诉应当有明确的请求和必要的证明材料,供应商投诉的事项不得超出已质疑事项的范围。"明确了相关供应商质疑和投诉的启动要求,即不得超出已质疑事项的范围,且应当有明确的请求,必需的证明材料。本案一审法院的判决书"经审理查明"和"本院认为"明确了昌源公司认为涉案招标活动使其合法权益受到损害的理由已质疑的内容为:一、中标结果不公平、不公正。二、中标单位人员配备不足九人,不符合供应商资格。三、中标单位商贸部分得分存疑。四、要求对中标单位的中标信息进行信息公开,以保证此次政府采购招标行为的公正、公平性。向乐昌市财政局投诉时认为:一、质疑复函敷衍,没有提供相关佐证材料;二、《公开招标文件》第 21—23 页的评分标准存在违法违规情形;三、招投标活动在质疑、投诉期内仓促签订采购合同,违反《中华人民共和国政府采购法实施条例》第五十四条的规定。按照上列规定,应当以昌源公司向市交易中心提出质疑的内容作为本案的投诉审查范围。昌源公司的《政府采购供应商质疑函》表明,昌源公司提出质疑的问题有四项,其中第一项内容较为笼统,属于不明确的请求;第四项要求公开有关中标单位的信息,属于另一个法律关系;只有第二项、第三项内容为明确的请求范围。经二审询问,昌源公司进一步明确提出投诉的主要问题有两点:一、乐昌市新通利汽车修配厂、乐昌市晶鑫一站式汽车服务中心、乐昌市利通汽车修理厂的维修人员不足 9 人。二、乐昌市晶鑫一站式汽车服务中心在省交通运输部门的诚信评价中是落选单位,而昌源公司属于诚信评价 AAA 单位,却没有得分。经查:一、乐昌市新通利汽车修配厂的人员为 25 人,维修人员为 10 人;乐昌市通利行汽车修理厂的人员为 16 人,技工为 10 人;乐昌市晶鑫一站式汽车服务中心的人员为 21 人,除一名二手车鉴定评估帅、一名会计、一名出纳外,其余为工作人员。上述事实表明,昌源公司投诉与事实不符,该理由不能成立。二、尽管昌源公司的 2015 年度道路运输企业诚信评价结果在广东省道路运输管理局的粤运客〔2016〕27 号《广东省道路运输管理局关于 2015 年度道路运输企业诚信评价结果的通报》中为 AAA 级诚信单位。然而,在昌源公司递交的投标文件中,没有该信息或者相关文件,说明没有得分的原因,并非有关评审委员会评审人员的责任。由于乐昌市交通运输局于 2016 年12 月 19 日作出《关于 2015 年度机动车维修企业诚信评价结果的通知》确认乐昌市晶鑫一站式汽车服务中心 2015 年诚信评价达到 AA 合格,故有关评审人员给乐昌市晶鑫一站式汽车服务中心所打诚信评价得分符合并无不当。此外,因昌源公司未对其他问题在质疑阶段提出质疑,故乐昌市财政局不予审查符合上列《政府采购供应商投诉处理办法》第八条、《中华人民共和国政府采购法实施条例》第五十五条的规定。

综上所述,乐昌市财政局作出的财政行政确认合法,乐昌市政府作出的行政复议符合法定程序,应予支持。乐昌市财政局上诉有理,应予采纳。昌源公司起诉提出的诉讼请求理由不充分,应予驳回。原判适用法律、法规有误,应予纠正。据此,依照《中华人民共和国行政诉讼法》第八十九条第一款第(二)项的规定,判决如下:

一、撤销韶关市武江区人民法院的〔2017〕粤 0203 行初 308 号行政判决。

二、驳回乐昌市昌源汽车维修有限公司的诉讼请求。

本案一、二审案件受理费各 50 元,由乐昌市昌源汽车维修有限公司负担。

本判决为终审判决。

审 判 长　万　靖

审 判 员　徐肇廷

审 判 员　邹征衡

二〇一七年十二月十八日

书 记 员　罗智健

【后续案例】

广东省高级人民法院〔2017〕粤行申 615 号再审审查与审判监督行政裁定书。

广州市隧成建业物业发展有限公司
与广州市南沙区财政局
政府采购（招投标）投诉处理决定案

【案件提要】

本案是对采购结果的投诉处理决定提起行政诉讼的案例。涉案采购项目是涉及道路保洁等物业服务的公开招标。隧成公司在投标材料中提交了《中小微企业认定函》，属区房地产行业的小型企业；在评审中享受价格扣除优惠后，价格评分为第一名，最后成为中标供应商。路通公司认为中标供应商谎报小微企业，提出质疑和投诉。财政部门经向有关部门调查，认定中标供应商提供的《中小型企业认定函》真实有效。因我国现行法律法规并无明确规定，小微型企业必须在相对应行业的政府采购活动中才能获得价格扣除。故该项目评审委员会按照招标文件的要求进行评审，给予中标供应商6%价格扣除的评审决定并无不妥。路通公司不服，提起本案诉讼。一审法院经审理认为，经查明，房地产开发经营行业与物业管理行业关于小微企业的认定条件存在明显差异，隧成公司以房地产开发经营小型企业的资质参加道路保洁服务政府采购招投标活动，并据此享受相应的价格扣除，于法无据，财政部门以法律未规定小微企业必须在相对应行业的政府采购活动中才能获得价格扣除而予以驳回，缺乏理据，故其作出的投诉处理决定明显不当，适用法律错误，予以撤销。二审法院经审理认为，因有关部门后撤销了对隧成公司中小微企业的认定，故隧成公司提交《中小企业声明函》，声明其属房地产行业的小型企业，与事实不符，作为中小企业参加政府采购享受价格优惠的前提条件也不复存在。财政部门的处理决定，对于隧成公司系房地产行业小型企业的核查结果与真实情况不符，应予撤销。

【判决正文】

广州铁路运输中级法院
行政判决书

〔2017〕粤 71 行终 1909 号

上诉人（一审被告）广州市南沙区财政局，住所地（略）。
法定代表人林某。
委托代理人刘某。

委托代理人梁某。

上诉人(一审第三人):广州市隧成建业物业发展有限公司,住所地(略)。

法定代表人曾某。

委托代理人李某、杨某。

被上诉人(一审原告):广东路通投资管理集团有限公司,住所地(略)。

法定代表人刘某。

委托代理人杜某、卢某。

一审第三人:广州公共资源交易中心,住所地(略)。

法定代表人郑某。

委托代理人纪某。

委托代理人陈某。

上诉人广州市南沙区财政局(以下简称南沙区财政局)、广州市隧成建业物业发展有限公司(以下简称隧成公司)因与被上诉人广东路通投资管理集团有限(以下简称路通公司)、一审第三人广州公共资源交易中心(以下简称广州交易中心)行政处理决定一案,不服广州铁路运输第一法院〔2017〕粤7101行初1936号行政判决,向本院提起上诉。本院受理后,依法组成合议庭进行了审理。现已审理终结。

一审法院经审理查明:2017年1月16日,广州交易中心发布《2017—2020年广州市南沙区黄阁镇人民政府道路保洁采购项目招标公告》,项目名称为2017—2020年广州市南沙区黄阁镇人民政府道路保洁采购项目,采购人为广州市南沙区黄阁镇人民政府,采购代理机构为广州交易中心,项目类别为服务类,采购内容为为采购人提供道路保洁服务。路通公司与隧成公司均系该项目投标人,隧成公司在投标材料中提交了广州市荔湾区科技工业商务和信息化局(以下简称荔湾科工信局)于2016年6月27日出具的《中小微企业认定函》,其中称根据《中小企业定型标准规定》(工信部联企业〔2011〕300号),隧成公司符合有关标准,属于荔湾区房地产行业的小型企业。根据招标文件第四章开标、评标和定标:四、评标程序(四)价格评审的规定,对小型和微型企业产品的价格扣除6%,计算公式为"评标价=总投标报价-小型和微型企业产品的价格×6%",隧成公司在享受该价格扣除优惠后,价格评分为第一名满分(20分),路通公司价格得分为第二名(15.33分)。2017年2月7日,广州交易中心作出评标报告,评标结果授标建议中标供应商为隧成公司(总分89.16分),路通公司排名第二(总分89.08分)。同年2月13日,广州交易中心公布前述涉案招投标项目中标结果,隧成公司为中标供应商。

路通公司对中标结果不服,于2017年2月16日向广州交易中心提出质疑,同年2月28日,该中心函复路通公司称:"来函反映本项目中标供应商谎报为小微企业、在投标文件中提供虚假材料,采购结果损害了你司合法权益。经核查,中标供应商在投标文件中提交了其为房地产行业小型企业的声明函,并提供了有关部门出具的小型企业认定函。本项目评审委员会已按照招标文件的要求对上述材料进行了评审。"路通公司不服该答复,于2017年3月14日以广州交易中心为被投诉人向南沙区财政局提出投诉,投诉认为涉案招标需求是道路保洁服务,属物业管理招标项目,中标供应商隧成公司提交的房地产行业小型企业证明不适用于本项目价格评审中依照《政府采购促进中小企业发展暂行办法》给予相应的价格扣除的情况。南沙区财政局于2017年3月20日受理该投诉。同年4月12日,南沙区财政局就"隧成公司提供的《中小微企业认定函》是否真实"及"根据《中小企业划型标准规定》(工信部联企业〔2011〕300号)规定,隧成公司划型为何种具体的行业企业"向荔湾科工信局发出穗南区财函〔2017〕461号《协查函》进行咨询,该局于2017年4月20日作出荔科工商信函〔2017〕229号《关于广州市隧成建业物业发展有限公司相关情况的复函》,回复南沙区财政局称:一、隧成公司所提供的《中小微企业认定函》真实有效;二、隧成公司2015年营业收入为9 129.35万元,资产总额为2 934.51万元,根据《关于印发中小企业划型标准规定的通知》(工信部联企业〔2011〕300号)对各行业划型标准的认定第十三项,应认定为"房地产开发经营行业的小型企业"。

2017年4月26日,南沙区财政局作出穗南财采〔2017〕14号《政府采购投诉处理决定书》,内容如下:"……经调查核实,情况如下:一、投诉事项。投诉人认为中标供应商提交的'房地产行业小型企业证明',不适用于本项目价格评审中依照《政府采购促进中小企业发展暂行办法》给予相应的价格扣除的情况。请求依法取消现中标供应商资格,重新确定中标供应商,并对中标供应商进行行政处罚。二、调查核实情况。针对投诉人的投诉事项,本机关经向相关部门发函核实情况,并结合该项目招标文件、被投诉人、采购人及中标供应商提供的说明材料进行审查,查实情况如下:该项目为非专门面向中小微企业采购的项目,招标文件在'价格评审'部分规定了'对于非专门面向中小微企业采购的项目,依照《政府采购促进中小企业发展暂行办法》的规定,凡符合要求的有效投标人,按照以下比例给予相应的价格扣除:非联合体供应商(供应商须为小型、微型企业),对小型和微型企业产品的价格扣除6%'。中标供应商在投标文件中提交了其为房地产行业小型企业的《声明函》及《中小微企业认定函》,中标供应商因此获得6%的价格扣除。经核实,中标供应商提供的上述《中小型企业认定函》真实有效。根据《政府采购促进中小企业发展暂行办法》第五条规定:'对于非专门面向中小企业的项目,采购人或者采购代理机构应当在招标文件或者谈判文件、询价文件中作出规定,对小型和微型企业产品的价格给予6%—10%的扣除,用扣除后的价格参与评审,具体扣除比例由采购人或者采购代理机构确定。'为了促进中小微企业发展,允许在政府采购活动中按照一定的比例给予符合要求的小微型企业相应的价格扣除。我国现行法律法规并无明确规定,小微型企业必须在相对应行业的政府采购活动中才能获得价格扣除。因此,该项目评审委员会按照招标文件的要求进行评审,给了中标供应商6%价格扣除的评审决定并无不妥。本机关认为,据投诉人提供的材料及有关当事人提供的材料显示,投诉人的投诉缺乏事实和法律依据,本机关对投诉人的投诉事项不予支持。三、处理决定。综上,投诉人的投诉事项缺乏事实和法律依据,根据《政府采购法》第十三条和《政府采购供应商投诉处理办法》第二条、第十七条第一款第二项规定,本机关决定驳回投诉人投诉。"路通公司不服,诉至一审法院。

另查明,据2011年发布的《国民经济行业分类》(GB/T4754—2011)显示,门类代码K房地产业,大类代码70房地产业,下属分类及类别名称分别为:7010房地产开发经营(指房地产开发企业进行的房屋、基础设施建设等开发,以及转让房地产开发项目或者销售、出租房屋等活动)、7020 物业管理(指物业服务企业按照合同约定,对房屋及配套的设施设备和相关场地进行维修、养护、管理,维护环境卫生和相关秩序的活动)、7030 房地产中介服务、7040 自有房地产经营活动、7090 其他房地产业等。

《关于印发中小企业划型标准规定的通知》(工信部联企业〔2011〕300 号)第四点规定:"各行业划型标准为:……(十三)房地产开发经营。营业收入 200 000 万元以下或资产总额 10 000 万元以下的为中小微型企业。其中,营业收入 1 000 万元及以上,且资产总额 5 000 万元及以上的为中型企业;营业收入 100 万元及以上,且资产总额 2 000 万元及以上的为小型企业;营业收入 100 万元以下或资产总额 2 000 万元以下的为微型企业。(十四)物业管理。从业人员 1 000 人以下或营业收入 5 000 万元以下的为中小微型企业。其中,从业人员 300 人及以上,且营业收入 1 000 万元及以上的为中型企业;从业人员 100 人及以上,且营业收入 500 万元及以上的为小型企业;从业人员 100 人以下或营业收入 500 万元及以下的为微型企业。……"

一审法院认为:《中华人民共和国政府采购法》第十三条第一款规定:"各级人民政府财政部门是负责政府采购监督管理的部门,依法履行对政府采购活动的监督管理职责。"第五十二条规定:"供应商认为采购文件、采购过程和中标、成交结果使自己的权益受到损害的,可以在知道或者应知其权益受到损害之日起七个工作日内,以书面形式向采购人提出质疑。"第五十四条规定:"采购人委托采购代理机构采购的,供应商可以向采购代理机构提出询问或者质疑,采购代理机构应当依照本法第五十一条、第五十三条的规定就采购人委托授权范围内的事项作出答复。"第五十五条规定:"质疑供应商对采购人、采购代理机构的答复不满意或者采购人、采购代理机构未在规定的时间内作出答复的,可以在答复期满后十五个工作日内向同级政府采购监督管理部门投诉。"第五十六条规定:"政府采购监督管理部门应当在收到投诉后三十个工作日内,对投诉事项作出处理决定,并以书面形式通知投诉人和与投诉事项有关的当事人。"《政府采购供应商投诉处理办法》第二条规定:"供应商依法向财政部门提起投诉,财政部门受理投诉、作出处理决定,适用本办法。"第十七条规定:"财政部门经审查,对投诉事项分别作出下列处理决定:(一)投诉人撤回投诉的,终止投诉处理;(二)投诉缺乏事实依据的,驳回投诉;(三)投诉事项经查证属实的,分别按照本办法有关规定处理。"第十九条规定:"财政部门经审查,认定采购文件、采购过程影响或者可能影响中标、成交结果的,或者中标、成交结果的产生过程存在违法行为的,按下列情况分别处理:(一)政府采购合同尚未签订的,分别根据不同情况决定全部或者部分采购行为违法,责令重新开展采购活动;(二)政府采购合同已经签订但尚未履行的,决定撤销合同,责令重新开展采购活动;(三)政府采购合同已经履行的,决定采购活动违法,给采购人、投诉人造成损失的,由相关责任人承担赔偿责任。"《政府采购促进中小企业发展暂行办法》第五条第一款规定:"对于非专门面向中小企业的项目,采购人或者采购代理机构应当在招标文件或者谈判文件、询价文件中作出规定,对小型和微型企业产品的价格给予 6%—10% 的扣除,用扣除后的价格参与评审,具体扣除比例由采购人或者采购代理机构确定。"本案中,路通公司对涉案政府采购招投标活动的中标结果不服依上述法定程序向南沙区财政局提出投诉请求,南沙区财政局作为广州市南沙区财政部门有职责对该投诉请求作出相应处理。根据查明的事实,房地产开发经营行业与物业管理行业关于小微企业的认定条件存在明显差异,原认定单位已向南沙区财政局回函确认隧成公司所取得的房地产行业小型企业认定属于房地产开发经营的小型企业认定,隧成公司以房地产开发经营小型企业的资质参加本案道路保洁服务政府采购招投标活动并据此享受相应的价格扣除于法无据,南沙区财政局对于路通公司的投诉请求以法律未规定小微企业必须在相对应行业的政府采购活动中才能获得价格扣除而予以驳回缺乏理据,故南沙区财政局作出的涉案投诉处理决定明显不当,适用法律错误,依法应予撤销。据此,一审法院依照《中华人民共和国行政诉讼法》第七十条第(二)项、第(六)项的规定,判决:一、撤销南沙区财政局于 2017 年 4 月 26 日作出的穗南财采〔2017〕14 号《政府采购投诉处理决定书》;二、南沙区财政局于本判决发生效力之日起三十个工作日内对路通公司的投诉申请重新作出处理。本案受理费 50 元由南沙区财政局负担。

南沙区财政局不服一审判决,向本院提起上诉称,一审法院关于"南沙区财政局在作出的涉案投诉处理决定明显不当,适用法律错误"的认定错误。理由如下:一、关于隧成公司小型企业资质认定的问题。南沙区财政局处理路通公司的政府采购投诉过程中,南沙区财政局发函要求荔湾科工信局对隧成公司的小微企业资质进行核查,荔湾科工信局复函称"根据《关于印发中小企业划型标准规定的通知》(工信部联企业〔2011〕300 号)对各行业划型标准的认定第十三项,应认定为房地产开发经营行业的小型企业",《政府采购促进中小企业发展暂行办法》第十五条规定:"政府采购监督检查和投诉处理中对中小企业的认定,由企业所在地的县级以上中小企业主管部门负责。"因此,南沙区财政局在处理政府采购投诉时,依据隧成公司所在地的荔湾区中小企业主管部门出具的小型企业认定函,据此认定隧成公司具体划型标准及划型依据,并不属于南沙区财政局作为政府采购监管部门的监管范畴。二、关于隧成公司是否可以享受价格扣除的问题。一审法院关于"隧成公司以房地产开发经营小型企业的资质参加本案道路保洁服务政府采购招标活动并据此享受相应的价格扣除于法无据"认定错误。首先《政府采购促进中小企业发展暂行办法》第五条规定,政府采购项目对于非专门面向中小企业的项目,对小型和微型企业产品给予价格扣除优惠,采购人或者采购代理机构应当在招标文件中作出规定。本案中,招标文件应当作为该政府采购项目活动的执行规范及评判准则,对于小型和微型企业产品的价格扣除问题,也应当以招标文件为最主要评判依据。其次,本案道路保洁政府采购项目的招标文件在"价格评审"部分规定了"对于非专门面向中小微企业采购的项目,依照《政府采购促进中小企业发展暂行办法》的规定,凡符合要求的有效投标人,按照以下比例给予相应的价格扣除:非联合体供应商(供应商须为小型、微型企业),对小型和微型企业产品的价格扣除 6%。"该招标文件依据《政府采购货物和服务招标投标管理办法》(财政部令第 87 号)的规定进行发布,路通公司在投标前明显知悉招标文件所规定的包括小微企业享受价格扣除等具体内容,而路通公司并未对招标文件内容提出质疑、投诉,因此,招标文件关于"凡符合要求的有效投标人,按照以下比例给予相应的价格扣除……"的规定符合《政府采购促进中小企业发展暂行办法》的规定,应当对包括路通公司在内所有参与投标的供应商具有约束力。再者,依据《政府采购货物和服务招标投标管理办法》第四十六条,评标委员会负责具体评标事务并独立履行审查、评价投标文件是否符合招标文件的商务、技术等实质性要求的职责。本案中,在招标文件中并未明确供应商的小微企业资质必须于道路保洁对应的情况下,采购项目评审委员会依据隧成公司提供的《声明函》决定并无不妥。在评审委员会依法并依据招标文件规定作出评审结果的情况下,南沙区财政局作为政府采购的监管部门,应当驳回路通公司的政府采购投诉。三、关于南沙财政局在作出政府采购投诉处理决定适用法律的问题。我国政府强调让政府部门"法无授权不可为",南沙区财政局在处理政府采购投诉时,应当依据《政府采购促进中小企业发展暂行办法》的规定并结合招标文件作出投诉处理决定,在招标文件及上述办法中均未规定小微企业必须在相对应行业的政府采购活动中才能获得价格扣除的情况下,南沙区财政局作为行政机关在作出具体行政行为时,应当依据现行法律法规进行事实认定及作出处理决定,并未违反法律法规的规定。四、一审法院作出的"撤销并责令重新作出政府采购投诉处理决定"的判决值得商榷。本案中,该政府采购项目的合同已经实际履行,隧成公司也已经实际实施道路保洁工作,采购人于隧成公司双方的权利义务已由政府采购合同及合同法规制。从诉讼经济原则、维系行政管理秩序、便于当事人诉讼等角度考虑,应当作出驳回路通公司诉讼请求的判决。综上所述请求:1. 撤销原判;2. 依法改判驳回路通公司的全部诉讼请求。3. 本案一审、二审诉讼费用由路通公司承担。

隧成公司不服一审判决,向本院提起上诉称,一、南沙区财政局对路通公司投诉作出的处理决定在程序上和实体上均合法有效,应予维持。二、一审判决实体上适用法律错误,隧成公司严格按照《营业执照》登记的营业范围申报"房地产业"小型企业,已在申报程序中如实申报原因是为参与道路保洁项目,是依法申报并依法享有价格优惠,一审判决人为增设不合理高门槛,曲解并阻碍国家扶持促进中小企业发展政策的贯彻和实施。三、在行政诉讼程序上,一审判决严重超越本案审查范围,本案应围绕《中小企业认定函》是否确实由荔湾科工信局出具进行审查,而非对该函的合法性进行审查,且路通公司并未对该函合法性及真实性提出异议。四、隧成公司依法投标、依法应标、符合国家对中小微企业的普惠标准。五、在依法中标后,隧成公司已与招标方签订项目承包合同,双方已进入实际履行合同阶段。六、一审判决第十六页中第五行有误,隧成公司是以《城市生活垃圾经营性清扫、收集、运输服务》此资质来进行本案投标,所以隧成公司是符合本案中招投标的资格,且经过依法评定后才中标,符合相关要求。一审判决第十六页中第六、七行有误,隧成公司享受价格扣除是依法有据的。在本次投标中,其他的投标人工商登记信息显示并不都是保洁行业,另外两家绿德园林及东和园林也均不是道路保洁行业的小微企业,绿德园林是土木建筑业的小微企业,东和园林是装饰与建筑小微企业,但都获得了相应的价格扣除。综上请求撤销一审判决,依法驳回路通公司的诉讼请求。

路通公司二审答辩称,第一,隧成公司提供的中小企业认定函存在明显错误,隧成公司并非房地产开发经营企业,根本不应认定为房地产开发经营企业的小微企业,根据《中小企业划型标准规定》第四条第十三项、十四项的标准差异很大。在本案中无论是隧成公司的经营执照还是其申报的主营业务,均显示隧成公司的主营范围是物业管理,属于国营经济行业分类下的K7020项,并不具有房地产开发经营的经营范围,隧成公司不可能归属房地产开发经营企业的小型企业,只能属于房地产行业的物业管理企业。南沙区财政局曾向荔湾工科信局发过协查函,荔湾工科信局回函中已认为隧成公司是房地产开发经营行业的小型企业,隧成公司并不符合物业管理类企业的小微企业认定标准,隧成公司在申明函中的从业人员是1 245人,营业收入1.32亿元,已远远超出物业管理类小微企业的标准。在物业管理行业都知道隧成公司是超大型企业,根本不符合小型企业的认定标准,荔湾工科信局将隧成公司认定为房地产行业的小微企业存在明显错误。第二,即使隧成公司非法提供小微企业证明,也不应该在环卫保洁行业中跨行业享受价格优惠。在本案所涉保洁项目招标文件中明确注明采购内容及需求是为采购人提供道路保洁服务,在招标文件中的各项标准均是围绕环卫保洁行业的标准,所以提供服务的应是环卫行业的企业而非其他行业的企业,房地产行业的小微企业证明不能享受价格优惠。路通公司询问过省经信委相关事宜,经省经信委的口头答复,如果当事人是以房地产行业的小微企业证明参与投标,那在投标过程中其不能提供其是具有大型企业的人员、资质的能力标准来进行。根据《政府采购货物和服务招标管理办法》第九条的规定,应让真正的小微企业能够得到扶持。第三,南沙区财政局所作出的行政决定明显事实不清且推卸应有的职责,南沙区财政局应查明隧成公司不具有房地产开发资质。荔湾工科信局第一份、二份函所认定的隧成公司小微企业有不同,且经营范围是没有房地产开发业务的,南沙区财政局应当进行核实。隧成公司投标时所提供的中小微企业申明函认为其是房地产行业的小型企业,其故意混淆房地产业及房地产开发经营行业。隧成公司在2016年6月27日向荔湾工科信局提交的申请表中要求的是参与其他保洁项目投标,而非本案保洁项目的投标。隧成公司多次存在虚假陈述的情况,一个是从业人员数量,在2017年2月7日中从业人员1 275人,2016年6月27日从业人员是223人,在短时间内人员差异巨大。另一个是公司营业收入,在2017年2月7日中是1.32亿元,在申请表中是9 129.35万元。广东成鹏会计师事务所在2015年12月31日出具的报告书中显示隧成公司2015年营收是1亿4千元。而上一年(2014年)的营业收入是9 129.35万元,这个金额与2016年6月27日隧成公司的营业收入是吻合的,即表明隧成公司在2016年用的是2014年的数据。短时间给了三个不同结果,隧成公司材料中虚假陈述的情况南沙财局应该注意到。第四、南沙区财政局作出行政行为法律适用错误,有违公平原则。法无禁止即可为是公民权利而非企业。即使南沙区财政局认为小微企业可以跨行业享受优惠的规定,南沙区财政局也应当按照公平原则纠正这种违法不正当行为。南沙区财政局应注意到,隧成公司成立于1998年,持有环卫经营企业A级证书,被评为广州市环卫行业一级企业的大型企业,在招标中提供非法的房地产小微企业申明函。事实上,投标人互相之间是看不到其他投标企业提供的小微企业申明函,路通公司也是通过投诉才知道隧成公司提交了小微企业申请函。这种行为的示范效果非常差,不能达到真正扶持小微企业的目的。第五、采购合同是否履行跟本案没有实际关联,隧成公司是否已开始履行保洁行为与南沙区财政局有错必纠没有关联。综上,请二审法院查清事实,依法维持一审判决。

广州交易中心二审述称,第一,认同南沙区财政局的上诉理由。第二,一审判决第十六页倒数第五行认定事实错误,在招标文件中是没有要求资质,因为保洁项目在法律上没有要求必须具备资质才能投标。一审判决第十三页中第二段另查明中仅查明了房地产业的认定标准,对于本案中应适用哪个行业的划分标准,一审判决并没有认定。第十六页中"于法无据"并没有明确于哪条法律无据。一审并没有讲明小微企业必须在相应行业才能享受优惠的依据。南沙区财政局作出的投诉处理决定书合法有据应予维持。《政府采购促进中小企业发展暂行办法》第十五条规定,认定本案中隧成公司小微企业资质的是荔湾工科信局,南沙区财政局已经向该局发出协查函,予以确认,已履行了相应的职责。路通公司对隧成公司中小微企业的认定有异议应另案处理。

经二审审查,一审法院查明的事实清楚并有相应证据证明,本院予以确认。另查明,广州交易中心在《2017—2020年广州市南沙区黄阁镇人民政府道路保洁采购项目招标文件》在"关于中小微企业投标"中规定,中小微企业投标应提供《中小微企业声明函》。隧成公司于2017年2月7日出具了《中小微企业声明函》,声明该公司系房地产行业小型企业,并对该声明的真实性负责。

再查明,2018年1月11日,南沙区财政局向中华人民共和国工业和信息化部发送《关于请求明确"对给予小微企业价格扣除是否需对应企业所属行业"有关问题的函》,函请工业和信息化部明确关于给予小微企业价格扣除是否需对应企业所属行业的问题。2018年1月19日,工业和信息化部中小企业局以工企业函〔2018〕21号复函称,关于广州市隧成建业物业发展有限公司的企业规模类型问题,应根据该公司的主要经济活动,按照《国民经济行业分类》确定该公司的行业归属,再按照《中小企业划型标准规定》所对应的行业划型标准,确定其企业规模类型。小型微型企业参加非专门面向中小企业的政府采购项目招标,按照财政部、工业和信息化部印发的《政府采购促进中小企业发展暂行办法》(财库〔2011〕181号)的有关规定,可享受价格扣除等优惠政策。

2018年1月25日,荔湾科工信局在荔湾区人民政府网上刊登了《荔湾区科技工业商务和信息化局关于撤销广州市隧成建业物业发展有限公司中小企业认定的通告》,该通告称:"根据《中小企业划型标准规定》第五条'企业类型的划分以统计部门的统计数据为依据'的规定,因隧成公司申请认定自证材料与统计部门数据不符,我局依法撤销2017年6月8日对该公司开具的中小企业认定,对于隧成建业公司自证材料与实际情况不符的问题,我局保留对该公司依法追究法律责任的权力。"2018年1月31日,荔湾科工信局向路通公司作出《荔湾区科技工业商务和信息化局关于《关于请求重新审查广州市隧成建业物业发展有限公司〈中小微企业认定函〉的函》的复函》告知其上述通告的情况。隧成公司在二审庭审中确认其主要经济活动是道路保洁、绿化,并且一直在从事该经营活动。

本院认为,本案二审的争议焦点是隧成公司是否属于房地产行业的小型企业。

《政府采购促进中小企业发展暂行办法》第五条规定:"对于非专门面向中小企业的项目,采购人或者采购代理机构应当在招标文件或者谈判文件、询价文件中作出规定,对小型和微型企业产品的价格给予6%—10%的扣除,用扣除后的价格参与评审,具体扣除比例由采购人或者采购代理机构确定。参加政府采购活动的中小企业应当提供本办法规定的《中小企业声明函》(见附件)。"根据该规定,在政府采购招投标中给予小微企业价格扣除的前提条件是该企业应是小型或微型企业。同时,中小企业声明函系由参加政府采购的企业提供,该企业应对声明的真实性予以负责。

《中华人民共和国中小企业促进法》(中华人民共和国主席令第69号)第二条第二款规定:"中小企业的划分标准由国务院负责企业工作的部门根据企业职工人数、销售额、资产总额等指标,结合行业特点制定,报国务院批准。"《关于印发中小企业划型标准规定的通知》(工信部联企业〔2011〕300号)明确了各行业中小企业的划型标准。根据上述规定,本案中,隧成公司是否属于房地产行业的小微型企业,应首先确定其行业归属,再根据相关标准来确定。根据二审查明事实可知,荔湾科工信局经查证,认为隧成公司所属行业非房地产业,不能按照房地产开发经营行业标准来认定,并依法撤销了2017年6月8日对隧成公司开具的中小企业认定。虽然荔湾科工信局撤销的并非隧成公司在涉案政府采购招投标中提交的该局于2016年6月27日出具的中小企业认定函,但鉴于2016年与2017年两份中小企业认定函均是对隧成公司属于房地产行业小型企业的认定,且隧成公司亦称其主要经济活动是道路保洁、绿化,也未有证据证明其主要经济活动曾发生过变化。因此,隧成公司在涉案政府采购招投标中提交《中小企业声明函》,声明该公司属房地产行业的小型企业,与事实不符。综上,南沙区财政局作出的被诉处理决定对于隧成公司系房地产行业小型企业的核查结果与真实情况不符,应当予以撤销。因隧成公司作为中小企业参加政府采购享受价格优惠的前提条件已不存在,故对于房地产行业小型企业能否在涉案道路保洁服务政府采购招投标活动中享受价格扣除优惠的问题,本案不再予以审查。

综上所述,一审判决处理结果正确,本院予以维持。南沙区财政局、隧成公司要求撤销一审判决的理由不成立,本院不予支持。依照《中华人民共和国行政诉讼法》第七十条第(一)项、第八十九条第一款第(一)项的规定,判决如下:

驳回上诉,维持原判。

二审案件受理费50元由上诉人广州市南沙区财政局、广州市隧成建业物业发展有限公司共同负担。

本判决为终审判决。

审 判 长　朱　琳

审 判 员　彭铁文

审 判 员　林　彦

二〇一八年三月二十六日

书 记 员　高　洁

江苏华招网信息技术有限公司
与内蒙古自治区财政厅
政府采购（招投标）投诉处理决定案

【案件提要】

本案是对采购结果的投诉处理决定提起行政诉讼的案例。涉案采购项目发布中标公告，华招公司中标，华招网公司等未中标供应商都不具备有关管理认证，不符合招标文件要求条件。华招网公司在中标人公告发布后发现采购人于中标公告发布前对供应商的资质作出了变更公告，将管理认证的资格要求予以取消，认为违法。经质疑后，华招网公司以邮寄方式向财政部门投诉，在邮寄的EMS快递单上载明的快递收件人为"汪美桂"，收件人地址为"内蒙古自治区呼和浩特市赛罕区敕勒川大街19号（财政厅办公楼5楼503室）"。快递物流信息查询单上记载："投递并签收"，签收人"他人签收"，快递实际签收人为"向木"。因财政部门称未收到投诉书不予受理投诉，华招网公司提起本案诉讼，请求判令财政部门依法履行法定监督检查职责。一审法院经审理认为，根据邮寄和投递的习惯，应当视为该邮件投递成功。华招网公司已经完成了其向财政部门提出申请的证明责任。虽然签收人不是快递单上载明的收件人，但财政部门应当提供证据证明邮件签收人并非本单位工作人员或者负责收发邮件的管理人员，而其没有提供相应的证据予以佐证，故其抗辩理由不能成立，故判决财政部门对华招网公司的投诉作出处理决定。财政部门提出上诉。二审法院经审理认为，华招网公司应当提供其向内蒙古财政厅提出申请的证据，但其提交的证据不足以证明其已提出投诉申请的事实。首先，因其在邮寄快递时并未注明快递内件品名，故无法认定其邮寄的是投诉书。其次，其也不能证明收到该邮件的是财政部门的工作人员。故现有证据不能证明财政部门已经收到该快递。由于快递收派员投递程序不当造成收件人未收到快递的责任，不应当由无过错的收件人财政部门承担，故判决撤销一审判决，驳回华招网公司的诉讼请求。

【判决正文】

呼和浩特市中级人民法院
行政判决书

〔2017〕内01行终35号

上诉人（一审被告）内蒙古自治区财政厅，住所地（略）。

法定代表人张某。

委托代理人李某。

委托代理人吴某。

被上诉人(一审原告)江苏华招网信息技术有限公司,住所地(略)。

法定代表人戴某。

委托代理人刘某。

上诉人内蒙古自治区财政厅(以下简称内蒙古财政厅)诉被上诉人江苏华招网信息技术有限公司(以下简称华招网公司)履行财政法定职责一案,内蒙古财政厅不服呼和浩特市赛罕区人民法院〔2016〕内0105行初10号行政判决,向本院提起上诉。本院受理后,依法组成合议庭,于2017年7月18日公开开庭审理了本案。上诉人内蒙古财政厅的委托代理人李某,被上诉人华招网公司的委托代理人刘某到庭参加诉讼。本案现已审理完毕。

一审查明,2015年10月30日,内蒙古自治区政府采购中心(以下简称内蒙采购中心)受内蒙古自治区药品器械集中招标采购服务中心(以下简称采购代理机构)委托发布招标公告,公开招标采购内蒙古药械集中采购平台软件服务(采购文件编号NZC2015-C03-39)。招标公告要求供应商必须具备ISO9000质量管理认证和ISO20000服务管理认证。共有三家单位参加了竞争投标,即华招网公司以及案外人南京火眼金睛科技有限公司(以下简称火眼睛公司)、北京华招易联信息技术有限公司(以下简称华招公司)。2015年11月20日采购方发布中标公告,华招公司中标,火眼金睛公司不具备ISO9000质量管理认证和ISO20000服务管理认证,华招网公司不具备ISO20000服务管理认证,不符合招标文件要求条件。华招网公司在中标人公告发布后发现采购人于2015年11月18日对供应商的资质作出了变更公告:将供应商必须具备ISO9000质量管理认证和ISO20000服务管理认证的资格要求予以取消。华招网公司认为,采购人违反政府采购法实施条例第31条的规定,于2015年11月25日向内蒙古采购中心发出质疑函并提交了相关的证据,内蒙古采购中心于同年11月27日收到后对华招网公司的质疑没有作出答复。华招网公司于2015年12月9日以EMS快递的方式向内蒙古财政厅递交投诉书并提交了相关证据,申请对上述政府采购招投标活动依法履行监督职责。华招网公司邮寄的EMS快递单上载明的快递收件人:"汪美桂";收件人地址:"内蒙古自治区呼和浩特市赛罕区敕勒川大街19号(财政厅办公楼5楼503室)"。2015年12月11日,快递经呼和浩特市邮政速递物流如意揽投部安排投递,快递物流信息查询单上记载:"投递并签收",签收人"他人签收",快递实际签收人为向木。华招网公司认为,内蒙古财政厅作为政府采购的监管部门对江苏华招网公司的投诉没有依法履行法定职责,侵害其合法权益,向一审法院提起诉讼,请求判令内蒙古财政厅依法履行法定职责,宣布内蒙古自治区药械集中采购平台软件服务(采购文件编号NZC2015-C03-39)政府采购招投标中标无效,责令采购人重新进行采购招投标,并对逾期不处理供应商质疑和投诉的行为进行追责。经庭审质证,一审法院认为华招网公司的证据"快递单""快递清单",来源合法、客观真实、与本案有关联性,本院予以认证。

一审法院认为,华招网公司作为政府采购活动的投标人,认为招投标活动中的违法行为侵犯了其合法权益,可以依照法定程序向政府采购的监管部门进行投诉,内蒙古财政厅作为政府采购活动的监督部门,应当在法定期限内依照法定程序对投诉人的投诉作出相应的处理决定。华招网公司以快递方式向内蒙古财政厅寄送投诉书,快递于 2015 年 12 月 11 日经邮政速递物流投递至内蒙古财政厅住所地,内蒙古财政厅抗辩江苏华招网公司寄出的快递收件人为汪美桂但邮件实际签收人为向木,并非本人签收,内蒙古财政厅没有收到华招网公司的投诉书,因此,内蒙古财政厅不存在不履行法定职责。内蒙古财政厅作为省级行政机关,在接待外部到访人员的程序上一般均有较为严格的管理制度,速递物流公司的投递员较难进入内蒙古财政厅的办公区域进行投递,而是按照邮政速递物流的投递惯例,将邮件投递到收件单位专门负责收发邮件、包裹的部门,根据华招网公司提供的证据"快递单""快递清单"证明华招网公司向内蒙古财政厅邮寄投诉书的邮件,经邮政速递物流公司的投递员按照华招网公司提供的地址成功投递至收件人单位住所地,而华招网公司在快递单中提供的收件人单位地址与内蒙古财政厅住所地相符按照邮政速递物流的投递惯例,应当视为邮件投递成功,根据《行政诉讼法》第三十八条第一款的规定,华招网公司已经完成了其向内蒙财政厅提出申请的证明责任。对于内蒙古财政厅的抗辩,一审法院认为,虽然签收人不是快递单上载明的收件人,但内蒙古财政厅应当提供证据证明邮件签收人并非本单位工作人员或者负责收发邮件的管理人员,而内蒙古财政厅没有提供相应的证据予以佐证,因此,内蒙古财政厅的抗辩理由,本院不予采纳,内蒙古财政厅应当根据《政府采购法》第五十六条的规定,在收到原告的投诉书后三十个工作日内,对投诉事项作出处理决定。根据《中华人民共和国行政诉讼法》第七十二条、《中华人民共和国政府采购法》第五十六条的规定,判决内蒙古财政厅于判决生效之日起三十个工作日内对华招网公司的投诉作出处理决定。

内蒙古财政厅上诉称,一审法院认定事实错误,内蒙古财政厅未收到华招网公司邮寄送达的投诉书,在邮寄单上签字的人不知是谁。根据谁主张谁举证的原则,应当由寄件人华招网公司证明内蒙古财政厅收到其寄出的邮件。本案中华招网公司邮寄单上内件品名处为空白,无证据证明其邮寄的内容是"投诉书",因此也不能证明内蒙古财政厅收到了该邮件。

华招网公司答辩认为,其认为招投标行为存在违法,按照法律规定提出质疑。之后,华招网公司在法定期限内通过邮政特快专递提出投诉,快递单上填写的是内蒙古财政厅的准确地址、收件人是内蒙古财政厅的工作人员。内蒙古财政厅仅凭一份工作人员通讯录不能证明邮件代收人不是其单位工作人员。

经审理查明,2015 年 11 月 26 日,华招网公司向内蒙古采购中心发出特快专递邮件,该邮件"内件品名"一栏中未填写邮寄材料名称,内蒙古采购中心于同年 11 月 27 日收到该邮件。2015 年 12 月 9 日,华招网公司向内蒙古财政厅发出编号为 1034201852717 的 EMS 快递。该该邮件"内件品名"一栏中也未填写邮寄材料名称。华招网公司邮寄的 EMS 快递单上载明的指定收件人为财政厅工作人员"汪美桂",收件人地址:"内蒙古自治区呼和浩特市赛罕区敕勒川大街 19 号(财政厅办公楼 5 楼 503 室)"。2015 年 12 月 11 日,快递经呼和浩特市邮政速递物流如意揽投部安排投递,快递物流信息查询单上记载"投递并签收",签收人"他人签收",快递实际签收人不详。

本院认为,根据《中华人民共和国行政诉讼法》第三十八条第一款"在起诉被告不履行法定职责的案件中,原告应当提供其向被告提出申请的证据。但有下列情形之一的除外:

(一)被告应当依职权主动履行法定职责的;(二)原告因正当理由不能提供证据的"的规定,江苏华招网公司应当提供其向内蒙古财政厅提出申请的证据。但江苏华招网公司提交的证据不足以证明其向内蒙古财政厅提出投诉申请的事实。首先,因华招网公司在邮寄快递时并未注明快递内件品名,故无法认定其邮寄的是投诉书。其次,华招网公司也不能证明收到该邮件的是内蒙古财政厅的工作人员。根据国家邮政局《快递业务操作指导规范》第三十一条"收件人本人无法签收时,经收件人(寄件人)委托,可由其委托的代收人签收。代收时,收派员应当核实代收人身份,并告知代收人代收责任"的规定,由于快递收派员并未登记代收人的身份信息,因此现有证据并不能证明内蒙财政厅已经收到该快递。因为快递收派员投递程序不当造成收件人未收到快递的责任,不应当由无过错的收件人内蒙古财政厅承担。综上,一审判决认定事实不清,证据不足。依照《中华人民共和国行政诉讼法》第八十九条第一款第(二)项之规定,判决如下:

一、撤销呼和浩特市赛罕区人民法院〔2016〕内 0105 行初 10 号行政判决;

二、驳回被上诉人江苏华招网信息技术有限公司的诉讼请求。

一、二审案件受理费各 50 元,由被上诉人江苏华招网信息技术有限公司承担。

本判决为终审判决。

审 判 长　周　燕

审 判 员　王　颖

审 判 员　任艳芳

二〇一七年八月十日

书 记 员　卢晓瑛

合肥金海电子科技有限公司
与重庆市垫江县财政局
政府采购（招投标）投诉处理决定案

【案件提要】

本案是对采购结果的投诉处理决定而提起行政诉讼的案例。涉案采购项目发布招标文件，其中规定投标人的基本资格条件是参加政府采购活动前三年内，在经营活动中没有违法记录；具备地籍测绘乙级及以上资质；非在当地工商注册的投标人，须在当地设有分支机构，并应能出具近三个月的社保缴纳证明。采购项目经评标，金海公司中标。苍穹公司提出质疑和投诉被驳回后，提起本案诉讼。一审法院经审理认为，根据查明事实，虽有金海公司犯行贿罪的刑事判决，但距本项目招标已经过了三年，不构成三年内有重大违法记录的情形；又因存在上述犯罪行为，金海公司被其他地方财政部门处以禁止一年内的参加政府采购的行政处罚，但不属于《政府采购法》第二十二条第一款第五项所称重大违法记录。经查，金海公司也具备地籍测绘乙级及以上资质。但是，金海公司虽在当地设有分支机构，人员均无在当地社会保险缴纳记录，不符合招标文件要求。据此，判决撤销财政部门驳回投诉的处理决定。财政部门和金海公司均提出上诉。二审法院经审理认为，在涉案项目是否要求投标人出具近三个月在当地缴纳社保证明的问题上，针对招标文件的内容，采购人、采购代理机构在一、二审中均提出对社保缴纳证明没有要求必须提供在当地缴纳的社保证明，评委对投标人资格审查时也没有该限制性要求。采购人、采购代理机构提出的意见并不违反法律、法规的禁止性规定，法院应当予以支持。综上，财政部门作出驳回投诉的处理决定证据确凿，适用法律、法规正确，符合法定程序，处理结果并无不当。一审判决认定金海公司不符合招标文件第一篇第三条第（三）项第2目要求的事实不当，导致适用法律法规错误，依法应予改判。据此，二审判决撤销一审判决，驳回苍穹公司的诉讼请求。

【判决正文】

重庆市第三中级人民法院
行政判决书

〔2017〕渝 03 行终 185 号

上诉人（一审被告）垫江县财政局，住所地（略）。

法定代表人姚某。

委托代理人张某。

委托代理人程某。

上诉人(一审第三人)合肥金海电子科技有限公司,住所地(略)。

法定代表人黄某。

委托代理人伍某、赵某。

被上诉人(一审原告)苍穹数码技术股份有限公司,住所地(略)。

法定代表人徐某。

委托代理人余某。

一审第三人垫江县国土资源和房屋管理局,住所地(略)。

法定代表人夏某。

委托代理人杨某。

一审第三人垫江县公共资源交易中心,住所地(略)。

法定代表人刘某。

委托代理人陈某。

上诉人垫江县财政局、合肥金海电子科技有限公司(以下简称金海公司)因政府采购投诉处理一案,不服重庆市涪陵区人民法院〔2017〕渝 0102 行初 73 号行政判决,向本院提出上诉。本院受理后,依法组成合议庭审理了本案。现已审理终结。

一审判决认定,2016 年 9 月,垫江县国土资源和房屋管理局(以下简称垫江县国土房管局)作为采购人,垫江县公共资源交易中心(以下简称垫江县交易中心)为采购代理机构,发出涉诉采购项目招标文件。其第一篇投标邀请书中,第三条投标人资格要求为:投标人必须符合政府采购法第二十二条规定的基本条件。其第(二)项基本资格条件第 5 目参加政府采购活动三年内,在经营活动中没有违法记录;第(三)项特定资格条件 1. 具备地籍测绘乙级及以上资质(需包含有地理信息系统工程)(需出具资质证书复印件,原件备查);2. 非在渝工商注册的投标人,必须在渝设有分支机构或者授权服务机构(在渝设立分支机构的,必须提供在渝工商注册证明文件);需具有本地技术支持队伍,15 人以上,应能出具近三个月的社保缴纳证明复印件(原件备查)。第四条开标有关说明(五)投标文件递交截止时间为 2016 年 12 月 6 日 9 时 30 分至 10 时,开标时间为 2016 年 12 月 6 日 10 时。同年 11 月 18 日,垫江县国土房管局在垫江县公共资源交易网发布了《垫江县农村宅基地上图建库即不动产统一登记农房部分采购项目补遗》,删除了招标文件中第一编第三条特定资格条件中第 2 款的"或授权服务机构"。

金海公司于 2016 年 12 月 5 日在重庆市注册设立分公司。苍穹数码技术股份有限公司(以下简称苍穹公司)与金海公司均是涉诉采购项目的投标人。2016 年 12 月 7 日,垫江县交易中心在网上公布了中标结果,金海公司为拟成交企业。为此,苍穹公司分别向垫江县国土房管局、垫江县交易中心提出了质疑。垫江县交易中心针对苍穹公司的质疑,于 2016 年 12 月 19 日,在其官网上发布复函:一、关于金海公司重庆分公司人员没有缴纳社保的问题。经查,该公司提供了相关社保缴纳证明文件,并经评标委员会按招标文件要求审核通过。

二、关于金海公司有行贿犯罪记录和不良记录的问题。经查,该公司从 2013 年 12 月 1 日到 2016 年 12 月 19 日期间,未发现有行贿犯罪记录。三、关于金海公司没有注册测绘师,商务评分得分存在疑问的问题。经查,该公司商务文件中未提供注册测绘师资料,但此项并未得分。

2016 年 12 月 23 日,苍穹公司向垫江县财政局提出投诉。垫江县财政局于同月 28 日告知苍穹公司补充相关材料。苍穹公司于 2017 年 1 月 5 日重新提交书面投诉申请后,垫江县财政局于同月 9 日予以受理。

苍穹公司投诉内容为:1. 质疑垫江县国土房管局招标文件第三条投标人资格要求(三)特定资格条件 2:"外地企业在渝设立分支机构的,须提供本地技术支持队伍 15 人以上近三个月的社保缴纳证明。"苍穹公司通过查询重庆市工商局及社保网站,金海科技公司重庆分公司注册时间为开标前一天,且没有人员社保缴纳记录,该局未回复。垫江县交易中心回复:"经查,该公司已经提供相关社保缴纳证明文件,并经由评审委员会按招标文件要求审核通过。"2. 质疑垫江县交易中心招标文件第三条投标人资格要求(二)基本资格条件 5:"投标人在招标采购活动前三年内,在经营活动中没有违法记录。"苍穹公司查询得知金海科技公司在近三年内有行贿犯罪记录及行政处罚不良记录;垫江县交易中心回复:"经查,该公司从 2013 年 12 月 1 日到 2016 年 12 月 19 日期间,未发现有行贿犯罪记录。"3. 质疑垫江县国土房管局招标文件关于没收保证金的情形第三条:"投标人在投标过程中弄虚作假,提供虚假材料的。"苍穹公司查询得知金海科技公司没有注册测绘师,县交易中心回复:"经查,该公司商务文件中未提供注册测绘师资料,但此项并未得分。"在提出投诉时,苍穹公司提交了有关依据:杨先静违法犯罪相关依据及刑事判决书、金海公司重庆分公司注册信息、金海公司在投标前三年内存在不良记录的网络截屏等。

垫江县财政局于 2017 年 1 月 12 日向垫江县交易中心发出暂停政府采购活动通知书,要求其暂停涉诉采购项目的采购活动至 2017 年 2 月 11 日。同月 17 日,垫江县财政局要求苍穹公司在 5 个工作日内提交投诉书副本。

2017 年 2 月 4 日和 6 日,垫江县财政局分别向垫江县国土房管局、垫江县交易中心和金海公司送达了投诉书副本,要求三个单位或公司在 5 个工作日内作出说明并提交相关证据、依据和其他相关材料。同时,还向垫江县交易中心发出了调查取证通知书。

垫江县财政局在垫江县交易中心、金海公司提交了相关证据、依据和其他相关材料后,于 2017 年 2 月 17 日作出 201709 号《政府采购投诉处理决定书》,并先后送达给苍穹公司、垫江县国土房管局、垫江县交易中心、金海公司。苍穹公司不服,遂提起本案诉讼,请求撤销垫江县财政局作出的 201709 号《政府采购投诉处理决定书》。

一审法院认为,根据《中华人民共和国政府采购法》第十三条第一款"各级人民政府财政部门是负责政府采购监督管理的部门,依法履行对政府采购活动的监督管理职责",并参照《政府采购供应商投诉处理办法》第三条第三款"县级以上地方各级人民政府财政部门负责本级预算项目政府采购活动中的供应商投诉事宜"的规定,涉诉采购项目为县级预算项目,垫江县财政局具有对该项目采购活动中的供应商投诉进行处理的法定职责。

垫江县财政局在收到苍穹公司的投诉后,根据《中华人民共和国政府采购法》第五十六条"政府采购监督管理部门应当在收到投诉后三十个工作日内,对投诉事项作出处理决定,并以书面形式通知投诉人和与投诉事项有关的当事人"的规定,在法定期限内,对投诉进行受理、核查投诉问题、作出被诉《处理决定书》、通知投诉处理结果。

关于苍穹公司投诉金海公司没有注册测绘师、商务评分得分存在问题的问题。金海公司没有在此项评分中得分,但该公司在投标时提交了具有乙级测绘资质(含地理信息系统工程)证书的复印件,符合涉诉采购项目招标文件第一篇第三条第(三)项特定资格条件第1目要求:"具备地籍测绘乙级及以上资质(需包含有地理信息系统工程)。"

关于苍穹公司投诉金海公司有行贿犯罪记录和不良记录的问题。经核实,金海公司因犯行贿罪,被安徽省淮南市潘集区人民法院判处罚金60万元一案,该刑事判决生效时间为2013年11月25日,距涉诉采购项目招投标时间的2016年12月6日,已超过三年,符合《政府采购法》第二十二条第一款"供应商参加政府采购活动应当具备下列条件:(五)参加政府采购活动前三年内,在经营活动中没有重大违法记录"的规定。关于金海公司被五河县纳入黑名单,并取消其一年(2014年12月15日至2015年12月14日)在五河县参与投标资格的质疑及投诉,不属于前述规定的重大违法记录。

关于苍穹公司投诉金海公司重庆分公司人员社保问题。涉诉采购项目招标文件第一篇第三条第(三)项第2目要求:"非在渝工商注册的投标人,必须在渝设有分支机构(在渝设立分支机构的,必须提供在渝工商注册证明文件);需具有本地技术支持队伍,15人以上,应能出具近三个月的社保缴纳证明复印件(原件备查)。"金海公司在投标时,所提供的重庆分公司工商注册时间为2016年12月5日,人员均为安徽省人员,并未与重庆分公司签订劳动合同,无在重庆市社会保险缴纳记录,不符合《中华人民共和国政府采购法》第二十二条第二款"采购人可以根据采购项目的特殊要求,规定供应商的特定条件,但不得以不合理的条件对供应商实行差别待遇或者歧视待遇"和《中华人民共和国政府采购法实施条例》第十七条第二款"采购项目有特殊要求的,供应商还应当提供其符合特殊要求的证明材料或者情况说明"的规定。因此,金海公司达不到此项要求。关于垫江县财政局在质证中,认为《政府采购法》第二十二条并未对社保问题作出具体要求,但是,根据《政府采购法》第二十二条第二款和《中华人民共和国政府采购法实施条例》第十七条第二款"采购项目有特殊要求的,供应商还应当提供其符合特殊要求的证明材料或者情况说明"的规定,涉诉采购项目招标文件第一篇第三条第(三)项第2目要求合法,因此垫江县财政局的这一辩解理由不成立。

综上所述,垫江县财政局作出的《处理决定书》所认定的事实不清,主要证据不足,依照《中华人民共和国行政诉讼法》第七十条第(一)项之规定判决:一、撤销垫江县财政局于2017年2月17日作出的201709号《政府采购投诉处理决定书》。二、责令垫江县财政局在本判决生效后三十日内,依法重新作出投诉处理决定。

垫江县财政局上诉称,一审判决认定金海公司不符合招标文件第一篇第三条第(三)项第2目的要求,属于认定事实错误,请求本院依法改判。

金海公司上诉称,一审判决认定金海公司不符合招标文件中关于投标人要求的特定资格条件的事实错误,垫江县财政局作出的政府采购投诉处理决定正确,请求本院予以改判。

苍穹公司答辩称,金海公司的投标不符合招标文件的要求,垫江县财政局作出的投诉处理决定错误,应当予以撤销。一审判决认定的部分事实错误,但判决结果正确。请求本院查清事实,维持医生呢判决。

垫江县国土房管局、垫江县交易中心的意见是,一审判决认定金海公司不符合招标文件中关于投标人要求的特定资格条件的事实错误,垫江县财政局作出的政府采购投诉处理决定正确,请求本院予以改判。

本院审理查明的基本事实部分与一审判决认定的一致,本院予以确认。

另查明,涉诉采购项目招标文件的第一篇第三条第(三)项第 2 目载明的内容为:"非在渝工商注册的投标人,必须在渝设有分支机构或授权服务机构[在渝设立分支机构的,必须提供在渝工商注册证明文件;需具有本地技术支持队伍,15 人以上,应能出具近三个月的社保缴纳证明复印件(原件备查)]。"2016 年 11 月 18 日,垫江县国土房管局在垫江县公共资源交易网发布了《垫江县农村宅基地上图建库即不动产统一登记农房部分采购项目补遗》,删除了招标文件中第一编第三条特定资格条件中第 2 款的"或授权服务机构"。

金海公司因犯行贿罪于 2013 年 11 月 11 日被安徽省淮南市潘集区人民法院判处罚金 60 万元,该判决于同年 11 月 25 日发生法律效力。五河县招标采购管理局因金海公司的前述犯罪行为,于 2014 年 12 月 16 日作出《关于对合肥金海电子科技有限公司在我县投标资格的处理意见》,取消金海公司一年(2014 年 12 月 15 日至 2015 年 12 月 14 日)内在五河县行政区域内参与投标资格。垫江县财政局在处理投诉过程中,未发现金海公司在参加本次政府采购活动前三年内,有重大违法记录。金海公司在投标时所提交的材料中,无注册测绘师证书。

本院认为,垫江县财政局具有对涉诉采购活动中的供应商投诉进行处理的法定职责,并在法定期限内,对投诉进行受理、核查投诉问题、作出处理决定、通知投诉处理结果,作出被诉《政府采购投诉处理决定书》的事实清楚、程序合法。

关于因金海公司无注册测绘师,商务部分得分是否存疑的问题。经查,根据评标小组对金海公司的评分表和金海公司提交的项目负责人、项目团队的资质证书证实,金海公司提交的资质证书中无注册测绘师证书,在商务部分的"项目团队中具有测绘师 1 人及以上的得 1 分"栏目中未得分。垫江县财政局认定该项投诉事项不属实的证据确凿。

关于金海公司在参加本次政府采购活动前三年内,是否有违法记录的问题。根据《重庆市政府采购供应商质疑投诉处理暂行规定》第十二条规定"根据谁主张谁举证的原则,供应商提出质疑时,应提供相应事实依据或线索,并配合采购人或采购代理机构调查取证。"苍穹公司在提出质疑和投诉时,提供了安徽省蚌埠市中级人民法院〔2014〕蚌刑初字第 00007 号刑事判决书、五河县招标采购管理局《关于对合肥金海电子科技有限公司在我县投标资格的处理意见》,拟证明金海公司在 2014 年有重大违法记录。经查,现有证据证实金海公司在 2004 年至 2011 年期间,有行贿行为,并于 2013 年 11 月 11 日被安徽省淮南市潘集区人民法院以金海公司犯行贿罪判处罚金 60 万元,该判决于同年 11 月 25 日发生法律效力。但该事实距涉诉采购项目投标时间(2016 年 12 月 6 日)已超过三年,不能证明金海公司参加本次政府采购活动前三年内,在经营活动中有重大违法记录。关于五河县招标采购管理局因金海公司存在上述犯罪行为,于 2014 年 12 月作出取消金海公司在该县一年内的投标资格的处理问题。根据《中华人民共和国政府采购法实施条例》第十九条"政府采购法第二十二条第一款第五项所称重大违法记录,是指供应商因违法经营受到刑事处罚或者责令停产停业、吊销许可证或者营业执照、数额较大罚款等行政处罚"的规定,五河县招标采购管理局作出的《关于对合肥金海电子科技有限公司在我县投标资格的处理意见》不属于政府采购法第二十二条第一款第五项所称重大违法记录。此外,苍穹公司在提出质疑和投诉时,未提供金海公司还具有其他重大违法记录的相关事实依据或线索,垫江县财政局在处理投诉过程中,亦未发现金海公司在参加本次政府采购活动前三年内,有重大违法记录。垫江县财政局认定该项投诉事项不属实,并无不当。

关于是否要求投标人出具近三个月在重庆缴纳社保证明的问题。经查,招标文件第一篇第三条第(三)项第 2 目载明的内容为:"非在渝工商注册的投标人,必须在渝设有分支机构或授权服务机构(在渝设立分支机构的,必须提供在渝工商注册证明文件;需具有本地技术支持队伍,15 人以上,应能出具近三个月的社保缴纳证明复印件(原件备查)。"对招标文件的内容,作为采购人的垫江县国土房管局和作为采购代理机构的垫江县交易中心,在一审、二审中均提出对社保缴纳证明没有要求必须提供在重庆缴纳的社保证明,该采购项目评标委员会对投标人资格审查时也没有该限制性要求。采购人、采购代理机构提出的意见并不违反法律、法规的禁止性规定,法院应当予以支持。

综上所述,垫江县财政局作出 201709 号《政府采购投诉处理决定书》的证据确凿,适用法律、法规正确,符合法定程序,处理结果并无不当。

一审判决认定金海公司不符合招标文件第一篇第三条第(三)项第 2 目要求的事实不当,导致适用法律法规错误,依法应予改判。依照《中华人民共和国行政诉讼法》第六十九条、第八十九条第一款第(二)项的规定,判决如下:

一、撤销重庆市涪陵区人民法院〔2017〕渝 0102 行初 73 号行政判决。

二、驳回被上诉人(一审原告)苍穹数码技术股份有限公司的诉讼请求。

一审案件受理费 50 元、二审案件受理费 50 元,由被上诉人苍穹数码技术股份有限公司负担。

本判决为终审判决。

审 判 长 谭晓琪
审 判 员 喻伦泰
审 判 员 何 虎
二〇一八年三月二日
书 记 员 张馨月

**重庆新安洁景观园林环保股份有限公司
与重庆市垫江县
财政局政府采购（招投标）投诉处理决定案**

【案件提要】

本案是对采购结果的投诉处理决定提起行政诉讼的案例。涉案采购项目经开标、评标产生了中标候选人。新安洁公司提出质疑和投诉，认为评审专家在评标过程中明显不公正，中标候选人玉诚公司、滨南公司均有三年内重大违法记录。财政部门经调查认为投诉事项缺乏事实依据，决定驳回投诉。复议机关以适用《政府采购供应商投诉处理办法》无具体明确的相应条款，适用的规范性文件《重庆市政府采购供应商质疑投诉处理暂行规定》已废止，系适用依据错误为由，撤销该决定，责令财政部门重新作出行政行为。新安洁公司对重新作出的处理决定仍不服，遂提起本案诉讼。法院经审理认为，财政部门经调查，认定新安洁公司该投诉缺乏事实依据，驳回该项投诉，事实清楚，符合法律规定。玉诚公司曾被取消中标资格，但不属于重大违法记录。滨南公司虽被行政处罚，但处罚时间在本次项目开标之后，不属于开标前的重大违法记录。财政部门驳回该两项投诉事实清楚，符合法律规定。故判决财政部门作出驳回新安洁公司投诉的处理决定，证据确凿、程序合法、适用法律正确，予以维持。

【判决正文】

重庆市涪陵区人民法院
行政判决书

〔2017〕渝 0102 行初 131 号

原告重庆新安洁景观园林环保股份有限公司，住所地（略）。
法定代表人王某。
委托代理人张某。
委托代理人陈某。
被告垫江县财政局，住所地（略）。
法定代表人姚某。
委托代理人刘某。

委托代理人程某。

原告重庆新安洁景观园林环保股份有限公司(以下简称新安洁公司)请求撤销被告垫江县财政局垫财采投〔2017〕3号《政府采购投诉处理决定书》(以下简称〔2017〕3号《处理决定书》)一案,于2017年7月11日向本院提起行政诉讼。本院于当日立案后,向被告垫江县财政局送达了应诉通知书及起诉状副本。本院依法组成合议庭,于2017年9月11日公开开庭审理了本案。原告新安洁公司的委托代理人张某、陈某,被告垫江县财政局的委托代理人刘某、程某到庭参加诉讼。本案现已审理终结。

垫江县财政局于2017年5月22日作出〔2017〕3号《处理决定书》:针对投诉人新安洁公司因垫江县环卫作业采购项目向垫江县财政局提出的三个投诉事项进行审查。关于投诉事项一,即招标项目两标段新安洁公司都同时投标,两个标段提交的技术商务资料完全相同,且评标委员会完全相同、评审标准相同的情况下,新安洁公司在两标段的技术商务得分存在严重差异。垫江县财政局审查查明,垫江县环卫作业采购项目的评标专家委员会,是从重庆市政府采购专家库随即抽取组建,评审专家在评审过程中不受任何干扰,独立、负责地作出该项目评标报告,评标专家委员会就此投诉事项一在开标现场答疑了此事宜。关于投诉事项二和三,即中标人长沙玉诚环境景观工程有限公司(以下简称玉诚公司)最近三年在政府采购服务中存在重大违法行为,已不具备本次投标资格,应取消本次中标资格以及重庆滨南城市综合服务股份有限公司(以下简称滨南公司)最近三年在政府采购服务中存在重大违法行为,已不具备本次投标资格,应取消本次中标资格。垫江县财政局审查查明,《政府采购法》第二十二条第一款第(五)项规定,重大违法记录,是指供应商因违法经营受到刑事处罚或者责令停产停业、吊销许可证或者执照、较大数额罚款等行政处罚。《政府采购法实施条例》第五十五条规定"供应商质疑、投诉应当有明确的请求和必要的证明材料。"根据核实投诉人提供的相关证据材料以及通过官网上查询,未发现玉诚公司和滨南公司在参加此项政府采购前三年内因违法经营受到刑事处罚或者责令停产停业、吊销许可证或者执照、较大数额罚款等行政处罚的相关记录。按照招标文件中基本资格条件要求第3条"参加政府采购活动前三年内,在经营活动中没有违法记录",该项目开标时间为2016年11月17日。昆明芒市财政局对滨南公司作出的行政处罚的时间为2017年1月18日,自贡市贡井区财政局对滨南公司作出的行政处罚时间为2017年4月19日,两个行政处罚作出的时间都不属于"参加采购活动前的三年内"。垫江县财政局认为投诉人的投诉与垫江县财政局依法查明的事实不符,其投诉的事实和理由不能成立。根据《政府采购供应商投诉处理办法》第十七条第(二)项之规定,决定驳回投诉。

新安洁公司诉称,其认为垫江县环卫作业采购项目的中标结果使新安洁公司权益受到损害,依法向政府采购人和采购代理机构提出质疑后,对其答复不服。按照程序根据《政府采购法》和《政府采购供应商投诉处理办法》等法律法规的规定,向垫江县财政局提出投诉。垫江县对新安洁公司的投诉作出的决定,存在以下明显错误,依法应当予以纠正:一、本次招标项目同一投标人在技术商务标相同、评委会人员相同的情况下,评审程序、评审方法和评审标准都相同,两个标段技术商务得分情况却大不一样,涉嫌存在不公正评标。1.起诉的事实依据。新安洁公司分包1和分包2都提供相同的技术商务资料,而技术商务得分差距在 1.14 分。而同样参加了分包 1 和分包 2 投标的成都友乐清洁工程有限责任公司技术商务得分差距在 0.14 分，重庆高建环境绿化工程有限公司的技术商务得分差距 0.28 分。2. 法律依据。《中华人民共和国招标投标法实施条例》第四十一条规定"评标委员会、竞争性谈判小组或者询价小组成员应当按照客观、公正、审慎的原则，根据采购文件规定的评审程序、评审方法和评审标准进行独立评审。"据此，本案相同资料却给出较大差异的评分，可见评标委员会有人违背了客观、公正、审慎的原则。3. 垫江县财政局应该仔细审查评标录像资料及询问评标委员会人员发生差异的原因。严格审查评委在打分过程中是否存在外部干扰，评委之间是否存在有人影响他人打分的情况发生。应该对打分差异如此巨大的原因给出详细答复。二、新安洁公司提供的证据能够证明滨南公司最近三年在政府采购服务中存在重大违法行为以及弄虚作假的不诚信行为（即没有良好的商业信誉）。滨南公司不具备《政府采购法》第二十二条第（二）项和第（五）项规定的供应商参加政府采购活动应当同时具备的条件：其一，滨南公司在 2016 年 6 月"贡井区环卫绿化管护第二轮市场化运作项目"中通过提供虚假材料谋取中标资格，贡井区财政局于 2017 年 1 月作出贡财罚〔2017〕1 号《行政处罚决定书》，滨南公司的负责人在 2016 年 11 月 8 日、11 月 30 日和 2017 年 1 月 12 日的调查笔录上，均已签字承认相关事实。滨南公司缺乏良好商业信誉，法律对"缺乏良好商业信誉"并没有规定必须做出行政处罚才能作为依据。新安洁公司在质疑书和投诉书中列出滨南公司为取得业绩部分和信誉部分评分提供虚假材料的相关事实，垫江县财政局完全没有进行调查核实。其二，滨南公司在重庆市綦江区环境卫生管理所环卫清扫保洁服务采购项目中，中标后履行合同一年多以中标价过低不能满足实际成本需要为由中途退场，后与重庆市綦江区市政园管理所签署《终止协议书》。根据《政府采购法》第五十条的规定，可以看出双方当事人的终止行为属于违法终止。这是缺乏良好商业信誉的表现。其三，垫江县财政局没有履行职责根据新安洁公司提供的证据查证核实滨南公司签订的城口县业绩合同是否造假、商业信誉证书是否造假，没核查判定滨南公司是否缺乏良好的商业信誉。滨南公司在垫江项目投标之前隐瞒了上述的重大违法活动，却依然出具诚信声明，此声明属虚假承诺声明，违反了《政府采购法》第七十七条第（一）项的中标、成交无效，并且不具有第二十二条第（二）项具有良好的商业信誉这一必须具备的投标资格条件。三、中标人玉诚公司在政府采购服务中存在重大违法行为及提供虚假材料（即缺乏良好的商业信誉），已经不具备本次投标资格，应取消本次中标资格。垫江县财政局错误认为玉诚公司被取消中标资格不属于行政处罚，并且直接忽略玉诚公司不诚信、缺乏良好商业信誉的投标主体资格条件，依法应予以纠正。玉诚公司因在吉首市环卫作业市场化采购项目中提供虚假材料，已被财政局认定违法并进行中标无效的处理。玉诚公司缺乏良好商业信誉，不符合《政府采购法》第二十二条第一项的主体资格条件。综上所述，滨南公司和玉诚公司均存在严重违法行为，且在政府采购中虚假承诺、虚构商业信誉，缺乏良好商业信誉等，不具备《政府采购法》第二十二条规定的投标主体资格条件，垫江县财政局作出的行政决定是错误的。特起诉请求人民法院依法撤销垫江县财政局作出的〔2017〕3 号《投诉处理决定书》，判令垫江县财政局重新作出政府采购投诉处理决定。

新安洁公司向本院提供如下证据：

1. 政府采购质疑书,拟证明新安洁公司依法对垫江县环卫作业采购项目的中标结果提出质疑。2. 投诉书,拟证明新安洁公司于 2016 年 12 月 9 日对质疑答复不服提出投诉。3.〔2017〕3 号《处理决定书》,拟证明垫江县财政局对投诉作出处理决定。4. 2017 年 4 月 19 日自贡市贡井区财政局作出的贡财罚〔2017〕1 号《行政处罚决定书》,拟证明滨南公司在 2016 年 6 月的"贡井区环卫绿化管护第二轮市场化运作项目"中通过提供虚假材料谋取中标资格,已被自贡市贡井区财政局处罚。5. 重庆市綦江区环境卫生管理所与滨南公司签署的《协议书》《补充协议》《重庆市綦江区财政局关于政府采购举报事项回复的函》(綦江财函〔2016〕6 号),拟证明滨南公司 2015 年 5 月违法终止正在履行的政府采购合同。6. 吉首市环卫作业市场化采购项目中标结果变更公告,拟证明玉城公司在吉首市环卫作业项目中标时因提交材料与核实结果不符,被取消了中标资格。7. 公证书 2 份及处罚公布截图,拟证明滨南公司在 2016 年 8 月芒市的项目伪造业绩和伪造商誉证书,于 2017 年 1 月 18 日被芒市财政局处罚,缺乏良好商业信誉。

垫江县财政局辩称,第一,根据《政府采购供应商投诉处理办法》第三条的规定,垫江县财政局对新安洁公司的投诉具有依法处理的法定职能。第二,天江县财政局作出投诉处理决定的程序合法。垫江县财政局于 2016 年 12 月 14 日受埋新安洁公司的投诉,向新安洁公司送达《政府米购投诉受理通知书》,并根据《政府采购供应商投诉处理办法》第十二条的规定,在法定期间向垫江县公共资源交易中心和与投诉事项有关的供应商滨南公司和玉诚公司送达了投诉书副本。垫江县财政局收集了滨南公司作出的《关于垫江县财政局政府采购投诉书副本发送通知书的复函》、玉诚公司作出的《关于垫江县环卫作业采购项目分包 2(南片区)质疑的说明》,同时调取了《政府采购质疑书》《垫江县环卫所采购作业项目质疑回复》,以及招投标、评标文件资料等相关证据。经过认真审查,于 2016 年 12 月 21 日作出 201608 号《政府采购投诉处理决定书》。新安洁公司不服,向重庆市财政局申请行政复议。2017 年 4 月 17 日,重庆市财政局作出渝财复议〔2017〕2 号行政复议决定书,认为垫江县财政局作出的《投诉处理决定书》适用《政府采购供应商投诉处理办法》无具体明确的相应条款,适用的规范性文件《重庆市政府采购供应商质疑投诉处理暂行规定相关规定》已于 2015 年 11 月 16 日被废止。遂撤销了垫江县财政局作出的投诉处理决定书,责令垫江县财政局在收到行政复议决定书之日起三十日内重新作出行政行为。垫江县财政局遂根据相关证据依法作出〔2017〕3 号《处理决定书》。第三,垫江县财政局作出的〔2017〕3 号《处理决定书》所依据的事实清楚、证据确凿充分。针对新安洁公司投诉的本项目评标缺乏公平、公正。垫江县财政局通过调查核实,垫江县坏卫作业采购项目的评标专家委员会是从重庆市政府采购专家库随机抽取组成,评审专家在评审过程中严格按照评分细则独立公正评分,评标过程不存在不公正评标的情形。针对新安洁公司的质疑,评标委员会回复"因竞争对象变化,竞争结果有一定变化是正常的",其解释符合评标规则。评标专家解释针对不同招标项目评标分值存在差异,佐证了专家评标程序合法。垫江县财政局查验评标评审依据,认为评标程序合法,评分客观科学、公平公正。针对新安洁公司提出中标的企业在近三年的政府采购服务中存在重大违法行为的问题,垫江县财政局采取对相关文件资料和证据审查,听取招标人、中标供应商陈述等方式进行了调查核实。经查,新安洁公司举示的证据不能证明中标企业最近三年在政府采购活动中存在重大违法行为及提供虚假材料(即缺乏良好商誉)。垫江县环卫作业采购项目招标文件第四篇投标资格审查规定"参加政府采购活动2011年至开标前,在经营活动中没有重大违法记录",本次招标项目开标时间2016年11月17日,投标人在2016年11月17日前没有重大违法记录,就符合相应的资格条件,评标人对中标企业的资格评定没有错误。新安洁公司举示对滨南公司的《自贡市贡井区财政局行政处罚决定书》(贡财罚〔2017〕1号)的作出时间是2017年4月19日,且在垫江县财政局作出201608《政府采购投诉处理决定书》之后提交;即使玉诚公司在2015年9月15日在吉首市投标过程中被取消中标资格的事实属实,但不属于有重大违法记录;新安洁公司提出的玉诚公司在2017年1月18日被芒市财政局进行过行政处罚,属于有重大违法记录,但属于在开标前未确定的情形,不能认定。因此,垫江县财政局认为新安洁公司举示的该部分证据即使是客观真实的,也属本次招投标要求截止时间之外的情形,不能作为本次招投标资质审查依据。第四,由于新安洁公司的投诉理由没有事实根据,垫江县财政局按照《政府采购供应商投诉处理办法》第十七条第(二)项的规定,作出〔2017〕3号《处理决定书》,适用法律法规规范正确。请求人民法院依法判决驳回新安洁公司的诉讼请求。

垫江县财政局在法定期限内向本院提供并在庭审中出示了作出被诉行政行为的证据:

第一组证据:1.投诉书;2.政府采购投诉受理通知书;3.政府采购投诉书副本发送通知及送达回证;4.201608号《政府采购投诉处理决定书》;5.行政复议决定书;6.〔2017〕3号《处理决定书》。拟证明垫江县财政局处理投诉的程序合法。

第二组证据:7.质疑;8.2016年11月17日评标委员会成员的回复;9.政府采购质疑书及提交的相关资料;10.垫江县环卫作业采购项目质疑回复;11.玉城公司关于垫江县环卫作业采购项目分包2(南片区)质疑的说明及附件;12.滨南公司关于垫江县环卫作业采购项目质疑事项的说明;13.滨南公司关于垫江县财政局政府采购投诉书副本发送通知书的复函;14.垫政采公招〔2016〕22号政府采购招标文件;15.资质审查证明;16.垫江县环卫作业采购项目评分表;17.垫江县环卫作业采购项目主观分表;18.垫江县环卫作业采购项目经济得分表;19.垫江县环卫作业采购项目评估报告;20.新安洁公司经济文件。拟证明垫江县财政局处理投诉的事实依据。

垫江县财政局另提供《中华人民共和国政府采购办法》《政府采购供应商投诉处理办法》作为作出行政行为的法律法规及政策依据。

经庭审质证,垫江县财政局对新安洁公司提供的证据1—3,三性无异议;对证据4—7中《重庆市綦江区财政局关于政府采购举报事项回复的函》及两份公证书的真实性和来源合法性无异议,认为不能达到新安洁公司的证明目的;对新安洁公司举示其余证据,由于系复印件或者打印件,没有证据来源的相关证据,对其真实性、来源合法性、关联性有异议。重庆新安洁公司对垫江县财政局提供的证据1—6、7、10、13无异议。

本院对各方当事人没有异议的证据予以确认。新安洁公司提供的证据5,证明滨南公司与重庆市綦江区环境卫生管理所解除合同的事实,予以认定;证据4、6、7,系新安洁公司向垫江县财政局投诉时提供的证据材料,垫江县财政局在〔2017〕3号《处理决定书》亦作出认定,内容真实且与本案有关,据此作为认定案件事实的依据。垫江县财政局提供的证据来源合法,内容真实且与本案有关,本院认可其证据资格并据此认定如下案件事实。

经审理查明,2016年7月,垫江县公共资源交易中心(以下简称垫江县交易中心)受垫江县环境卫生管理所委托,对垫江县环卫作业采购项目进行公开招标。投标文件递交及截止时间为2016年11月17日北京时间9时30分至10时00分。开标时间为2016年11月17日北京时间10时00分。2016年11月17日,垫江县环卫作业采购项目评标委员会对按时递交的15份投标文件进行了评审,成都友乐清洁工程有限责任公司、滨南公司、重庆高建环境绿化工程有限公司、新安洁公司通过了项目(分包一)资格性审查及符合性审查;成都平安环卫服务有限责任公司、成都友乐清洁工程有限责任公司、重庆高建环境绿化工程有限公司、玉诚公司、新安洁公司通过了项目(分包二)资格性审查及符合性审查。通过采用综合评分法评审,经评标委员会评审,项目(分包一)的第一中标候选人为滨南公司;项目(分包二)的第一中标候选人为玉诚公司。当日,新安洁公司提出质疑,质疑分包一和分包二的商务技术分在内容相同,仅作业人数不同的情况下相差1.14分。当日,评标委员会成员作出回复,载明"垫江县环卫作业采购项目(县城南片区)共有六家投标单位,其中成都平安公司、玉诚公司为新增投标单位。由于竞争对象变化,竞争结果有一定变化是正常的"。2016年11月22日,新安洁公司向垫江县交易中心提出质疑,一是玉诚公司和重庆滨南公司最近三年均在政府采购服务中存在重大违法行为,不具备投标资格,应取消中标资格。二是同一投标人在技术商务标相同的情况下,两个标段得分情况不一样,不同招投标人在技术商务标相同情况下两个标段的分差相差比较大,涉嫌存在不公正评标。2016年11月29日,玉诚公司向垫江县交易中心作出回复。2016年12月5日,垫江县交易中心作出质疑回复,新安洁公司不服,于2016年12月14日向垫江县财政局提交投诉书,投诉:1. 本次招标项目两个标段重庆新安洁公司的技术商务标资料相同、评委会人员相同、评审标准相同,两个标段技术商务得分存在严重差异,评标委员会专家在评标过程中明显不公正。2. 玉诚公司在2015年9月15日取得吉首市坏卫作业市场采购项目的中标资格,因投标时所报材料与核实结果不符,取消中标资格,属于近三年在政府采购服务中存在重大违法行为,不具备本次投标资格。3. 滨南公司近三年在政府采购服务中存在重大违法行为,不具备本次投标资格。一是在2014年1月8日在重庆市綦江区环境卫生管理所环卫清扫保洁服务采购项目取得中标资格且履行合同一年多后,因不诚信履约,签署了终止协议书。二是在2016年贡井区环卫绿化管理第二轮市场化运作项目中通过提供虚假材料谋取中标资格。垫江县财政局于2016年12月14日受理新安洁公司投诉,同日向垫江县交易中心、滨南公司送达政府采购投诉书副本。2016年12月19日、20日,滨南公司向垫江县财政局分别提交关于垫江县财政局政府采购投诉书副本发送通知书的复函、关于垫江县环卫作业采购项目质疑事项的说明。垫江县财政局对招标、投标、评标及相关资料进行了审查,并对相关争议内容予以了调查核实。2016年12月21日,垫江县财政局作出201608号《政府采购投诉处理决定书》,认定投诉事项缺乏事实依据,驳回投诉。新安洁公司申请行政复议,2017年4月17日,重庆市财政局作出渝财复议〔2017〕2号《行政复议决定书》,以垫江县财政局作出的决定书适用《政府采购供应商投诉处理办法》无具体明确的相应条款,适用的规范性文件《重庆市政府采购供应商质疑投诉处理暂行规定相关规定》已于2015年11月16日废止,垫江县财政局作出的决定书适用依据错误为由,撤销决定书,责令垫江县财政局重新作出行政行为。其后,新安洁公司向垫江县财政局补充提交自贡市贡井区财政局于 2017 年 4 月 19 日作出的贡财罚〔2017〕1 号《行政处罚决定书》载明滨南公司因贡井区环卫绿化管理第二轮市场化运作项目被行政处罚。2017 年 7 月 20 日,垫江县财政局重新作出〔2017〕3 号《处理决定书》。新安洁公司不服,遂提起诉讼。

本院认为,依据《中华人民共和国政府采购法》第十三条第一款、《政府采购供应商投诉处理办法》第三条第一款的规定,垫江县财政局作为政府采购监督管理部门,依法具有对新安洁公司的投诉进行处理的职权。垫江县财政局受理新安洁公司的投诉之后,依法向垫江县交易中心、滨南公司等送达政府采购投诉书副本,调查相关资料,在法定期限内作出《投诉处理决定》,并依法向新安洁公司送达,程序合法。

关于新安洁公司投诉招标项目评标委员会专家在评标过程中明显不公正的问题。该项目招标文件第四篇评标办法规定具体评标事务由采购代理机构依法组建的评审委员会负责。根据《中华人民共和国政府采购法实施条例》第五十条"财政部门处理投诉事项采用书面审查的方式,必要时可以进行调查取证或组织质证"。垫江县财政局调取了资质审查证明、符合性资质审查文件、该采购项目的评分表、评标报告以及评标委员会成员的回复,结合新安洁公司未提供评标专家委员会不公正的证据证明该投诉事项,认定新安洁公司该投诉缺乏事实依据,驳回该项投诉,事实清楚,符合法律规定。

关于新安洁公司投诉玉诚公司因吉首市环卫作业市场采购项目取得的中标资格后被取消中标资格,属于在近三年在政府采购服务中存在重大违法行为,不具备本次投标资格的问题。《中华人民共和国政府采购法》第二十二条第一款第(五)项及《中华人民共和国政府采购法实施条例》第十九条第一款规定,重大违法记录是指供应商因违法经营受到刑事处罚或者责令停产停业、吊销许可证或执照、较大数额罚款等行政处罚。玉诚公司被取消中标资格,不属于重大违法记录。新安洁公司该投诉缺乏事实依据,垫江县财政局驳回该项投诉,事实清楚,符合法律规定。

关于新安洁公司投诉滨南公司在重庆市綦江区环境卫生管理所环卫清扫保洁服务采购项目因不诚信履约终止协议以及 2016 年贡井区环卫绿化管理第二轮市场化运作项目中通过提供虚假材料谋取中标资格,属于近三年在政府采购服务中存在重大违法行为,不具备本次投标资格问题。《中华人民共和国政府采购法》第二十二条第一款第(五)项及《中华人民共和国政府采购法实施条例》第十九条第一款规定,重大违法记录是指供应商因违法经营受到刑事处罚或者责令停产停业、吊销许可证或执照、较大数额罚款等行政处罚。该项目招标文件第四篇投标资格审查规定"参加政府采购活动 2011 年至开标前,在经营活动中没有重大违法记录"。新安洁公司于 2016 年 12 月 14 日向垫江县财政局投诉的上述事实不属于重大违法记录,虽然新安洁公司提供的自贡市贡井区财政局作出的贡财罚〔2017〕1 号《行政处罚决定书》载明滨南公司因贡井区环卫绿化管理第二轮市场化运作项目被行政处罚,但该行政处罚的时间为 2017 年 4 月 19 日,而垫江县环卫作业采购项目开标时间为 2016 年 11 月 17 日,故 2017 年 4 月 19 日的行政处罚亦不属于开标前的重大违法记录。再者,垫江县财政局根据新安洁公司提供的相关证据以及通过查询政府采购严重违法失信行为信息记录网等亦未发现滨南公司在参加此项政府采购前三年内不诚信履约行为记录,垫江县财政局驳回其该项投诉,事实清楚,符合法律规定。

综上,垫江县财政局作出的〔2017〕3 号《处理决定书》证据确凿、程序合法、适用法律正确。新安洁公司请求撤销〔2017〕3 号《处理决定书》的理由不成立,本院不予支持。依照《中华人民共和国行政诉讼法》第六十九条之规定,判决如下:

驳回原告重庆新安洁景观园林环保股份有限公司请求撤销被告垫江县财政局作出的垫财采投〔2017〕3 号《政府采购投诉处理决定书》的诉讼请求。

本案案件受理费 50 元,由原告重庆新安洁景观园林环保股份有限公司负担。

如不服本判决,可在判决书送达之日起十五日内,向本院递交上诉状,并按对方当事人的人数提出副本,上诉于重庆市第三中级人民法院。

审 判 长 刘 姣

人民陪审员 陈佐平

人民陪审员 段 文

二○一七年十二月二十五日

书 记 员 黄文亭

24

山西飞易特软件开发有限公司
与山西省吕梁市财政局、山西省财政厅
政府采购(招投标)投诉处理决定、行政复议决定案

【案件提要】

本案是对采购文件的投诉处理决定提起行政诉讼的案例。涉案采购项目发布招标公告。飞易特公司认为招标公告中领取招标文件需携带"计算机信息系统集成资质""CMMI 三级成熟度模型认证证书"等四项,不应该作为投标供应商的资质条件,故提出质疑和投诉。财政部门经组织专家论证后,作出处理决定,认定投诉事项部分成立,责令被投诉人修改公告后重新开展采购活动。复议机关维持了该决定。飞易特公司提起本案诉讼。一审法院经审理认为,涉案采购项目招标文件将"计算机信息系统集成企业资质证书三级以上(含三级)"列为实质性条款,构成"以不合理的条件对供应商实行差别待遇或者歧视待遇",财政部门将该实质性条款认定为合法条款明显错误,属主要证据不足,所作处理决定,依法予以撤销,并令其重新作出行政行为。复议机关未对复议程序的合法性承担举证责任,属主要证据不足,所作维持财政部门投诉处理决定的复议决定错误,予以撤销。二审法院经审理认为,招标公告中要求投标人具有"计算机信息系统集成资质""CMMI 三级成熟度模型认证证书"作为特殊资质条件,属于为保证采购项目合同的顺利履行,要求供应商所必须具备的履行合同专业技术能力的资质,是招标项目实际需要,不属于对供应商实行差别待遇或者歧视待遇的情形。在财政部门下达投诉处理决定后,采购人、代理机构立即修改招标公告并重新开展政府采购活动,共有 5 家供应商参与竞争且完全满足招标文件设定的供应商资格条件,不存在法定废标情形。故认定财政部门的处理决定合法。但复议机关未对复议程序合法性进行法庭调查,系程序违法。据此,二审判决:撤销一审判决,确认复议决定违法,驳回飞易特公司的诉讼请求。

【判决正文】

山西省吕梁市中级人民法院
行政判决书

〔2017〕晋 11 行终 97 号

上诉人(一审被告)吕梁市财政局,住所地(略)。

法定代表人耿某。

委托代理人闫某。

委托代理人高某。

上诉人（一审被告）山西省财政厅，住所地（略）。

法定代表人武某。

委托代理人贾某。

上诉人（一审第三人）吕梁市卫生和计划生育委员会，住所地（略）。

法定代表人贾某。

委托代理人王某。

委托代理人张某。

委托代理人赵某。

被上诉人（一审原告）山西飞易特软件开发有限公司，住所地（略）。

法定代表人侯某。

委托代理人乔某。

委托代理人郑某。

上诉人吕梁市财政局（以下简称市财政局）、山西省财政厅（以下简称省财政厅）及吕梁市卫生和计划生育委员会（以下简称市卫计委）因不服政府采购行政处理一案，不服山西省临县人民法院〔2016〕晋1124行初200号行政判决，向本院提起上诉。本院受理后，依法组成合议庭，于2017年9月28日公开开庭审理了本案。上诉人市财政局的委托代理人闫某、高某、省财政厅的委托代理人贾某，市卫计划委的委托代理人张某、被上诉人山西飞易特软件开发有限公司（以下简称飞易特公司）的委托代理乔某、郑某到庭参加诉讼。市财政局法定代表人耿某、省财政厅法定代表人武某、市卫计委法定代表人贾某经本院依法通知因故未到庭参加诉讼。本案现已审理终结。

一审认定，飞易特公司因对被投诉人吕梁市政府采购服务中心（以下简称市采购中心）和市卫计委就市采购中心于2016年5月20日在中国山西政府采购网上发布的（招标编号：LZC20160040）《吕梁市卫生和计划生育委员会人口健康信息系统平台应用软件项目公开招标公告》（以下简称招标公告）第五条作出的质疑答复不满，于2016年6月8日向市财政局提出投诉。投诉事项为：招标公告第五条（五）（六）（七）（八）领取招标文件需携带的"计算机信息系统集成资质""ISO9001质量管理体系认证""CMMI三级成熟度模型认证证书""分级诊疗管理系统、人口健康信息平台、区域卫生信息平台、基层医疗卫生机构管理信息系统软件著作权证书"等四项，不应该作为招标供应商的资质条件，而且和第四条要求的投标供应商的资质条件互相矛盾。市财政局受理投诉后，向被投诉人送达了投诉书副本，同月12日向采购中心下达了《暂停政府采购活动通知书》。同月23日组织专家对投诉事项进行论证，建议：第一，招标公告第四条增第（七）项内容为"采购项目要求的特定资质"；第二，招标公告中第（八）项表述建议修改为"分级诊疗管理系统、人口健康信息平台、区域卫生信息平台、基层医疗卫生机构管理信息,以上四种同类系统软件著作权证书";第三,招标公告第五条第(五)(六)(七)3项可以作为合格供应商的资格条件。7月16日经法律顾问审查并出具律师意见书,草拟了《投诉处理决定书》,7月18日经领导审签,下达了《投诉处理决定书》(吕财购诉决〔2016〕1号),认定投诉人诉称事项部分成立,责令被投诉人修改公告后重新开展采购活动。7月19日市财政局作出恢复政府采购活动通知书,7月21日市采购中心根据市财政局作出的投诉处理决定内容修改后,在中国山西政府采购网上发布了《关于"吕梁市卫生和计划生育委员会人口健康信息系统平台软件项目"的通知》(招标编号:LZC20160040)。投标文件递交截止时间2016年8月11日9时00分,共收到5家供应商的投标文件,同日市采购中心组织开标,同日在中国山西政府采购网上发布了《吕梁市卫生和计划生育委员会人口健康信息系统平台应用软件项目中标公告》(招标编号:LZC20160040),中标供应商为山西智杰软件工程有限公司(以下简称智杰公司)。飞易特公司不服市财政局作出的处理决定,于2016年9月12日向省财政厅提出复议,省财政厅于2016年11月4日作出晋财复决〔2016〕2号《行政复议决定书》,决定维持市财政局作出的吕财购诉决〔2016〕1号投诉处理决定。省财政厅未对复议程序的合法性提供任何证据。

一审认为,根据《中华人民共和国政府采购法》(以下简称政府采购法)第十三条的规定,各级人民政府财政部门是负责政府采购监督管理的部门,依法履行对政府采购活动的监督管理职责。市财政局对市级预算项目政府采购投诉事项的处理有管辖权,其执法主体适格。国务院在2014年1月28日《国务院关于取消和下放一批行政审批项目的决定》中已经明确将"计算机信息系统集成企业资质认定项目"取消,该资质已经不再是法定资质;中国电子信息行业联合会2015年颁发的《信息系统集成资质等级评定条件(暂行)》(中电联字〔2015〕2号)要求申请三级资质的企业在规模条件方面具备"企业注册资本和实收资本均不少于200万元,或所有者权益合计不少于200万元""企业近三年的系统集成收入总额不少于5000万元,或不少于4000万元且近三年完成的系统集成项目总额中软件和信息技术服务费总额所占比例不低于70%"。本项目招标文件将"计算机信息系统集成企业资质证书三级以上(含三级)"列为实质性条款,违反了政府采购法第二十二条和《中华人民共和国政府采购法实施条例》第二十条的规定,构成"以不合理的条件对供应商实行差别待遇或者歧视待遇"。根据政府采购法第二十二条、第三十六条、《中华人民共和国政府采购法实施条例》第二十条、《政府采购货物和服务招标投标管理办法》(财政部18号令)第四十九条和《政府采购供应商投诉处理办法》(财政部令第20号)第十八条、第十九条的规定,市财政局应当认定采购活动违法,责令采购人废标并重新开展采购活动。《财政部关于加强政府采购活动内部控制管理的指导意见》(财库〔2016〕99号)明确要求党中央有关部门、国务院各部委、最高人民法院、财政厅(局)、政府采购中心在政府采购活动中控制法律风险、落实政策功能,提高监管水平,切实防控政府采购执行与监管中的法律风险,准确把握政府采购领域政策功能落实要求,严格执行政策规定。吕梁市财政局所作的投诉处理决定对飞易特公司投诉事项"计算机信息系统集成企业资质证书三级以上(含三级)"列为实质性条款的投诉认定为合法条款明显错误,属主要证据不足,该处理决定依法应予撤销,并重新作出行政行为。《最高人民法院关于适用〈中华人民共和国行政诉讼法若干问题的解释〉》第九条第二款规定,作出原行政行为的行政机关和复议机关对原行政行为的合法性共同承担举证责任,可以由其中一个机关实施举证行为,复议机关对复议程序的合法性承担举证责任。省财政厅作为复议机关,未对复议程序的合法性承担举证责任,属主要证据不足,所作出维持市财政局投诉处理决定的复议决定错误,依法应予撤销。依照《中华人民共和国行政诉讼法》第七十条第(一)项、第七十九条之规定,判决撤销省财政厅 2016 年 11 月 4 日作出的晋财复决〔2016〕2 号行政复议决定书、撤销市财政局 2016 年 7 月 18 日作出的《吕梁市财政局关于吕梁市卫生和计划生育委员会人口健康信息系统应用平台软件项目投诉处理决定书》(吕财购诉决〔2016〕1 号);责令市财政局在本判决生效之日起三十日内重新作出行政行为;诉讼费五十元由市财政局负担。

市财政局的主要上诉意见是,1. 一审法院认定事实不清。市财政局作出的行政处理决定合法合理,证据确实充分。招标文件中虽设定四个特定条件,但并未阻止、妨碍其他供应商参与公平竞争,不具有歧视性。将计算机信息系统集成企业资质证书三级以上(含三级)列为实质性条款,并不存在以不合理的条件对供应商实行差别待遇或者歧视待遇的情形。2. 一审法院对部分关键事实未进行法庭调查。一审法院庭审中未对招标合同签订后履行情况进行调查,作出撤销行政处理决定的判决,会给国家利益、社会公共利益和中标人的合法权利带来损害,不符合比例原则,属于严重的程序违法。3. 一审法院遗漏了同案件处理结果有利害关系的第三人。一审法院未依法追加中标人为第三人,径行作出撤销判决,亦属于严重的程序违法。4. 一审法院判决适用法律错误。一审法院根据行政诉讼法第七十条规定作出撤销行政处理决定,责令市财政局重新作出行政行为的判决错误。综上,请求二审撤销山西省临县人民法院〔2016〕晋 1124 行初 200 号行政判决,依法驳回飞易特公司的诉讼请求。

省财政厅的主要上诉意见是,1. 一审判决认定事实不清,适用法律错误。一审法院认定要求提供计算机信息系统集成资质证明构成"差别待遇或歧视待遇"的事实无任何法律依据。2. 一审判决遗漏当事人。一审法院未将市采购中心追加到诉讼中,明显遗漏了重要当事人,影响对案件事实的综合认定。3. 一审庭审未对复议程序合法性进行法庭调查。在此前提下,作出复议决定错误的结论违反了审判程序。

综上,请求二审撤销一审判决,改判驳回飞易特公司一审诉讼请求;诉讼费用由飞易特公司承担。

市卫计委的上诉意见与市财政局的意见一致,并提出即使行政行为违法,也应依法判决确认违法,但不撤销行政行为。

飞易特公司答辩称,1. 一审判决认定招标文件将"计算机信息系统集成企业资质证书三级以上(含三级)"列为实质性条款违反了政府采购法第二十二条和《中华人民共和国政府采购法实施条例》第二十条的规定,构成"以不合理条件对供应商实行差别待遇或者歧视待遇"是正确的,理由如下:(1)根据国务院 2014 年 1 月 28 日公布的《国务院关于取消和下放一批行政审批项目的决定》(国发〔2014〕5号文),国务院已明确取消"计算机信息系统集成企业资质认定",该资质已不再是法定资质。(2)虽然该资质作为法定资质被取消后,又继续作为行业资质由行业自律组织——"中国电子信息行业联合会"继续负责相关资质认定工作,但中国电子信息行业联合会2015年颁发的《信息系统集成资质等级评定条件(暂行)》(中电联字〔2015〕2号)规定的资质评定条件与原《计算机信息系统集成资质管理办法》(试行)相比,并非上诉人所说的两者规定基本一致,而是明显增加了具体的规模条件,要求申请三级资质的企业在规模条件方面具备"企业注册资本实收资本均不少于200万元,或所有者权益合计不少于200万元"、"企业近三年的系统集成收入总额不少于5 000万元,或不少于4 000万元且近三年完成的系统集成项目总额中软件和信息技术服务费总额所占比例不低于70%"。而《政府采购促进中小企业发展暂行办法》第三条规定,"任何单位和个人不得阻挠和限制中小企业自由进入本地区和本行业的政府采购市场,政府采购活动不得以注册资本金、资产总额、营业收入、从业人员、利润、纳税额等供应商的规模条件对中小企业实行差别待遇或者歧视待遇"。本案招标公告将具有规模条件要求的"计算机信息系统集成企业资质证书"这一行业资质作为招标资质条件是违法的。(3)作为政府采购领域行政规章的制定者和最高财政监管部门的财政部,于2016年10月11日公布了《中华人民共和国财政部政府采购信息公告(第三百六十二号)》,该公告对相关案例的投诉处理决定中也明确指出"招标文件将'计算机信息系统集成企业资质'列为实质性条款违法,并认定采购活动违法,责令采购人废标并重新开展采购活动。2.一审判决撤销市财政局所作出的行政处理决定和省财政厅所作出的行政复议决定,并判令市财政局重新作出行政行为的判决结果是正确的。(1)一审法院仅是在依法行使司法审查权的基础上,判决撤销原行政处理决定、并责令重新作出行政行为,并没有越权直接撤销政府采购活动及政府采购中标合同,责令重新招标。相反,是否撤销中标合同、责令重新开展采购活动属于行政机关行政裁决权,应该由原行政机关市财政局在重新作出行政行为时依据《政府采购供应商投诉处理办法》第十八条和第十九条的规定裁决。一审法院作出撤销判决并不会给国家利益、社会公共利益造成重大损害。(2)市卫计委作为采购人,在明知招标项目存在投诉及诉讼争议、采购活动涉嫌违法而不适合继续履行的情形下,放任合同继续履行,对因此造成的损害后果存在严重过错,根据《政府采购供应商投诉处理办法》第十八条、十九条的规定,市财政局在依法重新作出行政处理决定的同时,应责令市卫计委及相关责任人向飞易特公司承担相应的赔偿责任。故一审法院也无需对政府采购合同的履行情况进行法庭调查。3.一审审判程序合法,不存在行政诉讼法第八十九条第(四)项所列的严重违反法定程序的情形。(1)市财政局和市卫计委认为一审法院未依职权追加中标人为当事人构成程序违法的理由错误。本案一审法院撤销原行政处理决定并责令重新作出行政行为,只是在依法行使对具体行政行为的司法审查权,撤销的理由也只是基于招标资格条件设定违法,并非因中标人违法原因,判决结果也没有涉及中标人的权益。(2)省财政厅认为本案没有将采购代理机构市采购中心追加为当事人违法,该理由同样错误。采购代理机构与采购人之间是委托代理关系,根据代理法律关系,代理产生的法律后果归属于被代理人,且在本案的质疑环节,是由采购人市卫计委进行质疑答复的,采购人并没有授权市采购中心进行答复。市采购中心作为采购代理人与本案没有实体上的权利义务关系,无需追加为当事人。(3)省财政厅认为一审法院未专门调查复议程序合法性违反法定程序,理由错误。根据行政诉讼法解释第九条第二款,省财政厅依法应主动对复议程序的合法性进行举证,在其未提供证明复议程序合法的证据的情形下,一审法院经依法审查并认定其属证据不足是正确的,并未违反法定程序。4. 招标文件所列的投标供应商资格条款中,除了"计算机信息系统集成企业资质证书三级以上(含三级)"违法之外,"ISO9001 质量管理体系认证证书""CMMI 三级软件成熟度模型认证证书""分级诊疗管理系统、人口健康信息平台、区域卫生信息平台、基层医疗卫生机构管理信息系统,以上四种同类系统软件著作权证书"作为资格条件同样具有排他性和歧视性,也是违法的。(1)市财政局在一审中提交的证据均不能证明该等资质条件为采购项目的特殊需要,不能证明其作为招标资格条件的合法性;(2)在黑龙江省依据政府采购国家法律法规制定的《政府采购负面清单》中也明确禁止将"行业协会、商会颁发的企业资质证书""CMMI 认证"、"软件著作权登记证书""质量管理体系认证(等同于 ISO9001)"等设置为资格条件,可以证明本案招标公告将上述条件作为资格条件是违法的。综上,请求二审驳回上诉,维持原判。

二审期间,省财政厅提交了 2016 年 9 月 12 日飞易特公司向省财政厅申请行政复议的申请书、9 月 19 日省财政厅向市财政局下达的行政复议答复通知书、9 月 28 日市财政局作出的答复书、11 月 4 日省财政厅作出的行政复议决定书等四份证据,拟证明省财政厅从收到飞易特公司的申请到作出决定期间的行政行为完全符合法律要求。

飞易特公司质证称,第一,本案属于行政案件,法律明确规定二审阶段不可以提出有关行政行为合法与否的证据;第二,该四份证据形成于一审开庭前,不属于新证据。第三,省财政厅应当清楚一审阶段首先要证明复议程序的合法性,省财政厅提交的证据所要达到的证明目的无法成立,一审判决正确。

市财政局质证称,对省财政厅上述证据的真实性、合法性、关联性予以认可。

市卫计委提交如下五组证据:第一组证据:山西智杰软件工程有限公司的工程延期申请表一份,拟证明飞易特公司就招标内容有异议,向市财政局投诉及向省财政厅提起行政复议,承建单位和监理单位提出工程延期并经批准。第二组证据:1. 开工申请表及开工报告;2. 苏州市软件评测中心有限公司发出的开工令;3. 施工组织设计/方案申请表;4. 工程变更申请表;以上四份证据拟共同证明工程延期期限到期,为了不承担违约责任,承建方、建设方、监理方决定继续履行合同,并把合同内"新农合控费"部分变更为"一站式结算",对功能进行了升级。第三组证据:一份试运行申请表、七份旁站记录表。以上八份证据拟共同证明在一审判决未生效前,市区域人口健康信息系统平台中的一站式结算信息系统平台、基层卫生综合管理系统建设基本完成并进入试运行阶段,全员人口信息、电子健康档案和电子病历三大数据库也已经完成,合同基本履行完毕。第四组证据:1. 平台软件项目进展情况,拟证明项目从 2017 年 4 月 5 日开工至 9 月 20 日,三大基本数据库、基层卫生综合管理系统、市县两级"一站式"结算平台已经完工。2. 居民电子健康档案数据库汇总,拟证明截至 2017 年 9 月 20 日,人口健康信息平台上的全部人口信息、居民电子健康档案在各县市已进入运行阶段。

第五组证据:市卫计委人口健康信息系统平台应用软件项目采购合同书,拟证明此次招投标中标方为山西智杰软件工程有限公司。

飞易特公司发表质证意见如下:1. 该证据已经超过举证期限,根据《最高人民法院关于执行〈中华人民共和国行政诉讼法〉若干问题的解释》,行政诉讼二审过程中向法庭提交的在一审过程中没有提交的证据,不能作为二审法院撤销或者变更一审裁判的根据;2. 该新证据是关于合同履行情况的证据,合同已实际履行的事实不能改变对采购行为违法性和财政处理决定违法性的认定;3. 采购人在明知本项目采购活动涉及质疑、投诉、起诉的情形,仍继续履行采购合同,其行为存在过错,根据《政府采购供应商投诉处理办法》第十八条和第十九条的规定,在采购活动被确认违法后,采购人及相关责任人应承担因此造成的一切不利后果,包括赔偿因此给飞易特公司造成的损失;4. 新证据中的第五份证据《工程变更申请表》证明合同履行中,将原合同"新农合控费"部分变更为"一站式"结算,属于对原招标商务条款的变更,采购人依法应重新组织招标。

市财政局质证称,对市卫计委上述证据的真实性、合法性、关联性予以认可。

经二审审理查明的事实与一审认定的事实一致,本院予以确认。

本院认为,根据政府采购法第十三条、第五十五条以及《政府采购供应商投诉处理办法》第三条第一款、第三款的规定,市财政局依法应当履行对政府采购活动进行监督管理的法定职责,负责处理本级预算政府采购活动的供应商投诉事宜,对于飞易特公司提出的投诉申请,市财政局依法拥有作出相关处理决定的行政职权。

关于招标公告中要求投标人具有计算机信息系统集成企业资质证书三级以上(含三级)、ISO9001 质量管理体系认证证书、CMMI 三级软件成熟度模型认证证书及分级诊疗管理系统、人口健康信息平台、区域卫生信息平台、基层医疗卫生机构管理信息系统四种同类系统软件著作权证书这四种特定资质是否属于滥用政府采购法第二十六条规定的供应商特定条件,对供应商实行差别待遇或者歧视待遇的情形问题。依照政府采购法第二十六条"采购人可以根据采购项目的特殊要求,规定供应商的特定条件"之规定,采购人可以在采购公告和采购文件中要求潜在供应商具有相应的资格、技术和条件,但不得脱离采购项目的具体特点和实际需要,排斥合格的潜在供应商。本案中,市卫计委人口健康信息系统平台软件建设项目涉及吕梁市 380 多万群众切身利益,投标企业的计算机信息系统集成能力、软件产品质量要求与质量管理体系实力情况事关该项目建设的质量与成效。故招标公告中明确要求投标企业具有衡量投标企业的计算机信息系统集成水平的计算机信息系统集成企业资质证书三级以上(含三级)、衡量投标企业的软件产品质量与质量管理体系的 ISO9001 质量管理体系认证证书与 CMMI 三级软件成熟度模型认证证书以及衡量投标企业的软件成熟度的分级诊疗管理系统、人口健康信息平台、区域卫生信息平台、基层医疗卫生机构管理信息系统四种同类系统软件著作权证书等特殊资质条件,属于为保证采购项目合同的顺利履行,要求供应商所必须具备的履行合同专业技术能力的资质,是招标项目实际需要,不属于对供应商实行差别待遇或者歧视待遇的情形。在市财政局下达《投诉处理决定书》后,市卫计委与市财政局采购服务中心立即修改招标公告并重新开展政府采购活动,共有 5 家供应商参与竞争且完全满足招标文件设定的供应商资格条件,不存在政府采购法第三十六条第(一)款"符合专业条件的供应商或者对招标文件作实质响应的供应商不足三家"的废标情形。另,2014 年 1 月 28 日《国务院关于取消和下放一批行政审批项目的决定》仅将"计算机信息系统集成企业资质认定项目"的行政审批权取消,由中国电子信息行业联合会负责信息系统集成资质等级评定,计算机信息系统集成资质依然是业界衡量企业相关实力的重要参考指标。市财政局于 2016 年 7 月 18 日作出的《吕梁市财政局关于吕梁市卫生和计划生育委员会人口健康信息系统应用平台软件项目投诉处理决定书》(吕财购诉决〔2016〕1 号)并无不当。飞易特公司的投诉理由及抗辩理由无法律依据,本院不予采纳。一审判决认定招标文件将计算信息集成企业资质证书三级以上(含三级)列为实质性条款违反政府采购法第二十二条和《中华人民共和国政府采购法实施条例》第二十条规定,构成以不合理条件对供应商实行差别待遇或者歧视待遇不当,应予纠正。

关于省财政厅所提未对复议程序合法性进行法庭调查的问题。经审查,一审庭审时确已组织双方当事人对复议程序的合法性进行了调查。但省财政厅未提供证据予以证实,故对省财政厅的有关上诉理由不予采纳。同时,依照《最高人民法院关于适用〈中华人民共和国行政诉讼法〉若干问题的解释》第九条第二款"复议机关对复议程序的合法性承担举证责任"《最高人民法院关于行政诉讼证据若干问题的规定》第一条"被告不提供或者无正当理由逾期提供证据的,视为被诉具体行政行为没有相应的证据"之规定,省财政厅应承担举证不能的不利后果,故应当确认省财政厅的复议程序违法。

关于本案应否追加中标人智杰公司或市采购中心为利害关系第三人的问题。因一审时该中标公司及市采购中心并未申请参加诉讼,本案处理结果亦与其无利害关系,故无须追加其为第三人参与诉讼,市财政局、省财政厅的有关上诉理由不符合法律规定,本院不予采纳。

综上,市财政局于 2016 年 7 月 18 日作出的吕财购诉决〔2016〕1 号投诉处理决定合法,但省财政厅于 2016 年 11 月 4 日作出的晋财复决〔2016〕2 号行政复议决定程序违法。一审认定事实清楚,但适用法律错误,依法应当改判。依照《中华人民共和国政府采购法》第十三条、第二十二条、第三十六条第一款、第五十五条、《政府采购供应商投诉处理办法》第三条第一款、第三款、第十七条第(二)项、《中华人民共和国政府采购法实施条例》第二十条、《中华人民共和国行政诉讼法》第八十九条第一款第(二)项、第二十九条第一款、《最高人民法院关于适用〈中华人民共和国行政诉讼法〉若干问题的解释》第九条、第十条第四款、《诉讼费用交纳办法》第十三条第一款第(五)项的规定,判决如下:

一、撤销山西省临县人民法院〔2016〕晋 1124 行初 200 号行政判决;

二、确认山西省财政厅于 2016 年 11 月 4 日作出的晋财复决〔2016〕2 号行政复议决定书违法;

三、驳回山西飞易特软件开发有限公司针对吕梁市财政局于 2016 年 7 月 18 日作出的吕财购诉决〔2016〕1 号投诉处理决定的诉讼请求。

一审案件受理费 50 元,由被上诉人山西飞易特软件开发有限公司负担;二审案件受理费 150 元,由上诉人山西省财政厅负担 50 元,分别退还上诉人吕梁市财政局和吕梁市卫生和计划生育委员会各 50 元。

本判决为终审判决。

审 判 长　曹宪强

审 判 员　张少军

审 判 员　杨尉苑

二〇一七年十一月七日

书 记 员　刘　旭

【后续案例】

山西省高级人民法院〔2018〕晋行申 107 号再审审查与监督检查案行政裁定书。

深圳市中诺思科技股份有限公司与安徽省金寨县财政局政府采购(招投标)投诉处理决定案

【案件提要】

本案是对采购结果的投诉处理决定提起行政诉讼的案例。其主要争议焦点是,未中标的二家供应商各自代表都是第三方公司的员工,而第三方公司又是中标供应商的控股子公司,这是否属于同一集团行为、委托同一单位的串标行为? 法院经审理认为,第三方公司虽为中标供应商的控股子公司,但并未参与本项目招投标活动;而中标供应商和二家未中标供应商分别委托不同的个人为投标代表,不能认定三个供应商违反《政府采购法实施条例》第七十四条第(四)项规定,不属于同一集团或委托同一单位构成串通投标。同时也查明,投标保证金均是从各投标单位的账户转入金寨县政府采购中心指定账户,不是不同投标人的投标保证金从同一单位或者个人的账户转入采购中心账户。因此,财政部门所作投诉处理决定认定事实清楚、适用法律正确、程序合法,依法应当予以维持。

【判决正文】

安徽省六安市中级人民法院
行政判决书

〔2018〕皖 15 行终 71 号

上诉人(一审原告)深圳市中诺思科技股份有限公司,住所地(略)。
法定代表人王某。
委托代理人程某。
委托代理人朱某。
被上诉人(一审被告)金寨县财政局,住所地(略)。
法定代表人胡某。
出庭负责人李某。
委托代理人陈某。
一审第三人金寨县政府采购中心,住所地(略)。
法定代表人郑某。

委托代理人闵某。

一审第三人北京络捷斯特科技发展股份有限公司,住所地(略)。

法定代表人邵某。

委托代理人杜某。

一审第三人北京浩海心盟科技有限公司,住所地(略)。

法定代表人王某。

委托代理人孙某。

一审第三人深圳市中视典数字科技有限公司,住所地(略)。

法定代表人张某。

委托代理人刘某。

深圳市中诺思科技股份有限公司(以下简称中诺思公司)诉金寨县财政局政府采购行政管理一案,安徽省金寨县人民法院于 2018 年 5 月 29 日作出〔2018〕皖 1524 行初 12 号行政判决。宣判后,中诺思公司不服,向本院提起上诉。本院受理后,依法组成合议庭于 2018 年 8 月 21 日公开开庭进行了审理。中诺思公司委托代理人程某、朱某,金寨县财政局副局长李某及委托代理人陈某,一审第三人金寨县政府采购中心(以下简称县采购中心)法定代表人郑某及委托代理人闵某,一审第三人北京络捷斯特科技发展股份有限公司(以下简称络捷斯特公司)委托代理人杜某,一审第三人北京浩海心盟科技有限公司(以下简称浩海心盟公司)的委托代理人孙某,一审第三人深圳市中视典数字科技有限公司(以下简称中视典公司)的委托代理人刘某均到庭参加诉讼。本案现已审理终结。

一审法院认定,县采购中心接受采购人安徽金寨职业学校委托,对该校物流服务与管理实训中心专用设备购置安装项目进行采购。该采购中心根据采购人提供的技术参数和采购要求,编制了采购公告和采购文件,采用公开招标和综合评分法的方式采购,并在网上公布采购信息。2017 年 9 月 20 日上午 9 时 30 分开标,共有 4 家供应商参与现场投标。经评标委员会评审,络捷斯特公司为中标候选人,金寨县政府采购中心在网站发布公告。2017 年 9 月 25 日,中诺思公司对该项目中标结果向采购人和县采购中心提出质疑,县采购中心和采购人针对质疑书,调查了投标文件,并于 2017 年 11 月 1 日向中诺思公司回复:被质疑的三公司均为独立法人企业,法定代表人不同,本项目投标保证金均从各自单位账户汇入指定帐户;在本项目招投标活动中,县采购中心严格按照规定组织开标、评标会,评标委员会根据招标文件对投标供应商的资质、技术进行评审,最终推荐综合得分最高的投标供应商为中标候选人,因此,在没有充分证据情况下,理应尊重招投标结果。因对质疑回复不满意,中诺思公司于 2017 年 11 月 24 日向金寨县财政局投诉,投诉请求:1. 确认络捷斯特、浩海心盟、中视典三公司在本项目招投标过程中存在串通投标情形,本次中标无效。2. 依法对上述三公司作出禁止 1 至 3 年进入本地区投标活动并处以罚款的处罚。理由是:1. 浩海心盟公司投标代表操婷系络捷斯特公司控股子公司杰尔思公司监事,两公司属于同一个集团公司。中视典公司投标代表袁婷婷同样是杰尔思员工。2. 络捷斯特公司公开公布的 2015 年、2016 年及 2017 年上半年财务报告和股份转让说明书显示,络捷斯特公司与中视典公司存在多笔投标保证金往帐,可能是串通投标。金寨县财政局受理投诉后,审查了相关招投标资料及金寨县政府采购中心、采购人、络捷斯特公司书面说明。金寨县财政局认为无证据证明络捷斯特、浩海心盟、中视典公司在此次投标活动中有《中华人民共和国招标投标法实施条例》第三十九条、第四十条规定的串通投标行为,根据《政府采购供应商投诉处理办法》第十七条第(二)项规定,决定驳回投诉人的投诉请求。中诺思公司不服该处理决定,提起行政诉讼。

一审法院认为,《中华人民共和国政府采购法》第十三条第一款规定:"各级人民政府财政部门是负责政府采购监督管理的部门,依法履行对政府采购活动的监督管理职责。"据此,金寨县财政局具有受理投标供应商投诉并作出行政处理决定的法定职权。该局于 2017 年 11 月 24 日收到原告书面投诉书后,针对中诺思公司投诉的内容,责成县政府采购中心、招标人及中标单位作出书面说明,对招标程序流程进行了全面调查核实,并将调查的认定事实和结果书面于 2017 年 12 月 22 日回复了中诺思公司,行政程序符合《政府采购供应商投诉处理办法》的规定。

诺思公司认为涉案招投标项目存在串通投标情形,主要有以下理由:1. 浩海心盟公司投标代表操婷、中视典公司投标代表袁婷婷均是杰尔思公司员工,杰尔思公司又是络捷斯特公司控股子公司,认为上述公司投标属于同一集团行为、委托同一单位的串标行为。2. 络捷斯特公司 2015 年、2016 年、2017 年上半年财务报告显示与中视典公司有投标保证金往来款项,说明双方存在串标行为。

《中华人民共和国政府采购法实施条例》第七十四条第(四)项规定,属于同一集团、协会、商会等组织成员的供应商按照该组织要求协同参加政府采购活动,属于恶意串通。《中华人民共和国招标投标法实施条例》第四十条第(二)(六)项规定,不同投标人委托同一单位或个人办理投标事宜;不同投标人的投标保证金从同一单位或者个人的帐户转出,视为投标人相互串通投标。本案中,杰尔思公司虽然为络捷斯特公司控股子公司,但并未参与本项目招投标活动;络捷斯特公司、浩海心盟公司、中视典公司分别委托不同的个人为投标代表,因此不能认定二公司违反了上述法律规定、属于同一集团或委托同一单位构成串通投标。其次,投标保证金均是从各投标单位的账户转入金寨县政府采购中心指定账户,不是不同投标人的投标保证金从同一单位或者个人的账户转入采购中心账户。综上所述,中诺思公司诉称构成串通投标的理由不能成立,证据不足,依法不予支持。金寨县财政局作出的财便函〔2017〕17 号《投诉处理决定书》认定事实清楚、适用法律正确、程序合法,依法应当予以维持。案经该院审判委员会讨论决定,依据《中华人民共和国行政诉讼法》第六十九条之规定,判决驳回中诺思公司的诉讼请求。案件受理费 50 元,由中诺思公司承担。

中诺思公司上诉称,一审法院认定三公司不构成串通投标系认定事实错误。络捷斯特公司与杰尔思公司作为母子公司,其利益是一致的,子公司派员工代表三家不同单位投标,其中还代表母公司去投票,明显违反《中华人民共和国招投标法实施条例》第四十条第二项规定,是相互串通投标行为。南京社保中心缴费证明显示浩海心盟投标代表人操婷和中视典投标代表人袁婷婷在投标期间均是杰尔思公司员工,作为不同的投标人委托同一单位员工办理投标,理所当然作为受委托单位肯定是指派单位的员工实施投标事宜。杰尔思公司工商档案显示该公司法定代表人是络捷斯特公司的股东,且前者是后者的控股子公司,说明络捷斯特是通过控制杰尔思公司来控制整个串通投标活动。络捷斯特公司投标代表人茆慧参与投标的录像视频显示杰尔思公司总经理魏宗玲全程陪同,并代表络捷斯特公司参与现场投标答疑演示,说明了络捷斯特公司委托杰尔思公司员工参与三家公司投标。以上事实足以证明络捷斯特公司、浩海心盟公司、中视典公司存在串通投标行为,本次中标应被确定无效。金寨县财政局未尽审查义务,作出了错误的处理决定。请求撤销原判,责令金寨县财政局确认络捷斯特公司中标无效并责令县采购中心重新招标,责令金寨县财政局对络捷斯特、浩海心盟、中视典公司作出取消1至3年内参加投标资格并处相应罚款的处罚,本案诉讼费由金寨县财政局承担。

金寨县财政局辩称,一审认定事实清楚,适用法律正确,中诺思公司诉请撤销没有事实和法律依据。金寨县财政局收到中诺思公司的投诉书后,及时受理并进行了调查,发现络捷斯特公司虽与杰尔思公司有投资关系但属两个独立的企业法人单位,且现有证据证明操婷、袁婷婷属于个人分别接受浩海心盟公司、中视典公司的委托,同时查明本次的投标人公司的投标保证金均出自各自的公司银行账户,并非出自同一单位,遂作出被诉处理决定,事实清楚,于法有据。请求驳回上诉,维持原判。

县采购中心述称,整个招投标程序符合法律规定,确定中标人后,针对中诺思公司提出的质疑,该中心依法对事实进行了详细核实,查明本案的投标人均系独立的企业法人,均具有投标的主体资格;在此次投标中,杰尔思公司并没有参与投标,且该公司是独立的企业法人,与参与投标的络捷斯特公司属于完全不同的企业法人,不能以此推断其属于串通投标的行为;浩海心盟公司的投标代表操婷和中视典公司的投标代表袁婷婷是两个不同的个人,不属于不同投标人委托同一人参与投标的情形;对各投标单位的投标保证金来源进行了审查,确认各投标单位的投标保证金均从各自单位的账户转出,符合法律规定。请求驳回上诉,维持原判。

络捷斯特公司述称,络捷斯特公司、浩海心盟公司、中视典公司并不属于同一集团、协会、商会等组织人员,不属于《中华人民共和国政府采购法实施条例》第七十四条第(四)项所规定的属于恶意串通的情形。杰尔思公司与络捷斯特属于完全独立的两个企业法人,不属于同一集团,且杰尔思公司并没有参与涉案项目的投标,亦未受络捷斯特公司的委托办理投标事宜。操婷和袁婷婷分别于2017年7月3日、8月11日从杰尔思公司离职,续费社保属于个人委托杰尔思公司进行代缴以便维持其社保关系连续性的行为,不能以此判定两人与杰尔思公司存在劳动关系。中诺思公司依据自己的主观猜测认为串通投标情形的存在,没有事实和法律依据,请求驳回上诉,维持原判。

浩海心盟公司述称,络捷斯特公司、中视典公司及浩海心盟公司之间均不存在持股与被持股或其他关联关系,都是各自独立的企业法人,不属于同一集团,也未委托同一单位或同一人参加投标。浩海心盟公司的投标代表人操婷早在2017年7月3日即从杰尔思公司离职,入职浩海心盟公司,基于操婷具备浩海心盟公司员工身份,才委派其参加现场投标,并非是浩海心盟公司委托杰尔思公司员工参与投标。事实上,因担心社保关系中断,操婷与杰尔思公司协商由该公司代为缴纳社保,费用由操婷自己负担。操婷到浩海心盟公司工作后,在试用期期间未签订劳动合同,期间浩海心盟公司也就没有为其办理社保转移登记。涉案的社会缴费记录不能证明杰尔思公司与操婷存在劳动关系。中诺思公司所述都是其推测和怀疑,没有事实依据,请求驳回上诉,维持原判。

中视典公司述称,中视典公司与浩海心盟公司、络捷斯特公司不属于同一集团、协会、商会等组织成员,是独立法人。我公司在人员招聘时考虑有本行业有一至两年从业经验的择优录取,部分新职员来自本行业同行公司甚至竞争对手公司是符合常理的,且法律没有限制性规定。在获得招标信息后,中视典公司即委托了新聘员工袁婷婷办理投标事宜,且投标保证金从我公司帐户汇出,整个过程不存在串通投标行为。请求驳回上诉,维持原判。

中诺思公司为证明其主张,向一审法院提交如下证据:1.中诺思公司营业执照复印件,证明中诺思公司的原告主体资格。2.质疑书,证明中诺思公司提出异议事实及络捷斯特、浩海心盟、中视典三公司在项目招标过程存在串通投标情形。3.质疑回复函,证明县采购中心及安徽金寨职业学校对质疑回复的事实。4.投诉书,证明中诺思公司向金寨县财政局提出异议事实。5.投诉处理决定书,证明金寨县财政局作出的投诉处理决定事实认定不清,没有法律依据,依法应予撤销。6.杰尔思公司工商内档信息及国家企业信息公示系统查询结果,证明浩海心盟公司投标代表操婷实为络捷斯特控股子公司杰尔思公司高管事实,证明属于法律规定不同投标人委托同一单位或者个人办理投标事宜,应视为串通投标行为。7.络捷斯特公司公布2015年、2016年及2017年上半年财务报告,证明络捷斯特公司与中视典公司有多笔投标保证金往来账,金额巨大,二公司并无工程承发包关系,二者涉嫌串标。8.近年来络捷斯特公司与中视典公司长期参与此类项目清单,证明络捷斯特公司与中视典公司长期参与此类项目串标的事实。9.投标供应商登记表、金寨县政府采购供应商报价登记表、授权代表身份信息复印件,证明2017年9月20日浩海心盟、中视典、络捷斯特、中诺思四家公司参与涉案项目投标,并授权相应代表人操婷、袁婷婷、茆慧、向拉夫参与投标的事实。10.操婷、袁婷婷社会保险参保缴费证明打印件,证明不同投标人授权代表人操婷和袁婷婷同在杰尔思公司任职工作的事实,从而证明不同投标人委托同一单位办理投标的事实。11.杰尔思公司工商登记资料信息表,股东(发起人)出资情况复印件,证明投标人络捷斯特是杰尔思公司的控股公司,从而证明属于法律规定的不同投标人委托同一单位或者个人办理投标事宜,应视为串通投标行为。12.当庭提供视频资料,证明存在串标行为。

金寨县财政局在法定举证期限内向一审法院提交如下证据、依据:1.中诺思公司的投诉书及证据材料,证明中诺思公司投诉请求及提供的证据。2.受理登记,证明受理了中诺思公司投诉。3.投诉书送达给被投诉人的回证,证明按规定将中诺思公司的投诉书送达被投诉人。4.各被投诉人回复说明,证明被投诉人按规定就中诺思公司的投诉给予了回复说明。5.招标文件,证明本次招标规定及对各投标人的资格条件要求。6.络捷斯特公司、浩海心盟公司、中视典公司营业执照、银行账户、委托书、受委托人身份证复印件,证明三家为相互独立法人企业,符合投标要求;投标保证金汇出银行账户为各公司帐户、委托投标代理人均是个人并不是委托同一单位或同一个人。7.专家抽取结果记录表、采购会议签到表、投标商登记表、投标代表人签到表,证明本次招标活动符合规定。8.评标报告,证明络捷斯特公司中标是经专家评定的结果。9.投标保证金网上查询系统信息等文件资料,证明各投标人投标保证金均出自各自银行账户,不是来自同一公司,无相互代付情况。10.处理决定书及送达回证,证明就中诺思公司的投诉作出处理决定并送达原告。11.政府采购供应商投诉处理办法、招投标法实施条例、政府采购法、政府采购法实施条例,证明中诺思公司的诉讼不能成立,财政局作出处理决定程序合法,于法有据。

县采购中心向一审法院提交如下证据:1. 采购申请表,证明 2017 年 8 月 30 日安徽金寨职业学校委托采购物流专业设备。2. 采购公告,证明县采购中心于 2017 年 9 月 1 日在县采购网发布物流设备采购公告。3. 招标文件,证明县采购中心就安徽金寨职业学校委托采购的物流专业设备发布招标文件。4. 中诺思、络捷斯特、浩海心盟、中视典公司的企业登记信息,证明投标的 4 公司基本信息。5. 中诺思公司投标文件,证明中诺思公司基本信息、投标代表委托书、资信证明、投标保证金回执等。6. 络捷斯特公司投标文件,证明络捷斯特公司基本信息、投标代表委托书、资信证明、投标保证金回执等。7. 浩海心盟公司投标文件,证明浩海心盟公司基本信息、投标代表委托书、资信证明、投标保证金回执等。8. 中视典公司投标文件,证明中视典公司基本信息、投标代表委托书、资信证明、投标保证金回执等。9. 投标供应商登记表、投标代表签到表、评标委员签到表,证明县采购中心依法组织招标。10. 招标文件密封情况检查登记表、供应商报价登记表、投标人资格审查表等,证明县采购中心依法组织招标。11. 投标人综合评分汇总表、评标报告、中标通知书,证明络捷斯特公司中标。12. 质疑书及相关证据,证明中诺思公司认为,络捷斯特、浩海心盟、中视典公司存在串通投标行为,要求取消络捷斯特中标资格。13. 质疑回复,证明县采购中心经审查,认为没有充分证据证明络捷斯特、浩海心盟、中视典公司存在串通投标行为,中诺思公司质疑理由不能成立。

络捷斯特公司向一审法院提交证据:汇款电子回单,证明络捷斯特公司投标保证金直接从该公司转入金寨县政府采购中心帐户。

上述证据均已随案移送本院。二审中,各方当事人重申了一审的举证、质证意见。经审查,一审法院对事实及证据的分析与认定符合法律规定,本院予以确认。

本院认为,本案的争议焦点是金寨县财政局作出的财便函〔2017〕17 号投诉处理决定是否合法,各方当事人主要争议的是金寨县财政局认定络捷斯特公司、浩海心盟公司、中视典公司不存在串通投标行为的事实是否清楚。

《中华人民共和国招标投标法实施条例》第三十九条、第四十条对于投标人是否构成相互串通投标列举了十一项判定依据。中诺思公司认为络捷斯特公司、浩海心盟公司、中视典公司存在该条例第四十条第(二)项"不同投标人委托同一单位或个人办理投标事宜"应视为投标人相互串通投标的情形,并提交了投标代表人的社保缴费证明、工商登记材料等证据。这些证据能够显示浩海心盟公司的投标代表人操婷、中视典公司的投标代表人袁婷婷在投标期间的社保参保单位是杰尔思公司,但从浩海心盟公司和中视典公司在投标过程中提交的投标文件可以看出,两公司分别委托操婷、袁婷婷个人而非杰尔思公司为投标代表人,中诺思公司仅因两人的参保单位为同一单位而推定上述两公司委托的是同一个单位,与事实不符。从中诺思公司提交的工商登记材料可以反映出杰尔思公司的其中一位股东为络捷斯特公司,但该两个公司均是依法成立的独立法人,依法独立承担民事责任,中诺思公司仅以两公司的此种工商关联而推定络捷斯特公司控制杰尔思公司进而控制投标行为,没有事实依据,亦与法律规定相悖。

金寨县财政局在接到中诺思公司的投诉后,不仅对本案主要的争议上述事实问题进行了调查,还对各投标人的投标保证金交纳帐户等事实进行了核查,发现并无证据证明涉案投标活动中存在串通投标行为,进而作出被诉处理决定,认定事实清楚,证据确实,程序合法,一审判决驳回中诺思公司的诉请正确,依法应予维持;中诺思公司的上诉理由没有事实和法律依据,不予支持。依照《中华人民共和国行政诉讼法》第八十九条第一款第(一)项之规定,判决如下:

驳回上诉,维持原判。

二审案件受理费 50 元,由上诉人深圳市中诺思科技股份有限公司承担。

本判决为终审判决。

审 判 长　刘莹洁

审 判 员　颜　凯

审 判 员　张　菊

二〇一八年八月三十日

书 记 员　张　祺

沈阳兴溢节能环保科技有限公司与辽宁省抚顺市财政局政府采购（招投标）投诉处理决定案

【案件提要】

本案是对采购结果的投诉处理决定提起行政诉讼的案例。涉案采购项目发布山木泉公司中标公告。兴溢公司以中标人提供虚假材料谋取中标、成交为由,提出质疑和投诉。因财政部门未予答复,兴溢公司提起本案诉讼,请求法院判决财政部门履职查证中标人提供虚假资料谋取中标的行为并予行政处罚。一审法院经审理认为,根据兴溢公司诉称的事实和理由,可以确认其在向财政部门投诉时,投诉的内容包括其质疑内容,但增加了请求财政部门履行行政处罚的内容,而投诉和请求履行行政处罚应是基于两个理由,属于两个诉求,应分别向财政部门主张权利。现其提起本案诉讼,不是针对市财政局对其投诉拒绝履行法定职责或无正当理由逾期未予答复,而是财政部门履职查证中标人提供虚假资料谋取中标的行为并予行政处罚,但又未提供任何相应证据,故其诉请的理由不成立。二审法院经审理认为,兴溢公司提起质疑的时间为2018年4月28日,因采购人或代理机构未对质疑答复,兴溢公司最迟应于2017年6月1日向市财政局进行投诉,现查兴溢公司于2017年6月5日投诉,显已超出投诉的法定期限。兴溢公司主张等待质疑答复导致未在法定期限内投诉,该项主张不属于逾期投诉的法定事由。故财政部门对投诉未作出处理决定并不违法。

【判决正文】

辽宁省抚顺市中级人民法院
行政判决书

〔2018〕辽04行终75号

上诉人(一审原告)沈阳兴溢节能环保科技有限公司,住所地(略)。
法定代表人佟某。
委托代理人齐某。
被上诉人(一审被告)抚顺市财政局,住所地(略)。
法定代表人高某。
委托代理人耿某。

委托代理人丁某。

上诉人沈阳兴溢节能环保科技有限公司(以下简称兴溢公司)因不履行政府采购行政管理法定职责一案,不服辽宁省抚顺市望花区人民法院〔2017〕辽0404行初300号行政判决,向本院提起上诉。本院受理后,依法组成合议庭于2018年6月7日对该案进行了公开开庭审理,上诉人兴溢公司的委托代理人齐某,被上诉人抚顺市财政局(以下简称市财政局)的委托代理人耿某、丁某到庭参加了诉讼。本案现已审理终结。

一审法院审理查明,2017年4月21日,抚顺市政府采购中心(以下简称市采购中心)发布公告,因抚顺市机关事务管理局开水器政府采购进行招标。4月26日,市采购中心发布供应商北京山木泉饮水设备有限公司(以下简称山木泉公司)中标公告。4月28日,兴溢公司以山木泉公司提供虚假材料谋取中标、成交为由,向市采购中心质疑。后分别于6月5日和8月15日以采购中心未予答复为由,向市财政局投诉,财政局未予答复。现请求判令市财政局履行查证山木泉公司具有提供虚假材料谋取中标、成交的行为,给予取消其1年至3年内参加依法必须进行招标的项目的投标资格。2017年7月,采购中心已将抚顺市机关事务管理局开水器政府采购招投标项目作出废标处理。

一审法院认为,本案审查客体是财政局是否存在不履行法定职责的行为。第一,是否属于市财政局的法定职责。根据《政府采购法》第十三条第一款的规定:各级人民政府财政部门是负责政府采购监督管理的部门,依法履行对政府采购活动的监督管理职责。所以,市财政局是本案适格被告,具有对政府采购活动的监督管理职责。第二,兴溢公司申请前置。兴溢公司申请市财政局履行法定职责,兴溢公司确于2016年6月5日、8月15日向市财政局递交了申请,并提供了邮寄证据,市财政局收到申请和未作行政处理决定。兴溢公司起诉符合法定条件。第三,兴溢公司申请市财政局履职的事项,缺乏实体法上的请求权基础。根据兴溢公司诉称的事实和理由,可以确认,兴溢公司在向市财政局投诉时,其投诉的内容包括其质疑内容,但增加了请求市财政局履行行政处罚的内容,而向市财政局投诉和请求市财政局履行行政处罚应是基于两个理由,属于两个诉求,兴溢公司应分别向市财政局主张权利是为妥当。针对本案而言,兴溢公司提起本案诉讼不是针对市财政局因其投诉拒绝履行法定职责或无正当理由逾期未予答复,而是请求市财政局履行对北京山木泉饮水设备有限公司提供虚假材料谋取中标、成交的行为,给予取消其1年至3年内参加依法必须进行招标的项目的投标资格的行政处罚的法定职责,但经庭审质证、认证兴溢公司在本案诉讼过程中没有提供证据证明山木泉公司在采购中心招投标过程中,具有提供虚假材料谋取中标、成交的行为,市财政局应予行政处罚的这一事实,所以,兴溢公司请求市财政局履责,依据不足。综上,兴溢公司申请市财政局履行对山木泉公司给予行政处罚的法定职责的理由不成立。依照《中华人民共和国行政诉讼法》第六十九条的规定,判决:驳回兴溢公司的诉讼请求。案件受理费50元,依法由兴溢公司承担。

兴溢公司上诉称,请求撤销原判,判令市财政局作出具体行政行为,案件受理费由财政局负担。事实与理由:1.一审法院认为兴溢公司的质疑与投诉的内容不完全一致,属两个诉求,而兴溢公司认为只要兴溢公司的诉求属于市财政局的职责范围之内,即使质疑与投诉的内容不一致,市财政局均应作出具体行政行为,况且兴溢公司的质疑与投诉的内容有相同的部分;2.关于质疑与投诉不同的问题。因投诉增加的诉求是兴溢公司要求市财政局对山木泉公司进行行政处罚,该诉求的职权只有市财政局具有,兴溢公司不可能要求市采购中心履行行政职责;3.兴溢公司要求市财政局对山木泉公司进行行政处罚的诉请,一审法院认为无证据证明系错误的。兴溢公司在一审中提供的质疑和投诉的材料中,均提供了山木泉公司伪造材料、谋取中标、成交的证据材料;四、兴溢公司至今未得到涉案中标项目废标的相关通知,亦未在网上查询到公告。

市财政局辩称:首先,政府采购法以及采购实施条例明确规定质疑与投诉的内容完全一致,但兴溢公司向市采购中心提供的质疑书与向市财政局提供的投诉书请求并不相同,其中请求第一项,要求市财政局对山木泉公司进行处罚,本条并非是法律规定可以投诉的内容,第二项和第三项请求质疑书中没有请求,故第二、三项请求属超范围请求。其次,兴溢公司所说的其已经提供山木泉伪造材料的证据并不存在,其提供的只是兴溢公司加盖公章的证明材料,没有任何证明作用,同时,兴溢公司至今也没有提供有效的证据证明山木泉公司存在在违法的行为,与此同时,在投诉书中授权的部分兴溢公司没有得到投诉的授权,故市财政局接到兴溢公司的投诉书属无效投诉,市财政局无法确定该投诉为兴溢公司真实的意思表示。该涉案招标项目已经作废,并不存在兴溢公司要求的诉讼请求。《中华人民共和国政府采购法》第五十五条规定:质疑供应商对采购人、采购代理机构的答复不满意或者采购人、采购代理机构未在规定的时间内作出答复的,可以在答复期满后十五个工作日内向同级政府采购监督管理部门投诉。依据该规定以及一审法院的认定事实,兴溢公司提交第一份投诉书的日期是2017年6月4日,根据时间节点计算已超过了投诉期。《中华人民共和国政府采购法实施条例》第五十五条规定:供应商质疑、投诉应当有明确的请求和必要的证明材料。供应商投诉的事项不得超出已质疑事项的范围,本案除了没有相应的中标结果之外,依据上述法律规定从程序上已经明显超出了国家的强制性性规定,市财政局完全有理由不予答复。

本院认定的事实与一审法院认定的事实基本相同。

本院认为,《中华人民共和国政府采购法》第五十三条规定:采购人应当在收到供应商的书面质疑后七个工作日内作出答复,并以书面形式通知质疑供应商和其他有关供应商,但答复的内容不得涉及商业秘密;第五十五条规定:质疑供应商对采购人、采购代理机构的答复不满意或者采购人、采购代理机构未在规定的时间内作出答复的,可以在答复期满后十五个工作日内向同级政府采购监督管理部门投诉。本案中,兴溢公司提起质疑的时间为2018年4月28日,依据以上规定,因市采购中心并未对兴溢公司提出的质疑予以答复,兴溢公司最迟应于2017年6月1日向市财政局进行投诉,兴溢公司于2017年6月5日向其投诉已超出投诉的法定期限。兴溢公司主张一直等待市采购中心对质疑的答复导致未在法定期限内投诉,该项主张不属于逾期投诉的法定事由。本院对该项主张不予采纳。根据《中华人民共和国政府采购法实施条例》第五十五条规定:供应商质疑、投诉应当有明确的请求和必要的证明材料。供应商投诉的事项不得超出已质疑事项的范围。经审查,本案中兴溢公司向市财政局投诉内容确实扩大了向市采购中心提出质疑的内容。综上,市财政局对兴溢公司的投诉未作出处理决定并未违反法律及行政法规的相关规定。一审判决结果并无不当,应予维

持。依照《中华人民共和国行政诉讼法》第八十九条第一款第(一)项之规定,判决如下:

驳回上诉,维持原判。

案件受理费50元,由上诉人沈阳兴溢节能环保科技有限公司承担。

本判决为终审判决。

审 判 长　王　昱

审 判 员　陈征南

审 判 员　曹　丹

二〇一八年六月十四日

书 记 员　段学飞

漯河市安居物业管理有限公司
与河南省漯河市财政局
政府采购(招投标)投诉处理决定案

【案件提要】

本案是对采购结果的投诉处理决定提起行政诉讼的案例。涉案采购项目进行竞争性谈判,安居公司成交,采购代理机构收到其他供应商质疑后,以安居公司不具备采购文件中要求的"文印设备特约授权维修站资历"为由取消安居公司的候选成交人资格。安居公司向财政部门投诉,财政部门也向安居公司发出了《取消投诉人的候选单位资格的通知》。根据行政复议决定,财政部门重新作出了投诉处理决定,确认《取消投诉人的候选单位资格的通知》合法,并驳回了安居公司投诉。安居公司提起本案诉讼。一审法院首先就本次采购活动采用竞争性谈判,采购代理机构未提交证据证明涉案采购项目不能事先计算出价格总额,在不符合法律规定的采用竞争性谈判的情况下进行竞争性谈判,且在竞争性谈判的过程中未遵循法律规定的程序成立谈判小组、制定谈判文件,故在程序方面存在重大瑕疵,而作为监管部门的财政部门,监管不严,未能及时发现此次采购问题,在安居公司投诉、申请复议的过程中也未能及时纠正市采购中心的违法行为,并作出确认《取消投诉人的候选单位资格的通知》合法、驳回安居公司投诉的决定,系认定事实错误,应予撤销,并责令其重新对投诉作出处理决定。二审法院驳回了财政部门的上诉,维持了一审判决。

【判决正文】

河南省漯河市中级人民法院
行政判决书

〔2018〕豫 11 行终 21 号

上诉人(一审被告)漯河市财政局,住所地(略)。
法定代表人马某。
出庭负责人徐某。
委托代理人张某。
委托代理人牛某。

上诉人(一审第三人)漯河市政府采购中心,住所地(略)。

法定代表人赵某。

被上诉人(原审原告)漯河市安居物业管理有限公司,住所地(略)。

法定代表人晁某。

委托代理人刘某。

上诉人漯河市财政局(以下简称漯河市财政局)、漯河市政府采购中心(以下简称市采购中心)因与被上诉人漯河市安居物业管理有限公司(以下简称安居公司)行政处理决定一案,不服漯河市郾城区人民法院〔2017〕豫 1103 行初 94 号行政判决,向本院提起上诉。本院依法组成合议庭,公开开庭审理了本案。上诉人漯河市财政局的负责人徐某、委托代理人张某、牛某、上诉人市采购中心的负责人赵某、被上诉人安居公司的委托代理人刘某到庭参加诉讼。本案现已审理终结。

一审法院查明,2016 年 5 月 27 日市采购中心发出漯采谈判采购〔2016〕19 号招标项目通知,市采购中心根据漯河市行政服务中心委托对其所需文印服务招标项目进行竞争性谈判招标,进行投标的单位需具有文印服务经验、对外承包文印服务经历(开标时提供对外承包的相关合同原件)、文印设备特约授权维修站资历。此次招标实行资质后审,资质审查工作在开标时由评标委员会独立负责。安居公司投标后,市采购中心于 2016 年 6 月 17 日开标并于当天向安居公司下发漯财政招通字〔2016〕187 号市采购中标通知书。中标结果出来后,漯河市慧光印刷科技有限公司(以下简称慧光公司)提出质疑,2016 年 9 月 19 日市采购中心下发通知,以安居公司不具备招标文件中要求的"文印设备特约授权维修站资历"为由取消安居公司的成交候选单位资格。随后安居公司向漯河市财政局投诉,漯河市财政局于 2016 年 11 月 3 日作出漯财购〔2016〕15 号处理决定书,安居公司不服向漯河市人民政府申请复议,漯河市政府于 2017 年 2 月 16 日作出漯政复〔2017〕23 号复议决定书,撤销漯河市财政局 2016 年 11 月 3 日作出的《关于对漯河市安居物业有限公司投诉事项的处理》(漯财购〔2016〕15 号的决定书),责令漯河市财政局重新处理投诉事项。2017 年 3 月 14 日,漯河市财政局重新作出漯财购〔2017〕3 号决定书,决定如下:1. 市采购中心于 2016 年 9 月 19 日作出的《取消投诉人的候选单位资格的通知》合法有效;2. 安居公司投诉的招标文件中"有关投标单位需具备文印设备特约授权维修站资历"条款有歧视普通文印服务企业的嫌疑,缺乏事实根据,驳回投诉。

一审法院认为,漯河市财政局是负责漯河市财政工作并对漯河市政府采购工作进行全面监督的机构。《中华人民共和国政府采购法》第二十六条规定:"政府采购采用以下方式:(一)公开招标;(二)邀请招标;(三)竞争性谈判;(四)单一来源采购;(五)询价;(六)国务院政府采购监督管理部门认定的其他采购方式。公开招标应作为政府采购的主要采购方式。"第三十条规定:"符合下列情形之一的货物或者服务,可以依照本法采用竞争性谈判方式采购:(一)招标后没有供应商投标或者没有合格标的或者重新招标未能成立的;(二)技术复杂或者性质特殊,不能确定详细规格或者具体要求的;(三)采用招标所需时间不能满足用户紧急需要的;(四)不能事先计算出价格总额的。"第三十八条规定:"采用竞争性谈判方式采购的,应当遵循下列程序:(一)成立谈判小组。谈判小组由采购人的代表和有关专家共三人以上的单数组成,其中专家的人数不得少于成员总数的三分之二。(二)制定谈判文件。谈判文件应当明确谈判程序、谈判内容、合同草案的条款以及评定成交的标准等事项。(三)确定邀请参加谈判的供应商名单。谈判小组从符合相应资格条件的供应商名单中确定不少于三家的供应商参加谈判,并向其提供谈判文件。(四)谈判。谈判小组所有成员集中与单一供应商分别进行谈判。在谈判中,谈判的任何一方不得透露与谈判有关的其他供应商的技术资料、价格和其他信息。谈判文件有实质性变动的,谈判小组应当以书面形式通知所有参加谈判的供应商。(五)确定成交供应商。谈判结束后,谈判小组应当要求所有参加谈判的供应商在规定时间内进行最后报价,采购人从谈判小组提出的成交候选人中根据符合采购需求、质量和服务相等且报价最低的原则确定成交供应商,并将结果通知所有参加谈判的未成交的供应商。"据此,市采购中心未提交证据证明涉案招标项目不能事先计算出价格总额,其招标行为也不符合法律规定的采用竞争性谈判的其他情形,市采购中心在不符合法律规定的采用竞争性谈判的情况下,下发漯采谈判采购〔2016〕19号文进行竞争性谈判,且在竞争性谈判的过程中未遵循法律规定的程序成立谈判小组、制定谈判文件,其在程序方面存在重大瑕疵,漯河市财政局作为监管部门,监管不严,未能及时发现此次采购问题,在安居公司投诉、申请复议的过程中也未能及时纠正市采购中心的违法行为,并作出确认《取消投诉人的候选单位资格的通知》合法、驳回安居公司投诉的决定,漯河市财政局于2017年3月14日作出的漯财购〔2017〕3号决定书认定事实错误,应当予以撤销。综上,漯河市郾城区人民法院根据《中华人民共和国政府采购法》第二十六条、第三十条、第三十八条、《政府采购供应商投诉处理办法》第二十条、《中华人民共和国行政诉讼法》第七十条第六项之规定,判决撤销漯河市财政局2017年3月14日作出的漯财购〔2017〕3号决定书,漯河市财政局于本判决生效后30日内对安居公司的投诉重新处理。

漯河市财政局上诉称:1. 本案采购方式是由采购人选择后报漯河市财政局批准,不违反法律、法规的强制性规定,一审判决认定采购方式违法错误;2. 市采购中心在当事人(供应商)对供应商资质问题提出质疑后及时对质疑进行答复,并及时公布了中标结果,不会也不可能存在一审判决称的"没有成立谈判小组"等导致采购程序无法进行的情形,一审判决认定采购程序存在重大瑕疵错误;3. 根据《政府采购法》《政府采购法实施条例》和财政部《政府采购供应商投诉处理办法》的规定,漯河市财政局作为政府采购监督管理部门,针对当事人(供应商)的"投诉事项"进行审查、处理,本案中,涉及采购程序问题不属于当事人"投诉"范围,是指行政决定也就"投诉事项"审查、认定,没有任何内容涉及"采购程序"的认定,一审判决认定漯河市财政局行政决定"认定事实错误"没有依据。综上,一审判决超越法律规定认定采购程序错误,从而对被诉行政行为进行否定,请求二审法院撤销一审判决,维持漯河市财政局行政处理决定,驳回安居公司诉讼请求。

市采购中心上诉称:1. 本案采购方式,不是市采购中心确定的,而是采购人(市行政服务中心)依法选择后报市财政局批准确定的,且不违反法律、法规的相关规定,一审对此认定错误;2. 市采购中心作为政府集中采购机构,切实履行工作程序和职责,制订有竞争性谈判文件,按规定程序办事,不存在一审判决认定的违规行为,也没有当事人对此提出异议,一审认定市采购中心采购程序存在重大瑕疵错误;3.本案为行政诉讼,应由被诉行政机关漯河市财政局对被诉行政行为的合法性进行举证,市采购中心作为民事主体没有相应的举证义务,一审以市采购中心未尽举证责任且采购程序存在重大瑕疵为由对行政行为进行否定,从举证责任分配上也是错误的。综上,市采购中心系民事活动主体,且采购程序没有被"质疑"和"投诉",不存在法定举证义务,一审判决认定事实错误,请求二审法院撤销一审判决,维漯河市财政局行政处理决定,驳回安居公司诉讼请求。

安居公司答辩称:1.一审中漯河市财政局没有举证证明市采购中心的竞争性谈判采购行为经批准,违反政府采购法和实施条例;2.漯河市财政局没有对行政决定的事实部分举证证明行政决定合法,一审判决漯河市财政局败诉符合举证原则。因此,请求二审法院驳回上诉,维持原判。

漯河市财政局在二审提供证据漯采购〔2016〕3号文件一份,证明印刷服务列入集中采购目录,可以进行集中采购且涉案项目采购金额不足80万元不需要经过招标程序,也不需要审批。

市采购中心在二审提供如下证据:

1.漯河市市直政府采购申报表、漯河市市直委托协议通知书,证明市政采购中心严格按照财政部门批复的采购计划实施采购;

2.河南省电子化政府采购系统评委抽取记录、评委签到表,证明市采购中心按照《政府采购法》的规定成立了谈判小组;

3.漯河市行政服务中心所需文印服务招标项目招标文件,证明市采购中心按照《政府采购法》的规定制定了谈判文件;

4.漯河市行政服务中心所需文印服务招标项目竞争性谈判招标公告、投标签到表,证明市采购中心按照《政府采购法》的规定确定了邀请参加谈判的供应商;

5.投标单位价格确认表,证明市采购中心按照《政府采购法》的规定实施了谈判;

6.漯河市政府采购中标通知书,证明市采购中心按照《政府采购法》的规定确定了成交供应商。

本院二审审理查明的事实同一审判决查明事实一致。

本院认为:

(一)关于漯河市财政局、市采购中心在二审期间提供的证据认定问题

《中华人民共和国行政诉讼法》第六十七条规定,被告应当在收到起诉状副本之日起十五日内向人民法院提交作出行政行为的证据和所依据的规范性文件,并提出答辩状。最高人民法院关于适用《中华人民共和国行政诉讼法》的解释第三十四条规定,根据行政诉讼法第三十六条第一款的规定,被告申请延期提供证据的,应当在收到起诉状副本之日起十五日内以书面方式向人民法院提出。人民法院准许延期提供的,被告应当在正当事由消除后十五日内提供证据。逾期提供的,视为被诉行政行为没有相应的证据。第三十五条第二款规定,原告或者第三人在第一审程序中无正当事由未提供而在第二审程序中提供的证

据,人民法院不予接纳。根据上述法律规定,漯河市财政局、市采购中心作为一审被告和一审第三人,在一审举证期限内无正当事由未提供而在二审程序中提供的证据,本院不予采纳。

（二）关于被诉行政决定的合法性

1. 市采购中心取消安居公司成交候选单位资格行为的合法性

《中华人民共和国政府采购法》第二十六条规定了包括公开招标和竞争性谈判在内的政府采购的方式;第三十条和第三十八条亦分别规定了竞争性谈判的适用范围和适用程序;该法第三十八条第（五）项规定采购人从谈判小组提出的成交候选人中根据符合采购需求、质量和服务相等且报价最低的原则确定成交供应商,并将结果通知所有参加谈判的未成交的供应商。中华人民共和国财政部《政府采购非招标采购方式管理办法》（第74号令）第三十五条规定,谈判小组应当从质量和服务均能满足采购文件实质性响应要求的供应商中,按照最后报价由低到高的顺序提出3名以上成交候选人;第三十六条规定采购人应当在收到评审报告后5个工作日内,从评审报告提出的成交候选人中,根据质量和服务均能满足采购文件实质性响应要求且最后报价最低的原则确定成交供应商。根据上述法律、规章规定,招标与竞争性谈判为不同的政府采购方式,且在竞争性谈判采购程序中,确定成交候选人在先,确定成交供应商在后。本案中,首先,市采购中心在以竞争性谈判方式实施政府采购的过程中,以招标文件替代谈判文件,以中标通知书替代成交通知书,全案亦无证据证明其按照《中华人民共和国政府采购法》第三十八条规定的程序成立了谈判小组、实施了符合法定程序的谈判、确定了成交候选人,其采购行为不符合上述法律、规章规定的程序;其次,市采购中心在向安居公司发出中标通知书3个月后,又向该公司发出取消成交候选单位资格通知书,亦不符合上述法律、规章规定的程序。

2. 漯河市财政局〔2017〕3号确认《取消投诉人的候选单位资格的通知》合法、驳回安居公司投诉决定的合法性

《中华人民共和国政府采购法》第十三条规定,各级人民政府财政部门是负责政府采购监督管理的部门,依法履行对政府采购活动的监督管理职责。《财政部关于加强政府采购货物和服务项目价格评审管理的通知》（财库〔2007〕2号）第六条规定,评审人员未按照采购文件载明的评审方法、评审标准进行评审的,财政部门应当认定采购无效,责令重新开展采购活动。本案中,漯河市财政局是对漯河市政府采购工作进行全面监督的机构,对安居公司向其投诉市采购中心作出的取消安居公司成交候选单位资格的行为违法,应当根据《中华人民共和国政府采购法》《政府采购非招标采购方式管理办法》（第74号令）规定的竞争性谈判程序对市采购中心作出的取消安居公司成交候选单位资格的行为进行审查,即使出现漯河市财政局、市采购中心所称评审错误,亦应按照《财政部关于加强政府采购货物和服务项目价格评审管理的通知》（财库〔2007〕2号）第六条的规定,由财政部门认定采购无效,责令重新开展采购活动。但漯河市财政局在对安居公司投诉的处理过程中,没有按照上述规定对市采购中心作出的取消安居公司成交候选单位资格的行为的合法性进行审查,亦没有调取该取消成交候选单位资格的行为符合上述规定的证据,其作出的确认《取消投诉人的候选单位

资格的通知》合法有效的决定,认定事实有误,依法应予撤销。

综上,市采购中心作出的取消安居公司候选单位资格的通知不符合法律、规章规定的程序,漯河市财政局作出的确认《取消投诉人的候选单位资格的通知》合法有效的投诉处理决定认定事实有误,依法应予撤销。一审判决认定事实清楚,适用法律正确,依法应予维持。漯河市财政局、市采购中心所提上诉理由均不能成立,本院不予支持。依照《中华人民共和国行政诉讼法》第八十九条第一款第(一)项之规定,判决如下:

驳回上诉,维持原判。

二审诉讼费 100 元,由上诉人市财政局和市政府采购中心各负担 50 元。

本判决为终审判决。

审 判 长　李新利

审 判 员　穆莹莹

审 判 员　裴　蓉

二〇一八年三月八日

书 记 员　李佳丽

惠州市仕安实业有限公司
与广东省陆丰市财政局
政府采购（招投标）投诉处理决定案

【案件提要】

本案是对采购结果的投诉处理决定提起行政诉讼的案例。涉案采购项目发布中标结果公告,仕安公司认为中标单位存在提供虚假材料谋取中标行为而提出了质疑和投诉。后经法院判决,财政部门重新作出处理决定,认为经核查,中标单位不存在提供虚假材料谋取中标行为。决定驳回仕安公司的投诉。仕安公司提起本案诉讼。法院经审理认为,程序上,财政部门在未依法延长投诉处理期限的情形下作出涉案决定,已超过处理期限,程序违法。实体上,财政部门对中标单位未提供涉案招标文件所要求的证书,评审专家组是否按照招标文件的规定给予得分或扣分没有作出说明,且在招标文件没有明确规定的情形下,对中标单位提供相应证书替代招标文件所要求提供的证书的行为有何依据没有作出解释,未尽到调查职责,故所作的处理决定,主要证据不足,事实认定不清,依法判决予以撤销。

【判决正文】

广东省海丰县人民法院
行政判决书

〔2018〕粤 1521 行初 52 号

原告惠州市仕安实业有限公司,住所地(略)。
法定代表人陈某。
委托代理人陈某。
委托代理人郭某。
被告陆丰市财政局,住所地(略)。
法定代表人陈某。
委托代理人林某。
委托代理人李某。
第三人陆丰市公共资源交易中心,住所地(略)。
法定代表人黄某。

委托代理人穆某。

第三人陆丰市龙山中学,住所地(略)。

法定代表人林某。

第三人长讯通信服务有限公司,住所地(略)。

法定代表人洪某。

委托代理人林某。

原告惠州市仕安实业有限公司(以下简称仕安公司)诉被告陆丰市财政局,第三人陆丰市公共资源交易中心(以下简称陆丰交易中心)、陆丰市龙山中学(以下简称龙山中学)、长讯通信服务有限公司(以下简称长讯公司)政府采购投诉处理决定一案,本院受理后,依法组成合议庭,于2018年11月7日公开开庭审理了本案。原告仕安公司法定代表人陈东坡及委托代理人陈某、郭某,被告陆丰市财政局委托代理人林某、李某,第三人陆丰交易中心委托代理人穆某,第三人长讯公司委托代理人林某到庭参加诉讼,第三人龙山中学经本院合法传唤无正当理由拒不到庭。本案现已审理终结。

原告仕安公司诉称,一、2016年4月8日,仕安公司参加陆丰交易中心组织的《陆丰市龙山中学考场设备采购》项目的采购活动,该项目最终由长讯公司中标。仕安公司作为第二候选人对中标结果存在疑问,于2016年5月9日向陆丰交易中心提出质疑,2016年5月16日,陆丰交易中心作出书面答复但原告不服。2016年5月30日,仕安公司向陆丰市财政局提出投诉,2016年8月1日,陆丰市财政局作出《政府采购投诉处理决定书》(陆财采决字〔2016〕1号),认为暂未发现有骗取中标事实,仕安公司的投诉事项依据不足,根据《政府采购供应商投诉处理办法》第十七条第二项之规定,驳回了仕安公司的投诉。仕安公司不服诉至海丰县人民法院,该院于2017年6月8日作出了〔2017〕粤1521行初2号行政判决,仕安公司不服上诉至汕尾市中级人民法院,该院于2017年9月30日作出了〔2017〕粤15行终33号行政判决,判决陆丰市财政局重新作出行政行为。2018年6月19日,陆丰市财政局作出涉案《政府采购投诉处理决定书》(陆财采决字〔2016〕重01号)时,又认为未发现长讯公司有骗取中标事实,重新驳回了仕安公司的投诉。对此,陆丰市财政局以同一事实和理由于2018年6月19日重新作出的涉案《政府采购投诉处理决定书》(陆财采决字〔2016〕重01号),与其于2016年8月1日原作出的《政府采购投诉处理决定书》(陆财采决字〔2016〕1号)基本相同,依法应予撤销。二、根据招标文件第二章第七节评标和定标7.2评审标准中技术部分的要求和招标文件第三章第二节用户需求书的要求,结合陆丰交易中心于2016年4月20日在广东省政府采购网发布的《采购项目更正/变更(澄清)公告》,长讯公司在《陆丰市龙山中学考场设备采购项目》招投标活动中,其投标时并没有提供招标文件所需的下列证件(包括但不限于):中国版权局颁发的《计算机软件著作权登记证书》(应扣分数3分)、《国家3C产品强制认证证书》(应扣分数3分)、中国质量检验认证中心颁发的《中国节能产品认证证书》(应扣分数1分)、设备生产厂家针对项目的授权书以及售后服务保障函(应扣分数3分)、"校园IP网络数字广播系统解决方案"通过中央电化教育馆认证(应扣分数1分)、《CAQI全国质量检验稳定合格产品证书》(应扣分数1分)、《CAQI全国公共广播行业质量领先品牌证书》(应扣分数1分),上述长讯公司应扣分数合计13分,即长讯公司在本次评标中,即使其他技术指标全部达标,其评标所得分数也应低于 87 分(100 分减去 13 分),但根据中标公告,其评标分数却为 94.87 分。很明显,在评标过程中,长讯公司通过提供与招标投标的标准没有任何关联性的荣誉性证书等其它证书,充当上述未提供的七项证件并获得评分。对此,评审专家组在产品技术评分里都给予得分的评审行为,不仅明显不合理、存在不正当倾向性,而且未按招标文件规定的评标方法和标准进行评标,明显与法相悖。若无关的荣誉性证书可以充当招标要求的证件作为得分依据,制定招标标准的意义何在? 对此,陆丰市财政局在处理仕安公司的投诉时流于形式,一而再地不予充分履行其监督管理职责给予详尽审查,其重新作出驳回仕安公司投诉的涉案行政行为,证据明显不足,依法也应予撤销。

三、在本次《陆丰市龙山中学考场设备采购项目》招投标活动中,评审专家组的违法评审行为导致长讯公司以 94.87 分中标,而仕安公司 94.06 分无法中标,已直接影响了中标结果,本次中标属无效,应确认仕安公司作为本项目的中标人。根据《政府采购货物和服务招标投标管理办法》(2004 年 9 月 11 日施行)第七十七条第一款第(四)项、第(五)项和第二款、第八十二条和《政府采购质疑和投诉办法》(2018 年 3 月 1 日施行)第三十二条第一款第(四)项的规定,陆丰市财政局在作出投诉处理决定时应明确由相关责任人对仕安公司造成的损失承担赔偿责任。对此,陆丰市财政局又根据《政府采购供应商投诉处理办法》(2018 年 3 月 1 日废止)第十七条第二项之规定,在该办法已经废止的情况下仍予以适用,其作出驳回仕安公司投诉的行政行为适用法律明显错误,依法同样应予撤销。四、鉴于该项目现已被长讯公司施工完毕,仕安公司对该项目投标的价格人民币 2 688 158 元,投标的成本预算人民币 1 886 273.4 元,即造成经济损失人民币 801 884.6 元。根据《行政诉讼法》第七十条第(一)项、第(二)项、第七十一条以及《最高人民法院关于适用〈中华人民共和国行政诉讼法〉的解释》(法释〔2018〕1 号)第九十条第三款的规定,陆丰市财政局应予承担赔偿责任。因此,仕安公司提出如下诉讼请求:1. 撤销陆丰市财政局于 2018 年 6 月 19 日作出涉案《政府采购投诉处理决定书》(陆财采决〔2016〕重 01 号)的行政行为;2. 确认《陆丰市龙山中学考场设备采购项目》的中标结果无效,同时确认仕安公司作为本项目的中标人;3. 判决陆丰市财政局赔偿仕安公司经济损失人民币 801 884.6 元;4. 判决陆丰市财政局承担本案诉讼费用。

仕安公司向本院提供的证据有:1. 仕安公司营业执照;2.《陆丰市龙山中学考场设备采购项目(招标编号:LFCG2016-15)的综合评分法中标公告》;3. 陆丰市财政局组织机构代码证、陆丰交易中心统一社会信用代码查询、龙山中学统一社会信用代码查询、长讯公司企业信用信息公示报告;4.《招标文件》;5.《投标文件》;6.《关于陆丰市龙山中学考场设备采购项目的质疑函》;7.《关于对陆丰市龙山中学考场设备采购项目(招标编号:LFCG2016-15)中标成交结果公告的质疑答复函》;8.《投诉书》《补正后投诉书》;9.《公证书》;10.《报价一览表》;11.《成本核算预算表》;12.《行政判决书》(〔2017〕粤 1521 行初 2 号);13.《行政判决书》(〔2017〕粤 15 行终 33 号);14.《政府采购投诉处理决定书》(陆财采决〔2016〕重 01 号);15.《政府采购投诉处理决定书》(陆财采决〔2016〕1 号)。

被告陆丰市财政局辩称,一、仕安公司称陆丰市财政局"以同一事实和理由"重新作出"基本相同"的处理决定依法不能成立。汕尾市中级人民法院在〔2017〕粤 15 行终 33 号《行政判决书》在判决理由中认定陆丰市财政局在原处理决定中没有将"陆丰市交易中心"列为被投诉人,属程序违法;对长讯公司未提供相关证书却在对应的产品技术评分里获得评分的问题并未进行详细释明、回应,属事实不清。对上述问题,陆丰市财政局已在重新调查处理决定中将陆丰交易中心列为被投诉人,依法进行纠正。对长讯公司获得技术得分的问题,已由陆丰交易中心对评分结果予以详细说明、回应。上述两大问题在重新处理决定中更正及补充释明,是原处理决定中所没有的,且是严格执行、尊重汕尾中院的判决,不存在"以同一事实和理由"重新作出"基本相同"的处理决定,而且仕安公司从质疑到提起投诉,只指长讯公司提供虚假文件投标,没有提到评审专家组违规评分并给予长讯公司得分问题,因此,该质疑不是本案审理范围。二、仕安公司没有资格对长讯公司的投标进行评、扣分。《政府采购货物和服务招标投标管理办法》(2004 年 9 月 11 日施行)第四十四条规定:评标工作由招标采购单位负责组织,具体评标事务由招标采购单位依法组建的评标委员会负责,并独立履行下列职责:(一)审查投标文件是否符合招标文件要求,并作出评价;(二)要求投标供应商对投标文件有关事项作出解释或者澄清;(三)推荐中标候选供应商名单,或者受采购人委托按照事先确定的办法直接确定中标供应商;(四)向招标采购单位或者有关部门报告非法干预评标工作的行为。根据该规定,陆丰市财政局进行第一次调查处理时,陆丰交易中心已组织专家组对评分问题作了合理的解释;在重新调查处理过程中,陆丰交易中心对专家组的评分结果进行了说明:长讯公司的技术得分只有 48.40 分,仕安公司的技术得分为满分 50 分。仕安公司之所以不能中标,是因其报价高出长讯公司 493 187 元,因此其价格得分只有 24.06 分,而长讯公司的价格得分为 29.47 分,几乎接近满分,比仕安公司高出 5.41 分。由于报价得分的悬殊,最终才导致仕安公司虽然在商务和技术得分中均得到满分,各为 20 分和 50 分,但总分只有 94.06 分,比长讯公司的总分 94.87 低了 0.81 分。因此,长讯公司为第一中标人自在情理之中,属正常现象。政府采购具有专业性及行政裁量权的自由行使,参与投标的产品是否获得技术得分以及获得多少得分,属招标评审专家组独立评审的权利,作为投标人的仕安公司,没有资格对长讯公司的投标进行评、扣分。三、仕安公司要陆丰市财政局赔偿其经济损失 801 884.60 元没有任何事实和法律依据。根据《政府采购法》第八章《法律责任》及相关配套规章规定,仕安公司要陆丰市财政局赔偿其经济损失 801 884.60 元没有任何事实和法律依据,且其该请求已被汕尾中院依法驳回,其请求没有任何事实和法律依据。综上,陆丰市财政局认为,仕安公司的重新起诉纯属无理取闹、无理缠诉,其诉讼请求依法不能成立,请查明事实后驳回其无理起诉,维持陆丰市财政局合法正确的处理决定。请求驳回仕安公司的无理诉讼请求,维持陆丰市财政局正确的处理决定,由仕安公司负担本案一切诉讼费用。

陆丰市财政局在举证期限内向本院提供的证据、依据有:1.《投诉书》;2.《政府采购投诉登记处理表》及投诉书收件回执存根;3.《政府采购投诉处理决定书》(陆财采决〔2016〕1 号);4.《关于政府采购投诉材料补正通知书》(陆采补字〔2016〕第 1 号)及《政府采购文书送达回证》(陆财字〔2016〕1 号);5.《补正后投诉书》《关于陆丰市龙山中学考场设备采购项目的质疑函》《关于对陆丰市龙山中学考场设备采购项目(招标编号:LFCG2016-15)中标成交结果公告的质疑答复函》《公证书》(三份);6.《关于延长投诉处理期限的通知》(陆财采函〔2016〕10 号)及《政府采购文书送达回证》(陆财字〔2016〕10 号);7.《重新调查处理通知书》

（陆财采函〔2018〕02 号）及《政府采购文书送达回证》（陆财采函〔2018〕02 号）；8.《关于〈重新调查处理通知书〉的说明》；9.《重新调查处理通知书》（陆财采函〔2018〕02－2 号）、《情况说明》；10.《关于陆丰市龙山中学考场设备采购项目（招标编号：LFCG2016-15)招标情况及流程情况说明》《陆丰市龙山中学考场设备采购项目（招标编号：LFCG2016-15)的综合评分法中标公告》《关于陆丰市龙山中学考场设备采购项目的质疑函》《就"关于陆丰市龙山中学考场设备采购项目的中标（成交）结果质疑函"的答疑》《关于对陆丰市龙山中学考场设备采购项目（招标编号：LFCG2016-15)中标成交结果公告的质疑答复函确认书》（两份）；11.《上网调查核实确认书》（三份）、《安全生产标准化证书》《检测报告》《入网认定证书》《说明》《产品认证证书》、荣誉证书图片（11 张）、《检验报告》（四份）；12.《政府采购投诉处理决定书》（陆财采决〔2016〕重 01 号）；13.《中华人民共和国政府采购法》《政府采购供应商投诉处理办法》相关法律法规打印文本。

陆丰交易中心述称，一、陆丰交易中心成立合法。陆丰交易中心系陆丰市政府采购、招投标中心，符合《中华人民共和国政府采购法》第十六条规定的采购代理机构。二、陆丰交易中心受理并答复仕安公司的质疑及答复符合规定。陆丰交易中心作为采购代理机构，仕安公司向其提出质疑，其依法受理并作出了答复，符合《政府采购供应商投诉处理办法》第七条"供应商认为采购文件、采购过程、中标和成交结果使自己的合法权益受到损害的，应当首先依法向采购人、采购代理机构提出质疑。对采购人、采购代理机构的质疑答复不满意，或者采购人、采购代理机构未在规定期限内作出答复的，供应商可以在答复期满后 15 个工作日内向同级财政部门提起投诉"的规定。另根据《中华人民共和国招投标法》第四十四条的规定，评委对所提出的评审意见承担个人责任，评委根据招标文件载明的评标标准和方法对投标文件进行评审独立履行职责，作为采购代理机构对评委的评标是无权干涉的。根据规定，采购合同签订后，评审委员会解散，但是，陆丰交易中心收到仕安公司的质疑后，已尽责组织评审人员进行审核答疑，陆丰交易中心在本次采购中无任何过失。三、被诉的政府采购投诉处理决定合法。本案采购的方式是公开招标，因而本案适用《中华人民共和国政府采购法》《中华人民共和国招投标法》及《政府采购供应商投诉处理办法》的规定来调整。陆丰市财政局具有受理和处理投诉的职权，是陆丰市人民政府的财政部门，依照《中华人民共和国政府采购法》第十三条"各级人民政府财政部门是负责政府采购监督管理的部门，依法履行对政府采购活动的监督管理职责"和《政府采购供应商投诉处理办法》第三条第一款"县级以上各级人民政府财政部门负责依法受理和处理供应商投诉"的规定，是负责陆丰市人民政府采购监督管理的部门，依法履行对政府采购活动的监督管理职责，负责依法受理和处理供应商投诉。陆丰市财政局受理仕安公司的投诉后，向陆丰交易中心调取了采购文件，调查了招投标活动的事实，对采购文件和案件事实进行了审查，并两次作出《政府采购投诉处理决定书》，陆丰市财政局作出的政府采购投诉处理决定程序合法。陆丰市财政局认定涉案采购项招标、开标、评标、定标、公布中标结果，符合法律的规定，评标小组的组建符合招标文件的规定，无违法违规操作的情况，各评委的评分均在招标文件和评标标准规定的幅度和范围内，评委有权提出评审意见，根据《中华人民共和国招投标法》第四十四条的规定，评委对所提出的评审意见承担个人责任，仕安公司提出评委评分不公正等投诉理由不成立，陆丰市财政局依据《政府采购供应商投诉处理办法》的有关规定,驳回仕安公司的投诉是正确的。

陆丰交易中心未向本院提供证据。

龙山中学没有陈述意见,也未向本院提供证据。

长讯公司述称,一、长讯公司作为《陆丰市龙山中学考场设备采购》项目的中标人,完全符合国家相关法律规定,合理合法。2016年4月8日,长讯公司作为《陆丰市龙山中学考场设备采购》项目的投标人与其他投标人一起参加了陆丰交易中心组织的《陆丰市龙山中学考场设备采购》项目的政府采购活动,长讯公司依法依规参加了这次采购活动,并最终成为《陆丰市龙山中学考场设备采购》项目的中标人合理合法,不存在任何的违法违规行为,仕安公司对长讯公司的质疑是不成立。二、陆丰市财政局于2018年6月19日作出的《政府采购投诉处理决定书》是正确的。三、仕安公司在本案中所提起的全部诉求是不成立的。根据《招标投标法》和《评标委员会和评标办法暂行规定》的规定,评标委员会的法定职责为:依法组建,负责评标活动,向招标人推荐中标候选人或者根据招标人的授权直接确定中标人。据此规定,作为本次《陆丰市龙山中学考场设备采购》项目的采购活动,其最终的中标人是由该项目的评标委员会依法确定。综上所述,长讯公司认为,仕安公司所提出的诉讼请求没有事实和法律依据,依法应予以驳回。

长讯公司向本院提供的证据:1.《中标(成交)通知书》;2.《陆丰市龙山中学考场设备采购项目合同书》;3.《竣工验收报告》。

经审理查明,2016年4月10日,陆丰交易中心在广东省政府采购网、汕尾市政府采购网发布龙山中学考场设备采购项目公开招标公告。在公告期限内,仕安公司、长讯公司等13家参加涉案采购项目招标活动。同时,陆丰交易中心发布招标文件,该文件中7.2评审标准,技术部分序号3,规定"带'▲'号的技术指标为重要技术指标,重要技术指标不能达到招标文件要求每项扣3分;其他为一般技术指标不能达到招标文件要求每项扣1分,扣完为止。其中带'▲'的技术指标需要提供复印件并加盖原厂公章"。4月19日,陆丰交易中心在收到相关商家相关质疑后对招标文件进行修改并经专家小组签名确认,就招标文件中所要求提供的"▲提供中国质量检验认证中心颁发的《中国节能产品认证证书》""▲投标厂家'校园IP网络数字广播系统解决方案'通过中央电化教育馆认证""▲提供CAQI全国质量检验稳定合格产品证书(证书需包含'广播'等字样)(以上证书、授权书提供复印件加盖原厂公章)""▲提供CAQI全国公共广播行业质量领先品牌证书(以上证书提供复印件加盖原厂公章)"等相关技术参数,十4月20日在广东省政府采购网发布"更正/变更(澄清)公告"中更正为不带"▲"号,且将该公告发送给报名参加投标的13家供应商并确认签收。5月6日,陆丰交易中心就涉案采购项目进行开标、评标,经评标委员会评审确定:长讯公司为第一中标人,仕安公司为第二中标人,广东视讯达科技有限公司为第三中标人。5月9日,陆丰交易中心在广东省政府采购网、汕尾市政府采购网提交涉案采购项目的综合评分中标公告。同日,仕安公司因就涉案采购项目中标结果向陆丰交易中心提出中标单位所投标报价使用的主要设备品牌型号大部分没有通过CCC认证(国家强制性认证)、对招标文件中提到的要求广播系统产品生产厂家提供《CAQI全国公共广播行业质量领先品牌证书》等厂家认证和产品认证、对于招标结果公布的广播系统设备参数等四项质疑。陆丰交易中心于5月16日作出

《关于对陆丰市龙山中学考场设备采购项目(招标编号：LFCG2016-15)中标成交结果公告的质疑答复函》。5月30日,仕安公司不服陆丰交易中心的答疑向陆丰市财政局提交《投诉书》,经陆丰市财政局补正通知后,于6月8日提交《补正后投诉书》,提出投诉事项:"1.招标文件第36页第51项以及第29—30页第26项提到的要求产品生产厂家获得国家权威部门颁发的《CAQI全国公共广播行业质量领先品牌证书》和《CAQI全国质量检验稳定合格产品证书》。经查询颁发以上证书的中国质量网,中标公司所选用品牌'美电贝尔',并未获得该证书,并且中标公司在对应的产品技术评分里获得评分,所以中标单位提供虚假材料谋取中标。2.招标文件中第29—30页第26项提到的要求产品生产厂家获得中央电化教育馆认证的《校园IP网络数字广播系统解决方案》。经查询中央电化教育馆官网,中标公司所选用'美电贝尔'品牌的厂商并未得该认证,并且中标公司在对应的产品技术评分里获得评分,所以中标单位提供虚假材料谋取中标。3.招标文件中第29—30页第26项要求'网络广播控制中心'提供中国质量检验认证中心颁发的《中国节能产品认证证书》经查询中国质量认证中心官网www.cqc.com.cn,中标公司所选用品牌'美电贝尔'产品型号'BL-P2000'并未获得该证书,并且中标公司在对应的产品技术评分里获得评分,所以中标单位提供虚假材料谋取中标。4:招标文件第26—28页内容提到的第1项中第3、4、5、7、8条;第7项中第2、3、4、9、10、20条;第8项第1、2条;第10项第1、2、4、10条;中标单位投标书对应的《公安部形式验证报告证明》材料是虚假的,中标单位提供虚假材料谋取中标。"7月13日,陆丰市财政局作出《关于延长投诉处理期限的通知》并送达仕安公司、长讯公司等当事人,投诉处理时间延长15个工作日,即投诉处理期限自2016年7月19日至2016年8月9日止。8月1日,陆丰市财政局以未发现骗取中标事实为由根据《政府采购供应商投诉处理办法》第十七条第二项的规定作出陆财采决〔2016〕1号《政府采购投诉处理决定书》,决定驳回仕安公司的投诉,并送达仕安公司、长讯公司等当事人。2017年1月24日,仕安公司不服陆丰市财政局的投诉处理决定,向本院提起行政诉讼,请求撤销《政府采购投诉处理决定书》、确认涉案采购项目的中标结果无效并确认其为中标人和陆丰市财政局赔偿其经济损失801 884.6元。本院经审理认为,仕安公司的诉求缺乏事实和法律依据,依法驳回其诉讼请求。仕安公司不服,上诉至汕尾市中级人民法院,该院经审理认为,陆丰市财政局未将陆丰交易中心列为被投诉人,对有关投诉问题未进行详细释明、回应,程序违法,事实不清,于2017年9月30日作出〔2017〕粤15行终33号判决,撤销本院〔2017〕粤1521行初2号行政判决及陆丰市财政局陆财采决〔2016〕1号《政府采购投诉处理决定书》,限陆丰市财政局于判决生效之日起三十日内对仕安公司的投诉重新作出处理决定,并驳回仕安公司的其他诉讼请求。2018年4月27日,陆丰市财政局向陆丰交易中心发出陆采函〔2018〕02号《重新调查处理通知书》,要求该中心就长讯公司未提供相关证书却在对应的产品技术评分里获得评分的问题,重新组织原专家对评分结果进行详细释明或将原评分结果进行详细释明。2018年5月6日,陆丰交易中心向陆丰市财政局递交《关于〈重新调查处理通知书〉的说明》,认为其于2016年5月13日已组织原专家组进行了答疑,2016年4月20日发布的《陆丰市龙山中学考场设备采购项目的更正/变更(澄清)公告》中对"原招标文件第29—30页的第26项、第32页第36项、第39页第63项、第36页的第51项"中涉及的"▲提供中国质量检验认证中心颁发的《中国节能产品认证证书》""▲投标厂家'校园IP网络数字广播系统解决方案'通过中央电化教育馆认证""▲提供CAQI全国质量检验稳定合格产品证书(证书需包含'广播'等字样)(以上证书、授权书提供复印件加盖原厂公章)""▲提供CAQI全国公共广播行业质量领先品牌证书(以上证书提供复印件加盖原厂公章)"等内容,更正为不带"▲",所以该更正公告取消对原招标文件作为加分因素、不作为评审加分条件;涉案评标采用综合评分法,分为价格、商务、技术三部分,长讯公司分别得分为29.47分、17分、48.4分,共94.87分,而仕安公司分别得分为24.06分、20分、50分,共94.06分,故仕安公司因所投标价格过高未能中标。2018年5月10日,陆丰市财政局向仕安公司发出《重新调查处理通知书》,该通知载明重新调查处理内容为:1.原处理决定未将陆丰交易中心列为被投诉人,程序违法问题;2.对仕安公司认为长讯公司未提供相关证书却在对应的产品技术评分里获得评分的问题并未进行详细释明、回应,事实不清问题。2018年5月14日,仕安公司向陆丰市财政局递交《情况说明》,认为长讯公司没有提供招标文件所需的七项证件:中国版权局颁发的《计算机软件著作权登记证书》(应扣分数3分)、《国家3C产品强制认证证书》(应扣分数3分)、中国质量检验认证中心颁发的《中国节能产品认证证书》(应扣分数1分)、设备生产厂家针对项目的授权书以及售后服务保障函(应扣分数3分)、"校园IP网络数字广播系统解决方案"通过中央电化教育馆认证(应扣分数1分)、《CAQI全国质量检验稳定合格产品证书》(应扣分数1分)、《CAQI全国公共广播行业质量领先品牌证书》(应扣分数1分),故应扣分数合计13分,但评标委员会成员未按招标文件规定的评标方法和标准进行扣分,其评标过程明显不合理,导致仕安公司无法中标。2018年6月19日,陆丰市财政局作出陆财采决〔2016〕重01号《政府采购投诉处理决定书》,认为经该局核查,长讯公司不存在提供虚假材料谋取中标行为。在长讯公司未提供相关证书却在对应的产品技术评分里获得评分的问题上,陆丰市财政局采纳评审专家组的答复和解释,主要内容为:1.长讯公司虽未提供招标文件所要求的《CAQI全国质量检验稳定合格产品证书》《CAQI全国公共广播行业质量领先品牌证书》和《校园IP网络数字广播系统解决方案》,但陆丰交易中心已在《陆丰市龙山中学考场设备采购项目的更正/变更(澄清)公告》中,将这三项内容更正为不加三角符号,不是技术上的必须否决标准,且该公司提供了相应证书《数字音影工程网"2014数字音视工程行业品牌"公共广播知名品牌奖》《通过安全标准化认证》,即用这二项证书代替上述招标文件所要求的证书,是否技术得分,属评审专家组评审权利;2.长讯公司的投标文件上有《公安部形式验证报告证明》材料;3.《中国节能产品认证证书》(BL-P2000)在长讯公司的投标文件里显示已有签发、受理的确认材料,且该项已在上述变更(澄清)公告中,更正为不加三角符号,不是技术上的必须否决标准。因此,陆丰市财政局根据重新调查结果查明,未发现长讯公司有骗取中标事实,也不能证明其未提供相关证书却在对应的产品技术评分里获得评分,仕安公司的投诉事项依据不足,并于2018年6月19日作出陆财采决〔2016〕重01号《政府采购投诉处理决定书》,决定驳回仕安公司的投诉。仕安公司不服,遂向本院提起本案诉讼。

另查明,2016年5月16日,陆丰交易中心向长讯公司发出《中标(成交)通知书》;2016年5月18日,长讯公司与龙山中学签订《陆丰市龙山中学考场设备采购项目合同书》;2016年6月13日,该采购项目经验收合格,并开始投入使用至今,上述合同已经履行完毕。

本院认为,本案争议的焦点是陆丰市财政局作出的陆财采决〔2016〕重 01 号《政府采购投诉处理决定书》是否合法。程序上,根据《中华人民共和国政府采购法》第五十五条"质疑供应商对采购人、采购代理机构的答复不满意或者采购人、采购代理机构未在规定的时间内作出答复的,可以在答复期满后十五个工作日内向同级政府采购监督管理部门投诉。"及 2004 年 9 月 11 日起施行的《政府采购供应商投诉处理办法》第七条"供应商认为采购文件、采购过程、中标和成交结果使自己的合法权益受到损害的,应当首先依法向采购人、采购代理机构提出质疑。对采购人、采购代理机构的质疑答复不满意,或者采购人、采购代理机构未在规定期限内作出答复的,供应商可以在答复期满后 15 个工作日内向同级财政部门提起投诉"和第八条"投诉人投诉时,应当提交投诉书,并按照被投诉采购人、采购代理机构(以下简称被投诉人)和与投诉事项有关的供应商数量提供投诉书的副本"的规定,陆丰市财政局以陆丰交易中心为被投诉人重新启动调查处理程序,符合上述规定。鉴于涉案投诉事项属重新调查处理,陆丰市财政局依据 2004 年 9 月 11 日起施行的《政府采购供应商投诉处理办法》作出处理,并无不妥,但其于 2018 年 4 月 27 日向陆丰交易中心发出《重新调查处理通知书》,在未依法延长投诉处理期限的情形下,至 6 月 19 日作出涉案决定书,已超过处理期限,不符合《政府采购供应商投诉处理办法》第二十条"财政部门应当自受理投诉之日起 30 个工作日内,对投诉事项作出处理决定……"的规定,程序违法。实体处理上,根据 2000 年 1 月 1 日起施行《中华人民共和国招标投标法》第四十条"评标委员会应当按照招标文件确定的评标标准和方法,对投标文件进行评审和比较……"和第四十四条"评标委员会成员应当客观、公正地履行职务,遵守职业道德,对所提出的评审意见承担个人责任"、2004 年 9 月 11 日起施行《政府采购货物和服务招标投标管理办法》第五十五条"在评标中,不得改变招标文件中规定的评标标准、方法和中标条件"、2004 年 9 月 11 日起施行《政府采购供应商投诉处理办法》第十三条"被投诉人和与投诉事项有关的供应商应当在收到投诉书副本之日起 5 个工作日内,以书面形式向财政部门作出说明,并提交相关证据、依据和其他有关材料"和第十四条"财政部门处理投诉事项原则上采取书面审查的办法。财政部门认为有必要时,可以进行调查取证,也可以组织投诉人和被投诉人当面进行质证"的规定,陆丰市财政局作为政府采购监督管理部门,应当认真履行监督检查职责,并针对仕安公司的投诉,审查评标委员会是否按照招标文件确定的评标标准和方法,对各方的投标文件进行评审和比较做出评价。本案中,陆丰市财政局对长讯公司未提供涉案招标文件所要求的证书,评审专家组是否按照招标文件的规定给予得分或扣分没有作出说明,且在涉案招标文件没有明确规定的情形下,对长讯公司提供相应证书替代招标文件所要求提供的证书的行为有何依据没有作出解释,未尽到调查职责,并在上述问题没有查清的情况下,作出陆财采决〔2016〕重 01 号《政府采购投诉处理决定书》,属主要证据不足,事实不清。因此,陆丰市财政局作出的陆财采决〔2016〕重 01 号《政府采购投诉处理决定书》,程序违法,主要证据不足,事实认定不清,依法应予撤销;同时,应对仕安公司的投诉重新作出处理。关于仕安公司请求确认《陆丰市龙山中学考场设备采购项目》的中标结果无效,同时确认其作为涉案项目中标人的诉请,根据 2004 年 9 月 11 日起实行的《政府采购供应商投诉处理办法》第十七条"财政部门经审查,对投诉事项分别作出下列处理决定:……(二)投诉缺乏事实依据的,驳回投诉……(三)投诉事项经查证属实的,分别按照本办法有关规定处理"、第十八条"财政部门经审查,认定采购文件具有明显倾向性或者歧视性等问题,给投诉人或者其他供应商合法权益造成或者可能造成损害的,按下列情况分别处理:……(三)采购活动已经完成,并且已经签订政府采购合同的,决定采购活动违法,由被投诉人按照有关法律规定承担相应的赔偿责任"、第十九条"财政部门经审查,认定采购文件、采购过程影响或者可能影响中标、成交结果的,或者中标、成交结果的产生过程存在违法行为的,按下列情况分别处理:(三)政府采购合同已经履行的,决定采购活动违法,给采购人、投诉人造成损失的,由相关责任人承担赔偿责任"等规定,陆丰市财政局在重新审查后,可按不同情况分别作出处理。也就是说,是否认定中标结果无效或确认中标人,尚需陆丰市财政局进一步调查和裁量,属于陆丰市财政局的行政职权范围,司法权不能代替行政权,因此本院不宜越权在本案中确认中标结果是否无效及确认某一方作为涉案项目中标人。至于仕安公司要求陆丰市财政局赔偿其经济损失 801 884.60 元的诉请,仕安公司可在陆丰市财政局对其投诉重新处理后,根据处理结果另循其他合法途径予以解决。故仕安公司上述两项诉请,本院不予支持。综上,综上,本案经本院审判委员会讨论决定,依照《中华人民共和国行政诉讼法》第六十九条、第七十条第(一)(三)项之规定,判决如下:

一、撤销被告陆丰市财政局于 2018 年 6 月 19 日作出的陆财采决〔2016〕重 01 号《政府采购投诉处理决定书》;

二、限被告陆丰市财政局于本判决生效之日起三十个工作日内对原告惠州市仕安实业有限公司的投诉重新作出处理;

三、驳回原告惠州市仕安实业有限公司其他诉讼请求。

本案案件受理费人民币 50 元,由被告陆丰市财政局负担。

审　判　长　高炯峰
审　判　员　马海波
人民陪审员　刘信杏
二○一八年十二月二十五日
书　记　员　叶周玲

上海正昌物业管理有限公司
与上海市财政局
政府采购（招投标）投诉处理决定案

【案件提要】

本案是对采购结果的投诉处理决定提起行政诉讼的案例。涉案采购项目发布中标结果公告,正昌公司认为中标单位在中标结果公告前已经知道中标结果而提出质疑和投诉。财政部门收到投诉后依法予以受理,并向采购中心和中标单位进行了调查,审查认为正昌公司的投诉缺乏事实依据,遂作出驳回投诉的处理决定。正昌公司提起了本案诉讼。一审法院认定财政部门该决定认定事实清楚,适用法律依据正确,程序合法。但本案的主要争议在于事实部分,即正昌公司在上诉中提出了其他供应商投标文件中的人员名册中包含退休返聘人员故其投标文件不符合招标要求的问题。二审法院认为,首先正昌公司提出该问题,已经超出了其质疑与投诉的事项范围,不属于本案投诉处理范围。但财政局部门可以启动监督检查程序作出处理。当然,正昌公司二审中提出该问题所提供的中标单位招标文件作为新证据,其获取该证据的手段可能是非法的,但是,为了限制公权力、保障私权利,对于行政相对人非法证据的审查判断,应当适当从宽。因此,财政部门作出投诉处理决定,认定事实清楚,法律适用正确。正昌公司二审中提出的其他供应商投标文件中人员名册不符合招标要求的问题,通过财政部门启动监督检查程序中,仍可以依法行使监督权。

【判决正文】

上海市第三中级人民法院
行政判决书

〔2018〕沪 03 行终 409 号

上诉人（一审原告）上海正昌物业管理有限公司,住所地（略）。
法定代表人李某。
委托代理人王某。
被上诉人（一审被告）上海市财政局,住所地（略）。
法定代表人过某。
委托代理人陈某。

委托代理人杨某。

上诉人上海正昌物业管理有限公司(以下简称正昌公司)因要求撤销被上诉人上海市财政局(以下简称市财政局)作出的投诉处理决定一案,不服上海市徐汇区人民法院〔2017〕沪0104行初207号行政判决,向本院提起上诉。本院于2018年5月30日受理后,依法组成合议庭,于2018年6月13日公开开庭审理了本案。上诉人正昌公司委托代理人王某,被上诉人市财政局委托代理人陈某、杨某均到庭参加诉讼。本案现已审理终结。

一审认定,2017年8月4日,市财政局依法受理了正昌公司就"上海对外经贸大学学生社区物业管理服务"项目(以下简称涉案项目),对上海市政府采购中心(以下简称市采购中心)、上海对外经贸大学(以下简称外经贸大学)提起的投诉。同年8月9日,市财政局依法向上述两家单位发出书面通知要求暂停采购活动。该项目系采购人外经贸大学委托市府采购中心组织的招标采购活动,市采购中心于2017年6月20日在上海政府采购网上发布招标公告,同年7月11日开标,共有相关供应商上海上勤物业管理有限公司(以下简称上勤公司)、正昌公司等13家公司投标。7月14日,市采购中心组织评标委员会评标,评标委员会推荐得分排名第一的上勤公司为中标候选供应商。7月20日,市采购中心在上海政府采购网上发布中标结果公告。正昌公司分别于同年7月19日、7月27日向市采购中心提出质疑,市采购中心于7月28日作出答复,正昌公司对答复不服,向市财政局提起投诉。市财政局受理投诉后,就正昌公司所称该项目在中标结果提前泄露的情况,于8月23日和次日,对上勤公司员工梁彪和李歆进行了谈话核实,两人均表示是从网上得知公司中标的消息,认为正昌公司投诉时提供的电话录音被剪辑修改过。同时,评标委员会专家均向市财政局提交了包括未泄露相关投标信息、私下接触投标人等内容的《声明》。同年9月14日,市财政局作出驳回正昌物业公司投诉的决定。正昌公司不服,起诉至一审法院,请求撤销市财政局于2017年9月14日作出的沪财采〔2017〕25号投诉处理决书(以下简称被诉投诉处理决定)。

一审认为,市财政局作为本市市级财政部门,对于在市级政府采购活动中供应商提出的投诉事宜,具有依法受理和处理的法定职责。本案中,正昌公司向市财政局提出投诉,认为涉案项目中标供应商上勤公司在中标结果公告前已经知道中标结果,因此,该项目评标打分有失公平、公正,要求市财政局对该项目评标委员会开展的资格性和符合性检查、对各投标文件的比较与评价等评审工作进行核实并处理。市财政局收到投诉后依法予以受理,并向市采购中心和上勤公司进行了调查,审查认为正昌公司的投诉缺乏事实依据,遂作出被诉投诉处理决定,驳回正昌公司投诉。该决定认定事实清楚,适用法律依据正确,程序合法。市财政局依法履行了对正昌公司投诉处理的法定职责,行政行为并无不当。正昌公司的诉请缺乏事实和法律依据,法院不予支持。据此,一审法院依照《中华人民共和国行政诉讼法》(以下简称《行政诉讼法》)第六十九条之规定,于2018年4月3日判决驳回正昌公司的诉讼请求,案件受理费50元由正昌公司负担。判决后,正昌公司不服,上诉至本院。

正昌公司上诉称:根据涉案项目招标文件第五章《评标方法与程序》的规定,投标文件不符合《资格条件及实质性要求响应表》所列任何情形之一的,将被认定为无效投标。《资格条件及实质性要求响应表》中规定"投标人物业管理服务一线操作人员不得使用退休返聘人员"。但是本案中,包括中标企业上勤公司在内的多家供应商,违反招标文件要求,大量使用退休返聘人员。评标委员会未按照招标文件要求,将这些违反《资格条件及实质性要求响应表》的供应商认定为无效投标,甚至将本应认定为无效投标的上勤公司评定为中标企业。为此,正昌公司向市采购中心提出质疑,向市财政局提出投诉,但均被驳回。正昌公司认为,无效投标的供应商,最终成为了中标的供应商,属于招标过程的严重失误,既破坏了公平公正的招标程序,又损害了包括正昌公司在内的其他供应商的权利。一审判决未查明事实,请求撤销一审判决,发回重审或改判支持正昌公司的一审请求。

市财政局辩称:正昌公司所称的其他供应商使用退休返聘人员的问题,未在质疑和投诉阶段提出,故不是本案的投诉处理范围。一审判决认定事实清楚,适用法律正确,请求驳回上诉,维持原判。

二审期间,正昌公司提供中标供应商上勤公司部分投标文件作为新证据,自称该证据于一审判决后自上勤公司取得,旨在证明上勤公司在保洁、宿管等一线岗位大量使用退休返聘人员,没有按照《资格条件及实质性要求响应表》中"投标人物业管理服务一线操作人员不得使用退休返聘人员"的要求进行投标。经庭审质证,市财政局认为,正昌公司和上勤公司系存在竞争关系的供应商,正昌公司自上勤公司处取得的投标文件应当系非法取得,故对该证据的真实性与合法性均不予认可,且退休返聘人员问题与本案没有关联,对该证据的关联性也不予认可。根据本院要求,市财政局庭后提供了上勤公司的投标文件供本院比对,经比对和审查,本院对正昌公司新证据的真实性予以认可;关于合法性问题,本院认为市财政局并无证据证实正昌公司二审中提供的新证据系《行政诉讼法》第四十三条第三款所指的"以非法手段取得的证据",故本院对正昌公司提供的新证据的合法性也予以认可;上述证据反映的事实亦与涉案项目招投标活动具有一定的关联性。综上,本院对正昌公司二审中提供的新证据予以采纳。

经审理查明,一审判决认定事实清楚,本院予以确认。

本院另查明,正昌公司7月19日向市采购中心提出的署期为2017年7月17日的质疑函中,具体质疑事项为:"1. 是否对校方采购需求保安人员80%不得超过45岁在预算人员费用中进行审查。2. 是否对技术响应文件(3)物业服务综合响应表是否按照规范标准要求填写进行审查,特别是折算月收费标准元/平方米、年收费小计。3. 要求对投标书内容完整性、有效性、重复繁琐性、编排有序进行审查。4. 评标结果在未上网公示前,对外应该是否保密,而中标单位却在评标当天就知晓。"质疑请求和主张为:"1. 对保安人员80%不得超过45岁的需求不响应者为废标。2. 要求对技术响应文件(3)物业服务综合响应表未按照规范标准要求填写应者为废标。3. 根据对投标书内容完整性、有效性、重复繁琐性、编排有序进行审查统计结果后对专家打分进行评估。4. 要求重新评标,并且对外严格保密,不要有类似的事再次发生。"

正昌公司7月27日向市采购中心提出的署期为2017年7月27日的质疑函中,具体质疑事项为:"1. 是否对所有投标书按照《投标评分细则》逐项进行综合、科学、客观评分。2. 是否对《投标评分细则》内存在缺小项现象按:(1)此大项综合评分标准定位是否还可以按较好打分、还是按降级打分为基数。(2)缺项部分是否该扣除相应的分值。3. 标书内如有缺项、大量重复、编排未按顺序排列是否该在投标文件编制客观分中扣除相应的分值。

4. 报价合理性是否按：六、投标报价依据与要求 2.3 报价要求编写明细，如无是否该扣除相应的分值。"质疑请求和主张为："1. 依据《投标评分细则》逐项对所有投标书内缺项的部分没有扣除相应分值的评分进行检查和核对，如存在请扣除相应的分值，并且此大项综合评分标准应该作为降级定位打分处理。2.《投标评分细则》内有缺项、大量重复、编排未按顺序排列应在文件编制客观分中扣除相应的分值。3. 报价合理性未按：六、投标报价依据与要求 2.3 报价要求编写的，应在报价合理性中扣除相应的分值。"

2017 年 7 月 28 日，市采购中心对正昌物业公司作出沪政采质字〔2017〕第 007 号《质疑处理答复》。正昌物业公司对该答复不满意，向市财政局提起投诉。正昌公司投诉书中的投诉事项为："1. 评标结果在未上网公示前，对外应该是否保密，而中标单位却在评标当天就知晓。以此类推我司认为此次专家评标的评标工作可能出现以下几个问题：（1）评标打分结果会有失公平性、公正性，甚至可能会出现恶意的乱打分现象。（2）对投标书内的商务标、技术标及采购需求实质性响应方面的不响应及实质性不承诺的问题存在宽容及包庇现象，这样对采购人及其他响应投标人是极其不公平的。a.对招标文件商务标、技术标及采购需求实质性响应方面会存在审查不严的问题。如果投标单位对招标文件的实质性要求不响应，商务响应有关格式文件和技术响应文件有关表格格式不按招标文件规定的格式填写，此投标书还能够参与评分吗（中心回复：未按照技术标文件中'物业服务综合响应表'填写，不属于无效投标情况）？b.针对招标文件需求'保安人员 80% 不得超过 45 岁的★要求'，采用协保现象是否存在。我国享受协保条件的人群标准年龄是多少，投标书内的内容是否作为合同的一部分，在服务有效期内这样是否对采购人公平？2. 2017 年 7 月 28 日上海市政府采购中心质疑处理答复严重地回避了质疑问题是否属实、客观存在……"。正昌公司的投诉请求为："1. 评标结果在未上网公示前，应该对外是保密的，而中标单位却在评标当天就知晓。这种怪异现象竟然发生在政府采购平台上，究竟是什么原因造成的，请求贵局给我司一个答复。2. 为了实事求是地体现政府采购的公平性、公正性，坚持客观、公正、审慎的原则，纠正不公平、不公正、乱打分的现象，我司请求贵局根据《投标评分细则》规定的内容逐项对所有投标书目录及标书里面内容进行核对，投标书的确存在缺漏、大量重复、编排未按顺序排列的，要求在各评委对每个投标人进行独立评分的基础上扣除漏扣的相应分值，同时在投标文件编制客观分中扣除相应的分值，并且应将此大项综合评分标准按降级打分处理，对报价合理性客观分根据投标书中各项明细报价的实际情况，逐项客观打分，最后再计算平均分值，然后按照每个投标人最终平均得分的高低依次排名，推荐得分最高者为第一中标候选人。3. 处理投诉期间，要求财政部门书面通知招标采购单位暂停签订合同等活动。"

市财政局于 2017 年 8 月 4 日受理上诉人正昌公司提起的投诉后，向市采购中心、外经贸大学及上勤公司发送了投诉书副本，并向市采购中心、外经贸大学发出书面通知要求暂停涉案项目采购活动。外经贸大学于 8 月 10 日向市财政局提交了《采购项目的情况说明》、上勤公司于 8 月 11 日向市财政局出具了《情况说明》、市采购中心于 8 月 16 日向市财政局出具了《关于正昌公司投诉书有关情况的说明》。针对正昌公司所称中标结果提前泄露的情况，市财政局约谈了上勤公司相关人员，上述人员均表示未提前知道该项目中标结果，该项目评标委员会成员亦出具《声明》，均称未泄露相关信息。针对正昌公司投诉的其他内容，

8月25日,市财政局召集该项目评标委员会成员对该项目评审情况进行说明,评标委员会成员对该项目招标文件、投标文件、评标报告以及各自评标打分情况进行再次审阅后,出具《专家意见》,确认该项目所有投标单位均响应了招标文件的实质性要求,评标委员会对客观评分项打分客观、公正、有效,对主观评分项进行独立、公正打分,评审过程符合法律法规及招标文件要求。

2017年9月14日,市财政局作出被诉投诉处理决定书,主要内容为:市财政局于2017年8月4日依法受理了正昌公司就涉案项目提起的投诉,经调查和审查后认为:(1)该项目评标委员会根据招标文件规定的投标人必须具备的条件和必须满足的实质性要求开展资格性、符合性检查,符合财政部《政府采购货物和服务招标投标管理办法》第五十四条第(一)项规定。(2)对招标文件规定的客观打分项,评标委员会进行一致打分,所打分值未超过招标文件评分细则规定的范围,也未违反相关评分标准。(3)主观打分项依法应由评标委员会成员依其专业知识进行独立评判;该项目招标文件对主观打分项列举了评审内容,评标委员会综合考虑各投标文件的响应情况独立打分,符合招标文件规定。(4)根据投诉人的反映以及市财政局调查,尚未发现该项目中存在投诉人所称的相关当事人非法泄露中标结果的情形。综上,依据财政部《政府采购供应商投诉处理办法》(以下简称《供应商投诉处理办法》)第十七条第(二)项规定,市财政局决定驳回投诉。

本院还查明,上勤公司部分投标文件中,页码为1—2的系《资格条件及实质性要求响应表》,其中"★"要求包括"3.投标人物业管理服务一线操作人员不得使用退休返聘人员……"上勤公司对该要求响应为"是"。页码为192—194的分别为保洁部、宿舍管理部的人员名册,身份证号码显示,部分男性人员年龄超过60周岁、部分女性人员年龄超过55周岁。

以上事实根据 审中市财政局提供的质疑函、质疑函2、质疑处理答复、投诉书、被诉投诉处理决定书等证据以及二审中正昌公司提供的上勤公司部分投标文件等证据予以确认。

此外,在本案二审审理过程中,针对正昌公司在诉讼中反映的中标供应商上勤公司未能对涉案项目招标文件实质性要求"投标人物业管理服务一线操作人员不得使用退休返聘人员"作出响应故其投标应为无效的问题,市财政局于2018年7月30日向外经贸大学、市采购中心分别发出政采〔2018〕第1号、第2号财政检查通知书,依职权对涉案项目政府采购活动启动监督检查程序。

本院认为,根据《中华人民共和国政府采购法》(以下简称《政府采购法》)《供应商投诉处理办法》的相关规定,市财政局作为政府采购监督管理部门,负责依法受理和处理供应商投诉,具有作出本案被诉投诉处理决定的法定职权。市财政局于8月4日收到正昌公司的投诉后进行受理,向被投诉人送达了投诉书副本,并通知采购人暂停采购活动,经调查和审查后于9月14日作出被诉投诉处理决定,符合法定期限,行政程序并无明显不当。

本案的主要争议在于事实部分。事实部分的争议焦点一是:正昌公司是否已经在质疑和投诉阶段提出了其他供应商未能对实质性要求"投标人物业管理服务一线操作人员不得使用退休返聘人员"作出响应的问题?

市财政局认为,正昌公司在质疑和投诉阶段均未提到其他供应商投标文件中的人员名册中包含退休返聘人员的问题,其系在诉讼阶段才提及这一问题,故被诉投诉处理决定没有审查这一投诉内容,这一项异议不应属于本案的司法审查范围。正昌公司认为,投诉书第2页质疑基本情况的附件1第3小点写明"要求对投标书内容完整性、有效性、重复繁琐性、编排有序进行审查。"附件2第4小点写明"报价合理性是否按投标报价依据与要求编写明细,如无是否该扣除相应的分值。"这些质疑与投诉已经指向投标文件中使用退休返聘人员不符合招标要求的问题。

本院认为,《中华人民共和国政府采购法实施条例》第五十五条规定,供应商质疑、投诉应当有明确的请求和必要的证明材料。供应商投诉的事项不得超出已质疑事项的范围。因此,供应商认为采购文件、采购过程、中标和成交结果使自己的合法权益受到损害的,应当首先依法向采购人、采购代理机构提出质疑,质疑书应当明确阐述招标文件、招标过程或中标结果中使自己合法权益受到损害的实质性内容,提供相关事实、依据和证据及其来源或线索,以便于有关单位调查、答复和处理。对质疑答复不满意的,可以提起投诉。概而言之,供应商提出质疑与投诉需满足明确性和具体性的要求,并附必要的证明材料,且投诉事项不得超出已质疑事项的范围。纵观本案中正昌公司提出的两份质疑函和投诉书,均未明确提出其他供应商未能对招标文件"物业管理服务一线操作人员不得使用退休返聘人员"这一要求作出响应的问题。正昌公司庭审中提及的投诉书中笼统的措辞并不能指向上述具体问题,且在质疑与投诉阶段,正昌公司也未提交其他供应商未能对招标文件"物业管理服务一线操作人员不得使用退休返聘人员"这一要求作出响应的必要证明材料。因此,本案中,正昌公司提出的其他供应商未实质性响应"物业管理服务一线操作人员不得使用退休返聘人员"要求的问题,已经超出了其质疑与投诉的事项范围,不属于本案被诉投诉处理决定书的处理范围。

事实部分的争议焦点二是:对正昌公司诉讼中提出的超出质疑和投诉事项范围的异议应当如何处理?

市财政局认为,正昌公司在诉讼阶段首次提出其他供应商包括中标企业上勤公司违反招标文件要求大量使用退休返聘人员的问题,而被诉投诉处理决定仅针对正昌公司起诉前的投诉事项进行处理,故正昌公司的上述异议不属于本案中市财政局的投诉处理范围,因而也不属于本案司法审查的范围,且涉案项目采购并未要求供应商在投标文件中提供物业管理服务一线操作人员名册,仅要求作出承诺。正昌公司认为,市财政局应当在处理投诉事项时全面审查供应商提供的投标文件是否符合招标要求,现中标公司投标文件中的人员名册显示,大量人员已经超过法定退休年龄,故中标公司不符合《资格条件及实质性要求响应表》中"投标人物业管理服务一线操作人员不得使用退休返聘人员"的要求,其投标应被认定为无效,而关于投标的有效性问题,正昌公司在质疑与投诉阶段已经提出,故市财政局应当一并予以处理。

本院认为,正昌公司在被诉投诉处理决定作出后提出的其他供应商使用退休返聘人员故其投标文件不符合招标要求的问题,由于超出了质疑与投诉阶段提出的事项范围,故不属于市财政局处理本案投诉事项的范围。但是,涉案项目招投标活动中的供应商是否必须在投标文件中提供物业管理服务一线操作人员的名册,如果供应商人员名册反映的年龄与其承诺"物业管理服务一线操作人员不得使用退休返聘人员"这一要求不一致的,是否意味着供应商未对实质性要求作出响应,是否意味着该供应商的投标无效? 根据《供应商投诉处理办法》的相关规定,供应商提出质疑与投诉应在法定期限内进行,本案中正昌公司不可能就上述问题再次提出质疑与投诉。但是,为了确保政府采购活动规范进行,维护公开透明、公平竞争的政府采购秩序,财政部门作为负责政府采购监督管理的部门,对政府采购活动中发现的可能涉嫌违法违规的行为,仍可以依职权进行监督检查。《政府采购法》第五十九条规定,政府采购监督管理部门应当加强对政府采购活动及集中采购机构的监督检查。监督检查的主要内容是:(一)有关政府采购的法律、行政法规和规章的执行情况;(二)采购范围、采购方式和采购程序的执行情况;(三)政府采购人员的职业素质和专业技能。因此,对于正昌公司二审提供新证据反映的中标供应商投标文件中人员名册不符合招标要求可能导致无效投标的问题,虽不属于被诉投诉处理决定的审查范围,但市财政局仍可以发挥监督检查的职能,启动监督检查程序。对此,在本案审理过程中,经本院建议,市财政局已于2018年7月30日启动了对涉案项目政府采购活动的监督检查程序。

事实部分的争议焦点三是:正昌公司二审中提供的新证据是否应当被作为非法证据在本案诉讼中予以排除?

市财政局认为,政府采购中的投标文件是保密的,正昌公司和上勤公司是竞争关系,正昌公司获取上勤公司投标文件的手段可能是非法的,故正昌公司提供的新证据作为非法证据,不应被法院采纳。正昌公司认为,正昌公司的法定代表人曾经是上勤公司员工,其系在招投标活动结束且一审判决之后才从上勤公司处获得投标文件,其并未以非法手段取得证据。

本院认为,以非法手段取得的证据,不得作为认定案件事实的根据,这是《行政诉讼法》所确立的非法证据排除规则。但是,非法证据排除规则具有一定的适用范围,限制非法证据排除规则的适用,可以让更多的证据能够成为定案证据,更加有利于及时查清案件事实,实现实质正义。在行政诉讼中,"以非法手段取得的证据"是指:"(一)严重违反法定程序收集的证据材料;(二)以违反法律强制性规定的手段获取且侵害他人合法权益的证据材料;(三)以利诱、欺诈、胁迫、暴力等手段获取的证据材料。"因此,在行政诉讼中应当予以排除的非法证据并非包括所有的非法证据,为了解决行政相对人取证难的问题,平衡收集证据与证据收集过程中的权利保障,通过利益衡量的判断,如轻微违反法定程序收集的证据、以违反法律强制性规定的手段获取但不侵害他人合法权益的证据等,虽构成非法证据,但不能在行政诉讼中一概予以排除。本案中,正昌公司在二审中提供的新证据是否构成非法证据,市财政局并无提供证据予以证实;且正昌公司提供的新证据,即使构成非法证据,是否属于行政诉讼中应当排除的非法证据,市财政局也未提供相应证据予以证实。为了限制公权力、保障私权利,对于行政相对人非法证据的审查判断,应当适当从宽,保障其本来较弱的调查取证权利的实现,以鼓励相对人依法维权,并对公权力进行监督。本案中,在市财政局并无证据可以证实正昌公司提供的新证据系《行政诉讼法》第四十三条第三款所指的"以非法手段取得的证据"的情况下,本院对正昌公司在二审中提供的新证据经比对和审查后,予以采纳,作为认定事实的根据。

综上，市财政局经过必要的调查取证及书面审查后作出被诉投诉处理决定，认定事实清楚。市财政局根据《供应商投诉处理办法》第十七条第（二）项作出被诉投诉处理决定，法律适用正确。正昌公司的上诉请求和理由，缺乏法律依据，本院不予支持。正昌公司二审中提出的其他供应商投标文件中人员名册不符合招标要求的问题，虽未在质疑和投诉阶段提出，不属于本案被诉投诉处理决定的处理范围，但市财政局已经就此问题启动监督检查程序，对此正昌公司仍可以依法行使监督权。一审判决驳回正昌公司的诉讼请求正确，应予维持。

据此，依照《中华人民共和国行政诉讼法》第八十九条第一款第（一）项之规定，判决如下：

驳回上诉，维持原判。

二审案件受理费人民币50元，由上诉人上海正昌物业管理有限公司负担。

本判决为终审判决。

审 判 长　璩富荣
审 判 员　沈莉萍
审 判 员　丁晓华
二〇一八年八月二十二日
书 记 员　杨　勘

上海亿湾特训练设备科技有限公司与浙江省慈溪市财政局政府采购（招投标）投诉处理决定案

【案件提要】

本案是对采购结果的投诉处理决定提起行政诉讼的案例。涉案采购项目公布中标结果，南模所中标。亿湾特公司认为中标人南模所与投标人升广公司存在直接的控股和管理关系，属于恶意串通投标的行为，提出质疑和投诉，直至提起本案诉讼。经查，投标人南模所的股东为总政六十所，中标人升广公司的股东之一也是总政六十所，南模所的法定代表人与升广公司的董事长为同一人。法院经审理认为，工商登记信息显示南模所是由总参六十所出资设立的全民所有制企业，故应认为南模所和总参六十所是两家不同主体；同时，升广公司的股东之一为总参六十所，而非南模所，即应由总参六十所行使股东权利，因此，南模所与升广公司之间不存在直接控股、管理关系。虽然南模所的法定代表人同时担任升广公司的董事长，但该董事长并非法律、行政法规规定代表单位升广公司行使职权的主要负责人，故南模所和升广公司并不构成单位负责人为同一人，不存在直接控股、管理关系的情形。本案亦无其他证据表明南模所、升广公司存在恶意串标的其他情形。据此，财政部门作出驳回投诉的处理决定，认定事实清楚，适用法律正确，程序合法。应予维持。

【判决正文】

浙江省宁波市中级人民法院
行政判决书

〔2018〕浙02行终30号

上诉人（一审原告）上海亿湾特训练设备科技有限公司，住所地（略）。
法定代表人王某。
委托代理人王某。
委托代理人郑某。
被上诉人（一审被告）慈溪市财政局，住所地（略）。
法定代表人周某。
委托代理人龚某。

委托代理人周某。

被上诉人(一审第三人)宁波中基国际招标有限公司,住所地(略)。

法定代表人陆某。

委托代理人邱某。

被上诉人(一审第三人)南京模拟技术研究所,住所地(略)。

法定代表人蒋某。

委托代理人徐某。

被上诉人(一审第三人)上海升广科技有限公司,住所地(略)。

法定代表人裴某。

委托代理人孙某。

被上诉人(一审第三人)慈溪市公共项目建筑中心(局),住所地(略)。

法定代表人杨某。

委托代理人陈某。

委托代理人张某。

上诉人上海亿湾特训练设备科技有限公司(以下简称亿湾特公司)因诉被上诉人慈溪市财政局财政行政处理一案,不服慈溪市人民法院于 2017 年 10 月 19 日作出的〔2017〕浙 0282 行初 40 号行政判决,向本院提起上诉。本院于 2018 年 1 月 3 日受理后依法组成合议庭对本案进行了审理,经浙江省高级人民法院批准本案延长审限一次。本案现已审理终结。

2016 年 9 月 28 日,慈溪市财政局针对亿湾特公司的投诉,作出慈财〔2016〕254 号采购投诉处理决定。该决定认为:经调查查明,南京模拟技术研究所(以下简称南模所)与中国人民解放军总参谋部第六十研究所(以下简称总参六十所)是两家不同的单位,南模所是总参六十所出资 2000 万设立的独立法人企业。总参六十所是上海升广科技有限公司(以下简称升广公司)的股东,占股比例 40%,南模所未参股升广公司。南模所的法定代表人蒋武根,升广公司的法定代表人刘国富。亿湾特公司于 2016 年 8 月 2 日向慈溪市公共项目建筑中心(局)(以下简称慈溪公建中心)提出质疑,慈溪公建中心未在规定时间内作出书面答复。评标委员会对南模所在投标时所提供的无效资信证明给予加分。综上,南模所和升广公司之间不存在直接的投资关系,公司负责人应当为其法定代表人,南模所和升广公司的法定代表人非同一人,亿湾特公司关于南模所与升广公司存在直接的控股和管理关系以及属于恶意串通投标的投诉,缺乏事实依据;亿湾特公司关于慈溪公建中心未在法定期限内作出质疑答复的投诉,已责令慈溪公建中心在收到该决定书之日起 5 个工作日内改正;评标委员会对南模所的资信客观分评审有误,责令采购人、采购代理机构对本项目存在的问题组织原评标委员会重新评审。

一审法院经审理认定,2016 年 6 月,慈溪公建中心作为采购人、宁波中基国际招标有限公司(以下简称中基公司)作为采购代理机构发布公开招标文件,采购内容为业务技术用房工程室内射击馆靶场采购项目,并载明采购预算、技术要求、投标人资格要求等内容,并将上述招标文件在慈溪市公共资源交易网等网站上公布。亿湾特公司及南模所、升广公司均作为投标人向采购代理机构提交了投标文件(包括资信商务、技术、报价),并按规定交纳了投标保证金。

经评审,南模所最终得分 85.46 分、亿湾特公司最终得分 75.20 分、升广公司得分 49.35 分。本案所涉项目于 2016 年 7 月 26 日确定中标供应商为南模所,并于同年 7 月 29 日在网站上公布该中标结果。对此,亿湾特公司于 2016 年 8 月 2 日分别向中基公司、慈溪公建中心提出质疑书,质疑事项为:1. 南模所与升广公司存在串标行为,违反《中华人民共和国政府采购法》第七十七条、《中华人民共和国政府采购法实施条例》第七十四条的规定(理由在于南模所与升广公司同属于总参六十所投资的关联企业,蒋武根分别担任南模所的法定代表人和升广公司的董事长);2. 评审专家人数为 4 人,违反评标委员会依法由 5 人以上奇数组成的规定。对此,中基公司经向南模所、升广公司征询,于 2016 年 8 月 11 日作出质疑回复函。2016 年 8 月 12 日,亿湾特公司针对中基公司作出的上述质疑回复函,再次向中基公司发函,提出南模所对升广公司存在直接控股关系、蒋武根分别担任南模所的法定代表人和升广公司的董事长、主要负责人包括法定代表人及董事长等内容。同年 8 月 16 日,中基公司再次回复亿湾特公司。慈溪公建中心对亿湾特公司的质疑未作回复。2016 年 8 月 26 日,慈溪市财政局收到亿湾特公司就本案所涉采购项目提交的投诉书,投诉事项为:1. 南模所与升广公司存在直接的控股和管理关系,属于恶意串通投标的行为,中基公司对串标行为予以包庇,慈溪公建中心对串标的违法行为不作为;2. 慈溪公建中心未在法定期限内作出答复。慈溪市财政局委托慈溪市公共资源交易管理办公室于 2016 年 8 月 26 日制作了关于政府采购供应商投诉受理的函、关于政府采购供应商投诉副本发送的函,分别送达给亿湾特公司及中基公司、南模所、升广公司、慈溪公建中心。中基公司、南模所、升广公司、慈溪公建中心分别提交了答辩书及相关材料。慈溪市财政局于 2016 年 9 月 28 日作出慈财〔2016〕254 号采购投诉处理决定书。慈溪市财政局将该处理决定书于 2016 年 10 月 8 日邮寄给亿湾特公司、中基公司、南模所、升广公司、慈溪公建中心,处理决定书均已送达。

另查明,南模所系总参六十所全部出资设立的全民所有制企业法人,在案件所涉项目招投标期间,法定代表人为蒋武根,南模所或者总参六十所并未为刘国富缴纳社会保险;在案件所涉项目招投标时,升广公司的股东之一是总参六十所,股份比例为 40%,其他股东为倪志勇、杜洪明、向康、虞美玲、肖强、陈伟国、蔡艳萍、顾中弟、丁晓晴、刘若愚、陈宏林,法定代表人为刘国富(总经理),董事长为蒋武根。还查明,南模所向采购人和采购代理机构提交了属于总参六十所的武器装备质量体系认证证书、射击场馆设计资质证书、工程射击资质证书,在评审过程中,将上述资质证书作为南模所的加分项目,共计加 9 分。

一审法院认为,《中华人民共和国政府采购法》第十三条第一款规定:"各级人民政府财政部门是负责政府采购监督管理部门,依法履行对政府采购活动的监督管理职责。"该法第五十六条规定:"政府采购监督管理部门应当在收到投诉后三十个工作日内,对投诉事项作出处理决定,并以书面形式通知投诉人和与投诉事项有关的当事人。"慈溪市财政局作为财政部门,负有对政府采购活动行使监督管理及对投诉事项作出处理决定的职责。慈溪市财政局处理决定针对亿湾特公司的两项投诉事项,即南模所与升广公司是否存在直接的控股和管理关系、属于恶意串通投标的行为;中基公司是否包庇串标行为,慈溪公建中心是否对串标的违法行为不作为;慈溪公建中心是否在法定期限内作出答复。《中华人民共和国政府采购法实施条例》第十八条第一款规定:"单位负责人为同一人或者存在直接控股、管理关系的不同供应商,不得参加同一合同项下的政府采购活动。"该条例第七十四条规定了属于恶意串通的情形。虽然南模所是由总参六十所投资设立的全民所有制企业,但在涉案项目招投标时南模所系经工商行政管理部门核准注册的企业法人,且登记的出资人为总参六十所,故南模所与总参六十所属于不同的主体;同时,升广公司的股东之一是占股比例达40%的总参六十所,南模所并非升广公司的股东,即行使股东权利的应为总参六十所,因此,南模所与升广公司之间不存在直接控股、管理关系。至于亿湾特公司提出的南模所与总参六十所系同一单位等主张,应以本案所涉项目招投标时的工商行政管理部门的登记来确定主体资格情况,故对亿湾特公司的该项主张,不予支持。《中华人民共和国政府采购法实施条例》所规定的单位负责人应有其特定的含义,一般应指代表法人、非法人组织等单位行使职权的主要负责人。南模所及升广公司均为法人,根据法律及其章程,代表法人对外行使职权的应为法定代表人,在涉案项目招投标时,南模所与升广公司的法定代表人并非同一人,虽然南模所的法定代表人同时担任升广公司的董事长,但除非该董事长有升广公司或者其法定代表人的授权,该董事长并不能当然地代表升广公司行使公司的职权,故亿湾特公司主张南模所、升广公司的负责人为同一人,无事实和法律依据,不予支持。因此,在涉案项目招投标时,南模所、升广公司的负责人并非同一人,不存在直接控股、管理关系,且无其他证据表明南模所、升广公司存在恶意串标的其他情形,基于该恶意串标的前提不存在,中基公司、慈溪公建中心亦不存在包庇恶意串标的行为,所涉处理决定就该部分的认定,有事实和法律依据,予以支持。而慈溪公建中心未在法定期限内答复原告,事实清楚,该事项虽不在质疑范围内,但慈溪市财政局作为政府采购的监督管理部门在该处理决定书中一并处理,并无不妥;基于评标委员会将不属于南模所的有关证书作加分处理的事实,慈溪市财政局在审查本案过程中发现评标委员会对南模所的资信客观分评审有误,该事项虽不在投诉范围内,但慈溪市财政局行使政府采购监督管理职责在被诉处理决定中一并处理,并责令重新评审,亦无不妥。

综上,慈溪市财政局作出慈财〔2016〕254号政府采购投诉处理决定书的行政行为,认定事实清楚,适用法律正确,程序合法,亿湾特公司要求撤销该行政行为的主张,无事实和法律依据,不予支持。据此,依照《中华人民共和国行政诉讼法》第六十九条之规定,判决驳回亿湾特公司要求撤销慈财〔2016〕254号采购投诉处理决定并要求慈溪市财政局重新作出处理的诉讼请求。

亿湾特公司上诉称:一、南模所和升广公司共同参与了涉案项目的投标,且南模所在以往的投标过程中自证与总参六十所就是同一单位,其可以使用总参六十所的所有资质和专利证书。因此作为与总参六十所同一单位的南模所对升广公司有相对控股投资,符合串标要件。慈溪市财政局对亿湾特公司的投诉处理时,违反依据供应商投标文件为依据并进行评标的基本原则,认定南模所与总参六十所为两家独立的法人,出现如此重大资信和评分差异的情况下,慈溪市财政局仅限定评审专家对南模所的资信客观分评审有误,可以保留南模所利用总参专利证书的得分。慈溪市财政局及未按照招标文件规定的程序,也未按照公平合理的原则处理亿湾特公司的投诉,且处理时存在明显违法。二、一审判决对升广公司法定代表人刘国富是否是南模所人员问题,南模所投标使用的总参六十所《射击场馆设计资质证书》《工程设计资质证书》有效性等问题均未调查清楚。一审庭审中已经证明升广公司的董事长（前法定代表人）蒋武根，是总参六十所的所长和南模所的法定代表人，刘国富同时也是总参六十所的副所长。涉案的南模所和升广公司的法定代表人均是总参六十所同一单位的人员，而且是上下级关系，涉案投标中两家单位的法律文件签署均是由总参六十所的人员签署后办理投标，根据《中华人民共和国招标投标法实施条例》第四十条第（一）（二）项的规定，属于串标行为。三、升广公司不生产涉案招标的产品，蒋武根不可能一边当着升广公司的董事长，一边让下属的副所长担任法定代表人的升广公司和南模所竞争。四、涉案项目《政府采购活动现场确认说明书》第二项 A 点有不准许"法定代表人或负责人或实际控制人是同一人"的规定。蒋武根实际是总参六十所、南模所和升广公司的实际控制人。而南模所和升广公司在《政府采购活动现场确认说明书》中均签署相互无关系的承诺，慈溪市财政局未履行对南模所和升广公司的上述违规行为的监督职责。综上，一审判决缺乏事实依据，请求二审法院撤销一审判决，依法改判。

慈溪市财政局辩称：一、南模所与升广公司之间不存在《中华人民共和国政府采购法实施条例》第十八条第一款规定的对供应商的限制情形。根据工商登记资料信息显示，南模所是由总参六十所出资设立的全民所有制企业法人，总参六十所是升广公司占股40%的股东。南模所与升广公司之间不存在直接控股、直接管理关系。根据一审查明的事实，涉案项目招标时，南模所和总参六十所并未给刘国富缴纳社保，亿湾特公司认为蒋武根与刘国富之间存在直接领导关系，蒋武根是南模所和升广公司的实际控制人，缺乏事实与法律依据。南模所和升广公司的法定代表人并不是同一人，虽然南模所的法定代表人蒋武根同时担任升广公司的董事长，但在升广公司未明确授权的情况下，蒋武根作为升广公司的董事长，并不能当然的代表升广公司行使职权。二、南模所与升广公司之间不存在串标情形。构成《中华人民共和国政府采购法实施条例》第七十四条第（四）项规定的串通行为应具备两个要件：一是同一项目的不同供应商属于统一组织成员；二是参加采购活动的不同供应商按照该组织要求在同一采购项目中采取协同行动。目前没有证据证明南模所与升广公司属于同一组织，也无证据证明两家企业之间有任何协同行动。三、慈溪市财政局作出的政府采购处理决定，认定事实清楚，适用法律正确，程序合法。慈溪市财政局作为政府采购监督管理部门，在审查中发现评标委员会对南模所的资信客观分评审有误，该事项虽不在亿湾特公司投诉范围内，但基于监督管理职责，慈溪市财政局要求评标委员会进行重新评审，并无不妥。亿湾特公司对重新评审的分数有异议，不属于本案的审查范围。综上，一审判决认定事实清楚，适用法律正确，请求二审法院驳回上诉，维持原判。

中基公司未进行书面答辩，在审理时辩称，南模所和升广公司并非同一单位，也无恶意串标行为，慈溪市财政局作出的处理决定认定事实清楚，一审判决适用法律正确，程序合法，请求二审法院驳回上诉，维持原判。

南模所未进行书面答辩，在审理时辩称，刘国富的社保并非南模所缴纳。一审判决正确，请求二审法院驳回上诉，维持原判。

升广公司未进行书面答辩，在审理时辩称，升广公司的投标是自主行为，在投标期间刘国富是其法定代表人且股东中没有南模所人员。请求二审法院驳回上诉，维持原判。

慈溪公建中心辩称：一、亿湾特公司认为南模所对升广公司有相对控股性投资不成立。

南模所系总参六十所出资设立的全民所有制企业,与总参六十所系两个独立的主体。升广公司系陈伟国等多个自然人和总参六十所共同出资的有限责任公司,总参六十所占股40%,与南模所无任何关系。因此南模所与升广公司并没有直接参股、管理关系。二、基于将不属于南模所的有关证书做加分处理的事实,慈溪市财政局已责令重新评审,亿湾特公司对重新评审后的分数有异议,并不属于本案的审查范围。案涉项目招标文件中并未载明投标者可享用的技术必须是其自己所有的,也可以是经他人授权使用的。三、没有证据证明南模所与升广公司属于同一组织,或其之间有任何协同行动。不存在《中华人民共和国政府采购法实施条例》第七十四条第(四)项规定的串通投标情形。四、南模所与升广公司不存在《中华人民共和国招标投标法实施条例》第四十条第(一)(二)项规定的串标行为。南模所与升广公司的投标文件均由两家单位自行编制,两单位的法定代表人并非同一人,其法定代表人均在其单位投标文件签署,履行其法定代表人的职责,并非亿湾特公司所述的"两家单位均委托了总参六十所办理投标事宜"。综上所述,一审判决认定事实清楚,适用法律正确,请求二审法院驳回上诉,维持原判。

本院经审理查明的事实与一审判决认定的事实一致,本院予以确认。

本院认为,《中华人民共和国政府采购法》第十三条第一款规定,各级人民政府财政部门是负责政府采购监督管理的部门,依法履行对政府采购活动的监督管理职责。据此,慈溪市财政局具有作出涉案处理的法定权限。《政府采购供应商投诉处理办法》第二十条规定,财政部门应当自受理投诉之日起30个工作日内,对投诉事项作出处理决定,并以书面形式通知投诉人、被投诉人及其他与投诉处理结果有利害关系的政府采购当事人。慈溪市财政局于2016年8月26日受理亿湾特公司的投诉,于同年9月28日作出被诉采购投诉处理决定,符合上述规定。

亿湾特公司向慈溪市财政局进行投诉的事项有两项:一是认为南模所与升广公司存在直接的控股和管理关系、属于恶意串通投标的行为,而招标代理机构中基公司包庇串标行为,采购人慈溪公建中心对串标的违法行为不作为;二是慈溪公建中心未在法定期限内作出答复。慈溪市财政局就应对是否存在亿湾特公司投诉事项进行调查和认定。因慈溪公建中心未在法定期限内作出书面答复,慈溪市财政局作出责令其进行改正的决定,并无不当。

《中华人民共和国政府采购法实施条例》第十八条第一款规定,单位负责人为同一人或者存在直接控股、管理关系的不同供应商,不得参加同一合同项下的政府采购活动。且该条例第七十四条对恶意串行为也作出明确规定。单位负责人一般指单位的法定代表人或法律、行政法规规定代表单位行使职权的主要负责人。南模所的法定代表人为蒋武根,升广公司的法定代表人为刘国富。蒋武根虽然是升广公司的董事长,但其并非法律、行政法规规定代表单位行使职权的主要负责人。南模所和升广公司并不构成单位负责人为同一人的情形。工商登记信息显示南模所是由总参六十所于1993年出资设立的全民所有制企业,故应认为南模所和总参六十所是两家不同主体。〔2012〕绍越行初字第39号及〔2012〕浙绍行终字第74号两个行政判决也对此作出相同的认定。虽然亿湾特公司投诉时提交的南模所2008年的《企业年检报告书》以及南模所的投标材料反映,南模所可能与升广公司存在控股和管理关系。但根据升广公司的工商登记资料反映,升广公司的股东之一为总参六十所,南模所 2011 年度和 2012 年度的年检报告以及 2012 年度审计报告均未出现其投资升广公司的内容,故不足以推导出涉案项目招投标时南模所与升广公司存在控股和管理关系。根据现有证据反映,南模所和升广公司的投标材料均由各自编制且分别委托不同的个人办理投标事宜。因此,亿湾特公司认为南模所和升广公司存在《中华人民共和国招标投标法实施条例》第四十条第(一)(二)向规定的相互串通投标行为的主张,缺乏事实依据,本院不予采信。

《中华人民共和国政府采购法实施条例》第五十五条规定,供应商投诉的事项不得超出已质疑事项的范围。因此,慈溪市财政局应当仅就上诉人的质疑内容作出处理,但慈溪市财政局依据其监管政府采购之职责要求采购人、采购代理机构对发现的问题进行整改,超出了质疑范围进行处理,因该行为未对亿湾特公司产生不利后果,对此瑕疵本院予以指正。

综上,一审判决认定事实清楚,审判程序合法,适用法律正确。亿湾公司上诉理由不足,本院不予支持。依照《中华人民共和国行政诉讼法》第八十九条第一款第(一)项的规定,判决如下:

驳回上诉,维持原判。

二审案件受理费 50 元,由上诉人上海亿湾特训练设备科技有限公司负担。

本判决为终审判决。

审 判 长　谭星光

审 判 员　贾红霞

审 判 员　秦　峰

二〇一八年五月三十一日

书 记 员　王　静

同方威视技术股份有限公司
与中华人民共和国财政部
政府采购（招投标）投诉处理决定、行政复议决定案

【案件提要】

本案是对采购结果的投诉处理决定提起行政诉讼的案例。涉案采购项目发布中标公告，君和信达公司中标。同方威视公司提出的质疑和投诉，主要涉及中标供应商君和信达公司以低于成本价进行不正当商业竞争问题。招标文件规定采购预算为5 600万元，中标供应商投标文件《开标一览表》中的"投标报价"和《投标分项报价表》的分项报价都对其提供货物进行了报价，总价为4 480万元，而《开标一览表》"其他声明"的内容确定200万元。对君和信达公司以该200万元中标，同方威视公司向财政部提出低于成本价进行竞争的投诉。财政部处理决定认为，经审查，君和信达公司与生产商成立联合实验室，其承诺对第一批中标项目的电磁感应加速器给予最大优惠价格，评标委员会认为中标供应商投标报价满足招标文件要求，未发现评标委员会评审过程存在违法违规行为，故认定该投诉缺乏事实依据。财政部复议决定认为，该最终报价与招标文件规定的采购预算和其《投标分项报价表》中计算的其产品市场价相比明显不合理，中标供应商在处理投诉阶段提出的有关"与俄罗斯托木斯克理工大学成立联合实验室，联合开发电磁感应加速器的尖端技术"等理由，无法证明其报价合理，也没有其他相应证据证明其报价合理性，故认定中标供应商报价不合理，不符合政府采购法第三条的规定。一审法院经审理认为，法律将不合理价格作为认定不正当投标行为的一种情形，但低于成本价或投标预算价并不等于不合理价格，故财政部复议决定认定涉案最终投标报价明显低于合理价格缺乏充分的事实依据，判决撤销。二审法院认为，投标报价与最终报价差异巨大，有违反公平竞争原则之嫌，且缺乏合理解释，故认定财政部复议决定并无不当，判决撤销一审判决。

【判决正文】

北京市高级人民法院
行政判决书

〔2018〕京行终2936号

上诉人（一审第三人）同方威视技术股份有限公司，住所地（略）。

法定代表人陈某。

委托代理人朱某。

委托代理人蒋某。

被上诉人(一审原告)北京君和信达科技有限公司,住所地(略)。

法定代表人孙某。

委托代理人常某。

一审被告中华人民共和国财政部,住所地(略)。

法定代表人刘某。

委托代理人杨某。

委托代理人王某。

一审第三人海关总署物资装备采购中心,住所地(略)。

负责人黄某。

上诉人同方威视技术股份有限公司(以下简称同方威视公司)因北京君和信达科技有限公司(以下简称君和信达公司)诉中华人民共和国财政部(以下简称财政部)行政复议决定一案,不服北京市第一中级人民法院(以下简称一审法院)〔2017〕京01行初1203号行政判决,向本院提起上诉。本院依法组成合议庭,于2018年7月5日公开开庭审理了本案。上诉人同方威视公司的委托代理人蒋某,被上诉人君和信达公司委托代理人常某,一审被告财政部委托代理人杨某、王某到庭参加了诉讼。一审第三人海关总署物资装备采购中心(以下简称海关采购中心)经本院合法传唤无正当理由未到庭参加诉讼,依法不影响本案审理。本案现已审理终结。

2017年8月18日,财政部作出行政复议决定书(财复议〔2017〕131号,以下简称被诉复议决定),主要内容为:

一、根据对中标供应商(君和信达公司)投标文件内容审查,其提供的《制造商委托代理投标授权书》和《售后服务承诺函》均符合招标文件的要求,其投标产品的制造商为西安优派电子科技有限公司(以下简称西安优派公司),而其《投标分项报价表》中第7项"技术支持与售后服务"对应的"原产地和制造商名称"载明"中国君和信达",该内容属于明显的笔误。根据招标文件内容,中标候选人投标文件中的分项报价表的数量、单价、总价等要素将会在中标结果公告中予以公示。采购项目确定中标候选人后,采购人将载有笔误的投标分项报价表中相关内容进行公示,虽公示内容存在错误,但该笔误并不影响其投标文件相关实质内容,被申请人(财政部)认定"中标供应商投标文件相关内容符合招标文件关于提供产品制造商售后服务承诺函的实质性要求",对该部分认定事实清楚,证据确凿。

二、根据《中华人民共和国政府采购法》(以下简称政府采购法)第二条的规定,政府采购,是指各级国家机关、事业单位和团体组织,使用财政性资金以合同方式有偿取得依法制定的集中采购目录以内的或者采购限额标准以上的货物、工程和服务的行为。政府采购区别于一般商业采购的主要特点在于政府采购合同订立的主体和资金来源与一般商业采购不同,但政府采购供应商的报价行为与一般商业采购相同,属于《中华人民共和国价格法》(以下简称价格法)第二条规定的"在我国境内发生的价格行为"。因此,价格法的相关规定适用于政府采购项目。根据《中华人民共和国反不正当竞争法》(中华人民共和国主席令第10号,1993年12月1日起施行,以下简称原反不正当竞争法)第二条的规定,本法所称的不正当竞争,是指经营者违反本法规定,损害其他经营者的合法权益,扰乱社会经济秩序的行为。对于供应商来讲,政府采购市场与一般商业市场相同,供应商的报价行为同样应适用原反不正当竞争法的相关规定。因此,价格法和原反不正当竞争法对"低于成本价销售商品"的禁止性规定的原则和原理同样应适用于政府采购市场。政府采购供应商以不合理的价格进行投标的行为会扰乱政府采购市场,造成供应商间的恶性价格竞争,这与政府采购法第三条规定的公开透明原则、公平竞争原则、公正原则和诚实信用原则相违背,也不符合政府采购法第一条规定的政府采购法制定目的。

根据《政府采购货物和服务招标投标管理办法》(财政部令第18号,以下简称18号令)第五十二条的规定,综合评分法的评分因素包括价格、技术、财务状况等多项内容,中标供应商取得中标资格是因为其投标文件最大限度地满足招标文件实质性要求,且对各项因素综合评审后得分最高。如果有供应商以不合理的价格进行报价且其报价最低,按照综合评分法评分其价格分不仅是满分且因其他未报低价供应商价格分均值远低于该报低价供应商的价格分,对于所有进入到打分阶段的供应商而言,该报低价供应商价格分占绝对优势,综合评分法将失去其本来的意义。

对于投标人明显低于投标预算及其产品市场价的报价,评审委员会应采用"合理怀疑、合理信赖"的原则,要求供应商对其报价进行书面说明给出合理解释,并提供相应的证明材料,如供应商对其报价不能给出合理解释,则可认定其投标报价不合理,属于无效投标。本案中,根据招标文件规定,第05包采购项目采购预算为5 600万元,根据中标供应商投标文件内容,其投标文件《开标一览表》中的"投标报价"和《投标分项报价表》的分项报价都对其提供货物进行了报价,总价为肆仟肆佰捌拾万元整(44 800 000.00),而《开标一览表》"其它声明"的内容确定贰佰万元整(2 000 000.00)。该报价作为最终投标报价与招标文件规定的采购预算和其《投标分项报价表》中计算的其产品市场价(即列表价乘以数量=《投标分项报价表》中总价44 800 000元)相比明显不合理,中标供应商在处理投诉阶段提出的有关"与俄罗斯托木斯克理工大学成立联合实验室,联合开发电磁感应加速器的尖端技术"等理由,无法证明其报价合理,也没有其他相应证据证明其报价合理性,因此,该理由不属于合理理由,根据前述分析可以认定中标供应商报价不合理,该行为不符合政府采购法第三条的规定。

根据招标文件第67页"《投标分项报价表》注2"的要求,投标供应商应提供详细分项报价,不提供详细分项报价将视为没有实质性响应招标文件。从中标供应商《投标分项报价表》内容可知,中标供应商没有对贰佰万元整(2 000 000.00)最终投标报价进行详细的分项报价,按照招标文件要求,其贰佰万元(2 000 000.00)最终投标报价应被视为没有实质性响应招标文件。

综上，被申请人（财政部）《财政部投诉处理决定书》（财库法〔2017〕3 号，以下简称 3 号处理决定）对该部分事实认定不清。

三、根据《政府采购供应商投诉处理办法》（财政部令第 20 号，以下简称 20 号令）第七条的规定，供应商向财政部门提出的投诉事项应经过质疑。根据该办法第二十四条的规定，投诉人对财政部门的投诉处理决定不服或者财政部门逾期未作处理的，可以依法申请行政复议或者向人民法院提起行政诉讼。本案中，申请人（同方威视公司）行政复议申请书中有关"以下任一事实都足以导致中标供应商、制造商履行政府采购合同的能力部分甚至全部丧失，也足以导致二者自始不符合政府采购供应商所应具备的基本条件并且成为中标、成交无效之条件"的主张因未经过质疑、投诉，不属于本次行政复议审理范围，本机关（财政部）不进行评价。

四、关于申请人提出的第 2 项复议请求，经审查，被申请人（财政部）作出的 3 号处理决定内容为驳回投诉，因此，该请求事项没有事实依据，不属于《中华人民共和国行政复议法》（以下简称行政复议法）第二十一条规定的情形，本机关不予支持。

五、2017 年 2 月 4 日被申请人（财政部）收到并受理投诉，2017 年 3 月 28 日被申请人（财政部）作出 3 号处理决定不符合 20 号令第二十条的规定，作出处理决定期限超过法定期限。

综上，根据行政复议法第二十八条第一款第（三）项的规定，决定如下：撤销 3 号处理决定，被申请人（财政部）应当在收到复议决定书后，依法对申请人的投诉重新作出处理。

一审法院经审理查明：2016 年 11 月 19 日，海关采购中心发布"2016 年集装箱、车辆检查系统（重新招标）采购项目"招标公告，其中第 05 包为通过式快速检查系统即涉案招标项目，招标文件主要包括如下内容：第 3 页，"7、投标人其他条件"中"（2）投标人如为代理商，须具有制造商针对所投包主要设备（海关集装箱车辆检查系统）的授权，相同品牌产品只能是制造商或其授权的唯一代理商参与投标"。第 6 页"投标人须知前附表"中"条款 2.2"中"采购预算：……05 包：5 600 万元……"第 6 页"投标人须知前附表"中"条款号 12"对应的"投标报价"栏"5、投标人本次所报投标价格不得超过投标人的市场价（即列表价），列表价和折扣率须在投标分项报价表中列出"。第 7 页"条款号 24.2"对应的"评标方法"是"综合评分法"。第 12 页，"第二部分投标人须知"中"三、投标文件的编写"中载明"（11）★投标人如为代理商，须具有制造商针对所投包主要设备（海关集装箱车辆检查系统）的授权，相同品牌产品只能是制造商或其授权的唯一代理商参与投标。第 12 页第（19）项，★所投产品的制造商售后服务承诺函（承诺内容包括但不限于：……须加盖公章）。第 14 页第 12 条"投标报价"中第 12.2 款载明：……如果投标人最后确定为中标候选人，其分项报价表的数量、单价、总价等要素将会在中标结果公告中予以公示。第 67 页招标文件附件三《投标分项报价表》注第 2、3 项规定：如果不提供详细分项报价将视为没有实质性响应招标文件。投标人须在本表中报出详细的主设备、辅助设备、质保期内备品备件及专用工具清单及报价，该清单应是能满足招标文件技术需求的所有货物,一旦中标,由于投标人原因漏报的货物须免费补上以满足本项目技术需求。

2016 年 12 月 12 日,第 05 包采购项目经开标、评标。君和信达公司与同方威视公司均参与了投标。君和信达公司投标文件第 3 页《开标一览表》中载明"货物名称":通过式快速检查系统;"规格型号":DVP 速通式货物车辆检查系统;"数量":2;"投标总价":大写:肆仟肆佰捌拾万元整,小写:44 800 000.00;"交货期":自合同签订起 6 个月;"其他声明:此包产品是我公司精心打造的具有世界一流水平的通过式快速检查系统,已通过海外用户多年使用验证。鉴于首次参与中国海关建设,我公司愿以最大的诚意接受中国海关的检验,故我公司愿以人民币贰佰万元整(2 000 000.00)作为最终投标报价"。第 4 页《投标分项报价表》中第 7 项"技术支持与售后服务"对应的"原产地和制造商名称"载明"中国君和信达"。第 4 页《投标分项报价表》对相关货物从列表价、折扣率、单价、合价等方面进行了分项报价,总价为 44 800 000 元。第 4 页《投标分项报价表》中并未对贰佰万元整(2 000 000.00)的最终投标报价做分项报价。第 89 页提供了《制造商委托代理投标授权书》,出具授权书的制造厂家名称为西安优派公司。第 333 页提供了《售后服务承诺函》制造商名称为西安优派公司,并加盖了公章。

2016 年 12 月 30 日,海关采购中心发布中标公告,君和信达公司中标。采购项目中标公告中公示的"技术支持与售后服务"对应的"原产地和制造商名称"载明:"中国君和信达"。

2017 年 1 月 3 日,海关采购中心收到同方威视公司提出的质疑,质疑事项为:1. 中标供应商投标文件提供的售后服务不符合招标文件实质要求。具体为:第 05 包采购项目中标货物明细信息中,第 1 项"主设备"的"原产地和制造商名称"为"中国西安优派",第 7 项"技术支持与售后服务"的"原产地和制造商名称"为"中国君和信达"。该项不符合招标文件第二部分第三章第二类第(19)项"★所投产品的制造商售后服务承诺函"及招标文件第 24.3 条的规定。2. 中标供应商以低于成本价进行不正当商业竞争。

2017 年 1 月 11 日,海关采购中心作出《关于"2016 年集装箱检查系统(重新招标)采购项目"中标结果质疑的复函》,答复同方威视公司:二、关于中标供应商的售后服务应答问题已在第"一"点中答复,中标供应商在投标文件中已按招标文件要求提供了中标产品制造商的售后服务承诺函。关于君和信达公司以低于成本价进行不正当商业竞争的问题,已经在上次的回复意见中答复过,本次质疑,同方威视公司未提供新的证据,因此采购人仍无法依据本次质疑函中提供的材料认定君和信达公司此次投标属于"低于成本价投标"。

2017 年 2 月 4 日,财政部收到并受理了同方威视公司提出的投诉,投诉事项为:1. 根据中标公告,中标货物的制造商为"中国西安优派",售后服务的制造商为"中国君和信达",不符合招标文件中要求提供"★所投产品的制造商售后服务承诺函"的实质性要求。根据招标文件"第二部分投标人须知"中"三、投标文件的编写"中"10. 投标文件的组成"中"第二类:商务及资格证明文件"第(19)项和第 24.3 款第(7)项规定的内容,以及中标公告第 05 包的中标货物明细信息中,第 1 项"主设备"的"原产地和制造商名称"为"中国西安优派",第 7 项"技术支持与售后服务"的"原产地和制造商名称"为"中国君和信达"。根据前述 24.3 项的规定,中标供应商投标文件不满足招标文件中的实质性条款,应当作为无效投标处理。2. 中标供应商以低于成本价进行不正当商业竞争。根据中标公告,中标供应商中标价格为 200 万元 2 套,即每套设备中标价为 100 万元。通过式快速检查系统至少应包括射线源、探测器系统、屏蔽装置、电控系统与计算机等设备,其中 Betatron 电子感应加速器射线源的进口价格为 15 万美元左右,按照 6.9 的汇率计算,折合人民币 100 万元左右,进口环节还要缴纳关税(4%)和增值税(17%),仅此射线源一项的成本就要 120 万元左右,故中标供应商所报的 100 万元设备单价明显低于成本价。另外据了解,中标供应商 2012 年出口马来西亚的通过式快递检查系统的海关报关价格为每台 1＊＊万美元。同方威视公司提供的附件 1、附件 2、附件 3 足以证明中标供应商所报每套设备 100 万元的报价明确低于成本价。根据原反不正当竞争法第十一条规定,低于成本报价的实质是供应商为了霸占市场,滥用竞争手段,故意暂时将某类商品的价格压低到成本以下抛售,以此手段搞垮竞争对手,这种行为的受害者首先是参与政府采购竞争的其他供应商。综上,同方威视公司的投诉请求为:1. 请求决定第 05 包采购项目全部或者部分采购行为违法,责令重新开展采购活动。2. 请求对中标供应商采取不正当手段排挤其他供应商的行为予以行政处罚。

2017 年 2 月 8 日,财政部国库司分别向君和信达公司和采购人印发《提出答复通知书》(财库便函〔2017〕76 号、77 号),将投诉书副本转出,并要求其就投诉事项和有关情况提交书面说明,提交相关证据依据。

2017 年 2 月 13 日,君和信达公司作出《投诉答复书》,答复称:

1. 关于第 1 项投诉事项,此次投标,西安优派公司作为产品制造商向君和信达公司出具了授权,委托其作为代理商代为参与投标,君和信达公司作为代理商参与投标的行为符合招标文件的规定,且其在投标文件中已经提交了制造商西安优派公司出具的《售后服务承诺函》,满足招标文件的实质性要求,不存在同方威视公司所投诉的未实质性响应的情形。2. 关于第 2 项投诉事项。(1)同方威视公司所列举的有关加速器采购成本的证据是其控股子公司向丹东市某公司的采购凭证。而丹东该公司并不是该产品的生产厂家,其只是向俄罗斯托木斯克理工大学(即生产商)进行采购的诸多中国采购商之一,其采购凭证上的价格并不能用来核定君和信达公司的采购价格。(2)2014 年初,君和信达公司与俄罗斯托木斯克理工大学成立了俄中辐射防护与控制联合实验室,在此之前已有数年的良好合作的基础。联合实验室的目的在于联合开发电磁感应加速器的尖端技术以及联合在全球领域的市场推广。近几年来,双方针对该联合实验室已累计有数百万美元的投入。为开拓中国乃至全球市场,俄方承诺将对第一批中标项目的电磁感应加速器给以最大优惠作为支持,这也是君和信达公司采购价格低于丹东市某公司销售价格的重要原因。(3)同方威视公司列举了中标供应商 2012 年出口马来西亚的速通式检查系统报关价格,但该项目与本采购项目在历史背景、地域条件、技术要求、商务条件等诸多方面皆有本质性区别。同方威视公司在对上述马来西亚项目缺乏全面、有效理解的情况下,简单将两项目进行价格比对并据此指控君和信达公司低于成本价进行竞争的投诉事项缺乏事实依据和法律依据。(4)同方威视公司在海关行业采购项目中以单一来源采购方式垄断近二十年,其他厂家没有海关供货先例,也不可能提前形成销售服务网络,且在没有中标的情况下不可能提前生产出有特殊定制需求的产品,君和信达公司生产的相关产品是自主研发的新产品,第一次在国内实现销售,为了保障用户利益,进行合理报价。(5)同方威视公司此前近二十年单一来源采购的价格均在 2 800 万元人民币台上下,其本次第 05 包采购项目投标报价为 450 万元人民币台,仅为常年单一来源签约价的 16%,如其成本高于本次报价,则其本次报价确属低价竞争以达到排挤其他竞争对手、维持其在行业垄断地位的目的。

2017 年 2 月 21 日,海关采购中心作出《海关总署物资装备采购人关于〈2016 年集装箱车辆检查系统采购项目〉招标情况说明》,其对招标过程进行了说明,对于与本案有关的投诉事项,海关采购中心称:1.中标供应商在 01、05 包的投标文件已按招标文件要求提供了中标产品制造商西安优派公司的售后服务承诺函,虽然在分项报价表中标注有误,但此作为废标依据的理由不够充分,应当以其所附的正式承诺函为准。2. 由于受各企业进货渠道、经营状况、人员构成等因素的影响,其成本高低也不尽相同,海关采购中心认为依据投诉书中提供的材料不足以认定君和信达公司第 05 包采购项目属于“低于成本价进行不正当商业竞争”的行为。

2017 年 3 月 28 日,财政部作出 3 号处理决定认为:1. 关于投诉事项 1,经审查,君和信达公司提交的投标文件中“售后服务承诺函”落款处“制造商名称”为“西安优派电子科技技术有限公司”,并盖有西安优派公司公章,符合招标文件关于提供产品制造商售后服务承诺函的实质性要求,该投诉事项缺乏事实依据。2. 关于投诉事项 2,经审查,君和信达公司与生产商成立联合实验室,其承诺对第一批中标项目的电磁感应加速器给予最大优惠价格,评标委员会认为中标供应商投标报价满足招标文件要求,未发现评标委员会评审过程存在违法违规行为,同方威视公司以君和信达公司 2012 年出口马来西亚的海关报关价及其测算的货物价格为由,认为君和信达公司低于成本价进行不正当竞争,缺乏事实依据。据此,财政部决定:根据 20 号令第十七条第二项规定,投诉事项 1、2 缺乏事实依据,驳回投诉。

2017 年 4 月 18 日、24 日、26 日财政部分别将 3 号处理决定送达各方当事人。2017 年 6 月 21 日,财政部负责法制工作的机构收到并受理了同方威视公司的行政复议申请。6 月 28 日,君和信达公司收到财政部发出的第三人参加行政复议通知书,通知其作为第三人参加行政复议程序,并将行政复议申请书及有关证据材料转交君和信达公司。7 月 4 日,君和信达公司法定代表人孙晓明签收。7 月 11 日,君和信达公司提出行政复议答复书。在答复书第 1 页中有如下记载“……同方威视在行政复议期间提供的关于我公司低于成本价投标的证据材料,其在投诉程序中均未提供,已过投诉期限的实效规定,该等证据不能作为复议机关进行复议审查的依据……”7 月 31 日,同方威视公司又向财政部提交了行政复议补充意见。8月18日,财政部作出被诉复议决定。8月22日,向复议各方当事人寄出,8月23日,各方当事人签收。君和信达公司不服,于2017年9月1日诉至法院。

一审法院经审理认为:鉴于君和信达公司及同方威视公司均对被诉复议决定第一、三、四理由部分不持异议,经审查,被诉复议决定的上述认定正确,予以支持。

结合各方当事人的诉辩主张,本案的焦点问题有:一、被诉复议决定是否超过复议审查范围;二、被诉复议决定认定君和信达公司最终投标报价行为属于以明显不合理低价进行不正当竞争的行为是否具有事实依据;三、被诉复议决定认定君和信达公司未对最终投标报价进行分项报价属于未实质性响应招标文件要求是否正确;四、被诉复议决定行政程序是否合法。

(一)关于焦点问题一

根据政府采购法第五十六条的规定,政府采购监督管理部门应当对投诉事项作出处理决定。因此,投诉事项的范围决定了3号处理决定的范围,进而也就决定了被诉复议决定所得审查的范围。同方威视公司所投诉事项之一为君和信达公司的报价行为系低于成本价进行不正当商业竞争,被诉复议决定关于君和信达公司最终投标报价明显不合理以及最终投标报价无分项报价构成未实质响应招标文件要求的认定,并未超出投诉事项的基础事实范围,因此也就不存在超越审查范围的问题。对君和信达公司有关被诉复议决定超出复议审查范围的主张,不予支持。

(二)关于焦点问题二

被诉复议决定以报价是否明显低于合理价格作为认定是否构成无效投标的事由,具有法律依据。但在本案中,财政部仅以采购项目预算价与君和信达公司的最终投标报价进行对比,认定君和信达公司的最终投标报价属于明显不合理低价事实依据不足。主要理由如下:

1. 将明显低于合理价格作为认定不正当投标行为的一种情形,具有法律依据。政府采购法第三条规定,政府采购应当遵循公开透明原则、公平竞争原则、公正原则和诚实信用原则。上述规定是规范政府采购活动的基本原则,因此,以不正当竞争的方式投标违反了政府采购法所规定的公平竞争原则,应当予以规制。至于是否构成不正当竞争,并不以低于成本价为限,如果确有证据证明投标价格低于合理价格的,也同样违反政府采购法所规定的公平竞争原则。本案中,被诉复议决定并未认定君和信达公司的投标价低于成本价,而是认定其最终投标价格低于合理价格,一审法院认为,根据政府采购法第三条的规定,将低于合理价格作为一种不正当投标行为,具有法律依据。同时应当说明,成本价需以确认成本为前提,而合理价不等于成本价。被诉复议决定并未确认君和信达公司投标产品的成本,亦未认定君和信达公司的报价低于成本价,故君和信达公司的报价是否低于成本价,不属于本案审查范围。

不仅如此,18号令第五十四条第四款第1项也规定,"采用最低评标价法的,按投标报价由低到高顺序排列。投标报价相同的,按技术指标优劣顺序排列。评标委员会认为,排在前面的中标候选供应商的最低投标价或者某些分项报价明显不合理或者低于成本,有可能影响商品质量和不能诚信履约的,应当要求其在规定的期限内提供书面文件予以解释说明,并提交相关证明材料;否则,评标委员会可以取消该投标人的中标候选资格,按顺序由排在后面的中标候选供应商递补,以此类推。该规定虽然直接针对的是最低评标价法,而本案采取的是综合评分法,但由于报价因素在综合评分法中所占权重较大,因此对于投标价明显不合理的,同样也可以取消该投标人的中标候选资格。因此,被诉复议决定以报价是否低于合理价格作为审查的基础,具有法律依据。

2. 被诉复议决定对合理价格的认定标准不当,事实依据不充分。由于政府采购的投标供应商之间是一种市场竞争关系,因此对于某一个供应商投标价格是否合理的判断,会对市场竞争关系造成影响。在产业形态日益多元化,行业特点日趋复杂的背景下,合理价格的判断标准本身也应当合理和明确,否则就可能对正常的市场竞争造成损害。尤其是在被诉复议决定否定评标委员会的认定结论的情况下,其更应当具有充分的事实依据。

关于商品或者服务的合理价格,政府采购法、价格法以及原反不正当竞争法均未作出明确的规定,但政府采购的相关法律规定中对此已经有所规定,可以作为判断合理价格的重要参考。参照 18 号令第五十四条第四款第 1 项的规定,以明显低于合理价格取消中标候选资格的条件之一,是报价明显不合理并"有可能影响商品质量和不能诚信履约"。对于评标委员会或者政府采购主管机关而言,判断是否可能影响商品质量和不能诚信履约,仍然需要更为明确和可操作的判断标准。

以市场价格或者采购项目的预算价作为判断合理价格的标准,既缺乏明确的依据,也缺乏合理性。由于市场价格是编制采购项目预算的最重要参考指标之一,故就判断明显低于合理价格的标准而言,采购预算价格和市场价格并无根本性的差别。

政府采购法第六条规定,"政府采购应当严格按照批准的预算执行",上述规定的目的在于为政府采购金额设定上限,以保障政府财政资金的有效利用,避免浪费和不当使用。因此以市场价格作为主要参考指标的采购项目预算价,是政府采购报价的上限标准,但并非下限标准,此立法目的在政府采购法第三十六条第(三)项的规定中亦有所体现。由于政府采购是在一定范围的投标供应商之间,基于特定政府采购项目所产生的竞争,并非是一种完全的市场竞争,因此政府采购活动中的报价与一般市场价格的形成机制存在较大差别。即使政府采购中的投标报价明显低于市场价格或者项目预算价格,也未必会"影响商品质量和不能诚信履约"。仅以市场价格或者项目预算价格作为判断政府采购报价是否明显低于合理价格的标准,既缺乏法律上的相关依据,也不符合市场规律。

由于政府采购活动中的竞争,是一定范围内的供应商之间针对特定采购项目所产生的竞争,因此从供应商之间公平竞争的角度,以"是否明显低于其他通过符合性审查投标人的报价"作为判断标准,更能够合理地反映政府采购活动中的报价公平性,也更符合市场规律。并且,现行有效的《政府采购货物和服务招标投标管理办法》(财政部令第 87 号)第六十条明确规定了合理价格的判断标准,即是"报价明显低于其他通过符合性审查投标人的报价"。

虽然上述办法并不直接适用于本案,但合理价格的判断既是法律问题也是专业问题,上述规定中关于合理价格的判断标准,仍然可以作为重要的参照依据,用以说明被诉复议决定仅以君和信达公司的最终投标报价明显低于采购项目预算价为由,径行认定其报价明显低于合理价格,既缺乏明确的依据也不具有合理性。

3. 至于供应商的投标预算,是为确定最终投标报价提供基础,其并不具有法律上的约束力。供应商如何处理投标预算与最终投标报价之间的关系,是供应商自己的投标策略问题。判断最终投标报价是否明显低于合理价格的标准,在于其是否"明显低于其他通过符合性审查投标人的报价",并是否可能因此"影响商品质量和不能诚信履约",而不在于其是否低于投标人自己的投标预算价。被诉复议决定以君和信达公司的最终投标报价明显低于采购项目预算价和君和信达公司自己的投标预算价为由,认定其最终投标报价明显低于合理价格缺乏充分的事实依据。

综上,由于被诉复议决定判定合理价格的标准不具有充分的依据和事实基础,因此被诉复议决定针对上述问题所作出的认定,构成事实不清、主要证据不足。至于君和信达公司能否针对被诉复议决定所设定的标准说明其最终投标报价的形成机制,并不影响对被诉复议决定违法性的认定结论。

(三)关于焦点问题三

君和信达公司在其《分项报价表》中已经进行了分项报价,实质响应了招标文件的要求,并在《开标一览表》中作出声明,其最终投标报价是对投标预算报价的统一折扣价格。招标文件并未要求在最终投标报价与分项报价表的报价不一致时,还需要再针对最终投标报价提供分项报价。故被诉复议决定认为君和信达公司的统一折扣价格还要再进行分项报价,缺乏招标文件的依据。同时,要求君和信达公司对统一折扣价提供分项报价也不具有合理性。被诉复议决定针对上述问题所作出的认定,亦构成事实不清。君和信达公司对被诉复议决定上述认定所提出的诉讼理由成立,亦予支持。

(四)关于焦点问题四

君和信达公司主张财政部未向其送达复议申请证据材料及同方威视公司补充意见属于程序违法。对此一审法院认为,鉴于君和信达公司在其复议答复书中已经明确对同方威视公司的复议证据材料发表了意见,故其主张财政部未向其送达复议申请证据材料的主张缺乏事实根据。另外,根据行政复议法第二十二条之规定,行政复议原则上采取书面审查的办法。财政部并不具有向君和信达公司转送同方威视公司复议补充意见的法定义务。君和信达公司的该项主张缺乏法律依据,不予支持。

另经审查,被诉复议决定第五部分认定正确,予以支持。

综上,一审法院认定被诉复议决定第二部分认定依据不足,其以此为由撤销3号处理决定有误,据此判决:一、撤销财政部于2017年8月18日作出的财复议〔2017〕131号行政复议决定;二、财政部于法定期限内对同方威视公司提出的行政复议申请重新作出决定。

同方威视公司不服一审判决,向本院提起上诉。主要理由为:1. 君和信达公司最终投标报价行为属于以明显不合理低价进行不正当竞争,被诉复议决定认定事实清楚、适用法律正确,一审判决认定事实错误,适用法律、法规错误,证据不足;2. 君和信达公司未实质性响应招标文件要求,一审判决认定事实错误;3. 君和信达公司涉及多项违法犯罪及只是产权侵权,势必将影响产品质量、不能诚信履约。据此,请求本院:1. 依法撤销一审法院〔2017〕京 01 行初 1203 号行政判决;2. 驳回君和信达公司全部诉讼请求;3. 本案诉讼费用由君和信达公司承担。

君和信达公司二审答辩称:1. 一审判决认定事实清楚,适用法律、法规正确,释明充分。2. 被诉复议决定判断合理价格的标准不具有充分的依据和事实基础,同方威视公司以君和信达公司的最终报价与采购预算价、市场价、其他投标人投标价进行对比,认为君和信达公司最终报价不合理系主观判断,缺乏事实和法律依据;3. 被诉复议决定认定事实不清、主要证据不足,适用法律错误;4. 君和信达公司系严格依据招标文件要求及政府采购的相关法律法规进行投标,同方威视公司以君和信达公司的中标价导致招标采取的评分方法失去实质意义,违背公平竞争原则、公正原则和诚实信用原则的主张及君和信达公司未能实质响应招标文件要求的主张均不成立。5. 一审判决撤销被诉复议决定的理由系因"被诉复议决定认定君和信达公司报价明显不合理"的事实不清、主要证据不足;6. 同方威视公司对君和信达公司提起的一系列知识产权诉讼及刑事、行政知识案件,以及其主张的侵犯知识产权和技术秘密的事实缺乏生效法律文件认定。被诉复议决定已认定同方威视公司的主张不属于复议审理范围,一审判决亦认定此部分主张与被诉复议决定的合法性审查缺乏关联性,因此,本案中不应考虑和采纳同方威视公司的此部分主张和意见。综上,请求本院依法驳回上诉,维持一审判决。

财政部二审答辩称:1. 被诉复议决定中认定君和信达公司的标价不合理是考虑各方面因素后作出的,并非仅以市场价格或者采购项目的预算价作为依据;2. 被诉复议决定在无法律规则可以直接适用的情况下,适用法律原则并无不妥。在法律没有明确规定的情况下,应当适用法律原则,在本案中政府采购法对服务价格判断的标准没有做出明确法律规定的情况下,政府采购应当遵循公开透明的原则。3. 财政部作为政府采购监管部门,应当加大对不当采购部门的管理。综上,不同意一审判决。

君和信达公司在一审举证期限内,向一审法院提交了下列证据:1. 3 号处理决定书;2. 参加复议通知书;3. 提出答复通知书;4. 投诉书及附件(质疑函、复函、海关进口货物报关单、合同、海关出口货物报关单);5. 君和信达公司与俄罗斯托木斯克理工大学签署的战略协议、招标文件(节选)、君和信达公司投标文件中所附《投标分项报价表》和《开标一览表》、君和信达公司与海关采购中心签订的《采购项目合同书》及君和信达公司向海关采购中心发出的《项目情况汇报》、行业参考文献。

财政部在一审举证期限内,向一审法院提交了下列证据:1. 2017 年 1 月 3 日同方威视公司质疑函;2. 2017 年 1 月 11 日海关采购中心作出的《关于"2016 年集装箱检查系统(重新招标)采购项目"中标结果质疑的复函》;3. 投诉书及附件;4. 提出答复通知书(财库便函

〔2017〕76、77号）及签收单;5. 2017年2月15日财政部国库司收到的君和信达公司提交的相应答复;6. 2017年2月24日财政部国库司收到的海关采购中心提交的相应答复;7. 3号处理决定及向君和信达公司、同方威视公司及海关采购中心送达凭证;8. 行政复议申请书及相关材料;9. 行政复议答复通知书（财复议便函〔2017〕119号）;10. 同方威视公司参加行政复议通知书（财复议便函〔2017〕120、121号）及邮寄凭证;11. 财政部国库司提交的《被申请人答复书》及相关证明材料;12. 君和信达公司提交的相关答复及邮寄凭证;13. 2017年8月3日财政部负责法制工作的机构收到的同方威视公司提交的补充意见及邮寄凭证;14. 采购项目中标公告;15. 采购项目招标文件节选（第3、6、7、12、14、67页）;16. 君和信达公司投标文件节选（第3、4、89、333页）;17. 2017年8月22日财政部向君和信达公司、同方威视公司以及海关采购中心邮寄送达被诉复议决定邮寄凭证。

同方威视公司在一审举证期限内,向一审法院提交了下列证据：1.《2016年集装箱、车辆检查系统（重新招标）采购项目招标文件（招标编号HG16GK-A0106-D128）》;2.《中华人民共和国国家标准GBT19211—2015辐射型货物和（或）车辆检查系统》;3.《2016年集装箱、车辆检查系统（重新招标）采购项目中标公告》;4. 北京知识产权法院〔2017〕京73民初55号民事案件受理通知书及君和信达公司证据材料、〔2017〕京73证保1号民事裁定书、"证据开示笔录"、"谈话笔录";5. 射线源的一般公允价格的证明;6.《2017年集装箱车辆检查系统配套设备采购项目第03包中标公告及其他分包废标公告》;7. 君和信达公司同类产品出口马来西亚的证明;8.《陕西省工商行政管理局立案审批表》;9. 西安市公安局新城分局《立案告知书》;10.〔2017〕京民终398号民事判决书;11. 马来西亚吉隆坡高等法院民事判决书。

一审法院经审查认定：财政部提交的全部证据,君和信达公司提交的证据1—4、证据5（招标文件（节选）、君和信达公司投标文件中所附《投标分项报价表》和《开标一览表》、君和信达公司与采购人签订的《采购项目合同书》）,同方威视公司提交的证据1、3形式上符合《最高人民法院关于行政诉讼证据若干问题的规定》中规定的提供证据的要求,内容真实,与本案具有关联性,予以采纳。君和信达公司提交的证据5中君和信达公司与俄罗斯托木斯克理工大学签署的战略协议不符合证据形式要求,真实性无法确认,不予采纳。君和信达公司提交的证据5中君和信达公司向海关采购中心发出的《项目情况汇报》、行业参考文献以及同方威视公司提交的除证据1、3之外的其余证据与本案被诉复议决定的合法性审查缺乏关联性,一审法院不予采纳。前述证据均已随案移送本院,本院经审查认为一审法院认证意见并无不当,本院予以确认。本院经审理查明的基本事实与一审判决认定的事实一致,本院亦予确认。本院另查明：涉案项目招标文件第14页第11条"投标文件格式"载明：对于招标文件第六部分中已经提供了投标文件格式的,投标人须按提供的格式进行填写和编制,并签字盖章,没有提供格式的可自行设计。同页第12条"投标报价"中第12.5款载明：投标人对每种货物或服务只允许有一个报价,招标人不接受任何选择的报价。第63页第六部分投标文件格式的"投标人提交文件须知"中载明"1. 投标人应严格按照本部分提供的投标文件格式填写的相关投标文件……2.所附表格中要求回答的全部问题和信息都必须正面回答……"第 66 页附件二、开标一览表中的"注 2"规定：投标总价为本包货物现场完税价（交货地点为各海关现场），已包括与本次投标货物和伴随服务相关的所有税费以及投标人为完成本项目、达到招标文件要求所需要的全部费用，招标人不再另行支付其他任何费用；"注 3"规定：所有价格单位为人民币元；"注 4"规定：报价项应是投标货物及相关服务的全部费用的报价，价格应按照投标人须知第 12 条的要求报价。

本院认为：一审法院以君和信达公司及同方威视公司均对被诉复议决定第一、三、四理由部分不持异议为由，且经审查后认定被诉复议决定的上述部分及第五部分认定正确，并无不当，本院予以维持。本院同意一审法院对本案争议焦点的归纳，并对一审法院关于焦点一和焦点四的分析及由此得出的结论予以认可。

关于争议焦点二和焦点三，本院认为：政府采购法第三条规定，政府采购应当遵循公开透明原则、公平竞争原则、公正原则和诚实信用原则。根据政府采购法第二十五条第二款的规定，供应商不得采取其他不正当手段谋取中标或者成交。

将明显低于合理价格作为认定不正当投标行为的一种情形，具有法律依据；被诉复议决定以报价是否低于合理价格作为审查的基础，亦具有法律依据。对此，一审法院已予论述，本院不持异议。本案中，君和信达公司在按照涉案招标文件要求自行填写的《投标分项报价表》和《开标一览表》中的投标总价均为 4 480 万元，而其自行填写在《开标一览表》中"其它声明"一栏中的最终价格为 200 万元。其所称"鉴于首次参与中国海关建设，我公司愿以最大的诚意接受中国海关的检验"等内容，直接与大幅降价相联系，有违反公平竞争原则之嫌，其投标报价与最终声明价格差异巨大，缺乏合理解释。因此，被诉复议决定基于君和信达公司的前述填写情况，并对比涉案招标项目的采购预算价格 5 600 万元，及结合君和信达公司在处理投诉阶段提出的有关"与俄罗斯托木斯克理工大学成立联合实验室，联合开发电磁感应加速器的尖端技术"等理由，认为君和信达公司无法证明其 200 万元的投标报价合理，进而认定君和信达公司的 200 万元的投标报价不合理，其结论并无不当。一审法院关于"被诉复议决定仅以君和信达公司的最终投标报价明显低于采购项目预算为由，径行认定其报价明显低于合理价格，其缺乏明确的依据也不具有合理性"的认定结论，缺乏事实根据和法律依据。

根据公开透明原则的要求，政府采购活动中的所有内容和程序，除非有特别例外，否则均应为公开的、透明的。换言之，采购人进行政府采购，其方式、步骤、标准、要求等，除非有特殊说明，均应当能够为公众所知悉并清楚地理解；同时，供应商也应当以直接、明确、没有歧义且可予以查证的方式，满足政府采购中的各项要求。本案中，海关采购中心作为采购人，在其发布的涉案招标项目的招标文件中，对于投标文件格式以及投标报价含义、组成、填写、计算等均提出了的具体明确的要求。尤其在招标文件第 66 页附件二《开标一览表》和第 67 页附件三《投标分项报价表》中，还以"注"的形式进一步强调了报价填写的要求及不符合要求的后果。上述要求内容均随涉案招标文件予以公布，其符合公开透明原则的要求。同理,对涉案招标项目的投标文件,亦应当以公开透明的方式,对招标文件予以回应,也即涉案项目的投标文件在回应招标文件时,应当完全按照招标文件要求的方式进行。根据涉案项目招标文件中投标人须知第12条"投标报价"与其项下12.2条规定之间的关系,可以认定投标供应商应提供的详细分项报价系针对投标报价而言,根据《投标分项报价表》注2的要求,不提供详细分项报价将视为没有实质性响应招标文件。君和信达公司在《开标一览表》"投标总价"栏中填写了4 480万元,根据招标文件对投标文件格式填写的要求,该金额即应视为君和信达公司的投标价格,但君和信达公司又在《开标一览表》"其它声明"栏中填写200万元作为最终报价,其报价的填写方式已与招标文件中关于"投标文件格式"的要求不相符。君和信达公司在《投标分项报价表》中经计算得出的总价为4 480万元,与《开标一览表》中的投标总价一致。但君和信达公司以200万元作为其最终报价,但并未对200万元的报价按照招标文件的要求进行分项报价,亦未说明该200万元的报价与经分项报价后计算得出的总价之间的关系,故以200万元作为投标价,不符合招标文件对投标报价应予以详细分项报价的要求,不符合公开透明原则的基本要求,亦不能视为实质性响应了招标文件。此外,君和信达公司通过"其它声明"的方式改变其报价,不符合招标文件的填写要求,其以"其它声明"的方式废弃其正式报价,二者差异巨大,致使本应是其正式报价的价格成为虚设,亦不符合诚实信用原则。一审法院对上述做法认定为"最终投标报价是对投标预算报价的统一折扣价格",缺乏法律依据。因此被诉复议决定认定君和信达公司200万元的最终投标报价没有实质性相应招标文件,并无不当。

综上,财政部作出被诉复议决定,认定事实清楚,证据充分,适用法律、法规正确,符合法定程序。君和信达公司的诉讼请求缺乏事实根据和法律依据,本院不予支持。一审判决认定事实错误、适用法律不当,本院应予撤销。依照《中华人民共和国行政诉讼法》第六十九条、第八十九条第一款第(二)项之规定,判决如下:

一、撤销北京市第一中级人民法院〔2017〕京01行初1203号行政判决书;

二、驳回北京君和信达科技有限公司的诉讼请求。

一审案件受理费50元,由被上诉人北京君和信达科技有限公司负担(已交纳);二审案件受理费50元由被上诉人北京君和信达科技有限公司负担(于本判决生效之日起七日内交纳)。

本判决为终审判决。

审 判 长　胡华峰

审 判 员　贾宇军

审 判 员　章坚强

二〇一八年十一月三十日

书 记 员　张路遥

【关联案例】

北京君和信达科技有限公司与中华人民共和国财政部政府采购投诉处理决定行政复议案

北京市第一中级人民法院
行政判决书

〔2017〕京 01 行初 1203 号

原告北京君和信达科技有限公司,住所地(略)。

法定代表人孙某。

委托代理人谢某。

被告中华人民共和国财政部,住所地(略)。

法定代表人肖某。

委托代理人支某。

委托代理人梁某。

第三人同方威视技术股份有限公司,住所地(略)。

法定代表人陈某。

委托代理人朱某。

委托代理人蒋某。

第三人海关总署物资装备采购中心,住所地(略)。

原告北京君和信达科技有限公司(以下简称君和信达公司)不服被告中华人民共和国财政部(以下简称财政部)作出的财复议〔2017〕131 号行政复议决定书(以下简称被诉复议决定),向本院提起行政诉讼。本院于 2017 年 9 月 1 日立案后,在法定期限内向被告财政部送达了起诉状副本和应诉通知书。因同方威视技术股份有限公司(以下简称同方威视公司)、海关总署物资装备采购中心与本案被诉复议决定有利害关系,本院依法通知其作为本案第三人参加诉讼。本院依法组成合议庭,于 2017 年 11 月 22 日公开开庭审理了本案。原告君和信达公司的委托代理人谢某,被告财政部的委托代理人支某、梁某,第三人同方威视公司的委托代理人朱某、蒋某到庭参加了诉讼。第三人海关总署物资装备采购中心经本院合法传唤无正当理由未到庭参加诉讼,依法不影响本案审理。本案现已审理终结。

同方威视公司不服被告财政部于 2017 年 3 月 28 日作出的《财政部投诉处理决定书》(财库法〔2017〕3 号,以下简称 3 号处理决定),向财政部提出行政复议申请,请求:1. 撤销 3 号处理决定,依法决定"2016 年集装箱、车辆检查系统(重新招标)采购项目第 05 包"(项目编号:HG16GK-A0106-D128,以下简称第 05 包采购项目)中标供应商中标、成交无效。2. 依法停止具体行政行为的执行。2017 年 8 月 18 日,财政部作出被诉复议决定,主要内容为:

一、根据对中标供应商(君和信达公司)投标文件内容审查,其提供的《制造商委托代理投标授权书》和《售后服务承诺函》均符合招标文件的要求,其投标产品的制造商为西安优派电子科技有限公司(以下简称西安优派公司),而其《投标分项报价表》中第7项"技术支持与售后服务"对应的"原产地和制造商名称"载明"中国君和信达",该内容属于明显的笔误。根据招标文件内容,中标候选人投标文件中的分项报价表的数量、单价、总价等要素将会在中标结果公告中予以公示。采购项目确定中标候选人后,采购人将载有笔误的投标分项报价表中相关内容进行公示,虽公示内容存在错误,但该笔误并不影响其投标文件相关实质内容,被申请人(财政部)认定"中标供应商投标文件相关内容符合招标文件关于提供产品制造商售后服务承诺函的实质性要求",对该部分认定事实清楚,证据确凿。

二、根据《中华人民共和国政府采购法》(以下简称政府采购法)第二条的规定,政府采购,是指各级国家机关、事业单位和团体组织,使用财政性资金以合同方式有偿取得依法制定的集中采购目录以内的或者采购限额标准以上的货物、工程和服务的行为。政府采购区别于一般商业采购的主要特点在于政府采购合同订立的主体和资金来源与一般商业采购不同,但政府采购供应商的报价行为与一般商业采购相同,属于《中华人民共和国价格法》(以下简称价格法)第二条规定的"在我国境内发生的价格行为"。因此,《价格法》的相关规定适用于政府采购项目。根据《中华人民共和国反不正当竞争法》(中华人民共和国主席令第10号,1993年12月1日起施行,以下简称原反不正当竞争法)第二条的规定,本法所称的不正当竞争,是指经营者违反本法规定,损害其他经营者的合法权益,扰乱社会经济秩序的行为。对于供应商来讲,政府采购市场与一般商业市场相同,供应商的报价行为同样应适用原反不正当竞争法的相关规定。因此,价格法和原反不正当竞争法对"低于成本价销售商品"的禁止性规定的原则和原理同样应适用于政府采购市场。政府采购供应商以不合理的价格进行投标的行为会扰乱政府采购市场,造成供应商间的恶性价格竞争,这与政府采购法第三条规定的公开透明原则、公平竞争原则、公正原则和诚实信用原则相违背,也不符合政府采购法第一条规定的政府采购法制定目的。

根据《政府采购货物和服务招标投标管理办法》(财政部令第18号)第五十二条的规定,综合评分法的评分因素包括价格、技术、财务状况等多项内容,中标供应商取得中标资格是因为其投标文件最大限度地满足招标文件实质性要求,且对各项因素综合评审后得分最高。如果有供应商以不合理的价格进行报价且其报价最低,按照综合评分法评分其价格分不仅是满分且因其他未报低价供应商价格分均值远低于该报低价供应商的价格分,对于所有进入到打分阶段的供应商而言,该报低价供应商价格分占绝对优势,综合评分法将失去其本来的意义。

对于投标人明显低于投标预算及其产品市场价的报价,评审委员会应采用"合理怀疑、合理信赖"的原则,要求供应商对其报价进行书面说明给出合理解释,并提供相应的证明材料,如供应商对其报价不能给出合理解释,则可认定其投标报价不合理,属于无效投标。本案中,根据招标文件规定,第05包采购项目采购预算为5 600万元,根据中标供应商投标文件内容,其投标文件《开标一览表》中的"投标报价"和《投标分项报价表》的分项报价都对其提供货物进行了报价,总价为肆仟肆佰捌拾万元整(￥44 800 000.00),而《开标一览表》"其他声明"的内容确定贰佰万元整(￥2 000 000.00)。该报价作为最终投标报价与招标文件规定的采购预算和其《投标分项报价表》中计算的其产品市场价(即列表价乘以数量=《投标分项报价表》中总价44 800 000元)相比明显不合理,中标供应商在处理投诉阶段提出的有关"与俄罗斯托木斯克理工大学成立联合实验室,联合开发电磁感应加速器的尖端技术"等理由,无法证明其报价合理,也没有其他相应证据证明其报价合理性,因此,该理由不属于合理理由,根据前述分析可以认定中标供应商报价不合理,该行为不符合政府采购法第三条的规定。

根据招标文件第67页"《投标分项报价表》注2"的要求,投标供应商应提供详细分项报价,不提供详细分项报价将视为没有实质性响应招标文件。从中标供应商《投标分项报价表》内容可知,中标供应商没有对贰佰万元整(￥2 000 000.00)最终投标报价进行详细的分项报价,按照招标文件要求,其贰佰万元(￥2 000 000.00)最终投标报价应被视为没有实质性响应招标文件。

综上,被申请人(财政部)3号处理决定对该部分事实认定不清。

三、根据《政府采购供应商投诉处理办法》(财政部令第20号)

第七条的规定,供应商向财政部门提出的投诉事项应经过质疑。根据该办法第二十四条的规定,投诉人对财政部门的投诉处理决定不服或者财政部门逾期未作处理的,可以依法申请行政复议或者向人民法院提起行政诉讼。本案中,申请人(同方威视公司)行政复议申请书中有关"以下任一事实都足以导致中标供应商、制造商履行政府采购合同的能力部分甚至全部丧失,也足以导致二者自始不符合政府采购供应商所应具备的基本条件并且成为中标、成交无效之条件"的主张因未经过质疑、投诉,不属于本次行政复议审理范围,本机关(财政部)不进行评价。

四、关于申请人提出的第2项复议请求,经审查,被申请人(财政部)作出的3号处理决定内容为驳回投诉,因此,该请求事项没有事实依据,不属于《中华人民共和国行政复议法》(以下简称行政复议法)第二十一条规定的情形,本机关不予支持。

五、2017年2月4日被申请人(财政部)收到并受理投诉,2017年3月28日被申请人(财政部)作出3号处理决定不符合《政府采购供应商投诉处理办法》第二十条的规定,作出处理决定期限超过法定期限。

综上,根据行政复议法第二十八条第一款第三项的规定,财政部决定如下:撤销3号处理决定,被申请人(财政部)应当在收到复议决定书后,依法对申请人的投诉重新作出处理。

君和信达公司诉称:1.被诉复议决定适用法律错误。财政部适用价格法及原反不正当竞争法作为认定原告报价属于明显不合理低价,是以民事法律规范推翻行政法规范规定。政府采购活动应以"提高政府采购资金的使用效益"为宗旨,以"低价优质"为原则,区别于一般商业采购行为,不排斥一元报价,应遵循政府采购法的特殊性要求。即便按照原反不正当竞争法的规定,销售积压产品的行为不属于不正当竞争行为;2.被诉复议决定扩大了复议机关的审查范围和审查事项,程序违法。投诉人在投诉程序中仅提出低于成本价进行不正当竞争,并未提出"评审委员会是否采用合理怀疑、合理信赖原则要求供应商对其报价进行书面说明给出合理解释"及"君和信达公司最终报价没有实质性响应招标文件"等投诉请求,

3号处理决定亦未涉及上述两项内容,而被诉复议决定却对上述两项内容进行审查,并以此为由认定君和信达公司报价属于明显不合理低价,并将评标委员会的评标结果予以撤销,属于程序违法。另外,财政部作出被诉复议决定未向君和信达公司转送申请人证据材料及补充意见;3.3号处理决定作出时间虽超过法定期限,但仅属轻微违法,不能以此为由撤销;4.本采购项目正在顺利进行中,以原告君和信达公司的中标价完成一直由同方威视公司单一来源垄断的高报价是一种进步,能够为国家节省大量财政资金。综上,君和信达公司请求依法撤销被诉复议决定。

君和信达公司于举证期限内向本院提交如下证据:1.3号处理决定书,用以证明被告财政部作出3号处理决定;2.参加复议通知书,用以证明君和信达公司收到财政部的复议通知;3.提出答复通知书,用以证明财政部向原告君和信达公司转送投诉书副本;4.投诉书及附件(质疑函、复函、海关进口货物报关单、合同、海关出口货物报关单),用以证明原告君和信达公司收到的投诉书及附件内容;5.原告君和信达公司与俄罗斯托木斯克理工大学签署的战略协议、招标文件(节选)、君和信达公司投标文件中所附《投标分项报价表》和《开标一览表》、君和信达公司与采购人签订的《采购项目合同书》及君和信达公司向采购人发出的《项目情况汇报》、行业参考文献,用以证明君和信达公司就投诉事项进行答复。

财政部辩称:1.被诉复议决定适用法律正确。引用价格法及原反不正当竞争法中的有关原则及原理与政府采购法第一条关于"提高政府采购和资金的使用效益"并不矛盾,"低价优质"原则并不等同于供应商可以采取低价恶性竞争。价格法可以规制政府采购活动中供应商的报价行为,原反不正当竞争法规定的市场交易包括政府采购市场。政府采购法对于低价竞争行为的规范体现在第二十五条及第七十七条第一款第二项有关"供应商采取不正当手段诋毁、排挤其他供应商"的规定。自投诉处理程序、复议程序至君和信达公司起诉,君和信达公司从未否认其存在低价竞争的事实,也未对最终报价的构成明细以及具体依据、合法性、合理性进行过任何正面回应,违反了政府采购法第三条规定的公平公正原则;2.被诉复议决定并未超出审查范围,程序并不违法。同方威视公司投诉的对象之一系君和信达公司中标价格,即认为其存在低于成本价进行不正当商业竞争的行为,3号处理决定的审查对象之一也系君和信达公司的中标价格。被诉复议决定审查内容必然会涉及3号处理决定对君和信达公司中标价格的认定以及对该部分投诉事项的处理,审查对象同样是君和信达公司中标价格。被诉复议决定撤销3号处理决定的理由是认为其对第2项投诉事项的认定事实不清且超期;3.低价竞争构成对政府采购市场的扰乱,不对该行为进行纠正会导致供应商报价恶性竞争,不能认为过低的价格提高了财政资金的使用收益,因为过低价格并不等于质优。综上,请求判决驳回君和信达公司的诉讼请求。

在法定举证期限内,财政部提交了下列证据:1.2017年1月3日同方威视公司质疑函,用以证明同方威视质疑事项;2.2017年1月11日采购人作出的《关于"2016年集装箱检查系统(重新招标)采购项目"中标结果质疑的复函》,用以证明采购人作出质疑答复;3.投诉书及附件,用以证明投诉事项;4.提出答复通知书(财库便函〔2017〕76、77号)及签收单,用以证明3号处理决定的作出程序;5.2017年2月15日财政部国库司收到的君和信达公司提交的相应答复,用以证明相关当事人对投诉事项作出回应;6.2017年2月24日财政部国库司收到的采购人提交的相应答复,用以证明相关当事人对投诉事项作出回应;7.3 号处理决定及向君和信达公司、同方威视公司及采购人送达凭证,用以证明 3 号处理决定作出时间;8. 行政复议申请书及相关材料,用以证明复议申请内容及财政部收到时间;9. 行政复议答复通知书(财复议便函〔2017〕119 号),10. 同方威视公司参加行政复议通知书(财复议便函〔2017〕120、121 号)及邮寄凭证,以上证据用以证明财政部作出复议程序文件;11. 财政部国库司提交的《被申请人答复书》及相关证明材料,用以证明财政部国库司作出复议答复及提供有关证据;12. 君和信达公司提交的相关答复及邮寄凭证,用以证明财政部负责法制工作的机构收到君和信达公司复议答复的时间;13. 2017 年 8 月 3 日财政部负责法制工作的机构收到的同方威视公司提交的补充意见及邮寄凭证,用以证明财政部收到同方威视公司提交的复议补充意见;14. 采购项目中标公告,用以证明中标结果;15. 采购项目招标文件节选(第 3、6、7、12、14、67 页),用以证明投标人最终报价也应提供分项报价;16. 原告君和信达公司投标文件节选(第 3、4、89、333 页),用以证明君和信达公司最终报价没有提供分项报价;17.2017 年 8 月 22 日财政部向原告君和信达公司、同方威视公司以及采购人邮寄送达被诉复议决定邮寄凭证,用以证明被诉复议决定送达程序合法。

同方威视公司述称:被诉复议决定认定事实清楚、适用法律正确、程序合法。1. 有确实、充分的证据证明君和信达公司存在低于成本价投标的事实,君和信达公司未对其以不合理低价投标的行为进行合理性说明,财政部作出认定正确;2. 同方威视公司在质疑及投诉程序中,一直主张有权机关依据相关规定对君和信达公司违法投标行为进行全面审查,故财政部作出被诉复议决定未超过投诉范围;3. 君和信达公司有关其系销售积压产品以及同方威视公司存在垄断行为等主张缺乏事实根据;4. 君和信达公司涉及多项违法犯罪和知识产权侵权,中标成交可能直接导致不良法律后果。综上,请求判决驳回君和信达公司的诉讼请求。

第同方威视公司于举证期限内向本院提交如下证据:1.《2016 年集装箱、车辆检查系统(重新招标)采购项目招标文件(招标编号 HG16GK-A0106-D128)》,用以证明招标文件实质性响应要求内容;2.《中华人民共和国国家标准 GB/T19211—2015 辐射型货物和(或)车辆检查系统》,用以证明车辆/货物检查系统至少应包含辐射源、辐射探测及成像系统、扫描装置和控制系统、成像显示系统、安全联锁装置及辐射防护设施等主要部分;3.《2016 年集装箱、车辆检查系统(重新招标)采购项目中标公告》,用以证明原告涉案投标产品成本合计 4 480 万元,但其实际投标单价为 100 万元;4. 北京知识产权法院〔2017〕京 73 民初 55 号民事案件受理通知书及原告证据材料、〔2017〕京 73 证保 1 号民事裁定书、"证据开示笔录""谈话笔录",用以证明君和信达公司投标产品探测器子系统总 DM 探测器模块及其必需的数据线、电源线的采买价格至少已经达到 107.4 万,高于整套设备的投标价;5. 射线源的一般公允价格的证明,用以证明按照公允的市场价格,涉案车辆检查系统主设备采用的电子感应加速器射线源一项成本价约为 120 万美元,高于整套设备的投标价;6.《2017 年集装箱/车辆检查系统配套设备采购项目第 03 包中标公告及其他分包废标公告》,用以证明海关总署向贝谷采购门式辐射探测系统的采购单价约为 107.2 万元,高于整套设备的投标价;7. 原告君和信达公司同类产品出口马来西亚的证明,用以证明君和信达公司同类产品出口马来西亚的产品单价为 163 万美元,远高于投标价格;8.《陕西省工商行政管理局立案审批表》,用以证明 2017 年 3 月 29 日,陕西省工商行政管理局以君和信达公司生产案涉采购项目产品侵犯同方威视公司技术秘密,违反原反不正当竞争法为由对其立案调查;9. 西安市公安局新城分局《立案告知书》,用以证明 2017 年 4 月 19 日,西安市公安局新城分局对君和信达公司刑事立案;10.〔2017〕京民终 398 号民事判决书,用以证明北京市高级人民法院作出民事判决,认定君和信达公司组织生产案涉竞标产品的行为系侵犯本案同方威视公司商业秘密的侵权行为,并判决君和信达公司法定代表人承担连带赔偿责任;11. 马来西亚吉隆坡高等法院民事判决书,用以证明马来西亚吉隆坡高等法院认定君和信达公司侵犯同方威视公司专利权。

海关总署物资装备采购中心明确表示不参加本案诉讼,亦未向本院提交书面意见及证据。

经质证,关于被告财政部证据,被告财政部认为其提交的证据 16 属于涉及君和信达公司商业秘密的文件,请求不公开予以质证,根据《最高人民法院关于行政诉讼证据若干问题的规定》第三十七条的规定,本院决定对财政部提交的证据 16 不向同方威视公司进行证据交换,亦不在公开开庭时质证,由本院对该证据进行审查。君和信达公司认可被告财政部全部证据的关联性、合法性、真实性,认可证据 2、4 的证明目的,不认可其余证据的证明目的。同方威视公司认可除证据 16 之外其余证据的关联性、合法性、真实性,对证据 16 不发表质证意见;关于君和信达公司证据,财政部认可证据 1—3、证据 4(投诉书及附件中质疑函、复函)、证据 5(招标文件节选、原告投标文件中所附《投标分项报价表》和《开标一览表》)的关联性、合法性、真实性,不同意君和信达公司的证明目的。不认可证据 5 中君和信达公司与俄罗斯托木斯克理工大学签署的战略协议的合法性,不认可其余证据的关联性。同方威视公司对君和信达公司证据的质证意见同财政部;关于同方威视公司的证据,君合信达公司认可证据 1、2 的关联性、合法性、真实性及证明目的。认可证据 3 的关联性、合法性、真实性,不认可证明目的。认可证据 4 的真实性,但不认可证明目的。不认可证据 5 的关联性、合法性、真实性。认可证据 6 的真实性,不认可关联性。认可证据 7 的真实性,不认可证明目的。认可证据 8—11 的真实性,不认可关联性。财政部认可同方威视公司证据 1—3 的关联性、合法性、真实性。不认可证据 4 的关联性。不认可证据 5 的证明目的。不认可证据 6 的关联性。认可证据 7 的证明目的。不认可证据 8—11 的关联性。

经审查,本院对证据认证如下:财政部提交的全部证据,君和信达公司提交的证据 1—4、证据 5(招标文件(节选)、君和信达公司投标文件中所附《投标分项报价表》和《开标一览表》、君和信达公司与采购人签订的《采购项目合同书》)、同方威视公司提交的证据 1、3 形式上符合《最高人民法院关于行政诉讼证据若干问题的规定》中规定的提供证据的要求,内容真实,与本案具有关联性,本院予以采纳。君和信达公司提交的证据 5 中君和信达公司与俄罗斯托木斯克理工大学签署的战略协议不符合证据形式要求,真实性无法确认,本院不予采纳。君和信达公司提交的证据 5 中君和信达公司向采购人发出的《项目情况汇报》、行业参考文献以及同方威视公司提交的除证据 1、3 之外的其余证据与本案被诉复议决定的合法性审查缺乏关联性,本院不予采纳。

经审理查明：2016 年 11 月 19 日，采购人海关总署物资装备采购中心发布"2016 年集装箱、车辆检查系统(重新招标)采购项目"招标公告，其中第 05 包为通过式快速检查系统即涉案招标项目，招标文件主要包括如下内容：第 3 页，"7、投标人其他条件"中"(2)投标人如为代理商，须具有制造商针对所投包主要设备(海关集装箱/车辆检查系统)的授权，相同品牌产品只能是制造商或其授权的唯一代理商参与投标"第 6 页"投标人须知前附表"中"条款 2.2"中"采购预算：……05 包：5 600 万元……"第 6 页"投标人须知前附表"中"条款号 12"对应的"投标报价"栏"5、投标人本次所报投标价格不得超过投标人的市场价(即列表价)，列表价和折扣率须在投标分项报价表中列出"。第 7 页"条款号 24.2"对应的"评标方法"是"综合评分法"。第 12 页，"第二部分投标人须知"中"三、投标文件的编写"中载明"(11)★投标人如为代理商，须具有制造商针对所投包主要设备(海关集装箱/车辆检查系统)的授权，相同品牌产品只能是制造商或其授权的唯一代理商参与投标"。第 12 页第(19)点，"★所投产品的制造商售后服务承诺函(承诺内容包括但不限于：……须加盖公章)"。第 14 页第 12 点"投标报价"中第 12.2 点载明：……如果投标人最后确定为中标候选人，其分项报价表的数量、单价、总价等要素将会在中标结果公告中予以公示。第 67 页招标文件附件三《投标分项报价表》注第 2、3 项规定：如果不提供详细分项报价将视为没有实质性响应招标文件。投标人须在本表中报出详细的主设备、辅助设备、质保期内备品备件及专用工具清单及报价，该清单应是能满足招标文件技术需求的所有货物，一旦中标，由于投标人原因漏报的货物须免费补上以满足本项目技术需求。

2016 年 12 月 12 日，第 05 包采购项目经开标、评标。君和信达公司与同方威视公司均参与了投标。君和信达公司投标文件第 3 页《开标一览表》中载明"货物名称"：通过式快速检查系统；"规格型号"：DVP 速通式货物/车辆检查系统；"数量"：2；"投标总价"：大写，肆仟肆佰捌拾万元整，小写：44 800 000.00；"交货期"：自合同签订起 6 个月；"其他声明：此包产品是我公司精心打造的具有世界一流水平的通过式快速检查系统，已通过海外用户多年使用验证。鉴于首次参与中国海关建设，我公司愿以最大的诚意接受中国海关的检验，故我公司愿以人民币贰佰万元整(2 000 000.00)作为最终投标报价"。第 4 页《投标分项报价表》中第 7 项"技术支持与售后服务"对应的"原产地和制造商名称"载明"中国君和信达"。第 4 页《投标分项报价表》对相关货物从列表价、折扣率、单价、合价等方面进行了分项报价，总价为 44 800 000 元。第 4 页《投标分项报价表》中并未对贰佰万元整(￥2 000 000.00)的最终投标报价做分项报价。第 89 页提供了《制造商委托代理投标授权书》，出具授权书的制造厂家名称为西安优派公司。第 333 页提供了《售后服务承诺函》制造商名称为西安优派公司，并加盖了公章。

2016 年 12 月 30 日，海关总署物资装备采购中心发布中标公告，君和信达公司中标。采购项目中标公告中公示的"技术支持与售后服务"对应的"原产地和制造商名称"载明："中国君和信达"。

2017 年 1 月 3 日，海关总署物资装备采购中心收到同方威视公司提出的质疑，质疑事项为：1. 中标供应商投标文件提供的售后服务不符合招标文件实质要求。具体为：第 05 包采购项目中标货物明细信息中，第 1 项"主设备"的"原产地和制造商名称"为"中国西安优派",第7项"技术支持与售后服务"的"原产地和制造商名称"为"中国君和信达"。该项不符合招标文件第二部分第三章第二类第(19)项"★所投产品的制造商售后服务承诺函"及招标文件第24.3条的规定。2. 中标供应商以低于成本价进行不正当商业竞争。

2017年1月11日,海关总署物资装备采购中心作出《关于"2016年集装箱检查系统(重新招标)采购项目"中标结果质疑的复函》,答复同方威视公司:2. 关于中标供应商的售后服务应答问题已在第"一"点中答复,中标供应商在投标文件中已按招标文件要求提供了中标产品制造商的售后服务承诺函。关于君和信达公司以低于成本价进行不正当商业竞争的问题,已经在上次的回复意见中答复过,本次质疑,同方威视公司未提供新的证据,因此采购人仍无法依据本次质疑函中提供的材料认定君和信达公司此次投标属于"低于成本价投标"。

2017年2月4日,财政部收到并受理了同方威视公司提出的投诉,投诉事项为:1. 根据中标公告,中标货物的制造商为"中国西安优派",售后服务的制造商为"中国君和信达",不符合招标文件中要求提供"★所投产品的制造商售后服务承诺函"的实质性要求。根据招标文件"第二部分投标人须知"中"三、投标文件的编写"中"10. 投标文件的组成"中"第二类:商务及资格证明文件"第(19)项和第24.3条第(7)项规定的内容,以及中标公告第05包的中标货物明细信息中,第1项"主设备"的"原产地和制造商名称"为"中国西安优派",第7项"技术支持与售后服务"的"原产地和制造商名称"为"中国君和信达"。根据前述24.3条的规定,中标供应商投标文件不满足招标文件中的实质性条款,应当作为无效投标处理。2. 中标供应商以低于成本价进行不正当商业竞争。根据中标公告,中标供应商中标价格为200万元2套,即每套设备中标价为100万元。通过式快速检查系统至少应包括射线源、探测器系统、屏蔽装置、电控系统与计算机等设备,其中Betatron电子感应加速器射线源的进口价格为15万美元左右,按照6.9的汇率计算,折合人民币100万元左右,进口环节还要缴纳关税(4%)和增值税(17%),仅此射线源一项的成本就要120万元左右,故中标供应商所报的100万元设备单价明显低于成本价。另外据了解,中标供应商2012年出口马来西亚的通过式快递检查系统的海关报关价格为每台128万美元。第三人同方威视公司提供的附件1、附件2、附件3足以证明中标供应商所报每套设备100万元的报价明确低于成本价。根据原反不正当竞争法第十一条规定,低于成本报价的实质是供应商为了霸占市场,滥用竞争手段,故意暂时将某类商品的价格压低到成本以下抛售,以此手段搞垮竞争对手,这种行为的受害者首先是参与政府采购竞争的其他供应商。综上,同方威视公司的投诉请求为:1. 请求决定第05包采购项目全部或者部分采购行为违法,责令重新开展采购活动。2. 请求对中标供应商采取不正当手段排挤其他供应商的行为予以行政处罚。

2017年2月8日,财政部国库司分别向君和信达公司和采购人印发《提出答复通知书》(财库便函〔2017〕76号、77号),将投诉书副本转出,并要求其就投诉事项和有关情况提交书面说明,提交相关证据依据。

2017年2月13日,君和信达公司作出《投诉答复书》,答复称:1. 关于第1项投诉事项,此次投标,西安优派公司作为产品制造商向君和信达公司出具了授权,委托其作为代理商代为参与投标,君和信达公司作为代理商参与投标的行为符合招标文件的规定,且其在投标文件中已经提交了制造商西安优派公司出具的《售后服务承诺函》,满足招标文件的实质性要求,不存在同方威视公司所投诉的未实质性响应的情形。2. 关于第 2 项投诉事项。(1)同方威视公司所列举的有关加速器采购成本的证据是其控股子公司向丹东市某公司的采购凭证。而丹东该公司并不是该产品的生产厂家,其只是向俄罗斯托木斯克理工大学(即生产商)进行采购的诸多中国采购商之一,其采购凭证上的价格并不能用来核定君和信达公司的采购价格。(2)2014 年初,君和信达公司与俄罗斯托木斯克理工大学成立了俄中辐射防护与控制联合实验室,在此之前已有数年的良好合作的基础。联合实验室的目的在于联合开发电磁感应加速器的尖端技术以及联合在全球领域的市场推广。近几年来,双方针对该联合实验室已累计有数百万美元的投入。为开拓中国乃至全球市场,俄方承诺将对第一批中标项目的电磁感应加速器给以最大优惠作为支持,这也是君和信达公司采购价格低于丹东市某公司销售价格的重要原因。(3)同方威视公司列举了中标供应商 2012 年出口马来西亚的速通式检查系统报关价格,但该项目与本采购项目在历史背景、地域条件、技术要求、商务条件等诸多方面皆有本质性区别。同方威视公司在对上述马来西亚项目缺乏全面、有效理解的情况下,简单将两项目进行价格比对并据此指控君和信达公司低于成本价进行竞争的投诉事项缺乏事实依据和法律依据。(4)同方威视公司在海关行业采购项目中以单一来源采购方式垄断近二十年,其他厂家没有海关供货先例,也不可能提前形成销售服务网络,且在没有中标的情况下不可能提前生产出有特殊定制需求的产品,君和信达公司生产的相关产品是自主研发的新产品,第一次在国内实现销售,为了保障用户利益,进行合理报价。(5)同方威视公司此前近二十年单一来源采购的价格均在 2 800 万元人民币/台上下,其本次第 05 包采购项目投标报价为 450 万元人民币/台,仅为常年单一来源签约价的 16%,如其成本高于本次报价,则其本次报价确属低价竞争以达到排挤其他竞争对手、维持其在行业垄断地位的目的。

2017 年 2 月 21 日,海关总署物资装备采购中心作出《海关总署物资装备采购人关于〈2016 年集装箱/车辆检查系统采购项目〉招标情况说明》,其对招标过程进行了说明,对于与本案有关的投诉事项,海关总署物资装备采购中心称:1. 中标供应商在 01、05 包的投标文件已按招标文件要求提供了中标产品制造商西安优派公司的售后服务承诺函,虽然在分项报价表中标注有误,但此作为废标依据的理由不够充分,应当以其所附的正式承诺函为准。2. 由于受各企业进货渠道、经营状况、人员构成等因素的影响,其成本高低也不尽相同,海关总署物资装备采购中心认为依据投诉书中提供的材料不足以认定君和信达公司第 05 包采购项目属于"低于成本价进行不正当商业竞争"的行为。

2017 年 3 月 28 日,财政部作出 3 号处理决定,认为:1. 关于投诉事项 1,经审查,君和信达公司提交的投标文件中"售后服务承诺函"落款处"制造商名称"为"西安优派电子科技技术有限公司",并盖有西安优派公司公章,符合招标文件关于提供产品制造商售后服务承诺函的实质性要求,该投诉事项缺乏事实依据。2. 关于投诉事项 2,经审查,君和信达公司与生产商成立联合实验室,其承诺对第一批中标项目的电磁感应加速器给予最大优惠价格,评标委员会认为中标供应商投标报价满足招标文件要求,未发现评标委员会评审过程存在违法违规行为,同方威视公司以君和信达公司 2012 年出口马来西亚的海关报关价及其测算的货物价格为由,认为君和信达公司低于成本价进行不正当竞争,缺乏事实依据。据此,财政部决定:根据《政府采购供应商投诉处理办法》第十七条第二项规定,投诉事项1、2缺乏事实依据,驳回投诉。

2017年4月18日、24日、26日财政部分别将投诉处理决定送达各方当事人。2017年6月21日,财政部负责法制工作的机构收到并受理了同方威视公司的行政复议申请。6月28日,君和信达公司收到财政部发出的第三人参加行政复议通知书,通知其作为第三人参加行政复议程序,并将行政复议申请书及有关证据材料转交君和信达公司。7月4日,君和信达公司法定代表人孙晓明签收。7月11日,君和信达公司提出行政复议答复书。在答复书第1页中有如下记载"……同方威视在行政复议期间提供的关于我公司低于成本价投标的证据材料,其在投诉程序中均未提供,已过投诉期限的实效规定,该等证据不能作为复议机关进行复议审查的依据……"7月31日,同方威视公司又向财政部提交了行政复议补充意见。8月18日,财政部作出被诉复议决定。8月22日,向复议各方当事人寄出,8月23日,各方当事人签收。君和信达公司不服,于2017年9月1日诉至本院。

本院认为:鉴于君和信达公司及同方威视公司均对被诉复议决定第一、三、四理由部分不持异议,本院经审查,被诉复议决定的上述认定正确,本院予以支持。

结合各方当事人的诉辩主张,本案的焦点问题有:一、被诉复议决定是否超过复议审查范围;二、被诉复议决定认定君和信达公司最终投标报价行为属于以明显不合理低价进行不正当竞争的行为是否具有事实依据;三、被诉复议决定认告君和信达公司未对最终投标报价进行分项报价属于未实质性响应招标文件要求是否正确;四、被诉复议决定行政程序是否合法。

(一)关于焦点问题一

根据政府采购法第五十六条的规定,政府采购监督管理部门应当对投诉事项作出处理决定。因此,投诉事项的范围决定了3号处理决定的范围,进而也就决定了被诉复议决定所得审查的范围。同方威视公司所投诉事项之一为君和信达公司的报价行为系低于成本价进行不正当商业竞争,被诉复议决定关于君合信达公司最终投标报价明显不合理以及最终投标报价无分项报价构成未实质响应招标文件要求的认定,并未超出投诉事项的基础事实范围,因此也就不存在超越审查范围的问题。对君和信达公司有关被诉复议决定超出复议审查范围的主张,本院不予支持。

(二)关于焦点问题二

被诉复议决定以报价是否明显低于合理价格作为认定是否构成无效投标的事由,具有法律依据。但在本案中,财政部仅以采购项目预算价与君和信达公司的最终投标报价进行对比,认定君和信达公司的最终投标报价属于明显不合理低价事实依据不足。主要理由如下:

1.将明显低于合理价格作为认定不正当投标行为的一种情形,具有法律依据。政府采购法第三条规定,政府采购应当遵循公开透明原则、公平竞争原则、公正原则和诚实信用原则。上述规定是规范政府采购活动的基本原则,因此,以不正当竞争的方式投标违反了政府采购法所规定的公平竞争原则,应当予以规制。至于是否构成不正当竞争,并不以低于成本价为限,如果确有证据证明投标价格低于合理价格的,也同样违反政府采购法所规定的公平竞争原则。本案中,被诉复议决定并未认定君和信达公司的投标价低于成本价,而是认定其最终投标价格低于合理价格,本院认为,根据政府采购法第三条的规定,将低于合理价格作为一种不正当投标行为,具有法律依据。同时应当说明,成本价需以确认成本为前提,而合理价不等于成本价。被诉复议决定并未确认君和信达公司投标产品的成本,亦未认定君和信达公司的报价低于成本价,故君和信达公司的报价是否低于成本价,不属于本案审查范围。

不仅如此,《政府采购货物和服务招标投标管理办法》(财政部令第18号)第五十四条第四款第1项也规定,采用最低评标价法的,按投标报价由低到高顺序排列。投标报价相同的,按技术指标优劣顺序排列。评标委员会认为,排在前面的中标候选供应商的最低投标价或者某些分项报价明显不合理或者低于成本,有可能影响商品质量和不能诚信履约的,应当要求其在规定的期限内提供书面文件予以解释说明,并提交相关证明材料;否则,评标委员会可以取消该投标人的中标候选资格,按顺序由排在后面的中标候选供应商递补,以此类推。该规定虽然直接针对的是最低评标价法,而本案采取的是综合评分法,但由于报价因素在综合评分法中所占权重较大,因此对于投标价明显不合理的,同样也可以取消该投标人的中标候选资格。因此,被诉复议决定以报价是否低于合理价格作为审查的基础,具有法律依据。

2. 被诉复议决定对合理价格的认定标准不当,事实依据不充分。由于政府采购的投标供应商之间是一种市场竞争关系,因此对于某一个供应商投标价格是否合理的判断,会对市场竞争关系造成影响。在产业形态日益多元化,行业特点日趋复杂的背景下,合理价格的判断标准本身也应当合理和明确,否则就可能对正常的市场竞争造成损害。尤其是在被诉复议决定否定评标委员会的认定结论的情况下,其更应当具有充分的事实依据。

关于商品或者服务的合理价格,政府采购法、价格法以及原反不正当竞争法均未作出明确的规定,但政府采购的相关法律规定中对此已经有所规定,可以作为判断合理价格的重要参考。参照《政府采购货物和服务招标投标管理办法》(财政部令第18号)第五十四条第四款第1项的规定,以明显低于合理价格取消中标候选资格的条件之一,是报价明显不合理并"有可能影响商品质量和不能诚信履约"。对于评标委员会或者政府采购主管机关而言,判断是否可能影响商品质量和不能诚信履约,仍然需要更为明确和可操作的判断标准。

以市场价格或者采购项目的预算价作为判断合理价格的标准,既缺乏明确的依据,也缺乏合理性。由于市场价格是编制采购项目预算的最重要参考指标之一,故就判断明显低于合理价格的标准而言,采购预算价和市场价格并无根本性的差别。

政府采购法第六条规定,"政府采购应当严格按照批准的预算执行"。上述规定的目的在于为政府采购金额设定上限,以保障政府财政资金的有效利用,避免浪费和不当使用。因此以市场价格作为主要参考指标的采购项目预算价,是政府采购报价的上限标准,但并非下限标准,此立法目的在政府采购法第三十六条第一款第三项的规定中亦有所体现。由于政府采购是在一定范围的投标供应商之间,基于特定政府采购项目所产生的竞争,并非是一种完全的市场竞争,因此政府采购活动中的报价与一般市场价格的形成机制存在较大差别。即使政府采购中的投标报价明显低于市场价格或者项目预算价格,也未必会"影响商品质量和不能诚信履约"。仅以市场价格或者项目预算价格作为判断政府采购报价是否明显低于合理价格的标准,既缺乏法律上的相关依据,也不符合市场规律。

由于政府采购活动中的竞争,是一定范围内的供应商之间针对特定采购项目所产生的竞争,因此从供应商之间公平竞争的角度,以"是否明显低于其他通过符合性审查投标人的报价"作为判断标准,更能够合理地反映政府采购活动中的报价公平性,也更符合市场规律。并且,现行有效的《政府采购货物和服务招标投标管理办法》(财政部令第 87 号)第六十条明确规定了合理价格的判断标准,即是"报价明显低于其他通过符合性审查投标人的报价"。虽然上述办法并不直接适用于本案,但合理价格的判断既是法律问题也是专业问题,上述规定中关于合理价格的判断标准,仍然可以作为重要的参照依据,用以说明被诉复议决定仅以君和信达公司的最终投标报价明显低于采购项目预算价为由,径行认定其报价明显低于合理价格,既缺乏明确的依据也不具有合理性。

3. 至于供应商的投标预算,是为确定最终投标报价提供基础,其并不具有法律上的约束力。供应商如何处理投标预算与最终投标报价之间的关系,是供应商自己的投标策略问题。判断最终投标报价是否明显低于合理价格的标准,在于其是否"明显低于其他通过符合性审查投标人的报价",并是否可能因此"影响商品质量和不能诚信履约",而不在于其是否低于投标人自己的投标预算价。被诉复议决定以君和信达公司的最终投标报价明显低于采购项目预算价和原告君和信达公司自己的投标预算价为由,认定其最终投标报价明显低于合理价格缺乏充分的事实依据。

综上,由于被诉复议决定判定合理价格的标准不具有充分的依据和事实基础,因此被诉复议决定针对上述问题所作出的认定,构成事实不清、主要证据不足。至于君和信达公司能否针对被诉复议决定所设定的标准说明其最终投标报价的形成机制,并不影响对被诉复议决定违法性的认定结论。

(三)关于焦点问题三

君和信达公司在其《分项报价表》中已经进行了分项报价,实质响应了招标文件的要求,并在《开标一览表》中作出声明,其最终投标报价是对投标预算报价的统一折扣价格。招标文件并未要求在最终投标报价与分项报价表的报价不一致时,还需要再针对最终投标报价提供分项报价。故被诉复议决定认为君和信达公司的统一折扣价格还要再进行分项报价,缺乏招标文件的依据。同时,要求君和信达公司对统一折扣价提供分项报价也不具有合理性。被诉复议决定针对上述问题所作出的认定,亦构成事实不清。君和信达公司对被诉复议决定上述认定所提出的诉讼理由成立,本院亦予支持。

(四)关于焦点问题四

君和信达公司主张被告财政部未向其送达复议申请证据材料及同方威视公司补充意见属于程序违法。对此本院认为,鉴于君和信达公司在其复议答复书中已经明确对同方威视公司的复议证据材料发表了意见,故其主张被告财政部未向其送达复议申请证据材料的主张缺乏事实根据。另外,根据行政复议法第二十二条之规定,行政复议原则上采取书面审查的办法。财政部并不具有向君和信达公司转送同方威视公司复议补充意见的法定义务。君和信达公司的该项主张缺乏法律依据,本院不予支持。

另经审查,被诉复议决定第五部分认定正确,本院予以支持。

综上所述,被诉复议决定第二部分认定依据不足,其以此为由撤销3号处理决定有误,本院予以纠正。依照《中华人民共和国行政诉讼法》第七十条第一项之规定,判决如下:

一、撤销被告中华人民共和国财政部于二〇一七年八月十八日作出的财复议〔2017〕131号行政复议决定;

二、被告中华人民共和国财政部于法定期限内对第三人同方威视技术股份有限公司提出的行政复议申请重新作出决定。

案件受理费50元,由被告中华人民共和国财政部负担(于本判决生效后七日内交纳)。

如不服本判决,可于收到判决书之日起十五日内向本院递交上诉状,并按对方当事人人数提出副本,上诉于北京市高级人民法院。

审　判　长　龙　非

审　判　员　魏浩铎

代理审判员　李　茜

二〇一八年三月一日

法官助理　尹　粤

书　记　员　郎莉萍

32 衢州市江川水力自控翻板闸门有限公司 与浙江省乐清市财政局 政府采购(招投标)投诉处理决定案

【案件提要】

本案是对采购结果的投诉处理决定而提起行政诉讼的案例。涉案采购项目进行公开招标,经投标、开标和评标后,确定蓝翔公司为中标供应商。江川公司认为中标供应商没有所投产品的专业能力,不具有所投产品的业绩工程案例,提供的业绩合同不符合招标文件业绩评分要求,提出质疑和投诉。财政部门经调查认为投诉缺乏事实依据,决定驳回投诉。江川公司提起本案诉讼。法院经审理认为,江川公司并未就该项投诉事项提出质疑,其该投诉事项显然已超出质疑事项的范围,故其投诉事项没有依据。对此,财政部门未予指出不当,但不影响对投诉处理的结果,故予纠正。根据财政部门提供其调查的中标供应商的全国工业产品生产许可证、实用新型专利证书等证据,可以认定中标供应商具有中标产品的专业能力,符合招标文件规定的投标供应商资格条件。根据财政部门提供其调查的中标供应商签订的相应合同、中标通知书、验收报告等资料,以及评审小组的评审材料、评标委员会成员配合政府采购投诉处理会议纪要等证据,可以证明中标供应商的业绩情况,因此,财政部门作出涉诉处理决定书,认定事实清楚,适用法律正确,处理程序合法,判决予以维持。

【判决正文】

浙江省温州市中级人民法院
行政判决书

〔2018〕浙 03 行终 546 号

上诉人(一审原告)衢州市江川水力自控翻板闸门有限公司,住所地(略)。
法定代表人宋某。
委托代理人张某。
委托代理人曾某。
被上诉人(一审被告)乐清市财政局,住所地(略)。
法定代表人廖某。
委托代理人黄某。

委托代理人陈某。

被上诉人(一审第三人)乐清市水利建设投资有限公司,住所地(略)。

法定代表人万某。

委托代理人施某、张某。

被上诉人(一审第三人)乐清市公共资源交易中心,住所地(略)。

法定代表人李某。

委托代理人黄某。

上诉人衢州市江川水力自控翻板闸门有限公司(以下简称江川公司)因诉被上诉人乐清市财政局政府采购投诉处理决定一案,不服浙江省乐清市人民法院〔2018〕浙0382行初63号行政判决,向本院提起上诉。本院于2018年10月10日立案受理后,依法组成合议庭,于2018年11月27日组织当事人进行了询问。江川公司的委托代理人张某、曾某,乐清市财政局的委托代理人黄某、陈某,乐清市水利建设投资有限公司(以下简称水利公司)的委托代理人施某,乐清市公共资源交易中心(以下简称乐清交易中心)的委托代理人黄某到庭参加询问。因案情复杂,经浙江省高级人民法院批准,本案审理期限延长至2019年4月10日。本案现已审理终结。

2018年3月9日,乐清市财政局作出乐财执法〔2018〕85号《行政处理决定书》,认定江川公司对乐清市大荆溪防洪一期工程闸门采购及安装项目(采购编号:CG201712A03)的投诉,缺乏事实依据,根据《中华人民共和国政府采购法》第五十六条和《政府采购供应商投诉处理办法》(财政部第20号令)第十七条第二项的规定,决定驳回投诉。

一审判决认定:2017年12月14日,乐清交易中心作为采购机构受采购人水利公司的委托,为采购组织类型为政府集中采购、采购方式为公开招标、招标项目编号为CG201712A03的乐清市大荆溪防洪一期工程闸门采购及安装项目发布招标公告,并分别于2017年12月18日、22日、25日发布招标文件的更正公告。2018年1月11日开标。同月12日发布中标结果公示,中标供应商为扬州蓝翔机电工程有限公司。同日,江川公司作为投标供应商向水利公司、乐清交易中心提交《质疑函》,认为:1.经江川公司了解中标供应商没有所投(液压)翻板闸门的专业能力,不具有所投(液压)翻板闸门的业绩工程案例,质疑中标供应商提供的业绩合同不符合招标文件业绩评分要求;2.请求采购人对中标供应商进行业绩符合性审查。水利公司、乐清交易中心于同月19日,向江川公司作出《质疑回复函》,认为:本项目评标委员会成员由采购人代表及评审专家库中随机抽取的专家组成,开、评标过程中由政府采购监督管理部门全程参与监督。在评标过程中,评标委员会根据招标文件规定的评审办法对所有投标人的文件进行综合比较、独立评审,关于江川公司提出中标供应商没有所投(液压)翻板闸门的专业能力,不具有所投(液压)翻板闸门的业绩工程案例的疑问。经核实,招标文件中规定"本项目采购范围内的产品若供应商自己没有资格生产的允许外购"。在评审过程中,评标委员会已对各投标供应商所提供的业绩进行统一讨论、认定,并根据认定情况进行评分。综上,本项目采购过程公开透明、程序合法。江川公司于同月22日收到该《质疑回复函》后不满意,于同月23日向乐清市财政局提起投诉。经江川公司补正材料,乐清市财政局于同月29日受理该投诉。江川公司投诉事项:1.预选中标人与评标委员会的组成人员存在利害关系;2.预选中标人没有所投(液压)翻板闸门的专业能力;3.既然无(液压)翻板闸门生产能力,那必然无法提供相应的业绩。同月31日,乐清市财政局向水利公司、乐清交易中心及预中标供应商扬州蓝翔机电工程有限公司(以下简称蓝翔公司)送达投诉书副本,向乐清交易中心送达《调查举证通知书》。2018年2月5日,乐清交易中心向被告提交相关证据材料;水利公司向乐清市财政局提交《答辩意见书》。同月11日,中标人蓝翔公司向乐清市财政局提交《回复函》。乐清市财政局经审查,于2018年3月9日作出乐财执法〔2018〕85号《行政处理决定书》,认为:1.江川公司对中标结果不满于1月12日提出质疑,水利公司和乐清交易中心于1月19日作出书面答复,表明本项目公开透明、程序合法,驳回了江川公司的质疑事项。2.江川公司认为中标单位2015年在平湖市中标的农村圩区工程设备项目监理单位为浙江广川工程咨询有限公司,而本次评审委员会中的业主代表陈建伟是浙江广川工程咨询有限公司人员,存在利害关系,影响本次评标公平。但经审查,该业主代表为采购单位依法派遣参加评审,并不存在《中华人民共和国政府采购法实施条例》第九条所述的应当回避情形,江川公司也没有提供有效证据说明应当回避。江川公司关于预选中标人与评标委员会的组成人员存在利害关系的投诉,缺乏事实和法律依据。3.经对评审报告资料的审查,中标人蓝翔公司通过资格审查,符合采购响应资格。对于江川公司经自行了解到中标供应商没有所投(液压)翻板闸门的专业能力,江川公司并未提供有关有效证据,是江川公司的主观推断。江川公司以水利公司、乐清交易中心的质疑回复"招标文件中规定本项采购范围内的产品若供应商自己没有资格生产的允许外购"的内容来推断中标人没有液压翻板闸门生产能力,是毫无依据的推断。4.经审查,中标供应商扬州蓝翔机电工程有限公司的投标文件提交了业绩材料,经对合同原件核对,没有发现提供虚假材料谋取中标的情况。经审核,评标委员会的评审没有违反招标文件的评审要求。5.财政部门邀请本项目原评标委员会成员配合财政部门做好投诉处理工作。评审专家认为,根据中标供应商的招标文件资料均能说明该公司具有(液压)翻板闸门的综合生产能力,中标供应商也符合中标文件所要求的供应商资质条件。评审专家认为业绩评分是根据投标供应商投标文件中能够反映翻板闸门制造及相应项目完成的验收报告等资料来判定是否符合招标文件业绩得分要求。中标供应商蓝翔公司的业绩得分是根据招标文件的评分标准评出的,并无过错。综上,乐清市财政局认为江川公司对乐清市大荆溪防洪一期工程闸门采购及安装项目(采购编号:CG201712A03)的投诉缺乏事实依据及充分证据证明。根据《中华人民共和国政府采购法》第五十六条和《政府采购供应商投诉处理办法》(财政部第20号令)第十七条第(二)项的规定,决定驳回投诉。江川公司不服,提起本案诉讼。另,中标供应商蓝翔公司于2016年6月22日取得证书编号为XK07-001-00345的全国工业产品生产许可证,许可生产产品名称水工金属结构,产品明细含闸门,有效期至2018年3月20日;于2013年7月17日取得证书编号为SXK55-013-2013的、于2015年1月20日分别取得证书编号为SXK55-015-2015、SXK55-016-2015的水利工程启闭机使用许可证,许可其生产中型液压式、固定卷扬式、螺杆式启闭机,有效期分别至2018年7月16日和2020年1月19日;于2012年6月6日取得专利号为ZL20112035×××.6的液控翻转钢坝闸门、于2012年4月25日取得专利号为ZL20112028×××.5的整体式液压启闭机实用新型专利。2014年5月20日,蓝翔公司作为卖受人与买受人巴彦淖尔市奥隆工程建设有限公司签订关于包头市大庙沟青大线南力德汽车产业项目园区段河道整治工程中钢坝闸门及控制系统设备采购合同;2015年4月,蓝翔公司中标平湖市有利、徐家埭横塘港及高新三个农村圩区工程启闭机及钢闸门制造标,并作为卖方与买方平湖市林埭镇农技水利服务中心、平湖市林埭农业综合开发有限公司、平湖市广陈镇农技水利服务中民心分别签订平湖市林埭镇有利圩区、林埭镇横塘港圩区、广陈镇高新圩区工程启闭机及钢闸门制造标合同协议书。

一审判决认为:根据《中华人民共和国政府采购法》第十三条第一款、第五十五条和《政府采购供应商投诉处理办法》第三条、第七条的规定,江川公司对水利公司、乐清交易中心的质疑回复不满意,可以向乐清市财政局提起投诉,乐清市财政局具有对投诉事项作出处理的法定职责。本案争议的焦点是乐清市财政局作出涉诉《行政处理决定书》是否具备事实与法律依据,即江川公司的三项投诉事项是否有事实与法律依据。关于江川公司投诉事项1"预选中标人与评标委员会的组成人员存在利害关系"的问题。《中华人民共和国政府采购法实施条例》第五十五条规定:"供应商质疑、投诉应当有明确的请求和必要的证明材料。供应商投诉的事项不得超出已质疑事项的范围。"本案中,江川公司所提交的《质疑函》并未就该项投诉事项提出质疑,其该投诉事项显然已超出质疑事项的范围,故江川公司提出该项投诉事项没有依据。对此,乐清市财政局未予指出不当,但不影响其对江川公司投诉处理的结果,故予以纠正。关于江川公司投诉事项2"预选中标人没有所投(液压)翻板闸门的专业能力"的问题。该问题的实质是中标供应商蓝翔公司是否为合格的投标供应商。《中华人民共和国政府采购法》第二十二条规定,"供应商参加政府采购活动应当具备下列条件:(一)具有独立承担民事责任的能力;(二)具有良好的商业信誉和健全的财务会计制度;(三)具有履行合同所必需的设备和专业技术能力;(四)有依法缴纳税收和社会保障资金的良好记录;(五)参加政府采购活动前三年内,在经营活动中没有重大违法记录;(六)法律、行政法规规定的其他条件。采购人可以根据采购项目的特殊要求,规定供应商的特定条件,但不得以不合理的条件对供应商实行差别待遇或者歧视待遇。"《中华人民共和国政府采购法实施条例》第十七条规定:"参加政府采购活动的供应商应当具备《中华人民共和国政府采购法》第二十二条第一款规定的条件,提供下列材料:(一)法人或者其他组织的营业执照等证明文件,自然人的身份证明;(二)财务状况报告,依法缴纳税收和社会保障资金的相关材料;(三)具备履行合同所必需的设备和专业技术能力的证明材料;(四)参加政府采购活动前三年内在经营活动中没有重大违法记录的书面声明;(五)具备法律、行政法规规定的其他条件的证明材料。采购项目有特殊要求的,供应商还应当提供其符合特殊要求的证明材料或者情况说明。"本案中,根据招标文件投标供应商特定资格条件证明:投标供应商须为闸门制造商。根据乐清市财政局提供的中标供应商蓝翔公司所取得的全国工业产品生产许可证、实用新型专利证书等证据,可以认定其应具有生产闸门及液压式启闭机的专业能力,因此符合招标文件规定的投标供应商资格条件,江川公司该项投诉依据不足,不予支持。关于江川公司投诉事项3"既然无(液压)翻板闸门生产能力,那必然无法提供相应的业绩"的问题。根据乐清市财政局提供的中标供应商蓝翔公司所签订的相应合同、中标通知书、验收报告等资料,以及评审小组的评审材料、评标委员会成员配合政府采购投诉处理会议纪要,可以证明中标供应商蓝翔公司的业绩情况，江川公司投诉称中标供应商"既然无（液压）翻板闸门生产能力，那必然无法提供相应的业绩"没有依据，不予支持。乐清市财政局于2018年1月29日受理江川公司投诉，同月31日水利公司、乐清交易中心及中标供应商蓝翔公司送达投诉书副本，经审查，于2018年3月9日根据《中华人民共和国政府采购法》第五十六条和《政府采购供应商投诉处理办法》第十七条第（二）项的规定作出乐财执法〔2018〕85号《行政处理决定书》，并送达相关当事人，程序正当。综上，乐清市财政局作出涉诉《行政处理决定书》，认定事实清楚，适用法律正确，处理程序合法。江川公司诉讼请求无事实与法律依据，不予支持。依照《中华人民共和国行政诉讼法》第六十九条的规定，判决驳回江川公司要求撤销乐清市财政局作出的乐财执法〔2018〕85号《行政处理决定书》并重作的诉讼请求。

江川公司上诉称：一、一审法院模糊投诉事项与行政处理决定书的内容，一审的诉讼请求是请求撤销被诉行政处理决定书，而不是江川公司的投诉内容，因此一审依法应审查被诉处理决定是否存在法律与事实依据，而不是审查投诉事项超过质疑范围。况且在提出质疑时，评标委员会成员名单并未公布，无法提出质疑。二、招标文件要求投标供应商的资格需为钢制水力（液压）翻板闸门生产商，但一审法院却简单地仅根据中标供应商提供的许可证和专利证书等证据，将钢制水力（液压）翻板闸门理解为生产闸门和液压启闭机的生产能力，显然错误。确定闸门的类型必须遵从招标文件的内容，招标文件第二部分对采购产品名称、技术参数等已经做了明确界定，采购的产品必须为钢制水力自控（液压）翻板闸门。三、招标文件对投标供应商的业绩要求也是钢制水力自控（液压）翻板闸门的业绩要求，中标供应商提供的材料并不能证明其具有钢制水力自控（液压）翻板闸门的生产能力及相应业绩。且江川公司有充分理由和证据证明中标人与评标委员会的组成人员存在利害关系。综上，请求撤销原判，并依法改判撤销乐财执法〔2018〕85号《行政处理决定书》。

乐清市财政局答辩称：一、一审法院并未模糊投诉事项与行政处理决定书的内容。一审法院的审查对象为被诉处理决定是否合法。根据采购法实施条例第五十五条的规定，供应商投诉事项不得超出已质疑的事项范围，质疑是投诉的前置程序，未经质疑的事项不能直接向财政部门投诉。一审法院在审查投诉处理决定是否合法时对其处理中的不当予以纠正是正确的。二、招标文件从未要求投标供应商的资格条件为钢制水力（液压）翻板闸门生产商，江川公司混淆视听。招标文件上列明的产品是翻板闸门、工作闸门、检修闸门等，设计原理上注明了翻板闸门的要求及闸门启闭机的要求；招标文件对供应商特定资格条件则是要求为闸门制造商；本案中标供应商的生产许可证、专利证书等可以认定其具有生产闸门及液压式启闭机的专业能力。江川公司对于中标供应商的资格、能力投诉依据不足。三、江川公司仅凭主观臆断供应商没有相关的业绩能力，但未提供有效的证据加以证明或者反驳供应商提供的业绩材料，一审法院不予采纳江川公司观点正确。请求二审法院驳回上诉维持原判。

水利公司答辩称：一、原判认定事实清楚，证据充分，适用法律正确，应予维持。程序方面，乐清市财政局作出被诉决定不存在违反法律法规及程序性规定的情形；事实方面，乐清市财政局已举证证明作出决定的事实依据，并围绕江川公司的投诉意见开展调查取证，在江川公司没有任何实质证据情况下驳回投诉，一审时江川公司也没有提交事实证据，一审法院判决驳回诉求,应当予以维持。二、上诉缺乏事实和法律依据。1. 对涉案行政处理决定进行司法审查,必然包括作出决定的程序是否合法合规。采购法实施条例明确投诉事项不得超出质疑范围,这明确了对投诉事项处理的程序性规定,江川公司的第一点上诉理由不应当作为撤销原判的依据。2. 江川公司至今没有实质证据证明中标人不具备江川公司投诉所称的翻板闸门的专业能力,水利公司等的举证已证明了中标人拥有全国工业产品生产许可证、相关实用新型专利证书,且招标文件明确资格条件为闸门制造商。翻板闸门属于闸门范畴,中标人也有液压式启闭机的专业能力。3. 江川公司没有证据证明业绩合同材料存在伪造的情形,其主张不应支持,专业评审委员会意见应当予以尊重。4. 江川公司没有证据证明评委会人员存在违反招投标法的行为。综上,请求二审法院驳回上诉维持原判。

交易中心答辩称:认同乐清市财政局及水利公司的答辩意见。江川公司投诉事项缺乏事实、法律依据,且至今没有提供实质证据证明中标人不具备生产翻板闸门的专业能力,因此投诉不应支持。乐清市财政局作出的决定程序、内容合法,一审判决认定事实清楚,适用法律正确,程序合法,应当予以维持。

各方当事人在一审诉讼期间提供的证据均已经庭审质证并随案移送本院。二审期间,江川公司提供了三张闸门照片,以证明施工现场的闸门不符合招标文件要求。乐清市财政局、水利公司、乐清交易中心对这一证据的真实性、合法性及关联性均提出异议,认为无法判断拍摄的地点,也无法证明江川公司的待证主张等。本院认为乐清市财政局、水利公司、乐清交易中心的异议成立,该证据不予采纳。一审判决认定的事实有相应的证据证实,本院予以确认。

本院认为:行政诉讼中,对于被诉行政行为人民法院主要从其证据是否确凿、法律适用是否正确、程序是否合法等方面进行合法性审查。具体到本案,由于被诉行政行为系乐清市财政局针对江川公司就政府采购招标过程中的投诉所作出的处理决定,因此一审法院根据《中华人民共和国政府采购法实施条例》第五十五条有关供应商投诉的事项不得超出已质疑事项范围的规定,对被诉处理决定就超范围投诉事项进行处理予以指正,并无不当。此外,涉案招标公告明确投标供应商资格要求为闸门供应商,并要求投标供应商具有翻板闸门、平板闸门、启闭机的生产能力和防腐施工能力。从乐清市财政局在一审中提供的中标供应商所持有的包括闸门在内的《全国工业产品生产许可证》、所生产的中型液压式启闭机的《水利工程启闭机使用许可证》《水利部水工金属结构防腐蚀专业施工能力证书》《液控翻转钢坝闸门实用新型专利证书》《整体式液压启闭机实用新型专利证书》,以及中标供应商的钢坝闸门、液压式启闭机等产品的检验报告等证据,可以证明涉案中标供应商具备招标公告中规定的资格条件和生产能力。乐清市财政局举证的中标供应商 2014 年以来相关(液压)翻板闸门的供应合同、中标通知书、验收报告等,可以证明中标供应商相关的业绩情况,而江川公司对于中标供应商业绩的投诉并未提供有效证据。同时,各方当事人对乐清市财政局作出被诉处理决定的程序均没有异议,被诉处理决定亦无违反《中华人民共和国政府采购法》《政府采购供应商投诉处理办法》等法律法规。综上,乐清市财政局作出驳回投诉的处理决定证据确凿、法律适用正确、程序合法。原判驳回江川公司要求撤销被诉处理决定的诉讼请求正确,依法应予维持。江川公司的上诉请求缺乏事实和法律依据,本院不予支持。依照《中华人民共和国行政诉讼法》第八十九条第一款第（一）项之规定，判决如下：

驳回上诉，维持原判。

本案二审案件受理费 50 元，由上诉人衢州市江川水力自控翻板闸门有限公司负担。

本判决为终审判决。

审 判 长　林青青

审 判 员　许旭东

审 判 员　郑　宇

二〇一九年四月四日

代书记员　陈巨创

杭州恒生数字设备科技有限公司
与青海省财政厅
政府采购（招投标）投诉处理决定案

【案件提要】

本案是对采购过程的投诉处理决定提起行政诉讼的案例。涉案采购项目进行公开招标。恒生公司在对测试通知提出质疑未被采纳后，声明放弃投标，并向财政部门提出投诉，认为测试通知是招标文件组成部分，发出时间和投标文件截止时间少于15日，不符合法律规定；存在让投标人购买非法作弊器材等情形。财政部门依据刚施行的《质疑和投诉办法》作出投诉处理决定，认定上述投诉事项缺乏事实依据，投诉事项不成立，驳回投诉。其他投诉事项未经依法质疑程序，为无效投诉。恒生公司不服，提起本案诉讼。法院经审理认为，财政部门适用新施行的《质疑和投诉办法》处理恒生公司的投诉，并不违反立法法的规定；财政部门认定恒生公司的其他投诉事项未经质疑，为无效投诉，此处理虽有瑕疵，但不影响处理结果，故判决财政部门作出的投诉处理决定认定事实清楚，程序合法，适用法律正确，依法予以维持。二审法院认为，财政部门根据《政府采购法实施条例》第三十一条的规定，认定"测试通知不影响投标文件编制，故无需在该项目投标截止时间至少15日以前以书面形式通知，此投诉事项不成立"，但对于该投诉事项不成立理由的阐述不够充分，采代理机构在《答疑函》所作答复更为详尽，即《测试通知》只是通知各相关投标人前来进行测试，不属于对已发出的招标文件进行澄清和修改。财政部门经审查认定，作弊防控系统不属于常见通用设备，但在此次招标中进行测试是经过请示教育部考试中心取得认可的，且没有强行规定参加投标的供应商必须提供作弊器材。因此，财政部门作出"投诉事项1、2缺乏事实依据，投诉事项不成立，驳回投诉"的处理决定具有事实根据和法规依据。该处理决定基本事实清楚，对于投诉逐项予以答复，基本证据确实，适用法律、法规正确，程序合法，但对投诉事项调查情况的认定阐述不够详尽，作出处理决定的法律法规引用亦不够完整，应当在今后处理投诉工作中予以完善。

【判决正文】

青海省西宁市中级人民法院
行政判决书

〔2018〕青01行终55号

上诉人（一审原告）杭州恒生数字设备科技有限公司，住所地（略）。

法定代表人宋某。

委托代理人王某、邓某。

被上诉人青海省财政厅,住所地(略)。

法定代表人侯某。

委托代理人徐某。

委托代理人姜某。

一审第三人青海省考试管理中心,住所地(略)。

法定代表人史某。

委托代理人李某。

一审第三人青海诚德招标代理有限公司,住所地(略)。

法定代表人李某。

委托代理人韩某。

上诉人杭州恒生数字设备科技有限公司(以下简称恒生公司)因诉被上诉人青海省财政厅(以下简称省财政厅)、一审第三人青海省考试管理中心(以下简称省考试中心)、青海诚德招标代理有限公司(以下简称诚德公司)政府采购投诉处理决定一案,不服西宁市城北区人民法院〔2018〕青 0105 行初 17 号行政判决,向本院提起上诉。本院依法组成合议庭,于 2018 年 12 月 11 日公开开庭审理了本案。上诉人恒生公司的委托代理人邓某、被上诉人省财政厅的委托代理人徐某、姜某、一审第三人省考试中心的委托代理人李某及一审第三人诚德公司的委托代理人韩某到庭参加诉讼。本案现已审理终结。

一审法院认定,诚德公司受省考试中心的委托组织开展采购活动。2018 年 1 月,诚德公司发布《公开招标文件》对"青海省国家教育考试信息化综合管理平台建设专用设备及软件定制开发采购项目"在国内公开招标。恒生公司作为供应商之一参加了该项目的政府采购活动。2018 年 1 月 17 日诚德公司发布该项目的测试通知,对于测试时间、供应商签到时间、踏勘现场等事项予以通知。恒生公司于 2018 年 1 月 18 日收到该通知,并于次日向诚德公司提出二点质疑,一是建议修改测试时间,二是针对作弊防控系统设备功能测试方案中要求制造商准备作弊器材,提出作弊器材的购买是违法行为,该公司不会提供作弊器材。2018 年 1 月 22 日诚德公司收恒生公司的《质疑函》,并于同月 29 日向恒生公司作出《答疑函》,内容一是测试时间无需推迟,二是对于要求制造商自行准备作弊器材,由随机抽取的作弊器材组成测试工具,能有效保证本次测试过程的公平、公正性予以说明。

2018 年 2 月 6 日,恒生公司向诚德公司、省考试中心发出《放弃投标声明》,声明放弃此次投标。同日向省财政厅递交《投诉书》,投诉事项 1:测试通知是招标文件组成部分,发出时间和投标文件截止时间少于 15 日,不符合法律规定。投诉事项 2:让投标人购买非法作弊器材,并在质疑答复中提出,生产防作弊器材的企业,就应该有非法作弊器材。投诉事项 3:举报潜在投标人,违法提供不合格产品。投诉事项 4:投标人之间存在股东重合,甚至会出现同一品牌的生产商和代理商共同成为投标人的现象,涉嫌严重围标、串标。投诉请求:1. 省财政厅依法终止此项目的包 3 测试结果无效;2. 省财政厅依法停止向被投诉人拨付该笔预算资金;3. 终止该项目的招投标,并重新组织招标程序。省财政厅于 2018 年 2 月 6 日依照《政府采购供应商投诉处理办法》受理恒生公司投诉，期间，《政府采购质疑和投诉办法》（以下简称《质疑和投诉办法》）自 2018 年 3 月 1 日起施行，《政府采购供应商投诉处理办法》同时废止。省财政厅依据《质疑和投诉办法》，于 2018 年 3 月 22 日作出《青海省财政厅政府采购投诉处理决定书》（青财采字〔2018〕337 号），处理决定：（一）投诉事项 1、2 缺乏事实依据，投诉事项不成立，驳回投诉。（二）投诉事项 3、4 未经依法质疑程序，为无效投诉。恒生公司不服该处理决定，在法定期限内提起行政诉讼。

一审法院认为，根据《中华人民共和国立法法》（以下简称立法法）第九十二条"同一机关制定的法律、行政法规、地方性法规、自治条例和单行条例、规章，特别规定与一般规定不一致的，适用特别规定；新的规定与旧的规定不一致的，适用新规定"的原则，省财政厅适用财政部于 2004 年 8 月 11 日发布的《政府采购供应商投诉处理办法》受理恒生公司的投诉，处理期间，《质疑和投诉办法》自 2018 年 3 月 1 日起施行，《政府采购供应商投诉处理办法》同时废止，省财政厅适用新的法规处理恒生公司的投诉，并不违反立法法的规定，故恒生公司关于省财政厅适用新的法规处理其投诉明显有违《立法法》和法律关于溯及力的相关要求，属于适用法律错误的主张，无事实和法律依据。恒生公司关于省财政厅认定恒生公司投诉事项 3、4 超出质疑范围，属于无效投诉的处理，系认定事实和适用法律错误的陈述意见，依据《中华人民共和国政府采购法实施条例》（以下简称《政府采购法实施条例》）第五十五条"供应商投诉的事项不得超出已质疑事项的范围"及《质疑和投诉办法》第十九条"投诉人提起投诉应当符合下列条件：（一）提起投诉前已依法进行质疑"的规定，恒生公司的投诉事项 3、4 未经质疑，不符合投诉的条件，省财政厅依据《质疑和投诉办法》第二十九条"投诉处理过程中，有下列情形之一的，财政部门应当驳回投诉：（一）受理后发现投诉不符合法定受理条件"之规定，对恒生公司的投诉事项 3、4 依法应当驳回投诉。但省财政厅按照其行业的通常惯例，依据《财政部关于加强政府采购供应商投诉受理审查工作的通知》第三部分"财政部门经审查，供应商投诉事项与质疑事项不一致的，超出质疑事项的投诉事项应当认定为无效投诉，并告知投诉人撤回投诉书，对在质疑有效期内的未质疑事项进行质疑，或限期修改投诉书重新投诉，逾期不予受理"的规定，认定恒生公司的投诉事项 3、4 为无效投诉，此处理虽有瑕疵，但不影响处理结果。故省财政厅作出的青财采字〔2018〕337 号《青海省财政厅政府采购投诉处理决定书》认定事实清楚，程序合法，适用法律正确，依法予以维持。恒生公司要求撤销该决定书的诉讼请求，无事实和法律依据，依法予以驳回。依据《中华人民共和国行政诉讼法》第六十九条、第一百零二条之规定，判决驳回恒生公司的诉讼请求。本案诉讼费 50 元，由恒生公司承担。

宣判后，恒生公司不服，向本院提起上诉称，省财政厅作出的投诉处理决定书对投诉事项 1、2 的处理决定缺乏事实依据；处理决定书未告知投诉人申请行政复议以及提起行政诉讼的机关和期限，不符合法定形式；一审法院已经查明省财政厅对于恒生公司的投诉事项 3、4 认定为无效投诉的处理决定存在瑕疵，但仍自由裁量为"不影响处理结果"，系遗漏案件事实。故一审法院认定案件基本事实不清，判决错误。上诉请求：1. 撤销〔2018〕青 0105 行初 17 号行政判决书，依法改判或发回重审。2. 本案一、二审的诉讼费用由省财政厅承担。

省财政厅答辩称，省财政厅对于恒生公司的投诉事项作出的《投诉处理决定书》认定事实清楚,证据确凿,适用依据正确,程序合法,内容适当。对于恒生公司提出的投诉处理决定书中存在"告知复议机关和救济时限不详细"和"对不属于受理范围的投诉事项认定为无效投诉"的问题,并不能改变省财政厅对恒生公司缺乏事实和法律依据的全部投诉事项予以驳回的结果。一审判决认定事实清楚,适用法律正确,请求驳回恒生公司全部上诉请求。

省考试中心、诚德公司均陈述,省财政厅作出的被诉《投诉处理决定书》认定事实清楚、证据确凿、适用依据正确、程序合法、内容适当。一审判决认定事实清楚,适用法律正确,请求依法驳回恒生公司全部上诉请求。

本院经审理查明的事实与一审判决认定的事实一致,本院予以确认。

本院认为,根据《中华人民共和国政府采购法》第五十五条"质疑供应商对采购人、采购代理机构的答复不满意或者采购人、采购代理机构未在规定的时间内作出答复的,可以在答复期满后十五个工作日内向同级政府采购监督管理部门投诉"及《政府采购供应商投诉处理办法》第三条"县级以上地方各级人民政府财政部门负责本级预算项目政府采购活动中的供应商投诉事宜"之规定,省财政厅于2018年2月6日受理恒生公司关于省级预算项目政府采购活动的投诉于法有据。省财政厅处理投诉期间,财政部颁布的《质疑和投诉办法》于2018年3月1日起施行,《政府采购供应商投诉处理办法》同时废止,一审法院分析认定省财政厅适用《质疑和投诉办法》处理恒生公司的投诉事项正确。

省财政厅经审查投诉事项1,根据《政府采购法实施条例》第三十一条的规定,认定"测试通知不影响投标文件编制,故无需在该项目投标截止时间至少15日以前以书面形式通知,此投诉事项不成立",但省财政厅对于该投诉事项不成立理由的阐述不够充分,诚德公司在《答疑函》中针对投诉事项1答复更为详尽,即"本项目包3防作弊系统设备功能测试,在招标文件中已经明确要求进行相关测试,同时将测试方案以附件的形式告知了所有投标人,《测试通知》只是通知各相关投标人前来进行测试,不属于对已发出的招标文件进行澄清和修改。"省财政厅经审查投诉事项2认定,作弊防控系统不属于常见通用设备,但在此次招标中进行测试是经过请示教育部考试中心取得认可的,且没有强行规定参加投标的供应商必须提供作弊器材。综上,省财政厅作出"投诉事项1、2缺乏事实依据,投诉事项不成立,驳回投诉"的处理决定具有事实根据和法规依据。

二审期间,恒生公司的委托代理人对于省财政厅以《质疑和投诉办法》为依据作出被诉处理决定不持异议,但认为,根据《质疑和投诉办法》第二十一条第二项"投诉不符合本办法第十九条规定条件的,应当在3个工作日内书面告知投诉人不予受理,并说明理由"的规定,既然省财政厅认为投诉事项3、4未经质疑,不符合《质疑和投诉办法》第十九条"提起投诉前已依法进行质疑"的受理投诉条件,就应当书面告知投诉人不予受理,而省财政厅径行认定为"无效投诉",使恒生公司丧失了对投诉事项3、4进行完善后重新提起质疑和投诉的权利。经本院审查,省财政厅是在已经受理投诉之后的处理过程中发现投诉事项3、4未经质疑,财政部《关于加强政府采购供应商投诉受理审查工作的通知》第三部分规定"超出质疑事项的投诉应当认定为无效投诉事项,并告知投诉人撤回投诉书,对在质疑有效期内的未质疑事项进行质疑,或限期修改投诉书重新投诉,逾期不予受理。"据此,省财政厅对"超出质疑事项的投诉"认定为无效投诉事项有依据,且根据未质疑事项已经超过"在知道或者应知其权益受到损害之日起 7 个工作日内"提起的质疑有效期的实际情况,遂依照办法第二十九条第一项"投诉处理过程中,有下列情形之一的,财政部门应当驳回投诉:(一)受理后发现不符合法定受理条件"的规定,省财政厅对投诉事项 3、4 予以驳回处理决定亦无不当。

本案被诉处理决定在最后部分告知恒生公司不服该决定有提起行政复议或行政诉讼的权利,而对于提起上述救济途径的部门和期限未进行明确告知,故决定书在形式上确有瑕疵,该瑕疵虽然不足以影响处理决定实体内容,但是省财政厅应当引起重视,予以改进。

综上,省财政厅在法定期限内作出青财采字〔2018〕337 号《政府采购处理决定书》认定基本事实清楚,对于恒生公司的投诉逐项予以答复,基本证据确实,适用法律、法规正确,程序合法,但省财政厅在处理决定书中对投诉事项调查情况的认定阐述不够详尽,作出处理决定的法律法规引用亦不够完整,应当在今后处理投诉工作中予以完善。一审法院驳回恒生公司的诉讼请求正确,本院依法予以维持。恒生公司的上诉理由没有事实根据和法律依据,本院不予支持。依照《中华人民共和国行政诉讼法》第八十九条第一项第一款之规定,判决如下:

驳回上诉,维持原判。

二审案件诉讼费 50 元,由上诉人杭州恒生数字设备科技有限公司负担。

本判决为终审判决。

审 判 长　金爱萍
审 判 员　祁小芹
审 判 员　丁笑曦
二〇一八年十二月十七日
书 记 员　杨子琪

北京爱生科技发展有限公司
与中华人民共和国财政部
政府采购（招投标）投诉处理决定、行政复议决定案

【案件提要】

本案是就政府采购的投诉处理决定提起行政诉讼的案例，几乎涉及了采购文件、采购过程和采购结果等采购活动的全过程。但就全案来看，可以归纳为采购文件投诉的实体处理与采购过程、采购结果的程序处理。而采购文件投诉的处理，其争议的焦点在于采购文件是否存在"以非关键技术指标要求作为限制条件"和"以特定业绩的不合理条件对供应商实行差别待遇或者歧视待遇"的情形。一审判决认为，财政部对投诉的处理决定和复议决定并无不当的理由是：(1)投诉人在客观结果上并没有受到"非关键技术指标"限制条件的影响；(2)在符合法律法规以及政府采购政策规定的技术、服务、安全等要求的前提下，采购人可以根据采购需求在采购文件中要求提供业绩合同。涉及采购过程、采购结果投诉的处理，是二审的争议焦点。二审判决判定财政部的处理并无不当，其主要理由是投诉人对采购过程、采购结果的投诉都"已逸出质疑投诉程序之外"（即仅作程序处理）。

【判决正文】

北京市高级人民法院
行政判决书

〔2019〕京行终 8245 号

上诉人（一审原告）北京爱生科技发展有限公司，住所地（略）。
法定代表人张某。
委托代理人王某。
被上诉人（一审被告）中华人民共和国财政部，住所地（略）。
法定代表人刘某。
委托代理人刘某。
委托代理人翟某。
一审第三人华南理工大学，住所地（略）。
法定代表人高某。

委托代理人安某。

一审第三人国义招标股份有限公司,住所地(略)。

法定代表人王某。

委托代理人栾某。

委托代理人夏某。

一审第三人上海海圣生物实验设备有限公司,住所地(略)。

法定代表人王某。

委托代理人邢某。

上诉人北京爱生科技发展有限公司(以下简称爱生公司)因行政处理及行政复议一案,不服北京市第一中级人民法院(以下简称一审法院)〔2019〕京01行初315号行政判决,向本院提起上诉。本院受理后依法组成合议庭,于2019年11月21日公开开庭审理了本案,上诉人爱生公司的法定代表人张某及委托代理人王某,被上诉人中华人民共和国财政部(以下简称财政部)的委托代理人刘某、翟某,一审第三人华南理工大学的委托代理人安某,一审第三人国义招标股份有限公司(以下简称国义公司)的委托代理人栾某、夏某,一审第三人上海海圣生物实验设备有限公司(以下简称海圣公司)的委托代理人刑某到庭参加诉讼,本案现已审理终结。

2018年7月2日,财政部以爱生公司为投诉人,华南理工大学(采购人)、国义公司(代理机构)为被投诉人,海圣公司为相关供应商作出财库法〔2018〕152号《财政部投诉及监督检查处理决定书》(以下简称被诉处理决定),主要内容为:爱生公司因对华南理工大学、国义公司就"华南理工大学斑马鱼养殖系统采购项目"(项目编号:0724-1801D66N0193,以下简称涉案项目)作出的质疑答复不满,向财政部提起投诉。

财政部查明:2018年3月2日,国义公司发布招标公告;3月14日,爱生公司提出质疑;3月21日,国义公司发布变更公告;3月23日,国义公司答复质疑;4月3日,爱生公司提出第二次质疑;4月9日,涉案项目开标、评标,爱生公司提交暂停招投标函;4月11日,国义公司答复第二次质疑;4月12日,国义公司发布中标公告;5月7日,爱生科技公司提起投诉。

涉案项目已签订政府采购合同。

涉案项目招标文件"第二部分投标人须知"中"技术评审表"中

"设备的技术参数对招标文件的响应"的评分参考及分值为"考察投标人对招标文件《用户需求书》除'★'外内容响应:参数响应全部满足或优于的得27分;标注'▲'号重要参数每一项负偏离或者无响应的扣3分,非'▲'参数每一项负偏离或者无响应的扣1分,直到扣完为止"。"商务评审表"中"同类项目业绩"的评分参考及分值为"投标人提供2015年1月1日至本项目投标截止时间同类项目业绩合同,合同金额≥30万的项目,每一项目得1分,如项目实施在科研院所或高校用以科研目的且合同金额≥100万的项目,每提供一个项目得3分,本项满分17分。注:投标时提供中标通知书及合同关键页(须含设备清单、合同总价及签章页)复印件,不提供不得分。另需提供合同原件备查,如评委有核查需求时,投标人无法立即提供或提供的原件与复印件不符,均不得分"。

涉案项目招标文件"第三部分用户需求书"中"一、基本内容"的"功能与用途"为"斑马鱼养殖系统包括：独立式单排斑马鱼养殖单元 6 套；集中式双排斑马鱼养殖单元 33 套；水体循环单元 4 套；净水供水单元 1 套；配件 1 批"。"二、货物明细清单及技术指标要求"显示，"集中式双排斑马鱼养殖单元"为本项目核心产品；"水体循环单元"和"净水供水单元"为"★"条款；"配件"包括"交配盒至少 100 套：2 L，含外盒、内胆、插板及盖板""鱼苗培养器至少 50 套"等。其中，"独立式单排斑马鱼养殖单元"和"集中式双排斑马鱼养殖单元"的技术指标均包含"▲2)安装 0.8 L 和 3 L 养殖缸，PC 材质（经 FDA 标准认证），注塑成型，食品级，耐高温消毒，抗摔性强；养殖缸底部有'V'形导流槽设计（0.8 L 养殖缸需提供至少 2 份案例合同复印件，原件备查，若评委有核查需要时，投标人无法立即提供原件或提供的原件与复印件不一致均不得分），能有效排除残饵及鱼类排泄物"。"四、商务需求"中"踏勘现场"为"不需要"备注为"对所有加注了'★'号（如有）的是重要的商务、技术指标，未达到这些指标要求的将导致废标，优于指标的不视作负偏离；凡已加注'▲'号（如有）项目为评标委员会打分时的重要参考指标，不作为投标无效条款"。

涉案项目招标文件"第五部分投标文件格式"中"附件九：资格证明文件格式"显示："9.10 提供同类项目的中标通知书或合同"，"9.9 同类项目用户详细情况列表（提供同类项目的中标通知书或合同印件，见附件十四）"及"9.10 根据 9.11 的列表，对应提供同类项目的中标通知书或合同"。

涉案项目变更公告"三、更正事项、内容"显示，(1)"功能与用途"增加"其中小规格养殖缸（0.5—0.8 L）只放置一尾斑马鱼"。(2)"独立式单排斑马鱼养殖单元"和"集中式双排斑马鱼养殖单元"的参数修改为"2)安装 0.5—0.8 L 的养殖缸和≥3 L 的养殖缸，选择 PC 材质（经 FDA 标准认证），注塑成型，食品级，耐高温消毒，抗摔性强；养殖缸底部有导流槽设计能有效排除残饵及鱼类排泄物，缸数和规格可自由组合投标，0.5—0.8 L 和≥3 L 养殖缸均需提供至少 2 份案例合同复印件，原件备查，若评委有核查需要时，投标人无法立即提供原件或提供的原件与复印件不一致均不得分"。(8)将"同类项目业绩"修改为"同类业绩及对应客户服务满意度评价"，对应评分参考及分值为"投标人提供 2015 年 1 月 1 日至本项目投标截止时间同类项目业绩合同，每一项目得 1 分，如项目实施在科研院所或高校用以科研目的，每提供一个项目得 2 分，业绩得分最高可得 12 分；在投标所提供业绩合同基础上再提供对应合同履行情况的客户服务满意度评价，每提供一个对应合同的履行服务质量为满意或优等类似的正面评价得 1 分，服务评价最高可得 5 分。注：投标时提供中标通知书及合同关键页（须含设备清单、合同总价及签章页）复印件，不提供，有缺项或不满足均不得分，时间以合同签订时间为准；客户服务评价内容须有用户盖章，否则不得分。投标时需提供合同原件备查，如评委有核查需求时，投标人无法立即提供或提供的原件与复印件不符合，均不得分"。(12)增加"本项目将补充设计所需图纸，详见附件。图纸下载：http：//www.gmgitc.com/Notice/DownloadFile.aspx。FileID＝11555"。"其他内容不变"。

爱生公司投标文件"十四、同类项目用户详细情况列表"显示，该公司提交了与云南大学等单位签订的斑马鱼养殖单元合同，共计 6 份，其中 4 份含中标通知书；该公司提交了云南大学等单位出具的用户评价意见表，共计 6 份。

爱生公司投标文件"十五、对应 0.5—0.8 L 和 ≥3 L 养殖缸合同案例详单：关于 0.5—0.8 L 和 ≥3 L 养殖缸均需提供至少 2 份合同案例复印件(原件备查)的说明"显示："我方提供的案例合同交付产品虽未明确标称为 0.8 L 鱼缸，但也可以满足存储循环 ≤0.8 L 要求，且能有效排出残饵及排泄物。我方称之为 1 L 也好或是其他 0.9 L 也罢，只不过是对这种非标养鱼容器的代号称谓而已，充分满足采购方养一尾鱼和循环水量可控 ≤0.8 L 的技术要求。故在此我方提供的合同案例仍是称呼为 1 L 养殖缸及 3 L 养殖缸的合同样本"，并提供与第三军医大学第一附属医院、北京中医药大学的合同，包含 1 L 和 3 L 养殖缸。

涉案项目评标报告《技术商务响应评分表》显示，爱生公司"同类业绩及对应客户服务满意度评价"得分为 13 分，"设备的技术参数对招标文件的响应"得分为满分 27 分。

评审现场录音录像显示，评标委员会认为爱生公司投标文件"十四、同类项目用户详细情况列表"中未提供钦州学院和复旦大学基础医学院项目的中标通知书，不符合招标文件要求。

评审现场录音录像显示，评审专家有"反正第一家第二家你就别认真查了，就差不多就行了，只要是第四家就简单了""人家要的是第四家"等表述。

经查询中国政府采购网，"华南理工大学医学院科研实验室二期改造工程(第二次)"(项目编号：0612-1740T6290247)于 1 月 4 日发布招标公告，1 月 30 日发布中标公告，中标供应商为广东省建筑工程机械施工有限公司，项目建设地点为大学城校区 B2 大楼。

财政部认为：关于投诉事项 1，爱生公司认为招标文件将养殖缸的容量及形状等非关键技术指标要求作为限制条件，并设置 6 分合同案例的评审因素，实质上指定了海圣公司的问题。经审查，3 月 21 日，国义公司发布变更公告，修改了招标文件有关养殖缸容量和形状的参数要求，并相应调整了分值设置。现有证据不足以证明招标文件存在不合理的限制性条件。投诉事项 1 缺乏事实依据。

关于投诉事项 2，爱生公司认为涉案项目采购物品属于按场地要求的定制产品，招标文件将特定业绩作为加分条件，属于对供应商实行差别待遇或歧视待遇的问题。经审查，3 月 21 日，国义公司发布变更公告，将招标文件有关"同类项目业绩"修改为"同类业绩及对应客户服务满意度评价"，并相应调整了评审标准和分值设置，相关内容未违反法律法规规定。现有证据不足以证明招标文件存在以不合理的条件对供应商实行差别待遇或者歧视待遇的情形。投诉事项 2 缺乏事实依据。

关于投诉事项 3、6，爱生公司认为在其提交暂停招投标函后，华南理工大学、国义公司未暂停开标活动，违反了《中华人民共和国招标投标法实施条例》(以下简称招标投标法实施条例)第二十二条的规定，以及代理机构在开标后才将采购人第二次质疑答复反馈给投诉人等程序违法的问题。经审查，涉案项目是华南理工大学采用公开招标方式采购斑马鱼养殖缸等设备，属于货物采购，应当适用《中华人民共和国政府采购法》(以下简称政府采购法)及相关法律法规。国义公司于 4 月 3 日收到爱生公司的第二次质疑，并于 4 月 11 日答复第二次质疑，符合政府采购法第五十三条、第五十四条有关"在收到供应商的书面质疑后七个工作日内作出答复"的规定。投诉事项 3、6 缺乏事实依据。

关于投诉事项 4，爱生公司认为华南理工大学在未知中标结果的情况下即进行装修施工,涉嫌与海圣公司恶意串通的问题。经审查,华南理工大学提交的答复材料显示,斑马鱼实验室装修是华南理工大学医学院科研实验室二期改造工程项目的一部分,相关工程与涉案项目是两个独立项目。现有证据不足以证明华南理工大学与海圣公司恶意串通。同时,投诉事项 4 未经质疑,属于无效投诉事项。

关于投诉事项 5、7,爱生公司认为华南理工大学、国义公司对供应商的资格审查存在重大过错;中标公告与招标文件采购数量不一致,涉嫌变相提高产品价格等问题。经审查,投诉事项 5、7 未经质疑,属于无效投诉事项。

此外,在投诉事项审查过程中,发现存在以下两个问题:

一是评审现场录音录像显示,评审专家发表了"反正第一家第二家你就别认真查了,就差不多就行了,只要是第四家就简单了""人家要的是第四家"等意见。上述行为违反了《政府采购货物和服务招标投标管理办法》(财政部令第 87 号)第六十二条第一款第三项、《财政部关于进一步规范政府采购评审工作有关问题的通知》(财库〔2012〕69 号)第三部分的规定。

二是涉案项目招标文件有关同类项目业绩的要求前后描述不一致。"第二部分投标人须知"中要求提供同类项目的中标通知书及合同关键页,而"第五部分投标文件格式"要求提供同类项目的中标通知书或合同,导致供应商在准备投标材料时标准不明确,影响相关供应商的得分。

综上,财政部作出处理决定如下:根据《政府采购质疑和投诉办法》(财政部令第 94 号,以下简称质疑投诉办法)第二十九条第一项、第二项的规定,投诉事项 1、2、3、6 缺乏事实依据,投诉事项 4、5、7 属于无效投诉事项,驳回投诉。

鉴于涉案项目采购过程中出现了影响采购公正的违法、违规行为,根据政府采购法第三十六条第一款第二项的规定,责令华南理工大学废标。

责令国义公司就招标文件有关同类项目业绩的要求前后描述不一致的问题限期改正,并在本决定书送达之日起 15 日内向本机关提交整改报告。

对评审专家在评审过程中违反评标纪律发表倾向性意见的行为另行处理。

根据质疑投诉办法第二十七条的规定,本机关在本项目处理过程中,启动了专家评审的程序,总计 8 个工作日。2018 年 10 月 31 日,财政部以爱生公司为申请人,财政部为被申请人,华南理工大学、国义公司、海圣公司为第三人作出财复议〔2018〕170 号《行政复议决定书》(以下简称被诉复议决定),主要内容为:爱生科技公司不服财政部于 2018 年 7 月 2 日作出的被诉处理决定,于 2018 年 8 月 30 日向财政部提出行政复议申请,请求撤销被诉处理决定,对爱生公司的投诉事项重新调查处理。

财政部查明:1. 2018 年 3 月 2 日,国义公司发布招标公告;3 月 14 日,爱生公司对招标文件技术参数设置、业绩设置、委托代理协议、技术评审细则,以及履行合同期限等提出质疑;3 月 21 日,国义公司发布变更公告,修改了招标文件有关养殖缸容量和形状的参数要求,并相应调整了分值设置;将"同类项目业绩"修改为"同类业绩及对应客户服务满意度评价",相应调整了评审标准和分值设置;3 月 23 日,国义公司向爱生公司作出质疑答复;4 月 3 日,爱生公司不服质疑答复的相关回应,提出第二次质疑;4 月 9 日,涉案项目开标、评标,爱生公司提交暂停招投标函;4月11日,国义公司对第二次质疑作出答复。2. 2018年5月7日,爱生公司向财政部提交投诉材料,投诉事项为:(1)招标文件将养殖缸的容量及形状等非关键技术指标要求作为限制条件,并设置6分合同案例的评审因素,实质上指定了中标人。(2)涉案项目采购物品属于按场地要求的定制产品,招标文件将特定业绩作为加分条件,属于对供应商实行差别待遇或歧视待遇。(3)涉案项目于4月9日开标,爱生科技公司在开标活动开始前提交暂停招投标函,华南理工大学、国义公司未暂停开标活动,违反了招标投标法实施条例第二十二条的规定。国义公司在开标后才将答复反馈给爱生科技公司,应视为未书面答复第二次质疑,程序违法。(4)涉案项目采购物品属于按场地要求的定制产品,在爱生科技公司提出质疑后,华南理工大学才补发图纸并安排现场踏勘。华南理工大学在未知中标结果的情况下进行装修施工,涉嫌与中标人恶意串通。(5)华南理工大学质疑答复载明重视供应商的技术和商务能力,但招标文件却未将供应商获取知识产权作为评审因素,华南理工大学、国义公司对供应商的资格审查存在重大过错。(6)国义公司收到华南理工大学对爱生科技公司作出的第二次质疑答复后,没有及时反馈给爱生科技公司。(7)招标文件规定采购集中式双排斑马鱼养殖单元33套,而中标公告显示为27套,涉嫌变相提高产品价格。5月10日,财政部向相关方印发答复通知;7月2日,财政部作出被诉处理决定。3.涉案项目评标现场监控视频显示,评审专家发表"反正第一家第二家你就别认真查了,就差不多就行了,只要是第四家就简单了""人家要的是第四家"等意见。此外,招标文件第29页同类项目业绩中评分参考及分值设置要求:投标时提供中标通知书及合同关键页。招标文件第52页资格证明文件格式第10项载明:提供同类项目的中标通知书或合同。

财政部认为:一、2018年3月21日,在收到质疑后,国义公司发布变更公告,修改了招标文件有关养殖缸容量和形状的参数要求,并相应调整了分值设置。同时,变更公告将招标文件有关"同类项目业绩"修改为"同类业绩及对应客户服务满意度评价",并相应调整了评审标准和分值设置。更正后的招标文件相关内容未违反政府采购相关法律法规规定。现有证据不足以证明招标文件存在不合理限制性条件,并以不合理条件对供应商实行差别待遇或歧视待遇。被诉处理决定认定投诉事项1与投诉事项2缺乏事实依据,并无不妥。二、根据政府采购法第五十三条、第五十四条的规定,采购人或代理机构应在收到质疑后七个工作日内,对供应商的质疑事项作出答复。本案中,爱生科技公司于2018年4月3日提交质疑材料;国义公司于2018年4月11日作出质疑答复,并无不妥。爱生公司认为国义公司在开标后向爱生公司作出质疑答复属于程序违法,缺乏法律依据。此外,根据政府采购法第二条的规定,涉案项目属于政府采购领域货物采购项目,适用政府采购法等相关规定。爱生公司称其在开标前提交暂停招投标函后,华南理工大学及国义公司未暂停招投标违反招投标法实施条例第二十二条,于法无据。被诉处理决定认定投诉事项3与投诉事项6缺乏事实依据,并无不妥。三、根据《中华人民共和国政府采购法实施条例》(以下简称政府采购法实施条例)第五十五条的规定,供应商投诉的事项不得超出已质疑事项的范围。投诉事项4、投诉事项5、投诉事项7均未经质疑,被诉处理决定认定为无效投诉事项,并无不妥。四、根据政府采购法第三十六条第一款第二项的规定,出现了影响采购公正的违法、违规行为,应予废标。本案中,根据评审现场录音录像,评审专家发表"反正第一家第二家你就别认真查了,就差不多就行了,只要是第四家就简单了""人家要的是第四家"等意见。同时,招标文件有关同类项目业绩的要求前后不一致,在投标人须知部分要求提供同类项目的中标通知书及合同关键页,但在投标格式文件中却要求提供中标通知书或合同,影响了采购公平公正。据此,财政部责令华南理工大学予以废标;根据政府采购法第七十一条第三项的规定,责令代理机构限期改正违法行为,并无不妥。五、根据政府采购法第三十七条的规定,废标后,除采购任务取消情形外,应当重新组织招标;需要采取其他方式采购的,应当在采购活动开始前获得设区的市、自治州以上人民政府采购监督管理部门或者政府有关部门批准。据此,采购人废标后应当重新招标的,不属于被诉处理决定的处理范围,被诉处理决定未对重新组织招标相关事项进行处理,并无不妥。六、根据《中华人民共和国行政复议法》(以下简称行政复议法)第二十二条的规定,行政复议原则上采取书面审查的办法,但是申请人提出要求或者行政复议机关负责法制工作的机构认为有必要时,可以向有关组织和人员调查情况,听取申请人、被申请人和第三人的意见。《中华人民共和国行政复议法实施条例》第三十三条规定,对重大、复杂的案件,申请人提出要求或者行政复议机构认为必要时,可以采取听证的方式审理。财政部在收到申请人的复议申请后即向财政部、华南理工大学、国义公司、海圣公司印发答复通知。财政部、国义公司提供材料齐全,爱生公司亦提交补充材料,各方观点清晰,案情明了,财政部决定不采取听证方式审理。七、财政部于 2018 年 5 月 7 日受理爱生公司的投诉后,于 2018 年 5 月 10 日向各方当事人印发答复通知,并于 2018 年 7 月 2 日作出被诉处理决定,符合政府采购法第五十六条和质疑投诉办法第二十一条关于处理投诉期限的规定。根据行政复议法第二十八条第一款第一项的规定,决定维持被诉处理决定。

爱生公司不服,诉至一审法院,请求撤销被诉处理决定及被诉复议决定,责令财政部针对其投诉事项重新作出处理决定。

一审法院经审理查明,对被诉处理决定及被诉复议决定查明的事实予以确认。另查明,2018 年 3 月 14 日,爱生公司第一次向华南理工大学及国义公司提出质疑时,其提交的质疑书包括七个质疑点。质疑点 1:招标文件"二、货物明细清单及技术指标要求"中"▲2)安装 0.8 L 和 3 L 养殖缸,PC 材质(经 FDA 标准认证),注塑成型,食品级,耐高温消毒,抗摔性强;养殖缸底部有'V'形导流槽设计(0.8 L 养殖缸需提供至少 2 份案例合同复印件,原件备查,若评委有核查需要时,投标人无法立即提供原件或提供的原件与复印件不一致均不得分),能有效排除残饵及鱼类排泄物"的描述,质疑理由与其投诉书中投诉事项 1 基本一致。质疑点 2:"三、投标文件的编制"中"11.1 本招标文件技术指标要求中,重要的、关键的技术指标要求或性能要求(加注'★'的条款),投标人要特别注意,必须对此响应或完全满足或优于这些要求。否则若有一项重要指标未响应或存在负偏差,将按投标无效处理,即废标"的描述,及"二、货物明细清单及技术指标要求"中"独立式单排斑马鱼养殖单元"部分"★3)6 套总养殖缸不小于 650 缸,其中 3 L 养殖缸不小于 140 缸(须注明缸数统计来源)。"及"集中式双排斑马鱼养殖单元"部分"★3)33 套总养殖缸不小于 6 250 缸,其中 3 L 养殖缸不小于 2 500 缸(须注明缸数统计来源)。"的描述。质疑点 3:"二、货物明细清单及技术指标要求"中第 1 条 4)中"3 L 养殖缸设有芯片卡槽及二维码黏贴处"的描述。质疑点 4:"商务评审表"中"投标人提供 2015 年 1 月 1 日至本项目投标截止时间同类项目业绩合同,合同金额≥30 万的项目,每一项目得 1 分,如项目实施在科研院所或高校用以科研目的且合同金额≥100 万的项目,每提供一个项目得 3 分,本项满分 17 分。"质疑理由与其投诉书中投诉事项 2 基本一致。质疑点 5:"招标委托代理协议书"中第四条 4.10 项"对于符合《华南理工大学政府采购与招投标管理办法》经公开招标失败后拟现场转为非公开招标方式继续进行相关采购流程"的描述。质疑点 6:"技术评审表"中"系统设计方案 5 分根据投标人的系统设计方案与配置情况进行综合评分:系统设计方案详细及配置完善得 5 分;系统设计方案与配置一般得 3 分;系统设计方案与配置差得 1 分"的描述。质疑点 7:"商务要求"第 4 项"交货时间和方式:在合同签订后 30 天内完成供货、安装和调试并交付用户单位使用。"2018 年 3 月 21 日,华南理工大学作出《关于华南理工大学斑马鱼养殖系统采购项目质疑函质疑问题的回复意见及招标文件修改要求》,其中载明:"对质疑点 4 解释如下:……另一方面产品的生产制作工艺、技术日新月异,也许某些生产厂家的产品生产技术还停留在多年前,如果使用此类产品,很大可能影响我方实验质量和后续问题。综合各种因素,故将 2015 年 1 月 1 日作为提供业绩合同的特定起始日,以保证投标人所投产品在目前阶段(近 3 年内)处于业务的活跃阶段,当下具有符合项目要求的施工力量的一种体现,以及产品近年来得到其他客户认可有人采购使用的一种证明,让我方对投标人有能力按时完成项目更有信心,打分设置以择优为原则。"2018 年 4 月 3 日,爱生公司第二次向华南理工大学及国义公司提出质疑时,其提交的质疑书包括三个质疑点,与其第一次质疑时提出的质疑点 1、质疑点 4、质疑点 7 基本一致。

因对国义公司作出的答复不满意,爱生公司于 2018 年 5 月 7 日向财政部提起投诉。财政部于 2018 年 7 月 2 日作出被诉处理决定,并向爱生公司进行了送达。爱生公司不服,于 2018 年 8 月 30 日向财政部提出行政复议申请,财政部条法司于 2018 年 9 月 5 日向财政部国库司作出财复议便函〔2018〕151 号《行政复议答复通知书》,于同日作出并分别向华南理工大学、国义公司、海圣公司邮寄送达财复议便函〔2018〕152 号《第三人参加行政复议通知书》。财政部国库司于 2018 年 9 月 14 日作出《被申请人答复书》,国义公司于 2018 年 9 月 19 日作出《关于华南理工大学斑马鱼养殖系统采购项目行政复议情况说明》。财政部于 2018 年 10 月 31 日作出被诉复议决定,并于同年 11 月 2 日向爱生科技公司邮寄,爱生公司于 2018 年 11 月 5 日签收,因不服被诉处理决定及被诉复议决定,遂于 2018 年 11 月 16 日向一审法院邮寄起诉材料,提起本案诉讼。

本案一审庭审过程中,爱生公司明确表示对财政部作出被诉处理决定的程序无异议,对财政部作出被诉复议决定的程序不清楚,由法院审查;华南理工大学、国义公司、海圣公司均明确表示对财政部作出被诉处理决定及被诉复议决定的程序无异议。

一审法院认为,政府采购法第十三条规定,各级人民政府财政部门是负责政府采购监督管理的部门,依法履行对政府采购活动的监督管理职责。各级人民政府其他有关部门依法履行与政府采购活动有关的监督管理职责。第五十五条规定,质疑供应商对采购人、采购代理机构的答复不满意或者采购人、采购代理机构未在规定的时间内作出答复的,可以在答复期满后十五个工作日内向同级政府采购监督管理部门投诉。第五十六条规定,政府采购监督管理部门应当在收到投诉后三十个工作日内,对投诉事项作出处理决定,并以书面形式通知投诉人和与投诉事项有关的当事人。因华南理工大学系中央预算二级预算单位,财政部对其开展的政府采购项目负有监督管理职责,对相关质疑供应商的投诉负有处理、答复的法定职责。同时,依据行政复议法第十四条的规定,财政部作为国务院部门,依法负有相应的行政复议职责。

结合各方当事人的诉辩主张,本案的争议焦点有以下三点:一、爱生公司提起本案诉讼是否超过起诉期限的问题;二、财政部作出被诉处理决定的合法性问题;三、财政部作出被诉复议决定的合法性问题。对此,分别评述如下:

一、关于爱生公司提起本案诉讼是否超过起诉期限的问题。

《中华人民共和国行政诉讼法》第四十五条规定,公民、法人或者其他组织不服复议决定的,可以在收到复议决定书之日起十五日内向人民法院提起诉讼。本案中,爱生公司于2018年11月5日签收被诉复议决定,并于2018年11月16日向本院邮寄起诉材料,未超过起诉期限,财政部提出的爱生公司起诉超过法定期限的主张,缺乏事实与法律依据,不予支持。

二、关于财政部作出被诉处理决定的合法性问题。

本案中,爱生公司向财政部提交的《投诉书》共涉及7个投诉事项,财政部在被诉处理决定中分别进行了论述,并对在投诉事项审查过程中发现的其他问题一并进行了处理,一审法院亦按照被诉处理决定的顺序,结合查明的事实,分别予以评述:

1. 关于"投诉事项1",即"招标文件将养殖缸的容量及形状等非关键技术指标要求作为限制条件,并设置6分合同案例的评审因素,实质上指定了海圣公司"的问题。

根据质疑书、投诉书及招标文件显示,爱生公司此项投诉的焦点在于招标文件中"独立式单排斑马鱼养殖单元"和"集中式双排斑马鱼养殖单元"的技术指标均包含"▲2)安装0.8 L和3 L养殖缸,PC材质(经FDA标准认证),注塑成型,食品级,耐高温消毒,抗摔性强;养殖缸底部有'V'形导流槽设计(0.8 L养殖缸需提供至少2份案例合同复印件,原件备查,若评委有核查需要时,投标人无法立即提供原件或提供的原件与复印件不一致均不得分),能有效排除残饵及鱼类排泄物",其中"0.8 L养殖缸"的容量限制和"养殖缸底部有'V'形导流槽设计"的形状限制均系非关键技术。又根据招标文件"技术评审表"中"设备的技术参数对招标文件的响应"对应的"评分参考及分值"所载,标注"▲"号重要参数每一项负偏离或者无响应的扣3分。因0.5—0.8 L鱼缸属小众规格产品,且该项技术指标的得分以"供应商提供2份案例合同"为必要条件,目前只有海圣公司有此规格,故海圣公司外的其他公司,在竞标过程中必然会因上述评分方法而被扣除6分。招标文件存在以非关键技术指标要求作为限制条件的情形。

根据政府采购法实施条例第二十条规定,采购人或者采购代理机构有下列情形之一的,属于以不合理的条件对供应商实行差别待遇或者歧视待遇:(一)就同一采购项目向供应商提供有差别的项目信息;(二)设定的资格、技术、商务条件与采购项目的具体特点和实际需要不相适应或者与合同履行无关;(三)采购需求中的技术、服务等要求指向特定供应商、特定产品;(四)以特定行政区域或者特定行业的业绩、奖项作为加分条件或者中标、成交条件;(五)对供应商采取不同的资格审查或者评审标准;(六)限定或者指定特定的专利、商标、品牌或者供应商;(七)非法限定供应商的所有制形式、组织形式或者所在地;(八)以其他不合理条件限制或者排斥潜在供应商。在本案中,关于"养殖缸底部有'V'形导流槽设计"的形状限制属于"以非关键技术指标要求作为限制条件"的投诉内容,因国义公司于 2018 年 3 月 21 日发布变更公告,删除了招标文件对于养殖缸底部导流槽设计中"'V'形"的表述,爱生科技公司相关投诉事项的事实基础已不存在。关于"0.8 L 养殖缸"的容量限制属于"以非关键技术指标要求作为限制条件"的投诉内容,爱生公司在投标文件中对其合同案例进行了说明,称其合同案例中的 1 L 养殖缸充分满足采购方养一尾鱼和循环水量可控≤0.8 L 的技术要求,即爱生科技公司亦认为其 1 L 养殖缸产品符合招标文件中"0.8 L 养殖缸"的技术要求,且涉案项目评标报告《技术商务响应评分表》显示,爱生科技公司"设备的技术参数对招标文件的响应"得分为满分 27 分,即从客观结果上,爱生科技公司并未受到其主张的"非关键技术指标"限制条件的影响,故爱生科技公司相关投诉事项,缺乏事实依据。综上,现有证据不足以证明在本案中采购人、代理机构存在爱生科技公司主张的"以非关键技术指标要求作为限制条件"的情形,财政部驳回爱生公司该项投诉具有事实依据,且符合法律规定,处理并无不当。

2. 关于"投诉事项 2",即爱生公司认为"本项目采购物品属于按场地要求的定制产品,招标文件将特定业绩作为加分条件,属于对供应商实行差别待遇或歧视待遇"的问题。

根据质疑书、投诉书及招标文件显示,爱生公司此项投诉的焦点在于招标文件中"同类项目业绩"及"评分参考及分值"部分,将"2015 年 1 月 1 日"作为提供业绩合同的特定起始日,以及存在对于"项目实施在研究院所或高校用以科研目的"要求"合同金额≥100 万"方才得 3 分的限制,爱生科技公司认为上述两项均与涉案项目没有直接关系,将典型客户限定为 2015 年后有违公平性,而海圣公司系 2015 年前后才从事这一生产,招标文件以特定业绩作为加分条件,属于对供应商实行差别待遇或歧视待遇。

根据政府采购法实施条例第十五条规定,采购人、采购代理机构应当根据政府采购政策、采购预算、采购需求编制采购文件。采购需求应当符合法律法规以及政府采购政策规定的技术、服务、安全等要求。故此,在符合法律法规以及政府采购政策规定的技术、服务、安全等要求的前提下,采购人有根据采购需求编制采购文件的权利。本案中,关于"项目实施在研究院所或高校用以科研目的"要求"合同金额≥100 万"方才得 3 分的要求属于对供应商实行差别待遇或歧视待遇的投诉内容,因国义公司已于 2018 年 3 月 21 日发布变更公告,删除了招标文件中关于"项目实施在研究院所或高校用以科研目的"中"合同金额≥100 万"的表述,并将招标文件有关"同类项目业绩"修改为"同类业绩及爱生科技公司客户服务满意度评价",调整了评审标准和分值设置,爱生科技公司相应投诉事项的事实基础已不存在。关于将"2015 年 1 月 1 日"作为提供业绩合同的特定起始日于属于对供应商实行差别待遇或歧视待遇的投诉内容,根据华南理工大学在《关于华南理工大学斑马鱼养殖系统采购项目质疑函质疑问题的回复意见及招标文件修改要求》中的表述,其将 2015 年 1 月 1 日作为提供业绩合同的特定起始日,是因采购人在涉案项目中采购的产品生产制作工艺、技术日新月异,某些生产厂家的产品生产技术还停留在多年前,如果使用此类产品,可能影响实验质量及后续问题,其说法符合公知常理,亦不违反法律法规规定,可以认定为采购人的正当采购需求。综上,现有证据不足以证明本案采购人、代理机构存在爱生公司主张的对供应商实行差别待遇或歧视待遇的情形,财政部驳回爱生公司该项投诉具有事实依据,且符合法律规定,处理并无不当。

3. 关于"投诉事项 3""投诉事项 6",即爱生公司认为"在其提交暂停招投标函后,华南理工大学、国义公司未暂停开标活动,违反了招标投标法实施条例第二十二条的规定,以及代理机构在开标后才将采购人第二次质疑答复反馈给投诉人等程序违法"的问题。

根据政府采购法第四条规定,政府采购工程进行招标投标的,适用招标投标法。而该法第二条第六款规定,本法所称工程,是指建设工程,包括建筑物和构筑物的新建、改建、扩建、装修、拆除、修缮等。涉案项目是华南理工大学采用公开招标方式采购斑马鱼养殖缸等设备,属于货物采购,不适用招标投标法,亦不适用招标投标法实施条例的相关规定,故爱生公司的相关投诉事项于法无据。此外,政府采购法第五十三条规定,采购人应当在收到供应商的书面质疑后七个工作日内作出答复,并以书面形式通知质疑供应商和其他有关供应商,但答复的内容不得涉及商业秘密。第五十四条规定,采购人委托采购代理机构采购的,供应商可以向采购代理机构提出询问或者质疑,采购代理机构应当依照本法第五十一条、第五十三条的规定就采购人委托授权范围内的事项作出答复。本案中,国义公司于 2018 年 4 月 3 日收到爱生公司的第二次质疑,并于同年 4 月 11 日进行答复,符合上述规定,爱生公司的相关投诉事项缺乏事实和法律依据。财政部驳回爱生公司该项投诉具有事实依据,且符合法律规定,处理并无不当。

4. 关于"投诉事项 4""投诉事项 5""投诉事项 7",即爱生公司认为"华南理工大学在未知中标结果的情况下即进行装修施工,涉嫌与海圣公司恶意串通""华南理工大学、国义公司对供应商的资格审查存在重大过错""中标公告与招标文件采购数量不一致,涉嫌变相提高产品价格"等问题。

根据政府采购法实施条例第五十五条规定,供应商质疑、投诉应当有明确的请求和必要的证明材料。供应商投诉的事项不得超出已质疑事项的范围。质疑投诉办法第二十条亦规定,供应商投诉的事项不得超出已质疑事项的范围,但基于质疑答复内容提出的投诉事项除外。本案中,爱生公司的上述投诉事项,均未其之前的两次质疑中涉及,故财政部认定其为无效投诉事项,并予以驳回的处理正确。

5. 关于财政部对其在投诉事项审查过程中发现的其他问题所作处理的合法性问题。

根据政府采购法第三十六条第一款第二项规定,在招标采购中,出现影响采购公正的违法、违规行为的,应予废标。本案中,评审现场存在评审专家发表倾向性意见的行为;且招标文件有关同类项目业绩的要求存在前后描述不一致的情形,导致供应商在准备投标材料时标准不明确,影响相关供应商的得分。故财政部依据上述法律规定责令采购人废标正确;责令代理机构就招标文件有关同类项目业绩的要求前后描述不一致的问题限期改正,并提交整改报告,并无不当;对评审专家在评审过程中违反评标纪律发表倾向性意见的行为另行处理,亦对爱生公司的权利义务不产生实际影响。综上,财政部对其在投诉事项审查过程中发现的问题处理正确,且不损害爱生公司的合法权益。相反地,财政部在处理爱生公司投诉的过程中,对涉案项目进行了全面审查,基于投诉事项以外的相关事实,对其发现的问题依法进行处理,既履行了对供应商投诉的审查处理职责,又行使了对政府采购活动的监督管理职权,规范了政府采购行为,并切实维护了各方当事人的合法权益,应予肯定。

6. 关于财政部作出被诉处理决定的程序问题。

爱生公司及华南理工大学、国义公司、海圣公司均表示无异议,经审查,该程序无明显违法之处。

7. 关于爱生公司主张应当重新招标的问题。

根据政府采购法第三十七条规定,废标后,除采购任务取消情形外,应当重新组织招标;需要采取其他方式采购的,应当在采购活动开始前获得设区的市、自治州以上人民政府采购监督管理部门或者政府有关部门批准。本案中,财政部虽已责令华南理工大学废标,但依据上述法律规定,华南理工大学是否取消涉案项目采购任务,是否需要采取其它方式采购,均需华南理工大学作出进一步决定,不属于财政部处理投诉事项的职权范围,亦不属于其对本次政府采购活动进行监管的职权范围。故爱生公司提出财政部未达监管目的,应当重新组织招标的诉讼理由,于法无据,不予支持。

故此,被诉处理决定认定事实清楚,适用法律正确、程序合法,结论正确。

三、关于财政部作出被诉复议决定的合法性问题。

被诉复议决定查明的事实与被诉处理决定基本一致,其对被诉处理决定中处理投诉事项及其他问题的评述亦与被诉处理决定的理由、法律依据基本相同,对其合法性予以确认,在此不再赘述。关于财政部作出被诉复议决定的程序,经审查,对其合法性予以确认。

综上,被诉处理决定及被诉复议决定正确,爱生公司提出的要求"撤销被诉处理决定及被诉复议决定,责令财政部对爱生公司投诉事项重新作出处理"的诉讼主张,缺乏事实及法律依据,不予支持。据此,依据《中华人民共和国行政诉讼法》第六十九条和第七十九条之规定,判决驳回爱生公司的诉讼请求。

爱生公司不服一审判决,向本院提起上诉,认为一审法院认定事实不清,适用法律错误,请求撤销一审判决,改判支持其诉讼请求。主要理由如下:1. 一审判决及被诉处理决定对丁其投诉事项4的认定错误,华南理工大学与海圣公司恶意串通行为有评审现场录音录像予以证实,无论是否经过其质疑,是否属于有效投诉事项,均应依法处理。2. 一审判决及被诉处理决定对责令废标后所涉采购任务是否取消,是否应当重新组织招标等后续问题的处理未予明确,事实不清。3. 一审判决及被诉处理决定认定涉案项目属于货物采购,不适用招标投标法的规定有误,涉案项目的采购属于系统采购,不仅包括货物,也与工程相关,政府采购法与招标投标法均应适用于本案。

财政部答辩认为,被诉处理决定及被诉复议决定认定事实清楚,证据确凿,适用依据正确,程序合法,内容适当,一审判决正确,上爱生公司的上诉请求不能成立,请求二审法院驳回上诉,维持原判。

一审期间双方当事人法定期限内提交的证据均已移送至本院。

经审查,一审法院对各方提交证据的认证意见正确。根据上述有效证据,本院对一审法院认定的事实予以确认。

本院认为,根据当事人诉辩意见,本案二审争议焦点问题为:一、被诉处理决定关于投诉事项4的认定是否正确;二、被诉处理决定是否存在对责令废标后所涉采购任务是否取消,是否应当重新组织招标等后续问题的处理未予明确,事实不清的问题;三、被诉处理决定

认定涉案项目属于货物采购,不适用招标投标法的规定是否正确。本院对上述焦点问题评判如下:

一、被诉处理决定关于投诉事项4的认定是否正确。政府采购法实施条例第五十五条规定,供应商质疑、投诉应当有明确的请求和必要的证明材料。供应商投诉的事项不得超出已质疑事项的范围。质疑投诉办法第二十条规定,供应商投诉的事项不得超出已质疑事项的范围,但基于质疑答复内容提出的投诉事项除外。本案中,根据审理查明的事实,爱生公司投诉事项4,即"华南理工大学在未知中标结果的情况下即进行装修施工,涉嫌与海圣公司恶意串通"的问题,均未在其之前的两次质疑及质疑答复内容中涉及,故被诉处理决定认定其为无效投诉事项,并予以驳回的处理并无不当。被诉处理决定中,依据评审现场录音录像,对于涉案项目采购过程中出现影响采购公正的违法、违规行为的认定,及责令华南理工大学废标之处理,系财政部基于其政府采购监管职责,在投诉事项审查过程中依职权所作认定及处理,与政府采购质疑与投诉程序系属不同程序范畴,该认定及处理并未对爱生公司合法权益产生不利影响。爱生公司以该认定及处理排除其质疑投诉程序中投诉事项须先行质疑规则之适用,并要求财政部依职权查处,已逸出质疑投诉程序之外,或将两种程序混为一谈,于法无据。此外,即使以爱生公司质疑投诉程序中投诉事项4为财政部依职权履行政府采购监管职责之线索,经财政部审查,斑马鱼实验室装修是华南理工大学医学院科研实验室二期改造工程项目的一部分,相关工程与涉案项目是两个独立项目,现有证据并不足以证明华南理工大学与海圣公司存在恶意串通的事实。而财政部依职权认定的评审专家在评审过程中违反评标纪律发表倾向性意见的行为,亦不足认定华南理工大学与海圣公司存在恶意串通的事实。故爱生公司关于被诉处理决定对于其投诉事项4的认定错误,华南理工大学与海圣公司恶意串通行为有评审现场录音录像予以证实,无论是否经过其质疑,是否属于有效投诉事项,均应依法处理的诉讼理由,缺乏事实及法律依据,本院不予支持。

二、被诉处理决定是否存在对责令废标后所涉采购任务是否取消,是否应当重新组织招标等后续问题的处理未予明确,事实不清的问题。根据质疑投诉办法第三十一条、第三十二条规定,财政部门对于投诉人的投诉事项经查证属实并认定投诉事项成立的,方根据是否影响采购结果,作出相应的后续处理。本案中,被诉处理决定中关于投诉事项的处理结论为驳回投诉,该处理结论标志着政府采购质疑与投诉程序之终结,不存在后续处理的问题。而爱生公司所称被诉处理决定责令废标后,后续处理不明的问题,系财政部依职权行使政府采购监管职责之范畴,爱生公司对此缺乏请求的法律基础。且根据政府采购法第三十七条规定,废标后,除采购任务取消情形外,应当重新组织招标;需要采取其他方式采购的,应当在采购活动开始前获得设区的市、自治州以上人民政府采购监督管理部门或者政府有关部门批准。故是否取消涉案项目采购任务,是否需要采取其它方式采购,均需由华南理工大学作出进一步决定。爱生公司认为一审判决及被诉处理决定对责令废标后所涉采购任务是否取消,是否应当重新组织招标等后续问题的处理未予明确,事实不清的诉讼理由,于法无据,本院不予支持。

三、被诉处理决定认定涉案项目属于货物采购,不适用招标投标法的规定是否正确。根据政府采购法第二条规定,在中华人民共和国境内进行的政府采购适用本法。本法所称政府采购,是指各级国家机关、事业单位和团体组织,使用财政性资金采购依法制定的集中采购目录以内的或者采购限额标准以上的货物、工程和服务的行为。本法所称货物,是指各种形态和种类的物品,包括原材料、燃料、设备、产品等。本法所称工程,是指建设工程,包括建筑物和构筑物的新建、改建、扩建、装修、拆除、修缮等。该法第四条规定,政府采购工程进行招标投标的,适用招标投标法。本案中,涉案项目系华南理工大学采用公开招标方式采购斑马鱼养殖缸等设备,明显属于货物采购,亦并非与工程建设有关的货物采购,故并不适用招标投标法及其实施条例的相关规定。政府采购法、质疑投诉办法及《政府采购货物和服务招标投标管理办法》中,均未规定采购人或代理机构作出质疑答复前,应当暂停招标投标活动。国义公司收到爱生公司两次质疑后作出答复的期限、方式,均符合政府采购法及质疑投诉办法的相关规定,故被诉处理决定认定爱生公司投诉事项3、6缺乏事实依据,并无不当。爱生公司认为一审判决及被诉处理决定认定涉案项目属于货物采购,不适用招标投标法规定有误的诉讼理由,没有事实和法律依据,本院不予支持。

此外,经本院审查,被诉处理决定对于爱生公司投诉事项1、2、5、7的认定及处理并无不当,一审判决对此的判理本院不持异议,在此不赘。被诉处理决定中,财政部在投诉事项审查过程中基于其政府采购监管职责,依职权发现的问题及作出的相应处理,未对爱生公司合法权益产生不利影响,爱生公司与该部分内容缺乏行政法上的利害关系,故对该部分内容合法性,不属本案审查范围。被诉处理决定的程序及被诉复议决定均具备合法性,本院予以确认。

综上,一审法院判决驳回爱生公司的诉讼请求并无不当,本院应予维持。爱生公司的上诉请求缺乏事实及法律根据,本院不予支持。

依照《中华人民共和国行政诉讼法》第八十九条第一款第一项的规定,判决如下:

驳回上诉,维持一审判决。

二审案件受理费人民币50元,由上诉人北京爱生科技发展有限公司负担(已交纳)。

本判决为终审判决。

审 判 长 霍振宇

审 判 员 赵世奎

审 判 员 贾宇军

二〇一九年十二月二十五日

法官助理 计 晨

书 记 员 路 陶

35 大连铭达科技有限公司与新疆维吾尔自治区伊犁哈萨克自治州财政局、新疆维吾尔自治区财政厅政府采购（招投标）投诉处理决定、行政复议决定案

【案件提要】

本案是对采购过程的投诉处理决定提起行政诉讼的案例，其争议的焦点是"评标委员会要求投标人作出的澄清、说明是否超出投标文件的范围或者改变投标文件的实质性内容"。一、二审判决都是根据87号令的第四十六条和第五十一条的规定，判定维持财政部门的处理结果，即评标委员会的询问并未超出投标文件的范围或者改变投标文件的实质性内容。

【判决正文】

新疆维吾尔自治区乌鲁木齐市中级人民法院
行政判决书

〔2019〕新 01 行终 62 号

上诉人（一审原告）：大连铭达科技有限公司，住所地（略）。

法定代表人张某。

委托代理人胡某。

被上诉人（一审被告）伊犁哈萨克自治州财政局，住所地（略）。

法定代表人多某。

出庭行政机关负责人龚某。

委托代理人胡某。

被上诉人（一审被告）新疆维吾尔自治区财政厅，住所地（略）。

法定代表人弯某。

委托代理人马某。

委托代理人张某。

一审第三人伊犁哈萨克自治州政府采购中心，住所地（略）。

法定代表人多某。

委托代理人张某。

委托代理人杨某。

上诉人大连铭达科技有限公司(下称铭达公司)因与被上诉人伊犁哈萨克自治州财政局(下称伊犁州财政局)、新疆维吾尔自治区财政厅(下称自治区财政厅)、一审第三人伊犁哈萨克自治州政府采购中心(下称伊犁州采购中心)财政行政处理一案,不服乌鲁木齐市水磨沟区人民法院〔2018〕新0105行初174号行政判决,向本院提起上诉。本院于2019年3月11日受理后,依法组成合议庭,于2019年4月22日公开开庭审理了本案。上诉人铭达公司法定代表人张某及委托代理人胡某、被上诉人伊犁州财政局出庭行政机关负责人龚某及委托代理人胡某、被上诉人自治区财政厅委托代理马某、张某、一审第三人伊犁州采购中心委托代理人张某、杨某到庭参加了诉讼。本案现已审理终结。

一审法院认定,2017年11月25日伊犁州采购中心发出公开招标公告,对采购人伊犁州特种设备检验检测所采购的特种设备检验所考试模拟设备项目(YLCG-2016GK-0158)进行公开招标。由于采购人伊犁州特种设备检验检测所对投标人的资质进行变更,2017年12月20日发出变更公告,后对投标人进行资质审核并正式公开招标。2018年1月9日北京时间10:30分由伊犁州采购中心组织,在采购监督部门现场监督下,采购人代表通过随机方式从州政府采购专家库抽取四名评审专家,和采购单位代表一人组成评标委员会。当日,包括铭达公司在内的四家公司参与投标。评审过程中,评标委员会对投标文件及报价情况进行逐条、逐项评分。在《公开招标文件》中第二部分招标说明第二章投标文件的编写:12.投标报价"12.2投标价即交货价,包括制造、组装该货物所使用的零部件及原材料已付的全部关税、销售税和其他税。""12.4(2)招标文件特别要求的安装、调试、培训、运输、保险及其他附带服务的全部费用。"该文件第五部分有关附件格式文本(四)开标一览表注:1.请提供本招标文件要求设备详细的配置清单及分项报价,包括标准件及选配件。2.第6栏的单价和第7栏的总价均应包括全部设备价、包装费、运输、安装、调试、培训、技术服务、必不可少的部件、标准备件、专用工具的费用,以及已支付或将支付的营业税和其他税费。3.此表可向下延伸。"根据上述规定,开标过程中,由于四家投标人提交的开标一览表有两家删除了备注信息,评标委员会对所有投标人进行了统一的询问,即:设备总价里是否包括运费、安装费、调试、培训、技术服务、税费等其他费用。铭达公司对该问题的回答是"包括运费、安装费、调试、培训、技术服务、税费。不包括卸车费、搬运费和桥门起重机基础费用"。当日根据招标结果统计大连天丰科技有限公司以88.18分的最高分中标。铭达公司现场对评标委员会对所有投标人进行了统一询问的问题提出质疑,根据质疑处理现场记录,评委在质疑现场一致认为所提问题完全合理合法。投诉方代理人明确有三项费用不包括,因此属于未能完全响应招标要求,因此会影响服务响应程度。因此,评委一致认为评标过程完全公平公正,坚持原先的解释,评标结果有效。当日伊犁州采购中心发布了中标公告。2018年1月15日铭达公司向伊犁州采购中心提出书面质疑,伊犁州采购中心当日依法予以受理,并于2018年1月21日作出质疑答复书。铭达公司不服该质疑答复,于2018年1月22日向伊犁州财政局投诉,2018年1月31日该局作出投诉复函。2018年2月23日铭达公司再次向伊犁州财政局提出二次投诉函,伊犁州财政局依法审查了相关招标资料,听取了伊犁州采购中心陈述,组织原评审委员会进行论证调查,制作相应调查笔录,于2018年3月9日作出伊犁州财购〔2018〕7号《政府采购投诉处理决定书》,并依法送达。铭达公司不服该行政处理决定,2018年

4月2日向自治区财政厅提出行政复议申请,2018年4月12日自治区财政厅受理该行政复议,2018年6月5日作出新财复议〔2018〕1号行政复议决定,维持了伊犁州财政局的处理决定。铭达公司不服,遂提起诉讼。

一审法院认为,《政府采购质疑和投诉办法》第五条第二款规定,县级以上各级人民政府财政部门负责依法处理供应商投诉。伊犁州财政局具有依法处理供应商投诉工作职权和职责。《中华人民共和国行政复议法》第三条第一款规定,依照本法履行行政复议职责的行政机关是行政复议机关。行政复议机关负责法制工作的机构具体办理行政复议事项,履行下列职责:(一)受理行政复议申请;(三)审查申请行政复议的具体行政行为是否合法与适当,拟订行政复议决定的规定。自治区财政厅具有作出行政复议决定的法定职责。

本案的争议焦点是评标委员会要求投标人作出的澄清、说明是否超出投标文件的范围或者改变投标文件的实质性内容。根据财政部第87号令《政府采购货物和服务招标投标管理办法》第四十六条第(二)项规定,评标委员会负责具体评标事务,并独立履行下列职责:(二)要求投标人对投标文件有关事项作出澄清或者说明。该办法第五十一条第一款规定,对于投标文件中含义不明确、同类问题表述不一致或者有明显文字和计算错误的内容,评标委员会应当以书面形式要求投标人作出必要的澄清、说明或者补正。本案中,在开标过程中,由于四家投标人提交的《开标一览表》有两家删除了备注信息,评标委员会就《开标一览表》中不明确的内容统一提出问题,对四家的报价是否属于交钥匙价格进行进一步要求澄清和确认,是对投标文件中价格及提供服务的进一步确认,同时,在《公开招标文件》明确投标价即交货价,包括制造、组装该货物所使用的零部件及原材料已付的全部关税、销售税和其他税;以及招标文件特别要求的安装、调试、培训、运输、保险及其他附带服务的全部费用。因此评标委员会的询问是其依法履行职责,并未超出投标文件的范围或者改变投标文件的实质性内容。招标文件已明确,投标价即交货价,通过"及其他附带服务的全部费用"的表述对招标文件中未列明的"卸车费、搬运费及桥门起重机基础费用"进行了兜底。而铭达公司的回答中对"卸车费、搬运费和桥门起重机基础费用"提出了异议,认为以上费用不包含在投标报价中,显然是与招标文件中要求投标价即交货价不符。综上所述,伊犁州财政局对铭达公司作出的伊犁州财购〔2018〕7号政府采购投诉处理决定,事实清楚、证据确凿、适用法律正确、程序合法,对铭达公司要求撤销伊犁州财政局作出的伊犁州财购〔2018〕7号政府采购投诉处理决定的诉讼请求,无事实和法律依据,不予支持。2018年4月12日自治区财政厅依法受理铭达公司的复议申请,经审查,自治区财政厅作出新财复议〔2018〕1号行政复议决定程序合法,并无不妥。铭达公司所诉理由不能成立,不予支持,其诉讼请求应予驳回。依据《中华人民共和国行政诉讼法》第六十九条、第七十九条之规定,一审判决:一、驳回铭达公司要求撤销伊犁州财政局作出的伊州财购〔2018〕7号行政处理决定的诉讼请求;二、驳回铭达公司要求撤销自治区财政厅作出的新财复议〔2018〕1号行政复议决定的诉讼请求。

铭达公司不服一审判决,向本院提起上诉称,1.一审法院认定事实不清。评标委员会的提问超出了招标文件的范围,对招标文件进行了实质性改变。该提问不属于评标委员会要求投标人作出必要的澄清、说明或补正的范围,不符合招标法第39条的规定。中标单位在报价环节已经没有实质性响应招标问价的要求,通过评标委员会的提问给予投标文件不完整性补正的机会,违反了法律规定。2. 一审中,铭达公司向法庭提供了多份证据证实铭达公司优于中标单位,此次招标过程中存在违规行为,而一审均未采信。综上,请求二审法院撤销一审判决,依法改判。

伊犁州财政局答辩称,一审认定事实清楚,证据确实充分,适用法律正确,程序合法。1. 评标委员会在开标环节的提问系依法独立履行职责,是对投标文件中价格及提供服务的进一步确认及说明,未超出或改变招标文件实质范围和内容,亦未作违法扩大解释。招标文件第 12.4 第(2)款通过"及其他附带服务的全部费用"的表述对招标文件中未列明的"卸车费、搬运费及桥门起重机基础费用"进行了兜底和囊括,铭达公司对招标文件理解有误,应自行承担不利后果。2. 本次招标评分公正,驳回投诉的内容适当。评标委员会结合投标人的答复及投标文件逐条进行实质性综合评分,集中采购机构当场告知未中标人的评分与排序,评分分值无误,评审情况公平、公正、客观,合法有效。3. 铭达公司所述自身优于中标人的各项参数是否真实及其对中标结果的影响,系由评标委员会独立履行职责的范畴。综上,本机关根据查明的事实,依法作出驳回铭达公司投诉决定的具体行政行为认定事实清楚,证据确实充分,适用法律法规正确,程序合法,一审判决正确。请求二审法院驳回上诉,维持原判。

自治区财政厅答辩称,1. 一审认定事实清楚,适用法律正确。评标委员会的提问未超出招标文件的范围,是的回答超出了招标文件的范围,对招标文件进行了实质性改变。铭达公司对《招标投标法》第三十九条理解错误,招标活动中澄清和说明的内容不应超出招标文件范围的约束主体是投标人,不是评标委员会。评标委员会是基于四家投标单位在同类问题上表述不一致的情况下提问,而非铭达公司所称的因个别投标人的投标文件不完整。2. 评标委员会独立履行评标职能,评标过程中不存在违法违规等影响中标结果的情形。铭达公司自认为部分条件优于中标单位,不具备客观性。综上,本机关依法作出《自治区财政厅新财复议〔2018〕1 号行政复议决定书》认定事实清楚,证据确实充分,适用法律法规正确,程序合法,请求二审法院驳回上诉,维持原判。

伊犁州采购中心述称,同意伊犁州财政局、自治区财政厅的答辩意见,伊犁州财政局、自治区财政厅作出的具体行政行为认定事实清楚、证据确实充分,适用法律法规正确、程序合法,铭达公司的请求无事实及法律依据,请求二审法院驳回上诉,维持原判。

本院经审理查明的事实与一审法院认定事实相同。

以上事实有政府采购招标文件、公开招标公告、公开招标文件、供应商登记表、供应商资质审查记录表、招标信息变更公告、公开招标程序、招标现场答疑书、投标文件、开标一览表、投标报价得分统计表、专家询问现场记录表、招标结果统计表、评审报告、质疑处理现场记录表、中标公告、质疑函、质疑答复书、投诉函、投诉复函、二次投诉函、评标委员会调查询问笔录、采购人调查询问笔录、政府采购投诉处理决定书送达回执、行政复议电话记录单、补正行政复议申请通知书、行政复议申请书、中标通知书及一、二审法庭审理笔录等证据为证。

本院认为,《政府采购质疑和投诉办法》第五条第二款规定:县级以上各级人民政府财政部门负责依法处理供应商投诉。伊犁州财政局具有处理供应商投诉的法定职责。自治区财政厅作为伊犁州财政局的上一级机关,具有作出行政复议决定的法定职责。

《中华人民共和国招标投标法》第三十九条规定：评标委员会可以要求投标人对投标文件中含义不明确的内容作必要的澄清或者说明，但是澄清或者说明不得超出投标文件的范围或者改变投标文件的实质性内容。《政府采购货物和服务招标投标管理办法》第四十六条规定：评标委员会负责具体评标事务，并独立履行下列职责：（二）要求投标人对投标文件和有关事项作出澄清或者说明。该办法第五十一条第一款规定：对于投标文件中含义不明确、同类问题表述不一致或者有明显文字和计算错误的内容，评标委员会应当以书面形式要求投标人作出必要的澄清、说明或者补正。本案开标过程中，由于四家投标人提交的《开标一览表》有两家删除了备注信息，评标委员会要求四家投标人统一说明的"设备总价里是否包括运费、安装费、调试、培训、技术服务、税费等其他费用"是对投标文件中价格及提供服务的进一步确认及说明，属评标委员会依法独立履行职责，并未违反上述法律规定。据此，伊犁州财政局对铭达公司作出的伊犁州财购〔2018〕7号政府采购投诉处理决定，事实清楚，适用法律法规正确，程序合法。自治区财政厅作出新财复议〔2018〕1号行政复议决定适用法律正确，程序合法。铭达公司要求撤销伊犁州财政局作出的伊犁州财购〔2018〕7号政府采购投诉处理决定及自治区财政厅作出的新财复议〔2018〕1号行政复议决定的上诉请求无事实及法律依据，本院不予支持。一审判决认定事实清楚，适用法律、法规正确。依据《中华人民共和国行政诉讼法》第八十九条第一款第（一）项之规定，判决如下：

驳回上诉，维持原判。

本案二审案件受理费50元，由上诉人大连铭达科技有限公司负担（已付）。

本判决为终审判决。

审 判 长　徐　峰
审 判 员　王海亮
审 判 员　朱　虹
二〇一九年五月十七日
书 记 员　万琳琳

海南子约仪器设备有限公司与海南省财政厅政府采购(招投标)投诉处理决定案

【案件提要】

本案是对采购过程、采购结果的投诉处理决定提起行政诉讼的案例。涉案采购项目经公开招标,产生了中标候选人。子约公司认为中标人投标产品无法达到招标文件技术参数要求,涉嫌提供虚假材料谋取中标,在提出质疑后向财政部门投诉。财政部门在调查中,听取了双方意见,审查了双方提交的证据材料,并要求设备生产方对设备参数进行说明,最终作出驳回投诉的处理决定。子约公司遂提起了本案诉讼。一审法院经审理认为,根据庭审查明的事实,此次招投标过程程序合法。子约公司虽对中标人中标表示质疑,向财政部门进行投诉,但未能提供足够证据证明投诉事项成立,故财政部门依法驳回其投诉,并无不当。二审法院认为,中标人根据招标文件的要求,编制投标文件,进行投标。经评标委员会评审,全部专家一致认为投标文件所载设备主要规格及技术性能完全满足招标文件的要求,最终确定中标人,招投标程序合法。财政部门决定,认定投标文件的指标满足招标文件要求且不存在修改,证据确凿。子约公司虽然提供了网络查询材料,但不足以证明中标人存在弄虚作假的行为,不足以推翻专家评审结果。至于实际交付的设备参数是否与投标文件一致,是否符合招标文件的要求,则是后续合同履行问题,应由合同法调整。故财政部门所作驳回投诉的处理决定认定事实清楚,适用法律正确,程序合法,应予维持。

【判决正文】

海南省高级人民法院
行政判决书

〔2019〕琼行终 724 号

上诉人(一审原告)海南子约仪器设备有限公司,住所地(略)。
法定代表人陶某。
委托代理人陈某。
被上诉人(一审被告)海南省财政厅,住所地(略)。
法定代表人王某。

委托代理人王某。

委托代理人吴某。

一审第三人广东省农垦集团进出口有限公司,住所地(略)。

法定代表人杨某。

委托代理人李某。

一审第三人海南千君信项目管理有限公司,住所地(略)。

法定代表人黎某。

委托代理人刘某。

一审第三人海南省农业科学院植物保护研究所,住所地(略)。

法定代表人陈某。

委托代理人赵某。

上诉人海南子约仪器设备有限公司(以下简称子约公司)因其诉

被上诉人海南省财政厅及一审第三人广东省农垦集团进出口有限公司(以下简称农垦公司)、海南千君信项目管理有限公司(以下简称千君信公司)、海南省农业科学院植物保护研究所(以下简称农科院植保所)财政行政管理一案,不服海南省海口市中级人民法院(以下简称一审法院)作出的〔2019〕琼01行初284号行政判决,向本院提起上诉。本院依法组成合议庭,对本案进行了审理,现已审理终结。

2018年10月29日,子约公司向海南省财政厅投诉农垦公司中标的"海南省农产品质量与农药残留检测实验室平台建设项目"(下称涉案项目)。2018年12月6日,海南省财政厅作出琼财采〔2018〕1773号决定(下称1773号决定),驳回投诉。子约公司不服,向一审法院提起本案行政诉讼,请求撤销海南省财政厅作出的1773号决定。

一审查明,2018年7月12日,千君信公司接受农科院植保所的委托,代理涉案项目的招标(二次招标),项目标号:HNQJX-2018-491-3。2018年9月26日,涉案项目A包发布公开招标公告,采购预算金额192.1万元。子约公司、农垦公司等公司参与投标。2018年10月17日,千君信公司在海口市国兴大道海南省公共资源交易服务中心二楼205室组织公开评标。次日,经评标委员会评审,前三位中标候选人为:农垦公司、广州科纳进出口有限公司、建发(广州)有限公司。农垦公司的中标金额为186.9万元。

2018年10月19日,子约公司向千君信公司提出质疑,认为广东农垦公司所投产品无法达到招标文件技术参数要求,涉嫌提供虚假材料谋取中标。2018年10月24日,千君信公司作出答复,认为中标产品符合要求。子约公司对答复不满,又于2018年10月29日向海南省财政厅投诉。2018年11月8日,海南省财政厅分别向千君信公司、农科院植保所、农垦公司发送了投诉书副本,并暂停采购活动。海南省财政厅在审理投诉过程中,对子约公司的投诉内容、千君信公司提供的农垦公司投标文件中生产厂家上海浩视仪器科技有限公司(以下简称上海浩视公司)加盖印章的技术参数确认函以及补充说明等材料,进行了审查。2018年12月6日,海南省财政厅作出1773号决定,认为子约公司投诉事实依据不足,驳回投诉。

一审认为,本案争议焦点为:海南省财政厅作出的1773号决定是否合法。涉案项目于2018年10月17日开标,评标委员会对各投标人的投标文件进行评审打分,在评审过程中评标委员会的全部专家对农垦公司所投标的设备是否符合主要规格及技术性能打了55分的满分,评标委员会的全部专家一致认为农垦公司所投标的设备完全满足招标文件的要求。评标报告签署后,作为采购人的农科院植保所以及采购代理机构千君信公司并未对评审过程提出质疑或要求重新评审。千君信公司在对子约公司的质疑答复中已提供了农垦公司投标文件中超景深三维显微分析仪的相应技术参数确认函及彩页,载明内容说明农垦公司投标文件中超景深三维显微分析仪的技术参数完全满足招标文件的要求。

《政府采购质疑和投诉办法》第二十五条规定,应当由投诉人承担举证责任的投诉事项,投诉人未提供相关证据、依据和其他有关材料的,视为该投诉事项不成立。第二十九条规定,投诉处理过程中,有下列情形之一的,财政部门应当驳回投诉:(二)投诉事项缺乏事实依据,投诉事项不成立。本案中,农垦公司、子约公司均参与投标,经评标委员会评审,农垦公司中标。根据庭审查明的事实,此次招投标过程程序合法。子约公司虽对农垦公司中标表示质疑,向海南省财政厅进行投诉,但未能提供足够证据证明投诉事项成立。海南省财政厅依法驳回其投诉,并无不当。

子约公司于2018年10月29日向海南省财政厅投诉,2018年11月8日,海南省财政厅分别向千君信公司、农科院植保所、农垦公司发送了投诉书副本。2018年12月6日,海南省财政厅作出1773号决定,并于次日送达各方。海南省财政厅作出的1773号决定,程序合法。

综上,海南省财政厅作出的1773号决定证据确凿,适用法律、法规正确,符合法定程序。子约公司请求撤销1773号决定,没有事实根据和法律依据,应不予支持。依照《中华人民共和国行政诉讼法》第六十九条的规定,判决驳回子约公司的诉讼请求。一审案件受理费50元,由子约公司负担。

子约公司上诉称,一、农垦公司存在串标行为。农垦公司的代表人黄兹青和海南天磊生物科技有限公司的代表人刘然同为海南言成实业有限公司员工,在该公司缴纳社保,二人存在串标行为。二、一审判决认定事实不清。(一)子约公司提供了充足的证据证明农垦公司提供的产品参数存在篡改造假。一审时,千君信公司提供的产品参数与农垦公司提供的不一致,后千君信公司撤回。(二)农垦公司提供的产品参数存在诸多与系统操作载明的产品参数及官网公布的参数不一致,不符合招标文件的要求,应属于废标。三、一审法院形式化审理,说理不充分,忽视子约公司提交的证据。(一)农垦公司提供的投标文件彩页中没有产品核心参数的表述,其以宣传重点不同及技术更新等为由,辩解"没有表述"不代表不合格的说法,不符合常理和基本逻辑,也不符合招投标惯例。(二)涉案项目所需产品属高精密仪器,4分屏功能不能通过软件升级实现8分屏功能,农垦公司提供的材料确定中标产品不具有8分屏功能。一审法院未对仪器进行查验,未同意子约公司的现场勘验申请,错误认定举证责任。(三)上海浩视公司为其产品向海南省财政厅出具证据,且其提供的视频和图片资料中的仪器不属于中型仪器参数,更说明了不符合招标文件的技术要求。(四)上海浩视公司及农垦公司为了满足招标文件的参数要求,随意变更产品技术参数。(五)涉案项目采购人农科院植保所提出,产品屏幕分割功能不能满足8分屏功能。综上,子约公司请求撤销原判,依法改判或者发回重审。

海南省财政厅答辩称，一、1773号决定认定事实清楚，证据确凿，符合法定程序。（一）评标委员会全部专家一致认为，农垦公司投标设备的主要规格及技术性能完全满足招标文件的要求。（二）海南省财政厅作出1773号决定，未超过《政府采购质疑和投诉办法》第二十六条规定的处理期限，程序合法。二、子约公司的投诉事项缺乏事实根据，证据不足。（一）招标评审只能以投标人的投标文件作为评审依据，评定是否符合招标文件的要求，而招标文件并未要求提供投标产品的网络查询等资料。子约公司提供的网络查询资料、中标合同、考察情况等，不属于招标评审要求的文件，与本次招标评审无关。此外，子约公司未提供权威机构的鉴定报告或其他证据，证明上海浩视公司无法生产符合招标文件的设备。（二）上海浩视公司为其产品出具补充说明，载明为方便用户使用，系统软件不断升级，升级为一个画面支持12个图像、8个图像及最适合研究人员观看的一个画面4个图像，这些仅仅是通过软件系统升级即可实现的功能，和硬件并无关系。（三）子约公司没有对串标行为向海南省财政厅投诉，该事由不属于本案审理范围。综上，本案应驳回子约公司的上诉请求。

农垦公司陈述称，一、《中华人民共和国招标投标法实施条例》第三十九条、第四十条、第四十一条对相互串通投标有明确的定义。两家投标公司的代表人为同一公司员工，不属于法律规定的禁止情形。二、子约公司提供的证据材料均通过网络查询所得，且农垦公司向其他公司提供的产品类型与本次招标无关。农垦公司根据招标文件的要求和内容，提供了符合要求的投标文件，投标文件中产品参数符合采购人的需求，经评审委员会评审通过后才得以中标，整个招标过程符合法律规定。至于农垦公司是否有能力提供符合本次招标要求的设备，是否符合采购人的要求，属于后续买卖合同关系考虑的问题，与本次招投标行为无关。三、千君信公司在一审当庭提交的产品参数与本案无关，且已当庭撤回。本次招标活动提交的产品参数以农垦公司投标文件所载内容为准。综上，一审判决认定事实清楚，适用法律正确，程序正当，本案应驳回子约公司的上诉请求。

千君信公司陈述称，其要求农垦公司提供与产品有关资料，农垦公司提供后，因千君信公司无法判断资料新旧版，故错误提交法庭，后及时更正。涉案项目招投标程序合法，一审判决认定事实清楚，适用法律正确。

农科院植保所陈述称，希望仪器设备能符合相关参数，招标程序合法合规，接受合同的履行。

一审法院已将各方当事人在原审提交的证据随卷移送本院。经审查，本院确认一审法院对上述证据的认证意见正确。

二审期间，各方当事人均未向本院提交新证据。

本院经审理查明，A包-商务、技术得分明细表显示，评分项目分为主要规格及技术性能、投标产品业绩、企业资质、售后服务、投标文件质量等五部分，满分70分，农垦公司得分70分，子约公司得分43分。

子约公司于2018年11月7日向海南省财政厅提交投诉书，质疑事项为农垦公司在涉案项目中所投产品技术参数不符合招标文件要求，涉嫌提供虚假材料谋取中标，并认为应重新确定中标候选人。当日，海南省财政厅受理子约公司的投诉。

本院经审理查明的其他事实与一审查明的事实一致。

本院认为,本案争议焦点为:海南省财政厅作出 1773 号决定的行政行为是否合法,子约公司的投诉事项及串标主张有无事实根据和法律依据。

一、海南省财政厅作出 1773 号决定的行政行为证据是否确凿,适用法律、法规是否正确,程序是否合法。

《中华人民共和国招标投标法》第二十七条规定,投标人应当按照招标文件的要求编制投标文件。投标文件应当对招标文件提出的实质性要求和条件作出响应。第四十一条规定,中标人的投标应当符合下列条件之一:(一)能够最大限度地满足招标文件中规定的各项综合评价标准;(二)能够满足招标文件的实质性要求,并且经评审的投标价格最低;但是投标价格低于成本的除外。本案中,农垦公司根据招标文件的要求,编制投标文件,进行投标。经评标委员会评审,全部专家一致认为农垦公司投标文件所载设备主要规格及技术性能完全满足招标文件的要求,最终确定农垦公司中标,招投标程序合法。海南省财政厅据此作出 1773 号决定,认定农垦公司投标文件三项指标满足招标文件要求且不存在修改,证据确凿。

海南省财政厅收到子约公司的投诉后,根据《政府采购质疑和投诉办法》规定的投诉处理程序,于 2018 年 11 月 7 日受理投诉,后向千君信公司及相关当事人发送投诉书副本,暂停采购活动,听取双方意见,审查双方提交的证据材料,并要求设备生产方上海浩视公司对设备参数进行说明,最终于 2018 年 12 月 6 日依据《政府采购质疑和投诉办法》第二十九条第(二)项的规定作出 1773 号决定,适用法律、法规正确,程序合法。

二、子约公司投诉农垦公司所投产品技术参数不符合招标文件要求,涉嫌提供虚假材料谋取中标的投诉事项,有无事实根据和法律依据。

根据《中华人民共和国招标投标法》第三十三条"投标人不得以低于成本的报价竞标,也不得以他人名义投标或者以其他方式弄虚作假,骗取中标"及《中华人民共和国招标投标法实施条例》(2018 修正)第四十二条"投标人有下列情形之一的,属于招标投标法第三十三条规定的以其他方式弄虚作假的行为:(一)使用伪造、变造的许可证件;(二)提供虚假的财务状况或者业绩;(三)提供虚假的项目负责人或者主要技术人员简历、劳动关系证明;(四)提供虚假的信用状况;(五)其他弄虚作假的行为"的规定,子约公司提供的网络查询材料,不足以证明农垦公司存在上述法律规定的弄虚作假的行为。

根据《中华人民共和国招标投标法》第四十条"评标委员会应当按照招标文件确定的评标标准和方法,对投标文件进行评审和比较"的规定,确定是否中标的核心环节评标,是对投标文件的真实性、合法性、对应性进行书面审查,而不是去实地现场查看、检验、鉴定投标设备。如上所述,评标委员会全部专家一致认为农垦公司投标文件所载设备主要规格及技术性能完全满足招标文件的要求,而子约公司提供的证据材料不足以推翻专家评审结果。此外,农垦公司实际交付的设备参数是否与投标文件一致,是否符合招标文件的要求,则是后续合同履行问题,不再属于招投标法律关系,应由合同法调整。

由此可见,子约公司投诉农垦公司所投产品技术参数不符合招标文件要求,涉嫌提供虚假材料谋取中标的投诉事项,没有事实根据和法律依据。

三、子约公司的串标主张,有无事实根据和法律依据。

子约公司主张农垦公司的代表人黄兹青和海南天磊生物科技有限公司的代表人刘然同

为海南言成实业有限公司员工,二人存在串标行为。但本案中,子约公司向海南省财政厅投诉时并未提出该主张,即该主张与海南省财政厅作出的 1773 号决定缺乏关联性。而且,在不能证明二人存在《中华人民共和国招标投标法实施条例》(2018 修正)第四十条"不同投标人委托同一单位或者个人办理投标事宜"规定的情形,即二人是职务行为还是个人行为尚不确定的情况下,子约公司仅以员工身份主张二人存在串标行为,缺乏事实根据和法律依据。

综上,一审判决认定事实清楚,适用法律、法规正确,应予维持。

子约公司的上诉请求和理由不能成立,应予驳回。依照《中华人民共和国行政诉讼法》第八十九条第一款第(一)项的规定,判决如下:

驳回上诉,维持原判。

二审案件受理费 50 元,由上诉人海南子约仪器设备有限公司负担。

本判决为终审判决。

审 判 长　郑怀全
审 判 员　赵道远
审 判 员　刘利红
二〇一九年十二月十三日
法官助理　王洪玉
书 记 员　赖丽安

长沙市天之音乐器有限公司
与湖南省常德市财政局、湖南省财政厅
政府采购（招投标）投诉处理决定、行政复议决定案

【案件提要】

本案是对采购文件、采购过程的投诉处理决定提起行政诉讼的案例。涉案采购项目发布公开招标公告，天之音公司提出质疑。代理机构作出质疑不成立的回复函。在开标、评标、定标后，天之音公司收到质疑回复，随后向财政部门投诉。经复议后，天之音公司提起了本案诉讼。案件争议问题涉及四个投诉事项，其中一项是：采购人、代理机构认为质疑不成立，是否应当暂停采购活动？法院认为，只有在采购人、采购代理机构认为供应商的质疑成立时，才会出现澄清或者修改采购文件后继续开展或重新开展采购活动的行为，而采购人、代理机构不认为供应商的质疑成立，并对质疑进行回复后，不暂停采购活动不构成程序违法。还有一项是，采购文件要求提供"售后服务的证明文件"是否违反《政府采购货物和服务招标投标管理办法》第十七条规定？法院认为，本案中采标文件要求提供"售后服务的证明文件"并不是"投标人资格条件"，而是评审因素。"资格条件"系是否有权参与投标，而"评审因素"系能否中标的衡量条件，故判决不违法。关于采购文件将 ISO9001 质量管理体系和 ISO14001 环境管理体系作为评分条件是否与合同履行无关的一项问题，法院认为，ISO9001 质量管理体系与 ISO14001 环境管理体系不在国务院取消的资格许可和认定事项目录内，两项认证可以作为评审因素，不属于以不合理的条件对供应商实行差别待遇。故法院判决驳回天之音公司诉讼请求。

【判决正文】

长沙铁路运输法院
行政判决书

〔2019〕湘 8601 行初 317 号

原告长沙市天之音乐器有限公司，住所地（略）。
法定代表人罗某。
委托诉讼代理人陈某。
委托诉讼代理人彭某。

被告常德市财政局,住所地(略)。

法定代表人杨某。

出庭负责人陈某。

委托诉讼代理人陈某。

委托诉讼代理人曹某。

被告湖南省财政厅,住所地(略)。

法定代表人石某。

委托诉讼代理人何某。

第三人常德市伟恒招标咨询有限公司,住所地(略)。

法定代表人胡某。

第三人湖南幼儿师范高等专科学校,住所地(略)。

法定代表人曹某。

委托诉讼代理人张某。

委托诉讼代理人曾某。

原告长沙市天之音乐器有限公司(以下简称天之音公司)不服被告常德市财政局、湖南省财政厅(以下简称省财政厅)及第三人常德市伟恒招标咨询有限公司(以下简称伟恒公司)、湖南幼儿师范高等专科学校(以下简称湖南幼师)财政投诉处理决定及行政复议一案,于2019年7月25日向本院提起行政诉讼。本院于2019年7月26日立案后,向被告常德市财政局、湖南省财政厅送达了起诉状副本及应诉通知书。本院依法组成合议庭,于2019年9月16日公开开庭审理了本案。原告天之音公司的委托诉讼代理人陈某、彭某,被告常德市财政局副局长陈某及委托诉讼代理人陈某、曹某,被告省财政厅的委托诉讼代理人何某,第三某伟恒公司的法定代表人胡某,第三人南幼师的委托诉讼代理人张某、曾某,到庭参加诉讼。本案现已审理终结。

常德市财政局于2019年4月1日作出常财检〔2019〕5号《政府采购投诉处理决定书》(以下简称《投诉处理决定书》),认为天之音公司投诉的事项缺乏事实依据,根据《政府采购质疑和投诉办法》第二十九条规定,决定驳回天之音公司的投诉。省财政厅于2019年7月10日作出湘财复议〔2019〕60号《行政复议决定书》(以下简称《复议决定书》),认为常德市财政局作出的《投诉处理决定书》事实清楚,适用法律正确,对常德市财政局作出的《投诉处理决定书》予以维持。

天之音公司诉称:1. 2019年1月25日,天之音公司针对招标文件中歧视性、倾向性、限制性违法条款,损害其合法权益提出质疑。伟恒公司、湖南幼师收到质疑书后应当依法暂停采购活动,但伟恒公司、湖南幼师未暂停采购活动。常德市财政局在处理天之音公司投诉时,并没有依法认定被投诉人程序违法。2. 根据《政府采购货物和服务招标投标管理办法》第二十二条第一款之规定,天之音公司认为此次采购的产品完全能用文字描述表达采购要求,天之音公司就招标文件要求提供样品提出的质疑合理合法,常德市财政局对此投诉处理不当。3. 投标产品的制造商有ISO9001质量管理体系和ISO4001环境管理体系认证与中标人履行合同没有关联性,天之音公司认为将"投标商品的制造商有ISO9001质量管理体系和 ISO4001 环境管理体系认证"作为评分条件,有违《政府采购实施条例》第二十二条第二款之规定。综上,请求法院撤销常德市财政局作出的《投诉处理决定书》和省财政厅作出的《复议决定书》,责令常德市财政局重新作出投诉处理决定。

天之音公司向本院提交了以下证据:

1. 湘财复议〔2019〕60 号《行政复议决定书》;2. 行政复议申请书;3. 质疑书;4."质疑"回复函;5. 回复函签收表;6. 投诉书;7. 常财检〔2019〕5 号《政府采购投诉处理决定书》。

证据 1—7 拟证明:天之音公司依法作出质疑、投诉,对质疑回复、行政复议不服,依法提出诉求。另当庭提供相关省份对政府采购的负面清单作为参考依据,拟证明将资格设置为评分因素是不合规定的。

常德市财政局辩称:1. 伟恒公司、湖南幼师认为天之音公司的质疑不成立,故未暂停采购活动。常德市财政局认定天之音公司的投诉事项不成立,认定事实清楚,适用法律正确。2. 招标文件中要求提供样品的要求符合采购项目的具体特点和实际需要,常德市财政局对该投诉的处理合法合理。3. 将"投标商品的制造商有 ISO9001 质量管理体系和 ISO4001 环境管理体系认证"作为评审因素符合《中华人民共和国政府采购法》第几条的规定,故天之音公司该项投诉的理由也不能成立。综上,请求法院依法驳回天之音公司的诉讼请求。

常德市财政局向本院提交了以下证据、依据:

1. 投诉书正本;拟证明天之音公司向常德市财政局提出投诉。2. 质疑回复函邮寄证明及物流信息;拟证明代理机构答复供应商质疑。3. 投诉受理通知书及送达回证;拟证明常德市财政局受理投诉。4. 投诉答复通知书及送达回证;拟证明常德市财政局将投诉书送达相关当事人。5. 关于"湖南幼儿师范高等专科学校电钢琴双向视频集体课室建设项目"的情况说明;拟证明采购人答复投诉书的投诉内容。6. 关于"湖南幼儿师范高等专科学校电钢琴双向视频集体课室建设项目"的情况说明;拟证明代理机构答复投诉书投诉内容。7. 投诉答复说明书;拟证明相关供应商答复投诉书投诉内容。8. 暂停采购活动通知书及送达回证;拟证明常德市财政局收到投诉后暂停该项目政府采购活动。9. 政府采购投诉处理决定书及送达回证;拟证明常德市财政局依法下达投诉处理决定。10. 恢复采购活动通知书;拟证明投诉处理完成后恢复该项目政府采购活动。11. 政府采购招标文件;拟证明要求提供样品的设置合理。12. 电钢琴双向视频集体课室建设采购项目详细需求信息;拟证明招标文件要求提供样品的投诉事项处理合法合理。13. 国务院关于取消一批职业资格许可和认定事实的决定(国发〔2016〕68 号);拟证明将"投标产品的制造厂家具有 ISO9001 质量管理体系认证、ISO4001 环境管理体系认证"列为评审因素合法合理。14.《中华人民共和国采购法》《中华人民共和国政府采购法实施条例》《政府采购货物和服务招标投标管理办法》(财政部令第 87 号)《政府采购非招标采购方式管理办法》(财政部令第 74 号)《政府采购质疑和投诉办法》(财政部令第 49 号),拟证明财政部门有权依法作出政府采购执法决定。

省财政厅辩称,省财政厅作出的《复议决定书》程序合法,证据确凿,适用法律、法规正确,内容合法,请求法院依法驳回天之音公司的诉讼请求。

省财政厅向本院提交了以下证据:

1. 行政复议申请书及授权委托书;2. 行政复议申请接收单;3. 行政复议答复通知书及邮寄凭证;4. 行政复议答复书;5. 延期作出行政复议决定告知书及邮寄凭证、送达回证;6. 行政复议决定书及邮寄凭证。

证据1—6拟证明:常德市财政局作出行政复议决定程序合法。

7. 行政复议答复证据清单;8. 电钢琴双向视频集体课室建设采购项目详细需求信息。

证据7—8拟证明:常德市财政局作出行政复议决定内容合法。

伟恒公司述称,同意常德市财政局、省财政厅的答辩意见。

湖南幼师述称:1. 湖南幼师所进行的政府采购活动符合法律规定。2. 湖南幼师发布的招标文件符合法律规定。3. 常德市财政局作出的《投诉处理决定书》事实清楚,程序合法。综上,请求法院驳回天之音公司全部诉讼请求。

湖南幼师向本院提交了以下证据:

1. 电钢琴双向视频集体课室建设-公开招标公告(2018年8月4日);拟证明招标代理公司依法发布招标公告。2. 天之音公司的质疑书及法定代表人身份证明、营业执照、接收回执;拟证明招标公告发布后,天之音公司就招标文件提出质疑。3. "质疑"回复函;拟证明湖南幼师经与招标代理公司沟通后,由伟恒公司针对天之音公司的质疑作出代理回复。4. 电钢琴双向视频集体课室建设-更正公告;拟证明湖南幼师就招标文件进行了更正。5. 天之音公司的投诉书及法定代表人身份证明、营业执照;拟证明天之音公司对质疑回复不服,向常德市财政局提出投诉。6. 投诉答复通知书、暂停采购活动通知书;拟证明常德市财政局收到天之音公司的投诉后,向湖南幼师下达了投诉答复通知书和暂停采购活动通知书。7. 电钢琴双向视频集体课室建设-废标(终止)公告;拟证明湖南幼师委托招标代理机构发布了本次招标终止的公告。8.《政府采购投诉处理决定书》常财检〔2018〕13号;拟证明常德市财政局向天之音公司的投诉作出的处理决定。9. 电钢琴双向视频集体课室建设-公开招标公告(2019年1月24日);拟证明湖南幼师再次启动招标程序。10. 质疑书;拟证明天之音公司再次提出质疑。11. 质疑回复函;拟证明针对质疑再次进行回复。12. 投诉书;拟证明天之音公司针对质疑回复不服再次向常德市财政局投诉。13. 投诉答复通知书;拟证明常德市财政局收到天之音公司的投诉后,向湖南幼师下达了投诉答复通知书。14. 关于"湖南幼儿师范高等专科学校电钢琴双向视频集体课室建设项目"的情况说明;拟证明湖南幼儿师范针对投诉进行了答复。15. 关于"湖南幼儿师范高等专科学校电钢琴双向视频集体课室建设项目"的情况说明;拟证明招标代理机构针对投诉进行了答复。16. 暂停采购活动通知书;拟证明常德市财政局向湖南幼师下达暂停采购的通知。17.《政府采购投诉处理决定书》常财检〔2019〕5号;拟证明常德市财政局向天之音公司的投诉作出了处理决定。18. 恢复采购活动通知书;拟证明常德市财政局向湖南幼师下达恢复采购的通知。19. 电钢琴双向视频集体课室建设-合同公告;拟证明招标代理机构依法发布合同公告。

证据1—19拟证明:湖南幼师发布招标公告符合法律规定。

20.《中华人民共和国政府采购法》《中华人民共和国政府采购法实施条例》《政府采购货物和服务招标管理办法》《政府采购质疑和投诉办法》;拟证明湖南幼师及招标代理机构制定的招标文件并未违反相关法律规定。21. 张家界中级人民法院〔2015〕张中行终字第71号行政判决书;拟证明天之音公司多次未报名而提出质疑、投诉。

经庭审质证,天之音公司对常德市财政局提出的证据的质证意见为:对以上证据真实性、合法性无异议,对证明目的有异议。质量和环境体系认证与此次招标不具关联性,且有省份规定不能作为招标的因素。投诉答复说明书也没有正面回应原告的投诉事项。样品的评分标准有五点,每一项五分,都是针对音乐教学互动平台的,对电子琴本身并没有设置评分标准。要求电子琴作为样品提供,实际是演示工具,将电子琴音色、音质作为评分标准,但该判断标准不具体,且对评委是否能对样品演示作出专业性判断存疑,故对样品25分的评分设置不合理。招标文件第八章中对于音乐互动平台设置了详细的采购需求,因此无需提供样品,且在交付时可以对相关招标条件进行评定。

湖南省财政厅、湖南幼师、伟恒公司对常德市财政局提出的证据的质证意见为:对以上证据的三性均无异议。

天之音公司对省财政厅提出的证据的质证意见为:对以上证据的三性无异议,对证明目的有异议。证据8可以证明伟恒公司、湖南幼师对于采购需求已经做了详细的描述。

常德市财政局、湖南幼师、伟恒公司对湖南省财政厅提出的证据的质证意见为:对以上证据的三性均无异议。

常德市财政局、省财政厅、湖南幼师对天之音公司提交的证据的质证意见为:对上述证据的真实性、合法性无异议、关联性有异议。回复和处理决定均合理合法,天之音公司所列举证据不能证明其所说的事实和理由。

伟恒公司对天之音公司提交的证据的质证意见为:对以上证据的三性均无异议。

天之音公司对湖南幼师提交的证据的质证意见为:对以上证据的三性均无异议,证明目的有异议。湖南幼师提交的证据与本案无关,张家界的判例是在87号令生效之前的情况,本案发生在87号令生效之后。

常德市财政局、省财政厅、伟恒公司对湖南幼师提出的证据的质证意见为:对以上证据的三性均无异议。

本院对上述证据认证如下:湖南幼师提供的证据1—8,证据21与本案不具关联性,不能作为本案定案证据。天之音公司、常德市财政局、省财政厅及湖南幼师提交的其他证据的真实性、合法性、关联性,本院予以认可,依法作为本案定案证据。对上述证据的证明目的,本院结合当庭陈述综合予以认定。

经审理查明,2019年1月24日,伟恒公司接受湖南幼师委托,在中国湖南政府采购网上发布了"湖南幼儿师范高等专科学校电钢琴双向视频集体课教室建设"采购项目的公开招标公告,开标时间定于2019年2月14日。2019年1月27日,伟恒公司、湖南幼师收到天之音公司提交的质疑书,2019年2月11日伟恒公司作出《质疑回复函》,认为天之音公司的质疑均不能成立,并于当日将质疑回复函邮寄天之音公司。2019年2月14日,该项目开标、评标、定标。2019年2月15日,天之音公司收到伟恒公司作出的《质疑回复函》,回天之音公司对《质疑回复函》不满意,于2019年2月25日向常德市财政局进行了投诉,投诉内容:1. 伟恒公司、湖南幼师在收到天之音公司的质疑后,认为质疑事项不成立的,应该在确认天之音公司收到质疑回复后满15个工作日没有进行投诉,才可继续开展采购活动,而伟恒公司、湖南幼师在没有确认天之音公司收到质疑回复函前就开展采购活动,程序违法;2. 本次采购的产品完全能用文字描述表达需求,而招标文件要求提供的样品,不是完整产品仅是辅助单元软件,无法进行封存,且一个采购金额不足 5% 辅助单元软件评分分值高达 25%,显然不合理,目的是为了人为操纵招标结果;3. 招标文件要求提供"售后服务的证明文件"明显是资格性要求,明显违反《政府采购货物和服务招标投标管理办法》第十七条规定;4. 将"投标商品的制造商有 ISO9001 质量管理体系和 ISO4001 环境管理体系认证"作为评分条件,明显与中标人履行合同无关。请求终止项目采购,宣布开标结果无效,对违法行为人进行处罚。2019 年 3 月 6 日,常德市财政局暂停了"湖南幼儿师范高等专科学校电钢琴双向视频集体课教室建设"项目采购活动。经调查,2019 年 4 月 1 日,常德市财政局作出《投诉处理决定书》,对天之音公司的投诉事项答复如下:1. 根据《政府采购质疑和投诉办法》第二十八条,暂停采购活动是财政部门处理投诉事项期间视情况作出,政府采购法未规定采购人和采购代理机构在质疑期间应该暂停采购活动,因此伟恒公司、湖南幼师按照招标文件规定的开标时间进行开标活动,符合相关规定;2. 招标文件要求提供的样品是"电子琴以及配套音乐教学互动平台",并非天之音公司所说的要求提供的样品仅是辅助单元软件(音乐互动平台软件),且该软件可以通过 U 盘、移动硬盘封存,并非天之音公司所说无法封存,且乐器技术复杂、音色性质特殊,需要通过演示来判断能否满足需求,电子琴以及配套音乐教学互动平台采购预算金额为 119.6 万元,占总预算的 69.98%,评分分值设置 25 分符合采购项目的具体特点和实际需要。3. 要求提供售后服务证明文件是为了采购人获得良好的售后服务,且没有限定要生产厂家提供,只要投标人自身能证明即可;4. 将"投标商品的制造商有 ISO9001 质量管理体系和 ISO4001 环境管理体系认证"作为评审因素一方面体现供应商服务水平,也符合《中华人民共和国政府采购法》第九条的规定;综上,常德市财政局驳回了天之音公司的投诉。2019 年 4 月 4 日,常德市财政局恢复了"湖南幼儿师范高等专科学校电钢琴双向视频集体课教室建设"项目采购活动。

天之音公司不服,向省财政厅提起行政复议。2019 年 4 月 12 日,省财政厅收到天之音公司的《行政复议申请书》,并于当日立案。2019 年 6 月 11 日,省财政厅作出《延期作出行政复议决定告知书》,并分别送达天之音公司和常德市财政局。2019 年 7 月 10 日,省财政厅作出《行政复议决定书》,认定常德市财政局对天之音公司投诉事项作出的处理事实认定清楚,适用法律正确,决定维持常德市财政局作出的《投诉处理决定书》。天之音公司不服,遂提起本案诉讼。

另查明,该项目招标文件第 23 页载明,样品分值为 25 分,评分标准系建立在电子钢琴以及配套音乐教学活动平台之上,投标人需按评分标准演示音乐教学互动平台功能得分。该项目招标文件第 67 页载明的"投标人资格条件"一栏中,无"要求提供经销或代理投标货物或为投标货物提供售后服务的证明文件"的要求,该要求在"投标文件的编写"一栏之中,在评分表中具体为提供售后服务维修站点的相关资料,提供售后服务方案。

本院认为,根据《政府采购质疑和投诉办法》的规定,常德市财政局具有对天之音公司的投诉作出《投诉处理决定书》的法定职权。

对天之音公司向常德市财政局提出的四项投诉,分述如下:

一、关于伟恒公司、湖南幼师采购程序违法的投诉。

《政府采购质疑和投诉办法》第十六条规定："采购人、采购代理机构认为供应商质疑不成立，或者成立但未对中标、成交结果构成影响的，继续开展采购活动；认为供应商质疑成立且影响或者可能影响中标、成交结果的，按照下列情况处理：（一）对采购文件提出的质疑，依法通过澄清或者修改可以继续开展采购活动的，澄清或者修改采购文件后继续开展采购活动；否则应当修改采购文件后重新开展采购活动。（二）对采购过程、中标或者成交结果提出的质疑，合格供应商符合法定数量时，可以从合格的中标或者成交候选人中另行确定中标、成交供应商的，应当依法另行确定中标、成交供应商；否则应当重新开展采购活动。"故只有在采购人、采购代理机构认为供应商的质疑成立时，才会出现澄清或者修改采购文件后继续开展或重新开展采购活动的行为。本案中，伟恒公司、湖南幼师并不认为天之音公司的质疑成立，其对天之音公司的质疑进行回复后，按招标文件的规定开标，程序并未违法。且伟恒公司的回复告知了天之音公司对质疑答复不满意可向同级财政部门提起投诉的救济途径，如果伟恒公司、湖南幼师的招标存在问题，也可在后续的投诉过程中，由财政部门依据《政府采购质疑和投诉办法》第二十八条之规定暂停其采购。

二、关于招标文件要求提供样品、辅助单元软件无法封存及样品评分所占权重过重的投诉。

《政府采购货物和服务招标投标管理办法》第二十二条规定，采购人、采购代理机构一般不得要求投标人提供样品，仅凭书面方式不能准确描述采购需求或者需要对样品进行主观判断以确认是否满足采购需求等特殊情况除外。本案中，采购项目为"电钢琴双向视频集体课教室建设"，通过电子钢琴与辅助单元进行现场演示才能更直观的判断其是否能满足教学需求，故采购人要求供应商提供样品并不违反相关规定。且不论是评分标准还是样品提供，采购人均是对"电子琴以及配套音乐教学互动平台"提出要求，并非天之音公司所说仅对辅助单元软件进行评分。电子琴以及配套音乐教学互动平台采购预算超总预算的50%，是此次采购的主要内容，其占25%的评分权重并无不当。而辅助单元软件可用移动介质封存，不存在天之音公司所说的无法封存的问题。

三、招标文件要求提供"售后服务的证明文件"违反《政府采购货物和服务招标投标管理办法》第十七条规定的投诉。

《政府采购货物和服务招标投标管理办法》第五十五条第二款规定："评审因素的设定应当与投标人所提供货物服务的质量相关，包括投标报价、技术或者服务水平、履约能力、售后服务等。资格条件不得作为评审因素。评审因素应当在招标文件中规定。"本案中，"要求提供经销或代理投标货物或为投标货物提供售后服务的证明文件"的要求，具体为"提供售后服务维修站点的相关资料，提供售后服务方案"，该要求的提出属采买服务时的正常需求，且该要求并非"投标人资格条件"，而系评审因素。"资格条件"系是否有权参与投标，而"评审因素"系能否中标的衡量条件，故涉案招标文件并不违反《政府采购货物和服务招标投标管理办法》第十七条之规定。

四、将"投标商品的制造商有ISO9001质量管理体系和ISO4001环境管理体系认证"作为评分条件与中标人履行合同无关的问题。

ISO9001质量管理体系认证在一定程度上能反映供应商的服务水平，企业环保生产在

《中华人民共和国政府采购法》中也有明文规定,这两项要求并非投标人资格要求,不属于以不合理的条件对供应商实行差别待遇或歧视,是对供应商履行合同提出的合理要求,与中标人履行合同存在关系。

故常德市财政局作出的《投诉处理决定书》和湖南省财政厅作出的《复议决定书》事实清楚,处理得当。天之音公司提出的起诉理由缺乏事实与法律依据,本院均不予支持。

根据《政府采购质疑和投诉办法》第二十一条、二十六条、二十八条,《中华人民共和国行政复议法》第三十一条;结合本案案情,常德市财政局、省财政厅作出的行政行为程序合法。

综上,依照《中华人民共和国行政诉讼法》第六十九条之规定,判决如下:

驳回原告长沙市天之音乐器有限公司的全部诉讼请求。

案件受理费50元,由原告长沙市天之音乐器有限公司承担。

如不服本判决,可在判决书送达之日起十五日内,向本院递交上诉状,并按对方当事人的人数提出副本,上诉于湖南省长沙市中级人民法院。

审　判　长　陈　永

人民陪审员　胡伟俊

人民陪审员　张兰英

二〇一九年九月十六日

法官助理　尹　馨

书　记　员　周依洁

【后续案例】

湖南省长沙市中级人民法院〔2020〕湘8601行申1号再审审查与审判监督行政裁定书。

安徽省鹏徽物业管理有限公司
与安徽省铜陵市义安区财政局、铜陵市财政局
政府采购（招投标）投诉处理决定、行政复议决定案

【案件提要】

本案是对采购结果的投诉处理决定提起行政诉讼的案例。涉案采购项目发布中标结果，鹏徽公司中标。有供应商提出质疑和投诉。经行政复议，财政部门重新作出投诉处理决定，责令评标委员会按无效标处理。鹏徽公司不服提出行政复议，财政部门再次重新作出处理决定，认定鹏徽公司的报价中的用工待遇未按招标文件要求予以实质性响应，违反劳动法关于劳动者相关待遇保护的规定，不符合本地区政府关于劳动者最低工资保障的规定，责令采购人重新开展采购活动。在经行政复议后，鹏徽公司提起本案诉讼。法院经审理认为，鹏徽公司报价未实质性响应招标文件的规定，评审委员会评定鹏徽公司为中标人，显然系采购过程存在错误且影响中标结果的情形，财政部门决定采购人重新开展采购活动，合乎法律规定。

【判决正文】

安徽省铜陵市中级人民法院
行政判决书

〔2019〕皖 07 行终 26 号

上诉人（一审原告）安徽省鹏徽物业管理有限公司，住所地（略）
法定代表人赵某。
委托代理人查某。
被上诉人（一审被告）铜陵市义安区财政局，住所地（略）。
法定代表人陈某。
委托代理人周某。
委托代理人王某。
被上诉人（一审被告）铜陵市财政局，住所地（略）。
负责人黄某。
委托代理人周某。

委托代理人余某。

上诉人安徽省鹏徽物业管理有限公司(以下简称鹏徽公司)因行政管理(财政)行政撤销一案,不服安徽省铜官区人民法院〔2018〕皖0705行初51号行政判决,向本院提起上诉。本院依法组成合议庭,于2019年3月29日公开开庭审理了本案。上诉人鹏徽公司委托代理人查某,被上诉人铜陵市义安区财政局(以下简称义安区财政局)出庭负责人周某、委托代理人周某、王某,被上诉人铜陵市财政局(以下简称市财政局)出庭负责人刘某、委托代理人余某到庭参加诉讼。本案现已审理终结。

一审法院审理查明,铜陵市中西医结合医院物业管理(保洁、运送、保安等)项目,编号2017CGF0290为政府采购项目。2017年5月19日,该案涉采购项目中标结果发布,鹏徽公司中标。2017年5月11日,江西五合华居物业发展有限公司(以下简称五合公司)向采购人提出质疑。2017年5月17日,采购人回复质疑,认为结果正确有效。五合公司向义安区财政局投诉。2017年7月6日,义安区财政局作出〔2017〕义采字第5号《投诉处理决定书》,驳回五合公司投诉。2017年7月24日,五合公司向义安区政府申请复议。2017年10月23日,义安区政府作出义复决〔2017〕3号《行政复议决定书》,撤销义安区财政局作出的投诉处理决定,责令义安区财政局重新作出处理决定。2017年12月21日,义安区财政局重新作出〔2017〕义采字第11号《投诉处理决定书》,决定责令评标委员会按无效标处理。2018年2月12日,鹏徽公司向义安区政府申请复议。2018年4月10日,义安区政府作出义复决〔2018〕2号《行政复议决定书》,决定撤销义安区财政局第二次投诉处理决定,责令重新作出处理决定。2018年6月7日,义安区财政局再次重新作出〔2018〕义采字第4号《投诉处理决定书》,该《投诉处理决定书》审查查明:1.本项目招标文件"(三)投标书的编制部分13.4招标文件商务要求和技术参数前如标有★号,则表示该参数为关键性商务或技术参数,投标人必须无条件满足,否则该投标人的投标书在评审中将被淘汰。"(三)物业管理要求中,总体要求部分'★1.按铜陵市中西医结合医院物业管理的总体需求,总用工人数为62人。……用工待遇应遵守国家和铜陵市义安区政府规定'负责支付人员的工资、津贴、各种社会保险及各项费用'。"2.本项目招标文件规定了控制价为每年145万,两年共计290万,规定总用工人数为62人。用工待遇应遵守国家和铜陵市义安区政府规定,并对室内清洁工、治安保安、物业经理三类人员的工资作出强制性规定,明确此三类人员"自主报价时不得低于控制标准,否则作为废标处理"。第一预中标人鹏徽公司商务报价为1 988 328.06元,对上述三类人员工资控制价作出响应,但明确室外清洁工、垃圾清运、监控管理人员、车辆指挥人员、电梯工、水工、污水处理工、电工等人员的工资为每人300元/月。3.本项目评标(审)时间为2017年5月10日。〔2018〕义采字第4号《投诉处理决定书》认为,招标文件对用工人数、用工性质、用工基本条件、年龄结构、用工待遇及物业服务人员工作时间、内容等商务或技术参数均有明确要求,62人工作岗位也均已对应设定,且在岗工作时间大部分已确定。第一预中标人投标书除对三类人员工资控制价作出响应外,其他各类人员的工资报价均为300元/月。按照现行《安徽省工资支付规定》第八条、省政府办公厅《关于调整全省最低工资标准的通知》(皖政办〔2015〕57号)和《铜陵县人民政府办公室关于调整我县最低工资标准的通知》(铜政办〔2015〕125号)规定,2016年县改区后,最低工资标准由每人每月1 150元调整为

1 350 元,非全日制用工小时最低工资标准由每人每小时 12 元调整为 14 元,故第一预中标人不论采用全日制、非全日制等用工形式,300 元/月所对应的日工作时间不能满足招标文件中确定的物业服务内容、标准和要求。其中监控人员和电梯工(共 10 人)按 300 元/月报价,明显违反义安区最低工资标准的规定,与按 1 350 元/月的最低工资标准要求报价相比,减少 24 万元左右。其报价中的用工待遇未按招标文件要求予以实质性响应,违反劳动法关于劳动者相关待遇保护的规定,不符合铜陵市义安区人民政府关于劳动者最低工资保障的规定。根据本项目招标文件(三)13.4 的规定,即招标文件商务要求和技术参数前如标有★号,则表示该参数为关键性商务或技术参数,投标人必须无条件满足,否则该投标人的投标书在评审中将被淘汰。而鹏徽公司的报价中关于用工待遇问题,未能满足招标文件的总体要求中标有★号内容。义安区财政局认为,结合本项目的招标文件(三)13.4 的规定及《安徽省政府采购监督管理办法》第十九条的规定,鹏徽公司本次投标应在评审中被淘汰而未淘汰,故本次采购过程属于《政府采购供应商投诉处理办法》(财政部第 20 号令)第十九第一款规定的情形。义安区财政局再次重新作出决定如下:对于投诉人投诉"预中标人安徽省鹏徽物业管理有限公司的报价不符合国家有关法律、法规及行业标准"的事项,投诉事项查证属实。鉴于采购人铜陵市中西医结合医院关于本项目政府采购合同签订情况的事实说明,根据《政府采购供应商投诉处理办法》(财政部第 20 号令)第二条、第十七条第一款第三项和第十九第一款第一项之规定,责令采购人重新开展采购活动,并据此驳回投诉人的其他投诉请求。2018 年 7 月 30 日,鹏徽公司向市财政局申请复议。市财政局于 2018 年 10 月 22 日作出财行复〔2018〕1 号《行政复议决定书》,维持义安区财政局作出〔2018〕义采字第 4 号《投诉处理决定书》,驳回鹏徽公司其他复议事项。

一审法院审理认为,《政府采购法》第十三条规定:"各级人民政府财政部门是负责政府采购监督管理的部门,依法履行对政府采购活动的监督管理职责。"《政府采购供应商投诉处理办法》第三条规定:"县级以上地方各级人民政府财政部门负责本级预算项目政府采购活动中的供应商投诉事宜。"义安区财政局是负责政府采购监督管理的部门,依法履行对政府采购活动的监督管理职责,其执法主体合法。市财政局根据《中华人民共和国行政复议法》第十二条规定,依法履行复议职责,其主体合法。依据《政府采购供应商投诉处理办法》(财政部令第 20 号)第十九条第(一)项规定:"财政部门经审查,认定采购文件、采购过程影响或者可能影响中标、成交结果的,或者中标、成交结果的产生过程存在违法行为的,按下列情况分别处理:(一)政府采购合同尚未签订的,分别根据不同情况决定全部或者部分采购行为违法,责令重新开展采购活动……"鹏徽公司报价未实质性响应招标文件的规定,评审委员会评定鹏徽公司为中标人,显然系采购过程存在错误且影响中标结果的情形,义安区财政局依据上述规定,依法处理决定采购人重新开展采购活动,合乎法律规定。综上所述,义安区财政局依据查明的事实和《政府采购供应商投诉处理办法》第十九条第(一)项之规定,作出"责令采购人重新开展采购活动"的处理决定,事实认定清楚,适用法律正确,程序合法合规。市财政局根据《中华人民共和国行政复议法》第二十八条第一款规定,维持义安区财政局于2018 年 6 月 7 日作出的〔2018〕义采字第 4 号《投诉处理决定书》驳回鹏徽公司其他复议事项的财行复〔2018〕1 号《行政复议决定书》事实清楚,程序合法,适用法律正确。对鹏徽公司认为义安区财政局认定事实错误,适用法律不当,随意改变招标机构评审委员会专业评审结果,责令采购人重新开展采购活动的处理决定存在违规,缺乏事实和法律依据的诉讼主张,因其理由不能成立,且缺乏法律依据,本院不予支持。综上,据此,依照《中华人民共和国行政诉讼法》第六条、第六十九条之规定,判决驳回鹏徽公司的诉讼请求。案件受理费人民币50元公司负担。

鹏徽公司上诉称,一、一审法院事实认定不清,没有查明议案取财政局作为政府职能部门是否有审查、评价上诉人的投标文件是否符合招标文件的商务、技术等实质性要求的职责权限。鹏徽公司并不否认义安区财政局、市财政局作为政府职能部门依法具有监督管理职能,但是否能够有权直接认定鹏徽公司的投标文件不符合招标文件的商务、技术等实质性要求,从而作出〔2018〕义采字第4号《投诉处理决定书》及财行复〔2018〕1号《铜陵市财政局行政复议决定书》是本案处理的关键。2017年7月11日修订的《政府采购货物和服务招标投标管理办法》(财政部令第18号)第四十六条规定,评标委员会负责具体评标事务,并独立履行下列职责:(一)审查、评价投标文件是否符合招标文件的商务、技术等实质性要求;以及上位法《招投标法》第三十七条也规定,评标由招标人依法组建的评标委员会负责。由此可见,即使鹏徽公司的投标文件不符合招标文件的商务、技术等实质性要求,该部分应属于评标委员会的评标职能,而非义安区财政局、市财政局监督管理的职能范围。因此,本案的义安区财政局、市财政局无权去评价鹏徽公司的投标文件是否符合招标文件的商务、技术等实质性要求,并以此判断作出〔2018〕义采字第4号《投诉处理决定书》及财行复〔2018〕1号《铜陵市财政局行政复议决定书》。二、鹏徽公司投标文件符合项目招标文件的规定,招标文件仅对三类人员的工资报价做了最低工资控制要求,对三类人员之外的人员工资在投标报价时未做要求,鹏徽公司对三类人员之外的人员工资,根据企业自身的行业特点按300元/月的报价并不违反招标文件的规定,正因为如此,负责本次招标的评标委员会才正常开标、评标的。招标文件在P13页第五项评标、开标规则中的23.3的第4项和在P60页第十项评标细则中第7项对投标报价做了专项的、明确的约定,对人员工资的报价专门提出了控制要求,明确如果鹏徽公司未按P75页物业费用投标价一览表的要求进行报价,视为废标处理,而该报价表仅对三类人员工资作了要求。而投标文件的P29页总体要求第1项,投标人用工待遇要遵守国家规定是整个社会的法治要求,而不是个案中的商务要求或技术要求的参数,投标文件中没有明确投标人按上述要求报价,否则按废标处理。鹏徽公司在投标时可以根据自身进行合理报价,但也并不代表鹏徽公司用工时就违反《劳动法》等规定,事实上即使鹏徽公司想按照相关报价去招聘人员也不可能招录到劳动者。三、鹏徽公司对三类人员之外的人员工资报价是在根据自身行业特点及招标单位的工作特点进行详细核算而做出的合理报价,案外投诉人和义安区财政局、市财政局不能按自己主观臆测去评价鹏徽公司是否违反劳动法。鹏徽公司作为劳动密集型服务企业,必须从管理中创造效益,为降低成本必须采取多种灵活的用工形式,鹏徽公司根据招标文件中招标单位的考核管理规定来确定合理用工,在满足招标单位合同约定服务内容的前提下,合理地进行用工安排,如何安排用工是鹏徽公司内部管理规定,招标文件及招标人不能也不会把干涉鹏徽内部的管理作为评标的条件。鹏徽公司在中标后就与投标单位签订了临时服务协议,鹏徽公司按照本单位实际情况合理用工,对投标单位提供了优质的服务,用事实证明了一审法院事实认定错误。综上所述,请求二审法院在查明事实的基础上,依法支持鹏徽公司的上诉请求,并依法改判。上诉请求:1. 请求撤销铜官区人民法院〔2018〕皖 0705 行初 51 号行政判决,并依法支持一审全部诉讼请求。2. 本案的全部诉讼费用由义安区财政局、市财政局承担。

义安区财政局书面答辩称,一、园区财政局作为地方人民政府的财政部门,系监督审查采购活动的职能部门,依法有权审查并纠正采购活动,而评标委员会在投诉处理时只起协助作用,并无评定职能。《政府采购供应商投诉处理办法》(财政部令第 20 号)第十九条第(一)项规定:"财政部门经审查,认定采购文件、采购过程影响或者可能影响中标、成交结果的,或者中标、成交结果的产生过程存在违法行为的,按下列情况分别处理:(一)政府采购合同尚未签订的,分别根据不同情况决定全部或者部分采购行为违法,责令重新开展采购活动……"该法条对政府财政部门在投诉处理阶段的职责作了明确的规定,并非如鹏徽公司诉称的无权评价其投标文件。鹏徽公司在上诉状引用的法律条文是规范评标过程,不适用本案的投诉处理阶段。二、鹏徽公司投标文件中对室外清洁工等 8 类人员每人每月 300 元的工资报价,明显违反了义安区最低工资标准的规定,系未实质性响应招标文件规定的违规情形。案涉的政府采购项目《招标文件》第 13.4 条规定:"招标文件商务要求和技术参数前如标有★号,则表示该参数为关键性商务或技术参数,投标人必须无条件满足,否则该投标人的投标书在评审中将被淘汰。"《招标文件》标明★的第九章第三条第(一)项"总体要求"第一点规定:"用工待遇应遵守国家和铜陵市义安区政府规定,负责支付人员的工资、津贴、各种社会保险及各项费用。"本案招标文件对用工人数、用工性质、用工的基本条件、年龄结构、用工待遇及物业服务人员工作时间、内容等商务或技术参数均有明确要求,62 人工作岗位也均已对应设定,且在岗工作时间大部分已确定。如保洁时间每日 13—14 小时;监控人员身体健康、年龄要求 50 以下、24 小时值班,按 4 人报价;电梯工要坚守岗位、跟梯上下,即应视为与医院正常工作时间相同;开电梯工年龄五官端正、身体健康、40 岁以下,按 6 人报价,其中门诊引导员、扶梯迎宾员年龄须在 35 岁以下等等要求;故监控人员和电梯工等人员必须是劳动合同用工且是全日制用工,必须适用于义安区最低工资标准。鹏徽公司的报价中,监控人员和电梯工(共 10 人)按 300 元/月报价。义安区财政局认为,不论采用全日制用工、非全日制用工方式,采用通过建立劳动关系或与退休人员建立劳务关系方式,采用一人多职方式,均明显违反《安徽省工资支付规定》第八条、省政府办公厅《关于调整全省最低工资标准的通知》(皖政办〔2015〕57 号)、《铜陵县人民政府办公室关于调整我县最低工资标准的通知》(铜政办〔2015〕125 号)中关于最低工资标准这一强制性规定。由此可见,招标文件对三类人员之外的人员工资在投标时并非未作要求,而是以不同的形式做了明确要求。三、义安区财政局针对鹏徽公司就三类人员之外的人员工资报价,结合招标文件的规定做了简单的计算,即得出其明显违反了法律的强制性规定,也违反了义安区人民政府关于工资支付的规定,不是鹏徽公司诉称的主观臆断。至于鹏徽公司如何根据自身的行业特点针对招标文件报价,但不能突破法律的底线和政府的文件规定,否则劳动者合法权益必将受到侵害。作为监督部门的答辩人对此不能视而不见。综上,义安区财政局认为一审法院认定事实清楚,适用法律正确,判决结果准确。鹏徽公司的上诉无事实与法律依据,请求二审法院依法驳回鹏徽公司上诉诉请。

市财政局书面答辩称，一、一审判决事实认定清楚，义安区财政局、市财政局作为财政部门，依法应当履行对政府采购活动的监督管理职责，审查并纠正政府采购活动中的违法行为。《政府采购法》第十三条规定："各级人民政府财政部门是负责政府采购监督管理的部门，依法履行对政府采购活动的监督管理职责。"《政府采购货物和服务招标投标管理办法》第五十六条第（四）项规定："投标文件属下列情况之一的，应当在资格性、符合性检查时按照无效投标处理：……（四）不符合法律、法规和招标文件中规定的其他实质性要求的……"《政府采购货物和服务招标投标管理办法》第八十二条规定："有本办法规定的中标无效情形的，由同级或其上级财政部门认定中标无效。中标无效的，应当依照本办法规定从其他中标人或者中标候选人中重新确定，或者依照本办法重新进行招标。"《政府采购供应商投诉处理办法》（财政部令第20号）第十九条第（一）项规定："财政部门经审查，认定采购文件、采购过程影响或者可能影响中标、成交结果的，或者中标、成交结果的产生过程存在违法行为的，按下列情况分别处理：（一）政府采购合同尚未签订的，分别根据不同情况决定全部或者部分采购行为违法，责令重新开展采购活动……"上述规定均已明确财政部门依法具有监督管理政府采购活动的职能，包括处理投诉并在投诉处理中审查采购文件、采购过程、中标成交结果等，对采购过程中存在的错误具有处理权利，可以依法认定中标无效或责令重新开展采购活动。因此，义安区财政局、市财政局监督审查案涉采购项目，在发生鹏徽公司未实质性响应招标文件的规定却仍被评定为中标候选人的明显错误情况时，依法纠正采购过程中的错误，完全符合法律规定和法定职责。而鹏徽公司认为义安区财政局、市财政局无权评定鹏徽公司是否符合招标文件规定并作出处理决定，缺乏法律依据，该上诉理由不能成立。二、鹏徽公司投标文件中对室外清洁工等8类人员每人每月300元的工资报价，违反了义安区最低工资标准的规定，系未实质性响应招标文件规定的违规情形。案涉的政府采购项目《招标文件》第13.4条规定："招标文件商务要求和技术参数前如标有★号，则表示该参数为关键性商务或技术参数，投标人必须无条件满足，否则该投标人的投标书在评审中将被淘汰。"《招标文件》标明★的第九章第三条第（一）项"总体要求"第一点规定："用工待遇应遵守国家和铜陵市义安区政府规定，负责支付人员的工资、津贴、各种社会保险及各项费用。"上述规定属于《招标投标法》第十九条第一款规定的投标文件实质性要求，所以投标人必须响应招标文件的上述规定，按国家和铜陵市义安区关于工资标准的规定进行报价，不得低于铜陵市义安区最低的工资标准。同时，《招标文件》对用工人数、用工性质、用工基本条件、年龄结构、用工待遇、工作时间等已作明确规定，如室外保洁时段为6:30—21:00，监控人员50周岁以下、24小时值班，电梯工坚守岗位、跟梯上下，车场指挥人员24小时值班，工程24小时应急、10分钟到场等，上诉人在《商务部分投标书》中明确表示可以满足上述要求，但室外清洁工、垃圾清运、监控管理人员（24小时值班）、车辆指挥人员、开电梯工、水工、污水处理工、电工8类人员工资报价仅为每人每月300元。按照《铜陵县人民政府办公室关于调整我县最低工资标准的通知》（铜政办〔2015〕125号）规定，2016年铜陵县改义安区后，最低工资标准为每人每月1350元，非全日制用工小时最低工资为每人每小时14元。按上述规定，鹏徽公司不论采取全日制还是非全日制用工、建立劳动关系还是建立劳务关系，都必须依法保证所有人员的工资不得低于每人每月 1 350 元或每人每小时 14 元的义安区最低工资标准,但是鹏徽公司报价中室外清洁工等 8 类人员每人每月的工资标价仅为 300 元,结合岗位要求可以明确该报价明显低于义安区的最低工资标准,该报价既不符合义安区政府的规定,也未响应招标文件实质性的规定,导致鹏徽公司报价降低,影响了中标结果,属于财政部门应予纠正的情形。政府采购的招投标活动必须遵循国家有关的法律规定,不得违反国家相关法律规定。政府采购作为一种交易行为,必须符合国家有关的法律规定,当然包括《劳动法》的规定。根据《劳动法》第四十八条规定:"国家实行最低工资保障制度。最低工资的具体标准由省、自治区、直辖市人民政府规定,报国务院备案。用人单位支付劳动者的工资不得低于当地最低工资标准。"上述最低工资标准规定正是为了依法保护劳动者的合法权益,维护社会的秩序和公平正义。在政府采购等各项用工活动中,均不得违反最低工资标准的法律规定,否则即是违法行为。鹏徽公司在投标中的工资报价显著低于义安区法定的最低工资标准,明确违反了《劳动法》关于最低工资保障制度的规定,存在明确的违法性,财政部门依法应当予以纠正,鹏徽公司认为工资报价系其自身内部管理事宜,财政部门在政府采购中无权审查,缺乏法律依据。综上所述,义安区财政局认为一审判决认定事实清楚、适用法律正确,鹏徽公司的上诉缺乏事实与法律依据,请求二审法院依法驳回上诉,维持原判。

二审期间,鹏徽公司,义安区财政局、市财政局均未向本院提供新的证据。

经审理查明,二审法院查明的案件事实及证据的认定与一审法院一致,本院依法予以确认。

本院认为,《中华人民共和国政府采购法》第十三条规定:各级人民政府财政部门是负责政府采购监督管理的部门,依法履行对政府采购活动的监督管理职责。各级人民政府其他有关部门依法履行与政府采购活动有关的监督管理职责。《政府采购供应商投诉处理办法》(财政部令第 20 号)第十九条第(一)项规定:"财政部门经审查,认定采购文件、采购过程影响或者可能影响中标、成交结果的,或者中标、成交结果的产生过程存在违法行为的,按下列情况分别处理:(一)政府采购合同尚未签订的,分别根据不同情况决定全部或者部分采购行为违法,责令重新开展采购活动……"《安徽省政府采购监督管理办法》第十九条规定:供应商应当按照采购文件要求编制提交投标、响应文件。投标、响应文件应当对采购文件作出实质性响应。《安徽省政府采购监督管理办法》第四十八条规定:政府采购评审专家应当配合采购人或者采购代理机构答复供应商的询问和质疑,配合财政部门处理供应商投诉。本案中,义安区财政局作为涉案政府采购活动的监督管理部门,依法受理投诉人的投诉后,经查认为鹏徽公司报价未实质性响应招标文件的规定,依据上述法律规定作出责令采购人重新开展采购活动的处理决定,依法有据。市财政局作出维持的复议决定,并无不当。鹏徽公司认为投标文件是否符合招标文件的商务、技术等实质性要求,系评标委员会的职能,非义安区财政局、市财政局监督管理的职能范围,依法无据,本院不予支持。

综上,一审判决认定事实清楚,程序合法,适用法律正确,依据《中华人民共和国行政诉讼法》第八十九条第一款第(一)项之规定,判决如下:

驳回上诉,维持原判。

二审案件受理费50元,由上诉人安徽省鹏徽物业管理有限公司负担。

本判决为终审判决。

审 判 长　程国际

审 判 员　王继东

审 判 员　姚爱玉

二〇一九年五月八日

书 记 员　李海燕

江西好记餐饮管理有限公司
与江西省广信区财政局、江西省广信区
人民政府政府采购(招投标)投诉处理决定、行政复议决定案

【案件提要】

本案是对采购过程、采购结果的投诉处理决定提起行政诉讼的案例。本案例的二审判决书未详述案情,而是直接进入对案件争议焦点的具体阐述。(1)关于本案中未分段标价、未提交食品样品是否应认定为未对招标文件进行实质相应,是否应按废标处理问题,法院认为,根据招标文件规定,未分段报价及提交样品,仅是影响价格分判定及技术参数不响应,影响其得分而不是废标。(2)关于本案唱标程序是否合法问题,法院认为,根据招标文件要求,未分项报价的价格分不得分,虽唱票人表述"好记不得分"不当,但其仅为唱标人,唱标与评标室分开,评标结果由评审委员会审查后确定,唱票人的该行为对中标结果不产生实质影响。(3)关于财政部门、复议机关在诉讼中未提交案涉项目招标、评标过程同步录音录像,是否应直接认定程序违法问题,法院认为,在行政诉讼中,财政部门、复议机关作为被告未提交录音录像不等同于其没有提交证据,而其提供了其他证据证明其行为合法,并非不提供或无正当理由逾期提供证据,不应认定程序违法。故财政部门作出的投诉处理决定符合法律规定,复议机关作出的复议决定程序合法。

【判决正文】

江西省上饶市中级人民法院
二审行政判决书

〔2019〕赣 11 行终 133 号

上诉人(一审原告)江西好记餐饮管理有限公司,住所地(略)。
法定代表人汪某。
委托代理人杨某。
委托代理人温某。
被上诉人(一审被告)广信区财政局,住所地(略)。
法定代表人陈某。
委托代理人黄某。

被上诉人（一审被告）广信区人民政府，住所地（略）。

法定代表人何某。

一审第三人广信区教育体育局，住所地（略）。

法定代表人马某。

委托代理人余某。

一审第三人江西省上饶市友信投资咨询有限公司，住所地（略）。

法定代表人周某。

一审第三人上饶市元典贸易有限公司，住所地（略）。

法定代表人孙某。

委托代理人屠某。

一审第三人成都希望食品有限公司，住所地（略）。

法定代表人刘某。

委托代理人修某。

上诉人江西好记餐饮管理有限公司（以下简称好记公司）因诉广信区财政局、广信区人民政府财政监督处理决定及行政复议一案，不服万年县人民法院〔2019〕赣1129行初19号行政判决，向本院提起上诉。本院依法组成合议庭，于2019年11月25日公开开庭审理本案。上诉人好记公司委托代理人杨某、温某，被上诉人广信区财政局委托代理人黄某及分管领导徐某，被上诉人广信区人民政府（以下简称广信区政府）行政机关负责人的委托代理人翁某，一审第三人广信区教育体育局（以下简称区教体局）委托代理人余某，一审第三人江西省上饶市友信投资咨询有限公司（以下简称友信公司）法定代表人周某、上饶市元典贸易有限公司（以下简称元典公司）委托代理人屠某、成都希望食品有限公司（以下简称希望公司）委托代理人修某到庭参加诉讼。本案现已审理终结。

本院经审理查明的事实与一审判决认定的事实一致，本院予以确认。

另查明，因撤县设区，上饶县财政局、上饶县人民政府、上饶县教育体育局于2019年10月16日挂牌更名为广信区财政局、广信区人民政府、广信区教育体育局。

本院认为，本案中好记公司对投诉处理程序广信区财政局、广信区政府财政监督处理决定及行政复议程序均无异议，结合好记公司的投诉事项及广信区财政局、广信区政府作出的投诉处理决定和行政复议决定内容，本案的争议焦点为：一、好记公司未分段标价、未提交食品样品是否应认定为未对招标文件进行实质响应，是否应按废标处理。二、本项目招标唱标程序是否合法。三、广信区财政局、广信区政府未提交案涉项目招标、评标过程同步录音录像，是否应直接认定程序违法。具体阐述如下：

一、好记公司未分段标价、未提交食品样品是否应认定为未对招标文件进行实质相应，是否应按废标处理。《政府采购货物和服务招标投标管理办法》第三十二条规定，投标人应当按照招标文件的要求编制投标文件。投标文件应当对招标文件提出的要求和条件作出明确响应。第四十六条规定，评标委员会履行审查、评价投标文件是否符合招标文件的商务、技术等实质性要求。第六十三条规定，投标人存在未按规定提交保证金、投标文件未签署、盖章、不具备投标资格、报价超过招标文件中的预算金额或最高限价、投标文件中含有采购人不能接受的附加条件及存在法律、法规规定的其他无效情形的,投标无效。本案中,招标文件明确规定了技术指标规格、商务及服务响应的具体要求,同时明确了未提交标书、投标文件未签章、不具备招标文件规定资格要求、技术文件技术规定和商务条款的响应与事实不符或虚假资料投标、低于成本报价竞标或以他人名义投标、骗标以及不符合法律、法规和招标文件规定的其他实质性要求的,投标无效。好记公司提交了投标文件,文件中对招标文件中的技术指标规格和商务及服务要求进行了详细的实质响应并实际参与开标。根据招标文件规定,未分段报价及提交样品,仅是影响价格分判定及技术参数不响应,影响其得分而不是废标。评标委员会经审查后认为好记公司投标文件符合招标文件的商务、技术性等实质性要求。好记公司亦不具备《政府采购货物和服务招标投标管理办法》第六十三条和招标文件中规定的投标无效的情形,故好记公司主张未进行实质响应,案涉招标投标人不足三家,应确认评标结果无效,该理由不成立。

二、本项目招标唱标程序是否合法。广信区财政局、广信区政府及友信公司认为张军年是对招标文件的宣读,仅为提示作用,未进行评分;好记公司认为张军年系违规直接确认好记公司报价为无效报价,价格分为0分。本院认为,广信区财政局未提交开标及评标现场同步录音录像,而好记公司提交了现场录音,确认张军年称"按照我们文件的第四页,分项报价表写的,无分项报价的价格为零分,这一项好记是不得分,回头代理公司解释一下吧",故张军年当时确有该项好记公司不得分的表述。但根据招标文件要求,未分项报价的价格分不得分,虽张军年表述"好记不得分"不当,但其仅为唱标人,唱标与评标室分开,评标结果由评审委员会审查后确定,张军年的行为对中标结果不产生实质影响。且评审委员会评定上诉人好记公司价格分为满分15分,但好记公司未提交食品样品导致技术分低而未能中标。故好记公司称招标唱标程序违法,影响评标结果,理由不成立。

三、广信区财政局、广信区政府未提交案涉项目招标、评标过程同步录音录像,是否应直接认定程序违法。根据《中华人民共和国行政诉讼法》第三十四条之规定,被告对作出的行政行为负有举证责任,应当提供作出该行政行为的证据和所依据的规范性文件。被告不提供或无正当理由逾期提供证据,视为没有相应证据。按照《政府采购货物和服务招标投标管理办法》第三十九条之规定,采购人或采购机构应当对开标、评标现场活动进行全程录音录像。录音录像资料应当一并存档。因此,开标、评标现场的录音录像资料是证明开标、评标活动是否合法的重要证据,但不是唯一证据。本案中,因录音录像无法提取内容,广信区财政局、广信区政府未提交该同步录音录像作为行为合法的依据,应承担举证不能的不利后果,但承担不利后果不等同于直接认定程序违法。广信区财政局、广信区政府虽未提交录音录像,但提交了评审专家组组长杜清奎的评标过程说明、余建歆的说明及评标专家签到表及评标表报告书、投标文件等相关证据,上述证据证明案涉招标程序合法。《中华人民共和国行政诉讼法》第三十四条适用情形是被告对作出的行政行为不提供或无正当理由逾期提供证据,视为没有相应证据。本案中,广信区财政局、广信区政府未提交录音录像,未提交录音录像不等同于其没有提交证据,其提供了其他证据证明其行为合法,并非不提供或无正当理由逾期提供证据,不属于该条款适用情形。故好记公司主张广信区财政局、广信区政府未提交录音录像应视为故意不提交证据,应认定程序违法,缺乏事实与法律依据,本院不予采纳。

综上,原上饶县财政局作出的投诉处理决定符合法律规定,原上饶县人民政府复议程序合法。一审判决认定事实清楚,适用法律、法规正确,程序合法,根据《中华人民共和国行政诉讼法》第八十九条第一款第一项之规定,判决如下:

驳回上诉,维持原判。

二审案件受理费 50 元,由上诉人江西好记餐饮管理有限公司负担。

本判决为终审判决。

审 判 长　赖　晓

审 判 员　余细花

审 判 员　王　鹿

二○一九年十二月十一日

书 记 员　张耀龄

惠州市仕安实业有限公司
与广东省陆丰市财政局
政府采购(招投标)投诉处理决定案

【案件提要】

本案是对采购过程、采购结果的投诉处理决定而提起行政诉讼的案例。涉案采购项目公布中标结果后,仕安公司就中标人提供证书、认证虚假问题提出质疑和投诉。财政部门以未发现骗取中标事实为由驳回投诉。经二次诉讼后,财政部门再次重新作出处理决定,除了补充原评审专家组刈原评分结果的释明内容外,其他内容与原重新处理决定一致,并仍以原理由驳回投诉。仕安公司遂第三次提起诉讼。法院经审理认为,财政部门具有监督检查职责,应当针对投诉,审查评标委员会是否按照招标文件确定的评标标准和方法,对各方的投标文件进行评审和比较作出评价。评标委员会独立履行职责,但也不是对其无权过问,不能任意采信代理机构及评审专家组的解释或说明,而没有审查所支撑的证据、依据和其他有关材料是否充分。本案中评审专家组后作的释明意见,均缺乏证据的支持。法院特别指出,本案争议事项经法院两次判决财政部门重新作出处理决定,但其每次都在原处理事实和理由的基础上增加部分新理由作出相同的处理决定,归根结底,源于财政部门怠于履行调查职责。鉴于采购合同已经履行完毕,法院判决确认财政部门再次重新作出的处理决定违法。

【判决正文】

广东省汕尾市中级人民法院
行政判决书

〔2019〕粤 15 行终 232 号

上诉人(一审被告)陆丰市财政局,住所地(略)。

法定代表人陈某。

委托代理人林某。

委托代理人李某。

被上诉人(一审原告)惠州市仕安实业有限公司,住所地(略)。

法定代表人陈某。

委托代理人陈某。

委托代理人郭某。

一审第三人陆丰市公共资源交易中心,住所地(略)。

法定代表人黄某。

委托代理人穆某。

一审第三人陆丰市龙山中学,住所地(略)。

法定代表人温某。

一审第三人长讯通信服务有限公司,住所地(略)。

法定代表人洪某。

委托代理人林某。

上诉人陆丰市财政局因政府采购投诉处理决定一案,不服海丰县人民法院〔2019〕粤1521行初34号行政判决,向本院提起上诉。本院受理后,依法组成合议庭审理了本案。上诉人陆丰市财政局的委托代理人林某、李某,被上诉人惠州市仕安实业有限公司(以下简称仕安公司)的法定代表人陈某及委托代理人陈某、郭某,一审第三人陆丰市公共资源交易中心(以下简称陆丰交易中心)的委托代理人穆某、一审第三人长讯通信服务有限公司(以下简称长讯公司)的委托代理人林某到庭参加诉讼,现已审理终结。

一审法院查明:2016年4月10日,陆丰交易中心在广东省政府采购网、汕尾市政府采购网发布龙山中学考场设备采购项目公开招标公告。在公告期限内,仕安公司、长讯公司等13家参加涉案采购项目招标活动。同时,陆丰交易中心发布招标文件,该文件中7.1评审方法为综合评分法,商务得分占20%;技术得分占50%;价格得分占30%;7.2评审标准,技术部分序号3,规定"带'▲'号的技术指标为重要技术指标,重要技术指标不能达到招标文件要求每项扣3分;其他为一般技术指标不能达到招标文件要求每项扣1分,扣完为止。其中带'▲'的技术指标需要提供复印件并加盖原厂公章"。4月19日,陆丰交易中心在收到相关商家相关质疑后对招标文件进行修改并经专家小组签名确认,就招标文件中所要求提供的"▲提供中国质量检验认证中心颁发的《中国节能产品认证证书》""▲投标厂家'校园IP网络数字广播系统解决方案'通过中央电化教育馆认证""▲提供CAQI全国质量检验稳定合格产品证书(证书需包含'广播'等字样)(以上证书、授权书提供复印件加盖原厂公章)""▲提供CAQI全国公共广播行业质量领先品牌证书(以上证书提供复印件加盖原厂公章)"等相关技术参数,于4月20日在广东省政府采购网发布"更正/变更(澄清)公告"中更正为不带"▲"号,且将该公告发送给报名参加投标的13家供应商并确认签收。5月6日,陆丰交易中心就涉案采购项目进行开标、评标,经评标委员会评审确定:长讯公司为第一中标人,仕安公司为第二中标人,广东视讯达科技有限公司为第三中标人。5月9日,陆丰交易中心在广东省政府采购网、汕尾市政府采购网提交涉案采购项目的综合评分中标公告。同日,仕安公司因就涉案采购项目中标结果向陆丰交易中心提出中标单位所投标报价使用的主要设备品牌型号大部分没有通过CCC认证(国家强制性认证)、对招标文件中提到的要求广播系统产品生产厂家提供《CAQI 全国公共广播行业质量领先品牌证书》等厂家认证和产品认证、对于招标结果公布的广播系统设备参数等四项质疑。陆丰交易中心于 5 月 16 日作出《关于对陆丰市龙山中学考场设备采购项目（招标编号：LFCG2016-15）中标成交结果公告的质疑答复函》。

5 月 30 日,仕安公司不服陆丰交易中心的答疑向陆丰市财政局提交《投诉书》,经陆丰市财政局补正通知后,于 6 月 8 日提交《补正后投诉书》,提出投诉事项:"1. 招标文件第 36 页第 51 项以及第 29—30 页第 26 项提到的要求产品生产厂家获得国家权威部门颁发的《CAQI 全国公共广播行业质量领先品牌证书》和《CAQI 全国质量检验稳定合格产品证书》。经查询颁发以上证书的中国质量网,中标公司所选用品牌'美电贝尔',并未获得该证书,并且中标公司在对应的产品技术评分里获得评分,所以中标单位提供虚假材料谋取中标。2. 招标文件中第 29—30 页第 26 项提到的要求产品生产厂家获得中央电化教育馆认证的《校园 IP 网络数字广播系统解决方案》。经查询中央电化教育馆官网,中标公司所选用'美电贝尔'品牌的厂商并未获得该认证,并且中标公司在对应的产品技术评分里获得评分,所以中标单位提供虚假材料谋取中标。3. 招标文件中第 29—30 页第 26 项要求'网络广播控制中心'提供中国质量检验认证中心颁发的《中国节能产品认证证书》经查询中国质量认证中心官网 www.cqc.com.cn,中标公司所选用品牌'美电贝尔'产品型号'BL-P2000'并未获得该证书,并且中标公司在对应的产品技术评分里获得评分,所以中标单位提供虚假材料谋取中标。4. 招标文件第 26 页—28 页内容提到的第 1 项中第 3、4、5、7、8 条;第 7 项中第 2、3、4、9、10、20 条;第 8 项第 1、2 条;第 10 项第 1、2、4、10 条;中标单位投标书对应的《公安部形式验证报告证明》材料是虚假的,中标单位提供虚假材料谋取中标。"7 月 13 日,陆丰市财政局作出《关于延长投诉处理期限的通知》并送达仕安公司、长讯公司等当事人,投诉处理时间延长 15 个工作日,即投诉处理期限自 2016 年 7 月 19 日至 2016 年 8 月 9 日止。8 月 1 日,陆丰市财政局以未发现骗取中标事实为由,根据《政府采购供应商投诉处理办法》第十七条第二项的规定作出陆财采决〔2016〕1 号《政府采购投诉处理决定书》,决定驳回仕安公司的投诉,并送达仕安公司、长讯公司等当事人。

2017 年 1 月 24 日,仕安公司不服陆丰市财政局的投诉处理决定,向一审法院提起行政诉讼,请求撤销《政府采购投诉处理决定书》,确认涉案采购项目的中标结果无效并确认其为中标人和要求陆丰市财政局赔偿其经济损失 801 884.6 元。一审法院经审理,认为仕安公司的诉求缺乏事实和法律依据,依法驳回其诉讼请求。仕安公司不服,上诉至汕尾市中级人民法院,该院经审理认为,陆丰市财政局未将陆丰交易中心列为被投诉人,对有关投诉问题未进行详细释明、回应,程序违法,事实不清,于 2017 年 9 月 30 日作出〔2017〕粤 15 行终 33 号判决,撤销本院〔2017〕粤 1521 行初 2 号行政判决及陆丰市财政局陆财采决〔2016〕1 号《政府采购投诉处理决定书》,限陆丰市财政局于判决生效之日起三十日内对仕安公司的投诉重新作出处理决定,并驳回仕安公司的其他诉讼请求。

2018 年 4 月 27 日,陆丰市财政局向陆丰市交易中心发出陆采函〔2018〕02 号《重新调查处理通知书》,要求该中心就长讯公司未提供相关证书却在对应的产品技术评分里获得评分的问题,重新组织原专家对评分结果进行详细释明或将原评分结果进行详细释明。2018年5月6日,陆丰交易中心向陆丰市财政局递交《关于〈重新调查处理通知书〉的说明》,认为其于2016年5月13日已组织原专家组进行了答疑,2016年4月20日发布的《陆丰市龙山中学考场设备采购项目的更正/变更(澄清)公告》中对"原招标文件第29—30页的第26项、第32页第36项、第39页第63项、第36页的第51项"中涉及的"▲提供中国质量检验认证中心颁发的《中国节能产品认证证书》""▲投标厂家'校园IP网络数字广播系统解决方案'通过中央电化教育馆认证""▲提供CAQI全国质量检验稳定合格产品证书(证书需包含'广播'等字样)(以上证书、授权书提供复印件加盖原厂公章)""▲提供CAQI全国公共广播行业质量领先品牌证书(以上证书提供复印件加盖原厂公章)"等内容,更正为不带"▲",所以该更正公告取消对原招标文件作为加分因素、不作为评审加分条件;涉案评标采用综合评分法,分为价格、商务、技术三部分,长讯公司分别得分为29.47分、17分、48.4分,共94.87分,而仕安公司分别得分为24.06分、20分、50分,共94.06分,故仕安公司因所投标价格过高未能中标。2018年5月10日,陆丰市财政局仕安公司发出《重新调查处理通知书》,该通知载明重新调查处理内容为:1. 原处理决定未将陆丰交易中心列为被投诉人,程序违法问题;2. 对仕安公司认为长讯公司未提供关证书却在对应的产品技术评分里获得评分的问题并未进行详细释明、回应,事实不清问题。2018年5月14日,仕安公司向陆丰市财政局递交《情况说明》,认为长讯公司没有提供招标文件所需的七项证件:中国版权局颁发的《计算机软件著作权登记证书》(应扣分数3分)、《国家3C产品强制认证证书》(应扣分数3分)、中国质量检验认证中心颁发的《中国节能产品认证证书》(应扣分数1分)、设备生产厂家针对项目的授权书以及售后服务保障函(应扣分数3分)、"校园IP网络数字广播系统解决方案"通过中央电化教育馆认证(应扣分数1分)、《CAQI全国质量检验稳定合格产品证书》(应扣分数1分)、《CAQI全国公共广播行业质量领先品牌证书》(应扣分数1分),故应扣分数合计13分,但评标委员会成员未按招标文件规定的评标方法和标准进行扣分,其评标过程明显不合理,导致仕安公司无法中标。2018年6月19日,陆丰市财政局作出陆财采决〔2016〕重01号《政府采购投诉处理决定书》,认为经该局核查,长讯公司不存在提供虚假材料谋取中标行为。在长讯公司未提供相关证书却在对应的产品技术评分里获得评分的问题上,陆丰市财政局采纳评审专家组的答复和解释,主要内容为:1. 长讯公司虽未提供招标文件所要求的《CAQI全国质量检验稳定合格产品证书》《CAQI全国公共广播行业质量领先品牌证书》和《校园IP网络数字广播系统解决方案》,但陆丰交易中心已在《陆丰市龙山中学考场设备采购项目的更正/变更(澄清)公告》中,已将这三项内容更正为不加三角符号,不是技术上的必须否决标准,且该公司提供了相应证书《数字音影工程网"2014数字音视工程行业品牌"公共广播知名品牌奖》《通过安全标准化认证》,即用这二项证书代替上述招标文件所要求的证书,是否技术得分,属评审专家组评审权利;2. 长讯公司的投标文件上有《公安部形式验证报告证明》材料;3.《中国节能产品认证证书》(BL-P2000)在长讯公司的投标文件里显示已有签发、受理的确认材料,且该项已在上述变更(澄清)公告中,更正为不加三角符号,不是技术上的必须否决标准。因此,陆丰市财政局根据重新调查结果查明,未发现长讯公司有骗取中标事实,也不能证明其未提供相关证书却在对应的产品技术评分里获得评分,仕安公司的投诉事项依据不足,决定驳回仕安公司的投诉。仕安公司不服,于 2018 年 9 月 11 日向一审法院提起行政诉讼,请求:1. 撤销陆丰市财政局于 2018 年 6 月 19 日作出的陆财采决〔2016〕重 01 号涉案《政府采购投诉处理决定书》;2. 确认《陆丰市龙山中学考场设备采购项目》的中标结果无效,同时确认仕安公司作为本项目的中标人;3. 判决陆丰市财政局赔偿仕安公司经济损失人民币 801 884.6 元。一审法院经审查认为,陆丰市财政局作出的陆财采决〔2016〕重 01 号《政府采购投诉处理决定书》,超过处理期限,程序违法;且没有查清长讯公司未提供涉案招标文件所要求的证书,评审专家组是否按照招标文件的规定给予得分或扣分,及长讯公司提供其他证书替代招标文件所要求提供的证书的行为有何依据等问题,主要证据不足,事实认定不清;经一审法院审判委员会讨论决定,判决撤销陆丰市财政局作出的陆财采决〔2016〕重 01 号《政府采购投诉处理决定书》,限其于判决生效之日起三十个工作日内对仕安公司的投诉重新作出处理,并驳回仕安公司其他诉讼请求。

2019 年 2 月 25 日,陆丰市财政局向陆丰交易中心、龙山中学、仕安公司、长讯公司发出陆财采函〔2019〕01 号《重新调查处理通知书》;同年 3 月 1 日,陆丰交易中心向陆丰市财政局递交《陆丰市龙山中学考场设备采购项目评审专家组重新调查对评分结果详细释明意见》,说明该中心于 2019 年 2 月 27 日在广州市组织原评审专家组对涉案采购项目的原评分结果进行了逐项严格比对斟酌研判核查,原评审专家组对原评分结果进行详细释明如下:1. 评审专家组是依法按照招标文件的评分标准和范围对投标文件独立进行客观、公正、公平评分,并依法承担个人责任;2. 评审专家组认为产品证书不属于招标文件中 7.2 评审标准序号 3 的产品技术指标范畴,只作为技术参数支撑文件;3. 评审专家组认为长讯公司提供的产品技术参数支撑文件足以证明其提供的产品技术指标符合招标文件要求。陆丰市财政局采纳和支持该释明意见。2019 年 3 月 25 日,陆丰市财政局作出陆财采决〔2016〕重 02 号《政府采购投诉处理决定书》,该决定书除了补充以上原评审专家组对原评分结果的释明内容外,其他内容与原陆财采决〔2016〕重 01 号《政府采购投诉处理决定书》一致,并仍然以未发现长讯公司有骗取中标事实,也不能证明其未提供相关证书却在对应的产品技术评分里获得评分,仕安公司的投诉事项依据不足为由,驳回仕安公司的投诉。

另查明,2016 年 5 月 16 日,陆丰交易中心向长讯公司发出《中标(成交)通知书》;2016 年 5 月 18 日,长讯公司与龙山中学签订《陆丰市龙山中学考场设备采购项目合同书》;2016 年 6 月 13 日,该采购项目经验收合格,并开始投入使用至今,上述合同已经履行完毕。

一审法院认为,《中华人民共和国招标投标法》第七条第一、二款规定:"招标投标活动及其当事人应当接受依法实施的监督。有关行政监督部门依法对招标投标活动实施监督,依法查处招标投标活动中的违法行为。"第四十条规定:"评标委员会应当按照招标文件确定的评标标准和方法,对投标文件进行评审和比较……"第四十四条第一款规定:"评标委员会成员应当客观、公正地履行职务,遵守职业道德,对所提出的评审意见承担个人责任。"《政府采购货物和服务招标投标管理办法》第五十五条规定:"在评标中,不得改变招标文件中规定的评标标准、方法和中标条件。"和第七十七条规定:"评标委员会成员有下列行为之一的,责令改正,给予警告,可以并处一千元以下的罚款:……(四)在评标过程中有明显不合理或者不正当倾向性的;(五)未按招标文件规定的评标方法和标准进行评标的。上述行为影响中标结果的,中标结果无效。"2004年9月11日起施行《政府采购供应商投诉处理办法》第十三条规定:"被投诉人和与投诉事项有关的供应商应当在收到投诉书副本之日起5个工作日内,以书面形式向财政部门作出说明,并提交相关证据、依据和其他有关材料。"第十四条规定:"财政部门处理投诉事项原则上采取书面审查的办法。财政部门认为有必要时,可以进行调查取证,也可以组织投诉人和被投诉人当面进行质证。"并结合《评标委员会和评标方法暂行规定》的相关规定,陆丰市财政局作为政府采购监督管理部门,具有监督检查职责,并针对仕安公司的投诉,审查评标委员会是否按照招标文件确定的评标标准和方法,对各方的投标文件进行评审和比较做出评价。陆丰市财政局称参与投标的产品是否获得技术得分以及获得多少得分,属评审专家组独立评审的权利,评分是专家掌握的,及陆丰交易中心称评标过程及最后综合总分保密其无权过问的辩解意见片面,亦不符合上述规定,评标委员会独立履行职责,不是放任不管,陆丰市财政局亦不能任意采信陆丰交易中心及评审专家组的解释或说明,而没有审查所支撑的证据、依据和其他有关材料是否充分。本案中,原评审专家组于2019年2月27日所作出的释明意见第2点,认为产品证书不属于招标文件中7.2评审标准序号3的产品技术指标范畴,只作为技术参数支撑文件,陆丰市财政局对"产品技术指标范畴""只作为技术参数支撑文件"等术语无法作出合理解释及提供依据予以支持;该释明意见第3点,认为长讯公司提供的产品技术参数支撑文件足以证明其提供的产品技术指标符合招标文件要求,陆丰市财政局亦未提供证据予以证明;同时,对长讯公司提供相应证书替代招标文件所要求提供的证书的行为有何依据及得分情况,陆丰市财政局依然没有查清及作出合理解释。因此,陆丰市财政局作出的陆财采决〔2016〕重02号《政府采购投诉处理决定书》,主要证据不足,事实不清,依法应予撤销。涉案争议事项业经发生法律效力的〔2017〕粤15行终33号行政判决书和〔2018〕粤1521行初52号行政判决书两次判决陆丰市财政局重新作出处理决定,但陆丰市财政局每次都在原处理事实和理由的基础上增加部分新理由作出相同的处理决定,归根结底,源于陆丰市财政局怠于履行调查职责。鉴于涉案政府采购合同已经履行完毕,现撤销该处理决定书,并责令陆丰市财政局重新作出处理决定,已没有实际意义,亦增加当事人诉累,故宜确认违法;《中华人民共和国行政诉讼法》第七十六条规定:"人民法院判决确认违法或者无效的,可以同时判决责令被告采取补救措施……"陆丰市财政局应积极采取补救措施,认真履行调查监督职责,查清采购过程中是否存在影响或者可能影响中标、成交结果的行为,或者中标、成交结果的产生过程中存在违法行为,并对照有关规定作出处理;对未按招标文件规定的评标方法和标准进行评标并影响中标结果,导致中标结果无效的,决定采购活动违法,给仕安公司造成损失的,责令相关责任人承担赔偿责任。

关于仕安公司请求确认《陆丰市龙山中学考场设备采购项目》的中标结果无效,同时确认其作为涉案项目中标人的诉请。《中华人民共和国招标投标法》第六十五条规定:"投标人和其他利害关系人认为招标投标活动不符合本法有关规定的,有权向招标人提出异议或者依法向有关行政监督部门投诉。"《中华人民共和国政府采购法》第五十八条规定:"投诉人对政府采购监督管理部门的投诉处理决定不服或者政府采购监督管理部门逾期未作处理的,可以依法申请行政复议或者向人民法院提起行政诉讼。"仕安公司有权就招标投标活动中的行为向招标人提出异议或者依法向有关行政监督部门投诉,并对行政监督部门作出的处理决定不服可以向人民法院提起行政诉讼,但招标投标的效力确认问题不是司法审查范围。至于仕安公司要求陆丰市财政局赔偿其经济损失 801 884.60 元的诉请,仕安公司可在陆丰市财政局对涉案事项采取补救措施后,由陆丰市财政局根据实际情况依法予以解决。故仕安公司上述两项诉请,不予支持。

综上,依照《中华人民共和国行政诉讼法》第七十四条第二款第(三)项、第七十六条之规定,一审法院判决:一、确认陆丰市财政局于 2019 年 3 月 25 日作出的陆财采决〔2016〕重02 号《政府采购投诉处理决定书》违法;二、责令陆丰市财政局采取相应的补救措施;三、驳回仕安公司其他诉讼请求。本案案件受理费人民币 50 元,由陆丰市财政局负担。

陆丰市财政局上诉称:1. 本案的招投标是属使用财政性资金采购货物的范围,应适用政府采购法及国家财政部所颁布的相关配套实施细则等,一审判决适用招标投标法和其配套法规错误。2. 政府采购具有专业性及行政裁量权的自由行使,参与投标的产品是否获得技术得分以及获得多少得分,属招标评审专家组独立评审的权利,作为没有专业知识的财政部门的任何工作人员均无能力对专家的评分结果进行指责或核查,否则法律法规就无需规定"评标委员会负责,独立履行职责",一审判决认定陆丰市财政局"怠于履行调查职责"错误,要陆丰市财政局对评标委员会的评分结果进行干预、核查违反了《政府采购法》的规定,是无端强加给上诉人的义务。3. 长讯公司的中标合理合法,一审判决确认陆丰市财政局的处理决定违法并判决陆丰市财政局采取补救措施根据实际情况予以解决错误,且与其对仕安公司要求赔偿 801 884.60 元诉请不予支持的处理相矛盾。4. 一审判决完全超出陆丰市财政局审查处理的"中标人是否提供虚假材料谋取中标"的范围。

仕安公司答辩称:1. 涉案项目形式上和内容上都采用公开招标的采购方式,依据《中华人民共和国政府采购法实施条例》第七条的规定,政府采购工程以及与工程建设有关的货物、服务,采用招标方式采购的,适用《中华人民共和国招标投标法》及其实施条例,一审法院适用法律法规正确。2. 陆丰市财政局作为政府采购监督管理部门,具有全面监督检查的职责,对仕安公司提出的质疑、投诉,以及评标委员会是否按照招标文件确定的评标标准和方法,对各方的投标文件进行评审和比较作出评价和处理。陆丰市财政局的工作人员没有专业知识并不是不履行职责的理由,其认为其无需监管明显属于怠于履行职责。3. 仕安公司对涉案项目投标的成本预算人民币 1 886 273.4 元,投标时确认的价格人民币 2 688 158 元,仕安公司未能中标造成的经济损失人民币 801 884.6 元,应由陆丰市财政局承担赔偿责任。一审判决认定事实清楚,适用法律正确,程序合法,依法应予维持。

陆丰交易中心述称:陆丰市财政局有权根据查明的事实并依据《政府采购供应商投诉处理办法》第十四条规定的处理方式选择书面审查或者调查取证及组织听证处理投诉。陆丰市财政局根据在案证据材料,书面审查投诉是国家法规的原则性规定。本案应当严格根据仕安公司的投诉事实和投诉依据来判定陆丰市财政局的处理决定是否合法,不能随意苛求财政部门作出超出仕安公司投诉范围的工作要求,一审以陆丰市财政局未进行深入调查而判定其处理决定违法,明显超出了仕安公司的投诉,也不符合《政府采购供应商投诉处理办法》第十四条规定的宗旨。建议二审法院依法撤销一审判决,驳回仕安公司的诉讼请求。

龙山中学未作陈述。

长讯公司述称:其中标合理合法,请求撤销一审判决,驳回仕安公司的诉讼请求。

经审理查明,一审判决认定的事实属实,本院予以确认。

本院认为,本案为不服政府采购投诉行政处理决定纠纷。《中华人民共和国政府采购法》(以下简称政府采购法)第二条、第二十六条第二款、第四条分别规定:"在中华人民共和国境内进行的政府采购适用本法。本法所称政府采购,是指各级国家机关、事业单位和团体组织,适用财政性资金采购依法指定的集中采购目录以内的或者采购限额标准以上的货物、工程和服务的行为。……本法所称货物,是指各种形态和种类的物品,包括原材料、燃料、设备、产品等。本法所称工程,是指建设工程,包括建筑物和构筑物的新建、改建、扩建、装修、拆除、修缮等。本法所称服务,是指除货物和工程以外的其他政府采购对象。""公开招标应作为政府采购的主要采购方式。""政府采购工程进行招标投标的,适用招标投标法。"《政府采购货物和服务招标投标管理办法》(以下简称管理办法)第二条第一款规定:"采购人及采购代理机构(以下统称"招标采购单位")进行政府采购货物或者服务(以下简称货物服务)招标投标活动,适用本办法。"本案中政府采用招标投标方式采购龙山中学考场设备,采购对象是货物而非工程,其采购行为应以上述政府采购法及管理办法作为审查政府采购招投标活动合法性的法律法规依据,一审法院同时适用《中华人民共和国招标投标法》不当,本院予以纠正。

政府采购法第十三条规定:"各级人民政府财政部门是负责政府采购监督管理的部门,依法履行对政府采购活动的监督管理职责。"管理办法第三十条规定:"投标人应当按照招标文件的要求编制投标文件。投标文件应对招标文件提出的要求和条件作出实质性响应。"第七十七条规定:"评标委员会成员有下列行为之一的,责令改正,给予警告,可以并处一千元以下的罚款:……(五)未按招标文件规定的评标方法和标准进行评标的。上述行为影响中标结果的,中标结果无效。"根据上述规定,陆丰市政财局作为负责本行政区域政府采购监督管理部门,对仕安公司投诉一再提出的,长讯公司提供其他证书替代招标文件所要求提供的证书,评审专家组对长讯公司没有按照招标文件的规定给予扣分的等涉及评标委员会是否按招标文件规定的评标方法和标准对投标人的投标文件进行评分的问题,应尽调查职责。但陆丰市财政局在海丰县人民法院生效判决认为其作出的投诉处理决定事实不清故撤销责令其重新作出后,仍未履行法定职责查清以上问题而作出驳回仕安公司投诉的处理决定,一审法院鉴于涉案政府采购合同已经履行完毕,再撤销该处理决定责令上诉人重新作出已没有实际意义,亦增加当事人诉累,故根据《中华人民共和国行政诉讼法》第七十四条第二款第三项和第七十六条的规定,确认陆丰市财政局作出该处理决定的行为违法并责令其采取补救措施,符合法律规定。此外,本案陆丰市财政局作出陆财采决〔2016〕重02号处理决定时所适用的《政府采购供应商投诉处理办法》已为《政府采购质疑和投诉办法》取代并宣布废止,陆丰市财政局仍予以适用有误,应予指正。一审判决认定事实清楚,确认陆丰市财政局作出的陆财采决〔2016〕重02号《政府采购投诉处理决定书》违法,并责令其采取相应补救措施正确,本院依法予以维持。依照《中华人民共和国行政诉讼法》第八十九条第一款第一项之规定,判决如下:

驳回上诉,维持原判。

二审案件受理费人民币50元,由上诉人陆丰市财政局负担。

本判决为终审判决。

审　判　长　吴俊杰

审　判　员　马丹娜

审　判　员　麦莉美

二〇二〇年三月十三日

法官助理　祭素芬

书　记　员　叶思思

【关联案例】

广东省海丰县人民法院〔2018〕粤15行初52号行政判决书。

中山特利安医疗器械有限公司
与广东省财政厅
政府采购（招投标）投诉处理决定案

【案件提要】

本案是对采购结果的投诉处理决定提起行政诉讼的案例。涉案采购项目涉及采购残疾人康复设施设备,要求投标供应商提供食品药品监督管理部门签发有效的《医疗器械注册证》复印件加盖公章(如国家另有规定,则适用其规定)。采购结果公告后,特利安公司提出质疑和投诉,主要认为中标人提供的中标产品系无证器械问题。财政部门采纳采购人和代理机构的书面答复意见,认定该项目采购产品不是医疗器械,无需提供医疗器械注册证,决定驳回投诉。特利安公司提起本案诉讼。法院经审理认为,鉴于未列入《医疗器械分类规则》目录的,并非不属于医疗器械,而评标委员会亦非行业行政主管部门,故财政部门认定投标产品不属于医疗器械的依据不足,应予撤销,判决撤销财政部门驳回投诉的处理决定,责令财政部门重新对特利安公司提出的该项投诉作出处理。

【判决正文】

广州铁路运输中级法院
行政判决书

〔2019〕粤 71 行初 707 号

原告中山特利安医疗器械有限公司,住所地(略)。
法定代表人郑某。
委托代理人钱某。
被告广东省财政厅,住所地(略)。
法定代表人戴某。
委托代理人郭某。
委托代理人高某。
第三人广东华鑫招标采购有限公司,住所地(略)。
法定代表人方某。
委托代理人罗某、崔某。

第三人北京三捷欧技医疗器械有限公司,住所地(略)。

法定代表人禹某。

原告中山特利安医疗器械有限公司(以下简称特利安公司)因与被告广东省财政厅(以下简称省财厅)、第三人广东华鑫招标采购有限公司(以下简称华鑫公司)、北京三捷欧技医疗器械有限公司(以下简称三捷公司)行政处理纠纷一案,向本院提起诉讼,本院于2019年8月19日受理后,依法组成合议庭,于2020年5月7日公开开庭审理了本案。原告特利安公司的委托代理人钱某,被告省财厅的委托代理人郭某、高某,第三人华鑫公司的委托代理人罗某到庭,第三人三捷公司的法定代表人禹某通过网络在线形式参加了诉讼。本案现已审理终结。

特利安公司诉称:一、特利安公司认为省财厅作出的决定书,在事实认定、法律适用等方面都是错误的,要求撤销。二、省财厅出台的招标规则就是政府部门出台的法规,华鑫公司在招标过程中,没有严格执行招标相关规定进行招标。按照法律法规要求,招标项目产品是属于医疗器械产品的,而投标单位没有提供医疗器械注册证书的,该投标单位就应该被取消投标资格。本次招标包一的中标结果无效。三、卜肢功率车是否属于医疗器械,不是采购人和供应商说它是就是,中标人使用旧的规定(国食药监械〔2004〕321号)误导采购人采信此项不属于医疗器械。国家食品药品监督管理总局发布的关于实施《医疗器械分类目录》有关事项的通告(2017年第143号)与关于发布医疗器械分类目录的公告(2017年第104号)明确规定2018年8月1日起施行新的《医疗器械分类目录》及相关规定,根据该规定,是否医疗器械由其"预期用途"而确定的,明确规定作用于对关节功能障碍患者进行康复训练就属于医疗器械,既往发布过的不作为医疗器械管理分类界定文件内容及目录废止,因此应按照新的规定执行。四、采购需求应当符合法律法规以及政府采购政策规定的技术、服务、安全等要求。这一批设备采购申购资金用途就是用作残疾人康复,其中《广州市医疗器械经营和使用监督管理办法》中第四十条明确规定:使用单位不得使用非医疗器械,《广州人民政府令第139号》第三条规定民政部门也需要协助实施,康复中心在广州市辖区,就应该遵守,况且,非医疗器械国家是规定不能用作对患者进行治疗的。五、无论三捷公司供应的是哪一款产品,只要其作用于康复,只要是无注册证产品,在康复中心用作对残疾人康复治疗工作就是违法违规,与资金预算,采购目标作用相违背。六、涉案招标项目所有投标人均没有对《招标文件》的"投标人资格要求"提出异议,即同意上述招标项目的"投标资格要求"。按照《招标文件》规定,涉案项目所投产品必须有《医疗器械注册证》。而省财政厅在处理投诉事项时,无视该《招标文件》对投标人参与投标资格的要求,片面听取采购人和招标公司的书面答复意见,认定不正确。综上,请求:撤销省财政厅2019年7月23日发出的编号粤财采决〔2019〕9号的政府采购投诉处理决定书,并责令省财政厅对特利安公司提出的投诉重新处理。

省财政厅答辩称:省财政厅作出的《处理决定书》事实清楚、证据确凿、内容适当、适用依据正确、程序合法。(一)特利安公司提出的投诉事项1成立,省财政厅予以确认,但该投诉事项并不影响最终的采购结果,省财政厅依据《政府采购质疑和投诉办法》第三十二条的规定依法进行了处理。同时,省财政厅于7月23日向招标代理机构发出《关于开展政府采购质疑答复整改工作的通知》,对招标代理机构的违规行为另行进行了处理。就投诉事项2,根据《中华人民共和国政府采购法实施条例》第十五条第一款规定,投标供应商所投的"上肢功率车"无论是否为医疗器械,只要满足采购文件技术、配置需求即可。根据投标情况,市场上符合该项目《招标文件》规定的"上肢功率车"存在医疗器械和非医疗器械2种。该项目包1共有6家供应商投标,其中3家投标供应商提供了"上肢功率车"的医疗器械注册证、3家投标供应商未提供"上肢功率车"医疗器械注册证,6家投标供应商均参与了投标,公平进行竞争。因此,根据《招标文件》和采购人的采购需求,涉案项目所采购的"上肢功率车"只要满足其技术、配置需求即可,与是否为医疗器械无关。(二)省财政厅作出的《处理决定书》的程序合法。综上,请求法院驳回特利安公司诉讼请求。

华鑫公司陈述称,采购人在供货需求里明确了采购设备部需要提供医疗器械注册证,评标委员会专家也对此进行了确认,特利安公司对招标文件本身没有提出过异议,请求驳回特利安公司的诉讼请求。

三捷公司陈述请求驳回原告的诉讼请求。

经审理查明:2019年4月15日,华鑫公司受广东省假肢康复中心委托,就广东省假肢康复中心采购残疾人康复设施设备(包一、包三重招)进行公开招标采购,招标公告中载明:"二、采购项目名称:广东省假肢康复中心采购残疾人康复设施设备(包一、包三重招)……五、项目内容及需求:招标采购内容包括包一康复设施设备采购、包三康复设施设备采购……六、投标人资格要求:……6、提供所投产品……的食品药品监督管理部门签发有效的《医疗器械注册证》复印件加盖公章(如国家另有规定,则适用其规定)……采购需求,包一:康复设施设备采购:上肢功率车,功能性能,心脏速率监测、遥测兼容。"特利安公司参加了该项目包一采购活动,后采购结果公告,特利安公司未中标,三捷公司为包一中标供应商。

2019年5月10日,特利安公司向华鑫公司提出质疑,认为包一中标公告排名第一的三捷公司与排名第二的广州安纬格医疗器械有限公司,涉嫌采用未取得医疗器械注册证或Ⅰ类医疗器械备案凭证的产品参与投标。2019年5月20日,华鑫公司作出《关于"广东省假肢康复中心采购残疾人康复设施设备(包一、包三重招)"项目包组一质疑的回复》,答复其称:"经过核查相关的法律法规文件,原评标委员会一致认定采购需求产品'上肢功率车'并不属于《医疗器械分类目录》内的任何范畴,故贵公司的质疑我司不予接受。"特利安公司对该质疑答复不满意,于2019年5月29日向省财厅提起投诉,省财厅于2019年6月5日向特利安公司发出《政府采购投诉补正通知书》,告知其依法对投诉书进行补正。2019年6月12日,特利安公司在规定时间内补正了投诉书,提出如下投诉事项:"投诉事项1、招标公司对我司关于本次招标结果质疑的回复存在不专业、不负责、不作为;投诉事项2、本次中标公司提供的中标产品'上肢功率车'不合法、不合规,属于无证医疗器械。按照招标文件的供应商资格要求:医疗器械产品未提供医疗器械注册证属于无效投标,中标无效。"2019年6月14日,省财厅作出《政府采购投诉受理通知书》,同时向涉案项目广东省假肢康复中心、华鑫公司以及三捷公司发出《政府采购投诉答复通知书》。2019年6月18日,广东省假肢康复中心作出情况说明,认为上肢功率车预期功能与用途是通过趣味运动器械设备,促使使用者热衷参与运动,从而达到心肺功能不断流畅,增强体质。依据《医疗器械分类规则》(国家食品药品监督管理总局令第 15 号）及附件，该中心认为上肢功率车不属于医疗器械分类判定表中"使用形式"和"使用状态"的范围，不是医疗器械。同日，华鑫公司作出情况说明，认为该司对本次质疑回复处理，已经按照《政府采购质疑和投诉办法》（第 94 号）中相关时间及规定流程进行处理。认为采购的上肢功率车是用于心肺功能训练和心肺功能康复的，采购需求中亦未提及用途为对关节功能障碍患者进行康复训练，两者是功能和作用完全不同的两种设备。原评标委员会一致认为本次采购的上肢功率车不属于医疗器械范畴。三捷公司答复称，只有各级药监局和行业内的专家才有资格决定一个产品是不是医疗器械。

2019 年 7 月 23 日，省财厅作出《政府采购投诉处理决定书》，认为投诉事项 1，华鑫公司作出的质疑答复中，未能按照《政府采购质疑和投诉办法》（财政部令第 94 号）第十五条第一款第（四）项规定，告知质疑供应商依法投诉的权利。因此，投诉事项 1 成立。投诉事项 2，经查，该项目《招标文件》要求提供所投产品的食品药品监督管理部门签发有效的《医疗器械经营许可证》复印件加盖公章（如国家另有规定，则适用其规定）。根据采购人和被投诉人的书面答复意见，该项目所采购"上肢功率车"不是医疗器械，无需提供医疗器械注册证。在该项目包组一的政府采购活动中，共有 6 家供应商递交了投标文件，其中 3 家供应商提供"上肢功率车"的《医疗器械注册证》，3 家供应商未提供。采购人和被投诉人在资格审查环节中，也未因投标供应商未提供"上肢功率车"的《医疗器械注册证》而不予通过供应商资格审查。根据《中华人民共和国政府采购法实施条例》第十五条第一款的规定，投诉人的投诉事项 2 缺乏事实依据。决定：（一）根据《政府采购质疑和投诉办法》第二十九条第（二）项规定，投诉事项 2 缺乏事实依据，投诉事项不成立，驳回投诉。（二）根据《政府采购质疑和投诉办法》第三十二条规定，投诉事项 1 经查证属实，投诉事项成立。经认定成立的投诉事项不影响采购结果，继续开展采购活动。对被投诉人的违规行为将另行予以处理。特利安公司不服该处理决定，向本院提起诉讼。

另查明，三捷公司在其上肢功率车的产品介绍中称，满足不同领域中的应用：如骨科康复、心脏康复、运动医学、增强心肺功能等。……是心血管患者及有氧训练的理想选择。

以上事实有《招标（采购）代理委托协议》（委托编号：HX18680018YLCZ）《招标文件》（项目编号：HX18680118YLCZ-01）《质疑函》《关于"广东省假肢康复中心采购残疾人康复设施设备（包一、包三重招）"项目包组一质疑的回复》（华发〔2019〕第 07 号）《政府采购投诉补正通知书》（粤财采投〔2019〕25 号）《政府采购投诉受理通知书》（粤财采投〔2019〕31 号）《投诉书》《政府采购投诉答复通知书》（粤财采投〔2019〕32、33 号）《政府采购投诉处理决定书》（粤财采决〔2019〕9 号）、签收记录以及庭审期间当事人的陈述等证据予以证明。

本院认为：《政府采购质疑和投诉办法》（财政部令第 94 号）第五条第二款规定："县级以上各级人民政府财政部门负责依法处理供应商投诉。"第六条规定："供应商投诉按照采购人所属预算级次，由本级财政部门处理。跨区域联合采购项目的投诉，采购人所属预算级次相同的，由采购文件事先约定的财政部门负责处理，事先未约定的，由最先收到投诉的财政部门负责处理；采购人所属预算级次不同的，由预算级次最高的财政部门负责处理。"本案中，特利安公司对华鑫公司组织的"广东省假肢康复中心采购残疾人康复设施设备"政府采购活动产生质疑，向省财厅提起投诉，省财厅作为财政部门有对该项投诉进行处理的法定职权。

本案争议焦点系被诉处理决定书认定事实是否清楚。

一、对于特利安公司提出的投诉事项1,《政府采购质疑和投诉办法》(财政部令第94号)第十五条第一款规定:"质疑答复应当包括下列内容:……(四)告知质疑供应商依法投诉的权利……"第三十二条第一款规定:"投诉人对采购过程或者采购结果提起的投诉事项,财政部门经查证属实的,应当认定投诉事项成立。经认定成立的投诉事项不影响采购结果的,继续开展采购活动;影响或者可能影响采购结果的,财政部门按照下列情况处理……"本案中,根据华鑫公司就特利安公司的质疑作出的《关于"广东省假肢康复中心采购残疾人康复设施设备(包一、包三重招)"项目包组一质疑的回复》,其中并未告知特利安公司可就质疑提起投诉的权利,因此特利安公司提出的投诉事项1成立。但因质疑答复未告知投诉权利的行为并不对采购结果本身产生影响,省财厅作出被诉处理决定第二项,认定投诉事项1成立但采购活动继续开展,同时对该质疑答复中的违规行为另行处理符合上述规定,并无不当,本院予以支持。

二、对于特利安公司投诉事项2,即三捷公司提供的"上肢功率车"是否属于无证医疗器械而导致无效投标的问题。

《中华人民共和国政府采购法实施条例》第十五条规定:"采购人、采购代理机构应当根据政府采购政策、采购预算、采购需求编制采购文件。采购需求应当符合法律法规以及政府采购政策规定的技术、服务、安全等要求。政府向社会公众提供的公共服务项目,应当就确定采购需求征求社会公众的意见。除因技术复杂或者性质特殊,不能确定详细规格或者具体要求外,采购需求应当完整、明确。必要时,应当就确定采购需求征求相关供应商、专家的意见。"《政府采购质疑和投诉办法》(财政部令第94号)第二十三条规定:"财政部门处理投诉事项原则上采用书面审查的方式。财政部门认为有必要时,可以进行调查取证或者组织质证。财政部门可以根据法律、法规规定或者职责权限,委托相关单位或者第三方开展调查取证、检验、检测、鉴定。"《医疗器械监督管理条例》第三条第二款规定:"县级以上地方人民政府食品药品监督管理部门负责本行政区域的医疗器械监督管理工作。县级以上地方人民政府有关部门在各自的职责范围内负责与医疗器械有关的监督管理工作。"第八条规定:"第一类医疗器械实行产品备案管理,第二类、第三类医疗器械实行产品注册管理。"第十六条第一款规定:"对新研制的尚未列入分类目录的医疗器械,申请人可以依照本条例有关第三类医疗器械产品注册的规定直接申请产品注册,也可以依据分类规则判断产品类别并向国务院食品药品监督管理部门申请类别确认后依照本条例的规定申请注册或者进行产品备案。"第七十六条规定:"医疗器械,是指直接或者间接用于人体的仪器、设备、器具、体外诊断试剂及校准物、材料以及其他类似或者相关的物品,包括所需要的计算机软件;其效用主要通过物理等方式获得,不是通过药理学、免疫学或者代谢的方式获得,或者虽然有这些方式参与但是只起辅助作用;其目的是:(一)疾病的诊断、预防、监护、治疗或者缓解;(二)损伤的诊断、监护、治疗、缓解或者功能补偿;(三)生理结构或者生理过程的检验、替代、调节或者支持;(四)生命的支持或者维持;(五)妊娠控制;(六)通过对来自人体的样本进行检查,为医疗或者诊断目的提供信息。"本案中,涉案采购项目为广东省假肢康复中心采购残疾人康复设施设备,根据招标文件规定,投标人需要提交所投产品的医疗器械注册证,如果无需提供,则需要国家另有规定。根据《医疗器械监督管理条例》的上述规定,医疗器械实行分类管理,即备案或注册,对于新研制尚未列入目录的医疗器械,可以依法直接申请注册,或者由相关行政主管部门予以确认类别后再申请注册或者备案。因此,未列入《医疗器械分类规则》目录的产品,并非一定不属于医疗器械,相关行政主管部门可以对医疗器械的类别予以确认。经审查,被诉决定依据采购人和被投诉人的书面回复,主要理由为上肢功率车是用于心肺功能训练和心肺功能康复,不用于关节功能障碍患者康复训练,不属于《医疗器械分类规则》(国家食品药品监督管理总局令第 15 号)及附件中列入的康复类医疗器械,原评标委员会认定不是医疗器械,以及有 3 家供应商未提供上肢功率车的医疗器械注册证亦通过供应商资格审查为由,认定采购的上肢功率车不是医疗器械,无需提交《医疗器械注册证》。鉴于未列入《医疗器械分类规则》目录的,并非不属于医疗器械,而评标委员会亦非行业行政主管部门,故被诉决定认定上肢功率车不属于医疗器械的依据不足。因此,省财厅针对投诉事项 2 作出的处理决定第一项,认定事实不清,依据不足,本院予以撤销。对于省财厅认为涉案项目所采购的"上肢功率车"无论是否为医疗器械,只要满足招标公告中的技术、配置需求即可。本院认为,采购人如果采购的是医疗器械,根据其招标文件规定,应当提交相关证明文件,并非只需符合其公告中的技术、配置需求即可,故对该项主张,本院不予支持。

综上所述,省财政厅作出的被诉决定第一项认定事实不清,处理不当,本院予以撤销,第二项认定事实清楚,处理正确,本院予以维持。依照《中华人民共和国行政诉讼法》第六十九条、第七十条第(一)项的规定,判决如下:

一、撤销《政府采购投诉处理决定书》(粤财采决〔2019〕9 号)第一项;

二、责令被告广东省财政厅在本判决生效之日起六十日内重新对原告中山特利安医疗器械有限公司提出的投诉事项 2 作出处理。

三、驳回原告中山特利安医疗器械有限公司提出的其他诉讼请求。

案件受理费 50 元,由被告广东省财政厅负担。

如不服本判决,可在判决书送达之日起十五日内,向本院递交上诉状,并按对方当事人的人数提出副本,上诉于广东省高级人民法院。

审 判 长　朱　琳
审 判 员　闵天挺
审 判 员　王　荣
二〇二〇年七月九日
法官助理　刘　伟
书 记 员　高　洁

42

苏州深锐电子科技有限公司
与广西壮族自治区南宁市青秀区财政局
政府采购（招投标）投诉处理决定案

【案件提要】

本案是对采购结果的投诉处理决定提起行政诉讼的案例。涉案采购项目发布中标结果公告，住朋购友公司中标。深锐公司提出质疑和投诉。其第一项投诉内容为中标人投标文件中所投的产品不符合《公开招标采购文件》中对产品的技术要求，不具备中标资格；第二项投诉内容为中标人在投标现场提供演示的电子秤与其招标文件中所投的不是同一产品，该产品没有经过相关质量技术监督部门的批准备案，属于不合格产品。财政部门以缺乏事实依据为由驳回投诉。深锐公司提起本案诉讼。法院经审理认为，在法院对被诉处理决定是否合法进行审查时，财政部门应就投标产品应符合招标文件的投诉事项的处理，向法院提供完整的《公开招标采购文件》及其他证明投标产实质响应招标文件的证据，但其提交的《公开招标采购文件》不完整，仅为该采购文件节选，亦未提交其他证据予以证实，导致法院无法对被诉处理决定是否合法进行全面深入审查。同时，针对投诉事项作出被诉处理决定的主要依据是专家论证结果，并没有立足于中标产品及中标人符合《公开招标采购文件》的相关要求。据此，认定被诉处理决定主要证据不足，判决撤销被诉处理决定。

【判决正文】

广西壮族自治区南宁市中级人民法院
行政判决书

〔2019〕桂 01 行终 19 号

上诉人（一审被告）南宁市青秀区财政局，住所地（略）。
法定代表人蓝某。
委托代理人严某。
委托代理人牛某。
被上诉人（一审原告）苏州深锐电子科技有限公司，住所地（略）。
法定代表人姜某。
委托代理人胡某。

一审第三人云之龙招标集团有限公司,住所地(略)。

法定代表人梁某。

委托代理人於某。

一审第三人广西住朋购友文化传媒有限公司,住所地(略)。

法定代表人李某。

委托代理人廖某。

上诉人南宁市青秀区财政局(以下简称青秀区财政局)因与被上诉人苏州深锐电子科技有限公司(以下简称深锐公司)政府采购行政决定一案,不服南宁市西乡塘区人民法院 2018 年 2 月 12 日作出的〔2017〕桂 0107 行初 62 号行政判决,向本院提起上诉。本院于 2019 年 2 月 1 日立案后依法组成合议庭进行了审理。本案现已审理终结。

一审法院查明,广西云龙招标有限公司(以下简称云龙公司)受南宁市青秀区商务和旅游发展局的委托,决定就南宁市青秀区智慧农贸市场建设试点项目进行公开招标采购,于 2016 年 8 月 5 日发布招标公告,采购项目编号:QXCG2016F089。深锐公司作为供应商参与了此次招标。2016 年 9 月 8 日,云龙公司发布《QXCG2016F089 南宁市青秀区智慧农贸市场建设试点项目中标公告》,涉案智能电子秤采购项目中标供应商为住朋购友公司。2016 年 9 月 7 日,深锐公司向云龙公司递交《质疑书》,质疑内容为:质疑事项 1 投标人住朋购友公司在投标现场所提供演示的电子秤为非达标产品,该设备生产厂家没有"将其他硬件集成在电子秤"的产品型号(即该公司演示的产品是没有经过质量技术监督部门备案产品,因此是属于不合格产品);质疑事项 2 本项目招标代理人云龙公司没有为投标人提供良好的网络环境,使深锐公司不能很好的演示深锐公司投标产品(软件系统)的各项功能,极大地影响评委对深锐公司演示环节的评分。2016 年 9 月 18 日,云龙公司向原告出具《关于南宁市青秀区智慧农贸市场建设试点项目(项目编号:QXCG2016F089)质疑函的回复》,回复如下:由于深锐公司的本次质疑缺乏相关法律或事实依据,根据《广西壮族自治区政府采购供应商质疑处理办法》(桂财采〔2006〕11 号)第九条规定,故质疑该问题不成立,按驳回质疑处理。2016 年 9 月 30 日,深锐公司向被告递交投诉函,投诉内容为:一、中标人投标文件中所投的产品不符合《公开招标采购文件》中对产品的技术要求,不具备中标资格;二、中标人在投标现场提供演示的电子秤与其招标文件中所投的不是同一产品,该产品没有经过相关质量技术监督部门的批准备案,属于不合格产品;三、中标人不具备参与该招投标项目的主体资格。2016 年 11 月 7 日,青秀区财政局作出被诉《投诉处理决定书》,该决定书认为:投诉事项 1:中标人投标文件中所投的产品不符合《公开招标采购文件》中对产品的技术要求,不具备中标资格。专家论证结果:中标人本次投标产品已经响应本次《公开招标采购文件》关于"项目要求及技术需求"中第 17 点智能电子秤的第 16 项明确要求,本次参与投标的智能电子称具备"摄像头:可识别商品"功能。投诉事项 2:中标人在投标现场提供演示的电子称与其招标文件中所投的不是同一产品,该产品没有经过相关质量技术监督部门的批准备案,属于不合格产品。专家论证结果:经查询,投标产品具有选配摄像头功能,不构成对计量精度的影响,属产品正常扩展功能。深圳市深信信息技术有限公司提供了(SINXIN-ACN3OB)型号电子称具有可选配摄像头功能和选配摄像头的情况下不影响计量结果和精准性的保证函,并附上（SINXIN-ACN3OB）电子智能称的合格检测报告（华南国家计量测试中心/广东省计量科学研究院检测报告，编号：Z2016415）。投诉事项3：中标人不具备参与该招投标项目的主体资格。专家论证结果：根据《中华人民共和国政府采购法实施条例》第五十五条规定："供应商质疑、投诉应当有明确的请求和必要的证明材料。供应商投诉的事项不得超出质疑事项的范围。"该投诉事项已超出投诉人的质疑范围，因此该投诉事项不符合规定。依据《政府采购供应商投诉处理办法》（中华人民共和国财政部令第20号）第十七条，决定驳回深锐公司关于《南宁市青秀区智慧农贸市场建设试点项目》的投诉。深锐公司不服上述处理决定，起诉至法院。

一审法院认为，《中华人民共和国政府采购法》第十三条第一款规定："各级人民政府财政部门是负责政府采购监督管理的部门，依法履行对政府采购活动的监督管理职责"；第五十五条规定："质疑供应商对采购人、采购代理机构的答复不满意或者采购人、采购代理机构未在规定的时间内作出答复的，可以在答复期满后十五个工作日内向同级政府采购监督管理部门投诉"。《政府采购供应商投诉处理办法》第三条第一款规定："县级以上地方各级人民政府财政部门负责本级预算项目政府采购活动中的供应商投诉事宜"。本案所涉政府采购项目为云龙公司受南宁市青秀区商务和旅游发展局的委托，决定就南宁市青秀区智慧农贸市场建设试点项目进行公开招标采购，青秀区财政局作为南宁市青秀区政府的财政部门，具有作出涉案投诉处理决定的法定职权。《中华人民共和国行政诉讼法》第三十四条第一款规定："被告对作出的行政行为负有举证责任，应当提供作出该行政行为的证据和所依据的规范性文件。"根据上述规定，行政机关向人民法院提供作出行政行为的证据，是其法定义务，其提供的证据应当完整，使人民法院依该证据能够直接对行政行为作出认定。本案中，深锐公司的第一项投诉内容为中标人投标文件中所投的产品不符合《公开招标采购文件》中对产品的技术要求，不具备中标资格。青秀区财政局应向本院提供完整的《公开招标采购文件》以及其他证明涉案智能电子秤实质响应招标文件的证据。深锐公司的第二项投诉内容为中标人在投标现场提供演示的电子秤与其招标文件中所投的不是同一产品，该产品没有经过相关质量技术监督部门的批准备案，属于不合格产品。青秀区财政局应向本院提供证明涉案智能电子秤经选配摄像头功能后产品质量合格的证据。但针对被诉处理决定书对深锐公司的上述投诉事项处理的证据，青秀区财政局向本院提供的《公开招标采购文件》不完整，为该采购文件节选，被告亦未提交其他证据予以证实。据此，被诉处理决定主要证据不足，依法应予撤销。综上，根据《中华人民共和国行政诉讼法》第七十条第（一）项的规定，判决如下：一、撤销青秀区财政局于2016年11月7日作出的南青财采决〔2016〕4号《青秀区财政局政府采购处理决定书》；二、青秀区财政局于本判决生效之日起30个工作日内，对深锐公司于2016年9月30日向被告提交的《投诉函》重新作出行政行为。案件受理费50元，由青秀区财政局负担。

青秀区财政局上诉称，一、一审法院认定青秀区财政局未提供完整的《公开招标采购文件》以及其他证明涉案智能电子秤实质响应招标文件中的证据存在错误。二、一审法院认定青秀区财政局未向法庭提供证明涉案智能电子秤经选配摄像头功能后产品质量合格的证据，事实认定不清，证据不足。三、一审法院未对青秀区财政局针对青秀区财政局提出的第三个投诉事项及处理决定进行审查认定,属事实认定不清,违反了行政诉讼的审理规则。综上,一审法院认定事实错误。请求本院:一、撤销南宁市西乡塘区人民法院〔2017〕桂0107行初62号行政判决书,发回重审或依法改判;二、深锐公司承担本案诉讼费用。

深锐公司辩称,第一,一审法院判决认定事实正确,适用法律无误。深锐公司认为不应当发回重审或依法改判;第二,根据行政诉讼法证据若干规定,青秀区财政局在一审中应当提供据以作出被诉行政行为的全部证据及规范性文件,而针对青秀区财政局据以作出其行政行为的评标委员会评分表,一共涉及价格分、技术分等六项评分项目,上诉人应该提供上述的六份评分表而不是只提供其中软硬件评分表一项。第三,青秀区财政局作出行政行为的依据都是所谓的专家论证,而提交的证据也只是几个专家的论证结论不符合证据形式要求。其并没有提供任何得出这一论证过程的任何证据。论证的合法性及合理性完全无法看出,政府作出的行政行为的依据不能只是专家的论证,而要通过招标文件、投标文件、以及实际产品等来进行分析。青秀区财政局仅提供对其有利的评标材料,故意不提供经过审查推敲的材料,正是为了逃避法院的程序性审查,因此一审法院认定事实清楚,判决正确。第二,中标人的中标产品完全不符合招标文件对技能电子的技术要求,中标人用于投标的电子产品本身就是不合格产品,不合格产品用于投标及演示完全违背了招投标法的基本规则。

云之龙公司和广西住朋购友文化传媒有限公司均陈述,与青秀区财政局的意见一致。

二审审理中,各方当事人均未向法庭提交新证据。

当事人在一审中提交的证据已随案移送本院。经审查,本院确认一审判决确认的证据合法有效,可作为认定本案事实的依据。据此,本院查明的事实与一审判决查明的事实一致。

本院另查明,2018年3月28日,广西云龙招标有限公司更名为云之龙招标集团有限公司。

本院认为,根据各方当事人的诉辩意见,本案的争议焦点是青秀区财政局作出的被诉处理决定是否合法。《中华人民共和国行政诉讼法》第三十四条第一款规定:"被告对作出的行政行为负有举证责任,应当提供作出该行政行为的证据和所依据的规范性文件。"本案中,深锐公司的第一项投诉内容为中标人投标文件中所投的产品不符合《公开招标采购文件》中对产品的技术要求,不具备中标资格,第二项投诉内容为中标人在投标现场提供演示的电子秤与其招标文件中所投的不是同一产品,该产品没有经过相关质量技术监督部门的批准备案,属于不合格产品。青秀区财政局作出被诉处理决定,以缺乏事实依据为由驳回了深锐公司的投诉。在一审法院对被诉处理决定是否合法进行审查时,青秀区财政局应向法院提供完整的《公开招标采购文件》、证明涉案智能电子秤经选配摄像头功能后产品质量合格的证据以及其他证明涉案智能电子秤实质响应招标文件的证据。但青秀区财政局向一审法院提交的证据《公开招标采购文件》不完整,仅为该采购文件节选,青秀区财政局亦未提交其他证据予以证实,导致法院无法对被诉处理决定是否合法进行全面深入审查。同时,针对深锐公司的投诉事项,根据被诉处理决定的表述,青秀区财政局作出被诉处理决定的主要依据是专家论证结果,并没有立足于中标产品及中标人符合《公开招标采购文件》的相关要求。据此,一审法院认定被诉处理决定主要证据不足,作出撤销被诉处理决定的判决并无不当。

综上,青秀区财政局作出被诉处理决定主要证据不足。一审判决认定事实清楚,适用法律法规正确,程序合法,应予维持。青秀区财政局的上诉请求不成立,应予驳回。依照《中华人民共和国行政诉讼法》第八十九条第一款第(一)项的规定,判决如下:

驳回上诉,维持原判。

本案案件受理费 50 元,由上诉人南宁市青秀区财政局负担。

本判决为终审判决。

审 判 长　傅朝霞

审 判 员　彭晓霞

审 判 员　宁　静

二〇一九年十月十二日

书 记 员　何丽莎

深圳市江健贸易有限公司
与广东省财政厅、广东省人民政府
政府采购(招投标)投诉处理决定、行政复议决定案

【案件提要】

本案是对采购结果投诉处理决定而提起行政诉讼的案例。涉案采购项目发布中标公告,恒埔公司中标。江健公司经质疑后向财政部门投诉,认为恒埔公司存在围标行为,利用宏信达公司伪造公章导致高价中标;宏信达公司还其他公司代理产品授权书,要求废除中标结果。财政部门经调查后作出驳回投诉的处理决定。经行政复议后,江建公司提起本案诉讼。法院经审理认为,江健公司对其主张恒埔公司利用宏信达公司进行围标行为,未能提供相关证据材料予以佐证;财政部门经核查亦未发现两家公司存在恶意串通情形,未发现围标行为。宏信达公司伪造其他公司的代理产品授权书的行为经查证属实,对宏信达公司依法应予处罚。由于涉案项目投标供应商共四家,宏信达公司在投标中推荐排名第三,其提供虚假材料的行为并不影响中标结果。故判决认定财政部门作出驳回投诉的处理决定认定事实清楚,适用法律正确,程序合法。

【判决正文】

广州铁路运输中级法院
行政判决书

〔2019〕粤 71 行终 727 号

上诉人(一审原告)深圳市江健贸易有限公司,住所地(略)。

法定代表人袁某。

委托代理人宁某。

委托代理人陈某。

被上诉人(一审被告)广东省财政厅,住所地(略)。

法定代表人戴某。

被上诉人(一审被告)广东省人民政府,住所地(略)。

法定代表人马某。

委托代理人黄某、邓某。

一审第三人国义招标股份有限公司,住所地(略)。

法定代表人王某。

委托代理人栾某、余某。

一审第三人南京恒埔伟业科技股份有限公司,住所地(略)。

法定代表人詹某。

委托代理人钱某。

一审第三人南京宏信达医疗器械有限公司,住所地(略)。

法定代表人许某。

上诉人深圳市江健贸易有限公司(以下简称江健公司)因诉被上诉人广东省财政厅、广东省人民政府(以下简称省政府),一审第三人国义招标股份有限公司(以下简称国义公司)、南京恒埔伟业科技股份有限公司(以下简称恒埔公司)、南京宏信达医疗器械有限公司(以下简称宏信达公司)投诉处理决定及行政复议决定一案,不服广州铁路运输法院〔2018〕粤7101行初2262号行政判决,向本院提起上诉。本院依法组成合议庭,对本案进行了审理。现已审理终结。

一审法院经审理查明:广东省中医院采购医疗设备招标项目(采购项目编号:0724-1701D84N2900)包2:射频肿瘤热疗机,属于政府采购项目,广东省中医院为采购人,国义公司为采购人委托的采购活动代理机构,该项目采用公开招标方式采购。2017年8月2日,国义公司发布上述政府采购项目公开招标文件,对本次采购项目的采购预算、项目内容及需求、供应商资格、投标截止日期、开标评价时间及地点等予以公告。

江健公司、恒埔公司、宏信达公司及案外人上海坚敬生物科技有限公司(以下简称坚敬公司)四家公司参与投标,并递交了投标文件。2017年8月23日,国义公司组织评标委员会委员出具评标报告,对江健公司等四家公司进行了符合性审查,确认四家公司均为有效投标人。后经评标委员会评审,恒埔公司,综合得分为88.34分,排名第一;江健公司综合得分为71.29分,排名第二;宏信达公司综合得分为66.18分,排名第三。确定综合得分排名第一的恒埔公司为推荐中标人。2017年9月1日,国义公司发布中标人为恒埔公司的中标公告。

2017年9月12日,江健公司对上述评审结果向国义公司提出质疑,认为宏信达公司提供的厂家授权资料系伪造,恒埔公司与宏信达公司协同围标,导致恒埔公司高价中标。9月21日,国义公司对江健公司提出的上述质疑进行了书面回复。

2017年10月18日,江健公司就广东省中医院采购医疗设备招标项目(采购项目编号:0724-1701D84N2900)包2:射频肿瘤热疗机向广东省财政厅投诉,投诉事项如下:1.恒埔公司存在围标行为,利用宏信达公司伪造公章违法犯罪行为导致高价中标;2.宏信达公司伪造北京先科创业科技有限公司(以下简称先科公司)代理产品授权书。要求废除中标结果,将恒埔公司、宏信达公司列入黑名单。10月20日,广东省财政厅向江健公司作出粤财采投〔2017〕71号《政府采购投诉受理通知书》,受理江健公司的投诉,并将投诉书副本分别送达给省中医院、国义公司、恒埔公司和宏信达公司。省中医院、国义公司、恒埔公司随后就江健公司投诉的内容向广东省财政厅进行了书面说明并提供了相关材料。10月21日,广东省财政厅向先科公司发出粤财采投〔2017〕76号《关于协助鉴定制造商授权书和热疗机生产商质保期承诺书的函》,请先科公司就制造商授权书和热疗机生产商质保期承诺书的真伪进行鉴定,先科公司随后予以书面回复。11 月 29 日,广东省财政厅作出粤财采决〔2017〕26 号《政府采购投诉处理决定书》,认为:(一)江健公司关于恒埔公司存在围标行为,利用宏信达公司伪造公章违法犯罪行为导致高价中标的投诉事项,江健公司未提供材料佐证恒埔公司存在围标情形,未发现恒埔公司与宏信达公司存在恶意串通的情形,故此项投诉缺乏事实依据;(二)江健公司关于宏信达公司伪造先科公司代理产品授权书的投诉事项,经查证属实,宏信达公司存在提供虚假材料谋取中标的情形。由于涉案项目投标供应商共四家,宏信达公司推荐排名第三,其行为不影响中标结果,根据《政府采购供应商投诉处理办法》(财政部令第 20 号)第十七条第(二)(三)项的规定,决定:江健公司的投诉事项 1 缺乏事实依据,予以驳回;投诉事项 2 成立,但不影响中标结果,另行处罚。

江健公司对上述政府采购投诉处理决定不服,向广东省政府提出行政复议,广东省政府于 2018 年 4 月 16 日作出粤府行复〔2018〕57 号《行政复议决定书》,维持广东省财政厅作出的上述《政府采购投诉处理决定书》。

江健公司不服广东省财政厅作出的粤财采决〔2017〕26 号《政府采购投诉处理决定书》及广东省政府作出的粤府行复〔2018〕57 号《行政复议决定书》,诉至一审法院。

另查明,广东省中医院采购医疗设备招标项目招标文件中,第三部分"投标人须知"中"九、评标方法、步骤及标准"项下"31 评标法方法"规定:"本次评标采用综合评分法,即在最大限度地满足招标文件实质性要求前提下,按技术、商务和价格三部分分别打分的方式进行评分。三项总分为 100 分,其中技术得分占 60 分,商务得分占 10 分,价格得分占 30 分,以评标总得分最高的投标人作为第一中标候选人。""32 评标步骤"项下"计算价格评分"规定:"各有效投标供应商的评标价中,取最低者作为基准价,各有效投标供应商的价格评分统一按照下列公式计算:价格评分 =(基准价 ÷ 评标价)×30。"其中,江健公司投标报价 278.4 万元,恒埔公司投标报价 360 万元,宏信达公司投标报价 408 万元,坚敬公司投标报价 390 万元。江健公司为项目的评标基准价。

一审法院认为:《中华人民共和国政府采购法》第十三条第一款规定:"各级人民政府财政部门是负责政府采购监督管理的部门,依法履行对政府采购活动的监督管理职责。"第五十五条规定:"质疑供应商对采购人、采购代理机构的答复不满意或者采购人、采购代理机构未在规定的时间内作出答复的,可以在答复期满后十五个工作日内向同级政府采购监督管理部门投诉。"《政府采购供应商投诉处理办法》第二条第三款规定:"县级以上地方各级人民政府财政部门负责本级预算项目政府采购活动中的供应商投诉事宜。"《中华人民共和国行政复议法》第十二条第一款规定:"对县级以上地方各级人民政府工作部门的具体行政行为不服的,由申请人选择,可以向该部门的本级人民政府申请行政复议,也可以向上一级主管部门申请行政复议。"据此,广东省财政厅作为负责政府采购监督管理的部门,负有对政府采购活动进行监督管理的职责,有权依法受理和处理涉案政府采购活动的投诉。江健公司不服广东省财政厅作出的决定,向广东省政府申请行政复议,广东省政府有权受理江健公司的行政复议申请。根据各方当事人的诉、辩观点,江健公司对于广东省财政厅作出涉案《政府采购投诉处理决定书》及广东省政府作出《行政复议决定书》的程序合法均无异议,本案具体争议焦点为：一、恒埔公司与宏信达公司是否存在恶意串通、围标行为；二、宏信达公司提供虚假材料谋取中标的情形，是否导致本次中标结果无效。对此，一审法院综合分析如下：

一、关于恒埔公司与宏信达公司是否存在恶意串通、围标行为的问题。江健公司主张宏信达公司在本次投标过程中所代理的产品参数与本次招标参数严重不符，故意采取报价高于恒埔公司标价的方式，协助恒埔公司中标。两者的投标报价呈规律性差异，应视为串通投标，投标无效。

首先，医疗产品的价格必然会因为型号、配置及功能的不同存在较大差异，故产品价格比对应选择同一型号、配置的产品进行。本案广东省中医院中标型号为最高端配置的HY7000型，而江健公司提供的其他医院的中标型号为HY7000-Ⅰ型或HY7000-Ⅱ型，属于中低端配置型号，并非同一产品，不具有价格比对性；其次，涉案招标项目的最高限价是420万元，恒埔公司的中标价360万元在合理范畴内，未超过最高限价；最后，江健公司虽主张恒埔公司利用宏信达公司进行围标行为，但未能提供相关证据材料予以佐证。广东省财政厅经核查亦未发现两家公司存在恶意串通情形，未发现围标行为。故江健公司的上述主张缺乏事实依据，一审法院不予支持。

二、关于宏信达公司提供虚假材料谋取中标的情形，是否导致本次中标结果无效的问题。江健公司主张宏信达公司伪造先科公司的授权文件，提供虚假材料，取得投标资格，其行为对投标结果产生重要影响，本次中标结果应属无效。

《中华人民共和国政府采购法》第七十七条第一款第一项规定："供应商有下列情形之一的，处以采购金额千分之五以上千分之十以下的罚款，列入不良行为记录名单，在一至三年内禁止参加政府采购活动，有违法所得的，并处没收违法所得，情节严重的，由工商行政管理机关吊销营业执照；构成犯罪的，依法追究刑事责任：（一）提供虚假材料谋取中标、成交的……"《政府采购供应商投诉处理办法》（中华人民共和国财政部令20号）第十七条规定："财政部门经审查，对投诉事项分别作出下列处理决定：（一）投诉人撤回投诉的，终止投诉处理；（二）投诉缺乏事实依据的，驳回投诉；（三）投诉事项经查证属实的，分别按照本办法有关规定处理。"本案中，宏信达公司伪造先科公司的代理产品授权书的行为经查证属实，对宏信达公司应依据上述规定予以处罚。但由于此次投标有四家供应商参与，宏信达公司并非项目最低的投标报价，不属基准价，不影响其他供应商在该项目的报价得分。宏信达公司在投标中推荐排名第三，其提供虚假材料的行为并不影响中标结果。故江健公司关于本次中标结果无效的主张，理据不足，一审法院不予采纳。

综上，广东省财政厅作出的涉案《政府采购投诉处理决定书》及省政府作出的《行政复议决定书》，认定事实清楚，适用法律正确，程序合法。一审法院依照《中华人民共和国行政诉讼法》第六十九条的规定，判决驳回江健公司的全部诉讼请求。

江健公司不服一审判决，向本院提起上诉称：一、一审法院认定广东省中医院采购医疗设备招标项目包2：射频肿瘤热疗机中标型号为最高端配置的HY7000型，证据不足，认定事实错误。产品价格是由其配置高低决定的，而产品型号只是对配置的一个总称，并不能决定其价格。恒埔公司参与投标产品的型号及报价是否合理，需要查实其投标产品的真实配置。广东省财政厅、广东省政府及恒埔公司均没有提交证据证明恒埔公司在采购项目中参与投标产品的实际配置,唯一能够证实恒埔公司投标产品的实际配置为广东省财政厅保存的恒埔公司的投标文件,但广东省财政厅未进行调查核实,未进行对比鉴别,一审中故意不将该份文件作为证据提交。一审法院在没有调查核实,没有真实客观的书面证据证明恒埔公司参与投标产品实际配置的情况下,就认定恒埔公司投标的设备为型号 HY7000,报价合理,与江健公司提供的其他医院的中标产品不具有价格比对性,明显认定事实错误。江健公司认为应当将恒埔公司中标产品的实际配置与其他医院的中标型号的配置进行比对,而非仅对价格进行比对。二、江健公司已提交证据证明恒埔公司、宏信达公司存在围标行为,一审法院没有证据排除江健公司提交的证据即认定恒埔公司、宏信达公司不存在围标行为,认定事实错误。广东省财政厅并未对恒埔公司、宏信达公司是否存在恶意串通和围标进行核查。广东省财政厅所谓的核查仅是查阅两恒埔公司、宏信达公司的投标文件,对江健公司提交的围标证据未进行全面调查核实。在广州市番禺区中心医院射频肿瘤热疗系统采购项目中,恒埔公司的报价为 98 万/台,宏信达公司报价略高于 98 万/台,恒埔公司中标。本案采购项目中,恒埔公司报价为 120 万/台,宏信达公司公司报价 136 万/台,报价略高于恒埔公司,同样恒埔公司中标。可见恒埔公司、宏信达公司在不同的采购项目中的报价上存在明显的规律性差异,根据《政府采购货物和服务招标投标管理办法》第三十七条第(四)项的规定,应当认定恒埔公司、宏信达公司存在围标行为,应当予以废标。法律规定并未将该情形限定在同一招标投标项目之中,因此相同投标人在不同的投标项目中投标报价呈规律性差异的,也应当依据上述规定认定为串通投标。三、一审法院认为宏信达公司报价并非项目最低价,不属基准价,不影响其他供应商在该项目的报价评分,不影响中标结果,认定事实错误证据不足。涉案采购项目采用按技术、商务和价格三部分分别进行打分的方式进行评分,价格评分统一按照下列公式计算:价格评分 =(基准价 ÷ 评标价)× 30。采购项目的《公开投标文件》中规定,评标委员会对投标文件的评审分为初审、比较与评价三个步骤,根据《政府采购货物和服务招标投标管理办法》第四十六条的规定,评审委员会在比较环节中就涉及投标文件与用户需求之间的比较以及投标文件之间的比较,由于宏信达公司提交虚假的材料参与到投标中,严重影响到了评委对各个投标文件的相对评价,从根本上影响到各个投标人在技术及商务部分的得分,影响了整个招标项目的公平公正和最终结果。宏信达公司每次参与投标都报出高于恒埔公司的价格,目的即为了协助恒埔公司中标,而且屡试屡成功。根据《政府采购法》第三十六条的规定,在招标采购中,出现影响采购公正的违法、违规行为,应予废标。但是国义公司作为专业招标机构对此明显袒护,广东省财政厅均对此视而不见,对江健公司的投诉不予审视。综上,一审法院未能查清事实就认定广东省财政厅、广东省政府的行政行为合法,判决不公,故上诉请求:1. 撤销一审判决;2. 撤销规定省财政厅作出的粤财采决〔2017〕26 号《政府采购投诉处理决定书》;3. 撤销规定省政府作出的粤府行复〔2018〕57 号《行政复议决定书》;4. 判令省财政厅重新作出行政行为;5. 本案一、二审诉讼费用由广东省财政厅、广东省政府承担。

广东省财政厅二审期间未提交答辩意见。

广东省政府二审期间未提交答辩意见。

国义公司、恒埔公司、宏信达公司二审期间未提交陈述意见。

经二审审查,一审法院查明的事实清楚并有相应证据证明,本院予以确认。

本院认为:关于江健公司主张一审法院未查清恒埔公司参与投标产品的真实配置与其报价是否合理的问题。本案中,江健公司、恒埔公司、宏信达公司以及坚敬公司参与国义公司组织的广东省中医院采购医疗设备招标(采购项目编号:0724-1701D84N2900,包2射频肿瘤热疗机)项目投标,在规定期限内递交了投标文件,国义公司组织评审委员会对江健公司等四家公司进行了符合性审查,审查项目共十项,其中第八项、第九项载明:投标文件对招标文件的实质性技术与商务的(即标注★号条款)条款不产生偏离(投标文件中技术参数、功能或其他内容优于招标要求部分不视作偏离);符合招标文件中规定的其他实质性要求。上述四家公司均通过评审委员会的初审后进入后续的比较与评价。根据《开标记录表》记载,包02:射频肿瘤热疗机3套,投标单位恒埔公司的投标产品品牌为南京恒埔HY7000,投标总报价为人民币360万。因此,评审委员会按照评标细则的规定,已经对恒埔公司的招标文件进行了符合性审查,并记录在《符合性审查表》中予以确认,恒埔公司在涉案招投标项目中的招标产品为南京恒埔HY7000射频肿瘤热疗机,该产品技术参数有上述《符合性审查表》以及产品说明书等予以证实。结合恒埔公司提供的合同标的为南京恒埔HY7000射频肿瘤热疗机的采购合同、购销合同等合同,可以反映该产品的售价在170万至230万的区间范围内,而本案中恒埔公司报价为每套120万的价格并未超过招标文件的最高限价每套140万的价格,亦未超出合理的市场价格范围,故江健公司认为一审法院未查清恒埔公司参与投标产品的真实配置与其报价不合理的主张,本院不予支持。

关于江健公司主张恒埔公司、宏信达公司在不同的采购项目中的报价已存在明显的规律性差异,应当认定恒埔公司、宏信达公司存在围标行为的问题。江健公司认为广州市番禺区中心医院射频肿瘤热疗系统采购项目中恒埔公司、宏信达公司的报价与本案招投标项目中的报价存在规律性差异。本院认为江健公司的主张不能成立。首先,两次采购项目投标的产品并非同一产品,不具有价格比对性。其次,恒埔公司、宏信达公司在本次招投标项目中的报价分别为360万及408万,差距较大,不存在规律性差异。且经广东省财政厅核查亦未发现两家公司存在恶意串通情形,未发现围标行为。故江健公司的上述主张缺乏事实依据,本院不予支持。

关于江健公司主张宏信达公司提交虚假的材料参与到投标中,从根本上影响到各个投标人在技术及商务部分的得分,故应予废标的问题。在涉案招标项目中,评审委员会采用综合评分法,按技术、商务和价格三部分分别对四家公司进行独立评分,根据《技术商务评分表》中列明的五项技术评分因素和四项商务评分因素进行细化打分,价格评分采用统一的公式"价格评分=(基准价÷评标价)×30,基准价为最低报价",江健公司为项目的评标基准价。基于评审委员会在技术、商务部分的打分均系按照明确的评分因素进行独立打分以及宏信达公司的投标价格并非涉案项目价格评分中的基准价不影响其他供应商在该项目价格评分中的得分,虽宏信达公司在本次招投标项目中存在伪造先科公司的代理产品授权书的行为,但因宏信达公司在涉案招投标项目中排名第三,取消其排名也不影响恒埔公司排名第一的结果,并不影响涉案招投标项目的中标结果。故对江健公司的上述主张,本院不予支持。

综上，广东省财政厅作出被诉政府采购投诉处理决定认定事实清楚，适用法律正确，程序合法。本院予以维持。广东省政府收到江健公司的行政复议申请后，在法定期限内作出被诉行政复议决定，程序合法，本院予以维持。一审判决认定事实清楚，适用法律正确，程序合法，本院予以维持。江健公司要求撤销一审判决的理由不成立，本院不予支持。依照《中华人民共和国行政诉讼法》第八十九条第一款第（一）项的规定，判决如下：

判决结果

驳回上诉，维持原判。

二审案件受理费 50 元，由上诉人深圳市江健贸易有限公司负担。

本判决为终审判决。

审 判 长 朱 琳

审 判 员 彭铁文

审 判 员 王 荣

二〇二〇年一月二十日

法官助理 郑小敏

书 记 员 罗 涛

44

成都市家家美食品有限公司
与四川省蒲江县财政局、成都市财政局
政府采购（招投标）投诉处理决定、行政复议决定案

【案件提要】

本案是对采购结果的投诉处理决定提起行政诉讼的案例。涉案采购项目招标公告。经评标委员会评审，佳享公司为第一中标候选人，家家美公司为第二中标候选人。家家美公司认为佳享公司不具备良好的商业信誉和良好的社会保障资金记录，不具备参加案涉项目的资格，经质疑、投诉、复议后提起本案诉讼。法院经审理认为，根据本案查明的事实，佳享公司因其属于劳动密集型企业，受经济下行影响，企业生产经营困难，故申请暂缓缴纳社会保险费，社保局于涉案招标活动开始前已书面同意，开标时间亦在社保局同意佳享公司缓缴社会保险费的期限内，佳享公司积极配合蒲江县社保局做好社会保险费清欠工作，切实保障了参保职工的社会保险权益。现有证据不能证明佳享公司被纳入了不良社会保障资金缴纳记录名单，或因违反《中华人民共和国社会保险法》受到过行政处罚，即佳享公司缓期缴纳社会保险费并非系通过逃避缴纳社会保障资金的手段降低成本进行不公平的竞争，不当然属于不具备良好社会保障金缴纳记录的情形。财政部门经查询，确认佳享公司亦被列入严重违法失信企业名单、失信被执行人名单。故财政部门经调查后认定投诉缺乏事实依据，作出驳回投诉的处理决定，符合法律规定。

【判决正文】

四川省成都市中级人民法院
行政判决书

〔2019〕川 01 行终 1306 号

上诉人（一审原告）成都市家家美食品有限公司，住所地（略）。
法定代表人杨某。
委托代理人王某。
被上诉人（一审被告）四川省蒲江县财政局，住所地（略）。
法定代表人刘某。

委托代理人周某。

被上诉人(一审被告)成都市财政局,住所地(略)。

法定代表人高某。

委托代理人张某。

委托代理人胡某。

被上诉人(一审第三人)四川国际招标有限责任公司,住所地(略)。

法定代表人张某。

被上诉人(一审第三人)成都佳享食品有限公司,住所地(略)。

法定代表人陈某。

上诉人成都市家家美食品有限公司(以下简称家家美公司)因诉被上诉人四川省蒲江县财政局(以下简称蒲江县财政局)、成都市财政局(以下简称成都市财政局)财政行政监督及行政复议一案,不服四川省成都高新技术产业开发区人民法院〔2019〕川 0191 行初 51 号行政判决,向本院提起上诉。本院依法组成合议庭,对本案进行了审理,现已审理终结。

一审法院经审理查明,2018 年 7 月 11 日,四川国际招标有限责任公司(以下简称招标公司)作为采购代理机构,受采购人四川省蒲江县教育局委托,在四川政府采购网发布四川省蒲江县教育局学校食堂大宗食品原材料配送服务项目的招标公告。经评标委员会评审,成都佳享食品有限公司(以下简称佳享公司)为上述采购项目"02 猪肉配送服务"的第一中标候选人,家家美公司为第二中标候选人。2018 年 8 月 7 日,家家美公司向招标公司提交《质疑书》,质疑佳享公司不具备良好的商业信誉和良好的社会保障资金记录,不具备参加案涉项目的资格。2018 年 8 月 16 日,招标公司向家家美公司作出《质疑答复》,告知家家美公司经调查了解,质疑事项不成立。2018 年 8 月 22 日,家家美公司以招标公司为被投诉人,向蒲江县财政局提交《投诉书》,投诉事项为佳享公司因拖欠职工社会保障资金,而不具备良好社会保障资金缴纳记录。蒲江县财政局于当日受理,并于 2018 年 8 月 24 日分别向采购人、招标公司和佳享公司作出并送达《投诉答复通知书》和《投诉书》副本,通知采购人、招标公司和佳享公司针对家家美公司的投诉作出说明,并提交证据等材料。2018 年 8 月 28 日,采购人向蒲江县财政局作出《关于投诉的说明》,并提交蒲江县社会保险事业管理局(以下简称蒲江县社保局)向其出具的《关于成都佳享食品有限公司社会保险参保情况说明》。2018 年 8 月 29 日,蒲江县社保局出具《关于成都佳享食品有限公司欠费清偿及证明开具的情况说明》,告知蒲江县财政局佳享公司社会保险费清欠工作开展情况,开具《社会保险费缴费通知单》(顺序号:201808153885772)和《社会保险费缴费通知单》(编号:51013101202018Hzj0126757)的情况等。2018 年 8 月 29 日,佳享公司向蒲江县财政局作出《关于中标"蒲江县教育局学校食堂大宗食品原材料配送服务项目"投诉的情况说明》,并提交了《关于缓缴社会保险费用的申请》《关于同意成都佳享食品有限公司缓缴社会保险费的复函》《四川省社会保险费专用票据》和中国工商银行的业务回单。2018 年 8 月 30 日,招标公司向蒲江县财政局作出《关于成都市家家美食品有限公司投诉事项的说明》,并提交蒲江县社保局向其出具的《关于成都佳享食品有限公司社会保险参保情况说明》等证明材料。2018 年 9 月 21 日,蒲江县财政局作出蒲财采〔2018〕7 号《投诉处理决定书》（以下简称投诉处理决定），根据《政府采购质疑和投诉办法》（财政部令第 94 号）第二十九条第二项的规定，决定驳回投诉。家家美公司不服，于 2018 年 9 月 30 日向成都市财政局申请行政复议。成都市财政局于当日受理，并于 2018 年 10 月 8 日作出《行政复议答复通知书》。2018 年 10 月 10 日，成都市财政局向蒲江县财政局邮寄送达了上述《行政复议答复通知书》及《行政复议申请书》副本。2018 年 11 月 27 日，成都市财政局作出成财复议决〔2018〕17 号《行政复议决定书》（以下简称复议决定），依据《中华人民共和国行政复议法》第二十八条第一款第一项的规定，决定维持蒲江县财政局作出的投诉处理决定，并邮寄送达家家美公司和蒲江县财政局。家家美公司不服，提起行政诉讼，请求人民法院撤销蒲江县财政局作出的投诉处理决定以及成都市财政局作出的复议决定，责令蒲江县财政局重新作出行政行为，并由蒲江县财政局和成都市财政局承担本案诉讼费。

一审法院另查明，2018 年 6 月 8 日，佳享公司向蒲江县社保局提交《关于缓缴社会保险费用的申请》，申请暂缓缴纳社会保险费用，年底前足额缴清社会保险费，理由为佳享公司属劳动密集型企业，受经济下行影响，企业生产经营困难。2018 年 7 月 3 日，蒲江县社保局作出《关于同意成都佳享食品有限公司缓缴社会保险费的复函》，同意佳享公司暂缓缴纳社会保险费。

一审法院认为，依据《中华人民共和国政府采购法》第十三条第一款"各级人民政府财政部门是负责政府采购监督管理的部门，依法履行对政府采购活动的监督管理职责"的规定，以及该法第五十五条"质疑供应商对采购人、采购代理机构的答复不满意或者采购人、采购代理机构未在规定的时间内作出答复的，可以在答复期满后十五个工作日内向同级政府采购监督管理部门投诉"的规定，同时参照《政府采购质疑和投诉办法》（财政部令第 94 号）第五条第二款"县级以上各级人民政府财政部门负责依法处理供应商投诉"的规定，家家美公司不满意四川国际招标公司于 2018 年 8 月 16 日作出的《质疑答复》，于 2018 年 8 月 22 日向蒲江县财政局投诉，符合上述规定。同时，蒲江县财政局作为招标公司同级负责政府采购监督管理的部门，有权针对家家美公司因不满意招标公司作出的《质疑答复》，以招标公司为被投诉人提起的案涉投诉进行调查处理，并作出处理决定。

参照《政府采购质疑和投诉办法》（财政部令第 94 号）第二十一条第四项"财政部门收到投诉书后，应当在 5 个工作日内进行审查，审查后按照下列情况处理：……（四）投诉符合本办法第十八条、第十九条规定的，自收到投诉书之日起即为受理，并在收到投诉后 8 个工作日内向被投诉人和其他与投诉事项有关的当事人发出投诉答复通知书及投诉书副本"的规定，2018 年 8 月 22 日，蒲江县财政局收到家家美公司提交的《投诉书》及相关材料后于当日予以受理，并于 2018 年 8 月 24 日分别向采购人、招标公司、佳享公司作出并送达《投诉答复通知书》及《投诉书》副本，符合上述规定。依据《中华人民共和国政府采购法》第五十六条"政府采购监督管理部门应当在收到投诉后三十个工作日内，对投诉事项作出处理决定，并以书面形式通知投诉人和与投诉事项有关的当事人"的规定，同时参照《政府采购质疑和投诉办法》（财政部令第 94 号）第二十六条"财政部门应当自收到投诉之日起 30 个工作日内，对投诉事项作出处理决定"的规定,蒲江县财政局于 2018 年 9 月 21 日作出投诉处理决定,并分别于 2018 年 9 月 21 日、2018 年 9 月 27 日送达家家美公司和招标公司,程序符合上述规定。家家美公司亦对蒲江县财政局作出案涉投诉处理决定的程序无异议。

关于蒲江县财政局认定佳享公司缓缴社会保险费不属于《招标文件》规定的投标人限制条件是否适当,一审法院认为,依据《招标文件》"第四章投标人和投标产品的资格、资质性及其他类似效力要求"中"一、投标人资格、资质性及其他类似效力要求(一)资格要求……4. 具有依法缴纳税收和社会保障资金的良好记录……"的要求,家家美公司认为佳享公司拖欠职工社会保障资金,不具备良好社会保障资金缴纳记录,向蒲江县财政局提起投诉。依据《中华人民共和国政府采购法实施条例》第五十六条第一款"财政部门处理投诉事项采用书面审查的方式,必要时可以进行调查取证或者组织质证"的规定,同时参照《政府采购质疑和投诉办法》(财政部令第 94 号)第二十三条第一款"财政部门处理投诉事项原则上采用书面审查的方式。财政部门认为有必要时,可以进行调查取证或者组织质证"的规定,以及上述《招标文件》关于投标人具有依法缴纳税收和社会保障资金的良好记录的资格要求,蒲江县财政局针对家家美公司的投诉事项,分别向采购人、招标公司、佳享公司和蒲江县社保局进行了调查核实,查阅了四川省蒲江县教育局学校食堂大宗食品原材料配送服务项目的《招标文件》《资格性投标文件》和《评标报告》等资料。其次,蒲江县财政局提交的《招标文件》《关于缓缴社会保险费用的申请》和《关于同意成都佳享食品有限公司缓缴社会保险费的复函》,《关于投诉的说明》《关于成都佳享食品有限公司社会保险参保情况说明》和《关于成都佳享食品有限公司欠费清偿及证明开具的情况说明》《关于中标"蒲江县教育局学校食堂大宗食品原材料配送服务项目"投诉的情况说明》《关于成都市家家美食品有限公司投诉事项的说明》等证据,能够证明佳享公司因其属于劳动密集型企业,受经济下行影响,企业生产经营困难,故申请暂缓缴纳社会保险费,年底前足额缴清社会保险费,蒲江县社保局于案涉招标活动开始前书面同意佳享公司暂缓缴纳社会保险费,开标时间亦在蒲江社保局同意佳享公司缓缴社会保险费的期限内,佳享公司积极配合蒲江县社保局做好社会保险费清欠工作,切实保障了参保职工的社会保险权益。再次,家家美公司提交的证明佳享公司欠缴社会保险费的《社会保险费缴费通知单》(编号:51013101202018 Hzj0126757),已经由蒲江县社保局书面证明不是其开具,现有证据不能证明佳享公司被纳入了不良社会保障资金缴纳记录名单,或因违反《中华人民共和国社会保险法》受到过行政处罚,即佳享公司缓期缴纳社会保险费并非系通过逃避缴纳社会保障资金的手段降低成本进行不公平的竞争,不当然属于不具备良好社会保障金缴纳记录的情形。同时,依据《招标文件》"第四章投标人和投标产品的资格、资质性及其他类似效力要求"中"一、投标人资格、资质性及其他类似效力要求(一)资格要求……2. 具有良好的商业信誉和健全的财物会计制度……注:2. 供应商在参加政府采购活动前,被纳入法院、工商行政管理部门、税务部门、银行认定的失信名单且在有效期内,或者在前三年政府采购合同履约过程中及其他经营活动履约过程中未依法履约被有关行政部门处罚(处理)的,本项目不认定其具有良好的商业信誉"的要求,蒲江县财政局经查询,确认佳享公司亦未被列入严重违法失信企业名单、失信被执行人名单,家家美公司的投诉事项缺乏事实依据。因此,参照《政府采购质疑和投诉办法》(财政部令第 94 号)第二十九条第二项"投诉处理过程中,有下列情形之一的,财政部门应当驳回投诉:……(二)投诉事项缺乏事实依据,投诉事项不成立"的规定,蒲江县财政局作出投诉处理决定,决定驳回家家美公司的投诉,并无不当。

依据《中华人民共和国行政复议法》第九条第一款"公民、法人或者其他组织认为具体行政行为侵犯其合法权益的,可以自知道该具体行政行为之日起六十日内提出行政复议申请……"的规定,以及该法第十二条第一款"对县级以上地方各级人民政府工作部门的具体行政行为不服的,由申请人选择,可以向该部门的本级人民政府申请行政复议,也可以向上一级主管部门申请行政复议"的规定,家家美公司不服蒲江县财政局于 2018 年 9 月 21 日向其送达的投诉处理决定,于 2018 年 9 月 30 日向成都市财政局申请行政复议,符合法律规定。同时,成都市财政局作为蒲江财政局的上一级主管部门,对家家美公司以蒲江县财政局为被申请人提起的行政复议申请,具有复议审查的法定职权。

依据《中华人民共和国行政复议法》第十七条第一款"行政复议机关收到行政复议申请后,应当在五日内进行审查……"的规定,成都市财政局于 2018 年 9 月 30 日收到家家美公司的行政复议申请,并于当日受理,符合法律规定。依据《中华人民共和国行政复议法》第二十三条第一款"行政复议机关负责法制工作的机构应当自行政复议申请受理之日起七日内,将行政复议申请书副本或者行政复议申请笔录复印件发送被申请人……"的规定,以及该法第四十条第二款"本法关于行政复议期间有关'五日''七日'的规定是指工作日,不含节假日"的规定,成都市财政局于 2018 年 10 月 8 日向蒲江县财政局作出《行政复议答复通知书》,并于 2018 年 10 月 10 日将《行政复议申请书》副本一并送达蒲江县财政局,符合上述规定。依据《中华人民共和国行政复议法》第三十一条第一款"行政复议机关应当自受理申请之日起六十日内作出行政复议决定……"的规定,成都市财政局于 2018 年 11 月 27 日作出复议决定,程序合法。家家美公司亦对成都市财政局作出案涉行政复议决定的程序无异议。

依据《中华人民共和国行政复议法》第二十八条第一款第一项"行政复议机关负责法制工作的机构应当对被申请人作出的具体行政行为进行审查,提出意见,经行政复议机关的负责人同意或者集体讨论通过后,按照下列规定作出行政复议决定:(一)具体行政行为认定事实清楚,证据确凿,适用依据正确,程序合法,内容适当的,决定维持"的规定,成都市财政局受理案涉行政复议申请后,依法审查了蒲江县财政局提交的《关于成都市家家美食品有限公司申请行政复议的书面答复》(蒲财采〔2018〕9 号)及依据。成都市财政局依据上述规定,作出维持原行政行为的复议决定,符合法律规定。

综上,蒲江县财政局作出的投诉处理决定,以及成都市财政局作出的复议决定证据确凿,适用依据正确,符合法定程序。一审法院遂依据《中华人民共和国行政诉讼法》第六十九条之规定,判决驳回家家美公司的诉讼请求。案件受理费 50 元,由家家美公司负担。

宣判后,家家美公司不服,向本院提起上诉称,一审法院决定不予调取证据不符合法律规定,家家美公司申请调取证据的请求于法有据,应予准许;蒲江县财政局认定佳享公司缓缴社会保险费不属于《招标文件》规定的招标人限制条件不适当。一审认定事实不清,适用

中山市谷源餐饮服务有限公司
与广东省肇庆市端州区财政局、肇庆市财政局
政府采购(招投标)投诉处理决定、行政复议决定案

【案件提要】

本案是对采购过程的投诉处理决定提起行政诉讼的案例。涉案采购项目为公开招标采购。因对开标过程中关于原件清单核对过程及对相关评分有异议,谷源公司在质疑、投诉和复议后,提起本案诉讼。法院经审理认为,涉案五份原件核对一览表,既有采购代理机构代表签名,也有谷源公司盖章及代表签名确认,应当视为谷源公司同意这五份原件核对一览表内容,谷源公司提供的资料均已作为评标委员会进行评标的依据,亦无其他证据证明采购机构故招标程序财政部门受理投诉后,依法展开调查,调取了视频证据,对项目负责人进行约谈,制作了约谈询问函,组织原评标委员会成员对供应商的投标文件进行技术及商务复核,并结合谷源公司、采购代理机构提交的材料,复核情况书、评审结果复核报告,认为谷源公司提出的投诉事项缺乏事实依据,作出驳回投诉处理决定,依据充分,程序合法。

【判决正文】

广东省肇庆市中级人民法院
行政判决书

〔2019〕粤 12 行终 153 号

上诉人(一审原告):中山市谷源餐饮服务有限公司,住所地(略)。

法定代表人陈某。

委托代理人李某。

委托代理人卢某。

被上诉人(一审被告):肇庆市端州区财政局,住所地(略)。

法定代表人郭某。

委托代理人莫某。

委托代理人梁某。

被上诉人(一审被告):肇庆市财政局,住所地(略)。

法定代表人唐某。

委托代理人吴某。

委托代理人孟某。

一审第三人广东巨正建设项目管理有限公司,住所地(略)。

法定代表人候某。

委托代理人黄某。

委托代理人陈某。

一审第三人肇庆市端州区教育局,住所地(略)。

法定代表人吴某。

委托代理人刘某。

上诉人中山市谷源餐饮服务有限公司(以下简称谷源公司)因与被上诉人肇庆市端州区财政局(以下简称端州区财政局)、被上诉人肇庆市财政局、一审第三人广东巨正建设项目管理有限公司(以下简称巨正公司)、一审第三人肇庆市端州区教育局(以下简称端州区教育局)行政处理及行政复议纠纷一案,不服肇庆市鼎湖区人民法院〔2019〕粤 1203 行初 64 号行政判决,向本院提起上诉。本院受理后,依法组成合议庭对本案进行了审理。上诉人谷源公司的委托代理人卢某、李某,被上诉人端州区财政局的委托代理人梁某,被上诉人市财政局的委托代理人吴某、孟某,一审第三人巨正公司的委托代理人黄某,一审第三人区教育局的委托代理人刘某到庭参加诉讼。现已审理终结。

一审法院经审理查明,2018 年 5 月,端州区教育局委托巨正公司就肇庆市端州区小学餐饮配送服务资格采购项目进行公开招标,项目编号 ZQGDJZ2018-F027W,服务资格供应商 2 家。2018 年 5 月 25 日谷源公司应邀参加该招投标项目。因对开标过程中关于原件清单核对过程及对相关评分有质疑,于 2018 年 5 月 30 日向巨正公司发出《肇庆市端州小学餐饮配送服务资格采购项目质疑函》认为:1. 谷源公司按照招标文件要求所提交的原件及原件清单分五个部分一共有五张清单,现场工作人员只核对了第一部分和第一张清单,第二部分和第二清单只核对了一点,巨正公司就停止现场的原件核对。谷源公司认为有可能因为"无法提供原件核对"或"原件不齐全"而影响评审内容总分为 34 分中的实际得分情况;2. 谷源公司提交五类原件及清单一式两份,巨正公司没有按本次招标程序在核对无误后由双方签名盖章确定各执一份,有程序不当之嫌;3. 标书的评标条款中,关于"履约能力""经营场所""企业认证和荣誉"和"业绩"等项目的评分都是要有原件展示才能够得分,为此要求巨正公司释明谷源公司关于上述评审内容的实际得分。2018 年 6 月 5 日,巨正公司就谷源公司所质疑事项,作出《关于肇庆市端州区小学餐饮配送服务资格采购项目质疑答复函》,并于同日向谷源公司送达,告知谷源公司:1. 根据招标文件对原件核查要求,投标人提供所需核对资料原件,交予采购人(采购代理机构或评审专家)核对。经核对原件与正本对应资料一致及有效后,原件即退回,巨正公司按照规定,在采购人、评审专家及监督人的监督下,继续核对余下原件资料,不存在对谷源公司原件核对或原件不齐全而影响评审内容总得分;2. 根据招标文件对原件核查要求,所提供的原件资料必须在投标截止时间前递交(截止时间后递交不再接收),巨正公司对于原件核查要求,是要求投标截止时间前递交,交予采购人(采购代理机构或评审专家)核对,经核对原件与正本对应资料一致及有效后,原件即退回,核对谷源公司原件清单时由于评审时间已到,巨正公司请评审专家进行项目评审,故通知谷源公司在场外等候,巨正公司在采购人、监督人及评标专家的监督下,继续对谷源公司进行原件核对;3.关于"履约能力""企业认证和荣誉"和"业绩"的得分情况,依照《中华人民共和国招投标法》及《评标委员会和评标办法暂行规定》第十四条规定,评标委员会成员和参与评标的有关工作人员不得透露对投标文件的评审和比较、中标候选人的推荐情况以及与评标有关的其他情况。因不满巨正公司答复,谷源公司于2018年6月22日向端州区财政局发出《肇庆市端州区小学餐饮配送服务资格采购项目投诉书》,认为在开标过程中,巨正公司未完成与其核对原件的手续而进行专家评标阶段,明显违反投标文件规定的程序;在谷源公司向巨正公司提出质疑后,巨正公司多次致电谷源公司,明确要求撤回质疑,有意暗示提供另一个投标项目给谷源公司,涉嫌在本次投标项目存在违规行为,违反了公平竞争原则。端州区财政局于2018年7月26日收到谷源公司的投诉书,于同月30日作出端财采投〔2018〕4号政府采购投诉受理通知书,并依法送达谷源公司。同月17日,巨正公司向端州区财政局发出《肇庆市端州区小学餐饮配送服务资格采购项目采购活动情况的说明》,就项目的采购活动情况进行了说明,并附送了谷源公司的五份原件核对一览表,在原件核对一览表中,第1项、第37项均备注"没有甲方盖章",没打勾核对原件;在原件核对一览表中,第1项备注"没找到";在原件核对一览表中,第6项没打勾核对原件,没备注原因;五份原件核对一览表均有谷源公司及其代表盖章签名,也有巨正公司代表签名,同时原件核对一览表备注处注明:《原件核对一览表》中填写了项目但没有带项目原件的,则不予计算该项与原件相关项的分数,但不作废标处理;评标结束后,投标人提供所需核对资料原件,交予采购人(采购代理机构或评审专家)核对,经核对原件与正本对应资料一致及有效后,原件即退回。2018年8月2日,端州区财政局组织原评标委员会成员对投标文件进行技术及商务复核,并制作了复核情况书及评审结果复核报告。经过复核,评审专家对原技术及商务评审均无异议,并一致认为中标候选单位为中山市好味鲜餐饮服务有限公司、深圳市鼎禾盛饮食管理服务有限公司。同月27日,端州区财政局针对肇庆市端州区小学餐饮配送服务资格采购项目原件核对环节中发生的问题向巨正公司项目负责人进行了约谈,并制作了约谈询问函。2018年9月10日,端州区财政局根据调取的视频证据,以及巨正公司向区财政局提供的《原件核对一览表》上显示谷源公司提交的原件资料均有核对记录,谷源公司在"履约能力""企业认证及荣誉"和"业绩"的评审内容中均有得分,不存在因无法核对原件而不得分的情况,巨正公司发布中标公告内容符合法律法规规定,谷源公司要求巨正公司公开的内容不属于依法公开的内容,巨正公司虽然完成了原件核对工作,并未影响本次政府采购的公平公正,但没有告知投诉人原件核对情况,存在工作上的纰漏等调查情况,作出了端财投决〔2018〕1号政府采购投诉处理决定书,决定:(一)投诉事项缺乏事实依据,驳回投诉;(二)对被投诉人提出严肃批评及警告、并责令被投诉人进行整改,积极学习政府采购相关法律法规,依法依规开展政府采购代理活动,公平公正维护各方利益。并依法送达谷源公司。谷源公司不服,于2018年11月13日向市财政局提起行政复议,肇庆市财政局受理后于同月19日向端州区财政局发出行政复议答复通知书,端州区财政局于同月28日提交了行政复议答复书及相关证据材料,肇庆市财政局于2019年1月11日作出肇财复议〔2019〕1号行政复议决定书,决定维持端州区财政局作出的端财投决〔2018〕1号政府采购投诉处理决定书。

一审法院认为,根据《政府采购质疑和投诉办法》第五条第二款"县级以上各级人民政府财政部门(以下简称财政部门)负责依法处理供应商投诉"的规定,端州区财政局作为县级人民政府财政部门,对供应商投诉有依法处理的职责,是本案的适格被告。又根据《中华人民共和国行政复议法》第十二条第一款"对县级以上地方各级人民政府工作部门的具体行政行为不服的,由申请人选择,可以向该部门的本级人民政府申请行政复议,也可以向上一级主管部门申请行政复议"的规定,市财政局系端州区财政局的上一级主管部门,对端州区财政局作出的行政行为,有权根据申请,履行法定的行政复议职权,是本案的适格被告。根据《政府采购投诉和质疑办法》第二十三条第一款"财政部门处理投诉事项原则上采用书面审查的方式,财政部门认为有必要时,可以进行调查取证或者组织质证",第二十六条"财政部门应当自收到投诉之日起30个工作日内,对投诉事项作出处理决定",第二十九条"投诉处理过程中,有下列情形之一的,财政部门应当驳回投诉:……(二)投诉事项缺乏事实依据,投诉事项不成立"的规定,端州区财政局受理谷源公司的投诉后,依法展开调查,调取了视频证据,对项目负责人进行约谈,制作了约谈询问函,组织原评标委员会成员对供应商的投标文件进行技术及商务复核,并结合谷源公司、巨正公司提交的材料,复核情况书、评审结果复核报告,作出《政府采购投诉处理决定书》并送达给谷源公司,该决定书认定谷源公司提出的投诉事项缺乏事实依据,为此驳回其投诉。谷源公司不服该决定,向市财政局复议申请。肇庆市财政局向端州区财政局发出《行政复议答复通知书》,在端州区财政局提交《行政复议答复书》及相关证据后,作出《行政复议决定书》,决定维持端州区财政局作出的《政府采购投诉处理决定书》并送达给谷源公司。端州区财政局作出处理决定以及市财政局作出行政复议决定,均程序合法。谷源公司认为在开标过程中,巨正公司未完成与其共同核对原件的程序就要求谷源公司留下原件进入评标环节,导致谷源公司不能在公平、公开、公正的情况下完成开标程序,谷源公司的依据是:原件核对一览表中,第1、37项备注"没有甲方盖章",没打勾核对原件;在原件核对一览表中,第1项备注"没找到原件",没打勾核对原件;在原件核对一览表中,第6项没打勾核对原件,没备注原因。谷源公司在投诉和诉讼中对其他原件核对没有质疑。根据各方举证质证可见:1.原件核对一览表中,对第1项(即供餐合同)、第37项(即送餐合同)核对原件没打勾,原因是供餐合同的甲乙方名称均与谷源公司不同,谷源公司与该合同没有关联;而送餐合同的甲方没有盖章只有签名,但合同约定有盖章才生效;因此供餐合同和送餐合同两项没有打勾确定有效并无不当。2.原件核对一览表中,对第1项核对原件有打勾确认。3.原件核对一览表中,第6项没打勾核对原件,没备注原因;有音频视频证实此项核对是谷源公司与巨正公司共同核对的,谷源公司在现场没有提出异议。对这些情况,谷源公司没有提供有效的相反证据予以反驳。涉案五份原件核对一览表,既有巨正公司代表签名,也有谷源公司盖章及代表签名确认,应当视为谷源公司同意这五份原件核对一览表内容,谷源公司提供的资料均已作为评标委员会进行评标的依据。端州区财政局受理谷源公司投诉后,组织原评标委员会成员复核评审,评审专家对原技术及商务评审均无异议,一致维持原评审。基于以上情况,谷源公司的诉讼主张缺乏事实依据,端州区财政局作出的处理决定以及市财政局作出的行政复议决定,均事实依据充分。综上,端州区财政局作出政府采购投诉处理决定,肇庆市财政局作出行政复议决定,依据充分,程序合法;谷源公司的诉讼请求理据不足,不予支持。依照《中华人民共和国行政诉讼法》第六十九条的规定,判决驳回谷源公司的诉讼请求。

谷源公司上诉称:一、一审法院作出的判决认定基本事实错误,一审判决第22页中第二段第3点认定的事实是明显错误的,根据视频显示的评标过程的如下:1. 当日16:17,双方开始进入评审室核对原件,在谷源公司工作人员拿出业绩部分时,参与核对的巨正公司浅灰色女说"你们(业绩合同有)这么多呀",谷源公司工作人员回应"是啊,我们企业就是专业做校园配餐的,十多年了";2. 当日16:35,巨正公司工作人员说"这样对到今晚都对不完"并表示专家要进场评,要求谷源公司工作人员停止核对并退场,期间浅灰色女和黑衣女A表示"没有原件不得分",蓝色T恤男表示"专家自己会看的";3. 当日16:38左右,巨正公司工作人员反复催促并要求谷源公司退场;4. 当日16:47,浅灰色女和黑衣女A开始接触,翻看谷源公司的原件,17:04停止接触谷源公司的原件;上述视频内容充分反映如下事实:巨正公司工作人员中除浅灰色女外,其余人员并未全程参与核对谷源公司原件,在评标过程中,没有看到专家接触和查看谷源公司的原件,专家在评审视频中也没有接触到谷源公司的原件核对清单,因此一审法院没有认真审查该证据反映的事实,单凭端州区财政局提交的原件核对一览表而直接认定谷源公司提供的资料作为评标委员会作为评标依据,端州区财政局对此作为依据而作出的行政决定是错误的,严重违反了法定的评标程序,违反了公平竞争的原则。二、一审法院没有调取其他参加本案投标人横向比较得分情况、得分依据及当时所有投标人标书文件进行综合认定本案事实,谷源公司认为本案的核心是谷源公司在评标过程是否得公平公正待问题而非仅仅是否得分的问题,然而涉案评标过程中的评审规则要求是针对各位投标人的横向比较而获得分数,因此各位投标人的横向比较是否基于评标委员会确实接触过谷源公司提供的原件,是否对谷源公司的投标资料进行评审,以及评标结果是否将谷源公司的得分与其他投标人进行横向比较而作出,都涉及本案争议的事实焦点和评标程序是否合法合规等实质性问题,上述音频视频所显示的过程并没有反映本案上述实质性的问题,在谷源公司有原件而无法公平核对的情况下,原审法院并没有为了查清案件事实而调取其他参加本案投标人横向比较得分情况、得分依据及当时所有投标人标书文件进行综合认定本案事实,谷源公司根本无法得到一个公平、公正的分数,这明显剥夺谷源公司的公平参与投标的权利,明显违反了评标的法定程序,因此一审法院没有调取其他参加本案投标人的标书,并对其"履约能力""企业认证及荣誉""业绩"等横向对比项目进行审查就认定本案法律事实,明显违反人民法院应当查清案件事实的工作原则。综上所述,请求依法撤销一审法院的〔2019〕粤1203行初64号行政判决,依法改判撤销端州区财政局作出的端财投决〔2018〕1号处理决定,并纠正其错误行政行为;撤销市财政局作出的肇财复议〔2019〕1号行政复议决定;本案一、二审诉讼费用由端州区财政局和市财政局承担。

端州区财政局辩称:谷源公司对一审判决书第22页中第二段法院认定的部分事实有异议,但提出的事实理由,与一审期间的理由并没有差异,不属于新理由。谷源公司上诉状中提出的证据并非新证据,是一审期间质证过的证据,该证据并不能证实巨正公司在原件核对过程存在违反法律强制性规定及足以影响公证评标的结果。谷源公司主要是对原件核对中关于表①第 1、37 项,表③第 1 项,表④第 6 项的核对情况有异议。关于原件核对程序问题:现有法律、法规并没有强制性规定,招标文件的原件核对程序必须经由代理方与投标方工作人员共同核对,也没有规定招标文件的原件核对必须由参与招标、评标的全部工作人员全程参与,目前的证据尚不能证明巨正公司在原件核对工作中是违反法律强制性规定。关于原件核对程序是否对本案评标行为造成不公平影响问题:谷源公司在"履约能力""企业认证及荣誉"和"业绩"三项评审内容中均有得分,证明谷源公司并不存在因原件核对程序导致不得分或影响得分的情形,按评分标准,这三项内容没有原件是不予给分的。关于原件核对情况:表④是由巨正公司与谷源公司共同核对,谷源公司没有在现场对该表的原件核对提出异议,其确认核对的情况;表①第 1、37 项,表③第 1 项的核对情况,与客观事实相符,并无不当。每个投标人的得分情况,主要以招标文件约定的评分规则以及每个投标人的投标资料作参考依据,且《评审结果复核报告》已证实涉案复核专家(评审委员)对三家供应商投标文件复核后,均认为对技术及商务部分评审结果没有异议,并一致认为中标候选单位的推荐名次中,谷源公司排列第三。综上,一审法院审理审理程序合法,事实认定清楚、证据充足,法律适用正确,不存在《行政诉讼法》第 89 条第(二)、(三)、(四)款的情形,请求二审法院根据该条文第(一)款的规定,维持原判。

肇庆市财政局辩称:肇庆市财政局作出肇财复议〔2019〕1 号《行政复议决定书》是履行法定职责的行为,符合行政复议的有关规定,该《复议决定书》认定的事实清楚,理由充分,适用法律正确,处理适当,程序合法。端州区财政局作出的端财投决〔2018〕1 号《政府采购投诉处理决定书》认定的事实清楚,处理程序正确,驳回谷源公司的投诉处理恰当,应予以维持。谷源公司认为在开标过程中,巨正公司未完成与其共同核对原件的程序就要求谷源公司留下原件进入评标环节,导致谷源公司不能在公平、公开、公正的情况下完成开标程序,谷源公司依据是:原件核对一览表①中,第 1、37 项备注"没有甲方盖章",没打勾核对原件;在原件核对一览表③中,第 1 项备注"没找到原件",没打勾核对原件;在原件核对一览表④中,第 6 项没打勾核对原件,没备注原因;谷源公司在投诉和诉讼中对其他原件核对没有质疑。根据本案的证据能够充分证明以下事实:

原件核对一览表①中,对第 1 项(即供餐合同)、第 37 项(即送餐合同)核对原件没打勾,原因是供餐合同的甲方(中山市东区教科文卫办公室)、乙方(中山市东区谷源酒家)名称均与谷源公司不同,谷源公司与该合同没有关联;而送餐合同的甲方没有盖章只有签名,但合同约定有盖章才生效;因此供餐合同和送餐合同两项没有打勾确定有效并无不当,而且表①和表④是谷源公司与巨正公司共同核对的;原件核对一览表③中,对第 1 项核对原件有打勾确认;原件核对一览表④中,第 6 项没打勾核对原件,没备注原因,但表①和表④是谷源公司与巨正公司共同核对的;五份原件核对一览表,既有巨正公司代表签名,也有谷源公司盖章及代表签名确认,应当视为谷源公司同意这五份原件核对一览表内容。综上,谷源公司的诉讼主张缺乏事实和法律依据,一审判决认定的事实清楚,适用依据正确,程序合法,处理适当。谷源公司提出的上诉请求,没有事实和法律依据,依法应予驳回。

巨正公司辩称:一审判决认定事实清楚,适用法律正确,应当予以维持,谷源公司的投诉请求仅涉及"原件核对"和"得分"问题,巨正公司已经对相关问题进行了答复,行政处理期间,端州区财政局及市财政局针对投诉问题也进行了相关调查核实,依法作出行政处理决定,是合法合规的行政行为。专家评标是基于投标人的标书进行评审,没有对谷源公司有任何歧视和偏见,即使谷源公司提供的部分材料没有原件或者原件不符合要求,巨正公司也没有要求谷源公司撤回或修改标书,更没有明示或暗示现场专家采取不同评分措施。得分高低是专家评审结果,谷源公司要求公开其他投标人的得分情况不符合《政府采购货物和服务招标投标管理办法》第六十六条和《评标委员会和评标方法暂行规定》第十四条的规定。请求驳回谷源公司的上诉请求,维持原判。

端州区教育局辩称:谷源公司上诉提出一审判决第 22 页第二段法院认定事实部分有异议,且理由与一审法庭审理提出的理由没有差异,不属于新的事实和理由,其所提出的证据,在一审法院开庭已质证过,并非新证据。端州区教育局已根据中标通知书与第三方签订《肇庆市端州区小学餐饮配送服务价格采购项目采购合同》,该合同合法、有效,且正在履行中。端州区教育局依法依规对端州区小学进行餐饮配送服务,是贯彻落实各级政府有关指示,做好校内托管工作的具体措施落实。端州区教育局在该项目自招标落实后,端州区小学餐饮配送服务已正常运作了近二个学期,希望本案的判决结果不影响端州区小学的正常餐饮配送服务。一审法院判决认定事实清楚,审理程序合法,证据充足,适用法律正确,谷源公司的上诉请求没有事实依据和理由,请求二审法院驳回谷源公司的上诉请求,维持原判。

经审理查明,一审认定的事实清楚,本院依法予以确认。

本院认为,本案是谷源公司与端州区财政局、市财政局、巨正公司、端州区教育局的行政处理及行政复议纠纷。综合各方当事人的意见,本案的争议焦点是:1. 巨正公司招标程序是否合法;2. 端州区财政局做出的《政府采购投诉处理决定书》与肇庆市财政局做出的《行政复议决定书》是否合法。

关于巨正公司招标程序是否合法。

第一,根据招投标相关法律法规,没有强制性规定招标文件的原件必须经由代理方与投标方的工作人员共同核对,也没有规定招标文件的原件核对必须由参与招标、评标的全部工作人员全程参与,巨正公司在评标环节之前单独完成对谷源公司提交原件的核对,没有违反法律法规的强制性规定。

第二,根据监控视频反映,2018 年 5 月 25 日 15 时 30 分,巨正公司工作人员开始接收投标人的原件资料,谷源公司最后签到提交资料,16 时 35 分,巨正公司提出进入评标环节,请谷源公司离开标室,谷源公司对此并无异议,在谷源公司离开后,巨正公司继续核对谷源公司提交的原件,直至 17 时 17 分核对完毕,巨正公司在视频监控下已经完成了对谷源公司提交原件的核对。

第三,根据原件核对一览表①—⑤反映,该五份原件核对一览表后,均有巨正公司代表签字和谷源公司代表签字及盖章,谷源公司在投标现场对原件核对结果予以确认,并没有提出异议。另外,在该五份原件核对一览表中,表①的第 1 项(即供餐合同)和第 37 项(即送餐合同)核对原件没打勾,原因是供餐合同的乙方即中山市东区谷源酒家,名称均与谷源公司不同,谷源公司与该合同没有关联,而送餐合同的甲方没有盖章只有签名,但合同约定有盖章才生效,因此供餐合同和送餐合同两项没有打勾,并无不当;表③的第 1 项核对情况有打勾确认,备注没有找到提交的原件与实际情况相符;表④的第6项没打勾核对原件,没备注原因;但是,表①和表④是谷源公司与巨正公司共同核对的,谷源公司在核对过程中并没有提出异议。

第四,根据技术与商务评审表反映,谷源公司在"履约能力""经营场所""企业认证及荣誉"和"业绩"的评审结果均有得分,按评分标准,这几项内容没有原件是不予给分的,而谷源公司均有相应得分,说明评审专家已经根据其提交的原件对其在相应项目中给予打分,并不存在因原件核对程序导致不得分或影响得分的情形。

第五,根据《复核意见书》及《评审结果复核报告》反映,2018年8月2日,端州区财政局组织原评标委员会成员对投标文件进行技术及商务复核,经复核,评审专家对原技术及商务评审均无异议,一致维持原评审,在中标候选单位的推荐名次中,谷源公司位列第三,原评审结果经专家复核,没有违反公平竞争原则。

第六,根据《评标委员会和评标方法暂行规定》第十四条第一款的规定,评标委员会成员和与评标活动有关的工作人员不得透露对投标文件的评审和比较、中标候选人的推荐情况以及与评标有关的其他情况。根据该规定,谷源公司提出的请求公开其他投标人的技术与商务评分情况,于法无据,谷源公司的得分与其他投标人的得分进行横向比较,得出谷源公司位列第三的结果已经专家评审并经复核,该内容和过程,不属于法律法规规定的应当公开的情形。

综上,巨正公司招标的程序合法。

关于肇庆两级财政局作出的行政处理决定是否合法。第一,根据《政府采购质疑和投诉办法》第五条第二款的规定,县级以上各级人民政府财政部门负责依法处理供应商投诉。端州区财政局作为县级人民政府财政部门,对谷源公司的投诉有依法处理的职责。又根据《中华人民共和国行政复议法》第十二条第一款的规定,对县级以上地方各级人民政府工作部门的具体行政行为不服的,由申请人选择,可以向该部门的本级人民政府申请行政复议,也可以向上一级主管部门申请行政复议。肇庆市财政局是区财政局的上一级主管部门,对端州区财政局作出的行政行为,有权根据谷源公司的申请,履行法定的行政复议职权。因此,端州区财政局和肇庆市财政局有权对谷源公司的行政投诉及行政复议作出处理。第二,端州区财政局受理谷源公司的投诉后,依法展开调查,调取了视频证据,对项目负责人进行约谈,并组织原评标委员会成员对投标文件进行技术及商务复核,并结合谷源公司和巨正公司提交的材料,制作《复核情况书》《评审结果复核报告》,从而作出《政府采购投诉处理决定书》并送达给谷源公司。谷源公司不服该决定,向肇庆市财政局申请复议。肇庆市财政局受理后,向端州区财政局发出《行政复议答复通知书》,在端州区财政局提交《行政复议答复书》及相关证据后,作出《行政复议决定书》并送达给谷源公司。端州区财政局作出的处理决定及肇庆市财政局作出的行政复议决定,程序合法。第三,端州区财政局和肇庆市财政局作出的行政处理决定,认定事实清楚,理据充分,处理结果正确。综上,端州区财政局作出的《政府采购投诉处理决定书》及肇庆市财政局作出的《行政复议决定书》合法。

综上所述,谷源公司的上诉请求,理据不足,不予支持。依照《中华人民共和国行政诉讼法》第八十九条第一款第(一)项的规定,判决如下:

驳回上诉,维持原判。

案件二审受理费50元,由上诉人中山市谷源餐饮服务有限公司负担。

本判决为终审判决。

审 判 长　彭卓腾

审 判 员　张国良

审 判 员　秦　雯

二〇一九年七月三十一日

法官助理　梁国安

书 记 员　何剑锋

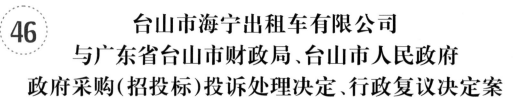

46 台山市海宁出租车有限公司 与广东省台山市财政局、台山市人民政府 政府采购（招投标）投诉处理决定、行政复议决定案

【案件提要】

本案是对采购结果的投诉处理决定提起行政诉讼的案例。涉案采购项目经公开招标，确定了中标供应商。海宁公司向财政部门投诉，申请公开涉案项目技术评分和商务评分各评分及其资料的要求，并认为投标文件评审标准中分值设置未与评审因素的量化指标相对应违法。财政部门驳回了其投诉，经复议和一审判决后，海宁公司提起上诉。二审法院经审理认为，本案审查的重点在于应否对涉案项目技术评分和商务评分等资料进行公开。根据《政府采购法实施条例》第四十三条第三款以及《政府采购信息公告管理办法》第十二条的规定，法律并未明确规定中标、成交结果公告必须对有关技术评分和商务评分等资料进行公告。本案中，涉案中标结果公告的主要内容和形式均符合前述法律的规定，而海宁公司申请公开涉案项目技术评分和商务评分等资料应属不宜公开的范围。此外，海宁公司提出涉案招标文件评审标准中分值设置与评审因素的量化不对应的问题，在质疑中并未提出，故依法不予审查和处理。海宁公司上诉还提出评标中可能存在客观评分标准不一致以及评分存在畸高、畸低的情况，现有的证据显示，本案项目采用综合评分方法，评分项目分为技术、商务及价格三个项目，依据每个评分项目的类型设置不同的评标条件。评标委员会对各投标人的技术、商务、价格分别进行分析和评分，并根据各项权重计算出各投标人的综合评估分后，推荐综合得分最高以及能最大限度地满足招标文件实质性要求的供应商作为中标者，并未违反法律规定。综上，二审法院认定财政部门的处理决定和复议机关的复议决定正确，判决予以支持。

【判决正文】

广东省江门市中级人民法院
行政判决书

〔2019〕粤 07 行终 344 号

上诉人（一审原告）台山市海宁出租车有限公司，住所地（略）。

法定代表人朱某。

委托代理人许某。

被上诉人(一审被告)台山市财政局,住所地(略)。

法定代表人刘某。

出庭负责人袁某。

委托代理人梁某。

委托代理人邓某。

被上诉人(一审被告)台山市人民政府,住所地(略)。

法定代表人谢某。

委托代理人黄某、郭某。

一审第三人台山市教育局,住所地(略)。

法定代表人李某。

出庭负责人李某。

委托代理人梁某。

一审第三人江门市深联招标有限公司,住所地(略)。

法定代表人林某。

委托代埋人谭某。

一审第三人广东省江门市汽运集团有限公司,住所地(略)。

法定代表人吕某。

委托代理人谭某。

上诉人台山市海宁出租车有限公司(以下简称海宁公司)因与被上诉人台山市财政局、台山市人民政府(以下简称台山市政府)、一审第三人台山市教育局、江门市深联招标有限公司(以下简称深联公司)、广东省江门市汽运集团有限公司(以下简称汽运公司)政府采购投诉处理纠纷一案,不服广东省江门市江海区人民法院〔2019〕粤0704行初63号行政判决,向本院提起上诉。本院受理后,依法组成合议庭审理了本案,现已审理终结。

海宁公司的上诉请求:1.撤销一审判决;2.撤销台山市政府作出的台府行复〔2018〕13号《行政复议决定书》;3.撤销台山市财政局作出的台财采购〔2018〕8号《政府采购投诉处理决定书》;4.判决项目编号为TSZB2018-787的台山市广海白沙三合3镇校车接送学生服务项目(以下简称涉案项目)废标;5.判决台山市财政局就项目编号为TSZB2018-787的涉案项目政府采购活动重新作出监督管理行政行为。主要事实和理由:一、一审判决不支持海宁公司申请公开涉案项目技术评分和商务评分各评分及其资料的要求,适用法律错误。第一,涉案《台山市广海白沙三合3镇校车接送学生服务项目中标结果公告》(以下简称《项目中标结果公告》)公布的内容仅属于采购人主动公开的政府信息。对各投标人的各项目的评分不属于采购人主动公开的内容,但包括海宁公司的行政相对人可申请公开。第二,涉及国家秘密的政府信息,涉及商业秘密、个人隐私公开等可能损害第三方利益的政府信息以及法律、行政法规禁止公开的政府信息等例外情形的政府信息才依法不公开。而各项目的具体评分材料若涉及商业秘密,应首先符合不正当竞争法对商业秘密的定性,其次台山市财政局应征询各投标人的意见。在属于商业秘密的情况下,第三方同意公开或不公开对公共利益会造成重大影响的,台山市财政局也应予以公开。涉及商业秘密的举证责任应由台山市财政局承担,但台山市财政局作出涉案行政行为时,甚至至今均未举证证明公开各投标人各项目具体评分及其资料属于商业秘密。一审开庭时,台山市财政局等在法庭上表示只要法庭要求,愿意提交公开各项目的具体评分材料。采用招投标方式进行货物和服务政府采购,应适用《中华人民共和国政府采购法》、《中华人民共和国政府采购法实施条例》以及《政府采购货物和服务招标投标管理办法》,不适用《中华人民共和国招标投标法》。二、对涉案招投标文件评审标准中分值设置未与评审因素的量化指标相对应的违法行为,台山市财政局应在处理海宁公司投诉时不能以海宁公司对招投标文件超过质疑或投诉期限,而不履行行政监督检查职责,应同时启动监督检查程序,一并作出投诉及监督检查处理决定。三、涉案招投标文件评审标准中的分值设置与评审因素的量化指标不对应。本项目招标文件规定的评审因素分为优、良、中、差,但对于如何评定为优、良、中、差没有规定细化、量化标准。台山市财政局应责令采购人废标,重新开展采购活动。四、台山市财政局对本次采购活动评标中极可能存在的客观评分标准不一致以及评分存在畸高、畸低的情况,应调取有关证据进行实质性监督审查。首先,海宁公司与汽运公司相比较现有业绩持平甚至更优。海宁公司价格评分高出后者6.81分之多。而涉案招投标文件对评审因素未量化,事实上造成评审成员失去客观评审标准。其次,海宁公司的合格报价,12年合计比汽运公司报价少1 836万元,不纠正错误极有可能造成巨额国有资产流失。因此,根据《政府采购货物和服务招标投标管理办法》第六十四条等规定,台山市财政局应调取有关证据进行实质性监督审查。综上,恳请法院支持海宁公司的上诉请求。

台山市财政局二审答辩称:一、首先,一审判决认定事实清楚。一审判决查明涉案项目采购相关信息依法公布的事实清楚。深联公司接受台山市教育局的委托,就涉案项目采用公开招标方式进行采购。2018年6月4日,深联公司在广东省政府采购网发布涉案项目论证公示,对涉案项目的采购人名称、采购项目名称、采购预算、论证过程与结果、项目基本内容及采购代理机构名称等予以公示,公示期为2018年6月5日至2018年6月11日共五个工作日,并告知供应商对公示内容存在异议或需要提供建议的,可在公示期间内以书面形式提出。海宁公司在该期限内未对涉案项目论证公示内容提出异议。2018年6月12日,深联公司在省级以上财政部门指定的媒体发布项目招标公告,对涉案项目的采购人名称、采购代理机构名称、项目内容及需求、采购预算、供应商资格、购买招标文件时间、投标截止时间、开标时间及地点等予以公告,同时对本次采购项目的招标文件进行公示,公示期为2018年6月13日至2018年6月20日共五个工作日。海宁公司在该期限内未对涉案项目招标文件内容提出异议。可见,一审判决查明上述涉案项目采购相关信息依法公布的事实清楚。其次,一审判决认定台山市财政局作出涉案处理决定程序合法的事实清楚。2018年7月25日,海宁公司向深联公司提出质疑。2018年8月1日,深联公司就质疑事项作出答复。2018年8月21日,海宁公司不服深联公司答复向台山市财政局提起投诉。2018年8月22日,台山市财政局经审查通知海宁公司限期补正投诉相关材料,并于2018年8月27日正式受理。2018年9月18日,台山市财政局依法经进行大量的调查审查后作出涉案《政府采购投诉处理决定书》,程序合法。再者,一审判决认定台山市政府作出涉案复议决定程序合法的事实清楚。

海宁公司不服涉案《政府采购投诉处理决定书》,于2018年10月11日向台山市政府申请行政复议。台山市政府经审查决定受理该行政复议申请,在法定的期限内作出涉案《行政复议决定书》并依法送达各方当事人,程序亦合法。二、一审判决依法认定台山市财政局作出涉案行政处理决定合法是正确的。根据《中华人民共和国政府采购法》第五十六条、《政府采购和质疑投诉办法》第二十一条及第二十六条的规定认定台山市财政局作出涉案处理决定的所有程序均符合法律有关规定。根据《中华人民共和国政府采购法实施条例》第五十五条、《政府采购质疑和投诉办法》第十八条、第十九条第二款及第二十条的规定,本案中,海宁公司提出的投诉事项与质疑事项一致,台山市财政局受理涉案投诉后,对涉案投诉事项和请求进行审查并作出处理。一审判决认定台山市财政局未违反前述规定适用法律正确。根据《中华人民共和国政府采购法实施条例》第四十一条规定,评审委员会成员系依法独立评审,依据其专业知识对政府采购事项作出独立的判断,并对评审意见承担个人责任。在没有确凿证据证实评审委员会成员存在不遵守评审工作纪律和评审回避等相关规定的情况下,对于评审委员会的最终意见,应当予以尊重。涉案项目评标采用综合评分法,评标委员会在对各投标人的技术、商务、价格分别进行审核、分析和评分,并根据各项权重计算出各投标人的综合评估分后,一致推荐综合得分最高的汽运公司为中标供应商,符合《中华人民共和国政府采购法实施条例》第三十四条第二款及《政府采购货物和服务招标投标管理办法》第五十五条第一款的规定。另外,一审判决认定台山市政府作出涉案复议决定合法适用法律正确。一审判决认定技术评分和商务评分的详细记录、资料以及各细项评分不属于应当向供应商公开的范畴。根据《中华人民共和国政府采购法实施条例》第四十三条第三款、《政府采购货物和服务招标投标管理办法》第六十九条第二款、《政府采购信息公告管理办法》第十二条的规定,海宁公司申请的技术评分和商务评分的详细记录、资料以及各细项评分均不属于应当向供应商公开的范畴。从涉案项目发布的中标结果公告内容来看,包括采购人及采购代理机构名称、地址及联系方式,采购项目名称、编号及内容,招标公告日期、开标日期、定标日期,评审专家名单及评审意见,中标供应商名称、地址和中标金额等,符合前述规定的主要实质内容和法定形式。同时,根据《中华人民共和国招标投标法》第四十四条的规定,涉案关于评标的详细记录及资料,应属于不宜公开的范畴,否则将影响评审委员会成员独立表达自己意愿不受他人干扰的能力,亦与政府采购专家独立评审的初衷相违背。因此,海宁公司要求深联公司公开技术评分和商务评分的详细记录、资料以及各细项评分,缺乏法律依据,一审判决依法不予支持正确。三、海宁公司的上诉请求没有事实根据和法律依据。涉案项目招标文件已经采购代理机构邀请专家进行论证,论证后在广东省政府采购网上公示,公示期间并未收到任何书面异议。在采购的过程中,涉案招标文件的分值设置与评审因素的量化指标已经合法论证及得到各采购供应商的认可。涉案项目采用综合评分方法,评分项目为技术、商务及价格三个项目,依据每个评分项目的类型设置不同的评标条件。评审标准划分为:优、良、中、差四个等级,每个等级各对应着具体的分值,评分尺度与量化指标是相对应的。上述评审指标是对投标人所提交的相关投标方案材料作出的主观判断,且明确评分的尺度与量化指标相对应,需由专业评审委员主观判断。涉案项目的评审标准表述是明确、完整的,分值设置与量化指标相对应,符合《中华人民共和国政府采购法实施条例》第三十四条第四款及《政府采购货物和服务招标投标管理办法》第五十五条第三款的规定。此外,没有任何相关证据可以确认涉案项目存在以其他不合理条件限制或者排斥潜在供应商等行为。海宁公司关于评审标准中分值设置未与评审因素量化指标对应的主张,属于对招标文件的质疑,其在行政复议及行政诉讼程序中提出均不符合法律规定。深联公司受台山市教育局委托,就涉案项目招标文件进行了论证公示及招标文件公告。海宁公司在论证公示及招标文件公告期间未有对采购文件提出质疑,并参与投标,应视为认可招标文件内容。而在行政复议及行政诉讼期间对采购文件提出质疑,该质疑程序不符合法律规定且超过法定质疑期限。根据《中华人民共和国政府采购法》第五十二条、《中华人民共和国政府采购法实施条例》第五十三条以及《政府采购质疑和投诉办法》第十条、第十九条、第二十条关于质疑投诉时限、投诉人提起投诉应当符合提起投诉前已依法进行质疑、在投诉有效期限内提起投诉、供应商投诉的事项不得超出已质疑事项的范围的条件的规定。台山市教育局、深联公司在涉案行政处理程序中向海宁公司提交了书面回复及相关招标、评标、定标材料,表示涉案项目评审委员会经复议,一致认为涉案项目评标过程不存在不透明和暗箱操作嫌疑的情况,也不存在评标定标结果不公平、不合理和倾向性评标定标的情况,评标、定标结果公平公正。台山市财政局依法对不超出已质疑事项范围的投诉事项调查核实,未发现涉案项目评标、定标存在海宁公司所投诉的违法违规行为,且海宁公司也未能提供充分证据证明其投诉事项成立。综上,涉案项目评审标准中的分值设置与评审因素的量化指标相对应,并没有违反法律规定,不存在违法违规行为,恳请二审法院驳回海宁公司的上诉请求。

台山市政府二审答辩称:一、一审法院认定事实清楚,适用法律正确。二、台山市财政局作出涉案投诉处理决定,事实清楚,证据确凿,程序合法,适用法律依据准确,内容适当。2018 年 7 月 25 日,海宁公司向深联公司提交《质疑函》,深联公司予以答复后,海宁公司不服,向台山市财政局提交《投诉书》,投诉事项与质疑事项一致。台山市财政局依照相关法律规定依法受理该投诉,按照《中华人民共和国政府采购法》、《政府采购和质疑投诉办法》等法律法规的规定进行调查,并仅对涉案已经合法程序提出质疑后不服提出投诉的事项和请求进行处理,认定在涉案招标项目的评标过程、中标结果公示等环节中不存在海宁公司所称的违法违规情形,遂依法作出涉案处理决定,符合法律规定。海宁公司在申请行政复议及向一审法院提起行政诉讼期间所提出的要求公开评标过程的详细记录及公布技术评分和商务评分中的各细项评分等复议请求及诉讼请求均缺乏法律依据,依法应不予以支持。三、《行政复议决定书》认定事实清楚、程序合法,适用法律正确。台山市政府收到海宁出租车公司的行政复议申请后,依法立案受理,在法定时限内通知台山市财政局进行答辩和提供证据材料,并根据案件情况进行审查。经审查,认为台山市财政局的处理决定事实清楚、证据确凿、程序合法、适用法律正确、内容适当,于法定期限内作出维持涉案具体行政行为的行政复议决定,符合法律规定。此外,海宁公司提出行政复议申请时所提出认为"涉案采购项目评审因素没有细化量化,导致评审标准中的分值设置没有相对应的量化的评审因素指标……"等主张的事实理由与其质疑和投诉时所提出的事项不相符,不应作为行政复议或行政诉讼审查的范围。综上,请求二审法院驳回海宁公司的上诉请求。

台山市教育局二审陈述称:一、一审认定事实清楚、适用法律正确,应予以维持。二、海宁出租车公司所提出的上诉理由基本只是一审起诉理由的重复。涉案项目的整个招标投标过程均依法进行，并不存在海宁公司所称的存在评标过程不透明、存在暗箱操作等。海宁公司认为本次投标中报价最低就理应中标，但报价与中标并无必然的关系，涉案项目在最大限度地满足文件实质性要求的前提下，综合商务、技术和价格评出最高得分，最低报价并不作为中标的唯一依据，且本次招标过程及结果均公开透明，依法定程序进行。此外，海宁公司提出要求法院判决项目编号为 TSZB2018-787 的涉案项目废标，该请求没有任何法律依据，应不予支持。

深联公司二审陈述称：一审判决认定事实清楚、适用法律正确，恳请二审法院予以维持。

汽运公司二审陈述称：一、汽运公司认同台山市财政局的二审答辩意见；二、台山市财政局作出的涉案决定书以及台山市政府作出的涉案行政复议决定书均合法。

海宁公司向一审法院的起诉请求：1. 撤销台山市政府作出的台府行复〔2018〕13 号《行政复议决定书》；2. 撤销台山市财政局作出的台财采购〔2018〕8 号《政府采购投诉处理决定书》；3. 项目编号为 TSZB2018-787 的台山市广海白沙三合 3 镇校车接送学生服务项目废标；4. 台山市财政局就项目编号为 TSZB2018-787 的台山市广海白沙三合 3 镇校车接送学生服务项目政府采购活动重新作出监督管理行政行为。

一审法院判决驳回海宁公司的诉讼请求。一审案件受理费 50 元（已由海宁公司预交），由海宁公司负担。

二审中，海宁公司向本院提交《2020—2022 年度开平市直行政事业单位公务用车租赁服务资格项目招标文件》证据一份，证明规范的招标文件对评审因素的量化是比较清楚的。

本院经审理查明的事实与一审判决认定的事实一致，本院予以确认。

本院认为：本案属政府采购投诉处理纠纷。关于台山市财政局、台山市政府的执法主体问题，一审法院已正确阐述，本院予以确认。

本案的争议焦点为：一、台山市财政局作出涉案的《政府采购投诉处理决定书》是否合法；二、台山市政府作出涉案的《行政复议决定书》是否合法。

一、关于台山市财政局作出涉案的《政府采购投诉处理决定书》是否合法的问题。首先，在程序方面，海宁公司于 2018 年 8 月 21 日向台山市财政局投诉，台山市财政局收到该投诉后，经审查，发现有需要补充的材料，遂要求海宁公司补正材料，在相关材料补正之后，台山市财政局于当月 27 日正式受理，并于同年 9 月 18 日在法定期限内作出涉案投诉决定，送达给海宁公司，其执法程序合法，本院予以确认。

其次，在实体处理方面，本案审查的重点在于应否对涉案项目技术评分和商务评分等资料进行公开。对此，根据《中华人民共和国政府采购法实施条例》第四十三条第三款"中标、成交结果公告内容应当包括采购人和采购代理机构的名称、地址、联系方式，项目名称和项目编号，中标或者成交供应商名称、地址和中标或者成交金额，主要中标或者成交标的的名称、规格型号、数量、单价、服务要求以及评审专家名单"以及《政府采购信息公告管理办法》第十二条"中标公告应当包括下列内容：（一）采购人、采购代理机构的名称、地址和联系方式；（二）采购项目名称、用途、数量、简要技术要求及合同履行日期；（三）定标日期（注明招标文件编号);(四)本项目招标公告日期;(五)中标供应商名称、地址和中标金额;(六)评标委员会成员名单;(七)采购项目联系人姓名和电话"的规定,法律并未明确规定中标、成交结果公告应必须对有关技术评分和商务评分等资料进行公告。《中华人民共和国招标投标法》第四十四条规定:"⋯⋯评标委员会成员和参与评标的有关工作人员不得透露对投标文件的评审和比较、中标候选人的推荐情况以及与评标有关的其他情况。"可见,前述法律规定不得透露对投标文件的评审和比较、中标候选人的推荐情况以及与评标有关的其他情况主要是为了能确保评标委员独立进行标准,从而评选出最大限度满足招标投标文件的要求的中标人。本案中,涉案《项目中标结果公告》公告的主要内容和形式均符合前述法律的规定,而海宁公司申请公开涉案项目技术评分和商务评分等资料应属不宜公开的范围。故台山市财政局据此认定涉案项目已依法公开,并未违反前述法律的规定。

关于海宁公司质疑涉案招标文件评审标准中分值设置与评审因素的量化不对应的问题。《中华人民共和国政府采购法实施条例》第五十五条规定:"供应商质疑、投诉应当有明确的请求和必要的证明材料。供应商投诉的事项不得超出已质疑事项的范围。"《政府采购质疑和投诉办法》第十八条规定:"投诉人投诉时,应当提交投诉书和必要的证明材料⋯⋯"第十九条第二款规定:"投诉人提起投诉应当符合下列条件:(一)提起投诉前已依法进行质疑⋯⋯"第二十条规定:"供应商投诉的事项不得超出已质疑事项的范围,但基于质疑答复内容提出的投诉事项除外。"由前述法律规定可见,质疑和投诉两种方式并非是两种并列、可以选择的行政救济方式,而是供应商必须先经过质疑程序才能进行投诉,亦即所谓的质疑前置程序。本案中,海宁公司向深联公司提交的《质疑函》中并未对招标文件评审标准中分值设置与评审因素的量化不对应的事项提出质疑。况且,无论海宁公司在涉案《台山市广海白沙三合3镇校车接送学生服务项目招标公告》公告期内,抑或是在获悉该份招标文件时,均未对招标文件中前述的内容提出异议。因此,台山市财政局仅对其质疑的内容和请求进行审查和处理,并未违反前述法律的规定。

关于海宁公司上诉提出涉案评标中可能存在客观评分标准不一致以及评分存在畸高、畸低的情况,台山市财政局应进行实质性监督审查的主张。《中华人民共和国政府采购法实施条例》第三十四条第二款规定:"⋯⋯综合评分法,是指投标文件满足招标文件全部实质性要求且按照评审因素的量化指标评审得分最高的供应商为中标候选人的评标方法。"《政府采购货物和服务招标投标管理办法》第五十五条第一款规定:"综合评分法,是指投标文件满足招标文件全部实质性要求,且按照评审因素的量化指标评审得分最高的投标人为中标候选人的评标方法。"现有的证据显示,涉案的招标项目采用综合评分方法,评分项目分为技术、商务及价格三个项目,依据每个评分项目的类型设置不同的评标条件。其中,价格只是评分项目的其中一项,并非价格低就一定可以中标。在涉案评标委员会对各投标人的技术、商务、价格分别进行分析和评分,并根据各项权重计算出各投标人的综合评估分后,推荐综合得分最高以及能最大限度地满足招标文件实质性要求的供应商作为本次招标项目的中标者,并未违反前述法律的规定。台山市财政局在受理海宁公司的投诉后,依法向台山市教育局以及深联公司调查取证,经过审查核实后,并未发现海宁公司所投诉的违法违规行为,且海宁公司也并未提供有效的证据证明其投诉的事项成立。故台山市财政局据此认定海宁公司的投诉不成立,并作出涉案投诉处理决定,驳回其投诉,一审判决予以维持该处理决定,本院予以支持。

二、关于台山市政府作出涉案的《行政复议决定书》是否合法的问题。《中华人民共和国行政复议法》第十七条规定:"行政复议机关收到行政复议申请后,应当在五日内进行审查,对不符合本法规定的行政复议申请,决定不予受理……除前款规定外,行政复议申请自行政复议机关负责法制工作的机构收到之日起即为受理。"第二十八条规定:"行政复议机关负责法制工作的机构应当对被申请人作出的具体行政行为进行审查,提出意见,经行政复议机关的负责人同意或者集体讨论通过后,按照下列规定作出行政复议决定:(一)具体行政行为认定事实清楚,证据确凿,适用依据正确,程序合法,内容适当的,决定维持……"第三十一条第一款规定:"行政复议机关应当自受理申请之日起六十日内作出行政复议决定;但是法律规定的行政复议期限少于六十日的除外。情况复杂,不能在规定期限内作出行政复议决定的,经行政复议机关的负责人批准,可以适当延长,并告知申请人和被申请人;但是延长期限最多不超过三十日。"现有的证据显示,台山市政府在受理海宁公司的行政复议申请后,经过审查发现案情复杂,遂依法延长案件审查期限,并在法定的期间内依法对不超出海宁公司已质疑事项范围的投诉事项调查核实后,依法作出涉案行政复议决定,其程序和实体均未违反法律的规定。

综上所述,一审判决认定事实清楚,适用法律正确,本院予以维持。海宁公司的上诉请求理据不足,本院不予支持。依照《中华人民共和国行政诉讼法》第八十九条第一款第(一)项的规定,判决如下:

驳回上诉,维持原判。

二审案件受理费 50 元,由上诉人台山市海宁出租车有限公司负担。

本判决为终审判决。

审判长 陈 健

审判员 陈汉锡

审判员 周 奇

二〇二〇年一月十五日

法官助理 谢俊杰

书记员 区妙莎

莱芜市开隆奔腾汽车销售有限公司
与济南市财政局、济南市人民政府
政府采购(招投标)投诉处理决定、行政复议决定案

【案件提要】

本案是对采购结果的投诉处理决定提起行政诉讼的案例。涉案采购项目发布了第三次招标的中标公告。开隆公司有异议,经质疑、投诉和复议后,提起本案诉讼。法院经审理认为,开隆公司针对第二次招标所提出的质疑事项已经超过法定的质疑期限,经查,已发布的(三次)中标公告所附报价明细中,也已经将中标公司所投车型信息等相关参数情况列明,开隆公司可以自行查阅;(三次)评审报告及技术部分打分表中已经对各投标公司的评分分值及总分作出详细列明,评审委员会按照招标文件评分标准进行评审,符合招标文件的规定。开隆公司的投诉无事实依据。故判决财政部门投诉处理决定并无不当,予以维持。

【判决正文】

山东省济南市中级人民法院
行政判决书

〔2019〕鲁01行终1143号

上诉人(一审原告)山东开隆奔腾汽车销售有限公司(原莱芜市开隆奔腾汽车销售有限公司),住所地(略)。

法定代表人高某。

委托代理人孙某。

被上诉人(一审被告)济南市财政局,住所地(略)。

法定代表人刘某。

委托代理人李某。

委托代理人吴某。

被上诉人(一审被告)济南市人民政府,住所地(略)。

法定代表人孙某。

委托代理人王某。

委托代理人张某。

上诉人山东开隆奔腾汽车销售有限公司(以下简称开隆公司)不服济南市历下区人民法院〔2019〕鲁0102行初196号行政判决,向本院提起上诉。本院受理后,依法组成合议庭,向当事人送达告知书、诉讼要素表,根据《中华人民共和国行政诉讼法》第八十六条之规定,对本案进行了审理。本案现已审理终结。

一审法院查明,2018年7月10日,原莱芜市财政局作出《莱芜市公安局交通警察支队车辆采购项目(二次)废标(终止)公告》,主要内容为:"一、采购项目名称:莱芜市公安局交通警察支队车辆采购项目;二、采购项目编号:LWGK2018073;二、采购公告发布日期:2018年6月15日;四、开标报价日期:2018年7月10日;五、废标原因:有效供应商不足三家,因此废标……"

2018年8月2日,原莱芜市财政局作出《莱芜市公安局交通警察支队车辆采购项目(三次)中标公告》(中标公告的公告期限为1个工作日),主要内容为:"一、采购项目名称:莱芜市公安局交通警察支队车辆采购项目;二、采购项目编号:LWGK2018073;三、招标公告发布日期:2018年7月12日;四、开标日期:2018年8月2日;五、采购方式:公开招标;六、中标情况;七、评标委员会成员名单;八、评标委员会成员评审结果……"该中标公告所附《报价明细》中分别列出:1.开标一览表;2.报价明细表;3.总报价外长期优惠供应的备品件、易损件明细表。

开隆公司提出的质疑书主要内容为:"莱芜市开隆奔腾汽车销售有限公司于2018年7月10日、2018年8月2日分别参与了由山东金十工程项目管理咨询有限公司代理的莱芜市公安局交通警察支队车辆采购(二次)(三次)的招标项目。现招标项目已经结束。但对于招标过程我司有以下几点质疑。一、2018年7月10日项目二次招标时六家投标单位均以产品参数不合格为理由被废标,最终也没给出评分……这一点我们需要得到合理解释。二、2018年8月2日项目三次招标时还是原来的六家单位参与竞标。此次招标文件与上一次招标文件增加了油耗项目,其他参数基本不变……最终给出了评分。流程没有问题,但是让我们无法理解的是同样的车型、同样的报价,第一次竞标的时候因为参数不合格被废标,第二次竞标参数竟然合格了,也给出了评分。那第一次竞标我们为什么会废标呢?这一方面我们需要得到一个合理的解释。另外作为竞标公司,在开标结束后我们应有权利获悉中标公司所投车型信息,但代理公司却拒绝告知,这一点我们也无法理解。三、此次招标评分方面我们有几点质疑……无论从价格、配置、性能、性价比、优惠条件以及售后服务方面都是处于行业领先水平,但最终评分结果差距太大,至于哪里差距大我们不知道,因为没有具体公布每个评分标准下我们各自的得分,所以就找不到差距,但是我们希望了解是哪一方面做的不好,吸取经验。以上几点质疑希望代理机构能够给予合理解释。"

2018年8月7日,由采购人原莱芜市公安局交通警察支队、代理机构山东金十工程项目管理咨询有限公司(以下简称金十公司)加盖印鉴的《质疑回复》一份,主要内容为:"莱芜市开隆奔腾汽车销售有限公司:现回复贵公司质疑内容:一、根据《中华人民共和国财政部令第94号——政府采购质疑和投诉办法》第十条供应商认为采购文件、采购过程、中标或者成交结果使自己的权益受到损害的,可以在知道或者应知其权益受到损害之日起7个工作日内,以书面形式向采购人、采购代理机构提出质疑。2018年7月10日至2018年8月7日,已经超出质疑期,此条不予回复。二、本公司发出的此项目招标文件(三次)是与(二次)有调整,请仔细查阅对比,评标委员会完全按照法律规定及招标文件进行评标工作。开标结束后,代理公司已告知详情请详见山东省政府采购网及莱芜市政府采购网,并未拒绝告知。具体结果本公司已完全按照《山东省政府采购信息公开管理办法》的规定进行公布公开。三、(1)招标文件1.总则中14.需要说明的其他内容14.1采购人不保证低价中标。(2)(3)(4)(5)评标委员会完全按照法律规定及招标文件规定进行评标打分。具体结果本公司完全按照《山东省政府采购信息公开管理办法》的规定进行公布公开,详情请见山东省政府采购网及莱芜市政府采购网。"

2018年8月16日,开隆公司向原莱芜市财政局提交《投诉书》一份,具体投诉请求为:"一、2018年7月10日项目二次招标时六家投标单位均以产品参数不合格为理由被废标,最终也没给出评分。开标全程未录像,现场未见到采购人和监督人。只有公证人和采购代理机构人员到场。跟开标流程所规定的不太一样。这一点我们需要得到合理解释。二、2018年8月2日项目三次招标时还是原来的六家单位参与竞标。此次招标文件与上一次招标文件增加了油耗项目,其他参数基本不变……最终给出了评分。流程没有问题,但是让我们无法理解的是同样的车型、同样的报价,第一次竞标的时候因为参数不合格被废标,第二次竞标参数竟然合格了,也给出了评分。那第一次竞标我们为什么会废标呢?这一方面我们需要得到一个合理的解释。另外作为竞标公司,在开标结束后我们应有权利获悉中标公司所投车型信息,但代理公司却拒绝告知,这一点我们也无法理解。三、此次招标评分方面我们有几点质疑……2.对于车辆报价、配置、优惠、后期保障方面的评分我们没有得到任何答复,招标公告上面给了五个得分,但最终公布的得分不知道是怎么得出来的。我们提出的质疑还是没有得到解释。"

2018年8月17日,原莱芜市财政局分别向原莱芜市公安局交通警察支队、莱芜市鸿发信德汽车销售服务有限公司、金十公司作出《政府采购供应商投诉书副本送达通知书》。

2018年8月20日,莱芜市鸿发信德汽车销售服务有限公司向莱芜市财政局作出《政府采购供应商投诉书反馈说明》一份,主要内容为:"莱芜市财政局:我公司现对莱芜市开隆奔腾汽车销售有限公司因不满意山东省金十工程项目管理咨询有限公司对莱芜市公安局交通警察支队车辆采购项目(项目编号:LWGK2018073)质疑予以答复……"

2018年8月23日,金十公司作出《政府采购供应商投诉书副本送达通知书》说明函一份,主要内容为:"莱芜市财政局:山东金十工程项目管理咨询有限公司现将《政府采购供应商投诉书副本送达通知书》作出说明如下:……"

2018年8月23日,原莱芜市公安局交通警察支队作出《政府采购供应商投诉书副本送达通知书》说明函一份,主要内容为:"莱芜市财政局:我单位现将《政府采购供应商投诉书副本送达通知书》作如下说明:……"

2018年9月12日,莱芜市财政局作出莱财采〔2018〕3号《投诉处理决定书》,主要内容为:"投诉人莱芜市开隆奔腾汽车销售有限公司……投诉人因不满意被投诉人2018年8月7日对莱芜市公安局交通警察支队车辆采购项目(项目编号:LWGK2018073)作出的质疑答复,于2018年8月17日向本机关提起投诉,并于同日依法予以受理。投诉事项:一、2018年7月

10 日项目二次招标时六家投标单位均以产品参数不合格废标,没给出评分,开标全程未录像,现场未见采购人和监督人。二、第二次招标时投诉人的参数不符合,第三次招标,投诉人所投产品参数与第二次招标时所投产品参数一致却审查合格,开标结束后代理公司未告知中标公司所投车型信息。三、对评标过程中评委对投诉人评分的问题。针对投诉事项,本机关调阅审查了该项目的招标资料、专家评审材料、投诉材料和被投诉人提供的书面说明材料。根据目前掌握的证据,本机关认为:一、根据《政府采购质疑和投诉办法》(财政部令第94 号)规定,供应商认为采购文件、采购过程、中标或者成交结果使自己的权益受到损害的,可以在知道或者应知道其权益受到损害之日起 7 个工作日内,以书面形式向采购人、采购代理机构提出质疑。质疑供应商对采购人、采购代理机构的答复不满意,或者采购人、采购代理机构未在规定时间内作出答复的,可以在答复期满后 15 个工作日内向财政部门提起投诉。2018 年 7 月 10 日第二次开标并予以废标,2018 年 8 月 17 日投诉人对第二次开标提出投诉,已超出投诉期限。二、本项目第三次招标文件在第二次招标文件的基础上,针对部分技术参数进行了调整。中标车型信息由采购人与代理机构于 8 月 2 日公布于"中国山东政府采购网"。三、针对招标评分方面的问题,本机关调阅了评审报告,评审委员会按照招标文件评分标准进行评审,符合招标文件的规定。综上,本机关认定,投诉人的投诉事项缺乏事实依据,投诉事项不成立。根据《中华人民共和国政府采购法》第五十六条和《政府采购质疑和投诉办法》(财政部令第 94 号)第二十九条第(二)项之规定,驳回投诉。投诉人对本投诉处理决定不服的,可以在收到本决定之日起 60 日内依法向莱芜市人民政府申请行政复议,也可以在六个月内向莱城区人民法院提起行政诉讼。"2018 年 9 月 13 日,开隆公司收到原莱芜市财政局送达的莱财采〔2018〕3 号《投诉处理决定书》。

开隆公司不服向原莱芜市人民政府提出行政复议申请。2018 年 11 月 8 日,原莱芜市人民政府作出莱政复受字〔2018〕20 号《行政复议受理通知书》。2018 年 11 月 13 日,原莱芜市人民政府作出行政复议答复通知书。2018 年 12 月 27 日,原莱芜市人民政府作出莱政复决字〔2018〕20 号《行政复议决定书》,主要内容为:"被申请人作出的投诉处理决定,符合《中华人民共和国政府采购法》第五十六条和《政府采购质疑和投诉办法》第二十一条、第二十六条、第二十九条等的相关规定。根据《中华人民共和国行政复议法》第二十八条第一款第(一)项之规定,决定如下:维持被申请人作出的莱财采〔2018〕3 号《投诉处理决定书》。申请人如不服本决定,可以自收到本决定书之日起 15 日内,依法向人民法院提起行政诉讼。"2019 年 1 月 4 日,开隆公司收到原莱芜市人民政府送达的莱政复决字〔2018〕20 号《行政复议决定书》。

另查明,2019 年 1 月 16 日,莱城区人民法院针对开隆公司诉莱芜市人民政府、莱芜市财政局行政一审案件予以立案,立案后开隆公司于 2019 年 1 月 31 日因济南市与莱芜市行政区划调整,向济南市莱芜区人民法院提出变更被告主体申请,将莱芜市财政局变更为济南市财政局,莱芜市人民政府变更济南市人民政府(以下简称济南市政府)。2019 年 2 月 11 日济南市莱芜区人民法院作出〔2019〕鲁 1202 行初 1 号行政裁定书,裁定将所受理的行政案件移送济南市历下区人民法院管辖。经历下区人民法院报请中院后,2019 年 4 月 22 日历下区人民法院对于开隆公司诉济南市财政局、济南市人民政府予以立案。

2019 年 5 月 5 日,莱芜市开隆奔腾汽车销售有限公司变更名称为山东开隆奔腾汽车销售有限公司,并在济南市莱芜区市场监督管理局办理相关变更备案登记手续。

一审法院认为,因经国务院批复同意山东省调整济南市莱芜市行政区划,撤销莱芜市,将原莱芜市所辖区域划归济南市管辖。莱芜市财政局、莱芜市人民政府的相关职权已由济南市财政局、济南市人民政府继续行使,故济南市财政局、济南市人民政府作为本案被告主体适格。根据《政府采购质疑和投诉办法》第十三条"采购人、采购代理机构不得拒收质疑供应商在法定质疑期内发出的质疑函,应当在收到质疑函后 7 个工作日内作出答复,并以书面形式通知质疑供应商和其他有关供应商"和第十七条"质疑供应商对采购人、采购代理机构的答复不满意,或者采购人、采购代理机构未在规定时间内作出答复的,可以在答复期满后 15 个工作日内向本办法第六条规定的财政部门提起投诉"的规定,本案中,采购人及采购代理机构在 2018 年 8 月 2 日第三次招标结束后收到开隆公司提交的书面质疑书,并于 2018 年 8 月 7 日向开隆公司作出书面质疑回复。开隆公司因对质疑回复不服向原莱芜市财政局提起投诉符合规定。

《政府采购质疑和投诉办法》第二十一条规定:"财政部门收到投诉书后,应当在 5 个工作日内进行审查,审查后按照下列情况处理:……(四)投诉符合本办法第十八条、第十九条规定的,自收到投诉书之日起即为受理,并在收到投诉后 8 个工作日内向被投诉人和其他与投诉事项有关的当事人发出投诉答复通知书及投诉书副本。"第二十三条规定:"财政部门处理投诉事项原则上采用书面审查的方式。财政部门认为有必要时,可以进行调查取证或者组织质证。"第二十六条规定:"财政部门应当自收到投诉之日起 30 个工作日内,对投诉事项作出处理决定。"本案中,原莱芜市财政局于 2018 年 8 月 17 日收到投诉书后,于 2018 年 9 月 12 日作出了涉案《投诉处理决定书》,原莱芜市财政局作出处理的程序符合法律规定。

《政府采购质疑和投诉办法》第十条规定:"供应商认为采购文件、采购过程、中标或者成交结果使自己的权益受到损害的,可以在知道或者应知其权益受到损害之日起 7 个工作日内,以书面形式向采购人、采购代理机构提出质疑。"本案中,针对开隆公司提出的第一项质疑问题。根据上述规定,2018 年 8 月 2 日之后,开隆公司针对 2018 年 7 月 10 日原莱芜市公安局交通警察支队车辆采购项目(二次)招标所提出的质疑事项已经超过上述规定的 7 个工作日期限,且莱芜市财政局在政府采购网站上公布的废标公告中已将废标原因列明,原莱芜市财政局在涉案《投诉处理决定书》中作出的答复内容并无不当。针对开隆公司提出第二项质疑即第三次招标开标后代理公司拒绝告知中标公司所投车型信息的问题。2018 年 8 月 2 日,原莱芜市财政局已在政府采购网站上公布了中标公告,公告中所附报价明细中,也已经将中标公司所投车型信息等相关参数情况列明,开隆公司可以自行查阅。原莱芜市财政局在涉案《投诉处理决定书》中也予以告知。针对开隆公司提出的第三项质疑问题。本案在审理中,原莱芜市公安局交通警察支队车辆采购项目(三次)评审报告及技术部分打分表中已经对各投标公司的评分分值及总分作出详细列明。原莱芜市财政局在涉案《投诉处理决定书》的答复并无不当。

《中华人民共和国行政复议法》第三十一条第一款规定:"行政复议机关应当自受理申请之日起六十日内作出行政复议决定;但是法律规定的行政复议期限少于六十日的除外。情况复杂,不能在规定期限内作出行政复议决定的,经行政复议机关的负责人批准,可以适当延长,并告知申请人和被申请人;但是延长期限最多不超过三十日。"本案中,原莱芜市政府于 2018 年 11 月 8 日作出《行政复议申请受理通知书》;于 2019 年 1 月 4 日依法作出莱政复决字〔2018〕20 号《行政复议决定书》并送达各方。原莱芜市政府作出涉案行政复议决定书的程序合法,所作决定并无不当。据此,一审法院依照《中华人民共和国行政诉讼法》第六十九条、第七十九条之规定,判决驳回开隆公司的诉讼请求。案件受理费 50 元,由开隆公司负担。

开隆公司不服一审判决上诉称,一、原莱芜市财政局作出的投诉处理决定书第一条认为开隆公司投诉超过投诉期限,一审维持,是不合理的。开隆公司认为对于同一项目、同一事实不存在任何的超期,原莱芜市财政局应当作出合理答复。二、同样的车型、同样的报价,第一次竞标的时候因为参数不合格被废标,第二次竞标参数竟然合格,也给出了评分。因此原莱芜市财政局需要对开隆公司第一次竞标被废给出合理解释。另外,对于原莱芜市财政局拒绝告知开隆公司中标公司所投车型信息,原莱芜市财政局也应当作出合理解释。三、原莱芜市财政局要求中标单位说明情况过程中,中标单位以开隆公司参与的为哈弗 M6 车型进行回复,而我方参与的车型为哈弗 H6,对此,原莱芜市财政局作出了错误的判断,所作出的决定书无任何的法律效力。四、对于招标评分方面,开隆公司有几点质疑。无论从报价、配置、性能、性价比、优惠条件以及售后服务方面都是处于行业领先水平的,但最终评分结果差距太大,但未具体公布每个评分标准下各自的得分,希望原莱芜市财政局能够公布。综上,一审法院未对本案进行全面审查,从而作出了错误的判决,为了维护开隆公司的合法利益,特向法院提起上诉。上诉请求:1. 撤销一审判决,责令济南市财政局对金十公司代理的原莱芜市公安局交通警察支队车辆采购招标项目违法违规事项继续进行调查处理。2. 本案一、二审诉讼费用均由济南市财政局、济南市政府负担。

济南市财政局、济南市政府在二审中未提交书面答辩意见。

各方当事人在一审中提交的证据和依据已随案卷移送本院,上述证据在一审中已经质证。经审查,本院同意一审法院对证据的认证意见及据此认定的案件事实。

本院认为,关于涉案《投诉处理决定书》的作出程序。根据《政府采购质疑和投诉办法》第二十六条、第三十三条的规定,财政部门应当自收到投诉之日起 30 个工作日内,对投诉事项作出处理决定并制作投诉处理决定书,告知投诉人相关权利。本案中,原莱芜市财政局于 2018 年 8 月 17 日收到投诉书后,于 2018 年 9 月 12 日作出了涉案《投诉处理决定书》并向投诉人送达,程序合法。

关于涉案《投诉处理决定书》的内容。针对投诉事项一,根据《政府采购质疑和投诉办法》第十条的规定,开隆公司于 2018 年 8 月 7 日对 2018 年 7 月 10 日莱芜市公安局交通警察支队车辆采购项目(二次)招标提出质疑,已超过 7 个工作日的法定期限,同时对于废标的原因原莱芜市财政局已在政府采购网站上公布,对于此项投诉作出的答复内容并无不当。针对投诉事项二,2018 年 8 月 2 日,莱芜市公安局交通警察支队车辆采购项目(三次)的招标文件与第二次招标文件并不完全相同,对部分技术参数进行了调整;对于第三次中标公司所投车型信息等相关参数情况,原莱芜市财政局已在政府采购网站进行了公布,开隆公司可以自行查阅,涉案《投诉处理决定书》对此也进行了说明。针对投诉事项三,莱芜市公安局交通警察支队车辆采购项目(三次)评审报告及技术部分打分表中已经对各投标公司的评分分值及总分作出详细列明,评审委员会按照招标文件评分标准进行评审,符合招标文件的规定。

法律、法规或者规章规定的投诉举报权,在于促使行政机关对于投诉举报事项发动行政权。本案中,原莱芜市财政局在接到开隆公司的投诉后,启动了行政调查程序,查明涉案投诉事项的相关事实、是否合法合规,并将该调查结果告知了开隆公司,原莱芜市财政局已妥当履行了查处的法定职责,保障了开隆公司的举报权和知情权。经审查,原莱芜市财政局作出的《投诉处理决定书》认定事实清楚,内容并无不当。原莱芜市人民政府作出莱政复决字〔2018〕20 号《行政复议决定书》程序合法,事实清楚,适用法律正确,结果亦无不当。

综上,开隆公司的上诉理由和请求依法不能成立,本院不予支持。据此,依照《中华人民共和国行政诉讼法》第八十六条、第八十九条第一款(一)项之规定,判决如下:

驳回上诉,维持原判。

二审案件受理费 50 元,由上诉人山东开隆奔腾汽车销售有限公司负担。

本判决为终审判决。

审 判 长　张振明

审 判 员　张启胜

审 判 员　曹　磊

二〇二〇年一月二十日

法官助理　石璐璐

书 记 员　韩琳琳

上海华杰生态环境工程有限公司
与湖北省阳新县财政局
政府采购（招投标）投诉处理决定案

【案件提要】

本案是对采购过程的投诉处理决定提起行政诉讼的案例。涉案采购项目进行公开招标。在开标过程中，华杰公司向财政部门投诉，认为采购项目还未开标就已经建成投入使用；采购人、采购代理机构、投标人惠格公司三方有相互串通投标的严重违法行为。财政部门受理后，依法进行了审查、调查取证和专家论证，认定华杰公司投诉的采购项目"未招先建"属实，决定涉案项目招标采购活动不成立。另外，财政部门对采购人、代理机构分别作出了行政处罚决定，该行政处罚书未送达给华杰公司；对惠格公司未作出行政处罚决定。华杰公司认为财政部门未在三十个工作日内作出决定，程序违法，遗漏违法事实未查，对采购人、代理机构作出的行政处罚决定未送达华杰公司，且对惠格公司未作出行政处罚，严重损害了华杰公司的合法权益，遂向法院提起本案诉讼。法院经审理认为，财政部门作出被诉的投诉处理决定没有超过法定期限。财政部门对有关当事人是否作出行政处罚或者是否将行政处罚送达给华杰公司，对华杰公司的权利义务不产生实际影响，故财政部门作出的投诉处理决定证据确凿，程序合法，适用法律法规正确，判决驳回华杰公司的诉讼请求。

【判决正文】

湖北省阳新县人民法院
行政判决书

〔2019〕鄂 0222 行初 64 号

原告上海华杰生态环境工程有限公司，住所地（略）。
法定代表人马某。
委托代理人何某、刘某。
被告阳新县财政局，住所地（略）。
法定代表人费某。
出庭负责人石某。
委托代理人从某。

委托代理人马某。

第三人阳新县城市管理执法局,住所地(略)。

法定代表人刘某。

第三人湖北路达胜工程技术咨询有限公司,住所地(略)。

法定代表人王某。

第三人武汉惠格环保科技有限公司,住所地(略)。

法定代表人魏某。

原告上海华杰生态环境工程有限公司(以下简称华杰公司)不服被告阳新县财政局政府采购投诉处理决定一案,本院于2019年10月8日立案后,向被告阳新县送达了起诉状副本及应诉通知书。本院依法组成合议庭,于2019年12月16日公开开庭审理了本案。原告华杰公司委托代理人何某、刘某、被告阳新县出庭负责人石某及委托代理人从某、马某到庭参加诉讼,第三人阳新县城市管理执法局(以下简称阳新县城管局)、湖北路达胜工程技术咨询有限公司(以下简称路达胜公司)、武汉惠格环保科技有限公司(以下简称惠格公司)经本院合法传唤,均无正当理由拒不到庭。本案现已审理终结。

2019年3月29日,阳新县财政局受理了华杰公司《关于阳新县城区"公厕革命"公厕改建、新建项目招标活动(项目编号:131 - Zcg.2019-9)的投诉书》,同年5月6日阳新县财政局作出阳财投函〔2019〕1号政府采购投诉处理决定书,认定华杰公司投诉的阳新县城区"公厕革命"公厕改建、新建项目"未招先建"属实,招标采购活动不成立,对采购人和代理机构另行处理。

原告华杰公司诉称,2019年1月7日阳新城管局就城区"公厕革命"公厕改建、新建项目报财政部门备案,1月14日在湖北政府采购网发布了招标信息。路达胜公司为阳新县城管局委托的采购代理机构,华杰公司与惠格公司均为本次招标活动的投标方。阳新县城管局、路达胜公司、惠格公司及相关负责人在本项目招标过程中有相互串通投票的严重违法行为,华杰公司向阳新县财政局投诉后,阳新县财政局未在三十个工作日内作出决定,程序违法,遗漏违法事实未查,对阳新县城管局、路达胜公司作出的行政处罚决定未送达华杰公司,且对惠格公司未作出行政处罚,严重损害了华杰公司的合法权益,现请求撤销阳新县财政局政府采购投诉处理决定书,责令重新作出决定。

华杰公司向本院提交了以下证据复印件:

证据一:路达胜公司的阳新项目招标文件;证据二:华杰公司拍摄的项目现场公厕图片;证据三:华杰公司拍摄的厕所现场手机视频;证据四:华杰公司拍摄的开标现场视频;证据五:华杰公司拍摄的惠格样品图片;证据六:华杰公司拍摄的开标时报价图片;证据七:华杰公司向路达胜公司发出《关于阳新县城区"公厕革命"公厕改建、新建项目招标活动(项目编号:131 - Zcg.2019-9)的质疑函》;证据八:路达胜公司的《质疑答复函》;证据九:华杰公司向阳新县财政局发出的《关于阳新县城区"公厕革命"公厕改建、新建项目招标活动(项目编号:131 - Zcg.2019-9)的投诉书》;证据十:阳新县财政局作出的《政府采购供应商投诉受理通知书》;证据十一:阳新县财政局作出的《政府采购投诉处理决定书》;证据十二:华杰公司向阳新县财政局发出的关于申请阳新县财政局履行法定职责的函;证据十三:快递单及签收回执。

阳新县财政局辩称，阳新县财政局收到华杰公司投诉后，依法对投诉事项进行了调查取证和专家论证，发现华杰公司投诉的项目"未招先建"属实，于2019年5月6日作出了阳财投函〔2019〕1号政府采购投诉处理决定书，认定本次招标采购活动不成立，并已分别给应该处罚的当事人进行了行政处罚，依法履行了法定职责。阳新县财政局作出的具体行政行为证据确凿，适用法律法规正确，程序合法，请求驳回华杰公司的诉讼请求。

阳新县财政局向本院提交了以下证据复印件：

第一组证据：华杰公司投诉材料及投诉处理决定书；第二组证据：阳新县财政局对阳新县城管局作出的行政处罚相关材料；第三组证据：阳新县财政局对路达胜公司作出的行政处罚相关材料。

阳新县城管局、路达胜公司、惠格公司未陈述，亦未提交证据。

经庭前交换证据，华杰公司对阳新县财政局提交的证据均持有异议，阳新县财政局对华杰公司提交的证据真实性无异议，但对华杰公司提交的证据四至六、十一、十二的证明目的持有异议，对华杰公司提交的证据八关联性持有异议。

本院对上述无异议的证据予以认定，对持有异议的证据认证如下：阳新县财政局提交的证据客观真实，与作出的政府采购投诉处理决定书相关联，本院予以采纳。

经审理查明，2019年1月阳新县城管局发布了阳新县城区"公厕革命"公厕改建、新建项目招标信息，路达胜公司为阳新县城管局委托的采购代理机构，华杰公司与惠格公司均为该项目的投标方。在项目招标过程中，华杰公司认为阳新县城管局、路达胜公司、惠格公司三方有相互串通投标的严重违法行为，于2019年3月22日向阳新县财政局发出《关于阳新县城区"公厕革命"公厕改建、新建项目招标活动（项目编号：131－Zcg.2019-9）的投诉书》，投诉项目招标违法事项：1. 项目"未招先建"，还未开标就已经建成投入使用；2. 评标过程中存在问题。阳新县财政局于2019年3月29日受理了华杰公司投诉书后，依法进行了审查、调查取证和专家论证，认定华杰公司投诉的阳新县城区"公厕革命"公厕改建、新建项目"未招先建"属实，于2019年5月6日作出阳财投函〔2019〕1号政府采购投诉处理决定书，决定涉案项目招标采购活动不成立；对采购人和代理机构另行处理。同日，阳新县财政局向华杰公司送达了该政府采购投诉处理决定书。

另查明，阳新县财政局于2019年6月25日向阳新县城管局、路达胜公司分别作出了行政处罚决定书，该行政处罚书未送达给华杰公司；对惠格公司未作出行政处罚决定。

本院认为，根据《中华人民共和国政府采购法》第十三条规定，阳新县财政局依法履行对政府采购活动的监督管理职责。阳新县财政局于2019年3月29日正式受理华杰公司的投诉后，于同年5月6日作出政府采购投诉处理决定书，除开法定节假日，阳新县财政局是在《中华人民共和国政府采购法》第五十六条规定的三十个工作日内作出处理决定，没有超过法定期限；阳新县财政局对有关当事人是否作出行政处罚或者是否将行政处罚送达给华杰公司，对华杰公司的权利义务不产生实际影响。因此，阳新县财政局收到华杰公司投诉后，进行了审查、调查和专家论证，依法作出的阳财投函〔2019〕1号政府采购处理决定书证据确凿，程序合法，适用法律法规正确，故对华杰公司的诉讼请求本院不予支持。依照《中华人民

共和国行政诉讼法》第六十九条的规定,判决如下:

驳回原告上海华杰生态环境工程有限公司的诉讼请求。

案件受理费50元,由原告负担。

如不服本判决,可以在判决书送达之日起十五日内,向本院递交上诉状,并按对方当事人的人数提出副本,上诉于湖北省黄石市中级人民法院。上诉人在提交上诉状时应预交上诉案件受理费人民币50元,款汇湖北省黄石市中级人民法院,开户银行:农行黄石市分行团城山支行,户名:湖北省黄石市中级人民法院,账号:17×××18。上诉人在上诉期届满后七日内仍未预交上诉费的,按自动撤回上诉处理。

审　判　长　胡　丽
人民陪审员　柯于桂
人民陪审员　柯彤彤
二〇二〇年六月二日
书　记　员　万雅雯

大连汇达环境清洁有限公司
与沈阳市皇姑区财政局、沈阳市财政局
政府采购(招投标)投诉处理决定、行政复议决定案

【案件提要】

本案是对采购结果变更的投诉处理决定提起行政诉讼的案例。涉案采购项目进行公开招标,汇达公司取得中标资格。因汇达公司逾期未签署政府采购合同,采购人变更中标人,原中标通知书作废。汇达公司认为采购人变更中标结果程序违法,遂向财政部门投诉。财政部门经审查后认为投诉缺乏事实依据,决定驳回投诉。复议机关维持了该处理决定。汇达公司不服,提起本案诉讼。法院经审理认为,财政部门提供的证据能够证明其受理投诉后,依法进行了调查取证,对汇达公司投诉的事项,给予了明确答复,且答复内容并无不当,据此,财政部门对汇达公司作出驳回投诉的处理决定,事实清楚,证据充分,程序合法。

【判决正文】

辽宁省沈阳市中级人民法院
行政判决书

〔2019〕辽 01 行终 959 号

上诉人(一审原告)大连汇达环境清洁有限公司,住所地(略)。
法定代表人刘某。
委托代理人高某。
委托代理人刘某。
被上诉人(一审被告)沈阳市皇姑区财政局,住所地(略)。
法定代表人唐某。
委托代理人姚某。
委托代理人杨某。
被上诉人(一审被告)沈阳市财政局,住所地(略)。
法定代表人卢某。
委托代理人谭某。
委托代理人赵某。

　　上诉人大连汇达环境清洁有限公司(以下简称汇达公司)与被上诉人沈阳市皇姑区财政局(以下简称皇区姑财政局)、沈阳市财政局采购投诉处理决定及复议决定一案,上诉人汇达公司不服沈阳市和平区人民法院作出的〔2019〕辽0102行初43号行政判决,向本院提起上诉。本院依法组成合议庭,于2019年11月1日公开开庭对本案进行了审理,上诉人汇达公司委托代理人高某、刘某,被上诉人皇姑区财政局委托代理人姚某、杨某,被上诉人沈阳市财政局委托代理人谭某、赵某到庭参加诉讼。本案现已审理终结。

　　一审查明,2018年3月30日,汇达公司取得皇姑区市容环境卫生作业政府购买服务项目(项目编号:CG18-05-0012),包组1(北标段)中标人资格,同日,沈阳市皇姑区政府采购中心(以下简称区采购中心)在沈阳政府采购网发布结果公告。2018年4月3日,汇达公司签收中标通知书。2018年5月9日,汇达公司向沈阳市城市管理行政执法局皇姑分局(以下简称皇姑城管分局)发出《致城市管理行政执法局皇姑分局询问函》,同日召开了皇姑区环卫市场化会议。2018年5月12日,汇达公司再次向皇姑城管分局发出《致城市管理行政执法局皇姑分局询问函》,皇姑城管分局未作出答复。2018年5月28日,因汇达公司逾期未签订政府采购合同,区采购中心在沈阳政府采购网发布变更结果公告,变更包组1(北标段)中标人为大连新天地环境清洁有限公司,同时原包组1(北标段)中标通知书作废。汇达公司认为皇姑城管分局变更中标结果程序违法等,于2018年6月29日向皇姑区财政局提交《投诉书》,请求:1.撤销2018年5月28日皇姑区执法市容局发布的变更结果公告,并由皇姑城管分局承担相应的法律责任;2.对汇达公司2018年5月9日、5月12日依法提出的询问作出回复;3.要求皇姑城管分局提供(1)经皇姑区常委会讨论通过并报市环卫作业市场化改革工作领导小组审核批准的《皇姑区环卫行业市场化改革实施方案》……4.请皇姑城管分局说明在变更公告中为什么采取差别待遇,理由和事实法律依据……皇姑区财政局于2018年8月9日作出《政府采购投诉处理决定书》(编号:HGZCTS2018-002),主要内容为:汇达公司的投诉事项中1.被投诉人变更中标结果程序违法;2.被投诉人强令投诉人必须使用被投诉人提供的房屋租赁协议文本,投诉人提出修改意见后早已返回被投诉人却未见回复,致使项目公司无法完成注册登记;3.投诉人分别于2018年5月9日、2018年5月12日两次向被投诉人发出询问函,被投诉人未予回复;4.招标文件中的合同文本违法;5.履约保证金无法缴纳的责任在采购人;6.招标文件中资产评估汇总表虚假,招标文件公布时,资产评估报告没有完成和出具,有的车辆评估值偏高,有的将属强制报废车辆进行评估;7.采购公告的委托发布方与招标文件的采购人名称不一致;8.采购人向投诉人发送催告函中,故意设置投诉人无法在规定时间内实现的要求;9.本项目共三个包组,第一、第三包组变更采购结果,第二包组未变更采购结果存在差别对待。以上投诉事项缺乏事实依据,均不成立。投诉事项4招标文件中的合同文本违法不具备法定受理条件,决定驳回投诉。汇达公司不服,于2018年10月8日向沈阳市财政局提出行政复议申请,请求事项为:撤销《政府采购投诉处理决定书》(编号:HGZCTS2018-002),责令皇姑区财政局在一定期限内重新依法公正作出处理决定。沈阳市财政局于2018年12月4日作出沈财复字〔2018〕7号行政复议决定书,维持皇姑区财政局于2018年8月9日作出的《政府采购投诉处理决定书》(编号:HGZCTS2018-002)。汇达公司不服,起诉于一审法院。

一审认为,根据《政府采购质疑和投诉办法》第五条第二款规定,县级以上各级人民政府财政部门负责依法处理供应商投诉。皇姑区财政局作为县级以上的财政部门具有对供应商投诉处理的法定职权。根据《中华人民共和国行政复议法》第三条、第十二条的规定,市财政局具有作出行政复议决定的法定职权。《政府采购质疑和投诉办法》第二十三条规定,财政部门处理投诉事项原则上采用书面审查的方式。财政部门认为有必要时,可以进行调查取证或者组织质证。第二十九条规定,投诉处理过程中,有下列情形之一的,财政部门应当驳回投诉:(一)受理后发现投诉不符合法定受理条件;(二)投诉事项缺乏事实依据,投诉事项不成立;(三)投诉人捏造事实或者提供虚假材料;(四)投诉人以非法手段取得证明材料。证据来源的合法性存在明显疑问,投诉人无法证明其取得方式合法的,视为以非法手段取得证明材料。本案中,皇姑区财政局提供的证据能够证明该局受理汇达公司的投诉后,依法进行了调查取证,对汇达公司投诉的事项,均给予了明确答复,且答复内容并无不当,据此,皇姑区财政局对汇达公司作出驳回投诉的处理决定,事实清楚,证据充分。关于投诉处理程序,皇姑区财政局在受理汇达公司的投诉后,向皇姑城管分局发送了投诉书副本和政府采购投诉答复通知书,经审查在收到投诉之日起30个工作日内对投诉事项作出处理决定书,并向投诉人和被投诉人送达,符合《政府采购质疑和投诉办法》的相关规定,程序合法。经审查,沈阳市财政局提供的证据能够证明其复议程序合法。关于汇达公司提出的请求确认皇姑区人民政府"沈皇政办法〔2018〕9号文件"无效和确认皇姑城管分局2018年2月26日《皇姑区环卫行业市场化改革实施方案》无效的主张,因不属于本案审查范围,一审法院不予审理。综上所述,汇达公司要求撤销被诉的政府采购投诉处理决定及复议决定的诉讼请求,理据不足,一审法院不予支持。依照《中华人民共和国行政诉讼法》第六十九条之规定,判决驳回汇达公司的诉讼请求。案件受理费50元,由汇达公司负担。

汇达公司上诉称,一、一审法院程序违法。2019年4月12日汇达公司向一审法院申请调取证据,一审法院却拒绝接受申请,严重的违反了法律有关规定。汇达公司一审诉请确认"沈皇政办法〔2018〕9号文件"无效和确认皇姑城管分局2018年2月26日《皇姑区环卫行业市场化改革实施方案》无效的主张一审法院认为不属于本案审查范围,不予受理,违反了法律、法规的有关规定,程序违法。二、一审法院对证据认定事实错误、适用法律错误。在涉案政府采购活动中,汇达公司对采购人以三个不同名称进行招投标活动,依法提出询问、质疑,采购人均违反法律强制性规定,未予答复,在投诉和行政复议中皇姑区财政局、沈阳市财政局作出具体行政行为的依据是《关于城市管理行政执法局皇姑分局(市容局)"三定"方案的通知》(沈皇编办发〔2013〕63号文件),是过时失效的文件。在本次招标项目活动中,汇达公司依法有据两次询问、一次质疑,采购人均违反法律强制性规定未在法定期限内给予答复,是严重的违法、违规行为皇姑区财政局、沈阳市财政局不查、不审、不理,作出错误的决定,一审法院罔顾事实,枉法作出裁判。汇达公司提供的2018年7月4日电话通知、7月5日当面告知录音、2018年7月27日、8月1日质证会上的录音、录像及文字材料(证据四、证据五)是铁证,证明了皇姑区财政局严重违反法律程序、滥用职权,且一审庭审中皇姑区财政局对该证据均未提出异议,令人不可思议的是一审法院视若无睹、视而不见,却罔顾事实,作出错误裁判。采购人在提供证据中称"在招标文件中,系根据评估单位于2018年2月5日出具的电子文本所制作,且于 2018 年 3 月 14 日发布了《变更通告》,至于 3 月 30 日出具的,系评估报告出具的纸质文本,内容完全一致。不存在虚假欺诈的法律问题和事实问题。"这完全是采购人编造的谎言,其至今也未提供电子文本所制作的评估报告,肯定也提供不出,所以说这是个弥天大谎,皇姑区财政局、沈阳市财政局不审、不查却枉法以此虚假证据给予认定,一审法院也以此为据给予认定是严重的事实依据错误,认定事实错误。三、请求确认皇姑区财政局、沈阳市财政局认定 5 月 28 日皇姑区执法市容局发布的变更结果公告和 2018 年 5 月 29 日皇姑城管分局电话通知合法,这一认定的具体行政行为是违法的。汇达公司认为皇姑区执法市容局委托皇姑采购中心发布《变更结果公告》主体不适格,汇达公司认为皇姑区执法市容局委托区采购中心发布《变更结果公告》内容没有法律和事实依据,2018 年 5 月 29 日皇姑城管分局电话通知"废标、撤场"错误的,依法重大事项应书面通知送达。综上,请求二审法院撤销一审判决,撤销市财政局作出的"沈财复字〔2018〕7 号"行政复议决定书,撤销皇姑区财政局作出的"编号:HGZCTS2018-002 号"投诉处理决定书,确认皇姑区人民政府"沈皇政办发〔2018〕9 号"文件无效,确认皇姑城管分局 2018 年 2 月 26 日《皇姑区环卫行业市场化改革实施方案》无效。

皇姑区财政局答辩称,1. 汇达公司在取得中标资格后,为谋取不当利益,以法律禁止的"协商处置"为由,要求实质性变更招投标条件,并拒不依法签订政府采购合同,对此,采购人有权变更中票结果,皇姑区财政局作出驳回汇达公司的投诉的处理决定具有事实和法律依据。2. 皇姑区财政局在投诉处理过程中组织的质证会本身并不是投诉处理的必经程序,且因汇达公司的强烈反对而最终未进行,但对皇姑区财政局依法定程序作出投诉处理决定并不构成实质性影响。3. 汇达公司就皇姑区人民政府"沈皇办发〔2018〕9 号"文件及皇姑城管分局 2018 年 2 月 26 日《皇姑区环卫行业市场化改革实施方案》确认无效的诉讼主张,均不属于本案行政诉讼受案范围,一审认定事实清楚,应予维持。综上所述,一审判决认定事实清楚,适用法律正确,因此,汇达公司的诉讼请求没有法律与事实上的依据,请求法院依法驳回汇达公司的上诉请求,维持一审判决。

沈阳市财政局答辩称,1. 沈阳市财政局作出行政行为具有法定职权。2. 沈阳市财政局作出行政行为具有事实依据。3. 沈阳市财政局作出的行政行为具有法律依据。4. 沈阳市财政局作出的行政行为符合法定程序。

本院审理查明的事实与一审一致。

本院认为,《政府采购质疑和投诉办法》第五条第二款规定,县级以上各级人民政府财政部门负责依法处理供应商投诉。皇姑区财政局作为县级以上的财政部门具有对供应商投诉处理的法定职权。根据《中华人民共和国行政复议法》第三条、第十二条的规定,沈阳市财政局具有作出被诉行政复议决定的法定职权。

本案中,皇姑区财政局在接到汇达公司的投诉后,在法定期限内对投诉事项逐一进行调查取证,并书面对汇达公司投诉的全部事项进行答复,皇姑区财政局作出的驳回投诉处理决定事实清楚,证据充分,程序合法,并无不当。沈阳市财政局所作出的复议决定具有事实和法律依据,程序符合法律规定,亦无不当。

关于汇达公司提出的确认皇姑区人民政府"沈皇政办发〔2018〕9 号"文件无效,确认皇姑城管分局 2018 年 2 月 26 日《皇姑区环卫行业市场化改革实施方案》无效的问题,因上述两文件并非皇姑区财政局、沈阳市财政局作出被诉处理决定及复议决定的依据,不属于本案审查范围,一审法院不予审理亦无不当。

综上,依照《中华人民共和国行政诉讼法》第八十九条第一款(一)项的规定,判决如下:

驳回上诉,维持原判。

二审案件受理费 50 元,由上诉人大连汇达环境清洁有限公司负担。

本判决为终审判决。

审 判 长　杨　帅

审 判 员　杜　娟

审 判 员　周玺联

二〇一九年十一月十八日

书 记 员　管力明

【关联案例】

辽宁省沈阳市中级人民法院〔2019〕辽 01 行终 959 号行政判决书。

邢台中测仪器设备有限公司
与河南省驻马店市财政局
政府采购（招投标）投诉处理决定案

【案件提要】

本案是对采购文件的投诉处理决定提起行政诉讼的案例。涉案采购项目进行招标，紫帆公司中标。邢台中测公司经质疑和投诉后，提起本案诉讼。一审判决驳回邢台中测公司诉讼请求，二审判决驳回其上诉。邢台中测公司向省高院申请再审。省高院经审查后认为，原审对投诉涉及其他供应商没有环保信息问题，财政部门仅凭在投标文件中该其他供应商生产场地环境保护验收证明，而未对该生产场地环境保护验收证明的真实性进行核实即驳回了邢台中测公司的投诉，处理不当。邢台中测公司关于财政部门未将该其他供应商是否提供虚假生产场地环境保护验收证明进行调查、处理决定违法的主张成立，故裁定本案由原二审法院予以再审。原二审法院经再审认为，财政部门根据投诉调取了紫帆公司投标文件正本，查实投标文件包含生产场地环境保护验收的书面证明，符合招标文件要求，认为投诉不成立，驳回邢台中测公司投诉，其审理和作出处理决定，符合法律规定。关于一审、二审时邢台中测公司提出怀疑该环保验收证明是虚假的理由，该理由超出了原质疑、投诉事项的范围，一审法院已经告知邢台中测公司寻求其他救济途径解决。故再审判决维持财政部门驳回投诉的处理决定，驳回邢台中测公司的诉讼请求。

【判决正文】

河南省驻马店市中级人民法院
行政判决书

〔2019〕豫 17 行再 3 号

再审申请人（一审原告、二审上诉人）邢台中测仪器设备有限公司，住所地（略）。
法定代表人刘某。
委托诉讼代理人邵某。
被申请人（一审被告、二审被上诉人）驻马店市财政局，住所地（略）。
法定代表人李某。
委托诉讼代理人赵某。

委托诉讼代理人刘某。

再审申请人邢台中测仪器设备有限公司(以下简称邢台中测公司)因与被申请人驻马店市财政局行政处理纠纷一案,本院于2018年9月13日作出〔2018〕豫17行终210号行政判决,已经发生法律效力。邢台中测公司不服,向河南省高级人民法院申请再审。河南省高级人民法院于2019年7月23日作出〔2019〕豫行申451号行政裁定,指令本院对本案进行再审。本院依法另行组成合议庭,公开开庭审理了本案。再审申请人邢台中测公司的委托诉讼代理人邵某,被申请人驻马店市财政局的委托诉讼代理人赵某、刘某到庭参加诉讼。本案现已审理终结。

邢台中测公司向一审法院起诉请求:撤销驻马店市财政局所作的驻财购〔2018〕3号决定,并判令驻马店市财政局作出废除中标资格的决定。

一审法院经审理查明:邢台中测公司于2017年11月5日参加了驻政采招良〔2017〕62号"驻马店市质检中心检验检测采购项目"投标,同时参加投标的还有河南亚拓仪器设备有限公司、石家庄泰德安电子有限公司、邢台联众电子科技有限公司、河南时代英和仪器设备有限公司、河南紫帆信息技术有限公司(以下简称紫帆公司),共六家供应商。经评审委员会评审,紫帆公司为中标单位。2017年11月15日开标后,当日发布了中标结果。邢台中测公司不服该结果,通过网络查询到河北中航公司、北京中测公司的相关资料,按照相关规定进行质疑、投诉。其主要内容为:河北中航公司没有环保部门出具的针对生产场地环境保护验收证明,其营业执照及质量体系证书没有制造及生产范围,不是生产厂家,不具备授权投标的资格;其与北京中测公司法定代表人为同一人,涉嫌恶意串通围标行为。2017年12月15日,驻马店市财政局收到中测公司投诉后,予以立案调查。驻马店市财政局查证后作出认定:关于没有环境保护验收证明问题,经查中标供应商投标文件中有环保部门出具的对生产场地环境保护验收证明;关于河北中航公司不是生产企业问题,现有证据无法证明该公司不是生产企业;关于涉嫌串标问题,河北中航公司、北京中测公司均未参与本次采购活动的投标,属于无效投诉。2018年1月10日,驻马店市财政局作出驻财购〔2018〕3号决定,驳回邢台中测公司投诉。邢台中测公司不服,提起本案诉讼,请求法院依法撤销驻财购〔2018〕3号行政处理决定书。

一审法院认为,根据《政府采购供应商投诉处理办法》(财政部令20号)第二、三条,驻马店市财政局作为其行政区域内负责政府采购监督管理的部门,依法有权受理和处理供应商投诉事宜。邢台中测公司参加驻政采招良〔2017〕62号"驻马店市质检中心检验检测采购项目"投标。开标后,河北中航公司委托的紫帆公司中标。邢台中测公司向驻马店市财政局投诉,对中标人提出三项质疑,驻马店市财政局经过调查和书面审查,确认邢台中测公司提出的问题缺乏证据支持,并作出驻财购〔2018〕3号决定书,该决定书认定事实清楚,程序合法,定性准确,适用法律亦无不当,具有合法性,予以确认。邢台中测公司提出本次开标时间为2017年10月30日,当时河北中航公司的质量管理合格率认证尚未通过,河北中航公司与北京中测公司法定代表人为同一人,涉嫌串标围标问题,邢台中测公司并无提出确实证据,且该二公司也无参与本次投标;关于环境保护验收问题,紫帆公司中标文件中提供有生产场地环境保护验收的书面证明,邢台中测公司对此不服认为虚假,可以寻求其他救济途径。邢台中测公司请求撤销驻财购〔2018〕3号行政处理决定书的理由不足,不予支持。依照《中华人民共和国行政诉讼法》第六十九条之规定,判决驳回邢台中测公司请求撤销驻财购〔2018〕3号决定的诉讼请求。案件受理费50元,由邢台中测公司负担。

邢台中测公司不服一审判决,上诉请求:撤销一审判决,改判支持其诉讼请求。

二审法院经审理查明的事实与一审查明的事实一致,本院予以确认。

邢台中测公司在二审庭审时当庭向本院提交石家庄市裕华区环境保护局证明一份,该证据中测公司在一审程序中无正当事由未提供,本院不予接纳。

本院二审认为,一审法院已根据邢台中测公司的调取证据申请向驻马店市财政局调取全部投标文件,驻马店市财政局向一审法院出具情况说明,说明在处理中测公司投诉事项时,仅调取了紫帆公司投标文件,因投诉不牵涉其他供应商,所以没有其他供应商的投标文件,一审法院已履行了职责,程序合法。中标供应商紫帆公司投标文件正本中提供有环保部门对制造厂商出具的环保验收证明,邢台中测公司投诉河北中航公司没有环保部门出具针对生产场地环境保护验收证明,但未向驻马店市财政局提供相关证据,依照《政府采购质疑和投诉办法》第二十五条的规定,视为该投诉事项不成立。河北中航公司和北京中测公司未参加投标,也未委托其他公司参加投标,不存在串通投标行为。综上,邢台中测公司的上诉理由不能成立,本院不予采纳。一审判决正确,本院予以维持。依照《中华人民共和国行政诉讼法》第八十九条第一款第(一)项之规定,判决驳回上诉,维持原判。

邢台中测公司申请再审称:1.请求撤销一、二审判决;2.依法撤销驻马店市财政局做出的驻财购〔2018〕3号决定,并判令驻马店市财政局作出废除紫帆公司中标资格的决定。事实和理由:招标文件要求,供应商应提供商品生产场地环境保护验收的书面证明。中标供应商紫帆公司提供的商品是河北中航公司生产,河北中测公司住所地在石家庄,故紫帆公司投标文件中提供了石家庄裕华区环保分局为河北中测公司出具的〔2017〕05289《环境保护验收证明卡》,但石家庄裕华区环保分局出具证明证实该证明卡系伪造。驻马店市财政局在接到其投诉之后,只是书面审查,明显违背了作为投标活动的监督管理机构的职责。

驻马店市财政局辩称:一、二审判决认定事实清楚,证据确实、充分,适应法律正确,程序合法,邢台中测公司的再审理由不能成立,请求维持一、二审判决。理由是:1.邢台中测公司参加了投标,对中标结果不满意进行质疑和投诉。其根据投诉事项调取了中标供应商的投标文件正本,该投标文件提供的有环保验收证明,符合招标文件要求,邢台中测公司该投诉事项不成立。在一审、二审时邢台中测公司提出怀疑该环保验收证明是虚假的,超出了原质疑、投诉事项的范围,一审法院已经告知邢台中测公司寻求其他救济途径解决。2.环保验收证明不是国家规定强制备案的公示信息,也没有相关法律规定企业环保验收证明必须在河北省企业环境保护信用信息系统备案,因此,该网站查询的结果不具有权威性。3.根据相关规定,其进行书面审理和作出处理决定,并无不当,其已经按照法律规定的程序正确履行了职责。

本院再审查明的事实与一、二审判决认定的事实一致。

本院再审认为,邢台中测公司参加了驻政采招良〔2017〕62号"驻马店市质检中心检验检测采购项目"投标,参加投标的共有六家供应商,中标单位为紫帆公司。邢台中测公司对中标结果不满意向驻马店市财政局进行质疑和投诉。驻马店市财政局根据投诉事项调取了紫帆公司为中标单位的投标文件正本。该投标文件包含生产场地环境保护验收的书面证明,符合招标文件要求。驻马店市财政局针对邢台中测公司的投诉事项进行调查后认为邢台中测公司的投诉事项不成立,驳回邢台中测公司投诉。驻马店市财政局在接到邢台中测公司投诉后,经过调查进行书面审理和作出处理决定,符合法律规定,并无不当,驻马店市财政局已经按照法律规定的程序正确履行了职责。关于一审、二审时邢台中测公司提出怀疑该环保验收证明是虚假的理由,该理由超出了原质疑、投诉事项的范围,一审法院已经告知邢台中测公司寻求其他救济途径解决。

综上所述,一、二审判决认定事实清楚,程序合法,适用法律正确,予以维持。依照《中华人民共和国行政诉讼法》第八十九条第(一)项、《最高人民法院关于执行〈中华人民共和国行政诉讼法〉若干问题的解释》第七十六条第一款之规定,判决如下:

维持本院〔2018〕豫 17 行终 210 号行政判决。

本判决为终审判决。

审　判　长　侯志安

审　判　员　吕先镘

审　判　员　孙　强

二○一九年十月十日

书　记　员　李静洁

【后续案例】

河南省高级人民法院〔2019〕豫行申 451 号再审审查与审判监督行政裁定书

51 海南协和医疗设备有限公司与海南省三亚市财政局、海南省财政厅政府采购（招投标）投诉处理决定、行政复议决定案

【案件提要】

本案是对采购文件的投诉处理决定提起行政诉讼的案例。涉案采购项目发布公开招标公告，协和公司认为采购文件部分条款存在违法情形，提出质疑、投诉和申请复，但均被驳回，故提起本案诉讼。一审法院经审理认为，根据查明事实，有关争议的技术参数设置，并未指向特定供应或特定产品，故不属于以不合理的条件对供应商实行差别待遇或者歧视待遇。有关争议的厂家授权书的要求是属于商务要求，不是资格要求，而只是评审因素，故不存在违反法律法规的情形。有关争议的售后服务和操作培训的评标标准设置，该评标标准采用的是综合评分法，评标标准中的分值设置应当与评审因素的量化指标相对应，对于无法量化的，只能由评审委员会根据具体评审因素的内容进行评判，而该项目售后服务和操作培训不属于可以量化的评审因素，故亦不存在违法情形。综上，财政部门所作处理决定认定事实清楚，适用法律正确，程序合法，一审法院予以支持。二审法院认为，本案有评审因素量化指标设置的分值范围，在评审中评审专家根据该分值范围酌情给出具体的分值，不违反《政府采购法实施条例》第三十四条第四款的规定。针对协和公司关于一审判决认定遗漏招标文件没有经过专家论证，程序不合法的上诉，二审法院认为，招标文件征求专家意见及进行专家论证均不是法律法规强制性的规定，仅是采购人根据采购需求自行确定是否需要进行专家论证，而不是要求必须进行专家论证，故涉案招标文件采购需求没有经过专家论证，并不违反法律规定，程序合法。

【判决正文】

海南省三亚市中级人民法院
行政判决书

〔2019〕琼 02 行终 96 号

上诉人（一审原告）海南协和医疗设备有限公司，住所地（略）。

法定代表人汪某。

委托代理人谢某。

被上诉人(一审被告)三亚市财政局,住所地(略)。

法定代表人江某。

委托代理人周某。

委托代理人王某。

被上诉人(一审被告)海南省财政厅,住所地(略)。

法定代表人王某。

委托代理人周某。

委托代理人吴某。

一审第三人三亚市政府采购中心,住所地(略)。

法定代表人张某。

委托代理人陈某。

一审第三人三亚市中医院,住所地(略)。

法定代表人王某。

委托代理人陈某。

委托代理人夏某。

一审第三人合捷联创(北京)科技有限公司,住所地(略)。

法定代表人高某。

委托代理人何某。

上诉人海南协和医疗设备有限公司(以下简称协和公司)因诉被上诉人三亚市财政局、海南省财政厅(以下简称省财政厅)及一审第三人三亚市政府采购中心(以下简称市采购中心)、三亚市中医院(以下简称市中医院)、合捷联创(北京)科技有限公司(以下简称合捷联创公司)医疗设备采购投诉处理决定及行政复议一案,不服三亚市城郊人民法院于2019年5月7日作出的〔2018〕琼0271行初400号行政判决,于2019年5月29日通过三亚市城郊人民法院向本院提起上诉。本院于2019年7月22日受理后,依法组成合议庭,于2019年9月18日公开开庭审理了本案。上诉人协和公司委托代理人谢某,被上诉人三亚市财政局委托代理人周某、王某,被上诉人省财政厅委托代理人吴某,一审第三人市采购中心委托代理人陈某,一审第三人市中医院委托代理人陈某,一审第三人合捷联创公司委托代理人何某到庭参加诉讼。本案现已审理终结。

本案被诉行政行为:市采购中心受中医院委托采购24小时动态血压分析系统等一批医疗设备。2018年6月19日,市采购中心作出《三亚市政府采购文件》(项目编号:SYZFCG-2018-28)确定以公开招标的方式进行采购,并于2018年7月18日发布招标公告。2018年7月26日,协和公司向市采购中心提出质疑,认为涉案采购文件第三部分货物技术规范及要求中:24小时动态血压分析系统主要功能及技术参数第23条(该条违反《政府采购货物和服务招标投标管理办法》第十一条)、24小时动态心电分析系统主要功能及技术参数第51条属于《中华人民共和国政府采购法实施条例》(以下简称《政府采购法实施条例)》第二十条规定的情形,应予删除。商务要求中第 1 条违反《政府采购货物和服务招标投标管理办法》第十七条,应予删除,且不得作为评审因素。第六部分评标方法和标准中:评标标准和方法的商务部分第 5、6 条违反《政府采购法实施条例》第三十四条第四款规定,应予以修改。市采购中心于 2018 年 8 月 2 日作出《回复函》,对协和公司的质疑作出答复。协和公司对市采购中心答复不满,遂向三亚市财政局投诉,三亚市财政局于 2018 年 9 月 17 日作出三财采决〔2018〕3 号《政府采购投诉处理决定》(以下简称 3 号处理决定),驳回协和公司的投诉。协和公司对该决定不服,向省财政厅申请行政复议。省财政厅于 2018 年 11 月 8 日作出琼财法〔2018〕1628 号《行政复议决定书》(以下简称 1628 号复议决定),维持 3 号处理决定。协和公司亦不服,遂向一审法院提起诉讼。

一审查明,2018 年 7 月 18 日,市采购中心受市中医院委托,在中国海南政府采购网上发布了 24 小时动态血压分析系统等一批医疗设备采购的招标公告。在市采购文件中第三部分货物技术规范及要求的第二点规格和技术参数(一)24 小时动态血压分析系统主要功能及技术参数载明:"23. 出众的性价比及长达 10 余年的国内外市场发展,拥有国内外市场覆盖率最广大的客户群体";(二)24 小时动态心电分析系统主要功能及技术参数载明:"51. 能同步分析呼吸波信号";第四点商务要求载明:"1. 投标供应商应是所投产品的授权代理商或者取得中国总代理或生产厂家,非生产厂家对本项目须提供生产厂家授权书。"招标文件第六部分评标方法和标准的第 3 点的商务部分载明:"5. 售后服务……由专家酌情给分。"2018 年 7 月 26 日,协和公司向市采购中心提出质疑,市采购中心于 2018 年 8 月 2 日对质疑内容回复了协和公司。协和公司不服市采购中心的回复,于 2018 年 8 月 6 日向三亚市财政局发出投诉书,三亚市财政局收到投诉书后于 2018 年 9 月 17 日作出 3 号处理决定,驳回协和公司的投诉。协和公司对该处理决定不服,于 2018 年 10 月 8 日向省财政厅申请了行政复议,省财政厅通过多方取证,听取各方的意见,于 2018 年 11 月 8 日作出 1628 号复议决定,维持三亚市财政局的 3 号处理决定。协和公司对该复议决定不服,特向一审法院起诉。请求判决:一、撤销三亚市财政局作出的 3 号处理决定和省财政厅作出的 1628 号复议决定;二、请求根据《中华人民共和国政府采购法》第三十六条第一款第(二)项规定对中医院 24 小时动态血压分析系统等一批医疗设备采购项目作废标处理,责成采购人修改采购文件重新开展采购活动。

一审认为,本案争议的焦点是三亚市财政局作出的 3 号处理决定认定事实是否清楚,程序是否合法,适用法律是否正确。首先,关于动态血压产品第 23 条的认定,采购法实施条例第二十条规定:"采购人或者采购代理机构有下列情形之一的,属于以不合理的条件对供应商实行差别待遇或者歧视待遇:(一)就同一采购项目向供应商提供有差别的项目信息;(二)设定的资格、技术、商务条件与采购项目的具体特点和实际需要不相适应或者与合同履行无关;(三)采购需求中的技术、服务等要求指向特定供应商、特定产品;(四)以特定行政区域或者特定行业的业绩、奖项作为加分条件或者中标、成交条件;(五)对供应商采取不同的资格审查或者评审标准;(六)限定或者指定特定的专利、商标、品牌或者供应商;(七)非法限定供应商的所有制形式、组织形式或者所在地;(八)以其他不合理条件限制或者排斥潜在供应商。"本项参数设置,并未指向特定供应商,且市中医院目的是为购买专业的诊断级动态血压检测产品,符合采购合同目的,故不属于采购法实施条例第二十条规定的以不合理的条件对供应商实行差别待遇或者歧视待遇。其次,关于动态心电分析仪第51条参数,经审理查明,该参数并未指向特定供应商或特定产品,且有多家公司产品具有该性能,市中医院设置该项参数是考虑了相关技术依据和诊疗需要,是符合采购的具体特点和实际需要的,亦不属于采购法实施条例第二十条规定的以不合理的条件对供应商实行差别待遇或者歧视待遇。再次,关于厂家授权书的要求是属于商务要求还是资格要求。资格要求应指投标准入的资格条件,而商务要求仅为一项评审因素。《政府采购货物和服务招标投标管理办法》规定不得将厂家授权作为资格条件,并未限制不得作为评审因素,故不存在违反法律法规的情形。最后,售后服务和操作培训的评标标准设置,该评标标准采用的是综合评分法,评标标准中的分值设置应当与评审因素的量化指标相对应,对于无法量化的,只能由评审委员会根据具体评审因素的内容进行评判,而该项目售后服务和操作培训不属于可以量化的评审因素,所以涉案文件并没有违反《政府采购法实施条例》第三十四条第四款的规定。综上,3号处理决定认定事实清楚,适用法律正确,程序合法,一审法院予以支持。依照《中华人民共和国行政诉讼法》第六十九条的规定,判决驳回协和公司的全部诉讼请求。案件受理费50元,由协和公司负担。

协和公司上诉称,一、一审判决认定事实不清。(一)关于24小时动态血压分析系统主要功能及技术参数第23条载明:"出众的性价比及长达10余年的国内外市场发展,拥有国内外市场覆盖量最广大的客户群体"。"出众的性价比"和"国内外市场覆盖量最广大"的条件或标准无法判断。该条要求不是货物的技术参数要求,且表述含糊、不明确,违反《政府采购货物和服务招标投标管理办法》第十一条的规定,明显排斥了新品牌及新上市的新产品,符合《政府采购法实施条例》第二十条第(八)项规定的情形,属于以不合理的条件对供应商实行差别待遇或者歧视待遇。(二)关于24小时动态心电分析系统第54条,"能同步分析呼吸波信号"。一审法院认为有多家公司产品具有该性能与事实不符。1. 证明有多家公司产品具有该性能的主要证据不具有真实性。一审庭审时,协和公司指出合捷公司提供给三亚市财政局和省财政厅的24小时动态心电分析系统产品介绍的证据没有加盖相应厂家的公章,不具有真实性,不应被采纳。2. 三亚市财政局提供的北京麦迪克斯科技有限公司、深圳市博英医疗仪器科技有限公司的产品介绍证据没有体现出"能同步分析呼吸波信号"的性能。二、一审判决认为厂家授权书的要求不存在违反法律法规的情形是错误的。首先,本项目采购的货物属于国产货物,供应商中标后从市场上可以自由采购,厂家授权书的要求与合同履行无关。其次,同样的货物,如果将厂家授权书作为评审因素,则有厂家授权书的供应商和没有厂家授权书的供应商就构成了差别、歧视待遇,故厂家授权书的要求符合《政府采购法实施条例》第二十条第(二)项、第(八)项规定的情形,属于以不合理的条件对供应商实行差别待遇或者歧视待遇。三、一审判决认定遗漏重要事实,即招标文件采购需求没有经过法定程序组织专家论证。采购人市中医院的采购需求是征询使用科室意见确定的,没有经过法定程序组织专家论证,违反了《海南省政府采购当事人和评审专家行为规范(试行)》第十四条规定。四、一审判决认为协和公司提交的证据 10—14 等不具有关联性,不予采纳是错误的。《指导案例 9 号》是财政部发布的政府采购指导案例,具有普遍指导意义。该案例招标文件评审标准设置有"优得 35—45 分,中得 20—34 分,一般得 0—19 分"等,与本案招标文件售后服务和操作培训的评标标准设置"优的得 5 分,良的得 4—3 分,一般的得 2—1 分,差的得 0 分,由专家酌情给分"等相同类似,都存在评审因素没有细化和量化、分值设置未与评审因素的量化指标相对应、使用了没有明确判断标准及容易引起歧义的表述等问题,均违反了政府采购法律法规和财政部规范性文件的相关规定。招标采购的货物或服务虽有不同,但评审因素都有量化的相同要求。一审法院不应认为《指导案例 9 号》与本案没有关联。相反,《指导案例 9 号》与本案具有高度的关联性。协和公司提交的证据 11—14 是政府采购的有关释义、说明、规定及发布政府采购指导性案例的背景、目的说明,与本案也是具有高度的关联。一审判决认为协和公司证据 10—14 不具有关联性,未说明理由,违反了《最高人民法院关于行政诉讼证据若干问题的规定》第四十九条规定。五、一审判决认为"该项目售后服务和操作培训不属于可以量化的评审因素,所以涉案文件并没有违反《政府采购法实施条例》第三十四条第四款的规定"是错误的。(一)《政府采购法实施条例》第三十四条第四款规定包含两层意思,其中一层意思是评审因素的指标必须是可以量化的,不能量化的指标不能作为评审因素。根据上述规定,一审判决认为"售后服务和操作培训"是不能量化的指标,则不能作为评审因素,否则就违反了该规定,实际上"售后服务和操作培训"是可以量化的,协和公司已经提供了两份经过细化和量化的售后服务的评分标准方案供参考。(二)三亚市财政局和省财政厅均认为本项目的售后服务和操作培训评审因素已经量化,与一审判决认为售后服务和操作培训是不能量化的认定结论互相矛盾。关于招标文件售后服务和操作培训的评标标准没有量化等问题,一直是协和公司质疑、投诉、申请行政复议和起诉的重点、焦点问题。综上所述,请求:一、撤销三亚市城郊人民法院〔2018〕琼 0271 行初 400 号行政判决,支持协和公司一审诉讼请求,即撤销 3 号处理决定和 1628 号复议决定。

三亚市财政局辩称,一、关于协和公司所称 24 小时动态血压分析系统第 23 条的要求不是货物的技术参数要求且表述不明确,属于以不合理的条件对供应商实行别待遇或者歧视待遇的情形的主张没有事实根据。虽然涉案采购项目中第 23 条的规定确实不属于技术参数的要求,但在整个采购评分项目中,该项所占的分值仅 1 分,对采购的结果不产生决定性的影响。另外,该条规定也不存在对潜在的供应商有差别待遇。该条其实是把商务条件放到了技术条件里,但该条要求对所有的供应商都是一视同仁的,不是倾向于某个供应商,或者对协和公司有歧视性待遇。二、关于协和公司所称 24 小时动态心电分析系统第 51 条要求是技术参数,只有北京迪姆公司的产品才能满足该项要求的主张。三亚市财政局在投诉处理过程中,经过要求相关各方提供证据,并根据各方提供的线索在公开的网站上查询,得知北京麦迪克斯科技有限公司的产品也可以满足该项参数,且 DMS 等品牌也有相同的技术。三、关于厂家的授权书的问题。根据《政府采购货物和服务招标投标管理办法》第十七条规定,采购人、采购代理机构不得将投标人的注册资本、资产总额、营业收入、从业人员、利润、纳税额等规模条件作为资格要求或者评审因素,也不得通过将除进口货物以外的生产厂家授权、承诺、证明、背书等作为资格要求,对投标人实行差别待遇或者歧视待遇。本案中,市采购中心作出的采购文件并未将厂家授权书作为资格条件,而是当作商务方面的加分的要求,因此采购文件并未违反该条规定。四、关于涉案采购项目的售后服务和操作培训标准设置中,分值设置与评审因素的量化指标不对应的问题。本案的采购文件已对售后服务和培训方案划定了优、良、差,优的得 2 分,一般的得 1 分,差的得 0 分,体现量化的过程,该项规定并不是笼统的。而该项评分确实要根据评审专家的主观评判,在采购中是有专家主观评分的规定,并不是一概都是用客观评分。综上,三亚市财政局作出的 3 号处理决定事实清楚,适用法律正确。一审法院判决亦正确,请求二审法院驳回协和公司的上诉请求。

省财政厅辩称,一、一审判决关于 24 小时动态血压分析系统第 23 条和 24 小时动态心电分析系统第 51 条要求的内容,认定事实清楚。(一)一审对 24 小时动态血压分析系统第 23 条要求的判决内容,认定事实清楚。首先,招标文件第三部分货物技术规范及要求的规格和配置技术参数中 24 小时动态血压分析系统主要功能及技术参数载明:"23. 出众的性价比及长达 10 余年的国内外市场发展,拥有国内外市场覆盖率最广大的客户群体"。协和公司认为,该项不是货物的技术参数要求,是排斥其他供应商、表述含糊不明确,违反《政府采购货物和服务招标投标管理办法》第十一条规定,属于《政府采购法实施条例》第二十条规定的以不合理条件对供应商实行差别待遇或歧视待遇,但协和公司对此并未提供证据证明。其次,采购人市中医院在本案的复议阶段,就该项参数函复省财政厅:"该项参数设置,我单位主要考虑技术依据:1. 希望购买到国内外业界长期公认的专业诊断级动态血压监测产品,而不是监护仪级别的血压产品(血压监护仪),避免因不准确的血压测量值(或仪器质量不稳定导致的测量误差),造成病人的被动吃药和错误治疗等伤害。2. 技术性能在 10 多年来能被业界广泛接受,价格又不会太高,能在临床上准确可靠的使用。3. 符合这条要求的品牌有多家,包含:SunTech、Mobli、太空、伟伦等品牌,并不是独家功能及技术要求"。最后,中标人合捷联创公司在本案的复议阶段,就该项参数函复省财政厅:"动态血压产品有关的技术性能、价格、发展时间、市场覆盖量等,有较多的第三方市场调查报告涉及这些内容。符合这条要求的品牌有多家,包含:SunTech、Mobli、太空、伟伦等品牌,拥有了广大的用户群体,不是独家功能技术。中商产业研究院《2018 全球与中国市场动态血压监测仪深度研究报告》分析全球与中国市场的主要厂商产品特点、产品规格等情况,包括:A&D、WelchAllyn、SunTechMedical、SpacelabsHealthcare、Schiller、Bosch + 等。这一评分标准得分仅为 1 分,又有多家品牌达到这条要求,没有造成差别待遇或歧视待遇,符合采购人的需求。"综上,协和公司在质疑、投诉及复议过程中均未对其主张进行举证,而结合招标文件的描述以及采购人、中标人的复函可知,该项参数要求是对产品的性价比、市场成熟度的要求、符合条件的品牌众多且所占分值仅为 1 分,不存在违反法律法规的情形。(二)一审判决关于 24 小时动态心电分析系统第 51 条要求的内容,认定事实清楚。首先,招标文件第三部分货物技术规范及要求的规格和配置技术参数中 24 小时动态心电分析系统主要功能及技术参数载明:"51.能同步分析呼吸波信号。"协和公司认为,只有北京迪姆公司的产品才能满足,是独家参数,属于《政府采购法实施条例》第二十条规定的以不合理条件对供应商实行差别待遇或歧视待遇,但协和公司对此并未提供证据证明。其次,三亚市财政局在本案的复议阶段,就该项参数答复省财政厅:"除了协和公司所称的北京迪姆公司的产品能够满足24小时动态心电分析系统第51条参数要求外。经审查,北京麦迪克斯、深圳博英、DMS等品牌也拥有同类技术,该项参数要求并未指向特定供应商或特定产品。此外,采购人可根据采购项目的特殊要求对产品性能设定合理的需求,但所设分值不应造成排斥其他产品;该采购项目第51条参数要求系采购人参考了使用科室意见建议后,遵循实际情况和临床需求而决定的,且评分为2分,所占分值较小,不属于以不合理的条件对供应商实行差别待遇或者歧视待遇的情形。"并提供了相应证据。再次,采购人市中医院在本案的复议阶段,就该项参数函复省财政厅:"该项参数设置,我单位主要考虑技术依据:1.客观的Holter日记,自动记录和分析患者的体位、运动、呼吸状态,是客观的Holter日记,是Holter分析的基础。2.体位性心律失常的分析治疗,记录和分析患者的体位、心电、呼吸事件,可以正确区分体位性心律失常事件的起源,正确制定临床治疗方案。如食道反流引发的频发早搏诊断和治疗。3.不同运动状态下心律失常分析治疗,记录和分析患者的心电、呼吸、运动状态,可以正确区分不同运动状态下心律失常类型和制定治疗方案。如运动或静止状态下出现的频发早搏、心肌缺血等事件。4.对心电、呼吸波、体位、运动状态的记录和分析,可对睡眠呼吸事件进行区域筛查,开展区域心血管疾病合并睡眠呼吸障碍诊治。5.从国内心电学术会议中了解到麦迪克斯、博英、DMS等品牌均有同类技术推广宣传。"并提供了相应证据。最后,中标人合捷公司在本案的复议阶段,就该项参数函复省财政厅:"从国内心电学术会议、有关制造商产品手册和官方网站等渠道了解到麦迪克斯、博英、DMS等品牌均有同类最新技术推广宣传,不是北京迪姆公司的独家参数,不符合《政府采购法实施条例》第二十条的规定。附件提供的证明材料有北京麦迪克斯科技有限公司的产品信息、深圳市博英医疗仪器科技有限公司的产品信息。"并提供了相应证据。综上,协和公司在质疑、投诉及复议过程中均未对其主张进行举证,而结合招标文件的描述、三亚市财政局的举证以及采购人、中标人的复函可知,该项参数要求是根据采购人的实际需要所设定,并未限定特定品牌且符合条件的品牌众多,设定清晰明确,不存在违反法律法规的情形。二、一审判决关于厂家授权书的内容,认定事实清楚、适用法律正确。首先,《政府采购货物和服务招标投标管理办法》第十七条规定:"采购人、采购代理机构不得将投标人的注册资本、资产总额、营业收入、从业人员、利润、纳税额等规模条件作为资格要求或者评审因素,也不得通过将除进口货物以外的生产厂家授权、承诺、证明、背书等作为资格要求,对投标人实行差别待遇或者歧视待遇招标文件要求。"该法律条款只是规定不得将生产厂家授权作为资格要,并未规定生产厂家授权不得作为评审因素。其次,招标文件第三部分货物技术规范及要求的商务要求载明:"1.投标供应商应是所投产品的授权代理商或取得中国总代理或生产厂家,非生产厂家针对本项目须提供生产厂家产品授权书。"资格要求指的是投标的准入条件,即符合该条件的供应商才能参与投标,而商务要求则是影响投标人得分的评审因素。招标文件中的该项要求,并未作为供应商投标的资格条件,而是作为评分条件、设置分值仅为 1 分,不存在违反法律法规的情形。三、政府采购相关法律法规并未规定"采购人确定采购需求、制定采购文件必须经过专家论证"。首先,《中华人民共和国政府采购法》《政府采购法实施条例》《政府采购货物和服务招标投标管理办法》和《海南省政府采购当事人和评审专家行为规范》均未规定采购人确定采购需求、制定采购文件必须经过专家论证。其次,《政府采购法实施条例》第十五条规定"采购人、采购代理机构应当根据政府采购政策、采购预算、采购需求编制采购文件。采购需求应当符合法律法规以及政府采购政策规定的技术、服务、安全等要求。政府向社会公众提供的公共服务项目,应当就确定采购需求征求社会公众的意见。除因技术复杂或者性质特殊,不能确定详细规格或者具体要求外,采购需求应当完整、明确。必要时,应当就确定采购需求征求相关供应商、专家的意见"。该条例明确规定,采购人制定采购文件所依据的并非专家论证而是供应商、专家的意见。最后,根据《财政部关于进一步加强政府采购需求和履约验收管理的指导意见》(财库〔2016〕205 号)第二条第二项规定:"……必要时,应当就确定采购需求征求相关供应商、专家的意见……"以及第三项规定:"采购人可以根据项目特点,结合预算编制、相关可行性论证和需求调研情况对采购需求进行论证。"采购文件征求专家意见及进行专家论证均不是强制性的,仅是采购人根据采购需求自行确定是不需要进行专家论证。《海南省政府采购当事人和评审专家行为规范》第十四条规定:"根据法定程序组织咨询专家组对采购文件的合法性、合理性、公平性进行论证,采购人应当接受咨询专家组对采购文件的审核意见,不得随意更改专家组的审核意见或擅自对采购文件做出修改。"该规定是如果采购文件已经经过专家论证,就应当接受相关专家的意见,而不是要求必须对采购文件进行专家论证。四、采购文件对售后服务和操作培训的评标标准设置的认定,不存在违反法律法规的情形。招标文件第六部分评标方法和标准的商务部分载明:"5. 售后服务,投标人响应招标文件中售后服务要求,并在售后服务方案中对服务内容承诺、响应方式、响应时间、人员分配方案等进行详细说明,优的得 5 分,良的得 4—3 分,一般的得 2—1 分,差的得 0 分,由专家酌情给分。"该项所涉分值不高,且已明确该项以优 5 分、良 4—3 分、一般 2—1 分、差 0 分的等级进行评分,已设定了量化指标,不存在违反《政府采购法实施条例》第三十四条第四款规定的情形。五、省财政厅作出 1628 号复议决定,适用法律法规正确。根据《政府采购质疑和投诉办法》第十八条"投诉人投诉时,应当提交投诉书和必要的证明材料……"、第二十五条"应当由投诉人承担举证责任的投诉事项,投诉人未提供相关证据、依据和其他有关材料的,视为该投诉事项不成立"、第二十九条"投诉处理过程中,有下列情形之一的,财政部门应当驳回投诉:……(二)投诉事项缺乏事实依据,投诉事项不成立"及《中华人民共和国行政复议法》第二十八条"行政复议机关……按照下列规定作出行政复议决定:(一)具体行政行为认定事实清楚,证据确凿,适用依据正确,程序合法,内容适当的,决定维持"的规定,协和公司在质疑、投诉及复议过程中均未对其主张进行举证,1628 号复议决定维持三亚市财政局作出的 3 号处理决定适用法律法规正确。六、省财政厅作出 1628 号复议决定,符合法定程序。首先,省财政厅于 2018 年 10 月 8 日收到协和公司的复议申请材料,于 2018 年 10 月 9 日将协和公司的复议申请材料以 EMS 快递的方式邮寄至三亚市财政局、市采购中心、市中医院、合捷联创公司。其次,省财政厅于 2018 年 11 月 8 日作出 1628 号复议决定,于 2018 年 11 月 12 日以 EMS 快递邮寄至协和公司、市财政局、市采购中心、市中医院、合捷联创公司。综上,省财政厅作出 1628 号复议决定程序正确,符合《中华人民共和国行政复议法》第三十一条"行政复议机关应当自受理申请之日起六十日内作出行政复议决定"的规定。综上所述,一审法院判决认定事实清楚、适用法律正确,请求依法予以维持,并驳回协和公司上诉请求。

市采购中心述称,同意三亚市财政局和省财政厅的答辩意见。

市中医院述称,同意三亚市财政局和省财政厅的答辩意见,另外,市中医院全程未参与涉案采购行为,且已经向中标单位实际购买涉案设备。如果 3 号处理决定和 1628 号复议决定被撤销会导致市中医院巨大损失。综上,请求驳回协和公司的上诉请求。

合捷联创公司述称,同意三亚市财政局和省财政厅的答辩意见。

二审中,合捷联创公司向本院提供了如下证据:1.《医疗器械注册证》[京食药监械(准)字 2014 第 2210728 号];2.《医疗器械注册登记表》[京食药监械(准)字 2014 第 2210728 号];3.《医疗器械注册变更文件》(京食药监械(准)字 2014 第 2210728 号);4.《医疗器械注册证》(编号:京械注准 20192070498),用以证明除合捷联创公司外的其他公司生产动态心电记录分析系统也具有 24 小时同步呼吸记录功能。协和公司认为上述证据系复印件,没有加盖厂家公章,且《医疗器械注册变更文件》变更内容 4.3.23 呼吸能记录呼吸波形,没有显示是否可以同步记录呼吸波形。三亚市财政局、省财政厅、市采购中心及市中医院对上述证据无异议,市中医院认为其购买的设备也要求具备该功能。

本院对上述证据认证如下:合捷联创公司提交的证据来源合法,形式真实,与本案具有关联性,本院予以采信。

二审审理查明的事实与一审法院查明的事实基本一致,本院予以确认。

本院认为,本案争议的焦点是:一、关于 24 小时动态血压分析系统等设备采购文件的有关内容,是否违反了相关的法律法规强制性或禁止性规定、程序是否合法的问题;二、三亚市财政局作出的 3 号处理决定和省财政厅作出的 1628 号复议决定认定事实是否清楚,程序是否合法,适用法律是否正确;三、关于协和公司请求判决对中医院 24 小时动态血压分析系统等医疗设备采购项目作废标处理,并责成采购人修改采购文件重新开展采购活动的请求是否应予支持的问题。

一、关于 24 小时动态血压分析系统等设备采购文件的有关内容,是否违反了相关的法律法规强制性或禁止性规定、程序是否合法的问题。

(一)招标文件中 24 小时动态血压分析系统主要功能及技术参数载明:"23. 出众的性价比及长达 10 余年的国内外市场发展,拥有国内外市场覆盖率最广大的客户群体。"根据《政府采购法实施条例》第二十条规定:"采购人或者采购代理机构有下列情形之一的,属于以不合理的条件对供应商实行差别待遇或者歧视待遇:……(八)以其他不合理条件限制或者排斥潜在供应商。"因该参数设置并未指向特定供应商,符合该项要求的品牌有多家,不是独家功能及技术要求,且采购人市中医院目的是为购买专业的诊断级动态血压检测产品,符合采购合同目的,该项参数要求属于对产品的性价比、市场成熟度的要求,符合条件的品牌众多,不存在违反法律法规的情形。故不属于《政府采购法实施条例》第二十条规定的以不合理的条件对供应商实行差别待遇或者歧视待遇的情形。

（二）关于招标文件中24小时动态心电分析系统主要功能及技术参数载明:"51.能同步分析呼吸波信号"。经查,除北京迪姆公司外,另有多家公司拥有同类技术,该项参数要求并未指向特定供应商或特定产品。此外,采购人可根据采购项目的特殊要求对产品性能设定合理的需求,但所设分值不应造成排斥其他产品;该参数要求系采购人市中医院参考了使用科室意见建议后,遵循实际情况和临床需求而决定的,不属于以不合理的条件对供应商实行差别待遇或者歧视待遇的情形。该项参数设置系市中医院主要考虑技术依据,并从国内心电学术会议中了解到北京麦迪克斯科技有限公司的产品信息、深圳市博英医疗仪器科技有限公司、DMS等品牌均有同类技术推广宣传,不是北京迪姆公司的独家参数,不符合《政府采购法实施条例》第二十条规定的情形。而协和公司在质疑、投诉及复议过程中均未对其主张进行举证,其主张无事实与法律依据,本院不予支持。

（三）关于招标文件第三部分货物技术规范及要求的商务要求载明:"1.投标供应商应是所投产品的授权代理商或取得中国总代理或生产厂家,非生产厂家针对本项目须提供生产厂家产品授权书。"根据《政府采购货物和服务招标投标管理办法》第十七条规定,采购人、采购代理机构不得将投标人的注册资本、资产总额、营业收入、从业人员、利润、纳税额等规模条件作为资格要求或者评审因素,也不得通过将除进口货物以外的生产厂家授权、承诺、证明、背书等作为资格要求,对投标人实行差别待遇或者歧视待遇。该条款只是规定不得将生产厂家授权作为资格要求,并未规定生产厂家授权不得作为评审因素。资格要求指的是投标的准入条件,即符合该条件的供应商才能参与投标,而商务要求则是影响投标人得分的评审因素。本案中,招标文件并未将厂家授权书作为资格条件,而是当作商务方面的加分的要求,且规定不提供者不得1分。因此,采购文件不存在违反法律法规的情形。

（四）关于售后服务和操作培训标准设置中,分值设置与评审因素的量化指标不对应的问题。招标文件第六部分评标方法和标准3.评标标准和方法的商务部分中,分值设置与评审因素的量化指标对应,已经设定了量化指标,划定了"优、良、一般、差"的等级,在实际评审中,由评审专家根据评审因素量化指标设置的分值范围酌情给出具体的分值,并不是笼统的"优、良、一般、差"的表述,已经设定了量化指标,不存在违反《政府采购法实施条例》第三十四条第四款规定的情形。一审判决认定该项目售后服务和操作培训不属于可以量化的评审因素,表述有误,本院对此予以指正。三亚市财政局作出驳回协和公司该项投诉的行政行为,认定事实清楚,适用法律正确,程序合法,本院予以确认。协和公司的该项上诉请求和理由不能成立,本院不予支持。

（五）关于一审判决认定遗漏招标文件没有经过专家论证,程序是否合法的问题。招标文件采购需求没有经过专家论证,市中医院的采购需求是征询使用科室意见确定的,政府采购相关法律法规并未规定采购文件必须经过专家论证。首先,《中华人民共和国政府采购法》《政府采购法实施条例》《政府采购货物和服务招标投标管理办法》和《海南省政府采购当事人和评审专家行为规范》均未规定采购人确定采购需求、制定采购文件必须经过专家论证。其次,《政府采购法实施条例》第十五条规定:"采购人、采购代理机构应当根据政府采购政策、采购预算、采购需求编制采购文件。采购需求应当符合法律法规以及政府采购政策规定的技术、服务、安全等要求。政府向社会公众提供的公共服务项目,应当就确定采购需求征求社会公众的意见。除因技术复杂或者性质特殊,不能确定详细规格或者具体要求外,采购需求应当完整、明确。必要时,应当就确定采购需求征求相关供应商、专家的意见。"上述规定只是在必要时,采购人制定采购文件所依据的并非专家论证而是供应商、专家的意见。再次,《财政部关于进一步加强政府采购需求和履约验收管理的指导意见》(财库〔2016〕205 号)第二条第二项:"……必要时,应当就确定采购需求征求相关供应商、专家的意见……"以及第三项规定:"采购人可以根据项目特点,结合预算编制、相关可行性论证和需求调研情况对采购需求进行论证。"根据上述规定,招标文件征求专家意见及进行专家论证均不是强制性的规定,仅是采购人根据采购需求自行确定是否需要进行专家论证,而不是要求必须进行专家论证。故该招标文件采购需求没有经过专家论证,并不违反法律规定,程序合法。

二、三亚市财政局作出的 3 号处理决定和省财政厅作出的 1628 号复议决定认定事实是否清楚,程序是否合法,适用法律是否正确。

根据《政府采购质疑和投诉办法》第十八条规定:"投诉人投诉时,应当提交投诉书和必要的证明材料……"、第二十五条规定:"应当由投诉人承担举证责任的投诉事项,投诉人未提供相关证据、依据和其他有关材料的,视为该投诉事项不成立"、第二十九条规定:"投诉处理过程中,有下列情形之一的,财政部门应当驳回投诉:……(二)投诉事项缺乏事实依据,投诉事项不成立"及《中华人民共和国行政复议法》第二十八条规定:"行政复议机关……按照下列规定作出行政复议决定:(一)具体行政行为认定事实清楚,证据确凿,适用依据正确,程序合法,内容适当的,决定维持……"协和公司在质疑、投诉及复议过程中均未对其主张进行举证,三亚市财政局作出的 3 号处理决定认定事实清楚,适用法律法规正确。省财政厅复议决定维持三亚市财政局处理决定适用法律法规正确。综上,三亚市财政局作出的 3 号处理决定和省复议决定认定事实清楚,适用法律正确,程序合法,本院予以确认。

三、关于协和公司向一审法院起诉,请求判决对市中医院 24 小时动态血压分析系统等医疗设备采购项目作废标处理,并责成采购人修改采购文件重新开展采购活动的请求是否应予支持的问题。

根据《中华人民共和国政府采购法》第十三条第一款、第三十六条第一款第(二)项规定,各级人民政府财政部门是负责政府采购监督管理的部门,依法履行对政府采购活动的监督管理职责。出现影响采购公正的违法、违规行为的应予废标。该法第三十七条规定,废标后,除采购任务取消情形外,应当重新组织招标;需要采取其他方式采购的,应当在采购活动开始前获得社区的市、自治州以上人民政府采购监督管理的部门或者政府有关部门批准。因此,在政府采购活动中出现影响采购公正的违法、违规行为,依法应由人民政府财政部门或者政府有关部门依法履行对政府采购活动的监督管理职责,并不属法院审判范围。综上,协和公司请求法院径行判决对该医疗设备采购项目作废标处理,并责成采购人修改采购文件重新开展采购活动的请求,于法无据,本院亦予以驳回。

综上所述,一审判决认定基本事实清楚,适用法律正确,判决结果并无不当,依法应予维持。协和公司的上诉请求,无事实和法律依据,本院不予支持。依照《中华人民共和国行政诉讼法》第八十九条

第一款第(一)项之规定,判决如下:

驳回上诉,维持原判。

二审案件受理费50元,由上诉人海南协和医疗设备有限公司负担。

本判决为终审判决。

审 判 长　梁　泽

审 判 员　杨冲冲

审 判 员　李宝鹏

二〇一九年十月十六日

书 记 员　陈　浩

【后续案例】

海南省高级人民法院〔2020〕琼行申34号再审审查与审判监督行政裁定书。

海南协和医疗设备有限公司
与海口市财政局、海南省财政厅
政府采购(招投标)投诉处理决定、行政复议决定案

【案件提要】

本案是对采购结果的投诉处理决定提起行政诉讼的案例。涉案采购项目发布废标公告并向协和公司发出中标无效的通知。协和公司提出质疑和投诉,以高技公司提供虚假证据材料质疑,重新评审等行为违法为由,要求确认废标决定无效并维持原中标结果。财政部门认为投诉缺乏依据,决定驳回投诉。经复议后。协和公司提起本案诉讼。一审法院经审理认为,协和公司投诉涉及的三个内容,根据查明事实,首先,其他供应商提供的质疑证据材料是否虚假,并不影响原评标委员会在协助处理质疑时出具的结论意见。其次,采购人取回投标文件便于妥善保管符合法律规定。第三,原评标委员会负有协助、配合采购人、采购代理机构答复询问和质疑的职责。而本案在其核实投标材料过程中,发现原评审错误并予以纠正,其行为不属于重新评标,且无有法律法规规定原评标委员会在缺少一名委员的情况下就不能进行协助核实答疑工作。故法院认为财政部门和复议机关的决定正确,判决驳回协和公司的诉讼请求。

【判决正文】

海南省海口市中级人民法院
行政判决书

〔2019〕琼 01 行终 176 号

上诉人(一审原告)海南协和医疗设备有限公司,住所地(略)。
法定代表人汪某。
委托代理人谢某。
被上诉人(一审被告)海口市财政局,住所地略。
法定代表人伍某。
委托代理人林某。
委托代理人王某。

住被上诉人(一审被告)海南省财政厅,所地海(略)。

法定代表人王某。

委托代理人周某。

委托代理人马某。

一审第三人海口市政府采购中心,住所地(略)。

法定代表人黄某。

委托代理人王某。

委托代理人何某。

一审第三人海口市中医医院,住所地(略)。

法定代表人郑某。

委托代理人陈某。

上诉人海南协和医疗设备有限公司(以下简称协和公司)与被上诉人海口市财政局(以下简称海口市财政局)、海南省财政厅(以下简称省财政厅),一审第三人海口市政府采购中心(以下简称市采购中心)、海口市中医医院(以下简称市中医院)财政行政管理一案,不服海口市秀英区人民法院作出的〔2019〕琼0105行初114号行政判决,向本院提起上诉。本院依法组成合议庭,对本案进行了审理,现已审理终结。

协和公司一审的诉讼请求为:1.撤销海口市财政局于2018年12月24日作出的海财采〔2018〕9530号《关于市中医医院设备采购项目政府采购投诉处理决定书》(以下简称9530号决定);2.撤销省财政厅于2019年1月29日作出的琼财法〔2019〕75号《行政复议决定书》(以下简称75号复议决定);3.请求决定本项目废标无效,维持已公告中标人(协和公司)中标的正确结果。

一审经审理查明,本案市采购中心受中医院的委托,对采购项目医疗设备一批A包(项目编号:HKGP-2018-0037)进行公开招标采购。2018年8月14日,海口市采购中心在中国海南政府采购网和海口市公共资源交易网上发布采购公告,9月5日在海口市公共资源交易中心完成开评标工作。本次招标共有四家供应商投标,开标情况如下:1.协和公司,报价54万元;2.海南高技医疗器械有限公司(以下简称高技公司),报价67.5万元;3.海南朗昇实业有限公司,报价67.8万元;4.海南新星参茸药业有限公司,报价68万元。市采购中心于2018年9月13日发布了中标公告,第一中标人为协和公司。中标结果发布后,市中医院即调取并带走协和公司的投标文件用于存档。9月20日,市采购中心收到高技公司对本项目采购结果的质疑函,质疑内容主要为协和公司投标设备的技术参数存在虚假应标的情形。随后采购中心去函协和公司要求对相关质疑内容进行说明。9月25日,协和公司回函提出异议,并提交由生产厂家北京谊安医疗系统股份有限公司(以下简称谊安公司)出具的《证明》,用于证明高技公司提供的证据材料为虚假。为了保障各方交易主体的合法权益,9月27日采购中心组织原评标委员会(原评标委员会5人,实际到场4人,另一委员出差在外无法参加)对质疑内容进行逐一核实,对于质疑无效的情形作出认定,对于有效的情形进行修正。其中一项质疑协和公司所投麻醉机的触摸屏尺寸不符合采购文件的技术参数,经核实,协和公司的投标文件中麻醉机的触摸屏尺寸与招标文件所要求的技术参数不符,且在评标时未进行扣分。招标文件要求所投麻醉机的触摸屏尺寸为 15.1 寸,协和公司虽然在投标文件中用文字表述该项技术参数为"无偏离",但其产品的宣传页明确标明所投产品为"15 寸悬挂触摸屏",显然不符合招标文件所要求的触摸屏尺寸。原评标委员会在协助答疑时发现错误并予更正,扣掉相应分数导致协和公司得分减少为 92 分,而高技公司的得分为 95.53 分,使协和公司丧失第一中标人资格,致使评审结果的排名顺序发生变化,形成新的中标候选人名单。为此,原评标委员会出具了协助处理质疑意见。10 月 17 日,采购人市中医院确认本项目做废标处理。10 月 19 日,市采购中心发布废标公告并向协和公司发出中标无效的通知,同时向财政部门报告相关情况。随后,协和公司对采购中心提出质疑及举报,市采购中心对协和公司提出的质疑和举报内容进行回复,于 2018 年 10 月 31 日向协和公司作出海采字〔2018〕12 号《政府采购质疑答复书》。

协和公司不服,于 2018 年 11 月 19 日向海口市财政局提出投诉,以高技公司提供虚假证据材料质疑,采购人在确认评标结果后即调取带走协和公司投标文件及市采购中心以技术评审错误为由组织原专家重新进行评审等行为违法为由,要求确认本项目的废标决定无效并维持原中标结果。海口市财政局受理后,针对协和公司提出的上述质疑经调查后依照相关规定逐一进行了说明,并于 2018 年 12 月 24 日作出本案被诉的决定书,以协和公司的投诉事项缺乏事实和法律依据为由,依据《政府采购质疑和投诉办法》第二十九条第(二)项的规定,决定驳回协和公司的投诉。

协和公司不服,于 2019 年 1 月 3 日向省财政厅申请复议,省财政厅于同日受理,并于 1 月 4 日分别向市财政局和采购中心送达《行政复议答复通知书》,要求在规定的时间内作出书面答复,并提交相关证据材料。省财政厅对各方提交的证据及处理决定所依据的事实进行审查,并根据我国行政复议法规定的程序进行审理,于 2019 年 1 月 29 日作出 75 号复议决定,决定维持海口市财政局作出的处理决定书。协和公司在收到复议决定后不服,遂向本院提起行政诉讼。

一审判决认为,本案当事人争议的焦点是海口市财政局对协和公司的投诉作出的处理决定及省财政厅作出行政复议的程序是否合法。经庭审质证后确认,本案协和公司提起行政诉讼的理由与向海口市财政局及省财政厅投诉的理由一致,即在中标结果公布后,高技公司提供虚假证据材料提出质疑,采购人市中医院在确认评标结果后即调取带走协和公司的投标文件及采购中心以技术评审错误为由组织原评标委员会重新进行评审等行为违法。首先,对协和公司提出的高技公司提供虚假材料质疑的问题。原评标委员会在协助处理质疑过程中,并没有对高技公司提供的材料是否虚假作出认定,而是依据招投标文件重新进行核定,在发现原评审错误并予以纠正后,使得原评标的分数发生变化,导致最后作废标处理的结果。因此,高技公司提供的证据材料是否虚假并不影响原评标委员会在协助处理质疑时出具的结论意见。协和公司的此项理由与事实不符,本院不予支持。

其次,对采购人市中医院在确认评标结果后即调取带走协和公司的投标文件的问题。根据《政府采购货物和服务招标投标管理办法》第七十六条的规定,采购人,采购代理机构应当建立真实完整的招标采购档案,妥善保存每项活动的采购文件。保存招标采购档案是法律法规赋予采购人的权利,同时采购人也是保存招标采购档案的义务主体,且中标方的投标文件是随后双方签订书面合同的附件之一。因此,市中医院在项目中标结果公示后,从市采购中心取回投标文件便于妥善保管,其行为符合上述规定。协和公司的此项理由于法无据,本院不予支持。

第三,市采购中心以技术评审错误为由组织原评标委员会重新进行评审的行为是否违法。根据《政府采购法实施条例》第四十四条的规定,除国务院财政部门规定的情形外,采购人、采购代理机构不得以任何理由组织重新评审。第五十二条第三款规定,政府采购评审专家应当配合采购人或者采购代理机构答复供应商的询问和质疑。也就是说,原评标委员会负有协助、配合采购人、采购代理机构答复询问和质疑的职责。本案中,市采购中心组织原评标委员会对高技公司的质疑进行答复,在核实投标材料过程中,发现原评审错误并予以纠正,其行为不属于重新评标,并无不当。没有法律法规规定原评标委员会在缺少一名委员的情况下就不能进行协助核实答疑工作。因此,协和公司的此项理由于法无据,本院不予支持。

海口市财政局受理协和公司的投诉后,在听取各方意见的基础上,根据《政府采购法》及其实施条例的相关规定进行处理,对协和公司的投诉事项逐一进行答复说明,并据此作出本案被诉的处理决定,其行为并无不当。省财政厅在收到协和公司的复议申请后,依照我国行政复议法规定的程序进行审理,并在法定期限内作出复议决定,其程序合法。综上,海口市财政局及省财政厅的辩解理由成立,法院予以采纳;协和公司起诉的理由与事实不符,且于法无据,法院不予支持,依法应予驳回。依照《中华人民共和国行政诉讼法》第六十九条之规定,判决驳回协和公司的诉讼请求。案件受理费人民币50元,由协和公司负担。

协和公司上诉称,一、一审判决认为本案争议的焦点是"市财政局对协和公司的投诉作出的处理决定及省财政厅作出行政复议的程序是否合法",协和公司不予认同。协和公司认为争议的焦点应是"海口市财政局对协和公司的投诉作出的处理决定及省财政厅作出行政复议认定事实是否清楚、全面,适用法律法规是否正确,程序是否合法"。仅仅程序合法并不能说明所作出的处理决定及行政复议决定是对的。

二、一审判决遗漏认定重要事实,即高技公司质疑时提供的证据材料(Aeon8800A麻醉工作站宣传资料)是虚假的。真实的产品宣传资料,无论从何处获取(即市采购中心所说的可能存在不只一个出处),追根溯源,最终唯一的源头必定是生产厂家,因为生产厂家是产品宣传资料的印刷发行方。协和公司提交的证据5谊安公司(厂家)出具的《证明》,足以证明高技公司所提供Aeon8800A麻醉工作站宣传资料是虚假的,证据确凿,事实清楚,原审判决遗漏认定这一重要事实。特别值得一提的是,谊安公司(厂家)出具的《证明》这一证据,协和公司在投诉、申请行政复议时分别提交给了海口市财政局、省财政厅。但海口市财政局、省财政厅在答辩时将对自己不利的证据(谊安公司出具的《证明》)挑出来,没有提交给一审法院,以便印证省财政厅在行政复议决定书中所称"申请人提供的证据不足以认定高技公司在2018年9月20日向采购中心质疑时所提供的证据材料是虚假材料"的说法,这是不尊重事实的做法。

三、一审判决认为高技公司提供的证据材料是否虚假不影响原评标委员会在协助处理质疑时出具的结论意见，并以此为由不支持驳回其质疑是错误的。《政府采购法实施条例》第五十七条规定："投诉人捏造事实、提供虚假材料或者以非法手段取得证明材料进行投诉的，财政部门应当予以驳回。"高技公司提供虚假证据材料进行质疑，参考此条规定，应驳回其质疑。否则，将造成提交虚假证据也可以质疑的咄咄怪事，有违立法本意。至于省财政厅在其答辩状中所谓"必须接收质疑"的规定和"驳回的主体是财政部门"的说法，与驳回质疑并不矛盾。接受质疑是受理质疑，而"驳回质疑"是质疑答复意见，是结果。如同财政部门受理投诉后作出投诉处理决定"驳回投诉"一样，两者并不矛盾。质疑答复的主体虽然是采购人或采购代理机构，但如果供应商提交虚假证据进行质疑，采购人或采购代理机构在作出质疑答复意见时，也可参考适用《政府采购法实施条例》第五十七条规定驳回供应商的质疑，并没有法律法规规定采购人或采购代理机构就不能驳回质疑。

四、一审判决认定事实不清。1. 一审判决认为"本案协和公司提起行政诉讼的理由与向海口市财政局及省财政厅投诉的理由一致"是错误的。对比协和公司提交的《行政起诉状》和《投诉书》，可以发现，起诉的理由和投诉的理由并不一致。除了投诉的理由，起诉的理由还增加了两点：(1)协和公司如实响应的技术参数为 15.1 寸彩色触摸屏，并且在 2018 年 10 月 23 日质疑函中已经澄清说明；(2)9 月 27 日组织协助答复质疑的"原评标委员会"不合法（原评标委员会 5 人，到场 4 人，不够法定人数），所作意见无效。2. 一审判决认可处理高技公司质疑时出具的结论意见是错误的。协助答复高技公司质疑的评标委员会不是"原评标委员会"，其组成人数不合法，所出具的质疑答复意见无效。协和公司提交的证据 8 中标公告显示原评标委员会人数是 5 位，补充证据 2《海口市政府采购专家处理质疑意见表》证明 2018 年 9 月 27 日协助答复高技公司质疑的评标委员会人数只有 4 位。根据《政府采购货物和服务招标投标管理办法》（财政部令第 87 号）第四十七条规定："评标委员会由采购人代表和评审专家组成，成员人数应当为 5 人以上单数……"2018 年 9 月 27 日协助答复高技公司质疑的评标委员会人数组成不合法，所出具的质疑答复意见无效。至于市采购中心辩称的"少数服从多数原则"，其前提是评标委员会组成人数必须要合法。由此可见，协助答复高技公司质疑的评标委员会不是"原评标委员会"，实际上是"新评标委员会"。以人数少且不合法的"新评标委员会"所作质疑答复意见，去推翻人数多且合法的原评标委员会评审结论，明显不合理、不合法。所以，海口市财政局和省财政厅依据人数少且不合法的"新评标委员会"的质疑答复意见所作出的处理决定和复议决定是错误的，原审判决认可处理高技公司质疑时出具的结论意见也是错误的。3. 只有评标委员会才有资格评价供应商的投标文件是否符合招标文件技术要求。根据《政府采购货物和服务招标投标管理办法》（财政部令第 87 号）第四十六条"评标委员会负责具体评标事务，并独立履行下列职责：（一）审查、评价投标文件是否符合招标文件的商务、技术等实质性要求……"的规定，只有评标委员会才有资格评价供应商的投标文件是否符合招标文件技术要求。海口市财政局和省财政厅在处理投诉和行政复议时，只能依据合法评标委员会的技术评审意见来认定协和公司投标响应的彩色触摸屏尺寸是否符合招标文件 15.1 寸的技术要求，而不能自行作出评判。海口市财政局的代理律师更没有资格在法庭上对协和公司的投标文件是否符合招标文件技术要求进行评判。

4.海口市财政局违法处理协和公司的投诉，没有启动调查取证程序，投诉处理程序不合法。在协和公司对废标结果质疑时，市采购中心以无法判定高技公司所提供证据材料的真假为由答复协和公司。到了投诉阶段，海口市财政局作为监督管理部门，理应根据《政府采购法实施条例》第五十六条规定对"证据材料真假"的问题调查清楚，并在投诉处理决定书中明确地作出对高技公司所提供质疑证据材料是否真、假的结论。然而，海口市财政局竟然回避"高技公司提供虚假证据材料"的问题，没有依法进行调查取证，违反了《政府采购法实施条例》第五十六条规定，投诉处理程序不合法。

五、一审判决认为采购人市中医院在中标结果公告后调取带走协和公司投标文件没有违反规定是错误的。供应商的投标文件是属于保密的评审资料。在招投标实践中，普遍存在这样一种现象：就是如果中标人不是采购人意向的供应商，采购人就调取中标人的投标文件，私下给未中标的意向供应商浏览、抄录、复印等，然后意向供应商以此为依据进行质疑、投诉。这涉及采购人和意向供应商串通排斥其他供应商的违法违规问题。正是在此背景下，新修订的《政府采购货物和服务招标投标管理办法》（财政部令第 87 号）第六十二条第一款第六项和《关于进一步规范政府采购评审工作有关问题的通知》（财库〔2012〕69 号）第三部分规定：评审委员会成员和评审工作有关人员不得记录、复制或带走任何评审资料。而采购人是评审委员会成员之一，采购人在中标结果发布后调取并带走协和公司投标文件的行为严重违反上述规定。一审法院根据《政府采购货物和服务招标投标管理办法》第七十六条规定来作出认定，属于引用法条错误。关于高技公司提供虚假证据材料的问题，一直是协和公司质疑、投诉、申请行政复议和起诉的重点、焦点问题。在协和公司对废标结果质疑时，市采购中心以无法判定证据材料的真假为由答复协和公司。到了投诉、复议阶段，海口市财政局、省财政厅作为监督管理部门，都没有依据《政府采购法实施条例》第五十六条规定对高技公司提供虚假证据材料的问题进行调查取证，于法不顾，于理不合。到了行政诉讼阶段，海口市财政局、省财政厅在答辩时将对自己不利的证据（谊安公司（厂家）出具的《证明》）挑出来，没有提交给一审法院，以便印证省财政厅在行政复议决定书中所称"申请人提供的证据不足以认定高技公司在 2018 年 9 月 20 日向市采购中心质疑时所提供的证据材料是虚假材料"的说法，简直不可思议。

综上所述，协和公司认为一审法院立场不公正，一审认定事实不清、不全面，确定性质不当，适用法律、法规错误，导致作出不公正、不合法的判决，错误极其严重。请二审法院详细审查，支持协和公司的上诉请求，请求撤销海口市秀英区人民法院作出的〔2019〕琼 0105 行初 114 号行政判决，改判支持协和公司的一审诉讼请求。

海口市财政局辩称，一、一审法院作出的〔2019〕琼 0105 行初 114 号行政判决事实清楚，证据确凿。1.一审法院对协和公司认为的高技公司提供虚假证据材料的认定并没有存在"遗漏重要事实"。对于协和公司提供了一份署名为谊安公司于 2018 年 9 月 21 日出具的《证明》，拟证明高技公司系提供麻醉机宣传资料为虚假证据。一审法院对该事实的认定作出明确的陈述和认定,即原评标委员会在协助处理质疑过程中,并没有对高技公司提供的材料是否虚假作出认定,而是依据招投标文件重新进行核定,在发现原评审错误后予以纠正,使得原评标的分数发生变化,导致最后作废标处理的结果。因此,认为高技公司提供的证据材料是否虚假并不影响原评审委员会在协助处理质疑时出具的结论意见。可见,一审法院认定事实清楚,并没有存在"遗漏重要事实"的情况,其对该项起诉的理由认定及处理正确。

2. 一审法院对协和公司就"组织原专家重新评审,违反《政府采购法实施条例》第四十四条规定"的投诉,认定事实清楚,处理正确。《政府采购法实施条例》第四十四条规定:"除国务院财政部门规定的情形外,采购人、采购代理机构不得以任何理由组织重新评审。"第五十二条第三款规定:"政府采购评审专家应当配合采购人或者采购人代理机构答复供应商的询问和质疑"。在本项目中,对于高技公司的质疑,采购中心并未组织重新评审,而是依据《政府采购法实施条例》第五十二条和《关于进一步规范政府采购评审工作有关问题的通知》,于 2018 年 9 月 27 组织原评委员协助处理质疑事项,并未违反《政府采购法实施条例》第四十四条规定。对该事实,一审判决认为原评标委员会负有协助、配合采购人、采购代理机构答复询问和质疑的职责,目前也没有法律法规规定原评标委员会在缺少一名委员的情况下就不能协助核实答疑工作。一审法院对上述事实,认定清楚明确,处理正确,并不存在协和公司上诉状中认定"事实不清"的情况。

二、一审法院作出的〔2019〕琼 0105 行初 114 号行政判决对采购人调取带走了协和公司的行为处理合法,依据正确。协和公司认为采购人违反《政府采购货物和服务招标投标管理办法》第六十二条第一款第六项和《关于进一步规范政府采购评审工作有关问题的通知》第三部分规定,调取带走协和公司的投标文件违法。《政府采购货物和服务招标投标管理办法》第六十二条第一款第六项规定:"评标委员会及其成员不得有下列行为:(六)记录、复制或者带走任何评审资料";《关于进一步规范政府采购评审工作有关问题的通知》第三部分规定:"评审委员会成员和评审工作有关人员不得……记录、复制或者带走任何评审资料"。可见,上述规定只是明确规定"评审委员会及其成员"不得记录、复制或者带走任何评审资料,而非采购人不得带走采购文件。相反,《政府采购法》第四十二条明确规定采购人、采购代理机构对政府采购项目每项采购活动的采购文件应当妥善保存;《政府采购货物和服务招标投标管理办法》第七十六条明确规定,采购人、采购代理机构应当建立真实完整的招标采购档案,妥善保存每项采购活动的采购文件;况且,本案中采购人系本项目中标结果公示后,为了妥善保管采购文件才从市采购中心取回,故一审法院依据《政府采购货物和服务招标投标管理办法》第七十六条规定,不支持协和公司该项起诉理由,依据合法,处理正确。

综上所述,一审法院作出〔2019〕琼 0105 行初 114 号《行政判决书》认定事实清楚,适用法律法规正确,其作出的维持海口市财政局做出的具体行政行为的判决合法有效,协和公司的上诉理由不成立,请求二审法院维持原判。

省财政厅辩称,一审法院作出的〔2019〕琼 0105 行初 114 号行政判决认定事实清楚、适用法律、法规正确。

1. 一审法院认定"高技公司提供的证据材料是否虚假并不影响原评标委员会在协助处理质疑时出具的结论意见"正确,一审法院无需对和本案无关的高技公司的证据材料作出认定。2018年9月13日市采购中心公布中标公告后,2018年9月20日接到高技公司的质疑,对协和公司的五项质疑事项均是认为协和公司的采购需求中的技术参数及要求存在虚假应标,其中一项质疑称协和公司所投麻醉机的触摸屏尺寸不符合采购文件技术参数。2018年9月27日市采购中心邀请原评标委员会对相关质疑事项协助答疑时,发现协和公司的投标文件中麻醉机的触摸屏尺寸与招标文件所要求的技术参数不符,且在评标时未进行扣分。招标文件要求所投麻醉机的触摸屏尺寸为15.1寸,协和公司虽然在投标文件中用文字表述该项技术参数为"无偏离",但是其产品的宣传页明确标明自己所投产品为"15寸悬挂触摸屏",显然不符合招标文件所要求的触摸屏尺寸。原评标委员会在协助答疑时发现原评审错误并更正,扣掉相应分数导致协和公司得分减少为92分,高技公司的得分为95.53分,因而协和公司丧失了第一中标人资格。原评标委员会协助答疑依据的是采购文件及协和公司的投标文件,未依据高技公司质疑时提交的证据材料,高技公司提交的证据材料真实与否与本案无关,故一审法院也无需对与本案无关的证据材料作出认定。

2. 一审法院认定原评审委员会协助答疑不存在违法情形是正确的。《政府采购评审工作有关问题的通知》(财库〔2012〕69号)明确规定参与政府采购活动的供应商对评审过程或者结果提出质疑的,采购人或采购代理机构可以组织原评审委员会协助处理质疑事项,并依据原评审委员会出具的意见进行答复。《政府采购法质疑和投诉办法》(财政部令第94号)第十四条也明确规定供应商对评审过程、中标或者成交结果提出质疑的,采购人、采购代理机构可以组织原评标委员会、竞争性谈判小组、询价小组或者竞争性磋商小组协助答复质疑。本案中,采购人、采购代理机构组织原评标委员会针对高技公司的质疑进行答疑,必然会核实协和公司的投标材料,在核实中发现评审错误进行纠正显然没有问题,并不是进行重新评审。即使组织原评标委员会协助答疑时其中一名成员因出差无法到场,也不能改变协和公司所投产品技术参数不符合招标文件要求的事实。并且法律法规也没有规定原评标委员会在缺少一名委员的情况下就不能协助核实答疑工作。因此,一审法院认定原评审委员会协助答疑不存在违法情形是正确的。

3. 一审法院认定"中医院在项目中标结果公示后,从采购中心取回投标文件便于妥善保管,其行为符合规定"正确。根据《政府采购货物和服务招标投标管理办法》第七十六条:"采购人、采购代理机构应当建立真实完整的招标采购档案,妥善保存每项活动的采购文件"之规定可知,保存招标采购档案是法律法规赋予采购人的权利,同时采购人也是保存招标采购档案的义务主体。协和公司称采购人违反了《政府采购货物和服务招标投标管理办法》第六十二条第一款第六项和《关于进一步规范政府采购评审工作有关问题的通知》(财库〔2012〕69号)第三部分的规定调取了协和公司的投标文件,但以上规定均是对评审委员会和评审工作有关人员不得记录、复制或带走任何评审材料作出的相关规定,而并非是对采购人作出的相关规定。故协和公司称采购人中标结果发布后调取并带走协和公司的投标文件违反相关规定没有事实和法律依据,一审法院认定"市中医院在项目中标结果公示后,从市采购中心取回投标文件便于妥善保管,其行为符合规定"正确。

综上,一审法院对本案的所有事实认定清楚,不存在遗漏情形,适用法律、法规正确。根据《中华人民共和国行政诉讼法》第八十九条第一款第一项之规定,应当依法判决驳回上诉,维持原判。

市采购中心述称,与一审意见一致,一审认定事实清楚,适用法律正确,程序合法,应予支持。

市中医院述称,一审判决正确。

本院经审理查明的事实与一审判决认定的事实基本一致,本院予以确认。

本院认为,本案主要审理的是市财政局作出的9530号决定与省财政厅作出的75号复议决定是否合法。

2018年10月19日,市采购中心发布废标公告并向协和公司发出中标无效的通知,协和公司对采购中心的通知,提出质疑及举报,市采购中心于2018年10月31日向协和公司作出海采字〔2018〕12号《政府采购质疑答复书》。协和公司于2018年11月19日向海口市财政局提出投诉,要求确认本项目的废标决定无效并维持原中标结果。协和公司主要认为,高技公司质疑时提供的证据材料(Aeon8800A麻醉工作站宣传资料)是虚假的,海口市财政局、省财政厅应根据《政府采购法实施条例》第五十七条规定,对投诉人捏造事实、提供虚假材料或者以非法手段取得证明材料进行投诉的,财政部门应当予以驳回。协和公司在一审时提供了谊安公司出具的《证明》,以此证明高技公司质疑时提供的材料是虚假材料。根据《最高人民法院关于〈行政诉讼证据若干问题〉的规定》第五十七条第(六)项规定:"下列证据材料不能作为定案依据:(六)当事人无正当理由拒不提供原件、原物,又无其他证据印证,且对方当事人不予认可的证据的复制件或者复制品。"在本案中,协和公司提供的谊安公司出具的《证明》,因没有原件且无其他证据予以佐证,海口市财政局、省财政厅及市采购中心、市中医院对该份证据均不予以认可,一审法院对该份证据不予以采信,符合法律的规定。根据本院审查,市采购中心之所以废标主要依据的是招投标文件,原评审委员会在重新进行核定时,发现原评审错误并予以纠正后,使得原评标的分数发生变化,导致最后作废标的处理结果。高技公司提供的质疑材料是否虚假并不是影响废标的处理结果,且协和公司并未提供合法有效的证据证明高技公司质疑时的材料是虚假的。故协和公司认为海口市财政局对高技公司提供虚假材料应当予以驳回的理由,因无事实依据,本院不予以支持。

关于协和公司认为,2018年9月27日协助答复高技公司质疑的评标委员会人数组成不合法,所出具的质疑答复意见无效的问题。《政府采购法实施条例》第四十四条规定:"除国务院财政部门规定的情形外,采购人、采购代理机构不得以任何理由组织重新评审。"及第五十二条第三款规定:"政府采购评审专家应当配合采购人或者采购人代理机构答复供应商的询问和质疑。"本案中,对于高技公司的质疑,采购中心并未组织重新评审,而是依据《政府采购法实施条例》第五十二条于2018年9月27组织原评标委员协助处理质疑事项。《政府采购法实施条例》第五十二条第三款规定的是政府采购评审专家,应当配合采购人或者采购人代理机构答复供应商的询问和质疑,而并非原评标委员会全体成员,故协和公司认为评标委员会在缺少一名委员的情况下,协助核实答疑工作属违法情形的理由,因无法律依据,本院不予以支持。海口市财政局在受理协和公司的投诉后,经听取各方意见后,根据《中华人民共和国政府采购法》及其实施条例的相关规定作出的 9530 号决定符合法律的规定。省财政厅经复议后,作出的 75 号复议决定程序合法,应予以维持。

综上,一审判决程序合法,适用法律正确,应予维持。协和公司的上诉理由不能成立,应予驳回。依照《中华人民共和国行政诉讼法》第八十九条第一款第(一)项的规定,判决如下:

驳回上诉,维持原判。

二审案件受理费 50 元,由上诉人海南协和医疗设备有限公司负担。

本判决为终审判决。

审 判 长　温　方
审 判 员　吴　茜
审 判 员　张珂瑜
二〇一九年八月二十二日
法官助理　安律萍
书 记 员　钱　波

【后续案例】
海南省高级人民法院〔2019〕琼行申 181 号再审审查与审判监督行政裁定书。

53 海南协和医疗设备有限公司与海南省 三亚市海棠区财政局、海南省三亚市财政局 政府采购（招投标）投诉处理决定、行政复议决定案

【案件提要】

本案是对采购文件的投诉处理决定提起行政诉讼的案例。涉案采购项目发布招标公告，其招标文件规定了系统配套性要求具有原厂配套试剂、校准品和质控品原厂试剂配套项目≥52项，并提供项目注册证明；要求具备并提供FDA准入或CE认证；售后服务和操作培训的评标标准的分值设置有否与评审因素的量化指标相对应等几项条件。对此，协和公司提出质疑和投诉，直至提起本案诉讼，一审法院经审理认为，财政部门对投诉事项的认定正确和处理适当。二审经审理认为，第一，采购文件将"具有原厂配套试剂、校准品和质控品原厂试剂配套项目≥52项，并提供项目注册证明"作为评审标准，规定在全自动血液生化分析仪规格和配置技术参数内，势必会将仅生产或代理全自动血液生化分析仪而不生产或代理原厂配套试剂、校准品和质控品，或虽生产或代理原厂配套试剂、校准品和质控品，但原厂试剂配套项目≤52项的供应商排斥在外，属于以不合理的条件对供应商实行差别待遇或歧视待遇的情形。协和公司该项投诉理由成立，财政部门驳回其对该项投诉的行政行为，适用法律、行政法规错误，应予撤销。第二，采购文件要求"具备并提供FDA准入或CE认证，国内产品同时须提供ISO9001认证、ISO13485认证，作为产品资质认证要求，属于采购方对产品质量的要求，不属对供应商实行差别待遇或歧视待遇之情形。（关于售后服务和操作培训的评标标准的分值设置有否与评审因素的量化指标相对应问题，因与案例127完全同类，可以参阅，故此略）。本案虽已签订政府采购合同，但该合同是否已经履行还需财政部门审查核实，对协和公司的投诉事项，财政部门应重新作出处理决定。故判决撤销一审判决、财政部门处理决定、复议机关复议决定，责令财政部门对投诉重新作出处理决定。

【判决正文】

海南省三亚市中级人民法院
行政判决书

〔2019〕琼02行终88号

上诉人（一审原告）海南协和医疗设备有限公司，住所地（略）。

法定代表人汪某。

委托代理人谢某。

被上诉人(一审被告)三亚市海棠区财政局,住所地(略)。

法定代表人孙某。

委托代理人郁某。

委托代理人叶某。

被上诉人(一审被告)三亚市财政局,住所地(略)。

法定代表人刘某。

委托代理人周某。

委托代理人王某。

上诉人海南协和医疗设备有限公司(以下简称协和公司)因其诉被上诉人三亚市海棠区财政局(以下简称海棠区财政局)、三亚市财政局采购投诉处理及行政复议一案,不服三亚市城郊人民法院 2019 年 5 月 7 日作出的〔2019〕琼 0271 行初 7 号行政判决,通过一审法院向本院提起上诉。本院受理后,依法组成合议庭,于 2019 年 8 月 21 日公开开庭审理了本案。上诉人协和公司委托代理人谢某,被上诉人海棠区财政局委托代理人郁某、叶某,被上诉人三亚市财政局委托代理人周某、王某到庭参加诉讼。本案现已审理终结。

本案被诉行政行为:2018 年 8 月 23 日,海棠区财政局作出海棠财决〔2018〕1 号《三亚市海棠区财政局投诉处理决定书》(以下简称 1 号处理决定),驳回了协和公司的投诉申请。协和公司不服,向三亚市财政局申请行政复议,三亚市财政局于 2018 年 11 月 28 日作出三财采〔2018〕12 号《三亚市财政局行政复议决定书》(以下简称 12 号复议决定),维持了海棠区财政局作出的 1 号处理决定。协和公司不服,故提起本案诉讼。

一审查明:三亚市政府采购中心(以下简称三亚市采购中心)受三亚市海棠区卫生和计生局(以下简称海棠区卫计局)委托,2018 年 7 月 5 日海棠区卫计局在中国海南政府采购网上发布了全自动血液生化分析仪项目的招标公告,在三亚市采购文件中第三部分第一项全自动血液生化分析仪含有 2.9.4 系统配套性要求和 4.1 认证要求,在第三项商务要求的第一点上说明投标供应商应是所投产品的授权代理商或取得中国总代理或生产厂家,非生产厂家针对本项目须提供生产厂家产品授权书,其中还有评标标准和方法,协和公司对此在 2018 年 7 月 12 日向三亚市采购中心提出质疑,三亚市采购中心在 2018 年 7 月 19 日对其的质疑内容回复了协和公司,并在中国海南政府采购网对招标项目进行了更正公告,对里面的部分内容进行了调整,删除了商务要求的第一条规定。协和公司仍对更正后的招标要求不满,在 2018 年 7 月 23 日向海棠区财政局发出投诉书,海棠区财政局收到投诉书后依法要求海棠区卫计局和三亚市采购中心说明该采购活动的情况,并暂停了采购活动。

另查,海棠区财政局针对投诉书在 2018 年 8 月 23 日作出了 1 号处理决定书,驳回了协和公司的投诉申请,协和公司对 1 号处理决定书不服,在 2018 年 8 月 29 日向三亚市财政局申请了行政复议,三亚市财政局在 2018 年 9 月 3 日依法向海棠区财政局要求对此采购项目进行行政复议答复,三亚市财政局通过多方的取证,听取各方的意见,在 2018 年 11 月 28 日维持了海棠区财政局作出的 1 号处理决定书。

一审认为,本案争议的焦点是海棠区财政局 2018 年 8 月 23 日作出的 1 号处理决定书,认定事实是否清楚,适用法律是否正确。首先,招标文件中 2.9.4 系统配套性要求:具有原厂配套试剂、校准品和质控品原厂试剂配套项目≥52 项,并提供项目注册证明,协和公司未举证此项目全自动血液生化分析仪的机型适用开放性试剂,不适用 2.9.4 条规定的原厂配套试剂数量,也无证据证明该项目标准有指向特定的供应商,且不能说明乡镇卫生院所使用的全自动血液生化分析仪检测的项目都不会超过 30 项。因此,不属于《中华人民共和国采购法实施条例》第二十条规定的以不合理的条件对供应商实行差别待遇或者歧视待遇。其次,4.1 认证要求具备并提供 FDA 准入或 CE 认证,由于采购的全自动血液生化分析仪属于高精密度高新科技类产品,需要在技术、质量上优胜的企业的优质产品,因此,4.1 条是符合采购的具体特点和实际要求。再次,售后服务和操作培训的评标标准设置,该评标标准采用的的是综合评分法,评审标准中的分值设置应当与评审因素的量化指标相对应,对于无法量化的,只能由评审委员会根据具体评审因素的内容进行评判,而该项目售后服务和操作培训不属于可以量化的评审因素,所以涉案文件并没有违法《中华人民共和国政府采购法实施条例》第三十四条第四款的规定。综上,1 号处理决定书认定事实清楚,适用法律正确,程序合法,依法应予以支持。依照《中华人民共和国行政诉讼法》第六十九条的规定,作出如下判决:驳回协和公司的诉讼请求。案件受理费 50 元,由协和公司负担。

协和公司上诉称,一、一审判决认定事实不清。1. 关于招标文件中 2.9.4 系统配套性要求:具有原厂配套试剂、校准品和质控品原厂试剂配套项目≥52 项,并提供项目注册证明(同一试剂不同方法按一个试剂项目计算)。首先,本项目招标的货物是全自动血液生化分析仪,不是试剂。试剂系统不同于试剂,试剂系统(装载试剂量、试剂位数量、试剂冷藏功能)是全自动血液生化分析仪的构成部分。但是,试剂是独立于全自动血液生化分析仪之外的日用消耗品,将试剂注册数量作为要求,明显排斥其它厂家的全自动血液生化分析仪参与竞争,符合《中华人民共和国政府采购法实施条例》第二十条第(二)、(八)项规定的情形,属于以不合理的条件对供应商实行差别待遇或者歧视待遇。其次,本项目采购的是国产货物,而国产全自动血液生化分析仪全部适用开放性试剂,这是医疗行业内众所周知的事实。至于乡镇卫生院所,用全自动血液生化分析仪检测的项目都不会超过 30 项,这也是医疗行业内众所周知的事实。根据《最高人民法院关于行政诉讼证据若干问题的规定》(2002 年 7 月 24 日)第六十八条规定:"下列事实法庭可以直接认定:(一)众所周知的事实……"协和公司无须提供证据,可由法庭直接认定。

2. 关于 A4.1 认证要求:"具备并提供 FDA 准入或 CE 认证"。FDA 认证(一种质量认证证书)是在美国生产、流通的产品才需具有,CE 认证是在欧洲生产、流通的产品才需具有。案涉项目非出口项目,而是国产产品,在国内生产流通,用于三亚市的基层医疗卫生机构。采购文件要求在国内生产流通的国产产品要具有外国的 CE、FDA 认证,明显与采购项目的具体特点和实际需要不相适应,符合《中华人民共和国政府采购法实施条例》第二十条第(二)、(八)项规定的情形。况且,具有 CE、FDA 认证的国产产品并不代表其技术和质量就优胜于没有获得 CE、FDA 认证的其它国产产品。

二、一审判决遗漏认定重要事实,即招标文件采购需求没有经过法定程序组织专家论证。海棠区财政局提交的证据 11 关于政府采购项目投诉的答复函和三亚市财政局提交的证据 6《海棠区卫计局复议回函》说明采购需求没有经过法定程序组织专家论证(协和公司庭审时也指出这一点),违反了《海南省政府采购当事人和评审专家行为规范(试行)》第十四条规定"根据法定程序组织咨询专家组对采购文件的合法性、合理性、公平性进行论证,采购人应当接受咨询专家组对采购文件的审核意见,不得随意更改专家组的审核意见或擅自对已审定的采购文件做出修改"。一审判决遗漏认定这一重要事实。

三、一审判决认为上诉人提交的证据 13 至证据 17 等不具有关联性,不予采纳是错误的。证据 16《指导案例 9 号》是财政部发布的政府采购指导案例,具有普遍指导意义。该案例招标文件评审标准设置有"优得 35—45 分,中得 20—34 分,一般得 0—19 分"等,与本案招标文件售后服务和操作培训的评标标准设置"优的得 7 分,良的得 6 4 分, 一般的得 3—1 分"等相同类似,存在评审因素没有细化和量化、分值设置未与评审因素的量化指标相对应、使用了没有明确判断标准及容易引起歧义的表述等问题,都违反了政府采购法律法规和财政部规范性文件的相关规定,招标文件是在政府采购法律法规规定的框架内编制的法定文件,招标采购的货物或服务虽有不同,但评审因素都有量化的相同要求。文件法规是不变的,一审法院不应认为《指导案例 9 号》与本案没有关联,恰恰相反,《指导案例 9 号》与本案具有高度的关联性,否则也不称之为"指导案例"了。证据 13 至证据 15 是政府采购的有关释义和说明,证据 17 是类似案例,都与本案有高度的关联性。一审判决认为证据 13 至证据 17 不具有关联性,也不说明理由,违反了《最高人民法院关于行政诉讼证据若干问题的规定》(2002 年 7 月 24 日)第四十九条规定:"法庭在质证过程中,对与案件没有关联的证据材料,应予排除并说明理由"。

四、一审判决认为"该项目售后服务和操作培训不属于可以量化的评审因素,所以涉案文件并没有违反《中华人民共和国政府采购法实施条例》第三十四条第四款的规定"是错误的。《中华人民共和国政府采购法实施条例》第三十四条第四款规定:"采用综合评分法的,评审标准中的分值设置应当与评审因素的量化指标相对应"。这句话包含两层意思,其中一层意思是评审因素的指标必须是可以量化的,不能量化的指标不能作为评审因素(详见协和公司提交的证据 14《中华人民共和国政府采购法实施条例》第三十四条释义)。根据上述规定,一审判决认为"售后服务和操作培训"是不能量化的指标,那就不能作为评审因素,否则就违反了采购法实施条例第三十四条第四款规定。实际上,"售后服务和操作培训"是可以量化的。关于招标文件售后服务和操作培训的评标标准没有量化等问题,一直是协和公司质疑、投诉、申请行政复议和起诉的重点、焦点问题。在协和公司行使质疑、投诉和申请行政复议等救济权利的同时,协和公司提供了《指导案例 9 号》给相关当事人参考,然而相关当事人却视而不见,拒不改正错误。到了起诉阶段,一审法院在判决时干脆将《指导案例 9 号》等不利于海棠区财政局的证据排除在外,也不说明理由和依据。综上所述,请求二审法院撤销一审判决,改判支持协和公司的诉讼请求。

海棠区财政局辩称,一、一判认定事实清楚,采购人可以根据项目的特殊要求,规定供应商的特定条件。《中华人民共和国政府采购法》第二十二条第二款规定:采购人可以根据采购项目的特殊要求,规定供应商的特定条件,但不得以不合理的条件对供应商实行差别待遇或者歧视待遇。采购人采购货物的名称是全自动分立式生化分析仪，属医疗设备，为保证医疗设备的安全性、严谨性，检测结果的正确精密以及满足临床项目及未来检验项目增长的需求，制定招标文件 A2.9.4 系统配套性要求以及 A4.1 认证要求，均是根据采购项目的特殊要求，规定供应商的特定条件，并不存在以其他不合理条件限制或者排斥潜在供应商，没有指向特定的供应商。

二、一判没有遗漏认定事实。《中华人民共和国政府采购法实施条例》第十五条规定：采购人、采购代理机构应当根据政府采购政策、采购预算、采购需求编制采购文件。采购需求应当符合法律法规以及政府采购政策规定的技术、服务、安全等要求。政府向社会公众提供的公共服务项目，应当就确定采购需求征求社会公众的意见。除因技术复杂或者性质特殊，不能确定详细规格或者具体要求外，采购需求应当完整、明确。必要时，应当就确定采购需求征求相关供应商、专家的意见。根据上述规定，专家意见并不是必须的，而是在有必要时才征求专家意见。本项目的货物采购需求清楚明确，不属于必须征求专家意见的情形，因此本案的货物采购程序是合法的。

三、一判对证据的采信认定是正确的。协和公司一审提交的证据 13 至 15 并非案件事实证据，而是政府文件或法律规定解读，与本案不具有关联性，不能作为认定本案事实的证据使用。一审法院根据查明的事实，适用法律独立作出判决是正确的。协和公司提供的证据 16、17 与本案也不具有关联性，各个项目的采购内容是不同的，需求也是不同的。证据 16 是仓库资格招标项目，证据 17 是录播设备的采购，本案采购的是医疗设备，根本不具有可比性，一审不予采信是正确的。

四、一判认定该项目售后服务和操作培训文件没有违反《中华人民共和国政府采购法实施条例》第三十四条第四款的规定是正确的。售后服务及操作培训属于投标企业对售后服务及操作培训的服务类策划方案，评标专家可以通过各投标人实施的方案策划对投标人的服务能力、响应时间、质量保证措施及服务体系进行横向比较，量化出优、良、差等级标准，并非没有明确判断标准。海南省公共资源交易中心及三亚市采购中心公示医疗设备类以及其他货物类的采购公告中关于售后服务及培训方案部分评分均按此标准，不存在不合理要求。

综上，协和公司的上诉请求依据及事实和理由均不能成立，采购人可以根据项目的特殊要求，规定供应商的特定条件，并不存在以其他不合理条件限制或者排斥潜在供应商，没有指向特定的供应商。请求二审法院依法驳回上诉，维持原判。

三亚市财政局辩称，第一，一审判决认定事实清楚，适用法律正确，协和公司的上诉缺乏事实和法律依据。第二，关于协和公司所称的原审判决遗漏认定重要事实，招标文件采购需求没有经过法定程序组织专家论证，协和公司在质疑阶段未就该事项进行质疑，也没有向海棠区财政局提出投诉，根据《政府采购法》以及财政部第 94 号令的规定，这一上诉理由不属于投诉处理的事项，也不属于行政复议的事项，因此也不属于本案当中审理的事项。也就是说本案不应该对这一上诉理由进行调查或者进行处理。综上所述，协和公司的上诉缺乏事实和法律根据，请求法院依法予以驳回，维持一审判决。

协和公司提起上诉后，一审法院将各方当事人提交的证据材料随案移送至本院，本院二审中,各方当事人均未提交新证据。

二审查明,2018 年 7 月 23 日,协和公司以三亚市采购中心为被投诉人,就海棠区卫计局全自动血液生化分析仪采购项目向海棠区财政局提起投诉申请,投诉事项如下:(1)2.9.4 条要求不是招标货物生化分析仪的技术参数,而是试剂的注册数量。以参考品牌厂家的试剂注册数量(≥52 项)来排斥其他厂家的生化分析仪参与竞争,符合《中华人民共和国政府采购法实施条例》第二十条第(三)、(八)项规定的情形,属于以不合理的条件对供应商实行差别待遇或者歧视待遇,应予删除。(2)欧洲的 CE 认证和美国的 FDA 认证均是国外认证证书,因本项目非出口项目,而是用于三亚市基层医疗卫生机构的国产产品。提供上述二项证书与本项目的具体特点和实际需要不相适应,该二项认证要求属于《中华人民共和国政府采购法实施条例》第二十条第(二)项规定的情形;"获得国家技术创新示范企业称号"属于《中华人民共和国政府采购法实施条例》第二十条第(二)、(八)项规定的情形,与上述二项认证一样,均属于以不合理的条件对供应商实行差别待遇或者歧视待遇,应予删除。(3)生产厂家产品授权书的要求违反了《政府采购货物和服务招标投标管理办法》(财政部令第 87 号)第十七条的规定。同理,也不能将厂家产品授权书作为评审因素。(4)售后服务和操作培训的评标标准设置有"优的得 7 分,良的得 6—4 分,一般的得 9—1 分"等,存在没有明确判断标准、容易引起歧义的表述且分值设置未与评审因素的量化指标相对应的问题,违反了《中华人民共和国政府采购法实施条例》第三十四条第四款的规定。评审因素的指标应该是可以量化的,不能量化的指标不能作为评审因素。一般不宜用"优""良""中""一般"等没有明确判断标准、容易引起歧义的表述。另一方面,评审标准的分值也应当量化,评审因素的指标量化为区间的,评审标准的分值也必须量化到区间。综上,协和公司提出如下投诉申请:1. 删除招标技术参数第 2.9.4 条和第 4.1 条要求;2. 删除商务要求中第一条要求和商务部分厂家授权评审因素;3. 修改上述投诉的商务部分的评标标准和方法。

2018 年 8 月 23 日,海棠区财政局就协和公司的投诉作出 1 号处理决定,认为:1. 关于协和公司投诉内容的第一项,海棠区财政局认为试剂系统是完整的检测系统的重要部分,在检测系统中具有不可或缺和不可替代的作用,属于全自动血液生化分析仪招标规格和配置技术参数规定的内容。《采购文件》将其规定在全自动血液生化分析仪规格和配置技术参数内,符合招标要求。另外,选择单一试剂(包括原厂配套试剂)还是开放性试剂及其配套项目数量,取决于仪器的机型。而机型的选择应考虑机型的适用性;性价比、试剂开放性;地区差异;售后技术支持等等。协和公司未举证本项目全自动血液生化分析仪的机型适用开放性试剂、不适用 2.9.4 条规定的原厂配套试剂数量的证据,不能证明 2.9.4 条属于《条例》第二十条规定以不合理的条件对供应商实行差别待遇或者歧视待遇,该项投诉不成立,不予支持。2. 关于协和公司投诉内容的第二项,海棠区财政局在 1 号处理决定中说明 FDA 准入、CE 认证都是国际公认的食品、药品、医疗器械最权威的认证。目前我国政府和其他国家一样,鼓励企业提高产品技术、安全、卫生、环保质量,力争达到国际标准,认证取舍由企业自主决定。获得国家技术创新示范企业称号的企业应该是在同类技术中胜出和领头的企业。本项目采购货物全自动血液生化分析仪,属于高精密度高新科技类产品,事关生命、健康之重大,需要在技术、质量上优胜的企业的优质产品。据此,4.1 认证要求符合本项目采购的具体特点和实际需要,属于《中华人民共和国政府采购法》第二十条第二款规定的情形,投诉人的该项投诉不成立。3. 关于协和公司投诉的第三项内容,海棠区财政局认为采购人已在采购文件中删除了该商务要求第一条。4. 协和公司投诉的最后一项内容,海棠区财政局认为根据《中华人民共和国政府采购法实施条例》第三十四条第四款的规定,与分值设置应当相对应的评审因素必须是可以量化指标的评审因素。而本项目售后服务和操作培训是无法量化的,只能由评审委员会根据具体评审因素的内容进行评价。协和公司的该项投诉不成立。据此,海棠区财政局依据《政府采购质疑和投诉办法》第二十九条第一款第(二)项的规定,驳回投诉。

协和公司对1号处理决定不服,提起本案诉讼,请求:1. 撤销海棠区财政局于2018年8月23日作出的1号处理决定;2. 撤销三亚市财政局于2018年11月28日作出的12号复议决定;3. 请求法院根据《中华人民共和国政府采购法》第二三十六条第一款第(二)项的规定对三亚市海棠区卫生和计生局全自动血液生化分析仪项目(项目编号:SYZFCG-2018-22)作废标处理,责成采购人修改采购文件重新开展采购活动。

二审另查明,案涉项目采购文件中,第三部分第一项"货物技术规范及要求"规格和配置技术参数2.9.4系统配套性要求"具有原厂配套试剂、校准品和质控品原厂试剂配套项目≥52项,并提供项目注册证明",分值为4分;4.1认证要求"具备并提供FDA准入或CE认证,国内产品同时须提供ISO9001认证、ISO13485认证。获得国家技术创新示范企业称号,并提供相关证明文件且加盖公章",分值为4分。第三项"商务要求"第5点"售后服务和质量保证",设置了5个方面的量化指标;第6点"技术资料和培训"设置了4个方面的量化指标,并根据各项量化指标设置了相适的分值范围,由专家酌情给分。

二审又查明,案涉全自动血液生化分析仪项目采购活动已经完成,采购人海棠区卫计局已于2018年9月26日与中标供应商河南康铭医疗器械有限公司签订了购销合同。该合同履行的标的为全自动血液生化分析仪,不包括原厂配套试剂。

二审查明的其他事实与一审判决认定的事实基本一致,本院依法予以确认。

本院认为,一、关于案涉项目采购文件中,第三部分第一项"货物技术规范及要求"规格和配置技术参数2.9.4系统配套性要求、4.1认证要求是否具有《中华人民共和国政府采购法实施条例》第二十条第(二)项、第(八)项之情形及第三项"商务要求"第5点"售后服务和质量保证"、第6点"技术资料和培训"所设置的量化指标及评审标准中的分值设置是否违反该条例第三十四条第三款、第四款之规定的问题。(一)关于关于案涉项目采购文件中,第三部分第一项"货物技术规范及要求"规格和配置技术参数2.9.4系统配套性要求、4.1认证要求是否具有《中华人民共和国政府采购法实施条例》第二十条第(二)项、第(八)项规定之情形的问题。1. 关于规格和配置技术参数2.9.4系统配套性要求的问题。《中华人民共和国政府采购法实施条例》第二十条规定,"采购人或者采购代理机构有下列情形之一的,属于以不合理的条件对供应商实行差别待遇或歧视待遇:……(二)设定的资格、技术、商务条件与采购项目的具体特点和实际需要不相适应或者与合同履行无关……"案涉项目招标文件系统配套性要求将"具有原厂配套试剂、校准品和质控品原厂试剂配套项目≥52项,并提供项目注册证明"作为评审标准,分值设置为4分。因该技术参数为要求原厂配套试剂所具备的技术参数而并非要求案涉采购项目全自动血液生化分析仪所具备的技术参数,与合同履行无关。

且正如海棠区财政局在海棠财决1号处理决定书第5页第三自然段所述"试剂开放后,需方可自主选择试剂供应商……"而采购文件将"具有原厂配套试剂、校准品和质控品原厂试剂配套项目≥52项,并提供项目注册证明"作为评审标准,规定在全自动血液生化分析仪规格和配置技术参数内。那么需方根据该试剂技术参数所选择的机形,必然要求使用符合原厂配套试剂、校准品和质控品原厂试剂配套项目≥52项的试剂,才能保证测定结果的正确精密,这恰恰与"需方可自主选择试剂供应商……"的表述相矛盾,反而必然得出"根据该机形,为保证测定结果的正确精密,需方不可自主选择试剂供应商"的悖论。故采购文件将"具有原厂配套试剂、校准品和质控品原厂试剂配套项目≥52项,并提供项目注册证明"作为评审标准,规定在全自动血液生化分析仪规格和配置技术参数内,势必会将仅生产或代理全自动血液生化分析仪而不生产或代理原厂配套试剂、校准品和质控品,或虽生产或代理原厂配套试剂、校准品和质控品,但原厂试剂配套项目≤52项的供应商排斥在外,属于以不合理的条件对供应商实行差别待遇或歧视待遇的情形。协和公司对采购文件该项投诉理由成立,海棠区财政局驳回其对该项投诉的行政行为,适用法律、行政法规错误,应予撤销。三亚市财政局维持该处理决定的复议决定,同样适用法律、行政法规错误,依法亦应予撤销。2.关于4.1认证要求是否具有《中华人民共和国政府采购法实施条例》第二十条第(二)项、第(八)项规定之情形的问题。4.1认证要求"具备并提供FDA准入或CE认证,国内产品同时须提供ISO9001认证、ISO13485认证。获得国家技术创新示范企业称号,并提供相关证明文件且加盖公章",分值为4分。产品资质认证要求,属需方对产品质量的要求,符合《中华人民共和国政府采购法》第二十二条第二款规定的"采购人可以根据采购项目的特殊要求,规定供应商的特定条件……"不属对供应商实行差别待遇或歧视待遇之情形。"获得国家技术创新示范企业称号"不属认证要求,也不属采购文件规定对供应商的资格要求,在评审标准中也没有设定为加分条件,并不影响采购结果。故海棠区财政局驳回协和公司对该项投诉的行政行为,认定事实清楚,适用法律、行政法规正确,协和公司该项上诉请求和理由依法不能成立,本院不予支持。(二)关于采购文件"商务要求"第5点"售后服务和质量保证"、第6点"技术资料和培训"所设置的评审因素量化指标及评审标准中的分值设置是否违反该条例第三十四条第三款、第四款之规定的问题。采购文件"商务要求"第5点"售后服务和质量保证",设置了5个方面的评审因素量化指标;第6点"技术资料和培训"设置了4个方面的评审因素量化指标,并根据各项量化指标设置了相适的分值范围,由专家酌情给分。该分值设置与评审因素量化指标根本对应,虽然采购文件中对设置分值范围用"优""良""一般""差"等词表述,但在实际评审中,评审专家会根据对评审因素量化指标设置的分值范围,根据投标人的响应情况,酌情给出具体、明确的数字分值而并非仅作出"优""良""一般""差"的评价。一审判决认为案涉项目售后服务和操作培训不属于可以量化的评审因素,表述有误,本院依法予以纠正。海棠区财政局驳回协和公司对该项投诉的行政行为,认定事实清楚,适用法律、行政法规正确,协和公司该项上诉请求和理由依法不能成立,本院不予支持。二、关于协和公司在一审中提出第二项"对三亚市海棠区卫生和计生局全自动血液生化分析仪采购项目作废标处理,责成采购人修改采购文件重新开展采购活动"的诉讼请求,依法应否予以支持的问题。依据《政府采购质疑和投诉办法》第五条、第三十一条之规定,县级以上各级人民政府财政部门负责依法处理供应商投诉,经查证属实的,应当认定投诉事项成立。经认定成立的投诉事项不影响采购结果的,继续开展采购活动;影响或者可能影响采购结果的,财政部门按照下列情况处理:其中:1. 未确定中标或者成交供应商的,责令重新开展采购活动;2. 已确定中标或者成交供应商但尚未签订政府采购合同的,认定中标或者成交结果无效,责令重新开展采购活动;3. 政府采购合同已经签订但尚未履行的,撤销合同,责令重新开展采购活动;4. 政府采购合同已经履行,给他人造成损失的,相关当事人可依法提起诉讼,由责任人承担赔偿责任。由此可知,处理投诉事项系政府采购监督管理部门的法定职责,应由政府采购监督管理部门按不同情况分别作出处理结果。本案中,虽然海棠区卫计局已于2018 年 9 月 26 日与中标供应商河南康铭医疗器械有限公司签订了购销合同,但该合同是否已经履行还需海棠区财政局审查核实,故对协和公司的投诉事项,应由海棠区财政局重新作出处理决定。协和公司请求人民法院对该项诉讼请求迳行作出判决,没有法律依据,本院依法不予以支持。

综上,一审判决认定部分事实清楚,但判决驳回协和公司全部诉讼请求的处理结果不当,本院依法依法予以撤销。协和公司的部分上诉请求和理由依法成立,本院予以支持。依照《中华人民共和国行政诉讼法》第七十条第(二)项、第八十九条第一款第(二)项、第三款之规定,判决如下:

一、撤销三亚市城郊人民法院 2019 年 5 月 7 日作出的〔2019〕琼 0271 行初 7 号行政判决;

二、撤销被上诉人三亚市海棠区财政局 2018 年 8 月 23 日的作出海棠财决〔2018〕1 号投诉处理决定及被上诉人三亚市财政局于 2018 年 11 月 28 日作出三财采〔2018〕12 号行政复议决定;

三、被上诉人三亚市海棠区财政局应在 30 个工作日内,对上诉人海南协和医疗设备有限公司的投诉重新作出处理决定;

四、驳回上诉人海南协和医疗设备有限公司的其他诉讼请求。

一、二审案件受理费 100 元,由被上诉人三亚市海棠区财政局负担。

本判决为终审判决。

审 判 长　梁　泽

审 判 员　陈兴科

审 判 员　杨冲冲

二〇一九年十月八日

书 记 员　裴　颖

【后续案例】

海南省高级人民法院〔2019〕琼行申 188 号再审审查与审判监督行政裁定书。

广东超越光电科技有限公司与广东省东源县财政局、广东省东源县人民政府政府采购（招投标）投诉处理决定、行政复议决定案

【案件提要】

本案是对采购结果的投诉处理决定提起行政诉讼的案例。涉案采购项目进行公开招标，九州公司中标。超越公司提出质疑和投诉，主要认为中标产品质量检测报告与招标文件的要求可能不相符等。在财政部门作出投诉处理决定、复议机构作出复议决定后，超越公司提起本案诉讼。法院经审理认为，超越公司投诉事项主要是针对评标委员会认定的评审结果的内容进行质疑。根据法律规定，具体评标事务应由采购单位依法组成的评标委员会负责。而涉案项目评标结果是评标委员会按照招标要求，根据各投标人的投标文件提供的商务响应程度、证书、合同等相关证明材料及技术响应和投标价格进行综合评审得出的结果，评标委员会对各投标文件的评审、打分承担责任。超越公司提供的证据，均不能证明中标人参与招标时提交的相关投标文件存在虚假，也不能证明该项目评标委员会成员存在不符合法律规定的导致评判结论错误或者不公平的情形。财政部门据此作出驳回投诉的处理决定事实清楚，证据确凿，适用法律法规正确。

【判决正文】

广东省高级人民法院
行政判决书

〔2019〕粤行终 1253 号

上诉人（一审原告）广东超越光电科技有限公司，住所地（略）。

法定代表人何某。

委托代理人罗某。

被上诉人（一审被告）东源县财政局，住所地（略）。

法定代表人邱某。

委托代理人黄某。

被上诉人（一审被告）东源县人民政府，住所地（略）。

法定代表人秦某。

委托代理人邝某、彭某。

一审第三人广东蕾阳招标代理有限公司,住所地(略)。

法定代表人赖某。

一审第三人广东九州太阳能科技有限公司,住所地(略)。

法定代表人陈某。

委托代理人李某、唐某。

上诉人广东超越光电科技有限公司(以下简称超越公司)因诉被上诉人东源县财政局、东源县人民政府(以下简称东源县政府)投诉处理及行政复议案,不服广东省河源市中级人民法院〔2018〕粤 16 行初 37 号行政判决,向本院提起上诉。本院依法组成合议庭,对本案进行了审理,现已审理终结。

一审法院经审理查明,2017 年 5 月 24 日,广东蕾阳招标代理有限公司(以下简称蕾阳公司)受东源县移民工作局的委托,对东源县水库移民村太阳能 LED 路灯采购及安装项目(采购项目编号:HYLYG201705067)负责政府采购代理。超越公司及广东九州太阳能科技有限公司(以下简称九州公司)等 7 家企业参与报名,至 2017 年 8 月 3 日上午 9 时 30 分止,共收到超越公司及九州公司等 4 家企业的投标文件,经开标确认,九州公司在竞争中中标。超越公司于 2017 年 9 月 5 日针对投标后公布的评标结果向蕾阳公司提出《关于东源县水库移民村太阳能 LED 路灯采购及安装项目的质疑函》,认为:一、投标中要求的所投产品质量检测报告质疑:要求查询及告知超越公司的所投产品质量检测报告得分情况;二、中标方可能提供与招标不相符的检测报告质疑:要求再核查中标方的详细得分情况,并提供相关检测报告的原件进行核查是否符合招标文件的要求;三、本项目于 8 月 4 日开标,但延迟至 8 月 31 日才发布中标结果公告,超越公司对本次延期发布中标公告存有质疑,请作出情况说明。2017 年 9 月 8 日,蕾阳公司就超越公司提出的质疑事项作出答复:一、关于质疑一"投标中要求的所投产品质量检测报告质疑:要求查询及告知超越公司的所投产品质量检测报告得分情况"问题,认为根据《政府采购货物和服务招标投标管理办法》第七十八条第二款的规定,打分情况属于保密事项,不能予以公开,蕾阳公司按照政府采购法的有关规定在河源市政府采购网发布符合公告的中标结果公告;二、关于质疑二"中标方可能提供与招标不相符的检测报告质疑:要求再核查中标方的详细得分情况,并提供相关检测报告的原件进行核查是否符合招标文件的要求"的问题,认为在中标结果未公示期间,采购人已对评标委员会推荐第一中标候选人投标文书中提供的相关检测报告原件进行核查确认;三、关于质疑三"本项目于 8 月 4 日开标,但延迟至 8 月 31 日才发布中标结果公告,超越公司对本次延期发布中标公告存有质疑,请作出情况说明"的问题,认为蕾阳公司在评审结束后当天已将评审结果送交采购人,在多次催促采购人必须依照政府采购的有关规定确认本次项目的中标供应商。因采购人对评标委员会推荐第一中标候选人投标文件中提供的相关检测报告原件进行核查确认,在 2017 年 8 月 31 日采购人盖章确认中标结果。蕾阳公司在收到确认的中标结果后当天即在河源市政府采购网发布公告规定的内容及对中标结果公告。2017 年 9 月 18 日,超越公司对质疑答复不满,再次发函给蕾阳公司。2017 年 9 月 21 日,蕾阳公司再次答复,认为关于再次要求核查自己投标产品的得分情况(主要为 25 000 小时寿命加速老化测试检测报告、60 W 路灯检测报告及灯具产品得分），及要求核查中标方详细得分情况，蕾阳公司就此事已于 2017 年 9 月 4 日的质疑回复中明确答复。本项目的评标结果是评标委员会按照招标要求，根据各投标人的投标文件提供的商务响应程度、证书、合同等相关证明材料及技术响应和投标价格进行综合评审得出的结果。评标委员会遵循有关规定，具有独立打分权，并对各投标文件的评审、打分承担责任，打分情况属保密事项，不能予以公开。2017 年 9 月 27 日，超越公司向东源县政府采购办递交《投诉书》，认为蕾阳公司对超越公司提出的 2 次质疑的答复，答非所问，怀疑招标公司是否存在违规操作，内定中标单位，做不到公平、公开、公正的原则，请求东源县政府采购办给投诉事项给予重视并核查。2017 年 12 月 13 日，广东省质量技术监督局就东源县财政局东财采购函〔2017〕52 号《关于请求协助确认函》作出复函，认为：国家半导体光源产品质量监督检验中心（广东）取得的《检验检测机构资质认定证书》和《资质认定授权书》均由国家认监委颁发，该中心出具的检验报告效力问题请径向国家认监委查询。2018 年 1 月 9 日，东源县财政局就超越公司提出的《东源县水客移民村太阳能 LED 路灯采购及安装项目投诉书补充函》作出东财函〔2018〕2 号《关于〈东源县水库移民村太阳能 LED 路灯采购及安装项目投诉书补充函〉的复函》。2018 年 1 月 10 日，东源县财政局向国家认证认可监督管理委员会发出东财函〔2018〕3 号《关于请求协助确认函》，请求确认国家半导体光源产品质量监督检验中心（广东）出具的编号为 L17070160 的检验报告是否具有法律效力，参与社会经营活动是否有效。2018 年 2 月 7 日，国家认证认可监督管理委员会就东源县财政局的请求作出认办实函〔2018〕26 号《国家认监委办公室关于对相关检验报告效力的复函》，认为编号为：L17070160 的检验报告中，检验项目 2 依据的标准 SJ/T11394-2009《半导体发光二极管测试方法》在该中心的能力附表范围内；检验项目 1 的检验依据"委托方要求"为委托方提供，不在该中心的能力附表范围内，且该检验报告备注栏中已标明"本报告中委托方要求检验项目（分析报告）不在 CMA、CAL 认可范围内"，因此该报告不具有对社会的证明作用（仅可为委托方提供参考）。

另查明，2017 年 11 月 7 日，东源县财政局对超越公司的投诉经调查，作出（东源）财采决〔2017〕01 号《政府采购投诉处理决定书》，认为：招标项目评标结果是评标委员会按照招标要求，根据各投标人的投标文件提供的商务响应程度、证书、合同等相关证明材料及技术响应和投标价格进行综合评审得出的结果，评标委员会遵循有关的规定在政府采购过程中不受任何干扰，具有独立打分权，并对各投标文件的评审、打分承担责任，投诉人没有足够理由证明该项目评标委员会存在违规。该局决定：1. 根据《政府采购信息公告管理办法》第三十条第（五）款规定，责令东源县水库移民工作局限期改正，并对项目具体责任人给予处理；2. 根据《政府采购供应商投诉处理办法》第十七条第（二）款的规定，驳回其他事项的投诉。超越公司不服该处理决定，向东源县政府申请行政复议，2018 年 4 月 13 日，东源县政府作出东府复决字〔2018〕4 号《行政复议决定书》，认为：1. 超越公司提供的"25 000 小时寿命加速老化"测试检测报告及 60W 路灯检测报告出具单位是工业与信息化部电子第五研究所（中国赛宝实验室/赛宝质量安全检测中心），投标时超越公司没有出具证明证实该研究所属国家级实验室，在当时条件下没有办法证明是国家级检测报告，评标委员会专家根据常识认为按照省级计分是合理的；2. 中标方提供的"25 000 小时寿命加速老化"检测报告出具单位是国家半导体光源产品质量监督检验中心(广东),检验报告是国家级的印章,评标委员会专家认定该中心属于国家级的检测机构是合理的;3. 评标委员会依据各投标人的投标文件在《资格符合性评审表》《商务与技术评审表》上进行评分,其中《商务与技术评审表》评分标准没有对60W作出要求,所以并没有要求必须是60W的相关报告,评标委员会专家评分是合理的。东源县财政局作出的处理决定事实清楚,证据确凿,适用法律正确,程序合法,处置适当,该府决定维持东源县财政局作出的(东源)财采决〔2017〕01号《政府采购投诉处理决定书》。超越公司不服,于2018年4月27日具状向一审法院提起行政诉讼,请求撤销东源县财政局作出的(东源)财采决〔2017〕01号《政府采购投诉处理决定书》和东源县政府作出的东府复决字〔2018〕4号《行政复议决定书》,将东源县财政局就水库移民村太阳能LED灯采购及安装项目判决给超越公司中标;并由东源县财政局、东源县政府承担本案诉讼费用。

一审法院审理认为:超越公司因对蕾阳公司组织的"东源县水库移民村太阳能LED路灯采购及安装项目(项目编号HYLYG201705067)"招标结果质疑回复不满,于2017年9月27日向东源县财政局投诉。东源县财政局作出(东源)财采决〔2017〕01号《政府采购投诉处理决定书》,超越公司不服处理决定申请行政复议,东源县政府作出维持的行政复议决定。因此,本案争议的焦点是东源县财政局作出的(东源)财采决〔2017〕01号《政府采购投诉处理决定书》及东源县政府作出东府复决字〔2018〕4号《行政复议决定书》是否合法。根据《中华人民共和国政府采购法》第十三条第一款"各级人民政府财政部门是负责政府采购监督管理的部门,依法履行对政府采购活动的监督管理职责"和《政府采购供应商投诉处理办法》第二条"供应商依法向财政部门提起投诉,财政部门受理投诉、作出处理决定,适用本办法"及第三条第一款"县级以上各级人民政府财政部门负责依法受理和处理供应商投诉"的规定,东源县财政局是东源县范围内负责政府采购监督管理的部门,受理投诉并作出处理决定系东源县财政局的法定职责。东源县财政局受理超越公司的投诉后阅看有关材料,并作出被诉投诉处理决定,程序合法。超越公司向东源县财政局投诉申请的事项有:1. 超越公司提供的"25 000小时寿命加速老化"测试检测报告及60 W路灯检测报告是否属于国家级检测报告;2. 中标方提供的"25 000小时寿命加速老化"是否属于国家级检测报告;3. 中标方提供的30 W路灯检测报告是否符合招投标文件要求。超越公司投诉事项主要是针对评标委员会认定的评审结果的内容进行质疑。根据《政府采购货物与服务招标投标管理办法》(2004年9月11日施行版)第四十四条的规定,具体评标事务由采购单位依法组成的评标委员会负责。本案中,招标项目评标结果是评标委员会按照招标要求,根据各投标人的投标文件提供的商务响应程度、证书、合同等相关证明材料及技术响应和投标价格进行综合评审得出的结果,评标委员会对各投标文件的评审、打分承担责任,超越公司提供的证据,均不能证明中标人参与招标时提交的相关投标文件存在虚假,也不能证明该项目评标委员会成员存在不符合法律规定的导致评判结论错误或者不公平的情形。综上东源县财政局依法受理超越公司采购行为的投诉后,经查证,最终作出(东源)财采决〔2017〕01号《政府采购投诉处理决定书》,事实清楚,证据确凿,适用法律法规正确。东源县政府受理超越公司递交的复议申请后并作出东府复决字〔2018〕4号《行政复议决定书》,维持了东源县财政局作出的(东源)财采决〔2017〕01号《政府采购投诉处理决定》,符合《中华人民共和国行政复议法》第十七条、第二十二条、第二十八条的规定,程序合法,适用法律、法规正确。超越公司关于撤销东源县财政局作出的(东源)财采决〔2017〕01号《政府采购投诉处理决定书》及东源县政府作出的东府复决字〔2018〕4号《行政复议决定书》的诉讼请求,理由不充分,证据不足,依法应予驳回。一审法院依照《中华人民共和国行政诉讼法》第六十九条的规定,判决驳回超越公司的诉讼请求。一审案件受理费50元,由超越公司负担。

超越公司不服一审判决,向本院提起上诉称:一、九州公司实质上未响应招标文件要求,应该作废标处理。招标文件的第二部分采购项目内容中的四、采购项目技术规格、参数及要求的(一)采购数量中明确设备名称为:60 W太阳能LED灯。但九州公司提供的测试报告明确标准为30W太阳能LED灯。可见九州公司的投标没有对招标文件进行实质性回应,应为无效投标。二、对九州公司的技术评审存在明显偏袒。无论是国家半导体光源产品质量监督检验中心(广东)还是国家认证认可监督管理委员会均认为太阳能科技公司提供的检测报告不具备社会证明力,但该报告被采用,且给予了满分,明显偏袒。三、对超越公司的技术评审存在明显错误。超越公司提供的相关检测报告出具单位为中国赛宝实验室,属于国家级,理应获得10分的,但评标时却评为5分,理应评为5分的,却评了1.5分,导致评分相差8分。专家认为评审时无法确定是否属于国家级就按照省级认定,属于不负责任的行为。综上,请求撤销一审判决,改判支持一审诉讼请求。

东源县财政局二审答辩称:一、《招标文件》第二部分"采购项目内容"第四条"采购项目技术规格、参数及要求"第(三)款"技术参数及要求(单套)"第5项"灯具及LED光源"下"货物规格"中的"光源功率60 W"并非实质性技术与商务条款,投标人对此无须在检测报告中作出实质性响应。此外,《商务与技术评审表》中仅对灯具检测报告的级别所对应的评分有所划分,而未对检测灯具的瓦数作出要求,即检测报告中送检的灯具系30W还是60W,不会对评分造成影响。二、超越公司上诉的第二、三项理由无任何事实和法律依据。(一)九州公司提交的检测报告的出具机构已获国家认监委的授权,该经合格认证的检测机构出具的检测报告应属国家级检测报告,且《招标文件》未对该检测报告须在CNAS、CMA、CAL认可的范围内作出规定。(二)《招标文件》中未对灯具的检测试验方法作出要求,而超越公司以九州公司与其采用了不同的检测试验方法即认为"测试单位并未对九州公司的灯具"进行测试,实属歪曲客观事实。(三)政府采购评审专家对投标文件享有独立的评审权,评标结果应以专家的评审意见为准。综上,请求驳回上诉,维持原判。

东源县政府二审答辩称:一、超越公司投标时提供的"25 000小时寿命加速老化"测试报告、60 W路灯检测报告是否属国家级检测报告问题。以上两个报告的出具单位为工业与信息化部电子第五研究所(中国赛宝实验室/赛宝质量安全检测中心),首先超越公司的投标文件里没有相关证明证实该第五研究所属于国家级实验室;其次两份报告书封面写的是"工业和信息化部",按照常识理解"部"级就是"省"级标准;再次报告书使用的印章为"赛宝实验室证书报告专用章",无法证明赛宝是国家级的资质。所以这两份报告按照省级计分是合理的。二、中标方提供的"25 000小时寿命加速老化"检测报告是否有法律效力,能否参与招投标活动的问题。(一)该报告出具单位是国家半导体光源产品质量监督检验中心(广东),检验报告是国家级别的印章,评标委员会一致认定该中心属于国家级的检测机构,应按照国家级计分是合理的。(二)当时 LED"寿命加速老化"的国家标准检验依据尚未出台,中标方为响应招标文件要求只能提供按国际通用方法予以检测的报告,虽然不是国家强制性的检验依据,但在当时条件下具有一定的证明效力。同样,超越公司提供的"25 000 小时寿命加速老化"检测报告也存在类似的问题,国家标准的检测依据没有出台,该公司也响应了招标文件要求委托赛宝实验室出具了检验报告,如果说中标方提供的"25 000 小时寿命加速老化"检测报告不具有法律效力,不能参加招投标活动,那么超越公司提供的这类加速老化的检测报告同样也不具有法律效力,不能参加招投标活动。该府认为,中标方的检测报告具有一定的证明效力,评标委员会对此也进行了评分,在当时条件下可以参与招投标活动。三、东府复决字〔2018〕4 号《行政复议决定书》程序合法。综上,请求驳回上诉,维持原判。

蕾阳公司未提交二审意见。

九州公司述称:一、一审判决事实清楚,适用法律正确,应予维持。二、该公司系合法中标人。三、超越公司涉嫌滥用诉权。请求驳回上诉,维持原判。

经审查,本院对一审法院查明认定的事实予以确认。

本院认为,本案为政府采购投诉处理纠纷,结合各方诉辩意见,各方对于东源县财政局作出的涉案处理决定的第 1 项即对东源县水库移民工作局未在规定时间内确认中标结果的行为,责令该局限期改正并对项目具体责任人员给予处理的部分无异议,故本院确定本案审理焦点是:东源县财政局以超越公司的涉案投诉无事实根据为由驳回其投诉,东源县政府的复议维持决定,是否合法。

《中华人民共和国政府采购法实施条例》第四十一条第一款规定:"评标委员会、竞争性谈判小组或者询价小组成员应当按照客观、公正、审慎的原则,根据采购文件规定的评审程序、评审方法和评审标准进行独立评审。……"《政府采购货物和服务招标投标管理办法》(财政部令 87 号)第四十六条:"评标委员会负责具体评标事务,并独立履行下列职责:(一)审查、评价投标文件是否符合招标文件的商务、技术等实质性要求;(二)要求投标人对投标文件有关事项作出澄清或者说明;(三)对投标文件进行比较和评价;(四)确定中标候选人名单,以及根据采购人委托直接确定中标人;(五)向采购人、采购代理机构或者有关部门报告评标中发现的违法行为。"依照前述规定,评标委员会负责具体评标事务,独立履行评标职责,不受非法干预,有权审查、评价投标文件是否符合招标文件的商务、技术等实质性要求,有权对投标文件进行比较和评价。本案中,超越公司主要是对涉案项目的评标委员会对相关的产品质量检验报告进行技术评审时所作的打分结果不服而进行投诉。其中,九州公司投标时提交的涉案检测报告以及编号为 L17070160 的检验报告均是由国家半导体光源产品质量监督检验中心(广东)出具,评标委员会按国家级检验机构出具的检测报告为国家级检验报告进行打分,并不存在违规情形。而在超越公司提交的投标文件中无相关证据证实中国赛宝实验室为国家级检测机构的情况下,评标委员会一致认定按省级计分,亦无不妥。超越公司亦未提交该检测报告若按国家级计分是否会导致评标结果发生根本改变的充分有效证据。而且,本案也未有证据证实评标委员会存在《政府采购货物和服务招标投标管理办法》第六十七条规定可能导致评标结果无效之法定情形。据此,东源县财政局经审查认为,超越公司没有足够理由证明涉案项目评标委员会存在违规行为,以其投诉缺乏事实根据为由驳回其投诉,符合《政府采购供应商投诉处理办法》(2004年)第十七条第二项关于"财政部门经审查,对投诉事项分别作出下列处理决定:……(二)投诉缺乏事实依据的,驳回投诉……"之规定。东源县政府复议予以维持,实体程序均合法。一审法院判决驳回超越公司的诉讼请求正确,本院依法予以维持。超越公司上诉主张九州公司的投标无效、涉案项目评标委员会存在偏袒等,因欠缺有效证据佐证,本院不予采纳。

需要指出的是,东源县财政局认为,《招标文件》第二部分"采购项目内容"有关"光源功率60W"并非实质性技术条款,故投标人无需提交对应功率光源的检测报告,对该答辩主张,本院不予认可,但考虑到该问题尚不足以影响本案中标结果的有效性,故本院在此仅予以指正。

综上,超越公司的上诉请求理由不成立,本院予以驳回。依照《中华人民共和国行政诉讼法》第八十九条第一款第(一)项的规定,判决如下:

驳回上诉,维持原判。

二审案件受理费50元,由上诉人广东超越光电科技有限公司负担。

本判决为终审判决。

审 判 长 林劲标

审 判 员 戴剑飞

审 判 员 郭琼瑜

二〇二一年四月九日

书 记 员 杨海萍

沈阳皓天环保工程有限公司
与辽宁省沈阳市浑南区人民政府
政府采购（招投标）投诉处理决定的行政复议决定案

【案件提要】

本案是基于采购结果的投诉继而对财政部门不予受理的处理决定提起行政诉讼的案例，其主要的争议焦点是，质疑不予受理，是否影响对采购结果等实体投诉。一、二审法院认为，只要供应商向采购人、采购代理机构提出了质疑，无论质疑是否被受理，均应视为符合提起投诉前已依法进行质疑的投诉条件。

【判决正文】

辽宁省高级人民法院
行政判决书

〔2020〕辽行终 120 号

上诉人（一审被告）沈阳市浑南区人民政府，住所地（略）。

法定代表人闫某。

委托诉讼代理人孙某。

委托诉讼代理人孙某。

被上诉人（一审原告）：沈阳皓天环保工程有限公司，住所地（略）。

法定代表人薛某。

委托诉讼代理人陈某。

一审第三人沈阳市浑南区财政局，住所地（略）。

法定代表人夏某。

一审第三人沈阳市浑南区财政事务服务中心（原沈阳市浑南区公共资源交易中心），住所地（略）。

法定代表人马某。

沈阳市浑南区人民政府（以下简称浑南区政府）因沈阳皓天环保工程有限公司（以下简称皓天公司）诉其撤销行政复议决定一案，不服沈阳市中级人民法院〔2018〕辽01行初332号行政判决，向本院提起上诉。本院受理后，依法组成合议庭审理了本案，并于2020年4月16日对各方当事人进行了询问。上诉人浑南区政府的委托诉讼代理人孙某、孙某,被上诉人皓天公司的法定代表人薛某及委托诉讼代理人陈某参加询问活动。本案现已审理终结。

一审法院经审理查明,2017年9月19日,皓天公司参加了浑南区财政服务中心(原沈阳市浑南区公共资源交易中心,以下简称交易中心)组织的《小河南污水处理厂及泵站和管网运维工程》项目的投标。2017年9月20日中标结果公布,中标单位为沈阳天净环保科技有限公司。皓天公司认为中标单位的业绩部分存在得分不实的情况,于2017年9月25日向交易中心递交质疑书。2017年9月27日,交易中心作出《政府采购项目暂不受理通知书》,认为皓天公司提供的依据或证明材料不全,暂不受理皓天公司针对本项目的质疑,请皓天公司依规对所质疑内容补充材料并在有效期内送交,逾期未补充的,不予受理。皓天公司不服,于2017年10月20日向沈阳市浑南区财政局提交《政府采购投诉书》。2018年1月8日,沈阳市浑南区财政局作出浑南区政府采购投诉处理决定书(浑南财采〔2018〕02号),同年1月11日送达给皓天公司。皓天公司不服向浑南区政府申请行政复议,浑南区政府于2018年6月1日作出沈浑政复决字〔2018〕4号行政复议决定书,决定:一、撤销浑南区财政局于2018年1月8日作出的浑南区政府采购投诉处理决定书(浑南财采〔2018〕02号);二、责令浑南区财政局依据《中华人民共和国行政复议法》《政府采购供应商投诉处理办法》(以下简称投诉处理办法)等相关法律规定,在法定期限内重新作出行政行为。皓大公司不服,提起行政诉讼,要求撤销沈浑政复决字〔2018〕4号行政复议决定书,判决浑南区政府责令浑南区财政局对皓天公司提交的政府采购投诉履行调查取证的法定职责。另查明,在浑南区政府作出被诉行政复议决定后,浑南区财政局于2018年6月6日作出《政府采购投诉不予受理通知书》。皓天公司不服,向浑南区政府申请行政复议,浑南区政府于2018年9月18日作出《中止行政复议通知书》。

一审法院认为,根据《中华人民共和国行政复议法》第十二条第一款规定,对县级以上地方各级人民政府工作部门的具体行政行为不服的,由申请人选择,可以向该部门的本级人民政府申请行政复议,也可以向上一级主管部门申请行政复议。又根据当时生效的投诉处理办法第二十四条规定,投诉人对财政部门的投诉处理决定不服或者财政部门逾期未作处理的,可以依法申请行政复议或者向人民法院提起行政诉讼。本案中,皓天公司对浑南区财政局作出的浑南区政府采购投诉处理决定书(浑南财采〔2018〕02号)不服,向浑南区政府申请行政复议,浑南区政府具有作出被诉行政复议决定的法定职权。通过审查被诉行政复议决定,认为本案有以下两个焦点问题:焦点一是浑南区财政局是否应当受理皓天公司的《政府采购投诉书》。依据当时生效的投诉处理办法第十条规定:投诉人提起投诉应当符合下列条件:(一)投诉人是参与所投诉政府采购活动的供应商;(二)提起投诉前已依法进行质疑;(三)投诉书内容符合本办法的规定;(四)在投诉有效期限内提起投诉;(五)属于本财政部门管辖;(六)同一投诉事项未经财政部门投诉处理;(七)国务院财政部门规定的其他条件。关于皓天公司在提起投诉前向浑南公共资源交易中心递交质疑书是否属于已依法进行质疑的问题,浑南区政府在被诉行政复议决定中认为浑南公共资源交易中心作出《政府采购项目暂不受理通知书》后,在皓天公司提交的证据材料中,没有能够证明其补交了质疑材料或其质疑被浑南公共资源交易中心所受理的相关证据,故认定皓天公司的投诉不应认定为已依法进行了质疑。一审法院认为，依据当时生效的投诉处理办法第七条规定：供应商认为采购文件、采购过程、中标和成交结果使自己的合法权益受到损害的，应当首先依法向采购人、采购代理机构提出质疑。对采购人、采购代理机构的质疑答复不满意，或者采购人、采购代理机构未在规定期限内作出答复的，供应商可以在答复期满后15个工作日内向同级财政部门提起投诉。本案中，皓天公司认为中标单位的业绩部分存在得分不实的情况故向浑南公共资源交易中心提出质疑，虽然浑南公共资源交易中心作出的是《政府采购项目暂不受理通知书》，即使皓天公司未补充证据材料，也不能否认其已经针对该项目提出过质疑，皓天公司在质疑阶段向浑南公共资源交易中心提出的质疑事项应属于投诉处理范围，对皓天公司的投诉，浑南区财政局应予以受理。综上，浑南区政府认定浑南财政局违反法定程序受理皓天公司的投诉属认定事实不清，适用法律、法规错误。焦点二是皓天公司投诉是否超过法定期限。依据当时生效的投诉处理办法第七条规定，皓天公司可以在答复期满后15个工作日内向同级财政部门提起投诉。浑南区政府在被诉行政复议决定中认定浑南公共资源交易中心于2017年9月27日向皓天公司送达了《政府采购项目暂不受理通知书》，而皓天公司是于2017年12月4日向浑南区财政局递交的《投诉书》，故认定皓天公司投诉超过法定期限。经审查，根据各方当事人提交的证据材料及庭审调查均可以认定皓天公司于2017年10月20日就已经向浑南区财政局递交了《投诉书》，系在法定投诉期限内，故浑南区政府认定皓天公司投诉超过法定期限的主要证据不足。综上，浑南区政府作出的被诉行政复议决定应予以撤销。根据《中华人民共和国行政诉讼法》第七十条第（一）项、第（二）项的规定，判决：一、撤销浑南区政府于2018年6月1日作出的沈浑政复决字〔2018〕4号行政复议决定；二、责令浑南区政府对皓天公司的行政复议申请依法重新作出行政复议决定；三、驳回皓天公司的其他诉讼请求。案件受理费50元，由浑南区政府负担。

浑南区政府上诉称，（一）案涉投诉未经依法质疑，浑南区财政局作出处理决定不符合法定程序，浑南区政府作出复议决定认定事实清楚。一审判决认定案涉投诉经过依法质疑程序属认定事实不清。1.皓天公司虽然向交易中心提交了质疑书，但因提供的依据或证明材料不全，该中心作出了《政府采购项目暂不受理通知书》，皓天公司没有提供证据证明其补交了质疑材料或其质疑由交易中心受理，故该公司的投诉不应认定为已依法进行了质疑。2.投诉处理办法明确规定投诉的前提是依法进行了质疑，皓天公司提交的质疑书因证明材料不足，未被交易中心受理，亦即该公司的质疑不符合法律规定，不能认为依法进行了质疑。针对质疑不予受理，皓天公司可以向浑南区财政局提出投诉，但不能直接进行实体投诉。（二）案涉投诉超过法定期限，一审判决认定没有超期错误。1.交易中心于2017年9月27日向皓天公司送达了暂不受理通知书，至该公司于2017年12月4日递交投诉书，已经超过了投诉处理办法第七条规定的15个工作日的投诉期限。2.皓天公司于2017年10月20日到浑南区财政局投诉，该局以未经依法质疑要求补偿材料为由未予受理。皓天公司在受理被拒后并未以邮寄或其他方式递交投诉书，故一审判决认定皓天公司于上述日期递交了投诉书无证据证明。综上，请求二审法院撤销一审判决，改判驳回皓天公司的诉讼请求。

皓天公司答辩称，（一）皓天公司提交的质疑投诉完全符合相关法律规定，浑南区政府作出的复议决定以皓天公司的投诉未经质疑程序为由认定浑南区财政局违法受理投诉，属事实认定不清,适用法律错误。(二)皓天公司向浑南区财政局提交的《政府采购投诉书》未超出法定期限。综上,一审判决认定事实清楚,适用法律正确,请求二审法院予以维持。

本院二审查明的事实与一审判决认定的事实一致。

本院认为,案涉质疑、投诉时有效的投诉处理办法第七条规定:供应商认为采购文件、采购过程、中标和成交结果使自己的合法权益受到损害的,应当首先依法向采购人、采购代理机构提出质疑。对采购人、采购代理机构的质疑答复不满意,或者采购人、采购代理机构未在规定期限内作出答复的,供应商可以在答复期满后 15 个工作日内向同级财政部门提起投诉。从上述规章规定看,只要供应商向采购人、采购代理机构提出了质疑,无论质疑是否被受理,均应视为符合投诉处理办法第十条第(二)项规定的提起投诉前已依法进行质疑的投诉条件。浑南区政府关于(皓天公司)没有证据能够证明其补交了质疑材料或其质疑由浑南区财政事务服务中心受理,因此,皓天公司的投诉不应认定为已依法进行了质疑的上诉主张不能成立。同时,浑南区政府关于皓天公司只能针对质疑不予受理提出投诉而不能直接进行实体投诉的上诉主张,因缺乏法律依据,本院不予支持。

关于投诉是否超过法定期限问题。投诉处理办法第十一条第一款规定:财政部门收到投诉书后,应当在 5 个工作日内进行审查,对不符合投诉条件的,分别按下列规定予以处理:(一)投诉书内容不符合规定的,告知投诉人修改后重新投诉;(二)投诉不属于本部门管辖的,转送有管辖权的部门,并通知投诉人;(三)投诉不符合其他条件的,书面告知投诉人不予受理,并说明理由。从皓天公司于一审期间提交的相关证据以及浑南区政府复议决定书认定的事实看,皓天公司于法定提起投诉期限内的 2017 年 10 月 20 日向浑南区财政局提交了投诉书。该局当日没有接收投诉书,不符合上述规章规定。由此可见,并非皓天公司怠于行使提起投诉的权利,不应认定其投诉超过法定期限。一审判决相关认定并无不当。

综上,浑南区政府的上诉请求不能成立,本院不予支持。一审判决认定事实清楚,适用法律、法规正确,本院予以维持。依照《中华人民共和国行政诉讼法》第八十九条第一款第(一)项的规定,判决如下:

驳回上诉,维持原判。

二审案件受理费 50 元,由上诉人沈阳市浑南区人民政府负担。

本判决为终审判决。

审 判 长 曹丽华
审 判 员 谭 斌
审 判 员 曹 弘
二○二○年四月二十四日
法官助理 尹慧慧
书 记 员 赵晓迪(代)

长沙市海韵贸易有限公司
与湖南省安化县财政局
政府采购(招投标)投诉处理决定案

【案件提要】

本案是对采购过程、采购结果的投诉处理决定提起行政诉诉讼的案例。一、二审法院支持财政部门认定本案部分投诉成立的处理决定,理由在于:招标文件未载明节能产品、两型产品优先采购政策,即未按规定执行政府采购政策件,财政部门认定采购文件违法,应当重新招标。同时,招标文件中有给予小型和微型企业产品6%的扣除比例,10家参加投标的供应商有8家具有小微企业资格,评审时未给予其相应优惠评分,导致评审结果排序错误依据充分。评审人员未按照采购文件载明的评审方法、评审标准进行评审,违反《财政部关于加强政府采购货物和服务项目价格评审管理的通知》第六条的规定,财政部门认定采购无效,责令重新开展采购活动,依据充分。一、二审法院支持财政部门认定本案部分投诉不成立的处理决定,理由在于:根据《政府采购质疑和投诉办法》第二十五条规定,应当由投诉人承担举证责任的投诉事项,投诉人未提供相关证据、依据和其他有关材料的,视为该投诉事项不成立。

【判决正文】

湖南省益阳市中级人民法院
行政判决书

〔2020〕湘09行终41号

上诉人(一审原告)长沙市海韵贸易有限公司,住所地(略)。
法定代表人陈某。
委托代理人彭某。
委托代理人蒋某。
被上诉人(一审被告)安化县财政局,住所地(略)。
法定代表人陆某。
委托代理人张某。
委托代理人陈某。

上诉人长沙市海韵贸易有限公司(以下简称海韵公司)与被上诉人安化县财政局政府采购投诉行政处理一案,不服湖南省桃江县人民法院作出的〔2019〕湘0922行初178号行政判决,向本院提起上诉。本院受理后,依法组成合议庭审理了本案,本案现已审理终结。

一审法院认定,2019年4月,采购代理机构湖南省湘咨工程咨询有限责任公司(以下简称代理机构)受采购人安化县文化旅游广电新闻出版局的委托,对安化县贫困地区村文化活动室设备购置项目进行公开招标。4月2日发出招标公告,文件第六章招标文件前附表第九章其他规定载明政府采购强制采购节能产品、政府采购优先采购环境标志产品均为否。海韵公司等企业参与投标,2019年5月30日,代理机构发出购置项目公开招标中标公告,公告了采购项目信息、开标定标日期、供应商投标情况、中标供应商供货明细(中标供应商为湖南昌立智能科技有限公司)、评审小组名单及质疑。5月31日,海韵公司向代理机构、安化县文化旅游广电新闻出版局(以下简称安化县文旅局)提出质疑书,质疑请求:暂停湖南昌立智能科技有限公司第一中标候选人的资格,依法组织评委小组重新评标。2019年6月10日,代理机构、安化县文旅局作出关于海韵公司《质疑书》的答复,海韵公司不服答复,同年6月12日向安化县财政局提交关于安化县贫困地区村文化活动室设备购置项目的投诉书,投诉事项:1.评标委员会剥夺了投诉人的评标价在投标报价基础上依法享受6%的扣除权益;2.评标委员会有故意压低海韵公司得分的情形,没有依法和依据招标文件条款评标;3.评标委员会评标过程中有偏向目前中标第一候选人的情形,没有依照招标文件进行评标;4.湖南昌立智能科技有限公司与电子琴生产厂家家得理电子(珠海)有限公司、销售商美得理电子(深圳)有限公司以及本项目相关负责人相互勾结串通,用目前还没有上市的新品电子琴的唯一参数作为招标文件的参数要求,进行控标;5.按财政部87号令,中标结果公告中必须把主要中标标的产品品牌、规格型号、单价、数量、服务要求等全部公示,而此次中标公告没有公告上述内容,属违法行为。6月19日,安化县财政局向海韵公司发出《政府采购投诉补正材料通知书》,6月20日,海韵公司提交投诉补正说明,6月26日,安化县财政局作出《投诉受理通知书》,同日向代理机构、安化县文旅局发出《投诉答复通知书》,并送达《暂停政府采购活动通知书》:在处理投诉事项期间,暂停该项政府采购活动。7月3日,收到其关于海韵公司投诉书的回复,2019年7月25日,安化县财政局作出安财购〔2019〕265号《投诉处理决定书》,并送达给海韵公司。另查明,该项目于2019年5月30日发布公开招标中标结果公告,因有供应商对采购过程、采购结果提起投诉,现项目已暂停。

一审法院认为,根据《中华人民共和国政府采购法》第十三条第一款的规定,各级人民政府财政部门是负责政府采购监督管理的部门,依法履行对政府采购活动的监督管理职责,因此,安化县财政局对涉案投诉事项具有行政监督管理职责。

本案争议的焦点是:安化县财政局是否对海韵公司的投诉事项作出处理?所作出的安财购〔2019〕265号投诉处理决定是否合法?

一、关于安化县财政局对海韵公司的投诉事项是否作出处理的问题。

针对海韵公司在投诉书中的五项投诉事项,安化县财政局在《投诉处理决定书》中,均一一作出了回复:第1、5项投诉事项成立,第2、3、4项均因缺乏事实依据,不成立。并在处理决定书中,分别作出了处理决定。

二、安化县财政局作出的安财购〔2019〕265 号投诉处理决定是否合法的问题。

（一）投诉处理决定，程序合法。安化县财政局收到海韵贸易公司的投诉书后，于 2019 年 6 月 26 日予以受理、向关联当事人发出《投诉答复通知书》《暂停政府采购活动通知书》，并于 2019 年 7 月 25 作出《投诉处理决定书》，符合《中华人民共和国政府采购法》《政府采购质疑和投诉办法》有关投诉处理的程序规定，程序合法。

（二）事实清楚，适用法律正确。1. 关于处理决定中 1 评标委员会评审人员未按照采购文件载明的评审方法、评审标准进行评审，采购人、采购代理机构未按照规定执行政府采购政策，认定采购活动无效，责令采购人重新开展采购活动是否合法的问题。依据《政府采购法》第十三条的规定，财政部门是负责政府采购监督管理部门，依法履行对政府采购活动的监督管理职责。其监督检查就包括有关政府采购的法律、行政法规和规章的执行情况、采购政策、采购范围、采购方式和采购程序的执行情况等内容。①本案涉案招标文件中未载明节能产品、两型产品优先采购政策。依据《政府采购货物和服务招标投标管理办法》（财政部令第 87 号）第二十五条"招标文件、资格预审文件的内容不得违反法律、行政法规、强制性标准、政府采购政策，或者违反公开透明、公平竞争、公正和诚实信用原则。有前款规定情形，影响潜在投标人投标或者资格预审结果的，采购人或者采购代理机构应当修改招标文件或者资格预审文件后重新招标"的规定，安化县财政局认定采购文件违法，应当重新招标，依据充分。②评审人员未按评审标准进行评审。《招标文件》中有给予小型和微型企业产品 6% 的扣除比例，10 家参加投标的供应商有 8 家具有小微企业资格，评审时未给予其相应优惠评分，导致评审结果排序错误。安化县财政局依据财库〔2007〕号"评审人员未按照采购文件载明的评审方法、评审标准进行评审的，财政部门应当认定采购无效，责令重新开展采购活动"的规定，认定采购无效，责令重新开展采购活动，依据充分。本案虽已确定中标供应商，但尚未签订采购合同，因评审结果排序存在错误，安化县财政局依据《政府采购质疑和投诉办法》第三十二条认定采购无效、责令采购人重新开展采购活动，适用法律正确。2. 关于处理决定中 2 对采购代理机构的处理是否合法的问题。海韵公司就中标内容不规范的投诉事项，经安化县财政局调查该投诉成立，安化县财政局对采购代理机构作出行政处理，没有超出海韵公司的投诉事项范围。同时，对采购代理机构未落实采购政策等违法问题的处理，属于安化县财政局履行监督职责范围，该项处理决定不违法。3. 关于处理决定中 3 驳回海韵公司的投诉事项 2、3、4 及相关投诉请求是否合法的问题。依据《中华人民共和国政府采购法实施条例》第五十六条的规定，财政部门处理投诉事项采用书面审查的方式，必要时可以进行调查取证或组织质证。因海韵公司对 2、3、4 投诉事项，并没有提供相应的证据予以证实，安化县财政局作出的处理决定合法。4. 关于对评审人员另行处理是否合法的问题。依据《中华人民共和国采购法实施条例》第七十五条的规定，安化县财政局有权对其作出处理决定，而非海韵公司所称的不处理。综上所述，安化县财政局作出的安财购〔2019〕265 号投诉处理决定，事实清楚，程序合法，适用法律、法规正确。依照《中华人民共和国行政诉讼法》第六十九条的规定，故判决驳回海韵公司的诉讼请求。案件受理费 50 元，由海韵公司负担。

海韵公司不服一审判决，上诉提出：1. 安化县财政局投诉处理决定处理非投诉事项，属滥用职权行为，一审判决事实认定错误；2. 海韵公司投诉事项 2、3、4 成立，安化县财政局应依法认定并作出处理,一审判决事实认定错误;3.投诉处理决定适用法律、法规错误,一审判决未予认定。上诉请求:1.撤销一审法院作出的〔2019〕湘0922行初178号行政判决;2.依法改判撤销安化县财政局作出的安财购〔2019〕265号《投诉处理决定书》;3.依法改判安化县财政局重新作出投诉处理决定。

安化县财政局答辩称:1.一审法院认定事实清楚,证据充分,依法予以维持;2.海韵贸易公司提交的证据缺乏投诉事项2、3、4的事实依据;3.一审法院适用法律正确,程序合法,海韵公司的上诉理由不成立。请求驳回上诉,维持原判。

双方当事人一审提交并质证的证据已随案移送本院,经审查,可以作为认定本案事实的依据。本院二审期间,各方当事人均无新证据提交。

本院二审审理查明的事实与一审认定的事实一致,本院予以确认。

本院认为,本案的争议焦点是安化县财政局作出的安财购〔2019〕265号《投诉处理决定书》是否合法的问题。根据《中华人民共和国政府采购法》第十三条的规定,各级人民政府财政部门是负责政府采购监督管理的部门,依法履行对政府采购活动的监督管理职责。这种监督管理不仅包括受理供应商的投诉,还包括对采购活动的主动监管,因此安化县财政局作为本级政府采购的监管部门,在接到海韵公司的投诉后,经调查,发现采购活动存在其他违反法律法规的问题时一并进行处理的做法,并不违反法律禁止性规定。但需要指出来的是,安化县财政局既已查实涉案招标文件未按规定执行强制采购节能产品和优先采购环境标志产品、两型产品的政府采购政策,并依据(财政部令第87号)《政府采购货物和服务招标投标管理办法》第二十五条的规定认定采购文件违法,那么在被诉的《投诉处理决定书》中应当载明其所依据的该项规定,其遗漏处理依据的做法存在瑕疵。且根据(财库〔2007〕号)《财政部关于加强政府采购货物和服务项目价格评审管理的通知》第六条的规定,评审人员未按照采购文件载明的评审方法、评审标准进行评审的,财政部门应当认定采购无效,责令重新开展采购活动。本案,针对海韵公司的投诉事项1,安化县财政局经审查认为评标委员会评审人员未按照采购文件载明的评审方法、评审标准进行评审,海韵公司的该投诉事项成立,并据此认定采购无效,责令重新开展采购活动,符合规定。本案虽已确定中标供应商,但尚未签订采购合同,因评审结果无效,亦无法确定合格的中标或成交供应商,故安化县财政局依据《政府采购质疑和投诉办法》第三十二条第(二)项规定责令采购人重新开展采购活动,适用法律、法规正确。海韵公司提出应按照《政府采购货物和服务招标投标管理办法》第六十七条的规定重新组建评标委员会进行评标的主张,因本案所涉采购过程中并未查实存在该条规定的四种情形,故不符合适用该条规定的情形,该主张本院不予支持。另根据《中华人民共和国政府采购法实施条例》第五十五条规定,供应商质疑、投诉应当有明确的请求和必要的证明材料。《政府采购质疑和投诉办法》第二十五条规定,应当由投诉人承担举证责任的投诉事项,投诉人未提供相关证据、依据和其他有关材料的,视为该投诉事项不成立;被投诉人未按照《投诉答复通知书》要求提交相关证据、依据和其他有关材料的,视同其放弃说明权利,依法承担不利后果。海韵公司针对2、3、4项投诉事项没有提供相应的证据予以佐证,安化县财政局认为2、3、4项投诉事项不成立并无不当。安化县财政局收到海韵公司的投诉书后,依法受理,向被投诉人和其他与投诉事项有关当事人发出《投诉答复通知书》,在法定期限内依法审查并作出《投诉处理决定书》,符合《中华人民共和国政府采购法》《政府采购质疑和投诉办法》有关投诉处理的程序规定,程序亦合法。

综上所述,海韵公司的上诉请求均不能成立,本院不予支持。一审判决认定事实清楚,证据充分,适用法律、法规正确,本院依法应予维持。依照《中华人民共和国行政诉讼法》第八十九条第一款第(一)项之规定,判决如下:

驳回上诉,维持原判。

二审案件受理费 50 元,由上诉人长沙市海韵贸易有限公司负担。

本判决为终审判决。

审 判 长　吴　斌

审 判 员　傅爱军

审 判 员　谭环栋

二〇二〇年五月二十一日

法官助理　苏婧如

书 记 员　肖　贝

【后续案例】

湖南省高级人民法院〔2020〕湘行申 1057 号再审审查与审判监督行政裁定书。

长沙市海韵贸易有限公司
与湖南省新化县财政局
政府采购(招投标)投诉处理决定案

【案件提要】

本案是对采购文件的投诉处理决定提起行政诉讼的案例,涉及要求提供样品、对通过认证体系加分和要求提供质量检测报告等争议问题。一、二审法院支持财政部门认定投诉不成立的处理决定,是认同了财政部门的处理意见:采购人根据仅凭书面方式不能准确描述采购需求的复杂性和特殊情形,可以要求供应商提供样品;设置产品制造商通过ISO四项体系认证为加分项,并未将其设置为资格要求,是对产品制造商涉及环境保护、质量管理、职工健康保护、信息安全等方面提出要求;要求供应商对专业音箱提供"消声室声学参数检测验收合格的检测报告",是对提供合格产品的鼓励,是追求产品质量的采购方式,该要求符合国家政策规定。

【判决正文】

湖南省娄底市中级人民法院
行政判决书

〔2020〕湘13行终132号

上诉人(一审原告)长沙市海韵贸易有限公司,住所地(略)。

法定代表人陈某。

特别授权委托代理人彭某。

委托代理人蒋某。

被上诉人(一审被告)新化县财政局,住所地(略)。

法定代表人鄢某。

委托代理人周某。

委托代理人刘某。

一审第三人新化县文化旅游广电体育局,住所地(略)。

法定代表人刘某。

委托代理人曾某。

委托代理人袁某。

一审第三人新化中信招标有限公司,住所地(略)。

法定代表人林某。

上诉人长沙市海韵贸易有限公司(以下简称海韵公司)因财政行政决定一案,不服涟源市人民法院〔2020〕湘1382行初19号行政判决,向本院提起上诉。本院受理后,依法组成合议庭审理了本案。现已审理终结。

一审认定,海韵公司于2002年7月11日注册成立,其相关的经营范围有:乐器、体育用品及器材、电子产品、文化用品、化工产品(不含危险及监控化学品)的销售;乐器维修、调试;文化艺术咨询服务;音响设备家电零售服务等等。2018年12月10日,湖南省文化和旅游厅发出了湘文旅公共〔2018〕118号《关于做好第四批贫困地区行政村文化服务中心基本文化服务设备配置工作的通知》:为每个行政村综合文化服务中心安排配置资金2万元(新化县为513个行政村),由各县级文化行政部门按购置名单统一采购、配达。新化县本次政府采购的21项产品为:便携式音响、12路调音台、功率放大器、专业音箱、一拖二无线麦克风、音频线、音响线、音箱臂架、话筒落地支架、航空机柜、大锣、小锣、堂鼓、湘镲、二胡、唢呐、笛子、小军鼓、大军鼓、笔记本电脑、交互式智能影音设备。经新化县文化旅游广电体育局(以下简称新化县文广局)委托,某招标代理机构于2019年8月8日发布招标公告,后海韵公司就售后服务、认证等提出《质疑书》,某招标代理机构即发布采购项目终止公告。经新化县文广局委托,新化县中信招标有限公司(以下简称中信招标公司)于2019年9月26日发布招标公告,后海韵公司就售后服务、样品及认证等提出《质疑书》,中信招标公司向海韵公司作出《质疑答复书》并发布采购项目终止公告。2019年10月9日,中信招标公司在湖南省政府采购网和娄底市公共资源交易网发布《新化县513个村文化设备采购项目公开招标公告》。该招标公告所涉《政府采购招标文件2019年10月》第二部分第六章"招标文件前附表",在第59—61页以"第二章评标办法及标准(综合评分法)(前附表)"的编目,明确第二章第2.2款的评标因素及权值分别为:投标报价30分,商务部分20分,技术部分50分(其中:产品配置及技术参数14分、项目实施方案3分、样品19分、产品信誉10分、产品质量保证体系4分)。招标文件第60页"样品19分"的评分标准,为"通过对样品的材质、工艺、性能等进行主观判断,具体计分如下:1.样品符合采购需求的,计19分;2.样品的材质、工艺、性能等与采购需求有偏离的,每偏离一处扣3分,扣完为止。注:投标人须提供三大类21种产品的样品(样品清单见第八章附件1),样品不全或没有提供样品该项不计分"。招标文件第60—61页"产品信誉10分"的评分标准,为"1.所投调音台产品厂家同时有ISO9001:2015质量管理体系认证(CQC认证),ISO14001:2015环境管理体系认证(CQC认证),ISO18001:2007职业健康安全管理体系认证(CQC认证),ISO27001信息安全管理体系认证(CQC认证)的计2分,缺项不计分(提供中国质量认证中心官网http://www.cqc.com.cn查询结果截图并加盖厂家公章,否则不计分);2.所投功率放大器产品厂家,同时有ISO9001:2015质量管理体系认证(CQC认证),ISO14001:2015环境管理体系认证(CQC认证),ISO18001:2007职业健康安全管理体系认证(CQC认证),ISO27001信息安全管理体系认证(CQC认证)的计2分,缺项不计分(提供中国质量认证中心官网http://www.cqc.

com.cn 查询结果截图并加盖厂家公章,否则不计分);3. 所投专业音箱产品厂家,同时有 ISO9001：2015 质量管理体系认证(CQC 认证),ISO14001：2015 环境管理体系认证(CQC 认证),ISO18001：2007 职业健康安全管理体系认证(CQC 认证),ISO27001 信息安全管理体系认证(CQC 认证)的计 2 分,缺项不计分(提供中国质量认证中心官网 http://www.cqc.com.cn 查询结果截图并加盖厂家公章,否则不计分);4. 所投交互式智能影音设备产品厂家,同时有 ISO9001：2015 质量管理体系认证(CQC 认证),ISO14001：2015 环境管理体系认证(CQC 认证),ISO18001：2007 职业健康安全管理体系认证(CQC 认证),ISO27001 信息安全管理体系认证(CQC 认证)的计 2 分,缺项的不计分(提供中国质量认证中心官网 http://www.cqc.com.cn 查询结果截图并加盖厂家公章,否则不计分);5. 所投便携式音响产品厂家,同时有 ISO9001：2015 质量管理体系认证(CQC 认证),ISO14001：2015 环境管理体系认证(CQC 认证),ISO18001：2007 职业健康安全管理体系认证(CQC 认证),ISO27001 信息安全管理体系认证(CQC 认证)的计 2 分,缺项不计分(提供中国质量认证中心官网 http://www.cqc.com.cn 查询结果截图并加盖厂家公章,否则不计分)"。招标文件第 61—62 页"产品质量保证体系 4 分"的评分标准,为"1.……2. 所投专业音箱的厂家可提供中国合格评定国家认可委员会(CANS)认可的检测机构对制造商消声室声学参数检测验收合格的检测报告计 2 分(提供检测报告复印件加盖厂家公章,否则不计分)"。2019 年 10 月13 日,海韵公司提出《质疑书》。该次质疑的三项内容是：样品 19 分,产品信誉 10 分,产品质量保证体系 4 分(注：对该质保体系,仅质疑其中的第 2 小项)。2019 年 10 月 21 日,新化县文广局、中信招标公司向海韵公司作出《质疑答复书》：对所质疑的三个事项,均分别答复为"质疑事项缺乏事实依据和法律依据"。2019 年 10 月 24 日,海韵公司向新化县财政局提出《政府采购投诉书》,其投诉事项与 10 月 13 日质疑的实质内容一致：投诉事项 1,为招标文件第 60 页的评分标准样品 19 分;投诉事项 2,为招标文件第 60 页的评分标准产品信誉 10 分;投诉事项 3,为招标文件第 61 页的评分标准产品质量保证体系 4 分(注：对该质保体系,仅投诉其中的第 2 小项)。针对海韵公司的投诉,新化县财政局于 2019 年 11 月 18 日作出新财购〔2019〕267 号《投诉处理决定书》。该 267 号《投诉处理决定书》针对投诉事项 1认为,根据《政府采购货物和服务招标投标管理办法》第二十二条"采购人、采购代理机构一般不得要求投标人提供样品,仅凭书面方式不能准确描述采购需求或者需要对样品进行主观判断以确认是否满足采购需求等特殊情况除外"之规定,采购人根据仅凭书面方式不能准确描述采购需求的复杂性和特殊情形,可以要求供应商提供样品。经查阅该项目招标文件,要求供应商提供样品用以验证投标产品是否符合采购需求,考察投标产品的技术参数、生产工艺水平、用材用料、音响乐器的音色、音质等真实情况,是出于对成交产品的质量管控,使采购评审环节更加直观、透明。样品仅作为采购评分,没有限制供应商公平竞争。样品的规格不存在唯一性、排他性指标。中标样品还可作为对履约验收的依据,对采购项目成功实施有重大意义。该项目要求提供样品用以评分和作为验收依据并无不当,该投诉事项不予认可,驳回该投诉。该 267 号《投诉处理决定书》针对投诉事项 2 认为,经调查,招标文件设置产品制造商通过 ISO 四项体系认证为加分项,并未将其设置为资格要求,是对产品制造商涉及环境保护、质量管理、职工健康保护、信息安全等方面提出要求。上述认证体系是国际公认的企业标准化认证,也是我国政府倡导推进的企业质量认证标准,符合《产品质量法》《产品质量仲裁检验和产品质量鉴定管理办法》的规定,是企业对采购人提供合格产品与服务的保障,该投诉事项不成立。该267号《投诉处理决定书》针对投诉事项3认为,经调查,招标文件要求供应商对专业音箱提供"消声室声学参数检测验收合格的检测报告",是对提供合格产品的鼓励,是追求产品质量的采购方式,该要求符合国家政策规定。投诉内容缺乏事实依据和法律依据,不予认可,该投诉事项不成立。综上,对于三项投诉事项,新化县财政局根据《政府采购质疑和投诉办法》(财政部令第94号)第二十九条第(一)项的规定,驳回投诉。海韵公司对新化县财政局作出的《投诉处理决定书》不服,于2020年1月19日向本院提起本案行政诉讼。另查明,涉案采购项目于2019年11月1日评标,11月4日公布中标公告,11月12日发出中标通知。采购已实施完毕。

一审认为,新化县财政局接到海韵公司的投诉后,依法按程序进行审查,于2019年11月18日作出新财购〔2019〕267号《投诉处理决定书》,驳回海韵公司的三项投诉,其认定事实清楚、证据确凿充分、程序合法,整体上处理基本得当,符合《政府采购质疑和投诉办法》第二十九条第(二)项的规定。但该《投诉处理决定书》系根据《政府采购质疑和投诉办法》第二十九条第(一)项作出,即使是笔误,亦系错误,本院在此指出并予以纠正。海韵公司向新化县财政局递交《政府采购投诉书》,其所投诉的三个事项均缺乏事实依据,投诉事项不成立。海韵公司的诉讼请求,没有事实与法律依据,依法应当予以驳回。据此,依照《中华人民共和国行政诉讼法》第六十九条之规定,判决驳回海韵公司的全部诉讼请求。案件受理费50元,由海韵公司负担。

海韵公司上诉称,一审判决事实认定错误,法律适用不当,海韵公司有合理合法的事实和相应的证据材料,证明海韵公司质疑及投诉事项1、2、3成立,新化县财政局直接驳回海韵公司投诉事项1、2、3明显错误,未依法履行政府采购监督职责。请求:1.依法撤销涟源市人民法院2020年7月1日作出的〔2020〕湘1382行初19号行政判决;2.依法改判撤销新化县财政局2019年11月18日作出的投诉处理决定(新财购〔2019〕267号);3.依法改判新化县财政局重新作出投诉处理决定。

新化县财政局辩称,新化县财政局作为政府采购监督管理部门,在本次政府采购项目中依法履行了监督职责,所作出的新财购〔2019〕第267号《投诉处理决定书》事实清楚,证据充分,没有违法之处。新化县财政局在处理上诉人海韵公司的投诉期间,没有书面通知采购人暂停采购活动,并没有违反法律的规定。一审法院判决认定事实清楚,适用法律正确,应依法予以维持。海韵公司的上诉缺乏事实和法律依据,其上诉理由不能成立,请求二审法院依法予以驳回,维护新化县财政局及采购人的合法权益。

新化县文广局述称,一审法院判决认定事实清楚、证据充分、适用法律正确,应当依法予以维持,海韵公司的上诉缺乏事实和法律依据,请求二审法院依法予以驳回,维护采购人的合法权益。请求二审法院驳回上诉,维持原判。

中信招标公司述称,海韵公司在上诉书中提到的代理机构和采购人互相勾结制作招标文件,这个是毫无依据的毁谤,要求海韵公司予以更正。

本院经审理查明的事实与一审判决认定的事实一致,本院予以确认。

本院认为,本案争议的焦点是海韵公司投诉的 3 项事项是否成立,新化县财政局作出的新财购〔2019〕267 号投诉处理决定是否合法。

关于投诉事项 1：招标文件第 60 页评分标准样品(19 分)。《政府采购货物和服务招标投标管理办法》(财政部令 87 号)第二十二条第一款规定"采购人、采购代理机构一般不得要求投标人提供样品,仅凭书面方式不能准确描述采购需求或者需要对样品进行主观判断以确认是否满足采购需求等特殊情况除外。"该款规定了提供样品的两种除外的特殊情况。本案中,采购人根据本次政府采购项目的特点要求投标人提供相应样品,用以验证投标产品是否符合采购的特殊需求,对采购的成功实施具有重要意义,且对样品没有提出唯一性或排他性等不当要求,没有限制潜在投标人的公平竞争。因此,本案中要求投标人提供样品并未明显违反《政府采购货物和服务招标投标管理办法》第二十二条第一款的规定。新化县财政局驳回该项投诉请求并无明显不当。关于投诉事项 2：投标文件第 60 页评分标准信誉(10 分)。采购人要求产品制造商通过质量、环保、健康安全、信息安全认证体系,并没有将其设置为资格要求,是对产品制造商涉及环境保护、质量管理、对职工健康保护、信息安全等方面提出要求,并未违反相关法律的规定。关于投诉事项 3：招标文件第 61 页评分标准产品质量保证体系(4 分)。该部分是对音响产品质量的要求,并非对投标人的要求,不属于实行差别待遇或歧视的行为,不违反《政府采购法》《政府采购法实施条例》等法律法规的规定。综上,海韵公司提出的三项投诉均不能成立,新化县财政局作出驳回投诉的决定并无不当。海韵公司的上诉观点和理由无事实和法律依据,本院不予支持。一审判决认定事实清楚,程序合法,适用法律正确,应予维持。据此,依照《中华人民共和国行政诉讼法》第八十九条第一款(一)项之规定,判决如下：

驳回上诉,维持原判。

案件受理费 50 元,由上诉人长沙市海韵贸易有限公司承担。

本判决为终审判决。

审 判 长　李红菱

审 判 员　肖旭宁

审 判 员　童志方

二〇二〇年九月二十二日

书 记 员　李 芸

58

长沙市海韵贸易有限公司
与海南省宁乡市财政局
政府采购(招投标)投诉处理决定案

【案件提要】

　　本案是就采购结果的投诉处理决定提起行政诉讼的案例。案件的起因是：海韵公司中标后，被法院判决构成提供虚假材料谋取中标、成交的行为；财政部门据此对海韵公司作出行政处罚。后采购人向法院提出要求海韵公司将原中标货物搬走的民事诉讼，同时提出确认政府采合同无效的诉请。民事判决认为在民事诉讼程序中不宜对政府采购合同的效力进行审查，涉案中标结果是否有效应由财政部门作出认定。海韵公司遂向财政部门提出申请，请求确认涉案中标结果及政府采购合同有效。财政部门根据生效行政判决，作出认定海韵公司要求确认的政府采购过程中的中标、成交结果无效的答复。海韵公司不服，提起本案诉讼。一审法院经审理认为，财政部门对涉案中标、成交结果作出无效认定，事实清楚，适用法律正确。二审法院认为，财政部门认定结果正确，但未提交证据证明其作出答复符合《湖南省行政程序规定》第七十一条、第七十三条的规定，不能认定为程序合法。考虑到其认定结果正确，程序问题不影响海韵公司的合法权益，依法应确认程序违法；同时，财政部门所作答复，系其依据行政职权对中标效力作出的认定，应定性为行政行为，中标、成交无效虽属法定后果，但仍需通过行政行为予以确认。但海韵公司向行政机关请求确认合同有效，则明显无法律依据，即其对此无请求权，财政部门对该项请求不予处理，不影响其合法权益。对于财政部门对海韵公司该项请求不予处理的行为，本案不予审理，海韵公司可另行通过民事途径进行救济。故二审法院判决撤销一审判决，确认财政部门所作答复违法。

【判决正文】

湖南省长沙市中级人民法院
行政判决书

〔2020〕湘 01 行终 238 号

上诉人(一审原告)长沙市海韵贸易有限公司,住所地(略)。
法定代表人陈某。
委托代理人彭某。

被上诉人（一审被告）宁乡市财政局，住所地（略）。

法定代表人王某。

委托代理人张某。

委托代理人戴某。

一审第三人宁乡市仪器电教站，住所地（略）。

法定代表人戴某。

委托代理人黄某。

上诉人长沙市海韵贸易有限公司（以下简称海韵公司）因与被上诉人宁乡市财政局、一审第三人宁乡市仪器电教站（以下简称宁乡电机站）政府采购行政确认一案，不服长沙铁路运输法院〔2019〕湘8601行初783号行政判决，向本院提起上诉。本院依法组成合议庭，对本案进行了审理，现已审理终结。

一审法院查明，2013年8月7日，宁乡市财政局作出宁财罚函〔2013〕2号《行政处罚决定书》，对海韵公司在宁乡电教站的电子琴采购项目中提供虚假材料谋取中标的行为予以处罚。海韵公司不服，向一审法院提起行政诉讼。经二审法院终审，均确认海韵公司在此次采购中有提供虚假材料谋取中标、成交的行为。海韵公司仍不服，向检察院申请监督，但未得到支持。后宁乡电教站要求海韵公司将存放在宁乡电教站处的电子琴搬走，海韵公司拒绝，宁乡电教站遂向一审法院提起民事诉讼，要求：1.确认海韵公司在其电子琴采购项目的中标结果无效；2.确认宁乡电教站与海韵公司签订的《政府采购合同协议书》无效；3.判令海韵公司立即搬离存放在宁乡电教站处的203台电子琴；4.判令海韵公司支付仓库保管费72 000元。经再审，再审法院认为在民事诉讼程序中不宜对政府采购合同的效力进行审查，涉案中标结果是否有效应由宁乡市财政局作出认定。2019年10月8日，海韵公司向宁乡市财政局寄送了《请求依法确认中标成交结果及政府采购合同有效的行政确认申请书》，请求确认涉案中标结果及《政府采购合同协议书》有效。2019年10月30日，宁乡市财政局作出宁财函〔2019〕16号《关于依法确认中标成交结果及政府采购合同有效的行政确认申请书的回复函》（以下简称《复函》），根据〔2013〕宁行初字第37号行政判决书、〔2014〕长中行终字第91号行政判决书予以确认的事实，依据《中华人民共和国政府采购法》第七十七条第一款及第二款规定，认定海韵公司要求确认的政府采购过程中的中标、成交结果无效。海韵公司不服，提起本案诉讼。

一审法院认为，《中华人民共和国政府采购法》第十三条规定："各级人民政府财政部门是负责政府采购监督管理的部门，依法履行对政府采购活动的监督管理职责。"根据该条规定，宁乡市财政局宁乡市财政局作为政府采购监督管理部门，对涉案政府采购活动负有监督管理职责。《中华人民共和国政府采购法》第七十七条规定："供应商有下列情形之一的，处以采购金额千分之五以上千分之十以下的罚款，列入不良行为记录名单，在一至三年内禁止参加政府采购活动，有违法所得的，并处没收违法所得，情节严重的，由工商行政管理机关吊销营业执照；构成犯罪的，依法追究刑事责任：（一）提供虚假材料谋取中标、成交的……供应商有前款第（一）至（五）项情形之一的，中标、成交无效。"本案中，海韵公司在涉案采购项目中提供虚假材料谋取中标的行为，已经生效判决确认。宁乡市财政局依据《中华人民共和国政府采购法》第七十七条,对涉案中标、成交结果作出无效认定,事实清楚,适用法律正确。宁乡市财政局依据经生效判决确认的事实,对涉案采购项目中标合同效力作出认定的行为,应属行政确认行为。海韵公司在庭审中提出涉案行政行为属一事二罚,超过两年处罚时效的辩论理由,不予支持。综上,依照《中华人民共和国行政诉讼法》第六十九条之规定,判决驳回海韵公司的全部诉讼请求。

海韵公司上诉称:一、宁乡市财政局未依法履行职责,所造成的法律后果不应当由海韵公司承担,宁乡市财政局不宜再确认中标结果无效。1. 中标结果及政府采购合同应当有效;2. 宁乡市财政局未依法履行法律赋予的职责是显而易见的事;3. 如确认中标结果无效,海韵公司的损失必然发生;4. 海韵公司的损失与宁乡市财政局的行政不作为存在因果关系,宁乡市财政局应当承担责任。二、宁乡市财政局引用行政处罚法第二十九条第一款规定的两年时效认定其有权对中标、成交是否有效作出认定,法律适用不当,一审未予认定明显不当。请求撤销一审判决,撤销宁乡市财政局于 2019 年 10 月 30 日作出的《关于依法确认中标成交结果及政府采购合同有效的行政确认申请书的回复函》,依法改判宁乡市财政局重新作出行政确认。

宁乡市财政局的答辩意见与一审的答辩意见一致,请求驳回上诉,维持原判。

宁乡电教站的意见与一审的意见一致,请求驳回上诉,维持原判。

本院经审理查明的事实与一审判决认定的事实一致。

本院认为:一、关于宁乡市财政局认定海韵公司的中标、成交结果无效是否合法的问题。《中华人民共和国政府采购法》第七十七条规定:"供应商有下列情形之一的,处以采购金额千分之五以上千分之十以下的罚款,列入不良行为记录名单,在一至三年内禁止参加政府采购活动,有违法所得的,并处没收违法所得,情节严重的,由工商行政管理机关吊销营业执照;构成犯罪的,依法追究刑事责任:(一)提供虚假材料谋取中标、成交的……""供应商有前款第(一)至(五)项情形之一的,中标、成交无效。"本案中,海韵公司具有提供虚假材料谋取中标、成交的行为,已由生效判决予以认定,宁乡市财政局据此认定中标、成交结果无效,具有事实根据,符合上述规定,结果正确,并无不当。但是,宁乡市财政局未提交证据证明其作出被诉行政行为符合《湖南省行政程序规定》第七十一条、第七十三条的规定,不能认定为程序合法。考虑到其认定结果是正确的,程序问题不会影响海韵公司的合法权益,撤销重作对海韵公司并无救济作用,相反会导致程序空转,损害行政效率,浪费行政资源,根据《中华人民共和国行政诉讼法》第七十四条第一款第一项的规定,对被诉行政行为应确认程序违法。一审对被诉行政行为的程序未予审查不当,应予纠正。关于海韵公司提出的其中标应当有效的问题,如前所述,理由不成立,不予采信。关于海韵公司提出的被诉答复适用行政处罚法规定的两年时效,属适用法律不当的问题。认定中标无效性质上不属行政处罚,被诉答复引用行政处罚法的相关条款进行说理不当,本院予以指正。但相关条款并非宁乡市财政局认定海韵公司的中标、成交结果无效的依据,不属适用法律错误,海韵公司主张属法律适用问题,理由不成立。关于宁乡市财政局诉讼中提出的在当事人提供虚假材料谋取中标、成交的情况下,中标、成交无效属法律规定的必然后果,无须另行确认,涉案答复只是单纯的告知,对当事人的权利义务不产生实际影响的问题。根据答复的内容,宁乡市财政局对海韵公司所作答复,系其依据行政职权对涉案中标效力作出的认定,应定性为行政行为,同时,中标、成交无效虽属法定后果,但仍需通过行政行为予以确认,该项理由不成立,不予采信。

二、关于宁乡市财政局对海韵公司的第二项请求的处理。海韵公司向行政机关请求确认合同有效,明显无法律依据,海韵公司对此无请求权,宁乡市财政局对该项请求不予处理,不影响其合法权益。对于宁乡市财政局对海韵公司的该项请求不予处理的行为,本案不予审理。海韵公司可另行通过民事途径进行救济。

综上,海韵公司主张被诉行政行为违法,理由成立,但其要求撤销重作,理由不成立,不予支持。一审判决适用法律错误,应予撤销。依照《中华人民共和国行政诉讼法》第七十四条第一款第一项、第八十九条第一款第二项的规定,判决如下:

一、撤销长沙铁路运输法院〔2019〕湘 8601 行初 783 号行政判决;

二、确认宁乡市财政局作出的宁财函〔2019〕16 号《关于依法确认中标成交结果及政府采购合同有效的行政确认申请书的回复函》程序违法。

本案一、二审诉讼费各 50 元,共 100 元,由被上诉人宁乡市财政局负担。

本判决为终审判决。

审 判 长　周　永
审 判 员　陈丽琛
审 判 员　傅美容
二〇二〇年六月三日
书 记 员　杨月婵

长沙市天之音乐器有限公司
与湖南省新宁县财政局
政府采购（招投标）投诉处理决定案

【案件提要】

　　本案是对采购文件的投诉处理决定提起行政诉讼的案例。涉案采购项目发布招标公告，天之音公司获取招标文件后提出质疑和投诉，直至提起本案诉讼。一、二审法院都支持财政部门驳回投诉的处理决定，即采购人要求供应商具有良好的商业信誉以及履行合同所必须的设备和专业技术能力，是获得采购质量优良和服务良好的保障，招标文件将这些作为记分因素与招标项目的具体特点和世纪需求相适应，不违反法律禁止性规定，亦没有对其他供应商实行差别待遇或者歧视待遇。

【判决正文】

湖南省邵阳中级人民法院
行政判决书

〔2020〕湘 05 行终 219 号

上诉人（一审原告）长沙市天之音乐器有限公司，住所地（略）。
法定代表人罗某。
委托代理人彭某。
委托代理人蒋某。
被上诉人（一审被告）新宁县财政局，住所地（略）。
法定代表人李某。
出庭负责人马某。
委托代理人王某。
委托代理人刘某。
一审第三人新宁县文化旅游广电体育局，住所地（略）。
单位负责人蒋某。
出庭负责人张某。
委托代理人尹某。

一审第三人北京江河润泽工程管理咨询有限公司新宁办事处,住所地(略)。

负责人罗某。

一审第三人湖南华瀚文化传播有限公司,住所地(略)。

法定代表人沈某。

委托代理人刘某。

上诉人长沙市天之音乐器有限公司(以下简称天之音公司)因与被上诉人新宁县财政局、一审第三人新宁县文化旅游广电体育局(以下简称新宁县文广局)、北京江河润泽工程管理咨询有限公司新宁办事处(以下简称江河润泽公司)、湖南华瀚文化传播有限公司(以下简称华瀚公司)政府采购投诉处理一案,不服湖南省武冈市人民法院〔2020〕湘0581行初65号行政判决,向本院提起上诉。本院受理后,依法组成合议庭审理了本案。现已审理终结。

一审法院查明,2019年12月18日,湖南省文化和旅游厅发布了《关于做好第五批贫困地区行政村文化服务中心基本文化服务设备配置工作的通知》(湘文旅公共〔2019〕130号),确定了新宁县所辖235个村属于第五批行政村文化服务中心配置名单,湖南省财政厅拨付了470万的文化活动室设备购置的专项经费。新宁县财政局根据新宁县文化活动室设备采购项目制定了政府采购计划(新宁财采计〔2020〕000121号),交由新宁县文广局负责采购事宜。新宁县文广局根据采购要求制定了《政府采购招标文件》,委托江河泽润公司对该项目进行公开招标采购。2020年3月6日,江河泽润公司在政府采购网、邵阳市公共资源交易中心网发布了《新宁县文化活动室设备采购公开招标公告》,天之音公司获悉该项目的《政府采购招标文件》后,认为《政府采购招标文件》中包含的"评标因素和标准"中部分内容损害了该公司的合法权益。3月9日,天之音公司向新宁县文广局、江河泽润公司提出6项质疑:"1.评审因素中同类业绩的质疑;2.3.4评审因素设置的企业实力中重合同守信用、质量信用等级及质量监督检测报告的质疑;5.招标文件52页1★中的设置涉嫌二次评审;6.招标文件52页2★中的设置涉嫌二次评审"。新宁县文广局、江河泽润公司发布了更正公告对招标文件予以更正,其中对质疑的第1、5、6项予以采纳,但对质疑的2、3、4项认为未违反法律法规及部门规章的强制性禁止性规定,没有采纳,并将原定于3月31日的开标日期延期至4月3日。

2020年3月18日,天之音公司向新宁县财政局投诉,具体内容为:"企业实力"评分因素设置不合法,1.设置以省级及以上工商行政管理部门颁发的"守合同重信用"作为计分因素,以及以投标人连续5年获得市级工商行政管理部门颁发的"守合同重信用"单位称号作为记分因素;2.以省市级及以上企业质量信用等级评定委员会颁发的"质量服务双优单位""质量服务百强品牌"作为计分因素;3.以提供市或以上质量监督部门出具的检测报告等作为评分记分条件;4.招标文件(52页)"1.第一中标候选人在网上中标公告发出后三个工作日内带样品及招标文件中要求提供的商务部分加分项原件到甲方指定现场演示上述产品所有功能,如发现产品参数、配置功能及其他资料作假将提请监管部门依法处理。""2.如发现中标候选人提供的证明文件、资料有虚假、伪造的行为将提请监管部门依法处理。"2020年3月20日,新宁县财政局受理了天之音公司对招标文件的投诉。新宁县财政局随后对该投诉事项进行了调查、集体审议,于2020年3月31日作出《投诉处理决定书》(新财采监〔2020〕

1号），驳回天之音公司的投诉。新宁县财政局将该决定书邮寄给天之音公司。天之音公司对此决定不服，向一审法院提起行政诉讼，请求撤销新宁县财政局作出的《投诉处理决定书》（新财采监〔2020〕1号），判令新宁县财政局重新作出投诉处理决定。

另查明，2020年4月8日，新宁县文广局、江河泽润公司向华瀚公司发出《中标通知书》，确定华瀚公司为新宁县文化活动室设备采购项目的中标人，中标金额4 568 005元，综合得分97.86分，双方于2020年4月28日签订了《政府采购合同协议书》。

一审法院认为，根据《中华人民共和国政府采购法》第十三条第一款的规定，新宁县财政局就天之音公司对新宁县文广局采购文化活动室设备进行投诉有权作出处理决定。本案的争议焦点是新宁县财政局作出的处理决定是否合法。首先，根据《中华人民共和国政府采购法》第五十七条规定："政府采购监督管理部门在处理投诉事项期间，可以视具体情况书面通知采购人暂停采购活动，但暂停时间最长不得超过三十日"，本案中，新宁县财政局在开标日期前已经对天之音公司的投诉处理完毕，该局根据具体情况未暂停采购活动并没有损害天之音公司的投标权益，故其作出处理决定程序符合法律规定。其次，招标文件所设置的内容是否违反法律规定。《招标投标法》第三十二条第二款第（二）项规定，招标人设定的资格、技术、商务条件与招标项目的具体特点和实际需求不相适应或者与合同履行无关，属于以不合理条件限制、排斥潜在投标人或者投标人。《中华人民共和国政府采购法》第二十二条第二款也规定，"采购人可以根据采购项目的特殊要求，规定供应商的特定条件，但不得以不合理的条件对供应商实行差别待遇或者歧视待遇"。从上述规定可知，天之音公司的1、2、3项投诉涉及企业实力中重合同守信用、质量信用等级及质量监督检测报告，以上内容属于要求供应商具有良好的商业信誉以及履行合同所必需的设备和专业技术能力，是采购质量优良和服务良好的要求，以更优的产品建设文化活动室，是采购人希望实现的合同目的，招标文件将这些作为记分因素与本案招标项目的具体特点和实际需求相适应，并未对天之音公司实行了差别待遇或者歧视待遇，也没有排除其他潜在供应商。天之音公司的第4项投诉涉及的是对样品进行检测及投标资料真伪查看，在天之音公司提出质疑后，更正公告中已经对取消中标资格的内容进行了删除更改，更改后的条款没有涉及改变评审结果，只注明如出现虚假、伪造将提请监管部门依法处理。提请监管部门依法处理的规定不涉及取消中标资格，更不是以其他理由组织重新评审，符合相关规定。综上所述，新宁县财政局受理天之音公司的投诉后，进行了调查取证、组织集体评议并在法定期限内作出投诉处理决定及时以书面形式告知天之音公司，符合法律规定规定，处理投诉程序合法。新宁县财政局作出的投诉处理决定认定事实清楚，适用法律正确，对天之音公司要求撤销新宁县财政局作出的投诉处理决定的诉讼请求，不予支持。故依据《中华人民共和国行政诉讼法》第六十九条规定，判决驳回天之音公司要求撤销新宁县财政局2020年3月31日作出的《投诉处理决定》（新财采监〔2020〕1号）的诉讼请求。

天之音公司上诉称，该公司投诉的招标文件设置的"企业实力"三个评分因素违反法律规定：1.要求有省级及以上工商行政管理部门颁发的"守信用重合同"以及投标人连续5年获得市级工商管理部门颁发的"守信用重合同"称号；2.要求有省市级及以上企业质量信用等级评定委员会颁发的"质量服务双优单位""质量服务百强品牌"；3.要求提供市或以上质量监督部门出具的检测报告。新宁县财政局作出的投诉处理决定错误,一审驳回其诉讼请求的事实认定错误。请求二审法院撤销原判,撤销新宁县财政局作出的《投诉处理决定书》(新财采监〔2020〕1号),判令新宁县财政局重新作出投诉处理决定。

新宁县财政局辩称,天之音公司所称的一、二、三项投诉涉及企业实力中理合同守信用、质量信用等级及质量监督检测报告等事项内容,系供应商应具有良好信誉以及履行合同所必须的设备和专业技能力的具体体现,是政府采购选择产品质量优良、服务质量良好的要求,招标文件将这些作为记分因素与本案采购项目的具体特点和实际需要相适应,并未对天之音公司实行差别待遇或歧视待遇,也没有排除其他潜在供应商,招标文件评分因素的设置符合法律规定。该局作出的《投诉处理决定》认定事实清楚,适用法律正确,依法应予维持。一审判决正确,天之音公司的上诉理由不能成立。请求二审法院驳回上诉,维持原判。

新宁文广局、江河润泽公司、华瀚公司,均同意新宁县财政局的答辩意见。

本院查明的案件事实与一审认定的事实一致,本院予以确认。

本院认为,根据《中华人民共和国采购法》第二十二条第二款的规定,在政府采购中,招标人有权利对投标人设置相应资格要求以保障项目和服务质量,但需与招标项目的具体特点和实际需求相适应,不得实行差别待遇或歧视待遇。本案中,天之音公司对招标文件共提出五个投诉事项,现对其中的一、二、三项投诉事项即涉及企业实力中重合同守信用、质量信用等级及质量监督检测报告相关内容仍持异议,认为属于《中华人民共和国政府采购法实施条例》第二十条第八项规定的"以其他不合理条件限制或排斥潜在供应商"的情形。事实上,采购人要求供应商具有良好的商业信誉以及履行合同所必需的设备和专业技术能力,是获得采购质量优良和服务良好的保障,本案招标文件将这些作为记分因素与本案招标项目的具体特点和实需求相适应,未违反法律禁止性规定,亦未对天之音公司实行差别待遇或者歧视待遇。新宁县财政局作出的投诉处理决定认定事实清楚,适用法律正确。新宁县财政局受理天之音公司的投诉后,进行了调查取证、组织评议并在法定期限内作出投诉处理决定,及时送达给天之音公司,处理程序合法。一审判决驳回天之音公司的诉讼请求并无不当。天之音公司的上诉理由不能成立,对其上诉请求本院不予支持。据此,依照《中华人民共和国行政诉讼法》第八十九条第一款第一项的规定,判决如下:

驳回上诉,维持原判。

本案二审诉讼费50元,由上诉人长沙市天之音乐器有限公司负担。

本判决为终审判决。

审　判　长　肖竹梅

审　判　员　段嫦娥

审　判　员　黄　毅

二〇二〇年十一月十七日

法 官 助 理　李　薇

代 理 书 记 员　罗浒浒

60

宁夏银川洁利厨房设备有限公司
与宁夏回族自治区银川市兴庆区财政局
政府采购（招投标）投诉处理决定案

【案件提要】

　　本案是关于投诉处理程序问题的行政诉讼案例。投诉人对采购活动的投诉，越级向上级财政部门提出，是否属于有效投诉？上级财政部门将该投诉转至政府采购法规定的下级财政部门后，是否应按有效投诉进行处理？本案历经多次重审，法院终审认定财政部门未对投诉人的投诉事项作出处理决定，构成违法。

【判决正文】

宁夏回族自治区银川市中级人民法院
行政判决书

〔2020〕宁 01 行终 17 号

　　上诉人（一审被告）银川市兴庆区财政局，住所地（略）。
　　法定代表人杜某。
　　行政机关出庭负责人郝某。
　　委托代理人李某。
　　被上诉人（一审原告）宁夏银川洁利厨房设备有限公司，住所地（略）。
　　法定代表人田某。
　　委托代理人陈某。
　　一审第三人宁夏黄河远东国际招标有限公司，住所地（略）。
　　法定代表人张某。
　　委托代理人陈某。
　　上诉人银川市兴庆区财政局（以下简称兴庆区财政局）因与被上诉人宁夏银川洁利厨房设备有限公司（以下简称洁利公司）、一审第三人宁夏黄河远东国际招标有限公司（以下简称黄河招标公司）不履行法定职责一案，不服宁夏回族自治区银川市兴庆区人民法院〔2019〕宁0104 行初 20 号行政判决，向本院提起上诉。本院依法组成合议庭，对本案进行了审理，现已审理终结。

一审法院审理查明,2016年8月,银川市兴庆区招标采购办公室就兴庆区教育局2016年迁建、扩班设施设备采购项目委托黄河招标公司向社会公开招标。2016年11月4日至2017年3月9日,洁利公司及山东泰尔厨业有限公司(以下简称泰尔公司)、宁夏钱缪厨房设备有限公司、宁夏富邦商用厨房设备有限公司、银川鲁宝厨业有限公司、山东京都厨业有限公司、山东宇丰商用厨具有限公司共七家公司先后进行了三次投标。后泰尔公司中标。洁利公司认为该招投标违法,先后向自治区人民检察院、自治区财政厅、黄河招标公司进行投诉。2017年4月12日,自治区财政厅在宁夏洁利公司提交的《投诉书》中批复兴庆区财政局进行处理,并将该《投诉书》转交兴庆区财政局,后兴庆区财政局未向宁夏洁利公司予以书面答复。2017年7月25日,自治区人民检察院向洁利公司作出《关于银川市兴庆区教育局2016年迁建、扩班设备采购项目七标段评审结果投诉函的回复》,载明"关于此次招标暴露出的问题,我院已向自治区财政厅采购办和银川市财政局采购办作了通报,银川市检察院就此事已向兴庆区政府发出预防职务犯罪检察建议书。你公司可就此事提出行政复议或行政诉讼"。2017年7月25日,银川市人民检察院向兴庆区人民政府下发银检预字〔2017〕1号检察建议书。2017年8月28日,兴庆区人民政府向银川市人民检察院作出《关于银川市人民检察院〈银川市兴庆区教育局2016年迁建、设备采购项目七标段(三次)检察建议书的复函〉》【银兴政函〔2017〕156号】。2017年10月23日,洁利公司向银川市中级人民法院(以下简称银川中院)提起行政诉讼,要求:1.确认银川市兴庆区人民政府、兴庆区财政局实施的兴庆区教育局2016年迁建、扩班设施设备采购项目行为违法;2.确认黄河招投标公司发布的兴庆区教育局2016年迁建、扩班设施设备采购项目七标段(三次)中标公告、中标通知书无效;3.判令兴庆区财政局赔偿违法招标给洁利公司造成的经济损失28 090元。2018年4月18日,银川中院作出〔2017〕宁01行初420号行政裁定,驳回洁利公司的起诉。洁利公司不服提起上诉。2018年8月13日,宁夏回族自治区高级人民法院作出〔2018〕宁行终224号行政裁定,裁定撤销银川中院所作〔2017〕宁01行初420号行政裁定,指令银川中院继续审理。银川中院继续审理过程中,洁利公司撤回对兴庆区人民政府的起诉。2018年11月29日,银川中院作出〔2018〕宁01行初950号案件移送函,将该案移送本院审理。本院于2018年12月24日立案。审理过程中,洁利公司变更诉讼请求为:1.确认兴庆区财政局不履行法定监督职责的行政不作为行为违法;2.确认兴庆区财政局对宁夏洁利公司因黄河招标公司采购项目质疑答复不服提出投诉逾期未作出处理决定的不作为行为违法;3.确认黄河招标公司发布的兴庆区教育局2016年迁建、扩班设施设备采购项目七标段(三次)中标公告、中标通知书无效;4.判令兴庆区财政局赔偿违法行为给宁夏洁利公司造成的经济损失28 090元;5.判令由兴庆区财政局承担本案诉讼费用。2019年1月17日,本院作出〔2018〕宁0104行初376号行政裁定书,驳回洁利公司的起诉。洁利公司不服提起上诉。2019年5月8日,银川中院作出〔2019〕宁01行终92号行政裁定书,认为兴庆区财政局已收到自治区财政厅转交的洁利公司就兴庆区教育局2016年迁建、扩班设施、设备采购项目七标段(三次)项目的投诉函,应视为兴庆区财政局已收到宁夏洁利公司提出的投诉申请,洁利公司一审的诉讼请求包含要求确认兴庆区财政局不履行法定监督职责的行政不作为行为违法及要求确认黄河招投标公司发布的兴庆区教育局2016年迁建、扩班设施设备采购项目七标段(三次)中标公告、中标通知书无效,涉及不同主体的不同行为,不能在本案中一并处理,一审法院对此未予解释不当,裁定撤销该院〔2018〕宁 0104 行初 376 号行政裁定书,指令本院继续审理。审理过程中,洁利公司变更诉讼请求为:1. 确认兴庆区财政局对宁夏洁利公司因黄河招标公司采购项目质疑答复不服提出投诉逾期未作出处理决定的不作为行为违法;2. 判令兴庆区财政局赔偿不作为给宁夏洁利公司造成的经济损失 28 090 元;3. 判令由兴庆区财政局承担本案诉讼费用。

一审法院认为,关于兴庆区财政局辩称未收到洁利公司投诉函的主张,银川中院作出的〔2019〕宁 01 行终 92 号行政裁定书确认兴庆区财政局已收到自治区财政厅转交的宁夏洁利公司就兴庆区教育局 2016 年迁建、扩班设施、设备采购项目七标段(三次)项目的投诉函,应视为兴庆区财政局已收到宁夏洁利公司提出的投诉申请,故兴庆区财政局辩称洁利公司未向其提出投诉申请与事实不符。关于兴庆区财政局辩称兴庆区人民政府向银川市人民检察院所作的复函应视为兴庆区财政局已向宁夏洁利公司进行了答复的主张,根据行政行为的相对性原则,洁利公司向兴庆区财政局提交投诉申请后,兴庆区财政局应以自己的名义对洁利公司的投诉申请予以处理答复,故兴庆区财政局的该辩称意见无事实依据和法律依据。关于洁利公司要求兴庆区财政局赔偿因其不作为造成经济损失 28 090 元的主张,洁利厨公司当庭自认该经济损失系在洁利公司投诉之前产生,因该经济损失与兴庆区财政局未处理的投诉不具有因果关系,故宁利公司的该主张无法律依据,依法不予支持。依照《中华人民共和国行政诉讼法》第七十二条的规定,判决:一、确认庆区财政局对洁利公司因黄河招标公司采购项目质疑答复不服提出的投诉不予处理的行为违法。二、责令兴庆区财政局于本判决生效之日起十五日内对宁夏洁利公司的投诉进行处理答复。三、驳回洁利公司的其他诉讼请求。案件受理费 50 元,由兴庆区财政局负担。

宣判后,兴庆区财政局不服,向本院提起上诉称,一、一审判决认定事实不清,适用法律错误。自治区财政厅的回复不是转办行为,是行政机关内部管理行为。在洁利公司向自治区财政厅提出投诉的行为过程中,洁利公司系投诉人,自治区财政厅系受理本次投诉的行政机关。自治区财政厅针对洁利公司的投诉问题已经作出了明确答复:即要求宁利公司向适宜的其他机关提出投诉。自治区财政厅已经完成了针对洁利公司的答复义务并送达。一审法院认为行政行为应当具有"相对性",又认为洁利公司向自治区财政厅的投诉就是向兴庆区财政局的投诉,突破了"相对性",这样的认定自相矛盾,于法有悖。二、兴庆区财政局已就涉案争议的投诉行为进行了查处,形成了工作记录及处理结果,已向洁利公司口头告知调查结论。兴庆区财政局已履行了相关监管职责,未书面答复当事人,系因未接到当事人的投诉,故兴庆区财政局无过错。一审认定兴庆区财政局对投诉事实不予处理属认定事实不清。综上,请求二审法院:1. 撤销一审判决,发回重审或改判驳回洁利公司一审的全部诉讼请求;2. 一、二审诉讼费用由洁利公司承担。

洁利公司辩称,一审判决认定事实清楚,适用法律正确。请求二审法院驳回上诉,维持原判。

黄河招标公司述称,其对兴庆区财政局的上诉事实和理由无异议。

二审审理查明的事实与一审审理查明的事实一致,本院予以确认。

本院认为,根据《中华人民共和国政府采购法》第十三条"各级人民政府财政部门是负责政府采购监督管理的部门,依法履行对政府采购活动的监督管理职责。……"、第五十五条"质疑供应商对采购人、采购代理机构的答复不满意或者采购人、采购代理机构未在规定的时间内作出答复的,可以在答复期满后十五个工作日内向同级政府采购监督管理部门投诉",第五十六条"政府采购监督管理部门应当在收到投诉后三十个工作日内,对投诉事项作出处理决定,并以书面形式通知投诉人和与投诉事项有关的当事人"的规定,兴庆区财政局具有对洁利公司的投诉予以答复的法定职责。洁利公司虽未直接向兴庆区财政局提交投诉书,但兴庆区财政局已实际收到自治区财政厅转交的宁夏洁利公司的投诉书,依法应当对投诉人的投诉事项作出处理决定并送达洁利公司。兴庆区财政局未在法定期限内作出处理决定,已构成违法。兴庆区财政局认为其没有收到洁利公司的投诉书,已口头答复洁利公司,故已履行相关监管职责的上诉理由均不能成立,本院不予支持。一审判决兴庆区财政局于十五日内对洁利公司的投诉进行处理答复不当,本院予以纠正。关于洁利公司主张的损失与兴庆区财政局逾期答复的行为无因果关系,故一审判决驳回洁利公司的该项诉讼请求正确。依照《中华人民共和国政府采购法》第五十六条,《中华人民共和国行政诉讼法》第七十二条、第八十九条第一款第(二)项、第三款的规定,判决如下:

一、维持宁夏回族自治区银川市兴庆区人民法院〔2019〕宁0104行初20号行政判决第一、三项,即"一、确认被告银川市兴庆区财政局对原告因第三人宁夏黄河远东国际招标有限公司采购项目质疑答复不服提出的投诉不予处理的行为违法。三、驳回原告宁夏银川洁利厨房设备有限公司的其他诉讼请求。"

二、撤销宁夏回族自治区银川市兴庆区人民法院〔2019〕宁0104行初20号行政判决第二项,即"二、责令被告银川市兴庆区财政局于本判决生效之日起十五日内对原告的投诉进行处理答复。"

三、责令上诉人银川市兴庆区财政局于本判决生效之日起三十个工作日内对被上诉人宁夏银川洁利厨房设备有限公司的投诉事项作出处理决定。

一审案件受理费50元,二审案件受理费50元,均由上诉人银川市兴庆区财政局负担。

本判决为终审判决。

审　判　长　丁　瑾
审　判　员　刘煜姗
审　判　员　宁　丽
二〇二〇年四月十四日
书　记　员　段思琦

61 **广州市伊耐净洗涤设备制造有限公司**
与广州市财政局、广东省财政厅
政府采购（招投标）投诉处理决定、行政复议决定案

【案件提要】

本案是对采购结果的投诉处理决定提起行政诉讼的案例。涉案采购项目进行公开招标采购，伊耐净公司不服评审结果，提出质疑和投诉。财政部门经调查后作出驳回投诉的处理决定。伊耐净公司提起本案诉讼。一审法院认为，本案争议焦点是：财政部门在处理投诉事项时是否对中标人提交的竞标材料是否虚假材料以及其虚假宣传是否足以影响投标结果等事项尽到了审查的义务并作出合理处理。本案中，财政部门开展向多方发函查询的调查尽到了法定的审查义务，认定中标人提交的证书为无效证书，部分投诉事项成立；但并无证据证明中标人存在为了中标而故意伪造、变造、篡改认证证书的行为，认定该部分投诉不成立；故据此所作出投诉处理决定，程序合法。

【判决正文】

广州铁路运输中级法院
行政判决书

〔2020〕粤 71 行终 2552 号

上诉人（一审原告）广州市伊耐净洗涤设备制造有限公司，住所地（略）。

法定代表人刘某。

委托代理人刘某。

委托代理人缪某。

被上诉人（一审被告）广州市财政局，住所地（略）。

法定代表人陈某。

被上诉人（一审被告）广东省财政厅，住所地（略）。

法定代表人戴某。

上诉人广州市伊耐净洗涤设备制造有限公司（以下简称伊耐净公司）因与被上诉人广州市财政局、广东省财政厅（以下简称省财政厅）投诉处理决定及行政复议决定纠纷一案，不服广州铁路运输法院〔2020〕粤 7101 行初 2221 号行政判决，向本院提起上诉。本院依法组成合议庭,对本案进行了审理。现已审理终结。

一审法院经审理查明,涉案采购项目为广州公共资源交易中心受广州市民政局精神病院委托,组织广州市受助人员安置中心洗衣房设备采购项目(采购项目编号:CZ2019-1383)。招标文件记载:评标方法本次评标采用综合评分方法。评标以招标文件规定的条件为依据。评分比重构成如下:技术评分40分商务评分25分价格评分30分综合信用评价得分5分。商务评分评审内容包括同类项目经验、客户评价、财务报告权威性、在有效期内的质量管理体系、环境管理体系、职业健康安全管理体系认证情况、获得国家有关部门颁发的资质等级或奖项、其他与项目相关的信誉、对不良信用记录的扣分、服务人员配置等内容。其中在有效期内的质量管理体系、环境管理体系、职业健康安全管理体系认证情况的评分细则为每提供一项得1分;无,得0分,本项最高分为3分。价格评审评分计算采用低价优先法计算,各有效投标人的评标价中,取最低价为评标基准价,其价格分为满分。其他投标人的价格分按照(评标基准价/评标价)×30分的公式计算。小、微型企业评标价计算公式为评标价=总投标报价-小型和微型企业产品的价格×6%。2019年9月16日,该项目开标,评审结果成都美联利华电气有限公司(以下简称美联利华公司)以技术得分34,商务得分25、价格得分30、综合信用得分4.27排名第一,伊耐净公司以技术得分34,商务得分24、价格得分24.56、综合信用得分4.27排名第二。2019年9月19日,伊耐净公司不服上述评审结果,向广州公共资源交易中心提出质疑,质疑事项为:一、美联利华公司投标使用的成飞牌商品和商标无效;二、要求查实美联利华公司获奖证书、资质信誉真实性、银行3A级资信等级证书等;三、技术得分以及价格扣除优惠等问题。广州公共资源交易中心于2019年9月27日作出广州公资交(政采)函〔2019〕310号《关于CZ2019-1383采购项目质疑的复函》,回复伊耐净公司,称其质疑不成立,维持原评审结果。2019年10月21日,伊耐净公司向广州市财政局提起投诉并提交投诉书,投诉书列明的被投诉人为广州公共资源交易中心及广州市民政局精神病院,共提出5个投诉事项:1.广州公共资源交易中心和评委专家没有认真检查并复核美联利华公司在投标文件中提供证书的真实性;2.广州公共资源交易中心没有充分调查美联利华公司使用成飞牌商标的许可有效性;3.广州公共资源交易中心没有完全核实美联利华公司关于商标许可的全面性和真假性;4.美联利华公司虚假宣传是成飞公司参股投资组建的合资企业,利用成飞公司国有企业的性质和成飞商标误导消费者和评审专家,应作投标无效处理;5.美联利华公司违反了商标法若干规定,形成了以假冒产品投标,应属于无效投标的情形。2019年10月22日,广州市财政局作出粤财采〔2019〕243号《政府采购投诉受理通知书》,告知伊耐净公司于2019年10月21日受理了该公司的投诉,并会在收到投诉书之日起30个工作日内作出处理决定。该受理通知书于2019年10月25日送达伊耐净公司。同日,广州市财政局向广州市民政精神病院、广州公共资源交易中心、美联利华公司作出《政府采购投诉答复通知书》并附投诉书副本,要求其在5个工作日内就投诉事项向广州市财政局作出书面说明。2019年10月29日,广州公共资源交易中心作出广州公资交(政采)函〔2019〕354号《关于CZ2019-1383项目有关情况说明的函》,就投诉问题向广州市财政局作书面说明。2019年10月30日,美联利华公司向广州市财政局作出《关于政府采购投诉事项的书面说明》,就认证证书取得情况、使用成飞牌商标的合法性、资信证明文件合法有效、未虚假宣传等问题进行说明,并附 2019 年 10 月 29 日 UKAS 赛宝体系认证(中国)有限公司(以下简称赛宝公司)出具的证明,该证明称美联利华公司委托其认证的环境管理体系认证证书(No:S44683313611)和职业健康安全管理体系认证证书(No:OH9877782851)合法有效,均可在中国体系认证网(www.ukas-china.com)网站查询真伪,赛宝公司是一家注册在香港的机构,中国体系认证网是根据《国际认证认可通行法规》,由国际标准化组织批准设立并授权的认证网站,统一负责对中国境内主体体系认证信息的监督、备案与公示。2019 年 11 月 13 日,广州市民政局精神病院作出《投诉回复函》回复广州市财政局,认为此次投诉内容与其无关。2019 年 11 月 4 日,广州市财政局向成都飞机工业(集团)有限责任公司(以下简称成飞公司)发出《广州市财政局关于进行政府采购调查的函》,函请成飞公司协作明确:一、其是否将成飞牌和成飞商标授权或许可美联利华公司使用;二、美联利华公司在投标中提交的《成飞牌商标授权使用书》《商标授权声明书》是否为其出具、是否真实有效,《商标许可使用合同》《商标许可使用合同补充协议》是否为其与美联利华公司签订、是否真实有效;三、其是否就许可美联利华公司使用成飞牌注册商标的事宜报商标局备案并公告;四、其是否与美联利华公司存在投资关系。2019 年 11 月 11 日,成飞公司回复广州市财政局,其确实将成飞牌和成飞商标授权美联利华公司使用,美联利华公司投标中提交的《成飞牌商标授权使用书》《商标授权声明书》《商标许可使用合同》《商标许可使用合同补充协议》真实有效;许可美联利华公司使用成飞牌注册商标的事宜目前正在商标局备案中,尚未进行公告;其与美联利华公司不存在投资关系。2019 年 11 月 4 日,广州市财政局向赛宝公司发出《广州市财政局关于协助核实有关情况的函》,请赛宝公司协助明确:一、美联利华公司在投标文件中提供的环境管理体系认证证书及职业健康安全管理体系认证证书是否为其授予,是否真实并在有效期内,如确为其颁发请提供复印件;二、环境管理体系认证证书及职业健康安全管理体系认证证书是否为国家认证认可监管委员会认可有效的认证证书;三、提供其有权进行认证并颁发证书的依据。2019 年 11 月 5 日,广州市财政局向国家市场监督管理总局认证监督管理司发出《广州市财政局关于协助核实有关情况的函》,函请认证监督管理司协助调查:一、赛宝公司是否已取得认证机构资质,获准从事环境体系认证和职业健康安全管理体系认证;二、赛宝公司授予美联利华公司的环境管理体系认证证书(No:S44683313611)和职业健康安全管理体系认证证书(No:OH9877782851)是否合法有效;三、提供环境管理体系认证职业健康安全管理体系认证的相关政策依据及标准。2019 年 11 月 13 日,广州市财政局向广州公共资源交易中心、广州市民政局精神病院发出《广州市财政局关于协助核实有关情况的函》,要求明确:一、本项目是否只承认经国务院认证认可监督管理部门批准,取得认证机构资质的机构授予的证书,非国务院认证认可监督管理部门批准的机构颁布的证书是否可以得分;二、赛宝公司自称为注册在香港的认证机构,其授予的证书是否满足招标文件的要求。2019 年 11 月 21 日,广州市公共资源交易中心作出广州公资交(政采)函〔2019〕396 号《关于核实 CZ2019-1383 项目有关情况的复函》,回复广州市财政局,美联利华公司在投标中提交的环境管理体系认证证书和职业健康安全管理体系认证证书不满足该项目招标文件的要求。2019 年 11 月 19 日,广州市财政局向广州市市场监督管理局发出《广州市财政局关于协助核实有关情况的函》,函请广州市市场监督管理局协助明确:一、赛宝公司的商事登记信息;二、赛宝公司是否已取得认证机构资质,获准从事环境体系认证和职业健康安全管理体系认证;三、如该公司为境外注册机构,该公司授予的证书是否合法有效。11 月 22 日,广州市市场监督管理局作出《广州市市场监督管理局关于协助核实相关认证信息的复函》,回复广州市财政局,赛宝公司未在该局注册,也未在该局登记设立常驻代表机构,未在市场监管总局认证行政监管系统认证机构名录查询到赛宝公司相关信息;亦未查询到相关证书信息。2019 年 11 月 21 日,广州市财政局向广州公共资源交易中心发出《广州市财政局关于协助处理广州市受助人员安置中心洗衣房设备采购项目投诉的函》,要求广州公共资源交易中心组织原评审委员会回复以下问题:一、在国家市场监督管理总局认证认可检验检测版块中并未查询到赛宝公司相关信息,美联利华公司在投标中提交的赛宝公司出具的证书是否合法有效,美联利华公司能否以上述证书在评审中得分;二、赛宝公司自称为境外注册机构,美联利华公司能否以上述证书在评审中得分。次日,广州市财政局作出《广州市财政局关于告知专家评审所需时间不计入投诉处理时限的函》,告知伊耐净公司专家评审所需要时间不计算在投诉处理期限内。2019 年 11 月 22 日,广州市财政局向国家市场监督管理总局认证监督管理司申请信息公开并提交《政府信息公开申请书》及《政府信息公开申请表》,申请公开依法取得认证机构资质的企业名录。2019 年 12 月 11 日,国家市场监督管理总局政府信息公开办公室向广州市财政局作出公开办字〔2019〕784 号《政府信息公开答复书》,答复广州市财政局,赛宝公司不是经认监委批准的认证机构,其颁发的认证证书在中华人民共和国境内无效。2019 年 12 月 20 日,广州市财政局向成都市市场监督管理局(以下简称成都市市监局)发出《广州市财政局关于协助核实有关情况的函》,函请该局协助明确:一、美联利华公司在投标文件中提供的环境管理体系认证证书和职业健康安全管理体系认证证书是否有效;二、协助查明赛宝公司是否在依法设立的认证机构名录之中;三、赛宝公司是否有权在国内从事认证活动,其授予的认证证书是否合法有效;四、假如赛宝公司依法不能在国内从事认证活动,美联利华公司在投标文件中提供的认证证书是无效证书还是虚假证书。2019 年 12 月 31 日,广州公共资源交易中心作出广州公资交(政采)函〔2019〕467 号《关于协助处理 CZ2019-1383 项目投诉的复函》,回复广州市财政局,该中心组织该项目的原评审委员会对投诉的相关事项进行复核,作出了以下结论:1. 美联利华公司使用的成飞牌商标使用授权证明材料真实有效;2. 美联利华公司在投标中提交的环境管理体系认证证书和职业健康安全管理体系认证证书为无效材料,不能在评审中得分;3. 上述证书不能在此次评审活动中得分。综上,美联利华公司在商务评分在有效期内的质量管理体系、环境管理体系、职业健康安全管理体系认证情况评审项的得分应由 3 分修正为 1 分,不改变该项目的评分结果排序。2020 年 1 月 10 日,广州市财政局作出穗财采〔2020〕5 号《政府采购投诉处理决定书》(以下简称被诉投诉处理决定),认为伊耐净公司的投诉事项 1 成立,投诉事项 2、3、5 不成立,并告知伊耐净公司对于投诉事项 4 可依法向有关部门反映。经原评审委员会协助处理投诉,相应扣除美联利华公司的环境管理体系、职业健康安全管理体系认证证书原评审得分后,美联利华公司总得分由 93.27 分变更为 91.27 分,第二中标候选人得分为 86.83 分,本项目评审推荐结果不变,并不影响采购结果,决定继续开展涉案项目采购活动。2020 年 2 月 24 日,伊耐净公司不服上述处理决定,向省财政厅提出行政复议申请并提交《行政复议申请书》。省财政厅于 2020 年

2月25日受理了该申请,并于同日向伊耐净公司作出粤财复议便〔2020〕2号《行政复议受理通知书》,向广州市财政局作出粤财复议便〔2020〕1号《行政复议答复通知书》。2020年4月18日,省财政厅作出粤财复议〔2020〕10号《行政复议决定书》(以下简称被诉行政复议决定),复议维持了广州市财政局所作处理决定。伊耐净公司仍不服,诉至一审法院。

另查明,在本案审理过程中,广州市财政局于2020年5月26日通过信用中国网站查询并生成美联利华公司信用信息概述,概述记载,美联利华公司行政处罚信息及失信惩戒信息均为0条。

一审法院认为,《中华人民共和国政府采购法》第十三条第一款规定:各级人民政府财政部门是负责政府采购监督管理的部门,依法履行对政府采购活动的监督管理职责。第五十五条规定:质疑供应商对采购人、采购代理机构的答复不满意或者采购人、采购代理机构未在规定的时间内作出答复的,可以在答复期满后十五个工作日内向同级政府采购监督管理部门投诉。《政府采购质疑和投诉办法》第五条第二款规定:县级以上各级人民政府财政部门(以下简称财政部门)负责依法处理供应商投诉。《中华人民共和国行政复议法》第十二条第一款规定:对县级以上地方各级人民政府工作部门的具体行政行为不服的,由申请人选择,可以向该部门的本级人民政府申请行政复议,也可以向上一级主管部门申请行政复议。本案中,广州市财政局作为广州市政府采购监督管理部门,有权对伊耐净公司投诉作出处理。省财政厅作为广州市财政局的上一级主管部门,有权受理伊耐净公司因投诉处理决定而提起的行政复议申请。

本案控辩双方争议焦点为广州市财政局在处理该投诉事项时是否对美联利华公司提交的竞标材料是否虚假材料以及其虚假宣传是否足以影响投标结果等事项尽到了审查的义务并作出合理处理。

关于美联利华公司在投标过程中提交的认证证书是否属于虚假材料的问题。针对伊耐净公司投诉事项1,广州市财政局向多方发函查询,已在处理决定中认定美联利华公司提交的证书为无效证书,并已扣减相应得分。但并无证据证明美联利华公司存在为了中标而故意伪造、变造、篡改认证证书的行为;伊耐净公司在欲证明赛宝公司是不存在的虚假公司,以此证明其所颁发的证书为虚假证书,但赛宝公司是否虚假公司并非广州市财政局的审查职责。

关于美联利华公司是否存在虚假宣传并足以影响投标结果问题。从本案的项目招标文件看,公司的股权组成部分未列入招标文件评分计算内容,并未计入美联利华公司投标的评分分数,且美联利华公司的宣传是否存在足以误导消费者的情形、是否应当加以处罚并非广州市财政局监督政府采购管理的审查职责范围。

《政府采购质疑和投诉办法》第二十二条规定:被投诉人和其他与投诉事项有关的当事人应当在收到投诉答复通知书及投诉书副本之日起5个工作日内,以书面形式向财政部门作出说明,并提交相关证据、依据和其他有关材料。第二十三条规定:财政部门处理投诉事项原则上采用书面审查的方式。财政部门认为有必要时,可以进行调查取证或者组织质证。财政部门可以根据法律、法规规定或者职责权限,委托相关单位或者第三方开展调查取证、检验、检测、鉴定。第二十六规定:财政部门应当自收到投诉之日起30个工作日内,对投诉事项作出处理决定。本案中，广州市财政局收到伊耐净公司投诉后，按照法律规定，向相关单位送达投诉状副本，并先后向广州公共资源交易中心、广州市民政局精神病院、赛宝公司、成飞公司、广州市市场监督管理局、国家市场监督管理总局发函调查及申请信息公开，对投诉事项进行查实，并要求广州公共资源交易中心组织原评审团进行评审，对并非该局职责事项引导伊耐净公司向成都市市监局进行投诉，并发函向成都市市监局询问。在本案审理过程中，广州市财政局于2020年5月26日在网站上查询依然无美联利华公司行政处罚信息及惩戒信息。广州市财政局在接到伊耐净公司投诉后，展开的调查符合法律规定，尽到了审查义务。在查明本案相关事实后，认定伊耐净公司的部分投诉事项成立，并将美联利华公司总分进行更正，从而得出推荐结果不变、不影响采购结果的处理决定并无不妥，且程序合法。

《中华人民共和国行政复议法》第二十八条规定：行政复议机关负责法制工作的机构应当对被申请人作出的具体行政行为进行审查，提出意见，经行政复议机关的负责人同意或者集体讨论通过后，按照下列规定作出行政复议决定：（一）具体行政行为认定事实清楚，证据确凿，适用依据正确，程序合法，内容适当的，决定维持。本案中，省财政厅作为复议机关，收到伊耐净公司的行政复议申请后，查明相关事实并依法作出被诉行政复议决定，符合上述法律规定，并无不当，一审法院予以支持。

综上所述，伊耐净公司提出撤销广州市财政局作出的被诉投诉处理决定及省财政厅作出的被诉行政复议决定，要求广州市财政局重新作出政府采购投诉处理决定的诉讼请求，没有事实和法律依据，依法应予以驳回。依据《中华人民共和国行政诉讼法》第六十九条、第七十九条的规定，一审法院判决驳回伊耐净公司的诉讼请求。

伊耐净公司不服一审判决，向本院提起上诉称：一审判决认定事实不清，适用法律错误。一、广州市财政局、省财政厅未经合理审查，将明显虚假证书认定为无效证书处理。（一）根据一审期间各方当事人提交的证据，可以证明赛宝公司不存在，其认定证书也不具有真实性。（二）广州市财政局、广东省财政厅已注意到赛宝公司及涉案认证证书存在虚假可能性，其有义务对赛宝公司及涉案认证证书真实性进行合理审查。从各单位对广州市财政局的回函情况可以反映出赛宝公司及涉案认证证书存在问题。并且，美联利华公司及赛宝公司回函明显回避该问题，未全面回复广州市财政局的询问，但是广州市财政局、广东省财政厅在对涉案认证证书真实性存疑的情况下，却未作进一步询问及核实，明显怠于履行审查义务。（三）广州市财政局、省财政厅作为长期监管政府采购活动的行政机关，应当知悉香港公司注册登记网站查询及公司命名规则，但是其从未对赛宝公司登记情况进行查询或者请香港公司注册机关协助调查，也未要求赛宝公司提供，明显十履行调查职责。二、一审法院遗漏争议焦点，忽略美联利华公司提供虚假宣传材料及招标材料，广州市财政局、省财政厅对此亦未审查。（一）根据广州市财政局、省财政厅作出的被诉投诉处理决定及被诉行政复议决定、成飞公司的回复以及成都市市监局的处罚等可以证明，美联利华公司的招标文件存在提供虚假宣传材料情况。（二）广州市财政局、省财政厅已经明确知悉美联利华公司提供虚假材料进行招标，却未作出任何处理，并以未有相关部门认定及不影响评标结果为由驳回伊耐净公司请求，明显偏袒美联利华公司。三、如果对于美联利华公司明显违反招投标规定提供虚假材料中标的行为不予纠正，将可能导致招标形同虚设。综上，请求二审法院：

1.撤销一审判决,并改判支持伊耐净公司的诉讼请求。

广州市财政局二审答辩称:一、广州市财政局已就伊耐净公司的投诉事项履行调查义务。(一)根据《中华人民共和国政府采购法》第十三条、《政府采购质疑和投诉办法》(财政部令第94号)第五条的规定,广州市财政局对政府采购投诉的合理审查范围、取证手段仅限于其作为政府采购监督管理部门的法定职责。本案中,就伊耐净公司提出的投诉,广州市财政局通过发出投诉答复通知、审阅涉案采购项目招标文件、向多方当事人函调、申请信息公开等程序进行了充分的调查取证,并组织原评标委员会结合调查取证情况核实认定,针对投诉事项逐一认定处理。(二)根据《政府采购质疑和投诉办法》(财政部令第94号)第二十三条规定,投诉处理时所有证据并未显示涉案认证证书及认证公司存在虚假可能性。广州市财政局并未怠于履行询问及核实的审查义务。(三)根据《政府采购质疑和投诉办法》(财政部令第94号)第二十条、第三十二条规定,财政部门投诉处理事项范围应限于经前置质疑所确定的投诉事项。伊耐净公司提出的未在此前质疑阶段提出的投诉事项不应纳入广州市财政局投诉认定及二审法院的审查范围。二、投诉处理时已有证据不足以认定美联利华公司提供的环境管理体系认证证书和职业健康安全管理体系证书为虚假材料。现有证据仅能证明美联利华公司投标所用的认证证书无效,且已作扣分处理。三、伊耐净公司投诉主张美联利华公司误导消费者和本项目的评审专家,应作投标无效处理证据不足,缺乏事实和法律法规依据。美联利华公司的相关宣传并未影响采购项目评审。根据广州市财政局在投诉调查期间搜集证据,未有证据证明美联利华公司被有权机关认定为虚假宣传予以处罚。四、一审法院对广州市财政局的主体资格和投诉处理程序等已进行审查认定,而伊耐净公司未对一审判决确认的相关事项提出异议,故广州市财政局作出被诉投诉处理决定的主体适格,程序合法。综上,请求二审法院依法驳回伊耐净公司的上诉请求,维持原审判决。

省财政厅二审期间未提交答辩意见。

经二审审查,一审法院查明的事实清楚并有相应证据证明,本院予以确认。

本院认为,《中华人民共和国政府采购法》第十三条第一款规定:各级人民政府财政部门是负责政府采购监督管理的部门,依法履行对政府采购活动的监督管理职责。第五十六条规定:政府采购监督管理部门应当在收到投诉后三十个工作日内,对投诉事项作出处理决定,并以书面形式通知投诉人和与投诉事项有关的当事人。《政府采购质疑和投诉办法》第二十三条第一、二款规定:财政部门处理投诉事项原则上采用书面审查的方式。财政部门认为有必要时,可以进行调查取证或者组织质证。财政部门可以根据法律、法规规定或者职责权限,委托相关单位或者第三方开展调查取证、检验、检测、鉴定。第三十二条规定:投诉人对采购过程或者采购结果提起的投诉事项,财政部门经查证属实的,应当认定投诉事项成立。经认定成立的投诉事项不影响采购结果的,继续开展采购活动。本案中,伊耐净公司向广州市财政局投诉美联利华公司在涉案项目投标过程中提交虚假认证材料、利用成飞公司及其商标进行虚假宣传等问题。广州市财政局收到上述投诉后,经向广州公共资源交易中心、广州市民政局精神病院、赛宝公司、成飞公司、广州市市场监管局、国家市场监督管理总局、成都市市监局等单位调查相关情况,并根据调查结果作出被诉投诉处理决定,针对伊耐净公司的投诉事项逐一作出答复和处理,认定事实清楚,适用法律正确,程序合法,本院予以支持。省财政厅受理伊耐净公司的行政复议申请后,在法定期限内作出被诉行政复议决定,程序合法,本院予以维持。

关于伊耐净公司上诉提出美联利华公司在涉案项目招标过程中提交虚假认证材料,广州市财政局、省财政厅未尽到审查义务的问题。经审查,根据《广州市市场监督管理局关于协助核实相关认证信息的复函》、公开办字〔2019〕784 号《政府信息公开答复书》、赛宝公司出具的《证明》,可证实美联利华公司提交的《环境管理体系认证证书》(编号:S44683313611)和《职业健康安全管理体系认证证书》(编号:OH9877782851)等投标文件确为赛宝公司颁发,赛宝公司系未经国家认监委批准的认证机构,其颁发的认证证书在中华人民共和国境内无效。但是,暂无证据证明美联利华公司存在对认证证书进行变造、伪造或者篡改等行为。故广州市财政局作出被诉投诉处理决定,认定伊耐净公司投诉美联利华公司提供无效证书成立,但投诉美联利华公司提供虚假材料谋取中标缺乏依据,并根据涉案项目招标文件扣除美联利华公司相应评审项目分数,已依法履行监管法定职责,并无不当,本院予以支持。伊耐净公司的上述主张,理据不足,本院不予采纳。

关于伊耐净公司二审期间向本院提交《调查取证申请书》,申请调取成都市市监局针对《广州市财政局关于协助核实有关情况的函》的相关回复材料的问题。《最高人民法院关于行政诉讼证据若干问题的规定》第二十四条第 款规定:当事人申请人民法院调取证据的,应当在举证期限内提交调取证据申请书。经审查,伊耐净公司在本案一审举证期限内未向一审法院提出调取证据申请,且无正当理由,故对于伊耐净公司上述申请,本院不予准许。

综上所述,一审判决认定事实清楚,适用法律正确,程序合法,本院予以维持。伊耐净公司要求撤销一审判决的理由不成立,本院不予支持。依照《中华人民共和国行政诉讼法》第八十九条第一款第(一)项的规定,判决如下:

驳回上诉,维持原判。

二审案件受理费 50 元由上诉人广州市伊耐净洗涤设备制造有限公司负担。

本判决为终审判决。

审 判 长　朱　琳

审 判 员　闵天挺

审 判 员　王　荣

二〇二〇年十二月二十二日

法官助理　杜春燕

书 记 员　罗　涛

湖南龙新净水科技有限公司与湖南省长沙县财政局政府采购（招投标）投诉处理决定案

【案件提要】

本案是基于对采购结果的投诉处理决定提起行政诉讼的案例。涉案采购项目经公开招标，确定了龙新公司等三家公司中标。水杯子公司提出质疑、投诉和行政复议。财政部门重新作出投诉处理决定：中标结果无效，责令重新组织采购。龙新公司不服，提起本案诉讼。法院经审理认为，根据财政部门提交的评分得分统计表、调查笔录、监控视频等证据，财政部门依职权对评标专家进行调查，查明涉案项目评标专家未独立对技术和商务部分进行评分，存在对需要专业判断的主观评审因素协商评分的情形，违反了法律规定，认定水杯子公司有关投诉事项成立，证据充分，于法有据，并未超出上述质疑投诉范围。

【判决正文】

湖南省长沙市中级人民法院
行政判决书

〔2020〕湘 01 行终 716 号

上诉人（一审原告）湖南龙新净水科技有限公司，住所地（略）。
法定代表人向某。
委托代理人谢某。
委托代理人李某。
被上诉人（一审被告）长沙县财政局，住所地（略）。
法定代表人胡某。
委托代理人易某。
委托代理人陈某。
一审第三人长沙县教育后勤服务中心，住所地（略）。
法定代表人陈某。
委托代理人范某。
一审第三人湖南昊坤工程咨询有限公司，住所地（略）。

法定代表人刘某。

一审第三人湖南科尔顿水务有限公司,住所地(略)。

法定代表人邓某。

委托代理人戴某。

一审第三人长沙水杯子直饮水工程设备有限公司,住所地(略)。

法定代表人谢某。

委托代理人雷某。

上诉人湖南龙新净水科技有限公司(以下简称龙新公司)诉被上诉人长沙县财政局、一审第三人长沙县教育后勤服务中心(以下简称长沙县教育中心)、湖南昊坤工程咨询有限公司(以下简称昊坤公司)、湖南科尔顿水务有限公司(以下简称科尔顿公司)以及长沙水杯子直饮水工程设备有限公司(以下简称水杯子公司)其他行政管理行为一案,不服长沙铁路运输法院〔2020〕湘 8601 行初 231 号行政判决,向本院提起上诉。本院立案受理后,依法组成合议庭进行了审理。本案现已审理终结。

一审法院查明,2018 年 12 月 11 日,昊坤公司受采购人长沙县教育中心(原长沙县教育后勤管理办公室)的委托,就直饮水采购项目进行公开招标。2019 年 1 月 2 日,龙新公司(企业名称原为长沙龙新净水科技有限公司,2019 年 3 月核准变更)、慧能公司、科尔顿公司、水杯子公司等二十一家公司参与了投标。经评审,并经长沙县教育中心确认龙新公司、慧能公司、科尔顿公司三家公司中标。2019 年 1 月 4 日,昊坤公司发布了中标公告。2019 年 1 月 10 日,水杯子公司就采购项目中标结果向昊坤公司提出三个质疑事项。2019 年 1 月 21 日,昊坤公司答复,认为其质疑均不成立。水杯子公司不服,向长沙县财政局提出三个投诉事项。2019 年 2 月 15 日,长沙县财政局受理其投诉。2019 年 3 月 18 日,长沙县财政局作出《6 号处理决定》,决定废止直饮水采购项目 2019 年 1 月 4 日中标结果,责令该项目采购人和采购代理机构重新组织招标。2019 年 5 月 14 日,龙新公司向长沙县人民政府申请行政复议并受理。2019 年 7 月 31 日,长沙县人民政府作出《9 号复议决定》,认为涉案招标文件将专利技术因素设定为产品质量的评审因素并无不当,长沙县财政局所称相关专利与投标产品之间无法判断关联性、无法掌握评判标准、专利分配权值偏高等情形不符合以不合理条件对供应商实行差别待遇或歧视待遇的法定情形,长沙县财政局以招标文件设定的专利评审因素其评分标准和分值分配违反法律规定为由废止涉案中标结果,系主要事实不清、证据不足,决定撤销《6 号处理决定》,责令长沙县财政局在法定期限内重新作出政府采购投诉处理决定。2019 年 8 月 8 日,长沙县财政局收到上述《行政复议决定书》后,于 2019 年 8 月 28 日至 30 日组织直饮水采购项目专家评委调查询问。2019 年 9 月 16 日,长沙县财政局作出涉案《10 号处理决定》,认为:关于投诉事项一,七位专家评委采用百分制对各投标供应商分别评分,然后将七位专家评委对同一投标供应商的打分相加,得出总分结果,并未改变百分制的评分标准,符合法律的规定,该投诉事项不成立。关于投诉事项二、投诉事项三,经审查,本次招标活动共有 21 家供应商参与投标,七名评审专家进行评分,经调阅核实评标监控视频、《表一:投标报价得分表——1/2》《表二:评委评标打分表——1/2/3/4/5》及《表三:评标统分表——1/2》以及七位评审专家的《调查笔录》等资料发现:七位评委的统分表中,除对序号为 1 号和 10 号的供应商(非本项目中标候选人)评分有一人不同外,七位评委对其余 19 家供应商的商务部分(23 分)及技术部分(52 分)的评分完全一致;上述评分表中存在多处计分错误、计算错误的情形。该项目招标、投标过程、评标专家的选取及评标委员会的组成符合相关法律规定,评标结果系根据各项评分综合得出。但评标专家对技术和商务部分未独立进行评分,存在对需要专业判断的主观评审因素协商评分的情形,违反《中华人民共和国政府采购法实施条例》第四十一条、《政府采购货物和服务招标投标管理办法》第五十五条、《政府采购货物和服务招标投标管理办法》第六十二条第四款规定。评标程序违反法律法规规定,其评审意见认定无效,该投诉事项成立。因此,依据《中华人民共和国政府采购法实施条例》第四十一条、《政府采购货物和服务招标投标管理办法》第五十五条、财政部《政府采购质疑和投诉办法》第三十二条之规定,作出决定:认定直饮水采购项目中标结果无效,责令重新开展采购活动。2020 年 3 月 3 日,龙新公司向一审法院起诉,要求撤销涉案《10 号处理决定》。

一审法院认为,《中华人民共和国政府采购法》第十三条规定,各级人民政府财政部门是负责政府采购监督管理的部门,依法履行对政府采购活动的监督管理职责。各级人民政府其他有关部门依法履行与政府采购活动有关的监督管理职责。第五十五条规定,质疑供应商对采购人、采购代理机构的答复不满意或者采购人、采购代理机构未在规定的时间内作出答复的,可以在答复期满后十五个工作日内向同级政府采购监督管理部门投诉。《政府采购质疑和投诉办法》第五条第二款规定,县级以上各级人民政府财政部门(以下简称财政部门)负责依法处理供应商投诉。因此,长沙县财政局作为县级人民政府财政部门,具有负责处理本级政府采购活动中的供应商投诉事宜,作出投诉处理决定的法定职权,是本案的适格被告。

《中华人民共和国政府采购法实施条例》第四十一条规定,评标委员会、竞争性谈判小组或者询价小组成员应当按照客观、公正、审慎的原则,根据采购文件规定的评审程序、评审方法和评审标准进行独立评审。采购文件内容违反国家有关强制性规定的,评标委员会、竞争性谈判小组或者询价小组应当停止评审并向采购人或者采购代理机构说明情况。评标委员会、竞争性谈判小组或者询价小组成员应当在评审报告上签字,对自己的评审意见承担法律责任。对评审报告有异议的,应当在评审报告上签署不同意见,并说明理由,否则视为同意评审报告。《政府采购货物和服务招标投标管理办法》第五十五条第四款规定,评标时,评标委员会各成员应当独立对每个投标人的投标文件进行评价,并汇总每个投标人的得分。第六十二条规定,评标委员会及其成员不得有下列行为:(四)对需要专业判断的主观评审因素协商评分。本案中,结合水杯子公司《质疑函》《投诉意见书》可知,质疑事项一和投诉事项一均为直饮水采购项目公布的评标方法及标准为百分制,而公布的中标结果为非百分制,长沙县财政局认定该投诉事项不成立,并无不当。质疑事项二为中标人慧能公司没有得高分的资格,质疑事项三为中标人龙新公司没有得高分的可能;投诉事项二为中标人慧能公司没有得高分的资格,有理由怀疑其业绩作假或评标委员会评分作假;投诉事项三为龙新公司没有得高分的可能,完全有理由怀疑中标人专利作假或评标委员会评分作假。根据长沙县财政局提交的评分得分统计表、调查笔录、监控视频等证据,长沙县财政局依职权对评标专家进行调查,查明涉案项目评标专家未独立对技术和商务部分进行评分,存在对需要专业判断的主观评审因素协商评分的情形,违反了上述法律规定,认定水杯子公司有关投诉事项成立,证据充分,于法有据,并未超出上述质疑投诉范围。龙新公司提出评审专家独立评审和协商评分的问题超出质疑和投诉事项范围,长沙县财政局存在程序违法的主张,无事实依据,法院不予支持。

《政府采购质疑和投诉办法》第二十九条第(二)项规定,财政部门处理投诉事项原则上采用书面审查的方式。财政部门认为有必要时,可以进行调查取证或者组织质证。第二十六条,财政部门应当自收到投诉之日起30个工作日内,对投诉事项作出处理决定。第三十二条规定,投诉人对采购过程或者采购结果提起的投诉事项,财政部门经查证属实的,应当认定投诉事项成立。经认定成立的投诉事项不影响采购结果的,继续开展采购活动;影响或者可能影响采购结果的,财政部门按照下列情况处理:(二)已确定中标或者成交供应商但尚未签订政府采购合同的,认定中标或者成交结果无效。合格供应商符合法定数量时,可以从合格的中标或者成交候选人中另行确定中标或者成交供应商的,应当要求采购人依法另行确定中标、成交供应商;否则责令重新开展采购活动。本案中,长沙县财政局受理投诉后,根据长沙县人民政府作出的《9号复议决定》,及时展开调查,组织涉案项目专家评委进行调查询问,在期限内重新作出沙案《10号处理决定》并告知了救济途径,程序合法。

综上,长沙县财政局作出的《10号处理决定》证据充分,适用法律、法规正确,符合法定程序,依法应予维持。依照《中华人民共和国行政诉讼法》第六十九条之规定,判决驳回龙新公司的诉讼请求。

龙新公司上诉称:一、一审判决认定业绩作假和评标委员会评分作假未超出质疑范围明显违法。质疑函没有业绩作假和评标委员会评分作假事项,长沙县财政局超出质疑事项范围进行投诉处理明显违法。二、一审判决认定评标专家存在对技术和商务部分未独立评分和协商评分系事实不清、证据不足、适用法律错误。从实体上讲,10号处理决定采信的证据7非但不能证明评标专家存在对技术和商务部分未独立评分和协商评分的事实,反而证明了评标专家依法依规履行评标职责的事实。从程序上讲,长沙县财政局为了作出10号处理决定,事后调取和使用证据7严重违法。综上,请求:1.撤销一审判决并依法改判支持龙新公司的一审诉讼请求;2.本案一、二审诉讼费用由长沙县财政局承担。

长沙县财政局答辩称:一、一审判决认定事实清楚,适用法律正确,程序合法,请二审法院依法予以维持。二、长沙县财政局作出的(长县财)采购监管投处字〔2019〕10号《政府采购投诉处理决定书》认定事实清楚,证据充分,适用法律正确。请求法院驳回龙新公司的诉讼请求。

水杯子公司辩称:一、《10号处理决定》认定评标专家存在对技术和商务部分未独立评分,对需要专业判断的主观评审因素协商评分,没有超出质疑和投诉事项范围。二、《10号处理决定》程序上符合先取证后裁决的原则,其调查取证行为合法有效。综上,长沙县财政局作出的《10号处理决定》认定的事实清楚、证据充分、程序合法、适用法律、法规正确,一审判决维持并无不当,请求驳回龙新公司的上诉请求,维持原判。

长沙县教育中心的答辩意见同一审答辩意见。

科尔顿公司的答辩意见同一审答辩意见。

昊坤公司未发表答辩意见。

长沙县财政局向本院提交一份证据,2019 年 9 月 1 日实施的中小学处理饮水设备技术要求和配备规范,拟证明政府教育部门颁发新的饮用水技术要求和规范,原招标公告中要求的水处理技术要求和规范已不符合现实的需要。

龙新公司及科尔顿公司认为这个规范颁布于 2019 年 4 月 8 日,属于新规范,不适用于本案和本项目,与本案无关联。长沙县教育中心认为这个证据不能溯及既往。水杯子公司认为该规范应当适用。

本院经审查认为,长沙县财政局提交的证据不属于二审的新证据,本院对此不予采信。

当事人向一审法院提交的证据和依据已随案移送本院。经审查,本院采信的证据和确认的事实与一审无异。

本院认为,根据评标专家调查笔录、评分得分统计表、监控视频等证据,涉案项目评标专家未独立对技术和商务部分进行评分,违反了《中华人民共和国政府采购法实施条例》第四十一条、《政府采购货物和服务招标投标管理办法》第五十五条、第六十二条第四款的规定,长沙县财政局据此认定投诉事项三成立,具有事实根据,符合法律法规的规定。龙新公司主张评审专家独立评审和协商评分的问题超出质疑和投诉事项范围,经查,水杯子公司《质疑函》《投诉书》均对评标得分的公正性提出异议,故龙新公司的该项主张与事实不符,不予支持。综上,龙新公司的上诉请求均不能成立,本院对此不予支持。一审判决认定事实清楚,适用法律、法规正确,审判程序合法,应予维持。依照《中华人民共和国行政诉讼法》第八十九条第一款第(一)项的规定,判决如下:

驳回上诉,维持原判。

本案二审诉讼费 50 元,由上诉人湖南龙新净水科技有限公司负担。

本判决为终审判决。

审　判　长　周　永

审　判　员　戴　莉

审　判　员　傅美容

二○二○年十二月三十日

书　记　员　陈仪静

宁波大华园林工程有限公司
与浙江省余姚市财政局
政府采购（招投标）投诉处理决定案

【案件提要】

本案是对采购过程、采购结果的投诉处理决定提起行政诉讼的案例。涉案采购项目进行招投标。美宇公司中标，大华公司就美宇公司提供的业绩材料不真实，参加评标的业主单位代表身份不符合法律规定，提出质疑和投诉，直至提起本案诉讼。法院经审理认为，财政部门通过向有关当事方发函询证、委托第三方提供测绘报告等调查，认定美宇公司的业绩材料案件真实，大华公司未提供投诉事项的证明材料，该投诉事项不成立。评标委员会是由采购人代表和评审专家两种身份的成员组成，但法律法规并未禁止采购人指派非本单位工作人员作为采购人代表，该投诉事项也不成立。故作出驳回投诉的处理决定，事实清楚，证据充分，适用法律、法规正确，符合法定程序。

【判决正文】

宁波市奉化区人民法院
行政判决书

〔2020〕浙 0213 行初 31 号

原告宁波大华园林工程有限公司，住所地（略）。
法定代表人汪某。
诉讼代理人袁某、冯某。
被告余姚市财政局，住所地（略）。
法定代表人王某。
出庭应诉负责人韩某。
诉讼代理人朱某。
第三人宁波市美宇环保科技有限公司，住所地（略）。
法定代表人赵某。
诉讼代理人赵某。
原告宁波大华园林工程有限公司（以下简称大华公司）与被告余姚市财政局及第三人宁

波市美宇环保科技有限公司(以下简称美宇公司)财政投诉行政决定一案,原告大华公司于2020年6月15日向本院起诉,本院于同日引调立案,并向被告余姚市财政局邮寄了起诉状副本及应诉通知书。本院于2020年7月14日正式立案受理,并依法组成合议庭。本院在审理过程中,发现案外人美宇公司与本案处理结果有利害关系,故于2020年7月16日将其追加为第三人,并向其寄送了起诉状副本和参加诉讼通知书。本院于2020年11月17日依法公开开庭审理了本案。原告大华公司的法定代表人汪某及其委托代理人袁某、被告余姚市财政局的出庭应诉负责人韩某及其委托代理人朱某、第三人美宇公司的委托代理人赵某到庭参加诉讼。本案现已审理终结。

余姚市财政局于2019年12月27日作出余财采决字〔2019〕3号《余姚市财政局政府采购投诉处理决定书》的行政行为。

大华公司起诉称:2019年9月,余姚市城区三街道道路保洁服务项目之阳明街道道路清洁服务项目进行招投标,《公开招标采购文件》第四章第五项评分标准第16点类似业绩的部分内容是:投标人自2016年1月1日至今承担过单个合同面积200万平方(含)及以上的同类保洁(指道路或公园或绿化的保洁内容)项目业绩的得6分按就高原则不累计得分,满分6分。

针对上述评分标准,2019年9月11日,余姚市黄家埠镇人民政府为美宇公司出具《证明》,内容是:宁波市美宇环保科技有限公司系我镇环卫市场化保洁服务中标服务供应商(招标项目编号YYZC-201906)。合同期限:2019年6月1日至2020年5月31日止。合同内容:余姚市黄家埠镇区及行政村环卫保洁服务(含道路、人行道、巷弄、绿化带、公园、公厕保洁等)、垃圾中转站压缩和转运服务、余姚市黄家埠镇全镇范围内河道保洁服务。其中道路保洁面积270.5万平方米。保洁服务质量情况良好。

凭此《证明》和其他材料,美宇公司得以成为预中标单位。大华公司系竞标单位。可是,经过调查了解,余姚市黄家埠镇人民政府出具上述《证明》没有事实依据。大华公司曾向余姚市人民政府阳明街道办事处(以下简称阳明街道)就此事提出质询,阳明街道为此致函美宇公司,阳明街道答复称,美宇公司未提供相应资料。2019年10月12日,原告大华公司向被告余姚市财政局提出投诉。同年12月27日,余姚市财政局作出余财采决字〔2019〕3号政府采购投诉处理决定书,驳回投诉。余姚市财政局驳回投诉的主要理由是,余姚市规划测绘设计院2019年12月27日出具的《余姚市黄家埠镇道路保洁面积统计技术报告》,该报告表明道路保洁面积合计大于200万平方米。

大华公司认为,上述理由不能成立:一、正如上文所述,大华公司曾向阳明街道就此事提出质询,阳明街道为此致函美宇公司,阳明街道答复称,美宇公司未提供相应资料。二、余姚市规划测绘设计院出具的《余姚市黄家埠镇道路保洁面积统计技术报告》且不说其是否真实、可信,都不能作为证据,证明美宇公司提供的《证明》非提供虚假业绩材料。有否提供虚假业绩证明的判断标准应该是,美宇公司提供《证明》时,是否有证据证明其业绩内容,余姚市财政局在听取各方意见后,尚且需要委托余姚市规划测绘设计院检测,正好证明美宇公司提供《证明》时,并没有证据证明业绩内容。

为此,大华公司向法院起诉,请求判决撤销余姚市财政局作出的余财采决字〔2019〕3号政府采购投诉处理决定书,责令其重新作出处理决定。

大华公司向本院提供了以下证据:1.余姚市财政局余财采决字〔2019〕3号政府采购投诉处理决定书复印件一份,用以证明余姚市财政局作出案涉行政行为的事实。2.阳明街道给美宇公司的《函》、给原告大华公司的《答复函》《公开招标采购文件》《中标结果公告》复印件各一份,用以证明美宇公司提供《证明》时并没有证据证明其业绩内容的事实。3.〔2020〕1号政府信息依申请公开答复书复印件一份,用以证明余姚市黄家埠镇人民政府为美宇公司出具《证明》时,并没有证据证明余姚市黄家埠镇区及行政村环卫保洁服务(含道路、人行道、巷弄、绿化带、公园、公厕保洁等)、垃圾中转站压缩和转运服务、余姚市黄家埠镇全镇范围内河道保洁服务,道路保洁面积是270.5万平方米的事实。4.宁波市中级人民法院〔2020〕浙02行初73号行政判决书,用以证明需由阳明街道独立审核后对《证明》是否采信作出认定的事实。

余姚市财政局答辩称:一、余姚市财政局具有作出本案被诉投诉处理决定的法定职责。案涉政府采购项目为余姚市城区三街道道路保洁服务项目之阳明街道道路保洁服务项目,根据《中华人民共和国政府采购法》第十三条第一款、五十六条及中华人民共和国财政部令第94号《政府采购质疑和投诉办法》第五条第二款之规定,被告余姚市财政局作为县级以上人民政府财政部门,具有作出本案被诉投诉处理决定的法定职责。二、余姚市财政局作出《政府采购投诉处理决定书》程序合法适当。余姚市财政局于2019年10月12日收到原告大华公司投诉材料,于2019年10月15日向大华公司发送《政府采购供应商投诉补正通知书》。2019年10月21日接收大华公司的补正材料。经审查,余姚市财政局于2019年10月25日受理大华公司投诉,并向阳明街道、美宇公司发送投诉书副本。随即,余姚市财政局就投诉事项展开调查。后余姚市财政局向余姚市规划测绘设计院发送《关于测算黄家埠镇和河姆渡镇全镇道路保洁面积咨询的函》,向大华公司发送《向第三方调查取证通知书》。余姚市财政局取得《黄家埠镇道路保洁面积统计技术报告》后,在法定期限内作出投诉处理决定,并送达各方当事人。余姚市财政局认为,上述投诉处理决定作出程序符合《政府采购质疑和投诉办法》第二十一条、第二十六条、第二十七条之规定,完全合法适当。三、余姚市财政局作出的《政府采购投诉处理决定书》认定事实清楚,证据充分。第一,余姚市财政局受理投诉后,不但进行书面审查还采用多种方式对大华公司在投诉书中提出的投诉事项进行调查核实。除要求阳明街道、美宇公司就投诉事项进行答复说明外,针对大华公司提出的美宇公司提供虚假合同业绩(证明),及委托第三方相关单位进行实地测绘;针对大华公司提出参加评标的业主单位代表身份不符合法律规定的投诉事项,余姚市财政局对相关人员进行询问并制作询问(调查)笔录。经过上述调查,余姚市财政局对大华公司的投诉事项进行逐一评析,得出驳回投诉的处理决定,事实清楚,证据充分。第二,关于大华公司在《行政起诉状》中全篇提到的余姚市黄家埠镇人民政府出具的《证明》是否虚假问题。1.根据《公开招标采购文件》第34页第四章第五项评分标准第16类似业绩的内容为:注:提供中标通知书、合同复印件加盖投标人公章,原件备查(中标通知书签发时间与合同签订时间不一致的以合同签订时间为准);合同及中标通知书不能体现面积的,可由业主出具证明函复印件加盖投标人公章,原件备查(证明函格式自拟,但内容需包含项目内容、项目面积,落款必须有证明单位公章,单位联系人姓名、电话);以及更正公告关于类似业绩的要求修改为注:(内容与《公开招标采购文件》一致)。由此可见,采购文件允许投标人就类似业绩在合同及中标通知书不能体现面积时,采用业主出具证明函的方式。而美宇公司与余姚市黄家埠镇人民政府的保洁服务合同未体现面积,因此余姚市黄家埠镇人民政府出具证明符合采购文件的规定;2. 余姚市黄家埠镇人民政府在收到答辩状发送的《政府采购调查通知书》后回复《关于黄家埠镇全域道路保洁面积情况的说明》一份,该说明中明确《证明》确系余姚市黄家埠镇人民政府出具,并再次告知美宇公司在该镇道路保洁面积超过 200 万平方米;3. 余姚市财政局委托第三方余姚市规划测绘设计院实地测绘,余姚市规划测绘设计院出具《余姚市黄家埠镇道路保洁面积统计技术报告》,该报告的道路保洁面积亦大于 200 万平方米。4. 大华公司并未就美宇公司提供虚假业绩证明及其类似业绩达不到满分要求的事项提供证据。鉴于此,余姚市财政局认为余姚市黄家埠镇人民政府出具的《证明》符合采购文件规定的要求,并非虚假且能够实质性响应采购文件,满足采购文件类似业绩得满分的要求。大华公司提出美宇公司提供虚假业绩合同(证明)的理由缺乏事实和法律依据,不能成立。综上所述,余姚市财政局根据《中华人民共和国政府采购法》第五十六条和《政府采购质疑和投诉办法》第二十九条第(二)款的规定,作出的余财采决字〔2019〕3 号《政府采购投诉处理决定书》,认定事实清楚,证据充分,适用法律、法规正确,程序合法,请求法院依法驳回原告大华公司的诉讼请求。

余姚市财政局于 2020 年 7 月 15 日向本院提供了以下证据:

1. 余财采决字〔2019〕3 号《余姚市财政局政府采购投诉处理决定书》复印件一份、送达回证复印件三份,用以证明余姚市财政局作出的具体行政行为的事实。

2.《公开招标采购文件》《更正公告》复印件各一份,用以证明案涉政府采购项目的采购文件,其中第 34 页对类似业绩(6 分)做了相关规定,案涉保洁项目公开招标后发布采购结果的事实。

3.《采购结果公告》复印件一份,用以证明中标供应商为美宇公司,案涉保洁项目公开招标后发布采购结果的事实。

4.《质疑函》《补充函》复印件各一份,用以证明大华公司就案涉项目向采购人提出质疑的事实。

5.《质疑答复函》复印件一份,用以证明采购人就大华公司的质疑作出答复的事实。

6.《投诉书》复印件一份,用以证明大华公司因对质疑回复不满,向余姚市财政局提出投诉的事实。

7. 投诉补正通知书、送达回证复印件各一份,用以证明余姚市财政局向大华公司发出投诉补正通知的事实。

8.《证明》《函》《答复函》材料签收单复印件各一份,用以证明大华公司向余姚市财政局提交的补正材料的事实。

9. 投诉受理通知书、送达回证复印件各一份,用以证明余姚市财政局对大华公司的投诉予以受理、余姚市财政局程序合法的事实。

10. 余财采审字〔2019〕3 号之一、之二投诉副本发送通知书及相应送达回证复印件各一份,用以证明余姚市财政局与余姚市财政局要求采购人及美宇公司就大华公司投诉事项作出答复说明的事实。

11. 答复说明、说明书复印件各一份,用以证明采购人及美宇公司向被告余姚市财政局作出投诉答复说明的事实。

12. 余政采投调字〔2019〕3号之一、之二、之三、之四政府采购调查通知书及相应送达回证复印件各一份,用以证明余姚市财政局分别向相关单位和人员发出调查通知书的事实。

13.《关于黄家埠镇全域道路保洁面积情况的说明》复印件一份,用以证明黄家埠镇人民政府出具的《证明》确系该单位出具,且再次告知余姚市财政局道路保洁面积超200万平方米的事实。

14.《余姚市黄家埠镇环卫市场化保洁服务承包项目合同》一份,用以证明美宇公司为黄家埠镇提供保洁服务,保洁范围为黄家埠镇镇区、行政村及河道,该合同未体现保洁面积的事实。

15.《关于河姆渡镇全域道路保洁面积情况的说明》复印件一份,用以证明河姆渡镇出具的证明确系该单位出具,且再次告知余姚市财政局道路保洁面积超200万平方的事实。

16. 询问(调查)笔录(原告)复印件一份,用以证明余姚市财政局向原告大华公司进行询问的事实。

17. 询问(调查)笔录(冯晓东)复印件一份,用以证明余姚市财政局向冯晓东进行询问的事实。

18.《关于测算黄家埠镇和河姆渡镇全域道路保洁面积咨询的函》复印件一份,用以证明余姚市财政局向第三方余姚市规划测绘设计院就测算道路保洁面积和测算时间发函咨询的事实。

19.《关于测算黄家埠镇和河姆渡镇全域道路保洁面积答复的函》复印件一份,用以证明余姚市规划测绘设计院向余姚市财政局复函,并告知测算时间的事实。

20.《向第三方调查取证通知书》复印件一份,用以证明余姚市财政局向大华公司发送第三方调查取证通知书,并告知所需时间的事实。

21.《黄家埠镇道路保洁面积统计技术报告》一份,用以证明余姚市规划测绘设计院就黄家埠镇道路保洁面积出具测绘数据,数据显示黄家埠镇道路保洁面积超200万平方米的事实。

其中证据10-21共同证明余姚市财政局采用多种方式向相关单位和人员进行调查,余姚市财政局作出的投诉处理决定事实清楚、证据充分、程序合法的事实。

美宇公司答辩称:美宇公司在招标过程中提供的案涉《证明》具备真实性、合法性。黄家埠镇人民政府根据经验出具了该证明。根据招投标的评分标准,由于黄家埠镇人民政府出具了该证明,美宇公司得到了六分,大华公司得了四分,即便美宇公司该项只得四分,总分也超过大华公司。余姚市财政局作出的案涉投诉处理决定程序合法,事实清楚,证据充分。

美宇公司未向本院提供证据。

经庭审质证,对余姚市财政局提供的证据,大华公司对证据1、3、4、6、7、9、16、20的真实性没有异议。对证据2的真实性无异议,但对类似业绩打分有异议,第一,黄家埠镇的保洁项目是2019年5月到2020年6月,在本案招投标活动开展时,这个项目才做了三个月,不能证明保洁情况良好,不符合招标文件要求;第二,黄家埠镇人民政府不仅仅是出具证明就可以了,而且要有事实依据,阳明街道要进行核实,不然就是虚假的证明文件。对证据5的真实性无异议,从答复函的第一、二项理由,说是采购人对《证明》不需审查,不符合法律规定。对证据8的真实性没有异议,但认为其中的《证明》缺乏事实依据,且只做了三个月不能证明保洁情况良好。对证据10、证据11中的《答复说明》的真实性并不清楚,是美宇公司和阳明街道之间发生的事情。对证据11中的《说明书》的真实性无异议,但认为无需审查的说法不符合法律规定。对证据12中不针对大华公司发出的材料以及证据17的真实性并不清楚。对证据13的合法性有异议,是事后出具的,不是招投标时审查的,《情况说明》不能证明黄家埠人民镇政府的《证明》是正确的,证明用的是概算,没有依据。对证据14的真实性无异议,合同里面没有保洁面积。对证据15认为与本案没有关联性,且系在2019年11月出具。对证据18、19、21的真实性无异议,合法性有异议,都在招投标后做出,余姚市财政局调查程序不符合法律规定。美宇公司对上述证据均无异议。

本院认为,大华公司对余姚市财政局提供的部分证据真实性表示并不清楚,但未提供相应证据证实相关证据存在伪造,经核对,本院对被告余姚市财政局提供证据的真实性予以认定。关于证据15,原告大华公司虽仅对黄家埠镇人民政府作出的《证明》提出质疑及投诉,但河姆渡镇人民政府出具的相关材料包含于案涉投诉处理决定书的内容中,出于全面审查原则,证据15与本案具有关联性。

对大华公司提供的证据,余姚市财政局对证据1的真实性没有异议;对证据2的真实性没有异议,对证明内容有异议;对证据3的真实性、合法性无异议,但认为没有关联性,《证明》是概算得出,不违反法律;对证据4的真实性、合法性没有异议,对证明目的有异议,采购人阳明街道已经对《证明》予以认可。美宇公司对证据1的真实性无异议;对证据2的证明目的有异议;对证据3的真实性、合法性无异议,证明目的有异议,案涉《证明》并不违反规定,有工作经验的工作人员完全有能力做出面积的概算;对证据4的真实性、合法性无异议,对证明目的有异议。本院对上述证据的真实性予以确认。

经审理查明,余姚市城区三街道道路保洁服务项目之阳明街道道路清洁服务采购项目(采购编号×××-2)于2019年9月进行招投标活动,大华公司、美宇公司系竞标单位。《公开招标采购文件》第四章第五项评分标准第16点类似业绩载明:投标人自2016年1月1日至今承担过单个合同面积200万平方(含)及以上的同类保洁(指道路或公园或绿化的保洁内容)项目业绩的得6分按就高原则不累计得分,满分6分注:提供中标通知书、合同复印件加盖投标人公章,原件备查(中标通知书签发时间与合同签订时间不一致的以合同签订时间为准);合同及中标通知书不能体现面积的,可由业主出具证明函复印件加盖投标人公章,原件备查(证明函格式自拟,但内容需包含项目内容、项目面积,落款必须有证明单位公章,单位联系人姓名、电话)。2019年9月11日,余姚市黄家埠镇人民政府为美宇公司出具《证明》,载明:宁波市美宇环保科技有限公司系我镇环卫市场化保洁服务中标服务供应商(招标项目编号YYZC-201906)。合同期限:2019年6月1日至2020年5月31日止。合同内容:余姚市黄家埠镇区及行政村环卫保洁服务(含道路、人行道、巷弄、绿化带、公园、公厕保洁等)、垃圾中转站压缩和转运服务、余姚市黄家埠镇全镇范围内河道保洁服务。其中道路保洁面积 270.5 万平方米。保洁服务质量情况良好。该项目采购结果公告于 2019 年 9 月 27 发布,美宇公司为中标单位。

大华公司就此事向阳明街道提出质询,阳明街道于 2019 年 9 月 29 日致函美宇公司,要求其提供在投标文件中提供的余姚市黄家埠镇环卫市场化保洁服务承包项目业绩中体现的具体道路保洁面积,附详细道路名称和面积。阳明街道于 2019 年 9 月 29 日向大华公司作出答复函,表明在规定时间内美宇公司未提供相应资料。大华公司于同日就该保洁服务项目提交了《质疑函》,质疑中标人美宇公司提供了虚假业绩合同,又于同月 30 日提交了《补充函》,认为项目评审程序不符合相关法律规定。阳明街道于 2019 年 10 月 2 日向大华公司作出《质疑答复函》,答复称美宇公司提供的业绩资料符合招标文件要求、质疑人未提供测量结果等事实依据;采购人的代表应当包括但不限于采购人的工作人员、律师作为采购人的代表之一参与评标委员会工作,非评审专家身份;供应商应当在法定质疑期内一次性提出针对同一采购程序环节的质疑,质疑人分别于 2019 年 9 月 29 日、10 月 2 日两次针对同一采购评审环节提出质疑违反上述规定,综上,认为大华公司提出的政府采购质疑不成立。2019 年 10 月 12 日,大华公司向被告余姚市财政局作出投诉,被投诉人为阳明街道及美宇公司。投诉内容如下:(一)该项目中标人即被投诉人 2 提供虚假业绩合同证明被投诉人 2 的类似项目业绩,达不到招标文件规定的满分要求。(二)参加评标的业主单位代表身份不符合法律规定。其为被投诉人 1 的法律顾问,并非被投诉人 1 的工作人员,并参与过投诉人的法律纠纷案件。根据《浙江省政府采购评审专家管理办法》(浙财采监〔2017〕3 号)第二十三条的规定,应当回避。(三)被投诉人 1 的质疑答复与事实明显不符,答复中进行偷换概念和对法律法规的错误应用。余姚市财政局于 2019 年 10 月 15 日向大华公司发送《政府采购供应商投诉补正通知书》,2019 年 10 月 21 日接收大华公司的补正材料,并于 2019 年 10 月 25 日受理大华公司投诉。余姚市财政局于 2019 年 11 月 25 日向余姚市规划测绘设计院发送《关于测算黄家埠镇和河姆渡镇全镇道路保洁面积咨询的函》,余姚市规划测绘设计院于 2019 年 12 月 27 日作出《余姚市黄家埠镇道路保洁面积统计技术报告》,测算得道路保洁面积大于 200 万平方米。同日,余姚市财政局作出余财采决字〔2019〕3 号政府采购投诉处理决定书,针对投诉事项一的调查结果为:本机关分别于 2019 年 10 月 28 日和 2019 年 11 月 1 日向黄家埠镇政府和河姆渡镇政府发出了《政府采购调查通知书》,黄家埠镇政府和河姆渡镇政府分别出具了《关于黄家埠镇全域道路保洁面积情况的说明》和《关于河姆渡镇全域道路保洁面积情况的说明》。两乡镇证明被投诉人 2 在两乡镇的保洁业绩达 200 万平方米以上,符合招标文件业绩评审达满分的要求 2019 年 12 月 27 日,余姚市规划测绘设计院出具《余姚市黄家埠镇道路保洁面积统计技术报告》该报告表明道路保洁面积合计大于 200 万平方米。综上,被投诉人 2 在其投标文件中提供的业绩证明材料确系两乡镇出具,按照招标文件规定,业绩符合评审可得 6 分的要求,且投诉人未提供投诉事项的证明材料,投诉事项不成立。针对投诉事项二的调查结果为:评标委员会是由采购人代表和评审专家两种身份的成员组成,但法律法规并未禁止采购人指派非本单位工作人员作为采购人代表。被投诉人 1 作为采购人,出具了书面授权函,委托冯晓东作为采购人代表参加该街道的政府采购项目符合法律规定。冯晓东与被投诉人 1 是法律事务上的委托关系,仅在被投诉人 1 与投诉人之间的诉讼案件中作为被投诉人1的诉讼代理人,与投诉人没有直接利害关系其在评审活动中不需要回避。综上,投诉事项不成立。针对投诉事项三的调查结果为:"委派采购人代表"和"业绩评审"分属为采购活动中的"评标委员会组建"和"项目评审"两个不同环节,被投诉人1的答复确属不当,但该答复不影响采购结果。投诉处理决定部分载明:依据上述查证事实,投诉人关于"余姚市城区三街道道路保洁服务项目之阳明街道道路清洁服务采购项目(采购编号×××-2)"的投诉缺乏事实和法律依据,投诉事项不成立。根据《中华人民共和国政府采购法》第五十六条及《政府采购质疑和投诉办法》第二十九条第(二)款的有关规定,投诉处理决定如下:驳回投诉。

本院认为,第一,根据《中华人民共和国政府采购法》第十三条第一款、五十六条及中华人民共和国财政部令第94号《政府采购质疑和投诉办法》第五条第二款之规定,余姚市财政局作为县级以上人民政府财政部门,具有作出本案被诉投诉处理决定的法定职责。第二,关于大华公司提出的美宇公司提交《证明》时没有证据证明业绩内容的问题,《公开招标采购文件》第四章第五项评分标准第16点类似业绩载明:投标人自2016年1月1日至今承担过单个合同面积200万平方(含)及以上的同类保洁(指道路或公园或绿化的保洁内容)项目业绩的得6分按就高原则不累计得分,满分6分注:提供中标通知书、合同复印件加盖投标人公章,原件备查(中标通知书签发时间与合同签订时间不一致的以合同签订时间为准);合同及中标通知书不能体现面积的,可由业主出具证明函复印件加盖投标人公章,原件备查(证明函格式自拟,但内容需包含项目内容、项目面积,落款必须有证明单位公章,单位联系人姓名、电话)。美宇公司提交的黄家埠镇人民政府出具的《证明》符合该文件要求。关于余姚市规划测绘设计院出具的《余姚市黄家埠镇道路保洁面积统计技术报告》,系余姚市财政局在处理案涉投诉事项过程中调查取得,符合相关规定,并且再次印证该镇道路保洁面积确实超过200万平方米。原告大华公司亦未提交相反证据推翻案涉《证明》。第二,关于投诉处理决定书中的其他答复事项,亦查明了相关事实,且符合相关法律法规规定。案涉投诉处理决定书事实清楚,证据充分,适用法律、法规正确,符合法定程序。故对于大华公司的诉请,本院不予支持。为此,依照《中华人民共和国行政诉讼法》第六十九条的规定,判决如下:

驳回原告宁波大华园林工程有限公司的诉讼请求。

本案受理费50元,由原告宁波大华园林工程有限公司负担。

如不服本判决,可在判决书送达之日起十五日内向本院递交上诉状,上诉于浙江省宁波市中级人民法院。

审　判　长　李倩倩

人民陪审员　吴根菊

人民陪审员　吕佩珠

二〇二〇年十二月三十一日

书　记　员　吴珂宁

牙克石市祥途汽车销售有限公司
与内蒙古自治区牙克石市财政局
政府采购(招投标)投诉处理决定案

【案件提要】

本案是对采购结果的投诉处理决定提起行政诉讼的案例。涉案采购项目经公开招标,鸿遂公司中标。祥途公司认为中标人提供的售后服务不符合招标文件的得分要求,提出质疑和投诉。因财政部门驳回其投诉,祥途公司提起本案诉讼。法院经审理认为,祥途公司的投诉未要求财政部门审查中标供应商是否以虚假材料谋取中标,而是认为中标人的售后服务中不具备维修资质和维修范围。虽然中标人材料真实性应是审查内容,但财政部门更应该围绕祥途公司投诉事项进行审查从而认定事实,作出投诉处理决定。但本案中财政部门既没有将查证的有关中标人的售后服务中不具备维修资质和维修范围的事实作为其作出投诉处理决定的事实依据,同时又认为该事实问题属于采购人与中标人后期履约问题,与案涉政府采购项目的评审结果无关,不属于政府采购质疑投诉的审查范围,而对有关事实信息进行核实,未尽到全面审查的义务,故财政部门对投诉事项未全面审查系认定事实不清。此外,中标单位系其他与投诉事项有关的当事人,但财政部门未向其发出投诉答复通知书,故财政部门对投诉的处理程序违法。据此判决撤销财政部门驳回投诉的处理决定,责令重新作出处理决定。

【判决正文】

内蒙古自治区满洲里市人民法院
行政判决书

〔2020〕内 0781 行初 38 号

原告牙克石市祥途汽车销售有限公司,住所地(略)。
法定代表人赵某。
被告牙克石市财政局,住所地(略)。
法定代表人赵某。
行政机关负责人朱某。
委托代理人郭某。

原告牙克石市祥途汽车销售有限公司(以下简称祥途公司)不服被告牙克石市财政局作出的牙财函〔2020〕65 号政府采购投诉处理决定书,向本院提起行政诉讼。本院立案后,向被告牙克石市财政局送达了起诉状副本及应诉通知书等。本院依法组成合议庭,于 2020 年 11 月 18 日公开开庭审理了本案。原告祥途公司法定代表人赵某,被告牙克石市财政局行政机关负责人朱某、委托代理人郭某到庭参加诉讼。本案现已审理终结。

牙克石市财政局于 2020 年 8 月 12 日作出牙财函〔2020〕65 号政府采购投诉处理决定书,认为祥途公司投诉事项缺乏事实依据,投诉事项不成立,依据《政府采购质疑和投诉办法》第二十九条第一款第二项的规定驳回投诉。

原告祥途公司诉称,2020 年 6 月 16 日其参加由牙克石市城市管理综合执法局组织的牙克石市城市管理综合执法局其他货物公开招标(三次)项目(项目编号×××)。在公布中标结果后,祥途公司于 2020 年 6 月 18 日向牙克石市城市管理综合执法局提出质疑,认为中标人随州市鸿遂专用汽车销售有限责任公司(以下简称鸿遂公司)的维修厂家、维修人员等信息提供的不属实,存在无资质情况。2020 年 7 月 1 日祥途公司收到牙克石市城市管理综合执法局关于质疑答复的函(牙综执函发〔2020〕34 号)得到如下回复:成交供应商《营业执照》登记成立。并已经提供维修厂家和维修人员相关证明材料;成交供应商承诺接到报修 1 小时之内能够到达现场,出现不能履行承诺的情况,由招标方按照合同约定追责,与本次招标活动无关;你单位质疑成交供应商资质,请按照《政府采购和投诉办法》第十二条规定,提供事实依据和必要的法律依据。因牙克石市管理综合执法局提供的相关证明文件不明确、不全面,对质疑的问题没有得到有效答复,祥途公司对该答复结果不满意。因采购人依据《政府采购和投诉办法》第十二条规定要求祥途公司对质疑问题提供相关依据,2020 年 7 月 6 日祥途公司向牙克石市交通运输综合行政执法大队提出关于查询维修企业(鸿遂公司的售后服务协议单位牙克石市庆贺汽车修理部)是否具备维修经营资质的申请。2020 年 7 月 9 日祥途公司收到牙克石市交通运输综合行政执法大队的告知,告知中明确牙克石庆贺修理部目前存在的问题如下:(一)机动车维修经营许可证件到期后未到原运输管理站换发证件,目前属于证件失效状态。(二)该修理部申请维修经营项目为三类机动车维修(车身维修)许可,经营范围为单项机动车车身钣金修复和车身喷漆,不具备机动车整车维修资质。(三)经实地勘察得出结论,该修理部人员结构和维修厂房要求的设施设备不符合《汽车维修业开业条件》(GB/T16739)相关条款的规定,不具备备案条件。2020 年 7 月 9 日祥途公司向牙克石市财政局提交投诉书,主要投诉内容如下:(一)中标单位鸿遂公司协议售后服务单位牙克石市庆贺汽车修理部有无合法的有效经营证件,营业执照内含的相关资质是否属实、是否具备售后服务的整车维修资质及维修范围、是否有维修场地、维修人员。(二)祥途公司员工于 2020 年 7 月 5 日去牙克石市庆贺汽车修理部现场核实,发现其门上贴着出售出兑,周围邻居反映年后就已处于出售出兑状态。2020 年 8 月 12 日祥途公司收到牙克石市财政局作出的牙财函〔2020〕65 号政府采购投诉处理决定书,认为中标供应商投标文件的售后服务单位营业执照真实有效,售后服务单位真实有效存续,有相应的维修场地和维修人员。关于祥途公司主张的整车维修资质和维修范围等,不属于上述招标文件规定的评审内容。投诉事项主张中标供应商以虚假材料谋取中标,主张中标供应商不满足招标文件评审标准中的评分内容条件,缺乏事实依据,投诉事项不成立。祥途公司未经中标供应商同意从采购人处获取的中标供应商售后服务证明材料属于《政府采购质疑和投诉办法》第四十三条规定的依法不予公开的信息。祥途公司投诉事项缺乏事实依据,投诉事项不成立,依据《政府采购质疑和投诉办法》第二十九条第一款第二项的规定驳回投诉。祥途公司诉请:1.判令撤销牙克石市财政局作出的牙财函〔2020〕65号政府采购投诉处理决定书;2.本案诉讼费用由牙克石市财政局承担。

祥途公司向本院提交了以下证据、依据,牙克石市财政局发表了质证意见,本院对证据进行了认证:

1. 政府采购处理决定书一份,证明起诉原因。牙克石市财政局对该证据无异议。本院认为该证据客观真实,与本案有关联性,本院予以采信。

2. 关于对祥途公司查询问题的告知一份,证明牙克石市庆贺汽车修理部不具备汽车维修业开业条件,经营资质不合法。牙克石市财政局对该证据无异议。本院认为该证据客观真实,与本案有关联性,本院予以采信。

3. 2020年11月17日拍摄的现场照片1张,证明牙克石市庆贺汽车修理部处于出售出兑状态,且牙克石市财政局未去现场取证。牙克石市财政局对该证据真实性无异议,但认为该证据不在投诉处理期间形成,与本案无关联性。本院认为该证据虽客观真实,但与本案无关联性,本院不予以采信。

4. 招标文件第六十三条中关于服务权值14分的评分证据一份,证明评分标准及当时评分是因中标人提供虚假材料才得的分数;牙克石市财政局已经了解中标供应商提供虚假材料中标,但没有采纳。牙克石市财政局对该证据真实性无异议。但该证据无法证明中标供应商提供了虚假的材料。本院认为该证据客观真实,与本案有关联性,本院予以采纳,但因无法证明原告所述问题,本院不予采信。

5. 营业执照一份,证明依法批准的项目经相关部门批准后,方可开展经营项目,未得到批准系非法、无效经营。牙克石市财政局对该证据真实性无异议。但该证据只能证明原告祥途汽车公司自身情况,无法证明牙克石市庆贺汽车修理部存在祥途公司所述情况。本院认为该证据客观真实,与本案有关联性,本院予以采信。

6. 2020年7月8日拍摄投诉期间的现场照片一份,证明牙克石市庆贺汽车修理部处于出售出兑状态,牙克石市财政局未去现场取证。牙克石市财政局对证据的真实性无异议,对于证明的其他问题不认可。本院认为该证据客观真实,与本案有关联性,但仅能证实牙克石市庆贺汽车修理部处于出售出兑状态,无法证实牙克石市财政局未去现场取证,对于已经证明的事实,本院予以采信。

牙克石市财政局辩称,一、牙克石市财政局系在法定职权范围内作出案涉投诉处理决定。依据《政府采购法》第十三条、第五十五条、第五十六条的规定,各级人民政府财政部门是负责政府采购监督管理的部门,质疑供应商对质疑答复不满意或者采购人、采购代理机构未在规定的时间内作出答复的,可以向同级政府采购监督管理部门投诉,政府采购监督管理部门应当对投诉事项作出处理决定。牙克石市财政局作为牙克石市人民政府财政部门,依法受理质疑供应商对同级政府采购项目的投诉,并对投诉事项作出处理决定,系履行对政府采购活动的法定监督管理职责。二、牙克石市财政局作出案涉投诉处理决定,认定程序正当合法,事实清楚,证据充分,适用法律正确。(一)牙克石市财政局作出案涉投诉处理决定的程序正当合法。2020年7月13日牙克石市财政局收到祥途公司的投诉书,依据《政府采购质疑和投诉办法》第二十一条的规定依法审查后受理了祥途公司的投诉。牙克石市财政局分别于2020年7月14日、7月15日,向牙克石市城市管理综合执法局和其他相关当事人鸿遂公司(中标供应商)送达了投诉书副本,并要求其作出说明及提交相关证据、依据和其他有关材料。牙克石市财政局调阅了案涉政府采购项目相关采购文件,并对与投诉事项有关的牙克石市庆贺汽车修理部经营者王庆贺进行调查取证。牙克石市财政局于2020年8月12日作出案涉政府采购投诉处理决定。(二)牙克石市财政局作出案涉投诉处理决定认定事实清楚,证据充分。依据《政府采购法》第五十二条、第五十五条及《政府采购法实施条例》第五十五条的规定供应商认为采购文件、采购过程和中标、成交结果使自己的权益受到损害的,可以在规定期限内以书面形式向采购人提出质疑,对质疑答复不满意或者采购人、采购代理机构未在规定的时间内作出答复的,可以在法定期限内向同级政府采购监督管理部门投诉,投诉的事项不得超出已质疑事项的范围。祥途公司于2020年6月16日参加案涉政府采购项目公开招标活动后,认为中标结果使自己的权益受到损害,依法向采购人提出质疑,质疑事项包括:1.评标人员的评标方向出现偏移、偏差;2.招标文件规定本地有车辆维修厂房和维修人员得5分,否则不得分,对中标人鸿遂公司提供的维修厂家、维修人员等信息存疑。2020年7月1日祥途公司收到采购人质疑答复并进一步收集证据材料后,于2020年7月13日向牙克石市财政局投诉,投诉事项为招标文件规定"本地有车辆维修厂房和维修人员的得5分",中标人鸿遂公司的协议售后服务单位牙克石市庆贺汽车修理部有无合法的有效经营证件,营业执照内含的相关资质是否属实、是否具备售后服务整车维修资质及维修范围、是否有维修场地、维修人员。投诉事项与其质疑事项2相同,均是对中标人鸿遂公司是否满足招标文件本地有车辆维修厂房和维修人员的得5分规定存疑,区别是因采购人给其提供了中标人鸿遂公司投标文件组成部分的售后服务协议等材料,为其收集证据材料提供了便利条件,祥途汽车公司投诉时明确中标人鸿遂汽车销售公司不满足招标文件本地有维修厂房和维修人员的规定,对中标人鸿遂公司的协议售后服务单位牙克石市庆贺汽车修理部(以下简称庆贺修理部)的汽车维修经营资质、营业执照、维修场地、人员等事项存疑。据此,牙克石市财政局围绕祥途公司投诉事项主张的中标人鸿遂公司是否满足招标文件评审标准规定的本地有车辆维修厂房和维修人员的得5分的条件,其投标文件相应的证明材料是否真实的焦点问题进行审查认定后,根据审查的事实和证据,认定其投诉事项缺乏事实依据不成立,认定事实清楚,证据确凿。第一,案涉政府采购项目招标文件评审标准规定本地有车辆维修厂房和维修人员的得5分,招标文件规定的评审条件未涉及提供本地维修服务的主体及相应维修资质的要求,因此,牙克石市财政局提出的庆贺修理部未依法取得整车维修资质、未依法向交通运输部门进行机动车维修经营备案登记等事项不属于招标文件上述规定的评审内容。即庆贺修理部的维修资质等事项不作为判断中标人鸿遂公司是否满足招标文件评审标准本地有车辆维修厂房和维修人员的得5分规定的依据。第二,中标人鸿遂公司投标文件提供的关于本地有车辆维修厂房和维修人员的证明材料包括庆贺修理部的营业执照、维修服务协议书、厂房图片、备品备件库图片及维修人员证书。评标委员会按照招标文件规定对其投标文件进行评审后,认定符合招标文件规定的得分条件并进行了评分。经核查,中标人鸿遂公司提供的庆贺修理部营业执照真实有效,其营业执照登记的经营项目和经营范围包含汽车维修。且庆贺修理部真实有效存续,不存在被吊销营业执照或注销登记等情形。祥途公司投诉时提供的照片材料,也证实庆贺修理部真实存在,有维修场地和维修人员。据此,没有证据材料能够证明中标人鸿遂公司投标文件提供的上述证明材料虚假,或能够推翻上述证明材料所证明的本地有车辆维修厂房和维修人员的事实,即没有证据能够推翻评标委员会关于中标人鸿遂公司投标文件符合本地有车辆维修厂房和维修人员要求的认定与评分。以上事实,有投诉人的投诉书、被投诉人及投诉事项相关当事人的说明材料、案涉政采购项目招标文件、评标文件、中标人鸿遂公司投标文件、质疑及答复材料、调查笔录等材料佐证。(三)牙克石市财政局作出案涉投诉处理决定适用法律正确。根据《政府采购质疑和投诉办法》第二十九条第一款第二项规定,祥途公司的投诉事项缺乏事实依据,投诉事项不成立,财政部门应当驳回投诉。四、即使庆贺汽车修理部及中标人鸿遂公司事实上无法提供汽车维修服务或提供服务涉嫌违法违规等,影响案涉政府采购项目采购合同履行,依法应由采购人追究其违约责任。虽然鸿遂公司在牙克石市本地的维修点庆贺汽车修理部在 2020 年 7 月 9 日不具备机动车维修备案条件,但该事项不是案涉政府采购项目招标文件规定的评审因素,不影响评标委员会评分,不影响案涉政府采购项目的评审结果。即使因庆贺汽车修理部的上述问题影响采购人与中标单位鸿遂公司的合同履行,采购人可以依约追究其违约责任,合同履行的违约并不影响政府采购项目的评审,与案涉政府采购项目的评审结果无关,不属于政府采购质疑投诉的审查范围。

牙克石市财政局向本院提交了以下证据、依据,祥途公司发表了质证意见,本院对证据进行了认证:

第一组证据:投诉书登记表 1 份,投诉书回执 2 份,投诉答复通知书及接收文件回执各 1 份,采购人提供的情况说明 1 份,投诉处理决定书的送达回证 3 张。以上证据证明牙克石市财政局办理投诉及送达程序合法。

祥途公司对以上证据均无异议,且采购人提供的情况说明佐证祥途汽车公司取得的相应证据材料不涉及商业机密系合法取得。本院认为该组证据客观真实,与本案有关联性,但因根据《政府采购质疑和投诉办法》第二十一条第一款第四项的规定在收到投诉后 8 个工作日内向被投诉人和其他与投诉事项有关的当事人发出投诉答复通知书。鸿遂公司系其他与投诉事项有关的当事人,但牙克石市财政局未向本院提供发出向鸿遂公司发出投诉答复通知书的证据,故该证据无法证实在处理投诉事项过程中程序完全合法。

第二组证据:1. 投诉书、质疑函各一份,证明牙克石市财政局核查是否符合投诉受理条件,确定投诉事项。

祥途公司对该证据无异议,但认为牙克石市财政局接到投诉后没有到现场勘验,牙克石市庆贺汽车修理部处于出售出兑状态。本院认为该证据客观真实,与本案有关联性,予以采信。

2. 牙克石市城市管理综合执法局关于质疑答复的函(牙综执函发〔2020〕35 号),证明牙克石市财政局核查是否符合投诉受理条件。

祥途公司对证据真实性无异议,但认为牙克石市庆贺汽车修理部无资质。本院认为该证据客观真实,与本案有关联性,予以采信。

3.关于答复《投诉证据来源合法性的说明》的函,证明调查核实投诉人证据来源是否合法。

祥途公司对该证据无异议。本院认为该证据客观真实,与本案有关联性,予以采信。

4.关于对财政局核实投诉信息来源情况的复函,证明调查核实投诉人证据来源是否合法。

祥途公司对该证据无异议。本院认为该证据客观真实,与本案有关联性,予以采信。

5.王庆贺调查(询问)笔录,证明被告牙克石市财政局调查投诉事实所涉及的中标人投标文件所附材料的真实性。

祥途公司对该证据真实性无异议,对证明问题有异议,认为王庆贺规避了实质内容没有说明无法营业,没有相应的维修设备,没有烤漆房,只有两个空门市房屋,属于无证经营等事实。本院认为该证据有王庆贺本人签字捺印,对证据本身本院予以采纳。但笔录中王庆贺只称与中标单位签署的《专用车定点维修协议》及提供的营业执照均属实,是否真实有效并未说明。

6.专用车定点维修协议,证明牙克石市财政局调查投诉事实所涉及的中标人投标文件所附材料的真实性。

祥途公司认为该协议系虚假协议,应认定无效。本院认为该证据与本案有关联性,但该证据本身的真实性难以认定。

7.牙克石市庆贺汽车修理部营业执照,证明牙克石市财政局调查投诉事实所涉及的中标人投标文件所附材料的真实性。

祥途公司对证据真实性无异议,但认为牙克石市庆贺汽车修理部不具备营业条件。本院认为该证据客观真实,与本案有关联性,予以采信。

8.牙克石市城市管理综合执法局关于提供证明材料的函(牙综执函发〔2020〕29号),证明牙克石市财政局核实有关投诉事实。

祥途公司对该证据无异议。本院认为该证据客观真实,与本案有关联性,予以采信。

9.牙克石市城市管理综合执法局关于咨询证明材料的函(牙综执函发〔2020〕31号),证明牙克石市财政局核实有关投诉事实。

祥途公司对该证据无异议。本院认为该证据客观真实,与本案有关联性,予以采信。

10.关于对城市管理综合执法局咨询证明材料的复函,证明牙克石市财政局核实有关投诉事实。

祥途公司对该证据无异议。本院认为该证据客观真实,与本案有关联性,予以采信。

11.牙克石市城市管理综合执法局关于提供证明材料的函(牙综执函发〔2020〕32号),证明牙克石市财政局核实有关投诉事实。

祥途公司对该证据无异议。本院认为该证据客观真实,与本案有关联性,予以采信。

12.答疑函及售后服务证明材料,证明牙克石市财政局核实有关投诉事实。

祥途公司对证据真实性无异议,但认为牙克石市庆贺汽车修理部不具备营业条件。本院认为该证据客观真实,与本案有关联性,予以采信。

13. 牙克石市城市管理综合执法局关于咨询证明材料的函(牙综执函发〔2020〕34 号),证明牙克石市财政局核实有关投诉事实。

祥途公司对该证据无异议。本院认为该证据客观真实,与本案有关联性,予以采信。

14. 个体户机读档案登记资料,证明牙克石市财政局核实有关投诉事实,投诉事项没有事实依据。

祥途公司对该证据无异议。本院认为该证据客观真实与本案有关联性,予以采信。但无法证明投诉无事实依据。

15. 牙克石市城市管理综合执法局(三次)招标项目其他货物公开采购文件(节选)第 4—12、44—59 页,证明牙克石市财政局核实有关投诉事实,投诉事项没有事实依据。

祥途公司对该证据无异议。本院认为该证据客观真实与本案有关联性,予以采信。但无法证明投诉无事实依据。

16. 鸿遂公司投标文件(节选)第 53、167—176 页,证明牙克石市财政局核实有关投诉事实,投诉事项没有事实依据。

祥途公司对证据有异议,但认为中标单位提供虚假材料。本院认为该证据客观真实与本案有关联性,予以采信。但无法证明投诉无事实依据。

17. 牙克石市城市管理综合执法局(三次)招标项目其他货物评标报告,证明牙克石市财政局核实有关投诉事实,投诉事项没有事实依据。

祥途公司对该证据无异议。本院认为该证据客观真实与本案有关联性,予以采信。但无法证明投诉无事实依据。

经审理查明,2020 年 5 月 25 日牙克石市城市管理综合执法局、呼伦贝尔市政府采购中心作出采购文件,项目名称为牙克石市城市管理综合执法局其他货物公开招标(三次)项目;项目编号:DO1150782100299101;政府采购批准编号:牙采购准字(电子)〔2020〕00001 号;采购人:牙克石市城市管理综合执法局;集中采购机构:呼伦贝尔市政府采购中心;采购内容:其他货物(购置车厢可卸式垃圾车 13 辆,配套垃圾箱 780 个);预算金额(投标限价):6 705 400 元,采购文件第三章第四节明确了评分因素、权值、评审内容,其中商务部分中服务占权值14%,在服务权值评审内容明确了本地有车辆维修厂房和维修人员得 5 分,否则不得分。2020 年 6 月 16 日牙克石市城市管理综合执法局开标并制作了评标报告,符合要求的投标人分别为呼伦贝尔市征程汽车销售有限公司、祥途公司、鸿遂公司、牙克石市瑞祥合汽车修理有限公司。中标人系鸿遂公司。牙克石市庆贺汽车修理部(注册日期 2011 年 6 月 13 日,经营范围:汽车维修、配件零售;依法须经批准的项目,经相关部门批准后方可开展经营活动)与鸿遂公司于 2020 年 6 月 2 日签订专用车定点维修协议。祥途公司得知中标结果后,2020 年 6 月 18 日向牙克石市城市管理综合执法局提出质疑,认为中标单位鸿遂公司无法保证招标文件中要求的接到报修通知 1 小时到达现场;本地有车辆维修厂房和维修人员。其提供的维修厂家、维修人员等信息不属实,存在无资质情况。2020 年 6 月 23 日牙克石市城市管理综合执法局作出关于提供证明材料的函(牙综执函发〔2020〕29 号)要求鸿遂公司提供相关证明材料。2020 年 6 月 24 日鸿遂公司向牙克石市城市管理综合执法局报送了售后服务材料,包括:牙克石市庆贺汽车修理部营业执照、专项(三类)汽车庆贺维修厂牌子图片、维修人员吴艳顺、王永贵基本信息(在本地)、庆贺汽车修理厂维修厂房、救援设备照片(在本地),接到报修 1 小时之内能到达现场的路线详情图片资料,报送资料不涉及该单位商业机密证明。2020 年 6 月 28 日牙克石市城市管理综合执法局作出关于咨询证明材料的函(牙综执函发〔2020〕31 号)向牙克石市交通运输管理局咨询:牙克石市专项(三类)汽车庆贺修配厂是否在牙克石市交通运输综合行政执法大队备案;采购车辆属于载重 3 吨小货车,牙克石市专项(三类)汽车庆贺修配厂是否具备维修资质。同日,牙克石市交通运输综合行政执法大队提出关于对城市管理综合执法局咨询证明材料的复函,明确牙克石市庆贺修配厂未在牙克石市交通运输综合行政执法大队备案;其 2013 年 4 月取得三类机动车维修经营许可,其证件有效期 3 年,现已失效,其经营范围系车身维修,具备的修理资质系汽车钣金维修及车身喷漆。2020 年 6 月 29 日牙克石市城市管理综合执法局作出关于提供证明材料的函(牙综执函发〔2020〕32 号)要求鸿遂汽车销售公司提供证明材料:1. 牙克石市庆贺修配厂的有效资质证明;2. 维修项目不仅限于钣金及喷漆的证明;3. 牙克石市专项(三)类汽车庆贺修配厂未在牙克石市交通运输综合行政执法大队备案能否进行汽车维修。2020 年 6 月 30 日鸿遂公司向牙克石市城市管理综合执法局提交答疑函。2020 年 7 月 1 日牙克石市城市管理综合执法局向牙克石市市场监督管理局发出牙克石市城市管理综合执法局关于咨询证明材料的函(牙综执函发〔2020〕34 号),咨询牙克石市专项(三)类汽车庆贺修配厂个体工商户营业执照是否真实有效,是否按照年度验照;经营范围经法律行政法规、国务院决定规定应经许可的,未获得许可不得经营。牙克石市专项(三)类汽车庆贺修配厂未在牙克石市交通运输综合行政执法大队备案能否进行汽车维修。同日牙克石市市场监督管理局向牙克石市城市管理综合执法局提交了牙克石市庆贺汽车修理部个体户机读档案登记资料,显示牙克石市庆贺汽车修理部最后一次年检时间 2013 年 5 月 30 日,经营范围:汽车修理、配件零售。2020 年 7 月 1 日祥途公司收到牙克石市城市管理综合执法局关于质疑答复的函(牙综执函发〔2020〕35 号)称:本次招标采用综合评分法,价格因素不成为决定成交供应商标准;评标委员会为呼伦贝尔市政府采购系统随机生成,祥途公司质疑评标人员的评标方向出现偏移无事实依据;成交供应商《营业执照》登记成立。并已经提供维修厂家和维修人员相关证明材料;成交供应商承诺接到报修 1 小时之内能够到达现场,出现不能履行承诺的情况,由招标方按照合同约定追责,与本次招标活动无关;你单位质疑成交供应商资质,请按照《政府采购和投诉办法》第十二条规定,提供事实依据和必要的法律依据。因祥途公司对牙克石市城市管理综合执法局的答复不满,2020 年 7 月 6 日祥途公司向牙克石市交通运输综合行政执法大队提出关于查询维修企业(鸿遂公司的售后服务协议单位牙克石市庆贺汽车修理部)是否具备维修经营资质的申请。2020 年 7 月 9 日祥途公司收到牙克石市交通运输综合行政执法大队的告知,告知中明确牙克石庆贺修理部目前存在的问题如下:1. 机动车维修经营许可证件到期后未到原运输管理站换发证件,目前属于证件失效状态。2. 该修理部申请维修经营项目为三类机动车维修(车身维修)许可,经营范围为单项机动车车身钣金修复和车身喷漆,不具备机动车整车维修资质。3. 经实地勘察得出结论,该修理部人员结构和维修厂房要求的设施设备不符合《汽车维修业开业条件》(GB/T16739)相关条款的规定不具备备案条件。因牙克石市财政局系牙克石市人民政府财政部门,具有受理供应商投诉并作出处理决定的法定职责。2020年7月13日祥途公司向牙克石市财政局提交投诉书,投诉事项:招标文件中明确规定"本地有车辆维修厂房和维修人员得5分,否则不得分"。如下图中标单位:鸿遂公司。祥途公司质疑鸿遂公司协议售后服务单位牙克石市庆贺汽车修理部有无合法的有效经营证件,营业执照内含的相关资质是否属实、是否具备售后服务的整车维修资质及维修范围、是否有维修场地、维修人员。2020年7月14日牙克石市财政局向牙克石市城市管理综合执法局送达投诉书副本和投诉答复通知书。2020年7月15日牙克石市财政局向鸿遂公司送达投诉书副本,但未向其送达投诉答复通知书。2020年7月16日牙克石市城市管理综合执法局向牙克石市财政局作出情况说明。2020年8月5日祥途公司向牙克石市财政局作出关于答复《投诉证据来源合法性的说明》的函。2020年8月8日牙克石市城市管理综合执法局向牙克石市财政局作出关于对财政局核实投诉信息来源情况的复函称其将不涉及商业机密的专用车定点维修协议、个体户机读档案登记资料出示给祥途汽车公司法定代表人赵德义。2020年8月10日牙克石市财政局对牙克石市庆贺汽车修理部经营者王庆贺制作调查(询问笔录),王庆贺称与中标单位签署的专用车定点维修协议及提供的营业执照均属实。2020年8月12日牙克石市财政局作出牙财函〔2020〕65号政府采购投诉处理决定书认定:1.本项目招标文件评审标准中服务评分项的评审内容为"本地有车辆维修厂房和维修人员"中标供应商投标文件提供了相应的证明材料。中标供应商投标文件的证明材料真实,经评标委员会评审认定符合招标文件的规定。中标供应商投标文件的售后服务单位营业执照真实有效,售后服务单位真实有效存续,有相应的维修场地和维修人员。关于投诉人主张的整车维修资质和维修范围等,不属于上述招标文件规定的评审内容。投诉事项主张中标供应商以虚假材料谋取中标,主张中标供应商不满足招标文件评审标准中的评分内容条件,缺乏事实依据,投诉事项不成立。2.祥途公司未经中标供应商同意,从采购人处获取的中标供应商售后服务证明材料,属于《政府采购质疑和投诉办法》(财政部令第94号)第四十三条规定的依法不予公开的信息。因此,牙克石市财政局认为祥途公司投诉事项缺乏事实依据,投诉事项不成立。依据《政府采购质疑和投诉办法》第二十九条第一款第二项的规定驳回投诉。牙克石市财政局作出的牙财函〔2020〕65号政府采购投诉处理决定书分别于2020年8月13日、2020年8月14日向祥途公司、牙克石市城市管理综合执法局及鸿遂公司送达。

另查明,2020年7月8日牙克石市庆贺汽车修理部在其外墙处张贴出售出兑。2020年8月18日牙克石市财政局将牙财函〔2020〕65号政府采购投诉处理决定书发布于内蒙古自治区政府采购网。

本院认为,本案争议焦点一:牙克石市财政局作出投诉处理决定认定的事实是否清楚。

(一)从牙克石市财政局作出的牙财函〔2020〕65号政府采购投诉处理决定书认定内容看。第一,对于牙克石市财政局认定本项目招标文件评审标准中服务评分项的评审内容为"本地有车辆维修厂房和维修人员"中标供应商投标文件提供了相应的证明材料。中标供应商投标文件的证明材料真实,经评标委员会评审认定符合招标文件的规定。本院认为,牙克石市财政局的认定内容无异议。第二，对于牙克石市财政局认定中标供应商投标文件的售后服务单位营业执照真实有效，售后服务单位真实有效存续，有相应的维修场地和维修人员。关于祥途公司主张的整车维修资质和维修范围等，不属于上述招标文件规定的评审内容。投诉事项主张中标供应商以虚假材料谋取中标，主张中标供应商不满足招标文件评审标准中的评分内容条件，缺乏事实依据，投诉事项不成立。本院认为，该认定结果系牙克石市财政局对祥途公司投诉事项中以下内容中标单位鸿遂公司协议售后服务单位牙克石市庆贺汽车修理部有无合法的有效经营证件，营业执照内含的相关资质是否属实、是否具备售后服务的整车维修资质及维修范围、是否有维修场地、维修人员等内容理解有误。从祥途公司投诉事项可知，祥途公司未要求牙克石市财政局审查中标供应商是否以虚假材料谋取中标，虽然中标供应商材料真实性应是审查内容，但牙克石市财政局更应该围绕祥途公司投诉事项进行审查从而认定事实，作出投诉处理决定。本案中牙克石市财政局认为仅认定中标供应商投标文件的证明材料真实性就可说明投诉事项。虽然调查核实上述投诉事项得出中标人鸿遂公司协议售后服务单位牙克石市庆贺汽车修理部 2013 年 4 月 28 日取得三类机动车维修（车身维修）许可，许可证有效期三年，已失效；不具备整车维修资质（经营范围系车身维修，具备的修理资质系汽车钣金维修及车身喷漆）；不具备《汽车维修业开业条件》相关条款规定的备案条件，但牙克石市财政局却并未将这些事实作为其作出投诉处理决定的事实依据。第三，对于牙克石市财政局认定祥途公司未经中标供应商同意，从采购人处获取的中标供应商售后服务证明材料，属于《政府采购质疑和投诉办法》（财政部令第 94 号）第四十三条规定的依法不予公开的信息。因根据《政府采购质疑和投诉办法》第四十三条的规定对在质疑答复和投诉处理过程中知悉的国家秘密、商业秘密、个人隐私和依法不予公开的信息，财政部门、采购人、采购代理机构等相关知情人应当保密。而该法无法认定中标供应商售后服务证明材料是否属于依法不予公开的信息。祥途公司取得的售后服务证明材料系 2020 年 6 月 24 日鸿遂公司声明在不涉及商业秘密的情况下向牙克石市城市管理综合执法局报送的；系牙克石市城市管理综合执法局出示给祥途公司法定代表人赵德义的。本院认为，牙克石市财政局对该事实认定不清与祥途公司投诉事项的事实审查无关。

（二）从被告牙克石市财政局的抗辩内容看。第一，牙克石市财政局抗辩祥途公司的投诉事项中除招标文件中明确规定本地有车辆维修厂房和维修人员得 5 分，否则不得分系评审内容，其他投诉事项均不为评审内容，且案涉采购内容系其他货物（购置车厢可卸式垃圾车 13 辆，配套垃圾箱 780 个），而不为售后服务、售后问题不会影响评标委员会评分，不影响案涉政府采购项目的评审结果，牙克石市庆贺汽车修理部的上述问题属于采购人与中标人后期履约问题，与案涉政府采购项目的评审结果无关，不属于政府采购质疑投诉的审查范围。本院认为，牙克石市财政局该抗辩无法排除其对该评审内容理解错误的可能性。牙克石市财政局应向发布采购文件的单位及评标委员会核实对本地有车辆维修厂房和维修人员得 5 分，否则不得分该项评审的内容如何理解，是否在相应中标人售后服务机构证件失效，不具备整车维修资质，不具备《汽车维修业开业条件》相关条款规定的备案条件的情况下也可得分。第二，牙克石市财政局抗辩对中标供应商材料真实性已尽审查义务。但实际上牙克石市财政局对于中标人鸿遂公司协议售后服务单位牙克石市庆贺汽车修理部的维修人员吴艳顺、王永贵基本信息(在本地)、庆贺汽车修理厂维修厂房、救援设备照片(在本地)的以上信息并未进行核实,未尽到全面审查的义务。本院认为,牙克石市财政局在处理祥途公司投诉过程中对投诉事项未全面审查系认定事实不清。

本案争议焦点二:牙克石市财政局作出的投诉处理决定程序是否合法。

根据《政府采购质疑和投诉办法》第二十一条第一款第四项的规定,牙克石市财政局应向其他与投诉事项有关的当事人发出投诉答复通知书。本案鸿遂公司系其他与投诉事项有关的当事人,但牙克石市财政局未向其发出投诉答复通知书。本院认为,牙克石市财政局在处理投诉过程中程序违法。

综上所述,祥途公司诉请撤销牙克石市财政局作出的牙财函〔2020〕65号政府采购投诉处理决定书,本院予以支持。依照《中华人民共和国行政诉讼法》第七十条第一款第一项、第三项的规定,判决如下:

一、撤销被告牙克石市财政局作出的牙财函〔2020〕65号政府采购投诉处理决定书;

二、责令被告牙克石市财政局在本判决生效之日起六十内重新作出行政行为。

案件受理费50元,由被告牙克石市财政局负担。

如不服本判决,可以在判决书送达之日起十五日内向本院递交上诉状,并按对方当事人的人数提出副本,上诉于呼伦贝尔市中级人民法院。

审　判　长　杜　怡

审　判　员　赫英杰

人民陪审员　康　斌

二〇二〇年十二月二十七日

书　记　员　张　萌

65 长沙市天之音乐器有限公司
与湖南省平江县财政局、湖南省岳阳市财政局
政府采购（招投标）投诉处理决定、行政复议决定案

【案件提要】

本案是对采购文件的投诉处理决定提起行政诉讼的案例。案件的争议的焦点是：采购人将采购产品应具有"三项认证""制造商授权""主要设备为同一品牌"设定为评审因素是否违法，是否构成对供应商实行了差别待遇或歧视待遇？法院经审理后认为，将"三项认证""制造商授权"和"主要设备为同一品牌"设定为评审的计分项，而非设定为资格条件，且该评审设定均与合同履行关系密切，没有限定某一特定品牌产品，没有对供应商实行差别待遇或者歧视待遇，也没有设定不合理条件限制或者排斥潜在供应商。故财政部门的处理决定和复议机关的复议决定证据确凿、适用法律、法规正确，符合法定程序。

【判决正文】

湖南省岳阳市中级人民法院
行政判决书

〔2020〕湘 06 行终 30 号

上诉人（一审原告）长沙市天之音乐器有限公司，住所地（略）。

法定代表人邱某。

委托诉讼代理人彭某。

委托诉讼代理人蒋某。

被上诉人（一审被告）平江县财政局，住所地（略）。

法定代表人夏某。

委托诉讼代理人凌某。

委托诉讼代理人黄某。

被上诉人（一审被告）岳阳市财政局，住所地（略）。

法定代表人邹某。

委托诉讼代理人翁某。

委托诉讼代理人刘某。

一审第三人平江县文化旅游广电体育局(原平江县文化广播新闻出版局),住所地(略)。

法定代表人朱某。

委托诉讼代理人陈某。

委托诉讼代理人王某。

一审第三人湖南省湘咨工程咨询有限公司,住所地(略)。

法定代表人邓某。

一审第三人岳阳金城电子科技有限公司,住所地(略)。

法定代表人陈某。

上诉人长沙市天之音乐器有限公司(以下简称天之音公司)因不服被上诉人平江县财政局财政行政处理、被上诉人岳阳市财政局复议决定一案,不服湖南省屈原管理区人民法院〔2019〕湘0691行初56号行政判决,向本院提起上诉。本院依法组成合议庭于2020年4月13日公开开庭进行了审理。上诉人天之音公司的委托诉讼代理人彭某、蒋某,被上诉人平江县财政局的委托诉讼代理人凌某、黄某,被上诉人岳阳市财政局的委托诉讼代理人翁某、刘某,一审第三人平江县文化旅游广电体育局(以下简称平江县文体局)的委托诉讼代理人陈某、王某到庭参加诉讼,一审第三人湖南省湘咨工程咨询有限公司(以下简称湘咨公司)、一审第三人岳阳金城电子科技有限公司(以下简称金城公司)经本院传唤未到庭参加诉讼。本案现已审理终结。

一审法院认定事实:2018年12月,湖南省财政厅下发《关于提前下达2019年中央补助地方公共文化服务体系建设专项资金的办法》,将贫困地区村文化活动室设备购置列入政府采购计划。2019年1月19日,平江县文和湖南省湘咨工程咨询有限公司(以下简称湘咨公司)订定政府采购委托代理协议,由平江县文体局委托湘咨公司进行采购。2019年2月13日,平江县文体局在岳阳市政府采购网、岳阳市公共资源交易网上发布公开招标公告及招标文件。招标文件中规定了评审因素评分细则,2019年2月20日,天之音公司对招投标文件设定的评审因素部分内容提出质疑,2019年2月26日,平江县文体局和湘咨公司对天之音公司的质疑进行了答复并于2019年2月18日发布了更正公告,对招投标文件部分内容及开标时间进行了更改。2019年3月4日,天之音公司就采购文件中评审因素的评分细则向平江县财政局投诉:1."产品质量11分,所投核心设备(即音响、调音台、功率放大器、点歌机)品牌生产厂家通过ISO9001质量管理体系认证,ISO14001环境管理体系认证,OHSAS18001职业健康管理体系认证,三个设备全部提供的计5分,任缺一个计0分;所投核心设备通过中国强制性产品认证即3C认证,二个设备全通过计6分,任缺一项计0分"。此条款中的三项认证非国家强制要求,且采购需求与合同履行无关,违反了"政府采购实施条例"第二十条第二款"设定的资格、技术、商务条件与采购项目的具体特点和实际需要不相适应或与合同履行无关"的规定,应予删除。2."产品兼容性4分,为保证音响系统的音质效果,所投调音台、功放放大器、主音响、电源时序器、无线话筒为同一品牌计4分,非同一品牌计0分",因这些产品属市场通用,技术成熟的单个独立产品,应由供应商选择最佳搭配方案,某一产业有优势,在其他产品上可能就不占优势。此条要求多项不同产品属于同一品牌,显然不合理也不合法,是"品牌倾向限制"行为。3."样品展示5分,投标人在开标现场提供所投核心设备中技术与科技含量最高的调音台样品一台,现场检验其使用功能,要求带 MP3/USB/SD 音频播放功能。带 USB/SD 录音功能,带蓝牙播放,带 DSP 效果,使用功能 齐全计 5 分,任缺一项扣 2 分,扣完 5 分为止,未提供样品视为虚假投标响应,作废标处理"此项采购需求已在技术、参数要求中用书面方式得到了准确描述,能用文字描述完全能够满足采购需求,根据财政部 87 号令"采购人、采购代理人一般不得要求投标人提供样品,仅凭书面方式不能准确描述采购需求或需要对样品进行主观判断以确认是否满足采购需求等特殊情况外"且调音台并非唯一核心产品,此项违法,应予删除。4. "信誉 10 分,制造商授权函,提供所投核心设备品牌生产厂家出具的针对本项目该产品及其售后服务的授权书,提供一个厂家的授权书计 1 分,最多计 4 分,未提供不计分"。此规定属于变相的生产厂家授权、承诺和背书,对供应商实行差别歧视待遇的行为,因违法,应删除。5. "信誉 10 分,国家认定企业技术中心、省级企业技术中心所投核心设备品牌生产厂家,提供由国家发展改革委员会认定的国家认定企业技术中心计 3 分,省级企业技术中心计 2 分,未提供计 0 分,国家文化产业示范基地所投核心设备品牌生产厂家提供由文化部认定的国家文化产业示范基地证书计 3 分,未提供计 0 分"此项属政府采购法实施条例第二十条第四款所禁止,应删除。基于以上五项投诉,请求暂停采购,重新制作招标文件再进行采购活动。2019 年 3 月 8 日,平江县财政局作出暂停采购活动通知。平江县文体局、湘咨公司发布暂停采购活动公告,2019 年 3 月 13 日,平江县财政局组织专家论证,2019 年 4 月 3 日,平江县财政局作出处理决定。2019 年 4 月 10 日,平江县文体局和湘咨公司发布了公告,对相关内容改正后恢复采购活动。2019 年 4 月 29 日开标,金城公司中标,湘咨公司发布中标公告,2019 年 5 月 17 日平江县文体局与金城公司签订了政府采购合同,平江县文体局、湘咨公司发布了采购合同签订公告。天之音公司对平江县财政局处理决定不服,于 2019 年 4 月 12 日向岳阳市财政局申请行政复议,2019 年 6 月 3 日,岳阳市财政局作出复议决定。

一审法院认为,本案争议的焦点是采购人平江县文体局将采购产品应具有"三项认证""制造商授权""主要设备为同一品牌"设定为评审因素,该设定是否违法,是否对供应商实行了差别待遇或歧视待遇,现分别评判如下:关于将"三项认证"设定为评审因素的问题。三项认证,即质量管理体系认证、环境管理体系认证和职业健康安全管理体系认证,是对企业质量管理与质量保证,环境影响与环境保护,职业健康与安全生产等内控管理上的认可与评定,具有三项认证的企业,生产的产品其产品质量、环境要求、产品安全更能满足消费者的需求,由于产品质量由生产者决定,采购人关注产品质量,以更优的产品建设文化活动室,是采购人希望实现的合同目的,招标文件中将三项认证作为评审因素,与合同履行有关,也与实际需要相适应,天之音公司认为该项设定违反了《中华人民共和国政府采购法实施条例》第二十条之规定,设定的资格、技术、商务条件与采购项目的具体特点和实际需要不相适应或者与合同履行无关,对供应商实行了差别待遇或歧视待遇,还认为只要是合格产品即可,不应当对产品另作"三项认证"的要求。由于采购人有选择优质产品的权利,天之音公司该项诉称理由不成立,不予采信。关于将"制造商对产品及售后服务授权"设定为评审因素的问题。由于经销商是否有生产厂商的授权是消费者能否获得优质售后服务的决定因素,体现供应商的履行合同的能力及所供应产品来源渠道正规。对售后服务的能力与及时是消费者切实注意的内容,采购人将厂家授权作为评审因素与合同履行有关,由于采购人只将厂家授权作为评审因素并没有作供应商的资格要求,没有违反财政部《政府采购货物和服务招投标管理办法》第十七条"不得通过将除进口货物以外的生产厂家授权、承诺、证明、背书等作为资格要求;对投标人实行差别待遇或歧视待遇"之规定,天之音公司认为,根据产品质量法即使没有生产厂家售后服务授权书,作为供应商也应提供售后服务。由于售后服务厂家授权书是对售后服务承诺的具体化,比法律规定更直接、更方便、更及时、更具有可操作性,采购人将此作为评审因素有利于产品售后服务,天之音公司该起诉理由,不予采信。关于将"主要设备产品兼容性、同一品牌"设定为评审因素的问题。所谓兼容性是指硬件之间、软件之间、软硬件组合系统之间相互协调工作的程度。如果在工作室能够及时相互配合、稳定的工作,则兼容性较好,反之就是兼容性不好。音响作为成套电子设备,使用时需将各部件连接,同一品牌成套产品由同一厂家设计生产在接口适配,电压电流稳定等方面会更优,出现故障时,同一品牌成套产品维护更便捷。同一品牌音响系统相对组装的音响系统而言,无论在品质保证还是技术参数稳定程度上,亦或是硬件维护还是售后服务上均是有明显优势。采购人将此作为评审因素更有利于文化活动室的实际需要,由于并未指向某一特定品牌,因此不存在差别待遇或歧视待遇问题。天之音公司认为采购产品属于大众化的成熟产品,不同生产厂家的产品完全可以相互兼容,要求为同一品牌没有必要,与采购需求的特点不相适应,是有意排斥不能供应同一品牌的供应商,由于采购人规定的"同一品牌"是指任一品牌的成套产品,并非指特定品牌,所以并不违反政府采购法实施条例第二十条的规定,天之音公司该项起诉理由,不予采信。综上,平江县财政局行政处理以及岳阳市财政局的复议决定,证据确凿、适用法律、法规正确,符合法定程序。根据《中华人民共和国行政诉讼法》第六十九条,《最高人民法院关于适用的解释》第七十九条第二款之规定,一审判决:驳回天之音公司要求撤销平江县财政局所作的平财函〔2019〕4号投诉处理决定及岳阳市财政局所作的岳财法〔2019〕8号行政复议决定的诉讼请求。

天之音公司上诉请求:1.撤销湖南省屈原管理区人民法院〔2019〕湘0691行初56号行政判决,改判撤销平江县财政局作出的投诉处理决定(平财函〔2019〕4号)和岳阳市财政局作出的行政复议决定(岳财法〔2019〕8号);2.改判平江县财政局重新作出投诉处理决定。其理由如下:一、天之音公司就招标文件中"所投核心设备品牌生产厂家通过ISO9001质量管理体系、ISO014001环境管理体系、OHSAS8001职业健康管理体系认证"作为评审因素提出的质疑合理合法,平江县财政局对此投诉事项处理不当,一审判决以此三项认证界定产品质量优劣,与合同履行有关,明显事实认定错误。1.招投标产品的质量是否符合招标要求,与制造商是否有ISO9001质量管理体系认证没有必然的关系,通过该认证的制造商,生产的产品也有可能存在质量问题,而没有通过该认证的制造商,生产的产品也完全可能没有任何质量问题。因此,该认证与采购产品需求的参数和中标人履行合同没有关联性。同理,制造商在生产招投标产品过程中是否符合达到环保要求和职业健康管理要求,与制造商是否有ISO014001环境管理体系认证和OHSAS8001职业健康管理体系认证没有必然的关系,更与产品质量无关。因此,该两项认证同样与采购产品需求的参数和中标人履行合同没有关联性。2.这三项并非国家强制性认证,不是所有产品生产厂家所必须具备的认证。相反,由于设定此三项认证为评审因素,导致能够参与竞争而没有此三项认定的中、小、微企业丧失竞争力,明显产生排斥此类没有三项认证企业参与本次政府采购的作用,有违《政府采购促进中小企业发展暂行办法》鼓励、保护中、小、微参与政府采购的精神。3. 天之音公司投诉后,平江县财政局对投诉事项审查时,明确以"国家认定企业技术中心和省级企业技术中心这两项评分因素是针对生产厂家而不是针对产品为由,认定投诉成立",同理,三项管理体系认证明显也是针对生产厂家的生产过程质量、环保及职业健康管理的,不是针对产品质量本身的,因此,此三项管理体系认证应同样不能设定为评分因素。4. 另外,已经有部分省市财政部门制定了政府采购的负面清单,明确政府采购招标文件禁止设置的条款,尤其是黑龙江省财政厅2017年10月1日公布的《政府采购负面清单(货物类)》第121项明确禁止"将非国家强制的资质、资格、认证作为加减分项"。二、天之音公司就招标文件中"信誉10分:1. 制造商授权函:提供所投核心设备品牌生产厂家出具的针对本项目该产品及其售后服务的授权书,提供一个厂家的授权书计1分,最多计4分。未提供不计分"作为评审因素提出的质疑合理合法,平江县财政局对此投诉事项处理不当,一审判决以厂家授权作为评审因素与合同履行有关且比法律更直接、更方便、更及时、更具有可操作性为由,认定厂家授权作为评审因素有利于产品售后服务,明显事实认定错误。2. 产品质量及其售后服务,有相关的法律法规予以规定和保护,如《产品质量法》、《消费者权益保护法》等,即使生产厂家没有提供售后服务的授权书,作为产品的供应商均应当依法保障产品质量、提供售后服务,对售出产品依法承担维修、更换、退货的义务。因此,用生产厂家针对上述四项产品及其售后服务的授权书作为加分项是变相歧视。3. 作为中标人的金城公司,公开的工商登记信息显示该公司经营范围不包括乐器,因此,本次政府采购的乐器对于该公司来说属于非法经营范围,即使有生产厂家的售后服务授权书,又怎么可能具备提供乐器的售后服务能力?另外,黑龙江省财政厅2017年10月1日公布的《政府采购负面清单(货物类)》第116项明确禁止"将制造商、代理商出具的经销代理协议、售后服务授权作为评分条件"。4. 天之音公司认为上述评审加分因素,有违《政府采购法实施条例》第二十条第(二)(八)项之规定,但与《政府采购货物和服务招投标管理办法》第十七条无关,平江县财政局对此投诉事项处理不当,一审判决明显事实认定错误。三、天之音公司就招标文件中"产品兼容性4分:为保证音响系统的音质效果,所投调音台、功放放大器、主音箱、电源时序器、无线话筒为同一品牌计4分,非同一品牌计0分"作为评审加分因素提出的质疑合理合法,平江县财政局对此投诉事项处理不当。一审判决以"并未指向特定品牌"为由,认定不存在差别待遇或歧视待遇,明显事实认定错误。要求此四项产品为同一品牌进行加分,明显是没有必要的,和采购需求的特点不相适应,尽管没有指向特定品牌产品,但明显是有意排斥不能供应同一品牌的四项产品的供应商参与竞争,也是一种变相的差别待遇或歧视待遇。上述评审加分因素,有违《政府采购法实施条例》第二十条第(二)(八)项之规定,平江县财政局对此投诉事项处理不当,一审判决事实认定错误。

平江县财政局辩称,一、平江县财政局作出的投诉处理决定平财函〔2019〕4号事实清楚,证据确凿,适用法律、法规正确,符合采购需求及质量保障。1. ISO9001质量管理体系认证已成为组织具备充分能力以提供持续满足规定要求的产品或服务的标志,具有提供产质量保证特点。ISO014001 环境管理体系认证是一套环境管理性质的标准,符合《政府采购货物和服务招标投标管理办法的(财政部令第 87 号)第五条落实节约能源,保护环境的规定。OHSAS18001 职业健康安全管理体系认证是现代安全生产管理模式,使包括安全生产管理在内的所有生产经营活动科学化、规范化和法制化,确保生产安全。上述三个管理体系认证是对企业质量管理与质量保证、环境影响与环境保护、职业健康与安全生产等内控管理上的认可与评定。能反映生产供应商的企业管理水平,与贫困地区村文化活动购置项目品质保证、环保要求、产品安全密切相关,对采购产品参数和履约能力具有法律上的关联性。招投标文件将其作为评审技术因素,与合同履行有关,也与农村文化活动的实际需要相适应,并没有对供应商实行差别待遇或歧视待遇。不违反《政府采购法实施条例》第二十条第二款之规定。投诉处理决定并无不当。2. 制造商授权函是对所提供核心设备(即音箱、调音台、功率放大器、点歌机)品牌生产厂家出具的明确授权产品的名称、品牌、规格、型号以及对售后服务承诺并加盖生产商公章的厂家授权。生产厂商的授权是能否获得优质售后服务的决定因素,体现了供应商履行合同的能力及所供应产品来源渠道正规,符合采购需求和合同履行。该评审因素是针对所有供应商而言,并非设置为供应商的资格要求,仅是在评分细则中作为评审因素,不存在变相歧视,没有违反财政部《政府采购货物和服务招标投标管理办法》第十七条之规定。投诉处理决定并无不当。3. 产品兼容性是指硬件之间、软硬件组合系统之间相互协调工作的程度,能够相互配合、稳定工作,让调音台和音响周边设备达到最佳兼容性。作为成套电子设备,使用时需将各部件连接,同一品牌成套产品由同一厂家设计生产在接口适配、电压电流稳定等方面更优,出现故障时,同一品牌成套产品维护更便捷。同时,招标文件中"产品兼容性,同一品牌"并未指定特定品牌,可以是任一音响系统类品牌,未对供应商实行差别待遇,不违反《中华人民共和国政府采购实施条例》第二十条第二款之规定。投诉处理决定并无不当。二、平江县财政局作出的投诉处理决定平财函〔2019〕4 号,符合法定程序,决定适当。平江县财政局在投诉处理过程严格依照《中华人民共和国政府采购法》《中华人民共和国政府采购实施条例》《政府采购货物和服务招标投标管理办法》(财政部令第 87 号)、《政府采购质疑和投诉办法》(财政部令第 94 号)的相关规定,依法受理了天之音公司投诉,作出了投诉受理通知书,并依法向采购人和采购代理机构送达了《投诉书》。对采购人和采购代理机构进行了调查取证并审查了招标文件、质疑书、质疑答复书、质疑问题说明与举证、专家论证意见等相关材料。在作出投诉处理决定前听取了投诉双方的陈述、申辩,咨询了省财政厅法律专家意见,并依法进行合议,整个投诉处理决定过程程序合法。在事实清楚、证据确凿的基础上,平江县财政局依照《政府采购货物和服务招标投标管理办法》(财政部令 87 号)第十七条、第二十二条、《中华人民共和国政府采购法实施条例》第二十条第二款、《政府采购质疑和投诉办法》(财政部令第 94 号)第二十六、第三十三条之规定,作出的投诉处理决定程序合法,适用法律、法规正确,决定适当。综上所述,请二审法院依法驳回上诉,维持原判。

岳阳市财政局辩称,一、采购人将"三项认证"设定为评分因素并不属于"以不合理条件对供应商实行差别待遇或歧视待遇",采购人有权对所购产品的生产厂家提出管理质量上的要求。1. 保护中小企业的本意是要留出部分采购项目专门面向中小微企业;非专门面向中小微企业的项目,要对参与投标的中小微企业给予6%—10%的价格扣除。三项认证并不具有排斥中小企业的性质,没有任何法律禁止中小企业进行三项认证;2.产品的质量不是由经销商或代理商决定的,而是由生产商决定的,消费者关注"产品是谁生产的"完全合理。对消费者而言,通过了三项认证等于在产品质量保障层面增加了一道防线,其有理由相信该等企业的产品更让人放心;第三,黑龙江省财政厅的文件只在当地具有约束力;第四,投诉处理决定确实认定了采购人将"国家认定企业技术中心名单"与"国家文化产业示范基地"作为评审因素与采购项目实际需要不适应。该两项评审因素与"三项认证"虽然同指向厂商,但并非同一类型——一个与产品质量无关联,一个有关联,因而不构成所谓"相反认定"。而且,即使构成所谓相反认定,也不能得出设置三项认证为评审因素违法。二、财政部87号令第十七条规定的是:采购人不得将厂家授权作为资格要求,而不是不能作为评审因素。"售后服务"属于"广义产品"的一部分,对于长周期使用的消费品(如乐器),消费者都会重视售后服务(包括服务能力与服务的及时性等)。经销商(或代理商)是否有厂商授权是采购人能否及时获得优质的售后服务的决定因素,与合同履行具有紧密的关系,设置这一评审因素并不构成对政府采购法实施条例第22条的违反。所谓其他法律保障问题,与本案要认定的事实毫不相干:采购人需要的是优质的售后服务,而不是售后服务跟不上时能否追究供货商的责任。三、采购人关注的不是不同品牌产品能不能组合一体使用的问题,而是能不能满足自身需要的问题(包括获得更方便、更及时的售后服务)。不能说不同品牌的同类产品能组合一体使用,就一定能满足采购人的需求。无论如何,需要什么都是由消费者自己决定的。而且,要求主要设备同一品牌针对的是所有潜在供应商,并未指向某一特定品牌,不存在差别对待问题。综上,上诉人岳阳市财政局请求人民法院依法驳回其上诉。

平江县文体局述称,本案政府采购项目是根据《湖南省财政厅关于提前下达2019年中央补助地方公共文化服务体系建设专项资金的通知》的规定,为贫困地区村文化活动室设备购置,政府采购计划编号:平财采计〔2018〕0938号。2019年1月19日,原审第三人平江县文体局作为采购人凭核准的《平江县政府采购项目采购方式审批表》,委托原审第三人湘咨公司进行采购,签订政府采购委托代理协议书。委托代理编号为HNXZ-2019-YY-XMZB-0032。2019年2月13日,在岳阳市政府采购网、岳阳市公共资源交易网上发布公开招标公告及招标文件。2019年2月20日,天之音公司对招标文件提出质疑。2019年2月26日,平江县文体局、湘咨公司进行了书面答复,并于2019年2月28日发布了更正公告,对招标文件部分内容及开标时间进行了调整。2019年3月4日,天之音公司对质疑答复书不满,向平江县财政局提出投诉。平江县文体局、湘咨公司根据平江县财政局2019年3月8日作出(平财办函〔2019〕5号)《暂停采购活动通知书》,发布本次项目予以暂停的更正公告。2019年3月13日,组织了专家论证。同时,向平江县财政局提供了针对质疑问题的说明与举证。2019年4月3日,平江县财政局依法作出投诉处理决定平财函〔2019〕4号。平江县文体局、湘咨公司改正了招标文件第70页评分细则表中"样品展示"评分项及"国家认定企业技术中心"与"国家文化产业示范基地"评分项。2019年4月10日,平江县文体局、湘咨公司根据平江县财政局平财函〔2019〕4号,发布了对相关内容改正后恢复采购活动的更正公告。2019年4月29日,在岳阳市公共资源交易中心进行开标会议,天之音公司未参加。

2019年4月30日,湘咨公司发布平江县贫困地区村文化活动室设备购置项目公开招标中标公告。2019年5月13日,发布中标人主要中标标的内容及招标文件补充公告。2019年5月17日,与供应商金城公司签订政府采购合同协议书。5月24日,发布了平江县贫困地区村文化活动室设备购置项目合同公告,现双方已按采购合同履行。综上所述,平江县文体局是严格按照《中华人民共和国政府采购法》《中华人民共和国政府采购法实施条例》、财政部《政府采购货物和服务招标投标管理办法》规定的采购方式和采购程序进行采购。平江县贫困地区村文化活动室设备购置项目符合采购标准与采购程序,公开、透明、公正、规范。平江县财政局投诉处理决定事实清楚,证据确凿,适用法律法规正确,决定适当。请二审人民法院依法驳回上诉,维持原判。

本院二审期间,双方当事人均未提交新的证据。本院查明的事实与一审查明的事实一致,本院对一审查明的事实予以确认。

本院认为,平江县文体局作为采购单位均是将"三项认证""制造商授权"和"主要设备为同一品牌"设定为评审的计分项,而非设定为资格条件。天之音公司报名并通过了平江县文体局的投标资格审查,由于天之音公司并非生产厂家,其完全可以参照评审的计分项选择厂商产品参与投标。根据《中华人民共和国政府采购法实施条例》第二十条规定:"采购人或者采购代理机构有下列情形之一的,属于以不合理的条件对供应商实行差别待遇或者歧视待遇:(一)就同一采购项目向供应商提供有差别的项目信息;(二)设定的资格、技术、商务条件与采购项目的具体特点和实际需要不相适应或者与合同履行无关;(三)采购需求中的技术、服务等要求指向特定供应商、特定产品;(四)以特定行政区域或者特定行业的业绩、奖项作为加分条件或者中标、成交条件;(五)对供应商采取不同的资格审查或者评审标准;(六)限定或者指定特定的专利、商标、品牌或者供应商;(七)非法限定供应商的所有制形式、组织形式或者所在地;(八)以其他不合理条件限制或者排斥潜在供应商。""三项认证"是质量管理体系认证、环境管理体系认证和职业健康安全管理体系认证,所有生产企业达到标准均可以申请"三项认证",通过"三项认证"的企业生产的产品质量相对更好、安全度相对更高、对环境的保护更佳,"三项认证"的评审设定与合同履行具有紧密的关系。对于长周期使用的消费品,消费者会更加重视售后服务(包括服务能力与服务的及时性等),生产厂商的授权,不仅体现了供应商履行合同的能力及所供应产品来源渠道正规,还体现了产品能够及时获得生产厂商的优质售后服务。制造商授权的评审设定,与合同履行具有紧密的关系。同一品牌成套产品由同一厂家设计生产在接口适配、电压电流稳定等方面更优,出现故障时,同一品牌成套产品维护更为便捷,更能满足消费者的自身需要,并且招标文件并未指定特定品牌,可以是任一音响系统类品牌,未对供应商实行差别待遇。"三项认证""制造商授权"和"主要设备为同一品牌"的评审设定均与合同履行关系密切,也没有限定某一特定品牌产品,没有对供应商实行差别待遇或者歧视待遇,也没有设定不合理条件限制或者排斥潜在供应商。黑龙江省财政厅颁布的《政府采购负面清单(货物类)》属于黑龙江省的规范性文件,不适用湖南省的政府采购。综上,天之音公司的上诉请求,本院不予支持。一审判决认定事实清楚,适用法律正确,审判程序合法,依法应予维持。据此,依照《中华人民共和国行政诉讼法》第八十九第一款第(一)项之规定,判决如下:

驳回上诉,维持原判。

二审案件受理费 50 元,由上诉人长沙市天之音乐器有限公司负担。

本判决为终审判决。

审 判 长　廖细元
审 判 员　江　婷
审 判 员　冯　玲
二〇二〇年五月八日
书 记 员　曹姝颖

南京爱克斯兰医疗器械有限公司
与安徽省和县财政局
政府采购(招投标)投诉处理决定案

【案件提要】

　　本案是对采购文件、采购结果的投诉处理决定提起行政诉讼的案例。涉案采购项目进行公开招标,哈顿公司中标。爱克斯兰公司提出质疑和投诉。财政部门经调查认为,投诉缺乏事实依据,决定驳回投诉。爱克斯兰公司不服,提起本案诉讼。法院经审理认为,爱克斯兰公司投诉事项涉及中标产品不符合招标文件,代理机构与中标人有串通行为等,但是对其投诉事项未能提供证据证明。《政府采购质疑和投诉办法》第二十五条规定,应当由投诉人承担举证责任的投诉事项,投诉人未提供相关证据、依据和其他有关材料的,视为投诉事项不成立。财政部门受理该投诉后进行了调查取证,对投诉事项分别核查并作出处理决定,事实清楚,证据充分,程序合法。是否废标应由评标委员会评审认定,不是和财政部门的法定职权,爱克斯兰公司提出废标的诉讼请求,于法无据。据此,财政部门的处理决定符合法律规定。

【判决正文】

安徽省马鞍山市中级人民法院
行政判决书

〔2020〕皖 05 行终 106 号

上诉人(一审原告)南京爱克斯兰医疗器械有限公司,住所地(略)。
法定代表人吴某。
委托代理人魏某。
委托代理人文某。
被上诉人(一审被告)和县财政局,住所地(略)。
法定代表人夏某。
委托代理人鲍某。
一审第三人和县中医院,住所地(略)。
法定代表人王某。

委托代理人李某。

一审第三人安徽安天利信工程管理股份有限公司,住所地(略)。

法定代表人陆某。

委托代理人花某。

委托代理人吴某。

一审第三人上海哈顿医药科技有限公司,住所地(略)。

法定代表人张某。

委托代理人王某。

上诉人南京爱克斯兰医疗器械有限公司(以下简称爱克斯兰公司)与被上诉人和县财政局、一审第三人和县中医院、一审第三人安徽安天利信工程管理股份有限公司(以下简称安天利信公司)、一审第三人上海哈顿医药科技有限公司(以下简称哈顿公司)招投标投诉行政处理一案,不服安徽省和县人民法院〔2020〕皖0523行初3号判决,向本院提起上诉。本院立案后,依法组成合议庭进行审理,现已审理终结。

一审审理查明,马鞍山市公共资源交易平台于2019年4月23日公开发布和县中医院进口数字彩色多普勒超声诊断仪(彩超)采购(第二次)变更公告,公告载明:采购人为和县中医院,项目名称为进口数字彩色多普勒超声诊断仪(彩超)采购(第二次),采购代理机构为安天利信公司。公告同时发布了开标时间、地点、技术参数要求以及评标办法。爱克斯兰公司与哈顿公司参与投标,后经评标委员会评定,爱克斯兰公司提供的原厂质保承诺书不符合招标文件要求,没有对招标文件提出的商务要求完全响应,认定其符合性审查不通过。哈顿公司超声诊断仪(彩超)LOGIOE9XDclear2.0中标。

2019年5月20日,爱克斯兰公司分别向和县公共资源交易中心、和县中医院发质疑函。2019年5月31日,和县中医院、安天利信公司书面答复爱克斯兰公司,评标委员会专家组进行复评,维持原评审结果。

2019年6月19日,爱克斯兰公司向和县财政局申请投诉,投诉主要内容为:"1.在和县中医院高端彩色超声多普勒设备采购项目中,安天利信公司操纵评标过程,隐瞒补充公告变更,在招标现场将我司以不符合商务条件为由废标;2.安天利信公司串通采购人,明知中标人虚假应标,所投产品LOGIQE9不符合产品技术要求第四项'2014年1月后首次注册的最新平台';3.在本次招标中以原厂质保作为排他性条件。请求依法查证采购、招标代理机构,操纵招标,串通投标,判定招标无效,依法废标,处理此招标公司,依法撤销安天利信招标代理资质。"

2019年7月8日,和县财政局作出《和县财政局关于"和县中医院进口全数字彩色多普勒超声诊断仪(彩超)采购1包"的投诉处理决定书》(财购〔2019〕106号),该处理决定书第二部分对查明事实和相关依据记载为:"(1)投诉事项1的核查情况:1.该项目变更公告内容已于2019年4月23日在马鞍山市公共资源交易平台公开发布,变更公告作为招标文件的组成部分,在评标时已提交给评审委员会,评标报告也是评标委员会根据变更后的评审办法予以评审的;2.投诉人被废标是由于评标委员会在对投诉人的投标文件进行审查时,发现投标人提供的文件内容不符合招标文件的要求,并依据法定程序对投诉人予以询标要求其提供合理解释,经询标后,评标委员会一致判定投诉人投标文件提供的原厂质保承诺书不符合招标文件要求,认定符合性审查不通过。投诉事项1缺乏事实依据,投诉事项不成立。(2)投诉事项2的核查情况:采购人和采购代理机构分别于2019年5月30日和6月27日两次提请原评标委员会予以复评,原评标委员会的复评意见为:'1.根据上海哈顿提交的投标文件资料显示所投设备为LOGIQE9晶准超声系统(LOGIOE9XDclear2.0),该平台设备新增了能支持XDclear2.0技术的探头,所配XDclear冰晶探头技术≥2种,并于2017年7月3日首次注册(注册证编号:国械注进20173236044),响应招标文件要求。维持原招标评审结果。2.经评审确认哈顿公司投标文件提供的业绩符合招标文件关于同品牌同型号的要求;提供2016年1月1日至今(以合同签订时间为准)在二甲及以上医疗机构与本项目所投同品牌同型号(进口产品)的销售业绩。'投诉事项2缺乏事实依据,投诉事项不成立。(3)投诉事项3的核查情况:1.本项目在招标采购程序启动前,已经马鞍山市财政局(马财〔2018〕298号)文件批复同意采购进口医疗设备;2.根据《政府采购货物和服务招标投标管理办法》(财政部87号令)第17条规定,采购人、采购代理机构不得将投标人的注册资本、资产总额、营业收入、从业人员、利润、纳税额等规模条件作为资格要求或者评审因素,也不得通过将除进口货物以外的生产厂家授权、承诺、证明、背书等作为资格要求,对投标人实行差别待遇或者歧视待遇。依据上述条款的规定,对于进口产品,要求生产厂家提供授权、承诺、证明、背书等作为实质性要求并不违反先行法律的强制性规定。投诉事项3缺乏事实依据。"该处理决定书第三部分对处理决定记载为"投诉事项1、投诉事项2、投诉事项3,缺乏事实依据,投诉事项均不成立。根据《政府采购质疑和投诉办法》第二十九条第(二)项的规定,驳回投诉"。

现政府采购活动已结束,哈顿公司中标的超声诊断仪(彩超)LOGIOE9XDclear2.0已于2019年9月9日在和县中医院安装验收、投入使用。

爱克斯兰公司对和县财政局作出的处理决定不服,提起行政诉讼。

一审法院认为,《中华人民共和国政府采购法》第十三条规定,各级人民政府财政部门是负责政府采购监督管理的部门,依法履行对政府采购活动的监督管理职责。该法第五十八条规定,投诉人对政府采购监督管理部门的投诉处理决定不服或者逾期政府采购监督管理部门未作处理的,可以依法申请行政复议或者向人民法院提起行政诉讼。因此,和县财政局作为同级政府采购监督管理部门有权对爱克斯兰公司的投诉进行处理,爱克斯兰公司对处理决定不服提起诉讼,属于人民法院行政诉讼的受案范围。《政府采购供应商投诉处理办法》第三条第一款规定,县级以上各级人民政府财政部门负责依法受理和处理供应商投诉。第七条规定,供应商认为采购文件、采购过程、中标和成交结果使自己的合法权益受到损害的,应当首先依法向采购人、采购代理机构提出质疑。对采购人、采购代理机构的质疑答复不满意,或者采购人、采购代理机构未在规定期限内作出答复的,供应商可以在答复期满后15个工作日内向同级财政部门提起投诉。本案中,爱克斯兰公司作为投标人,不接受评标结果,向采购人和采购代理机构提出异议后,不服采购人和采购代理机构的回复,又向和县财政局投诉。和县财政局收到爱克斯兰公司的书面投诉后,依照《中华人民共和国政府采购法》《政府采购质疑和投诉办法》相关规定,进行了受理、调查取证,对投诉事项分别核查并作出处理决定,事实清楚,证据充分,程序合法。是否废标由评标委员会评审认定,不是和县财政局法定职权,爱克斯兰公司提出废标的诉讼请求,于法无据。综上,爱克斯兰公司的诉讼请求,无事实和法律依据,不予支持,一审法院依照《中华人民共和国行政诉讼法》第六十九条之规定,判决驳回爱克斯兰公司的诉讼请求,案件受理费 50 元由爱克斯兰公司负担。

爱克斯兰公司上诉称,一审认定事实有误,主要理由为:1. LOGIQE9 首次注册时间是 2009 年,不符合招标文件中要求的 2014 年以后首次注册的条件。2. 招标文件要求提供 2016 年的销售业绩,而哈顿公司的中标产品 LOGIQE9 新增探头的新平台机器首次注册时间是 2017 年 7 月 3 日(注册证编号:国械注进 20173236044),根本无法提供该产品 2016 年的销售业绩,哈顿公司提供的 LOGIQE9 产品销售业绩不符合招标文件要求。3. 国内 LOGIOE9 晶准超声系统中没有 LOGIOE9XDclear2.0 型号,医疗器械注册审批应当以国家食品药品监督管理局批准为准。4. 和县中医院与安天利信公司联合出具的《关于"和县中医院进口全数字多普勒超声诊断仪(彩超)采购(第二次)"项目质疑函的答复》证明本次招投标存在串通投标的行为。因此,请求二审法院依法撤销一审判决,支持爱克斯兰公司一审诉讼请求,判令和县财政局承担诉讼费。

和县财政局辩称,爱克斯兰公司的上诉请求及理由缺乏事实和法律依据,和县财政局收到爱克斯兰公司的投诉后,对投诉事项进行核查,组织评标委员会进行复评,符合政府采购质疑和投诉办法第十四条的规定,和县财政局与采购人。采购代理人、投标人、中标人之间无利害关系。

和县中医院述称,和县中医院作为采购人,与代理人之间不存在串通招投标行为。本次采购经马鞍山市财政局批复同意采购的进口医疗设备,在原厂质保上不受《政府采购货物和服务招标投标管理办法》第十七条约束,没有排他情形。补充公告于 2019 年 4 月 23 日在马鞍山市公共资源交易平台发布,不存在隐瞒情形。针对爱克斯兰公司的多次投诉,原评审委员会进了多次论证、复评,哈顿公司的中标产品系 LOGIOE9 最新平台,其首次注册时间为 2017 年 7 月 3 日,该产品中标后已购买并实际投入使用,和县财政局受理爱克斯兰公司的投诉,也对投诉进行了调查处理,该处理符合法律规定,因此,一审认定事实清楚,适应法律正确,应当驳回爱克斯兰公司的上诉请求。

安天利信公司述称,一审判决认定事实清楚,适用法律正确,具体理由如下:1. 中标人哈顿公司的中标产品 LOGIOE9 晶准超声系统(LOGIOE9XDclear2.0)支持 XDclear 技术探头,所配 XDclear 冰晶探头技术≥2 种,系 2017 年 7 月 3 日首次注册(注册证编号:国械注进 20173236044),所投设备为整机原装进口,符合招标文件 2014 年 1 月以后首次注册的最新平台机器要求,招标文件要求投标人提供 2016 年 1 月 1 日以后与所投设备同品牌同型号的销售业绩,并非要求最新型号的销售业绩,哈顿公司提供的产品销售业绩符合招标文件要求;2. 案涉招投标项目经过原评审委员会两次复评,确认哈顿公司所投产品响应招标文件要求,确认爱克斯兰公司的投诉事项不成立,和县财政局依据复评结果驳回爱克斯兰公司的投诉,有事实和法律依据;3. 一审追加采购人、采购代理人、中标人为第三人,经过两次庭审作出判决,事实清楚、证据充分、程序合法,因此,应当驳回上诉,维持原判。

哈顿公司述称,哈顿公司中标的产品是 LOGIOE9 晶准超声系统中最新平台产品即 LOGIOE9XDclear2.0,符合招标文件要求的 2014 年后首次注册的最新平台要求。招标文件要求提供 2016 年同品牌同型号的销售业绩,LOGIOE9XDclear2.0 与 LOGIOE9 品牌与型号相同,所以哈顿公司提供 2016 年 LOGIOE9 的销售业绩符合招标文件要求。哈顿公司严格按照招投标程序进行投标,投标产品合法合规,与其他单位没有利害关系,不存在串通投标。

爱克斯兰公司向一审法院提交了以下证据(均为复印件):1.营业执照,证明诉讼主体资格;2.《和县财政局关于"和县中医院进口全数字彩色多普勒超声诊断仪(彩超)采购 1 包"的投诉处理决定书》,证明和县财政的行政处理错误;3.招标文件,证明招标文件中要求首次注册是在 2014 年以后,而哈顿公司的中标产品是在 2009 年首次注册,不符合招标文件要求;4.医疗器械注册证截图,证明哈顿公司的中标产品是 2009 年首次注册,其新增探头的新平台机器是 2017 年才注册的,提供的销售业绩不符合招标文件要求。

和县财政局向一审法院提交了以下证据(均为复印件)和法律依据:1.爱克斯兰公司营业执照、法定代表人身份证明,证明爱克斯兰公司的主体资格以及法定代表人身份信息;和县中医院进口全数字彩色多普勒超声诊断仪(彩超)采购(第二次)招标文件的部分复印件,证明本次招标的技术参数要求、商务要求、符合性审查、原厂免费质保承诺书、履约能力等;3.哈顿公司的投标文件的部分复印件,证明哈顿公司所投设备的注册信息、同品牌同型号的销售业绩及原厂免费质保承诺书等;4.爱克斯兰公司投标文件的部分复印件,证明爱克斯兰公司提供原厂免费质保承诺不符合商务要求;5.招标情况报告的部分复印件,证明本次招标经过变更公告、询标函、专家组论证、两次专家组复评;6.爱克斯兰公司质疑函,证明爱克斯兰公司的质疑内容;7.2019 年 5 月 27 日和 2019 年 5 月 31 日两次对质疑函的答复,证明和县中医院与安天利信公司对质疑的答复内容;8.爱克斯兰公司 2019 年 6 月 2 日的投诉函,证明其投诉的主要内容;9.政府采购供应商投诉补正通知书,证明和县财政局于 2019 年 6 月 10 日要求爱克斯兰公司对其投诉进行补正;10.政府采购供应商投诉补正通知书邮箱投递截图,证明投诉补正通知书投递成功;11.2019 年 6 月 17 日爱克斯兰公司的投诉书,证明爱克斯兰公司已对投诉进行补正;12.受理通知书,证明和县财政局已经受理爱克斯兰公司的投诉;13.受理通知邮箱投递截图,证明受理通知投递成功;14.政府采购供应商投诉书副本通知书及送达回证,证明和县中医院、安天利信公司、哈顿公司收到投诉书副本;15.情况说明及附件,证明和县财政局进行了调查核实;16.投诉处理决定书,证明和县财政局对投诉事项进行了处理;17.投诉处理决定书送达回证及 EMS 投递截图,证明各方当事人收到和县财政局的投诉处理决定书。法律依据分别是《政府采购质疑和投诉办法》第二十九条第(二)项及《政府采购货物和服务招标投标管理办法》第十七条。

和县中医院未向一审法院提交证据。

安天利信公司向一审法院提交了以下证据(均为复印件):1.招标文件部分复印件、爱克斯兰公司提供的原厂免费质保承诺、询标函、马鞍山市财政局文件(马财〔2018〕298 号),证明招标文件商务要求部分规定中标人需提供原厂免费质保承诺书,承诺书可由所投设备制造商、制造商直接授权的国内经销商、进口产品代理人或进口产品国内代理人直接授权的经销商出具,投标文件符合审查部分规定:对招标文件提出的商务要求、合同条款完全响应,带 * 的技术条款完全相应,以上评审有任何一项未通过或必须提供原件材料而未提供的,符合性评审不通过,按照无效投标文件处理,评标委员会依法对爱克斯兰公司进行询标后，一致判定爱克斯兰公司提供的原厂免费质保承诺书不符合招标文件要求，认定符合性审查不通过，案涉进口全数字彩色多普勒超声诊断仪采购项目通过进口论证并经马鞍山市财政局批复同意，招标文件要求投标人提供原厂免费质保承诺不违反法律强制性规定；2. 招标文件部分复印件、哈顿公司提供的医疗器械注册证，证明招标文件的技术参数、投标要求、哈顿公司投标文件载明的医疗器械注册证（注册证编号：国械注进 20173236044），哈顿公司其所投设备产品名称为：超声诊断仪，型号、规格为：LOGIQE9，批准日期为 2017 年 7 月 3 日，附录中备注"XDclear 技术"符合招标文件要求；3. 哈顿公司《关于和县中医院质疑的答复》、专家组复评意见表、和县中医院和安天利信公司《关于"和县中医院进口全数字彩色多普勒超声诊断仪（彩超）采购（第二次）"项目质疑函的答复》，证明安天利信公司收到异议后组织复评并告知结果，哈顿公司符合招标文件要求，评审委员会在复评程序中维持原评标结果并认定爱克斯兰公司符合性审查不通过；4. 招标文件部分复印件、哈顿公司销售业绩证明材料，证明招标文件要求投标人提供 2016 年 1 月 1 日以后、与所投设备同品牌同型号产品的销售业绩，并要求同时提供合同复印件、合同甲方验收合格证明复印件，哈顿公司符合招标文件要求；5. 政府采购供应商投诉书副本发送通知书、第二次复评意见表、招标项目投诉的情况说明及附件，证明收到投诉书副本后，依法再次组织原评标专家委员会进行复评，并将复评结果进行告知，投诉事项均不成立。

哈顿公司向一审法院提交了以下证据（均为复印件）：中华人民共和国医疗器械注册证及彩页（国械注进 20173236044）、中华人民共和国医疗器械注册证及彩页（国食药监械（进）字 2014 第 3231328 号）、中华人民共和国医疗器械注册证及彩页（国食药监械（进）字 2011 第 3232261 号）（2017 年），证明：LOGIOE9 品牌超声诊断仪在 2009 年、2011 年、2014 年、2017 年都在国家药品食品药品监督管理局总局进行了注册，哈顿公司提供的该型号最新平台产品首次注册时间为 2017 年 7 月 3 日，符合招标文件的要求，哈顿公司提供的产品与 LOGIOE9 属于同品牌同型号，该品牌和型号自 2009 年开始市场上进行销售，哈顿公司提交的业绩与事实相符，符合招标文件的要求。

以上证据随案移送本院。

二审中，各方当事人均没有提交新证据，举证、质证意见与一审相同，对一审法院关于证据采信的认定意见及查明案件的基本事实，本院予以确认。另查明，2019 年 6 月 2 日，爱克斯兰公司向和县公共资源交易管理局申请投诉。2019 年 6 月 10 日，和县财政局经审查认为该投诉在受理主体、投诉对象、投诉内容以及具体请求上有误，向爱克斯兰公司作出《政府采购供应商投诉补正通知书》。2019 年 6 月 19 日，爱克斯兰公司在补正之后向和县财政局重新申请投诉。

本院认为，本案争议焦点是和县财政局作出的招投标投诉行政处理决定是否符合法律规定。

一、和县财政局系案涉投诉行为的处理机关。《政府采购质疑和投诉办法》（中华人民共和国财政部令第 94 号）第六条第一款规定，供应商投诉按照采购人所属预算级次，由本级财政部门处理。本案中，采购人系和县中医院，投标人爱克斯兰公司对采购过程和采购结果提起的投诉事项，应当由和县财政局进行调查处理。《政府采购质疑和投诉办法》第四十五条规定,本办法自 2018 年 3 月 1 日起施行,财政部 2004 年 8 月 11 日发布的《政府采购供应商投诉处理办法》(财政部令第 20 号)同时废止。一审法院依据《政府采购供应商投诉处理办法》第三条第一款规定认定和县财政局对案涉投诉具有调查处理职责不当,本院依法予以指正。

二、爱克斯兰公司对其投诉事项未能提供证据证明,和县财政局作出的处理决定符合法律规定。《政府采购质疑和投诉办法》第二十五条规定,应当由投诉人承担举证责任的投诉事项,投诉人未提供相关证据、依据和其他有关材料的,视为投诉事项不成立;被投诉人未按照投诉答复通知书要求提交相关证据、依据和其他有关材料的,视同其放弃说明权利,依法承担不利后果。本案中,爱克斯兰公司认为哈顿公司的中标产品不符合招标文件载明的"2014 年 1 月以后首次注册的最新平台机制"要求,被投诉人已经提供中标产品 2017 年 7 月 3 日的注册信息(注册证编号:国械注进 20173236044)。爱克斯兰公司认为哈顿公司中标的 LOGIQE9 的首次注册时间是 2009 年,而在案证据显示 2009 年暂缓注册的是 LogiqE9,且注册信息显示 LOGIQE9 与 LogiqE9 在产品性能结构及组成方面并不一致,爱克斯兰公司在未提交国家医疗器械产品注册主管部门出具的相关证明情形下,用 LogiqE9 的注册时间来判断中标产品 LOGIQE9 的最新平台注册时间,本院不予认可。其次,招标文件要求"投标人提供 2016 年 1 月 1 日至今(以合同签订时间为准)在二甲及以上医疗机关与本项目所投同品牌同型号(进口产品)的销售业绩",爱克斯兰公司同样没有提供证据证明同品牌同型号必须为同一产品,型号规格同为 LOGIQE9 的医疗器械有过多次注册经历,注册信息显示主要区别在于产品的结构及组成不同,而型号规格相同,因此,爱克斯兰公司认为如果哈顿公司中标产品首次注册时间是 2017 年,无法提供同品牌同型号(进口产品)销售业绩的观点,本院不予支持。和县中医院与安天利信公司联合出具的《关于"和县中医院进口全数字多普勒超声诊断仪(彩超)采购(第二次)"项目质疑函的答复》仅系采购人和采购人代理机构在依法履行质疑答复职责,不能证明二者存在串通投标的行为。和县财政局在履行调查职责后,在投诉人爱克斯兰公司对其投诉事项缺乏相关证据证明情形下,依据《政府采购质疑和投诉办法》第二十九条第(二)项和第三十三条的规定,作出处理决定,符合法律规定。

综上,爱克斯兰公司的上诉理由不能成立,一审结论正确,依据《中华人民共和国行政诉讼法》第八十九条第一款第(一)项规定,判决如下:

驳回上诉,维持原判。

二审案件受理费 50 元,由上诉人南京爱克斯兰医疗器械有限公司负担。

本判决为终审判决。

审 判 长　孙长洪

审 判 员　齐　萍

审 判 员　焦明君

二〇二〇年九月二十八日

书 记 员　毕亮亮

福建天普建设发展有限公司
与福建省南靖县财政局
政府采购（招投标）投诉处理决定案

【案件提要】

　　本案是对采购结果的投诉处理决定提起行政诉讼的案例。涉案采购项目的招标文书要求投标人提供一级建造师的专业人员证书。星绿公司提供了有关人员的专业证书而得分中标。但天普公司质疑和投诉星绿公司提供的证书不符合采购文件要求。财政部门根据采购代理机构提交的复核的说明，作出驳回投诉的处理决定。天普公司提起本案诉讼。法院经审理认为，星绿公司提供的部分专业人员证书非职称证书，不符合招标文件的得分条件要求。但财政部门作出的投诉处理决定仍认定星绿公司递交的资料符合招标文件要求，明显存在主要证据不足。在诉讼中，财政部门根据法院的司法建议，撤销了原决定。诉讼的各方当事人对财政部门的自行纠正均无异议，但天普公司坚持要求确认原行政行为违法。法院认为该要求符合规定，故判决确认财政部门原行政行为违法。天普公司该项主张符合规定，应予准许。

【判决正文】

福建省漳州市中级人民法院
行政判决书

〔2020〕闽 06 行终 117 号

上诉人（一审原告）福建天普建设发展有限公司，住所地（略）。
法定代表人张某。
委托代理人胡某。
被上诉人（一审被告）福建省南靖县财政局，住所地（略）。
法定代表人王某。
委托代理人许某。
委托代理人蓝某。
一审第三人福建星绿环境有限公司，住所地（略）
法定代表人郭某。

委托代理人陈某。

一审第三人南靖县住房和城乡建设局，住所地（略）。

法定代表人赖某。

委托代理人蔡某。

委托代理人徐某。

一审第三人福建互华土木工程管理有限公司，住所地（略）。

法定代表人卢某。

委托代理人黄某。

委托代理人许某。

上诉人福建天普建设发展有限公司（以下简称天普公司）因与被上诉人福建省南靖县财政局（以下简称南靖县财政局）及一审第三人福建星绿环境有限公司（以下简称星绿公司）、一审第三人南靖县住房和城乡建设局（以下简称南靖县住建局）、一审第三人福建互华土木工程管理有限公司（以下简称互华公司）财政行政管理纠纷一案，不服漳州市芗城区人民法院〔2020〕闽 0602 行初 69 号行政判决，向本院提起上诉。本院依法组成合议庭审理了本案，现已审理终结。

一审查明，2019 年 11 月 14 日，南靖县住建局与互华公司签订福建省省级政府采购委托协议，委托互华公司就南靖县垃圾填埋场封场无害化处理工程进行公开招标采购。该项目招标文件评标项目 F3.3 载明，拟投入本项目的项目负责人为市政专业一级建造师的得 3 分。注：须提供项目负责人的一级建造师证书、身份证及投标截止时间前连续三个月（不含投标截止日期当月）投标人为其缴纳社保的证明材料原件扫描件，并加盖投标人公章，否则不得分。F3.4 载明，拟投入本项目的项目技术负责人为环境保护或环境工程专业高级工程师职称的得 3 分。注：须提供项目负责人身份证、职称证书及投标截止时间前连续三个月（不含投标截止日期当月）投标人为其缴纳社保的证明材料原件扫描件，并加盖投标人公章，否则不得分。天普公司、星绿公司等企业参与了该项目的投标。星绿公司在投标文件中提交了谢红×的一级建造师证书、谢红×身份证复印件及星绿公司为谢红×缴纳社保的企业缴费历史明细和陈月×的身份证复印件、陈月×的工业和信息化领域急需紧缺人才培养工程证书及星绿公司为陈月×缴纳社保的企业缴费历史明细。陈月×的证书载明，陈月×同志于 2019 年 7 月 26 日至 2019 年 7 月 29 日参加工业和信息化领域急需紧缺人才培养工程-智慧环卫信息化项目-市容环境综合整治工程师（高级）岗位能力培训课程学习，经考核成绩合格，符合中心相应人才库入库标准。2019 年 12 月 17 日，涉案项目开标，星绿公司得分 95.75 分，天普公司得分 94.72 分。同日，互华公司在福建省政府采购网发布结果公告，确认星绿公司中标，中标金额为 26 236 633 元，同时向星绿公司发出了中标通知书。中标结果发布后，天普公司向南靖县住建局、互华公司提交质疑函。2019 年 12 月 25 日，互华公司就天普公司的质疑作出答复，维持原评审结果。2019 年 12 月 27 日，天普公司就涉案招投标向南靖县财政局递交投诉书，投诉事项：1. 星绿公司使用违规未注册的一级建造师参与投标；2. 星绿公司提供的高级工程师不满足招标文件要求的投标人提供项目负责人高级工程师（环境保护或环境工程专业）职称证书及连续三个月社保缴纳证明材料，星绿公司的高级工程师为协会颁发的证书,并非职称证书,评标委员会仍然维持原评审结果,让星绿公司提供的不符合招标文件要求的高级工程师在商务评分项中得分。2020年1月6日,南靖县财政局作出政府采购投诉受理决定书,受理天普公司关于涉案项目的投诉。2020年1月13日,南靖县财政局向互华公司、星绿公司送达政府采购供应商投诉答复及副本发送通知书。2020年1月17日,星绿公司向南靖县财政局递交投诉事项说明。2020年2月20日,互华公司向南县财政局提交涉案项目再次复核的说明。2020年2月25日,南靖县财政局以天普公司投诉缺乏事实依据,作出〔2020〕靖财决2号投诉处理决定书,驳回天普公司的投诉。该决定于2020年2月27日送达天普公司。天普公司不服,于2020年3月23日提起行政诉讼。2020年4月2日,南靖县住建局与星绿公司就南靖县垃圾填埋场封场无害化处理工程服务类采购项目签订招标编号:〔350627〕HHG〔GK〕20××采购合同。2020年4月10日,南靖县住建局在福建省政府采购网上公告上述合同。

一审审理后认为,星绿公司在投标文件中提交的陈月×证书为工业和信息化部人才交流中心颁发的工业和信息化领域急需紧缺人才培养工程证书,不是省公务员局及省人力资源开发办公室核发的资格证书,不满足涉案招标文件F3.4"拟投入本项目的项目技术负责人为环境保护或环境工程专业高级工程师职称的得3分"要求。2020年5月19日,一审法院向南靖县财政局发出司法建议,建议其自行改正。南靖县财政局也认为其存在错误,于2020年5月21日作出〔2020〕靖财决2-1号南靖县财政局关于撤销〔2020〕靖财决2号《投诉处理决定书》的通知。该通知载明:"根据漳州市芗城区人民法院〔2020〕闽0602行初69号司法建议函的意见,经研究决定撤销〔2020〕靖财决2号《投诉处理决定书》。我局将对投诉人天普公司就南靖县垃圾填埋场封场无害化处理工程服务类采购项目(招标编号:〔350627〕HHG〔GK〕20××)的投诉重新作出处理决定。"该通知于2020年5月28日通过邮政快递方式送达天普公司、星绿公司、南靖住建局及互华公司,庭审中各方当事人均表示已收到该通知,星绿公司、南靖住建局、互华公司均对南靖县财政局的自行纠正无异议,但天普公司坚持要求确认原行政行为违法。

一审认为,根据《中华人民共和国政府采购法》第十三条、第五十五条,《政府采购质疑和投诉办法》第五条第二款、第六条第一款规定,南靖县财政局作为政府采购监督管理部门,是本案适格被告。本案审理过程中,南靖县财政局虽发现作出的〔2020〕靖财决2号投诉处理决定书存在违法,自行撤销了本案被诉行政行为,并将该决定书送达各方当事人,天普公司权益已获救济。但天普公司坚持要求确认南靖县财政局原行政行为违法,天普公司该项主张符合规定,应予准许。据此,依照《中华人民共和国行政诉讼法》第七十四条第二款第(二)项的规定,判决确认南靖县财政局于2020年2月25日作出〔2020〕靖财决2号投诉处理决定书违法。案件受理费50元,由南靖县财政局负担。

天普公司不服一审判决,向本院提起上诉,请求:1.依法责令南靖县财政局重新作出合法的行政行为;2.依法责令星绿公司暂停施工。主要理由:2020年5月19日,南靖县财政局依据一审法院司法建议作出的〔2020〕靖财决2-2号《投诉处理决定书》中没有认定星绿公司不符合投标文件评分方法F3.3的得分项目显然是违法行政行为。1.星绿公司提供的项目负责人谢红×的社保证明不符合评分方法F3.3要求的连续三个月缴纳的要求。2.星绿公司投标文件的项目负责人一级建造师谢红×在投标时显然与星绿公司没有劳动关系,星绿公司属于提供虚假项目负责人的劳动关系证明。综上,南靖县财政局作出的〔2020〕靖财决2-2号《投诉处理决定书》认为天普公司投诉星绿公司不符合投标文件评分方法F3.3的得分项目不能成立显属行政行为违法,应依法责令南靖县财政局重新作出合法的行政行为。

南靖县财政局答辩称:一、一审判决事实清楚,适用法律、法规正确,依法应当驳回上诉,维持原判。天普公司不服〔2020〕靖财决2号《投诉处理决定书》,于2020年3月23日向原审法院提起行政诉讼。南靖县财政局在一审审理中,发现作出的〔2020〕靖财决2号《投诉处理决定书》存在违法,自行撤销了本案被诉行政行为,并告知将对天普公司就南靖县垃圾填埋场封场无害化处理工程服务类采购项目(招标编号:〔350627〕HHG〔GK〕20××)的投诉重新作出处理决定。南靖县财政局已将该决定书送达各方当事人,天普公司权益已获救济。因天普公司坚持要求确认南靖县财政局原行政行为违法,据此,一审法院依照《中华人民共和国行政诉讼法》第七十四条第二款第(二)项的规定,判决确认南靖县财政局于2020年2月25日作出〔2020〕靖财决2号《投诉处理决定书》违法。该判决事实清楚,适用法律、法规正确,根据行政诉讼法第八十九条第一款第(一)项规定,依法应当驳回上诉,维持原判。二、天普公司的上诉请求已超出一审的诉讼请求范围,依法应当予以驳回。1.天普公司在一审诉讼请求事项中并未请求对〔2020〕靖财决2-2号《投诉处理决定书》进行审查并作出处理,〔2020〕靖财决2-2号《投诉处理决定书》不属于本案审查范围,依法应当驳回该项上诉请求。2.天普公司在一审诉讼请求事项中并未请求责令星绿公司暂停施工,其请求二审责令星绿公司暂停施工,明显超出了一审的请求范围,依法应当驳回该项上诉请求。3.案涉项目系中央环保督查组要求重点整改的环保项目,具有社会公益性及时效性,若停止施工将导致案涉项目无法按时完成整改,届时将影响南靖县政府的政治任务,更影响南靖县人民群众的切身利益。三、南靖县财政局无权直接认定中标人,责令互华公司对案涉工程进行重新评标并无不当。《政府采购质疑和投诉办法》第三十二条第一款规定:"投诉人对采购过程或者采购结果提起的投诉事项,财政部门经查证属实的,应当认定投诉事项成立。经认定成立的投诉事项不影响采购结果的,继续开展采购活动;影响或者可能影响采购结果的,财政部门按照下列情况处理:(一)未确定中标或者成交供应商的,责令重新开展采购活动。(二)已确定中标或者成交供应商但尚未签订政府采购合同的,认定中标或者成交结果无效。合格供应商符合法定数量时,可以从合格的中标或者成交候选人中另行确定中标或者成交供应商的,应当要求采购人依法另行确定中标、成交供应商;否则责令重新开展采购活动。(三)政府采购合同已经签订但尚未履行的,撤销合同。合格供应商符合法定数量时,可以从合格的中标或者成交候选人中另行确定中标或者成交供应商的,应当要求采购人依法另行确定中标、成交供应商;否则责令重新开展采购活动。(四)政府采购合同已经履行,给他人造成损失的,相关当事人可依法提起诉讼,由责任人承担赔偿责任。"南靖县财政局对上诉人的投诉中查证属实的事项,已在〔2020〕靖财决2-2号《投诉处理决定书》中予以认定,并责令互华公司对案涉工程进行重新评标,天普公司已履行了《政府采购质疑和投诉办法》规定的职责,其作出的〔2020〕靖财决2-2号《投诉处理决定书》合法有效。且〔2020〕靖财决2-2号《投诉处理决定书》不属于本案审查范围。综上所述,一审判决事实清楚,适用法律、法规正确,依法应当驳回上诉,维持原判。

星绿公司同意南靖县财政局答辩意见。

南靖县住建局述称:同意南靖县财政局答辩意见。天普公司的上诉请求均超过一审诉讼请求,应予驳回,且天普公司陈述的事实理由与其上诉请求无关。一审法院认定事实清楚,证据充分,适用法律正确,应予维持。

互华公司述称:1.〔2020〕靖财决2-2号《投诉处理决定书》不属本案审查范围。2.鉴于涉案采购项目系通过福建省政府采购网上公开信息系统全程进行线上评标,评标结束后线上评标系统就自行关闭,我方作为招标代理公司无法自行再开启评标系统,开展重新评标工作。3.对如何依法开展重新评标工作,互华公司已经向南靖县财政局、南靖县住建局多次提出请示,但至今均没有得到明确的答复,因此,导致重新评标工作至今无法顺利开展。

经审理查明,各方当事人在举证期限内向原审法院提交的证据、依据均已随案移送本院,并经庭审举证、质证。二审中,各方当事人均无提交新的证据,各方仍以一审中提交的证据支持其各自主张,并坚持在一审中对证据的质证意见。本院确认一审认证意见正确,审判程序合法。

对一审查明的事实各方当事人均无异议,本院予以确认。

本院认为,《中华人民共和国行政诉讼法》第七十条第(一)项规定:"行政行为有下列情形之一的,人民法院判决撤销或者部分撤销,并可以判决被告重新作出行政行为:(一)主要证据不足的。"第七十四条第二款第(二)项规定:"行政行为有下列情形之一,不需要撤销或者判决履行的,人民法院判决确认违法:(二)被告改变原违法行政行为,原告仍要求确认原行政行为违法的。"本案中,天普公司于2019年12月27日向南靖县财政局提交的投诉书中的第二项投诉事项为"福建星绿环境有限公司提供的高级工程师不满足招标文件要求的投标人提供项目负责人高级工程师(环境保护或环境工程专业)职称证书及连续三个月社保缴纳证明材料。福建星绿环境有限公司的高级工程师为协会颁发的证书,并非职称证书,而评审委员会仍然维持原评审结果,执意让福建星绿环境有限公司提供的不符合招标文件要求的高级工程师在商务评分项中得分。"根据查明的事实,案涉项目招标文件评标项目F3.4中载明:"拟投入本项目的项目技术负责人为环境保护或环境工程专业高级工程师职称的得3分。注:须提供项目负责人身份证、职称证书及投标截止时间前连续三个月(不含投标截止日期当月)投标人为其缴纳社保的证明材料原件扫描件,并加盖投标人公章,否则不得分。"而星绿公司提供的作为项目技术负责人陈月×的证书系《工业和信息化领域急需紧缺人才培养工程证书》,而非职称证书,不符合上述得分条件。但南靖县财政局作出的被诉《投诉处理决定书》仍认定星绿公司递交的资料符合招标文件要求,该认定明显存在主要证据不足。故南靖县财政局作出本案被诉的《投诉处理决定书》依法应予以撤销,鉴于南靖县财政局在一审中已自行作出〔2020〕靖财决2-1号关于撤销〔2020〕靖财决2号《投诉处理决定书》的通知,自行改变了被诉行政行为,但由于天普公司仍要求确认该被诉行政行为违法,故一审依法判决确认被诉行政行为违法,符合法律规定,应予维持。天普公司提出南靖县财政局作出的〔2020〕靖财决2-2号《投诉处理决定书》没有认定星绿公司不符合投标文件评分方法F3.3的得分项目是违法行政行为,并请求责令南靖县财政局重新作出合法的行政行为等上诉主张。经审查,南靖县财政局作出的〔2020〕靖财决 2-2 号《投诉处理决定书》系重新作出的行政行为,不属本案审查范畴,天普公司如不服〔2020〕靖财决 2-2 号《投诉处理决定书》,应另案主张处理,因此,对天普公司的该上诉请求,本院不予采纳;关于天普公司请求二审责令星绿公司暂停施工的主张已超出一审诉讼请求,本院不予支持。综上,一审判决认定事实清楚,适用法律正确,依法应予维持。据此,依照《中华人民共和国行政诉讼法》第八十九条第一款第(一)项之规定,判决如下:判决结果

驳回上诉,维持原判。

二审案件受理费 50 元,由上诉人福建天普建设发展有限公司负担。

本判决为终审判决。

审　判　长　蔡月新

审　判　员　陈妙红

审　判　员　王炜强

二〇二〇年十一月十九日

法官助理　陈梅华

书　记　员　陈雪贞

大连鸿祎贸易有限公司
与辽宁省大连市甘井子区财政局
政府采购(招投标)投诉处理决定案

【案件提要】

　　本案是对采购结果的投诉处理决定提起行政诉讼的案例。涉案采购项目为医疗设备的公开招标。经评审,和安公司中标。鸿祎公司提出质疑和投诉,认为中标产品不符合招标文件。财政部门受理该投诉后,要求并收到采购人、代理机构、中标人就该投诉事项提交书面说明及相关证据,原评标委员会也提交了对投标文件复核的结论,据此财政部门认定和安公司的投标文件完全满足招标文件的要求,决定驳回投诉。鸿祎公司提起本案诉讼。法院经审理认为,财政部门所进行上述这些调查,符合"财政部门处理投诉事项原则上采用书面审查的方式"的法律规定。而评标委员会作出的具有专业性的报告,具有证明效力。因此,财政部门作出驳回投诉的处理决定事实清楚,适用法律正确,程序合法,应予支持。

【判决正文】

辽宁省大连市中级人民法院
行政判决书

〔2020〕辽 02 行终 409 号

上诉人(一审原告)大连鸿祎贸易有限公司,住所地(略)。
法定代表人孙某。
委托代理人张某。
委托代理人王某。
被上诉人(一审被告)大连市甘井子区财政局,住所地(略)。
负责人宋某。
委托代理人姚某。
委托代理人叶某。
委托代理人华某。
一审第三人大连市甘井子区卫生健康局,住所地(略)。

负责人王某。

委托代理人董某。

一审第三人大连中远招标代理有限公司,住所地(略)。

法定代表人杨某。

委托代理人袁某。

一审第三人辽宁和安华世科技有限公司,住所地(略)。

法定代表人方某。

委托代理人何某。

委托代理人付某。

上诉人大连鸿祎贸易有限公司(以下简称鸿祎公司)诉被上诉人大连市甘井子区财政局(以下简称甘区财政局)、第三人大连市甘井子区卫生健康局(以下简称甘区卫健局)、第三人大连中远招标代理有限公司(以下简称中远公司)、第三人辽宁和安华世科技有限公司(以下简称和安公司)政府采购投诉处理决定一案,不服大连市沙河口区人民法院〔2019〕辽0204行初126号行政判决,向本院提起上诉。本院依法组成合议庭,审理了本案。本案现已审理终结。

一审判决认定,2019年3月6日,甘区卫健局作为招标人委托中远公司对甘井子区医疗卫生健康中心项目——医疗设备采购(三)进行公开招标,并发布项目编号为DLZY-2018-0403-03招标文件,招标内容为:A包:高档彩色多普勒超声波诊断仪(全身机);B包:高档全数字化彩色多普勒超声诊断系统(心脏);C包:高档实时四维彩色多普勒超声波;D包:高档全数字化彩色多普勒超声诊断系统(浅表小器官)"。招标文件载明了各项目需求及技术要求。本案行政争议涉及招标项目B包,鸿祎公司、和安公司参与竞标。2019年4月11日,大连市政府采购网发布甘井子区医疗卫生健康中心项目——医疗设备采购(三)A、B、C包中标公告,确定A、B、C包的中标单位均为和安公司,B包项目规格型号为:Affiniti50。

2019年4月11日,鸿祎公司作为供应商对甘井子区医疗卫生健康中心项目——医疗设备采购(三)B包的采购结果向中远公司提出书面质疑,提出根据飞利浦Affiniti50技术白皮书,中标产品飞利浦Affiniti50的M型取样线1条,扫查深度30 cm,取样宽度最小是1 mm,质疑和安公司的中标设备飞利浦Affiniti50不满足招标文件以下参数要求:★1.1.27.2M型取样线≥3条;★2.2.8最大扫描深度:38 cm;★2.3.6取样宽度及位置范围:宽度0.5 mm至20 mm逐段可调。

2019年4月18日,中远公司对鸿祎公司作出《政府采购质疑答复》,主要内容为:经审查,中标供应商和安公司投标文件对于质疑的条款均为满足招标文件的要求。针对质疑内容,中远公司又向和安公司发函要求说明,和安公司对质疑内容提交了书面答复,承诺投标产品符合招标文件要求。综上,鸿祎公司质疑事项缺乏事实依据,根据《政府采购质疑和投诉办法》第十六条第二款,质疑不成立。

2019年4月29日,鸿祎公司向甘区财政局就甘井子区医疗卫生健康中心项目——医疗设备采购(三)B包项目提交投诉书,投诉B包中标单位和安公司虚假应标,提出飞利浦公司的

"技术白皮书"已经明确"Affiniti50 超声成像系统技术规格"不符合招标文件"★1.1.27.2M 型取样线≥3 条"、"★2.2.8 最大扫描深度：38 cm"、"★2.3.6 取样宽度及位置范围：宽度 0.5 mm 至 20 mm 逐段可调"要求，具体投诉内容与前述质疑内容一致。提出以下投诉请求：1. 财政部门依法对和安公司进行行政处罚，确认和安公司中标、成交结果无效；2. 依法确认本次投标合格供应商符合法定数量，可以从合格的中标或者成交候选人中另行确定中标或者成交供应商的，请财政部门责令采购人依法另行确定申请人为中标、成交供应商；3. 要求和安公司提供生产商即飞利浦公司加盖公章的技术白皮书（技术规格书），并逐条对以上三项★号技术条款作出实质对应。由生产商飞利浦公司作出是否符合以上三项★号条款的文件说明并加盖公章；4. 要求和安公司提供所投产品（飞利浦 Affiniti50）的实物，实际操作演示是否符合以上三项★号技术条款。

2019 年 4 月 30 日，甘区财政局对甘区卫健局、中远公司、和安公司作出《政府采购投诉答复通知书》，要求 5 个工作日内就鸿祎公司的上述投诉事项提交书面说明，并提交相关证据，并和投诉书副本等材料一并进行送达。

2019 年 5 月 8 日，甘区卫健局对甘区财政局作出《关于甘井子区医疗卫生健康中心项目——医疗设备采购（三）B 包的情况说明》，就案涉采购项目基本情况以及案涉质疑处理情况进行说明，并提交和安公司的《应诉函》《承诺函》，和安公司承诺其公司案涉采购项目 A 包、B 包、C 包投标产品经专业人士评估主要参数符合招标文件需求，全面响应招标文件标准，如公司存在虚假应标，满足不了招标文件要求及临床使用，公司将承担所有法律责任。

2019 年 5 月 9 日，中远公司向甘区财政局作出两份《关于甘井子区医疗卫生健康中心项目——医疗设备采购（三）B 包的情况说明》，对项目基本情况、案涉质疑处理情况进行说明，同时将和安公司于 2019 年 4 月 16 日就鸿祎公司质疑作出的《应诉函》一并提供给甘区财政局。

2019 年 5 月 15 日，和安公司对甘区财政局作出两份《政府采购投诉答复》和《承诺说明》，具体答复并承诺中标设备满足或优于招标参数。

2019 年 5 月 22 日，原评标委员会在大连市公共资源交易中心对甘井子区医疗卫生健康中心项目——医疗设备采购（三）B 包项目进行复会，对和安公司的投标文件重新进行审阅，结果为：和安公司的投标文件完全满足招标文件的要求。

2019 年 6 月 3 日，甘区财政局作出甘财采诉〔2019〕3 号《政府采购投诉处理决定书》，主要内容如前所述，于 2019 年 6 月 4 日向鸿祎公司、中远公司、和安公司送达，于 6 月 13 日向甘区卫健局送达。

另查，甘区卫健局与和安公司就上述中标于 2019 年 6 月 12 日签订《甘井子区医疗卫生健康中心医疗设备（三）政府采购项目 B 包采购合同》，并于 2019 年 11 月末进行设备交付验收，初验合格。

一审判决认为：《中华人民共和国政府采购法》第十三条第一款规定，各级人民政府财政部门是负责政府采购监督管理的部门，依法履行对政府采购活动的监督管理职责。根据《政府采购质疑和投诉办法》第五条第二款、第六条第一款规定，县级以上各级人民政府财政部门负责依法处理供应商投诉。供应商投诉按照采购人所属预算级次,由本级财政部门处理。根据上述规定,甘区财政局作为采购人甘区卫健局本级财政部门,作出案涉政府采购投诉处理决定,具备法定职权。

根据《政府采购质疑和投诉办法》第二十一条第四项、第二十二条规定,投诉符合规定,财政部门自收到投诉书之日起即为受理,并在收到投诉后8个工作日内向被投诉人和其他与投诉事项有关的当事人发出投诉答复通知书及投诉书副本。被投诉人和其他与投诉事项有关的当事人应当在收到投诉答复通知书及投诉书副本之日起5个工作日内,以书面形式向财政部门作出说明,并提交相关证据、依据和其他有关材料。第二十三条规定,财政部门处理投诉事项原则上采用书面审查的方式。财政部门认为有必要时,可以进行调查取证或者组织质证。财政部门可以根据法律、法规规定或者职责权限,委托相关单位或者第三方开展调查取证、检验、检测、鉴定。质证应当通知相关当事人到场,并制作质证笔录。本案中,甘区财政局收到鸿祎公司投诉后,经查阅招标采购文件,向被投诉人和其他与投诉事项有关的当事人发出投诉答复通知书及投诉书副本。甘区卫健局、中远公司、和安公司作为被投诉人和其他与投诉事项有关的当事人以书面形式向财政部门作出说明,并提交相关材料。原评标委员会依据招标文件和投标文件,对中标公司的投标文件进行重新审阅,认定其完全满足招标文件的要求。根据《中华人民共和国招标投标法》第三十七条的规定,评标委员会的成员是由招标人的代表和有关技术、经济等方面的从事相关领域工作满8年并具有高级职称或者具有同等专业水平的专家组成,并排除相关利害关系人。因此,评标委员会作出的具有专业性的报告,具有证明效力。财政部门根据上述审查情况作出案涉政府采购投诉处理决定,事实清楚,证据充分,程序合法、适用法律正确。故鸿祎公司提出的撤销上述处理决定并对和安公司行政处罚的请求,该院不予支持。鸿祎公司提出的确认鸿祎公司中标并与鸿祎公司签订、履行合同的诉讼请求,不属于甘区财政局案涉政府采购监督管理职责范围,该院不予支持。鸿祎公司认为甘区财政局在处理投诉过程中应通知鸿祎公司及各方当事人进行听证、实物操作演示等程序,而依照上述办法第二十三条的规定,财政部门处理投诉事项原则上采用书面审查的方式,检验、检测、鉴定或者组织质证不是法定必经程序。鸿祎公司提供英文的 PhilipsAffiniti50 文件,证明和安公司投标产品不符合招标技术条款,但鸿祎公司提供的上述英文文件并非和安公司的投标文件。此外,本案是对甘区财政局作出案涉政府采购投诉处理决定的合法性进行审查,政府采购合同的履行并不属于本案审查范围,亦不能以合同履行中的情况倒推前期招投标及监督管理的情况,故鸿祎公司向该院提出的法院现场查看设备进行实测,调取中标设备验收的相关资料,传唤验收组成员作证以及法院与设备生产商联系核实案涉设备是否符合招标技术要求等申请,该院不予准许。综上,依照《中华人民共和国行政诉讼法》第六十九条的规定,判决驳回鸿祎公司的诉讼请求。

鸿祎公司的上诉请求:1.请求撤销原审判决,判决撤销甘区财政局于2019年6月3日作出的甘财采诉〔2019〕3号《政府采购投诉处理决定书》,责令甘区财政局继续履行职责。2.甘区财政局承担本案一、二审诉讼费。事实和理由:一、鸿祎公司投诉事项1是依法成立的,有招标文件、和安公司的投标文件和2019年5月7日《应诉函》充分证明。一审判决书没予认定是错误的。鸿祐公司投诉事项1:"★1.1.27.2M型取样线≥3条",甘区财政局收到和安公司的2019年5月7日《应诉函》(甘区财政局在一审提供证据第75页)明确不是三条取样线,是一条取样线。与投标文件(甘区财政局在一审提供证据第118页)和安公司的响应"M型取样线3条"不相符。招标文件第50页第1条规定"条款为必须满足条款,如未满足视为无效投标"。和安公司提供内容虚假的《规格及技术响应表》作虚假应标,和安公司的投标无效。甘区财政局和一审法院拒绝对和安公司的"一条取样线"进行依法依证据确认,对和安公司的2019年5月7日《应诉函》明确为一条取样线视而不见。此项内容,和安公司优先于招标文件的事实是什么,证据是什么;满足于招标文件的事实是什么,证据是什么;一审没有回答。原评标委员会仅是对招标文件与投标文件进行审阅和重新审阅,没有针对一条取样线进行处理。实际上是甘区财政局拒绝对投标产品进行实质性审查,一审也拒绝对投标产品进行实质性审理。

二、甘区财政局的行政行为违法,没有履行法定程序,损害鸿祐公司的合法权利。甘区财政局没有执法人员,没有向鸿祐公司送达执法人员名单,剥夺了鸿祐公司的回避申请权。甘区财政局没有向鸿祐公司送达第三人相关的应诉材料和证据,特别是和安公司的2019年5月7日《应诉函》,在明显存在不是三条取样线的情况下拒绝向鸿祐公司送达,剥夺鸿祐公司的质证权、辩论权。甘区财政局书面审理也不能剥夺鸿祐公司的质证权、辩论权。甘区财政局在向一审法院提交证据材料时,拒绝提供完整卷宗档案,是代理律师根据需要向法庭提交材料,拒绝履行对行政行为的完整性进行证明。

三、投诉事项2:"★2.2.8最大扫描深度:38cm"和投诉事项3:"★2.3.6取样宽度及位置范围:宽度0.5mm至20mm逐段可调";根据和安华世公司的应诉函、A包投标文件的响应表、B包投标文件的响应表,可确定二项投诉事项成立。和安公司B包投标文件的响应表明确内容是"最大扫描深度是38cm"、"宽度是0.5mm至20mm"。和安华世公司的应诉函内容是"最大扫描深度是40cm"。A包投标文件的响应表"宽度是1mm至16mm"。根据《规格及技术响应表》第17页(被告证据材料第125页,招标文件第59页),注:第2条,投标规格由投标人填写,不允许机械复制,要明确投标规格,要对具体数值做出明确性响应。第4条,本表中填写的规格、参数、功能等内容应与实际投标产品相一致。存在虚假行为的,供应商应依法承担有关法律责任。第5条,本文件应按规定签署,否则投标文件无效。所以,和安公司在B包《规格及技术响应表》作响应的内容,与A包的响应内容,与事后的应诉和说明明显不同,如果事后是真实的,则响应是虚假的,则响应将与实际投标产品不一致。因此,和安公司没有遵守招标文件约定,不能以产品性能优于招标文件就作虚假响应,虚假响应其投标文件无效。

综上,鸿祐公司投诉事项三项均成立,和安公司在B包《规格及技术响应表》作响应的内容,与A包的响应内容,与事后的应诉和说明明显不同,可证明系虚假响应,相关当事人无权接受投标的实质性改变,这是故意损害当事人特别是鸿祐公司的合法权利。甘区财政局不仅是行政裁决部门也是行政监督检查部门,对投诉和事后发生的违法行为均有权处理。一审法院仅对招标文件与投标文件进行审理,拒绝对和安公司投标产品的真实情况进行审理。故应撤销一审,依法改判。

大连市甘井子区财政局答辩意见：一、一审判决认定事实清楚、适用法律正确，不应被撤销。一审判决认为：甘区财政局具有处理案涉投诉案件的职权，根据《政府采购质疑和投诉办法》规定，甘区财政局在处理投诉中以书面审核为原则，检验检测、鉴定或组织质证不是法定必经程序。甘区财政局对案涉政府采购投诉的处理决定，事实清楚，证据充分。同时，鸿祎公司提出的要求确认其中标并与其签订合同、履行合同的诉求，不属于甘区财政局案涉政府采购监督管理职责范围，而且政府采购合同的履行并不属于本案审查范围，亦不能以合同履行中的情况倒推前期招投标及监督管理的情况。甘区财政局认为一审判决认定事实清楚、适用法律正确，不应被撤销。

二、鸿祎公司认为投诉事项1依法成立，要求甘区财政局必须进行实质审查，没有法律和事实依据。无论是根据和安公司4月16日答复还是5月15日答复，其均明确具有3线M型解剖取样线功能，即使在5月7日的应诉函中，和安公司也没有做出其仅具有单线的表述，这完全是鸿祎公司的主管臆断。根据《政府采购质疑和投诉办法》第二十三条"财政部门处理投诉事项原则上采用书面审查的方式"的规定，财政部门在审理政府采购投诉时是以书面审查为原则。干区财政局受理投诉后要求相关相关第三人进行了答复并要求评标委员会进行复会，并通过书面审查的方式，对该投诉事项进行了审查，而且本项目也并未要求提供样品，甘区财政局认为根据调查情况，就采购阶段的事实已经能够查清，鸿祎公司要求甘区财政局对和安公司设备进行实地审查不是法定的必经程序，没有法律依据。

三、甘区财政局处理案涉政府采购投诉的行政程序合法。鸿祎公司提出需向其送达执法人员名单并组织质证、辩论没有法律和事实依据。根据《政府采购质疑和投诉办法》第二十三条"财政部门处理投诉事项原则上采用书面审查的方式。财政部门认为有必要时，可以进行调查取证或者组织质证。财政部门可以根据法律、法规规定或职责权限，委托相关单位或者第三方开展调查取证、检验、检测、鉴定。质证应当通知相关当事人到场，并制作质证笔录"的规定，财政部门处理投诉事项原则上采用书面审查的方式，检验、检测、鉴定或组织质证不是法定必经程序。甘区财政局在接到案涉的投诉后，在法定期限内作出了受理决定。受理后，甘区财政局在收到投诉后8个工作日内向相关第三人发出投诉答复通知书及投诉书副本，要求相关第三人就投诉事项进行答复。同时对案涉采购行为招投标采购文件进行了调取，并要求作为相关第三人的采购人和招标代理公司提供了案涉采购项目的评标委员会《复会全过程综述》等材料。在经过全面的调查后，甘区财政局综合鸿祎公司投诉所反映的相关问题，在评标委员会作出复会结论基础上，认为鸿祎公司的投诉没有事实依据，投诉事项不成立。根据《政府采购质疑和投诉办法》第二十九条："投诉处理过程中，有下列情形之一的，财政部门应当驳回投诉：（二）投诉事项缺乏事实依据，投诉事项不成立"的规定，甘区财政局于2019年6月3日作出《决定书》后，依法送达给甘区财政局，并向其告知了救济权利及途径。因此，甘区财政局作出处理决定书的行政行为，符合《政府采购质疑和投诉办法》的规定，程序合法。关于鸿祎公司提出的关于甘区财政局拒绝提交完整卷宗档案的问题，甘区财政局及代理律师在一审过程中一再向其强调，提供的证据目录中相关卷宗是为了便利诉讼而对原卷宗进行了重新归类、排序，内容与甘区财政局当庭提交给鸿祎公司的证据原件内容完全一致，鸿祎公司也已经进行核对。鸿祎公司再次在上诉状中提出该问题，甘区财政局认为没有事实依据。

四、甘区财政局认为鸿祎公司在上诉状中提出的和安公司在其他招标标段中响应情况与本案无关。甘区财政局在该政府采购投诉处理事项中审理的事项是"甘井子区医疗卫生健康中心项目——医疗设备采购(三)B包"项目,在审理过程中共应当严格按照 B 包的招标文件要求和相关第三人针对 B 包作出的投标文件以及相关投诉答复进行处理。鸿祎公司提出的和安公司在另一招标标段的响应情况与本案无关,鸿祎公司也未在甘区财政局处理投诉过程中将该情况作为证据进行提供,因此,甘区财政局提出的该事项不能作为其投诉事项成立以及甘区财政局投诉处理存在违法的依据。

综上所述,甘财政局不同意鸿祎公司的上诉请求,应依法驳回鸿祎公司所有诉讼请求。

甘卫健局答辩意见:一、一审判决认定事实清楚、适用法律正确。一审判决认为,甘区财政局作为甘区卫健局本级财政部门,作出案涉政府采购投诉处理决定,具备法定职权。根据《政府采购质疑和投诉办法》规定,财政部门在处理投诉事项原则上采用书面审查的方式,检验、检测、鉴定或组织质证不是法定必经程序。甘区财政局根据审查情况作出案涉政府采购投诉处理决定,事实清楚,证据充分,程序合法,适用法律正确。同时,鸿祎公司提出的确认其中标并与其签订合同、履行合同的诉求,不属于案涉政府采购监督管理职责范围。本案是对甘区财政局作出案涉政府采购投诉处理决定的合法性进行审查,政府采购合同的履行并不属于本案审查范围,亦不能以合同履行中的情况倒推前期招投标及监督管理的情况。甘区卫健局认为,一审判决认定事实清楚、适用法律正确,应予以维持。

二、甘区财政局处理案涉政府采购投诉的行政程序合法,鸿祎公司要求甘区财政局必须进行实质审查,没有法律和事实依据。根据和安公司 4 月 16 日和 5 月 15 日答复,明确中标产品具有 3 线 M 型解剖取样线功能,该公司在 5 月 7 日的应诉函中并没有做出其仅具有单线的表述。鸿祎公司认为和安公司明确不是三条取样线,是一条取样线没有事实依据。甘区财政局在审理关于公司政府采购投诉时,按照《政府采购质疑和投诉办法》的规定,通过书面审查的方式,对投诉事项进行了审查,鸿祎公司的要求没有事实和法律依据。

综上甘区卫健局认为,甘区财政局在接到和应该是投诉后作出处理决定书的行为,符合法律规定,亦符合甘区卫健局的需求,请依法驳回上诉,维持原判。

中远公司未有书面陈述意见。

和安公司未有书面陈述意见。

本院经审理查明的事实与一审判决认定的事实一致,本院予以确认。

认定上述事实的证据有当事人提交的、经原审法院庭审质证并随卷移送上诉审法院的证据等在卷为凭。

本院认为,《中华人民共和国行政诉讼法》第六条规定,"人民法院审理行政案件,对行政行为是否合法进行审查"。依据《中华人民共和国政府采购法》第十三条第一款、《政府采购质疑和投诉办法》第五条第二款、第六条第一款的规定,本案甘区财政局具有作出案涉政府采购投诉处理决定的法定职权。

从各方当事人的诉辩意见看,本案争议的焦点在于:甘区财政局针对鸿祎公司的投诉事项作出的被诉政府采购投诉处理决定事实是否清楚,处理结果是否正确,程序是否合法。

关于上诉理由所涉一、二、三项投诉事项，即："★1.1.27.2M 型取样线≥3 条"；"★2.2.8 最大扫描深度：38 cm"；"★2.3.6 取样宽度及位置范围：宽度 0.5 mm 至 20 mm 逐段可调"。该三项投诉均为甘区财政局作出的甘财采诉〔2019〕3 号《政府采购投诉处理决定书》所涉。《中华人民共和国政府采购法实施条例》(国务院令第 658 号)第五十六条规定，财政部门处理投诉事项采用书面审查的方式，必要时可以进行调查取证或者组织质证。对财政部门依法进行的调查取证，投诉人和与投诉事项有关的当事人应当如实反映情况，并提供相关材料。《政府采购质疑和投诉办法》(财政部令第 94 号)第二十三条规定，财政部门处理投诉事项原则上采用书面审查的方式。财政部门认为有必要时，可以进行调查取证或者组织质证。财政部门可以根据法律、法规规定或者职责权限，委托相关单位或者第三方开展调查取证、检验、检测、鉴定。质证应当通知相关当事人到场，并制作质证笔录。质证笔录应当由当事人签字确认。具体到本案中，甘去财政局收到鸿祎公司投诉后，查阅了招标采购文件，向被投诉人和其他与投诉事项有关的当事人发出投诉答复通知书、投诉书副本。案涉各第三人以书面形式向财政部门作出说明，并附相关材料。原评标委员会根据投诉对中标公司的投标文件进行重新审阅，该委员会认定其完全满足招标文件的要求。根据《中华人民共和国招标投标法》第三十七条的规定，评标委员会作出的具有专业性的报告具有证明效力，以及权威性。因此，甘区财政局针对鸿祎公司的投诉事项作出的被诉政府采购投诉处理决定事实清楚。

关于上诉理由所涉回避申请权、质证权、辩论权。《中华人民共和国政府采购法实施条例》(国务院令第 658 号)第九条规定，在政府采购活动中，采购人员及相关人员与供应商有下列利害关系之一的，应当回避：(一)参加采购活动前 3 年内与供应商存在劳动关系；(二)参加采购活动前 3 年内担任供应商的董事、监事；(三)参加采购活动前 3 年内是供应商的控股股东或者实际控制人；(四)与供应商的法定代表人或者负责人有夫妻、直系血亲、三代以内旁系血亲或者近姻亲关系；(五)与供应商有其他可能影响政府采购活动公平、公正进行的关系。供应商认为采购人员及相关人员与其他供应商有利害关系的，可以向采购人或者采购代理机构书面提出回避申请，并说明理由。采购人或者采购代理机构应当及时询问被申请回避人员，有利害关系的被申请回避人员应当回避。具体到本案，鸿祎公司上诉时所述的回避理由并无前述条文规定的情形。《中华人民共和国政府采购法实施条例》第五十六条第一款规定，财政部门处理投诉事项采用书面审查的方式，必要时可以进行调查取证或者组织质证。在本案中，一审法院解读前述条文并认为组织质证不是法定必经程序，并无不当。《中华人民共和国政府采购法》第五十六条规定，政府采购监督管理部门应当在收到投诉后三十个工作日内，对投诉事项作出处理决定，并以书面形式通知投诉人和与投诉事项有关的当事人。以及根据《政府采购质疑和投诉办法》第二十一条、第二十二条、第二十三条的规定，甘区财政局作出案涉政府采购投诉处理程序合法、适用法律正确，处理结果正确。

综上所述，一审判决并无不当，本院予以维持。鸿祎公司的上诉请求及理由缺乏事实和法律依据，本院不予支持。依照《中华人民共和国行政诉讼法》第八十六、第八十九条第一款(一)项之规定，判决如下：

驳回上诉,维持原判决。

二审案件受理费人民币50元,由上诉人大连鸿祎贸易有限公司负担(已交纳)。

本判决为终审判决。

审 判 长 宋 君

审 判 员 许其睿

审 判 员 胡俊杰

二○二○年十月十八日

书 记 员 刘 媛

中国人寿保险股份有限公司长春分公司
与吉林省长春市财政局
政府采购(招投标)投诉处理决定案

【案件提要】

本案是对采购结果的投诉处理决定提起行政诉讼的案例。涉案采购项目进行招标,人寿保险公司因填写重要内容构成未对招标文件作实质性响应而失去中标资格,但认为中标单位太平养老保险公司的投标文件也无实质性响应却中标,明显存在不合理条件对供应商实行差别待遇或歧视待遇的情况,故提出质疑和投诉。财政部门经调查认为,投诉缺乏事实依据,决定驳回投诉。法院经审理认为,财政部门受理投诉后,向采购人、代理机构、中标人及其他参与投标的供应商进行书面调查,调取、查阅了各投标供应商提交的投标文件。经查,人寿保险公司的投标文件中"三、商务条款偏离表第4、5项"内容为空白没有填写。太平养老保险公司的投标文件对该部分内容予以了应答,写明是否偏离情况,故人寿保险公司主张采购中心存在不合理条件对供应商实行差别待遇或歧视待遇,缺乏依据。财政部门还委托公安部门、司法鉴定机构对太平洋保险公司投标文件上印章进行鉴定,鉴定结论为"直接盖印形成",故人寿保险公司主张太平洋保险公司提交的投标文件加盖的印章为彩印违反《招标文件》相关规定,与事实不符,其主张存在不合理条件对供应商实行差别待遇或歧视待遇的情况,无事实依据。综上,财政部门履行了监督检查职能,据此作出的处理决定,认定事实清楚,适用法律正确,所作结论正确,应予支持。

【判决正文】

长春铁路运输法院
一审行政判决书

〔2020〕吉 7101 行初 3 号

原告中国人寿保险股份有限公司长春分公司,住所地(略)。

法定代表人董某。

委托代理人国某。

委托代理人付某。

被告长春市财政局,住所地(略)。

法定代表人王某。

委托代理人王某。

委托代理人李某。

原告中国人寿保险股份有限公司长春分公司(以下简称人寿保险公司)诉被告长春市财政局政府采购投诉处理一案,本院于 2020 年 1 月 6 日立案后,依法组成合议庭于 2020 年 3 月 20 日公开开庭进行了审理。原告人寿保险公司委托代理人国某、付某,被告长春市财政局委托代理人王某、李某到庭参加诉讼。本案现已审理终结。

长春市财政局于 2019 年 11 月 4 日作出《政府采购投诉处理决定书》(长财采购决〔2019〕53 号,以下简称《投诉处理决定书》),决定驳回人寿保险公司投诉。主要理由为:1. 人寿保险公司主张长春市公共资源交易中心(以下简称市采购中心)在 2019 年 6 月 25 日组织答疑时对投标供应商进行误导,缺乏事实与法律依据;2. 经查阅太平养老保险股份有限公司吉林分公司(以下简称太平养老保险公司)投标文件,其《商务偏离表》已作出实质性应答;3. 经过长春市公安司法鉴定中心、吉林常春司法鉴定中心的鉴定,中国太平洋人寿保险股份有限公司长春中心支公司(以下简称太平洋保险公司)的投标文件加盖的印章符合《长春市社会医疗保险管理局长春市长期照护保险承保及业务经办服务招标文件》(以下简称《招标文件》)要求,人寿保险公司的投诉无事实和法律依据。

人寿保险公司诉称:2019 年 5 月,市医保局委托市政府采购中心发布《长春市社会医疗保险管理局长春市长期照护保险承保及业务经办服务招标公告》,人寿保险公司参加了本次招标。资格评审阶段,人寿保险公司因受市采购中心工作人员的答疑误导,在《投标文件》中未填写《商务条款偏离表》后两项而失去竞标资格。但中标单位太平养老保险公司的《投标文件》在该项目中也无实质性应答却中标。另一中标单位太平洋保险公司违反《招标文件》规定在《投标文件》上加盖彩印印章却依然中标。依据上述情况,人寿保险公司认为市采购中心存在不合理条件对供应商实行差别待遇或歧视待遇的事实,向市政府采购中心及长春市财政局提出质疑和投诉,长春市财政局作出《投诉处理决定书》认为投诉事项不成立。人寿保险公司认为《投诉处理决定书》查证的事实与实际不符,损害了人寿保险公司合法权益。请求法院:1. 撤销长春市财政局作出的《投诉处理决定书》,重新作出投诉处理行为;2. 由长春市财政局承担本案诉讼费及鉴定费。

长春市财政局辩称:1. 人寿保险公司提交的《投标文件》没有填写《商务条款偏离表》后两项,项目评标委员会依据《招标文件》内"第二章第五项商务需求"说明中的明确要求,认定为无效标并无不当;2. 长春市财政局对太平养老保险公司提交的《投标文件》中《商务条款偏离表》后两项填写情况进行了调查,该公司按照要求进行了填写,人寿保险公司所述事实与实际不符;3. 长春市财政局委托长春市公安局刑侦支队、吉林常春司法鉴定中心对中标单位太平洋保险公司提交的《投标文件》上加盖的印章进行了鉴定,鉴定结论为"直接盖印形成",人寿保险公司提出的太平洋保险公司违反招标要求加盖印章与事实不符。长春市财政局作出的《投诉处理决定书》认定事实清楚,适用法律正确且程序合法,请求法院驳回人寿保险公司诉讼请求。

法定期限内,长春市财政局提供如下证据证明被诉《投诉处理决定书》具有事实依据且程序合法:1.人寿保险公司提交的《质疑函》;2.市采购中心作出的《质疑答复书》;3.人寿保险公司提交的《投诉书》;4.市采购中心作出的《投诉问题答复》;5.太平养老保险公司作出的《投诉问题答复》;6.太平洋保险公司作出的《投诉问题答复》;7.《关于暂停政府采购活动的通知》(长财采购停〔2019〕51号)及采购人回复;8.长春市财政局作出的《延期告知书》;9.长春市财政局向投诉人询问投诉问题证据来源合法性的《函》及人寿保险公司关于投诉问题证据来源合法性的《说明》;10.关于证据来源合法性的问题,对供应商中国财产保险股份有限公司吉林分公司工作人员孙多、康岩、李莹进行询问的《询问(调查)笔录》;11.向市采购中心发出的《协助调查函》;12.市采购中心作出的《关于长春市长期照护保险承保及业务经办服务采购项目供应商投诉事项的说明》;13.市医保局作出的《关于长春市长期照护保险承保及业务经办服务政府采购相关答疑情况的说明》;14.《招标文件》第四章关于《商务条款偏离表》的相关要求;15.太平养老保险公司《投标文件》中《商务条款偏离表》部分;16.人寿保险公司《投标文件》中《商务条款偏离表》部分;17.《招标文件》中关于加盖公章的相关要求;18.向长春市公安局刑事侦查支队发出的《协助调查函》;19.长春市公安局刑事侦查支队作出的《对长春市财政局政府采购管理工作办公室的复函》;20.《吉林常春司法鉴定中心司法鉴定意见书》;21.《投诉处理决定书》送达回证5份。

长春市财政局提供如下法律、法规,以证明被诉《投诉处理决定》具备法律依据:《中华人民共和国政府采购法》第十三条;《政府采购质疑和投诉办法》第二十九条。

人寿保险公司在法定期限内提供《招标文件》证明其诉讼请求具有事实和法律依据。

庭审中,双方当事人围绕案件争议焦点,进行了举证、质证与辩论。综合各方举证、质证意见,本院对双方提交的证据综合认证如下:长春市财政局提交的21份证据,系为证明被诉行政行为合法的必要材料,与本案具有关联性,人寿保险公司对证据的真实性予以认可,经综合审查无相反证据证明其不具有真实性,符合证据形式要求,且均系在行政程序中取得,本院予以确认。人寿保险公司提供的证据与本案具有关联性,本院予以确认。

对于长春市财政局提供的4、5、6、10、12、13、15、16号证据,人寿保险公司质证意见主要为市采购中心作出的质疑答复函和投诉问题答复没有相关材料予以佐证,所作结论不应采信。太平养老保险公司和太平洋保险公司是本案利害关系人,所作答复不应予以采信。本院认为,上述证据可以证明投诉处理程序中,长春市财政局依法履行调查职能,对供应商填写《商务条款偏离表》后两项情况予以调查,该调查程序合法。对于证明目的将综合全案予以论述。

对于长春市财政局提供的17、19、20号证据,人寿保险公司质证认为,太平洋保险公司提交的《投标文件》副本上加盖的是彩印印章,而鉴定检测的均是正本,无法证明太平洋保险公司提交的《投标文件》符合《招标文件》相关要求。经庭审调查,招投标程序中,供应商提交一份《投标文件》正本和若干份副本,副本供项目评标委员会专家查阅,招标评审结束后副本均已返还给供应商,正本予以存档。基于上述事实,本院认为长春市财政局履行了调查职能,调查结论合法有效,对其证明目的予以采信。

经审理查明,2019年6月14日,市医保局委托市采购中心发布《长春市社会医疗保险管理局长春市长期照护保险承保及业务经办服务招标公告》,人寿保险公司作为供应商参加招投标。2019年6月25日,市医保局与市采购中心共同对采购项目招标工作组织答疑。2019年7月8日,人寿保险公司向市政府采购中心提交《质疑函》,质疑:《投标文件》初审时,市采购中心工作人员以该公司《商务偏离表》对《招标文件》14页"五、商务要求"的后两项内容没有响应,按废标处理。理由为采购项目答疑过程中,工作人员明确告知《招标文件》14页"五、商务要求"后两项无关内容可以不填写。请求废止招标活动及招标结果。2019年7月17日,市采购中心作出《质疑答复书》,答复为依据《招标文件》第二章商务要求"本部分内容均为实质性条款,供应商的投标(响应)必须完全满足或者正偏离,且应在投标(响应)文件《商务条款偏离表》中对本部分所有条款逐条说明响应或偏离情况,否则按照投标(响应)无效处理"的规定,质疑人提交的《投标文件》不满足招标文件要求,投标无效,质疑不成立。2019年7月26日,人寿保险公司向长春市财政局提交《投诉书》,投诉市采购中心以不合理的条件对供应商实行差别待遇或者歧视待遇,恶意废标。主要依据为:1.资格评审阶段,该公司因受市采购中心工作人员的答疑误导,未填写投标文件中《商务条款偏离表》后两项而失去竞标资格。中标单位太平养老保险公司的投标文件在同样项目中无实质性应答却中标。2.另一中标单位太平洋保险公司违反招标文件规定在《投标文件》上加盖彩印印章依然中标。请求废止本次招标活动及招标结果。

长春市财政局受理投诉后,于2019年7月23日发出《关于暂停政府采购活动的通知》,暂停项目采购活动。针对投诉向市医保局、市采购中心、太平养老保险公司、太平洋保险公司、人寿保险公司进行调查,调取、查阅了太平养老保险公司、太平洋保险公司、人寿保险公司提交的《投标文件》。经调查,人寿保险公司《投标文件》中"三、商务条款偏离表第4、5项"内容为空白没有填写。太平养老保险公司《投标文件》对该部分内容予以了应答,写明是否偏离情况。长春市财政局委托长春市公安局刑侦支队、吉林常春司法鉴定中心对太平洋保险公司《投标文件》上印章进行鉴定。2019年9月26日,长春市公安司法鉴定中心作出《对长春市财政局政府采购管理工作办公室的复函》,结论为太平洋保险公司《投标文件》上印章是直接盖印形成。2019年10月25日,吉林常春司法鉴定中心作出《吉林常春司法鉴定中心司法鉴定意见书》,鉴定结论为太平洋保险公司《投标文件》上印章时直接盖印形成。期间因等待鉴定结论,长春市财政局对投诉处理期限予以延长。2019年11月4日,长春市财政局作出《投诉处理决定书》驳回人寿保险公司投诉。2019年11月4日,长春市财政局将《投诉处理决定书》送达给人寿保险公司。人寿保险公司对《投诉处理决定书》不服,向法院提起诉讼。

本院认为,《中华人民共和国政府采购法》第十三条第一款规定,各级人民政府财政部门是负责政府采购监督管理的部门,依法履行对政府采购活动的监督管理职责。长春市财政局作为本市市级财政部门,对于政府采购活动中供应商提出的投诉事宜,具有依法受理和处理的法定职责。《中华人民共和国政府采购法实施条例》第五十五条规定,供应商质疑、投诉应当有明确的请求和必要的证明材料。供应商投诉的事项不得超出已质疑事项的范围。质疑阶段,人寿保险公司质疑的内容是《投标文件》初审时,市采购中心工作人员以该公司《商务偏离表》对招标文件 14 页"五、商务要求"的后两项内容没有响应,而按废标处理。投诉时变更为市采购中心以不合理的条件对供应商实行差别待遇或者歧视待遇,恶意废标。且作为投诉依据的太平养老保险公司填写《商务偏离表》无实质性内容和太平洋保险公司《投标文件》加盖彩印印章在质疑阶段并未提出。长春市财政局对人寿保险公司的投诉全部予以了调查核实,系在投诉处理程序中履行了政府采购监督检查职能,该行为有助于查清投诉事实是否存在,确保政府采购活动规范进行,维护公开透明、公平竞争的政府采购秩序。

关于供应商对案涉《商务条款偏离表》第 4、5 项的填报问题。人寿保险公司主张资格评审阶段,因受市采购中心工作人员的答疑误导,没有填写《商务条款偏离表》中第 4、5 项。《中华人民共和国政府采购法实施条例》第五十五条规定,供应商的质疑、投诉应当有必要的证明材料。质疑、投诉阶段长春人寿保险公司均未针对该项主张提供相应的证据予以佐证。长春市财政局在投诉处理中对此调查后,亦未发现相关事实的存在。同时,市采购中心向供应商发布的《招标文件》"第二章第五商务需求"中对《商务条款偏离表》的填写明确规定为"本部分内容均为实质性条款,供应商的投标(响应)必须完全满足或者正偏离,且应在投标(响应)文件《商务偏离表》中对本部分所有条款逐条说明响应或偏离情况,否则按照投标(响应)无效处理",供应商应按照《招标文件》要求填写相关内容否则将承担不利后果。人寿保险公司提交的《投标文件》没有填写《商务条款偏离表》第 4、5 项,评标委员会据此认定人寿保险公司所投标为无效标,符合《招标文件》规定。太平养老保险公司提交的《投标文件》对该部分内容予以了应答,写明偏离情况,经过了评标委员会的评审。基于上述事实,人寿保险公司以供应商填报《商务条款偏离表》第 4、5 项情况为依据,主张市采购中心存在不合理条件对供应商实行差别待遇或歧视待遇,无事实和法律依据。

关于太平洋保险公司提交《投标文件》所盖印章问题。人寿保险公司主张太平洋保险公司提交的《投标文件》加盖的印章为彩印,违反《招标文件》相关规定不应中标。对此,长春市财政局在投诉处理中进行了调查,并委托长春市公安局刑侦支队、吉林常春司法鉴定中心对印章进行了鉴定,鉴定结论为"直接盖印形成"。长春市财政局的调查结果和鉴定结论可以证明人寿保险公司主张的事实并不存在。人寿保险公司以太平洋保险公司的《投标文件》加盖彩印印章依旧能中标依据,主张市采购中心存在不合理条件对供应商实行差别待遇或歧视待遇亦不能成立。

本案中,长春市财政局履行了对人寿保险公司投诉予以处理的法定职责,收到投诉后依法予以受理,针对人寿保险公司投诉事项向市府采购中心和采购项目供应商进行了调查,对相关人员予以询问,为查清事实依职权启动鉴定程序。审查后做出的《投诉处理决定》,认定事实清楚,适用法律正确,所作结论正确。人寿保险公司请求撤销《投诉处理决定》的诉讼请求,无事实和法律依据,本院不予支持。综上,依照《中华人民共和国行政诉讼法》第六十九

条之规定,判决如下:

驳回原告中国人寿保险股份有限公司长春分公司的诉讼请求。

案件受理费 50 元,由原告中国人寿保险股份有限公司长春分公司负担。

如不服本判决,可在判决书送达之日起十五日内,向本院递交上诉状,并按对方当事人的人数递交上诉状副本,上诉于吉林省长春铁路运输中级法院。

审 判 长　刘玉敏

审 判 员　黄殿波

审 判 员　张忠雷

二〇二〇年三月三十日

书 记 员　李　岩

北京诺德泰科仪器仪表有限公司
与河南省财政厅、河南省人民政府
政府采购（招投标）投诉处理决定、行政复议决定案

【案件提要】

本案是对采购结果的投诉处理决定提起行政诉讼的案例。涉案采购项目进行公开招标，安恒公司、沃斯公司、纳德公司等多家供应商参与投标报价。经开标评标，安恒公司中标。诺德泰公司作为沃斯公司、纳德公司产品的制造商，授权该两公司投标，对中标结果提出质疑和投诉。财政部门以诺德泰公司未报名竞标，不是本次采购活动的当事人，认定投诉无效。诺德泰公司经行政复议后，提起本案诉讼。法院经审理认为，诺德泰公司作为产品制造商，其授权他人作为供应商参与政府采购的投标，其自己并不是政府采购活动的供应商，其权利义务应当通过其授权的供应商来实现，诺德泰公司以自己名义提出的投诉属于无效投诉。法院对诺德泰公司请求撤销不予受理通知书和行政复议决定，均不予支持。

【判决正文】

河南省郑州市中级人民法院
行政判决书

〔2020〕豫 01 行终 148 号

上诉人（一审原告）北京诺德泰科仪器仪表有限公司，住所地（略）。

法定代表人朱某。

委托代理人苏某。

被上诉人（一审被告）河南省财政厅，住所地（略）。

法定代表人王某。

委托代理人王某。

委托代理人李某。

被上诉人（一审被告）河南省人民政府，住所地（略）。

法定代表人尹某。

委托代理人宋某。

委托代理人刘某。

上诉人北京诺德泰科仪器仪表有限公司(以下简称诺德泰公司)因采购投诉及行政复议一案,不服郑州市金水区人民法院〔2019〕豫 0105 行初 298 号行政判决,向本院提起上诉。本院依法组成合议庭,对本案进行了审理,现已审理终结。

一审审理查明:河南省粮油饲料产品质量监督检验中心 2017 年全省粮食质检体系建设专项结余资金仪器采购项目包 2"杜马斯定氮仪"(采购标号:豫财招标采购－2019－1001),招投标报价供应商为河南沃斯仪器设备有限公司(以下简称沃斯公司)、河南纳德实业有限公司(以下简称纳德公司)、郑州长兴仪器设备有限公司(以下简称长兴公司)、河南安恒仪器设备有限公司(以下简称安恒公司),经开标评标,安恒公司中标。诺德泰公司系两家投标供应商沃斯公司、纳德公司产品的制造商,授权该两公司投标。诺德泰公司对包 2 中标结果向代理采购的招标公司发出质疑函,其中质疑事项 2、3 主要对中标人安恒公司的评标打分及其产品的制造商济南海能仪器股份有限公司的小微企业身份等质疑。招标公司 2019 年 8 月 7 日作出答复函,针对质疑事项 2、3,告知系现场评审专家综合评分,中标供应商在招标文件中附有制造商济南海能仪器股份有限公司经主管部门审定的"济南市小微企业类型划分说明表",同时告知诺德泰公司,对答复不满意,可由供应商按财政部令第 94 号《政府采购质疑和投诉办法》向河南省财政厅采购监督管理处提起投诉。2019 年 8 月 13 日,诺德泰公司向河南省财政厅提出投诉。2019 年 8 月 15 日,河南省财政厅作出不予受理通知书,以诺德泰公司未报名竞标,不是本次采购活动的当事人,认定投诉无效,不予受理。

2019 年 8 月 28 日,诺德泰公司向河南省人民政府(以下简称河南省政府)申请行政复议,2019 年 10 月 22 日,复议机关作出行政复议决定,根据《中华人民共和国行政复议法》第二十八条第一款第(一)项,维持河南省财政厅作出的不予受理决定。

一审法院认为:《中华人民共和国政府采购法》第十四条规定,政府采购当事人是指在政府采购活动中享有权利和承担义务的各类主体,包括采购人、供应商和采购代理机构等。第二十一条规定,供应商是指向采购人提供货物、工程或者服务的法人、其他组织或者自然人。《中华人民共和国招标投标法》第二十五条规定,投标人是响应招标、参加投标竞争的法人或者其他组织。公开招标系政府采购的主要采购方式,《中华人民共和国招标投标法实施条例》第八十三条规定,政府采购的法律、行政法规对政府采购货物、服务的招标投标另有规定的,从其规定。参照财政部令 87 号《政府采购货物和服务招标投标管理办法》、财政部令 94 号《政府采购质疑和投诉办法》等规定,提出质疑的主体是供应商,潜在供应商也可以对采购文件提出质疑,质疑供应商对采购人、采购代理机构的答复不满意,或者采购人、采购代理机构未在规定时间内作出答复的,可以在答复期满后 15 个工作日内向财政部门提起投诉。本案中诺德泰公司作为产品制造商,其授权他人作为供应商参与政府采购的投标,诺德泰公司并不是政府采购活动的供应商,诺德泰公司的权利义务应当通过其授权的供应商来实现。本案中诺德泰公司以自己名义提出的投诉属于无效投诉。综上,诺德泰公司请求撤销不予受理通知书和行政复议决定,本院均不予支持。根据《中华人民共和国行政诉讼法》第六十九条,第七十九条的规定,判决驳回诺德泰公司的诉讼请求。案件受理费 50 元,由诺德泰公司负担。

诺德泰公司不服,上诉称:一审判决适用法律不当。一、诺德泰公司有权进行投诉。依据《中华人民共和国招标投标法》第六十五条、《中华人民共和国招标投标法实施条例》第六十条、《河南省公共资源交易异议和投诉处理暂行办法》第二条、第三条、第六条、第十二条，诺德泰公司作为涉诉招投标项目的利害关系人进行质疑和投诉是符合法律规定的，而且招标人也接受了诺德泰公司的质疑并对质疑事项予以异议答复，并对质疑提出的招投标过程中存在的问题予以部分更正。这都说明诺德泰公司符合质疑、投诉人的资格。依据《中华人民共和国政府采购法》第十四条、第二十一条，政府采购当事人包括供应商，而并没有特指必须为投标人。作为产品的制造商，诺德泰公司通过投标人最终向采购人提供由诺德泰公司生产制造的货物并提供安装调试保修等服务，诺德泰公司完全符合政府采购当事人的身份。诺德泰公司无论作为《中华人民共和国政府采购法》中规定的供应商或者《中华人民共和国招标投标法》、《中华人民共和国招标投标法实施条例》和《河南省公共资源交易异议和投诉处理暂行办法》中规定的其他利害关系人都完全有权利提出投诉。河南省财政厅对诺德泰公司投诉不予受理的行为违反了法律的相关规定，河南省政府维持河南省财政厅做出的不予受理决定的行为亦违反了法律的相关规定。二、法律已经废除只有投标人才能进行投诉的相关条款。2017年颁布的中华人民共和国财政部令第87号《政府采购货物和服务招标投标管理办法》是对中华人民共和国财政部令第18号《政府采购货物和服务招标投标管理办法》的修订，专门取消了原办法中第六十三条"投标供应商对中标公告有异议的，应当在中标公告发布之日起七个工作日内，以书面形式向招标采购单位提出质疑。招标采购单位应当在收到投标供应商书面质疑后七个工作日内，对质疑内容作出答复"。因为18号令的63条专门限制了供应商的范围，必须投标才能投诉，废止该条的立法意义就在于取消了对质疑投诉人的限制，和《中华人民共和国招标投标法》《中华人民共和国政府采购法》的规定达成了一致。在政府采购招标投标过程中并非只有投标人才能提出质疑。一审判决故意放任河南省财政厅、河南省政府对相关法规的曲解。河南省财政厅称本案不适用《河南省公共资源交易异议和投诉处理暂行办法》，该办法与财政部门无关。河南省财政厅文件豫财购〔2017〕3号《河南省财政厅关于省级政府采购项目纳入省公共资源交易平台实施有关项目的通知》指出："《河南省人民政府省长办公会议纪要》(〔2017〕14号)明确要求，2017年4月底之前，工程建设项目招投标、土地使用权和矿业权出让、国有产权交易、政府采购四大领域公共资源交易要全部纳入省公共资源交易中心运行，""自发文之日起，采购项目尚未发布招标采购公告的，一律纳入公告交易平台，按照平台工作规程办理。"同年8月发布的《河南省人民政府办公厅关于调整河南省公共资源交易管理委员会组成人员的通知》确定了该委员会出常务副省长翁杰明任主任，张维宁、徐光两位副省长任副主任，成员包括了财政厅厅长王东伟及其他各厅厅长。本案涉及的政府采购自始至终通过河南省公共资源交易中心进行，依据豫财购〔2017〕3号《河南省财政厅关于省级政府采购项目纳入省公共资源交易平台实施有关项目的通知》也应该按照公共资源交易中心平台工作规程办理。河南省财政厅在答辩状中已经通过自认的方式承认了诺德泰公司是供应商，而得出了与《中华人民共和国政府采购法》相反的结论，也是前后矛盾。综上，一审法院作出的判决书没有事实及法律依据，特此提起上诉，请求二审法院依法查明事实撤销一审判决，依法改判。

河南省财政厅答辩称：一、河南省财政厅作出的不予受理通知书程序合法、事实清楚、证据确凿、适用依据正确、内容适当。2019 年 8 月 13 日,河南省财政厅收到诺德泰公司的《投诉书》,对"河南省粮油饲料产品质量监督检验中心 2017 年全省粮食质检体系建设专项结余资金仪器采购项目(豫财招标采购-2019-1001)"包号 2 的中标结果进行投诉。河南省财政厅依法进行了审查,并根据诺德泰公司在《投诉书》中所附的《利害关系人证明材料》,向招标代理机构调取了该项目的评标报告等材料。经审查,"河南省粮油饲料产品质量监督检验中心 2017 年全省粮食质检体系建设专项结余资金仪器采购项目(豫财招标采购-2019-1001)"包号 2,于 2019 年 6 月 25 日在省政府采购网发布公告,至 2019 年 7 月 2 日截止报名时,诺德泰公司未报名竞标。根据诺德泰公司提供的《利害关系人证明材料》和本采购项目的初步评审表、开标记录表、评标报告显示,诺德泰公司未参加本采购项目的投标。因此,诺德泰公司不是本次采购项目参与采购活动的供应商。根据《财政部关于加强政府采购供应商投诉受理审查工作的通知》"财政部门经审查,有投诉人不是参加投诉项目政府采购活动的当事人、被投诉人为采购人或采购代理机构之外的当事人、所有投诉事项未经过质疑、所有投诉事项超过投诉有效期、以具有法律效力的文书送达之外方式提出的投诉等情形之一的,应当认定为无效投诉,不予受理,并及时书面告知投诉人不予受理的理由"的规定,河南省财政厅认定诺德泰公司的投诉无效,不予受理。2019 年 8 月 16 日,河南省财政厅将《不予受理通知书》邮寄诺德泰公司,诺德泰公司 8 月 19 日收到。

二、诺德泰公司申请行政复议、行政诉讼、上诉的事实和理由不成立。(一)诺德泰公司不能依法提出质疑和投诉。根据《中华人民共和国政府采购法》第二十一条、第二十二条、《中华人民共和国政府采购法实施条例》第十七条的规定,"参加政府采购活动的供应商"不仅应当具备政府采购法第二十二条第一款规定的条件,而且在投标时应当提供相应的材料以证明具备这样的条件。若供应商中标,还要与采购人签订合同,向采购人提供相应的货物、工程或者服务。从诺德泰公司投诉时提供的《利害关系人证明材料》和本采购项目评标报告可以看出,在本采购项目中,诺德泰公司仅是授权河南沃斯公司利用自己的产品参加政府采购活动,不可能与采购人签订合同,不向采购人提供相应的货物、工程或者服务,不是"参加政府采购活动的供应商"。沃斯公司是投标人,是"参加政府采购活动的供应商"。如中标结果存在违法行为,权益受到损害的是河南沃斯公司,河南沃斯公司可以提出质疑和投诉。(二)在《行政复议申请书》、《行政起诉状》和《行政上诉状》中,诺德泰公司提出能够作为投诉人的依据是《中华人民共和国招标投标法》第六十五条、《中华人民共和国招标投标法实施条例》第六十条和《河南省公共资源交易异议和投诉处理暂行办法》有关的规定,认为自己是"其他利害关系人",完全是对法律的误解。《中华人民共和国招标投标法实施条例》第八十三条规定:"政府采购的法律、行政法规对政府采购货物、服务的招标投标另有规定的,从其规定。"本采购项目是河南省粮油饲料产品质量监督检验中心的仪器采购项目,是政府采购的货物采购。《中华人民共和国政府采购法》第六章"质疑与投诉"、《中华人民共和国政府采购法实施条例》第六章"质疑与投诉"对质疑、投诉都有专章规定,并且财政部专门制定了部门规章,即《政府采购质疑和投诉办法》,专门制定了规范性文件,即《财政部关于加强政府采购供应商投诉受理审查工作的通知》。因此,对政府采购货物、服务的招标投标的质疑和投诉应当适用政府采购的法律、行政法规、规章和规范性文件,不应当适用《中华人民共和国招标投标法》《中华人民共和国招标投标法实施条例》的有关规定。财政部门的投诉处理权是法律、法规、规章以及财政部的规范性文件授予的,是法定的,不是其他部门或者机构授予的。同时,诺德泰公司也不是《河南省公共资源交易异议和投诉处理暂行办法》规定的"异议人"。因此,财政部门的投诉处理不能适用《河南省公共资源交易异议和投诉处理暂行办法》。(三)在《行政复议申请书》《行政起诉状》和《行政上诉状》中,诺德泰公司认为,根据《中华人民共和国政府采购法》第十四条、第二十一条的规定,诺德泰公司是政府采购活动的供应商,完全是对法律的误解。《中华人民共和国政府采购法》第二十一条明确规定:"供应商是指向采购人提供货物、工程或者服务的法人、其他组织或者自然人。"本采购项目中,有可能向采购人提供货物的是诺德泰公司的授权经销商河南沃斯公司,而不是诺德泰公司。诺德泰公司与采购人之间没有法律上的货物买卖关系。因此,诺德泰公司不是政府采购法规定的"向采购人提供货物、工程或者服务"的供应商,也没有提出质疑和投诉的权利。即使提出质疑,也不是"依法进行质疑"。(四)2017年财政部制定了《政府采购货物和服务招标投标管理办法》(财政部令第87号),同时废止了财政部2004年发布的《政府采购货物和服务招标投标管理办法》(财政部令第18号)。诺德泰公司认为,财政部令第87号取消了财政部令第18号第六十三条的规定,其意义在于取消了对质疑投诉人的限制。此种观点说明诺德泰公司完全不了解财政部令第87号的立法情况。财政部令第87号与财政部令第18号相比,删除了财政部令第18号36个条文的内容,新增34条,修订54条。其中财政部令第18号第六十三条的内容与《中华人民共和国政府采购法》第六章"质疑与投诉"、《中华人民共和国政府采购法实施条例》第六章"质疑与投诉"的内容重复。因此,予以删除。同时,2017年财政部制定了《政府采购质疑和投诉办法》,对政府采购供应商质疑和投诉专门进行了规定。

综上所述,诺德泰公司投诉无法律和事实依据,其行政复议、行政诉讼、上诉的事实和理由不成立。河南省财政厅作出的《不予受理通知书》认定事实清楚,证据确凿,适用法律正确,程序合法,内容适当;复议机关复议程序合法;一审判决认定事实清楚,适用法律、法规正确,请求人民法院依据《行政诉讼法》第八十九条第一款第(一)项的规定,驳回诺德泰公司的上诉,维持原判。

河南省政府答辩称:与河南省财政厅的答辩意见一致,一审法院判决合法正确,请求驳回上诉。

本院经审理查明的事实与一审一致。

本院认为,《中华人民共和国政府采购法》第二十一条规定:"供应商是指向采购人提供货物、工程或者服务的法人、其他组织或者自然人。"《政府采购质疑和投诉办法》第十一条第一款规定:"提出质疑的供应商应当是参与所质疑项目采购活动的供应商。"本案中,投标人为沃斯公司、纳德公司、长兴公司、安恒公司。诺德泰公司系向沃斯公司、纳德公司提供产品,沃斯公司、纳德公司以诺德泰公司提供的产品参加投标,因此诺德泰公司并非是参与所质疑项目采购活动的供应商,河南省财政厅作出的不予受理通知并无不当。诺德泰公司的上诉理由不能成立,本院不予支持。一审判决正确,应予维持。依照《中华人民共和国行政诉讼法》第八十九条第一款第(一)项的规定,判决如下:

驳回上诉,维持原判。

案件受理费 50 元,由上诉人北京诺德泰科仪器仪表有限公司负担。

本判决为终审判决。

审 判 长　赵军胜

审 判 员　徐　滢

审 判 员　张　启

二〇二〇年五月二十二日

书 记 员　郭史璐

安徽康臣医疗器械有限公司
与安徽省宿州市财政局、安徽省财政厅
政府采购（招投标）投诉处理决定、行政复议决定案

【案件提要】

本案是对采购结果的投诉处理决定提起行政诉讼的案例，所涉主要争议焦点是：政府采购供应商资质条件中"无行贿犯罪记录"的认定标准问题。涉案采购项目发布公开招标文件，其中规定有"供应商或其法定代表人或拟派项目经理（项目负责人）被列入行贿犯罪档案的"情形，不得确定为中标人，此项须由供应商提供无行贿犯罪记录承诺函。华康公司提交了承诺书，被确认为中标供应商。康臣公司提出质疑和投诉，认为华康公司存在多次行贿犯罪记录不具备中标人资格，并提供了从中国裁判文书网下载的刑事判决书作为证据。财政部门在调查中，向相关检察机关查询，但检察机关自 2018 年 8 月 1 日起不再为企业和个人出具无犯罪行贿记录证明；通过中国裁判文书网自行查询，华康公司及其法定代表人、拟派项目经理均无行贿犯罪记录，康臣公司提供的多份刑事判决书上被告人都是与本项目无关的人员。据此，财政部门以投诉事项缺乏事实依据为由，决定驳回投诉。经复议后，康臣公司提起了本案诉讼。法院经审理认为，财政部门根据康臣公司投诉时提交的刑事判决书，通过中国裁判文书网查询，均未发现华康公司及其法定代表人、拟派项目经理存在行贿犯罪记录，故财政部门已经尽到审查义务，作出驳回投诉的处理结果，符合法律规定。

【判决正文】

安徽省合肥市中级人民法院
二审行政判决书

〔2020〕皖 01 行终 489 号

上诉人（一审原告）安徽康臣医疗器械有限公司，住所地（略）。
法定代表人刘某。
委托诉讼代理人夏某。
委托诉讼代理人徐某。
被上诉人（一审被告）宿州市财政局，住所地（略）。
法定代表人张某。

出庭负责人韩某。

委托诉讼代理人徐某。

被上诉人(一审被告)安徽省财政厅,住所地(略)。

法定代表人罗某。

委托诉讼代理人王某。

委托诉讼代理人陆某。

一审第三人安徽华康医药集团有限公司,住所地(略)。

法定代表人王某。

委托诉讼代理人张某。

上诉人安徽康臣医疗器械有限公司(以下简称康臣公司)因诉被上诉人宿州市财政局投诉处理决定和安徽省财政厅行政复议决定一案,不服安徽省合肥市庐阳区人民法院〔2020〕皖0103行初48号行政判决,向本院提出上诉。本院受理后,依法组成合议庭进行了审理。

本案现已审理终结。

一审法院经审理查明,2019年9月30日,安徽寰亚国际招标有限公司(以下简称采购代理机构)受宿州市立医院(以下简称采购人)委托就《宿州市立医院新区设备吊桥吊塔无影灯采购及安装项目》(项目编号:SZCG2019430,项目数量:01包和02包)发布公开招标文件,以公开招标方式对项目组织开展采购活动。该公开招标文件第一章招标公告第二条投标供应商资格中2.3信誉要求为:投标人(含不具有独立法人资格的分公司、不含具备独立法人资格的子公司)存在以下不良信用记录情形之一,不得推荐为中标候选人,不得确定为中标人:(1)投标人被人民法院列入失信被执行人的;(2)供应商或其法定代表人或拟派项目经理(项目负责人)被列入行贿犯罪档案的;(3)投标人被工商行政管理部门列入企业经营异常名录的;(4)投标人被税务部门列入重大税收违法案件当事人名单的;(5)投标人被政府采购监管部门列入政府采购严重违法失信行为记录名单的。以上情形第(1)(3)(4)(5)以"信用中国"(××)或其他指定媒介[国家税务总局网站(××)、中国政府采购网站(××)、国家企业信用信息公示系统网站(××)]发布的为准,查询截止时点为投标截止时间。情形(2)由供应商提供无行贿犯罪记录承诺函。安徽华康医药集团有限公司(以下简称华康公司)和康臣公司均参与了该项目投标活动。2019年10月22日,华康公司向采购人作出书面声明:一、参加政府采购活动前三年内,在经营活动中没有重大违法记录。二、参加本次投标活动前五年,在招投标活动中没有违法违纪、被拉入黑名单等记录。三、未因违法经营被禁止在一定期限内参加政府采购活动。四、供应商华康公司或其法定代表人王显俭或其拟派项目经理(项目负责人)赵蕊未被列入行贿犯罪档案。五、针对此项目提供的所有相关证明文件均真实、有效!如发现华康公司存在上述问题,愿按照政府采购相关规定接受处罚。2019年10月23日,采购代理机构组织开标评审,确认华康公司为该项目01包中标供应商。2019年10月28日,康臣公司提出质疑函,内容有……三、质疑事项具体内容,质疑事项:项目01包中标供应商华康公司存在多次行贿犯罪记录不具备中标人资格,在宿州市××医院××院区设备吊桥吊塔无影灯采购及安装项目中存在虚假应标行为。事实依据:招标文件第一章2.3信誉要求……注:详见补充材料。政府采购法实施条例第五十一条……四、与质疑事项相关的质疑请求：1.依法取消华康公司中标供应商资格。2.依据政府采购法实施条例第五十五条按照评标委员会提出的候选人名单排序依次确定其他中标候选人为中标人。2019年11月5日,采购代理机构对此质疑作出答复函,答复：一、……质疑函中所提供的均是针对某人的刑事犯罪记录信息,并无第一中标候选人华康公司及其法人代表王显俭、拟指派的项目负责人的行贿犯罪记录。经查询第一中标候选人及其法定代表王显俭、拟指派的项目负责人并无行贿犯罪记录。二、有鉴于上述第一条内容,我司按照国家相关法律法规及招标文件的规定未能发现需取消第一中标候选人中标资格的对应原因及法规,故评审结果不变。2019年11月7日,康臣公司对此向宿州市财政局递交投诉书,投诉事项是,中标供应商华康公司存在多次行贿犯罪记录不具备中标人资格,在宿州市立医院新院区吊桥吊塔无影灯采购及安装项目中存在虚假应标行为;在收到的答复函中没有提供可以证明华康公司无行贿犯罪记录的事实依据和法律依据。请求：1.采购代理机构出示"查询华康公司无行贿犯罪记录的事实依据和其无行贿犯罪记录的法律依据",如不能出示,请依法取消其中标供应商资格。2.依据政府采购法实施条例第五十五条,按照评标委员会提出的中标候选人名单排序依次确定其他中标候选人为中标人。康臣公司投诉时作为证据提供的是从中国裁判文书网下载的宿州市埇桥区人民法院〔2016〕皖1302刑初328号、664号、736号刑事判决书和安徽省泗县人民法院〔2018〕皖1324刑初542号刑事判决书。宿州市财政局收到后依法受理了该投诉。2019年11月14日、15日,宿州市财政局分别向采购代理机构、华康公司发出政府采购投诉答复通知书及投诉书副本。采购代理机构于2019年11月15日、华康公司于2019年11月18日分别作出答复。2019年11月27日,宿州市财政局作出投诉处理决定,内容有,本机关调取、审查该项目采购文件、招标文件第一章2.3信誉要求五种情形之一(2)供应商或其法定代表人或拟派项目经理(项目负责人)被列入行贿犯罪档案的;由供应商提供无行贿犯罪记录承诺函。经本机关核实,华康集团投标的资格证明文件246页,出具了投标人无违法记录证明承诺书。本机关查询,宿州市人民检察院自2018年8月1日起不再为企业和个人出具无犯罪行贿记录证明。本机关通过中国裁判文书网自行查询,华康公司、法定代表人王显俭、拟派项目经理赵蕊无行贿犯罪记录。投诉人提供的多份刑事判决书上被告人都是与本项目无关的人员。综上所述,本机关现作出如下处理决定：投诉事项缺乏事实依据,投诉人投诉事项不成立,根据《政府采购质疑和投诉办法》第二十九条第二项的规定,驳回投诉。华康公司、康臣公司、采购代理机构分别于2019年12月1日、2日、2日签收该投诉处理决定书。2019年12月4日,安徽省财政厅收到并受理了康臣公司提出的行政复议申请。2019年12月10日,安徽省财政厅向宿州市财政局送达行政复议答复通知书。宿州市财政局于2019年12月20日作出行政复议答复书,并提交了相关证据。2019年1月9日,安徽省财政厅向华康公司送达第三人参加行政复议通知书。2019年1月14日,华康公司作出行政复议答复意见书。2020年1月21日,安徽省财政厅作出行政复议决定,维持了上述投诉处理决定,并于次日分别向康臣公司、宿州市财政局、华康公司邮寄送达行政复议决定书。康臣公司不服,诉至法院,请求：撤销安徽省财政厅所作出的行政复议决定;撤销宿州市财政局所作出的投诉处理决定;依法判令宿州市财政局重新作出决定。

另查明,康臣公司质疑和投诉时提供的安徽省宿州市埇桥区人民法院〔2016〕皖1302刑初 328 号、664 号、736 号刑事判决书是分别判决被告人张某、郝某、胡某犯受贿罪的文书,安徽省泗县人民法院〔2018〕皖 1324 刑初 542 号刑事判决书是判决被告人时某犯受贿罪、巨额财产来源不明罪的文书。安徽省宿州市埇桥区人民法院〔2018〕皖 1302 刑初 805 号刑事判决虽是判决被告人张某(华康公司职工)犯行贿罪,但安徽省宿州市中级人民法院〔2019〕皖 13 刑终 522 号刑事裁定已撤销该刑事判决,并发回重审,尚未有生效判决。康臣公司在质疑和投诉时并没有提出华康公司有重大行政处罚记录,也未提供华康公司存在被行政执法机关进行行政处罚的证据材料。宿州市财政局陈述,其通过中国裁判文书网查询,华康公司、法定代表人王某、拟派项目经理赵某均无行贿犯罪的记录;康臣公司提供的证据不能证明华康公司存在重大行政处罚记录。

一审法院认为,《政府采购法》第二十二条规定,供应商参加政府采购活动应当具备下列条件:(一)具有独立承担民事责任的能力;(二)具有良好的商业信誉和健全的财务会计制度;(三)具有履行合同所必需的设备和专业技术能力;(四)有依法缴纳税收和社会保障资金的良好记录;(五)参加政府采购活动前三年内,在经营活动中没有重大违法记录;(六)法律、行政法规规定的其他条件。采购人可以根据采购项目的特殊要求,规定供应商的特定条件,但不得以不合理的条件对供应商实行差别待遇或者歧视待遇。第二十三条规定,采购人可以要求参加政府采购的供应商提供有关资质证明文件和业绩情况,并根据本法规定的供应商条件和采购项目对供应商的特定要求,对供应商的资格进行审查。第二十六条规定,政府采购采用以下方式:(一)公开招标;……公开招标应作为政府采购的主要采购方式。《政府采购法实施条例》第十三条规定,各级人民政府财政部门是负责政府采购监督管理的部门,依法履行对政府采购活动的监督管理职责。第十七条规定,参加政府采购活动的供应商应当具备政府采购法第二十二条第一款规定的条件,提供下列材料:(一)法人或者其他组织的营业执照等证明文件,自然人的身份证明;(二)财务状况报告,依法缴纳税收和社会保障资金的相关材料;(三)具备履行合同所必需的设备和专业技术能力的证明材料;(四)参加政府采购活动前三年内在经营活动中没有重大违法记录的书面声明;(五)具备法律、行政法规规定的其他条件的证明材料。采购项目有特殊要求的,供应商还应当提供其符合特殊要求的证明材料或者情况说明。第十九条规定,政府采购法第二十二条第一款第五项所称重大违法记录,是指供应商因违法经营受到刑事处罚或者责令停产停业、吊销许可证或者执照、较大数额罚款等行政处罚。供应商在参加政府采购活动前三年内因违法经营被禁止在一定期限内参加政府采购活动,期限届满的,可以参加政府采购活动。《政府采购质疑和投诉办法》第五条规定,采购人负责供应商质疑答复。采购人委托采购代理机构采购的,采购代理机构在委托授权范围内作出答复。县级以上各级人民政府财政部门(以下简称财政部门)负责依法处理供应商投诉。第十二条规定,供应商提出质疑应当提交质疑函和必要的证明材料。……第十三条规定,采购人、采购代理机构不得拒收质疑供应商在法定质疑期内发出的质疑函,应当在收到质疑函后 7 个工作日内作出答复,并以书面形式通知质疑供应商和其他有关供应商。第十七条规定,质疑供应商对采购人、采购代理机构的答复不满意,或者采购人、采购代理机构未在规定时间内作出答复的,可以在答复期满后 15 个工作日内向本办法第六条规定的财政部门提起投诉。第十八条规定,投诉人投诉时,应当提交投诉书和必要的证明材料,并按照被投诉采购人、采购代理机构和与投诉事项有关的供应商数量提供投诉书的副本。第二十条规定,供应商投诉的事项不得超出已质疑事项的范围,但基于质疑答复内容提出的投诉事项除外。第二十一条规定,财政部门收到投诉书后,应当在5个工作日内进行审查,审查后按照下列情况处理:……(四)投诉符合本办法第十八条、第十九条规定的,自收到投诉书之日起即为受理,并在收到投诉后8个工作日内向被投诉人和其他与投诉事项有关的当事人发出投诉答复通知书及投诉书副本。第二十二条规定,被投诉人和其他与投诉事项有关的当事人应当在收到投诉答复通知书及投诉书副本之日起5个工作日内,以书面形式向财政部门作出说明,并提交相关证据、依据和其他有关材料。第二十三条规定,财政部门处理投诉事项原则上采用书面审查的方式……第二十四条规定,财政部门依法进行调查取证时,投诉人、被投诉人以及与投诉事项有关的单位及人员应当如实反映情况,并提供财政部门所需要的相关材料。第二十五条规定,应当由投诉人承担举证责任的投诉事项,投诉人未提供相关证据、依据和其他有关材料的,视为该投诉事项不成立;被投诉人未按照投诉答复通知书要求提交相关证据、依据和其他有关材料的,视同其放弃说明权利,依法承担不利后果。第二十六条规定,财政部门应当自收到投诉之日起30个工作日内,对投诉事项作出处理决定。第二十九条规定,投诉处理过程中,有下列情形之一的,财政部门应当驳回投诉:(二)投诉事项缺乏事实依据,投诉事项不成立。现有证据证实,在康臣公司质疑和投诉时并没有确凿有效的证据证明华康公司或其法定代表人或拟派项目经理(项目负责人)有违反公开招标文件第一章第二条有关投标供应商资格的2.3信誉要求的情形;宿州市财政局在投诉处理过程中,认为投诉事项缺乏事实依据,投诉事项不成立,决定驳回投诉,是符合上述法律规定的。《行政复议法》第二十三条第一款规定,行政复议机关负责法制工作的机构应当自行政复议申请受理之日起七日内,将行政复议申请书副本或者行政复议申请笔录复印件发送被申请人。被申请人应当自收到申请书副本或者申请笔录复印件之日起十日内,提出书面答复,并提交当初作出具体行政行为的证据、依据和其他有关材料。第三十一条第一款规定,行政复议机关应当自受理申请之日起六十日内作出行政复议决定……安徽省财政厅提供的证据表明,其所作出的行政复议决定程序是合法的。康臣公司的诉讼请求,没有事实和法律依据,本院不予支持。依照《中华人民共和国行政诉讼法》第六十九条的规定,判决驳回康臣公司的诉讼请求。

康臣公司上诉称,一、《政府采购法》第22条第(2)项规定,供应商必须有良好的商誉,这是供应商必须具备的资格条件。康臣公司在质疑投诉时,"质疑事项1"就是华康公司不具备供应商资格,提供的刑事判决书能够证实其不具备良好的商誉。宿州市财政局在质疑和投诉答复时,忽略华康公司商誉信誉,而仅仅针对"重大违法行为"和是否有刑事犯罪方面进行答复。康臣公司认为,一审诉讼应当围绕着行政行为的合法性进行全面审查,对于宿州市财政局在质疑和投诉阶段,是否全面履行了行政职责进行全面审查,对于宿州市财政局答复时,也应当对华康公司良好商业信誉方面进行答复。另外,《政府采购法》是政府采购活动必须遵守的强制性规定,康臣公司质疑时,提供华康公司大量医药行贿案件刑事判决书,反映其在经营过程中存在违法乱纪的现状,其并不具有良好的商誉。二、质疑投诉答复机关,应当调查被投诉事项真实性。康臣公司提供的华康公司多起行政处罚记录,是早已既存的事实,华康公司没有披露,正是其在投标时故意隐瞒、虚假承诺"无违法行为"的表现。一审法院将行政机关未履行全面检查查处、调查取证和审理的职责,归于行政相对人举证不全面,违反行政法上的行政机关的举证主体责任原则,以此将举证责任推脱给行政相对人明显错误。(一)华康公司存在多项被行政处罚的事实,不符合政府采购供应商的条件。1.经在宿州市市场监督管理局网站以及国家企业信用信息公示系统查询,华康公司存在多项被行政处罚的情形。包括被食药监管理部门处罚、违反税收管理规定被税务机关处罚。2.不符合《中华人民共和国政府采购法》第二十二条关于政府采购供应商的条件。(1)《中华人民共和国政府采购法》第二十二条第三项规定:"具有履行合同所必需的设备和专业技术能力",行业主管部门对其经营劣药、不符合标准的医疗器械的处罚记录,明显是对其具备专业技术能力的否定。(2)第四项规定:"有依法缴纳税收和社会保障资金的良好记录",被税务机构处罚并公示于全国信用信息公示平台系统,明显是对有依法缴纳税收的良好记录的否定。(3)第五项规定:"参加政府采购活动前三年内,在经营活动中没有重大违法记录。"所谓重大违法记录,根据《政府采购法实施条例》第十九条规定,是指供应商因违法经营而受到行政处罚,被申请人被行业主管部门和税务部门多次处罚,其中有两项已公布于全国信用信息平台系统,明显是对其没有重大违法记录的否定。(二)华康公司存在行贿犯罪的事实,不符合政府采购法第二十二条第一款第二项"供应商必须具有良好商誉条件"。华康公司牵涉多起受贿刑事案件,公司及其工作人员为了谋取利益,多次以回扣等形式贿赂相关主管部门及医疗机构负责人。三、华康公司在招投标活动中虚假承诺,违反了政府采购法,中标无效,宿州市财政局处理错误。本项目采购招标文件第36页"资格性审查"的第7项要求投标人"二年内没有重大违法记录",且华康公司向采购人作出书面说明:参加本次招投标活动前五年没有违法违纪、被拉入黑名单等记录。但华康公司在过去三年存在多项被行政处罚的事实。该虚假承诺的行为,明显不符合政府采购法中的诚实信用原则。四、华康公司的违法行为、虚假应标行为并未超出已质疑事项的范围,属于本案的审理范围,一审法院认定错误。就本案而言,康臣公司质疑、投诉以及申请行政复议的是华康公司不符合中标资格、虚假应标,质疑的是中标、成交结果影响其权益的行为,有行贿犯罪行为只是当时发现重要行为,康臣公司在宿州市财政局提供的华康公司的资格文件发现,华康公司承诺纳税记录良好、无违法记录,但在起诉阶段康臣公司发现华康公司有多起违法记录,其中还有税收处罚记录其涉及多项虚假承诺,其虚假应标情形十分明显。宿州市财政局应当对华康公司的中标资格以及虚假招标行为作出审查,且作为复议机关的被上诉人应当依据全面审查原则对投诉事项作出复议决定,而非认为康臣公司所提供的证据超出已质疑事项的范围而不予采纳。五、行政机关证据不足、程序违法,一审法院未对康臣公司在一审中提出的被上诉人证据非法、程序违法的事实未作处理明显错误。1.宿州市财政局实施行政检查程序不合法,安徽省财政厅未对其程序进行全面审查,行政复议审理不合法。宿州市财政局投诉处理决定书中称:"针对投诉人的投诉事项,本机关检查了该项目采购文件……""经本机关核实,华康公司投标资证明文件246页,出具了投标人无违法记录证明承诺书",但行政机关前述证据和事实的调查取得明显不合法。《安徽省行政执法监督条例》第十七条规定:"行政执法监督工作人员从事行政执法监督活动时,不得少于两人并应当出示督察证件。"《安徽省行政执法人员管理办法》(安徽省人民政府令第 273 号)第四章行为规范第二十条规定:"行政执法人员实施行政检查,应当告知行政相对人检查的理由和内容,依法制作检查笔录。"但是本案行政机关未制作检查笔录证明其程序合法,没有证据证明其招标文件的取得合法,其向一审法院提交的招标文件的真实性根本无法认定,应认定为投诉处理程序违法,复议决定错误。2. 主要证据不符合法定形式,无法证明其真实性,不应予以采信,应认定行政投诉处理行为证据不足,行政复议决定违法。宿州市财政局提供的证明华康公司合法的资格的文件,该证据来源说明形式不合法。另外,在宿州市财政局投诉处理告知书相关证据表述为:"华康集团投标资格证明文件 246 页,出具了投标人无违法记录证明承诺书",而其向法院提供的证据为 241 页无行贿犯罪声明,无论是页码还是内容都不相同,该未形成相关检查笔录,并且没有证明来源和依法取得的证据其内容不具有真实性,该证据不应予以采信。宿州市财政局提供的主要证据不具有真实性,明显投诉举报处理证据不足。一审法院在实体上将行政机关应尽的调查处理违法行为的举证责任都分配给行政相对人;在程序上,未对行政机关非法使用的证据进行处理,明显错误。请求二审法院依法判令:1. 撤销一审行政判决,并改判支持康臣公司一审诉讼请求。2. 本案一、二审诉讼费用由宿州市财政局承担。

宿州市财政局二审答辩称,一、康臣公司在行政上诉状事实和理由第一项认为:其质疑事项 1 就是华康公司不具备供应商资格,提供的刑事判决书能够证实华康公司不具备良好的商誉,不满足良好的商誉条件,该上诉理由不能成立。(一)康臣公司提到的"商誉条件",不在其质疑和投诉事项范围之内,不属于案涉投诉处理决定书的处理范围。根据政府采购法第 56 条、政府采购法实施条例第 55 条,政府采购质疑和投诉办法(财政部令第 94 号)、财政部《关于加强政府采购供应商投诉受理审查工作的通知》(财库〔2007〕1 号)第二条等法律之规定,康臣公司的投诉必须有具体、明确的投诉事项,且不能超出质疑的范围,超出质疑事项的投诉事项为无效投诉事项,财政部门仅对投诉事项进行审查,而非对政府采购的全过程进行全面审查。康臣公司质疑和投诉事项均为:"中标供应商安徽华康医药集团有限公司存在多次行贿犯罪记录不具备中标人资格,在宿州市××医院××院区设备吊桥吊塔无影灯采购及安装项目中存在虚假应标行为"。康臣公司上诉状中提到的"商誉条件",不在其质疑和投诉事项范围之内,不属于案涉政府采购投诉事项处理的范围,不属于本案的审理范围。(二)根据法律规定,由采购人对供应商资格进行审查,康臣公司认为应该由宿州市财政局对供应商资格进行审查,没有法律依据。政府采购法第 23 条规定,采购人可以要求参加政府采购的供应商提供有关资质证明文件和业绩情况,并根据本法规定的供应商条件和采购项目对供应商的特定要求,对供应商的资格进行审查。案涉招标文件第四章评标办法第3.2 条明确规定,由采购人和采购代理机构对投标人提交的资格文件进行审查。因此,供应商资格审查依法由采购人进行审查。(三)康臣公司投诉时提供的四份一审刑事判决书不能证明华康公司、法定代表人王显俭、拟派项目经理赵蕊存在行贿犯罪记录,亦不能证明其不满足良好的商誉条件。如何判断供应商是否具备《政府采购法》第 22 条(2)项规定的商誉,《政府采购法实施条例》第 17 条、第 19 条明确进行了规定。根据规定,1. 康臣公司提供的四份刑事判决书不能证明华康公司、法定代表人王显俭、拟派项目经理赵蕊存在行贿犯罪记录。2. 本案投诉处理期间,通过中国裁判文书网查询,宿州市财政局未查询到华康公司、法定代表人王显俭、拟派项目经理赵蕊存在行贿犯罪的记录。案涉采购项目招标文件第一章招标公告第2.3条信誉要求规定：投标人（含不具有独立法人资格的分公司、不含具备独立法人资格的子公司）存在以下不良信用记录情形之一，不得推荐为中标候选人，不得确定为中标人：（1）投标人被人民法院列入失信被执行人的；（2）供应商或其法定代表人或拟派项目经理（项目负责人）被列入行贿犯罪档案的；（3）投标人被工商行政管理部门列入企业经营异常名录的；（4）投标人被税务部门列入重大税收违法案件当事人名单的；（5）投标人被政府采购监管部门列入政府采购严重违法失信行为记录名单的。以上情形以（1）（3）（4）（5）"信用中国"或其他指定媒介[国家税务总局网站（××）、中国政府采购网（××）、国家企业信用信息公示系统网站（××）]发布的为准，查询截止时点为投标截止时间。情形（2）由供应商提供无行贿犯罪记录承诺函。宿州市公共资源管理局2018年8月7日发布的宿公管〔2018〕38号《关于取消提供检察机关出具的无行贿犯罪档案记录相关事项的通知》明确："我局于8月7日接安徽省宿州市人民检察院通知，自2018年8月1日起，全国检察机关停止行贿犯罪档案行贿信息查询工作。相关单位及个人如有查询需要，可以通过中国裁判文书网自行查询。现依据检察机关公告，自今日起取消招标采购公告及文件中出具"检察机关行贿犯罪档案查询结果告知函记录"条款内容，改为提供"无行贿犯罪行为承诺函"。本案投诉处理期间，宿州市财政局向宿州市人民检察院咨询，答复为"全国统一规定，自2018年8月1日起不再为企业和个人出具无犯罪行贿记录证明"。宿州市财政局通过中国裁判文书网查询，未发现华康公司及其法定代表人王显俭、拟派项目经理赵蕊存在行贿犯罪记录。3. 宿州市财政局在处理康臣公司投诉事项期间，康臣公司未发现华康公司存在重大行政违法记录。二、行政上诉状事实和理由第二项、第三项、第四项关于"第三人多起行政处罚记录问题"、重大违法记录等，不在康臣公司质疑和投诉事项范围之内，不属于政府采购投诉事项处理的范围。且其在一审法院提供的证据也不能证明华康公司存在重大行政处罚记录，不能作为认定本案事实的依据。1. 根据《政府采购质疑和投诉办法》（财政部令第94号）第18条规定，投诉人投诉时，应当提交投诉书和必要的证明材料。康臣公司投诉事项为：华康公司存在多次行贿犯罪记录，投诉时提供了投诉书、质疑函及其答复函、四份一审刑事判决书，并没有提出所谓的重大行政违法记录投诉，康臣公司提出华康公司存在重大违法记录是在一审起诉状中提出。如前第一节所述，财政部门仅对投诉事项进行审查，并非对整个政府采购活动进行全面审查，《投诉处理决定书》是针对康臣公司的上述投诉事项作出的处理决定。2. 宿州市财政局在处理康臣公司投诉事项期间，未发现华康公司存在重大行政违法行为。3. 值得注意的是，康臣公司引用的《政府采购法实施条例》第19条内容错误，重大违法记录，是指供应商因违法经营受到刑事处罚或者责令停产停业、吊销许可证或者执照、较大数额罚款等行政处罚。而非康臣公司所引用的"是指供应商因违法经营而受到行政处罚"，康臣公司曲解了法律规定。三、宿州市财政局作出的宿财购〔2019〕204号《投诉处理决定书》认定事实清楚，证据充分，程序合法，适用法律正确。宿州市财政局受理本案政府采购投诉后，向被投诉人采购代理机构送达了政府采购投诉答复通知书，要求其向作出说明，并提交相关证据、依据和其他有关材料。其后，采购代理机构提供了招标文件原件、华康公司投标文件原件以及投诉回执函、投诉内容的说明等证据及依据。宿州市财政局作出投诉处理决定的证据来源合法、真实。宿州市财政局依法向华康公司发出投诉答复通知书及投诉书副本,作出投诉处理决定后,依法送达,程序合法。康臣公司认为"行政机关证据不足、程序违法"否认证据的真实性,没有任何依据。另外,《安徽省行政执法监督条例》第二条明确规定:本省行政区域内的行政执法监督工作,适用本条例。因此,政府采购投诉不适用安徽省行政执法监督条例。综上,一审判决认定事实清楚,适用法律、法规正确,程序合法,康臣公司的上诉请求无事实和法律依据,应驳回其上诉请求。

安徽省财政厅二审答辩称,一、康臣公司提出投诉事项是中标供应商即华康公司存在多次行贿犯罪记录不具备中标人资格,在宿州市立医院新院区吊桥吊塔无影灯采购及安装项目存在虚假应标行为。2019年11月27日,宿州市财政局一作出被诉处理决定,根据《政府采购质疑和投诉办法》的规定,认定投诉事项不成立,驳回投诉。同年12月2日康臣公司提出行政复议申请,安徽省财政厅于2019年12月4日收到并依法予以受理。经审理于2020年1月21日作出被诉复议决定。二、一审判决认定事实清楚,适用法律、法规正确,应予维持。(一)被诉处理决定认定投诉不成立,认定事实清楚,证据确凿,适用依据正确。首先,本项目招标文件第一章招标公告中关于供应商资格的信誉要求规定,不得存在供应商或其法定代表人、拟派的经理(项目负责人)被列入行贿犯罪档案的情形;供应商提供无行贿犯罪记录承诺函。宿州市财政局在投诉期间已审查了华康公司投标文件,确认华康公司提供了该项承诺。其次,康臣公司提供的刑事判决书不能证明华康公司及其法定代表人王显俭、拟指派项目经理赵蕊存在行贿犯罪记录。第三,宿州市财政局依据宿州市公共资源交易管理局《关于取消提供检察机关出具的无行贿犯罪档案记录相关事项的通知》,通过中国裁判文书网查询确认华康公司及其法定代表人王显俭、拟指派项目经理赵蕊无行贿犯罪记录。(二)被诉处理决定程序合法。宿州市财政局的受理和要求答复符合受理、答复期限的规定。作出处理决定并送达审理期限的规定。(三)被诉复议决定证据确凿,适用法律、法规正确。被诉处理决定认定事实清楚,康臣公司的行政复议理由均不能成立。(四)被诉复议决定的作出符合法定程序。综上,一审判决认定事实清楚,适用法律、法规正确。三、康臣公司的上诉理由不能成立。首先,康臣公司投诉事项为"中标供应商安徽华康医药集团有限公司存在多次行贿犯罪记录不具备中标资格,在宿州市立医院新院区设备吊桥吊塔无影灯采购及安装项目存在虚假应标",并未对华康公司其他商业信誉提出异议。其次,康臣公司所称的在起诉阶段提出华康公司有多起违法记录,该行政处罚并非招标文件规定网站登载的信息,且康臣公司起诉阶段提供的行政处罚材料并非提起投诉和行政复议时主张的证据,不能作为认定投诉处理决定违法的依据。第二,华康公司投标资格证明文件已提供华康公司及其法定代表人王显俭、拟指派项目经理赵蕊不存在行贿犯罪记录的承诺材料,符合招标文件规定。综上,一审判决认定事实清楚,证据确凿,适用法律正确,符合法定程序,康臣公司的请求缺乏事实和法律依据,请二审法院依法驳回康臣公司的上诉请求。

华康公司述称,一、康臣公司的投诉与事实不符,不能成立。康臣公司的质疑事项为华康公司存在多次行贿犯罪记录不具备中标人资格,在案涉项目中存在虚假应标。后康臣公司向宿州市财政局投诉的内容用质疑的内容。根据康臣公司的投诉和所提供的证据来看,没有任何生效的法律文书证明华康公司存在行贿犯罪记录,因此康臣公司的投诉不成立。

二、宿州市财政局作为案涉招投标的监督机关,全面履行了监督职责。首先对投诉事项进行了受理、调查、核实的重点审查义务。其次,履行了对华康公司中标候选人资格的全面审查义务。三、华康公司在招投标活动中并不存在虚假承诺,华康公司具有中标供应商资格,中标合法有效,康臣公司属于恶意投诉。华康公司不存在重大违法行为被处罚的记录,更不存在行贿的犯罪记录。四、宿州市财政局作出的投诉处理决定和安徽省财政厅作出的复议决定认定事实清楚,适用法律正确,应予维持。

一审各方当事人提供的证据均随案移送本院。二审期间,康臣公司向本院提交如下证据:证据1:商务承诺书,证明:1.华康公司虚假投标,不具有中标资格;2.证明康臣公司无法也没有能力在投诉质疑中提供全部支持其质疑事项的证据,该证据在一审庭审中才发现;3.证明采购人在资格审查时存在重大疏漏,未对华康公司承诺的真实性予以核实,宿州市财政局未对其资格进行合法性审查存在失职行为。证据2:华康公司公示于企业信用公示系统的截图,有两则华康公司被行政处罚的信息,该信息是资格审查时必查的网站信息。采购人未对华康公司受到行政处罚信息进行审查,存在重大疏漏。证据3:宿州市人民政府政务公开网上的两则行政处罚信息截图,证明宿州市财政局称康臣公司没有证据证明华康公司被处罚是错误的。

对康臣公司二审提交的证据,因与本案无关联性,本院不予采纳。经审理查明,本院对一审判决认定的事实予以确认。

本院认为,康臣公司起诉请求撤销宿州市财政局作出的宿财购〔2019〕204号《投诉处理决定书》及安徽省财政厅作出的维持的复议决定,故本起行政诉讼应围绕上述决定的合法性进行审查。根据当事人二审的诉、辩意见,本案争议的焦点主要在于:一、康臣公司超出投诉事项提出的华康公司不具备中标人资格的事由,是否属于宿州市财政局对投诉审查的范围。二、宿州市财政局对投诉事项的审查处理以及安徽省财政厅的复议结果是否正确、程序是否合法。

关于争议焦点一,根据《中华人民共和国政府采购法》第五十六条之规定,政府采购监督管理部门应当在收到投诉后三十个工作日内,对投诉事项作出处理决定,并以书面形式通知投诉人和与投诉事项有关的当事人。即宿州市财政局在受理投诉时,应当围绕投诉事项进行审查。康臣公司的投诉事项明确为华康公司存在多次行贿犯罪记录不具备中标人资格,在宿州市立医院新院区吊桥吊塔无影灯采购及安装项目中存在虚假应标。该投诉事项指向的华康公司不具备中标人资格、虚假应标行为的理由均是华康公司存在多次行贿犯罪。宿州市财政局针对该投诉事项是否成立进行审查并无不当。康臣公司在诉讼中主张对华康公司存在不符合供应商资格的其他商誉要求进行审查,既不是政府采购监督管理部门在处理投诉事项时审查的范围,亦不能作为行政诉讼的审查内容。

关于涉诉的投诉处理决定及复议决定的合法性,本院认为,宿州市财政局在受理康臣公司的投诉后,首先查询确定了案涉采购项目对供应商设置的商誉条件,包括《中华人民共和国政府采购法》关于中标人商誉的要求以及招标文件第一章招标公告第2.3条信誉要求(涉及行贿犯罪事项的为:供应商或其法定代表人或拟派项目经理(项目负责人)被列入行贿犯罪档案的,不具有中标人资格)。宿州市财政局根据康臣公司投诉时提交的裁判文书以及通过中国裁判文书网查询结果,均未发现华康公司及其法定代表人王显俭、拟派项目经理赵蕊存在行贿犯罪记录。据此宿州市财政局已经尽到审查义务,作出"投诉事项缺乏事实依据,投诉人投诉事项不成立"的处理结果并无不当。宿州市财政局在受理投诉后,依法要求被投诉人进行答复,在审查后作出处理决定并送达,程序合法。安徽省财政厅复议审查程序合法,结果正确。

综上,一审判决认定事实清楚,适用法律正确。康臣公司的上诉理由不能成立,本院不予支持。依据《中华人民共和国行政诉讼法》第八十九条第一款第(一)项之规定,判决如下:

驳回上诉,维持原判。

案件诉讼费用50元,由上诉人安徽康臣医疗器械有限公司负担。

本判决为终审判决。

审 判 长　张　虹

审 判 员　潘　攀

审 判 员　张　俊

二〇二〇年九月十一日

书 记 员　丁亚敏

72 哈尔滨京义顺商贸有限公司
与黑龙江省齐齐哈尔市财政局、齐齐哈尔市
人民政府政府采购（招投标）投诉处理决定、行政复议决定案

【案件提要】

本案是对采购结果的投诉处理决定提起行政诉讼的案例。涉案采购项目发布招标公告，京义顺公司因投标文件中投标一览表和分项报价表无法定代表人或投标代表签字，其投标被否决。京义顺公司提出质疑、投诉和申请行政复议后，提起了本案诉讼。一审法院经审理认为，财政部门提供的招标文件、京义顺公司的投标文件、电子投标的开标一览表和分项报价表操作截图以及其他投标人的投标一览表和分项报价表等证据，能够证实在招标软件中的开标一览表和分项报价表操作页面上设置有法定代表人或授权代表签字的功能按钮，而京义顺公司用以投标的投标文件中投标一览表和分项报价表无法定代表人或授权代表的签字，其投标文件未按招标文件要求签署、盖章，京义顺公司的投标无效，故财政部门作出驳回投诉的投诉处理决定，事实清楚，适用法律正确，符合法定程序。二审法院认为，本案的投标活动采取电子方式，投标软件有统一的电子模板，招标文件要求投标一览表、分项报价表由投标人的法定代表人或授权代表签署并加盖电子签章。在四个投标人中，只有京义顺公司未按招标文件要求签署、盖章，致使投标无效，其他三个投标人均按招标文件要求签署和盖章，投标有效。这说明京义顺公司上诉称未进行法人电子签章，是基于不完善的标书制作模板的误导的理由无事实依据。

【判决正文】

黑龙江省齐齐哈尔市中级人民法院
行政判决书

〔2020〕黑 02 行终 141 号

上诉人（一审原告）哈尔滨京义顺商贸有限公司，住所地（略）。
法定代表人蔡某。
委托代理人栾某。
被上诉人（一审被告）齐齐哈尔市财政局，住所地（略）。
法定代表人郑某。

委托代理人孟某。

委托代理人胡某。

被上诉人(一审被告)齐齐哈尔市人民政府,住所地(略)。

法定代表人李某。

委托代理人薛某。

委托代理人高某。

上诉人哈尔滨京义顺商贸有限公司(以下简称京义顺公司)因诉被上诉人齐齐哈尔市财政局(以下简称市财政局)、齐齐哈尔市人民政府(以下简称市政府)政府采购投诉处理决定、行政复议决定一案,不服齐齐哈尔市龙沙区人民法院〔2020〕黑0202行初3号行政判决,向本院提起上诉。本院依法组成合议庭,对本案进行了审理,现已审理终结。

一审法院经审理查明:京义顺公司于2019年4月17日参与齐齐哈尔市公共资源交易中心组织的齐齐哈尔医学院影像技术教学设备项目的投标活动。同年4月19日,齐齐哈尔市公共资源交易中心电话通知京义顺公司,因京义顺公司的投标文件中投标一览表和分项报价表无法定代表人或投标代表签字,其投标被否决。京义顺公司于同年4月24日向该中心提出质疑。2019年5月17日,京义顺公司因对齐齐哈尔市公共资源交易中心的质疑答复不服,向市财政局投诉。市财政局于同年5月31日作出齐财采投处〔2019〕6号政府采购投诉处理决定书,认定招标文件第13.3条要求"投标人要按投标一览表、投标分项报价表(统一格式)的内容填写货物名称、品牌、规格型号、原产地和制造商名称、单价、总价及其他事项,并由法定代表人或授权代表签署并加盖电子签章",京义顺公司提交的开(投)标一览表和(投标)分项报价表中没有法定代表人或授权代表签署并加盖电子签章。评审专家根据招标文件第22.7条"如发现下列情况之一的,其投标将被拒绝,投标无效:(1)投标文件中需签字、盖章处有遗漏的……"规定,作出京义顺公司的规范性投标有效签章部分评审不通过,其投标无效。新点投标文件制作软件(齐齐哈尔)的开标一览表和分项报价表中都设置了"电子签章"和"手写签名"按钮。参加该项目的其他供应商均按招标要求,在开标一览表和分项报价表中由法定代表人或授权代表签署并加盖电子签章,不存在"无处进行法人或授权代表签字"的情况,决定如下:依据财政部令第94号《政府采购质疑和投诉办法》第二十九条第(二)项规定,京义顺商贸公司投诉事项缺乏事实依据,投诉事项不成立,驳回投诉,恢复该项目的政府采购活动。京义顺公司对该决定不服,于2019年7月29日向市政府申请行政复议,市政府于同年9月9日作出齐政复延〔2019〕34号延期审理通知书,并于次日向京义顺公司送达。2019年10月16日,市政府作出齐政复决〔2019〕68号行政复议决定书,维持市财政局于2019年5月31日作出的齐财采投处〔2019〕6号政府采购投诉处理决定书。京义顺公司仍不服,提起行政诉讼,要求撤销市政府于2019年10月16日作出的齐政复决〔2019〕68号行政复议决定和市财政局于2019年5月31日作出的齐财采投处〔2019〕6号政府采购投诉处理决定书;要求撤销对京义顺公司的废标决定,按照最低评标价法重新对京义顺公司投标报价进行评审,并重新排列此次采购项目的中标顺序;本案诉讼费由市财政局、市政府承担。

一审法院认为,市财政局提供的招标文件、京义顺公司的投标文件、电子投标的开标一览表和分项报价表操作截图以及其他投标人的投标一览表和分项报价表等证据,能够充分举证证实在招标软件中的开标一览表和分项报价表操作页面上设置有法定代表人或授权代表签字的功能按钮,而京义顺公司用以投标的投标文件中投标一览表和分项报价表无法定代表人或授权代表的签字,其投标文件未按招标文件要求签署、盖章,京义顺公司的投标无效。市财政局依据《中华人民共和国政府采购法》《政府采购货物和服务招标投标管理办法》、《政府采购质疑和投诉办法》等相关法律法规,对京义顺公司作出驳回投诉的投诉处理决定,事实清楚,适用法律正确,符合法定程序。市政府作出的行政复议决定,事实清楚,程序合法,适用法律正确。京义顺公司提出在招标软件中开标一览表和分项报价表无处进行法定代表人或授权代表签字的主张,缺乏事实依据,不予支持。综上,依照《中华人民共和国行政诉讼法》第六十九条的规定,判决驳回京义顺公司的诉讼请求。

京义顺公司上诉称,1. 请求撤销一审判决依法改判,撤销市政府的齐政复决〔2019〕68 号《行政复议决定书》、市财政局的齐财采投处〔2019〕6 号《政府采购投诉处理决定书》。2. 本案一、二审诉讼费由市财政局、市政府承担。理由:1. 京义顺公司未进行法人电子签章是基于不完善的标书制作模板的缺陷造成的。一是原招标文件指定的《投标人操作手册》中提供的《开标一览表》和《投标分项报价表》的模板中未提供法人或投标代表签字的位置,因而无处进行法人或投标代表签字。二是招标文件第 13.3 项"投标人要按投标一览表、投标分项报价表(统一格式)的内容填写货物名称、品牌、规格型号、原产地和制造商名称、单价、总价及其他事项……"以及第 19.3 项,投标人必须按招标文件要求格式填"投标一览表",未按要求填写《开标一览表》的"投标将被拒绝,投标无效",不但强调了如不按照给出的"统一格式"填写《开标一览表》等内容"投标将被拒绝,投标无效"的严重后果。如果在模板中未设计也未预留签章处的"开标一览表"和"投标分项报价表"等文件中随意签章即意味着对招标文件第 13.3 项和 19.3 项的违背,将导致"投标将被拒绝,投标无效"的后果。诸如"投标函""企业质量、服务承诺书"等文件都根据以上要求在制作模板中明确设置了"投标代表(签章)"一栏。同一份招标文件和同一份标书制作模板中"投标一览表""投标分项报价表"(统一格式)的制作模板中没有像"投标函""企业质量、服务承诺书"等文件一样设置电子签章的位置,即意味着此处不需电子签章。京义顺公司未按照未预留签章处的固定模板制作"投标一览表"和"投标分项报价表",未进行法人电子签章,是基于不完善的标书制作模板的误导,不应成为废标理由。2. 市财政局适用法律错误、程序违法,由于市财政局的错误给国家造成了 831 900 元的损失,应予纠正。齐财采投处〔2019〕6 号《政府采购投诉处理决定书》,未履行告知申请人(京义顺公司)享有申诉、辩解的权利的义务,未听取申请人(京义顺公司)的申诉和辩解,程序违法,适用《中华人民共和国政府采购投诉法》第二十九条第二款错误,市政府维持了市财政局错误的决定。由于完全可以弥补的程序瑕疵,市财政局、市政府使中标价达到 2 361 190 元,比京义顺公司投标价 153 万元多出 831 900 元。京义顺公司特提起上诉,请支持上诉请求。

市财政局辩称,一审判决认定事实清楚,适用法律正确,应当予以驳回上诉,维持原判。理由:1. 案涉招标程序合法。市财政局依据《政府采购法》《政府采购货物和服务招标投标管理办法》《政府采购质疑和投诉办法》等法律法规的规定,作出的驳回投诉处理决定事实清楚、适用法律正确。京义顺公司投标无效的原因是未按招标文件要求签署、盖章,并非其所述标书格式模板未设计预留签章,就意味着不需电子签章导致无效。市财政局的招标文件13.3款中明确要求招标一览表、投标分项报价由法定代表人或授权代表签署并加盖电子签章,并且京义顺公司的投标文件、电子投标的开标一览表和分项报价表操作截图,以及其他投标人的投标一览表等证据,都能充分证实在招标软件中的开标一览表和分项报价表操作页面上设置有法定代表人或授权代表签字的功能按钮,是京义顺公司未按招标文件要求签署、盖章,才导致了投标无效。按京义顺公司理解,电子投标操作中的投标览表和分项报价表中没有可签章的位置,那么也不应该加盖有电子公章,京义顺公司为什么还要加盖? 显然,京义顺公司是没有充分地阅读和理解招标文件中对此的要求,也没有在截止时间内进行补充、修改。而其他投标人都是按招标文件要求在上述表格中加盖了电子公章并进行了法人或投标代表签字。投标一览表和分项报价表操作系统中设置了电子签章和手动签名等功能按钮,完全可以在投标一览表和分项报价表上实现电子签章和手动签名,京义顺公司却没有按此要求操作。评审专家根据招标文件第22.7款规定,作出了投标人的规范性投标有效签章部分评审"不通过",才认定其投标无效。2. 市财政局适用法律正确,程序合法。京义顺公司的投诉事项为政府采购,市财政局在投诉处理过程应当适用《政府采购质疑和投诉办法》,市财政局严格按照该办法的规定执行,不存在适用法律错误问题。根据该办法第二十九条第(二)项规定,作出"投诉事项缺乏事实依据,投诉事项不成立,驳回投诉,恢复该项目的政府采购活动"的投诉处理决定,符合法律规定。另外,在投诉处理阶段已告知了京义顺公司的权利,不存在程序违法的问题。3. 京义顺公司称其投标无效,导致国家831 900元经济损失,没有事实根据和法律依据。政府采购的公平、公正,不只是看投标价格,招标程序也要合法,还要符合招标文件的要求,依法进行符合性审查,以确定其是否满足招标文件的实质性要求。京义顺公司只看到了自己的投标价格,却忽视了招标文件的要求,政府采购行为不能因为京义顺公司的价格低,就可以无视招标文件的要求,单独为其降低门槛。更不能说因为其投标无效,国家就损失了80多万元,这完全是子虚乌有的捏造。综上,应当维护市财政局的合法权益。

市政府辩称,一审判决认定事实清楚,程序合法。市政府履行了行政复议机关的法定职责,依法作出行政复议决定程序合法,适用法律正确。京义顺公司未按招投标文件要求在"开标一览表"和"分项报价表"上签字导致退标,责任不在招标单位和齐齐哈尔市公共资源交易中心,而在于京义顺公司未认真学习阅读招投标文件和按有关要求提交相关材料。综上,请求驳回京义顺公司的上诉请求,维持一审判决。

本院经审理查明的事实与一审判决认定的事实一致,本院予以确认。另查明,本案的投标活动在一审诉讼时已经结束。

本院认为,《政府采购质疑和投诉办法》第五条第二款规定,县级以上各级人民政府财政部门(以下简称财政部门)负责依法处理供应商投诉。第六条规定,供应商投诉按照采购人所属预算级次,由本级财政部门处理。依据上述规定,京义顺公司投诉齐齐哈尔市公共资源交易中心组织的投标活动,市财政局具有负责受理投诉行为的法定职责。本案的投标活动采取电子方式,投标软件有统一的电子模板,招标文件要求投标一览表、分项报价表由投标人的法定代表人或授权代表签署并加盖电子签章。本案投标人共有四个单位,只有京义顺公司未按招标文件要求签署、盖章,致使投标无效。其他三个投标人均按招标文件要求签署和盖章,投标有效。说明京义顺公司上诉所称未进行法人电子签章,是基于不完善的标书制作模板的误导的理由无事实依据。《政府采购质疑和投诉办法》第二十三条规定,财政部门处理投诉事项原则上采用书面审查的方式。财政部门认为有必要时,可以进行调查取证或者组织质证。依据该规定,处理投诉事项书面审查是原则,确有必要时财政部门方可进行调查取证或质证,京义顺公司上诉称市财政局未听取申请人的申诉和辩解,程序违法,无法律依据。市财政局的齐财采投处〔2019〕6号《政府采购投诉处理决定书》,是根据《政府采购质疑和投诉办法》第二十九条第(二)项规定,驳回投诉。京义顺公司上诉称《政府采购投诉处理决定书》适用《中华人民共和国政府采购投诉法》第二十九条第二款错误,与事实不符。其他上诉请求与本案无关,本院不予审理。一审判决认定的事实清楚,适用法律正确,程序合法,应予维持。

综上,京义顺公司的上诉理由不能成立,本院不予支持。依照《中华人民共和国行政诉讼法》第八十九条第一款第(一)项、第八十六条之规定,判决如下:

驳回上诉,维持原判。

二审案件受理费50元,由上诉人哈尔滨京义顺商贸有限公司负担。

本判决为终审判决。

审 判 长　单克杰

审 判 员　郭春丽

审 判 员　王春华

二○二○年七月二十一日

书 记 员　宫心源

上海欧典建筑设计有限公司与四川省夹江县财政局、四川省夹江县人民政府政府采购(招投标)投诉处理决定、行政复议决定案

【案件提要】

本案是对采购过程的投诉处理决定提起行政诉讼的案例。涉案采购项目进行公开招标,评标委员认为欧典公司报价明显低于其他通过资格性审查投标人的报价,并以欧典公司"拒绝澄清,按低于成本价处理,未响应招标文件实质性要求"为由,作出"通过符合性审查的投标人不足三家,故终止本次采购活动"的评标结果。欧典公司经质疑、投诉和申请行政复议后,提起本案诉讼。法院经审理认为,欧典公司投诉有四项,其第一、二项质疑内容是针对标书载明的内容提出的,第四项是针对标书售价提出的,该三项质疑实质上均属于对招标文件的质疑,经查确实已经超过法定的质疑期限,应为无效投诉。第三项投诉实为对采购过程的质疑。经查,在涉案项目预算最高限价为152万元的情况下,欧典公司76万元报价明显低于其他投标人的报价,评标委员会有权要求其提供书面说明;在欧典公司明确拒绝作出澄清的情况下,评标委员会将欧典公司的投标作为无效投标处理,符合《政府采购货物和服务招标投标管理办法》及《四川省政府采购评审工作规程(修订)》的有关规定。财政部门作出驳回投诉处理决定合法正确。法院认为复议机关作出行政复议决定超出了法定期限,但属轻微违法,故判决确认行政复议决定违法,驳回欧典公司的诉讼请求。

【判决正文】

四川省乐山市中级人民法院
二审行政判决书

〔2020〕川 11 行终 43 号

上诉人(一审原告)上海欧典建筑设计有限公司,住所地(略)。

法定代表人许某。

被上诉人(一审被告)夹江县财政局,住所地(略)。

法定代表人庞某。

委托诉讼代理人毕某。

委托诉讼代理人肖某。

被上诉人（一审被告）夹江县人民政府，住所地（略）。

法定代表人漆某。

委托诉讼代理人李某。

一审第三人夹江县农业农村局，住所地（略）。

法定代表人薛某。

委托诉讼代理人马某。

一审第三人鼎信项目管理咨询有限公司，住所地（略）。

法定代表人杨某。

委托诉讼代理人胡某。

上诉人上海欧典建筑设计有限公司（以下简称欧典公司）因诉被上诉人夹江县财政局财政行政监督及被上诉人夹江县人民政府（以下简称县政府）行政复议一案。不服四川省乐山市市中区人民法院〔2019〕川1102行初220号行政判决，于2020年3月24日向本院提起上诉。本院依法组成合议庭，于2019年4月27日公开开庭审理了本案。上诉人欧典公司的法定代表人许某，被上诉人夹江县财政局财评中心主任冯某及该局委托诉讼代理人毕某，被上诉人夹江县政府司法局副局长王某及该政府委托诉讼代理人李某，一审第三人夹江县农业农村局（以下简称县农业农村局）的委托诉讼代理人马某，一审第三人鼎信项目管理咨询有限公司（以下简称鼎信公司）的委托诉讼代理人胡某到庭参加诉讼。本案现已审理终结。

一审法院查明：原夹江县农业局为进行涉案项目的政府采购，委托重庆鼎信建设监理有限公司（已变更为现名，以下简称原鼎信公司）为采购代理机构。2019年1月30日，原鼎信公司在四川政府采购网发布案涉项目的采购公告，明确标书发售起止时间为2019年1月31日9时到2019年2月12日17时，开标时间为2019年2月27日10时，标书（售价）300元，预算金额152万元，同时该公告还载明有投标截止时间、投标地点、开标地点、采购人及代理机构的联系方式等相关信息。

2019年2月1日，欧典公司向原鼎信公司转款300元购买了一份标书。2019年2月27日，原鼎信公司组织案涉项目的开标和评标，评标过程中，共有包括欧典公司在内的三家公司通过资格性审查，三家公司报价分别为150万元、148万元、76万元，评标委员认为欧典公司报价76万元明显低于其他通过资格性审查投标人的报价，遂向欧典公司发出《问题澄清通知》，要求欧典公司在2019年2月27日18:00前提供成本构成书面说明，并提交相关证明材料。原鼎信公司同日向欧典公司的法定代表人许建刚打电话，要求其澄清，许建刚明确表示拒绝澄清。评标委员会遂以欧典公司"拒绝澄清，按低于成本价处理，未响应招标文件实质性要求"为由，作出"通过符合性审查的投标人不足三家，故终止本次采购活动"的评标结果。

2019年2月28日，原鼎信公司在四川政府采购网发布案涉项目因通过符合审查的投标人不足三家，流标。

2019年3月5日，欧典公司向原县农业局和原鼎信公司提交《质疑书》，质疑内容主要有以下四项：一、采购文件第七章"评标办法-综合评分明细表中第6—9条"要求投标人提供技术路线、工作思路和重点分析等投标方案，但标书缺少上位规划、城乡总体规划等，投标人根本无法做出招标文件评分要求，要求欧典公司提交资料清单违反《中华人民共和国政府采购法》

第五条规定,涉嫌围标串标和未招先定;二、采购文件第二章投标人须知附表第2条"低于成本价不正当竞争预防措施"项缺少明确的事实和法律依据,违反《四川省政府采购评审工作规程(修订)》第三十一条的规定;三、采购过程中,评标人非法刁难欧典公司,剥夺了供应商的中标权利;四、招标文件售价300元,违反《中华人民共和国招标投标法实施条例》第十六条及《政府采购货物和服务招标投标管理办法》(以下简称《采购管理办法》)第二十四条规定,涉嫌以高价营利手段抬高投标成本,非法排斥阻挠潜在供应商投标(以下简称第一至四项)。

2019年3月13日,县农业农村局和原鼎信公司作出《质疑回复》,认为欧典公司第一、二项质疑从其购买招标文件后已超过七个工作日,故不再接受质疑;对欧典公司第三项质疑,认为欧典公司报价仅为最高限价的50%,存在"低于成本价的恶性竞争"的嫌疑,在评标过程中,评标委员会严格按照法律法规,依法要求欧典公司进行澄清,采购人及采购代理人两次联系欧典公司,但均拒绝澄清(第一次在电话内拒绝澄清,第二次拒绝接电话),导致通过符合性审查的投标公司不足三家,不存在非剥夺供应商的中标权利的情况;对欧典公司质疑的第四项,认为本项目招标文件售价300元/份并非以盈利为目的,招标文件收费符合印刷、邮寄的成本支出。

2019年4月8日,夹江县财政局收到欧典公司对原县农业局和原鼎信公司的上述行为进行投诉的《投诉书》。2019年4月12日,夹江县财政局向欧典公司作出《补正通知书》,要求欧典公司对《投诉书》的投诉内容补充完整。2019年4月23日,夹江县财政局收到欧典公司的《投诉书》(以下简称《补正投诉书》)。2019年5月5日,夹江县财政局分别向县农业农村局和原鼎信公司作出《政府采购供应商投诉答复及副本发送通知书》。2019年5月9日,县农业农村局和鼎信公司分别向县财政局作出《关于案涉项目投诉的回复》。2019年5月27日,夹江县财政局作出《投诉处理决定书》并邮寄送达欧典公司。该《投诉处理决定书》认为,根据《中华人民共和国政府采购法》(以下简称《政府采购法》)第五十二条及《中华人民共和国政府采购法实施条例》(以下简称《政府采购法实施条例》)第五十三条的规定,欧典公司投诉的一、二、四事项已超过法定的质疑期限。评标委员会在欧典公司报价76万元明显低于其他通过符合性审查投标人的报价的情况下,向其发出《问题澄清通知》,要求欧典公司在2019年2月27日18时之前对其报价76万元作出成本构成书面说明,在欧典公司拒绝澄清后将其投标作无效投标处理的行为不违反财政部令第87号《采购管理办法》第六十条规定。夹江县财政局根据财政部令第94号《政府采购质疑和投诉办法》第二十九条的规定,驳回欧典公司的投诉。欧典公司不服该决定,向夹江县政府申请行政复议,夹江县政府于2019年8月16日作出夹府复决字〔2019〕5号《行政复议决定书》(简称《行政复议决定书》)认为:夹江县财政局对欧典公司作出的《投诉处理决定书》认定事实清楚,适用依据正确,程序合法。根据《中华人民共和国行政复议法》第二十八条第一款第一项的规定,决定维持《投诉处理决定书》。欧典公司于2019年8月20日前收到该复议决定书,并于2019年9月20日向一审法院提起本案诉讼,请求判令:1.撤销夹江县财政局于2019年5月27日作出的《投诉处理决定书》;2.撤销夹江县政府于2019年8月16日作出的《行政复议决定书》;3.责令夹江县财政局、夹江县政府行使监督职能,并严肃处理相关涉事单位和人员;4.夹江县财政局、夹江县政府承担欧典公司为本诉讼所发生的来回机票3 000元、成都到乐山高铁票54元,其他费用

（乐山至成都的高铁票，2019年12月3日、4日的住宿费每晚280元）；5.本案诉讼费由夹江县财政局、夹江县政府承担。

另查明：1.中共夹江县委、夹江县政府于2019年2月15日下发夹委发〔2019〕3号《关于印发〈夹江县机构改革方案〉的通知》，该通知附件《夹江县机构改革方案》载明：组建县农业农村局，将县农业局的职责整合，不再保留县农业局。2.重庆鼎信建设监理有限公司名称于2019年4月24日变更为鼎信项目管理咨询有限公司。

一审法院认为：根据《政府采购法》第五十五条及第十三条第一款的规定，夹江县财政局具有受理案涉投诉的职权。

一、关于夹江县财政局作出的《投诉处理决定书》是否合法的问题。本案因欧典公司不服《质疑回复》向夹江县财政局进行投诉而引发的诉讼，根据欧典公司提交的《质疑书》载明的内容来看，其第一、二项质疑内容是针对标书载明的内容提出的，第四项是针对标书售价提出的，该三项质疑实质上均属于对招标文件的质疑；其第三项质疑的是评标过程中评标人非法刁难欧典公司，剥夺欧典公司的中标权利，实为对采购过程的质疑。1.对于第一、二、四项质疑内容。根据《政府采购法》第五十二条关于"供应商认为采购文件、采购过程和中标、成交结果使自己的权益受到损害的，可以在知道或者应知其权益受到损害之日起七个工作日内，以书面形式向采购人提出质疑"及《政府采购法实施条例》第五十三条第一项关于"政府采购法第五十二条规定的供应商应知其权益受到损害之日，是指：（一）对可以质疑的采购文件提出质疑的，为收到采购文件之日或者采购文件公告期限届满之日……"的规定，对采购文件提出质疑的，应在收到采购文件之日起七个工作日内以书面形式向采购人提出质疑。本案欧典公司于2019年2月1日收到标书，欧典公司对标书提出质疑的最晚期限应为2019年2月12日。欧典公司于2019年3月5日向采购人即原县农业局邮寄《质疑书》已明显超过该期限，故欧典公司的第一、二、四项质疑确属超过法定期限提出质疑。2.对于第三项质疑内容。根据《采购管理办法》第六十条关于"评标委员会认为投标人的报价明显低于其他通过符合性审查投标人的报价，有可能影响产品质量或者不能诚信履约的，应当要求其在评标现场合理的时间内提供书面说明，必要时提交相关证明材料；投标人不能证明其报价合理性的，评标委员会应当将其作为无效投标处理"的规定，评标委员会有权根据投标人的报价来判断投标人是否有可能影响产品质量或者不能诚信履约，而要求投标人提供书面说明；在投标人不能证明其报价合理性的，评标委员会有权将其作为无效投标处理。本案中，案涉项目符合资格性审查的投标人包括欧典公司在内共有三家，其他两家分别报价为150万元、148万元，而欧典公司报价仅76万元，在案涉项目预算最高限价为152万元的情况下，欧典公司的报价明显低于另外两家投标人的报价。此种情形下，评标委员会要求欧典公司在评标当日即2019年2月27日18时前作出澄清符合前述规定；在欧典公司明确拒绝作出澄清的情况下，评标委员会将欧典公司的投标作为无效投标处理亦符合前述规定。另外，案涉项目因为欧典公司的投标为无效投标，导致通过符合性审查的投标人仅为两家而流标。因此，夹江县财政局根据财政部令第94号《政府采购质疑和投诉办法》第二十九条第一项、第二项关于"投诉处理过程中，有下列情形之一的，财政部门应当驳回投诉：（一）受理后发现投诉不符合法定受理条件；（二）投诉事项缺乏事实依据，投诉事项不成立"的规定驳回欧典公司的投诉,并无不当。故欧典公司请求撤销夹江县财政局作出的《投诉处理决定书》的理由不成立。关于欧典公司主张其质疑的四项均是评标过程问题。一审法院认为,即便欧典公司提出的质疑为评标过程质疑,但其提交的证据亦不能证明其质疑的内容。对欧典公司的该项主张,不予支持。

二、关于夹江县政府作出的《行政复议决定书》是否合法的问题。一审法院认为,根据《中华人民共和国行政复议法》第三十一条关于"行政复议机关应当自受理申请之日起六十日内作出行政复议决定;但是法律规定的行政复议期限少于六十日的除外。情况复杂,不能在规定期限内作出行政复议决定的,经行政复议机关的负责人批准,可以适当延长,并告知申请人和被申请人;但是延长期限最多不超过三十日"的规定,夹江县政府于2019年6月9日收到欧典公司邮寄的《行政复议申请书》后,于同年8月16日作出《行政复议决定书》,夹江县政府没有提交其作出《复议决定书》存在批准延长情形的相应证据,故夹江县政府作出的《行政复议决定书》已超过前述法律的期限。但夹江县政府的该行为对欧典公司依法享有的听证、陈述、申辩等重要程序性权利不产生实质损害,属于程序轻微违法。夹江县政府作出的维持原行政行为的结果正确。故欧典公司要求撤销《行政复议决定书》的请求不成立,不予支持。

对于欧典公司主张夹江县政府、夹江县财政局履行监督职责的问题。一审法院认为,欧典公司的该主张实为要求县夹江财政局、夹江县政府监督处理其对县农业农村局和鼎信公司的投诉事宜。如前所述,夹江县财政局、夹江县政府已履行了其职责。

三、关于欧典公司要求夹江县财政局、夹江县政府处理相关人员是否属于行政诉讼的受案范围的问题。一审法院认为,欧典公司的该请求实为要求上级行政机关行使对下级行政机关的内部监督职责。夹江县财政局、夹江县政府是否行使该监督职责并不会为欧典公司设定新的权利义务,且本案欧典公司也已通过投诉、复议、起诉的方式进行了救济。根据《中华人民共和国行政诉讼法》第一条第十项关于"公民、法人或者其他组织对行政机关及其工作人员的行政行为不服,依法提起诉讼的,属于人民法院行政诉讼的受案范围。下列行为不属于人民法院行政诉讼的受案范围:……(十)对公民、法人或者其他组织权利义务不产生实际影响的行为"的规定,欧典公司主张的该内部行政监督不属于人民法院行政诉讼的受案范围。对于欧典公司主张夹江县财政局、夹江县政府支付其因此次诉讼而产生的交通及住宿费等费用支出问题。一审法院认为,欧典公司的该主张或因无证据,或因不符合法律规定,不予支持。

综上,一审法院依照《中华人民共和国行政诉讼法》第六十九条、《最高人民法院关于适用的解释》第一百三十六条第五款的规定,判决:一、确认夹江县政府于2019年8月16日作出夹府复决字〔2019〕5号《行政复议决定书》违法;二、驳回欧典公司的其他诉讼请求。案件受理费50元,由县政府负担。

欧典公司上诉请求:1.撤销四川省乐山市市中区人民法院〔2019〕川1102行初220号行政判决;2.撤销夹江县财政局作出的《投诉处理决定书》和夹江县政府作出的《行政复议决定书》,责令夹江县财政局、夹江县政府依法履行行政职责,并严肃处理相关涉事单位和人员;3.判令夹江县财政局、夹江县政府承担欧典公司为本诉讼所发生的一切费用包括但不限于交通费等;4.本案诉讼费由夹江县财政局、夹江县政府承担。事实与理由:一、评标办法系采购过程的一部分,适用于该环节的质疑期限,因此并未超过法定期限。采购文件第二章投标人须知附表第2条"低于成本价不正当竞争预防措施"项也是服务于采购过程的报价环节,适用于该环节的质疑期限,因此也并未超过法定期限。欧典公司质疑发售招标文件违法是指其售卖过程(采购过程)行为违法而非招标文件本身。一审法院无视政府采购是一个有机的、不可割裂的连续过程,将其人为分割剥离以反对欧典公司的主张,其"属于对招标文件的质疑"的认定系对政府采购法律法规整体性的误读和曲解。二、《四川省政府采购评审工作规程(修订)》是评标人员必须遵守的法规准则,第三十一条明确规定"在评审过程中,供应商报价低于采购预算50%或者低于其他有效供应商报价算术平均价40%,有可能影响产品质量或者不能诚信履约的,评审委员会应当要求其在评审现场合理的时间内提供成本构成书面说明,并提交相关证明材料"。该规定要求"提供成本构成书面说明母爱提交相关证明材料"的前提条件是"供应商报价低于采购预算50%或者低于其他有效供应商报价算术平均价40%",而不是评标人员凭感觉。三、欧典公司主张夹江县财政局、夹江县政府支付其因此次诉讼而产生的交通及住宿费等费用支出的诉求,具有事实依据(已提供部分车票,其余按实结算),不违反任何法律法规的规定,又完全符合《中华人民共和国行政诉讼法》第四十九条以及最高法《关于适用〈中华人民共和国行政诉讼法〉的解释》第六十八条第一款第九项之规定,人民法院应予支持。

夹江县财政局辩称:一审判决认定事实清楚,审理程序合法,结果正确,请求驳回上诉,维持原判。

夹江县政府辩称:县财政局于2019年5月27日作出的《投诉处理决定书》事实清楚,适用法律正确,程序合法。夹江县政府作出的《行政复议决定书》主体适格,认定事实清楚,适用法律正确。夹江县政府于2019年6月9日收到欧典公司的申请书,于2019年8月8日作出《延长行政复议期限通知书》并于2019年8月9日邮寄给欧典公司,夹江县政府答辩人于2019年8月16日作出《行政复议决定书》,并邮寄给了欧典公司,程序合法。关于欧典公司要求依法履行行政职责,严肃处理相关涉事单位和人员,没有事实依据,也于法无据,且也不属于行政诉讼案件受案范围;其提出的交通食宿费也于法无据。综上,一审法院只是基于夹江县政府在一审中没有向法庭出示相应的作出延长复议期限的证据,故确认夹江县政府的《行政复议决定书》违法,应当予以纠正。请求二审法院在查明事实的基础上,依法驳回欧典公司的诉讼请求。

县农村局述称:请求驳回上诉,维持原判。

鼎信公司述称:请求驳回上诉,维持原判。

本院经审理查明的事实与一审判决认定的事实一致,本院予以确认。夹江县政府在二审审理过程中提交了《延长行政复议期限通知书》及邮寄单,拟证明其作出《行政复议决定书》程序合法。本院认为,根据《中华人民共和国行政诉讼法》第六十七条规定,被告应当在收到起诉状副本之日起十五日内向人民法院提交作出行政行为的证据和所依据的规范性文件,并提出答辩状。夹江县政府在一审中并未提交上述证据,故本院对该两份证据不予采纳。

本院认为,根据《政府采购法》第十三条及第五十五条的规定,夹江县财政局对其开展的政府采购项目负有监督管理职责,对相关质疑供应商的投诉负有处理、答复的法定职责。同时,依据《中华人民共和国行政复议法》第十二条的规定,夹江县政府依法负有相应的行政复议职责。

一、夹江县财政局作出的《投诉处理决定书》是否合法

(一)关于欧典公司提出的第一、二、四项投诉事项是否已超过质疑期限,是否符合投诉条件的问题。《政府采购法》第四十二条第二款规定,采购文件包括采购活动记录、采购预算、招标文件、投标文件、评标标准、评估报告、定标文件、合同文本、验收证明、质疑答复、投诉处理决定及其他有关文件、资料。《政府采购法实施条例》第五十三条规定,政府采购法第五十二条规定的供应商应知其权益受到损害之日,属于对可以质疑的采购文件提出质疑的,为收到采购文件之日或者采购文件公告期限届满之日;属于对采购过程提出质疑的,为各采购环节结束之日。前述规定表明,政府采购文件是指包括招标文件在内的各种文件和资料,对可以质疑的采购文件提出的质疑应当是针对其内容和采购文件本身,供应商认为采购文件使自己的权益受到损害的,应在收到采购文件之日或者采购文件公告期限届满之日起十个工作日内提出质疑;政府采购过程是指政府采购各环节的程序、步骤等具体采购过程,对采购过程提出质疑的,应在各采购环节结束之日起七个工作日内提出质疑。本案中,欧典公司向原县农业局和原鼎信公司提出的第一、二项质疑事项是针对招标文件中的"评标办法"和"投标人须知"中的内容而提出的质疑,而非政府采购环节中的具体采购过程;而第四项质疑事项系针对招标文件本身的售价提出的质疑,也非针对政府采购过程。故欧典公司第一、二、四项质疑,均属于对招标文件提出的质疑。对该三项事项欧典公司应在其2019年2月1日购买招标文件之日起的七个工作日内提出质疑,但欧典公司在2019年3月5日才对该三项事项提出质疑,已超过法定的质疑期限。夹江县财政局受理投诉后,经审查认为欧典公司提起的该三项质疑已超过法定质疑期限,不符合投诉条件并驳回其投诉并无不当。故欧典公司主张评标文件中的"评标办法""投标人须知"及招标文件的售价均系采购过程,没有超过法定质疑期限的主张不符合查明的事实和前述法律规定,对其主张,本院不予支持。

(二)关于欧典公司提出的第三项投诉事项是否成立的问题。首先,欧典公司主张其报价符合《四川省政府采购评审工作规程(修订)》第三十一条之规定,投标委员会要求其作出说明和澄清错误。本院认为,《采购管理办法》第六十条规定,评标委员会认为投标人的报价明显低于其他通过符合性审查投标人的报价,有可能影响产品质量或者不能诚信履约的,应当要求其在评标现场合理的时间内提供书面说明,必要时提交相关证明材料。《四川省政府采购评审工作规程(修订)》第二十 条对此作了明确规定:"在评审过程中,供应商报价低于采购预算50%或者低于其他有效供应商报价算术平均价40%,有可能影响产品质量或者不能诚信履约的,评审委员会应当要求其在评审现场合理的时间内提供成本构成书面说明并提交相关证明材料"。该条关于"供应商报价低于采购预算50%或者低于其他有效供应商报价算术平均价40%"的规定,其实质是要求供应商的报价应当等于或者高于采购预算的50%(即$1-50\%=50\%$),或者应当等于或者高于其他有效供应商报价算术平均价的60%(即$1-40\%=60\%$)。本案中,涉案政府采购项目预算金额为152万元,符合资格性审查的投标人共有三家,其他两家的报价分别为150万元和148万元,其算术平均价为149万元,则欧典公司的报价应当等于或者高于 89.4 万元（149 万元×60%），而欧典公司的报价为 76 万元，虽然等于采购预算的 50%，但低于其他有效供应商报价算术平均价 40%，故评标委员会要求欧典公司进行说明和澄清符合前述相关规定。其次，《采购管理办法》第六十条规定，投标人不能证明其报价合理性的，评标委员会应当将其作为无效投标处理。《四川省政府采购评审工作规程（修订）》第三十一条第三款也规定，供应商拒绝或者变相拒绝提供有效书面说明或者书面说明不能证明其报价合理性的，评审委员会应当将其投标（响应）文件作为无效投标（无效）处理。涉案评审过程中，评标委员会认为欧典公司的报价明显低于其他两家投标人的报价，要求欧典公司在评标当日提供成本构成书面说明，并提交相关证明材料予以澄清，但欧典公司拒绝澄清，评标委员会遂将欧典公司的投标作为无效投标处理符合前述规定。故夹江县财政局经审查，认为欧典公司的该投诉事项不成立，并驳回欧典公司的投诉并无不当。

综上，夹江县财政局作出的《投诉处理决定书》认定事实清楚，适用法律正确，程序合法，应予维持。

二、夹江县政府作出的《行政复议决定书》程序是否合法

本案中，夹江县政府于 2019 年 6 月 9 日收到欧典公司提出的行政复议申请，并于 2019 年 8 月 16 日作出《行政复议决定书》，已超过《中华人民共和国行政复议法》第三十一条规定的行政复议期限且未提供相关批准延长情形的证据，故一审法院以夹江县政府作出的《行政复议决定书》结果正确，但程序轻微违法为由，确认夹江县政府作出的《行政复议决定书》违法并无不当。

三、欧典公司的其他上诉请求是否成立

关于欧典公司要求夹江县财政局、夹江县政府履行行政职责，处理相关单位和人员的问题。该职责系行政机关内部监督和管理职责，并不直接设定当事人新的权利义务，不属于人民法院行政诉讼的受案范围；对于欧典公司要求夹江县财政局、夹江县政府支付因诉讼而产生的交通及住宿费等费用，于法无据，本院不予支持。

综上所述，欧典公司的上诉理由不能成立，对其上诉请求本院不予支持。一审判决认定事实清楚，适用法律正确，程序合法。依照《中华人民共和国行政诉讼法》第八十九条第一款第一项之规定，判决如下：

驳回上诉，维持原判。

二审案件受理费 50 元，由上海欧典建筑设计有限公司负担（已交纳）。

本判决为终审判决。

审 判 长　李亚莉

审 判 员　雷璐娜

审 判 员　刘 平

二〇二〇年五月二十八日

法官助理　朱海丽

书 记 员　李菲菲

广西南宁大利全智能科技有限公司 与广西壮族自治区钦州市钦北区财政局 政府采购(招投标)投诉处理决定案

【案件提要】

本案是对采购结果的投诉处理决定提起行政诉讼的案例。涉案采购项目进行公开招标,民森公司中标。大利全公司提出质疑和投诉。财政部门经调查,认定部分投诉没有事实依据,予以驳回;部分投诉属实,因质疑时已作废标处理,故决定责令采购人重新开展采购活动。另对有关中标人也进行了行政处罚。大利全公司不满意该决定,提起本案诉讼。法院经审理认为,财政部门作出的处理决定,事实认定清楚,法律适用正确,程序合法,予以维持。

【判决正文】

广西壮族自治区钦州市中级人民法院 二审行政判决书

〔2020〕桂 07 行终 26 号

上诉人(一审原告)广西南宁大利全智能科技有限公司,住所地(略)。

法定代表人厉某。

委托代理人张某。

被上诉人(一审被告)钦州市钦北区财政局,住所地(略)。

法定代表人黄某。

委托代理人庄某。

第三人(一审第三人)云之龙招标集团有限公司,住所地(略)。

法定代表人梁某。

第三人(一审第三人)钦州市第三十八小学,住所地(略)。

法定代表人麦某。

上诉人广西南宁大利全智能科技有限公司(以下简称大利全公司)因政府采购投诉处理决定纠纷一案,不服钦北区人民法院〔2019〕桂 0703 行初 43 号行政判决,于 2020 年 1 月 6 日向本院提起上诉。本院于 2020 年 2 月 25 日立案后,依法组成合议庭审理了本案,本案现已审理终结。

一审法院认定，大利全公司于2019年1月23日依法参与了政府采购活动，采购人为钦州市第三十八小学（以下简称三十八小），采购项目为教学设备（项目编号：QZZC2O18－G1－30001－YLZB），其中A分标为图书、阅览室设备1项，B分标为教学仪器及设备1批，代理机构为云之龙招标集团有限公司（以下简称云之龙公司）。该采购项目公开招标采购文件第三章投标人须知载明，样品递交时间及安装调试时间为2019年1月23日北京时间9:00—9:30，提交样品及安全调试截止时间为2019年1月23日北京时间9时30分。2019年1月24日，云之龙公司在广西壮族自治区政府采购网上发布了中标公告，确定南宁市民森数码科技有限公司（以下简称民森公司）为B分标的中标供应商。大利全公司认为该中标结果有违公平公正原则，于同年1月28日向云之龙公司递交质疑函，云之龙公司于同年2月2日对大利全公司的质疑进行了回复，大利全公司认为云之龙公司的回复内容不合理，于2019年2月20日向钦州市钦北区财政局（以下简称钦北区财政局）提交了《投诉函》，进行如下六项的投诉：

投诉事项一：民森公司、南宁市铭迈电子科技有限公司（以下简称铭迈公司）、广西文启峰电子科技有限公司（以下简称文启峰公司）未按照本次招标文件规定的时间递交样品；

投诉事项二：民森公司、铭迈公司、文启峰公司、北京视讯天行科技有限公司、北京天创华视科技有限公司、北京鼎天视讯科技有限公司提供虚假材料（3C证书）进行投标，这种行为损害了国家的利益和我公司的合法权益，应进行处罚；

投诉事项三：民森公司、文启峰公司提供深圳市天英联合教育股份有限公司、深圳市艾博德科技股份有限公司虚假材料进行投标，应进行处罚；

投诉事项四：民森公司、文启峰公司提供高创（苏州）电子有限公司和惠州市鑫城光电有限公司的产品进行投标的话，希沃品牌提供同一生产者生产的产品进行围标，利益相关联合体同时参与围标；

投诉事项五：中标公司录音机没有生产厂家，没有3C强制认证，不符合政府采购法；

投诉事项六：中标公司吹风机没有3C强制认证，不符合政府采购法。

钦北区财政局在收到大利全公司提出的上述投诉后，于2019年

2月22日向云之龙公司、民森公司、铭迈公司、文启峰公司送达了《提出答复和暂停采购活动通知书》，并于2019年3月15日作出钦北政采〔2019〕第1号《投诉处理决定书》，同年3月22日送达大利全公司。该投诉处理决定书审查情况如下：

"投诉事项一：经我局依法调取该项目当天监控视频资料查阅，四家投标人均按照投标文件规定时间内递交样品，并没有发现投诉人所表述的情形，且招标文件只要求对产品进行演示，不需要留存样本。该事项投诉不成立。"

"投诉事项二：经我局组织专家评审小组对该事项进行审查，发现南宁铭迈电子科技有限公司提供的录播系统3C证书与在中国质量认证中心网查询的结果不符；民森公司提供的录播系统3C证书在中国质量认证中心网无法查询；仅有文启峰公司提供出有效的3C证书……该投诉事项部分成立……现有证据不足以证明云之龙公司与南宁民森数码科技有限公司、铭迈公司、文启峰公司存在围标行为。"

"投诉事项三：经查证确认铭迈公司、文启峰公司没有使用深圳市天英联合教育股份有

限公司、深圳市艾博德科技股份有限公司的产品进行投标。该事项投诉不成立。"

"投诉事项四：经查证铭迈公司、文启峰公司所投标的交互智能平板为不同品牌、不同制造商，不属于招标文件 24.3 条规定的情形，不存在围标行为。该事项投诉不成立。"

"投诉事项五、六：代理公司已在质疑回复中认同该事项，因此，投诉事项成立。"

综上作出如下决定："（一）投诉事项一、三、四：根据《政府采购质疑和投诉办法》（财政部令 94 号）第二十九条第（二）项的规定，投诉事项缺乏事实依据，投诉事项不成立，驳回投诉。（二）投诉事项二：投诉事项部分成立；投诉事项五、六：投诉事项成立。（民森公司、铭迈公司另案处理）。鉴于该项目 B 分标在质疑期间，

经代理公司组织复审后已作废标处理，但不影响 A 分别中标结果。根据《政府采购质疑和投诉办法》（财政部令 94 号）第二十九条第（一）项的规定，未确定中标或者成交供应商的，责令采购人重新对 B 分标开展采购活动。"

大利全公司对上述决定不服，于 2019 年 9 月 11 日向一审法院起诉，提出上述诉讼请求。

另查明，2019 年 1 月 23 日上午，民森公司工作人员进入钦州市公共资源交易中心样品间的时间为 8:58，样品递交登记时间为 9:00；铭迈公司工作人员进入钦州市公共资源交易中心样品间的时间为 9:06，样品递交登记时间为 9:08；文启峰公司及大利全公司工作人员于 9:10 先后进入钦州市公共资源交易中心样品间，样品递交登记时间分别为 9:18 及 9:20。民森公司、铭迈公司、文启峰公司递交的投标产品分别为属于不同品牌、由不同生产者生产的产品，且并未使用深圳市天英联合教育股份有限公司、深圳市艾博德科技股份有限公司的产品进行投标。

再查明，钦北区财政局于 2019 年 6 月 11 日对民森公司、铭迈公司分别作出钦北财处〔2019〕第 1 号《钦北区财政局行政处罚决定书》和钦北财处〔2019〕第 2 号《钦北区财政局行政处罚决定书》，对分别对民森公司、铭迈公司作出了"一、处以本项目采购金额千分之五即 10 303.48 元的罚款，罚款上缴财政国库，二、列入不良行为记录名单，在行政处罚决定书下达之日起一年内禁止参加政府采购活动，并依法予以公告"的处罚决定。

一审法院认为，根据《中华人民共和国政府采购法》第十三条规定，各级人民政府财政部门是负责政府采购监督管理的部门，依法履行对政府采购活动的监督管理职责。根据中华人民共和国财政部令第 94 号《政府采购质疑和投诉办法》第五条第二款"县级以上各级人民政府财政部门（以下简称财政部门）负责依法处理供应商投诉"以及第六条第一款"供应商投诉按照采购人所属预算级次，由本级财政部门处理"之规定，钦北区财政局具有对大利全公司的投诉进行处理的行政主体资格和职权。

综合大利全公司、钦北区财政局的诉辩意见以及云之龙公司、三十八小的陈述意见，钦北区财政局作出钦北采〔2019〕第 1 号《钦北区政府采购投诉处理决定书》认定大利全公司投诉事项五、六成立，大利全公司及云之龙公司、三十八小对此无异议，一审法院予以确认；本案的争议焦点为对大利全公司的投诉事项一、二、三、四的处理决定是否正确。

关于投诉事项一。一审法院认为，三十八小 2018 年秋季学期教学设备采购（项目编号为 QZZC2O18 - G1 - 30001 - YLZB）公开招标采购文件第三章投标人须知载明，样品递交

时间及安装调试时间为 2019 年 1 月 23 日北京时间 9：00—9：30，提交样品及安全调试截止时间为 2019 年 1 月 23 日北京时间 9 时 30 分。参加此采购项目的供应商递交的样品时间均在招标文件规定的范围内，据此，钦北区财政局作出该事项投诉不成立的决定，事实清楚，证据充分，一审法院予以支持。

关于投诉事项二。《中华人民共和国政府采购法》第七十七条第（一）款的规定："供应商有下列情形之一的，处以采购金额千分之五以上千分之十以下的罚款，列入不良行为记录名单，在一至三年内禁止参加政府采购活动，有违法所得的，并处没收违法所得，情节严重的，由工商行政管理机关吊销营业执照；构成犯罪的，依法追究刑事责任：（一）提供虚假材料谋取中标、成交的……供应商有前款第（一）至（五）项情形之一的，中标、成交无效。"本案中，投标当事人民森公司提供的录播系统 3C 证书在中国质量认证中心网无法查询，铭迈公司提供的录播系统 3C 证书与中国质量认证中心网查询的结果不符，文启峰公司提交的 3C 证书有效，据此，钦北区财政局认定投标当事人民森公司与铭迈公司提供虚假材料应标，大利全公司该投诉事项部分成立，民森公司和铭迈公司另案处理。钦北区财政局该项决定事实清楚、证据充分，程序合法，适用法律正确，一审法院予以支持。同时，钦北区财政局已于 2019 年 6 月 11 日作出钦北财处〔2019〕1 号、2 号《钦北区财政局行政处罚决定书》，分别对民森公司、铭迈公司行政处罚，大利全公司主张钦北区财政局未依法对民森公司、铭迈公司在此次政府采购活动中提供虚假材料的行为进行处理，无事实依据，一审法院不予以支持。另外，投标当事人民森公司、铭迈公司的保证金问题，应由采购人或采购代理机构与投标人依《公开招标采购文件》另行处理。再者，采购人即三十八小已陈述并未因此次废标受到损失，大利全公司亦未举证证明采购人因此受到的损失，据此，大利全公司主张钦北区财政局未依采购文件要求民森公司、铭迈公司按中标价赔偿给采购人的处理决定有误，无事实与法律的依据，一审法院亦不予以支持。

关于投诉事项三。一审法院认为，本案三十八小 2018 年秋季学期教学设备采购（项目编号为 QZZC2O18‐G1‐30001‐YLZB）公开招标活动中，投标当事人铭迈公司、文启峰公司并未使用深圳市天英联合教育股份有限公司、深圳艾博德科技股份有限公司的产品进行投标，当然不存在使用深圳市天英联合教育股份有限公司、深圳艾博德科技股份有限公司虚假材料进行投标的行为，钦北区财政局对此投诉事项作出"投诉事项缺乏事实依据，投诉事项不成立，驳回投诉"的决定，事实清楚、证据充分，一审法院予以支持。

关于投诉事项四。一审法院认为，铭迈公司、文启峰公司、民森公司所投标的产品为不同品牌、不同制造商，大利全公司未提供充分的证据证明上述三家公司产品属于同一生产者，钦北区补充证据对该投诉事实作出驳回投诉的决定，事实清楚，证据充分，一审法院予以支持。大利全公司认为钦北区财政局未能提供事实依据证明高创（苏州）电子有限公司、惠州市鑫城光电有限公司、广州视睿电子科技有限公司符合招标文件产品参数的问题，已另案处理，且高创（苏州）电子有限公司、惠州市鑫城光电有限公司、广州视睿电子科技有限公司的产品参数是否符合要求，与大利全公司在本案主张的铭迈公司、文启峰公司、民森公司所投标的产品为同一生产者生产属不同的问题，与其在本案的主张不符，一审法院不予以采纳。

综上所述,钦北区财政局作出的钦北政采〔2019〕第 1 号《钦北区财政局政府采购投诉处理决定》,认定事实清楚,证据充分,适用法律法规正确,程序合法,一审法院应予以支持。大利全公司诉请撤销的理由不充分,一审法院不予以支持。依照《中华人民共和国行政诉讼法》第六十九条的规定,判决驳回大利全公司的诉讼请求。案件受理费 50 元,由大利全公司负担。

大利全公司诉称,一、认定钦北区财政局已完全履行监管职责和三十八小没有损失属于事实认定错误。相关法律法规规定,财政部门是政府采购活动的监管部门,履行的是全面监管的职责。钦北区财政局作为监管部门,应当对三十八小的招标采购实行全面监督,但其作出《行政处罚决定书》(钦北财处〔2019〕1 号)仅对提供虚假材料的供应商民森公司处以罚款和列入不良行为记录名单。钦北区财政局的处罚决定应当对是否退还保证金进行明确,对招标公司进行监督,并追缴入国库。但本案中钦北区财政局没有认真履责,导致相应财政收入未能入库。关于退还铭迈公司保证金的问题,云之龙公司收到大利全公司质疑函并发现问题后没有及时向钦北区财政局报告,退还铭迈公司保证金,导致保证金至今未能追回。钦北区财政局不履行监管职责,导致未依法追讨保证金和虚假材料中标人应当承担的赔偿责任,不仅造成财政收入流失,也是对不公平竞争的纵容。二、一审认定铭迈公司、文启峰公司,民森公司所投标的产品为不同品牌、不同制造商属于事实认定错误。首先,铭迈公司、文启峰公司,民森公司所投标的产品均为高创(苏州)电子有限公司、广州视睿电子科技有限公司、惠州市鑫城光电有限公司的产品。其次,民森公司提供了北京鼎天视讯科技有限公司的造假 3C 证书(证书编号 207102664289431)、铭迈公司提供了北京视讯天行科技有限公司的造假 3C 证书(证书编号 2014010911743489),属于提供虚假材料。第三,经大利全公司从中国质量认证中心查询,满足采购文件参数要求并且拥有相关软件著作权的产品仅希沃品牌(广州视睿电子科技有限公司)交互智能平板符合,所以在招标活动中,其余两家投标人必然会使用无软件著作权、高度相似的贴牌产品。虽然大利全公司提供的著作权查询结果为非官方查询结果,但该项证据已然超出大利全公司的举证能力。是否具备采购文件参数要求的相关软件著作权,是无法改变的客观事实。第四,钦北区财政局作出"三家公司的产品属于不同品牌、不同制造商"的认定,无相关证据予以证明。钦北区财政局应提供三家投标人投标时的全部样品一套及投标文件,以此证明其认定投诉事项不成立处理决定的正确性。因此,大利全公司要求调取三家投标人的全部样品一套及投标文件进行核实。三、纵观〔2020〕桂 07 行终 15 号、〔2020〕桂 07 行终 16 号、〔2020〕桂 07 行终 17 号、〔2020〕桂 07 行终 26 号等案件,合理怀疑供应商联合采购代理机构进行围标串标的嫌疑,在近几年的政府采购活动中,广州视睿电子科技有限公司(希沃 seewo)、高创(苏州)电子有限公司(高创)、惠州市鑫城光电有限公司(鑫城)等三家公司长期共同参加同一项目的招投标活动,而高创公司及鑫城公司从未中标,中标产品均为广州视睿电子科技有限公司,所以法院应当综合对所有案件进行认定。综上,请求:1. 撤销钦北区人民法院〔2019〕桂 0703 行初 43 号行政判决,依法改判支持大利全公司的诉讼请求;2. 一、二审诉讼费由钦北区财政局承担。

钦北区财政局辩称,一、大利全公司提出三十八小损失问题不予退还保证金事项是一种无限伸展的间接问题,不属于本案处理范畴。财政局依法处理大利全公司关于三十八小

2018年秋季学期教学设备采购(项目编号:QZZC2018－G1－30001－YLZB)投诉的事项。而大利全公司在处理前的投诉中,没有针对三十八小的损失特别是间接损失方面的投诉,这种损失特别是间接损失的认定本身很复杂,涉及主体本身权力、权力的行使,财政局能否处理尚无法律依据,不属于能够在本案中处理的问题。大利全公司为了诉讼而诉讼无限质疑与纠结的行为,超出了案件处理范畴,是不合适的。二、财政局所作出的钦北政采〔2019〕第1号《钦北区财政局政府采购投诉处理决定书》,证据确凿,适用法律、法规准确,符合法定程序,是一份正确的处理决定,一审判决对此认定事实清楚。三、大利全公司认为投标人申报材料存在虚假行为应当承担赔偿责任,要求钦北区财政局处理缺乏事实与法律依据,是不能成立的。民森公司、铭迈电子公司均于2019年7月5日向财政局缴纳罚款。至于文启峰公司,其已提供有效的3C证书,故钦北区财政局对该事项的投诉不成立。可见,钦北区财政局对大利全公司有关民森公司、铭迈公司提供虚假材料的行为的投诉依法依规进行了处理。四、大利全公司诉称"铭迈公司、文启峰公司、民森公司的所投标的产品属于同一生产者生产"没有事实依据。根据2019年3月12日专家评审会的意见:铭迈公司、文启峰公司所投标的交互智能平板为不同品牌、不同制造商,不属于围标行为。大利全公司"以三家公司的产品应认定为属于同一生产者生产"的观点明显缺乏事实依据和法律依据,以此为由起诉请求撤销钦北政采〔2019〕第1号《钦北财政局政府爱狗投诉处理决定书》是明显不符合法律规定的,依法不能成立。综上,一审判决认定事实清楚,适用法律正确,审理程序合法,请二审法院予以维持,并驳回大利全公司的上诉请求。

云之龙公司、三十八小没有提交答辩意见。

本院二审期间,大利全公司提交的证据1民森公司成交结果公告及附件;证据2(1)钦市财采〔2019〕24号《钦州市财政局政府采购投诉处理局订书》,(2)钦政采函〔2019〕23号《质疑回复函》,(3)《质疑函》,(4)《投诉函》;证据3(1)钦州市华锐电脑科技有限公司2017—2019年中标结果公告及项目详情,(2)钦州市华锐电脑科技有限公司在钦州政采网上商城2017—2019年中标结果公告及项目详情;证据4(1)2019年3月6日新闻《减税降费激发企业活力——女企业家由衷点赞》,(2)2018年7月5日新闻《市公安局召开优化营商环境"服务企业年"活动座谈会》,(3)2019年5月8日新闻《钦州"一带一路"海外交流与合作路上的追梦人——记民革党员、广西五一劳动奖章获得者黄昌非的先进事迹》;证据5(1)2017年2月10日新闻《她诠释的委员责任叫"回报"——记市五届政协委员、钦州市金德教育投资有限公司董事长黄昌非》,(2)钦州市华锐电脑科技有限公司2012—2017年中标结果公告及项目详情;证据6(1)自2018年5月起希沃品牌中标项目,详见《希沃品牌中标项目清单》,共计105个项目,(2)贵港项目投诉及处理,(3)希沃中标项目招标文件见优盘证据;证据7(1)博白县财政局政府采购信息公告(2019年第2号),(2)博白县财政局政府采购信息公告(2019年第3号),(3)博财采〔2019〕1号《博白县财政局政府采购投诉处理决定书》《关于"全面改薄"工程多媒体设备采购质疑函有关问题的回复》《云之龙招标集团有限公司"全面改薄"工程多媒体设备采购YLZC2018－G1－60877－GXYL中标结果公告》,(4)南武采投〔2019〕2号《南宁市武鸣区政府采购投诉处理决定书》《广西万盯卯招标咨询有限公司民中、三小教学设备采购(NNZC2019－G1－00055－WDMN)中标结果公告》,(5)罗财采〔2018〕5号《罗城仫佬族自治县财政局政府采购处理决定书》《广西鑫磐工程项目管理有限责任公司罗城县义务教育均衡发展第一批教育装备及图书购置 GXXPTX－2018－G01002 中标公告》;证据 8(1)高创(苏州)电子有限公司 3C 注册查询结果,(2)惠州市鑫城光电有限公司 3C 注册查询结果。因不符合《最高人民法院关于行政诉讼证据若干问题的规定》中关于"新证据"的规定,本院不予接纳和质证。

经审查,本院二审查明的事实与一审法院认定的事实一致,本院予以确认。

本院认为,本案争议的焦点为:一、钦北区财政局作出投诉处理决定的程序是否合法;二、三十八小在本案中是否受到损失;三、铭迈公司、文启峰公司、民森公司三家公司的产品是否属于不同品牌,不同制造商。

本院认为,一、关于钦北区财政局作出投诉处理决定程序是否合法的问题。根据《政府采购投诉和质疑办法》第二十三条"财政部门处理投诉事项原则上采用书面审查的方式。财政部门认为有必要时,可以进行调查取证或者组织质证。财政部门可以根据法律、法规规定或者职责权限,委托相关单位或者第三方开展调查取证、检验、检测、鉴定。质证应当通知相关当事人到场,并制作质证笔录。质证笔录应当由当事人签字确认。"钦北区财政局于 2018 年 12 月 20 日作出的钦北政采〔2019〕第 1 号《钦北区财政局政府采购投诉处理决定书》符合《政府采购质疑和投诉办法》第二十三条的规定,程序合法。二、关于三十八小在本案中是否受到损失的问题,本案中三十八小已陈述并未因此次废标受到损失,且大利全公司亦未能提供证据证明三十八小因此受到的损失,对于大利全公司提出的这一主张,本院不予采纳。三、关于铭迈公司、文启峰公司、民森公司三家公司的产品是否属于不同品牌,不同制造商的问题。本案中钦北区财政局已经组织评审专家对该问题进行论证,评审小组意见认定三家公司的产品属于不同品牌、不同制造商,大利全公司亦不能提供相反的证据推翻专家的评审意见。对于大利全公司提出三家公司的产品属于同一品牌、同一制造商的上诉理由,本院不予采纳。

综上所述,大利全公司的上诉没有事实依据和法律依据,对其上诉请求,本院不予支持。一审判决认定事实清楚,证据确凿,适用法律正确,程序合法,应予维持。依照《中华人民共和国行政诉讼法》第八十九条第一款第一项的规定,判决如下:

驳回上诉,维持原判。

二审案件受理费 50 元,由上诉人广西南宁大利全智能科技有限公司负担。

本判决为终审判决。

审 判 长　宁　盛

审 判 员　韦乐熙

审 判 员　钟凌意

二〇二〇年三月三十一日

法官助理　叶嘉庚

书 记 员　郭杨兴

江西昊天酒店用品有限公司
与江西省抚州市财政局
政府采购(招投标)投诉处理决定案

【案件提要】

本案是对采购结果的投诉处理决定提起行政诉讼提起行政诉讼的案例。涉案采购项目要求提交部分采购物-画稿的样品。三家供应商按照招标文件的要求,提供了样品。昊天公司没有提交样品。经评标,昊天公司未中标,提出质疑和投诉投诉。财政部门认为其中一项投诉因超出质疑范围不予受理外,对样品实质响应供应商不足三家、代理机构未按开标程序执行的二项投诉进行了调查和审查,认定缺乏事实依据,决定驳回投诉。昊天公司提起本案诉讼。法院经审理认为,首先需要审查财政部门作出投诉处理决定是否需要进行听证的问题,根据政府采购行政法规的规定,财政部门处理投诉事项原则上采用书面审查,必要时"可以"进行调查取证或者组织质证,但非"应当"。故本案中,财政部门根据昊天公司、采购人及代理机构提交的相关材料,采用书面审查的方式,作出投诉处理决定,并不违反行政法规的规定。诉讼中,财政部门提供的《专家答复意见》及代理机构提供原评审专家的《评审后专家说明》,对三家投标人提供的投标样品的画框、画面内容、画面风格作出详细的说明。《专家答复意见》认为三家投标人提供的样品符合招标文件要求。昊天公司在诉讼中提供的证据并不能推翻专家答复意见和专家说明,故昊天公司质疑没有三家实质性响应招标文件所提供证据不足,且昊天公司投诉涉及投标样品的画面内容、风格问题超出了质疑范围,故财政部门不予处理是正确的。至于代理机构是否未按开标程序执行问题,昊天公司认为其在投标现场提出响应招标要求的样品不足三家,不能进行开标。但本案证据证明在开标过程中投标人为四家,符合开标的情形,而投标样品是否属于实质性响应了招标文件要求则是在评标阶段由评标委员会的评审专家进行审查的,故继续进行开标活动不违反法规规定。法院认为,纵观本案,财政部门作出的投诉处理决定在阐述理由等方面存在一定的瑕疵,但其作出的投诉处理决定,并无不当。

【判决正文】

江西省抚州市中级人民法院
行政判决书

〔2020〕赣 10 行终 42 号

上诉人(一审原告)江西昊天酒店用品有限公司,住所地(略)。

法定代表人曾某。

委托代理人周某。

被上诉人(一审被告)抚州市财政局,住所地(略)。

法定代表人伍某。

委托代理人徐某。

委托代理人王某。

一审第三人中共抚州市委党校,住所地(略)。

法定代表人黄某。

委托代理人饶某。

一审第三人江西世伟工程咨询有限公司,住所地(略)。

法定代表人刘某。

委托代理人刘某。

上诉人江西昊天酒店用品有限公司(以下简称昊天公司)因财政行政处理决定一案,不服南城县人民法院〔2020〕赣1021行初130号行政判决,向本院提起上诉。本院依法组成合议庭,对本案进行了审理。现已审理终结。

一审查明,2019年7月23日,中共抚州市委党校需政府采购学员楼床上用品、瓷板画及房间杂件。经向抚州市人民政府采购管理办公室备案后,于2019年7月30日与江西世伟工程咨询有限公司(以下简称世伟公司)签订一份《采购委托代理协议》,委托世伟公司就其采购项目采用公开招标方式采购。后采购单位中共抚州市委党校,招标代理机构世伟公司编制了招标编号:JXSW2019-FZ-016《中共抚州市委党校学员楼床上用品、瓷板画及房间杂件采购项目招标文件》,该文件主要载明,1.投标邀请;2.招标项目需求(含商务部分、技术部分);3.投标人须知;4.合同文本;5.附件等内容,其中投标邀请中主要载明,招标项目内容、数量及要求:采购项目名称:学员楼床上用品、瓷板画及房间杂件采购项目;数量:1批;采购预算(人民币):2 900 237.00元;技术参数及要求:详见招标文件"技术部分";投标截止时间和开标时间:2019年8月22日上午9时30分(北京时间)。2019年8月1日,江西省公共资源交易网发布《江西世伟工程咨询有限公司关于中共抚州市委党校学员楼床上用品、瓷板画及房间杂件采购项目招标公告》。2019年8月21日,江西省公共资源交易网发布《江西世伟工程咨询有限公司关于中共抚州市委党校学员楼床上用品、瓷板画及房间杂件采购项目电子化公开招标暂停公告》,该公告主要载明,现因故,本项目需暂停采购,具体开标时间将另行通知,请各潜在供应商关注江西省公共资源交易网发布的公告。2019年8月,采购单位中共抚州市委党校,招标代理机构江西世伟公司编制了招标编号:JXSW2019-FZ-016A《中共抚州市委党校学员楼床上用品、瓷板画及房间杂件采购项目(第二次)招标文件》,该文件主要载明,1.投标邀请;2.招标项目需求(含商务部分、技术部分);3.投标人须知;4.合同文本;5.附件等内容,其中"投标邀请"中主要载明,招标项目内容、数量及要求:采购项目名称:学员楼床上用品、瓷板画及房间杂件采购项目;数量:1批;采购预算(人民币):2 900 237.00元;技术参数及要求:详见招标文件"技术部分";投标截止时间和开标时间:2019年9月18日上午9时30分(北京时间)。"招标项目需求"中技术部分栏中房间杂件、瓷板画栏中第

31、32 号客房床头瓷板装饰画、套房客厅瓷板山水装饰画主要载明，规格：1 230×420×6 mm（含外框）、1 640×740×7.5 mm（含外框）；单位：件；数量：250、5；技术参数要求：根据采购人提供的画稿请绘画人员在瓷板上进行绘画并进行高温烧制。（备注：所采购瓷板画为单块的完整瓷板画）要求：1. 画种：釉下青花或釉上瓷板画（手绘作品），要求釉下青花瓷板烧制，釉上瓷板画烧制，确保今后颜色不变。2. 画框：深色木纹，现代风格，装饰效果简单大方。3. 客房瓷板净尺寸：长 1 130 mm，宽 320 mm，含框长 1 230 mm，宽 420 mm。（正负误差不超过 2 厘米）、套房瓷板净尺寸：长 1 500 mm，宽 600 mm，含框长 1 640 mm，宽 740 mm。（正负误差不超过 2 厘米）。4. 画面内容：反映祖国锦绣河山的山水风景画及花鸟画作品，画面要求内容健康，景色秀美。5. 画面风格：以中国传统的山水画、花鸟画风格为主要表现手法，采用工兼写绘画方法，画面构图完整、新颖，作品具有较强的艺术感染力和较高的艺术品位。备注：投标人在开标时根据要求提供样品一件。潜在供应商可自行去到采购单位现场考察，费用自理。2019 年 8 月 27 日，江西省公共资源交易网发布《江西世伟工程咨询有限公司关于中共抚州市委党校学员楼床上用品、瓷板画及房间杂件采购项目招标公告第二次》。截止 2019 年 9 月 18 日上午 9 时 30 分，江西餐谋配送服务有限公司（以下简称餐谋公司）、江西瀚泰贸易有限公司、南昌明山厨房设备有限公司提交了投标文件及套房客厅瓷板山水装饰画、客房床头瓷板装饰画的投标样品等材料。昊天公司提交了投标文件等材料，未提供套房客厅瓷板山水装饰画、客房床头瓷板装饰画的投标样品。同日上午 10:02 抽取了 5 位评审专家组成评标委员会。经评标委员会评审和采购人确认，成交供应商为餐谋公司。2019 年 9 月 18 日，江西省公共资源交易网发布《江西世伟工程咨询有限公司关于中共抚州市委党校学员楼床上用品、瓷板画及房间杂件采购项目第二次（项目编号：JXSW2019－FZ－016A）公开招标成交公示》。该成交公示主要载明，采购项目名称：中共抚州市委党校学员楼床上用品、瓷板画及房间杂件采购项目第二次；数量：1；单位：批；品牌、规格型号：床上用品品牌：耐喜等，型号：N－X－CD 等，房间杂件、瓷板画：锦禧阁等，型号：DT－SSH－1 等；成交供应商：餐谋公司；成交金额（元）：2 866 000。同日，中共抚州市委党校、世伟公司向餐谋公司发送了《成交通知书》。2019 年 10 月 24 日，中共抚州市委党校与餐谋公司签订了《合同书》。

2019 年 9 月 19 日，昊天公司向采购单位中共抚州市委党校，招标代理机构世伟公司就此次项目招标提出质疑，并提交了质疑函及相关材料。该质疑函载明的质疑事项为：1. 中标单位餐谋公司超出经营范围，其营业执照经营范围完全不具备采购项目中瓷板画及客房杂件的销售资格；2. 对样品作实质响应的供应商不足三家。四家投标供应商中有三家提供了样品，分别为下图，很明显，技术要求的是画框为深色木纹，其中一家为浅色，完全不符合招标文件中瓷板画技术要求第二条深色木纹要求，应予以废标处理；3. 昊天公司在开标现场对开标过程提出疑义，招标公司未给予解释，也不作废标处理，还执意进行开标，并宣布中标单位，严重损害昊天公司利益，存在包庇、偏袒行为。2019 年 9 月 25 日，世伟公司对昊天公司提出的质疑作出了一份《质疑回复函》，该函主要载明，对质疑事项一回复如下：餐谋公司经营范围内是含有销售酒店用品的批发与零售，且国家鼓励企业跨行业超经营范围经营业务，除了违反国家限制经营、特许以及法律行政法规禁止经营的项目，国家相关法规并没有禁止供应商超经营范围参与政府采购项目。通常情况下不能简单地直接认定该供应商投标无效，因为政府采购项目主要看重的是供应商的履约能力和履约行为。如果供应商履约能力能够完成采购项目，是可以超经营范围参与政府采购项目的。对质疑事项二回复如下：世伟公司招标文件中要求深色木纹，但未要求其颜色。根据《政府采购货物和服务招标投标管理办法》第四十六条评标委员会负责具体评标事务，并独立履行下列职责：（一）审查、评价投标文件是否符合招标文件的商务、技术等实质性要求；（二）要求投标人对投标文件有关事项作出澄清或者说明；（三）对投标文件进行比较和评价；（四）确定中标候选人名单，以及根据采购人委托直接确定中标人。对质疑事项三回复如下：昊天公司在开标时提出的疑问，世伟公司工作人员是有向评标专家说明，昊天公司投标代表当时提出要求和专家一起检验样品，根据《政府采购货物和服务招标投标管理办法》第六十六条规定，采购人、采购代理机构应当采取必要措施，保证评标在严格保密的情况下进行，除采购人代表、评标现场组织人员外，采购人的其他工作人员以及与评标工作无关的人员不得进入评标现场。由于样品需要根据《政府采购货物和服务招标投标管理办法》第二十二条规定，采购活动结束后，对于未中标人提供的样品，应当及时退还或者经未中标人同意后自行处理；对于中标人提供的样品，应当按照招标文件的规定进行保管、封存，并作为履约验收的参考，所以世伟公司才现场公布中标情况。综上所述，世伟公司已以上条款作出相对应的答复，该内容符合《中华人民共和国政府采购法》（以下简称《政府采购法》）的相关规定。

昊天公司对世伟公司作出的《质疑回复函》不满意，于 2019 年 9 月 26 日向抚州市财政局提起投诉，并提交了投诉书等材料。该投诉书主要载明，投诉事项 1：对样品实质响应供应商不足三家；投诉事项 2：招标公司未按开标程序执行；投诉事项 3：三家公司提供的样品尺寸、规格、做工及画面内容均为一致，画师为同一人，生产厂家为同一厂家。代理公司未按要求对排名前三投标人样品统一进行封存。2019 年 9 月 29 日，抚州市财政局向中共抚州市委党校、世伟公司发出《投诉答复通知书》，2019 年 10 月 9 日，中共抚州市委党校、世伟公司分别向抚州市财政局提交《关于的回复意见函》以及钱某、饶某、孔某 3 位专家共同出具的《关于中共抚州市委党校学员楼床上用品、瓷板画及房间杂件采购项目专家答复意见》（以下简称《专家答复意见》）。该意见主要载明：1. 关于"开标现场对样品作实质响应的供应商不足三家"方面，认为三家提供样品的投标人按照招标文件的要求，提供采购人要求的"样品"符合招标文件要求。昊天公司质疑没有三家实质性响应招标文件所提供证据不足；2. 关于"招标公司未按开标程序执行"方面，认为根据第一条的答疑，并不能认定提供的样品不足三家，5 位评标专家都是评标系统随机抽取的省库专家，均各自按照《政府采购法》和招标文件对所有的投标人按照"公平、公正"的原则独立进行评标。因此，世伟公司不存在"招标公司未按开标程序执行"的情况；3. 关于"三家公司提供的样品尺寸、规格、做工及画面内容均为一致，画师为同一人，生产厂家为同一厂家"事项，认为昊天公司仅根据三家投标人提供的样品尺寸、规格、做工及画面内容均为一致，凭主观臆测三家投标人画师为一人，生产厂家为同一厂的有力证据显然不充分。2019 年 10 月 14 日，抚州市财政局作出抚财购〔2019〕61 号《投诉处理决定书》，该决定书主要载明，1. 本文招标文件原文为："深色木纹，现代风格，装饰效果简单大方。"昊天公司仅仅凭拍摄的几张照片从外观就认定其他三家样品不是深色木纹,从外观看,样品的边框颜色为油漆的颜色,而不是深色木纹。专家是严格按照招标文件的内容进行独立评审认定符合招标文件要求的,同时昊天公司投诉样品未提供鸟兽画样品,根据94号令第十九条和二十条规定,本条超出质疑范围,不予受理。投诉人的投诉事项缺乏事实依据,投诉事项不成立。2. 招标公司未按开标程序执行。开标和评标是两个不同的阶段,不要混淆。昊天公司所说的是在进行评标的阶段,根据87号令第六十六条和第二十二条第三款规定:"采购人、采购代理机构应当采取必要措施,保证评标在严格保密的情况下进行。除采购人代表、评标现场组织人员外,采购人的其他工作人员以及与评标工作无关的人员不得进入评标现场;采购活动结束后,对于未中标人提供的样品,应当及时退还或者经未中标人同意后自行处理;对于中标人提供的样品,应当按照招标文件的规定进行保管、封存,并作为履约验收的参考。"评标是由评审委员会独立评审的,中标样品也进行了保管、封存。投诉人的投诉事项缺乏事实依据,投诉事项不成立。3. 三家公司提供的样品尺寸、规格、做工及画面内容均未为一致,画师为一人,生产厂家为同一厂家。代理公司未按要求对排名前三投标人样品统一进行封存。对于第三条后面一款在第二条已经回复。第一款"三家公司提供的样品尺寸、规格、做工及画面内容均为一致,画师为一人,生产厂家为同一厂家"。在质疑阶段没有提出,根据94号令第十九条和二十条规定,本项超出质疑范围,不予受理。依据中华人民共和国财政部令第94号《政府采购质疑和投诉办法》第二十九条投诉处理过程中,有下列情形之一的,财政部门应当驳回投诉:……(二)投诉事项缺乏事实依据,投诉事项不成立……的规定,抚州市财政局作出如下处理决定:对投诉人的投诉事项予以驳回。嗣后,昊天公司向一审法院提起行政诉讼,要求依法撤销抚州市财政局作出的抚财购〔2019〕61号《投诉处理决定书》。

另查明,2019年10月10日,中共抚州市委党校学员楼床上用品、瓷板画及房间杂件采购项目(第二次)评标委员会5位评审专家共同出具一份《中共抚州市委党校学员楼床上用品、瓷板画及房间杂件采购项目评审后专家说明》(以下简称《评审后专家说明》),该说明载明,关于有关单位投诉当时样品、画种、画框、画面内容等有不符合招标文件技术参数情况说明,当时共有四家投标,只有三家提供了样品,我们当时严格按照招标文件要求进行评审、测量、测视,当时三家样品外表尺寸都在规定尺寸范围内。外表颜色,只是油漆、色彩深浅不同,但均都可看见深色木纹。画面都显示有中国传统的山水画、花鸟画的风格,我们认为,画面构图完整、新颖、山水花鸟均在意境之中。

再查明,钱某、饶某、孔某系江西省公共资源交易网综合专家库的入库专家。2020年4月7日,中共抚州市委党校出具了一份《中共抚州市委党校增建学员楼项目进展情况说明》,该说明主要载明,目前床上用品、瓷板画及房间杂件已全部采购到位,12月5日专家验收合格。

一审认为,《政府采购质疑和投诉办法》第五条第二款规定:"县级以上各级人民政府财政部门(以下简称财政部门)负责依法处理供应商投诉。"抚州市财政局具有负责处理供应商投诉的法定职责。本案经庭审质证、辩论等程序,其争议焦点为:1. 抚州市财政局作出被诉投诉处理决定是否需要进行听证;2. 抚州市财政局作出的被诉投诉处理决定是否合法。

关于抚州市财政局作出被诉投诉处理决定是否需要进行听证的问题。《中华人民共和国政府采购法实施条例》(以下简称政府采购法实施条例)第五十六条第一款规定:"财政部门处理投诉事项采用书面审查的方式,必要时可以进行调查取证或者组织质证。"《政府采购质疑和投诉办法》第二十三条第一款规定:"财政部门处理投诉事项原则上采用书面审查的方式。财政部门认为有必要时,可以进行调查取证或者组织质证。"上述行政法规的规定,确立财政部门处理投诉事项书面审查主导地位。此外,上述行政法规规定的是"可以"进行调查取证或者组织质证,而非"应当",且《政府采购法实施条例》《政府采购质疑和投诉办法》均未规定财政部门处理投诉事项需进行听证,可见财政部门处理投诉事项并不必要进行听证程序。具体到本案,抚州市财政局根据昊天公司、中共抚州市委党校及世伟公司提交的相关材料,采用书面审查的方式,作出被诉投诉处理决定,其行为并不违反上述行政法规的规定,并无不妥。

关于抚州市财政局作出的被诉投诉处理决定是否合法的问题。首先,关于对样品实质响应供应商不足三家的问题。《政府采购货物和服务招标投标管理办法》第四十六条规定:"评标委员会负责具体评标事务,并独立履行下列职责:(一)审查、评价投标文件是否符合招标文件的商务、技术等实质性要求;(二)要求投标人对投标文件有关事项作出澄清或者说明;(三)对投标文件进行比较和评价;(四)确定中标候选人名单,以及根据采购人委托直接确定中标人;(五)向采购人、采购代理机构或者有关部门报告评标中发现的违法行为。"第五十条规定:"评标委员会应当对符合资格的投标人的投标文件进行符合性审查,以确定其是否满足招标文件的实质性要求。"《政府采购法实施条例》第五十二条第三款规定:"政府采购评审专家应当配合采购人或者采购代理机构答复供应商的询问和质疑。"从上述法规规定来看,评标委员会负责评标事务,其应对符合资格的投标人的投标文件进行符合性审查,以确定其是否满足招标文件的实质性要求以及评审专家应当配合采购人或者采购代理机构答复供应商的询问和质疑。本案中,昊天公司认为两家投标人按招标文件技术参数提供了深色木纹边框,有一家投标人是浅色木纹,第四家没有提供样品,而浅色木纹边框与招标技术参数完全相悖,不符合招标文件的要求。经查,采购人(中共抚州市委党校)的招标文件中对客房床头瓷板装饰画、套房客厅瓷板山水装饰画的画框要求为深色木纹,现代风格,装饰效果简单大方;画面内容要求为反映祖国锦绣河山的山水风景画及花鸟画作品,画面要求内容健康,景色秀美;画面风格要求为以中国传统的山水画、花鸟画风格为主要表现手法,采用工兼写绘画方法,画面构图完整、新颖,作品具有较强的艺术感染力和较高的艺术品位;投标人在开标时根据要求提供样品一件。该次招投标活动共四家投标人(昊天公司系其中一家)提交了投标文件,三家投标人提供了投标样品,昊天公司未提供投标样品。诉讼中,抚州市财政局提供的3位专家共同出具的《专家答复意见》及世伟公司提供的该次招投标活动的评标委员会5位评审专家共同出具一份《评审后专家说明》对三家投标人提供的投标样品的画框、画面内容、画面风格作出详细的说明。《专家答复意见》认为三家提供样品的投标人按照招标文件的要求,提供采购人要求的样品符合招标文件要求。昊天公司质疑没有三家实质性响应招标文件所提供证据不足。《评审后专家说明》认为当时三家样品外表尺寸都在规定尺寸范围内。外表颜色,只是油漆、色彩深浅不同,但均都可看见深色木纹。画面都是显示有中国传统的山水画、花鸟画的风格,画面构图完整、新颖、山水花鸟均在意境之中。且昊天公司在诉讼中提供的证据并不能推翻上述专家出具的答复意见和专家说明,故其提出的该项理由不成立。另昊天公司认为画面内容要反映祖国锦绣山河的山水风景画及花鸟画,从三家投标人提供的样品来看,只体现了山水风景画而没有体现花鸟画,视为没有响应招标文件要求。《政府采购质疑和投诉办法》第十九条第二款规定:"投诉人提起投诉应当符合下列条件:(一)提起投诉前已依法进行质疑;(二)投诉书内容符合本办法的规定;(三)在投诉有效期限内提起投诉;(四)同一投诉事项未经财政部门投诉处理;(五)财政部规定的其他条件。"第二十条规定:"供应商投诉的事项不得超出已质疑事项的范围,但基于质疑答复内容提出的投诉事项除外。"经查,昊天公司在质疑阶段对投标样品的画面内容、风格未提出质疑。世伟公司出具的《质疑回复函》的内容中亦未涉及投标样品的画面内容、风格的问题。故昊天公司提起的该项理由不符合《政府采购质疑和投诉办法》第十九条第二款、第二十条规定的情形。抚州市财政局认为其超出质疑范围,不予受理,并无不当。综上,昊天公司提起的样品实质响应供应商不足三家的主张,不予支持。

其次,关于招标公司未按开标程序执行的问题。《政府采购货物和服务招标投标管理办法》第四十条规定:"开标由采购人或者采购代理机构主持,邀请投标人参加。评标委员会成员不得参加开标活动。"第四十一条规定:"开标时,应当由投标人或者其推选的代表检查投标文件的密封情况;经确认无误后,由采购人或者采购代理机构工作人员当众拆封,宣布投标人名称、投标价格和招标文件规定的需要宣布的其他内容。投标人不足3家的,不得开标。"第四十四条规定:"公开招标采购项目开标结束后,采购人或者采购代理机构应当依法对投标人的资格进行审查。合格投标人不足3家的,不得评标。"第四十二条第二款规定:"投标人代表对开标过程和开标记录有疑义,以及认为采购人、采购代理机构相关工作人员有需要回避的情形的,应当场提出询问或者回避申请。采购人、采购代理机构对投标人代表提出的询问或者回避申请应当及时处理。"《政府采购法实施条例》第五十二条第一款规定:"采购人或者采购代理机构应当在3个工作日内对供应商依法提出的询问作出答复。"从上述法规规定来看,开标和评标是分阶段进行的。开标是由采购人或者采购代理机构和投标人参加,评标委员会成员不得参加开标活动,并规定了投标人、采购人或者采购代理机构工作人员在开标过程中应履行的事项及投标人不足3家的,不得开标,以及开标结束后,采购人或者采购代理机构应当依法对投标人的资格进行审查,合格投标人满足3家,才能进行到评标阶段。本案中,昊天公司认为其在投标现场提出响应招标要求的样品不足三家,不能进行开标,招标代理还执意进行开标,并宣布中标结果,此为严重的招标程序违法。诉讼中,世伟公司提交的中共抚州市委党校学员楼床上用品、瓷板画及房间杂件采购项目第二次备案材料中学员楼床上用品、瓷板画及房间杂件采购项目第二次接收文件登记表、投标样品登记表、投标文件密封情况异议表、有效投标保证金单位缴纳明细表、开标记录表上均载明了四家投标人,其能证明在开标过程中投标人为四家,符合开标的情形。而投标样品是否属于实质性响应了招标文件要求是在评标阶段由评标委员会的评审专家进行审查的。且在前述中对"样品实质响应供应商不足三家"的问题进行了评析。因此,采购人或者采购代理机构在昊天公司提出询问后,继续进行开标活动未违反上述法规规定。昊天公司提出的该项理由不成立,其提起的招标公司未按开标程序执行的主张,不予支持。

再次,关于三家公司提供的样品尺寸、规格、做工及画面内容均为一致,画师为同一人,生产厂家为同一厂家。代理公司未按要求对排名前三投标人样品统一进行封存的问题。《政府采购法实施条例》第五十五条规定:"供应商质疑、投诉应当有明确的请求和必要的证明材料。供应商投诉的事项不得超出已质疑事项的范围。"《政府采购质疑和投诉办法》第十九条第二款规定:"投诉人提起投诉应当符合下列条件:(一)提起投诉前已依法进行质疑;(二)投诉书内容符合本办法的规定;(三)在投诉有效期限内提起投诉;(四)同一投诉事项未经财政部门投诉处理;(五)财政部规定的其他条件。"第二十条规定:"供应商投诉的事项不得超出已质疑事项的范围,但基于质疑答复内容提出的投诉事项除外。"《政府采购货物和服务招标投标管理办法》第二十二条规定:"采购人、采购代理机构一般不得要求投标人提供样品,仅凭书面方式不能准确描述采购需求或者需要对样品进行主观判断以确认是否满足采购需求等特殊情况除外。要求投标人提供样品的,应当在招标文件中明确规定样品制作的标准和要求、是否需要随样品提交相关检测报告、样品的评审方法以及评审标准。需要随样品提交检测报告的,还应当规定检测机构的要求、检测内容等。采购活动结束后,对于未中标人提供的样品,应当及时退还或者经未中标人同意后自行处理;对于中标人提供的样品,应当按照招标文件的规定进行保管、封存,并作为履约验收的参考。"本案中,昊天公司提交的质疑函中载明的质疑事项并未有"三家公司提供的样品尺寸、规格、做工及画面内容均为一致,画师为同一人,生产厂家为同一厂家"质疑事项,且世伟公司对昊天公司提出的质疑作出的《质疑回复函》的内容也未涉及该项投诉事项。故抚州市财政局认为该项超出质疑范围,不予受理,并无不当。另虽然世伟公司在质疑回复函中提到封存的问题,但其提到的封存时间节点为采购结束后,其内容是对未中标样品退回或自行处理和对中标样品进行封存。且《政府采购货物和服务招标投标管理办法》第二十二条的规定,并未对投标人提供的样品在采购结束前是否应进行封存作出规定。故抚州市财政局认为昊天公司所称的"代理公司未按要求对排名前三投标人样品统一进行封存"的投诉事项不成立,并无不当。综上,昊天公司提起的三家公司提供的样品尺寸、规格、做工及画面内容均为一致,画师为同一人,生产厂家为同一厂家。代理公司未按要求对排名前三投标人样品统一进行封存的主张,本院不予支持。

纵观本案,抚州市财政局作出的被诉投诉处理决定在阐述理由等方面存在一定的瑕疵,但其作出的投诉处理决定,并无不当。故昊天公司要求撤销抚州市财政局作出的抚财购〔2019〕61号《投诉处理决定书》的诉讼请求,不予支持。据此,依照《中华人民共和国行政诉讼法》第六十九条之规定,判决驳回昊大公司的诉讼请求。案件受理费50元,由昊天公司负担。

昊天公司上诉称,1.一审法院在对样品实质性响应供应商数量是否满足三家的事实认定错误。首先,本案中,四家供应商参与投标,其中两家供应商没有按招标文件技术参数提供深色木纹边框样品,其中一家提供的是浅色木纹,另一家没有提供样品,而浅色木边框与招标技术参数完全相悖,不符合招标文件的要求。一审法院仅仅凭《评审后专家说明》这一孤证,否认对样品实质性响应供应商不足三家的事实,且对专家资质未予审查。其次,《评审后专家说明》这份证据与昊天公司的质疑不存在关联性,正如其三位专家的陈述,招标文件对颜色的要求是指木纹颜色,而非油漆颜色,且"不能仅以银灰色而定义为浅色"。但其三位专家并未对该样品边框的颜色是深色还是浅色进行界定。第三,根据《中华人民共和国行政诉讼法》第三十四条第一款之规定,抚州市财政局应对其行政行为的合法性进行充分的举证,而以这种模棱两可的颜色定义并不能达到充分举证的要求。既然其样品边框都被油漆覆盖,抚州市财政局同样无法认定其样品是否符合深色木纹边框要求。2. 一审法院对招标公司未按开标程序执行问题的认定存在重大错误。一审法院以开标和评价是分阶段进行的,开标是由采购人或者采购代理机构工作人员在开标过程中应履行的事项及招标人不足三家的不得开标,而开标样品是否构成实质性响应招标文件,是属于评标阶段由评标委员会进行审查的事项。因此,认为采购人或代理机构在昊天公司提出上述询问后,继续进行开标活动并无不妥。但开标和评标虽然是份阶段进行的,但这两个阶段具有前后的连贯性,昊天公司在评标之时也向招标代理机构和评标委员会提出过关于实质响应招标条件供应商不满三家的异议,但招标代理机构及评标委员会却不予理睬,故上诉人提出的实质响应招标条件供应商不满三家的异议,招标代理机构和评标委员会都深知,但在评标委员会对昊天公司提出的异议未予采纳,开标人在于开标之前就知晓该异议的情况,在开标时就更应谨慎。而一审法院却以对于招标人是否满足三家是评标人进行考察的范围,与开标无关为由,对开标与评标本属于极具有连贯性的两个阶段,将其完全割离联系。认为采购人或招标代理机构在开标时对昊天公司提出的异议不予理睬,继续开标并无不当。一审法院对开标程序违法的认定存在事实认定错误。3. 一审法院对抚州市财政局作出的投诉处理决定书的程序违法事实认定存在法律适用错误。一审法院直接引用《政府采购法实施条例》第五十条第一款和《政府采购质疑投诉办法》第二十三条第一款之规定认定政府行政部门是可以组织听证,而非应当组织听证,认为抚州市财政局不组织听证并无不妥。但《中华人民共和国行政处罚法》第四十二条之规定:"行政机关责令停产停业、吊销许可证或者执照、较大数额罚款等决定之前,应当告知当事人有要求举行听证的权利……"根据法学相关理论,当下位法和上位法发生冲突时,应当优先适用上位法。且一审法院引用的条例与办法,虽然说的是可以组织听证,但从立法的本意而言,可以不组织听证会针对的是数额不大,违法性轻微的情形,而本案涉及的金额多达290多万,属于数额巨大,如存在违法行为,则不再属于轻微性违法情形,故抚州市财政局理应组织听证。因此,一审法院适用法律错误,请求撤销南城县人民法院作出的〔2019〕赣1021行初130号行政判决,改判抚州市财政局行政行为违法,并依法支持昊天公司一审全部诉讼请求;一、二审诉讼费由抚州市财政局承担。

抚州市财政局答辩称,1. 昊天公司认为三位专家出具的《评审后专家说明》系孤证,且不知是哪方面的专家,《评审后专家说明》并没有对"样品"边框的颜色是深色还是浅色下定义,并认为一审法院"在对样品实质性响应供应商不足三家"的认定存在重大事实错误。其该观点缺乏事实依据。首先,三位专家都是评标系统随机抽取的省库专家,均各自按照《政府采购法》和招标文件对所有的投标人按照"公平、公正"的原则独立进行评标,根本不存在所谓的孤证问题,如果抚州市财政局认为三位专家没有资格出具专家说明,应提交相应的证据予以证实;其次,专家在《评审后专家说明》中明确了"三家提供样品的投标人按照招标文件的要求,提供采购人要求的'样品符合招标文件要求'"。既然是符合招标文件要求的"样品",也就肯定了"样品"边框的颜色符合要求,不存在上诉人认为的"三位专家并未对该样品边框的颜色是深色还是浅色下定义"的现象。2.昊天公司认为其在评标之时也向招标代理机构和评标委员会提出关于实质性响应招标文件供应商不足三家的异议,但评标委员会对昊天公司提出的实质性响应招标文件供应商不满三家的异议未予采纳,一审判决对招标公司未按开标程序执行程序问题的认定存在重大错误。其该项理由缺乏事实和法律依据。首先,昊天公司是否向评标委员会提出关于实质性响应招标文件供应商不满三家的异议,没有相应的证据予以证实;其次,《政府采购货物和服务招标投标管理办法》和《政府采购法实施条例》规定了投标人、采购人或者采购代理机构工作人员在开标过程中应履行的事项,投标人不足3家的,不得开标,以及开标结束后,采购人或者采购代理机构应当依法对投标人的资格进行审查,合格投标人满足3家,才能进行到评标阶段。本案中抚州市财政局及世伟公司出示的接收文件登记表、投标样品登记表、投标文件密封情况异议表、有效投标保证金单位缴纳明细表、开标记录表上等均载明了四家投标人,能证明在开标过程中投标人为四家,符合开标的情形。第三,关于本次采购实质性响应招标文件供应商是否有3家的问题。中共抚州市委党校学员楼床上用品、瓷板画及房间杂件采购项目(第二次)评标委员会5位评审专家共同出具的《评审后专家说明》,载明当时共有四家投标,只有三家提供了样品,专家当时严格按照招标文件要求进行评审、测量、测视,当时三家样品外表尺寸都在规定尺寸范围内。外表颜色,只是油漆、色彩深浅不同,但均都可看见深色木纹。因此,昊天公司提出的实质性响应招标文件的供应商不足3家的异议没有事实依据。3.昊天公司认为一审判决对抚州市财政局作出的投诉处理决定书的程序违法事实存在法律适用错误,其该项主张没有法律依据。首先,昊天公司认为,《中华人民共和国行政处罚法》第四十二条规定:"行政机关作出责令停产停业、吊销许可证或者执照、较大数额罚款等行政处罚决定之前,应当告知当事人有要求举行听证的权利;当事人要求听证的,行政机关应当组织听证。"该规定属于无限式列举,没有法律依据;其次,如果《中华人民共和国行政处罚法》第四十二条规定属无限式列举,应当在《政府采购法》、《政府采购实施条例》中明确作出具体的规定,而《政府采购法实施条例》和《政府采购疑质投诉办法》中对作出处理决定时是否需举行听证使用了"可以组织听证",而非"应当组织听证"的用词,因此,财政部门作出行政处理决定是否需要组织听证,是由财政部门根据案件情况决定,并非一定要组织听证,或者说作出行政处理决定没有组织听证属程序违法。昊天公司的上诉理由没有事实和法律依据,一审判决认定的事实清楚,证据充分,适用法律正确,程序合法。请求二审法院依法驳回昊天公司的上诉请求。

中共抚州市委党校及世伟公司二审期间未提供书面答辩。

本院经审理查明的事实与一审判决认定的事实基本一致,本院予以确认。

认定上述事实的证据材料有:昊天公司的营业执照(副本)、昊天公司的投诉书、抚财购〔2019〕61号《抚州市财政局关于中共抚州市委党校学员楼床上用品、瓷板画及房间杂件采购(第二次)项目(招标编号:JXSW2019－FZ－016A)投诉处理决定书》;招标编号:JXSW2019－FZ－016中共抚州市委党校学员楼床上用品、瓷板画及房价杂件采购项目材料、2019年9月26日昊天公司投诉书(含法定代表人授权书、营业执照副本、质疑函、法定代表人授权书、农业银行交易明细回单)、世伟公司出具的《质疑回复函》、2019年9月29日抚州市财政局向中共抚州市委党校发出的《投诉答复通知书》、2019年9月29日抚州市财政局向世伟公司发出的《投诉答复通知书》、中共抚州市委党校出具的《关于的回复意见函》及附件(3页)、世伟公司出具的抚世伟办函字〔2019〕1号《关于的回复意见函》(5页)及附件(2页)、2019年10月8日钱某、饶某、孔某3人共同出具的《专家答复意见》(2页)。2019年7月23日政府采购备案表、采购委托代理协议、2019年7月31日政府采购项目告知书、江西省公共资源交易网《江西世伟工程咨询有限公司关于中共抚州市委党校学员楼床上用品、瓷板画及房间杂件采购项目招标公告第二次》打印件、江西省公共资源交易网《江西世伟工程咨询有限公司关于中共抚州市委党校学员楼床上用品、瓷板画及房间杂件采购项目招标公告第二次(项目编码：JXSW2019-FZ-016A)公开招标成交公示》打印件、成交通知书、项目编码：JXSW2019-FZ-016A、项目名称：中共抚州市委党校学员楼床上用品、瓷板画及房间杂件采购项目招标公告第二次中共抚州市委党校与江西餐谋配送服务有限公司的《合同书》、餐谋公司法定代表人授权委托书、江西省农村信用社联合社的电子回单、2019年12月5日政府采购物品(项目)验收单、中共抚州市委党校出具的《关于的回复意见函》及附件、《中共抚州市委党校增建学员楼项目进展情况说明》。2019年9月18日项目编码：JXSM2019-FZ-016A,项目名称：中共抚州市委党校学员楼床上用品、瓷板画及房价杂物采购项目(第二次),采购单位：中共抚州市委党校,投标单位：昊天公司投标文件副本一卷、2019年9月18日项目编码：JXSM2019-FZ-016A,项目名称：中共抚州市委党校学员楼床上用品、瓷板画及房价杂物采购项目,计划编号：0686,采购单位：中共抚州市委党校,招标代理机构：世伟公司,投标单位名称：南昌明山厨房设备有限公司投标文件副本一卷、2019年9月18日项目编码：JXSM2019-FZ-016A,项目名称：中共抚州市委党校学员楼床上用品、瓷板画及房价杂物采购项目,计划编号：0686,采购单位：中共抚州市委党校,招标代理机构：世伟公司,供应商名称：江西瀚泰贸易有限公司投标文件副本一卷、2019年9月18日项目编码：JXSM2019-FZ-016A,项目名称：中共抚州市委党校学员楼床上用品、瓷板画及房价杂物采购项目,采购单位：中共抚州市委党校,招标代理机构：世伟公司,招标单位：餐谋公司投标文件副本一卷;2019年9月中共抚州市委党校学员楼床上用品、瓷板画及房间杂件采购项目第二次备案材料一卷(内含学员楼床上用品、瓷板画及房间杂件采购项目第二次接收文件登记表、投标样品登记表、投标文件密封情况异议表、有效投标保证金单位缴纳明细表、开标记录表、《评审后专家说明》《专家答复意见》、钱某、饶某、孔某3人的身份信息等材料);各方当事人的陈述等。

本院认为,本案的审查重点为抚州市财政局作出的被诉投诉处理决定的合法性问题。

首先,关于昊天公司投诉提出对样品实质响应供应商不足三家的问题。《政府采购货物和服务招标投标管理办法》第四十六条规定,评标委员会负责具体评标事务,并独立履行下列职责：(一)审查、评价投标文件是否符合招标文件的商务、技术等实质性要求……(三)对投标文件进行比较和评价……该办法第五十条规定,评标委员会应当对符合资格的投标人的投标文件进行符合性审查,以确定其是否满足招标文件的实质性要求。《政府采购法实施条例》第五十二条第三款规定,政府采购评审专家应当配合采购人或者采购代理机构答复供应商的询问和质疑。根据上述规定,评标委员会负责评标事务,其应对符合资格的投标人的投标文件进行符合性审查,以确定其是否满足招标文件的实质性要求,评审专家应当配合采购人或者采购代理机构答复供应商的询问和质疑。本案中,昊天公司认为两家投标人按招标文件技术参数提供了深色木纹边框,有一家投标人是浅色木纹,第四家没有提供样品,而浅色木纹边框与招标技术参数完全相悖,不符合招标文件的要求。经查,本次招标文件中对客房床头瓷板装饰画、套房客厅瓷板山水装饰画的画框要求为:深色木纹,现代风格,装饰效果简单大方……画面内容反映祖国锦绣河山的山水风景画及花鸟画作品……画面风格以中国传统的山水画、花鸟画风格为主要表现手法……并备注要求投标人在开标时根据要求提供样品一件。本次招投标活动共四家投标人(昊天公司系其中一家)提交了投标文件,三家投标人提供了投标样品,昊天公司在开标时并未提供样品。诉讼中,抚州市财政局提供了3位专家共同出具的《专家答复意见》及江西世伟公司提供的本次招投标活动的评标委员会5位评审专家共同出具一份《评审后专家说明》对三家投标人提供的投标样品的画框、画面内容、画面风格作出详细的说明。《专家答复意见》认为三家提供样品的投标人按照招标文件的要求,提供采购人要求的样品符合招标文件要求。昊天公司质疑没有三家实质性响应招标文件所提供证据不足。《评审后专家说明》认为当时三家样品外表尺寸都在规定尺寸范围内。外表颜色,只是油漆、色彩深浅不同,但均都可看见深色木纹。画面都是显示有中国传统的山水画、花鸟画的风格,画面构图完整、新颖、山水花鸟均在意境之中。结合《专家答复意见》与《评审后专家说明》,其内容可以相互印证,昊天公司提供的现有证据并不足以推翻上述专家出具的答复意见和专家说明,故其该项主张法院不予采信。另昊天公司认为画面内容要反映祖国锦绣山河的山水风景画及花鸟画,从三家投标人提供的样品来看,只体现了山水风景画而没有体现花鸟画,视为没有响应招标文件要求。根据《政府采购质疑和投诉办法》第十九条第二款规定,投诉人提起投诉应当符合下列条件:(一)提起投诉前已依法进行质疑……该办法第二十条规定,供应商投诉的事项不得超出已质疑事项的范围,但基于质疑答复内容提出的投诉事项除外。本案中昊天公司在质疑阶段对投标样品的画面内容、风格未提出质疑。世伟公司出具的《质疑回复函》的内容中也未涉及投标样品的画面内容、风格的问题。故抚州市财政局以其投诉事项超出质疑范围,不予受理,并无不当。昊天公司提出的样品实质响应供应商不足三家的主张与事实不符,本院不予支持。

其次,关于昊天公司提出招标公司未按开标程序执行的问题。《政府采购货物和服务招标投标管理办法》第四十条规定,开标由采购人或者采购代理机构主持,邀请投标人参加。评标委员会成员不得参加开标活动;该办法第四十一条规定,开标时,应当由投标人或者其推选的代表检查投标文件的密封情况;经确认无误后,由采购人或者采购代理机构工作人员当众拆封,宣布投标人名称、投标价格和招标文件规定的需要宣布的其他内容。投标人不足3家的,不得开标。该办法第四十四条规定,公开招标采购项目开标结束后,采购人或者采购代理机构应当依法对投标人的资格进行审查。合格投标人不足3家的,不得评标。该办法第四十二条第二款规定,投标人代表对开标过程和开标记录有疑义,以及认为采购人、采购代理机构相关工作人员有需要回避的情形的,应当场提出询问或者回避申请。采购人、采购代理机构对投标人代表提出的询问或者回避申请应当及时处理。《政府采购法实施条例》第五十二条第一款规定,采购人或者采购代理机构应当在3个工作日内对供应商依法提出的询问作出答复。根据上述规定,招标投标开标和评标是分阶段进行的。开标是由采购人或者采购代理机构和投标人参加,评标委员会成员不得参加开标活动,并规定了投标人、采购人或者采购代理机构工作人员在开标过程中应履行的事项及投标人不足 3 家的,不得开标,以及开标结束后,采购人或者采购代理机构应当依法对投标人的资格进行审查,合格投标人满足 3 家,才能进行到评标阶段。本案中,昊天公司认为其在投标现场提出响应招标要求的样品不足三家,不能进行开标,招标代理还执意进行开标,并宣布中标结果,招标程序违法。经查,世伟公司提交的中共抚州市委党校学员楼床上用品、瓷板画及房间杂件采购项目第二次备案材料中学员楼床上用品、瓷板画及房间杂件采购项目第二次接收文件登记表、投标样品登记表、投标文件密封情况异议表、有效投标保证金单位缴纳明细表、开标记录表等均载明了四家投标人,符合开标的情形。至于投标样品是否属于实质性响应了招标文件要求属于评标阶段评标委员会的评审专家审查事项。因此,昊天公司提出的该项理由不成立,其提起的招标公司未按开标程序执行的主张,本院不予支持。

第三,关于昊天公司提出抚州市财政局作出投诉处理决定时未进行听证程序严重违法的问题。《政府采购法实施条例》第五十六条第一款规定:"财政部门处理投诉事项采用书面审查的方式,必要时可以进行调查取证或者组织质证。"《政府采购质疑和投诉办法》第二十三条第一款规定:"财政部门处理投诉事项原则上采用书面审查的方式。财政部门认为有必要时,可以进行调查取证或者组织质证。"上述规定,财政部门在处理投诉事项时书面审查为主要审查方式。《政府采购法实施条例》、《政府采购质疑和投诉办法》均未规定财政部门处理投诉事项时需进行听证。由此可见,听证并非财政部门处理投诉事项必经程序。本案中,抚州市财政局依法受理昊天公司的投诉申请,并根据昊天公司及中共抚州市委党校、世伟公司提交的相关材料,采用书面审查的方式,在法定期限内作出被诉投诉处理决定,并无不当。

综上,昊天公司的上诉理由与事实和法律均不相符,其上诉请求,本院不予支持。一审认定事实清楚、适用法律正确,审判程序合法。据此,依照《中华人民共和国行政诉讼法》第八十九条第一款第(一)项,判决如下:

驳回上诉,维持原判。

二审案件受理费 50 元,由上诉人江西昊天酒店用品有限公司负担。

本判决为终审判决。

审 判 长　陈　辉

审 判 员　余惠娇

审 判 员　王康季

二○二○年八月二十四日

法官助理　刘凯超

书 记 员　熊睿之

濮阳市亿声文化传媒有限公司
与河南省濮阳县财政局
政府采购(招投标)投诉处理决定案

【案件提要】

本案是对采购结果的投诉处理决定提出行政诉讼的案例。涉案采购项目在采购文件中要求供应商"具有高铁媒体广告发布权限,提供其高铁媒体发布权限授权书"。在确定成交供应商后,有其他供应商提出质疑,认为成交供应商亿声公司没有采购文件要求的高铁站媒体授权发布证明。采购人、代理机构要求亿声公司提交符合招标公告要求的有铁路部门盖章的媒体广告代理授权书,但亿声公司只提交一份河南晟航公司盖章的高铁媒体广告代理授权书,故取消了亿声公司成交资格。亿声公司向财政部门投诉,财政部门查证亿声公司提交的高铁媒体广告代理授权书并非高铁部门出具,要求亿声公司提供高铁部门对河南晟航公司的授权书,亿声公司未提供,决定驳回投诉。亿声公司遂提起本案诉讼。法院经审理认为,亿声公司作为参与采购的供应商,应当按照招标公告要求,提供其具有高铁媒体广告发布权限的证明,但其在审查期间内未能提供高铁部门对河南晟航公司的授权书,表明其不具备招标公告要求的项目资格条件,故采购人通过代理机构取消亿声公司的中标资格并无不当,财政部门据此作出的投诉处理决定依据充分。

【判决正文】

河南省濮阳市中级人民法院
行政判决书

〔2020〕豫 09 行终 52 号

上诉人(一审原告)濮阳市亿声文化传媒有限公司,住所地(略)。

法定代表人张某。

委托代理人李某。

被上诉人(一审被告)濮阳县财政局,住所地(略)。

法定代表人张某。

委托代理人任某。

委托代理人任某。

被上诉人(一审第三人)濮阳县文化广电旅游体育局,住所地(略)。

法定代表人郭某。

委托代理人单某。

委托代理人王某。

上诉人濮阳市亿声文化传媒有限公司(以下简称亿声公司)与被上诉人濮阳县财政局、濮阳县文化广电旅游体育局(以下简称县文广局)投诉处理决定一案,不服河南省濮阳县人民法院〔2020〕豫0928行初8号判决,向本院提起上诉。本院依法组成合议庭,公开开庭审理了本案。上诉人亿声公司法定代表人张某及委托代理人李某,被上诉人濮阳县财政局委托代理人任某、任某,被上诉人县文广局委托代理人单某、王某到庭参加诉讼。本案现已审理终结。

一审法院查明:政府采购项目濮阳县在郑州、开封、鹤壁等高铁站广告宣传项目(编号PXC〔2019〕146-中晟育兴TP第006号),项目包含A包、B包,采购人为县文广局,采购代理机构为中晟公司。2019年10月8日,中晟公司发布项目招标公告,公告对投标人及项目资质服务提出要求,其中包括"本项目须具有高铁媒体广告发布权限,提供其高铁媒体发布权限授权书;(复印件即可)",项目基本情况高铁站广告宣传详见"谈判文件"。亿声公司作为竞标人之一参与了本次采购A包、B包,并递交了投标文件。同时参与A包竞标的有江苏路铁公司等,参与B包竞标的有南京永达公司等。2019年10月14日,中晟公司发布了项目A包、B包中标公告,亿声公司均成功中标。中标公告载明公告期限为1个工作日(2019年10月15日),各有关当事人对成交结果有异议的,可自公告期限届满之日起7个工作日内,以书面形式向采购人和采购代理机构提出质疑。2019年10月17日,江苏路铁公司和南京永达公司分别就项目A包和B包向中晟公司递交投诉申请表,并向县文广局递交书面异议申请表,提出亿声公司没有采购内容涉及的高铁站媒体授权发布证明。2019年10月18日,县文广局交由中晟公司向亿声公司发出通知,要求亿声公司三日内携带采购内容所涉的高铁站的媒体发布位置的授权证明文件就以上问题作出答疑,否则将取消亿声公司中标资格。亿声公司获悉通知后,未按要求答疑。2019年10月30日,县文广局及中晟公司相关负责人就上述问题与亿声公司负责人当面会谈,亿声公司提交一份加盖河南最航商贸有限公司(以下简称河南晟航公司)公章的河南晟航公司对亿声公司的高铁媒体广告代理授权书,县文广局及中晟公司要求亿声公司提交符合招标公告要求的有铁路部门盖章的媒体广告代理授权书,如不能提交,则取消亿声公司中标资格。2019年10月31日,中晟公司对外发布取消亿声公司A包、B包中标资格的公告。亿声公司不服,于2019年11月4日向中晟公司递交质疑函。同日,中晟公司向亿声公司作出质疑回复函,认为亿声公司不符合招标文件资格要求,故取消中标资格。亿声公司对中晟公司的答复不服,向濮阳县财政局递交投诉书,投诉县文广局和中晟公司,投诉事项:1.无故取消亿声公司中标资格;2.质疑答复不能作出合理说明,请求恢复亿声公司中标资格,撤销废标公告,对县文广局和中晟公司依法给予处分。濮阳县财政局于2019年11月8日受理了该投诉。2019年11月11日,濮阳县财政局向县文广局及中晟公司发出公函,发送了投诉书副本,并要求即日起采购活动暂停。经审查亿声公司的投标文件,亿声公司的高铁媒体广告发布授权书并非高铁部门出具,而是由河南晟航公司授权,濮阳县财政局要求亿声公司提供高铁部门对河南晟航公司的授权书,亿声公司未提供。2019 年 12 月 10 日,濮阳县财政局作出濮县财购投〔2019〕010 号投诉处理决定,驳回了亿声公司的投诉。亿声公司不服,提起诉讼。一审审理中,亿声公司称其没有高铁部门对河南晟航公司的高铁媒体发布授权书,有河南晟航公司对亿声公司的高铁媒体发布授权书。

一审法院认为:案件的争议焦点是濮阳县财政局作出的投诉处理决定依据是否充分,即亿声公司是否具备招标公告要求的项目资格条件。根据招标公告及谈判文件要求,"本项目须具有高铁媒体广告发布权限,提供其高铁媒体发布权限授权书",亿声公司向濮阳县文广局及中晟公司提交了河南晟航公司对亿声公司的高铁媒体发布授权书,但河南晟航公司是否具备高铁媒体发布权限无法得知,亿声公司也无高铁部门对其授权发布媒体广告的证明,故濮阳县财政局要求亿声公司提交高铁部门对河南晟航公司的授权书以证明亿声公司具备项目资格条件理由正当。亿声公司在审查期间内未能提供高铁部门对河南晟航公司的授权书,濮阳县财政局据此认为亿声公司不符合本次招标资格要求,县文广局作出的废标处理是正确的,并根据《政府采购和质疑投诉办法》第二十九条第二项"投诉处理过程中,有下列情形之一的,财政部门应当驳回投诉:(二)投诉事项缺乏事实依据,投诉事项不成立"的规定,驳回亿声公司投诉,主要依据充分,适用法律正确。依照《中华人民共和国行政诉讼法》第六十九条之规定,一审法院判决驳回亿声公司的诉讼请求;案件受理费 50 元,由亿声公司承担。

亿声公司不服一审判决,上诉称:理由:亿声公司于 2019 年 10 月 12 日参加了濮阳县在郑州、开封、鹤壁等高铁站广告宣传项目(PXC〔2019〕146 - 中晟育兴 TP 第 006 号)的投标活动,经过评标专家评比,确定亿声公司为该项目的中标人,并于 2019 年 10 月 14 日发布了关于亿声公司的中标公告。该项目采购单位县文广局于 2019 年 10 月 17 日收到南京永达公司、江苏路铁公司对亿声公司中标该项目的质疑文件,两公司提交的质疑文件包括建设工程异议表和建设工程投诉表。依据政府采购质疑和投诉办法(财政部第 94 号令)相关规定,两公司提交的质疑文件均不符合法律规定。县文广局收到不符合法律规定的质疑文件后组织原评标专家对亿声公司投标文件二次评审,原评标专家拒绝了县文广局的请求。县文广局在没有原评标专家二次评审的情况下,依据两公司不符合法律规定的质疑文件废除了亿声公司的中标资格,并于 2019 年 10 月 31 日发布了废除亿声公司中标资格的公告。亿声公司于 2019 年 11 月 8 日向濮阳县财政局政府采购监督股投诉,濮阳县财政局在没有事实依据和法律依据的情况下驳回了亿声公司的投诉。亿声公司于 2020 年 4 月 1 日向一审法院提起诉讼。一审法院在没有调查的情况下,依据濮阳县财政局、县文广局的片面证据驳回了亿声公司的诉讼请求。现请求撤销一审法院〔2020〕豫 0928 行初 8 号行政判决,并赔偿一切经济损失。

濮阳县财政局辩称:1. 濮阳县财政局作出的濮县财购投〔2019〕010 号投诉处理决定程序合法、适用法律正确。濮阳县财政局受理投诉后,经调查了解,本项目是在郑州、开封、鹤壁等高铁站进行广告宣传,中标供应商需具有高铁部门授权方可进站进行施工安装,因此招标文件第一部分第六条第三项要求"本项目须具有高铁媒体广告发布权限,提供其高铁媒体发布权限授权书"并无不妥。经审查亿声公司的投标文件,发现亿声公司的高铁媒体广告发布权限授权书并非高铁部门出具,而是由河南晟航公司授权,濮阳县财政局要求亿声公司提供河南晟航公司高铁媒体发布权限授权书,亿声公司未提供。根据招标文件的规定,亿声公司不符合本次招标活动的招标资格要求,被投诉人作出的废标处理是正确的。濮阳县财政局依据《政府采购质疑和投诉办法》(财政部第94号令)第二十九条第(二)项之规定,投诉请求不予支持,驳回投诉。2.一审认定事实清楚,适应法律准确。一审中亿声公司仅提交了河南晟航公司对亿声公司的高铁媒体发布授权书,濮阳县财政局要求亿声公司提交高铁部门对河南晟航公司的授权书以证明亿声公司具备各项目资格条件理由正当,亿声公司未能提供高铁部门对河南晟航公司的授权书,濮阳县财政局据此驳回亿声公司投诉正确。请求二审法院驳回上诉,维持原判。

县文广局辩称:1.县文广局委托代理人招标,发布招标公告及相关招标竞争性文件,招标公告及相关招标竞争性文件要求投标人详尽查阅依公告及相关文件确定投中标事宜,亿声公司的投标行为即视为对公告及相关招标竞争性文件的认可,且一审亿声公司对此予以认可。2.南京永达公司、江苏路铁公司在公告亿声公司中标起第三日对亿声公司中标提出异议,依据《政府采购质疑和投诉办法》第十条规定,供应商可以在知道损害之日起7日内提出质疑,南京永达公司、江苏路铁公司提出异议符合《政府采购质疑和投诉办法》第十条的规定。3.县文广局作为采购人依据《政府采购质疑和投诉办法》第十三、十四、十六条规定,依法有权利和责任对南京永达公司、江苏路铁公司质疑予以答复,根据南京永达公司、江苏路铁公司质疑内容,并结合竞争性文件第一部分第六条第三项及第二部分有关解释权的规定,争议解释权由县文广局享有,县文广局审查二公司质疑材料符合《政府采购质疑和投诉办法》的规定,并结合亿声公司提供委托书的授权人为河南晟航公司而非高铁部门,县文广局有权要求亿声公司进行协助,并按照竞争性文件第一部分第六条第三项规定的授权文件,要求亿声公司提供符合竞争性文件规定的高铁部门的授权证明,亿声公司不能提供,依据《政府采购货物和服务招标投标管理办法》第六十三条第三款之规定,亿声公司投标依法属于投标无效,南京永达公司、江苏路铁公司质疑成立。依据《政府采购质疑和投诉办法》第十六条之规定,县文广局有权依法对亿声公司中标结果进行废除。一审法院认定事实清楚,程序合法,适用法律正确,请求驳回亿声公司的上诉请求。

本院经审理查明事实与一审查明事实一致。

本院认为,中晟公司根据采购人县文广局的要求进行政府采购,发布采购项目招标公告要求:"本项目须具有高铁媒体广告发布权限,提供其高铁媒体发布权限授权书,"亿声公司作为投标人,应当依据招标公告要求提供其具有高铁媒体广告发布权限的证明,亿声公司向县文广局及中晟公司提交河南晟航公司的高铁媒体广告代理授权书,但未提交河南晟航公司是否具有高铁媒体广告发布权的证明,故亿声公司无法证明其具有高铁媒体广告发布权限,不符合招标文件的要求,县文广局通过中晟公司取消亿声公司的中标资格并无不当。根据《政府采购质疑和投诉办法》第二十九条的规定,投诉事项缺乏事实依据,投诉事项不成立,投诉部门驳回投诉人的投诉。濮阳县财政局依据该条规定,经审查认为亿声公司不符合招标文件规定的中标条件,其投诉缺乏事实依据,遂作出濮县财购投〔2019〕010号投诉处理决定,驳回亿声公司的投诉,并无不当。故亿声公司的上诉理由不能成立,本院不予支持。

综上，一审判决认定事实清楚，适用法律正确，应予维持。根据《中华人民共和国行政诉讼法》第八十九条第一款第一项的规定，判决如下：

驳回上诉，维持原判。

二审案件受理费 50 元，由上诉人濮阳市亿声文化传媒有限公司负担。

本判决为终审判决。

审 判 长　张鸿斌

审 判 员　贾向阳

审 判 员　崔树峰

二○二○年九月十四日

书 记 员　王德东

苏州科恩净化科技有限公司与贵州省纳雍县财政局、贵州省毕节市人民政府政府采购（招投标）投诉处理决定、行政复议决定案

【案件提要】

本案是对采购结果的投诉处理决定提起行政诉讼的案例。涉案采购项目进行公开招标，尚荣公司、东健公司中标。科恩公司提出质疑认为中标人提供的产品不符合招标文件要求，提供虚假参数应对电子投标。后向财政部门投诉，增加了中标人低价中标等投诉事项。财政部门经审查认为招标文件并未要求供应商需获得相应生产厂家的销售授权书以及技术资料才能参加投标，且监督单位不参与评标，故认定科恩公司的投诉缺乏事实依据，决定驳回其投诉。经行政复议后，科恩公司提起本案诉讼，并增加了要求确认中标无效等诉请。法院经审理认为，科恩公司投诉事项中涉及报价过低等多项在内容超出质疑范围，故本案中该主张不能成立；同理，本案诉讼中科恩公司申请增加要求确认中标无效等诉请，不符合法律规定，法院不予准许。对于中标人未取得生产厂家的销售授权，对很多专用设备提供了虚假技术参数，产品不符合招标文件要求的技术参数的投诉事项，科恩公司并未提交证据予以证实，且与本院查明的事实不符，其所质疑事项无事实根据，法院不予支持，财政部门作出的驳回投诉处理决定事实清楚，程序合法，适用法律、法规正确。

【判决正文】

贵州省毕节市中级人民法院
行政判决书

〔2020〕黔 05 行终 90 号

上诉人（一审原告）苏州科恩净化科技有限公司，住所地（略）。

法定代表人谭某。

委托代理人李某。

委托代理人杜某。

被上诉人（一审被告）纳雍县财政局，住所地（略）。

负责人王某。

委托代理人莫某。

委托代理人郭某。

被上诉人(一审被告)毕节市人民政府,住所地(略)。

法定代表人张某。

委托代理人杨某。

委托代理人邓某。

一审第三人深圳市尚荣医用工程有限公司,住所地(略)。

法定代表人张某。

一审第三人上海东健净化有限公司,住所地(略)。

法定代表人丁某。

一审第三人纳雍县人民医院,住所地(略)。

法定代表人王某。

委托代理人唐某。

委托代理人彭某。

一审第三人贵州鹏业国际机电设备招标有限公司,住所地(略)。

法定代表人陶某。

委托代理人秦某。

委托代理人贾某。

上诉人苏州科恩净化科技有限公司(以下简称科恩公司)诉被上诉人纳雍县财政局、毕节市人民政府(以下简称毕节市政府)及一审第三人深圳市尚荣医用工程有限公司(以下简称尚荣公司)、上海东健净化有限公司(以下简称东健公司)、纳雍县人民医院(以下简称纳雍县医院)、贵州鹏业国际机电设备招标有限公司(以下简称鹏业公司)政府采购投诉处理及行政复议一案,已由毕节市七星关区人民法院于 2019 年 7 月 23 日作出〔2019〕黔 0502 行初 31 号行政判决。科恩公司不服,向本院提起上诉。本院受理后,依法组成合议庭,并于 2020 年 4 月 15 日通知各方当事人听取意见。本案现已审理终结。

一审判决查明,2018 年 9 月,鹏业公司受纳雍县医院委托,就纳雍县医院采购整体搬迁建设项目医疗洁净系统工程(项目编号:93－ZC2018－1－253 号)进行公开招标,尚荣公司、东健公司、科恩公司等公司参加了该采购项目的投标,经评审,中标公告显示第一中标人为尚荣公司,第二名为东健公司,科恩公司认为尚荣公司、东健公司在本次投标中采用的产品不符合招标文件要求,于 2018 年 10 月 15 日向采购人纳雍县医院、招标代理机构鹏业公司提出质疑:认为在项目招标文件中有很多专用设备技术参数,经市场了解和调查,尚荣公司、东健公司投标所采用的产品不符合招标义件要求,由于是电子投标,除评标专家以外的人员无法了解文件细节,因此尚荣公司、东健公司提供虚假参数应对电子投标,请求重新审查所有投标文件及相应的技术参数。2018 年 10 月 16 日,纳雍县医院与鹏业公司对科恩公司提出的质疑作出《答复函》予以答复,认为评标委员会是根据招标文件的要求及投标文件的应答情况在评标现场进行综合评价,科恩公司对所质疑的问题没有提供事实依据作为证明支撑材料,均是主观猜测判断,其质疑的问题不成立。2018 年 10 月 17 日,科恩公司不服纳雍县医院与鹏业公司作出的《答复函》,向纳雍县财政局提出投诉,请求对投诉事项进行审查核实,并要求调取评标现场监控录像音频,严格查询评标过程是否做到了公平、公正、公开,其投诉事项为：1.该项目采购预算为47 197 683.59元,第一中标人投标报价39 397 813.49元,比预算低了780万元,这无疑使采购的工程材料和设备满足不了采购人的需求,降低了整个工程质量,为今后的使用埋下了隐患;2.此次采购项目中对专用设备有详细的技术参数要求,投标人必须获得相应生产厂家的销售授权及详细的技术资料才能参加投标,经投诉人市场调查,相应设备生产厂家有连云港佑源、特锐、上海医达、上海派克斯、新华医疗、山东乐康、上海应成、上海医疗器械厂等多个厂家,但第一中标人均未提供以上厂家授权资料,因此中标产品参数可能不满足招标文件要求,存在虚假应标现象;3.针对招标文件的评分标准,科恩公司按照招标文件要求优化方案,对节能运行、装修材料等各方面一一优化设计;4.招标文件规定评标工作接受财政、监察、审计等部门的监督,但由于该项目是电子招标,均无纸质文件,为提供虚假资料造就了机会,评标结果上显示没有监督单位参与评标并在评标结果上签字确认,评标过程显失公平、公正。纳雍县财政局受理科恩公司投诉后,经审查认为招标文件并未要求投标人需获得相应生产厂家的销售授权书以及技术资料才能参加投标,且监督单位不参与评标,于2018年10月30日作出《政府采购供应商投诉处理决定书》(编号:2018003),认定科恩公司的投诉缺乏事实依据,所投诉事项不成立,决定驳回其投诉。科恩公司不服纳雍县财政局作出的《政府采购供应商投诉处理决定书》,于2018年11月14日向毕节市政府提出行政复议,请求撤销纳雍县财政局作出的《政府采购供应商投诉处理决定书》(编号:2018003)及确认尚荣公司中标无效、东健公司的投标行为无效,毕节市政府经审查认为科恩公司质疑、投诉的事项无事实根据,于2019年1月10日作出毕府行复决字〔2018〕118号《行政复议决定书》,对纳雍县财政局作出的《政府采购供应商投诉处理决定书》(编号:2018003)予以维持。科恩公司于2019年1月24日向毕节市七星关区人民法院提起行政诉讼,请求撤销纳雍县财政局作出的2018003号《政府采购供应商投诉处理决定书》及毕节市政府作出的毕府行复决字〔2018〕118号《行政复议决定书》,并责令纳雍县财政局重新作出投诉处理决定。本案审理中,科恩公司于2019年5月6日提交《增加诉讼请求申请书》,申请增加诉讼请求:确认尚荣公司中标无效、东健公司投标无效,确认纳雍县医院采购整体搬迁建设项目医疗洁净系统工程招标评审无效。

另查明,山东新华医疗器械股份有限公司、上海医达医疗器械有限公司、宁波欧尼克科技有限公司、青岛海信医疗设备股份有限公司等制造商均向深圳市尚荣医用工程有限公司出具了销售授权函。

一审法院认为,《中华人民共和国政府采购法》第十三条第一款:"各级人民政府财政部门是负责采购监督管理的部门,依法履行对政府采购活动的监督管理职责。"《政府采购质疑和投诉办法》第五条第二款:"县级以上各级人民政府财政部门(以下简称财政部门)负责依法处理供应商投诉。"根据上述规定,纳雍县财政局具有对涉案采购活动的监督管理职责,有权对科恩公司的投诉作出处理决定。《中华人民共和国政府采购法实施条例》第五十五条:"供应商质疑、投诉应当有明确的请求和必要的证明材料。供应商投诉的事项不得超出已质疑事项的范围。"《政府采购质疑和投诉办法》第二十条:"供应商投诉的事项不得超出已质疑事项的范围,但基于质疑答复内容提出的投诉事项除外。"本案中,科恩公司于2018年10月15日提出的质疑中,并未对投标报价过低产生的影响、科恩公司是否按评分标准优化方案、评标活动没有监督单位参与及在评标结果签字确认、评标活动现场是否做到公平公正等事项进行质疑,依照前述规定,科恩公司向纳雍县财政局提起投诉也不应涉及前述投标报价过低等项内容,故科恩公司的相应主张不成立,同理,本案审理中科恩公司申请增加诉请不仅不符合《最高人民法院关于适用的解释》第七十条"起诉状送达被告后,原告提出新的诉讼请求的,人民法院不予准许,但有正当理由的除外"的规定,其申请增加的诉讼请求也不符合前述法律规定,故本院不予准许。关于科恩公司提出质疑的尚荣公司及东健公司投标时未取得生产厂家的销售授权,针对很多专用设备提供了虚假技术参数,产品不符合招标文件要求的技术参数的问题,科恩公司并未提交证据予以证实,且与本院查明的事实不符,其所质疑事项无事实根据,本院不予支持。综上,纳雍县财政局作出的《政府采购供应商投诉处理决定书》(编号:2018003)事实清楚,程序合法,适用法律、法规正确。毕节市政府在受理科恩公司的复议申请后,依法履行了立案受理、发送答复通知、通知其他相关当事人参加复议、作出复议决定及送达等法定程序,其作出的《行政复议决定书》符合法定程序、适用法律、法规正确。据此,依照《中华人民共和国行政诉讼法》第六十九条之规定,判决驳回科恩公司的诉讼请求。案件受理费人民币 50.00 元,由科恩公司承担。

科恩公司不服一审判决,向本院提起上诉称:1. 纳雍财政局、毕节市政府违法剥夺了科恩公司的阅卷权,且直至 2019 年 5 月 5 日一审法院才允许科恩公司查阅评审视频等证据,导致科恩公司无法在质疑、投诉、行政复议程序中就尚荣公司和东健公司的投标文件及评审视频的具体内容进行质疑、投诉等,故科恩公司于 2019 年 5 月 6 日向一审法院申请增加诉讼请求,符合《最高人民法院关于适用〈中华人民共和国行政诉讼法〉的解释》第七十条"起诉状副本送达被告后,原告提出新的诉讼请求的,人民法院不予准许,但有正当理由的除外"规定的"有正当理由",但一审法院却以科恩公司在起诉状副本送达后提出为由不予准许,明显系法律适用错误,导致一审诉讼程序错误,应予撤销。2. 尚荣公司在其投标文件中提供了虚假参数,违反了招标文件之规定,评审过程违反法律及招标文件的规定。科恩公司在质疑程序中对投标文件中的虚假参数提出了质疑,且在投诉程序中就虚假参数、缺乏监督等事项提出投诉,以及要求审查评审视频,并在行政复议程序中明确要求撤销投诉处理决定书、确认中标无效、投标无效,故案涉投标文件、评审过程的合法性,属于本案的审理范围。但纳雍财政局、毕节市政府均完全无视尚荣公司提供虚假参数的投标文件、违反法律规定和招标文件规定的评审过程视频,以及科恩公司的请求,且拒绝依法提供案涉投标文件及评审视频供苏州科恩公司审阅,明显违法侵害了科恩公司的阅卷权,致使科恩公司无法在 2019 年 5 月 5 日前审阅投标文件及评审视频,更无法依据投标文件及评审视频的具体内容提出质疑、投诉,甚至申请行政复议,而一审法院却以科恩公司的投诉事项不得超出质疑事项为由作出一审判决,完全无视科恩公司未能针对投标文件及评审视频提出具体的明细的质疑、投诉事项的原因是纳雍财政局、毕节市政府违法侵害科恩公司的阅卷权所致,且将纳雍财政局、毕节市政府的违法行为所导致的不利后果转嫁给科恩公司,故一审判决法律适用错误、程序错误,明显违背了基本的公平原则、司法公正原则。综上,请求二审法院撤销一审判决,改判支持科恩公司的诉讼请求,一、二审案件受理费由雍财政局、毕节市政府承担。

为了支持自己的主张,各方当事人在一审中均向法院提交了证据,并经庭审质证、认证。

现已随案移送至本院。

二审中各方当事人均未向本院提交新证据。

二审经审理查明的事实与一审认定的事实一致。

本院认为,《中华人民共和国政府采购法实施条例》第五十五条:"供应商质疑、投诉应当有明确的请求和必要的证明材料。供应商投诉的事项不得超出已质疑事项的范围。"《政府采购质疑和投诉办法》第二十条:"供应商投诉的事项不得超出已质疑事项的范围,但基于质疑答复内容提出的投诉事项除外。"本案中,科恩公司提出质疑和投诉,应当有明确的请求和必要材料,且其投诉的范围不应当超过质疑的范围。科恩公司基于其已取得相关设备的独家授权,于2018年10月15日对尚荣公司及东健公司提供的专用设备技术参数提出质疑,故科恩公司向纳雍县财政局提起的投诉不应当超过其质疑的范围。在纳雍县财政局调查核实后,以科恩公司之投诉缺乏事实依据、投诉事项不成立为由驳回投诉符合法律规定,故科恩公司的相应主张不成立。同时,根据《最高人民法院关于适用〈中华人民共和国行政诉讼法〉的解释》第七十条"起诉状副本送达被告后,原告提出新的诉讼请求的,人民法院不予准许,但有正当理由的除外"之规定,科恩公司在一审起诉状副本送达纳雍县财政局、毕节市政府后申请增加诉讼请求,不符合法律规定。针对其主张其增加诉讼请求是基于其未能阅卷,无法及时提出诉讼请求的理由,根据法律规定,提出质疑、投诉的供应商对其质疑、投诉事项应当具备必要证明材料,且投诉事项不得超过质疑事项的范围,故对其在质疑阶段未提交证明材料予以佐证且在质疑阶段未提出质疑的事项,在诉讼阶段提出相应诉请的,不属于《最高人民法院关于适用的解释》第七十条规定的"正当理由",亦不属于本案审查范围,故本院对其该项理由不予支持。综上,纳雍县财政局针对科恩公司提出的投诉请求依法审查后作出的《政府采购供应商投诉处理决定书》(编号:2018003)及毕节市政府作出的毕府行复决字〔2018〕118号《行政复议决定书》事实清楚,程序合法,适用法律、法规正确。一审法院根据查明的事实判决驳回科恩公司的诉讼请求,该判决认定事实清楚,适用法律正确,依法应予维持。科恩公司的上诉理由不成立,本院不予支持。另,一审判决书第十页倒数第九行"但第一中标人均为提供以上厂家授权资料"部分存在笔误,应为"但第一中标人均未提供以上厂家授权资料",本院予以纠正。据此,依照《中华人民共和国行政诉讼法》第八十九条第一款第(一)项之规定,判决如下:

驳回上诉,维持原判。

二审案件受理费50.00元,由上诉人苏州科恩净化科技有限公司负担。

本判决为终审判决。

审　判　长　陆　川
审　判　员　赵　娟
审　判　员　黄塑希
二○二○年五月七日
法官助理　洪运佳
书　记　员　蒋　琼

大连三昂医疗设备有限公司
与辽宁省大连市甘井子区
财政局政府采购（招投标）投诉处理决定案

【案件提要】

本案是对采购过程、采购结果的投诉处理决定提起行政诉讼的案例。涉案采购项目发布中标公告，确定和安公司中标。三昂公司提出质疑、投诉，认为和安公司中标产品不符合采购文件技术条款的要求。财政部门经书面审查后，认为投诉缺乏事实依据，决定驳回投诉。三昂公司提起本案诉讼。一审法院经审理认为，财政部门通过审查招标采购文件，被投诉人和其他与投诉事项有关的当事人提交的书面出说明及相关材料，以及原评标重新审阅认定"完全满足招标文件的要求"的意见等情况作出处理决定，事实清楚，证据充分，程序合法、适用法律正确。二审法院经审理认为，财政部门对三昂公司的投诉事项没有进行实质调查、核实，只是要求中标人和安公司答复和说明，并以此为依据作出说明。而和安公司并没有提交案涉产品的技术资料或说明及厂家工程师和专业人士评估报告，此前在采购过程中也没有提供技术资料，故和安公司提交的书面答复和承诺说明只是单方陈述，财政部门对三昂公司的投诉所涉问题进行书面审查，没有进行客观尽职调查，以便明确是否存在技术条款不符合招标文件要求的虚假应标问题，而径行驳回投诉，该行政行为确有不妥。考虑到采购合同已经履行完毕，且履行阶段如果设备不符合要求也不是本案的审理范围，故判决撤销一审判决，确认财政部门作出驳回投诉的处理决定违法。

【判决正文】

辽宁省大连市中级人民法院
行政判决书

〔2020〕辽 02 行终 408 号

上诉人（一审原告）大连三昂医疗设备有限公司，住所地（略）。
法定代表人翟某。
委托代理人劳某。
被上诉人（一审被告）大连市甘井子区财政局，住所地（略）。
负责人宋某。

委托代理人姚某。

委托代理人叶某。

一审第三人大连市甘井子区卫生健康局,住所地(略)。

负责人王某。

委托代理人董某。

一审第三人辽宁和安华世科技有限公司,住所地(略)。

法定代表人方某。

委托代理人何某。

委托代理人付某。

一审第三人大连中远招标代理有限公司,住所地(略)。

法定代表人杨某。

委托代理人袁某。

上诉人大连三昂医疗设备有限公司(以下简称三昂公司)因与被上诉人大连市甘井子区财政局(以下简称甘区财政局)、一审第三人大连市甘井子区卫生健康局(以下简称甘区卫生局)、一审第三人辽宁和安华世科技有限公司(以下简称和安公司)、一审第三人大连中远招标代理有限公司(以下简称中远公司)政府采购处理决定纠纷一案,不服大连市沙河口区人民法院〔2019〕辽0204行初122号行政判决,向本院提起上诉。本院受理后依法组成合议庭公开开庭审理了本案。上诉人三昂公司的委托代理人劳某,被上诉人甘区财政局的委托代理人姚某、叶某,一审第三人甘区卫生健康局的委托代理人董某、一审第三人和安公司的委托代理人付某、一审第三人中远公司的委托代理人袁某出庭参加了诉讼。本案现已审理终结。

一审法院认定,2019年3月6日,甘区卫健局作为招标人委托中远公司对甘井子区医疗卫生健康中心项目——医疗设备采购(三)进行公开招标,并发布项目编号为DLZY-2018-0403-03招标文件,招标内容为:"A包:高档彩色多普勒超声波诊断仪(全身机);B包:高档全数字化彩色多普勒超声诊断系统(心脏);C包:高档实时四维彩色多普勒超声波;D包:高档全数字化彩色多普勒超声诊断系统(浅表小器官)。"招标文件载明了各项目需要及技术要求。本案行政争议涉及招标项目A包,三昂公司、和安公司参与竞标。2019年4月11日,大连市政府采购网发布甘井子区医疗卫生健康中心项目——医疗设备采购(三)A、B、C包中标公告,确定A、B、C包的中标单位均为和安公司。

2019年4月12日,三昂公司作为供应商对甘井子区医疗卫生健康中心项目——医疗设备采购(三)A包的采购结果向中远公司提出书面质疑,质疑和安公司提供的中标飞利浦Affiniti50彩超不符合招标文件中A包"一、项目需求及技术要求"项下的"★1.28"、"★1.3"、"★6.1"和"★8.11"4项技术条款要求,是虚假应标,请求:废除和安公司A包中标资格,并追究其相应的法律责任;要求和安公司提供生产商飞利浦公司盖印的技术白皮书,并逐条对以上4项★号技条款作出实质对应,由生产商飞利浦公司作出是否符合以上4项★号条款的文件说明;要求和安公司提供所投产品(飞利浦Affiniti50)的实物,实际操作演示是否符合以上4项★号技术条款。

2019 年 4 月 18 日，中远公司对三昂公司作出《政府采购质疑答复》，主要内容为：经审查，中标供应商和安公司投标文件对于质疑的条款均为满足招标文件的要求，经向和安公司发函要求说明，和安公司对质疑内容提交了书面答复，承诺投标产品符合招标文件要求。综上，三昂公司质疑事项缺乏事实依据，根据《政府采购质疑和投诉办法》第十六条第一款，质疑不成立。

2019 年 4 月 30 日，三昂公司向甘区财政局就 A 包项目提交投诉书，投诉事项为：1. A 包中标单位和安公司虚假应标；2. 中远公司的《政府采购质疑答复》依据的法律条款错误。投诉请求：废除和安公司 A 包的中标资格，并追究其相应的法律责任；要求和安公司提供生产商飞利浦公司盖印的技术白皮书（技术规格书），并逐条对招标文件中 A 包"一、项目需求及技术要求"项下的"★1.28、★1.3、★6.1、★8.11"4 项★号技术条款作出实质对应，由生产商飞利浦公司作出是否符合以上 4 项★号条款的文件说明；要求和安公司提供所投产品（飞利浦 Affiniti50）的实物，实际操作演示是否符合以上 4 项★号技术条款；废除中远公司《政府采购质疑答复》；按照质疑函（2019 年 4 月 12 日送）的要求办理。

2019 年 4 月 30 日、2019 年 5 月 5 日，甘区财政局分别向甘区卫健局以及和安公司、中远公司送达《政府采购投诉答复通知书》及投诉书副本，要求 5 个工作日内就三昂公司的上述投诉事项提交书面说明，并提交相关证据。

2019 年 5 月 7 日，和安公司作出《应诉函》，具体答复中标设备优于或符合案涉投诉的 4 项技术条款。

2019 年 5 月 8 日，甘区卫健局对甘区财政局作出《关于甘井子区医疗卫生健康中心项目-医疗设备采购（三）A 包的情况说明》，就案涉采购项目基本情况以及案涉质疑处理情况进行说明，并将和安公司向甘区卫健局《承诺函》一并提交给甘区财政局，该函中，和安公司承诺其公司案涉采购项目 A 包、B 包、C 包投标产品经专业人士评估主要参数符合招标文件需求，全面响应招标文件标准，如公司存在虚假应标，满足不了招标文件要求及临床使用，公司将承担所有法律责任。

2019 年 5 月 9 日，中远公司向甘区财政局作出两份《关于甘井子区医疗卫生健康中心项目——医疗设备采购（三）A 包的情况说明》，对项目基本情况、案涉质疑处理情况以及三昂公司投诉《政府采购质疑答复》法律依据错误问题进行说明，同时将和安公司于 2019 年 4 月 16 日就三昂公司质疑作出的《应诉函》一并提供给甘区财政局。

2019 年 5 月 15 日，和安公司对甘区财政局作出《政府采购投诉答复》和《承诺说明》，具体答复并承诺中标设备优于或符合案涉投诉的 4 项技术条款。

2019 年 5 月 22 日，中远公司组织原评标委员会在大连市公共资源交易中心对甘井子区医疗卫生健康中心项目——医疗设备采购（三）A 包项目进行复会，对和安公司的投标文件重新进行审阅，结果为：和安公司的投标文件完全满足招标文件的要求。

2019 年 6 月 3 日，甘区财政局作出甘财采诉〔2019〕5 号《政府采购投诉处理决定书》，主要内容如前所述，并于 2019 年 6 月 3 日向甘区卫健局送达，于 2019 年 6 月 4 日向三昂公司、中远公司、和安公司送达。

一审法院认为，《中华人民共和国政府采购法》第十三条第一款规定，各级人民政府财政部门是负责政府采购监督管理的部门,依法履行对政府采购活动的监督管理职责。根据《政府采购质疑和投诉办法》第五条第二款、第六条第一款规定,县级以上各级人民政府财政部门负责依法处理供应商投诉。供应商投诉按照采购人所属预算级次,由本级财政部门处理。根据上述规定,甘区财政局作为采购人甘区卫健局本级财政部门,作出案涉政府采购投诉处理决定,具备法定职权。根据《政府采购质疑和投诉办法》第二十一条第四项、第二十二条规定,投诉符合规定,财政部门自收到投诉书之日起即为受理,并在收到投诉后8个工作日内向被投诉人和其他与投诉事项有关的当事人发出投诉答复通知书及投诉书副本。被投诉人和其他与投诉事项有关的当事人应当在收到投诉答复通知书及投诉书副本之日起5个工作日内,以书面形式向财政部门作出说明,并提交相关证据、依据和其他有关材料。第二十三条规定,财政部门处理投诉事项原则上采用书面审查的方式。财政部门认为有必要时,可以进行调查取证或者组织质证。财政部门可以根据法律、法规规定或者职责权限,委托相关单位或者第三方开展调查取证、检验、检测、鉴定。质证应当通知相关当事人到场,并制作质证笔录。本案中,甘区财政局收到三昂公司投诉后,经查阅招标采购文件,向被投诉人和其他与投诉事项有关的当事人发出投诉答复通知书及投诉书副本。甘区卫健局、中远公司、和安公司作为被投诉人和其他与投诉事项有关的当事人以书面形式向财政部门作出说明,并提交相关材料。原评标委员会依据招标文件和投标文件,对中标公司的投标文件进行重新审阅,认定其完全满足招标文件的要求。根据《中华人民共和国招标投标法》第三十七条的规定,评标委员会的成员是由招标人的代表和有关技术、经济等方面的从事相关领域工作满8年并具有高级职称或者具有同等专业水平的专家组成,并排除相关利害关系人。因此,评标委员会作出的具有专业性的报告,具有证明效力。甘区财政局根据上述审查情况作出案涉政府采购投诉处理决定,事实清楚,证据充分,程序合法、适用法律正确。三昂公司认为甘区财政局在处理投诉过程中应通知三昂公司及各方当事人进行质证、进行鉴定等程序,而依照上述办法第二十三条的规定,财政部门处理投诉事项原则上采用书面审查的方式,检验、检测、鉴定或者组织质证不是法定必经程序。三昂公司提供英文的 PhilipsAffiniti50 文件,证明和安公司投标产品不符合招标技术条款,但三昂公司提供的上述英文文件并非和安公司的投标文件。此外,本案是对甘区财政局作出案涉政府采购投诉处理决定的合法性进行审查,政府采购合同的履行并不属于本案审查范围,亦不能以合同履行中的情况倒推前期招投标及监督管理的情况,故三昂公司向本院提出的法院现场查看设备进行实测,调取中标设备验收中的相关资料,传唤验收组成员作证以及法院与设备生产商联系核实案涉设备是否符合招标技术要求等申请,本院不予准许。三昂公司申请和安公司提供的2018年相关医疗设备采购中的投标书,亦不能证明案涉投标情况,与本案无关,本院亦不准许。综上,依照《中华人民共和国行政诉讼法》第六十九条的规定,判决驳回三昂公司的诉讼请求。案件受理费50元(三昂公司已预交),由三昂公司负担。

三昂公司上诉称,请求依法撤销一审判决,查清事实后改判支持三昂公司的诉讼请求或者发回重审。事实与理由,本案的基本事实是三昂公司质疑和投诉的和安公司中标彩超4项技术条款是否符合招标文件的要求和2018年采购活动中和安公司投标的彩超是否与本案中标彩超为同一彩超。中标彩超的技术白皮书或原物,用以对照和比对中标彩超的4项技术条款不符合招标文件要求。《复会报告》与三昂公司的投诉事项不具有关联性,对于查明三昂公司质疑和投诉问题不具有任何证明力。《复会报告》复会过程概述为:针对质疑,评标委员会依据招标文件要求,对和安公司投标文件重新进行了审阅。结果是"完全符合招标文件"。评标委员会应将投标书该4项响应条款与招标设备自带的技术资料相对照,从而辨别虚实真假。招标委员会用被质疑的投标文件与招标文件对照,等于不审查就认可了投标文件的真实性。甘区财政局委托招标代理机构组织复会,没有采取必要的回避措施。一审法院查明事实的其他证据包括招标文件、甘区卫健局、中远公司、和安公司的答复、说明、自我《承诺函》,均属当事人主观辩解。对于客观证明质疑投诉事实的证据如书证、技术资料、调查质证、现场检验检测等均没有搜集。甘区财政局未要求甘区卫生局、中远公司、和安公司提交与质疑投诉的相关证据材料且接受逾期答复应属行政行为程序违法。《政府采购质疑和投诉办法》第二十二条规定:"被投诉人和其他与投诉事项有关的当事人应当在收到投诉答复通知书及投诉书副本之日起5个工作日内,以书面形式向财政部门作出说明,并提交相关证据、依据和其他有关材料。"和安公司不仅均逾期提交答复材料,而且甘区卫生局、中远公司、和安公司除提交《应诉函》《承诺说明》和《情况说明》外,未提交任何证据材料。一审法院认为甘区卫生局对质疑投诉无须调查质证、检测检验和鉴定只须书面审查应属适用法律错误。《政府采购质疑和投诉办法》第二十三条规定:"财政部门处理投诉事项原则上采用书面审查的方式。财政部门认为有必要时,可以进行调查取证或者组织质证。财政部门可以根据法律、法规规定或者职责权限,委托相关单位或者第三方开展调查取证、检验、检测、鉴定。质证应当通知相关当事人到场,并制作质证笔录。质证笔录应当由当事人签字确认。"

甘区财政局辩称,不同意三昂公司的上诉请求。甘区财政局在处理投诉中以书面审核为原则,检验检测、鉴定或组织质证不是法定必经程序。三昂公司在上诉状中提出的和安公司在2018年其他招标标段中响应情况与本案无关,也未在甘区财政局处理本案投诉过程中将该情况作为证据进行提供。政府采购合同的履行并不属于本案审查范围,亦不能以合同履行中的情况倒推前期招投标及监督管理的情况。三昂公司要求和安公司提供中标产品的所谓厂商技术白皮书,但招标文件根本没有对此作出相关要求,也没有法律法规规定参与投标的供应商必须提供技术规格文件。由原评标委员会进行复会,作出复会报告符合法律规定。根据《政府采购法实施条例》第五十二条"政府采购评审专家应当配合采购人或者采购代理机构答复供应商的询问和质疑"的规定,评标委员会有义务配合政府采购监督管理部门处理投诉事项,原评标委员会就和安公司投标文件进行复会符合法律规定,参与复会的评审专家均符合法定条件,评标委员会作出的具有专业性的报告,应当具有证明力。三昂公司认为甘区财政局必须进行实物演示、组织质证、检验检测和鉴定,没有法律和事实依据。根据《政府采购质疑和投诉办法》第二十三条"财政部门处理投诉事项原则上采用书面审查的方式"的规定,财政部门在审理政府采购投诉时是以书面审查为原则,检验、检查、鉴定或者组织质证不是法定必经程序。甘区财政局受理投诉后要求相关第三人进行了答复并要求评标委员会进行复会,并通过书面审查的方式,对该投诉事项进行了审查,甘区财政局认为根据上述查明的材料,就采购阶段的事实已经能够查清。三昂公司提交的该技术白皮书没有任何厂家加盖的印章,而且该白皮书制作的时间为 2016 年,不能证明就是和安公司所投产品的技术白皮书。甘区财政局处理案涉政府采购投诉的行政程序合法,也不存在逾期接收答复的情况根据《政府采购质疑和投诉办法》第二十九条:"投诉处理过程中,有下列情形之一的,财政部门应当驳回投诉:(二)投诉事项缺乏事实依据,投诉事项不成立"的规定,甘区财政局于 2019 年 6 月 3 日作出《决定书》后,依法送达给三昂公司,并向其告知了救济权利及途径。关于三昂公司提出的关于甘区财政局逾期接收相关第三人答复材料的问题,根据 2019 年国家法定节假日安排情况,5 月 1 日至 4 日为法定节假日,根据甘区财政局做出答复通知的时间应当是 4 月 30 日,因此,相关第三人答复的期限应当自 5 月 5 日开始计算,相关第三人的答复均在法定期限内。即使认为和安公司于 5 月 15 日以自身名义向甘区财政局作出的答复存在逾期,但甘区卫健局及中远公司答复附件中所附的和安公司应诉材料也均在法定期限内。

甘区卫生健康局辩称,同意甘区财政局意见,没有其他意见。

和安公司辩称,同意甘区财政局意见,没有其他意见。

中远公司辩称,同意甘区财政局意见,没有其他意见。

本院经审理查明的事实与一审判决认定的事实一致,本院予以确认。

另查,甘区财政局于 2019 年 6 月 3 日作出甘财采诉〔2019〕5 号政府采购投诉处理决定,主要内容为:受理投诉后,本局对投诉人提交的投诉书、被投诉人及相关供应商针对投诉而提交的书面答复、本项目招标文件、供应商的投标文件、评审报告等有关材料进行了书面审查。关于投诉事项的审查情况:投诉事项 1:经审查,本项目招标文件未要求供应商在投标文件中提供生产商加盖公章的技术白皮书(技术规格书)、未要求生产商做出加盖公章的文件说明及所投产品实际操作演示作为判断投标产品是否实质响应招标文件需求的依据。就该产品投诉事项的审查情况:(1)中标人的投标文件对"具有非多普勒技术原理的二维灰阶血流显像功能"偏离说明为响应招标参数;(2)中标人的投标文件对"具有耦合剂加热装置"偏离说明为响应招标参数;(3)中标人的投标文件对"监视器:≥23″高分辨率液晶监视器"偏离说明为响应招标参数;(4)中标人的投标文件对"腹部探头最大扫描深度≥33 cm(要求附图)"偏离说明为优于招标参数。中标人向本局提交的说明材料显示,中标产品满足招标文件关于"具有非多普勒技术原理的二维灰阶血流显像功能""具有耦合剂加热装置""监视器:≥23″高分辨率液晶监视器""腹部探头最大扫描深度≥33 cm(要求附图))"的要求,并提供了书面承诺。审查期间,就此投诉事项评标委员会进行了复议,和安公司的投标文件中对"具有非多普勒技术原理的二维灰阶血流显像功能""具有耦合剂加热装置""监视器:≥23″高分辨率液晶监视器""腹部探头最大扫描深度≥33 cm(要求附图)"的应答符合招标文件要求。投诉事项 2:经审查,中远公司对投诉人质疑的答复结果是"质疑不成立",依据的是《政府采购质疑投诉办法》第十六条第一款的规定。该条款属于质疑处理结果的依据。综上,投诉事项 1、2 缺乏事实依据。根据以上调查结果,本局认为投诉人的投诉缺乏事实依据,根据《政府采购质疑和投诉办法》(财政部令第 94 号)第二十九条第二项的规定,处理决定如下:驳回三昂公司的投诉。

另查,和安公司答复:一、投诉事项:★1.28 具有非多普勒技术原理的二维灰阶血流显像功能,即除外彩色血流模式和能量图模式的第三种血流显示模式,能直接提取微弱的血细胞回声进行成像,实时观察血流动力学情况,不遮盖二维,避免彩色叠加和外溢,不受彩色取样框限制,无角色依赖。能够在全视野范围内观察血流动力学信息。答复:飞利浦拥有业界领先的血流技术,只使用彩色,能量模式就可以达到对微小血管的显示和速度测量,敏感度高,时间分辨率号,对深部血流显示优势显示,完全满足临床需求,在穿透力方面优势于招标项目临床实用性。结论:此设备该功能优于招标参数。二、投诉事项:★1.3 具有耦合剂加热装置答复:满足参数要求,可配备耦合剂加热装。三、投诉事项:★6.1 监视器:≥23″高分辨率液晶监视器。答复:飞利浦监视器直径是 23″高分辨率液晶显示器,满足投标条件。四、投诉事项:★8.11 腹部探头最大扫描深度≥33 cm(要求附图)答复:此设备最大穿透深度为 40 cm,完全符合并优于招标参数。

和安公司承诺说明:1. ★1.28 具有非多普勒技术原理的二维灰阶血流显像功能,即除外彩色血流模式和能量图模式的第三种血流显示模式,能直接提取微弱的血细胞回声进行成像,实时观察血流动力学情况,不遮盖二维,避免彩色叠加和外溢,不受彩色取样框限制,无角度依赖。能够在全视野范围内观察血流动力学信息。2. ★1.3 具有耦合剂加热功能。3. ★6.1 监视器:≥23″高分辨率液晶监视器。4. ★8.11 腹部探头最大扫描深度≥33 cm(要求附图)。我司所投设备均为世界第一品牌飞利浦。关于相关投诉问题,经过飞利浦厂家工程师和专业人士认真评估后,再次认定我们投标产品的主要参数符合招标文件需求,全面响应招标文件标准。因此我公司郑重承诺,如果我司本次招标参数上存在虚假应标,满足不了招标文件要求及临床使用,我公司承担所有法律责任。

另查,案涉招投标项目已经签订合同并履行完毕。

本院认为,根据《中华人民共和国政府采购法》第十三条第一款规定,各级人民政府财政部门是负责政府采购监督管理的部门,依法履行对政府采购活动的监督管理职责。根据《政府采购质疑和投诉办法》第五条第二款、第六条第一款规定,县级以上各级人民政府财政部门负责依法处理供应商投诉。供应商投诉按照采购人所属预算级次,由本级财政部门处理。甘区财政局作为采购人甘卫健局本级财政部门,具有作出案涉政府采购投诉处理决定的法定职权。

根据《政府采购质疑和投诉办法》第二十三条规定:"财政部门处理投诉事项原则上采用书面审查的方式。财政部门认为有必要时,可以进行调查取证或者组织质证。财政部门可以根据法律、法规规定或者职责权限,委托相关单位或者第三方开展调查取证、检验、检测、鉴定。质证应当通知相关当事人到场,并制作质证笔录。质证笔录应当由当事人签字确认。"甘区财政局在受理三昂公司的投诉后,分别向甘区卫健局、中远公司、和安公司送达《政府采购投诉答复通知书》及投诉书副本,要求 5 个工作日内就三昂公司的上述投诉事项提交书面说明。甘区卫健局关于甘井子区医疗卫生健康中心项目——医疗设备采购(三)A 包的情况说明及中远公司的两份关于甘井子区医疗卫生健康中心项目——医疗设备采购(三)A 包的情况说明中,就三昂公司投诉的 A 包中标单位和安公司虚假应标,和安公司提供的中标飞利浦 Affiniti50 彩超不符合招标文件中 A 包"一、项目需求及技术要求"项下的"★1.28""★1.3""★6.1"和"★8.11"4 项技术条款要求等问题,没有进行实质调查、核实,只是要求和安公司答复和说明，并以此为依据作出说明。和安公司只提交书面的答复和说明，没有提交案涉飞利浦 Affiniti50 彩超的技术资料或说明及飞利浦厂家工程师和专业人士评估报告，此前招标过程中也没有提供技术资料。和安公司提交的书面答复和承诺说明对飞利浦 Affiniti50 彩超是否符合"★1.28""★1.3""★6.1"和"★8.11"4 项技术条款要求的答复部分不一致，而且只是单方陈述。甘区财政局在上述情况下，对三昂公司投诉的和安公司虚假应标、案涉中标的飞利浦 Affiniti50 彩超不符合"★1.28""★1.3""★6.1"和"★8.11"4 项技术条款要求等问题进行书面审查，没有进行客观尽职调查，以便明确是否存在技术条款不符合招标文件要求的虚假应标问题，而径行驳回投诉，该行政行为确有不妥。考虑到本案案涉招标项目已经履行完毕，撤销甘区财政局 2019 年 6 月 3 日作出的甘财采诉〔2019〕5 号政府采购投诉处理决定并重新作出已经没有实质意义，而且履行阶段如果设备不符合要求也不是本案的审理范围。鉴于以上，本案确认甘区财政局 2019 年 6 月 3 日作出的甘财采诉〔2019〕5 号政府采购投诉处理决定违法，但不予撤销。综上，三昂公司的上诉请求成立，本院予以支持。一审判决认定事实基本清楚，适用法律错误，本院予以纠正。依照《中华人民共和国行政诉讼法》第七十四条第二款第一项、第八十九条第一款第（二）项之规定，判决如下：

一、撤销大连市沙河口区人民法院〔2019〕辽 0204 行初 122 号行政判决；

二、确认被上诉人大连市甘井子区财政局 2019 年 6 月 3 日作出的甘财采诉〔2019〕5 号政府采购投诉处理决定违法。

一审案件受理费人民币 50 元，二审案件受理费人民币 50 元，合计 100 元，由被上诉人大连市甘井子区财政局负担。

本判决为终审判决。

审 判 长 车兆东

审 判 员 李 健

审 判 员 徐建海

二〇二〇年九月八日

书 记 员 苏 锐

杭州村口环保科技有限公司与杭州市临安区财政局、杭州市临安区人民政府政府采购(招投标)投诉处理决定、行政复议决定案

【案件提要】

本案是对采购结果的投诉处理决定提起行政诉讼的案例。涉案采购项目发布中标公告,村口环保公司对质疑答复不满,向财政部门投诉,认为中标人实际并没有招标文件要求的垃圾分类示范小区案例,但其通过不正当手段获取虚假协议,以谋取中标,要求财政部门进行调查。财政部门经向有关单位发函调查后,认为投诉缺乏事实依据,决定驳回投诉。经复议后,村口环保公司提起本案诉讼。法院经审理认为,财政部门收到投诉后,通过向有关单位正式发函等方式调查取证,未发现中标人存在通过不正当手段获取虚假协议,谋取中标的行为。故财政部门认定投诉缺乏事实根据,作出驳回投诉的处理决定,认定事实清楚,内容合理、程序合法。

【判决正文】

浙江省杭州市中级人民法院
行政判决书

〔2020〕浙 01 行终 495 号

上诉人(一审原告)杭州村口环保科技有限公司,住所地(略)。
法定代表人陈某。
委托代理人来某、盛某。
被上诉人(一审被告)杭州市临安区财政局,住所地(略)。
法定代表人张某。
委托代理人洪某。
被上诉人(一审被告)杭州市临安区人民政府,住所地(略)。
法定代表人杨某。
委托代理人蒋某。
委托代理人黄某。
被上诉人(一审第三人)浙江浙耀建设咨询有限公司,住所地(略)。

法定代表人来某。

被上诉人(一审第三人)杭州舞环科技有限公司,住所地(略)。

法定代表人王某。

委托代理人陈某。

上诉人杭州村口环保科技有限公司(以下简称村口环保公司)因财政行政监督及行政复议一案,不服浙江省杭州市富阳区人民法院〔2020〕浙0111行初5号行政判决,向本院提起上诉。本院于2020年6月24日受理后,依法组成合议庭审理了本案。现已审理终结。

杭州市临安区财政局(以下简称临安区财政局)于2019年7月24日向村口环保公司作出临财采决〔2019〕第001号《处理决定书》,就村口环保公司向临安区财政局投诉的"资信及其他分——示范案例评分项中投标单位具有县级及以上主管部门评定为垃圾分类示范小区案例的得4分,而杭州舞环科技有限公司(以下简称舞环公司)实际并没有垃圾分类示范小区案例,通过不正当手段获取虚假协议,以谋取中标"的有关问题作出驳回投诉的决定。村口环保公司不服,向临安区人民政府(以下简称临安区政府)申请行政复议,临安区政府于2019年12月23日作出临政复决〔2019〕49号《复议决定书》,决定予以维持。村口环保公司不服,向一审法院提起诉讼,请求:1.撤销临安区财政局作出的临财采决〔2019〕第001号《处理决定书》;2.撤销临安区政府作出的临政复决〔2019〕49号《复议决定书》;3.本案诉讼费由临安区财政局、临安区政府承担。

一审法院经审理查明:2019年6月14日,村口环保公司因对杭州市临安区商务局再生资源回收项目(采购编号:临〔2019〕540号)中标结果质疑的答复不满向临安区财政局提出投诉,认为"资信及其他分——示范案例评分项中投标单位具有县级及以上主管部门评定为垃圾分类示范小区案例的得4分,而舞环公司实际并没有垃圾分类示范小区案例,通过不正当手段获取虚假协议,以谋取中标",要求临安区财政局进行调查,维护投标人的合法权利。临安区财政局在接到村口环保公司投诉书后,于2019年6月19日受理,经向兴安社区及杭州市市容环境卫生保障中心发函调查,2018年11月1日舞环公司与兴安社区签订《合作协议》。兴安社区回函证实《合作协议》签订后,舞环公司开始进场宣传及内部整编人员;2019年2月,舞环公司正式进驻小区,在小区建立再生资源收集点,开展回收服务。经杭州市市容环境卫生保障中心证实兴安社区圣奥领寓小区通过日常检查及多次随机抽查,被列为"2018年度浙江省高标准生活垃圾分类示范小区名单"。2018年11月舞环公司与社区签订《合作协议》并进驻该小区实施垃圾分类工作,这期间属于"2018年度浙江高标准生活垃圾分类示范小区名单"创建期间。在评标过程中,评标专家依据投标单位提供的书面材料进行审查,认定舞环公司具有示范小区案例,可以予以加分并无不妥。基于上述事实,临安区财政局于2019年7月24日作出临财采决〔2019〕第001号《处理决定书》认为村口环保公司的投诉缺乏事实依据,驳回投诉。村口环保公司不服,于2019年9月24日向临安区政府申请行政复议,经补正,临安区政府于2019年9月30日受理,并于2019年10月8日作出《行政复议答复通知书》,并于同日向临安财政局送达了上述《行政复议答复通知书》。因案情复杂,临安区政府经审批于2019年11月27日延期,并将《行政复议决定延期通知书》于次日分别送达村口环保公司及临安区财政局。2019年12月23日,临安区政府作出《复议决定书》,依据《中华人民共和国行政复议法》第二十八条第一款第(一)项之规定,决定维持临安区财政局作出的《处理决定书》,并分别送达村口环保公司和临安区财政局。村口环保公司不服,提起行政诉讼。另查明,舞环公司与王玉东签订了《家宝兔回收人员平台合作协议》,约定2018年10月18日至2020年10月17日由王玉东负责江干区圣奥领寓小区垃圾分类回收的工作。

一审法院认为:《中华人民共和国政府采购法》第十三条第一款规定:"各级人民政府财政部门是负责政府采购监督管理的部门,依法履行对政府采购活动的监督管理职责。"第五十五条规定:"质疑供应商对采购人、采购代理机构的答复不满意或者采购人、采购代理机构未在规定的时间内作出答复的,可以在答复期满后十五个工作日内向同级政府采购监督管理部门投诉。"《政府采购质疑和投诉办法》第五条第二款:"县级以上各级人民政府财政部门(以下简称财政部门)负责依法处理供应商投诉。"根据前述法律法规的规定,临安区财政局有受理村口环保公司的投诉并依法作出处理的职权。《政府采购质疑和投诉办法》第二十三条第一款规定:财政部门处理投诉事项原则上采用书面审查的方式。财政部门认为有必要时,可以进行调查取证或者组织质证。第二十五条:应当由投诉人承担举证责任的投诉事项,投诉人未提供相关证据、依据和其他有关材料的,视为该投诉事项不成立。第二十九条:投诉处理过程中,有下列情形之一的,财政部门应当驳回投诉:(一)……(二)投诉事项缺乏事实依据,投诉事项不成立……本案中,临安区财政局在收到村口环保公司的投诉事项后,为查证舞环公司是否通过不正当手段获取虚假协议,谋取中标,特向兴安社区及杭州市市容环境卫生保障中心正式发函调查。通过兴安社区的正式《回函》可知,舞环公司与兴安社区确于2018年11月1日正式签订《合作协议》,并在签订协议后即进场宣传及内部整编人员。舞环公司与王玉东签订《家宝兔回收人员平台合作协议》,王玉东从2018年10月18日即开始负责圣奥领寓小区垃圾分类回收工作。从杭州市市容环境卫生保障中心的《关于〈协助调查函〉的回函》可知,杭州市区推进生活垃圾分类收集处置协调小组办公室在评选垃圾分类示范小区时,不仅组织日常检查,更是安排多次随机抽查,所谓随机抽查即不通知社区及公司直接对参选的小区进行垃圾分类等情况的抽查,在多次检查中,圣奥领寓小区各项分类设施到位,分类情况良好,根据综合评分,最终被评为2018年度全市垃圾分类示范小区。故也不存在村口环保公司在《投诉书》中所说"舞环公司只是在2019年2月份放置了一个回收屋,有领导参观就过来讲解一下,平时关门"的情况,村口环保公司亦未能提供其他有效证据证明舞环公司在垃圾分类示范小区评选结束之前在该小区没有进行垃圾分类工作。因此舞环公司不存在通过不正当手段获取虚假协议,谋取中标的行为。临安区财政局认定村口环保公司投诉缺乏事实根据,作出驳回投诉的处理决定,认定事实清楚,内容合理、程序合法,并无不当。根据《中华人民共和国行政复议法》第十二条第一款的规定,村口环保公司以临安区财政局为被申请人提起的行政复议申请,临安区政府具有复议审查的法定职权。临安区政府收到村口环保公司的行政复议申请后,经审查,在法定期限内作出维持临安区财政局作出的临财采决〔2019〕第001号《处理决定书》的复议决定,认定事实清楚,适用法律正确,程序合法。综上,村口环保公司要求撤销被诉《处理决定书》及《复议决定书》缺乏事实和法律依据,不予支持。据此,依照《中华人民共和国行政诉讼法》第六十九条之规定,判决驳回村口环保公司的诉讼请求。案件受理费人民币50元,由村口环保公司负担。

村口环保公司上诉称：一、原行政机关和复议机关未依法对采购项目的合法性进行全面审查，违反了法定程序和正当程序的要求，应依法撤销采购项目或终止运营该项目。二、案涉政府采购项目计划制定、立项、实施均不符合相关法律规定。村口环保公司认为案涉政府采购项目在采购过程中存在以下违法之处：（一）案涉政府采购项目属性错误；（二）案涉政府采购项目的立项违法、施工违法、招标违法；（三）案涉政府采购项目的建设施工违反《城乡规划法》；（四）编制采购文件、确定采购需求未依法征求公众意见属于严重程序违法；（五）采用分散委托中介采购的组织形式违反了政府采购法律法规；（六）供应商严重违约的结果印证了采购过程的违法事实。三、质疑答复、投诉处理及复议过程中均适用法律错误。本案从采购文件编制直到质疑答复、投诉处理及复议过程结束，无论是采购代理机构的质疑答复、原行政机关的投诉处理还是复议机关的复议审理，适用的都是政府采购法及其实施条例第七条以外的规定，而从未适用招标投标法等相关法律法规，这显然属于适用法律错误。四、被诉行政行为及其复议行为均违反法定程序。五、一审判决认定事实和适用法律错误。综上，村口环保公司认为被诉投诉处理决定对案涉政府采购项目的合法性问题认知失察，作出了错误的处理决定，复议机关对此未尽审慎义务，予以维持，一审法院对投诉处理决定以及复议决定存在的错误没有及时纠正。请求：1. 依法判决撤销杭州市富阳区人民法院作出的〔2020〕浙 0111 行初 5 号行政判决书；2. 依法改判撤销临安区政府作出的临政复决〔2019〕49 号《行政复议决定书》；3. 依法改判撤销临安区财政局作出的临财采决〔2019〕第 001 号《政府采购供应商投诉处理决定书》，并责令其重新作出投诉处理决定；4. 本案上诉费由临安区财政局、临安区政府承担。

临安区财政局未提出新的答辩意见。

临安区政府未向本院提交书面答辩意见。

华耀公司未向本院提交书面答辩意见。

舞环公司未向本院提交书面答辩意见。

本院认为，一审法院对证据的采信符合法律规定。

根据予以采信的证据，本院对一审法院查明的事实予以确认。

本院认为，根据《中华人民共和国政府采购法》第十三条、第五十五条及《政府采购质疑和投诉办法》第五条之规定，临安区财政局具有受理村口环保公司的投诉并依法作出处理的职权。

《政府采购质疑和投诉办法》第二十三条第一款规定："财政部门处理投诉事项原则上采用书面审查的方式。财政部门认为有必要时，可以进行调查取证或者组织质证。"第二十五条规定："应当由投诉人承担举证责任的投诉事项，投诉人未提供相关证据、依据和其他有关材料的，视为该投诉事项不成立。"第二十九条规定："投诉处理过程中，有下列情形之一的，财政部门应当驳回投诉：（二）投诉事项缺乏事实依据，投诉事项不成立……"本案中，临安区财政局在收到村口环保公司的投诉后，通过向兴安社区及杭州市市容环境卫生保障中心正式发函等方式调查取证，未发现舞环公司存在通过不正当手段获取虚假协议，谋取中标的行为。村口环保公司的投诉事项缺乏事实根据，投诉事项不成立，临安区财政局据此作出驳回投诉的处理决定，具有事实和法律依据。临安区政府复议予以维持，亦符合法律规定。行政程序亦无不当。村口环保公司提出原行政机关和复议机关应当依法对采购项目的合法性进行全面审查并根据审查确认的采购项目的属性适用法律和程序的上诉理由,缺乏法律依据,本院不予支持。综上,村口环保公司的上诉理由不能成立,其上诉请求本院不予支持。依照《中华人民共和国行政诉讼法》第八十九条第一款第(一)项之规定,判决如下:

驳回上诉,维持原判。

二审案件受理费50元,由上诉人杭州村口环保科技有限公司负担。

本判决为终审判决。

审 判 长　鲍常兰
审 判 员　李　洵
审 判 员　唐莹祺
二○二○年八月三十一日
书 记 员　叶　嘉

重庆旋领商贸有限公司
与重庆两江新区财政局
政府采购（招投标）投诉处理决定案

【案件提要】

本案是对采购文件的投诉处理决定提起行政诉讼的案例。涉案采购项目发布招标公告后，旋领公司认为招标文件设置各种不同的限制条件，将采购产品限制在限制到特定产品范围，限制和排斥供应商，排斥自由竞争，故提出质疑和投诉。财政部门进行调查，认为部分投诉成立，决定中标结果无效，责令重新开展采购活动。旋领公司不服，提起本案诉讼。法院经审理认为，投诉事项中涉及要求厂商提供产品检测报告、售后服务承诺函、质保承诺函并加盖厂家公章，是与投标人所提供货物服务质量相关的评审因素，是为保证供货和获得良好的技术支持及售后服务，于法不悖；涉及要求提供正规质量检测机构出具的检测报告或相关行业的质量检测报告，符合《产品质量法》的有关规定，要求提供加盖厂家公章的检测报告和生产厂家提供质保承诺函是保证产品来源渠道合法及产品质量，要求生产厂家提供售后服务承诺，是确保产品在投入使用后，生产厂家对其产品售后服务的保障。涉及评审因素中商务部分的企业实力部分要求，将投标人具有建筑装修装饰工程、机电安装工程和派出项目负责人具有相应资质纳入评分因素，未将投标人从业人员规模条件作为评审因素，符合该采购项目工程量大的具体特点，与采购项目的实际需要相适应，也与合同履行具有关联，故具有合理性。但是，涉及技术部分要求中"不满足技术部分得0分"的设置实质上已经达到资格要求的效果，属于以不合理条件限制或者排斥潜在供应商；涉及评审因素中商务部分的业绩部分要求，将投标人2017年以来在教育系统的销售业绩纳入评分因素，属于以特定行业的业绩作为加分条件，构成以不合理的条件对供应商实行差别待遇或者歧视待遇。故财政部门作出的处理决定，事实清楚，证据充分，适用法律正确，程序并无不当，判决驳回旋领公司的诉讼请求。

【判决正文】

重庆市渝北区人民法院
行政判决书

〔2020〕渝 0112 行初 97 号

原告重庆旋领商贸有限公司，住所地（略）。

法定代表人谢某。

委托代理人彭某。

被告重庆两江新区财政局,住所地(略)。

法定代表人刘某。

负责人田某。

委托代理人王某。

委托代理人孙某。

第三人重庆两江新区教育局,住所地(略)。

法定代表人陈某。

委托代理人郑某。

第三人重庆市政府采购中心,住所地(略)。

法定代表人刘某。

委托代理人吴某。

第三人重庆两江新区公共资源交易中心,住所地(略)。

法定代表人李某。

委托代理人张某、金某。

原告重庆旋领商贸有限公司(以下简称旋领公司)诉被告重庆两江新区财政局(以下简称两江新区财政局)政府采购投诉处理一案,于 2020 年 1 月 19 日向本院提起行政诉讼。本院于同日受理后,依法向两江新区财政局送达起诉状副本及应诉通知书。为查明案件事实,本院依法通知重庆市两江新区教育局(以下简称两江新区教育局)、重庆市政府采购中心(以下简称市采购中心)、重庆市两江新区公共资源交易中心(以下简称两江新区交易中心)为第三人参加诉讼。本院依法组成合议庭,于 2020 年 6 月 3 日公开开庭审理了本案,原告旋领公司委托代理人彭某,被告两江新区财政局负责人田某及委托代理人王某、孙某,第三人两江新区教育局委托代理人郑某,第三人市采购中心委托代理人吴某和第三人两江新区交易中心委托代理人张某、金某出庭参加诉讼。因疫情不可抗力事由,本案从 2020 年 2 月 3 日起扣除审限至疫情结束。本案现已审理终结。

被诉行政行为:两江新区财政局于 2019 年 12 月 24 日作出两江采购 2019-20《政府采购投诉处理决定书》,根据《中华人民共和国政府采购法》(以下简称《政府采购法》)第五十六条和财政部令第 94 号《政府采购质疑和投诉办法》第二十九条第(二)项、第三十一条第(二)项之规定,决定:1. 投诉事项 1、2、3、4、5、7、8 缺乏事实依据,投诉事项不成立,予以驳回;2. 投诉事项 6、9 成立,本项目中标结果无效,责令重新开展采购活动。

旋领公司诉称:两江新区教育局于 2019 年 10 月 30 日发布两江新区教育系统 2019 年六大功能室、实验室板块采购项目采购公告,招标项目编号 1708-BZ1900441366AH。旋领公司参与了项目投标,是潜在的供应商。旋领公司提出了质疑,两江新区教育局于 2019 年 11 月 21 日对质疑进行了答复,旋领公司对质疑不服,于 2019 年 11 月 22 日向两江新区财政局进行了投诉,两江新区财政局受理后于 2019 年 12 月 24 日作出了投诉处理决定书并送达旋领公司。旋领公司认为,采购人设置的招标文件存在大量违反法律法规规章的行为,设置各种不同的限制条件,将采购产品限制在限制到特定产品范围,限制和排斥供应商,排斥自由竞争。故旋领公司请求判决撤销两江新区财政局于 2019 年 12 月 24 日作出的两江采购 2019-20《政府采购投诉处理决定书》,判令两江新区财政局依法重新作出投诉处理决定。

旋领公司在法定期限内提供并举示了以下证据:

1. 投诉处理决定书;2. 投诉书;3. 质疑回复;4. 质疑函,证明旋领公司在政府采购过程中,依法对涉案采购行为进行质疑、投诉,但两江新区财政局作出的投诉处理决定认定事实错误。

两江新区财政局辩称:一、两江新区财政局具有对旋领公司投诉事项作出投诉处理决定的职权职责。1. 根据《政府采购法》第十三条和财政部令第 94 号《政府采购质疑和投诉办法》第六条第一款规定,旋领公司投诉项目是两江新区教育系统 2019 年六大功能室、实验室板块采购项目,招标项目编号 1708-BZ1900441366AH,在两江新区直管区内,属于两江新区财政局管辖范围。2. 根据《重庆市人民代表大会常务委员会关于重庆两江新区行政管理事项的决定》第一条第(三)项、第二条和《重庆两江新区管理办法》(重庆市人民政府令第 303 号)第七条第(五)项、第八条规定,两江新区财政局负责直管区内政府采购等行政管理工作。故,两江新区财政局具有作出投诉处理决定的职权职责。二、两江新区财政局收到旋领公司的投诉,依法进行了调查取证,并在法定期限内作出投诉处理决定书,行使职权程序合法。三、两江新区财政局依据法律法规规定和调查结果作出投诉处理决定书,该投诉处理决定书事实认定清楚、法律适用准确。综上,两江新区财政局作出的投诉处理决定书依法不应当被撤销,请求人民法院依法判决驳回旋领公司诉讼请求。

两江新区财政局在法定期限内提供并举示了以下证据、依据:

1. 投诉书、投诉书附件材料(营业执照、法定代表人身份证明、质疑函、政府采购质疑回复函等),证明旋领公司于 2019 年 11 月 22 日向两江新区财政局递交投诉书。2. 政府采购投诉受理通知书(两江采购 2019-13)及送达回证、邮寄单等,证明两江新区财政局受理旋领公司的投诉。3. 政府采购投诉答复通知书(两江采购 2019-14、两江采购 2019-15、两江采购 2019-16)及送达回证,证明两江新区财政局向两江新区教育局、市采购中心、两江新区交易中心发出投诉答复通知书,及时展开调查。4. 投诉答复书。5. 关于政府采购投诉的说明,证明两江新区教育局对旋领公司投诉作出答复,两江新区交易中心亦作出相关说明。6. 会议纪要,证明针对旋领公司投诉,两江新区财政局进行认真研究并形成决议,通过被诉投诉处理决定。7. 政府采购投诉处理决定书及送达回证、邮寄单,证明两江新区财政局作出被诉投诉处理决定并依法送达旋领公司。8. 政府采购招标文件、采购公告等。9. 采购澄清公告一号,10. 评标报告,证明涉案项目发布采购公告后,完成招标评审,确定了中标人。11. 关于暂停涉案项目的通知,证明根据旋领公司投诉,经调查暂停涉案项目。

两江新区教育局述称,同意两江新区财政局答辩意见。

两江新区教育局未向本院提供证据。

市采购中心述称,两江新区财政局行政决定主体合格,其作出的投诉处理决定事实清楚、证据确凿、程序合法、适用法律正确,请求依法驳回旋领公司的诉讼请求。

采购中心未向本院提供证据。

两江新区交易中心述称,两江新区财政局作出的投诉处理决定所认定的事实有招标文件、投诉人、被投诉人和采购代理机构提供的资料等相关证明材料佐证,处理结果并无不妥,符合《政府采购法》和《政府采购质疑和投诉办法》有关规定,其投诉处理行为亦符合《政府采购质疑和投诉办法》第二十六条的程序规定,请求依法驳回旋领公司的诉讼请求。

两江新区交易中心未向本院提供证据。

经庭审质证,旋领公司对两江新区财政局举示的证据1、2、3、6、8、9、11无异议;对证据4、5的内容有异议;对证据7的真实性无异议,但认为两江新区财政局未按照《政府采购质疑和投诉处理办法》第三十四条规定公告,程序违法;对证据10,认为与本案无关。

经庭审质证,两江新区教育局、市采购中心、两江新区交易中心对两江新区财政局举示的证据均无异议。

经庭审质证,两江新区财政局和两江新区教育局、市采购中心对旋领公司举示的证据无异议,但认为不能达到旋领公司的证明目的。

两江新区公共资源交易中心对旋领公司举示的证据1、3无异议;对证据2、4的内容有异议,并认为不能达到旋领公司的证明目的。

经庭审质证,本院对证据作如下确认:

旋领公司、两江新区财政局举示的证据真实,与本案具有关联性,能够反映案件的基本事实,本院予以确认。

经审理查明:两江新区教育局将2019年度政府集中采购项目委托市采购中心、两江新区交易中心共同进行集中采购。2019年10月30日,两江新区教育局在重庆市政府采购网发布两江新区教育系统2019年六大功能室、实验室板块采购(19A0139)采购公告,招标执行编号1708-BZ1900441366AH。旋领公司于2019年11月6日获取该项目采购文件,于同月12日提出如下质疑:1.采购文件第二篇第二条第(三)点"※为了保证产品质量,投标人投标时需提供由第三方法定机构出具的实芯理化板的合格检测报告复印件,检测报告中台面技术参数指标需要达到或优于以下要求的检测内容,并加盖该产品制造商公章,并由产品制造商提供售后服务承诺函及质保承诺函并盖公章"的资格条件设置不合理,未遵循公平、公正的竞争原则,违反现行政府采购法律法规,人为阻扰和限制供应商自由进入两江新区政府采购市场且对供应商实行差别与歧视待遇。2.采购文件附件中"人和高中实验室功能室"要求的数字化探究仪器中"数据采集器:*5.为保证各器材使用的统一性,系统稳定,投标时提供该产品通过中央电化教育馆数字校园综合解决方案产品检测且被录用的证明文件复印件并加盖生产厂家公章及提供生产的针对该项目的售后服务承诺函"的资格条件设置不合理,未遵循公平、公正的竞争原则,违反现行政府采购法律法规,人为阻扰和限制供应商自由进入两江新区政府采购市场且对供应商实行差别与歧视待遇。3.采购文件附件中"两江育才中学校园创新物理实验室建设配置方案"中的"交互式可编程高级创意模块套装:*为保证各器材使用的统一性,系统稳定,投标文件中提供正规质量检验机构出具的关于'交互式创意模块套装'的检验合格报告复印件,并加盖厂家鲜章"的资格条件设置不合理,未遵循公平、公正的竞争原则,违反现行政府采购法律法规,人为阻扰和限制供应商自由进入两江新区政府采购市场且对供应商实行差别与歧视待遇。4.采购文件附件中"两江育才中学校园创新物理实验室建设配置方案"中的"交互式可编程高级创意模块套装"要求"为保证各器材使用的统一性,系统稳定,投标文件中提供'交互式创意模块套装'的环保无毒检测报告(RoHS 检测)、CE、3C 认证复印件并加盖厂家鲜章;提供生产厂家针对本项目的售后服务承诺书"的资格条件设置不合理,未遵循公平、公正的竞争原则,违反现行政府采购法律法规,人为阻扰和限制供应商自由进入两江新区政府采购市场且对供应商实行差别与歧视待遇。5. 采购文件附件中"初中物理实验器材"要求"为了保证实验箱的通用性,投标时提供该实验箱通过省级以上教学仪器专业检测机构出具的 CMA 产品检测报告,提供复印件并加盖原厂公章"的资格条件设置不合理,未遵循公平、公正的竞争原则,违反现行政府采购法律法规,人为阻扰和限制供应商自由进入两江新区政府采购市场且对供应商实行差别与歧视待遇。6. 采购文件第四篇第三点评审因素中第 3 点"第二篇项目技术规格、数量及质量要求'二、招标项目技术需求'中带※部分有一条不满足技术部分得 0 分"的设置不合理,违反了《政府采购货物和服务招标投标管理办法》第五十五条规定,未遵循公平、公正的竞争原则,违反现行政府采购法律法规,人为阻扰和限制供应商自由进入两江新区政府采购市场且对供应商实行差别与歧视待遇。7. 采购文件第四篇第三点评审因素中企业实力部分要求"投标人具有建筑装修装饰工程专业承包三级或以上、机电安装工程专业承包三级或以上资质,提供得 2 分"的设置不合理,采购文件要求了与项目无关的资质,未遵循公平、公正的竞争原则,违反现行政府采购法律法规,人为阻扰和限制供应商自由进入两江新区政府采购市场且对供应商实行差别与歧视待遇。8. 采购文件第四篇第三点评审因素中企业实力部分要求"投标人拟派出本项目的项目负责人为注册于本公司的二级或者以上注册建造师的得 3 分"的设置不合理,未遵循公平、公正的竞争原则,违反现行政府采购法律法规,人为阻扰和限制供应商自由进入两江新区政府采购市场且对供应商实行差别与歧视待遇。9. 采购文件第四篇第三点评审因素中业绩部分"投标人 2017 年以来在教育系统的实验室或者功能室类的销售业绩"的设置不合理,未遵循公平、公正的竞争原则,违反现行政府采购法律法规,人为阻扰和限制供应商自由进入两江新区政府采购市场且对供应商实行差别与歧视待遇。

两江新区教育局收到后,于 2019 年 11 月 20 日发布澄清公告一号,将质疑事项 4 指向的"两江育才中学校园创新物理实验室建设配置方案(兴趣化授课和赛事)"第 10 条"交互式可编程高级创意模块套装"中:"＊为保证各器材使用的统一性,系统稳定,投标文件中提供'交互式创意模块套装'的环保无毒检测报告(RoHS 检测)、CE、3C 认证复印件并加盖厂家鲜章;提供生产厂家针对本项目的售后服务承诺书"修改为:＊为保证各器材使用的统一性,系统稳定,投标文件中提供"交互式创意模块套装"的 3C 认证复印件并加盖厂家鲜章,提供生产厂家的售后服务承诺书;并于同月 21 日作出《政府采购质疑回复函》,回复的主要内容:关于质疑事项 1 的回复:《中华人民共和国产品质量法》(以下简称《产品质量法》)第十二条规定:"产品质量应当检验合格,不得以不合格产品冒充合格产品。"第十九条规定:"产品质量检验机构必须具备相应的检测条件和能力,经省级以上人民政府市场监督管理部门或者其授权的部门考核合格后,方可承担产品质量检验工作。法律、行政法规对产品质量检验机构另有规定的,依照有关法律、行政法规的规定执行。"因此,提供正规质量检测机构出具的检测报告或相关行业的质量检测报告,符合法律规定。厂家盖章的检测报告是保证产品的来源渠道及产品质量；要求生产厂家提供售后服务承诺函，是确保产品在投入学校教学后，生产厂家能对其产品及师生使用进行专业化售后服务的保障。本次招标文件中并没有将要求提供的售后服务承诺函和质保承诺函作为资格条件，而是作为技术的评审因素，不违背《政府采购货物和服务招标投标管理办法》，不存在以不合理的条件对供应商实行差别待遇或者歧视待遇的情形。招标文件不作修改。关于质疑事项2的回复：中央电化教育馆为中国教育部所属负责电化教育的政府职能部门，是目前专门针对数字校园提出建设规范和解决方案的教育主管部门，并对涉及产品进行检测，以确保产品质量和性能，通过其检测的产品是教育主管部门认可的真正具备教学适用性且性能可靠的产品。本次招标文件并没有将该条款作为资格条件，而是作为技术的评审因素，不违背《政府采购货物和服务招标投标管理办法》，不存在以不合理的条件对供应商实行差别待遇或者歧视待遇的情形。招标文件不作修改。关于质疑事项3的回复：同质疑事项1。关于质疑事项4的回复：删除RoHS、CE认证证书的要求，详见"两江新区教育系统2019年六大功能室、实验室板块采购——澄清公告一号"。关于质疑事项5的回复：同质疑事项1。关于质疑事项6的回复：采购文件第二篇带※部分的技术参数，是体现产品质量、价格等的关键条款，因此招标文件在评标标准中不允许偏离，否则为无效投标。招标文件将这些条款是作为对技术响应的评审，不是供应商参与投标必备的资格条件，且这些条款没有唯一性和倾向性，招标文件未违反87号令的规定。招标文件不作修改。关于质疑事项7的回复：本次采购内容涉及实验室（如物理实验室、生物实验室、通风化学实验室）及体育设备等的地下水管、电线管道、通风管道、篮球架单双杠等的安装及售后服务，安装工程量较大，涉的学校较多，专业性强，安装过程中具有相关专业的安装单位来实施更能保证施工安全及师生使用安全。招标文件将具备与安装相关的资质纳入评分因素，与采购项目的实际需要和履行合同具有直接关联。招标文件不作修改。关于质疑事项8的回复：本次采购内容涉及实验室（如物理实验室、生物实验室、通风化学实验室）及体育设备等的地下水管、电线管道、通风管道、篮球架单双杠等的安装及售后服务，安装工程量较大，涉及的学校较多，专业性强，安装过程中具有相关专业的项目负责人来实施更能保证施工安全及师生使用安全。招标文件将具备与现场施工相关的项目负责人资质纳入评分因素，与采购项目的实际需要和履行合同具有直接关联。招标文件不作修改。关于质疑事项9的回复：本次招标项目主要涉及教学用实验室、功能室相关设备及安装，其中水电安装工程量较大、涉及学校较多、供货（施工周期）短，加之施工区域为学校未成年人密集区域，因此要求投标人具有与本次招标内容类似的业绩，具有较好的实施同类项目经验，以更好地保证项目顺利推进，满足教学需要，保障师生安全和项目实施的质量和效果。招标文件对业绩的评审标准，是根据本项目的特点和实际情况制定的，未违反相关法律法规，不予修改。旋领公司对两江新区教育局的质疑回复不满意，于2019年11月22日就前述9项质疑事项向两江新区财政局投诉，认为均为不合理设置，请求两江新区财政局责令两江新区教育局暂停此次政府采购活动。

两江新区财政局于同日收到并受理该投诉，于12月4日向两江新区教育局、市采购中心、两江新区交易中心分别发出了政府采购投诉答复通知书，责令以书面形式作出说明，并提交相关证据、依据和其他有关材料。后两江新区财政局收到两江新区教育局、两江新区交易中心的投诉答复、说明及材料后，经审查查明以下事实：关于投诉事项1、2、3、4、5。投标人资格要求为"1.具有独立承担民事责任的能力；2.具有良好的商业信誉和健全的财务会计制度；3.具有履行合同所必需的设备和专业技术能力；4.有依法缴纳税收和社会保障资金的良好记录；5.参加政府采购活动前三年内，在经营活动中没有重大违法记录；6.法律、行政法规规定的其他条件"；认为投诉事项1、2、3、4、5指向的要求均不是资格要求，没有将生产厂家承诺、证明作为资格要求对投标人实行差别待遇或者歧视待遇；澄清公告已删除环保无毒检测报告（RoHS检测）、CE认证要求。关于投诉事项6。采购文件第四篇第三点评审因素中第3点"第二篇项目技术规格、数量及质量要求'二、招标项目技术需求'中带※部分有一条不满足技术部分得0分"，是评分标准，没有将资格条件作为评审因素。根据评标标准，带※部分有一条不满足技术部分得0分，技术部分得分为0分的投标人，为无效投标，带※部分为不允许偏离的实质性要求和条件，其中包含了生产厂家的承诺或证明。将生产厂家的承诺或证明作为实质性要求，与作为资格要求并无太大差别，其效果是一样的，属于以不合理条件限制或者排斥潜在供应商。关于投诉事项7、8。本采购项目包含教室基础装修，也涉及实验室地下水管、电线管道、通风管道、篮球架、单双杠等的安装及售后服务。采购文件第四篇第三点评审因素中企业实力部分要求"投标人具有建筑装修装饰工程专业承包三级或以上、机电安装工程专业承包三级或以上资质，提供得2分""投标人拟派出本项目的项目负责人为注册于本公司的二级或者以上注册建造师的得3分"，与本采购项目的具体和实际需要相适应。建筑装修装饰工程专业承包资质分为一级、二级。评审因素不涉及从业人员的规模条件，不属于将从业人员的规模条件作为评审因素。关于投诉事项9。采购文件第四篇第三点评审因素中业绩部分"投标人2017年以来在教育系统的实验室或者功能室类的销售业绩"，属于以特定行业的业绩作为加分条件。

两江新区财政局以上述查明事实，经研究，根据《政府采购法》第五十六条和财政部令第94号《政府采购质疑和投诉办法》第二十九条第（二）项、第三十一条第（二）项之规定，于2019年12月24日作出两江采购2019-20《政府采购投诉处理决定书》，决定：1.投诉事项1、2、3、4、5、7、8缺乏事实依据，投诉事项不成立，予以驳回；2.投诉事项6、9成立，本项目中标结果无效，责令重新开展采购活动。两江新区财政局于同月24日、25日、26日分别向两江新区教育局、市采购中心、两江新区交易中心和旋领公司送达了该投诉处理决定书，并在重庆市政府采购网上予以公告。旋领公司不服，向本院提起行政诉讼，请求撤销两江新区财政局2019年12月24日作出的两江采购2019-20《政府采购投诉处理决定书》，并判令两江新区财政局重新作出投诉处理决定。

另查明，涉案招标文件第二篇"项目技术规格、数量及质量要求'二、招标项目技术需求'"第（三）项内容为"※为了保证产品质量，投标人投标时需提供由第三方法定机构出具的实芯理化板的合格检测报告复印件，检测报告中台面技术参数指标需要达到或优于以下要求的检测内容，并加盖该产品制造商公章，并由产品制造商提供售后服务承诺函及质保承诺函并盖公章。"

再查明，2019年12月12日，涉案项目评标委员会确定了项目的中标人，两江新区财政局于次日发出暂停两江新区教育系统2019年六大功能室、实验室板块采购项目采购活动。

本院认为:《政府采购法》第十三条第一款规定:"各级人民政府财政部门是负责政府采购监督管理的部门,依法履行对政府采购活动的监督管理职责。"财政部令第94号《政府采购质疑和投诉办法》第五条第二款规定:"县级以上各级人民政府财政部门负责依法处理供应商投诉。"第六条第一款规定:"供应商投诉按照采购人所属预算级次,由本级财政部门处理。"本案中,两江新区财政局是重庆两江新区管理委员会的财政部门,旋领公司向其投诉两江新区教育局所属两江新区教育系统2019年六大功能室、实验室板块采购项目招标文件,两江新区财政局具有依法处理旋领公司投诉的法定职权。

本案,旋领公司不满意两江新区教育局2019年11月21日作出的《政府采购质疑回复函》,于次日向两江新区财政局投诉,符合《政府采购法》第五十五条和《政府采购质疑和投诉办法》第十七条的规定。两江新区财政局2019年11月22日收到旋领公司投诉并于同日受理,于次月4日分别向两江新区教育局和市采购中心、重两江新区交易中心发出投诉答复通知书,在收到提交的说明和相关材料后,进行了调查核实,查阅了招标文件等资料,于2019年12月24日作出被诉投诉处理决定并送达,符合《政府采购质疑和投诉办法》的投诉处理程序规定并无不当。

本案争议焦点是旋领公司投诉事项是否成立的问题。

1. 关于旋领公司投诉事项1、2、3、4、5的问题。

首先,两江新区教育局根据《政府采购法》第二十二条第一款规定,在招标文件中对投标人资格要求为: 1. 具有独立承担民事责任的能力; 2. 具有良好的商业信誉和健全的财务会计制度; 3. 具有履行合同所必需的设备和专业技术能力; 4. 有依法缴纳税收和社会保障资金的良好记录; 5. 参加政府采购活动前三年内,在经营活动中没有重大违法记录; 6. 法律、行政法规规定的其他条件。旋领公司投诉事项1、2、3、4、5指向的要求均不是案涉招标文件前述资格要求。

其次,财政部令第87号《政府采购货物和服务招标投标管理办法》第十七条规定:"采购人、采购代理机构不得将投标人的注册资本、资产总额、营业收入、从业人员、利润、纳税额等规模条件作为资格要求或者评审因素,也不得通过将除进口货物以外的生产厂家授权、承诺、证明、背书等作为资格要求,对投标人实行差别待遇或者歧视待遇。"第五十五条第二款规定:"评审因素的设定应当与投标人所提供货物服务的质量相关,包括投标报价、技术或者服务水平、履约能力、售后服务等。资格条件不得作为评审因素。评审因素应当在招标文件中规定。"本案中,招标文件中明确采购货物为教育系统六大功能室、实验室板块相关器材,对于这类专项设备,招标文件在旋领公司投诉事项1、2、3、4、5所涉对应部分的条款中要求厂商提供产品检测报告、售后服务承诺函、质保承诺函并加盖厂家公章,是与投标人所提供货物服务质量相关的评审因素,不是资格条件的设置,是为保证供货和获得良好的技术支持及售后服务,没有将生产厂家承诺、证明等作为资格要求,不违背前述条款规定。

最后,《产品质量法》第十二条规定:"产品质量应当检验合格,不得以不合格产品冒充合格产品。"和第十九条规定:"产品质量检验机构必须具备相应的检测条件和能力,经省级以上人民政府市场监督管理部门或者其授权的部门考核合格后,方可承担产品质量检验工作。法律、行政法规对产品质量检验机构另有规定的,依照有关法律、行政法规的规定执行。"以及第二十六条第一款规定:"生产者应当对其生产的产品质量负责。"在案涉招标文件中要求提供正规质量检测机构出具的检测报告或相关行业的质量检测报告,符合《产品质量法》的前述规定,要求提供加盖厂家公章的检测报告和生产厂家提供质保承诺函是保证产品来源渠道合法及产品质量,要求生产厂家提供售后服务承诺,是确保产品在投入使用后,生产厂家对其产品售后服务的保障。

2. 关于旋领公司投诉事项 6 的问题。

本案中,招标文件中技术部分要求,系评审因素,其中带※部分要求"由产品制造商提供售后服务承诺函及质保承诺函并盖公章"包含生产厂家的承诺或证明,该要求与投标人所提供货物服务的质量相关,并不违反《政府采购货物和服务招标投标管理办法》第五十五条第二款的规定。旋领公司认为招标文件技术部分要求中"带※部分有一条不满足技术部分得 0 分"的设置不合理而提起投诉事项 6。结合相应"技术部分得分为 0 分的投标人,为无效投标"的评标标准,"带※部分有一条不满足技术部分得 0 分"的设置实质上已经达到资格要求的效果,因带※部分要求"由产品制造商提供售后服务承诺函及质保承诺函并盖公章",导致"带※部分有一条不满足技术部分得 0 分"的设置实质上违背《政府采购货物和服务招标投标管理办法》第十七条之规定。故,旋领公司投诉事项 6 指向的设置条款具有不合理性,属于以不合理条件限制或者排斥潜在供应商。

3. 关于旋领公司投诉事项 7、8 的问题。

《政府采购法实施条例》第二十条第(二)项规定,采购人或者采购代理机构有设定的资格、技术、商务条件与采购项目的具体特点和实际需要不相适应或者与合同履行无关情形的,属于以不合理的条件对供应商实行差别待遇或者歧视待遇。本案中,旋领公司投诉事项 7、8,属于招标文件评审因素中商务部分的企业实力部分要求,鉴于案涉招标文件涉及的工程项目多、安装量大、涉及学校多,为保证施工及使用安全,招标文件将投标人具有建筑装修装饰工程、机电安装工程和派出项目负责人具有相应资质纳入评分因素,并未将投标人从业人员规模条件作为评审因素,符合该采购项目的具体特点,与采购项目的实际需要相适应,也与合同履行具有关联,故具有合理性,不违背《政府采购法实施条例》第二十条第(二)项和《政府采购货物和服务招标投标管理办法》第十七条的规定。

4. 关于旋领公司投诉事项 9 的问题。

《政府采购法实施条例》第二十条第(四)项规定,采购人或者采购代理机构有以特定行政区域或者特定行业的业绩、奖项作为加分条件或者中标、成交条件情形的,属于以不合理的条件对供应商实行差别待遇或者歧视待遇。本案中,旋领公司投诉事项 9 所涉招标文件条款系评审因素中商务部分的业绩部分要求,招标文件将投标人 2017 年以来在教育系统的实验室或者功能室类的销售业绩纳入评分因素,该条款设置属于上述行政法规规定的以特定行业的业绩作为加分条件,构成以不合理的条件对供应商实行差别待遇或者歧视待遇。

综上,两江新区财政局在其法定职权范围内,依法受理核实,鉴于案涉采购项目已确定中标,对旋领公司所提起的投诉事项,根据《政府采购法》第五十六条和财政部令第 94 号《政府采购质疑和投诉办法》第二十九条第(二)项、第三十一条第(二)项之规定,作出旋领公司投诉事项 1、2、3、4、5、7、8 缺乏事实依据,投诉事项不成立,予以驳回,和投诉事项 6、9 成立,本项目中标结果无效,责令重新开展采购活动的处理决定。该处理决定事实清楚,证据充分,适用法律正确,程序并无不当。旋领公司的起诉理由不成立,其诉讼请求本院不予支持。

据此,根据《中华人民共和国行政诉讼法》第六十九条的规定,判决如下:

驳回原告重庆旋领商贸有限公司的诉讼请求。

本案诉讼费 50 元,由原告重庆旋领商贸有限公司负担。

如不服本判决,可在判决书送达之日起十五日内,向本院递交上诉状,并按对方当事人的人数递交上诉状副本,上诉于重庆市第 中级人民法院。

审 判 长 董莉萍

人民陪审员 陈碧英

人民陪审员 郑洪春

二〇二〇年八月十二日

法官助理 戴 兵

书 记 员 宋 璐

福建佳禾物业管理有限公司
与江西省鹰潭市财政局
政府采购(招投标)投诉处理决定、行政复议决定案

【案件提要】

本案是对采购结果的投诉处理决定提起行政诉讼的案例。涉案采购项目进行公开招标,佳禾公司中标。金鑫公司提出质疑,认为评标委员会未按照招标文件的要求进行评审,将金鑫公司提交的不符合招标文件实质性要求的无效投标认定为有效投标,实际符合条件的供应商不足三家,应予废标。因不满意质疑答复,金鑫公司向财政部门举报。财政部门进行调查,对相关证人制作了谈话笔录,根据查明的事实作出处理决定,认定涉案项目中标结果无效,责成采购人重新组织采购活动。佳禾公司申请行政复议被驳回后,提起本案诉讼。法院经审理认为,财政部门依法进行调查核实,其调查收集的证据,能够证明涉案采购项目存在违法行为,金鑫公司提交的投标文件不符合招标文件要求的实质性响应,应属于无效投标,采购人、代理机构、金鑫公司等当事人对此事实并无争议,故财政部门作出中标无效的处理决定,事实清楚,符合法律规定。复议机关作出复议决定书中除引用了《政府采购法》第三十六条的规定,还引用了《政府采购法实施条例》第七十五条,该条系针对政府采购评审专家在评审中存在违法行为的处罚,与本案事实无关,无需引用,在此予以指正。二审法院除确认一审法院认定财政部门处理决定符合法律规定并无不当外,还认为财政部门在已查明造成中标结果无效的责任单位情况下,未依照《政府采购法实施条例》第七十五条规定对责任单位作出后续处理。故复议机关在复议决定中引用该条规定,对财政部门后续处理行为,具有指导意义,并不违反相关法律规定。

【判决正文】

南昌铁路运输中级法院
行政判决书

〔2020〕赣 71 行终 223 号

上诉人(一审原告)福建佳禾物业管理有限公司,住所地(略)。

法定代表人周某。

委托代理人卢某。

被上诉人(一审被告)贵溪市财政局,住所地(略)。

法定代表人李某。

委托代理人张某。

委托代理人吴某。

被上诉人(一审被告)鹰潭市财政局,住所地(略)。

法定代表人吴某。

委托代理人王某。

委托代理人吴某。

第三人(一审第三人)贵溪市中医院,住所地(略)。

法定代表人姚某。

第三人(一审第三人)江西亿鼎招标咨询有限公司,住所地(略)。

法定代表人张某。

上诉人福建佳禾物业管理有限公司(以下简称佳禾公司)与被上诉人贵溪市财政局、鹰潭市财政局、第三人贵溪市中医院、江西亿鼎招标咨询有限公司(以下简称亿鼎公司)财政行政管理及行政复议一案,不服南昌铁路运输法院〔2019〕赣7101行初1339号行政判决,向本院提起上诉。本院立案后依法组成合议庭审理了本案,现已审理终结。

一审法院经审理查明:2019年6月,亿鼎公司受贵溪市中医院

委托,就中医院服务项目向社会公开招标,佳禾公司、鹰潭市金鑫物业管理有限公司(以下简称金鑫公司)及天翔公司参与投标。7月19日,中医院服务项目开标,并于7月24日公示采购结果,佳禾公司中标。2019年7月25日,金鑫公司向亿鼎公司提出质疑,认为中医院服务项目评标委员会未按照招标文件的要求进行评审,将金鑫公司提交的不符合招标文件实质性要求的无效投标认定为有效投标,实际符合条件的供应商不足三家,应予废标。在对亿鼎公司答复不满意的情况下,金鑫公司于8月9日就上述问题向贵溪市财政局进行举报。贵溪市财政局收到该举报后进行了调查,对相关证人制作了谈话笔录,根据查明的事实于8月14日作出《处理决定》,认定中医院服务项目中标或成交结果无效,责成贵溪市中医院重新组织采购活动。佳禾公司对该处理决定不服,于8月23日向鹰潭市财政局申请行政复议,鹰潭市财政局受理后,向贵溪市财政局发出《行政复议答复通知书》,贵溪市财政局在规定期限内进行了答复并提交了相关材料,鹰潭市财政局于10月11日作出《复议决定书》,维持贵溪市财政局的决定,佳禾公司不服,向一审法院提起诉讼。

一审法院认为,《中华人民共和国政府采购法》第十三条第一款规定,各级人民政府财政部门是负责政府采购监督管理的部门,依法履行对政府采购活动的监督管理职责。《中华人民共和国行政复议法》第十二条第一款规定,对县级以上地方各级人民政府工作部门的具体行政行为不服的,由申请人选择,可以向该部门的本级人民政府申请行政复议,也可以向上一级主管部门申请行政复议。本案中,贵溪市财政局是政府采购活动监督管理部门,依法具有对政府采购活动进行监督管理的行政职责;鹰潭市财政局是贵溪市财政局上一级主管部门,依法具有行政复议的法定职权。

《中华人民共和国政府采购法》第三十六条第一款第(一)项规定,在招标采购中,符合专

业条件的供应商或者对招标文件作实质响应的供应商不足三家的,应予废标。第七十条规定,任何单位和个人对政府采购活动中的违法行为,有权控告和检举,有关部门、机关应当依照各自职责及时处理。本案中,金鑫公司依法享有检举权,佳禾公司提出该公司就同一问题向贵溪市财政局进行投诉和举报,贵溪市财政局违反了一事不再受理原则,但其未提供证据支持其观点,一审法院对该点意见不予采纳;中医院服务项目的招标文件中标明"对招标文件服务要求,逐条说明所提供的相关服务已对招标文件的服务要求作出实质性响应,或申明与服务要求的偏差和例外",并在第三章的招标项目需求中,以醒目方式标明"住院部 14 楼、15 楼、16 楼病区暂未开通,待医院需要开通时中标供应商应及时按住院楼其他楼层人员 1.5 人的配置标准把保洁人员配置到位,增加服务人员不在本次招标服务人数范围内(此项需单独提供承诺函佐证)"及"物业管理由保洁服务和布类洗涤两部分组成,投标人应提供包含服务内容的服务质量承诺函",由此可见,招标文件中已明确规定投标人应对招标文件的服务要求作出实质性响应,并提供包含服务内容的服务质量承诺函佐证,住院部尚未开通的病区需要单独提供承诺函佐证,贵溪市中医院的证言亦证明这一要求,金鑫公司未对招标文件的服务要求做出实质性响应,或申明与服务要求的偏差或者例外,也未提交承诺函佐证,其投标不符合招标文件要求,贵溪市财政局作出的《处理决定》,事实清楚,符合法律规定。《中华人民共和国政府采购法》第五十六条规定,政府采购监督管理部门应当在收到投诉后三十个工作日内,对投诉事项作出处理决定,并以书面形式通知投诉人和与投诉事项有关的当事人。《中华人民共和国行政复议法》第三十一条规定,行政复议机关应当自受理申请之日起六十日内作出行政复议决定;但是法律规定的行政复议期限少于六十日的除外。本案中,贵溪市财政局收到金鑫公司举报后,依法受理并进行了调查,对相关人员进行了询问,制作了谈话笔录,贵溪市财政局根据查明的事实在法定期限内作出《处理决定》,并已告知佳禾公司,其认定事实清楚,证据确凿,程序合法,适用法律、法规正确;法律只作出规定需将处理决定告知佳禾公司,但并未规定必须通知佳禾公司参与整个过程才能作出处理决定。鹰潭市财政局在受理行政复议申请后,及时进行审查,根据查明的事实在法定期限内作出复议决定,事实清楚,程序合法。鹰潭市财政局作出《复议决定书》中除引用了《中华人民共和国政府采购法》第三十六条的规定,还引用了《中华人民共和国政府采购法实施条例》第七十五条,该条系针对政府采购评审专家在评审中存在违法行为的处罚,与本案事实无关,无需引用,在此予以指正。

综上,佳禾公司的诉讼请求于法无据,一审法院不予支持。贵溪市财政局《处理决定》、鹰潭市财政局《复议决定书》证据确凿、适用法律、法规正确,符合法定程序,依照《中华人民共和国行政诉讼法》第六十九条、第七十九条之规定,判决驳回佳禾公司的诉讼请求。

佳禾公司上诉称:一、一审法院案件基本事实不清,更有部分事实认定错误。1. 从鹰潭市财政局提交的证据四可知,贵溪市财政局违反了一事不再理原则,投诉与举报属于同等事项,既然其已对投诉作出了处理,就不应当受理同样性质的举报行为。2. 根据对于采购人、采购代理机构的谈话笔录先是认定为第三人证言,又认为"本案中,贵溪市财政局收到金鑫公司举报后,依法受理并进行了调查,对相关人员进行了询问,制作了谈话笔录",明显自相矛盾,且对邹俊、钟爱英德谈话笔录未加盖采购人、采购代理机构的公章。二、一审判决适用法律错误、判决理由不当。按照行政诉讼法第三十四条第一款、第三十七条的规定,行政诉讼的举证责任在行政机关,而一审法院就一事不再理原则要求佳禾公司提供证据证明其观点的理由不能成立。一审法院认为鹰潭市财政局引用《政府采购法实施条例》第七十五条的规定与本案无关的理由不成立,正是由于评审专家委员会的违法行为才导致案涉中标无效结果的发生。综上所述,故请求二审法院撤销一审法院判决并依法改判,支持佳禾公司的全部诉讼请求。

贵溪市财政局二审答辩称:一、一审判决认定事实清楚。佳禾公司所称的“一事不再理”原则在政府采购法和行政管理无此原则,财政部门负责政府采购监督管理的部门,依法履行对政府采购活动的监督管理职责,对政府采购活动中的违法行为有义务要依照职责及时处理,不因佳禾公司个人或任何情况臆想就转移。就谈话笔录问题,在庭审中,相关事实已得到再一次确认,招标文件设置要求提供两份承诺函属于实质性响应要求,未提供应属于无效投标。二、一审判决适用法律合法适当。接受举报后,贵溪市财政局就根据职责开展行政监督管理行动,及时处理,不存在佳禾公司主张的诉讼阶段收集证据的情况。金鑫公司未依据招标文件提交承诺函,属于不允许偏离的实质性要求和条件,为无效投标,有效投标供应商不足三家,应予废标。根据《政府采购法》《政府采购实施条例》《政府采购质疑和投诉办法》《政府采购货物和服务招标投标管理办法》是规范政府采购活动现行有效的制度,不存在佳禾公司主张的法院适用错误的问题,政府部门收到违法行为线索时,根据职责,以上制度都是作出行政处理必须适用的依据。

鹰潭市财政局二审答辩称:一、一审判决认定事实清楚。佳禾公司所称的“一事不再理”原则在政府采购法和行政管理无此原则,财政部门负责政府采购监督管理的部门,依法履行对政府采购活动的监督管理职责,对政府采购活动中的违法行为有义务要依照职责及时处理,不因佳禾公司个人或任何情况臆想就转移。就谈话笔录问题,在庭审中,相关事实已得到再一次确认,招标文件设置要求提供两份承诺函属于实质性响应要求,未提供应属于无效投标。二、一审判决适用法律合法适当。接受举报后,贵溪市财政局就根据职责开展行政监督管理行动,及时处理,不存在佳禾公司主张的诉讼阶段收集证据的情况。金鑫公司未依据招标文件提交承诺函,属于不允许偏离的实质性要求和条件,为无效投标,有效投标供应商不足三家,应予废标。根据《政府采购法》《政府采购实施条例》《政府采购质疑和投诉办法》《政府采购货物和服务招标投标管理办法》是规范政府采购活动现行有效的制度,不存在佳禾公司主张的法院适用错误的问题,政府部门收到违法行为线索时,根据职责,以上制度都是作出行政处理必须适用的依据。

佳禾公司提起上诉后,一审法院已将各方当事人提交的证据材料随案移送本院。

二审期间。佳禾公司与贵溪市财政局、鹰潭市财政局均未提交新证据。经审理查明的事实与一审判决认定的事实一致,本院予以确认。

本院认为,《政府采购法》第十三条第一款规定:“各级人民政府财政部门是负责政府采购监督的部门,依法履行对政府采购活动的监督管理职责。”贵溪市财政局作为贵溪市政府采购部门的监督管理部门,对于案涉贵溪市中医院进行的政府采购活动,具有进行监督管理、调查处理职责。另外根据《行政复议法》第十二条的规定,鹰潭市财政局依法具有行政复议的法定职责。

本案中,贵溪市财政局收到《金鑫公司对贵溪市中医院物业管理服务采购项目的举报函》后,依法进行调查核实,其调查收集的证据,能够证明涉案采购项目存在违法行为,金鑫公司提交的投标文件不符合招标文件要求的实质性响应,应属于无效投标,实质性响应的供应商不足三家,双方当事人对此事实并无争议,故贵溪市财政局据此依据《政府采购法实施条例》第三十六条之规定,作出涉案项目中标结果无效,责成采购人重新组织采购活动的《处理决定》,一审法院认定该处理决定符合相关法律规定并无不当,本院予以确认。

关于一审法院对复议机关引用《中华人民共和国政府采购法实施条例》第七十五条的规定与本案事实无关,无需引用的认定。本院认为,上述规定是行政机关对政府采购评审专家未按照采购文件规定的评审程序、评审方法和评审标准进行独立评审,影响中标、成交结果的处理依据。本案中,贵溪市财政局在已经查明造成中标结果无效的责任单位情况下,未依照该规定对责任单位作出后续处理。故鹰潭市财政局在案涉《复议决定书》中引用该条规定,对贵溪市财政局后续处理行为,具有指导意义。因此,复议机关在《复议决定书》中引用该规定并不违反相关法律规定。

综上,佳禾公司的上诉理由不能成立,其上诉请求本院不予采纳。一审判决认定事实清楚,适用法律正确,程序合法,本院予以维持。据此,依照《中华人民共和国行政诉讼法》第八十九条第一款第(一)项之规定,判决如下:

驳回上诉,维持原判。

二审案件受理费 50 元,由上诉人福建佳禾物业管理有限公司负担。

审 判 长　陈　榕

审 判 员　刘　巍

审 判 员　朱映红

二〇二〇年七月十五日

法官助理　余周洋

书 记 员　刘程琦

包头市明巍汽车贸易有限公司
与内蒙古自治区包头市财政局
政府采购(招投标)投诉处理决定案

【案件提要】

本案是对采购结果的投诉处理决定提起行政诉讼的案例。涉案采购项目发布招标公告后,明巍公司为中标候选人。德邦公司提出质疑和投诉,财政部门作出处理决定。明巍公司不服申请复议。财政部门根据复议决定重新作出处理决定。明巍公司仍不服提起本案诉讼。法院经审理认为,德邦公司投诉事项共有五项,财政部门在受理其投诉后,通过审查招标文件、开标资料、评分办法、评审报告及投标文件等相关材料,未发现德邦公司其中四项投诉的问题,驳回了德邦公司的投诉。针对所涉"履约能力"的投诉事项,财政部门对投标文件进行了核查并进行专家论证,发现中标人明巍公司的投标文件中重点技术参数存在不符合招标文件要求,存在未对招标文件进行实质性响应的问题,故认定中标人明巍公司实质性技术参数不响应所采购需求技术参数设备的能力,不具备该项目合同履约能力,并作出确认中标无效的处理决定。最终法院认定财政部门作出投诉处理决定,认定事实清楚,适用法律正确、程序合法。

【判决正文】

内蒙古自治区包头市中级人民法院
行政判决书

〔2021〕内 02 行终 53 号

上诉人(一审原告)包头市明巍汽车贸易有限公司,住所地(略)。

法定代表人王某。

委托代理人芦某。

被上诉人(一审被告)包头市财政局,住所地(略)。

法定代表人姚某。

委托代理人张某。

委托代理人宫某。

被上诉人(一审第三人)包头市德邦贸易有限责任公司,住所地(略)。

法定代表人韩某。

被上诉人(一审第三人)内蒙古和誉建设项目管理有限公司,住所地(略)。

法定代表人孔某。

委托代理人连某。

被上诉人(一审第三人)包头市公路养护处,住所地(略)。

法定代表人张某。

委托代理人刘某。

委托代理人王某。

上诉人包头市明巍汽车贸易有限公司(以下简称明巍公司)因政府采购投诉处理决定一案,不服内蒙古自治区包头市昆都仑区人民法院〔2020〕内 0203 行初 34 号行政判决,向本院提起上诉。本院 2021 年 3 月 4 日受理后,依法组成合议庭审理了本案。本案现已审理终结。

一审法院查明,2018 年 10 月 26 日,内蒙古和誉建设项目管理有限公司(采购代理机构,以下简称和誉公司)受包头市公路养护处(采购人)委托在包头市政府采购网等平台发布《包头市公路养护处 2018 年特种设备采购项目一标段招标公告》,公开招标方式采购 15 吨洒水车 2 辆(项目编号 HY2018CG70)。明巍公司、包头市德邦贸易有限责任公司(以下简称德邦公司)及包头市润通汽车销售有限公司、内蒙古泓晟贸易有限公司、包头市龙腾汽车销售服务有限公司、包头市和众机械设备有限责任公司参与投标。其中,包头市龙腾汽车销售服务有限公司、包头市和众机械设备有限责任公司投标为无效投标,未进入评审环节。2018 年 11 月 22 日,进行开、评标,评标委员会确定明巍公司为该项目的中标候选人。当天,和誉公司发布中标公示,中标人为明巍公司,中标价格 83.8 万元。对此,德邦公司分别于 2018 年 11 月 23 日、2018 年 11 月 27 日、2018 年 12 月 5 日向包头市公路养护处、和誉公司提出《质疑函》,对开标现场评标委员会和采购代理公司提出质疑。包头市公路养护处、和誉公司对其提出的质疑进行了回复。2018 年 12 月 16 日,德邦公司向包头市政府采购管理办公室(以下简称采购办)进行了投诉,投诉事项为:1.中标人提供的三体系认证证书等存在虚假问题;2.对评分结果有异议要求重新评分;3.招标文件制作及公示期限违规;4.包头市和众机械设备公司的资格预审存在失误等;5.仅招标文件无法判断中标人履约能力。2019 年 1 月 7 日,采购办分别向明巍公司、和誉公司发出《关于包头市公路养护处 2018 年特种设备采购项目一标段政府采购投诉调查通知函》,要求其提供相关材料。2019 年 1 月 9 日、2019 年 1 月 10 日,和誉公司、明巍公司分别向采购办进行了回复,并提交了相关证据。2019 年 2 月 18 日,包头市财政局对投诉事项作出《关于对包头市公路养护处 2018 年特种设备采购项目一标段政府采购投诉的处理决定》(包财购〔2019〕124 号)。明巍公司不服向内蒙古自治区财政厅(以下简称自治区财政厅)申请行政复议。自治区财政厅于 2019 年 5 月 31 日作出《行政复议决定书》(内财复议〔2019〕1 号),撤销包头市财政局作出的《关于对包头市公路养护处 2018 年特种设备采购项目一标段政府采购投诉的处理决定》(包财购〔2019〕124 号),责令包头市财政局在三十个工作日内重新作出决定。此后,采购办向明巍公司及其他供应商送达投诉书副本及投诉答复通知书。2019 年 7 月 15 日,包头市财政局作出《关于对包头市公路养护处 2018 年特种设备采购项目一标段政府采购投诉重新处理的决定》（包财购〔2019〕488 号）。明巍公司不服向自治区财政厅申请行政复议。自治区财政厅于 2019 年 11 月 25 日作出《行政复议决定书》（内财复议〔2019〕5 号），撤销包头市财政局作出的《关于对包头市公路养护处 2018 年特种设备采购项目一标段政府采购投诉重新处理的决定》（包财购〔2019〕488 号），责令包头市财政局在三十个工作日内重新作出决定。2020 年 1 月 13 日，包头市财政局作出《关于包头市公路养护处 2018 年特种设备采购项目一标段政府采购投诉处理的决定》（包采购〔2020〕35 号），决定：（一）德邦公司所投诉的投诉资质、重新评分、招标文件制作及公示期和资格预审等问题，缺乏事实根据和法律依据，投诉不能成立，根据《政府采购质疑和投诉办法》第二十九条第二款规定，予以驳回投诉。（二）德邦公司所投诉的合同履约能力问题，事实成立。采购人按照《采购法实施条例》第七十一条第二款"已确定中标或者成交供应商但尚未签订政府采购合同的，中标或者成交结果无效，从合格的中标或者成交候选人中另行确定中标或者成交供应商；没有合格的中标或者成交候选人的，重新开展政府采购活动"的规定执行。（三）对于本次项目评审专家予以通报，加强政策法规学习，在评审过程中不能仅依据"技术偏离表"进行表面评审，而应当按照投标人所提供的产品试验报告、检测报告等实质性技术参数进行实质性评审，真正做到客观、公正、审慎评审。当天，包头市财政局同时作出《关于包头市公路养护处 2018 年特种设备采购项目一标段政府采购监督检查处理决定》（包采购〔2020〕39 号），决定按照上述调查认定结果，该项目有效供应商不足三家，按照《政府采购法》第三十六条第（一）项规定应予以废标。请采购人重新组织采购。

另查明，《包头市公路养护处 2018 年特种设备采购项目一标段招标文件》P7 第二章《投标人须知》前附表 1.11.4 条款规定："偏差：不允许"；P15 总则 1.11.4 条款规定："超出偏差范围和最高偏差项数的投标将被否决"；P15 总则 1.11.3 条款规定："投标文件中应针对实质性要求和条件列明的技术要求提供技术支持材料。技术支持材料以制造商公开发布的印刷资料，或检测机构出具的检测报告或投标人须知前附表允许的其他形式为准，不符合前述要求的，视为无技术支持资料，其投标将被否决"；P61 第五章《供货要求》规定"注：1. 基本要求及技术参数要求中标有'※'表示此要求为重点要求；2. 满足基本要求及技术参数要求中标有'※'者为实质性响应"；招标文件 P69 规定"重点要求与重点技术参数实质性响应表"，其中要求"罐体厚度≥5 mm""功率≥198 kW""轮胎数≥10＋1 个"。而明巍公司投标文件所附"试验报告"显示"罐体厚度 4 mm""功率 180 kW""轮胎数 10 个"，且明巍公司投标文件"投标设备技术性能指标的详细描述"仅有 P165、P167，缺乏 P166，未体现"功率≥198 kw""轮胎数≥10＋1 个"的产品参数描述。经包头市财政局组织行业专家论证，按照招标文件对标有※基本要求及技术参数"不允许"偏差的规定，明巍公司投标文件标※项的重点技术参数"功率"和"轮胎数"不能满足招标文件规定，未实质性响应招标文件规定内容。

一审法院认为，根据《中华人民共和国政府采购法》第十三条及《政府采购质疑和投诉办法》第五条规定，市财政局具有处理政府采购供应商投诉的法定职责。《中华人民共和国政府采购法实施条例》第五十六条规定，财政部门处理投诉事项采用书面审查的方式，必要时可以进行调查取证或者组织质证。对财政部门依法进行的调查取证，投诉人和与投诉事有关的当事人应当如实反映情况,并提供相关材料。《政府采购质疑和投诉办法》第二十九条第(二)项规定,投诉事项缺乏事实依据,投诉事项不成立,财政部门应当驳回投诉。本案中,包头市财政局对德邦公司的投诉予以受理后,针对投诉事项展开调查。针对第1、2、3、4项投诉事项,包头市财政局通过审查招标文件、开标资料、评分办法、评审报告及投标文件等相关材料,未发现德邦公司所投诉的问题,驳回了德邦公司的投诉,明巍公司对此亦无异议。针对第5项履约能力的投诉事项,包头市财政局对其投标文件进行了核查并进行专家论证。经包头市财政局核查和论证,明巍公司投标文件技术参数不能完全满足招标文件规定,未实质性响应招标文件规定内容。包头市财政局据此认定明巍公司实质性技术参数不响应所采购需求技术参数设备的能力,不具备该项目合同履约能力,并作出处理决定,并无不当。包头市财政局经过全面调查,分析导致此次采购项目质疑和投诉原因,指出评审专家在评审过程中仅依据投标人"技术偏离表"进行简单评审,没有按照招标文件规定对投标人提供的产品试验报告、检测报告等实质性技术参数进行实质性评审,对评审专家通报批评,要求其加强政策法规学习,亦无不当之处。包头市财政局在作出投诉处理决定的过程中,履行了受理、审查、告知、决定、送达等行政程序,符合法律规定。综上,包头市财政局作出投诉处理决定认定事实清楚,程序合法、适用法律正确。明巍公司的诉讼请求缺乏事实和法律依据,不予支持。依照《中华人民共和国行政诉讼法》第二十九条、第六十九条、《最高人民法院关于适用〈中华人民共和国行政诉讼法〉的解释》第七十九条第二款的规定,判决驳回明巍公司的诉讼请求。案件受理费50元(明巍公司预交),由明巍公司负担。

明巍公司上诉称:一审法院认定事实不清,适用法律错误。《中华人民共和国行政诉讼法》第三十七条规定:"原告可以提供证明行政行为违法的证据,原告提供的证据不成立的,不免除被告的举证责任。"(一)包头市财政局作出的包财购〔2020〕35号《关于包头市公路养护处2018年特种设备采购一标段政府采购投诉处理决定》,认为明巍公司所投诉的合同履约能力问题,事实成立以及对本次项目评审专家予以通报批评,该表述明显缺乏事实及法律依据。一审庭审期间,包头市财政局明确表示相关专家论证的组成人员并未从专家库中抽取,同时两次专家论证的相关专家大多数是北奔重型汽车有限公司和内蒙古北方重工业集团有限公司的工作人员。本案德邦公司作为本案的投标人同时也是北奔重型汽车有限公司的售后服务站,投标产品BZ5254GSS型洒水车的生产厂家是内蒙古北方重工业集团有限公司,明巍公司认为相关专家对案件进行论证是受一方当事人委托,并非公益行为,专家论证意见的作出并非依据案件全部证据材料,具有严重倾向性。(二)专家出具的论证报告只是用几张白纸并且不加盖任何机构的公章。根据《行政诉讼法》第三十三条的规定,专家论证意见不属于法定证据范畴,系专家观点意见,不能作为认定客观事实的依据,故专家论证意见不能作为行政诉讼中的证据使用,应予以排除。(三)在自治区财政厅复议期间,自治区财政厅要求相关投标人对投标设备是否满足招标要求进行调查,相关公司已将书面回复内容提交自治区财政厅,包头市财政局亦是行政复议的当事人,明确知悉上述情况的,但是在其作出的处理决定中仍以投诉人投诉的合同履约能力事实成立废标。废标的依据仅以专家论证意见予以认定。明巍公司认为,包头市财政局如果认为德邦公司所投诉的合同履约能力成立,在作出处理决定前应当通过工信部网站等对本次参加政府采购的相关供应商予以查询。恰恰在本次诉讼中市财政局没有提供任何关于有效供应商不满足招标文件要求的相关政府部门的证明文件。一审法院依据上述事实进行判决,属于适用法律错误。综上所述,请求二审法院在查明事实的基础上:1. 依法撤销或者改判包头市昆都仑区人民法院〔2020〕内0203 行初 34 号行政判决;2. 依法撤销包头市财政局作出的包财购〔2020〕35 号《关于包头市公路养护处 2018 年特种设备采购一标段政府采购投诉处理决定》;3. 一、二审诉讼费用、律师费用由包头市财政局承担。

包头市财政局辩称:一、明巍公司的上诉观点及理由均不能成立,应依法驳回其上诉。(一)包头市财政局依法组织的专家论证并形成的论证意见合法有效。首先根据《政府采购质疑和投诉办法》第二十条第一款的规定可知,包头市财政局作为政府采购监督管理部门,在处理本案及其他政府采购投诉事项时,根据案件实际需要组织行业专家评审论证的行为具有法律依据。且包头市财政局在处理投诉实操过程中,完全是根据市、自治区的实际情况从政府采购专家入围库中抽取涉案事项相关的权威专家,一般由 2 名行业专家和 1 名综合类采购专家共三人搭配组成,由此形成的专家论证意见具有法律效力,可作为行政诉讼的证据使用。其次,包头市财政局根据《招标文件》所要求的"投标不允许偏差,只有满足基本要求及技术参数要求中标有※者才为实质性响应,并应提供相应技术支持资料,否则投标将被否决"的内容,以及《政府采购货物和服务招标投标管理办法》第二十条、第三十二条的规定,并全面对比明巍公司投标情况发现,其所有产品的技术参数不能完全满足招标文件要求,视为未作出实质性响应,为无效投标。本案仅凭《招标文件》、法律规定以及明巍公司实际投标情况即完全可以判断和认定其是否为无效投标的问题。包头市财政局在处理投诉事项时,只是为了更加谨慎,才另行组织了专家进行评审论证,该论证是对已确定的观点及结论的再次印证与说明,均不影响市财政局作出的处理结果。(二)一审法院已根据本案审理需要进行了调查取证,程序完全正当合法。包头市财政局一审庭审中出示的证据完全能够证明其作出的 35 号处理决定合法正当,一审法院为了更加严谨、审慎,根据明巍公司的调查取证申请,并结合本案实际审理需要,与自治区财政厅、代理机构、包头市政务大厅等部门分别进行了调查取证、了解情况,不存在任何程序违法的问题。二、明巍公司在项目招投标评审后提供的任何材料均不能作为判断明巍公司是否中标无效的依据。根据政府采购制度及招投标法律法规的相关要求,供应商参与政府采购招投标项目需要制作投标文件,并将其满足招标要求的资料、业绩等重要材料装订于投标文件中,由评审专家在特定开标日期、开标地点根据各供应商提交材料进行比较,以此选定中标人,故判断供应商是否满足招标文件要求应以其实际装订到投标文件中的技术支持材料为依据,对此专家论证意见也一致同意。因此如果允许明巍公司在评审程序结束后或者投诉案件调查或复议、诉讼期间可以任意提交材料,并作为判断其是否满足招标要求的依据,则将直接架空政府采购制度。届时所有其他不满足招标文件重要技术参数的供应商都将重新提交评审资料,甚至开标环节因未提供裁判文书查询结果和执行信息查询结果截图被认定无效标的两家供应商也将重新提交,将直接扰乱政府采购市场与监督管理,甚至会违反政府采购公平竞争和公正评审的基本原则,破坏招投标过程中依据招标文件规则对投标文件进行评审的基本程序制度,是政府采购法律制度决不允许的违法违规行为。因此,即使明巍公司后期提交的材料能够满足招标文件实质性要求,也不应作为判断其是否中标无效的依据。综上一审判决认定事实清楚、证据确实充分,不存在任何程序违法问题,包头市财政局作出的 35 号处理决定认定事实清楚、证据确实充分、适用法律正确,程序正当合法,请求依法驳回上诉,维持原判。

德邦公司答辩称:德邦公司同意包头市财政局作出的处理决定。一、德邦公司于 2018 年 11 月 22 日报名参加了和誉公司组织的《包头市公路养护处 2018 年特种设备采购项目一标段采购》的招标项目,按照法定的时间和程序进行开标流程等工作,中标结果公布后,该项目中标单位是本案明巍公司,德邦公司认为此次招标项目不符合招标文件的要求,存在倾向性问题,对评标委员会严谨性提出质疑。二、德邦公司针对本案涉案的采购结果三次向包头市公路养护处、和誉公司提出书面质疑,并向市政府采购办公室递交诉求函。包头市公路养护处与和誉公司分别在法定期限内向德邦公司就质疑问题进行了回复。三、根据相关法律法规的规定,包头市财政局具有作出投诉处理决定的法定职权。四、根据《招标文件》的规定,包头市润通汽车销售有限公司和内蒙古鸿晟贸易有限公司的投标文件中"厂家公告技术参数"或"检测报告参数"技术支撑材料部分项目均存在不满足招标文件要求的请求,应视为投标无效,包头市财政局作出的处理决定事实清楚、程序符合法律规定。五、包头市财政局通过调查,并请专家对本案涉案招标内容的所有供应商的投标文件进行分析评判,因包括明巍公司在内的三家供应商的投标文件均不符合《招标文件》中重点内容的相应要求,因此作出本次招标废标的处理,由采购人重新组织采购,市财政局所作的监督检查处理决定适用法律正确。请求二审法院驳回明巍公司的诉讼请求。

和誉公司答辩称:同意包头市财政局的答辩意见。

包头市公路养护处答辩称:一审法院作出的〔2020〕内 0203 行初 34 号行政判决对于涉及包头市公路养护处履行相关招标职务内容认定事实清楚、适用法律正确。1. 包头市公路养护处依法委托了招标代理机构和誉公司作为市养护处 2018 年特种设备采购项目的招标代理机构。2. 包头市公路养护处依法定程序启动了公开招投标流程,发布了《包头市公路养护处 2018 年特种设备采购项目一标段采购公告》,就 2 辆 15 吨洒水车进行招标,本次招标公告同时在包头市政府采购网、中国招标投标服务公共平台发布,共有四家单位进入了评审环节。3. 包头市公路养护处认定明巍公司中标的最终结果来自于随机抽取形成的专家委员会评审结果。综上,本次招投标包头市公路养护处严格按照《中华人民共和国政府采购法》及《中华人民共和国招投标法》《中华人民共和国合同法》等相关法律法规进行,招标程序符合国家相关法律法规的规定。

明巍公司二审中向本院提供了五组证据分别为:第一组证据包头市公路养护处 2018 年特种设备采购项目一标段采购结果公告、明巍公司中标车辆制造商工信部网站查询资料、包头市公路养护处 2018 年特种设备采购项目二标段采购结果公告、第二标段中标企业南京英达公路养护车制造有限公司工信部网站查询资料;第二组证据技术条款偏差表、投标设备技术性能指标详细描述(明巍公司的标书中的内容);第三组证据四家有效供应商投标车辆型号、技术参数及对调查通知函的回复;第四组证据包头市润通汽车销售有限公司投标车辆 CLQ5251GPS5DB 型绿化喷洒车厂家公告参数、免征公告查询资料;内蒙古鸿晟贸易有限公司投标车辆 CSC5250GPSD13 型绿化喷洒车厂家公告、免征公告查询资料;第五组证据装备中心〔2019〕40 号证明通过系统查询车辆公告信息。

上述证据不符合《最高人民法院关于适用〈中华人民共和国行政诉讼法〉的解释》第三十五条第二款的规定,本院不予采信。

本院经审理查明的案件事实与一审法院查明的案件事实一致,本院予以确认。

本院认为,包头市财政局受理德邦公司的投诉后,通过审查招标文件、投标文件、开标资料、评分办法、评审报告等相关材料,未发现德邦公司所投诉的第 1、2、3、4 项问题,驳回了德邦公司的投诉,明巍公司、德邦公司对此均未提出异议。针对第 5 项履约能力的投诉事项,包头市财政局发现明巍公司的投标文件中重点技术参数存在不符合招标文件要求,存在未对招标文件进行实质性响应的问题。包头市财政局根据实际需要从政府采购专家入围库中选取专家,作出的专家论证意见亦印证了包头市财政局发现的问题。据此包头市财政局认定明巍公司不具备该项目合同履约能力具有相应的事实依据。包头市财政局经过全面调查核实,分析导致此次采购项目质疑和投诉原因,决定对评审专家通报批评,要求其加强政策法规学习,并无不当。包头市财政局作出投诉处理决定履行了相应的法定程序。综上,明巍公司的上诉理由不能成立,其上诉请求本院不予支持。依照《中华人民共和国行政诉讼法》第八十九条第一款第(一)项之规定,判决如下:

驳回上诉,维持原判。

二审案件受理费 50 元,由上诉人包头市明巍汽车贸易有限公司负担。

本判决为终审判决。

审 判 长　边学武

审 判 员　任晓莉

审 判 员　谷天华

二○二一年四月六日

法官助理　赵丹萍

书 记 员　高艺楠

83 松原市鹏洋物业管理有限公司与吉林省松原市财政局、吉林省松原市人民政府政府采购(招投标)投诉处理决定、行政复议决定案

【案件提要】

本案是对采购结果的投诉处理决定提起行政诉讼的案例。涉案采购项目是为使用迅达公司生产的电梯设备在免保期过后对电梯维修保养项目进行招标,鹏洋公司中标。迅捷公司提出质疑和投诉。财政部门作出中标结果无效的处理决定。鹏洋公司不服,经复议后提起本案诉讼。法院经审理认为,电梯的修理必须由电梯制造单位或者其委托的依法取得相应许可的单位进行,而采购人在招标文件中对主体资格未作明确规定,导致未取得电梯制造单位授权的鹏洋公司中标,违反了法律、行政法规的强制性规定。财政部门据此作出中标结果无效、责令采购人修改采购文件后重新开展采购活动的处理决定,符合法律规定。

【判决正文】

吉林省松原市中级人民法院
行政判决书

〔2021〕吉 07 行终 15 号

上诉人(一审原告)松原市鹏洋物业管理有限公司,住所地(略)。

法定代表人孙某。

被上诉人(一审被告)松原市财政局,住所地(略)。

法定代表人王某。

委托代理人张某。

委托代理人许某。

被上诉人(一审被告)松原市人民政府,住所地(略)。

法定代表人于某。

委托代理人魏某。

委托代理人崔某。

一审第三人长春迅捷电梯设备工程有限公司,住所地(略)。

法定代表人孟某。

上诉人松原市鹏洋物业管理有限公司(以下简称鹏洋公司)因政府采购行政处理决定一案,不服松原市宁江区人民法院〔2020〕吉 0702 行初 56 号行政判决,向本院提起上诉。本院受理后,依法组成合议庭,于 2021 年 4 月 1 日公开开庭审理了本案。上诉人鹏洋公司的法定代表人孙某,被上诉人松原市财政局(以下简称市财政局)的委托代理人张某、许某,松原市人民政府(以下简称市政府)的委托代理人魏某、崔某,一审第三人长春市迅捷电梯设备工程有限公司(以下简称迅捷公司)的法定代表人孟某到庭参加诉讼。本案现已审理终结。

　　一审审理查明:松原市中心医院(松原市儿童医院)安装使用了西继迅达电梯有限公司生产的电梯设备,免保期过后,2020 年 1 月 22 日,松原市中心医院(松原市儿童医院)对电梯维修保养项目进行招标,委托吉林省中发项目管理有限公司(以下简称中发公司)为采购代理机构开展招标工作。2020 年 4 月,经中发公司开标、评标,五家投标单位中的鹏洋公司中标。鹏洋公司不是西继迅达电梯有限公司委托的电梯安装、改造及修理单位。五家投标单位之一迅捷公司对中标结果不满,向中发公司三次质疑后,于 2020 年 4 月 27 日向市财政局投诉,提出电梯维修保养招标项目未完全按照招标文件的要求进行评审、中标人不具备中标资格两项投诉事项,要求取消中标单位的中标资格。市财政局于 2020 年 6 月 3 日作出松财采购投诉〔2020〕5-3 号政府采购供应商投诉处理决定,认为该项目包括电梯的维护保养及维修,招标人的招标文件中资格条件不明确,处理决定如下:投诉事项 1 缺乏事实依据,驳回投诉;投诉事项 2 成立,决定中标结果无效,责令采购人修改采购文件后重新开展采购活动。鹏洋公司不服,于 2020 年 6 月 29 日向市政府申请行政复议,市政府于 2020 年 8 月 28 日作出松府复决字〔2020〕17 号行政复议决定,维持市财政局作出的松财采购投诉〔2020〕5-3 号政府采购供应商投诉处理决定。鹏洋公司仍然不服,向法院提起行政诉讼,请求撤销市财政局作出的松财采购投诉〔2020〕5-3 号政府采购供应商投诉处理决定及市政府作出的松府复决字〔2020〕17 号行政复议决定。

　　一审法院认为:《中华人民共和国特种设备安全法》第二十二条规定:"电梯的安装、改造、修理,必须由电梯制造单位或者其委托的依照本法取得相应许可的单位进行。"本案中,招标的项目名称为"松原市中心医院(松原市儿童医院)电梯维修保养招标项目";招标文件中第五章服务标准及要求中"电梯免费配件清单列表"中所列的免费更换钢丝绳,按照《电梯施工类别划分表》的规定,钢丝绳系悬挂装置,更换钢丝绳属于一般修理。因此,从招标文件的项目名称及项目内容看,该招标项目涉及电梯的维护保养也涉及维修,而按照前述法律规定,电梯的维修具有专属性,即电梯的修理必须由电梯制造单位或者其委托的依照《中华人民共和国特种设备安全法》取得相应许可的单位进行,而松原市中心医院在招标文件中对主体资格未作明确规定,导致未取得电梯制造单位西继迅达电梯有限公司授权的鹏洋公司中标,违反了上述规定。按照《中华人民共和国招标投标法实施条例》第二十三条"招标人编制的资格预审文件、招标文件的内容违反法律、行政法规的强制性规定,违反公开、公平、公正和诚实信用原则,影响资格预审结果或者潜在投标人投标的,依法必须进行招标的项目的招标人应当在修改资格预审文件或者招标文件后重新招标"的规定,市财政局作出中标结果无效、责令采购人修改采购文件后重新开展采购活动的处理决定并无不当。市政府作出的复议决定程序合法。对鹏洋公司要求撤销市财政局作出的松财采购投诉〔2020〕5-3 号政府采购供应商投诉处理决定及市政府作出的松府复决字〔2020〕17号行政复议决定的诉讼请求，法院不予支持。依照《中华人民共和国行政诉讼法》第六十九条之规定，判决驳回鹏洋公司的诉讼请求。

鹏洋公司不服，上诉称：一、一审法院认定事实错误。本案中，鹏洋公司是按照采购单位申请招标的要求提供的材料，并且是按照招标公告进行投标的，无论从主体上，还是程序上都是合法的，迅捷公司也是投标单位，并依法进行了投标，但是在投标后由于各项打分没有鹏洋公司高，最终鹏洋公司中标，迅捷公司由于没有竞争过本案鹏洋公司，才开始投诉，经过几次投诉后，最终市财政局、市政府作出了行政决定，该决定有一个事实认定是错误的，本案中，招标的是电梯维保的工程，最终却认定了在电梯维保中包括了维修，所以按照法律规定，维修造成鹏洋公司不具备资格，这就是市财政局、市政府认定事实错误的地方，也是一审法院认定事实错误的地方。实际上本案在采购及招标过程中已经明确招标的项目就是电梯维保的工程，只是在注释中有一条注明更换零部件维修由采购方（也就是由招标人）承担，这恰恰说明了招标的是维护保养不是维修，如果维修就不存在采购方支付费用的约定，因此招标的招标项目还是维护保养，并不是一审法院错误的认定为存在维修一事，因此说一审法院认定事实错误。二、一审法院适用法律错误。本案中，一审法院错误的适用了《特设法》第二十二条的规定，但是本案中，无论招标文件，还是采购方案，均是电梯维保的项目，并不是电梯维修，市财政局、市政府却在招标清单的注释中找出了一份注明事项中的载明。认为该事项存在维修的说法，这样就错误的使用了《特设法》第二十二条的规定，实际该案应当适用《特设法》第四十五条的规定，如果与迅捷公司投诉的事实相符，鹏洋公司也不会具有投标的主体资格，更不会以打分最高而中标，因此说一审法院适用法律错误。综上，鹏洋公司认为：一审法院认定事实错误，适用法律错误，请二审法院依法查清事实，撤销一审法院判决，并确认鹏洋公司的中标结果有效。

市财政局辩称，一、市财政局在认定的事实过程中不存在错误。首先，本案中涉及的招标公告和招标文件中对服务项目内容的定义是"松原市中心医院（松原市儿童医院）电梯维修保养招标项目"，其中维修保养目的非常明确；其次，在招标文件"服务标准及要求"备注中说明："2.如承保项目之前非承包方保养，须对电梯运行状态进行检查，更换磨损或不良的零部件，及必要大修时，更换部件的费用由院方承担……4.承包方应派专人负责管理承保的电梯，制定和实行必要的规章制度，每次保养和维修由院方派人监督并给予适当的配合。"从以上项目公告和备注中能够看出主要服务内容为电梯的维护保养，且包括相关的维修。第三，招标文件"服务标准及要求3.电梯免费配件清单列表"作为电梯维修保养的具体内容，其中包括免费更换钢丝绳，而根据市场监管总局制发的《电梯施工类别划分表》的规定，钢丝绳系悬挂装置，更换钢丝绳则属于一般修理。因此，从招标文件名称和项目内容来看，本次招标单位的电梯维保涉及电梯的维修，而电梯的维修依法具有专属性，即电梯的修理只能由电梯制造单位或其委托的依照《中华人民共和国特种设备安全法》取得相应许可的单位进行。就目前的事实和证据状况，招标的服务内容应涵盖电梯修理和维护保养两个方面，医院无必要就电梯修理和维护保养两个方面进行不同招标。二、市财政局在法律适用上不存在错误。从《中华人民共和国特种设备安全法》第二十二条、第四十五条两个法条可总结为：依法取得相应许可的单位指：电梯的安装、改造、修理、维修保养应当是取得电梯安装、改造、修理资格的单位。电梯的修理必须由电梯制造单位或其委托的取得电梯安装、改造、修理资格的单位进行。电梯维护保养应当由电梯制造单位或取得电梯安装、改造、修理资格的单位进行。从招标文件的项目名称和项目内容来看，本次招标单位的招标内容不仅涉及电梯的维护保养也涉及维修，所以市财政局根据《中华人民共和国特种设备安全法》第二十二条及第四十五条来认定电梯维护保养和修理单位应具备的资格，不存在法律适用错误的问题。依据《政府采购货物和服务招标投标管理办法》第十一条和《关于进一步加强政府采购需求和履约验收管理的指导意见》第二部分第二项规定，本次招标在维护保养和维修保养方面存在争议，致使此次招标行为存在采购需求不够合规、完整、明确及混淆概念的问题。依据《政府采购质疑和投诉办法》第三十二条第一款第（二）项的规定，该项目未签订政府采购合同，故市财政局作出的中标结果无效，责令采购人修改采购文件后重新开展采购活动决定。综上，请求法院驳回鹏洋公司的上诉请求。

市政府辩称，结合本案事实，招投标活动应当依法进行，松原市中心医院作为招标单位，招标文件中列明了电梯维修保养，包含了维修内容，同时招标文件第五章的服务标准及要求作为电梯维保的具体内容，其中包括免费更换钢丝绳，而根据市场监管总局制发的《电梯施工类别划分表》的规定，钢丝绳系悬挂装置，更换钢丝绳则属于一般修理。所以，从招标文件的项目名称和项目内容来看，本次招标单位的电梯维保涉及电梯的维修，而电梯的维修依法具有专属性，即电梯的修理只能由电梯制造单位或其委托的依照《中华人民共和国特种设备安全法》取得相应许可的单位进行，本案投标单位均不是电梯生产厂家许可的单位，不具备合法主体资格，对不合格的投标单位进行了招投标活动系因松原市中心医院本次招标文件中没有明确规定，违反了特设法第二十二条强制性规定造成，依据《中华人民共和国招标投标法实施条例》，招标文件违法应修改后重新招标。故市财政局作出的处理决定是合理合法的，复议决定认定事实清楚，证据确凿，程序合法，适用法律正确，请法院予以维持原判。

迅捷公司述称，招标文件中分项报价一览表中，明确要求电梯维保 500 元以下原厂配件，承包方负责免费更换，西继迅达电梯有限公司不对授权代理商以外的电梯公司销售电梯配件，鹏洋公司不具备中标资格，迅捷公司有更优越的条件。市财政局、市政府作出的行政决定是正确的，应予以维持原判。

本院经审理查明事实与一审判决认定事实一致，本院予以确认。

本院认为，《中华人民共和国招标投标法实施条例》第二十三条规定："招标人编制的资格预审文件、招标文件的内容违反法律、行政法规的强制性规定，违反公开、公平、公正和诚实信用原则，影响资格预审结果或者潜在投标人投标的，依法必须进行招标的项目的招标人应当在修改资格预审文件或者招标文件后重新招标。"本案中，松原市中心医院在安装使用的电梯设备免保期过后，对电梯维修保养项目进行公开招标。在招标过程中，其编制的招标文件，体现出的招标内容包括电梯维护保养和修理。而依据《中华人民共和国特种设备安全法》的规定，电梯的修理具有专属性，必须由电梯制造单位或者其委托的取得相应许可的单位进行。但此次招标文件中，未明确要求投标人需具备电梯修理资质，导致鹏洋公司虽然中标，但因其未经电梯生产厂家授权，不具备修理电梯的资格。迅捷公司对此次中标结果进行了投诉,经市财政局依法调查取证,依据《政府采购质疑和投诉办法》第三十二条第一款第(二)项之规定,于 2020 年 6 月 3 日作出松财采购投诉〔2020〕5-3 号《政府采购供应商投诉处理决定书》,认定此次中标结果无效,责令采购人修改采购文件后重新开展采购活动,符合上述法律规定,并无不当。市政府作出的行政复议决定,依法维持该处理决定亦正确。

综上,一审法院判决认定事实清楚、适用法律正确,程序合法,应予以维持。鹏洋公司认为一审法院认定事实不清,适用法律错误的上诉理由,没有事实根据和法律依据,本院不予支持。依照《中华人民共和国行政诉讼法》第八十九条第一款第(一)项的规定,判决如下:

驳回上诉,维持原判。

二审案件受理费 50 元,由上诉人松原市鹏洋物业管理有限公司负担。

本判决为终审判决。

审 判 长　薛静波

审 判 员　任凤丽

审 判 员　刘　洋

二〇二一年四月二十日

书 记 员　陈嘉琦

上海勇锐科贸有限公司
与上海市财政局
政府采购(询价)投诉处理决定案

【案件提要】

本案是对采购结果的投诉处理决定提起行政诉讼的案例。涉案采购项目发布询价公告后,勇锐公司提交了响应文件。经评审,金昊公司成为供应商。因勇锐公司提出质疑,代理机构发布变更公告。勇锐公司刈变更公告提出质疑和投诉。财政部门查明该项目投标流程及询价小组成员构成均符合相关规定,但金昊公司就设备2提供产品在风量、数量等方面均与询价文件要求不符,故作出决定,认定该项目采购活动违法,责令重新开展采购活动。勇锐公司认为成交人在招标过程中违法,应由排名第二的成交人为成交人,故不服财政部门的决定,提起本案诉讼。法院经审理认为,财政部门作出被诉决定程序合法,适用法律规范正确。判决驳回勇锐公司诉讼请求。

【判决正文】

上海市徐汇区人民法院
行政判决书

〔2015〕徐行初字第 57 号

原告上海勇锐科贸有限公司,住所地(略)。
法定代表人李某。
被告上海市财政局,住所地(略)。
法定代表人宋某。
委托代理人王某。
委托代理人杨某。

原告上海勇锐科贸有限公司(以下简称勇锐公司)不服被告上海市财政局于 2014 年 12 月 18 日作出的沪财采〔2014〕31 号投诉处理决定书(以下简称 31 号决定),于 2015 年 3 月 26 日向本院提起行政诉讼。本院受理后依法组成合议庭,公开开庭审理了本案。原告勇锐公司的法定代表人李松林,被告上海市财政局的委托代理人王某、杨某到庭参加诉讼。本案现已审理终结。

上海市财政局作出的 31 号决定主要内容为：政府采购相关法律法规对于询价项目进行公开唱标并无相应规定，因此在该项目中公开唱标并非法定流程。该项目询价小组由1 名采购人代表和 2 名评审专家组成，评审专家抽取过程合法，且符合《政府采购非招标采购方式管理办法》第七条的规定。根据《政府采购非招标采购方式管理办法》第十八条第一款第（五）点规定，成交结果公布应包括询价小组成员名单，上海机电设备招标有限公司（以下简称招标公司）于 2014 年 10 月 24 日发布的成交结果公告已包含了询价小组成员名单。根据《政府采购非招标采购方式管理办法》第四十六条规定，上海金昊空调系统服务有限公司（以下简称金昊公司）就设备 2 所提供产品在风量、数量等方面均与询价文件要求不符。故上海市财政局作出了该项目采购活动违法，责令重新开展采购活动的决定。

勇锐公司诉称，其于 2014 年 10 月 17 日参加了由招标公司组织的上海自然博物馆（上海科技分馆）空气净化器政府采购的招标。在招标过程中，勇锐公司发现招标公司存在多处违法和违规。中标单位金昊公司提供的产品规格与询价文件要求的规格不合，产品成交台数与询价公告要求不一致，遂向上海市财政局提出了招标违规投诉。上海市财政局作出的31 号决定认定采购活动违法，责令重新开展采购活动。但 31 号决定书中并未明确重新招标的期限，且招标公司也拒绝重新招标，上海自然博物馆（上海科技分馆）现所使用的空气净化设备仍由金昊公司提供。故勇锐公司起诉请求撤销上海市财政局作出的 31 号决定，由上海市财政局重新作出投诉处理决定书并承担本案诉讼费用。

上海市财政局辩称，其作出 31 号决定是履行法定职责的行为，且 31 号决定认定事实清楚、适用依据正确，请求依法驳回勇锐公司的诉讼请求。

庭审中，上海市财政局出示了作出被诉具体行政行为的证据：1. 编号 0613－147124093175 上海自然博物馆（上海科技分馆）空气净化器询价采购项目询价文件；2. 编号0613－147124093175 金昊公司投标文件；3. 对上海科技馆上海自然博物馆（上海科技馆分馆）空气净化器招标过程中违法行为投诉书；4. 31 号决定。

经质证，勇锐公司对于证据 1 没有异议。对证据 2 认为应当核对原件，且招标文件资料不全，询价小组未按投标人的投标金额由低到高准备三名候选人。对证据 3 没有异议。对证据 4 的结论认同，但适用法律依据错误。

庭审中，勇锐公司出示了下列证据支持其诉讼请求：1. 编号 0613－147124093175 上海自然博物馆（上海科技分馆）空气净化器询价采购项目询价文件，证明采购所需空气净化器数量、技术指标的要求；2. 上海科技馆上海自然博物馆（上海科技分馆）空气净化器成交报告、上海科技馆上海自然博物馆（上海科技分馆）空气净化器成交变更公告，证明招标公司与评标委员会没有按照标准进行评审，金昊公司中标的决定违法；3. 关于上海科技馆上海自然博物馆（上海科技分馆）空气净化器询价项目成交结果的质疑情况说明、对上海科技馆上海自然博物馆（上海科技分馆）空气净化器成交变更公告的质疑、招标公司的质疑函回复。

经质证，上海市财政局对证据真实性没有异议，并表示认同采购过程违法，故作出了认定该项目采购违法，责令重新开展采购的处理决定。

综合庭审质证意见，本院经审查确认如下事实：招标公司受使用单位委托，对上海自然博物馆（上海科技分馆）空气净化器进行询价采购。该项目于 2014 年 10 月 11 日在中国政府采购网发布询价公告,勇锐公司提交了响应文件。该项目于 2014 年 10 月 17 日进行了评审,询价小组推荐金昊公司成为供应商,招标公司同日发布了上海科技馆上海自然博物馆(上海科技分馆)空气净化器成交公告。勇锐公司于 2014 年 10 月 18 日向招标公司提交了成交结果的质疑情况说明。招标公司于 2014 年 10 月 24 日发布了上海科技馆上海自然博物馆(上海科技分馆)空气净化器成交变更公告,勇锐公司于 2014 年 10 月 25 日提交了对变更公告的质疑,招标公司于 2014 年 10 月 28 日作出了对勇锐公司质疑函的回复。勇锐公司对招标公司的质疑答复不满,向上海市财政局投诉。上海市财政局查明该项目投标流程及询价小组成员构成均符合相关规定,但金昊公司就设备 2 提供产品在风量、数量等方面均与询价文件要求不符。故上海市财政局于 2014 年 12 月 18 日作出了 31 号决定,认定该项目采购活动违法,责令重新开展采购活动。勇锐公司认为中标人在招标过程中违法,应由排名第二的投标人为中标人,故不服市财政局作出的 31 号决定,向本院提起诉讼。

本院认为,上海市财政局作为上海市政府采购监督管理部门,对质疑供应商对采购人、采购代理机构的答复不满意的投诉有权作出处理决定。本案中,勇锐公司就上海自然博物馆(上海科技分馆)空气净化器采购项目中所发现问题于 2014 年 10 月 18 日、2014 年 10 月 25 日先后两次向招标公司提出质疑。招标公司于 2014 年 10 月 28 日作出答复,勇锐公司不满意其答复向上海市财政局提出投诉。上海市财政局经审查后,作出了 31 号决定,认定该项目采购活动违法,责令重新开展采购活动。上海市财政局作出的决定程序合法,适用法律规范正确。综上所述,勇锐公司要求撤销上海市财政局所作决定,重新作出投诉处理决定缺乏充足的事实根据和法律依据,依照《最高人民法院关于执行〈中华人民共和国行政诉讼法〉若干问题的解释》第五十六条第(四)项之规定,判决如下:

驳回原告上海勇锐科贸有限公司的诉讼请求。

本案受理费人民币 50 元,由原告上海勇锐科贸有限公司负担。

如不服本判决,可在判决书送达之日起十五日内,向本院递交上诉状,并按对方当事人的人数提出副本,上诉于上海市第三中级人民法院。

审　判　长　崇毅敏

代理审判员　叶晓晨

人民陪审员　朱惠铭

二〇一五年四月二十九日

书　记　员　沈懿

河南加盛拍卖有限公司 与河南省濮阳县财政局 政府采购（竞争性谈判）投诉处理决定案

【案件提要】

本案是对采购结果的投诉处理决定提起行政诉讼的案例。涉案采购项目是"拍卖土地服务单位"的竞争性谈判。谈判文件中对土地拍卖服务单位的要求是拍卖公司具有合法资质，拍卖师具有土地主持人资格。经评审，加盛拍卖公司为成交单位。因有质疑，采购代理机构根据谈判小组的建议，回复取消加盛拍卖公司的中标资格，重新组织采购。加盛拍卖公司向财政部门投诉。财政部门组织评审专家对加盛拍卖公司的资格进行认定，认为其未能提供谈判文件要求的资格文件，未实质性响应谈判文件。加盛拍卖公司不服，提起本案诉讼。本案的争议是加盛拍卖公司在提供投标文件上是否符合采购项目招标文件的要求，主要涉及如何认定供应商的文件材料是否符合采购文件的要求。一审法院认为，本案中加盛拍卖公司所提交的资格证明显示，其拍卖师没有土地招标拍卖挂牌主持人资格证书，有土地招标拍卖挂牌主持人资格证书的从业者没有拍卖从业资格证，故加盛拍卖公司作为投标人不符合招标文件中对投标人的资格规定。二审法院认为，涉案竞争性谈判文件和国土资源部文件关于土地拍卖企业资质和土地招标拍卖挂牌主持人的要求是一致的；且该竞争性谈判文件对拍卖公司和拍卖师的要求对每个参加政府采购活动供应商是同等的，没有对供应商实行差别待遇或歧视待遇的规定。加盛拍卖公司在本案政府采购竞争性谈判前，未对本案竞争性谈判文件的规定提出异议，应视为对竞争性谈判文件相关规定的认可。因此，财政部门决定驳回投诉事实清楚，证据充分，适用法律正确。

【判决正文】

河南省濮阳市中级人民法院 行政判决书

〔2015〕濮中法行终字第 00031 号

上诉人（一审原告）河南加盛拍卖有限公司，住所地（略）。

法定代表人高某。

委托代理人范某。

委托代理人赵某。

被上诉人（一审被告）濮阳县财政局，住所地（略）。

法定代表人魏某。

委托代理人任某。

委托代理人任某。

一审第三人濮阳市政府采购中心，住所地（略）。

法定代表人黄某。

委托代理人李某。

一审第三人濮阳县国土资源局。住所地（略）。

法定代表人李某。

委托代理人黄某。

委托代理人鲁某。

上诉人河南加盛拍卖有限公司（以下简称加盛拍卖公司）因与被上诉人濮阳县财政局政府采购投诉处理决定一案，不服濮阳县人民法院〔2015〕濮行初字第07号行政判决，向本院提起上诉。本院受理后，依法组成合议庭，于2015年4月15日公开开庭对本案进行了审理。上诉人加盛拍卖公司委托代理人范某，被上诉人濮阳县财政局委托代理人任某、任某，一审第三人濮阳市政府采购中心（以下简称市采购中心）法定代表人黄某及委托代理人李某，一审第三人濮阳县国土资源局委托代理人黄某、鲁某到庭参加诉讼。本案现已审理终结。

一审查明：2014年8月13日，濮阳县国土资源局向濮阳县政府采购主管部门提出采购申请，采购项目为：拍卖土地服务单位，招标方式采用竞争性谈判。对投标人资质要求："具有合法资质，拍卖师具有土地主持人资格。"濮阳县国土资源局委托市采购中心进行采购项目的采购。2014年8月22日，市采购中心发布PCZX〔2014〕TP012竞争性谈判文件，其中第四部分土地拍卖服务单位要求中对拍卖公司要求：具有合法资质，拍卖师具有土地主持人资格。加盛拍卖公司等五家公司参加竞争性谈判。2014年8月29日，市采购中心对项目进行评审，成交单位是加盛拍卖公司。当日，发布了成交公告并签署了成交通知书。在成交结果公示期间，河南金得利拍卖有限公司对加盛拍卖公司的资格提出质疑。2014年9月3日，市采购中心组织原谈判小组对质疑进行重新审核，结果为加盛拍卖公司不符合招标文件要求，建议取消中标资格，并重新组织采购。2014年10月21日，加盛拍卖公司向市采购中心提出质疑。2014年10月22日，市采购中心对其质疑进行回复：经谈判小组研究，建议市采购中心取消加盛拍卖公司的中标资格，重新组织采购。加盛拍卖公司对回复不服，于2014年11月4日向濮阳县财政局投诉。2014年11月10日，濮阳县财政局受理了加盛拍卖公司的投诉，并向濮阳县国土资源局和市采购中心送达了调查取证通知。2014年12月19日，濮阳县财政局组织评审专家对加盛拍卖公司的资格进行认定，认为加盛拍卖公司未能提供：1.具有土地主持人资格的拍卖师相关文件证明；2.具有合法的土地拍卖资质。未实质性响应谈判文件第四部分："拍卖公司具有合法资质，拍卖师具有土地主持人资格"。当日，濮阳县财政局作出濮县财采投〔2014〕01号处理决定。加盛拍卖公司于2014年12月22日收到处理决定,于 2015 年 1 月 4 日提起诉讼。

一审认为:《中华人民共和国政府采购法》第十三条规定:"各级人民政府财政部门是负责政府采购监督管理部门,依法履行对政府采购活动的监督管理职责。"《政府采购供应商投诉处理办法》第三条第三款规定:"县级以上地方人民政府财政部门负责本级预算项目政府采购活动中的供应商投诉事宜。"据此,一审法院认定濮阳县财政局对县级预算项目的处理有管辖权;双方争议的主要问题是加盛拍卖公司是否符合采购项目招标文件的要求。按照《中华人民共和国招投标法》第二十六条规定,国家有关规定对投标人资格条件或招标文件对投标人资格条件有规定的,投标人应当具备规定的资格条件。据此,招标文件对投标人资格进行规定有法可依。本案招标文件对招标人的资格规定"具有合法资质,拍卖师具有土地主持人资格"。加盛拍卖公司认为拍卖师本身就具有土地主持人资格,不需要提交土地主持人资格证明文件。而濮阳县财政局及政府采购中心理解为拍卖师必须有土地主持人资格证明文件才符合招标文件规定。从字义理解,濮阳县财政局和市采购中心的理解更符合常理,且招标人对招标文件的解释更有效。而本案加盛拍卖公司所提交的资格证明显示,其拍卖师没有土地招标拍卖挂牌主持人资格证书,有土地招标拍卖挂牌主持人资格证书的从业者没有拍卖从业资格证。加盛拍卖公司无法提供相应的证明文件,故加盛拍卖公司作为投标人不符合招标文件中对投标人的资格规定。濮阳县财政局按照《政府采购供应商投诉处理办法》第十七条第(二)项作出驳回投诉的处理决定并无不当。加盛拍卖公司要求撤销濮阳县财政局作出的投诉处理决定理由不足。故依照《最高人民法院关于执行〈中华人民共和国行政诉讼法〉若干问题的解释》第五十六条第(四)项之规定,判决驳回加盛拍卖公司的诉讼请求,案件受理费 50 元由加盛拍卖公司承担。

加盛拍卖公司不服一审判决,上诉称:1. 濮阳县国土资源局的采购文件并未要求供应商需要具有土地主持人资格证,加盛拍卖公司及其拍卖师符合市采购中心、濮阳县国土资源局的要求,濮阳县财政局应当责令濮阳县国土资源局或市采购中心与加盛拍卖公司签订采购合同。2. 拍卖法未规定拍卖土地需要额外取得资质,土地拍卖应受拍卖法调整,《国土资源部关于土地使用权拍卖有关问题的函》规定土地拍卖不受拍卖法调整。《招标拍卖挂牌出让国有土地使用权规范》(试行)的通知,土地招标拍卖挂牌主持人应当由符合国土资源部确定的土地招标拍卖挂牌主持人条件并取得资格的人员主持。拍卖法属于法律,其效力高于上述两个规范性文件的效力。两个规范性文件内容涉及行政许可,该行政许可无上位法依据,应属无效。另,国土资源部《关于组织 2008 年全国土地招标拍卖挂牌主持人资格考试工作的通知》是国土资源系统内部文件,是调整国土资源局作为土地拍卖主持人时适用的规定。本次拍卖活动是交给拍卖公司进行,不需要重复具备国土系统内部的拍卖资格证。法律没有禁止拍卖公司、拍卖师必须取得国土资源部门确定的资格才能进行拍卖活动,拍卖公司及拍卖师理应有权进行主持拍卖。3. 濮阳县国土资源局之前也通过拍卖公司开展土地拍卖活动,为证明土地主持人资格证不是主持土地拍卖的必要要件,加盛拍卖公司一审中当庭申请调取濮阳县国土资源局的土地拍卖档案信息,一审法院没有调取。4. 合同签订后,濮阳县国土资源局与加盛拍卖公司之间是委托代理关系,拍卖公司所为的行为仍然属于国土资源局的行为,因此拍卖活动仍属于国土资源局组织实施的活动,只是采用了市场化的拍卖方式,没有违反土地管理法及其实施条例的规定。5.一审适用法律错误。本案争议的是政府采购中的竞争性谈判问题,一审判决适用招投标法相关规定,适用法律错误。综上,请求二审法院撤销一审判决,撤销濮县财采投〔2014〕01号处理决定并责令重新处理。

被濮阳县财政局答辩称:1.加盛拍卖公司不符合市采购中心发布的招标文件要求。濮阳县财政局受理加盛拍卖公司的投诉后认真负责,并组织评审专家、投诉方、被投诉方到场,在濮阳县纪检委、濮阳县人民检察院监督下,对加盛拍卖公司的投诉事项进行了评审。经评审,加盛拍卖公司未能提供具有土地主持人资格的拍卖师相关证明义件及具有合法的土地拍卖资质等证明文件,加盛拍卖公司资质不合法。2.国土资源部办公厅1999年8月《国土资源部关于土地使用权拍卖有关问题的函》明确土地拍卖不受拍卖法调整。《招标拍卖挂牌出让国有土地使用权规定》(试行)通知,规定国有土地使用权招标拍卖挂牌出让活动,应当由符合土地招标拍卖挂牌主持人条件并取得资格的人员主持进行。上述规定是合法的生效的规定,市采购中心在法律规定范围内要求投标公司具备规定条件,是合理合法的。3.市采购中心经审查发现加盛拍卖公司不符合有关资质要求,及时取消了加盛拍卖公司的中标资格,双方未签订合同,因此加盛拍卖公司主张的与濮阳县国土资源局之间的委托代理关系无事实根据和法律依据。4.《中华人民共和国政府采购法》第二十二条"采购人可以根据采购项目的特殊要求,规定供应商的特定条件"的规定,濮阳县国土资源局以前通过拍卖公司拍卖土地时的要求并不等于此次拍卖的要求,每次拍卖都可以规定特定的条件。5.一审适用法律正确。市采购中心在采购是采取的是竞争性招标采购的方式,仍属于招标投标活动,一审法院适用招投标法的相关规定适用法律正确。请求二审法院驳回上诉,维持原判。

市采购中心未提交书面答辩材料,庭审中述称同意濮阳县财政局的答辩意见。

濮阳县国土资源局未提交书面答辩材料,庭审中述称:1.土地使用权拍卖出让不同于商业拍卖,具有行政性质,对拍卖机构要求具有土地主持人资格就是要求拍卖师熟悉土地管理法和土地拍卖的法定程序。土地拍卖师考试不属于行政许可,而是对土地拍卖人员的知识要求,国务院行政审批制度改革相关决定,均未将土地拍卖师考试列入行政许可序列。2.加盛拍卖公司要求调取其他拍卖档案与本案不具有关联性。3.加盛拍卖公司称通过前期资格审查就不能对资格重新审查的意见不符合政府采购法和投诉处理办法规定的程序。请求二审法院维持原判。

本院经审理查明事实与一审查明事实一致。

本院认为:本案涉及的政府采购项目采用的是竞争性谈判采购方式,2014年8月22日市政府采购中心制定了竞争性谈判义件,该文件第四部分对土地拍卖公司要求:"拍卖公司具有合法资质,拍卖师具有土地主持人资格",本案当事人争议的主要焦点是河南加盛拍卖有限公司提供的材料是否符合上述文件要求。2006年国土资源部制定《招标拍卖挂牌出让国有土地使用权规范(试行)》,该规范第4.4.4关于土地招标拍卖挂牌主持人作出规定:"国有土地使用权招标拍卖挂牌出让活动,应当由符合国土资源部确定的土地招标拍卖挂牌主持人条件并取得资格的人员主持进行。"1999年《国土资源部办公厅关于土地使用权拍卖有关问题的函》(国土资厅函255号)第三项规定:"市县人民政府土地行政主管部门在组织实施土地使用权拍卖过程中,根据需要也可以将部分工作委托经省级以上土地行政主管部门认证的具有国有土地使用权拍卖资格的拍卖企业承担。"市政府采购中心制定的竞争性谈判文件和国土资源部文件关于土地拍卖企业资质和土地招标拍卖挂牌主持人的要求是一致的。本案竞争性谈判文件对拍卖公司和拍卖师的要求对每个参加政府采购活动供应商是同等的,没有对供应商实行差别待遇或歧视待遇的规定。作为采购人的濮阳县国土资源局和作为竞争性谈判文件制定者的采购代理机构,以及濮阳县财政局对竞争性谈判文件的解释更符合竞争性谈判文件的本意,且符合国土资源部相关规范性文件的要求。加盛拍卖公司对本案竞争性谈判文件中"拍卖公司具有合法资质,拍卖师具有土地主持人资格"规定的理解,没有法律或规范性文件依据。加盛拍卖公司在本案政府采购竞争性谈判前,未对本案竞争性谈判文件的规定提出异议,应视为对竞争性谈判文件相关规定的认可。濮阳县财政局作出本案政府采购投诉处理决定,认定加盛拍卖公司未能提供具有主持人资格的拍卖师相关文件和具有合法的土地拍卖资质材料,未实质性响应谈判文件第四部分"拍卖公司具有合法资质,拍卖师具有土地主持人资格"事实清楚,证据充分,决定驳回投诉人的投诉适用法律正确。对加盛拍卖公司的要求撤销该投诉处理决定的诉讼请求不应予以支持,一审判决驳回加盛拍卖公司的诉讼请求并无不当。依照《中华人民共和国行政诉讼法》第八十九条第一款第(一)项之规定,判决如下:

驳回上诉,维持原判。

二审受理费50元,由上诉人河南加盛拍卖有限公司负担。

本判决为终审判决。

审　判　长　崔欣欣
审　判　员　葛传立
代理审判员　贾向阳
二〇一五年五月十一日
书　记　员　王　敏

江西省太平洋节能环保科技有限公司
与云南省保山市昌宁县财政局
政府采购(竞争性谈判)投诉处理决定案

【案件提要】

本案是对采购结果的投诉处理决定提起行政诉讼的案例。涉案采购项目经竞争性谈判,确定福寿园公司为成交供应商。太平洋公司提出质疑和投诉,认为福寿园公司在采购过程中提交的业绩合同造假,应取消成交资格。财政部门在调查中,收到福寿园公司提交的业绩合同公证书,经向出具公证书的公证机关和业绩地的财政部门核实后,作出驳回投诉的处理决定。太平洋公司不服,提起本案诉讼。法院经审理认为,本案经庭审查明,财政部门则太平洋公司的投诉处理程序和事实,以及法律适用等方面的行政行为事实清楚、证据充分,符合相关法律的规定,法院对此予以确认,判决驳回太平洋公司的诉讼请求。

【判决正文】

云南省保山市昌宁县人民法院
行政判决书

〔2015〕昌行初字第 3 号

原告江西省太平洋节能环保科技有限公司,住所地(略)。
法定代表人余某。
委托代理人夏某。
被告云南省保山市昌宁县财政局,住所地(略)。
法定代表人工某。
委托代理人宋某。
委托代理人赵某。
第三人云南省保山市昌宁县殡葬服务中心,住所地(略)。
法定代表人段某。
第三人福寿园环保机械制造有限公司,住所地(略)。
法定代表人赵某。
委托代理人汪某。

原告江西省太平洋节能环保科技有限公司（以下简称太平洋公司）诉被告云南省保山市昌宁县财政局（以下简称昌宁县财政局）、第三人云南省保山市昌宁县殡葬服务中心（以下简称县殡葬中心）、第三人福寿园环保机械制造有限公司（以下简称福寿园公司）财政行政撤销一案于2015年6月18日向本院提起行政诉讼。本院于2015年6月18日受理后，于2015年6月19日向被告仓宁县财政局送达了行政起诉状副本、应诉通知书、举证通知书及廉政监督卡，于2015年7月6日以邮寄的方式向第三人福寿园公司送达了参加诉讼通知书、举证通知书及廉政监督卡。又于2015年10月12日将县殡葬中心追加为第三人通知其参加诉讼。本院依法组成合议庭，于2015年10月28日公开开庭审理了本案。原告太平洋公司委托代理人夏某，被告仓宁县财政局委托代理人宋某、赵某，第三人县殡葬中心法定代理人段某，第三人福寿园公司委托代理人汪某，到庭参加诉讼。被告仓宁县财政局法定代表人王某因公未到庭。本案现已审理终结。

太平洋公司诉称：太平洋公司于2015年4月10日，参加了县殡葬中心火化炉采购项目的招投标，竞标采取竞争性谈判方式。福寿园公司中标。太平洋公司认为中标的福寿园公司在谈判文件中的业绩合同（福寿园国际集团福寿园环保机械制造有限公司产品购销合同）供方为福寿园公司，需方为江西省婺源县殡仪馆，是一份造假的合同。福寿园公司的中标资格应当取消。理由：1. 福寿园公司是福寿园国际集团上海福寿园实业发展有限公司的下属单位，成立于2012年，参加过全国各地多次招投标，仅中标四至五次，总合同金额约200多万元，销售业绩一般。另，上海福寿园实业发展有限公司已收购江西省婺源县殡仪馆，并与婺源县殡仪馆签订1 108万元的合同，安装6台火化机，是编造虚假业绩骗取中标。2. 江西省婺源县总人口才33万，一年火化尸体数量不足2 100具，按婺源县殡仪馆的条件，不可能安装6台火化机。3. 福寿园公司与婺源县殡仪馆的合同是2015年1月18日签订的，而此次昌宁招投标2015年4月10日就已经出了中标结果，1 108万元的合同根本就未实际履行，不能算福寿园公司的业绩。因此，太平洋公司于2015年4月10日向保山市东升建设工程招标代理有限公司（以下简称东升公司）提交了质疑函，要求对福寿园公司提供的与婺源县殡仪馆签订的业绩合同真假进行调查取证。东升公司于2015年4月17日回复认为，经调查该合同真实有效。对太平洋公司的质疑要求不予支持。2015年4月27日又向仓宁县财政局递交了投诉书，要求从新调查处理，取消福寿园公司的中标资格，并依据《政府采购法》进行处理。仓宁县财政局2015年4月28日受理后，于2015年5月15日作出处理决定，驳回太平洋公司的投诉。太平洋公司对处理决定不服，于2015年6月18日向昌宁县人民法院提起诉讼，请求：1. 撤销昌宁县财政局作出的昌财采决字〔2015〕1号处理决定书。2. 取消福寿园公司的中标资格。

太平洋公司在起诉时向法院提交了以下7组证据：

1. 法人组织机构代码证、营业执照。2. 法人证书、授权委托书。3. 电话录音。4. 照片。5. 合同。6. 质疑函、投诉函。7. 回复函、投诉处理决定书。

太平洋公司在2015年10月28日法庭调查时提供婺源县殡仪馆2014年度事业单位法人年度报告书1份。

仓宁县财政局辩称：2015年4月27日接到太平洋公司的投诉函称，中标的福寿园公司竞标的业绩合同,福寿园公司与江西省婺源县殡仪馆签订1 108万元,供货合同造假,要求取消其中标资格。仓宁县财政局依照《政府采购供应商投诉处理办法》第十二条的规定,于2015年4月28日向福寿园公司送达了投诉函副本,并发出了昌宁县财政局关于昌宁县殡葬服务中心火化炉采购项目质疑的告知函,依照《政府采购供应商投诉处理办法》第十三条的规定,要求被投诉人和与投诉事项有关的供应商,在收到投诉状之日5个工作日内,以书面形式作出说明,并提交相关证据材料。福寿园公司在规定的期限内提交了"关于昌宁县殡葬服务中心火化炉采购项目告知函的回复函",对相关事项逐一进行了说明,同时提交了与江西省婺源县殡仪馆签订的产品销售合同及编号为〔2015〕皖广公证字第119号公证书。收到该合同的公证书后,仓宁县财政局与出证机构安徽省广德县公证处联系,核实了公证书的真伪。同时向婺源县财政局发出协查函,请求对该合同真伪进行调查。婺源县财政局经核实后,出具了协助调查回复函。均表示该合同真实有效。依照《政府采购供应商投诉处理办法》第十七条第二款的规定,作出了昌财采决字〔2015〕1号决定书。驳回了太平洋公司的投诉。该处理决定程序合法,适用法律正确,请求法院依法驳回太平洋公司的诉讼请求。

仓宁县财政局于2015年7月3日向法院递交了答辩状,以及以下相关证据9组:

1.组织机构代码证、法定代表人身份证明书。2.投诉函、太平洋公司法定代表人授权委托书、身份证、质疑回复函、购销合同。3.昌宁县财政局政府采购投诉受理书。4.仓宁县财政局关于对仓宁县殡葬服务中心火化炉采购项目质疑的告知函。5.福寿园公司关于仓宁县殡葬服务中心火化炉昌宁目质疑的告知函、回复函。6.产品购销合同的公证书。7.昌宁昌财政局协助调查函。8.协助调查回复函、合同复印件。9.情况说明书一份。

县殡葬中心述称:县殡葬中心购置火化炉是经昌宁县财政局采购办批准,竞标方式为竞争性谈判采购,县殡葬中心委托东升公司代理招标,于2015年4月10日9时开标,福寿园公司中标。当天,太平洋公司对福寿园公司销售业绩合同提出质疑,东升公司作了答复。太平洋公司对答复不满于2015年4月27日向仓宁县财政局递交了投诉。昌宁县财政局审阅了投标文件和相关资料,经多方调查了解取证,于2015年5月15日作出处理决定,驳回了太平洋公司的投诉。县殡葬中心对昌宁县财政局作出的昌财采决字〔2015〕1号决定书,无异议。

县殡葬中心未向法院提供证据。

福寿园公司述称:福寿园公司在县殡葬中心火化炉采购项目招投标过程中,提供的文件材料都是真实的。福寿园公司与婺源县殡仪馆是两个独立的民事主体,签订的购销合同是双方真实意思的表示,是合法有效的,该合同是2015年1月18日签订的,而县殡葬中心采购是在2015年3月份,福寿园公司不可能存在预见此情况而专门与婺源县殡仪馆签订合同。关于太平洋公司不知是从何处取得的,福寿园公司的购销合同复印件,主张是虚假合同并没有相应的证据相互印证。该合同是经过公证处公证的合同,目前该合同已在积极履行中,已按合同约定将2台火化机送往婺源县殡仪馆。县殡葬中心火化炉采购项目的招投标过程合法合规,仓宁县财政局作出的昌财采决字〔2015〕1号决定书,程序合法,适用法律正确。请求法院驳回太平洋公司的诉讼请求。

福寿园公司未向法院提供证据。

本案争议的焦点如下：1. 福寿园公司在竞标中提供的业绩合同（福寿园公司与江西婺源县殡仪馆签订的合同）是否存在造假。2. 昌宁县财政局昌财采决字〔2015〕1 号决定是否合法。

依照《最高人民法院关于行政诉讼证据若干问题的规定》第五十四条的规定，本院对庭审质证的证据作如下确认：

太平洋公司起诉时向法院提供以下证据：第 1 组证据，法人组织机构代码证、营业执照。欲证明太平洋公司是国家批准的合法机构。经庭审质证，仓宁县财政局、县殡葬中心、福寿园公司均无异议。该证据与本案具有关联性，真实、合法，本院对此予以采信。第 2 组证据，法定代表人身份证明书、授权委托书，欲证明太平洋公司法定代表人余兰，执行董事兼经理。授权委托书证明太平洋公司委托夏斌为该案的委托代理人，委托权限：特别授权委托。经庭审质证，仓宁县财政局、县殡葬中心、福寿园公司均无异议。该证据与本案具有关联性，仓宁县财政局及县殡葬中心、福寿园公司均无异议，本院对此予以采信。第 3 组证据，电话录音（录制光碟一张），欲证明婺源县殡仪馆仅有两台火化炉，全县人口 33 万，按其条件不可能与福寿园公司签订 1 108 万元的合同。经庭审质证（当庭播放录音），仓宁县财政局对该录音的真实性、合法性持有异议，不予认可，认为不能证实福寿园公司与婺源县殡仪馆签订的合同有什么问题。县殡葬中心、福寿园公司质证后，对该录音的真实性、合法性有异议，不予认可。

本院认为，电话录音系证据种类中的视听资料，根据《最高人民法院关于行政诉讼证据若干问题的规定》第十二条的相关要求，应当注明制作方法、制作时间、制作人和证明对象，声音资料应当附有该声音内容的文字记录。太平洋公司没有提供上述要求的证据要件，该电话录音不符合证据要求，不具备证据的关联性、真实性、合法性，仓宁县财政局及县殡葬中心、福寿园公司均不予认可，本院不予采信。第 4 组证据，照片一组（4 张），欲证明婺源县殡仪馆就只有两台火化炉，也不具备安装六台火化机的条件。经庭审质证，仓宁县财政局认为，该照片不能反映拍摄场地是婺源县殡仪馆，对其证明的目的，不予认可。县殡葬中心认为，太平洋公司称照片中只有两个烟囱。两个烟囱不能证明就只有两台火化炉。福寿园公司认为，照片不能反映太平洋公司想要证明的问题，对该证据不予认可。本院认为，照片显示不出拍照的时间、地点、及照片的来源，照片内容反映不出是婺源县殡仪馆，也反映不了安装火化炉的情况。该证据不具备证据的关联性、真实性、合法性，本院不予采信。第 5 组证据，福寿园国际集团福寿园环保机械制造有限公司产品购销合同，欲证明合同标的 1 108 万元，婺源县没有这么大的火化量，与事实不相符，该合同是一份假合同。经庭审质证，仓宁县财政局对该合同的真实性没有异议，对太平洋公司欲证明的目的不认可。县殡葬中心、福寿园公司均同意仓宁县财政局的质证意见。本院认为，该产品购销合同从内容上看，不能证实是一份虚假合同，太平洋公司也无其它证据佐证，故本院对太平洋公司的主张不予采信。第 6 组证据，质疑函、投诉函，欲证明太平洋公司在规定期限内提出过质疑、投诉。经庭审质证，仓宁县财政局、县殡葬中心、福寿园公司均无异议。本院认为，该证据与本案具有关联性，仓宁县财政局及县殡葬中心、福寿园公司均无异议，本院对此予以采信。第 7 组证据，质疑回复函、投诉处理决定书，欲证明提出质疑后东升公司作了回复。仓宁县财政局作出了昌财采决字〔2015〕1号决定书。经庭审质证,仓宁县财政局、县殡葬中心、福寿园公司均无异议。本院认为,该证据与本案具有关联性,仓宁县财政局及县殡葬中心、福寿园公司均无异议,本院对此予以采信。第8组证据,开庭前2015年10月28日向法院提供婺源县殡仪馆2014年度事业单位法人年度报告书,欲证明婺源县殡仪馆是事业单位,搞工程项目建设应当招标。经庭审质证,仓宁县财政局认为,该证据与本案没有关联性,对其真实性有异议,不予认可。县殡葬中心、福寿园公司均同意仓宁县财政局的质证意见。本院认为,婺源县殡仪馆2014年度事业单位法人年度报告书,反映婺源县殡仪馆2014年度开展业务活动情况,不能证明婺源县殡仪馆2015年搞工程项目建设应当招投标及有没有招投标的问题,故对太平洋公司的这一观点本院不予采信。

仓宁县财政局在法定举证期限内提交了以下证据:第1组证据,组织机构代码证、法定代表人身份证明书,欲证明昌宁县财政局是机关法人,王一升为法定代表人,具有处理投诉的主体资格。经庭审质证,太平洋公司、县殡葬中心、福寿园公司均无异议,本院对此予以采信。第2组证据,投诉函、太平洋公司法定代表人授权委托书、投诉人身份证、质疑回复函、福寿园公司与昌宁县殡仪馆签订的购销合同,欲证明太平洋公司投诉时,向仓宁县财政局提交了上述证据材料。经庭审质证,太平洋公司、县殡葬中心、福寿园公司均无异议。该组证据与本案具有关联性,且能够达到其要证明目的,本院对此予以采信。第3组证据,昌宁县财政局政府采购投诉受理书,欲证明仓宁县财政局接到太平洋公司的投诉后在法律规定的时间内作出了受理决定。经庭审质证,太平洋公司、县殡葬中心、福寿园公司均无异议。本院对此予以采信。第4组证据,仓宁县财政局关于对县殡葬中心火化炉昌宁目质疑的告知函,欲证明仓宁县财政局按照法律规定,在接到太平洋公司的投诉后,向县殡葬中心、东升公司送达了投诉状副本及告知其相关事宜。经庭审质证,太平洋公司、县殡葬中心、福寿园公司均无异议,本院对此予以采信。第5组证据,福寿园公司关于县殡葬中心火化炉采购项目质疑的告知函、回复函,欲证明福寿园公司在接到仓宁县财政局送达的太平洋公司投诉书副本和质疑函后按法律规定作出了书面说明。经庭审质证,太平洋公司、县殡葬中心、福寿园公司均无异议,本院对此予以采信。第6组证据,福寿园公司与婺源县殡仪馆签订的产品购销合同的公证书,欲证明该合同经过公证,是一份公证合同,合法有效。经庭审质证,太平洋公司认为,该公证应当在婺源县昌宁公证,在广德县公证无效。县殡葬中心、福寿园公司均无异议。本院认为,依照《公证法》第二十五条、第三十六条的规定,当事人可选择住所地公证机关公证。经公证的文书应当作为认定事实的根据,本院对此予以采信。第7组证据,昌宁县财政局协助调查函。欲证明仓宁县财政局接到太平洋公司投诉后,向婺源县财政局发出协查函,请求婺源县财政局就投诉事宜向婺源县殡仪馆调查核实。经庭审质证,太平洋公司、县殡葬中心、福寿园公司均无异议,本院对此予以采信。第8组证据,协助调查回复函、合同复印件,欲证明婺源县财政局在接到仓宁县财政局的协查函后,到婺源县殡仪馆调查的情况并调取的合同。经庭审质证,太平洋公司认为,该证据不能证明本案争议的问题。县殡葬中心、福寿园公司均无异议。本院认为,婺源县财政局出具的协助调查回复函,没有反映要求调查的内容,合同书也没有按要求加盖印章。太平洋公司不予认可,故本院不予采信。第9组证据,情况说明书一份,欲证明东升公司对整个招标过程的情况说明,该招标是按照法律规定进行的,不存在任何虚假问题。经庭审质证,太平洋公司认为,招标程序是公正的,但没有解决太平洋公司反映的问题。县殡葬中心、福寿园公司均无异议。本院认为,该证据是在行政决定作出后的诉讼过程中调取的,依照行政诉讼法的规定,该说明不能作为证据使用。

在审理过程中,仓宁县财政局向本院提交其作出昌财采决字〔2015〕1号决定书所依据的法律、法规及规范性文件。具体法规如下:《中华人民共和国政府采购法》;《政府采购货物和服务招标投标管理办法》《政府采购供应商投诉处理办法》,欲证明处理太平洋公司的投诉作出昌财采决字〔2015〕1号决定,仓宁县财政局具备合法的主体资格,程序合法,适用法律正确。经庭审质证,太平洋公司认为其投诉是依照政府采购法第五十六条的规定,仓宁县财政局在作出决定前应该实地进行调查,再作出处理。对仓宁县财政局提交的适用《政府采购货物和服务招标投标管理办法》《政府采购供应商投诉处理办法》为依据无异议。县殡葬中心、福寿园公司对仓宁县财政局的主张无异议。本院认为,太平洋公司要求仓宁县财政局在作出处理决定前,应当到实地进行调查的主张于法无据。本院不予支持。

县殡葬中心、福寿园公司未向法院提供与案件实体处理有关的证据。

本院根据上述经过认证的有效证据和当事人的质证意见,以及庭审情况,查明本案的事实有:2015年4月10日,太平洋公司参加了由东升公司组织的县殡葬中心火化炉采购项目招投标,招标方式采取竞争性谈判。福寿园公司中标。2015年4月10日,太平洋公司向东升公司递交质疑函,未得到支持。2015年4月27日,太平洋公司向昌宁县财政局投诉,称中标的福寿园公司竞标的业绩合同,即福寿园公司与江西省婺源县殡仪馆签订1 108万元的供货合同造假,要求取消其中标资格。根据《政府采购供应商投诉处理办法》第十二条的规定,仓宁县财政局于2015年4月28日向福寿园公司送达了投诉函副本,并发出了昌宁县财政局关于昌宁县殡葬服务中心火化炉采购昌宁疑的告知函,根据《政府采购供应商投诉处理办法》第十三条的规定,要求被投诉人和与投诉事项有关的供应商,应当在收到投诉书之日起5个工作日内,以书面形式作出说明,并提交相关证据材料。福寿园公司在规定的期限提交了"关于昌宁县殡葬服务中心火化炉采购项目告知函的回复函",对相关事项逐一进行了说明,同时提交了与江西省婺源县殡仪馆签订的编号为〔2015〕皖广公证字第119号合同,产品销售合同的公证书。收到公证书后,仓宁县财政局与出证机构安徽省广德县公证处联系,核实了公证书的真伪;同时向婺源县财政局发出协查函,请求对该合同真伪进行调查。婺源县财政局出具了协助调查回复函。依照《政府采购供应商投诉处理办法》第十七条第二款的规定,仓宁县财政局于2015年5月15日作出了昌财采决字〔2015〕1号决定书。

本院认为,根据《中华人民共和国政府采购法》第十三条第一款之规定,昌宁县政府财政部门是负责政府采购监督管理的部门,依法履行对政府采购活动的监督管理职责。《政府采购供应商投诉处理办法》(财政部令第20号)第三条第一款规定,县级以上各级人民政府财政部门负责依法受理和处理供应商的投诉。据此,昌宁县财政局作为政府采购监督管理部门,有权受理太平洋公司的投诉并对投诉进行处理,具有作出该行政行为的主体资格。

本案经庭审查查,昌宁县财政局对太平洋公司的投诉处理程序和事实,以及法律适用等方面的行政行为事实清楚、证据充分,符合相关法律的规定,本院对此予以确认。太平洋公司的诉讼请求,即撤销昌宁县财政局作出的昌财采决字〔2015〕1号处理决定,取消福寿园公司的中标资格,没有确凿的合法证据予以证实。经合议庭评议,依照《中华人民共和国行政诉讼法》第六十九条之规定,判决如下:

驳回原告江西省太平洋节能环保科技有限公司的诉讼请求。

本案征收案件受理费50元,由原告江西省太平洋节能环保科技有限公司负担。

如不服本判决,可在判决书送达之日起十五日内提起上诉,向本院递交上诉状,并按对方当事人的人数递交上诉状副本,上诉于保山市中级人民法院。

审 判 长　孙　斌

审 判 员　于　文

审 判 员　甫国文

二〇一五年十二月八日

书 记 员　段莹莹

延边东北亚客运集团有限公司
与吉林省延吉市财政局
政府采购(竞争性谈判)投诉处理决定案

【案件提要】

本案属于对采购结果的投诉处理决定提起行政诉讼的案例。涉案采购项目经竞争性谈判,东北亚公司被确定为预成交供应商。延边公司认为提出质疑和投诉。财政部门经调查,认为东北亚公司参加本次政府采购活动前三年内在经营活动中有重大违法记录,确定东北亚公司无谈判资格,本次采购活动废标。东北亚公司不服,提起本案诉讼。一审法院经审理认为,经查明东北亚公司的下属职能部门未检查出客车司机使用失效从业资格驾驶营运,被行政主管部门罚款 15 000 元,属于较重的违法行为。东北亚公司是企业法人,企业法人应对内设机构(包括通过招标经营的分支企业)的生产安全承担责任。其又聘用无从业资格的驾驶员驾车营运,并发生多人伤亡的交通事故,被省政府运输管理部门在全省通报,属于重大违法记录。其擅自停运客运班次,被明文收回客运班线经营权,即属于被吊销许可证的行为,也属于有重大违法记录。二审法院认为,可以依照《行政诉讼法》及司法解释中确立的"行政参照民事"这一法律适用规则分析并认定,分公司的行政处罚结果能够及于总公司。关于"较大数额罚款"的认定标准,根据《行政处罚法》第十三条的规定,本案应适用吉林省人大常委会制定施行的《吉林省实施处罚法规定》以及吉林省人民政府发布实施的《吉林省人民政府关于行政处罚听证范围中"较大数额罚款"数额的规定》认定。

【判决正文】

吉林省延边朝鲜族自治州中级人民法院
行政判决书

〔2016〕吉 24 行终 138 号

上诉人(一审原告)延边东北亚客运集团有限公司,住所地(略)。
法定代表人许某。
委托代理人金某。
委托代理人葛某。
被上诉人(一审被告)延吉市财政局,住所地(略)。

法定代表人李某。

出庭应诉的行政机关负责人付某。

委托代理人宋某。

委托代理人田某。

上诉人延边东北亚客运集团有限公司(以下简称东北亚公司)因与被上诉人延吉市财政局(以下简称市财政局)政府采购行政决定一案,不服延吉市人民法院〔2016〕吉2401行初105号行政判决,向本院提起上诉。本院依法组成合议庭公开开庭进行了审理。上诉人东北亚公司的法定代表人许某及其委托代理人金某、葛某,被上诉人市财政局的委托代理人宋某、田某到庭参加诉讼。市财政局副局长付某以行政机关负责人身份出庭应诉。本案现已审理终结。

一审经审理查明:2016年6月,市财政局对延吉市客运站进行委托经营采购招标,经延边州财政局批准,采用竞争性谈判采购方式,委托吉林省华腾工程项目管理有限公司(以下简称华腾公司)组织采

购活动。2016年6月27日,由延吉市至诚公证处公证、市财政局政府采购管理办公室(以下简称市采购办)监督,谈判经过谈判小组认真评审,确定了预成交供应商为东北亚公司,中标价格279万元,并于2016年6月28日在《延吉市政府采购网》《吉林省公共资源交易信息网》上发布了预成交公告。2016年6月30日,参与谈判的供应商延边运输有限公司(以下简称延边公司)向华腾公司提出质疑,华腾公司于2016年7月5日作出了答复。延边公司对答复不服,于2016年7月8日向市财政局提出投诉。市财政局依法受理了延边公司对东北亚公司的投诉并进行了调查,于2016年8月15日作出《政府采购投诉处理决定书》,以东北亚公司参加本次政府采购活动前三年内在经营活动中有重大违法记录为由,确定东北亚公司无谈判资格,本次采购活动废标。东北亚公司不服市财政局的处理决定,向一审法院提起行政诉讼。

一审另查明,2014年9月9日,东北亚公司所属吉H11903号金龙大型客车由和龙龙门村发往延吉,在行至头道收费站附近时发生侧翻,造成1人死亡、21人受伤的交通事故。2014年10月22日,延边州运输管理处(以下简称州运管处)作出《交通运输行政处罚决定书》(吉延州运罚〔2014〕第054号),以未检查出吉H11903号客车司机驾驶员使用失效从业资格驾驶营运的行为违法为由,对东北亚公司的分支机构东北亚公司延吉公路客运总站(以下简称延边东北亚客运总站)作出罚款15000元的处罚决定。2014年10月8日,东北亚公司又因擅自停运该线路部分客运班次,被州运管处发文(延州交运管〔2014〕33号)收回了该客运班线经营权。2015年1月30日,和龙市人民法院作出〔2014〕和刑初字第151号刑事判决书,判处本次事故的受聘于东北亚公司的驾驶员王延君有期徒刑2年6个月,缓刑3年的刑罚。对本次交通事故,吉林省运输管理局向全省市(州)、县两级运输管理部门作出了吉运安监〔2014〕51号《吉林省运输管理局关于对延边州9.9事故调查处理和安全生产约谈情况的通报》(以下简称《延边州9.9事故通报》)。

一审认为,《中华人民共和国政府采购法》(以下简称《政府采购法》)第二十二条规定:"供应商参加政府采购活动应当具备下列条件:……(五)参加政府采购活动前三年内,在经

营活动中没有重大违法记录……"《中华人民共和国政府采购法实施条例》(以下简称《采购法实施条例》)第十九条规定:"政府采购法第二十二条第一款第(五)项所称重大违法记录,是指供应商因违法经营受到刑事处罚或责令停产停业、吊销许可证或者执照、较大数额罚款等行政处罚。"《吉林省实施〈中华人民共和国行政处罚法〉若干规定(2010 修正版)》(以下简称《吉林省实施处罚法规定》)第九条第三款规定:"……较重的行政处罚是指:(一)责令停产停业;(二)吊销许可证或者执照;(三)对公民处以二千元以上罚款,对法人或者其他组织处以一万元以上罚款。"东北亚公司的下属职能部门未检查出吉 H11903 号客车司机驾驶员使用失效从业资格驾驶营运,被行政主管部门罚款 15 000 元,属于较重的违法行为。东北亚公司是企业法人,企业法人应对内设机构(包括通过招标经营的分支企业)的生产安全承担责任。东北亚公司聘用无从业资格的驾驶员驾车营运,并发生多人伤亡的交通事故,被省政府运输管理部门在全省通报,属于重大违法记录。东北亚公司擅自停运客运班次,被明文收回客运班线经营权,即属于被吊销许可证的行为,也属于有重大违法记录。关于东北亚公司提出的收回客运班线经营权未实际履行的主张,一审认为,东北亚公司是否履行行政决定,不影响被吊销行政许可的事实。故市财政局作出的《政府采购投诉处理决定书》认定事实清楚,证据充分,适用法律法规正确。东北亚公司的诉讼请求应当驳回。

一审根据《中华人民共和国行政诉讼法》第六十九条、第八十二条之规定,判决驳回东北亚公司的诉讼请求。

东北亚公司不服,向本院提起上诉,其上诉理由与请求是,一审认定事实不清,证据不足,适用法律不当,判决错误。一、市财政局 2016 年 8 月 15 日作出的《政府采购投诉处理决定书》程序违法,内容违法。1. 程序违法。根据《政府采购供应商投诉处理办法》(以下简称《投诉处理办法》)第十二条规定:"财政部门应当在受理投诉后 3 个工作日内向被投诉人和与投诉事项有关的供应商发送投诉书副本。"而时至今日东北亚公司也没见到投诉书副本,对于投诉书的具体内容不清楚。市财政局在没有给东北亚公司送达投诉书副本的情况下作出处理决定书属行政程序违法。2. 内容违法。《投诉处理办法》第八条明确规定了市财政局是指采购人、采购代理机构。供应商不是被投诉人。而市财政局《政府采购投诉处理决定书》里将东北亚公司列为被投诉人,东北亚公司作为被投诉人没有法律依据,属主体不适格。同时,市财政局作出《政府采购投诉处理决定书》的结论违法。根据《投诉处理办法》第十九条,财政部门经审查认定采购文件、采购过程影响或者可能影响中标、成交结果的,或者中标、成交结果的产生过程存在违法行为的,按下列情况分别处理:(一)政府采购合同尚未签订的,分别根据不同情况决定全部或者部分采购行为违法,责令重新开展采购活动。在本次采购活动中东北亚公司自认没有过错,即便有问题,那么按照处理办法的规定,采购合同尚未签订,处理的结论也应该是责令采购人或代理公司重新开展采购活动,而非直接下"本次招标活动废标"这个结论,市财政局《政府采购投诉处理决定书》作出的处理结论有违法律规定,是没有法律依据的。二、东北亚公司不存在违反《政府采购法》第三十二条规定的行为。1. 2014 年东北亚客运公司分公司被州运管处处罚 15 000 元,不应属于《采购法实施条例》第十九条"重大违法记录是指供应商因违法经营受到刑事处罚或者责令停产停业、吊销许可证或者执照、较大数额罚款等行政处罚"的规定,因为东北亚公司属于道路运输行业,2014 年分公司发生的事故,州运管处是依据《道路旅客运输及客运站管理规定》及《汽车客运站营运客车出站检查工作规范》作出的处理。而此处理结论在这一行业里只是一般性质的处罚。对处罚的定性,2016年7月州运管处稽查支队出具了《证明》,证明对东北亚公司分公司2014年的处罚是一般情况的处罚。2.东北亚公司延吉至龙门客运班线经营权是由州运管处下发延州交运管〔2014〕33《关于收回东北亚客运公司延吉至龙门客运班线经营权的通知书》而收回的,并非吉林省运输管理局吉运安检〔2014〕51号通报中所称是被吊销了此班线的经营许可。如果是被吊销经营许可,州运管处应依法给东北亚公司下发行政处罚决定书,而事实上根本就没有这一行政处罚决定书。并且被收回客运班线经营权只是众多班线中的一条,因此这一通报不能视为东北亚公司的重大违法记录。同时,吉林省运输管理局吉运安检〔2014〕51号《吉林省运输管理局关于对延边州9.9事故调查处理和安全生产约谈情况的通报》不属于《采购法实施条例》第十九条规定的内容,不应被归类于东北亚客运公司的重大违法记录,一审法院认定没有依据。3.市财政局下达的政府采购投诉处理决定书认定东北亚公司被停产停业,这一认定没有依据。吉林省运输管理局吉运安检〔2014〕51号通报是责令东北亚公司"开展为期一个月的安全生产整顿",并且也不是因为停产停业而收回客运班线。市财政局决定书中所写的"停产停业势必给百姓出行造成交通上的不便,延吉至龙门客运班线被收回(其实就是吊销客运班线经营许可证)"与事实不符。4.州运管处延州交运管〔2014〕33号《关于收回东北亚公司延吉至龙门客运班线经营权的通知书》明确了是收回而非吊销,并且不是下发行政处罚决定的形式而是通知书的方式,收回经营权和吊销许可证是两个完全不同性质的概念,对此一审法院混淆了两个概念。东北亚公司被通知收回经营权不属于《中华人民共和国行政处罚法》(以下简称《行政处罚法》)第四十二条规定的范围,也不属《采购法实施条例》第十九条的规定,不应视为东北亚公司三年内重大违法记录。事实上,州运管处只是收回了6个班次中的2个班次,剩下的4个班次,东北亚公司一直在运营中。并且这两个班次也是因为客流量小,东北亚公司主动放弃而收回的,而非事故处罚收回。5.市财政局及一审法院依据《吉林省实施处罚法规定》第九条第三款的规定,认定东北亚公司有重大违法记录是错误的。第九条规定的是较重的行政处罚应当集体讨论通过,不能以此规定认定东北亚公司具备《采购法》第二十二条规定的重大违法记录,应结合交通运输行业的重大处罚的标准来认定,而交通运输行业的重大处罚标准是3万元以上。6.一审判决认定东北亚公司下属职能部门或下属机构受到的处罚均属于东北亚公司受到处罚,并据此认定东北亚公司存在重大违法记录,明显混淆了主体问题,并且无明确法律根据。依照行政诉讼法有关规定,作为行政决定或行政判决,必须具备明确的法律根据,否则就不符合行政法的基本原则。东北亚公司是拥有10个分公司,9个子公司的集团企业,仅具有单独营业执照的客运站就有11个,运输分公司6家。因此,对东北亚公司下设分公司的处罚不能视为东北亚公司有重大违法记录,也不等同于对东北亚客运公司的处罚,否则处罚决定中就没有必要写明被处罚对象是东北亚客运总站。因此,一审法院的判决缺乏事实根据和法律根据。综上,一审法院作出的判决认定事实不清,证据不足,适用法律错误。请求二审法院撤销一审判决,撤销市财政局作出的《政府采购投诉处理决定书》。

市财政局答辩称,1.关于决定程序问题。市财政局在作出决定前已经将投诉书给东北亚公司,并对投诉书反映的问题书面告知东北亚公司,要求其作出解释说明。东北亚公司针对投诉书涉及的问题提出答复意见并提供了相关证据。因此,市财政局作出决定书的程序合法。东北亚公司说不知道投诉内容不是事实。2. 关于决定内容问题。投诉人投诉的内容,主要反映的是东北亚公司不具备投标的资格。因此,作为被投诉的投标参与商,决定列为被投诉人并无不当。《投诉处理办法》并没有规定在行政决定被投诉的其他参与商在文件中的称谓不得使用被投诉人,且对东北亚公司的称谓不影响行政决定的合法性。因东北亚公司不符合参与条件,参与人仅为一家,根据《政府采购非招标采购方式管理办法》第二十七条、《政府采购法》第三十七条规定,只能先行废标,待批准后重新组织招标活动。因此,东北亚公司决定结论违法的理由不成立。3. 东北亚公司存在三年内重大违法记录,不符合《政府采购法》第二十二条规定资格条件的事实清楚,证据充分。2014年,东北亚公司被处罚的金额为 15 000 元,根据吉政令第 58 号文件,吉林省针对法人的行政处罚 5 000 元就属于"数额较大"。《吉林省实施处罚法规定》第九条从地方法规的角度进一步确定 1 万元属于较重的处罚。因此,仅从行政处罚金额,应属于《采购法实施条例》第十九条规定的较大数额处罚,属于重大违法记录。财政部国库司、财政部政府采购管理办公室、财政部条法司、国务院法制办公室财金司编著的《中华人民共和国政府采购法实施条例》释义中针对该条的解释记载,吉林省法人和其他组织 5 000 元,就构成重大违法记录。东北亚公司否认吊销线路经营权,根据州运管处给省运输管理局的"事故调查报告"及吉运安监〔2014〕51 号文件,东北亚公司的班线经营权确被收回。综上,东北亚公司的上诉理由不成立。

二审期间,各方当事人为证明其诉讼主张,向本院另提交了相关证据及依据。本院经综合审查各方的陈述及提交的证据认为,一审查明的主要事实清楚,证据充分,本院予以确认。

本院另查明,2014 年 10 月 14 日,吉林省运输管理局针对东北亚公司 2014 年 9 月 9 日发生的道路交通安全事故,作出《延边州 9.9 事故通报》,对该事故有关责任单位和人员的处理意见中要求:"一是由延边州运输管理处依法吊销东北亚公司延吉至龙门客运班线经营许可,处以 3 000 元的处罚……二是取消东北亚公司 2014、2015 年安全生产奖励评比资格,两年内暂停其新增客运班线经营许可。三是责令东北亚公司开展为期一个月的安全生产整顿,并对负责安全生产和驾驶员聘用的主管领导和相关人员进行责任追究。"

再查,案外人延边公司作为投诉人,于 2016 年 7 月 8 日向市财政局提出《政府采购投诉书》,市财政局接到投诉书之后,未在法定期间内向东北亚公司送达投诉书副本,于 2016 年 7 月 13 日向东北亚公司发出《延吉市财政局关于东北亚公司进行"三年内无重大违法记录"澄清的函》。州运管处于 2014 年 10 月 22 日作出吉延州运罚〔2014〕第 054 号《交通运输行政处罚决定书》认为:"东北亚客运总站未检查出驾驶人员使用失效从业资格证驾驶营运车辆的违法行为,违反了《道路旅客运输及客运站管理规定》第九十五条和《汽车客运站营运客车出站检查工作规范》第十条、第十一条的规定。依据《道路旅客运输及客运站管理规定》第九十五条规定,对东北亚客运总站处以 15 000 元罚款,并责令改正。"州运管处稽查支队于 2016 年 7 月 18 日分别作出《处罚情况说明》和《证明》,说明处罚"不是对东北亚公司所属的东北亚客运总站违法经营而作出的处罚,是对企业安全生产主体责任不认真而进行的处罚";证明"延边州运管处稽查支队对延边东北亚客运总站因在 2014 年'9.09'事故中,未检查出驾驶员使用失效从业资格证情况进行了处罚，是依据《道路旅客运输及客运站管理规定》第九十五条及《汽车客运站营运客车出站检查工作规定》第十条、第十一条相关规定进行的处罚，属一般情况的处罚"。州运管处于 2014 年 10 月 8 日作出延州交运管〔2014〕33 号《关于收回延边东北亚客运集团有限公司延吉至龙门客运班线经营权的通知书》，载明："州运管处于 2012 年 7 月 25 日通知你公司中标延吉至龙门客运班线经营权，并于 2012 年 8 月 1 日与公司签订《吉林省道路客运班线经营权使用管理合同》，同日下达《客运班线经营行政许可决定书》。经调查，你公司经营后，未按照中标书履行承诺，未按照许可经营，具体如下：1. 擅自暂停部分客运班次……2. 未督促乘客佩戴安全带……依据你公司与州运管处签订的《吉林省道路客运班线经营权使用管理合同》规定，'乙方（东北亚公司）保障按照投标文件及其附件的各项承诺和招标文件要求进行经营，并接受甲方的监督考核，按相关条款、规定接受处理。'据此，视你公司已放弃延吉至龙门客运班线经营权，由州运管处收回该客运班线经营权。"

本院认为，本案争议的焦点是：对分公司的行政处罚结果能否及于总公司；东北亚公司是否曾被处以"较大数额罚款"的事实认定；交通运输行政机关作出的"收回客运班线经营权"能否视为"重大违法记录"；被诉行政行为程序是否合法、结论是否正确。针对上述焦点，本院分别评判如下：

一、关于对分公司的行政处罚结果能否及于总公司的问题

东北亚公司主张，对东北亚公司下设分公司的处罚不能视为东北亚客运公司有"重大违法记录"，也不能等同于对东北亚公司的处罚，否则处罚决定中就没有必要写明被处罚对象是东北亚客运总站。

本院认为，1. 关于分公司与总公司之间的关系以及分公司的法律地位等问题。有关行政法律、法规对此并未作出具体规定，在此情况下，可依照"行政参照民事"这一法律适用规则。需要说明的是，尽管这一规则是在《行政诉讼法》及司法解释中确立的，但鉴于司法程序较之于行政程序更加严谨规范，有关行政诉讼程序中法律适用的相关理念、规则及原则，当然可以适用于行政执法程序。

《中华人民共和国公司法》第十四条规定："公司可以设立分公司。设立分公司，应当向公司登记机关申请登记，领取营业执照。分公司不具有法人资格，其民事责任由公司承担。公司可以设立子公司，子公司具有法人资格，依法独立承担民事责任。"《中华人民共和国公司登记管理条例》第四十五条规定："分公司是指公司在其住所以外设立的从事经营活动的机构。分公司不具有企业法人资格。"第四十六条规定，分公司的经营范围不得超出公司的经营范围。

依照以上规定，分公司自身不具备法人资格，经工商登记并领取营业执照的分公司可以在工商核准的营业范围内对外从事经营活动。分公司作为总公司的分支机构，是总公司内部的一个组成部分，是总公司基于财税和经营便利等原因，根据总公司的意志所设立的对外从事总公司部分经营业务的机构，且分公司的经营范围不得超出总公司的经营范围。既然分公司经营的业务只是总公司经营业务的一部分，那么对总公司经营业务的总体评判，必然要包含对分公司经营业务的部分。就本案而言，东北亚公司自认"东北亚公司是拥有 10 个分公司、9 个子公司的集团企业,仅具有单独营业执照的客运站就有 11 个,运输分公司 6 家"。由此可见,东北亚公司的总体经营也是由各分公司和子公司来具体完成的。倘若法律允许总公司以自身名义获得行政许可,此后又将许可事项交由分公司来具体经营,一旦分公司在实施行政许可事项中因存在违规而被认定为存在"重大违法记录",而这种不利影响又不及于总公司,那么《政府采购法》及其他有关行政许可监督管理的法律、法规对行政相对人获取行政许可所设置的条件,必将流于形式。不仅损害了其他行政许可申请人的公平竞争权,也必将使得行政执法无所适从,且有违立法本意。2. 关于东北亚公司提出的分公司可以单独成为被处罚的行政主体的问题。诚然,《行政处罚法》赋予分公司在行政执法程序中行政相对人的资格,分公司可以被列为被处罚人,《行政诉讼法》及司法解释也赋予分公司以其他组织的身份参加诉讼的资格。但是法律这种设定本身仅是从分公司具备一定的承担法定义务特别是财产给付能力,将其作为行政相对人或诉讼当事人,有利于纠纷的解决等角度考量。并不因此而使行政机关对分公司经营行政许可事项的行政处罚事实结果,完全独立于对总公司是否存在"重大违法记录"的评审之外。因此,对东北亚公司提出的其下设分公司受到的行政处罚不能视为总公司有"重大违法记录"、也不能等同于对总公司处罚的上诉主张,本院不予支持。

二、关于东北亚公司是否曾被处以"较大数额罚款"的事实

1.《行政处罚法》第四条第二款规定:"设定和实施行政处罚必须以事实为依据,与违法行为的事实、性质和情节以及社会危害程度相当。"按照行政处罚实施的一般原则,行政机关作出行政处罚应当对违法行为的性质、情节、社会危害程度等进行综合考量。其中,"违法行为的性质"只是作出行政处罚结果的考量情节之一。一方面,由于我国各地区的政治、经济、文化等发展不平衡,情况差异较大。另一方面,各部门实施处罚的领域不同,情况亦有差别。因此,单行法律对于不同的行政管理领域中违法行为所规定的行政处罚种类、性质及数额必然存在差异。现实的情况也印证了这一点,即:在某一行政管理领域中即使一般的违法行为,被课以罚款的数额,也可能远远高于其他行政管理领域中较重的违法行为被课以罚款的数额。同时,即使在同一行政管理领域,行政处罚结果也会存在地区差异。由此,可以得出这样一个结论,即:"较大数额的罚款"并非一定对应于"较重的违法行为"或"较重的违法程度"。"较大数额罚款""较重的行政处罚"仅仅是从行政处罚结果这一视角来评价的,其与"一般的违法行为""较重的违法行为"等也不必然存在对应关系。2.《行政处罚法》第四十二条规定,行政机关作出责令停产停业、吊销许可证或者执照、较大数额罚款等行政处罚决定之前,应当告知当事人有要求举行听证的权利;当事人要求听证的,行政机关应当组织听证。第三十八条规定,对情节复杂或者重大违法行为给予较重的行政处罚,行政机关的负责人应当集体讨论决定。第十三条规定,省、自治区、直辖市人民政府和省、自治区人民政府所在地的市人民政府以及经国务院批准的较大的市人民政府制定的规章可以在法律、法规规定的给予行政处罚的行为、种类和幅度的范围内作出具体规定。现行有效的吉林省人民政府吉政令第 58 号即《吉林省人民政府关于行政处罚听证范围中"较大数额罚款"数额的规定》,依照《行政处罚法》的上述规定,对吉林省行政区划内行政处罚听证范围中"较大数额罚款"数额规定如下:一、对个人处以 1 000 元以上罚款的,对法人或者其他组织处以 5 000 元以上罚款的,在作出行政处罚决定前,应当告知当事人有要求举行听证的权利,当事人要求听证的,应当组织听证;二、法律、法规或公安部以及实行垂直领导的国务院有关行政主管部门对行政处罚听证范围中"较大数额罚款"数额另有规定的,从其规定。该规范性文件属地方政府规章,不违反上位法的规定,可以作为吉林省行政区划内确定"较大数额罚款"的依据。3.吉林省人大常委会制定施行的《吉林省实施处罚法规定》第九条规定,对情节复杂或者重大违法行为给予较重行政处罚的案件,行政机关的负责人应当集体讨论决定,并记录在案,其中"较重的行政处罚"包括:(一)责令停产停业;(二)吊销许可证或者执照;(三)对公民处以二千元以上罚款,对法人或者其他组织处以一万元以上罚款。该规范性文件系地方性法规,同样可以作为吉林省行政区划内确定"较重的行政处罚"的依据。4.《行政处罚法》基于行政处罚结果对行政相对人的权益影响程度大小等相关考量,将包括"较大数额罚款""吊销许可证或者执照"等行政处罚行为纳入应当告知听证的范围;将"情节复杂"、"重大违法行为给予较重的行政处罚"纳入行政机关负责人应当集体讨论决定的范围。尽管其设立宗旨在于通过设定听证以及集体讨论的程序、范围,以通过充分保护当事人的知情权及陈述、申辩权,切实维护当事人的合法权益。前述吉林省政府的规章也据此对应当告知听证权利的罚款数额的标准作出具体规定,吉林省地方法规也对应当纳入集体讨论的行政处罚程度作出具体规定。但从另一方面,该规章及地方法规也同时对吉林省内"较大数额罚款""较重的行政处罚"评判依据作出了具体规定。本院根据以上分析认定:在吉林省行政区划内,对法人或者其他组织处以1.5万元的罚款,既属于"较大数额罚款",又属于"较重的行政处罚"。5.《政府采购法》第二十二条第一款规定:"供应商参加政府采购活动应当具备下列条件:……(五)参加政府采购活动前三年内,在经营活动中没有重大违法记录……";《采购法实施条例》第十九条规定:"政府采购法第二十二条第一款第(五)项所称重大违法记录,是指供应商因违法经营受到刑事处罚或责令停产停业、吊销许可证或者执照、较大数额罚款等行政处罚。"依照以上规定,法律和行政法规对于参加政府采购活动供应商的经营活动是否存在"重大违法记录",只是将参加政府采购活动前三年内因违法经营受到"较大数额罚款""吊销许可证或者执照"这一行政处罚结果作为评判标准之一,而并非是"一般违法行为""重大违法行为"等违法行为的性质及违法行为的事实、情节等。东北亚公司依据其他规范性文件主张其因一般性质的违法行为受到的行政处罚,不属《政府采购法》所规定的"重大违法记录",没有事实和法律依据。本院不予认定。相关行政机关事后出具的相关说明亦不能作为认定本案相关行为性质的依据。

三．关于交通运输行政机关作出的"收回客运班线经营权"能否视为"重大违法记录"的问题

《采购法实施条例》第十九条对认定"重大违法记录"的标准和范围,从立法角度采取的是"列举加兜底"的方式。具体表述为:"是指供应商因违法经营受到刑事处罚或责令停产停业、吊销许可证或者执照、较大数额罚款等行政处罚。"按照此种表述,此处行政法规所称的"等",系"等外等",也即,行政法规规定的"重大违法记录"包括上述四种情形,但不限于此。与上述四种情形相类似的行为,仍可被视为有"重大违法记录"。

延边州运管处依据交通运输管理相关法律规定,与东北亚公司签订的《吉林省道路客运班线经营权使用管理合同》，并非平等民事主体之间签订的民事合同，系行政机关为实现交通运输行政管理目的而与被许可人签订的行政协议。该协议系双方当事人自愿签订，内容合法有效，可以作为行政机关监管、评审行政许可实施情况的依据。交通运输部《道路旅客运输及客运站管理规定》第九十条规定："违反本规定，客运经营者有下列情形之一的，由县级以上道路运输管理机构责令改正，处1000元以上3000元以下的罚款；情节严重的，由原许可机关吊销《道路运输经营许可证》或者吊销相应的经营范围：（一）客运班次不按批准的客运站点停靠或者不按规定的线路、班次行驶的……"东北亚公司下属分公司在经营过程中，违反协议及交通运输行政管理规定，虽然延边州交通运输行政管理机关以其违反行政协议为由收回客运班线经营权，但处理结果亦符合部门规章规定的"吊销《道路运输经营许可证》或者吊销相应的经营范围"的违法情形，行政处理结果亦与行政法规规定的"重大违法记录"情形中的"吊销许可证或者执照"相类似。且此前吉林省交通运输管理部门作出的《延边州9.9事故通报》对该事故有关责任单位和人员的处理意见中，也明确要求由延边州运输管理处依法吊销东北亚公司延吉至龙门客运班线经营许可。延边州交通运输行政管理机关收回东北亚公司客运班线经营权的处理结果也符合上级行政机关的要求。尽管一审将该行为直接认定为"吊销行政许可"本身不妥，但不影响对该行为性质的认定。东北亚公司以此为由主张其不存在"重大违法记录"，本院不予认定。至于该"收回客运班线经营权"的行政行为是否实际履行，亦不影响对该行为性质的认定。

四、关于东北亚公司提出的行政执法程序是否违法的问题

市财政局在收到投诉人提交的《政府采购投诉书》后，未在法定期间内向东北亚公司送达投诉书副本，违反了相关行政执法程序的规定。东北亚公司对此提出的异议成立。但市财政局此后向东北亚公司发出《延吉市财政局关于东北亚公司进行"三年内无重大违法记录"澄清的函》，与投诉人所投诉的内容一致，东北亚公司针对投诉书涉及的问题也提出答复意见并提供相关证据。因此，市财政局作出行政行为的程序存在的瑕疵不影响对主要执法程序合法性的认定。案外人直接针对东北亚公司的经营行为提出投诉，市财政局将东北亚公司列为被投诉人，亦并无不当，且不影响本案的处理结果。东北亚公司对此提出的主张，本院不予认定。

五、关于市财政局作出的行政处理结果合法性问题

《投诉处理办法》第十九条规定："财政部门经审查，认定采购文件、采购过程影响或者可能影响中标、成交结果的，或者中标、成交结果的产生过程存在违法行为的，按下列情况分别处理：（一）政府采购合同尚未签订的，分别根据不同情况决定全部或者部分采购行为违法，责令重新开展采购活动；（二）政府采购合同已经签订但尚未履行的，决定撤销合同，责令重新开展采购活动；（三）政府采购合同已经履行的，决定采购活动违法，给采购人、投诉人造成损失的，由相关责任人承担赔偿责任。"

市财政局对东北亚公司作出处理决定发生在此次招投标中的预中标公告期间，此次政府采购合同尚未签订。东北亚公司因在参加此次政府采购活动前三年内，在经营活动中存在"重大违法记录"，市财政局认定其无参与资格符合法律及部门规章的规定；同时，市财政局根据本次采购活动的实际情况，决定本次采购活动废标，符合行业的习惯做法，也与部门规章的规定不抵触。东北亚公司主张市财政局作出的处理结果违法,本院不予认定。

综上,一审认定主要事实清楚,程序合法,裁判结论正确。东北亚公司的上诉理由及请求不成立,本院不予支持。依照《中华人民共和国行政诉讼法》第八十九条第一款第(一)项之规定,判决如下:

驳回上诉,维持原判。

二审案件受理费50元,由上诉人东北亚客运公司负担。

本判决为终审判决。

审　判　长　李彩莲

审　判　员　俞顺花

审　判　员　池哲龙

二〇一七年三月二十一日

书　记　员　金愫瑛

四川川印印刷有限公司与四川省芦山县财政局、四川省芦山县人民政府政府采购（竞争性谈判）投诉处理决定、行政复议决定案

【案件提要】

本案是对投诉程序的投诉处理决定提起行政诉讼的案例。涉案采购项目采取竞争性谈判进行采购。在评审过程中，因川印公司未承诺完全按照采购人要求提交成果，被专家组确认为无效报价，在采购成果提交后，川印公司提出质疑并申请行政复议。财政部门根据复议决定受理投诉后，向川印公司直接送达《投诉人与被投诉人当面质证通知书》。川印公司接通知后未参与质证，财政部门依照相关规定进行缺席质证后，作出"按自动撤回投诉"的处理决定。川印公司不服，经行政复议后，提起本案的诉讼。法院经审理认为，财政部门作为投诉纠纷的处理机关，在选择了质证方式并依法向川印公司送达了质证通知书，要求投诉人与被投诉人当面质证的情况下，川印公司以质证并非调查取证为由拒不配合调查处理，拒不参加质证，财政部门作出按自动撤回投诉的决定，有事实和法律依据，其处理属认定事实清楚，证据确实，适用法律适当，处理程序合法。

【判决正文】

四川省雅安市中级人民法院
行政判决书

〔2016〕川 18 行终 78 号

上诉人（一审原告）四川川印印刷有限公司，住所地（略）。
法定代表人李某。
委托代理人曹某。
委托代理人胡某。
被上诉人（一审被告）芦山县财政局，住所地（略）。
法定代表人王某。
委托代理人郑某。
委托代理人孟某。
被上诉人（一审被告）芦山县人民政府，住所地（略）。

法定代表人周某。

委托代理人王某。

委托代理人罗某。

一审第三人芦山县旅游局,住所地(略)。

法定代表人吴某。

委托代理人高某。

上诉人四川川印印刷有限公司(以下简称川印公司)因与被上诉人芦山县财政局、一审第三人芦山县旅游局财政行政监督、被上诉人芦山县人民政府(以下简称芦山县政府)行政复议一案,不服四川省芦山县人民法院〔2015〕芦山行初字第4号行政判决,向本院提起上诉,本院依法组成合议庭,对本案进行了审理,现已审理终结。

一审审理查明,2014年4月,川印公司参与芦山县旅游局《芦山文化旅游资源要览》一书采购竞标,竞标以竞争性谈判方式进行,在专家组评审过程中,因川印公司未承诺完全按照采购人要求提交成果,被专家组确认为无效报价,在采购成果提交后,川印公司提出质疑,并向雅安市财政局提出行政复议,2014年8月26日,雅安市财政局作出行政复议决定书(雅财复决字〔2014〕01号):责令芦山县财政局在收到行政复议决定书之日起30个工作日内就投诉作出处理决定。2014年9月12日,芦山县财政局在受理该投诉后向川印公司直接送达《投诉人与被投诉人当面质证通知书》,要求川印公司于2014年9月16日9时30分到芦山县财政局与被投诉人芦山县公共资源交易服务中心进行当面质证。川印公司接通知后未参与质证,芦山县财政局依照相关规定进行缺席质证。2014年9月22日,芦山县财政局依据《政府采购供应商投诉处理办法》作出"按自动撤回投诉"的《投诉处理决定书》,川印公司不服,向芦山县政府提起行政复议,2014年11月22日,芦山县政府作出《行政复议决定书》(芦府复决字〔2014〕9号),维持芦山县财政局的《投诉处理决定书》。

一审法院认为,按照《中华人民共和国行政诉讼法》和《最高人民法院关于适用〈中华人民共和国行政诉讼法〉若干问题的解释》第七条的规定,因本案川印公司拒不追加复议机关作为被告的情况下,法院依法追加了芦山县政府为共同被告。本案中,川印公司作为投诉人,在接到投诉处理机关的质证通知书后应当主动配合投诉处理机关的调查和处理。依照《政府采购供应商投诉处理办法》第十四条、第十六条的规定,财政部门处理投诉事项原则上采取书面审查的办法,财政部门认为有必要时,可以进行调查取证,也可以组织投诉人和被投诉人当面进行质证,投诉人拒绝配合财政部门依法进行调查的,按自动撤回投诉处理。芦山县财政局作为该投诉纠纷的处理机关,在选择了质证方式并依法向川印公司送达了质证通知书,要求投诉人与被投诉人当面质证的情况下,川印公司以质证并非调查取证为由拒不配合调查处理,拒不参加质证,芦山县财政局作出按自动撤回投诉的决定,有事实和法律依据,其处理属认定事实清楚,证据确实,适用法律适当,处理程序合法,芦山县政府在复议中作出维持处理决定,认定事实清楚、证据确实、适用法律适当,程序合法,依照《中华人民共和国行政诉讼法》第六十九条之规定,判决驳回川印公司的全部诉讼请求,本案案件受理费50元,由川印公司承担。

川印公司上诉称:一审法院认定事实不清,适用法律规章错误,请求:一、撤销〔2015〕芦山行初字第 4 号判决,二、撤销行政复议决定,三、撤销芦山县财政局作出的《投诉处理决定书》,责令重新作出行政行为。

芦山县财政局答辩称,一审判决认定事实清楚、适用法律正确、审判程序合法,上诉请求不能成立,应依法驳回上诉,维持原判。

芦山县政府未提交答辩意见,庭审询问中答辩称,川印公司上诉请求不能成立,应依法驳回上诉,维持原判。

芦山县旅游局庭审询问中陈述称,上诉请求不能成立,应依法驳回上诉,维持原判。

川印公司向一审法院提供了以下证据:1. 营业执照、组织机构代码证、法定代表人身份证,法定代表人身份证明书各一份,拟证明川印公司的原告身份情况、主体资格;2. 芦山县财政局投诉人与被投诉人当面质证通知书、行政复议申请书、投诉处理决定书,拟证明芦山县财政局作出的投诉处理决定认定事实不清;3. 对芦山公共资源交易中心的质疑书二份、投诉书、对雅安市财政局行政复议申请书、雅安市财政局行政复议决定书、对芦山县政府行政复议申请书、芦山县政府行政复议决定书各一份,拟证明川印公司诉权。另,庭前向法庭提交后未经庭审举证、质证的其他证据不再作为本案证据向法庭提交。

芦山县财政局向一审法院提供了以下证据、依据:1. 组织机构代码证、法定代表人身份证明书,拟证明芦山县财政局的被告身份情况;2. 川印公司投诉书及营业执照、组织机构代码证、法定代表人身份证明书、法定代表人身份证等附件以及质疑中通话记录清单及通话内容,拟证明在受理提出质疑后,川印公司未按工作人员的要求提交相关材料的事实;3. 行政复议申请书、雅安市财政局行政复议决定书,拟证明受理该投诉案件的依据和向雅安市财政局申请复议的事实;4. 投诉处理登记表、质证通知书、送达回证、质证要求、质证笔录、被投诉人及采购单位提供的证据资料、投诉处理决定书、被投诉人委托书,拟证明采购项目合法,质疑无效,送达质证通知书后川印公司拒不参加质证,按自动撤回投诉处理的事实;5. 行政复议答复书、芦山县政府芦府复决字〔2014〕9 号行政复议决定书,拟证明川印公司不服投诉处理决定,经芦山县政府复议后维持了处理决定;6.《中华人民共和国政府采购法》《政府采购供应商投诉处理办法》《四川省政府采购供应商投诉处理工作规程》,拟证明采购程序合法,处理决定适用法律适当。

芦山县政府向一审法院提供了以下证据材料:1. 组织机构代码证、法定代表人身份证及法定代表人身份证明书各一份,拟证明庐山区政府身份情况;2. 行政复议申请书、行政复议决定书、行政复议答复书、电话记录、通话内容、雅安市财政局行政复议决定书、投诉人与被投诉人当面质证通知书及送达回证、芦山县财政局投诉处理决定书、川印公司法定代表人身份证明书、组织机构代码证及法定代表人身份证各一份,拟证明复议认定事实清楚,证据确实、充分,程序合法。

芦山县旅游局向一审法院提供了组织机构代码证、法定代表人身份证以及法定代表人身份证明书各一份,拟证明庐山县旅游局身份信息情况。

以上证据经一审庭审质证:芦山县财政局对川印公司向法庭提供的证据质证认为,芦山县财政局从未收到过行政复议申请回复,此回复与本案无关联性,对其他证据均无异议,芦山县政府对川印公司向法庭提供的证据无异议,庐山县旅游局对川印公司向法庭提供的证据无异议。川印公司对芦山县财政局向法庭提供的证据质证认为，第二组证据中的芦山县财政局工作人员在受理案件后通话记录清单及通话内容，其来源不合法，也没有单位盖章，对此证据不予认可，对第三组证据，不能证明芦山县财政局是依据雅安市财政局的行政复议决定被动立案，对第四组证据，质证通知书不是调查取证通知，因此，川印公司可以不配合质证，对其他证据与投诉的实体部分无关，对第四组证据，处理决定本身已违法，所以复议决定也是违法，芦山县政府和芦山县旅游局对芦山县财政局向法庭提供的所有证据均无异议，对芦山县政府向法庭提供的证据，川印公司质证认为，电话记录、通话内容来源不合法，复议决定书认定事实不清，适用法律不正确，对其他证据无异议，芦山县财政局及芦山县旅游局对芦山县政府向法庭提供的证据均无异议，对芦山县旅游局向法庭提供的证据，川印公司及芦山县财政局、芦山县政府均无异议。

上述一审期间提交的证据经一审举证质证，符合证据真实性、合法性和关联性，二审对上述证据予以确认。

本院经审理查明的事实与一审判决认定的事实一致，本院予以确认。

本院认为，《政府采购供应商投诉处理办法》第十四条规定："财政部门处理投诉事项原则上采取书面审查的办法，财政部门认为有必要时，可以进行调查取证，也可以组织投诉人和被投诉人当面进行质证。"第十五条规定："对财政部门依法进行调查的，投诉人、被投诉人以及与投诉事项有关的单位及人员等应当如实反映情况，并提供财政部门所需要的相关材料。"第十六条规定："投诉人拒绝配合财政部门依法进行调查的，按自动撤回投诉处理；被投诉人不提交相关证据、依据和其他有关材料的，视同放弃说明权利，认可投诉事项。"本案中，由于川印公司经财政部门书面通知组织投诉人和被投诉人当面进行质证后，拒不参加质证，应视为拒绝配合财政部门依法进行调查的，应按自动撤回投诉处理，一审判决认定事实清楚，证据充分，适用法律正确，审判程序合法，川印公司上诉理由本院均不予支持，依照《中华人民共和国行政诉讼法》第八十九条第一款第（一）项"原判决、裁定认定事实清楚，适用法律、法规正确的，判决或者裁定驳回上诉，维持原判决、裁定"之规定，判决如下：

驳回上诉，维持原判。

本案二审案件受理费 50 元，由上诉人四川川印印刷有限公司负担。

本判决为终审判决。

审 判 长　王　强
审 判 员　孙智勇
审 判 员　杜文庆
二〇一六年三月二十八日
书 记 员　陈　煦

营口昊泰商贸有限公司
与辽宁省辽阳市白塔区财政局
政府采购(竞争性谈判)投诉处理决定案

【案件提要】

本案是对采购过程、采购结果的投诉处理决定提起行政诉讼的案例。涉案采购项目以竞争性谈判采购米、油、蔬菜、猪蹄。经谈判小组综合评审,推荐成交供应商为辽阳新特现代农业园区。昊泰公司提出质疑和投诉,直至提起本案诉讼。本案在二审中的争议焦点是,昊泰公司投诉事项是认为中标人不具备此次采购项目中产品之一的"猪蹄"的经营范围,不具备采购文件中合格投标人资格条件第二款规定的应具有本次采购项目的生产或经营范围。二审法院经审理认为,《中华人民共和国食品安全法》第三十五条第一款规定:国家对食品生产经营实行许可制度。从事食品生产、食品销售、餐饮服务,应当依法取得许可。但是,销售食用农产品,不需要取得许可。因此,涉案采购项目猪蹄不需要取得许可。中标人具有工商行政管理部门颁发的营业执照,采购四项目中的三项目米、油、蔬菜依营业执照经营范围显示属于经营范围之内,第四项目猪蹄依据食品安全法规定无须许可,故不属于超越经营范围。财政部门被诉行政行为认定事实清楚,程序合法。

【判决正文】

辽宁省辽阳市中级人民法院
行政判决书

〔2017〕辽 10 行终 100 号

上诉人(一审原告)营口昊泰商贸有限公司,住所地(略)。
法定代表人韩某。
委托代理人杨某。
被上诉人(一审被告)辽阳市白塔区财政局,住所地(略)。
法定代表人朱某。
委托代理人潘某。
委托代理人赵某。
一审第三人辽宁建信招标代理有限公司,住所地(略)。

法定代表人张某。

委托代理人高某。

上诉人营口昊泰商贸有限公司(以下简称昊泰公司)因被上诉人辽阳市白塔区财政局(以下简称白塔区财政局)、第三人辽宁建信招标代理有限公司(以下简称建信招标公司)政府采购行政处理一案,不服灯塔市人民法院〔2017〕辽1081行初25号行政判决书,向本院提起上诉。本院依法组成合议庭,公开开庭审理了本案。上诉人昊泰公司的委托代理人杨某,被上诉认白塔区财政局(负责人缺席)的委托代理人潘某、赵某,第三人建信招标公司的委托代理人高某到庭参加诉讼。本案现已审理终结。

一审法院认定,建信招标公司受辽阳市白塔区总工会委托,对米、

油、蔬菜、猪蹄采购项目进行招标,招标方式:竞争性谈判。建信招标公司接受委托后,发布了采购公告,编制了《政府采购项目竞争性谈判文件》。递交投标文件的供应商为昊泰公司及辽宁家宝种养殖专业合作社、辽阳新特现代农业园区、灯塔市聚方农民专业合作社四家。竞争性谈判最终报价有辽阳新特现代农业园区、灯塔市聚方农民专业合作社、辽宁家宝种养殖专业合作社三家。经竞争性谈判小组综合评审,一致推荐成交供应商为辽阳新特现代农业园区。2017年1月22日,昊泰公司向建信招标公司提交了政府采购质疑书,认为辽阳市白塔区总工会购置米、油、蔬菜、猪蹄采购项目,升标评审程序和成交结果严重损害昊泰公司合法利益,请求废除此次中标结果。2017年1月25日,辽阳市白塔区总工会和辽宁建信招标公司共同出具了质疑答复函。昊泰公司不满意此答复,于2017年2月9日向辽阳市白塔区财政局投诉,申请宣布此次采购废标,重新招标。白塔区财政局于2017年3月6日作出政府采购投诉处理决定书,认为昊泰公司参与的采购活动符合政府采购相关法律法规的规定,并于当日向昊泰公司送达了决定书,昊泰公司不服,向一审法院提起诉讼。

一审法院认为,《政府采购法》第十三条、《政府采购供应商投诉处理办法》第三条,白塔区财政局具有作出被诉行政行为的法定职权。白塔区财政局收到营口昊泰公司的政府采购投诉书后,依照《辽宁省政府采购供应商质疑投诉处理暂行规定》第二十七条、二十八条、三十一条(一)项之规定作出政府采购投诉处理决定书。白塔区财政局作出的被诉行政行为认定事实清楚,程序合法。白塔区财政局在作出的处理决定书中虽未适用法律,但其在答辩意见中向一审法院明确了适用《辽宁省政府采购供应商质疑投诉处理暂行规定》第二十七条、二十八条、三十一条(一)项之规定。其在处理决定书中未适用法律一节,应视为瑕疵。

昊泰公司诉称中标单位辽阳新特现代农业园区并不具备此次采购项目中的"猪蹄"的经营范围,不具备采购文件中合格招标人资格条件第二款规定的应具有本次采购项目的生产或经营范围。但昊泰公司提供的证据均达不到其证明目的。故昊泰公司请求撤销白塔区财政局政府采购投诉处理书,判令白塔区总工会购置米、油、蔬菜、猪蹄采购项目废标,重新招标的诉讼请求,一审法院不予支持。依照《中华人民共和国行政诉讼法》第六十九条之规定,判决驳回昊泰的诉讼请求。

昊泰公司诉请撤销灯塔市人民法院〔2017〕辽1081行初25号行政判决书。理由是依据相关规定,辽阳新特现代农业园区经营范围不包括猪蹄,属超越经营范围,白塔区财政局失职。

本院审理查明的事实与一审一致。

本院认为,《中华人民共和国农产品质量法》第二条第一款规定:本法所称农产品,是指来源于农业的初级产品,即在农业活动中获得的植物、动物、微生物及其产品。本案中,辽阳市总工会采购项目:米、油、蔬菜、猪蹄属于农产品。商务部、财政部、国家税务总局《关于开展农产品连锁经营试点的通知》之附件《食用农产品范围注释》规定:食用农产品是指可供食用的各种植物、畜牧、渔业产品及其初级加工产品。范围包括:二、畜牧类,畜牧类产品是指人工饲养、繁殖取得和捕获的各种畜禽及初加工品。范围包括:(一)肉类产品:3.兽类、禽类和爬行类动物的内脏、头、尾、蹄等组织。本案中,产生争议的采购项目之一的猪蹄根据上述法律法规规定属于食用农产品。《中华人民共和国食品安全法》第三十五条第一款规定:国家对食品生产经营实行许可制度。从事食品生产、食品销售、餐饮服务,应当依法取得许可。但是,销售食用农产品,不需要取得许可。依据上述规定,本案中,诉争的采购项目猪蹄不需要取得许可。中标单位辽阳新特现代农业园区具有工商部门颁发的营业执照,采购四项目中的三项目米、油、蔬菜依营业执照经营范围显示属于经营范围之内,第四项目猪蹄依据食品安全法规定无须许可,故不属于超越经营范围。

昊泰公司行使投诉权利,白塔区财政局依职权履行职责亦无不当。

综上,昊泰公司的上诉请求,无事实和法律依据,本院不予支持。一审判决认定事实清楚,证据充分,程序合法,依照《中华人民共和国行政诉讼法》第八十九条第一款(一)项之规定,判决如下:

驳回上诉,维持原判。

案件受理费人民币 50.00 元,由上诉人营口昊泰商贸有限公司承担。

本判决为终审判决。

审 判 长　印明大

审 判 员　王　娜

审 判 员　王丽君

二〇一七年十二月十一日

法官助理　刘晓琳

书 记 员　佟晓琳

河南省漯河市政府采购中心
与河南省漯河市财政局
政府采购（竞争性谈判）投诉处理决定案

【案件提要】

　　本案是对采购结果的投诉处理决定提起行政诉讼的案例。涉案采购项目采用竞争性谈判，要求供应商提供经理业务经历、维修资质。谈判结果，安居公司获得成交候选人资格。慧光公司提出质疑后，采购中心以安居公司不具备招标文件中要求的"文印设备特约授权维修站资历"为由取消安居物业的成交候选人资格。在投诉和申请复议均被驳回后，安居公司向法院提起了诉讼。法院经审理认为，采购中心未提交证据证明采购项目不能事先计算出价格总额，故采用竞争性谈判不符合法律规定，且在竞争性谈判的过程中未遵循法律规定的程序成立谈判小组、制定谈判文件（如以招标文件替代谈判文件，以中标通知书替代成交通知书），其在程序方面存在重大瑕疵，财政部门作为监管部门未能及时纠正采购中心的违法行为，在安居公司投诉、申请复议的过程中也未能及时纠正政府采购中心的违法行为，并作出确认《取消投诉人的候选单位资格的通知》合法、驳回安居公司投诉的决定，认定事实错误，判决撤销。

【判决正文】

河南省漯河市中级人民法院
行政判决书

〔2018〕豫 11 行终 21 号

上诉人（一审被告）漯河市财政局，住所地（略）。
法定代表人马某。
出庭负责人徐某。
委托代理人张某。
委托代理人牛某。
上诉人（一审第三人）漯河市政府采购中心，住所地（略）。
法定代表人赵某。
被上诉人（一审原告）漯河市安居物业管理有限公司，住所地（略）。

法定代表人晁某。

委托代理人刘某。

上诉人漯河市财政局(以下简称市财政局)、漯河市政府采购中心(以下简称市采购中心)因与被上诉人漯河市安居物业管理有限公司(以下简称安居公司)行政处理决定一案,不服漯河市郾城区人民法院〔2017〕豫 1103 行初 94 号行政判决,向本院提起上诉。本院依法组成合议庭,公开开庭审理了本案。上诉人市财政局的负责人徐某、委托代理人张某、牛某、上诉人市采购中心的负责人赵某、被上诉人安居公司的委托代理人刘某到庭参加诉讼。本案现已审理终结。

一审法院查明,2016 年 5 月 27 日市采购中心发出漯采谈判采购〔2016〕19 号招标项目通知,市采购中心根据漯河市行政服务中心委托对其所需文印服务招标项目进行竞争性谈判招标,进行投标的单位需具有文印服务经验、对外承包文印服务经历(开标时提供对外承包的相关合同原件)、文印设备特约授权维修站资历。此次招标实行资质后审,资质审查工作在开标时由评标委员会独立负责。安居公司投标后,市采购中心于 2016 年 6 月 17 日开标并于当天向安居公司下发漯财政招通字〔2016〕187 号漯河市政府采购中标通知书。中标结果出来后,漯河市慧光印刷科技有限公司(以下简称慧光公司)提出质疑,2016 年 9 月 19 日市采购中心下发通知,以安居公司不具备招标文件中要求的"文印设备特约授权维修站资历"为由取消安居物业的成交候选单位资格。随后安居公司向市财政局投诉,市财政局于 2016 年 11 月 3 日作出漯财购〔2016〕15 号处理决定书,安居公司不服向漯河市人民政府(以下简称市政府)申请复议,市政府于 2017 年 2 月 16 日作出漯政复〔2017〕23 号复议决定书,撤销市财政局 2016 年 11 月 3 日作出的《关于对漯河市安居物业有限公司投诉事项的处理》(漯财购〔2016〕15 号的决定书),责令市财政局重新处理投诉事项。2017 年 3 月 14 日,市财政局重新作出漯财购〔2017〕3 号决定书,决定如下:1.市采购中心于 2016 年 9 月 19 日作出的《取消投诉人的候选单位资格的通知》合法有效;2.安居公司投诉的招标文件中"有关投标单位需具备文印设备特约授权维修站资历"条款有歧视普通文印服务企业的嫌疑,缺乏事实根据,驳回投诉。

一审法院认为,市财政局是负责漯河市财政工作并对漯河市政府采购工作进行全面监督的机构。《中华人民共和国政府采购法》第二十六条规定:"政府采购采用以下方式:(一)公开招标;(二)邀请招标;(三)竞争性谈判;(四)单一来源采购;(五)询价;(六)国务院政府采购监督管理部门认定的其他采购方式。公开招标应作为政府采购的主要采购方式。"第三十条规定:"符合下列情形之一的货物或者服务,可以依照本法采用竞争性谈判方式采购:(一)招标后没有供应商投标或者没有合格标的或者重新招标未能成立的;(二)技术复杂或者性质特殊,不能确定详细规格或者具体要求的;(三)采用招标所需时间不能满足用户紧急需要的;(四)不能事先计算出价格总额的。"第三十八条规定:"采用竞争性谈判方式采购的,应当遵循下列程序:(一)成立谈判小组。谈判小组由采购人的代表和有关专家共三人以上的单数组成,其中专家的人数不得少于成员总数的三分之二。(二)制定谈判文件。谈判文件应当明确谈判程序、谈判内容、合同草案的条款以及评定成交的标准等事项。(三)确定邀请参加谈判的供应商名单。谈判小组从符合相应资格条件的供应商名单中确定不少于三家的供应商参加谈判,并向其提供谈判文件。(四)谈判。谈判小组所有成员集中与单一供应商分别进行谈判。在谈判中,谈判的任何一方不得透露与谈判有关的其他供应商的技术资料、价格和其他信息。谈判文件有实质性变动的,谈判小组应当以书面形式通知所有参加谈判的供应商。(五)确定成交供应商。谈判结束后,谈判小组应当要求所有参加谈判的供应商在规定时间内进行最后报价,采购人从谈判小组提出的成交候选人中根据符合采购需求、质量和服务相等且报价最低的原则确定成交供应商,并将结果通知所有参加谈判的未成交的供应商。"据此,本案中市采购中心未提交证据证明涉案招标项目不能事先计算出价格总额,其招标行为也不符合法律规定的采用竞争性谈判的其他情形,市采购中心在不符合法律规定的采用竞争性谈判的情况下,下发漯采谈判采购〔2016〕19号文进行竞争性谈判,且在竞争性谈判的过程中未遵循法律规定的程序成立谈判小组、制定谈判文件,其在程序方面存在重大瑕疵,市财政局作为监管部门,监管不严,未能及时发现此次招标的问题,在安居公司投诉、申请复议的过程中也未能及时纠正市政府采购中心的违法行为,并作出确认《取消投诉人的候选单位资格的通知》合法、驳回安居公司投诉的决定,市财政局于2017年3月14日作出的漯财购〔2017〕3号决定书认定事实错误,应当予以撤销。综上,漯河市郾城区人民法院根据《中华人民共和国政府采购法》第二十六条、第三十条、第三十八条、《政府采购供应商投诉处理办法》第二十条、《中华人民共和国行政诉讼法》第七十条第六项之规定,判决撤销市财政局2017年3月14日作出的漯财购〔2017〕3号决定书,市财政局于本判决生效后30日内对安居公司的投诉重新处理。

市财政局上诉称:1.本案采购方式是由采购人选择后报市财政局批准,不违反法律、法规的强制性规定,一审判决认定采购方式违法错误;2.市采购中心在当事人(供应商)对供应商资质问题提出质疑后及时对质疑进行答复,并及时公布了中标结果,不会也不可能存在一审判决称的"没有成立谈判小组"等导致采购程序无法进行的情形,一审判决认定采购程序存在重大瑕疵错误;3.根据《政府采购法》、《政府采购法实施条例》和财政部《政府采购供应商投诉处理办法》的规定,市财政局作为政府采购监督管理部门,针对当事人(供应商)的"投诉事项"进行审查、处理,本案中,本案涉及的采购程序问题不属于当事人"投诉"范围,市财政局行政决定也就"投诉事项"审查、认定,没有任何内容涉及"采购程序"的认定,一审判决认定市财政局行政决定"认定事实错误"没有依据。综上,一审判决超越法律规定认定采购程序错误,从而对被诉行政行为进行否定,请求二审法院撤销一审判决,维持市财政局行政处理决定,驳回安居公司诉讼请求。

市采购中心上诉称:1.本案采购方式,不是市财政局确定的,而是采购人(市行政服务中心)依法选择后报市财政局批准确定的,且不违反法律、法规的相关规定,一审对此认定错误;2.市财政局作为政府集中采购机构,切实履行工作程序和职责,制订有竞争性谈判文件,按规定程序办事,不存在一审判决认定的违规行为,也没有当事人对此提出异议,一审认定市财政局采购程序存在重大瑕疵错误;3.本案为行政诉讼,应由被诉行政机关市财政局对被诉行政行为的合法性进行举证,市财政局作为民事主体没有相应的举证义务,一审以市财政局未尽举证责任且采购程序存在重大瑕疵为由对行政行为进行否定,从举证责任分配上也是错误的。综上,市财政局系民事活动主体,且采购程序没有被"质疑"和"投诉",不存在法定举证义务,一审判决认定事实错误,请求二审法院撤销一审判决,维市财政局行政处理决定,驳回安居公司诉讼请求。

安居公司答辩称:1. 一审中市财政局没有举证证明市政府采购中心的竞争性谈判采购行为经批准,违反政府采购法和实施条例;2. 一审市财政局没有对行政决定的事实部分举证证明行政决定合法,一审判决市财政局败诉符合举证原则。因此,请求二审法院驳回上诉,维持原判。

市财政局在二审提供证据漯采购〔2016〕3号文件一份,证明印刷服务列入集中采购目录,可以进行集中采购且涉案项目采购金额不足80万元不需要经过招标程序,也不需要审批。

市采购中心在二审提供如下证据:

1. 漯河市市直政府采购申报表、漯河市市直委托协议通知书,证明市采购中心严格按照财政部门批复的采购计划实施采购;

2. 河南省电子化政府采购系统评委抽取记录、评委签到表,证明市采购中心按照《政府采购法》的规定成立了谈判小组;

3. 漯河市行政服务中心所需文印服务招标项目招标文件,证明市采购中心按照《政府采购法》的规定制定了谈判文件;

4. 漯河市行政服务中心所需文印服务招标项目竞争性谈判招标公告、投标签到表,证明市采购中心按照《政府采购法》的规定确定了邀请参加谈判的供应商;

5. 投标单位价格确认表,证明市采购中心按照《政府采购法》的规定实施了谈判;

6. 漯河市政府采购中标通知书,证明市采购中心按照《政府采购法》的规定确定了成交供应商。

本院二审审理查明的事实同一审判决查明事实一致。

本院认为:

(一)关于市财政局、市采购中心在二审期间提供的证据认定问题

《中华人民共和国行政诉讼法》第六十七条规定,被告应当在收到起诉状副本之日起十五日内向人民法院提交作出行政行为的证据和所依据的规范性文件,并提出答辩状。最高人民法院关于适用《中华人民共和国行政诉讼法》的解释第三十四条规定,根据行政诉讼法第三十六条第一款的规定,被告申请延期提供证据的,应当在收到起诉状副本之日起十五日内以书面方式向人民法院提出。人民法院准许延期提供的,被告应当在正当事由消除后十五日内提供证据。逾期提供的,视为被诉行政行为没有相应的证据。第三十五条第二款规定,原告或者第三人在第一审程序中无正当事由未提供而在第二审程序中提供的证据,人民法院不予接纳。根据上述法律规定,市财政局、市采购中心作为一审被告和一审第三人,在一审举证期限内无正当事由未提供而在二审程序中提供的证据,本院不予采纳。

(二)关于被诉行政决定的合法性

1. 市采购中心取消安居公司成交候选单位资格行为的合法性

《中华人民共和国政府采购法》第二十六条规定了包括公开招标和竞争性谈判在内的政

府采购的方式;第三十条和第三十八条亦分别规定了竞争性谈判的适用范围和适用程序;该法第三十八条第(五)项规定采购人从谈判小组提出的成交候选人中根据符合采购需求、质量和服务相等且报价最低的原则确定成交供应商,并将结果通知所有参加谈判的未成交的供应商。中华人民共和国财政部《政府采购非招标采购方式管理办法》(第74号令)第三十五条规定,谈判小组应当从质量和服务均能满足采购文件实质性响应要求的供应商中,按照最后报价由低到高的顺序提出3名以上成交候选人;第三十六条规定采购人应当在收到评审报告后5个工作日内,从评审报告提出的成交候选人中,根据质量和服务均能满足采购文件实质性响应要求且最后报价最低的原则确定成交供应商。根据上述法律、规章规定,招标与竞争性谈判为不同的政府采购方式,且在竞争性谈判采购程序中,确定成交候选人在先,确定成交供应商在后。本案中,首先,市采购中心在以竞争性谈判方式实施政府采购的过程中,以招标文件替代谈判文件,以中标通知书替代成交通知书,全案亦无证据证明其按照《中华人民共和国政府采购法》第三十八条规定的程序成立了谈判小组、实施了符合法定程序的谈判、确定了成交候选人,其采购行为不符合上述法律、规章规定的程序;其次,市采购中心在向安居公司发出中标通知书3个月后,又向该公司发出取消成交候选单位资格通知书,亦不符合上述法律、规章规定的程序。

2. 市财政局〔2017〕3号确认《取消投诉人的候选单位资格的通知》合法、驳回安居公司投诉决定的合法性

《中华人民共和国政府采购法》第十三条规定,各级人民政府财政部门是负责政府采购监督管理的部门,依法履行对政府采购活动的监督管理职责。《财政部关于加强政府采购货物和服务项目价格评审管理的通知》(财库〔2007〕2号)第六条规定,评审人员未按照采购文件载明的评审方法、评审标准进行评审的,财政部门应当认定采购无效,责令重新开展采购活动。本案中,市财政局是对漯河市政府采购工作进行全面监督的机构,安居公司向其投诉市采购中心作出的取消安居公司成交候选单位资格的行为违法,市财政局应当根据《中华人民共和国政府采购法》、中华人民共和国财政部《政府采购非招标采购方式管理办法》(第74号令)规定的竞争性谈判程序对市政府采购中心作出的取消安居公司成交候选单位资格的行为进行审查,即使出现市财政局、市采购中心所称评审错误,亦应按照《财政部关于加强政府采购货物和服务项目价格评审管理的通知》〔财库〔2007〕2号〕第六条的规定,由财政部门认定采购无效,责令重新开展采购活动。但市财政局在对安居公司投诉的处理过程中,没有按照上述规定对市政府采购中心作出的取消安居公司成交候选单位资格的行为的合法性进行审查,亦没有调取该取消成交候选单位资格的行为符合上述规定的证据,其作出的确认《取消投诉人的候选单位资格的通知》合法有效的决定,认定事实有误,依法应予撤销。

综上,市采购中心作出的取消安居公司候选单位资格的通知不符合法律、规章规定的程序,市财政局作出的确认《取消投诉人的候选单位资格的通知》合法有效的投诉处理决定认定事实有误,依法应予撤销。一审判决认定事实清楚,适用法律正确,依法应予维持。市财政局、市采购中心所提上诉理由均不能成立,本院不予支持。依照《中华人民共和国行政诉讼法》第八十九条第一款第(一)项之规定,判决如下:

驳回上诉,维持原判。

二审诉讼费100元,由上诉人市财政局和市政府采购中心各负担50元。

本判决为终审判决。

审　判　长　李新利

审　判　员　穆莹莹

审　判　员　裴　蓉

二〇一八年三月八日

书　记　员　李佳丽

广东书凡物业管理有限公司
与广东省汕头市财政局
政府采购(竞争性谈判)投诉处理决定案

【案件提要】

　　本案是对采购结果的投诉处理决定提起行政诉讼的案例。涉案采购项目采用竞争性谈判进行采购,确定书凡公司为预成交供应商。在签订成交合同前,采购人核对书凡公司的《响应文件》发现其中可能出现"劳务派遣"等资格性检查认定错误问题。在代理机构经报告财政部门后,由原评审小组成员组成复审会对响应供应商进行资格复审。经复审,复审会认为书凡公司的响应文件(正本)只提供了《检察机关行贿犯罪档案查询结果告知函》复印件,不符合采购文件要求提供原件的规定,故书凡公司不能通过资格性复审,其报价无效。书凡公司提出质疑和投诉均被驳回,遂提起本案诉讼。法院经审理认为,由于本案为竞争性谈判,采购人在知悉谈判结果的 5 个工作日内就预中标供应商书凡公司的《响应文件》中可能出现"劳务派遣"等资格性审查认定问题向采购代理机构提出质疑,代理机构认为采购人质疑的是供应商的资格性审查认定问题,决定组织重新评审,并书面报告财政部门,代理机构组织重新评审符合法律规定。代理机构将重新评审和配合协助答复工作合二为一,一次完成,提高了工作效率,未为不可。从查明的事实看,重新评审时,复审会(原谈判小组)仅对供应商的资格性进行复审,经复审一致意见重新推荐供应商作为成交人,符合法律法规的规定。财政部门驳回投诉的处理决定认定事实清楚,证据充分,程序合法、适用法律正确。书凡公司的诉讼请求缺乏事实依据,法院不予支持。

【判决正文】

广东省汕头市中级人民法院
行政判决书

〔2018〕粤 05 行终 58 号

上诉人(一审原告)广东书凡物业管理有限公司,住所地(略)。
法定代表人杨某。
被上诉人(一审被告)汕头市财政局,住所地(略)。
法定代表人林某。

出庭应诉负责人李某。

委托代理人郑某。

委托代理人彭某。

一审第三人汕头市福利彩票发行中心，住所地（略）。

法定代表人吴某。

委托代理人许某。

上诉人广东书凡物业管理有限公司（以下简称书凡公司）因与被上诉人汕头市财政局、一审第三人汕头市福利彩票发行中心（以下简称市彩票发行中心）财政其他行政行为纠纷一案，不服汕头市金平区人民法院〔2018〕粤 0511 行初 61 号行政判决，向本院提起上诉。本院受理后，依法组成合议庭，公开开庭审理了本案。上诉人书凡公司的法定代表人杨某，被上诉人汕头市财政局的副局长李某及委托代理人郑某、彭某，一审第三人市彩票发行中心的委托代理人许某到庭参加诉讼。本案现已审理终结。

一审法院查明，汕头市采博招标有限公司（下称采博公司）受采购人市彩票发行中心委托，就"汕头市福利彩票发行中心福彩综合信息管理、市场服务劳务外包服务项目"通过竞争性谈判方式进行政府采购。2017 年 9 月 22 日，采博公司在广东省政府采购网站上发布该采购信息，同时编制《竞争性谈判文件》（采购编号：STCBJ2017004），该文件对"谈判邀请函、采购项目内容、谈判须知、合同书格式、谈判响应格式"均作出明确规定。书凡公司、广东宏业南粤人力资源管理有限公司（以下简称宏业公司）等四家供应商参加谈判。2017 年 9 月 29 日，经评审谈判小组评审后，确认报名参加谈判的四家供应商均为有效谈判供应商，确定成交候选供应商排序，书凡公司第一名、宏业公司第二名。同日，谈判小组将评审结果报告采博公司。采博公司当日将谈判结果函告市彩票发行中心，并请市彩票发行中心在五个工作日内依法确定成交商。

在签订成交合同前，市彩票发行中心对书凡公司的《响应文件》进行核对，发现书凡公司的《响应文件》中可能出现"劳务派遣"等资格性检查认定错误问题。2017 年 10 月 10 日，市彩票发行中心向采博公司提出质疑，请采博公司按照政府采购的有关规定，对书凡公司的《响应文件》资格性认定进行重新评审，并在规定时间内答复市彩票发行中心。2017 年 10 月 12 日，采博公司向汕头市财政局提交《关于重新评审的报告》，报告由于采购人即市彩票发行中心质疑的是"资格性检查认定错误"的问题，根据财库〔2012〕69 号《关于进一步规范政府采购评审工作有关问题的通知》"评审结果汇总完成后，采购人、采购代理机构和评审委员会均不得修改评审结果或者要求重新评审，但资格性检查认定错误、分值汇总错误、分项评分超出评分标准、客观分评分不一致、经评审委员会一致认定评分畸高、畸低的情形除外"的规定，为提高效率，决定于 2017 年 10 月 12 日组织谈判小组将重新评审和配合协助答复工作合二为一进行。2017 年 10 月 12 日，复审会（由原评审小组成员组成）对响应供应商进行资格性复审。经复审，复审会认为书凡公司的响应文件（正本）只提供了《检察机关行贿犯罪档案查询结果告知函》复印件，不符合《竞争性谈判文件》"供应商资格条件"第 6 点"响应供应商参加投标时须持有当地人民检察院出具的《检察机关查询行贿犯罪档案结果告知函》（原件）（根据汕检会〔2013〕1 号文规定）（原件必须装订在谈判响应文件正本中，副本附复印件加盖公章)"要求,故认为书凡公司不能通过资格性复审。复审会(原评审小组)成员均在专家资格性复审总表签名确认。同日,重新评审(原谈判小组)成员作出《谈判小组重新评审和配合协助答复报告》,将重新评审和答复情况报告采博公司。主要内容如下:1. 在重新评审之前,书凡公司谈判响应文件的完整性,由该公司被授权人杨秋燕女士现场进行了确认,确认无误。2. 经重新评审,书凡公司的谈判响应文件中提供了金平区人社局出具的"劳务派遣经营许可证",资格性检查认定没有错误。3. 经重新评审,书凡公司的谈判响应文件(正本)只提供了《检察机关查询行贿犯罪档案结果告知函》复印件,不符合《谈判文件》"供应商资格条件"第6点的要求,取消书凡公司本项目的谈判响应资格,作无效投标处理。4. 重新推荐宏业公司为成交人。同时将书凡公司原资格性重新评审表作为该报告的附件。同日,采博公司函告书凡公司,在复审过程中,评标委员会评审专家发现书凡公司的响应文件正本第49页《检察机关查询行贿犯罪档案结果告知函》为加盖公章的复印件,不符合采购文件规定"供应商资格"第6点的要求,书凡公司未能通过重审的资格性审查,故2017年9月29日的报价无效。并告知可在网上查询中标结果,如对结果有异议,可根据竞争性谈判文件中18.2之规定向采购人或采购代理机构提出质疑。同日,采博公司在广东省政府采购网上公布该项目竞争性谈判采购成交公告,宏业公司为中标供应商。公告中告知各有关当事人对中标、成交结果有异议的,可以在中标、成交公告发布之日起7个工作日内以书面形式向(政府采购代理机构或采购人)提出质疑。逾期将依法不予受理。

2017年10月13日,采博公司向汕头市财政局报告重新评审结果。2017年10月12日,书凡公司以书面形式向市彩票发行中心提出质疑。质疑理由包括三个方面:一是从2017年9月29日至2017年10月11日期间,采购人及采购代理机构为何不断质疑书凡公司的资质资格问题;二是法律规定招标评审结束后为何组织重新评审,并牵强地认定书凡公司不符合资格而确定其他供应商为中标供应商。三是答疑会通知书凡公司参加是否合理合法,但现场却是签收告知函。2017年10月18日,市彩票发行中心对书凡公司的质疑作出答复,主要内容:一、根据《采购法实施条例》第四十三条的规定,我单位于2017年9月29日收到代理机构的《采购结果告知函》,经我单位对所有供应商的谈判响应文件副本进行检查后,发现贵司谈判响应文件中营业执照的经营范围未有"劳务派遣"。就此问题我中心于2017年10月10日向代理机构以贵司的谈判响应文件中的资质提出质疑。二、根据《关于进一步规范政府采购评审工作有关问题的通知》(财库〔2012〕69号):"评审结果汇总完成后,采购人、采购代理机构和评审委员会均不得修改评审结果或者要求重新评审,但资格性检查认定错误……的情形除外"的规定,由采博公司邀请原评审委员会成员进行组织重新评审。重新评审前,评审专家向贵司法人代表进行书面确认贵司谈判响应文件正本为2017年9月29日当日投标时的正本,没有缺页。经重新评审,评审专家发现贵司谈判响应文件正本第49页《检察机关查询行贿犯罪档案结果告知函》为加盖公章的复印件,不符合采购文件规定"响应供应商参加投标时须持有当地人民检察院出具的《检察机关查询行贿犯罪档案结果告知函》(原件)(根据汕检会〔2013〕1号文规定)"的要求,故未能通过重审的资格性审查。

书凡公司对市彩票发行中心的答复不满意,于2017年11月10日就"1. 采购代理机构声称供应商质疑书凡公司没有劳务派遣经营范围为由,迟迟不确定中标供应商;2. 招标评审结束后,采购代理机构仍一意孤行重新组织评审并改变中标供应商,违反法律规定"的事项向汕头市财政局投诉,请求汕头市财政局对参与合谋的被投诉人市彩票发行中心、采博公司、及二名谈判小组专家进行查处并恢复原中标结果,并赔偿因此造成的损失。2017年11月17日,汕头市财政局受理了书凡公司的投诉。同日,汕头市财政局作出汕市财采投〔2017〕12号《关于暂停政府采购活动的通知》,决定自即日起暂停"汕头市福利彩票发行中心综合信息管理、市场服务劳务外包服务项目"的采购活动,并于2017年11月20日送达采博公司及市彩票发行中心。2017年11月20日,汕头市财政局向市彩票发行中心、采博公司及二名谈判小组专家送达政府采购供应商投诉书副本,要求市彩票发行中心在五个工作日内以书面形式向汕头市财政局作出说明,并提交相关证据、依据和其他有关材料。否则,视为放弃申辩权利,汕头市财政局依法作出投诉处理决定。2017年11月23日,采博公司向汕头市财政局提交《答复函》和相关证据材料:市彩票发行中心的《质疑函》《汕头市采博有限公司资格审查现场告知记录表(答疑会)》及2017年10月12日采博公司送达书凡公司的《告知函》。同日,二名谈判小组专家向汕头市财政局提交《答复函》。2017年11月24日,市彩票发行中心向汕头市财政局提交了《关于汕市财采投〔2017〕11号文的答复函》。汕头市财政局经审查于2017年12月19日作出汕市财采决〔2017〕3号《政府采购投诉处理决定》,并于2017年12月20日将该处理决定送达投诉人及各被投诉人。《政府采购投诉处理决定》查明:一、关于迟迟不确定供应商的问题。根据《政府采购法实施条例》第四十三条的规定,采购人(剔除国庆、中秋两个节日共8天)应当在2017年10月12日之前确认成交结果,由于2017年10月10日市彩票发行中心对书凡公司的资格条件的符合性提出质疑,代理机构采博公司2017年10月12日组织原谈判小组将重新评审和配合协助答复工作合二为一,一次完成,并将重新评审结果通知书凡公司。因此,未发现采购人有违反规定确认成交供应商的问题。二、关于采购人、采购代理机构、原谈判小组专家参与合谋,一意孤行进行重新组织评审,改变评审结果,违反法律法规规定的问题。经查,2017年9月29日,采购人、采购代理机构从广东省政府采购专家库随机提取了两名评审专家。2017年10月10日,采购人以书面形式向采购代理机构提出质疑,质疑的内容是投诉人书凡公司的谈判响应文件可能出现"劳务派遣"等资格性检查认定错误;2017年10月12日,采购代理机构将进行重新评审情况向汕头市财政局报告,组织原谈判小组将重新评审和配合协助答复工作合二为一,一次完成;2017年10月12日,重新评审前投诉人法定代表人对投诉人的谈判响应文件的完整性进行了确认。经重新评审,原谈判小组认为投诉人的《谈判响应文件》(正本)第49页只提供了汕头市金平区人民检察院出具的《检察机关查询行贿犯罪档案结果告知函》复印件,不符合《竞争性谈判文件》的规定要求,按不合格供应商处理,并取消其成交人资格。根据《政府采购法实施条例》第四十四条、财政部《关于进一步规范政府采购评审工作有关问题的通知》(财库〔2012〕69号)和《政府采购非招标采购方式管理办法》第二十一条规定,由于该项目采用竞争性谈判方式采购,采购人质疑的是"资格性检查认定错误"问题,采购代理机构组织的重新评审符合以上规定。将重新评审和配合协助答复工作合二为一,一次完成,符合财政部关于提高效率的要求,尚未发现被投诉人有一意孤行重新组织评审和违反有关法律法规规定情况,投诉人该项投诉事项缺乏事实依据。根据《政府采购供应商投诉处理办法》第十七条第(二)规定,决定驳回书凡公司的投诉。书凡公司不服,遂向一审法院提起行政诉讼。

一审法院认为,《政府采购法》第十三条第一款规定,各级人民政府财政部门是负责政府采购监督管理的部门,依法履行对政府采购活动的监督管理职责。《政府采购供应商投诉处理办法》第三条第一款和第三款规定,县级以上各级人民政府财政部门负责依法受理和处理供应商投诉,县级以上地方各级人民政府财政部门负责本级预算项目政府采购活动中的供应商投诉事宜。汕头市财政局作为市一级政府采购监督管理部门,对书凡公司的投诉具有受理并区分情况作出相应处理的职责。《政府采购法》第五十五条规定,质疑供应商对采购人、采购代理机构的答复不满意或者采购人、采购代理机构未在规定的时间内作出答复的,可以在答复期满后十五个工作日内向同级政府采购监督管理部门投诉。第五十六条规定,政府采购监督管理部门应当在收到投诉后三十个工作日内,对投诉事项作出处理决定,并以书面形式通知投诉人和与投诉事项有关的当事人。《政府采购供应商投诉处理办法》第十七条规定,财政部门经审查,对投诉事项分别作出下列处理决定:(一)投诉人撤回投诉的,终止投诉处理;(二)投诉缺乏事实依据的,驳回投诉;(三)投诉事项经查证属实的,分别按照本办法有关规定处理。本案中,书凡公司因认为涉案政府采购过程不合法等问题,向采购人提出质疑,因对答复不满,向汕头市财政局提起投诉。汕头市财政局在收到书凡公司的投诉后,经审查,认定书凡公司的投诉事项和理由缺乏事实依据并据此驳回其投诉。汕头市财政局履行了受理、发送投诉书副本、核查投诉问题、作出投诉处理决定、通知投诉处理结果等程序,符合上述法律法规规定,程序合法。

《政府采购非招标采购方式管理办法》第三十六条第二款规定,采购人应当在收到评审报告后5个工作日内,从评审报告提出的成交候选人中,根据质量和服务均能满足采购文件实质性响应要求且最后报价最低的原则确定成交供应商,也可以书面授权谈判小组直接确定成交供应商。采购人逾期未确定成交供应商且不提出异议的,视为确定评审报告提出的最后报价最低的供应商为成交供应商。《政府采购法实施条例》第四十四条规定,除国务院财政部门规定的情形外,采购人、采购代理机构不得以任何理由组织重新评审。采购人、采购代理机构按照国务院财政部门的规定组织重新评审的,应当书面报告本级人民政府财政部门。《政府采购非招标采购方式管理办法》第二十一条规定,除资格性审查认定错误和价格计算外,采购人或者采购代理机构不得以任何理由组织重新评审。本案中,由于涉案的采购项目采用竞争性谈判方式采购,采购人即市彩票发行中心在知悉谈判结果的5个工作日内就供应商书凡公司的《响应文件》中可能出现"劳务派遣"等资格性审查认定问题向采购代理机构采博公司提出质疑,代理机构采博公司认为采购人质疑的是供应商的资格性审查认定问题,决定组织重新评审,并书面报告汕头市财政局,采博公司组织重新评审的做法符合法律规定。采博公司将重新评审和配合协助答复工作合二为一,一次完成,提高了工作效率,未为不可。从查明的事实看,重新评审时,复审会(原谈判小组)仅对供应商的资格性进行复审,经复审一致意见重新推荐供应商作为成交人,符合法律法规的规定。汕头市财政局作出《政府采购投诉处理决定》中认为书凡公司投诉的事项缺乏事实依据,予以驳回,并无不妥。汕头市财政局受理书凡公司的投诉后,除依法履行审查职责外,还决定暂停涉案的采购活动,根据查明事实作出《政府采购投诉处理决定》,是依法履行其监督检查职责的体现。书凡公司请求判令市财政局对涉案采购过程履行监督检查职责,缺乏事实依据,不予支持。综上,市汕头财政局作出《政府采购投诉处理决定》,认定事实清楚,证据充分,程序合法、适用法律正确。书凡公司的诉讼请求缺乏事实依据,不予支持。依照《中华人民共和国行政诉讼法》第六十九条的规定,判决:驳回书凡公司的诉讼请求。案件受理费50元,由书凡公司负担。

书凡公司不服一审判决,向本院提起上诉,请求:1. 撤销一审判决,发回重审或者改判;2. 本案一、二审受理费由汕头市财政局承担。事实和理由:一审法院忽视了财库〔2012〕69号《关于进一步规范政府采购评审工作有关问题的通知》"评审结果汇总完成后,采购人、采购代理机构和评审委员会均不得修改评审结果或者要求重新评审,但资格性检查认定错误、分值汇总错误、分项评分超出评分标准、客观分评分不一致、经评审委员会一致认定评分畸高、畸低的情形除外"的完整解读,该条文明确规定出现上述除外情形的,评审委员会应当现场修改评审结果,并在评审报告中明确记载。然而,市彩票发行中心在若干天之后组织重审,显然不能适用该法律条文。另外,根据《政府采购货物和服务招标投标管理办法》第六十四条的规定,汕头市财政局、市彩票发行中心以及一审法院均适用法律错误,也是汕头市财政局没能依法履行监督检查法定职责。一审法院认同市彩票发行中心"以书面形式就原告的响应文件中可能出现'劳务派遣等资格性检查认定错误的问题向采博公司提出质疑"的合法性,也是与相关法规相悖。根据《中华人民共和国政府采购法实施条例》第四十四条的规定,采购人不得以任何理由组织重新评审,而市彩票发行中心却以"可能"、有权的政府部门核发的劳务派遣许可证为由重新组织评审,且相关法律法规及招标文件只赋予投标供应商质疑的权利,并没有规定或赋予采购人质疑的权利,质疑的主体不适格。如果真是资格性审查有问题,根据《政府采购非招标采购方式管理办法》第二十一条的规定,则应该重新开展采购活动。可见,市彩票发行中心适用法律错误、采购活动程序违法。根据《政府采购货物和服务招标投标管理办法》第五十九条的规定,这也是市财政局没能依法履行监督检查法定职责的表现。一审判决采信评审小组认定"原告谈判响应文件(正本)只提供《检查机关查询行贿犯罪档案结果告知函》复印件,不符合《谈判文件》'供应商资格条件第六点的要求,取消原告本项目的谈判响应资格,作无效投标处理。"与相关法律相左。根据《中华人民共和国政府采购法》第二十二条的规定,该"供应商资格条件"不是法定条件也不是采购项目特殊要求必备的特定条件,以此为由取消书凡物业公司该项目的谈判响应资格是违法的,这也是汕头市财政局没能依法履行监督检查法定职责的表现。

汕头市财政局辩称,一审判决认定事实清楚,适用法律正确,请求法院驳回上诉,维持原判。理由:一、汕头市财政局作出的涉案《政府采购投诉处理决定》主体适格。汕头市财政局作为采购监督部门是采购人市彩票发行中心的政府采购监督管理部门,依法履行监督检查职责,有职权和义务对书凡公司的投诉事项作出处理决定。二、汕头市财政局作出的涉案《政府采购投诉处理决定》程序合法。汕头市财政局受理书凡公司的投诉事项后,依法向书凡公司送达《政府采购投诉受理通知书》,以及向其他当事人送达《政府采购供应商投诉书副本送达通知》等相关文书,同时,作出《关于暂停政府采购活动的通知》,决定"暂停汕头市福利汕头市福利彩票发行中心福彩综合信息管理、市场服务劳务外包服务项目的采购活动"。

经审查、调阅该项目采购活动的相关资料后,于 2017 年 12 月 19 日作出《政府采购投诉处理决定》并送达当事人。三、汕头市财政局作出的涉案《政府采购投诉处理决定》认定事实清楚,证据充分,书凡公司的投诉事项不能成立。在投诉处理过程中,汕头市财政局对书凡公司的投诉请求及事实与理由予以审查,并认为:该项目于 2017 年 9 月 29 日进行竞争性谈判,采购代理机构采博公司于当天将《评审报告》送交采购人市彩票发行中心,根据《中华人民共和国政府采购法实施条例》第四十三条之规定,采购人市彩票发行中心于 2017 年 10 月 10 日以书面形式向采购代理机构采博公司提出质疑,而采购代理机构采博公司于 2017 年 10 月 12 日组织将重新评审和配合协助答复工作合二为一,一次完成,并重新确定成交供应商,期间并未超过法定期限,因此,并不存在书凡公司所称"迟迟不确定中标供应商"的情况。此外,采购人市彩票发行中心提出的质疑符合重新评审的条件,采购代理机构采博公司依法组织重新评审后,发现书凡公司的谈判响应文件(正本)中确实存在不符合《谈判文件》的问题,因此,谈判小组对书凡公司按不合格供应商处理,并取消其成交人资格。根据上述事实和相关证据,汕头市财政局作出了驳回书凡公司投诉的决定。四、汕头市财政局作出的涉案《政府采购投诉处理决定》适用法律法规正确。该项目系竞争性谈判采购方式,属于非招标采购方式。根据《政府采购非招标采购方式管理办法》(财政部令〔第 74 号〕)第二十一条的规定,在认定采购人市彩票发行中心对于书凡物公司的《响应文件》中可能出现"劳务派遣"等资格性检查认定错误的问题提出质疑的基础上,汕头市财政局适用上述法律法规,认为采购代理机构采博公司组织重新评审并不存在违反相关法律法规的情况。同时,汕头市财政局适用《财政部关于进一步规范政府采购评审工作有关问题的通知(财库〔2012〕69 号)》中关于重新评审的情形,并不存在适用错误的情况。其中规定,"评审结果汇总完成后,采购人、采购代理机构和评审委员会均不得修改评审结果或者要求重新评审,但资格性检查认定错误、分值汇总计算错误、分项评分超出评分标准范围、客观分评分不一致、经评审委员会一致认定评分畸高、畸低的情形除外。出现上述除外情形的,评审委员会应当现场修改评审结果,并在评审报告中明确记载",该条文中的"修改评审结果或者要求重新评审",实质上规定了修改评审结果和要求重新评审是两种并列的情况,因此,出现上述除外情况既可以修改结果,也可以要求重新评审。关于采购代理机构采博公司将重新评审和配合协助答复工作合二为一,一次完成的做法,相关法律法规及规章均未规定重新评审和配合协助答复工作不能合二为一、一并进行,相反,该做法更加符合财政部关于提高效率的要求。其次,配合协助答复工作时要求书凡公司对其谈判响应文件的完整性予以确认,这个是采购代理机构采博公司的职权,书凡物业公司有责任予以配合。

市彩票发行中心辩称,一审判决认定事实清楚,适用法律正确,请求法院驳回上诉,维持原判。理由:一、书凡公司的上诉请求依法不成立,应予以驳回。汕头市财政局作出的《政府采购投诉处理决定》是依法履行对政府采购活动的监督管理职责,该处理决定认定事实清楚、证据确实充分,适用法律正确,应予以维持。二、市彩票发行中心要求重新评审、采购代理机构采博公司组织重新评审符合法律法规的规定。2017 年 9 月 21 日市彩票发行中心与采购代理机构采博公司签订《采购项目委托代理协议》,约定市彩票发行中心将汕头市福利彩票发行中心福彩综合信息管理、市场服务劳务外包服务采购项目委托给采博公司组织实施采购;同日,采博公司发布上述采购项目《竞争性谈判文件》;2017 年 9 月 29 日该项目进行竞争性谈判,书凡公司被推荐为第一名供应商。市彩票发行中心在 2017 年 9 月 29 日收到采博公司的《采购结果告知函》后,着手准备签订合同,为了签订合同的需要,市彩票发行中心对中标人的《响应文件》条款进行确认,市彩票发行中心在核对响应文件时发现书凡公司的《响应文件》可能出现"劳务派遣"等资格性检查认定错误的问题,于 2017 年 10 月 10 日向代理公司提出质疑并要求重新评审。采博公司 2017 年 10 月 10 日收到市彩票发行中心的《质疑函》,由于质疑事项属于资格性检查认定错误问题,采博公司根据《关于进一步规范政府采购评审工作有关问题的通知》(财库〔2012〕69 号)的有关规定,于 2017 年 10 月 12 日组织重新评审。市彩票发行中心要求重新评审、采购代理机构采博公司组织重新评审符合法律法规的规定。《政府采购法实施条例》第四十四条、财政部《关于进一步规范政府采购评审工作有关问题的通知》(财库〔2012〕69 号)以及《政府采购非招标采购方式管理办法》(财政部令第 74 号)第二十一条规定,除资格性审查认定错误和价格计算错误外,采购人或者采购代理机构不得以任何理由组织重新评审。上述法律文件均把"出现资格性审查认定错误"作为采购人、采购代理机构不得要求重新评审的例外情形,因此,市彩票发行中心要求重新评审、采购代理机构采博公司组织重新评审符合上述法律文件的规定。三、采博公司于 2017 年 10 月 12 日组织重新评审没有违反法律规定。财政部《关于进一步规范政府采购评审工作有关问题的通知》(财库〔2012〕69 号)规定:"评审结果汇总完成后,采购人、采购代理机构和评审委员会均不得修改评审结果或者要求重新评审,但资格性检查认定错误、分值汇总计算错误、分项评分超出评分标准范围、客观分评分不一致、经评审委员会一致认定评分畸高、畸低的情形除外。出现上述除外情形的,评审委员会应当现场修改评审结果,并在评审报告中明确记载",该条只是规定应当现场修改评审结果,并没有规定应当现场重新评审,采博公司于 2017 年 10 月 12 日组织重新评审并修改评审结果符合法律规定。

一审判决认定的事实与本院经审理查明的事实一致,本院予以确认。

本院认为,根据《中华人民共和国政府采购法》第十三条第一款,《政府采购供应商投诉处理办法》第三条第一款的规定,汕头市财政局系辖区内政府采购监督管理部门,对供应商提出的投诉作出答复,属其履行法定职责。关于汕头市财政局针对书凡公司投诉事项所作处理决定的合法性问题。《政府采购非招标采购方式管理办法》第三十六条第二款规定,采购人应当在收到评审报告后 5 个工作日内,从评审报告提出的成交候选人中,根据质量和服务均能满足采购文件实质性响应要求且最后报价最低的原则确定成交供应商,也可以书面授权谈判小组直接确定成交供应商。采购人逾期未确定成交供应商且不提出异议的,视为确定评审报告提出的最后报价最低的供应商为成交供应商。《政府采购法实施条例》第四十四条规定,除国务院财政部门规定的情形外,采购人、采购代理机构不得以任何理由组织重新评审。采购人、采购代理机构按照国务院财政部门的规定组织重新评审的,应当书面报告本级人民政府财政部门。《政府采购非招标采购方式管理办法》第二十一条规定,除资格性审查认定错误和价格计算外,采购人或者采购代理机构不得以任何理由组织重新评审。根据本案查明事实,汕头市财政局针对书凡公司投诉事项,经审查后认为,本案涉及的政府采购项目采用的是竞争性谈判采购方式,该项目于 2017 年 9 月 29 日进行竞争性谈判,采购代理机构采博公司于当天将《评审报告》送交采购人市彩票发行中心,根据《中华人民共和国政府采购法实施条例》第四十三条之规定,采购人市彩票发行中心于 2017 年 10 月 10 日以书面形式向采购代理机构采博公司提出质疑,而采购代理机构采博公司于 2017 年 10 月 12 日组织将重新评审和配合协助答复工作合二为一,一次完成,并重新确定成交供应商,期间并未超过法定期限,因此,并不存在书凡公司所称"迟迟不确定中标供应商"的情况。此外,采购人市彩票发行中心提出的质疑符合重新评审的条件,采购代理机构采博公司依法组织重新评审后,发现书凡公司的谈判响应文件(正本)中确实存在不符合《谈判文件》的问题,因此,谈判小组对书凡公司按不合格供应商处理,并取消其成交人资格。根据上述事实和相关证据,汕头市财政局作出了驳回书凡公司投诉的处理决定。汕头市财政局作出的该《政府采购投诉处理决定》事实清楚,证据充分。书凡公司请求撤销该决定及判令汕头市财政局履行监督职责的诉讼请求依法不能成立。综上,书凡公司上诉请求理据不足,应予驳回。一审判决认定事实清楚,适用法律正确,依法应予维持。

依照《中华人民共和国行政诉讼法》第八十九条第一款第(一)项之规定,判决如下:

驳回上诉,维持原判。

二审案件受理费 50 元,由上诉人广东书凡物业管理有限公司负担。

本判决为终审判决。

审　判　长　陈舜川

审　判　员　陈楚纯

审　判　员　陈勇蓬

二〇一九年一月二十八日

法官助理　林天送

书　记　员　吴晓东

92

深圳市童话艺术团
与广东省财政厅政府采购(竞争性谈判)
投诉处理决定的行政复议决定案

【案件提要】

本案是对采购过程、采购结果的投诉处理决定提起行政诉讼的案例。涉案采购项目涉及少年宫少儿培训,经竞争性谈判,确定了成交供应商。童话艺术团提出质疑。在采购代理机构在一个月后作出答复后,童话艺术团向财政部门投诉。财政部门经调查后作出投诉成立的处理决定,要求采购代理机构重新采购。中标供应商申请行政复议。复议机关以财政部门作出的处理决定认定事实不清、程序违法为由,决定撤销该决定。童话艺术团不服,认为涉案采购项目不属于政府采购项目,复议机关将其作为政府采购项目处理,属于认定事实不清、适用法律错误,遂向法院提起本案诉讼。一审法院经审理认为,财政部门作出处理决定,并未对作为投诉前置程序的质疑环节的处理是否符合法定程序、是否在法定期限内作出等进行审查。同时,中标供应商及其他参与投标人对投诉处理结果具有利害关系,但财政部门既未在处理过程中听取他们的意见,也未将处理结果通知有利害关系的各方当事人,属于违反法定程序。对于中标供应商出现两次不同报价的情况,是由系统设置的原因引起,还是供应商擅自修改报价引起,财政部门在处理时未予调查核实,就直接认定两家供应商违反了诚实信用原则,属于认定事实不清。据此,复议机关作出行政复议决定事实清楚、证据确实充分、程序合法,应予支持。二审法院还认为,少年宫是深圳市属行政事业单位,开展少儿培训是该单位的一项重要职责和功能,故政府采购中心就该项目公开向社会招标,符合法律规定中对"政府采购"的定义。童话艺术团坚持认为该项目为非政府采购项目,并进而主张广东省财政厅适用政府采购相关法规作出复议决定属于错误适用法律,不符合法律规定,不予支持。

【判决正文】

广州铁路运输中级法院
行政判决书

〔2019〕粤 71 行终 1084 号

上诉人(一审原告)深圳市童话艺术团,住所地(略)。

法定代表人张某。

委托代理人李某。

委托代理人卢某。

被上诉人（一审被告）广东省财政厅，住所地（略）。

法定代表人戴某。

委托代理人姜某。

委托代理人高某。

一审第三人深圳市政府采购中心，住所地（略）。

法定代表人叶某。

一审第三人新文艺艺术教育科技（深圳）有限公司，住所地（略）。

法定代表人焦某。

上诉人深圳市童话艺术团与被上诉人广东省财政厅、一审第三人深圳市政府采购中心、一审第三人新文艺艺术教育科技（深圳）有限公司（以下简称新文艺公司）政府采购行政复议纠纷一案，原经广州铁路运输法院一审，作出〔2018〕粤7101行初3371号行政判决。深圳市童话艺术团不服，向本院提起上诉，本院依法组成合议庭对本案进行了审理，现已审理终结。

一审查明，2017年7月14日，深圳市政府采购中心发布竞争性谈判公告及政府采购文件，采购编号为SZCG2017150649的深圳市少年宫少儿培训合作项目之语言表演等培训项目。7月26日，深圳市童话艺术团、新文艺公司及深圳市大爱阳光儿童剧团共三家供应商参与该竞争性谈判，最后评审结果为新文艺公司中标。深圳市童话艺术团不服，于7月27日向深圳市政府采购中心提出质疑，深圳市政府采购中心于次日受理。7月31日，深圳市政府采购中心发布涉案项目中标结果公告，宣布该项目中标供应商为新文艺公司。8月2日，深圳市政府采购中心向新文艺公司发出中标通知。8月8日，深圳市政府采购中心向深圳市童话艺术团作出复函，表示对于该团所质疑事项，"我中心需进行调查取证，待取证完成后，另行正式答复你司。"9月1日，深圳市政府采购中心对深圳市童话艺术团作出答复，告知该团提出的质疑不成立，评委会决定维持原评审结果。9月20日，深圳市童话艺术团就上述答复向深圳市财政委员会提出投诉。11月6日，深圳市财政委员会作出深财书〔2017〕260号政府采购处理决定，认为深圳市政府采购中心违反《深圳经济特区政府采购条例实施细则》第四十八条规定，新文艺公司等两家供应商违反诚实信用原则，故决定支持深圳市童话艺术团的投诉，要求深圳市政府采购中心对涉案项目重新采购。新文艺公司不服深圳市财政委员会上述决定，于同年11月29日向广东省财政厅申请行政复议。广东省财政厅受理后，于2018年1月25日作出粤财复议〔2018〕14号《延期作出行政复议决定通知书》，决定延期30日作出行政复议决定。2月12日，广东省财政厅作出粤财复议〔2018〕19号行政复议决定，以深圳市财政委员会作出的深财书〔2018〕260号政府采购处理决定认定事实不清、程序违法为由，决定撤销该政府采购处理决定。深圳市童话艺术团不服，认为涉案的招标项目是非政府采购项目，广东省财政厅将其作为政府采购项目处理，属于认定事实不清、适用法律错误，遂向一审法院提起本案诉讼，请求撤销粤财复议〔2018〕19号行政复议决定。

一审法院认为，深圳市财政委员会受理深圳市童话艺术团就涉案项目对深圳市政府采购中心的投诉之后,在作出处理决定时,并未对作为投诉前置程序的质疑环节的处理是否符合法定程序、是否在法定期限内作出等进行审查。同时,新文艺公司及其他参与投标人对投诉处理结果具有利害关系,但是深圳市财政委员会既未在处理过程中听取新文艺公司及其他参与投标人的意见,也未将处理结果通知有利害关系的各方当事人,属于违反法定程序。据此,广东省财政厅认定深圳市财政委员会作出的处理决定程序违法,并无不妥。

对于新文艺公司等两家供应商出现两次不同报价的情况,是由系统设置的原因引起,还是两家供应商擅自修改报价引起,深圳市财政委员会在处理时未予调查核实,就直接认定两家供应商违反了诚实信用原则,属于认定事实不清,广东省财政厅据此认为深圳市财政委员会作出的涉案处理决定事实认定不清,亦无不可。

综上所述,广东省财政厅作出的粤财复议〔2018〕19号行政复议决定事实清楚、证据确实充分、程序合法,予以支持。深圳市童话艺术团要求撤销该行政复议决定的理由不成立,不予支持。依照《中华人民共和国行政诉讼法》第六十九条之规定,判决驳回深圳市童话艺术团的诉讼请求。案件受理费50元由深圳市童话艺术团承担。

深圳市童话艺术团不服上述判决,向本院提起上诉,请求撤销一审判决,发回一审法院重审或者依法改判,并由广东省财政厅承担一、二审案件的诉讼费用。理由:一、一审判决故意回避涉案事实是否属于政府采购,以及是否应当适用政府采购相关法律法规的问题。涉案招标项目实为政府物业出租,即深圳市少年宫将其所管理物业对社会公开出租,由租户向政府部门支付租金,不符合《中华人民共和国政府采购法》第二条第二款、《深圳经济特区政府采购条例》第二条对"政府采购"所下定义,广东省财政厅把这样一个非政府采购项目按照政府采购项目处理,属于认定事实错误。二、广东省财政厅作出的复议决定适用法律错误。其所适用的《深圳经济特区政府采购条例》及其实施细则、《政府采购供应商投诉处理办法》均是规范政府采购行为的法规规章,而本案所涉招标活动并不是政府采购。据以上理由,广东省财政厅作出的复议决定应予撤销。

广东省财政厅答辩称,被诉行政复议决定认定事实清楚,依据充分。深圳市政府采购中心组织的深圳市少年宫少儿培训项目采购招标行为属于政府采购行为,复议机关适用政府采购相关法律法规规章作出处理,适用法律正确。广东省财政厅在复议过程中,因为调查取证需要,不能在规定的复议期限内作出复议决定,依法延长复议期限,并在延长的期限内做出了复议决定,程序合法。据此,深圳市童话艺术团提出的上诉理由不成立,请求二审法院予以驳回。

本院另查明,广东省财政厅作出的粤财复议〔2018〕19号行政复议决定"本机关经审理后认为"部分,(一)"关于该案质疑投诉环节的程序问题"称,投诉人(即深圳市童话艺术团)于2017年7月27日向深圳市政府采购中心提出质疑,该中心并不存在应当延长处理投诉期限的法定事由而延长处理期限,且未明确延期处理的具体期限,故其9月1日才作出正式答复,已超过法定质疑答复期限;深圳市童话艺术团收到质疑答复后选择继续投诉的,应当在十五日内即8月11日前提出。但是其于9月15日才提出投诉,深圳市财政委员会受理其投诉,不符合财政部的规章规定;深圳市财政委员会未将投诉书副本及《处理决定书》送达申请人。深圳市财政委员会的上述程序行为违法。(二)"关于该案的事实认定问题"称,

1.对于本案所涉招标项目,所有供应商均无法查看其他供应商承诺和报价排名的情况,是否属于深圳地区普遍性问题,是否有失政府采购公平竞争及公正原则,是否足以导致采购项目重新采购等问题,深圳市财政委员会未进一步调查取证,未能做到认定事实清楚,避免当事人对政府采购监管部门选择性、随意性执法的异议;2.对于深圳市财政委员会认定的新文艺公司和深圳市大爱阳光儿童剧团擅自修改报价,违反诚实信用原则问题,虽然供应商在第二轮谈判中个别轮次的报价与第一次谈判的报价不一致,但是经谈判小组讨论,专家一致认定三家供应商均以第一次谈判时的报价为准,上述行为并未影响最终的中标成交结果,故深圳市财政委员会认定新文艺公司和深圳市大爱阳光儿童剧团违反诚信原则,属认定事实不清。根据以上理由,广东省财政厅决定,撤销深圳市财政委员会作出的深财书〔2017〕260 号政府采购处理决定。

本院认为,《中华人民共和国政府采购法》第二条第二款规定:"本法所称政府采购,是指各级国家机关、事业单位和团体组织,使用财政性资金采购依法制定的集中采购目录以内的或者采购限额标准以上的货物、工程和服务的行为。"深圳市少年宫是深圳市属行政事业单位,开展少儿培训是该单位的一项重要职责和功能,故深圳市政府采购中心就深圳市少年宫少儿培训合作项目之语言表演培训项目公开向社会招标,符合上述法律规定中对"政府采购"的定义。深圳市童话艺术团坚持认为深圳市政府采购中心所招标项目为非政府采购项目,并进而主张广东省财政厅适用政府采购相关法规作出复议决定属于错误适用法律,不符合法律规定,不予支持。

广东省财政厅根据新文艺公司提出的复议申请,对深圳市财政委员会作出的深财书〔2017〕260 号处理决定进行了复议,认定该处理决定认定事实不清、程序违法,并作出了撤销该处理决定的复议决定。深圳市童话艺术团在起诉和上诉时均未针对该复议决定的作出程序和事实认定等提出异议,本院根据全面审查原则,经对广东省财政厅作出的行政复议决定进行审查,亦未发现该复议决定存在程序、事实认定或者实体处理等方面存在违法或者错误情形,故对深圳市童话艺术团提出的撤销一审判决及广东省财政厅作出的行政复议决定的诉讼请求不予支持。

综上,一审判决认定事实清楚,适用法律和实体处理正确,应予维持。深圳市童话艺术团提出的上诉理由不能成立,应予驳回。依照《中华人民共和国行政诉讼法》八十九条一款第一项的规定,判决如下:

驳回上诉,维持原判。

二审案件受理费 50 元由上诉人深圳市童话艺术团负担。

本判决为终审判决。

审 判 长　付洪林

审 判 员　谭建军

审 判 员　邓　军

二〇一九年六月二十一日

书 记 员　王　石

93 江西丰汇加机电设备销售有限公司与 江西省吉安市财政局、江西省吉安市人民政府 政府采购（竞争性磋商）投诉处理决定、行政复议决定案

【案件提要】

本案是对采购结果的投诉处理提行政诉讼的案例。涉案采购项目以竞争性磋商的方式采购，在确认成交结果后，有供应商提出了质疑和投诉，认为成交产品的样品不符合招标文件的要求，评审专家现场擅自更改招标文件，去掉技术部分得分。财政部门依法受理投诉后，及时组织了其他专家对丰汇加公司投诉的事项进行了充分论证，认定投诉缺乏事实依据，决定驳回投诉。复议机关维持了该处理决定。丰汇加公司提起本案诉讼。法院经审理认为，财政部门依法受理丰汇加公司的投诉后，及时组织了其他专家对丰汇加公司投诉的事项进行了充分论证，认定丰汇加公司的两项质疑均缺乏事实依据，驳回投诉的处理决定事实清楚，适用法律正确，处理适当。丰汇加公司在诉讼中主张峥嵘公司的样品为三无产品及专家在评分过程中存在将丰汇加公司应得分项评为 0 分的失职行为，因该二项主张未经质疑程序，且在投诉中亦未提及，故不属本案审理范围。

【判决正文】

江西省吉安市青原区人民法院
行政判决书

〔2018〕赣 0803 行初 142 号

原告江西丰汇加机电设备销售有限公司，住所地（略）。
法定代表人张某。
被告吉安市财政局，住所地（略）。
法定代表人傅某。
工作人员刘某。
工作人员皮某。
委托诉讼代理人龚某。
被告吉安市人民政府，住所地（略）。
法定代表人王某。

委托诉讼代理人曾某。

委托诉讼代理人郭某。

第三人江西华纳百川工程管理有限公司,住所地(略)。

法定代表人郁某。

委托诉讼代理人杨某。

第三人吉安市峥嵘厨房设备有限公司,住所地(略)。

法定代表人徐某。

委托诉讼代理人钟某。

原告江西丰汇加机电设备销售有限公司(以下简称丰汇加公司)不服被告吉安市财政局(以下简称吉安市财政局)、吉安市人民政府(以下简称吉安市政府)招投标行政管理和行政复议决定,于 2018 年 7 月 10 日向本院提起行政诉讼。本院于 2018 年 7 月 11 日立案后向被告吉安市财政局、吉安市政府、送达了起诉状副本及应诉通知书。因江西华纳百川工程管理有限公司(以下简称华纳百川公司)、吉安市峥嵘厨房设备有限公司(以下简称峥嵘公司)与本案被诉行政行为有利害关系,本院依法通知其为第三人参加诉讼。本院依法组成合议庭,于 2018 年 9 月 12 日公开开庭审理了本案。原告丰汇加公司法定代表人张某、被告吉安市财政局工作人员刘某、皮某及委托代理人龚某、被告吉安市政府工作人员郭某、第三人华纳百川公司委托代理人杨某、峥嵘公司委托代理人钟某到庭参加诉讼。本案现已审理终结。

吉安市财政局于 2018 年 1 月 22 日对丰汇加公司的投诉作出吉财购〔2018〕3 号《关于投标人参加吉安一中新校区学生食堂、学术交流中心食堂净化器采购项目投诉处理决定书》,驳回丰汇加公司的投诉,维持该项目评标委员会评定结果。丰汇加公司对此决定不服,向吉安市政府申请行政复议,吉安市政府于 2018 年 5 月 10 日作出吉府复字〔2018〕14 号行政复议决定书,维持吉安市财政局作出的吉财购〔2018〕3 号投诉处理决定。

丰汇加公司诉称,中标人峥嵘公司用一台完全不符合外形尺寸为 692 mm ×1 335 mm×1 500 mm(样品允许偏差 ± 5 mm)参数的设备来蒙骗中标,产品外形相差 30 mm,评审专家一手遮天,有李皖民专家向采购中心出具的一份改口说明书和中标方样品为证;另外峥嵘公司用的是三无产品骗取中标。专家存在失职行为,丰汇加公司有些符合得分项目专家评分时丰汇加公司却未得分,且复评中也认定专家少给了丰汇加公司分数。开标评标现场李皖民评标专家询问几家投标人可否删除几条中标方没有的条款,几家投标人不同意删除时,李皖民专家对中标人峥嵘公司的人说"不删除也没事,他们几家都不得分,对你家没影响"。《中华人民共和国政府采购法实施条例》第八章第七十五条规定:"政府采购评审专家未按照采购文件规定的评审程序、评审方法和评审标准进行独立评审或者泄露评审文件、评审情况的,由财政部门给予警告,并处 2 000 元以上 2 万元以下的罚款;影响中标、成交结果的,处 2 万元以上 5 万元以下的罚款,禁止其参加政府采购评审活动。"综上,丰汇加公司为维护自身合法权益,提起诉讼,请求判决:一、撤销华纳百川公司代理的吉安一中新校区学生食堂、学术交流中心净化器项目(第三次),项目编号为赣华纳政采字 2017-007-3 号竞争性磋商结果;二、撤销吉安市财政局作出的吉财购〔2018〕3 号投诉处理决定;三、撤销吉安市政府作出的吉府复字〔2018〕14号行政复议决定;四、撤销峥嵘公司与吉安一中签订的所有合同。

丰汇加公司向本院提供以下证据:1.照片4张,证明峥嵘公司用的是假冒伪劣产品骗取中标;2.检验报告、环境保护产品认证书、得分表中所投产品油烟最小去除率少于90%,得2分,丰汇加公司却没有得分;所投产品须符合环境保护行业标准HJ/T62-2001《饮食行业油烟净化设备技术要求及检测技术规范》的要求得2分,证明专家未给丰汇加公司得分。

吉安市财政局辩称,一、丰汇加公司提出的中标单位提供的样品规格不符的说法与事实严重不符。丰汇加公司投诉后,吉安市财政局依法调取了相关资料进行查实,并于2018年1月18日另行组织有关行业专家重新评议,认定中标单位提供的样品规格符合招标文件规定参数。二、丰汇加公司提出的评标专家在现场要求删除部分条款,其行为违反《中华人民共和国采购法实施条例》第七十五条相关规定的问题,与事实严重不符。丰汇加公司投诉后,吉安市财政局依法调取了现场视频资料反复查看,并未发现评标专家有违反《中华人民共和国采购法实施条例》的相关行为。根据现场视频显示,评标专家在征询各方意见时,因丰汇加公司提出反对意见最终未对文件作任何修改。根据《政府采购竞争性磋商采购方式管理暂行办法》第二十条规定,磋商小组可以根据磋商文件和情况实质性变动采购需求中的技术、服务要求以及合同草案条款,专家当时的公开征询意见属于双方磋商过程。且复评专家亦认为,通过查阅评标记录和现场录像视频,评标过程中没有修改招标文件,没有去掉技术部门得分项。另外,在共同参与投标的四家供应商就该部分投标项目中,该部分得分均为零,故不能由此认定评标专家存在违反《中华人民共和国采购法实施条例》第七十五条规定。三、吉安市财政局提供的证据三中专家评出的丰汇加公司总分是66.86分,峥嵘公司是86分,就算少了丰汇加公司15分,分数也是低于峥嵘公司,不影响峥嵘公司中标。四、吉安市财政局也是第一次听到丰汇加公司提出中标公司是三无产品的说法,丰汇加公司在投诉中并未提及,这一问题按照法律规定应先经质疑才能向吉安市财政局投诉,本案中未涉及这一问题。综上,丰汇加公司在缺乏客观事实依据的情况下,恶意投诉,扰乱政府采购秩序,混淆视听,企业以此谋取中标,吉安市财政局根据《政府采购竞争性磋商采购方式管理暂行办法》第十七条第二款之规定,作出的吉财购〔2018〕3号《关于投标人参加吉安一中新校区学生食堂、学术交流中心净化器采购项目投诉处理决定书》事实清楚,证据充分,适用法律正确、程序合法,请求驳回丰汇加公司的诉讼请求。

吉安市财政局向本院提交了以下证据、依据。证据一,评审材料1组:1.采购实施计划备案表;2.市评审工作领导小组办公室(吉评审〔2017〕240号文件一份,评审意见的通知,附:招标项目清单);3.政府采购委托代理协议;4.废标公告两份;5.竞争性磋商文件;6.招标文件审批意见;7.采购项目登记表;8.投标文件递交登记表;9.投标书4份;10.投标单位保证金缴纳情况;11.评审专家承诺书;12.评审专家确认表;13.各投标单位资格审查汇总表;14.各投标单位技术商务得分表;15.各投标单位报价表;16.各投标单位报价分得表;17.各投标单位综合评分结果汇总;18.授标建议书;19.中标公告;20.中标通知书;21.现场评标视频资料;以上证据证明争议的招标工程评标过程符合法律规定。证据二,1.丰汇加公司 2018 年 1 月 3 日、1 月 8 日与另一投标单位至诚公司向采购人及采购代理机构提出的对中标单位样品尺寸质证材料各两份,以及其营业执照、法定代表人身份各 1 份;2. 评审组组长质疑回复函、专家评审小组质疑函回复、采购代理机构质疑回复函(附打印照片 1 组)各 1 份,以上证据用于证明评审专家及采购机构对丰汇加公司的质疑依法进行了回复,明确评标过程未违反法律规定。证据三,1. 2018 年 1 月 17 日丰汇加公司向吉安市财政局提交的采购投诉书及营业执照、法定代表人身份证明各 1 份;2. 吉安市财政局另行组织的行业专业人员针对丰汇加公司投诉书提出的论证意见书一份及各专业人员资质证明;3. 投诉状副本及丰汇加公司及被投诉人决定书送达材料各 1 份;证明吉安市财政局对丰汇加公司的投诉处理符合法律规定。证据四,现场样品照片一组,证明本案争议的样品现状。证据五,法律依据,1.《政府采购竞争性磋商采购方式管理暂行办法》第 20 条;2.《政府采购供应商投诉处理办法》财政部令第 20 号第 3 条、第 17 条第二款;3.《中华人民共和国政府采购办法》第 55、56、57 条;4.《中华人民共和国政府采购法实施条例》第 75 条;5.《行政处罚法》第 38 条第三款,证明吉安市财政局作出的行政行为符合法律规定。

吉安市政府辩称,丰汇加公司于 2018 年 3 月 22 日申请行政复议,吉安市政府当日予以受理,依法制作并送达了行政复议法律文书。吉安市财政局在法定期限内提交了行政复议答复和作出具体行政行为的证据材料,吉安市政府对该案进行认真审查,在查明事实的基础上,市政府适用《中华人民共和国行政复议法》第二十八条第一款第一项之规定,依法作出吉府复字〔2018〕14 号行政复议决定,在法定期限内结案。吉安市政府复议程序合法、到位,请求依法驳回丰汇加公司的诉讼请求。

吉安市政府向本院提交了以下证据:行政复议决定书、受理通知书、送达回证,证明吉安市政府作出的复议决定程序合法。

华纳百川公司述称,整个投标按照招标文件进行的,程序是合法的。

峥嵘公司未作答辩。

华纳百川公司及峥嵘公司均未提供书面证据。

经庭审质证,丰汇加公司对吉安市财政局提供的证据质证意见如下:对证据 1 丰汇加公司有三项未得分,设计方案中峥嵘公司得 10 分,丰汇加公司都只得 5 分;技术得分丰汇加公司是有检验报告的却没有给丰汇加公司得分;所投产品油烟最小去除率少于 90%,得 2 分,丰汇加公司却没有得分;所投产品须符合环境保护行业标准 HJ/T62-2001《饮食行业油烟净化设备技术要求及检测技术规范》的要求得 2 分,丰汇加公司也未得分;丰汇加公司还在投诉市吉安财政局时,吉安市财政局就将中标公告通知书发出去了;对证据 2、3 无异议;对证据 4 属于三无产品,无功率标识、无品牌标识、无电压标识,峥嵘公司用假冒产品骗取中标;净化器下面的脚铁是后面加上去的,是达不到净化效果的,投标用的是科蓝品牌,但实际投入使用的却不是科蓝产品;对证据 5 中《政府采购竞争性磋商采购方式管理暂行办法》第 20 条无异议;对《政府采购供应商投诉处理办法》财政部令第 20 号第 17 条第二款无异议,但专家发表了误导性言论;对其他法律依据无异议。

吉安市政府、华纳百川公司、峥嵘公司对被告市财政局的证据无异议。

丰汇加公司对市政府提供的证据质证意见如下:对以上证据均无异议,只是对复议结果有异议。

吉安市财政局、华纳百川公司、峥嵘公司对吉安市政府的证据无异议。

吉安市财政局对丰汇加公司的证据质证意见如下：对证据 1 真实性、合法性、关联性均有异议，照片不知道是何时何地拍摄的，与本案无关联性，且需经质疑再进行投诉，照片中下面的脚架与产品是无关的，中标产品已经验收并在投入使用，且运行良好；对证据 2 真实性、合法性、关联性均有异议，根据《政府投诉办法》第 7、8、10 条，投诉事项必经质疑程序，对质疑不满或未答复的再投诉到市财政局，现丰汇加公司所提出的问题未经质疑程序，也未投诉到吉安市财政局，丰汇加公司提出的这三项未得分，因为几家供应商都未提供检测报告的原件，故所有投标公司这三项都未得分。

吉安市政府、华纳百川公司、峥嵘公司对丰汇加公司的证据质证意见与市财政局一致。

本院对上述证据认证如下：丰汇加公司的证据无法达到其证明目的，本院不予采信。吉安市财政局提供的证据 1 可以证明本案涉案招投标项目的情况，本院予以采信；证据 2、3 丰汇加公司并无异议，本院认为可以达到其证明目的，予以采信；对证据 4 丰汇加公司虽有异议，但其未能提供相关证据证实，故本院对证据 4 予以采信；证据 5 可以达到吉安市财政局证明目的，本院予以采信。丰汇加公司对市政府的证据均无异议，本院予以确认采信。

经审理查明，华纳百川公司为吉安一中新校区学术交流中心、学生食堂净化器采购项目的代理机构，丰汇加公司、峥嵘公司及案外人湖北至诚浩远节能环保厨具制造有限公司、江西华远厨房设备工程有限公司共四家公司作为供应商参加该项目投标。2018 年 1 月 3 日，该项目开标，峥嵘公司经专家评定为预中标人，为此丰汇加公司及湖北至诚浩远节能环保厨具制造有限公司向吉安一中和华纳百川公司提出书面质疑：一、招标文件要求开标时需提供油烟净化器样品一台，规格型号为 692 mm×1 335 mm×1 500 mm(样品允许偏差±5 mm)，样品将作为今后验收依据，不提供格合样品的为无效投标人，可峥嵘公司提供的样品规格型号为 650 mm×1 320 mm×1 400 mm，按招标文件要求应做无效投标人处理。二、评委专家现场擅自更改招标文件，去掉技术部分得分项。华纳百川公司于 2018 年 1 月 8 日、9 日收到质疑后，组织原专家委员会进行重新评审，于 2018 年 1 月 10 日作出《关于吉安一中新校区学述交流中心及学生食堂净化器项目(第三次)质疑回复函》，对丰汇加公司及湖北至诚浩远节能环保厨具制造有限公司质疑的事项进行了回复，驳回了其质疑事项，具体回复内容如下：一、"专家对峥嵘公司样品重新复量情况如下：因提供样品为长方体样品，但样品有不规则面，招标文件中对样品的尺寸要求只有长宽高，没有具体对不规则情况进行详细说明要求，专家组经研究后，复量尺寸为样品长宽高最大尺寸，具体为：长 1 340 mm，宽 694 mm，高 1 500 mm，最大尺寸符合招标文件要求。二、《政府采购竞争性磋商采购方式管理暂行办法》第二十条规定：在磋商过程中，磋商小组可以根据磋商文件和磋商情况实质性变动采购需求中的技术、服务要求以及合同草案条款，但不得变动磋商文件中的其他内容。实质性变动的内容，须经采购人代表确认。根据上述规定，专家在四家投标单位部分技术分都不得分的情况下，现场提出是否要对招标文件进行修改，属于磋商正常流程。关于去掉部分技术分的质疑，已与质疑的两家公司现场沟通，不存在此说法。"2018 年 1 月 17 日，丰汇加公司就质疑事项向吉安市财政局进行投诉,吉安市财政局依法受理后,另行组织其他专家就投诉事项进行论证,并现场对峥嵘公司样品尺寸重新测量,得出以下结论:"1. 样品尺寸问题,经过现场对预中标供应商的样品进行测量,外形尺寸为 693 mm×1 340 mm×1 500 mm,符合招标文件规定的 692 mm×1 335 mm×1 500 mm(样品允许偏差±5 mm)要求。2. 通过查阅评标纪录和现场录像视频,评标过程中没有修改招标文件,没有去掉技术部分得分项。3. 现有招标文件正本进行复核,在查阅专家评分项目中,发现技术部分评分中有少数项目有误:峥嵘公司的技术得分应该为 25 分。该公司报价分为 30 分,商务分 15 分,综合得分为 70 分。经过专家重新评议,该公司综合评分排名第一。因此,并不会改变项目的评标结果。"2018 年 1 月 22 日,吉安市财政局依据《政府采购供应商投诉处理办法》第十七条之规定,对丰汇加公司的投诉事项作出吉财购〔2018〕3 号《关于投标人参加吉安一中新校区学生食堂、学术交流中心食堂净化器采购项目投诉处理决定书》,驳回丰汇加公司的投诉,维持该项目评标委员会评定结果。丰汇加公司对此决定不服,向吉安市政府申请行政复议,吉安市政府于 2018 年 5 月 10 日作出吉府复字〔2018〕14 号行政复议决定书,维持吉安市财政局作出的吉财购〔2018〕3 号投诉处理决定。丰汇加公司对该复议决定不服,故此成讼。

本院认为,《政府采购供应商投诉处理办法》第三条第三款规定:"县级以上地方各级人民政府财政部门负责本级预算项目政府采购活动中的供应商投诉事宜。"第七条规定:"供应商认为采购文件、采购过程、中标和成交结果使自己的合法权益受到损害的,首先依法向采购人、采购代理机构提出质疑。对采购人、采购代理机构的质疑答复不满意,或者采购人、采购代理机构未在规定期限内作出答复的,供应商可以在答复期满后 15 个工作日内向同级财政部门提起投诉。"根据上述规定,丰汇加公司作为供应商对中标结果向采购人吉安一中及采购代理机构华纳百川公司提出质疑,对其答复不满,可以向吉安市财政局投诉,吉安市财政局有权对丰汇加公司的投诉进行处理。

本案中,吉安市财政局依法受理丰汇加公司的投诉后,及时组织了其他专家对丰汇加公司投诉的事项进行了充分论证,认定丰汇加公司的两项质疑均缺乏事实依据,故依照《政府采购供应商投诉处理办法》第十七条第一款第三项"对投诉事项审查认为缺乏事实依据的,驳回投诉"之规定,对丰汇加公司作出驳回投诉的处理决定,事实清楚,适用法律正确,处理适当。吉安市财政局、吉安市政府均在法定期限内向丰汇加公司送达相关法律材料,所作的投诉处理决定和行政复议决定程序合法。丰汇加公司在诉讼中主张峥嵘公司的样品为三无产品及专家在评分过程中存在将丰汇加公司应得分项评为 0 分的失职行为,因丰汇加公司的该二项主张未经质疑程序,且在向吉安市财政局的投诉中亦未提及,故不属本案审理范围。丰汇加公司还主张吉安市财政局在其投诉过程中就将中标通知发出属违法,但根据《中华人民共和国政府采购法》第五十七条"政府采购监督管理部门在处理投诉事项期间,可以视具体情况书面通知采购人暂停采购活动,但暂停时间最长不得超过三十日"之规定,可知吉安市财政局这一行为并不违反法律规定,本院对丰汇加公司该主张不予支持。综上所述,吉安市财政局作出的吉财购〔2018〕3 号投诉处理决定及吉安市政府作出的吉府复字〔2018〕14 号行政复议决定事实清楚,证据确凿,适用法律、法规正确,符合法定程序。丰汇加公司的诉讼请求,与事实和法律规定相悖,本院不予支持。据此,依照《中华人民共和国行政诉讼

法》六十九条之规定,判决如下:

驳回原告江西丰汇加机电设备销售有限公司的诉讼请求。

案件受理费 50 元,由原告江西丰汇加机电设备销售有限公司承担。

如不服本判决,可以在判决书送达之日起十五日内向本院递交上诉状,并按对方当事人的人数或代表人的人数提出副本,上诉于吉安市中级人民法院。

审　判　长　刘　娟

人民陪审员　彭声涌

人民陪审员　毛祖枋

二〇一八年九月二十六日

书　记　员　彭　佩

上海欧典建筑设计有限公司与四川省茂县财政局、四川省阿坝藏族羌族自治州财政局政府采购(竞争性磋商)投诉处理决定、行政复议决定案

【案件提要】

本案是对采购过程的投诉处理决定提起行政诉讼的案例。涉案采购项目采用竞争性磋商中采购方式。在评审中,评委认为欧典公司未按照磋商文件的要求提供完整的相应文件和上一年度任意月社保证明材料,据此予以废标。欧典公司以邮寄的方式提出质疑函。因采购代理机构所在物业部门没有及时将信件送达,欧典公司向财政部门投诉。财政部门对投诉资料进行审查,认为欧典公司没有提供依法质疑的证据材料,经通知补正后,欧典公司仍无法提供依法质疑的证据材料,故作出不予受理告知书。欧典公司申请复议,复议机关经书面审查后认为,财政部门不予受理投诉并无不当,但未在法定期限内作出告知书,违反了法定程序。欧典公司仍不服,提起本案诉讼。法院经审理认为,财政部门作出不予受理通知书事实清楚,适用法律、法规准确,应视其已经履行了监督管理的职责,但未在法定时间内作出决定,程序违法,因采购程序已经进行完毕,且没有对欧典公司造成实质性损害后果,故判决确认财政部门作出的不予受理告知书违法,同时驳回欧典公司的其他诉讼请求。

【判决正文】

四川省阿坝藏族羌族自治州中级人民法院
行政判决书

〔2019〕川 32 行终 18 号

上诉人(一审原告)上海欧典建筑设计有限公司,住所地(略)。

法定代表人许某。

被上诉人(一审被告)茂县财政局,住所地(略)。

法定代表人曾某。

委托代理人罗某。

委托代理人梁某。

被上诉人(一审被告)阿坝藏族羌族自治州财政局,住所地(略)。

法定代表人泽某。

委托代理人索某。

委托代理人马某。

第三人四川名哲工程项目管理有限公司,住所地(略)。

法定代表人蒋某。

上诉人上海欧典建筑设计有限公司(以下简称欧典公司)因其他行政管理行政裁决一案,不服茂县人民法院〔2019〕川3223行初1号行政判决,向本院提起上诉。本院依法组成合议庭,于2019年12月16日,公开开庭审理了本案。上诉人欧典公司的董事长许某,被上诉人茂县财政局的委托代理人罗某、梁某,被上诉人阿坝藏族羌族自治州财政局(以下简称阿坝州财政局)的委托代理人索某、马某,第三人四川名哲工程项目管理有限公司(以下简称名哲公司)的总经理蒋某到庭参加诉讼。本案现已审理终结。

一审法院审理查明,茂县旅游发展局委托名哲公司代理茂县叠溪特色小镇旅游策划采购项目,2018年5月15日该采购项目在四川政府采购网公开发布编号为5132232018000043号采购公告,采购人系茂县旅游发展局,项目名称为四川省阿坝藏族羌族自治州茂县旅游发展局茂县叠溪特色小镇旅游策划,采购方式为竞争性磋商。采购公告发布后,在规定的期限内,共有4家公司购买招标文件并参与投标报价,欧典公司为其中一家。2018年5月28日,经评标委员会评审组审查认为,欧典公司未按照招投标文件的要求提供完整的相应文件和上一年度任意月社保证明材料,据此予以废标。2018年6月2日,欧典公司以邮寄的方式向委托代理机构名哲公司提出质疑函,但名哲公司所在物业没有及时将信件送达。欧典公司随即向茂县财政局提起投诉,茂县财政局在6月25日收到邮寄投诉书并告知名哲公司,名哲公司在6月26日对该质疑予以书面回复并在网上向茂县财政局推送,但茂县财政局以该质疑回复过期为由拒绝审核。随后茂县财政局对投诉资料进行审查,认为欧典公司没有提供依法质疑的证据材料,随即向欧典公司发出补正通知并于7月2日邮寄至欧典公司住所地,7月16日欧典公司将补正材料寄回。茂县财政局对补正材料审查后,认为欧典公司仍无法提供依法质疑的证据材料,根据《政府采购质疑和投诉办法》(即财政部94号令)第二十一条第(二)款的规定,于7月23日作出《政府采购供应商投诉不予受理告知书》(茂财函〔2018〕58号)。欧典公司不服,遂向阿坝州财政局提起行政复议,阿坝州财政局在2018年8月13日收到行政复议申请书。书面审查后认为,茂县财政局根据《政府采购质疑和投诉办法》第十九条第(一)款作出不予受理投诉并无不当,但茂县财政局未按照《政府采购质疑和投诉办法》第二十一条第(二)款规定,应当在3个工作日内作出告知书,违反了法定程序。阿坝州财政局于2018年10月8日作出行政复议决定书确认茂县财政局作出的《政府采购供应商投诉不予受理告知书》(茂财函〔2018〕58号)违法,当日按工商登记地址向欧典公司邮寄但该地址查无此人,且电联不通,行政复议决定书于2018年10月19日被退回。阿坝州财政局在10月22日再次邮寄后欧典公司在10月25日签收。为此,欧典公司不服行政复议决定,向茂县法院提起诉讼。

一审法院认为:《中华人民共和国政府采购法》第六十七条规定:"依照法律、行政法规的规定对政府采购负有行政监督职责的政府有关部门,应当按照其职责分工,加强对政府采购活动的监督。"《政府采购质疑和投诉办法》第五条规定:"采购人负责供应商质疑答复。采购人委托采购代理机构采购的,采购代理机构在委托授权范围内作出答复。县级以上各级人民政府财政部门(以下简称财政部门)负责依法处理供应商投诉。"茂县财政局作为当地政府采购监督管理部门依法享有对该案政府采购项目进行监督检查的职权。根据《中华人民共和国行政复议法》第十二条"对县级以上地方各级人民政府工作部门的具体行政行为不服的,由申请人选择,可以向该部门的本级人民政府申请行政复议,也可以向上一级主管部门申请行政复议"的规定,阿坝州财政局作为茂县财政局上级主管部门依法享有作出行政复议的权力。本案是由于 2018 年 5 月茂县叠溪特色小镇旅游策划项目招投标而引发的质疑、投诉、行政复议的行政行为。欧典公司在招投标文件规定的期限内未就文件内容提出任何质疑而是积极竞标,应视其完全认同招标文件限定的条件等内容。在开标现场,经评标专家组一致评审,欧典公司不符合招投标文件的要求,认定投标文件无效,并无不妥。嗣后,欧典公司向名哲公司提出质疑,名哲公司还未对其质疑进行答复,该项目中标公告就已经结束。后欧典公司向茂县财政局提出投诉,茂县财政局在法定时间内审查后认为欧典公司提供的证据材料不符合《政府采购质疑和投诉办法》第十九条"投诉人应当根据本办法第七条第二款规定的信息内容,并按照其规定的方式提起投诉。投诉人提起投诉应当符合下列条件:(一)提起投诉前已依法进行质疑"的规定,因此依法质疑是投诉的必要前置程序。茂县财政局根据《政府采购质疑和投诉办法》第二十一条"财政部门收到投诉书后,应当在 5 个工作日内进行审查,审查后按照下列情况处理,(一)投诉书内容不符合本办法第十八条规定的,应当在收到投诉书 5 个工作日内一次性书面通知投诉人补正。补正通知应当载明需要补正的事项和合理的补正期限。未按照补正期限进行补正或者补正后仍不符合规定的,不予受理"的规定,要求欧典公司进行补正,但欧典公司在补正时间内仍没有提供能够证明其已经进行依法质疑的证据材料。故,茂县财政局作出《政府采购供应商投诉不予受理告知书》事实清楚,适用法律、法规准确,应视其已经履行了监督管理的职责。欧典公司不服向阿坝州财政局提起行政复议,阿坝州财政局在法定时间内对该行政行为依法进行了审查,认为茂县财政局作出的茂财函〔2018〕58 号不予受理告知书适用法律正确,但茂县财政局未在法定时间内作出决定,程序违法。欧典公司认为阿坝州财政局行政复议已超过法定期限,构成程序违法。根据《行政复议法》第三十一条"行政复议机关应当自受理申请之日起 60 日内作出行政复议决定……"第四十条"行政复议期间的计算和行政复议文书送达,依照民事诉讼法关于期间、送达的规定执行"的规定,阿坝州财政局作出的《行政复议决定书》事实清楚,程序合法,适用法律、法规准确,欧典公司提出的撤销《行政复议决定书》的诉讼请求,不予支持。本案中,茂县财政局在收到投诉后没有严格执行《政府采购质疑和投诉办法》第二十一条"财政部门收到投诉书后,应当在 5 个工作日内进行审查,审查后按照下列情况处理:(二)投诉不符合本办法第十九条规定条件的,应当在 3 个工作日内书面告知投诉人不予受理,并说明理由"的规定,作为行政审查监督部门没有严格履行相关程序,应确认茂县财政局所作出的《政府采购供应商投诉不予受理告知书》违法。根据《中华人民共和国行政诉讼法》第七十四条"行政行为有下列情形之一的,人民法院判决确认违法的,但不撤销行政行为:(二)行政行为程序轻微违法,但对原告权利不产生实际影响的"的规定,本案所涉及的采购程序已经进行完毕,且茂县财政局作出的不予受理告知书内容没有对欧典公司造成实质性损害后果,故对其提出撤销茂县财政局作出的《政府采购供应商投诉不予受理告知书》的诉讼请求,不予支持。欧典公司提出严肃处理相关涉事单位和人员的诉讼请求,根据《政府采购质疑和投诉办法》第三十六条"采购人、采购代理机构有下列情形之一的,由财政部门责令限期改正;情节严重的,给予警告,对直接负责的主管人员和其他直接责任人员,由其行政主管部门或者有关机关处分,并予通报"的规定,茂县财政局对于名哲公司具有监督的职权,本案中名哲公司是否存在问题应当由茂县财政局行使行政职权审查,该请求不是法院管辖范围,本院不予评判。另欧典公司"要求判令茂县财政局、阿坝州财政局因行政违法导致的侵犯欧典公司的供应商法定权利而产生的经济损失76万元"的诉讼请求,欧典公司所提交的证据无法证明茂县财政局、阿坝州财政局作出的行政行为已经对其造成了侵害,诉讼请求不符合《中华人民共和国国家赔偿法》的规定,不予支持。一审法院依照《中华人民共和国行政诉讼法》第六十九条、第七十四条之规定,判决:一、确认茂县财政局作出的《政府采购供应商投诉不予受理告知书》(茂财函〔2018〕58号)违法。二、驳回欧典公司的其他诉讼请求。

一审法院判决后,欧典公司不服上诉称,一、本案的起因和过程。欧典公司于2018年5月参加了名哲公司代理的"四川省阿坝藏族羌族自治州茂县旅游发展局叠溪特色小镇旅游策划"的政府采购项目,因该项目采购过程和结果违法,欧典公司依法向名哲公司提出质疑,因名哲公司拒不回复质疑而向茂县财政局提出投诉,对投诉答复不满意进而向阿坝州财政局提出行政复议。因《行政复议决定书》基本维持了茂县财政局的投诉答复,故欧典公司不服、依法向茂县法院提起行政诉讼。二、茂县法院不具备本案的管辖权和审判资格。茂县法院于2018年11月9日收到欧典公司的行政起诉状,但在法定期限既不立案又不作出裁定,欧典公司遂向阿坝州法院提起诉讼,但阿坝州法院将本案发回了茂县法院。依据《行政诉讼法》第五十二条的规定,上一级人民法院认为符合起诉条件的,应当立案、审理,也可以指定其他下级人民法院立案、审理。阿坝州中级法院指定审理本案的下级法院中应不含茂县法院。并且应当依据《行政诉讼法》第五十一条之规定,责令茂县法院改正,并对直接负责的主管人员和其他直接责任人员依法给予处分。因此,茂县法院已经失去对本案的管辖权和审判资格。三、茂县法院审判人员滥用职权、打击报复、审判过程违法。四、一审行政判决书罔顾基本事实枉法裁判。茂县财政局明知欧典公司已在法定期限内提出质疑,而名哲公司未作答复系自身收发原因造成,却拒不受理欧典公司的投诉,已经违反了财政部94号令第三十八条之规定。阿坝州财政局的《行政复议决定书》已超过2个月的法定期限,根据《行政复议法》《民事诉讼法》关于期间、送达的规定,属程序违法。该项目政府采购中因茂县财政局、阿坝州财政局的行政行为,致使欧典公司的合法权益受到损害。因此,欧典公司作为受害人有依法取得赔偿的权利。请求法院:1.撤销〔2019〕川3223行初1号行政判决书;2.判令撤销茂县财政局作出的《政府供应商投诉处理不予受理告知书》和阿坝州财政局作出的《行政复议决定书》,责令茂县财政局、阿坝州财政局依法行使监督职能,作出该项目采购结果无效,必须重新采购的行政决定,并严肃处理相关涉事单位和人员;3.判令茂县财政局、阿坝州财政局赔偿因其行政行为违法导致的侵犯欧典公司的供应商法定权利而产生的经济损失76万元(该政府采购项目标的价款)。4.判令茂县财政局、阿坝州财政局支付欧典公司为本诉讼所发生的一切相关费用包括但不限于交通食宿费等,最终凭票据结算。5.本案诉讼费由茂县财政局、阿坝州财政局承担。

欧典公司向原审法院提交了以下证据：

1. 营业执照、法定代表人身份证复印件一份，法定代表人身份证明书一份；2. 质疑书、质疑书签收单复印件一份；3. 投诉书、投诉书签收单复印件一份；4. 茂县财政局不予受理告知书复印件一份；5. 行政复议申请书、行政复议书签收单复印件一份；6. 阿坝州财政局行政复议决定书复印件一份。

欧典公司二审时向本院提交 2019 年 12 月 16 日成都茶店子客运站至马尔康市的车票（一张），拟证明因诉讼产生的交通费。

经庭审质证，茂县财政局对欧典公司提交的车票的真实性、合法性予以确认，但认为其与本案无关联性。

阿坝州财政局、名哲公司均同意茂县财政局的质证意见。

本院对欧典公司的车票的真实性和合法性予以确认，关联性不予确认。

茂县财政局答辩称，一、茂县财政局对投诉书作出不予受理告知书的行为并无不当。2018 年 6 月，茂县财政局收到欧典公司投诉书后，因欧典公司没有提供在投诉前已依法质疑的证据材料，故书面通知要求其补齐已依法质疑的证据材料，欧典公司接到通知后并未提供该证据材料。根据财政部 94 号令第十九条的规定，茂县财政局于 2018 年 7 月 23 日向其出具了不予受理告知书。根据欧典公司出具的质疑书，其质疑的对象是招标代理公司名哲公司，而不是其他投标方，根据采购法及相关法律规定，其应该向采购人提出质疑。欧典公司提出的邮件到达的证据证明不了邮件内容，因此茂县财政局作出的不予受理告知书并无不当，不存在采购结果无效和重新采购的问题。二、欧典公司要求茂县财政局承担损失的请求没有法律依据；三、一审法院的判决认定事实清楚，符合法律规定，请求驳回欧典公司的上诉请求。

茂县财政局向一审法院提交了以下证据：1. 统一社会信用代码证书、法人代表身份证复印件 一份，法人代表身份证明书一份；2. 授权委托书一份；3. 供应商签到表、密封性检查表、资格性审查表、符合性审查表、报价一览表、评审汇总表、详细评审表复印件一份；4. 关于投诉书补正的通知复印件一份；5. 供应商需知表复印件一份；6.《中华人民共和国政府采购法》复印件一份；7. 财政部 94 号令复印件一份；8. 四川省供应商投诉处理办理指南复印件一份。

茂县财政局在二审中未向本院提交新的证据。

阿坝州财政局答辩称，一、一审法院作出的〔2019〕川 3223 行初 1 号《行政判决书》认定事实清楚，适用法律正确，依法应予维持。二、阿坝州财政局于 2018 年 10 月 8 日作出的《行政复议决定书》（阿州财复决字〔2018〕3 号）事实认定清楚、程序合法，不应被撤销。（一）《行政复议决定书》程序合法。《行政复议决定书》没有超过法定期限，均在法定期限范围内制作并邮寄。根据《行政复议法》第十七条第二款之规定："行政复议申请自行政复议机关负责法制工作的机构收到之日起即为受理。"欧典公司邮寄的地址为"四川省阿坝州财政局采购科"收，而阿坝州财政局负责法制工作的机构实际于 2018 年 8 月 13 日收到欧典公司提交的行政复议申请及相关材料，受理之日应为 2018 年 8 月 13 日。阿坝州财政局制作《行政复议决定书》当天,即 2018 年 10 月 8 日,就向欧典公司邮寄了《行政复议决定书》,因该地址查无此人且电联不通,于 10 月 19 日,该封邮件又退回到阿坝州财政局处,阿坝州财政局又于 10 月 22 日再次向欧典公司邮寄,欧典公司于 10 月 25 日签收。根据《行政复议法》第四十条规定:"行政复议期间的计算和行政复议文书的送达,依照民事诉讼法关于期间、送达的规定执行。"根据《民事诉讼法》第八十二条规定:"期间不包括在途时间,诉讼文书在期满前交邮的,不算过期。"阿坝州财政局作出《行政复议决定书》并未超过法定期限 60 天,程序合法。(二)《行政复议决定书》内容合法。茂县财政局于 2018 年 6 月 25 日上午收到欧典公司邮寄的投诉资料,并于 7 月 2 日将补正通知邮寄给欧典公司,要求补正《政府采购质疑和投诉办法》第十九条第一款规定的"提起投诉前已依法进行质疑"的相关资料,而茂县财政局于 2018 年 7 月 16 日收到的补正资料中,欧典公司仍未能提供需要补正的资料,直到阿坝州财政局审查欧典公司提出的行政复议案件过程中,欧典公司仍然未向阿坝州财政局提交其已依法进行质疑的相关证明资料。因此,阿坝州财政局认为茂县财政局作出的(茂财函〔2018〕58 号)不予受理告知书并无不当。三、阿坝州财政局不应当赔偿欧典公司提出的经济损失 76 万元。阿坝州财政局第二点的答辩内容已经充分详细的说明阿坝州财政局的行政行为合法,并没有侵犯欧典公司的法定权利,阿坝州财政局的行政行为并不属于《国家赔偿法》第四条第四款所规定的"造成财产损害的其他违法行为",因此不应当赔偿欧典公司提出的经济损失。综上所述,一审《行政判决书》事实认定清楚,适用法律正确,阿坝州财政局作出的《行政复议决定书》事实清楚,程序合法,欧典公司提出的诉讼请求于法无据,理应驳回。

阿坝州财政局向一审法院提交了以下证据:1. 统一社会信用代码证书、法人代表身份证复印件一份,法人代表身份证明书一份;2. 授权委托书一份;3. 申请人申请行政复议资料一套(行政复议申请书、法定代表人资格证明、授权委托书、营业执照副本、《政府采购供应商投诉不予受理告知书》茂财函〔2018〕58 号、投诉书、质疑书)复印件;4. 收到行政复议申请签收单复印件一份;5. 第一次邮寄《行政复议决定书》凭证、第二次邮寄《行政复议决定书》凭证复印件一份;6. 茂县财政局提交资料一套(行政复议答复书、投诉书、质疑书、投诉补正通知、茂财函〔2018〕59 号请求合法性审查的函、法律意见书、《政府采购供应商投诉不予受理告知书》茂财函〔2018〕58 号、送达回证)复印件。

阿坝州财政局在二审中未向本院提交新的证据。

名哲公司述称,2018 年 5 月,茂县旅游发展局委托我公司代理茂县叠溪特色小镇旅游策划采购项目并签订采购委托代理协议书,名哲公司接受委托。2018 年 5 月 15 日,在四川省政府采购网上挂网招标,同年 5 月 28 日,名哲公司开标并完成评标工作(评标报告),2018 年 5 月 29 日在四川政府采购网上进行中标公告,公告期满后 2018 年 6 月 1 日向四川汪斌旅游项目策划有限责任公司发出中标通知书。6 月 25 日,名哲公司收到业主来电,问是否知道欧典公司的投诉,经核查得知欧典公司的质疑书以挂号信寄给了名哲公司,该挂号信是星期天到达,实际收到的时间是 2018 年 6 月 25 日 17:39 分,公司了解质疑书内容后,整理答复内容,并在四川政府采购网系统内提交质疑回复。6 月 27 日,名哲公司与茂县财政局就网上审核质疑回复咨询,茂县财政局认为本次质疑回复过期予以拒绝。根据中华人民共和国财政部 94 号令《政府采购质疑和投诉办法》第十三条规定,"采购人、采购代理机构不得拒收质疑供应商在法定质疑期内发出的质疑函,应当在收到质疑函后7个工作日内作出答复,并以书面形式通知质疑供应商和其他有关供应商。"名哲公司认为实际收到质疑书时间为2018年6月25日,所以公司作出的质疑回复在规定时间内。欧典公司质疑书的授权委托代理人(张健)的身份证的有效期已到,因此请法庭核实质疑书是否合法。

名哲公司向一审法院提交了以下证据:1.营业执照副本、法人代表身份证复印件一份,法人代表身份证明书一份;2.授权委托书一份;3.关于逾期回复说明一份;4.供应商资格证明材料复印件一份;5.质疑回复一份。

名哲公司在二审中未向本院提交新的证据。

一审法院向本院移送了一审的案卷材料,二审查明的事实与一审一致,本院予以确认。

本院认为,茂县财政局作为当地政府采购监督管理部门,依法享有对该政府采购项目进行监督检查的职权。2018年5月,欧典公司参加茂县叠溪特色小镇旅游策划项目招投标时未能中标,就此,对该项目的招投标存在质疑进而提出投诉。由于名哲公司受茂县旅游发展局的委托,代理茂县叠溪特色小镇旅游策划采购项目,所以欧典公司向名哲公司提出了质疑,但还未得到答复,该项目的中标公告就已经结束。欧典公司遂向茂县财政局提出投诉,茂县财政局审查后认为欧典公司提供的证据材料不符合《政府采购质疑和投诉办法》第十九条:"投诉人应当根据本办法第七条第二款规定的信息内容,并按照其规定的方式提起投诉。投诉人提起投诉应当符合下列条件:(一)提起投诉前已依法进行质疑;"的规定,因此质疑是投诉的必要前置程序。茂县财政局根据《政府采购质疑和投诉办法》第二十一条"财政部门收到投诉书后,应当在5个工作日内进行审查,审查后按照下列情况处理,(一)投诉书内容不符合本办法第十八条规定的,应当在收到投诉书5个工作日内一次性书面通知投诉人补正。补正通知应当载明需要补正的事项和合理的补正期限。未按照补正期限进行补正或者补正后仍不符合规定的,不予受理"的规定,要求欧典公司进行补正,但欧典公司在补正时间内没有提供能够证明其已经向名哲公司提出过质疑的证据材料。本案中茂县财政局虽已经履行了监督管理的职责,但在收到欧典公司投诉后没有严格执行《政府采购质疑和投诉办法》第二十一条"财政部门收到投诉书后,应当在5个工作日内进行审查,审查后按照下列情况处理:(二)投诉不符合本办法第十九条规定条件的,应当在3个工作日内书面告知投诉人不予受理,并说明理由"的规定,茂县财政局作出的《政府采购供应商投诉不予受理告知书》茂财函〔2018〕58号的事实清楚、证据充分,但违反了行政程序。根据《中华人民共和国行政诉讼法》第七十四条"行政行为有下列情形之一的,人民法院判决确认违法,但不撤销行政行为:(二)行政行为程序轻微违法,但对原告权利不产生实际影响的"之规定,本案所涉及的采购程序已经进行完毕,且茂县财政局作出的不予受理告知书的内容对欧典公司没有造成实质性的损害,故,对于欧典公司提出撤销茂县财政局作出的《政府采购供应商投诉不予受理告知书》茂财函〔2018〕58号的诉讼请求,不予支持。

对于欧典公司提出的严肃处理相关涉事单位和人员的诉讼请求,根据《政府采购质疑和投诉办法》第三十六条规定"采购人、采购代理机构有下列情形之一的,由财政部门责令限期改正;情节严重的,给予警告,对直接负责的主管人员和其他直接责任人员,由其行政主管部门或者有关机关处分,并予通报"的规定,本案中名哲公司是否存在问题应当由茂县财政局监督审查,该请求不属于人民法院管辖的范围。

欧典公司不服茂县财政局作出的《政府采购供应商投诉不予受理告知书》遂向阿坝州财政局提起行政复议,阿坝州财政局在法定期限内对该行政行为依法进行了审查,认为茂县财政局作出的茂财函〔2018〕58号不予受理告知书适用法律正确,但茂县财政局未在法定期限内作出决定,程序违法。阿坝州财政局于2018年8月13日收到行政复议申请书,10月8日作出《行政复议决定书》,并于当日按工商登记地址向欧典公司邮寄,但该地址查无此人,且电联不通,《行政复议决定书》于2018年10月19日被退回。阿坝州财政局在10月22日再次邮寄后欧典公司在10月25日签收。为此,欧典公司认为阿坝州财政局行政复议行为已超过法定期限,构成程序违法。根据《行政复议法》第三十一条"行政复议机关应当自受理申请之日起60日内作出行政复议决定……"第四十条"行政复议期间的计算和行政复议文书送达,依照民事诉讼法关于期间、送达的规定执行"的规定,阿坝州财政局作出的《行政复议决定书》事实清楚,程序合法,适用法律、法规正确,据此欧典公司提出的撤销《行政复议决定书》的诉讼请求,不予支持。

另,欧典公司认为茂县财政局、阿坝州财政局的行政行为违法,侵犯了欧典公司的合法权益,造成了经济损失,要求赔偿76万元的诉讼请求。由于欧典公司所提交的证据无法证明茂县财政局、阿坝州财政局作出的行政行为已经对其造成了实质性的损害,不符合《中华人民共和国国家赔偿法》的规定,其诉讼请求不予支持。

综上,一审法院判决认定事实清楚,证据确实充分,适用法律正确,经合议庭合议,依照《中华人民共和国行政诉讼法》第八十九条第一款第(一)项之规定,判决如下:

驳回上诉,维持原判。

二审案件受理费50.00元,由上海欧典建筑设计有限公司承担。

本判决为终审判决。

审 判 长　许志英

审 判 员　王代华

审 判 员　胡晓莹

二〇二〇年一月十七日

书 记 员　秋里措

95

廊坊至信会计师事务所有限责任公司
与河北省香河县财政局
政府采购（竞争性磋商）投诉处理决定案

【案件提要】

本案是对采购过程、采购结果的投诉处理决定提起行政诉讼的案例。涉案采购项目经竞争性磋商，确定了成交供应商。至信会计所认为此次评标打分严重不公平，供应商与采购代理机构恶意串通，明招暗定，经向财政部门投诉被驳回后提起本案诉讼。一审判决认定，财政部门受理投诉后，依法组织相关人员对就投诉进行解释说明，经核查认为投诉事项缺乏事实依据，故决定驳回投诉。财政部门的核查及决定行为证据确凿，适用法律、法规正确，符合法定程序，判决予以维持。

【判决正文】

河北省廊坊市中级人民法院
行政判决书

〔2019〕冀 10 行终 294 号

上诉人（一审原告）廊坊至信会计师事务所有限责任公司，住所地（略）。

法定代表人王某。

被上诉人（一审被告）香河县财政局，住所地（略）。

法定代表人刘某。

上诉人廊坊至信会计师事务所有限责任公司（以下简称至信会计所）因与被上诉人香河县财政局投诉处理决定一案，不服河北省香河县人民法院〔2019〕冀 1024 行初 25 号行政判决，向本院提起上诉。本院依法组成合议庭，对本案进行了审理，现已审理终结。

一审判决认定，香河县财政局受理至信会计所投诉后，依法组织相关人员对至信会计所的质疑进行解释说明，经核查认为至信会计所投诉事项缺乏事实依据，故投诉事项不成立而驳回至信会计所投诉。香河县财政局的核查及决定行为证据确凿，适用法律、法规正确，符合法定程序，故至信会计所起诉要求撤销香河县财政局的政府采购投诉处理决定书不予支持。至信会计所称在组织答辩过程中发现了评标打分严重不公平的事实，但香河县财政局马上中止了答辩程序，故意掩盖其违法事实，至信会计所又称此次招投标存在明标暗定。从香河县财政局提交的组织答辩过程现场视频资料显示及相关人员的书面答复，未发现违反规定及程序的问题，故至信会计所的主张无相应的证据证实而不能成立。依照《中华人民共和国行政诉讼法》第六十九条的规定,判决驳回至信会计所的诉讼请求。

至信会计所不服一审判决,上诉至本院,请求撤销一审判决,依法改判。上诉理由:1. 2018年11月22日,在香河县财政局组织的调查答辩中,至信会计所发现了评标打分严重不公平的事实,但香河县财政局马上中止了答辩程序,故意掩盖其违法事实;2. 对明招暗定的关键人物拒不进行调查;3. 对在评标工作中,有明显倾向和歧视现象且评分存在明显不公现象的错误评标活动,没有重新组织评审。

经审理查明,香河县五百户镇人民政府的"五百户镇农村集体资产清产核资工作服务机构采购项目"于2018年10月17日以竞争性磋商方式进行采购,中标供应商为廊坊佳泽会计师事务所。2018年11月14日,至信会计所对"五百户镇农村集体资产清产核资工作服务机构采购项目"向香河县财政局提出投诉,认为1. 此次评标打分严重不公平;2. 供应商与采购代理机构恶意串通,明招暗定。香河县财政局受理廊坊至信会计师事务所有限责任公司投诉后,向评委及相关部门送达了投诉答复通知书。2018年11月22日,香河县财政局在香河县公共资源交易中心××室组织磋商小组成员(刘某、成某、宋某)、采购人代表(李某)、采购代理机构负责人(张某)就至信会计所投诉情况进行书面答复,磋商小组就评标打分情况对投诉人进行解释说明,经审查不存在此次评标打分严重不公平。2018年12月7日,香河县财政局作出编号2018年1号政府采购投诉处理决定书,根据《中华人民共和国财政部令第94号〈政府采购质疑和投诉办法〉》第二十九条第二项的规定,认为廊坊至信会计师事务所有限责任公司投诉事项均缺乏事实依据,投诉事项不成立,驳回投诉。

以上事实有相关证据予以证实。

本院认为,香河县财政局受理至信会计所投诉后,依法组织相关人员对至信会计所的质疑进行解释说明,经核实认为至信会计所投诉事项缺乏事实依据,故投诉事项不成立而驳回其投诉。香河县财政局的调查核实及处理决定证据确凿,适用法律、法规正确,符合法定程序,至信会计所要求撤销香河县财政局作出的涉案政府采购投诉处理决定理据不足。至信会计所虽上诉主张在香河县财政局组织答辩过程中发现了评标打分严重不公平的事实,但香河县财政局马上中止了答辩程序,故意掩盖其违法事实;此次招投标存在明标暗定现象。但未能提供证据证明,本院对至信会计所上诉理由不予支持。综上,一审法院判决认定事实清楚,适用法律正确。依照《中华人民共和国行政诉讼法》第八十九条第一款第(一)项之规定,判决如下:

驳回上诉,维持原判。

二审案件受理费50元,由上诉人廊坊至信会计师事务所有限责任公司负担。

本判决为终审判决。

审 判 长　蒙　鲜

审 判 员　李　石

审 判 员　王海英

二〇一九年九月二十九日

法官助理　陈志勤

书 记 员　袁炜捷

兴山县古夫镇鑫晨装饰经营部 与湖北省兴山县财政局 政府采购（竞争性磋商）投诉处理决定案

【案件提要】

本案是对采购结果的投诉处理决定提起行政诉讼的案例。涉案采购项目经竞争性磋商，确定鑫晨经营部为成交供应商，并按规定签订了政府采购合同。其他多家供应商以鑫晨经营部为个体工商户，不具备满足《政府采购法》第二十二条的条件、在"信用中国"网站查不到主体信用记录、无社保记录、不具备履行合同所必需的设备和专业技术能力等为由分别对采购结果提出质疑和投诉。财政部门以鑫晨经营部没有健全的财务制度，提供虚假法定代表人资格，不符合本项目供应商资格为由，决定成交结果无效，责令重新开展采购活动。鑫晨经营部不服，提起本案诉讼。法院经审理认为，鑫晨经营部作为个体工商户符合《中华人民共和国政府采购法》第二十一条规定的政府采购供应商的资格。因个体工商户不属于法人组织，其没有法定代表人制度设置，无需提供法定代表人资格证明和法定代表人授权委托书；作为个体工商户，并没有法律明确规定要求其必须具备和建立健全财务管理制度。故财政部门以鑫晨经营部没有健全财务制度，提供的法定代表人资格证明不实为由认定鑫晨经营部不具备涉案项目供应商资格，并作出该项目成交结果无效，责令重新开展采购活动的决定，属于法律适用错误，依法判确认处理决定违法并予撤销。

【判决正文】

湖北省宜昌市中级人民法院
行政判决书

〔2019〕鄂 05 行终 134 号

上诉人（一审被告）兴山县财政局，住所地（略）。
法定代表人马某。
委托诉讼代理人王某。
委托诉讼代理人舒某。
被上诉人（一审原告）兴山县古夫镇鑫晨装饰经营部，住所地（略）。
经营者李某。

委托诉讼代理人刘某。

一审第三人兴山县民政局,住所地(略)。

法定代表人冯某。

委托诉讼代理人吴某。

委托诉讼代理人贾某。

上诉人兴山县财政局因与被上诉人兴山县古夫镇鑫晨装饰经营部(以下简称鑫晨经营部)政府采购行政监督一案,不服兴山县人民法院〔2019〕鄂0526行初4号行政判决,向本院提起上诉。本院于2019年7月1日立案受理后,依法组成合议庭审理了本案,上诉人兴山县财政局的委托诉讼代理人王某、舒某,被上诉人鑫晨经营部的委托诉讼代理人刘某,一审第三人兴山县民政局的委托诉讼代理人吴某、贾某到庭参加诉讼。本案现已审理终结。

一审认定,2018年9月17日,兴山县民政局向兴山县人民政府递交兴民字〔2018〕37号《县民政局关于采购棉衣棉被所需资金的请示》,经领导批示同意,于2019年1月11日取得兴采计备〔2019〕XM0013号《政府采购计划备案表》。兴山县民政局(甲方)和全程项目管理咨询有限公司(乙方)签订政府采购委托代理合同,约定:甲方委托乙方按照政府采购有关法规,在甲方委托范围内组织政府采购工作;项目名称为兴山县民政局救灾棉被采购项目,预算金额44万元,采购方式为竞争性磋商。合同还对其他委托事宜作了具体约定。2019年1月,全程项目管理咨询有限公司(以下简称全程公司)发布了兴山县民政局救灾棉被采购项目竞争性磋商文件。2019年1月21日,全程公司通过中国政府采购网湖北政府购买服务信息平台发布兴山县民政局救灾棉被采购项目采购公告。2019年2月1日,湖北银光絮棉制造有限公司、宜都市雪云棉业有限公司、新九凤(武汉)工贸有限公司、鑫晨经营部等七家供应商参与兴山县民政局救灾棉被采购项目的竞争性磋商,磋商小组按照评审后得分由高到低顺序排列后,最终确定鑫晨经营部为成交供应商。2019年2月2日,公司发布兴山县民政局救灾棉被采购项目成交公告。2019年2月21日,全程公司、兴山县民政局向鑫晨经营部经营者李申英送达《中标(成交)通知书》,并要求其接此通知书后在三十日内与采购人签订合同,按采购文件要求和相应文件的承诺履行合同。2019年2月24日,鑫晨经营部同兴山县民政局签订《兴山县民政局棉被采购合同》。

兴山县民政局救灾棉被采购项目成交公告发布后,新九凤(武汉)工贸有限公司、湖北银光絮棉制造有限公司、宜都市雪云棉业有限公司以鑫晨经营部为个体工商户,不具备满足《政府采购法》第二十二条的条件、在"信用中国"网站查不到主体信用记录、无社保记录、不具备履行合同所必需的设备和专业技术能力等为由分别对前述采购结果提出质疑。全程公司对上述质疑分别给予复函,上述公司因对复函不满意,向兴山县财政局提起投诉,兴山县财政局于2019年3月4日依法受理。2019年3月7日,兴山县政府采购管理办公室向兴山县民政局送达关于暂停兴山县民政局救灾棉被采购项目合同履行的通知。2019年3月27日,兴山县财政局作出兴财采决〔2019〕1号《政府采购投诉处理决定书》(以下简称《政府采购投诉处理决定书》),以鑫晨经营部没有健全的财务制度,提供虚假法定代表人资格,不符合本项目供应商资格为由,决定本项目成交结果无效,责令重新开展采购活动。鑫晨经营部不服兴山县财政局作出的《政府采购投诉处理决定书》,于 2019 年 4 月 10 日提起行政诉讼,请求法院判决:1. 依法撤销兴山县财政局作出的《政府采购投诉处理决定书》;2. 认定兴山县民政局与鑫晨经营部于 2019 年 2 月 24 日签订的《兴山县民政局棉被采购合同》有效,并要求兴山县财政局和兴山县民政局给付棉被保管费(自 2019 年 3 月 5 日起至接收棉被之日止每天按 100 元支付)。在案件审理过程中,鑫晨经营部自愿撤回了第二项诉讼请求。

一审判决认为,本案争议焦点主要是两个方面:一是鑫晨经营部、兴山县财政局、兴山县民政局是否具备诉讼主体资格;二是兴山县财政局作出的《政府采购投诉处理决定书》是否正确。

关于鑫晨经营部、兴山县财政局、兴山县民政局是否具备诉讼主体资格的问题。《中华人民共和国行政诉讼法》第二十五条规定:"行政行为的相对人以及其他与行政行为有利害关系的公民、法人或者其他组织,有权提起诉讼。"《中华人民共和国行政诉讼法》第四十九条规定:"提起诉讼应当符合下列条件:(一)原告是符合本法第二十五条规定的公民、法人或者其他组织……"根据上述规定,鑫晨经营部具有原告主体资格。与此同时,《中华人民共和国行政诉讼法》第二十六条规定:"公民、法人或者其他组织直接向人民法院提起诉讼的,作出行政行为的行政机关是被告。"《中华人民共和国政府采购法》第五十五条规定:"质疑供应商对采购人、采购代理机构的答复不满意或者采购人、采购代理机构未在规定的时间内作出答复的,可以在答复期满后十五个工作日内向同级政府采购监督管理部门投诉。"第五十六条规定:"政府采购监督管理部门应当在收到投诉后三十个工作日内,对投诉事项作出处理决定,并以书面形式通知投诉人和与投诉事项有关的当事人。"本案中,兴山县财政局作为政府采购监督管理部门,是适格的被告。兴山县民政局系案涉政府采购的业主单位,同本案有利害关系,可作为第三人参与本案诉讼。

关于兴山县财政局作出的《政府采购投诉处理决定书》是否正确的问题。首先,具有经营能力的公民,依照相关规定经工商行政管理部门登记,从事工商业经营的,为个体工商户,其具有独立承担民事责任的能力。鑫晨经营部作为个体工商户符合《中华人民共和国政府采购法》第二十一条规定的政府采购供应商的资格,兴山县财政局对此并无异议。其次,本案所涉及的竞争性磋商文件中,既没有对采购项目提出特殊要求,也未规定供应商的特定条件,同时,在供应商资格要求、供应商资格条件条款均未排除个体工商户作为该项目供应商的资格,仅在评审标准中法定代表人和授权代表资格检查内容栏,列明"具有法定代表人资格证明和法定代表人授权委托书"。经审查,该符合性检查内容列明的检查标准应为针对不同类型供应商列明具体的检查项目,且该检查内容栏载明是具有而非必须具有。《中华人民共和国政府采购法实施条例》第十七条第一款第(一)项规定,参加政府采购活动的供应商应当具备政府采购法第二十二条第一款规定的条件,提供法人或者其他组织的营业执照等证明文件,自然人的身份证明。个体工商户不属于法人组织,其没有法定代表人制度设置,因此也就无需提供法定代表人资格证明和法定代表人授权委托书。鑫晨经营部提供法定代表人资格证明,是鑫晨经营部对法定代表人资格的理解和认知上的错误,其证明的身份信息是真实的,不能认定鑫晨经营部提供了虚假的法定代表人资格证明。在竞争性磋商文件中供应商资格要求、供应商资格条件条款均未排除个体工商户作为该项目供应商资格的条件下,兴山县财政局仅以此检查标准认定鑫晨经营部不符合《中华人民共和国政府采购法》第二十二条规定的政府采购供应商的条件、不具备该项目的供应商资格明显不妥,也不符合国家对个体工商户实行市场平等准入、公平待遇的原则。其三,作为个体工商户,并没有法律明确规定要求其必须具备和建立健全财务管理制度。

综上,鑫晨经营部符合《中华人民共和国政府采购法》第二十一条规定的政府采购供应商资格,也符合《中华人民共和国政府采购法》第二十二条和《中华人民共和国政府采购法实施条例》第十七条规定的政府采购供应商的条件。兴山县财政局以鑫晨经营部没有健全财务制度,提供的法定代表人资格证明不实为由认定鑫晨经营部不具备兴山县民政局救灾棉被采购项目供应商资格,并作出该项目成交结果无效,责令重新开展采购活动的决定,于法不符。鑫晨经营部关于兴山县财政局作出的《政府采购投诉处理决定书》适用法律错误的意见,予以采纳,对鑫晨经营部的诉讼请求,予以支持;对兴山县财政局的辩解理由,不予采信。据此,依照《中华人民共和国政府采购法》第二十一条、第二十二条、第五十五条、第五十六条、《中华人民共和国政府采购法实施条例》第十七条、《中华人民共和国行政诉讼法》第二十五条、第二十六条、第四十九条、第七十条的规定,判决:1.确认兴山县财政局作出的《政府采购投诉处理决定书》违法;2.撤销兴山县财政局作出《政府采购投诉处理决定书》。案件受理费50元由兴山县财政局负担。

兴山县财政局上诉称,一、虽然没有法律明确规定要求个体工商户必须具备和建立健全的财务制度,但个体工商户进入特殊领域开展经营活动,应当遵守特殊领域的法律规定和要求。鑫晨经营部作为个体工商户进入到政府采购领域,就应当遵守政府采购法及其实施条例等相关法律、法规和规章、制度的规定,同时提交的响应文件还要符合采购人发布的采购文件要求。二、《中华人民共和国政府采购法》第二十二条第一款第(二)项规定,供应商参加政府采购活动应当具有良好的商业信誉和健全的财务会计制度。《中华人民共和国政府采购法实施条例》第十七条第一款第(二)项规定,参加政府采购活动的供应商应当具备政府采购法第二十二条第一款的条件,提供财务状况报告,依法缴纳税收和社会保障资金的相关材料。兴山县财政局在受理投诉后的调查中,没有查到鑫晨经营部提交的财务状况报告,故认为鑫晨经营部提交的响应文件既不符合政府采购法及其实施条例有关供应商参与政府采购要求具有健全财务制度与财务状况报告的规定,也不符合全程公司于2019年1月发布的兴山县民政局救灾棉被采购项目竞争性磋商文件第四章评审标准资格性检查中健全财务制度的要求。综上,兴山县财政局认为鑫晨经营部作为个体工商户不符合本次政府采购供应商的资格,请求二审法院判决:1.撤销一审判决,并在查清事实的基础上依法改判;2.由鑫晨经营部承担本案一、二审诉讼费。

鑫晨经营部辩称,一、鑫晨经营部作为个体工商户具有投标资格。二、鑫晨经营部提交的响应性文件符合采购文件的标准,响应性文件包含财务会计制度,至于财务状况报告,采购文件中没有要求。同时,没有法律法规强制性规定个体工商户必须建立财务制度,税务部门也出具了鑫晨经营部作为个体工商户,无需建账和财务报表的证明。三、评标过程符合规定,鑫晨经营部得分最高予以中标。四、鑫晨经营部完全具备履约能力。涉案项目所需货物已准备完毕,在履约过程中接到通知暂停。五、兴山县财政局作出《政府采购投诉处理决定书》适用法律错误。六、本案的投诉人是恶意投诉,兴山县财政局作为监管部门应区分情况。七、涉案项目货物系救灾物资,现堆放在仓库,兴山县民政局也无法完成采购任务,请法院予以考虑。综上,请求二审法院维持一审判决。

兴山县民政局述称,一、《中华人民共和国政府采购法》及《中华人民共和国政府采购法实施条例》均没有禁止个体工商户、自然人参与政府采购。二、《中华人民共和国政府采购法实施条例》第十七条规定供应商是法人的应当提交财务状况报告,没有延伸到其他组织和个人。三、本次所采购物资为救灾物资,希望尽早结案,便于防范灾害。综上,对一审判决认定事实、适用法律、判决结果均无异议,请求二审法院尽快裁决。

当事人向一审法院提交的证据已随案移送本院,本院经审查所认定的案件基本事实与一审相同。

本院认为,根据《中华人民共和国政府采购法》的规定,兴山县财政局作为辖区内负责政府采购监督管理的部门,依法负有对政府采购活动的监管职责。新九凤(武汉)工贸有限公司、宜都市雪云棉业有限公司、湖北银光絮棉制造有限公司三家参加政府采购活动的供应商以中标供应商鑫晨经营部不符合供应商资质条件为由,向兴山县财政局投诉反映,要求予以查处。兴山县财政局在收到投诉人的投诉申请后,在法定期限内作出了《政府采购投诉处理决定书》,各方当事人对兴山县财政局的行政程序以及驳回投诉事项的认定均无异议。虽然投诉人投诉采购人及采购代理机构未依法在答复中告知质疑供应商投诉权利,兴山县财政局认定为投诉成立,但因投诉人的投诉已被兴山县财政局依法受理,故该问题没有对投诉人权利救济造成实际影响,也不对兴山县财政局的行政处理决定内容产生实质影响。本案二审中的争议焦点是:鑫晨经营部是否具有本次政府采购的供应商资格以及兴山县财政局作出确认本项目成交结果无效,责令重新开展采购活动的决定是否合法。

《个体工商户条例》第二条规定:"有经营能力的公民,依照本条例规定经工商行政管理部门登记,从事工商业经营的,为个体工商户。个体工商户可以个人经营,也可以家庭经营。个体工商户的合法权益受法律保护,任何单位和个人不得侵害。"根据上述规定,个体工商户是取得工商营业执照,并从事工商业经营的市场主体,具有自然人的属性,只要是不属于法律法规禁止进入的行业,个体工商户均可进入并开展经营活动。同时,《中华人民共和国政府采购法》第二十一条规定:"供应商是指向采购人提供货物、工程或者服务的法人、其他组织或者自然人。"根据上述规定,个体工商户并没有被排除在政府采购活动以外。本案中,鑫晨经营部作为个体工商户,应具有参与涉案政府采购项目竞争性磋商活动的供应商资格。

兴山县财政局针对投诉人的投诉作出《政府采购投诉处理决定书》,决定本项目成交结果无效,责令重新开展采购活动。理由主要是两个方面:一方面是个体户的经营者不是法定代表人,采购文件评审标准中符合性检查内容要求具有法定代表人资格证明和法定代表人授权委托书,鑫晨经营部作为个体工商户出具法定代表人资格证明无法律依据;另一方面是鑫晨经营部提交的响应性文件中虽有财务制度,但无财务报表及相关财务人员和账簿,不符合《中华人民共和国政府采购法》第二十二条第一款第(二)项有关"健全财务制度"的要求。在二审过程中,兴山县财政局提出鑫晨经营部提交的响应性文件也无法满足采购文件评审标准中资格性检查内容关于提供健全的财务会计制度的要求。本院认为,政府采购法及其实施条例之所以规定了参加政府采购活动的供应商资格条件,旨在确保参加政府采购活动的供应商具有良好的商业信誉以及履行合同所必需的设备和专业技术能力,保障参加政府采购活动的供应商能够公平参与竞争,从而满足采购人的采购需求。从《中华人民共和国政府采购法》第二十一条、第二十二条及《中华人民共和国政府采购法实施条例》第十七条的内容及立法本意来看,政府采购供应商不仅仅是法人,也包含其他组织或自然人,并不是不分市场主体类型,要求所有参加政府采购活动的供应商一律提交上述法律法规规定的全部资格证明材料,而是应当按照不同的市场主体类型,分别予以资格条件审查。采购人在不违反公平竞争原则的前提下,可以结合实际采购需求,将政府采购法及实施条例规定的供应商资格条件在采购文件中具体化,然后进行符合性审查。本案中,鑫晨经营部是以个体工商户的身份参与本次政府采购活动,虽然仅提交了财务管理制度,没提交财务报表及相关财务人员和账簿,但兴山县财政局在没有法律明确规定个体工商户必须具有财务状况报告的情况下,以鑫晨经营部不符合《中华人民共和国政府采购法》第二十二条第一款第(二)项关于"健全的财务会计制度"的要求为由,否定了鑫晨经营部作为个体工商户参与本次政府采购的供应商资格,属法律适用错误。与此同时,从采购人及采购代理机构公开发布的采购文件内容来看,在"说明"部分对供应商进行了定义,供应商是指响应磋商性文件要求并且符合磋商文件规定资格条件和参加竞争性磋商的法人、其他组织或者自然人,上述定义并没有将个体工商户排除在供应商之外,但兴山县财政局在《政府采购投诉处理决定书》中以个体工商户的经营者不是法定代表人,个体工商户出具的法定代表人资格证明无法律依据为由,否定了鑫晨服务部参与政府采购的供应商资格,于法于理不符。另外,依据鑫晨服务部从采购代理机构获取以及公开发布的采购文件中的资格性检查标准,鑫晨服务部在响应性文件中也提交了相应的财务会计管理制度。故兴山县财政局关于鑫晨服务部提交的响应性文件不符合采购文件要求的主张,本院不予支持。

综上,兴山县财政局作出的《政府采购投诉处理决定书》,主要证据不足,适用法律、法规错误,应予撤销。一审判决认定事实清楚,适用法律、法规正确,应予维持。兴山县财政局的上诉理由不能成立,其上诉请求不予支持。依据《中华人民共和国行政诉讼法》第八十九条第一款第(一)项之规定,判决如下:

驳回上诉,维持原判。

二审案件受理费50元,由上诉人兴山县财政局负担。

本判决为终审判决。

审 判 长 钟 波

审 判 员 胡振元

审 判 员 曹 斌

二〇一九年八月十二日

书 记 员 杜 璐

上海申旭仪器有限公司
与河南省郑州市财政局
政府采购(竞争性磋商)投诉处理决定案

【案件提要】

本案是对采购文件的投诉处理决定提起行政诉讼的案例,案情比较简单,从投诉处理的行政决定到一、二审的行政判决一致认定,采购需求有详细规格或者具体要求的,采用竞争性磋商采购方式,不符合《政府采购竞争性磋商采购方式管理暂行办法》(财库〔2014〕214号)的第三条第一项"技术复杂或者性质特殊,不能确定详细规格或者具体要求的"规定。本案中投诉事项还涉及了"采购需求中的技术、服务等要求指向特定供应商、特定产品"问题,二审法院认为,因没有充足证据证明采购需求中的技术、服务等要求指向特定供应商、特定产品的结论,故财政部门认定不成立并无不当。

【判决正文】

河南省郑州市中级人民法院
行政判决书

〔2019〕豫01行终1058号

上诉人(一审原告)上海申旭仪器有限公司,住所地(略)。

法定代表人刘某。

委托代理人解某。

被上诉人(一审被告)郑州市财政局,住所地(略)。

法定代表人赵某。

委托代理人周某。

委托代理人李某。

上诉人上海申旭仪器有限公司(以下简称申旭公司)因诉郑州市财政局采购投诉处理决定一案,不服河南省郑州市中原区人民法院〔2019〕豫0102行初286号行政判决,向本院提起上诉。本院依法组成合议庭,对本案进行了审理,现已审理终结。

一审审理查明:2019年3月5日,申旭公司向采购人郑州市第八人民医院(以下简称市八医院),采购代理机构河南兴达工程咨询有限公司(以下简称采购代理机构)提出质疑,质疑事项：1. 未依法实施采购，竞争性磋商采购方式无法定依据；2. 采购需求中的技术、服务等要求指向特定供应商、特定产品。2019 年 3 月 7 日，市八医院作出"关于上海申旭仪器有限公司质疑函的回复"，主要内容如下："一、此次招标采购是依据招标法相关规定，依据公开，公正，透明的原则进行'竞争性磋商'公开招标，流程符合法律规定，招标条款明晰、准确。二、此次公示的技术参数为最低入围标准，且采取综合评价（商务、技术、服务）公平评比方法，欢迎有资质的生产商或供应商，有更质优的产品前来参与竞争性磋商。"申旭限公司于 2019 年 3 月 11 日收到了该回复。

申旭公司不满意质疑回复于 2019 年 3 月 11 日向郑州市财政局提起投诉。投诉事项及请求如下：1. 此项目为采购电休克治疗仪，在采购文件中有详细规格或者具体要求，不符合《政府采购竞争性磋商采购方式管理暂行办法》（财库〔2014〕214 号）的第三条第二项"技术复杂或者性质特殊，不能确定详细规格或者具体要求的"规定，使用竞争性磋商采购方式无法定依据；2. 采购需求中的技术、服务等要求指向特定供应商、特定产品；3. 在质疑答复中，未告知供应商依法投诉的权利。

2019 年 3 月 18 日，郑州市财政局作出政府采购投诉书补正通知书，2019 年 3 月 21 日申旭公司收到该通知书。2019 年 3 月 27 日，郑州市财政局作出政府采购供应商投诉受理通知书，2019 年 3 月 28 日申旭公司收到该受理通知书。2019 年 4 月 28 日，郑州市财政局作出郑财政决〔2019〕3 号投诉处理决定，告知申旭公司："依据《中华人民共和国政府采购法》第五十六条和《政府采购质疑和投诉办法》（财政部令第 94 号）第十五条'质疑答复应当包括下列内容：……'第二十九条第二项'投诉处理过程中，有下列情形之一的，财政部门应当驳回投诉：……'第三十一条第二项'投诉人对采购文件提起的投诉事项，财政部门经查证属实，应当认定投诉事项成立。经认定成立的投诉事项不影响采购结果的，继续开展采购活动；影响或者可能影响采购结果的，财政部门按照下列情况处理：……'的规定，作出如下处理决定：一、投诉人的第一项投诉成立，并且影响或者可能影响成交结果，本采购项目成交结果无效。二、投诉人的第二项投诉缺乏事实依据，该投诉事项予以驳回。三、投诉人的第三项投诉成立，责令采购人改正。综上，责令重新开展采购活动。"郑州市财政局亦将该投诉处理决定书送达申旭公司、采购代理机构、市八医院及成都沃森健康管理有限公司。申旭公司不服郑州市财政局作出的投诉处理决定，遂提起行政诉讼诉至一审法院。

一审法院认为：根据《中华人民共和国政府采购法》《中华人民共和国政府采购法实施条例》等相关规定，郑州市财政局在收到申旭公司投诉后，依法履行了审查、受理、补正、告知、核查投诉问题、作出投诉处理决定、通知投诉处理结果等法定程序，并针对申旭公司三项投诉事项逐一作出的处理决定认定事实清楚、处理适当、适用法律法规正确、程序合法。

申旭公司要求撤销投诉处理决定第二项的诉讼请求理由不成立，法院不予支持。

综上所述，依照《中华人民共和国行政诉讼法》第六十九条的规定，判决驳回申旭公司的诉讼请求。

申旭公司不服一审判决上诉称：申旭公司在这次诉讼中最关键的诉讼点在于招标参数有唯一性及倾向性，但一审法院在判决书中根本没有提到这点，只说了郑州市财政局流程符合法律规定。既然在投诉决定书说明有 12 项参数和思倍通 5000Q 的参数一致，为什么没有不是唯一性及倾向性的事实依据证明,明显违反《政府采购质疑和投诉办法》第十五条的规定。因此一审法院以郑州市财政局适用法律正确为由判决驳回申旭公司的诉讼请求属于事实认定错误。综上,请求二审法院公正审理,依法撤销一审判决,改判支持申旭公司的诉讼请求。

本院经审理查明的事实与一审一致。

本院认为:郑州市财政局根据申旭公司提出的投诉事项2"采购需求中的技术、服务等要求指向特定供应商、特定产品"的投诉内容,以及申旭公司在响应文件截止时间前未递交响应文件而未进入磋商环节的实际情况,通过竞争性磋商文件的相关技术参数与投诉人(即申旭公司)提供的治疗仪技术要求及参数、相关供应商投标文件中的治疗仪的技术参数对比,得出磋商文件的技术参数与投标文件中的治疗仪技术参数并不完全一致,没有充足证据证明采购需求中的技术、服务等要求指向特定供应商、特定产品的结论,并据此认定投诉人(即申旭公司)的该项投诉不成立,投诉人的第二项投诉缺乏事实依据,决定对申旭公司的该项投诉事项予以驳回。郑州市财政局的该项处理决定并无不当之处。一审判决据此认定申旭公司要求撤销投诉处理决定第二项的诉讼请求理由不成立,并驳回其诉讼请求,判决结果正确。

综上,申旭公司的上诉理由不能成立,本院不予支持。一审判决正确,应予维持。依照《中华人民共和国行政诉讼法》第八十九条第一款第(一)项的规定,判决如下:

驳回上诉,维持原判。

案件受理费50元,由上诉人上海申旭仪器有限公司负担。

本判决为终审判决。

审 判 长　李　岩
审 判 员　张志立
审 判 员　赵晓涵
二〇二〇年二月二十六日
书 记 员　赵宁宁

98

四川川印印刷有限公司
与四川省成都市金牛区财政局
政府采购（竞争性磋商）投诉处理决定案

【案件提要】

　　本案是对采购结果的投诉处理决定提起行政诉讼的案例。涉案采购项目以竞争性磋商进行采购。在确定博众公司为成交供应商后，川印印刷公司提出质疑和投诉，认为博众公司、盛图公司提供虚假证明材料投标。财政部门经调查，认定投诉缺乏事实依据，决定驳回投诉。川印印刷公司提起本案诉讼。法院经审理认为，财政部门受理投诉后，查看了竞争性磋商文件、博众公司和盛图公司的响应文件以及评分情况，并进行了实地调查核实，收集制作的证据材料能够证明博众公司、盛图公司并未提交虚假材料谋取中标、成交，决定驳回川印印刷公司的投诉，符合法律规定。

【判决正文】

四川省成都市中级人民法院
行政判决书

〔2020〕川 01 行终 235 号

上诉人（一审原告）四川川印印刷有限公司，住所地（略）。
法定代表人李某。
委托代理人刘某。
被上诉人（一审被告）成都市金牛区财政局，住所地（略）。
法定代表人王某。
委托代理人陈某。
委托代理人颜某。
一审第三人成都博众印务有限公司，住所地（略）。
法定代表人周某。
一审第三人四川盛图彩色印刷有限公司，住所地（略）。
法定代表人奉某。
上诉人四川川印印刷有限公司（以下简称川印印刷公司）因诉被上诉人成都市金牛区财

政局(以下简称金牛区财政局)财政行政管理一案,不服成都市金牛区人民法院〔2019〕川0106行初163号行政判决,向本院提起上诉。本院依法组成合议庭,对本案进行了审理,现已审理终结。

一审法院经审理查明,2019年4月16日,川印印刷公司向成都市金牛区政府采购和机关服务中心(以下简称金牛区采购中心)提出对成都市金牛区疾病预防控制中心印刷服务采购项目的质疑。4月24日,金牛区采购中心答复川印印刷公司,其质疑的事项无事实依据,缺乏"提供虚假证明材料"的证据,质疑事项不成立。5月5日,川印印刷公司向金牛区财政局提交投诉书,投诉案涉项目,投诉事项:1.第一成交候选供应商成都博众印务有限公司(以下简称博众公司)涉嫌提供虚假材料谋求中标,理由为博众公司没有"CTP直接制版系统""四色对开单张纸平版印刷机""胶订联动线",却在《响应文件》中虚假响应其具有上述设备,骗取磋商小组给予此项"服务能力"6分;2.供应商四川盛图彩色印刷有限公司(以下简称盛图公司)涉嫌提供虚假材料投标,理由为盛图公司没有"胶订联动线"却在《响应文件》中虚假响应"具有胶订联动线3条及以上",并提交虚假的"证明材料"骗取2分此项"服务能力"得分。5月10日,金牛区财政局通知川印印刷公司补充博众公司与盛图公司没有前述设备的事实依据,并作出《暂停采购活动通知书》,要求成都市金牛区疾病预防控制中心(以下简称金牛区疾控中心)暂停案涉项目的采购活动。当月18日,川印印刷公司向金牛区财政局作出《关于金牛区财政局投诉书补正通知书的说明》,声明请金牛区财政局仔细阅读川印印刷公司已经提交的证据,并声明自己对博众公司、盛图公司没有相关设备无需举证,还提交《调取证据申请书》一份,等等。5月23日,金牛区财政局向金牛区采购中心以及博众公司、盛图公司作出《政府采购投诉答复通知书》,通知上述机构或公司提交川印印刷公司投诉事项的相关证据。金牛区采购中心以及博众公司、盛图公司在金牛区财政局指定的时间内作出了答复。期间,金牛区财政局的工作人员前往博众公司的营业执照所载的住所地实地调查,查明该地确有热敏CTP直接制版机、小森对开四色印刷机、罗兰对开四色印刷机、海德堡对开四色印刷机。6月26日,金牛区疾控中心对"服务能力"评分要素作出解释说明,供应商租赁或自有设备设施均可。6月26日,成都鑫洪发彩印有限公司(以下简称鑫洪发公司)作出情况说明称,该公司为获取川印印刷公司的订单,应川印印刷公司的要求将自己的地址改为"彭州市金彭故径街369号",其实际经营地址与此不符。6月28日,金牛区财政局作出金牛财发〔2019〕48号《投诉处理决定书》(以下简称投诉处理决定),认为川印印刷公司投诉事项不成立,驳回投诉,告知了川印印刷公司依法提起行政复议和行政诉讼的权利,并发布至四川政府采购网页。金牛区财政局在7月3日完成投诉处理决定的送达工作。川印印刷公司不服,向一审法院提起行政诉讼,请求撤销金牛区财政局作出的投诉处理决定并责令金牛财区政局重新作出行政行为。

金牛区财政局调取的博众公司在案涉项目的《响应文件》中响应的印刷生产设备有一台图锐热敏CTP直接制版机系统,三台四色对开印刷机,并附有设备销售合同、买卖合同、收据,上述证据显示:博众公司于2017年7月12日从成都图锐印刷设备有限公司购入图锐热敏直接制版机系统配置等设备,曾于2014年5月、2016年6月和2019年2月分别购买了罗兰R704、海德堡XL105-4对开四色印刷机和小森L440对开四色印刷机。在投标评审过程中,博众公司的"服务能力"得分为4分。盛图公司在案涉项目的《响应文件》中的拟投入设施设备清单中列有"胶订联动线共三台",没有在《响应文件》中附胶订联动线的图片、购买合同等其他证明材料,其"服务能力"得分为2分。案涉项目采用综合评分,诉争内容中的服务能力的评分标准为:1. 供应商具有CTP直接制版系统得2分;2. 具有四色对开张纸平版印刷机3台及以上得2分;3. 具有胶订联动线3条及以上得2分。

一审审理过程中,川印印刷公司提交其与鑫洪发公司合同,显示鑫洪发公司的地址与本案博众公司住所地一致。川印印刷公司申请法院向成都市新闻出版局调取鑫洪发公司、博众公司2018年、2019年提交该局的年度报告中登记了相同的印刷设施设备,拟证明鑫洪发公司与博众公司存在共用设备的嫌疑。

一审法院认为,根据《中华人民共和国政府采购法》第十三条第一款"各级人民政府财政部门是负责政府采购监督管理的部门,依法履行对政府采购活动的监督管理职责"以及《政府采购供应商投诉处理办法》第三条第一款"县级以上各级人民政府财政部门负责依法受理和处理供应商投诉"之规定,金牛区财政局具有作出案涉投诉处理决定的行政职责。

金牛区财政局收到川印印刷公司的投诉书后,在五个工作日内一次性书面通知川印公司补正材料,另于2019年5月10日通知金牛区疾控中心、金牛区采购中心暂停相关的采购活动。川印印刷公司于2019年5月22日将补正答复通知送达金牛财政局,金牛区财政局在2019年5月24日前向被投诉人和其他与投诉事项有关的当事人发出投诉答复通知书及投诉书副本。在调查过程中,金牛区财政局查看了采购项目竞争性磋商文件、博众公司与盛图公司的响应材料、采购项目评分情况等等,还进行了现场调查,并在30个工作日内作出了投诉处理决定,随即送达各方当事人并在法律规定的平台上予以公告。金牛区财政局上述处理,符合《政府采购供应商投诉处理办法》的程序性规定,程序合法。根据审理查明的情况,金牛区财政局针对川印印刷公司的投诉事项进行了调查核实、收集证据,金牛区财政局提交的证据足以证明博众公司并未提供虚假材料,其确有在案涉项目的《响应文件》中响应的印刷生产设备包括一台图锐热敏CTP直接制版机系统和三台不同品牌的四色对开印刷机,且因此在"服务能力"评分项目中得4分,也符合评分标准的规定。根据金牛区财政局提交的证据足以证明盛图公司并未在《响应文件》附有其具有3条胶订联动线的证明材料,并未提交虚假材料。金牛区财政局经调查核实,认定博众公司和盛图公司未提供虚假材料谋取中标、成交,川印印刷公司投诉的事项不成立而予以驳回,符合法律规定。一审法院遂根据《中华人民共和国行政诉讼法》第六十九条的规定,判决驳回川印印刷公司的诉讼请求。案件受理费50元,由川印印刷公司负担。

宣判后,川印印刷公司不服,向本院提起上诉称,一审庭审中已经查明盛图公司"虚假响应"了相关设备,并且凭借该"虚假响应"得到了评标委员会的相应设备得分,金牛区财政局在庭审笔录中也确认了此事实。政府采购活动中,不仅仅是提供变造、伪造、涂改的材料构成提供虚假材料投标,虚假响应、虚假承诺也构成提供虚假材料投标。博众公司涉嫌冒用他人设备投标是全印刷行业众所周知的事实。请求撤销一审判决,撤销投诉处理决定,责令金牛区财政局重新作出行政行为。

金牛区财政局答辩称,一审判决认定事实清楚,证据充分,适用法律正确。请求依法驳回川印印刷公司的上诉请求,维持原判。

博众公司、盛图公司在二审期间未向本院提交答辩意见。

本院审理查明的事实及采信的证据与一审判决一致,本院予以确认。

本院认为,根据《中华人民共和国政府采购法》第十三条第一款、五十六条及中华人民共和国财政部令第94号《政府采购质疑和投诉办法》第五条第二款之规定,金牛区财政局作为县级以上人民政府财政部门,具有作出本案被诉投诉处理决定的法定职权。根据本案查明的事实,金牛区财政局收到川印印刷公司的投诉后,针对川印印刷公司的投诉事项,查看了案涉采购项目竞争性磋商文件、博众公司与盛图公司的响应材料以及采购项目的评分情况,并进行了实地调查核实。金牛区财政局收集制作的证据材料能够证明博众公司确有在案涉项目响应文件中响应的印刷生产设备,其在"服务能力"评分项目中的得分符合评分标准规定;盛图公司并未在响应文件附有其具有3条胶订联动线的证明材料;博众公司与盛图公司均未在案涉采购项目中提交虚假材料。故金牛区财政局据此认定川印印刷公司投诉的事项不成立,并在法定期限内根据《政府采购质疑和投诉办法》第二十九条的规定,作出投诉处理决定,决定驳回川印印刷公司的投诉,并送达当事人,符合法律规定。

综上,川印印刷公司的上诉理由不能成立,本院依法不予支持。一审判决认定事实清楚,适用法律、法规正确,审判程序合法,应予维持。据此,依照《中华人民共和国行政诉讼法》第八十九条第一款第一项的规定,判决如下:

驳回上诉,维持原判。

二审案件受理费50元,由上诉人四川川印印刷有限公司负担。

本判决为终审判决。

审 判 长　刘　静
审 判 员　熊　文
审 判 员　蒋娜娜
二○二○年五月十九日
书 记 员　陈晓亿

99 鄞城县威瑞科教仪器有限公司
与辽宁省财政厅、中华人民共和国财政部
政府采购(竞争性磋商)投诉处理决定、行政复议决定案

【案件提要】

本案是一个包括对采购文件、采购过程和采购结果的投诉处理决定提起行政诉讼的案例。涉案采购项目采取竞争性磋商的采购方式。在符合性审查中,经磋商小组评审,威瑞公司未按时(晚了 13 分 57 秒)缴纳保证金,不符合磋商文件的要求,未通过符合性审查。成交结果公告后,威瑞公司提出质疑、投诉和行政复议,直至提起本案诉讼。其主要的争议问题是,磋商小组评审其未通过符合性审查,涉及竞争性磋商文件中规定缴纳投标保证金截止时间早于投标截止时间,是否违反法律规定。法院经审理认为。威瑞公司未在磋商文件规定的保证金递交截止时间前递交投标保证金,评审小组认定其不通过符合性审查的评审,符合竞争性磋商文的规定。而威瑞公司该项异议系针对采购文件本身而提出,但其并未在法定期限内提出质疑,亦未针对采购文件本身提出投诉,故其将对于采购文件的异议作为诉讼理由,已经超过了主张权利的期限。威瑞公司在上诉中提出财政部已处罚代理机构代理的部分采购项目中存在采购文件规定缴纳投标保证金截止时间早于投标截止时间的问题。二审法院认为经审查,威瑞公司所提的处罚案例为财政部于 2018 年、2019 年作出的针对包含采购文件规定缴纳投标保证金截止时间早于投标截止时间的问题决定责令整改的处理决定,所依据的法律包括:政府采购法及其实施条例、《政府采购货物和服务招标管理部办法》(财政部令第 18 号)和《财政部关于进一步规范政府采购评审工作有关问题的通知》(财库〔2012〕69 号)。根据审理查明的事实,案涉的竞争性磋商采购方式在《政府采购竞争性磋商采购方式管理暂行办法》(财库〔2014〕214 号)中开始有了明确规定,上述处理决定因其所依据的法律并无相关的具体规定而并非针对竞争性磋商采购方式作出,故与本案不具相关性。

【判决正文】

辽宁省沈阳市中级人民法院
行政判决书

〔2020〕辽 01 行终 1559 号

上诉人(一审原告)鄞城县威瑞科教仪器有限公司,住所地(略)。

法定代表人李某。

委托代理人吕某。

被上诉人(一审被告)辽宁省财政厅,住所地(略)。

法定代表人霍某。

出庭负责人白某。

委托代理人后某。

委托代理人赵某。

被上诉人(一审被告)中华人民共和国财政部,住所地(略)。

法定代表人刘某。

委托代理人刘某。

一审第三人辽宁石油化工大学,住所地(略)。

法定代表人钱某。

委托代理人张某。

委托代理人路某。

一审第三人辽宁正泉项目管理服务有限公司(原辽宁正泉工程造价咨询服务有限公司),住所地(略)。

法定代表人李某。

委托代理人孙某。

一审第三人浙江天煌科技实业有限公司,住所地(略)。

法定代表人黄某。

委托代理人章某。

上诉人鄄城县威瑞科教仪器有限公司(以下简称威瑞公司)诉被上诉人辽宁省财政厅撤销政府采购投诉处理决定及中华人民共和国财政部(以下简称财政部)撤销行政复议决定一案,不服沈阳市沈河区人民法院作出的〔2019〕辽0103行初235号行政判决,向本院提起上诉。本院受理后,依法组成合议庭对本案进行了审理。本案现已审理终结。

一审查明,辽宁石油化工大学委托辽宁正泉项目管理服务有限公司(以下简称正泉公司)就环境工程专业实验室建设项目以竞争性磋商方式组织开展采购活动。2018年11月1日,正泉公司在辽宁省政府采购网发布第一次采购公告。同年11月14日,正泉公司组织竞争性磋商会议,并发布成交结果公告,鄄城威瑞公司为成交供应商。因有其他供应商提出质疑,同年12月4日,正泉公司发布环境工程专业实验室建设项目废标公告,公告有效期为2018年12月4日至2018年12月5日。同年12月14日,正泉公司发布第二次采购公告,因仅一家供应商对磋商文件作出了实质性响应而终止。同年12月27日,正泉公司发布第三次采购公告。竞争性磋商文件规定,保证金的递交截止时间:2019年1月16日10时,以到账时间为准。未按要求提交投标保证金的响应文件将被视为响应无效。威瑞公司向辽宁正泉公司电汇磋商保证金到账时间为2019年1月16日10时13分57秒。在符合性审查中,经磋商小组评审,威瑞公司未按时缴纳保证金,不符合磋商文件的要求,未通过符合性审查。2019年1月17日,正泉公司组织召开竞争性磋商会议。同年1月18日,正泉公司发布成交结果公告,浙江天煌科技实业有限公司(以下简称天煌公司)为成交供应商。2019 年 1 月 18 日,威瑞公司向辽宁石油化工大学、辽泉公司提交质疑函,内容为,质疑事项 1:此项目第一次招投标威瑞公司中标,代理公司电话传达了中标通知,并要求威瑞公司前去取中标通知书,另外向威瑞公司收取了投标代理费,威瑞公司按要求也将代理费汇到了代理公司指定账户,然后代理公司通知威瑞公司与用户签订中标合同,威瑞公司也与用户电话沟通了中标合同的签订方式,并按照用户要求将合同打印了 5 份。由于威瑞公司和代理公司、用户不在同一个城市,威瑞公司没有及时办理以上事项,事隔三日,代理公司电话通知郓城威瑞公司,说此项目有供应商提出质疑,按废标处理。对于代理机构的废标处理,威瑞公司深感不解,认为此举违反了国家招标法中规定的有关公平、公正的基本原则。因为代理机构以电话通知了中标,并要求威瑞公司前去领取中标通知书,把代理费汇到代理机构账户,说明公示期已满,质疑期已过,此次中标结果已产生了法律效力,按照招标法的有关规定,不能在接受供应商提出的质疑,中标有效。质疑事项 2:由于代理机构无视招标法的有关规定,强行流标,导致此项目第三次重新招标。威瑞公司按要求按时参与了投标活动,并按照规定的时间递交了投标文件,代理机构也按照有关规定进行了唱标,并向各投标供应商发还了 10 000 元投标保证金收据,由招标用户领导审查了投标商有关资质,认为投标供应商都合格后投标工作继续进行。当代理机构工作人员将投标文件送到专家评审小组进行评审时,主动向评审小组提出威瑞公司的投标文不用审了。理由是:威瑞公司在 16 号的投标保证金汇款时晚了 13 分钟。对此威瑞公司认为代理机构工作人员此举严重侵犯了威瑞公司的合法权益,违反了国家招标法中规定的有关公开、公平、公正的基本原则,属违法行为。请求:一、维持威瑞公司第一次中标结果;二、废除第三次不合法中标结果。同年 1 月 25 日,辽宁石油化工大学、正泉公司作出质疑答复函。同年 2 月 13 日,威瑞公司向辽宁省财政厅提交投诉书。同年 2 月 22 日,辽宁省财政厅向威瑞公司下达政府采购限期补正通知书。同年 2 月 24 日,威瑞公司提交补正后的投诉书,投诉事项及投诉请求为:一、正泉公司通知威瑞公司中标,说明网上公示期已满,公示结果符合法定程序,如果有供应商再提出质疑,已超出质疑时间,应不予接受,正泉公司却公告中标结果作废。正泉公司通知威瑞公司中标,又收取了威瑞公司中标代理费,说明质疑期限已过,属威瑞公司中标,应维护威瑞公司中标的合法权益。二、威瑞公司的汇款晚到 13 分钟,但这也不耽误投标文件的评审,况且,在递交投标文件时用户单位领导在资质审查时没有提出,被投诉人也没有提出,并向威瑞公司发还了投标保证金的收据,这也足以证明被投诉人,用户单位认可了投标保证金到达时间。要求专家评审人员对威瑞公司提交的投标资料重新评审,要求执法部门对被投诉人单位工作人员违法违纪行为及搞暗箱操作等行为依法依规进行处理。三、正泉公司在辽宁石油化工大学这一个招标项目上,连续三次发表招标公示,向威瑞公司连续三次收取报名费,连续三次要求威瑞公司将投标保证金汇到代理公司账户,正泉公司存在欺诈行为。要求正泉公司退还在一个项目上多收取的两次标书费,并赔礼道歉。辽宁省财政厅于 2019 年 3 月 21 日作出政府采购投诉处理决定书(编号:LNZCTS - 2019023),主要内容为:关于投诉事项 1,经查,正泉公司于 2018 年 12 月 4 日发布《环境工程专业实验室建设项目废标公告》,公告有效期为 2018 年 12 月 4 日至 2018 年 12 月 5 日。威瑞公司应在公告期限届满之日 2018 年 12 月 5 日起七个工作日内提出质疑,即应于 2018 年 12 月 14 日前提出质疑。威瑞公司于 2019 年 1 月 18 日就正泉公司发布的《环境工程专业实验室建设项目废标公告》提出质疑,已超过法定期限。威瑞公司的投诉事项 1 未在质疑有效期内提出质疑,不符合《政府采购质疑和投诉办法》(财政部令第 94 号)第十九条第二款规定的法定受理条件。关于投诉事项 2,经查,竞争性磋商文件第一章采购项目基本内容及要求第 7 项最高限价及磋商保证金规定,01 包保证金金额:人民币壹万元整(10 000 元);保证金缴纳方式:电汇;保证金的递交截止时间:2019 年 1 月 16 日 10:00,以到账时间为准;户名:正泉公司沈阳分公司;账号:33……47;开户行:中国工商银行股份有限公司沈阳铁西支行;联系人:李某媛电话:024-3108……-802。第四章评审方法符合性审查表第一项内容磋商保证金评审标准为:按要求提供了磋商保证金(根据代理机构提供的证明材料核实)。竞争性磋商文件附件 1 供应商须知第三部分响应文件第 17 项磋商保证金规定:17.1 供应商须向采购代理机构提交采购项目基本内容及要求的投标保证金。17.2 未按要求提交投标保证金的响应文件将被视为响应无效。依据《政府采购竞争性磋商采购方式管理暂行办法》(财库〔2014〕214 号)第十二条第一款规定,供应商应按照磋商文件要求,于 2019 年 1 月 16 日 10 时前(以到账时间为准)递交投标保证金,否则将被视为响应无效。《政府采购竞争性磋商采购方式管理暂行办法》(财库〔2014〕214 号)第十六条第一款规定,磋商小组成员应当按照客观、公正、审慎的原则,根据磋商文件规定的评审程序、评审方法和评审标准进行独立评审。未实质性响应磋商文件的响应文件按无效响应处理,磋商小组应当告知提交响应文件的供应商。依据该规定,磋商小组有权根据磋商文件规定进行评审,对于未实质性响应磋商文件的响应文件按无效响应处理。因此,磋商小组有权审查供应商是否按照磋商文件要求提供磋商保证金,亦有权对于供应商未按照磋商文件要求提交磋商保证金按响应无效处理。正泉公司提供的中国工商银行网上银行电子回单(补打)及企业网上银行明细查询截图显示,威瑞公司向正泉公司电汇磋商保证金的时间戳及交易时间为 2018 年 1 月 16 日 10 点 13 分 57 秒,未在磋商文件规定的保证金递交截止时间前递交投标保证金。经审查磋商评审报告,第四部分评审工作情况第 3 项评审工作程序第 3.1 目初步评审记载:磋商小组竞争性磋商文件评标办法的规定,对所有响应文件的资格性、符合性、响应程度进行了初步评审。威瑞公司在符合性审查中,经磋商小组评审,未按时缴纳保证金,不符合磋商文件的要求,未通过符合性审查。其余四家供应商的响应文件通过了初步审查,详见《资格性、符合性审查表》。以上查明事实表明,威瑞公司未按竞争性磋商文件规定的时间缴纳磋商保证金,经磋商小组评审,威瑞公司未通过符合性审查。磋商小组的评审符合竞争性磋商文件的规定。威瑞公司未就辽宁正泉公司与成父供应商存在暗箱操作行为提供证明材料。综上,威瑞公司的投诉事项 2 缺乏事实依据。关于投诉事项 3。经查阅投诉书和质疑函相关内容,威瑞公司在提起投诉前未就投诉事项 3 依法提出质疑,威瑞公司的投诉事项 3 不符合《政府采购质疑和投诉办法》(财政部令第 94 号)第十九条第二款第(一)项规定的法定受理条件。辽宁省财政厅根据《政府采购质疑和投诉办法》(财政部令第 94 号)第二十九条第(一)项、第(二)项之规定,决定:驳回投诉。威瑞公司不服,向财政部申请行政复议,财政部于 2019 年 7 月 9 日作出财复议〔2019〕95 号行政复议决定,维持辽宁省财政厅于 2019 年 3 月 21 日作出政府采购投诉处理决定书(编号:LNZCTS-2019023)。威瑞公司不服,起诉至一审法院。

一审认为,根据《中华人民共和国政府采购法》第十三条第一款"各级人民政府财政部门是负责政府采购监督管理的部门,依法履行对政府采购活动的监督管理职责"的规定,辽宁省财政厅具有作出被诉政府采购投诉处理决定书的法定职权。根据《中华人民共和国行政复议法》第十二条"对县级以上地方各级人民政府工作部门的具体行政行为不服的,由申请人选择,可以向该部门的本级人民政府申请行政复议,也可以向上一级主管部门申请行政复议"的规定,财政部具有作出被诉行政复议决定的法定职权。《中华人民共和国政府采购法》第五十二条规定:供应商认为采购文件、采购过程和中标、成交结果使自己的权益受到损害的,可以在知道或者应知其权益受到损害之日起七个工作日内,以书面形式向采购人提出质疑。《中华人民共和国政府采购法实施条例》第五十三条规定:政府采购法第五十二条规定的供应商应知其权益受到损害之日,是指:(一)对可以质疑的采购文件提出质疑的,为收到采购文件之日或者采购文件公告期限届满之日;(二)对采购过程提出质疑的,为各采购程序环节结束之日;(三)对中标或者成交结果提出质疑的,为中标或者成交结果公告期限届满之日。《政府采购质疑和投诉办法》(财政部令第94号)第十九条第二款规定:投诉人提起投诉应当符合下列条件:(一)提起投诉前已依法进行质疑;(二)投诉书内容符合本办法的规定;(三)在投诉有效期限内提起投诉;(四)同一投诉事项未经财政部门投诉处理;(五)财政部规定的其他条件。第二十条规定:供应商投诉的事项不得超出已质疑事项的范围,但基于质疑答复内容提出的投诉事项除外。依据上述规定,供应商对中标或者成交结果提出质疑的,可以在中标或者成交结果公告期限届满之日起七个工作日内提出质疑。供应商对采购文件提出质疑的,可以在收到采购文件之日或者采购文件公告期限届满之日起七日内提出质疑。本案中,关于威瑞公司投诉事项1,系对正泉公司2018年12月4日发布的环境工程专业实验室建设项目废标公告提出的质疑。威瑞公司应在公告届满之日2018年12月5日起七个工作日内提出质疑,而辽宁省财政厅提供的证据能够证明,原告于2019年1月18日才提出相关质疑,故辽宁省财政厅作出的政府采购投诉处理决定认定威瑞公司未在投诉有效期内对投诉事项1提出质疑,不符合提起投诉的法定受理条件,认定事实清楚,证据充分。关于威瑞公司投诉事项2,威瑞公司对磋商小组评审威瑞公司未通过符合性审查及正泉公司与成交供应商存在暗箱操作行为提出投诉。威瑞公司主张竞争性磋商文件中规定了缴纳投标保证金截止时间早于投标截止时间,违反法律规定问题。辽宁省财政厅提交的竞争性磋商文件明确规定,保证金的递交截止时间为2019年1月16日10:00,以到账时间为准。未按要求提交投标保证金的响应文件将被视为响应无效。竞争性磋商文件的上述内容,符合《政府采购竞争性磋商采购方式管理暂行办法》(财库〔2014〕214号)第十二条第一款:供应商应按照磋商文件要求,递交投标保证金,否则将被视为响应无效。及第十一条第一款:从磋商文件发出之日起至供应商提交首次响应文件截止之日止不得少于10日的规定,而威瑞公司递交保证金到账时间为2019年1月16日10点13分57秒,故威瑞公司未在磋商文件规定的保证金递交截止时间前递交投标保证金。磋商小组对鄄城威瑞公司未通过符合性审查的评审,符合竞争性磋商文件的规定。威瑞公司投诉正泉公司工作人员存在违法违纪行为及搞暗箱操作等行为,并未提供相关证明材料,故辽宁省财政厅作出的政府采购投诉处理决定认定威瑞公司的投诉事项 2 缺乏事实依据,认定事实清楚,证据充分。关于威瑞公司投诉事项 3,系对正泉公司连续三次收取威瑞公司报名费,正泉公司存在欺诈行为提出的投诉。但辽宁省财政厅提交的威瑞公司的质疑函,并没有相关内容的质疑,故辽宁省财政厅作出的政府采购投诉处理决定认定威瑞公司在提起投诉前未依法进行质疑,不符合提起投诉的法定受理条件,认定事实清楚,证据充分。《政府采购质疑和投诉办法》第二十九条规定:投诉处理过程中,有下列情形之一的,财政部门应当驳回投诉:(一)受理后发现投诉不符合法定受理条件;(二)投诉事项缺乏事实依据,投诉事项不成立;(三)投诉人捏造事实或者提供虚假材料;(四)投诉人以非法手段取得证明材料。证据来源的合法性存在明显疑问,投诉人无法证明其取得方式合法的,视为以非法手段取得证明材料。辽宁省财政厅依据上述规定作出政府采购投诉处理决定,驳回威瑞公司投诉,适用法律正确。辽宁省财政厅提交的证据证明,其对威瑞公司的投诉进行审查后,在法定期限内作出政府采购投诉处理决定,并依法送达,程序合法。财政部提交的证据能够证明,行政复议决定程序合法。综上,辽宁省财政厅作出的政府采购投诉处理决定及财政部作出的行政复议决定,认定事实清楚、适用法律正确、程序合法。故对威瑞公司的诉讼请求,不予支持。依照《中华人民共和国行政诉讼法》第六十九条的规定,判决驳回威瑞公司的诉讼请求。案件受理费 50 元由威瑞公司负担。

威瑞公司上诉称,一审法院回避了本案的核心问题也就是应该适用《政府采购性磋商采购方式暂行办法》(财库)(〔2014〕214 号)第十二条第一款还是《〈中华人民共和国政府采购法实施条例〉释义》第三十三条的问题。一审并未对该释义的法律效力进行论证就直接在一审判决中认定辽宁省财政厅、财政部适用《政府采购性磋商采购方式暂行办法》(财库)(〔2014〕214 号)第十二条第一款是正确的。而威瑞公司在一审中提出的应该适用《〈中华人民共和国政府采购法实施条例〉释义》的诸多理由都没有得到论证和解释。比如:1. 该释义第 117 页第四、五段已经对采购文件规定缴纳投标保证金截止时间早于投标截止时间做出了明确规定。该释义在解释《实施条例》三十三条规定时论述:当招标文件规定了投标人应当提交投标保证金后,投标保证金就属于投标的一部分了。在招标实践中,有的采购人或者采购代理机构为了提前获悉投标供应商的数量,或减少开标时核对投标保证金的工作量,在招标文件中规定投标人应当在开标前的若干天将投标保证金交纳至采购人或采购代理机构,这种规定侵害了供应商的权利。同时,投标保证金作为供应商投标的一部分,要求提前提交,也违反了《政府采购法》第三十五的规定;2. 该释义第 118-119 页已经明确了国务院财政部门认定的其他政府采购方式如竞争性磋商也应当参照执行本条保证金的规定;3. 财政部已经处罚了代理机构代理的部分采购项目中存在采购文件规定缴纳投标保证金截止时间早于投标截止时间的问题。财政部政府采购信息公告第六百零一号、第七百七十六号、第七百七十八号、第七百八十一号公告信息显示,财政部在依法实施 2017 年政府采购代理机构监督检查和 2018 年政府采购代理机构监督检查中,对发现的采购代理机构代理的部分政府采购项目中国存在采购文件规定缴纳投标保证金截止时间早于投标截止时间等问题,财政部根据《中华人民共和国政府采购法》第三十五条等规定,对该代理机构作出违法处理。综上,一审法院适用法律错误,请求二审法院撤销一审判决,依法改判支持威瑞公司的诉讼请求。

辽宁省财政厅辩称,《〈中华人民共和国政府采购法实施条例〉释义》和财政部政府采购信息公告均不属于法律依据,不具有法律约束力,威瑞公司援引《释义》和财政部政府采购信息公告,得出辽宁省财政厅适用法律错误的结论,缺乏法律依据。且《释义》和财政部政府采购信息公告关于投标保证金的内容仅与招标采购方式有关,均不适用于本案涉及的竞争性磋商采购方式,威瑞公司适用法律错误。威瑞公司援引的国务院财政部门认定的其他政府采购方式,如竞争性磋商也应当参照执行本条保证金的规定,其中,本保证金的规定仅指政府采购法实施条例第三十三条的规定,威瑞公司对此内容理解错误。辽宁省财政厅作出涉诉行为时,磋商文件规定缴纳磋商保证金截止时间早于递交响应文件截止时间,不违反法律规定。本项目磋商文件关于递交磋商保证金截止时间的规定,未对威瑞公司编制响应文件的时间产生不利影响。威瑞公司的投诉事项不包含竞争性磋商文件规定缴纳投标保证金截止时间早于递交响应文件截止时间,威瑞公司也未就采购文件的问题按照法定程序在法定期限内提出,因此该内容不属于投诉处理的范围,也不属于法院审查范围,威瑞公司的主张无法律依据。辽宁省财政厅作出的投诉处理决定具有法定职权,认定事实清楚,证据确实充分,适用法律、法规正确,符合法定程序。威瑞公司提出行政复议申请后,财政部已作出维持辽宁省财政厅投诉处理决定的复议决定。综上,一审判决正确,应当予以维持。

财政部辩称,答辩意见同一审一致,一审判决认定事实清楚,适用法律、法规正确,程序合法,请求二审法院依法驳回上诉,维持原判。

辽宁石油化工大学述称,一审判决适用法律正确,应维持原判。

正泉公司述称,一审判决适用法律正确,应维持原判。

天煌公司未向本院提交书面陈述意见。

本院审理查明的事实与一审一致。

另查明,案涉的竞争性磋商采购方式系《中华人民共和国政府采购法》第二十六条第(六)项规定的国务院政府采购监督管理部门认定的其他采购方式。2014年12月31日印发的《政府采购竞争性磋商采购方式管理暂行办法》(财库〔2014〕214号)开始对竞争性磋商采购方式有了明确规定。

本院认为,威瑞公司首先向采购代理机构正泉公司提出质疑,因不满质疑答复向辽宁省财政厅投诉。根据《中华人民共和国政府采购法》第十三条第一款、第五十五条、五十六条和《政府采购质疑和投诉办法》(财政部令第94号)第五条的规定,辽宁省财政厅负有针对辽宁正泉公司投诉事项作出投诉处理决定的法定职责。根据《中华人民共和国行政复议法》第十二条的规定,财政部具有作出被诉行政复议决定的职权依据,一审认定正确。

本案中,正泉公司的投诉事项包括三项内容,辽宁省财政厅认定其第一、三项投诉不符合法定的受理条件,第二项投诉缺乏事实依据而不成立,决定驳回威瑞公司的投诉。根据审理查明的事实,威瑞公司的第二项投诉内容是:威瑞公司未在磋商保证金递交截止时间前递交保证金而被磋商小组认定为未通过符合性审查,是采购代理机构与成交供应商暗箱操作的结果。经审查,辽宁省财政厅提供的证据能够证明,威瑞公司并未按竞争性磋商文件规定的时间递交磋商保证金,磋商小组的评审符合竞争性磋商文件的规定,且威瑞公司并未提供有效的事实证据证明采购过程中存在暗箱操作的行为,故被诉的投诉处理决定认定威瑞公司第二项投诉缺乏事实依据并无不当。

关于威瑞公司的上诉理由。其一,威瑞公司提出的采购文件中规定缴纳投标保证金截止时间早于投标截止时间属于违法违规行为系针对采购文件本身提出的异议。根据《中华人民共和国政府采购法》第五十二条及《中华人民共和国政府采购法实施条例》第五十三条的规定,威瑞公司认为采购文件使自己权益受到损害的,应在收到采购文件之日起七个工作日内提出质疑。威瑞公司并未在法定期限内提出质疑,亦未针对采购文件本身提出投诉,其将对于采购文件的异议作为诉讼理由,已经超过了主张权利的期限。其二,威瑞公司所引用的《〈中华人民共和国政府采购法实施条例〉释义》系根据《中华人民共和国政府采购法》对于《中华人民共和国政府采购法实施条例》的内容进行的文义解释及条文分析,旨在实践中更加准确地理解和适用该实施条例。案涉投诉内容与竞争性磋商采购方式相关,上述采购法及其实施条例对于竞争性磋商采购方式并无直接具体的规定,威瑞公司以实施条例的释义为依据,主张辽宁省财政厅、财政部适用法律错误,法律依据不充分。其三,威瑞公司提出,财政部已经处罚了代理机构代理的部分采购项目中存在采购文件规定缴纳投标保证金截止时间早于投标截止时间的问题。经审查,威瑞公司所提的处罚案例为财政部于2018年、2019年作出的针对包含采购文件规定缴纳投标保证金截止时间早于投标截止时间的问题决定责令整改的处理决定,所依据的法律包括:《中华人民共和国采购法》及其实施条例、《政府采购货物和服务招标管理部办法》(财政部令第18号)和《财政部关于进一步规范政府采购评审工作有关问题的通知》(财库〔2012〕69号)。根据审理查明的事实,案涉的竞争性磋商采购方式在《政府采购竞争性磋商采购方式管理暂行办法》(财库〔2014〕214号)中开始有了明确规定,上述处理决定因其所依据的法律并无相关的具体规定而并非针对竞争性磋商采购方式作出,故与本案不具相关性。

综上,威瑞公司的上诉理由不能成立,其上诉请求,本院不予支持。一审判决认定事实清楚,适用法律正确,程序合法,其判决驳回威瑞公司的诉讼请求并无不当,依法应予维持。依照《中华人民共和国行政诉讼法》第八十九条第一款(一)项的规定,判决如下:

驳回上诉,维持原判。

二审案件受理费50元,由上诉人鄄城县威瑞科教仪器有限公司承担。

本判决为终审判决。

审 判 长　杨晓鹏

审 判 员　唱英梅

审 判 员　王继东

二〇二一年一月二十日

法官助理　马　乐

书 记 员　何昕诺

南京央采网络科技有限公司
与南京市财政局
政府采购(竞争性磋商)投诉处理决定案

【案件提要】

本案是对采购文件的投诉处理决定提起行政诉讼的案例。涉案采购项目发布变更公告,对原《竞争性磋商文件》中的"服务时间和付款方式"进行调整。本案实际所涉争议是采购文件是否应明确而未明确合同签署的具体日期的问题。财政部门经调查认为,《政府采购竞争性磋商采购方式管理暂行办法》第二十八、二十九条已明确规定了采购人或采购代理机构向成交供应商发出成交通知书的时间与期限;而该项目竞争性磋商文件第二章第15.1条明确成交供应商应当自成交通知书发出之日起三十日内应当与采购人签订政府采购合同,故投诉人投诉内容缺乏事实与法律依据。法院经审理认为,本案中采购文件对合同签署时间的表述,符合《政府采购法》第四十六条第一款的规定,财政部门据此作出驳回投诉的决定并无不当。而央采公司并非采购项目的中标、成交供应商,涉案采购文件条款并未对其权利义务产生影响,故其认为涉案竞争性磋商文件中未明确合同签订时间的主张不能成立。

【判决正文】

江苏省南京市中级人民法院
行政判决书

〔2016〕苏 01 行终 629 号

上诉人(一审原告)南京央采网络科技有限公司,注册地(略)。

法定代表人颜某。

委托代理人郑某。

被上诉人(一审被告)南京市财政局,住所地(略)。

法定代表人陈某。

委托代理人杨某。

上诉人南京央采网络科技有限公司(以下简称央采公司)诉被上诉人南京市财政局(以

下简称市财政局)不服政府采购投诉处理一案,不服南京市玄武区人民法院〔2016〕苏0102行初3号行政判决,向本院提起行政诉讼。本院于2016年8月1日受理后,依法组成合议庭,公开开庭审理了本案。上诉人央采公司的委托代理人郑某,被上诉人市财政局的负责人孔某、委托代理人杨某到庭参加诉讼。本案现已审理终结。

一审法院经审理查明,2015年5月5日,南京市政府采购中心(以下简称市采购中心)受南京市水利局委托,发布关于项目编号为NJZC-2015I098的防汛指挥系统运行维护项目《竞争性磋商文件》,就防汛指挥系统运行维护进行竞争性磋商采购,邀请符合资格条件的供应商提交响应文件并磋商。2015年5月13日,市采购中心发布变更公告,对原《竞争性磋商文件》中的"服务时间和付款方式"进行调整。2015年5月19日,央采公司向市采购中心发出《质疑函四》,要求市采购中心明确合同签订日期,以便其计算服务成本进行投标报价。2015年5月26日,市采购中心作出《关于对南京央采网络科技有限公司质疑不予受理通知书》,通知央采公司不予受理其质疑。

2015年6月15日,央采公司向市财政局提出《政府采购供应商投诉书》,就案涉项目对市采购中心进行投诉,称:"被投诉人在采购文件中没有明确合同签订日期,犯常识性错误,投诉人投标权益受损害。"市财政局于2015年6月18日作出宁财购投〔2015〕6号《政府采购供应商投诉受理通知书》并于当日送达央采公司。2015年7月17日,南京市水利局对市财政局作出《关于答水利局防汛指挥系统运行维护(NJZC-2015I098)项目投诉的说明函》。市财政局于2015年7月22日作出宁财购决〔2015〕4号《投诉处理决定书》,经调查取证,查明情况如下:"该政府采购项目采用竞争性磋商采购方式,财政部印发的《政府采购竞争性磋商采购方式管理暂行办法》第二十八、二十九条已明确规定了采购人或采购代理机构向成交供应商发出成交通知书的时间与期限;而被投诉人发布的该项目竞争性磋商文件第二章第15.1条明确成交供应商应当自成交通知书发出之日起三十日内应当与采购人签订政府采购合同。综上,投诉人投诉内容缺乏事实与法律依据。"因此,市财政局认为央采公司的投诉缺乏事实依据,驳回投诉,该决定书于2015年7月24日送达央采科技公司。

一审法院认为,《中华人民共和国政府采购法》第十三条第一款规定:"各级人民政府财政部门是负责政府采购监督管理的部门,依法履行对政府采购活动的监督管理职责。"《政府采购供应商投诉处理办法》第三条第三款规定:"县级以上各级人民政府财政部门负责本级预算项目政府采购活动中的供应商投诉事宜。"《中华人民共和国政府采购法》第五十五条规定:"质疑供应商对采购人、采购代理机构的答复不满意或者采购人、采购代理机构未在规定的时间内作出答复的,可以在答复期满后十五个工作日内向同级政府采购监督管理部门投诉。"根据上述规定,市财政局作为南京市人民政府的财政部门,负责处理南京市级预算项目政府采购活动中的供应商投诉事宜。央采科技公司作为供应商,在市采购中心对质疑答复期满后十五个工作日内投诉,市财政局具有接受投诉、作出投诉处理决定的法定职权。

《中华人民共和国政府采购法》第五十六条规定:"政府采购监督管理部门应当在收到投

诉后三十个工作日内,对投诉事项作出处理决定,并以书面形式通知投诉人和与投诉事项有关的当事人。"《政府采购供应商投诉处理办法》第十七条第(二)项规定:"财政部门经审查,对投诉事项分别作出下列处理决定:投诉缺乏事实依据的,驳回投诉。"市财政局于2015年6月18日受理了央采公司的投诉后,对相关当事人进行了调查、收集了相应的证据,于2015年7月22日作出投诉处理决定,并以书面形式告知了相关当事人。市财政局所作决定符合上述规定的程序要求。央采科技公司认为在采购文件中没有明确合同签订日期。经查,该项目《竞争性磋商文件》第二章第15.1条明确了成交供应商应当自成交通知书发出之日起三十日内,与采购人签订政府采购合同。故市财政局认为央采公司的投诉内容缺乏事实与法律依据,作出驳回投诉的决定并无不当。综上,央采公司要求判决市财政局撤销宁财购决〔2015〕4号《投诉处理决定书》,重新作出投诉处理决定书的诉讼请求不能成立。据此,根据《中华人民共和国行政诉讼法》第六十九条之规定,判决驳回央采公司的诉讼请求。本案案件受理费50元,由央采公司负担。

央采公司上诉称,本案中市财政局没有对采购文件关于签订合同的时间是否明确进行审查,一审判决没有查明事实。2015年5月5日,市采购中心发布(项目名称:南京市水利局防汛指挥系统运行维护、项目编号:NJZC-2015I098、竞争性磋商时间:2015年5月21日)采购文件;2015年5月13日,市采购中心对文件中"服务时间和付款方式"进行了修改。服务时间修改为"自合同签订日起生效,合同服务期限为壹年。"该采购文件并没有明确具体签订采购合同的时间。央采公司进行质疑后未被受理,央采公司依法向市财政局进行投诉,市财政局没有对采购文件进行有效审查,在没有查明事实的基础上作出了驳回央采公司投诉请求的处理。央采公司不服该行政机关投诉处理决定,向一审法院提起诉讼,但一审法院没有全面审查采购文件,没有对市财政局有效履行行政职能进行审查,没有充分考虑采购文件应当具备公平性、竞争性,放任了市财政局行政监督行为流于形式,造成了政府采购行为的随意性和不严谨。综上,请求二审人民法院判令:1. 撤销〔2016〕苏0102行初3号行政判决,改判撤销宁财购决〔2015〕4号《投诉处理决定书》,责令市财政局重新作出投诉处理决定;2. 本案一、二审受理费由市财政局承担。

市财政局未向本院提交书面答辩状,其在庭审中答辩称,2015年5月19日,央采公司就南京市水利局防汛指挥系统运行维护项目,编号为NJZC-2015I098的采购文件,向市采购中心提出质疑。市采购中心对质疑事项答复后,央采公司不满答复结果,遂向市财政局进行投诉。市财政局受理后,依法作出投诉处理决定书,并送达给央采公司。1. 市财政局依法受理央采公司的投诉申请并作出书面处理决定书,程序合法。2015年6月15日,市财政局收到央采公司关于案涉项目的投诉材料。2015年6月18日,市财政局经审查决定受理央采公司的投诉事项。2015年7月22日,市财政局经调查取证并依法审查后,作出投诉处理决定书并以书面形式告知了央采公司。市财政局在收到投诉材料后,于5个工作日内决定受理,并于30个工作日内作出投诉处理决定书,符合《中华人民共和国政府采购法》及《政府采购供应商投诉处理办法》的规定。2. 央采公司的投诉内容缺乏依据,市财政局驳回投诉的决定事实充分,适用法律正确。央采公司的投诉事项为"被投诉人在采购文件中没有明确合同签订日期,请被投诉人必须明确合同签订日期"。市财政局针对央采公司的投诉事项进行调查,经查明:《政府采购竞争性磋商采购方式管理暂行办法》第三十条、《竞争性磋商文件》第二章第15.1条均明确,采购人与成交供应商应当在成交通知书发出之日起30日内签订政府采购合同。由此可见,采购文件中的合同签订日期自成交通知书发出之日起,最长不超过30日,双方有权利选择在这30日中的任一时间签订合同。合同签订日期是可知悉的、明确的。故央采公司关于合同签订日期不明确的投诉内容缺乏事实与法律依据,市财政局在对采购文件进行充分审查后,依法作出驳回投诉的决定,事实充分,适用法律正确。故一审法院查明事实清楚,适用法律正确,请求二审法院驳回上诉,维持原判。

央采公司、市财政局向一审法院提交的证据均已随案移送本院,一审法院从证据的关联性、合法性、真实性三个方面对双方当事人提交的证据予以审核认证符合法律规定。经审查,对一审法院认定的案件事实,本院依法予以确认。

本院认为,《中华人民共和国政府采购法》第十三条第一款规定:"各级人民政府财政部门是负责政府采购监督管理的部门,依法履行对政府采购活动的监督管理职责。"《政府采购供应商投诉处理办法》第三条第三款规定:"县级以上各级人民政府财政部门负责本级预算项目政府采购活动中的供应商投诉事宜。"本案中,市财政局作为南京市人民政府财政部门具有对政府采购活动中的供应商投诉事宜进行调查处理的法定职责。《中华人民共和国政府采购法》第五十六条规定:"政府采购监督管理部门应当在收到投诉后三十个工作日内,对投诉事项作出处理决定,并以书面形式通知投诉人和与投诉事项有关的当事人。"《政府采购供应商投诉处理办法》第十七条第(二)项规定:"财政部门经审查,对投诉事项分别作出下列处理决定:投诉缺乏事实依据的,驳回投诉。"本案中,市财政局于2015年6月15日收到央采公司的投诉书后,向市采购中心发送了投诉书副本,经市采购中心向市财政局作出说明后,市财政局对央采公司投诉的"被投诉人在采购文件中没有明确合同签订日期,损害了投诉人投标权益"事项进行了调查,经调查,《竞争性磋商文件》第二章15.1条明确了采购人与成交供应商应当在成交通知书发出之日起三十日内签订政府采购合同。市财政局将上述调查结果于2015年7月22日以《投诉处理决定书》的形式直接送达了相关当事人,故市财政局作出的投诉处理决定,认定事实清楚、程序合法。

关于央采公司认为市采购中心采购发布的编号为NJZC-2015I098的《竞争性磋商文件》中未明确合同签订时间的主张,经审查,市采购中心发布的编号为NJZC-2015I098的《竞争性磋商文件》中,第二章15.1条明确"成效供应商应当自成交通知书发出之日起三十内日内,与采购人签订政采购合同,所签订的合同不得对竞争性磋商文件和竞争性磋商响应文件作实质性修改。"上述条款时间明确,且符合《政府采购法》第四十六条第一款的规定,"采购人与中标、成交供应商应当在中标、成交通知书发出之日三十日内,按照采购文件确定的事项签订政府采购合同。"本案中,央采公司并非南京市水利局防汛指挥系统运行维护项目的中标、成交供应商,上述采购文件条款并未对央采公司的权利义务产生影响,故对央采公司的上述主张,本院不予支持。

综上,一审判决认定事实清楚,适用法律正确,审判程序合法。据此,依照《中华人民共

和国行政诉讼法》第八十九条第一款第(一)项的规定,判决如下:

驳回上诉,维持原判。

案件受理费 50 元,由上诉人南京央采网络科技有限公司负担。

本判决为终审判决。

审　判　长　陆俊騑

代理审判员　王玉刚

代理审判员　王攀峰

二〇一六年九月二十六日

书　记　员　卢蓓

编 后 记

　　学习和分析案例，乃是我们学习和理解法律的重要而有效途径。当我国政府采购立法后，它就成为了高度法律化的专项业务，当然也成为了实务性很强的一项法律，因此，对于从事政府采购的实务工作者来说，案例学习是一种非教科书式或者说带有"实践性"的法律学习方式。

　　我们作为本书编者，都是奋战在第一线的法律实务工作者，深谙案例对于提高业务能力的意义和作用，我们也正是不断经由案例（包括学习和实战）踏入政府采购法律领域。可以说，选编这些案例同时也是我们从事包括政府采购等法律实务工作的组成部分。现提供给从事政府采购实务工作者共同分享。

　　学习案例离不开如何阅看案例。对于实务工作者来说，叮能更感兴趣或者最关注的是，这个案例告诉给我们的结论是什么？案例的结论固然是我们学习案例所追求的目的和结果，所以本书案例中判决书的"本院（包括一审法院、二审法院）认为"部分，往往是我们学习案例所优先关注的部分；而案例的结论都是对具体的事实问题（案情）作出的处理结果，所以本书案例中判决书的"本院（包括一审法院、二审法院）查明"部分，也是我们学习案例不可忽略或者说是必读部分。从这个角度而言，政府采购的司法判例与其行政判例并无不同。但司法案例因具有司法审查和程序公开的特性，决定了它与行政案例有着较大的不同。如果说行政案例从事实叙述（案情）到作出处理（结论）相对比较简单，那么司法判决不仅较充分地叙述案情和反映各方意见，而且较完整地展现了其处理过程（包括依据与结论），往往能够给学习者带来一种实践感的学习效果。从这个意义上说，本书以完整的判决书展现的司法判例，目的和宗旨不完全在于学到多少判例的结论，而更在于注重从司法案例的学习中提高分析问题，正确理解和应用法律的能力。

　　当然，司法案例毕竟有其一定的法律专业性，我们选编这些案例时，附以"案例提要"以帮助读者阅读和理解。这些提要只是我们的学习心得，不一定正确，仅供读者参考。

　　本书从案例的检索到筛选，到分析整理，到编写提要，着实让我们感到工作量之大。在此感谢上海嘉澜达律师事务所同仁何承燕律师、李顺皓律师、吕高扬律师在繁忙的业务之余，协作参与了案例的检索工作。与此同时，也衷心感谢上海市财政局政府采购处王周欢老师的指导和鼓励。本书由上海吉木文化传播中心进行稿件整理并完成最终编排。

何彬　谨识

2022 年 6 月